Collins *gem*

Collins

English–Thai Dictionary

พจนานุกรม ไทย-อังกฤษ

HarperCollins Publishers
Westerhill Road
Bishopbriggs
Glasgow
G64 2QT
Great Britain

First Edition 2010

Reprint 10 9 8 7 6 5 4 3 2 1 0

ISBN 978-0-00-732473-6

Collins® is a registered trademark of HarperCollins Publishers Limited

www.collinslanguage.com

A catalogue record for this book is available from the British Library

Typesetting by Lingea s.r.o.

Printed in Italy by Lego Spa, Lavis (Trento)

Acknowledgements
We would like to thank those authors and publishers who kindly gave permission for copyright material to be used in the Collins Word Web. We would also like to thank Times Newspapers Ltd for providing valuable data.

Series Editor
Rob Scriven

Managing Editor
Gaëlle Amiot-Cadey

สารบัญ CONTENTS

บทนำ

เรารู้สึกยินดีที่คุณตัดสินใจซื้อพจนานุกรมไทย-อังกฤษ อังกฤษ-ไทย ฉบับนี้ และหวังว่าคุณจะพอใจและได้รับประโยชน์จากการใช้งานพจนานุกรมที่บ้าน ในวันหยุด หรือที่ทำงาน

INTRODUCTION

We are delighted that you have decided to buy this Thai-English, English-Thai dictionary and hope that you will enjoy and benefit from using it at home, on holiday or at work.

คำย่อ		**ABBREVIATIONS**
คุณศัพท์	*adj*	adjective
กริยาวิเศษณ์	*adv*	adverb
อุทาน	*excl*	exclamation
บุพบท	*prep*	preposition
สรรพนาม	*pron*	pronoun
นาม	*n*	noun
เพศหญิง	*f*	plural
เพศชาย	*m*	verb
ไม่มีเพศ	*nt*	intransitive verb
พหูพจน์	*pl*	transitive verb
กริยา	*v*	verb
อกรรมกริยา	*vi*	intransitive verb
สกรรมกริยา	*vt*	transitive verb

THAI PRONUNCIATION

Thai is a tonal language with 5 tonal sounds and 4 tonal marks. Intonation of a syllable is determined by a combination of the class of consonants, the type of syllables (open or closed), the tonal marks, and the length of the vowel. Instead of using characters from the International Phonetic Alphabet to illustrate how Thai words are pronounced, this dictionary provides romanized transcriptions for all Thai words, phrases and translations to show you exactly how to pronounce things correctly.

VOWELS

The Thai language has two different types of vowels: short and long. Short vowels are cut off at the end and long vowels are more drawn out. A short vowel sound is represented by a single letter or a single letter followed by a colon, while a long vowel sound is shown by a double letter or a combination of two letters.

Short and Long vowels

Vowel	Equivalent English Pronunciation
a	**a**way
aa	f**a**ther
i	t**i**p
ii	b**ee**
u	g**oo**d
uu	r**u**le
e	g**e**t
ee	p**a**le
o	b**oa**t
oo	g**o**
o	**aw**kward
o	f**o**r
a:	h**a**zard
ae	h**a**ng
u:	th**e**
ur	b**u**rn

CONSONANTS

There are 20 different consonant sounds in Thai. The following list shows those Thai consonants that are pronounced in the same way as in English:

Thai character	Explanation
ก	Pronounced as in '**g**olf'.
จ	Pronounced as in '**J**ohn'.
ซ	Pronounced as in '**s**ong'.
ญ	Pronounced as in '**y**ummy'.
ฎ	Pronounced as in '**d**oor'.
ฑ	Pronounced as in '**T**om'.
ณ	Pronounced as in '**N**ame'.
บ	Pronounced as in '**B**orn'.
ฝ	Pronounced as in '**F**unny'.
ม	Pronounced as in '**M**other'.
ย	Pronounced as in '**Y**oung'.
ร	Pronounced as in '**R**un'.
ล ฬ	Pronounced as in '**L**ean'.
ว	Pronounced as in '**W**ing'.
ห	Pronounced as in '**H**appy'.

There are a few Thai sounds which can be difficult to pronounce:

ฏ	A hard t/d sound. Pronounced as in 's**t**yle'.
ป	A hard p/b sound. Pronounced as in 'Nap**p**y'.
ฉ	Pronounced as in '**ch**in'.
ง	Nasal sound. Pronounced as in 'si**ng**ing'.

Thai people often do not differentiate between the sounds '**r**' and '**l**': they are pronounced in the same tone. Unlike in English, the '**ng**' sound is often used at the beginning of Thai words, rather than at the end.

ENGLISH PRONUNCIATION

The International Phonetic Alphabet is used to show how English words are pronounced in this dictionary.

STRESS

การออกเสียงภาษาอังกฤษ

VOWELS

	ตัวอย่างภาษาอังกฤษ	คำอธิบาย
[ɑ:]	f**a**ther	เสียงสระ "อา" ในภาษาไทย เช่น มา
[ʌ]	b**u**t, c**o**me	เสียงสระ "อะ, อั-" ในภาษาไทย เช่น วัน
[æ]	m**a**n, c**a**t	เสียงสระ "แอะ" และ "แอ" ในภาษาไทย เช่น แสง
[ə]	fath**er**, **a**go	เสียงสระ "เออะ" ในภาษาไทย เช่น เลอะ
[ə:]	b**ir**d, h**ear**d	เสียงสระ "เออ" ในภาษาไทย เช่น เธอ
[ɛ]	g**e**t, b**e**d	เสียงสระ "เอะ" ลดรูป เช่น เล็ง
[ɪ]	**i**t, b**i**g	เสียงสระ "อิ" ในภาษาไทย เช่น มิ
[i:]	t**ea**, s**ee**	เสียงสระ "อี" ในภาษาไทย เช่น ตี
[ɔ]	h**o**t, w**a**sh	เสียงสระ "เอาะ" ในภาษาไทย เช่น เลาะ
[ɔ:]	s**aw**, **a**ll	เสียงสระ "ออ" ในภาษาไทย เช่น ลอม
[u]	p**u**t, b**oo**k	เสียงสระ "อุ" ในภาษาไทย เช่น ลุ
[ʊ]	t**oo**, y**ou**	เสียงสระ "อู" ในภาษาไทย เช่น หรู

DIPHTHONGS

	ตัวอย่างภาษาอังกฤษ	คำอธิบาย
[ai]	fl**y**, h**igh**	เสียงสระ "อาย" ในภาษาไทย เช่น สาย
[au]	h**ow**, h**ou**se	เสียงสระ "อาว" ในภาษาไทย เช่น น้าว
[ɛə]	th**ere**, b**ear**	เสียงสระ "แอ" ในภาษาไทย เช่น แล
[ei]	d**ay**, ob**ey**	เสียงสระ "เอ" ในภาษาไทย เช่น เลน
[iə]	h**ere**, h**ear**	เสียงสระ "เอีย" ในภาษาไทย เช่น เลียน
[əu]	g**o**, n**o**te	เสียงสระ "โอ" ในภาษาไทย เช่น โล้
[əi]	b**oy**, **oi**l	เสียงสระ "ออย" ในภาษาไทย เช่น ลอย
[uə]	p**oor**, s**ure**	เสียงสระ "อัว" ในภาษาไทย เช่น มัว

CONSONANTS

	ตัวอย่างภาษาอังกฤษ	คำอธิบาย
[b]	**b**ig, lo**bb**y	เสียง "บ" ในภาษาไทย เช่น บัว ดาบ
[d]	men**ded**	เสียง "ด" ในภาษาไทย เช่น เด็ด
[g]	**g**o, **g**et, bi**g**	เสียง "ก" เป็นเสียงหยุดและก้อง
[dʒ]	**g**in, **j**u**dge**	เสียง "จ" เป็นเสียงกักเสียดแทรกและก้อง
[ŋ]	si**ng**	เสียง "ง" ในภาษาไทย สงฆ์
[h]	**h**ouse, **h**e	เสียง "ฮ" ในภาษาไทย เช่น ฮา
[j]	**y**oung, **y**es	เสียง "ย" ในภาษาไทย เช่น ยาย
[k]	**c**ome, mo**ck**	เสียง "ค" เมื่อเป็นพยัญชนะต้น เช่น โค และ "ก" เมื่อเป็นพยัญชนะท้าย เช่น นก
[r]	**r**ed, t**r**ead	เสียง "ร" ในภาษาไทย เช่น ร้อน
[s]	**s**and, ye**s**	เสียง "ซ" เมื่อเป็นพยัญชนะต้น เช่น ซา และ "ส" เมื่อเป็นพยัญชนะท้าย เป็นเสียงเสียดแทรกและไม่ก้อง
[z]	ro**s**e, **z**ebra	เสียง "ซ" เมื่อเป็นพยัญชนะต้น เช่น ซา และ "ส" เมื่อเป็นพยัญชนะท้าย เป็นเสียงเสียดแทรกและก้อง
[ʃ]	**sh**e, ma**ch**ine	เสียง "ช" เป็นเสียงเสียดแทรกและไม่ก้อง
[tʃ]	**ch**in, ri**ch**	เสียง "ช" เป็นเสียงกักเสียดแทรกและไม่ก้อง
[v]	**v**alley	เสียง "ว" เป็นเสียงเสียดแทรกและก้อง
[w]	**w**ater, **wh**ich	เสียง "ว" เป็นเสียงเปิด
[ʒ]	vi**s**ion	เสียง "ช" เป็นเสียงเสียดแทรกและก้อง
[θ]	**th**ink, my**th**	เสียง "ธ" เป็นเสียงเสียดแทรกและไม่ก้อง
[ð]	**th**is, **th**e	เสียง "ธ" เป็นเสียงเสียดแทรกและก้อง

NUMBERS		ตัวเลข
zero	0	ศูนย์ [sun]
uno	1	หนึ่ง [nueng]
two	2	สอง [song]
three	3	สาม [sam]
four	4	สี่ [si]
five	5	ห้า [ha]
six	6	หก [hok]
seven	7	เจ็ด [chet]
eight	8	แปด [paet]
nine	9	เก้า [kao]
ten	10	สิบ [sip]
eleven	11	สิบเอ็ด [sip et]
twelve	12	สิบสอง [sip song]
thirteen	13	สิบสาม [sip sam]
fourteen	14	สิบสี่ [sip si]
fifteen	15	สิบห้า [sip ha]
sixteen	16	สิบหก [sip hok]
seventeen	17	สิบเจ็ด [sip chet]
eighteen	18	สิบแปด [sip paet]
nineteen	19	สิบเก้า [sip kao]
twenty	20	ยี่สิบ [yi sip]
twenty-one	21	ยี่สิบเอ็ด [yi sip et]
twenty-two	22	ยี่สิบสอง [yi sip song]
twenty-three	23	ยี่สิบสาม [yi sip sam]
thirty	30	สามสิบ [sam sip]
thirty-one	31	สามสิบเอ็ด [sam sip et]
forty	40	สี่สิบ [si sip]
fifty	50	ห้าสิบ [ha sip]
sixty	60	หกสิบ [hok sip]
seventy	70	เจ็ดสิบ [chet sip]
eighty	80	แปดสิบ [paet sip]
ninety	90	เก้าสิบ [kao sip]
one hundred	100	หนึ่งร้อย [nueng roi]

one hundred and ten	110	หนึ่งร้อยสิบ [nueng roi sip]
two hundred	200	สองร้อย [song roi]
two hundred and fifty	250	สองร้อยห้าสิบ [song roi ha sip]
one thousand	1,000	หนึ่งพัน [nueng pan]
one million	1,000,000	หนึ่งล้าน [nueng lan]

DAYS OF THE WEEK วันในสัปดาห์

Monday	วันจันทร์ [wan chan]
Tuesday	วันอังคาร [wan ang khan]
Wednesday	วันพุธ [wan phut]
Thursday	วันพฤหัสบดี [wan pha rue hat sa bo di]
Friday	วันศุกร์ [wan suk]
Saturday	วันเสาร์ [wan sao]
Sunday	วันอาทิตย์ [wan a thit]

MONTHS เดือน

January	มกราคม [mok ka ra khom]
February	กุมภาพันธ์ [kum pha phan]
March	มีนาคม [mi na khom]
April	เมษายน [me sa yon]
May	พฤษภาคม [phrue sa pa khom]
June	มิถุนายน [mi thu na yon]
July	กรกฎาคม [ka ra ka da khom]
August	สิงหาคม [sing ha khom]
September	กันยายน [kan ya yon]
October	ตุลาคม [tu la khom]
November	พฤศจิกายน [phrue sa chi ka yon]
December	ธันวาคม [than wa khom]

THAI–ENGLISH
ไทย–อังกฤษ

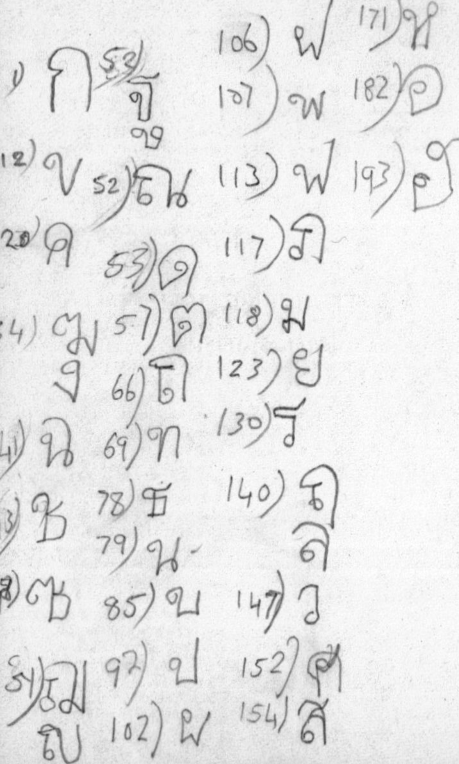

1) ก
12) ข
20) ค
34) ฆ
ง
41) ฉ
43) ช
48) ซ
50) ฌ
ญ

ฐ
ฒ
52) ณ
53) ด
57) ต
66) ถ
69) ท
78) ธ
79) น
85) บ
97) ป
102) ผ

106) ฝ
107) พ
113) ฟ
117) ภ
118) ม
123) ย
130) ร
140) ฤ
ล
147) ว
152) ศ
154) ส

171) ห
182) อ
193) ฮ

ก็ [ko] ถ้าไม่...ก็... [tha mai...ko...] *pron* either *(.. or)*

กก [kok] *n* ต้นไม้จำพวกอ้อหรือกก [ton mai cham phuak o rue kok] *n* reed

กงสุล [kong sun] *n* consul; สถานกงสุล [sa than kong sun] *n* consulate

กฎ [kot] *n* กฎจราจรว่าด้วยการใช้ทางหลวง [kod ja ra jon wa duai kan chai thang luang] *n* Highway Code; ฉันเสียใจมาก ฉันไม่รู้กฎข้อบังคับ [chan sia jai mak chan mai ru kot kho bang khap] I'm very sorry, I didn't know the regulations

กฎระเบียบ [kot ra biap] *n* regulation

กฎหมาย [kot mai] *n* law; ร่างกฎหมาย [rang kot mai] *n* bill *(legislation)*; การออกกฎหมาย [kan ok kot mai] *n* legislation; ที่ถูกกฎหมาย [thii thuk kot mai] *adj* legal

กด [kot] *v* press

กดขี่ [kot khi] กดขี่รังแก [kot khii rang kae] *v* bully

กดดัน [kot dan] *n* กดดันให้ทำ [kot dan hai tham] *v* pressure; ภาวะถูกกดดัน [pha wa thuk kot dan] *adj* stressed

กติกา [ka ti ka] การทำผิดกติกา [kan tham phit ka ti ka] *n* foul

ก้น [kan] *n* bottom, bum

กบ [kop] *n* frog; ลูกกบ [luk kop] *n* tadpole; กบไสไม้ [kop sai mai] *n* plane *(tool)*

กรกฎ [ko ra kot] *n* ราศีกรกฎ [ra si ko ra kot] *n* Cancer *(star sign)*

กรกฎาคม [ka ra ka da khom] เดือนกรกฎาคม [duean ka ra ka da khom] *n* July

กรง [krong] *n* cage

กรงเล็บ [krong lep] *n* claw

กรณี [ko ra ni] กรณีใด ๆ [ko ra nii dai dai] *adv* anyhow; คดี กรณี [kha di, ko ra nii] *n* case

กรด [krot] *n* acid

กรน [kron] *v* snore

กรมธรรม์ [krom ma than] กรมธรรม์ประกัน [krom ma than pra kan] *n* insurance policy

กรรไกร [kan krai] *npl* clippers, scissors; กรรไกรตัดเล็บ [kan krai tat lep] *npl* nail scissors

กรรเชียง [kan chiang] ท่าว่ายน้ำแบบตีกรรเชียง [tha wai nam baep ti kan chiang] *n* backstroke

กรรมกร [kam ma kan] *n* labourer

กรรมการ [kam ma kan] *n* referee; กรรมการตัดสิน [kam ma kan tat sin] *n* umpire; กรรมการผู้จัดการ [kam ma kan phu chat kan] *n* managing director

กรรมการผู้จัดการ [kam ma kan phu chat kan] กรรมการผู้จัดการที่นี่ชื่ออะไร? [kam ma kan phu jat kan thii nii chue a rai] What is the name of the managing director?

กรรมพันธุ์ [kam ma phan] เป็นกรรมพันธุ์ [pen kam ma phan] *adj* hereditary

กรวด [kruat] *n* pebble; ก้อนกรวด [kon kraut] *n* gravel; กรวดทราย [kraut sai] *n* grit

กรวย [kruai] *n* cone, funnel

กรอ [kro] กรอเทปกลับ [kro thep klap] *v* rewind

กรอก [krok] *v* fill in
กรอง [krong] *v* filter; เครื่องกรอง [khrueang krong] *n* filter; ที่กรอง [thii krong] *n* sieve
กรอบ [krop] *adj* crisp; กรอบรูป [krop rup] *n* frame; อย่างกรอบ [yang krop] *adj* crispy
กรอบรูป [krop rup] *n* picture frame
กระจก [kra chok] *n* mirror; กระจกสี [kra jok sii] *n* stained glass; กระจกหน้ารถ [kra jok na rot] *n* windscreen
กระจาย [kra chai] *vt* spread ▷ *n* การกระจาย [kan kra chai] *n* spread ▷ *adj* ซึ่งแพร่กระจายได้ [sueng phrae kra jai dai] *adj* contagious
กระจายเสียง [kra chai siang] เครื่องกระจายเสียง [khrueang kra jai siang] *n* loudspeaker; กระจายเสียง เผยแพร่ [kra jai siang phoei prae] *v* broadcast
กระชอน [kra chon] *n* colander
กระชับ [kra chap] *adj* compact; สั้นกระชับ [san kra chap] *adj* concise
กระเช้า [kra chao] กระเช้าไฟฟ้า [kra chao fai fa] *n* ski lift
กระซิบ [kra sip] *v* whisper
กระดาน [kra dan] *n* board *(wood)*; แผ่นกระดานหก [phaen kra dan hok] *n* seesaw; กระดานสีขาว [kra dan sii kao] *n* whiteboard
กระดานโต้คลื่น [kra dan to khluen] *n* surfboard; เล่นกระดานโต้คลื่น [len kra dan to khuen] *v* surf; การเล่นกระดานโต้คลื่น [kan len kra dan to khuen] *n* surfing; ผู้เล่นกระดานโต้คลื่น [phu len kra dan to khluen] *n* surfer
กระดาษ [kra dat] *n* paper; กระดาษเขียน [kra dat khian] *n* writing paper; กระดาษแข็ง [kra dat khaeng] *n* cardboard
กระดาษชำระ [kra dat cham ra] *n* toilet paper; ไม่มีกระดาษชำระ [mai mii kra dat cham ra] There is no toilet paper
กระดาษทิชชู [kra dat thit chu] *n* tissue *(paper)*
กระดุม [kra dum] *n* button; กระดุมข้อมือเสื้อเชิร์ต [kra dum kho mue suea shoet] *npl* cufflinks
กระดูก [kra duk] *n* bone; กระดูกเชิงกราน [kra duk choeng kran] *n* pelvis; กระดูกไหปลาร้า [kra duk hai pla ra] *n* collarbone; กระดูกสันหลัง [kra duk san lang] *n* backbone
กระดูกสันหลัง [kra duk san lang] *n* spine
กระเด็น [kra den] สาดกระเด็น [sat kra den] *v* splash
กระโดด [kra dot] *v* leap, jump; กีฬากระโดดค้ำถ่อ [ki la kra dot kham tho] *n* pole vault; กระโดดโลดเต้น [kra dot lot ten] *vt* skip; กระโดดสูง [kra dot sung] *n* high jump; ฉันจะไปกระโดดหน้าผาสูงได้ที่ไหน? [chan ja pai kra dot na pha sung dai thii nai] Where can I go bungee jumping?
กระต่าย [kra tai] *n* rabbit; กระต่ายป่า [kra tai pa] *n* hare
กระติก [kra tik] กระติกน้ำร้อนหรือน้ำเย็น [kra tik nam ron rue nam yen] *n* flask, Thermos®
กระตือรือร้น [kra tue rue ron] *adj* energetic, enthusiastic, keen ▷ *n* activity; ความกระตือรือร้น [khwam kra tue rue ron] *n* enthusiasm
กระตุ้น [tra tun] สิ่งกระตุ้น [sing kra tun] *n* incentive; กระตุ้นให้เกิดความรู้สึกในทางสวยงาม [kra tun hai koed khwam ru suk nai thang suai ngam] *adj* sensuous; ซึ่งกระตุ้นความรู้สึกทางเพศ [sueng kra tun khwam ru suk thang phed] *adj* erotic
กระถาง [kra thang] กระถางต้นไม้ [kra thang ton mai] *n* plant pot
กระโถน [kra thon] กระโถนสำหรับเด็กเล็ก [kra thon sam rap dek lek] *n* potty; คุณมีกระโถนเด็กไหม? [khun mii kra thon dek mai] Do you have a potty?
กระทบ [kra thop] *v* affect; ผลกระทบ [phon kra thop] *n* effect, impact
กระทรวง [kra suang] *n* ministry

(government)

กระท่อม [kra thom] *n* cottage, hut; กระท่อมที่ใกล้ที่สุดบนเขาอยู่ที่ไหน? [kra thom thii klai thii sud bon khao yu thii nai] Where is the nearest mountain hut?

กระทะ [kra tha] *n* pan; กระทะทอด [kra tha thot] *n* frying pan

กระทา [kra tha] นกกระทา [nok kra tha] *n* partridge

กระทำ [kra tham] *v* act; การกระทำ [kan kra tham] *n* act, action; การกระทำผิดกฎหมาย [kan kra tham pit kot mai] *n* offence

กระทืบ [kra thuep] กระทืบ เหยียบ [kra thuep, yiab] *vt* stamp

กระทุง [kra thung] นกกระทุง [nok kra thung] *n* pelican

กระเทียม [kra thiam] *n* garlic; มีกระเทียมอยู่ในนี้บ้างไหม? [mii kra thiam yu nai nii bang mai] Is there any garlic in it?

กระบวนการ [kra buan kan] กระบวนการเผาผลาญอาหาร [kra buan kan phao phlan a han] *n* metabolism

กระบอก [kra bok] กระบอกสูบ [kra bok sub] *n* cylinder

กระบอกฉีด [kra bok chit] *n* syringe

กระบองเพชร [kra bong phet] *n* cactus

กระบือ [kra bue] *n* buffalo

กระเบื้อง [kra bueang] *n* tile; กระเบื้องหินชนวน [kra bueang hin cha nuan] *n* slate; ที่ปูด้วยกระเบื้อง [thii pu duai kra bueang] *adj* tiled

กระป๋อง [kra pong] กระป๋องสเปรย์ [kra pong sa pre] *n* canister; ที่เปิดกระป๋อง [thii poet kra pong] *n* can-opener, tin-opener; ที่บรรจุในกระป๋อง [thii ban chu nai kra pong] *adj* canned

กระปุก [kra puk] กระปุกใส่สตางค์ที่เป็นรูปหมู [kra puk sai sa tang thii pen rup mu] *n* piggybank

กระเป๋า [kra pao] *n* pocket; เงินติดกระเป๋า [ngoen tit kra pao] *n* pocket money; สำนักงานที่เก็บกระเป๋าที่ถูกทิ้งไว้ [sam nak ngan thii kep kra pao thii thuk thing wai] *n* left-luggage office; กระเป๋า ถุง [kra pao, thung] *n* bag; กระเป๋าน้ำร้อน [kra pao nam ron] *n* hot-water bottle; ที่เรียกเก็บกระเป๋าเดินทาง [thii riak kep kra pao doen thang] *n* baggage reclaim

กระเป๋าสตางค์ [kra pao sa tang] ฉันทำกระเป๋าสตางค์หาย [chan tham kra pao sa tang hai] I've lost my wallet

กระโปรง [kra prong] *n* skirt; กระโปรงสั้น [kra prong san] *n* miniskirt; กระโปรงสั้นแค่เข่าจับจีบลายตาใส่ทั้งชายและหญิงในสก๊อตแลนด์ [kra prong san khae khao chap chip lai ta sai thang chai lae ying nai sa kot land] *n* kilt; กระโปรงชั้นในผู้หญิง [kra prong chan nai phu ying] *n* underskirt

กระพริบ [kra prip] กระพริบตา [kra phrip ta] *vi* blink

กระพือ [kra phue] กระพือปีก [kra phue piik] *v* flap

กระเพาะปัสสาวะ [kra pho pat sa wa] *n* bladder; โรคกระเพาะปัสสาวะ [rok kra phao pat sa wa] *n* cystitis

กระรอก [kra rok] *n* squirrel

กระวนกระวาย [kra won kra wai] *adj* nervous

กระสอบ [kra sop] *n* sack *(container)*

กระสับกระส่าย [kra sap kra sai] *adj* edgy

กระสา [kra sa] นกกระสา [nok kra sa] *n* heron; นกกระสา [nok kra sa] *n* crane *(bird)*

กระสุน [kra sun] *n* bullet; ที่ใส่กระสุน [thii sai kra sun] *n* magazine *(ammunition)*; ปลอกกระสุนปืน [plok kra sun puen] *n* cartridge

กระแส [kra sae] กระแสไฟ [kra sae fai] *n* current *(electricity)*; กระแสไฟดูด [kra sae fai dut] *n* electric shock; กระแสลม [kra sae lom] *n* draught

กระแสน้ำ [kra sae nam] มีกระแสน้ำไหม? [mii kra sae nam mai] Are there currents?

กระแสรายวัน [kra sae rai wan] บัญชี

กระแสรายวัน [ban chi kra sae rai wan] *n* current account
กระหายน้ำ [kra hai nam] ความกระหายน้ำ [khwam kra hai nam] *n* thirst; ที่กระหายน้ำ [thii kra hai nam] *adj* thirsty
กระโหลก [kra lok] กะโหลกศีรษะ [ka lok sii sa] *n* skull
กรัม [kram] น้ำหนักเป็นกรัม [nam nak pen kram] *n* gramme
กราฟ [krap] *n* graph
กราฟฟิก [krap fik] ภาพกราฟฟิก [phap kraf fik] *npl* graphics
กริ๊ก [krik] เสียงดังกริ๊ก [siang dang krik] *n* click; เกิดเสียงดังกริ๊ก [koet siang dang krik] *v* click
กริ่ง [kring] กริ่งประตู [kring pra tu] *n* doorbell
กริยา [ka ri ya] รูปกริยาที่ตั้งต้นด้วย [rup ka ri ya thii tang ton duai to] *n* infinitive
กรีก [krik] เกี่ยวกับแบบกรีกและโรมัน [kiao kap baep krik lae ro man] *adj* classical; แห่งประเทศกรีก [haeng pra tet krik] *adj* Greek; ชาวกรีก [chao kriik] *n* Greek *(person)*
กรีฑา [kri tha] การแข่งขันกรีฑาห้าประเภท [kan khaeng khan krii tha ha pra phet] *n* pentathlon
กรีด [krit] เขากรีดตัวเอง [khao krit tua eng] He has cut himself
กรีดร้อง [krit rong] *v* scream; การกรีดร้อง [kan krit rong] *n* scream
กรีนแลนด์ [krin laen] ประเทศกรีนแลนด์ [pra tet krin laen] *n* Greenland
กรุณา [ka ru na] *excl* please; คุณกรุณาพูดช้ากว่านี้ได้ไหม? [khun ka ru na phut cha kwa nii dai mai] Could you speak more slowly, please?; คุณกรุณาพูดดังกว่านี้ได้ไหม? [khun ka ru na phut dang kwa nii dai mai] Could you speak louder, please?; คุณกรุณาพูดย้ำอีกที ได้ไหม? [khun ka ru na phut yam ik thii dai mai] Could you repeat that, please?
กรุ๊ป [krup] กรุ๊ปทัวร์ [krup thua] *n* guided tour
กลไก [kon kai] กลไกการทำงานของเครื่องจักร [kon kai kan tham ngan khong khrueang chak] *n* mechanism
กลม [klom] *adj* round; รูปทรงกลม [rup song klom] *n* round *(series)*; ก้อนกลมเล็ก ๆ [kon klom lek lek] *n* pellet; อ้วนกลม [uan klom] *adj* chubby
กลยุทธ [kon la yut] เกี่ยวกับยุทธวิธีหรือกลยุทธ [kiao kap yut tha wi thi rue kon la yut] *adj* strategic
กล้วย [kluai] *n* banana
กล้วยไม้ [kluai mai] ต้นกล้วยไม้ [ton kluai mai] *n* orchid
กลวิธี [kon wi thi] *n* technique
กลอง [klong] *n* drum; กลองที่มีเสียงต่ำ [klong thii mii siang tam] *n* bass drum; คนตีกลอง [khon ti klong] *n* drummer
กล่อง [klong] *n* box; หีบ ลัง กล่อง [hip, lang, klong] *n* chest *(storage)*; กล่องใส่สายชนวน [klong sai sai cha nuan] *n* fuse box; กล่องใส่ดินสอ [klong sai din so] *n* pencil case
กล้อง [klong] เลนส์ของกล้องที่ขยายปรับภาพโดยรักษาโฟกัสเดิมไว้ [len khong klong thii kha yai prab phap doi rak sa fo kas doem wai] *n* zoom lens; โทรศัพท์ที่มีกล้องถ่ายรูปในตัว [tho ra sap thii mii klong thai rup nai tua] *n* camera phone; กล้องส่องทางไกล [klong song thang klai] *n* binoculars; กล้องฉันติดขัด [klong chan tit khat] My camera is sticking
กล้องจุลทรรศน์ [klong chun la that] *n* microscope
กล้องดิจิตัล [klong di chi tan] มีเมมเมอร์รี่การ์ดสำหรับกล้องดิจิตัลไหม? [mii mem moe ri kaat sam rap klong di gi tal mai] A memory card for this digital camera, please
กล้องวีดีโอ [klong wi di o] ขอเทปสำหรับกล้องวีดีโอได้ไหม? [kho thep sam rap klong wi di o dai mai] Can I have a tape

for this video camera, please?
กล้องส่องทางไกล [klong song thang klai] *n* telescope
กล่องเสียง [klong siang] โรคกล่องเสียงอักเสบ [rok klong siang ak sep] *n* laryngitis
กลอน [klon] กลอนหรือเพลงง่าย ๆ สำหรับเด็ก [klon rue pleng ngai ngai sam rup dek] *n* nursery rhyme; กลอนประตู [klon pra tu] *n* bolt
กล่อม [klom] เพลงร้องกล่อมเด็ก [phleng rong klom dek] *n* lullaby
กลอุบาย [kon u bai] ซึ่งมีกลอุบาย [sueng mii kon u bai] *adj* shifty
กลัดกลุ้ม [klat klum] *v* fret
กลั่น [klan] โรงกลั่น [rong klan] *n* refinery; โรงกลั่นน้ำมัน [rong klan nam man] *n* oil refinery; โรงงานต้มและกลั่นเหล้า [rong ngan tom lae klan lao] *n* brewery
กลั่นแกล้ง [klan klaeng] *v* pick on
กลับ [klap] กลับไป [klap pai] *v* go back; กลับไปสภาพเดิม [klap pai sa phap doem] *adv* back; กลับมา [klap ma] *v* come back, get back; เราควรกลับมาที่รถเมื่อไร? [rao khua klap ma thii rot muea rai] When should we be back on board?
กลัว [klua] *adj* afraid ▷ *v* fear; การกลัวที่อยู่ในที่แคบ [kan klua thii yu nai thii khaep] *adj* claustrophobic; ความกลัว [khwam klua] *n* fear; น่าสะพึงกลัว [na sa phueng klua] *adj* dreadful
กล้า [kla] *v* dare
กลาง [klang] ระหว่างกลาง [ra wang klang] *adj* intermediate; ขนาดกลาง [kha nat klang] *adj* medium-sized; ความเป็นกลาง [khwam pen klang] *n* neutral; คุณมีขนาดกลางไหม? [khun mii kha nat klang mai] Do you have a medium?
กลางคืน [klang khuen] *n* night; โรงเรียนในตอนเย็นหรือกลางคืน [rong rian nai ton yen rue klang khuen] *n* night school; กะกลางคืน [ka klang khuen] *n* nightshift; ชุดกลางคืน [chut klang khuen] *n* evening dress; ตอนกลางคืน [ton klang khuen] at night
กลางแจ้ง [klang chaeng] *adv* out-of-doors; ที่อยู่กลางแจ้ง [thii yu klang chaeng] *adj* outdoor
กลางวัน [klang wan] เวลากลางวัน [we la klang wan] *n* daytime; ฉันว่างตอนอาหารกลางวัน [chan wang ton a han klang wan] I'm free for lunch
กล้ามเนื้อ [klam nuea] *n* muscle; เกี่ยวกับกล้ามเนื้อ [kiao kap klam nuea] *adj* muscular; การชักกระตุกของกล้ามเนื้อ [kan chak kra tuk khong klam nuea] *n* spasm
กลายเป็น [klai pen] *v* become
กล่าว [klao] กล่าวถึง [klao thueng] *v* mention; บอกกล่าว [bok klao] *v* notify, state
กล่าวหา [klao ha] *v* accuse; การกล่าวหา [kan klao ha] *n* accusation; ข้อกล่าวหา [kho klao ha] *n* allegation, charge *(accusation)*; ซึ่งถูกกล่าวหา [sueng thuk klao ha] *adj* alleged
กล้าหาญ [kla han] *adj* brave, courageous, daring; ความกล้าหาญ [khwam kla han] *n* bravery, courage, nerve *(boldness)*
กล้ำกลืน [klam kluen] *vi* swallow
กลิ้ง [kling] *vi* roll
กลิ่น [klin] *n* odour, scent, smell; ได้กลิ่น [dai klin] *vt* smell; มีกลิ่น [mii klin] *adj* smelly; กลิ่นหอม [klin hom] *n* aroma; มีกลิ่นแปลก ๆ [mii klin plaek plaek] There's a funny smell
กลีบ [klip] กลีบดอกไม้ [klip dok mai] *n* pedal
กลืน [kluen] กลืน ดูดกลืน ฝืนทน [kluen, dut kluen, fuen thon] *vt* swallow; การกลืนน้ำลาย [kan kluen nam lai] *n* swallow
กลุ่ม [klum] *n* group; กลุ่ม สมาคม [klum, sa ma khom] *n* association; กลุ่ม หมู่

คณะ [klum, moo ka na] *n* collective; กลุ่ม พวง รวง เครือ [klum, phuang, ruang, khruea] *n* bunch; มีส่วนลดสำหรับกลุ่มต่าง ๆ หรือไม่? [mii suan lot sam rap klum tang tang rue mai] Are there any reductions for groups?
กลุ่มน้อย [klum noi] คนกลุ่มน้อย [khon klum noi] *n* minority
กลูโคส [klu khos] *n* glucose
ก๋วยเตี๋ยว [kuai tiao] เส้นก๋วยเตี๋ยว [sen kuai tiao] *npl* noodles
กว่า [kwa] เกินกว่า [koen kwa] *conj* than
กวาง [kwang] *n* deer; เนื้อกวาง [nuea kwang] *n* venison; กวางขนาดใหญ่แถบขั้วโลกเหนือ [kwang kha nat yai thaep khua lok nuea] *n* reindeer
กว้าง [kwang] *adj* broad, wide; ความกว้าง [khwam kwang] *n* width
กว้างขวาง [kwang khwang] *adj* extensive ▷ *adv* wide; อย่างกว้างขวาง [yang kwang khwang] *adv* extensively
กวาด [kwat] *v* sweep
กวี [ka wi] *n* poet
กษาปณ์ [ka sap] โรงกษาปณ์ [rong ka sap] *n* mint *(coins)*
ก่อกวน [ko kuan] การก่อกวน [kan ko kuan] *n* mischief
ก่อการจลาจล [ko kan cha la chon] *v* riot
ก่อการร้าย [ko kan rai] ลัทธิก่อการร้าย [lat thi ko kan rai] *n* terrorism; การถูกโจมตีจากผู้ก่อการร้าย [kan thuk chom ti chak phu ko kan rai] *n* terrorist attack; ผู้ก่อการร้าย [phu ko kan rai] *n* terrorist
กอง [kong] *n* heap, pile; กองระเกะระกะ [kong ra ke ra ka] *n* clutter; กองขึ้นมา [kong khuen ma] *n* pile-up; กองดิน [kong din] *n* drift
กองทัพ [kang thap] *n* army; กองทัพเรือ [kong thap ruea] *n* navy; กองทัพอากาศ [kong thap a kat] *n* Air Force
กองทุน [kong thun] *npl* funds
กอด [kot] *vt* hug; กอดด้วยความรักใคร่ [kot duai khwam ruk khrai] *v* cuddle ▷ *n* การกอด [kan kot] *n* hug; การกอดด้วยความรักใคร่ [kan kot duai khwam ruk kai] *n* cuddle
ก่อน [kon] *adv* before; เมื่อก่อนนี้ [muea kon nii] *adv* formerly; ก่อนเวลาที่กำหนดไว้ [kon we la thii kam not wai] *adj* early; ก่อนหน้านั้น [kon na nan] *adv* earlier; ก่อนห้าโมง [kon ha mong] before five o'clock
ก้อน [kon] *n* lump; ก้อนสต๊อค [kon sa tok] *n* stock cube; ก้อนกลมเล็ก ๆ [kon klom lek lek] *n* pellet
กอล์ฟ [kop] เป้ารองรับลูกกอล์ฟในการตี [pao rong rap luk kolf nai kan ti] *n* tee; ไม้ตีกอล์ฟ [mai ti kolf] *n* golf club *(game)*; สโมสรกอล์ฟ [sa mo son kolf] *n* golf club *(society)*; ฉันจะเล่นกอล์ฟได้ที่ไหน? [chan ja len kof dai thii nai] Where can I play golf?
กอลิลล่า [ko lil la] ลิงกอริลล่า [ling ko ril la] *n* gorilla
ก่อวินาศกรรม [ko wi nat sa kam] *v* sabotage; การก่อวินาศกรรม [kan ko wi nat sa kam] *n* sabotage
ก่อสร้าง [ko sang] การก่อสร้าง [kan ko sang] *n* construction; ช่างก่อสร้าง [chang ko sang] *n* builder; บริเวณที่ก่อสร้าง [bo ri wen thii ko sang] *n* building site
กะ [ka] กะกลางคืน [ka klang khuen] *n* nightshift
กะทันหัน [ka than han] อย่างกะทันหัน [yang ka than han] *adv* suddenly
กะรัต [ka rat] *n* carat
กะหล่ำ [ka lam] *n* cabbage; ลูกกะหล่ำเล็ก [luk ka lam lek] *npl* Brussels sprouts
กะหล่ำปลี [ka hlam pli] สลัดกะหล่ำปลีใส่มายองเนส [sa lat ka lam plii sai ma yong nes] *n* coleslaw
กักกัน [kak kan] สถานกักกันเพื่อป้องกันการแพร่ของเชื้อโรค [sa than kak kan phuea pong kan kan prae khong chuea rok] *n* quarantine
กักขัง [kak khang] ผู้ถูกกักขังในคุก [phu thuk kak khang nai khuk] *n* inmate

กังวล [kang won] *adj* concerned; เป็นห่วงกังวล [pen huang kang won] *adj* worried; ความกังวล [khwam kang won] *n* concern; ความวิตกกังวล [khwam wi tok kang won] *n* anxiety
กังหันลม [kang han lom] *n* windmill
กัญชา [kan cha] *n* cannabis, grass *(marijuana)*, marijuana
กัด [kat] *v* bite, sting; รอยกัด [roi kat] *n* bite; ฉันถูกกัด [chan thuk kat] I have been bitten
กันชน [kan chon] *n* bumper
กันน้ำ [kan nam] ที่กันน้ำได้ [thii kan nam dai] *adj* waterproof
กันเปื้อน [kan puean] ผ้ากันเปื้อนเด็ก [pha kan puean dek] *n* bib
กันย์ [kan] ราศีกันย์ [ra si kan] *n* Virgo; ราศีกันย์ [ra si kan] *n* Pisces
กันยายน [kan ya yon] เดือนกันยายน [duean kan ya yon] *n* September
กับ [kap] ร่วมกับ [ruam kap] *prep* with
กับข้าว [kap khao] *n* dish *(food)*; ตำรากับข้าว [tam ra kap khao] *n* recipe
กับดัก [kap dak] *n* trap
กัปตัน [kap tan] *n* captain
กัมพูชา [kam phu cha] เกี่ยวกับประเทศกัมพูชา [kiao kap pra thet kam phu cha] *adj* Cambodian; ชาวกัมพูชา [chao kam phu cha] *n* Cambodian *(person)*; ประเทศกัมพูชา [pra tet kam phu cha] *n* Cambodia
กัมมันตภาพรังสี [kam man ta phap rang si] เกี่ยวกับกัมมันตภาพรังสี [kiao kap kam man ta phap rang sii] *adj* radioactive
กัวเตมาลา [kua te ma la] ประเทศกัวเตมาลา [pra tet kua te ma la] *n* Guatemala
กา [ka (kaa)] กาต้มน้ำ [ka tom nam] *n* kettle; กาน้ำชา [ka nam cha] *n* teapot; นกกา [nok ka] *n* crow
กางเกง [kang keng] *npl* trousers; สายโยงกางเกง [sai yong kang keng] *npl* braces; สายที่แขวนกางเกง [sai thii khwaen kang keng] *npl* suspenders; กางเกงในสตรี [kang keng nai sa tree] *npl* knickers
ก๊าซ [kas] *n* gas; ก๊าซที่บรรจุในภาชนะเล็ก ๆ ใช้เมื่อไปตั้งแคมป์ [kas thii ban chu nai pha cha na lek lek chai muea pai tang khaem] *n* camping gas; ก๊าซธรรมชาติ [kas tham ma chat] *n* natural gas
กาตาร์ [ka ta] ประเทศกาตาร์ [pra tet ka ta] *n* Qatar
ก้าน [kan] ก้านโลหะที่ใช้ตรวจว่ามีน้ำมันอยู่ในแท็งค์เท่าไหร่ [kan lo ha thii chai truat wa mii nam man yu nai thaeng thao rai] *n* dipstick
กานพลู [kan phlu] *n* clove
กานา [ka na] เกี่ยวกับชาวกานา [kiao kap chao ka na] *adj* Ghanaian; ชาวกานา [chao ka na] *n* Ghanaian; ประเทศกานา [pra tet ka na] *n* Ghana
กาบอน [ka bon] ประเทศกาบอน [pra tet ka bon] *n* Gabon
กาฝาก [ka fak] ไม้จำพวกกาฝากขึ้นตามต้นไม้ [mai cham phuak ka fak khuen tam ton mai] *n* mistletoe
กาแฟ [ka fae] *n* coffee; เมล็ดกาแฟ [ma let ka fae] *n* coffee bean; โต๊ะกาแฟ [to ka fae] *n* coffee table; ร้านกาแฟ [ran ka fae] *n* café; ขอกาแฟหนึ่งที่ [kho ka fae nueng thii] A coffee, please
กายกรรม [kai ya kam] นักกายกรรม [nak kai ya kam] *n* acrobat
กายบริหาร [kai bo ri han] *npl* gymnastics; นักกายบริหาร [nak kai bo ri han] *n* gymnast
กายภาพบำบัด [kai ya phap bam bat] การทำกายภาพบำบัด [kan tham kai ya phap bam bat] *n* physiotherapy; นักกายภาพบำบัด [nak kai ya phap bam bat] *n* physiotherapist
การ [kan] การเลือกตั้ง [kan lueak tang] *n* election; การศึกษา [kan suek sa] *n* education
การกระทำ [kan kra tham] ผลของการกระทำ [phon khong kan kra tham] *npl*

repercussions
การแข่งขัน [kan khaeng khan] การแข่งขันกีฬารอบรองชนะเลิศ [kan khaeng khan ki la rop rong cha na loet] *n* semifinal
การโฆษณาชวนเชื่อ [kan kho sa na chuan chuea] *n* propaganda
การเงิน [kan ngoen] *n* finance; เกี่ยวกับการเงิน [kiao kap kan ngoen] *adj* fiscal; ทางการเงิน [thang kan ngoen] *adj* financial
การ์ด [kat] การ์ดบันทึกความจำของคอมพิวเตอร์ [kat ban thuek khwam cham khong khom pio toe] *n* memory card; ขอการ์ดโทรศัพท์หนึ่งใบ [kho kat tho ra sap nueng bai] A phonecard, please; ฉันใช้การ์ดเบิกเงินสดที่เครื่องเบิกเงินได้ไหม? [chan chai kaat boek ngoen sot thii khrueang boek ngoen dai mai] Can I use my card with this cash machine?
การเดินทาง [kan doen thang] ฉันไม่มีประกันการเดินทาง [chan mai mii pra kan kaan doen thang] I don't have travel insurance
การ์ตูน [ka tun] *n* cartoon; หนังสือการ์ตูน [nang sue ka tun] *n* comic strip
การแต่งกาย [kan taeng kai] มีแบบอย่างการแต่งกายหรือไม่? [mii baep yang kan taeng kai rue mai] Is there a dress code?
การนำกลับมาใช้อีก [kan nam klap ma chai ik] *n* recycling
การบ้าน [kan ban] *n* homework
การประท้วง [kan pra thuang] เพราะมีการประท้วง [khro mii kan pra thuang] because of a strike
การเมือง [kan mueang] หลักการและข้อคิดเห็นทางการเมือง [lak kan lae kho kit hen thang kan mueang] *npl* politics; ที่เกี่ยวกับพรรคการเมืองหรือรัฐบาล [thii kiao kap phak kan mueang rue rat tha ban] *adj* political; นักการเมือง [nak kan mueang] *n* politician
การศึกษา [kan suek sa] ใบรับรองผลการศึกษา [bai rap rong phon kan suek sa] *n* transcript; การศึกษาผู้ใหญ่ [kan suek sa phu yai] *n* adult education; ปีการศึกษา [pi kan suek sa] *n* academic year
การแสดง [kan sa daeng] *n* showing; การแสดงการขี่ม้าวิ่งข้ามสิ่งกีดขวาง [kan sa daeng kan khi ma wing kham sing kit khwang] *n* show-jumping
การหยุดชะงัก [kan yut cha ngak] *n* hold-up
กรุณา [ka ru na] ความเมตตากรุณา [khwam met ta ka ru na] *n* kindness
กาว [kao] *n* glue
ก้าว [kao] *n* step; ก้าวเดิน [kao doen] *n* footstep, pace
ก้าวร้าว [kao rao] *adj* aggressive
ก้าวหน้า [kao na] *v* advance; ความก้าวหน้า [khwam kao na] *n* advance, progress; ทำให้เจริญก้าวหน้า [tham hai cha roen kao na] *v* bring forward
กำกับ [kam kap] กำกับดูแลโดยรัฐ [kam kap du lae doi rat] *v* nationalize
กำจัด [kam chat] คุณกำจัดคราบนี้ได้ไหม? [khun kam chat khrap nii dai mai] Can you remove this stain?
กำเนิด [kam noet] จุดกำเนิด [chut kam noet] *n* origin; ที่เป็นมาโดยกำเนิด [thii pen ma doi kam noet] *adj* born; ทำให้กำเนิดมาจากเซลล์เดียวกัน [tham hai kam noet ma chak sel diao kan] *v* clone
กำบัง [kam bang] หลบ กำบัง ป้องกัน ปกปิดเหมือนกับมีฉากกั้น [lop, kam bang, pong kan, pok pit muean kap mii chak kan] *v* screen (off); ที่กำบัง [thii kam bang] *n* shelter
กำปั้น [kam pan] *n* fist
กำพร้า [kam phra] ลูกกำพร้า [luk kam phra] *n* orphan
กำแพง [kam phaeng] *n* wall
กำมะหยี่ [kam ma yi] ผ้ากำมะหยี่ [pha kam ma yi] *n* velvet
กำเริบ [kam roep] อาการที่โรคกำเริบอีก [a kan thii rok kam roep ik] *n* relapse
กำไร [kam rai] ได้กำไร [dai kam rai] *vt*

gain; มีกำไรงาม [mii kam rai ngam] *adj* lucrative; ที่ได้ผลกำไร [thii dai phon kam rai] *adj* profitable
กำลัง [kam lang] *n* force; กำลังคน [kam lang kon] *n* manpower; กำลังดำเนินอยู่ [kam lang dam noen yu] *dv* on; อย่างมีกำลัง [yang mii kam lang] *adv* strongly
กำลังใจ [kam lang chai] *n* morale; ให้กำลังใจ [hai kam lang jai] *v* encourage; หมดกำลังใจ [mot kam lang jai] *adj* depressing; การให้กำลังใจ [kan hai kam lang jai] *n* encouragement
กำหนด [kam not] กำหนดการเดินทาง [kam not kan doen thang] *n* itinerary; ขายก่อนหมดวันที่กำหนด [khai kon mot wan thii kam nod] *n* sell-by date; ถึงกำหนด [thueng kam not] *adj* due
กำหนดการ [kam not kan] *n* agenda
กิจกรรม [kit cha kam] ในระหว่างเวลาที่มีกิจกรรมน้อย [nai ra wang we la thii mii kit cha kam noi] *adv* off-season; ที่มีกิจกรรมที่เกิดขึ้นน้อย [thii mii kit cha kam thii koet khuen noi] *adj* off-season; วันหยุดท่องเที่ยวที่มีกิจกรรม [wan yut thong thiao thii mii kit cha kam] *n* activity holiday; มีกิจกรรมกลางแจ้งอะไรบ้าง? [mii kit cha kam klang chaeng a rai bang] What outdoor activities are there?
กิจวัตร [kit cha wat] กิจวัตรประจำ [kit ja wat pra cham] *n* routine
กิน [kin] ซึ่งกินได้ [sueng kin dai] *adj* edible; มีที่กินอาหารบนเรือไหม? [mii thii kin a han bon ruea mai] Is there somewhere to eat on the boat?; คุณอยากกินอะไรไหม? [khun yak kin a rai mai] Would you like something to eat?
กินี [ki ni] ประเทศกินี [pra tet ki ni] *n* Guinea
กิ๊บ [kip] กิ๊บติดผม [kip tit phom] *n* hairgrip
กิโล [ki lo] *n* kilo
กิโลเมตร [ki lo met] *n* kilometre; ตัวย่อของกิโลเมตรต่อชั่วโมง [tua yo khong ki lo met to chau mong] *abbr* km/h
กี่ [ki] มีสถานีจอดกี่แห่งที่จะไป... [mii sa tha ni jot ki haeng thii ja pai...] How many stops is it to...?; รถโดยสารคันสุดท้ายมากี่โมง? [rot doi san khan sut thai ma ki mong] What time is the last bus?
กีดกัน [kit kan] การกีดกันทางเพศ [kan kit kan thang phet] *n* sexism
กีดกั้น [kit kan] เครื่องกีดกั้นที่ต้องแสดงตั๋วก่อนผ่านเข้าไป [khrueang kit kan thii tong sa daeng tua kon phan khao pai] *n* ticket barrier
กีดขวาง [kit khwang] *v* block; สิ่งกีดขวาง [sing kit khwang] *n* barrier, block *(obstruction)*; ที่กีดขวาง [thii kit khwang] *adj* blocked
กีตาร์ [ki ta] *n* guitar
กีวี [ki wi] ผลกีวี [phon ki wi] *n* kiwi
กีฬา [ki la] *n* sport; ในด้านกีฬา [nai dan ki la] *adj* athletic; กีฬาเล่นโดยใช้ลูกบอลโยนกับกำแพง [ki la len doi chai luk bal yon kap kam phaeng] *n* handball; กีฬาเน็ตบอลมีสองทีม ๆ ละเจ็ดคน [ki la net bal mii song thim thim la chet kon] *n* netball; มีอุปกรณ์กีฬาอะไรบ้าง? [mii up pa kon ki la a rai bang] What sports facilities are there?
กุ้ง [kung] *n* prawn, shrimp; กุ้งชนิดหนึ่งคล้ายกุ้งก้ามกราม [kung cha nit nueng khlai kung kam kram] *n* crayfish; กุ้งชุบแป้งทอด [kung chup paeng thot] *npl* scampi; กุ้งทะเลขนาดใหญ่ [kung tha le kha nat yai] *n* lobster
กุญแจ [kun chae] *n* key *(for lock)*, lock *(door)*; ใส่กุญแจ [sai kun jae] *vt* lock; ไขกุญแจ [khai kun jae] *v* unlock; กุญแจเลื่อน [kun jae luean] *n* spanner; ใส่กุญแจประตูไม่ได้ [sai kun jae pra tu mai dai] The door won't lock
กุมภ์ [khum] ราศีกุมภ์ [ra si kum] *n* Aquarius
กุมภาพันธ์ [kum pha phan] เดือนกุมภาพันธ์ [duean kum pha phan] *n* February
กุศล [ku son] ร้านการกุศล [ran kan ku

son] *n* charity shop; การกุศล [kan ku son] *n* charity
กุหลาบ [ku lap] ต้นกุหลาบ [ton ku lap] *n* rose
กู้ [ku] เงินกู้ [ngoen ku] *n* loan
กูยานา [ku ya na] ประเทศกูยานา [pra tet ku ya na] *n* Guyana
เกณฑ์ [ken] *n* criterion
เก็บ [kep] *v* stock, store, keep; เรียกเก็บเงิน [riak kep ngoen] *vt* charge *(price)*; เก็บเงิน [kep ngoen] *v* save up; เก็บไว้ที่เดิม [kep wai thii doem] *v* put back; ขอฉันเก็บไว้ได้ไหม? [kho chan kep wai dai mai] May I keep it?
เก็บเกี่ยว [kep kiao] *v* harvest; การเก็บเกี่ยว [kan kep kiao] *n* harvest
เกม [kem] เกมโดมิโน [kem do mi no] *npl* domino, dominoes; เกมบิงโก [kem bing ko] *n* bingo
เกมส์ [kem] *n* game; เกมส์คอมพิวเตอร์ [kem khom phio toe] *n* computer game, PlayStation®; เกมส์ที่เล่นบนกระดาน [kem thii len bon kra dan] *n* board game; เกมส์พนันรูเลทท์ [kem pha nan ru let] *n* roulette
เกราะ [kro] เสื้อเกราะ [suea kro] *n* armour
เกรียง [kriang] *n* trowel
เกรียม [kriam] เกรียมจากการถูกแดดมากเกินไป [kriam chak kan thuk daet mak koen pai] *adj* sunburnt; ผิวเกรียมจากการถูกแดดมากเกินไป [phio kriam chak kan thuk daet mak koen pai] *n* sunburn
เกรี้ยวกราด [kriao krat] การมีอารมณ์เกรี้ยวกราด [kan mii a rom kriao krat] *n* tantrum
เกเร [ke re] *adj* mischievous
เกล็ด [klet] *n* scale *(tiny piece)*
เกล็ดหิมะ [klet hi ma] *n* snowflake
เกลียด [kliat] *v* hate; ความเกลียด [khwam kliat] *n* hatred; ฉันเกลียด... [chan kliat...] I hate...
เกลียดชัง [kliat chang] *v* loathe
เกลียว [kliao] แป้นเกลียวของสลัก [paen kliao khong sa lak] *n* nut *(device)*; คลายเกลียว [khlai kliao] *v* unscrew
เกลือ [kluea] *n* salt; ช่วยส่งเกลือให้หน่อย [chuai song kluea hai noi] Pass the salt, please
เกวียน [kwian] เกวียน รถเข็น [kwian, rot khen] *n* cart
เกษตรกรรม [ka set tra kam] การเกษตรกรรม [kan ka set tra kam] *n* agriculture, farming; ที่เกี่ยวกับเกษตรกรรม [thii kiao kap ka set tra kam] *adj* agricultural
เกษียณ [ka sian] *v* retire; คนชราเกษียณผู้รับบำนาญ [khon cha ra ka sian phu rap bam nan] *n* old-age pensioner; ฉันเกษียนแล้ว [chan ka sian laeo] I'm retired
เกสร [ke son] ละอองเกสรดอกไม้ [la ong ke son dok mai] *n* pollen
เก่า [kao] มองดูเก่า [mong du kao] *adj* shabby; ซึ่งใช้จนเก่า [sueng chai chon kao] *adj* worn
เก้า [kao] *number* nine; ลำดับที่เก้า [lam dap thii kao] *n* ninth; ที่เก้า [thii kao] *adj* ninth
เก่าแก่ [kao kae] โบราณ แบบดั้งเดิม แบบเก่าแก่ [bo ran, baep dang doem, baep kao kae] *adj* traditional
เกาลัด [kao lat] ลูกเกาลัด [luk kao lat] *n* chestnut
เก้าสิบ [kao sip] *number* ninety
เกาหลี [kao li] เกี่ยวกับเกาหลี [kiao kap kao lii] *adj* Korean; เกาหลีเหนือ [kao lii nuea] *n* North Korea; ชาวเกาหลี [chao kao lii] *n* Korean *(person)*
เกาหลีใต [kao hli tai] ประเทศเกาหลีใต้ [pra tet kao lii tai] *n* South Korea
เก้าอี้ [kao i] *n* chair *(furniture)*; เก้าอี้เข็นสำหรับคนป่วยหรือคนพิการ [kao ii khen sam rap khon puai rue khon phi kan] *n* wheelchair; เก้าอี้เด็ก [kao ee dek] *n* highchair; เก้าอี้โยก [kao ii yok] *n* rocking chair; คุณมีเก้าอี้สำหรับเด็กไหม? [khun mii kao ii sam rap dek mai] Do you have a high chair?

เกาะ [ko] *n* island; เกาะมาดากัสการ์ใน มหาสมุทรอินเดีย [ko ma da kas ka nai ma ha sa mut in dia] *n* Madagascar; เกาะกลางทะเลทราย [ko klang tha le sai] *n* desert island; เกาะตาฮิติทางตอนใต้ของ มหาสมุทรแปซิฟิก [ko ta hi ti thang ton tai khong ma ha sa mut pae si fik] *n* Tahiti

เกิด [koet] เริ่ม ลงมือ ทำให้เกิด [roem, long mue, tham hai koet] *vi* start; เกิดซ้ำ ๆ [koet sam sam] *adj* recurring; แรกเกิด [raek koet] *adj* newborn; เกิดอะไรขึ้น? [koet a rai khuen] What happened?

เกิดขึ้น [koet khuen] *v* happen, occur; เกิดขึ้นตลอดเวลา [koet khuen ta lot we la] *adv* constantly; ไม่น่าจะเกิดขึ้น [mai na ja koet khuen] *adj* unlikely; สิ่งที่เกิด ขึ้นหรือทำขึ้นเพียงครั้งเดียว [sing thii koet khuen rue tham khuen phiang khrang diao] *n* one-off; เกิดขึ้นเมื่อไร? [koet khuen muea rai] When did it happen?

เกิน [koen] จำนวนที่เกิน [cham nuan thii koen] *n* surplus; ซึ่งมากเกินความจำเป็น [sueng mak koen khwam cham pen] *adj* excessive

เกินไป [koen pai] มันเล็กเกินไป [man lek koen pai] It's too small; มันใหญ่เกินไป [man yai koen pai] It's too big; มี...ในนี้ มากเกินไป [mii...nai nii mak koen pai] There's too much... in it

เกียจคร้าน [kiat khran] *adj* idle

เกียร์ [kia] *n* gear *(equipment)*; เกียร์รถ [kia rot] *n* gear *(mechanism)*; กระปุกเกียร์ [kra puk kia] *n* gear box, gear stick; การ เปลี่ยนเกียร์ [kan plian kia] *n* gearshift; เกียร์ไม่ทำงาน [kia mai tham ngan] The gears are not working, The gears don't work

เกียรติ [kiat] ความมีเกียรติ [khwam mii kiat] *n* dignity

เกียรติยศ [kiat ti yot] *adj* glorious ▷ *n* honour

เกี่ยวกับ [kiao kap] *prep* about, concerning, regarding; เกี่ยวกับ เครื่องจักรกล [kiao kap khrueang chak kon] *adj* mechanical; คุณมีใบปลิวเกี่ยว กับ...บ้างไหม? [khun mii bai plio kiao kap...bang mai] Do you have any leaflets about...?

เกี่ยวข้อง [kiao khong] เลือกที่จะไม่ เกี่ยวข้องด้วย [lueak thii ja mai kiao khong duai] *v* opt out; ไม่เกี่ยวข้องกัน [mai kiao khong kan] *adj* irrelevant; ความเกี่ยวข้องกันของสิ่งของหรือบุคคล [khwam kiao khong kan khong sing khong rue buk kon] *n* relation

เกี่ยวเนื่อง [kiao nueang] ที่เกี่ยวเนื่อง [thii kiao nueang] *adj* associate

เกี้ยวพาราสี [kiao pha ra si] *v* flirt

เกือก [kueak] เกือกม้า [kueak ma] *n* horseshoe

เกือบ [kueap] *adv* nearly; เกือบจะไม่ [kueap ja mai] *adv* hardly

เกือบจะ [kueap cha] *adv* almost

เกือบไม่พอ [kueap mai pho] *adv* barely

แก [kae] *adj* old; แก่กว่า [kae kwa] *adj* elder; แก่ที่สุด [kae thii sut] *adj* eldest

แก้ [kae] *v* undo; แก้ห่อออก [kae ho ok] *v* unwrap; แก้ปัญหา [kae pan ha] *v* solve; แก้ปัญหา [kae pan ha] *v* settle

แก้ไข [kae khai] เปลี่ยนแปลงแก้ไข [plian plaeng kae khai] *v* modify; แก้ไขให้ถูก ต้อง [kae khai hai thuk tong] *v* correct; แก้ไขให้ถูกต้อง [kae khai hai thuk tong] *v* rectify

แกง [kaeng] *n* curry; เครื่องแกงที่เป็นผง [khrueang kaeng thii pen phong] *n* curry powder

แก๊สน้ำตา [kaet nam ta] *n* teargas

แก้ตัว [kae tua] *v* defend, excuse; ข้อ แก้ตัว [kho kae tua] *n* excuse

แกน [kaen] แกน เพลา [kaen, phlao] axle

แก้ผ้า [khae pha] *v* strip

แก้ม [kaem] *n* cheek; โหนกแก้ม [nok kaem] *n* cheekbone; ครีมหรือแป้งสีทา แก้ม [khrim rue paeng sii tha kaem] *n* blusher

แกมเบีย [kaem bia] ประเทศแกมเบีย [pra

tet kaem bia] *n* Gambia
แกรนิต [krae nit] หินแกรนิต [hin krae nit] *n* granite
แกล้ง [klaeng] *v* pretend; แกล้งตั้งใจทำ [klaeng tang jai tham] *v* bluff; การแกล้งตั้งใจทำบางสิ่ง [kan klaeng tang jai tham bang sing] *n* bluff
แก้ว [kaeo] *n* glass; แก้วเจียรนัย [kaew chia ra nai] *n* crystal; แก้วไวน์ [kaew wine] *n* wineglass; ฉันขอแก้วสะอาดหนึ่งใบได้ไหม? [chan kho kaew sa aat nueng bai dai mai] Can I have a clean glass, please?
แกว่ง [kwaeng] *vi* swing; แกว่งไปมา [kwaeng pai ma] *v* sway; โยก แกว่ง เขย่า [yok, kwaeng, kha yao] *v* rock; การแกว่งไปมา [kan kwaeng pai ma] *n* swing
แกะ [kae] *n* lamb, sheep; เนื้อแกะ [nuea kae] *n* mutton; แกะตัวเมียที่โตเต็มที่ [kae tua mia thii to tem thii] *n* ewe; หนังแกะ [nang kae] *n* sheepskin
แกะสลัก [kae sa lak] *vt* carve
แก้แค้น [kae khaen] การแก้แค้น [kan kae khaen] *n* revenge
โกโก้ [ko ko] ผงโกโก้ [phong ko ko] *n* cocoa
โกง [kong] โกงกิน [kong kin] *adj* bent *(dishonest)*; การโกง [kan kong] *n* fraud; การโกง การหลอกลวง การต้มตุ๋น [kan kong, kan lok luang, kan tom tun] *n* rip-off
โกดัง [ko dang] โกดังสินค้า [ko dang sin ka] *n* warehouse
โกน [kon] *v* shave; โฟมโกนหนวด [fom kon nuat] *n* shaving foam; ไม่โกนหนวดเครา [mai kon nuat khrao] *adj* unshaven; ครีมโกนหนวด [khrim kon nuat] *n* shaving cream
โกรธ [krot] *adj* angry, furious, mad *(angry)*; โกรธง่าย [krot ngai] *adj* irritable; โกรธฉุนเฉียว [krot chun chiao] *adj* cross; ความโกรธ [khwam krot] *n* anger
โกลาหล [ko la hon] ความยุ่งเหยิง ความโกลาหล สถานการณ์สับสนวุ่นวาย [khwam yung yoeng, khwam ko la hon, sa than na kan sap son wun wai] *npl* shambles
โกหก [ko hok] *v* lie, lie down; การโกหก [kan ko hok] *n* lie; คนโกหก [khon ko hok] *n* liar
โกหร่าน [ko ha ran] คัมภีร์โกหร่าน [kham phii ko ran] *n* Koran
ใกล้ [klai] *adj* close, near ▷ *adv* about; ในระยะเวลาอันใกล้ [nai ra ya we la an klai] *adv* near; อยู่ใกล้ [yu klai] *adj* close by; ฉันจะไปสถานีรถไฟใต้ดินที่ใกล้ที่สุดได้อย่างไร? [chan ja pai sa tha ni rot fai tai din thii klai thii sut dai yang rai] How do I get to the nearest tube station?
ใกล้เคียง [klai khiang] *adv* nearby; บริเวณใกล้เคียง [bo ri wen klai khiang] *n* vicinity; บริเวณที่ใกล้เคียง [bo ri wen thii klai khiang] *n* proximity
ใกล้ชิด [klai chit] *adj* intimate; อย่างใกล้ชิด [yang klai chit] *adv* closely
ไก่ [kai] *n* chicken; แม่ไก่ [mae kai] *n* hen; ไก่ตัวผู้ [kai tua phu] *n* cock; ไก่ที่มีอายุน้อยกว่าหนึ่งปี [kai thii mii a yu noi kwa nueng pi] *n* cockerel
ไก่งวง [kai nguang] *n* turkey
ไกด์ [kait] ไกด์พาเที่ยวเริ่มเวลาเท่าไร? [kai pha thiao roem we la thao rai] What time does the guided tour begin?; มีไกด์ทัวร์เป็นภาษาอังกฤษไหม? [mii kai tua pen pha sa ang krit mai] Is there a guided tour in English?; มีไกด์ที่พูดภาษาอังกฤษไหม? [mii kai thii phut pha sa ang] Is there a guide who speaks English?
ไกล [klai] *adj* remote ▷ *adv* far; ไกลกว่า [klai kwa] *adv* further; ห่างไกล [hang klai] *adv* distant, far; ความห่างไกล [khwam hang klai] *n* distance; ป้ายรถโดยสารอยู่ไกลแค่ไหน? [pai rot doi san yu klai khae nai] How far is the bus stop?

ข

ขจัด [kha chat] *v* eliminate
ขณะ [kha na] ในขณะนั้น [nai kha na nan] *adv* then; ชั่วขณะหนึ่ง [chua kha na nueng] *n* while
ขณะที่ [kha na thi] *adv* meanwhile ▷ *conj* while; เมื่อหรือขณะที่ [muea rue kha na thii] *conj* when; ขณะที่ ดังที่ เนื่องจาก [kha na thii, dang thii, nueang chak] *conj* as
ขน [khon] เต็มไปด้วยขน [tem pai duai khon] *adj* hairy; ขนนก [khon nok] *n* feather
ขนม [kha nom] ขนมเค้ก [kha nom khek] *n* cake; ขนมแพนเค้ก [kha nom phaen khek] *n* pancake; ขนมแอปเปิ้ลพาย [kha nom ap poen phai] *n* apple pie
ขนมปัง [kha nom pang] *n* bread; เครื่องปิ้งขนมปัง [khrueang ping kha nom pang] *n* toaster; ร้านขายขนมปัง [ran khai kha nom pang] *n* bakery; ก้อนขนมปัง [kon kha nom pang] *n* loaf; คุณอยากได้ขนมปังไหม? [khun yak dai kha nom pang mai] Would you like some bread?
ขนลุก [khon luk] *npl* goose pimples
ขนส่ง [khon song] *v* transport, carry; สินค้าที่ขนส่ง [sin kha thii khon song] *n* freight; การขนส่ง [kan khon song] *n* transit, transport; การขนส่งมวลชน [kan khon song muan chon] *n* public transport
ขนสัตว์ [khon sat] *n* fur; เสื้อผ้าที่ทำจากขนสัตว์ [suea pha thii tham chak khon sat] *npl* woollens; ขนสัตว์ เช่น ขนแกะและสัตว์อื่น ๆ [khon sat chen khon kae lae sat uen uen] *n* wool; ขนสัตว์นุ่มที่ได้จากแพะ [khon sat num thii dai chak phae] *n* cashmere
ขนาด [kha nat] *n* size; การวัดขนาด [kan wat kha nat] *n* dimension; ขนาดกลาง [kha nat klang] *adj* medium-sized; ฉันขนาดเบอร์สิบหก [chan kha nat boe sip hok] I'm a size 16
ขนาน [kha nan] *adj* parallel
ขบขัน [khop khan] ความขบขัน [khwam khop khan] *n* fun; ตลกขบขัน [ta lok khop khan] *adj* humorous
ขบวน [kha buan] ขบวนแห่ [kha buan hae] *n* parade; ขบวนที่เคลื่อนที่ไป [kha buan thii khluean thii pai] *n* procession
ขม [khom] *adj* bitter
ขมขื่น [khom khuen] รู้สึกขมขื่น [ru suk khom khuen] *v* resent; ความรู้สึกโกรธและขมขื่น [khwam ru suek krot lae khom khuen] *n* venom
ข่มขืน [khom khuen] *n* rape *(sexual attack)* ▷ *v* rape; คนที่ข่มขืน [khon thii khom khuen] *n* rapist; ฉันถูกข่มขืน [chan thuk khom khuen] I've been raped
ข่มขู่ [khom khu] ข่มขู่คุกคาม [khom khu khuk kham] *v* intimidate; คนข่มขู่เพื่อชิงทรัพย์ [khon khom khu phuea ching sap] *n* mugger
ข่มใจ [khom chai] การข่มใจตัวเอง [kan khom jai tua eng] *n* self-control
ข่มเหง [khom heng] *v* abuse; การข่มเหง [kan khom heng] *n* abuse
ขมิ้น [kha min] *n* cumin

ขโมย [kha moi] *n* burglar, thief; เครื่องกันขโมย [khrueang kan kha moi] *n* burglar alarm; การลักขโมยของในร้าน [kan lak ka moi khong nai ran] *n* shoplifting; การขโมยเอกลักษณ์ [kan kha moi ek ka lak] *n* identity theft

ขยะ [kha ya] *n* garbage, litter, refuse, rubbish; ขยะไปรษณีย์อิเล็กทรอนิกส์ [kha ya prai sa nii i lek thro nik] *n* spam; คนเก็บขยะ [khon kep kha ya] *n* dustman; ตะกร้าใส่ขยะ [ta kra sai kha ya] *n* wastepaper basket; เราจะทิ้งขยะได้ที่ไหน? [rao ja thing kha ya dai thii nai] Where do we leave the rubbish?

ขยะแขยง [kha ya kha yaeng] ซึ่งน่าขยะแขยง [sueng na kha ya kha yaeng] *adj* disgusted; ที่ทำให้ขยะแขยง [thii tham hai kha ya kha yaeng] *adj* horrifying; น่าขยะแขยง [na kha ya kha yaeng] *adj* repulsive

ขยับ [kha yap] ย้าย ขยับ [yai, kha yap] *vi* move; เขาขยับขาไม่ได้ [khao kha yap kha mai dai] He can't move his leg

ขยับเขยื้อน [kha yap kha yuean] อุปกรณ์ต่าง ๆ ในรถขยับเขยื้อนไม่ได้ [up pa kon tang tang nai rot kha yap kha yuean mai dai] The controls have jammed

ขยาย [kha yai] เครื่องขยายเสียง [khrueang kha yai siang] *n* amplifier; การขยาย [kan kha yai] *n* enlargement; การขยายออก [kan kha yai ok] *n* extension

ขยิบตา [kha yip ta] *v* wink

ขยี้ [kha yi] ขยี้ให้ดับ [kha yii hai dab] *v* stub out

ขรุขระ [khru khra] *adj* bumpy

ขลิบ [khlip] *v* trim

ขลุ่ย [khlui] *n* flute

ขวด [khuat] *n* bottle, jar; สว่านเปิดจุกขวด [sa wan poet chuk khaut] *n* corkscrew; ขวดแยม [khaut yaem] *n* jam jar; ขวดชนิดหนึ่งที่ใส่น้ำดื่มหรือไวน์เพื่อเสิร์ฟที่โต๊ะอาหาร [khaut cha nit nueng thii sai nam duem rue wai phuea soep thii to a han] *n* carafe; ไวน์แดงหนึ่งขวด [wine daeng nueng khaut] a bottle of red wine

ขวดนม [khuat nom] ขวดนมเด็ก [khaut nom dek] *n* baby's bottle

ขวบ [khuap] เขาอายุสิบขวบ [khao a yu sip khuap] He is ten years old

ขวา [khwa] ขับทางด้านขวามือ [khap thang dan khwa mue] *n* right-hand drive; ด้านขวามือ [dan khwa mue] *adj* right-hand; ทางขวา [thang khwa] *adj* right *(not left)*; เลี้ยวขวา [liao khwa] Turn right

ขวาง [khwang] ขวางทาง [khwang thang] *v* obstruct

ขว้าง [khwang] *v* fling, pitch; การขว้าง [kan khwang] *n* cast

ขวาน [khwan] *n* axe

ขอ [kho] ขอให้ทำ [kho hai tham] *v* ask for; ขอความช่วยเหลือ [kho khwam chuai luea] *v* resort to; ขอตั๋วสองใบ [kho tua song bai] I'd like two tickets, please

ข้อ [kho] ข้อแก้ตัว [kho kae tua] *n* excuse; ข้อลูกโซ่ [kho luk so] *n* link; ข้อสอบ [kho sop] *n* exam

ข้อเขียน [kho khian] คำพูดหรือข้อเขียนที่แสดงเชาว์ปัญญา [kham phut rue kho khian thii sa daeng chao pan ya] *n* wit

ข้อความ [kho khwam] *n* note *(message)*; แฟ้มในเครื่องคอมพิวเตอร์ใช้เก็บข้อความที่ส่งทางอีเล็กโทรนิค [faem nai khrueang khom phio toe chai kep kho khwam thii song thang i lek tro nik] *n* inbox; ระบบการส่งข้อความทางโทรศัพท์ [ra bop kan song kho khwam thang tho ra sap] *n* MMS; ระบบอีเล็คทรอนิกส์ที่ส่งผ่านและเก็บข้อความทางโทรศัพท์ [ra bop e lek tro nik thii song phan lae kep kho khwam thang tho ra sap] *n* voicemail

ข้อคิดเห็น [kho khit hen] การให้ข้อคิดเห็น [kan hai kho kit hen] *n* remark; ข้อคิดเห็นที่มีประโยชน์ [kho kit hen thii

mii pra yot] *v* tip *(suggestion)*
ของ [khong] *prep* of; ของแท้ [khong thae] *adj* authentic; ของหวาน [khong wan] *n* dessert; ของผู้ซึ่ง [khong phu sueng] *pron* whose
ของเก่า [khong kao] *n* antique; ร้านขายของเก่า [ran khai khong kao] *n* antique shop; ของเก่าที่ไม่ต้องการแล้ว [khong kao thii mai tong kan laeo] *n* junk
ของขวัญ [khong khwan] *n* gift, present *(gift)*; ร้านขายของขวัญ [ran khai khong khwan] *n* gift shop; บัตรของขวัญ [bat khong khwan] *n* gift voucher; ฉันกำลังหาของขวัญสักชิ้นหนึ่งให้เด็ก [chan kam lang ha khong khwan sak chin nueng hai dek] I'm looking for a present for a child
ของเขา [khong khao] *adj* his; ของเขาผู้ชาย [khong khao phu chai] *pron* his
ของแข็ง [khong khaeng] ชิ้นหรือของหรือวัสดุที่เป็นของแข็ง [chin rue khong rue wat sa du thii pen khong khaeng] *n* block *(solid piece)*
ของคาว [khong khao] ที่เป็นของคาว [thii pen khong khao] *adj* savoury
ของคุณ [khong khun] *adj* your *(singular)* ▷ *pron* yours *(singular)*
ของใคร [khong khrai] *pron* whose
ของฉัน [khong chan] *adj* my ▷ *pron* mine
ของชำ [khong cham] ร้านขายของชำ [ran khai khong cham] *n* grocer's; คนขายของชำ [khon khai khong cham] *n* grocer; อาหารและสิ่งอื่น ๆ ขายที่ร้านขายของชำ [a han lae sing uen uen khai thii ran khai khong cham] *npl* groceries
ของใช้ [khong chai] ของใช้บนเตียงนอน เช่น ผ้าห่ม ฟูก [khong chai bon tiang non chen pha hom fuk] *npl* bedclothes
ของที่ทำด้วยมือ [khong thi tham duai mue] เป็นของที่ทำด้วยมือหรือเปล่า? [pen khong thii tham duai mue rue plao] Is this handmade?
ของที่ระลึก [khong thi ra luek] *n* memento, souvenir; คุณมีของที่ระลึกไหม? [khun mii khong thii ra luek mai] Do you have souvenirs?
ของฝาก [khong fak] ฉันจะซื้อของฝากได้ที่ไหน? [chan ja sue khong fak dai thii nai] Where can I buy gifts?
ของพวกเขา [khong phuak khao] *adj* their ▷ *pron* theirs
ของพวกคุณ [khong phuak khun] *adj* your *(plural)* ▷ *pron* yours *(plural)*
ของพวกท่าน [khong phuak than] *adj* your *(singular polite)* ▷ *pron* yours *(singular polite)*
ของมัน [khong man] *adj* its
ของมีค่า [khong mi kha] ฉันเก็บของมีค่าไว้ที่ไหนได้? [chan kep khong mii kha wai thii nai dai] Where can I leave my valuables?; ฉันอยากวางของมีค่าไว้ในตู้นิรภัย [chan yak wang khong mii kha wai nai tu ni ra phai] I'd like to put my valuables in the safe
ของเรา [khong rao] *adj* our; ของเราเอง [khong rao eng] *pron* ours
ของเล่น [khong len] *n* toy; ของเล่นเด็กที่เขย่ามีเสียงรัว [khong len dek thii kha yao mii siang rua] *n* rattle
ของหล่อน [khong hlon] *adj* her ▷ *pron* hers
ของหวาน [khong wan] *n* pudding, sweet ▷ *npl* afters
ของเหลว [khong leo] *n* liquid; เครื่องทำให้เป็นของเหลว [khrueang tham hai pen khong leo] *n* liquidizer
ข้อตกลง [kho tok long] *n* agreement
ข้อต่อ [kho to] *n* joint *(meat)*; โรคข้อต่ออักเสบ [rok kho to ak sep] *n* arthritis; ข้อต่อสำหรับเครื่องอัดน้ำมันหรือน้ำ [kho to sam rap khrueang at nam man rue nam] *n* hose
ขอทาน [kho than] *n* beggar
ข้อเท้า [kho thao] *n* ankle
ขอโทษ [kho thot] *excl* pardon?, sorry! ▷ *v* apologize; คำขอโทษ [kham kho

thot] *n* apology

ขอบ [khop] *n* edge, margin, rim; ระบายขอบ [ra bai khop] *n* fringe; ขอบหน้าต่างส่วนล่าง [kop na tang suan lang] *n* windowsill; ขอบถนน [kop tha non] *n* kerb

ขอบเขต [khop khet] *n* border, boundary, circuit, extent, range *(limits)*; ขอบเขตของการเล่นกีฬาบางอย่าง [kop khet khong kan len ki la bang yang] *n* touchline

ขอบคุณ [khop khun] *excl* thanks! ▷ *v* thank; สบายดี ขอบคุณ [sa bai di, kop khun] Fine, thanks; ขอบคุณมาก [kop khun mak] Thank you very much; ฉันไม่ดื่ม ขอบคุณ [chan mai duem kop khun] I'm not drinking, thank you

ขอบตา [khop ta] ที่วาดขอบตา [thii wat kop ta] *n* eyeliner

ขอบฟ้า [khop fa] *n* horizon

ข้อผิดพลาด [kho phit phlat] มันมีข้อผิดพลาด [man mii kho phit phlat] It's faulty

ข้อมือ [kho mue] *n* wrist

ข้อมูล [kho mun] *n* information; ใส่ข้อมูลส่วนบุคคล [sai kho mun suan buk khon] *v* blog; สำนักงานข้อมูล [sam nak ngan kho mun] *n* information office; สถิติ ข้อมูล [sa thi ti, kho mun] *npl* data; ฉันอยากได้ข้อมูลเกี่ยวกับ... [chan yak dai kho mun kiao kap...] I'd like some information about...

ขอร้อง [kho rong] *v* beg; คำขอร้อง [kham kho rong] *n* appeal

ข้ออ้าง [kho ang] *n* pretext

ขัง [khang] ห้องเล็กในห้องขัง [hong lek nai hong khang] *n* cell

ขัด [khat] การขัดให้ขึ้นเงา [kan khat hai khuen ngao] *n* polish; ขัดให้ขึ้นเงา [khat hai khuen ngao] *v* polish; ยาขัดรองเท้า [ya khat rong thao] *n* shoe polish

ขัดขวาง [khat kwang] การขัดขวาง [kan khat khwang] *n* inhibition

ขัดแย้ง [khat yaeng] *v* contradict; ความขัดแย้ง [khwam khat yaeng] *n* conflict, contradiction; ความขัดแย้งกัน [khwam khat yaeng kan] *n* disagreement

ขัน [khan] อารมณ์ขัน [a rom khan] *n* humour

ขับ [khap] *v* drive; การสอบขับรถ [kan sop khap rot] *n* driving test; การขับ [kan khap] *n* drive, steering; การขับด้านซ้าย [kan khap dan sai] *n* left-hand drive; คุณขับรถเร็วเกินไป [khun khap rot reo koen pai] You were driving too fast

ขับขี่ [khap khi] ใบขับขี่ [bai khap khi] *n* driving licence; ใบขับขี่ของฉันหมายเลข... [bai khap khi khong chan mai lek...] My driving licence number is...; ฉันไม่มีใบขับขี่ในตอนนี้ [chan mai mii bai khap khii nai ton nii] I don't have my driving licence on me

ขับรถ [khap rot] ครูสอนขับรถ [khru son khap rot] *n* driving instructor; บทเรียนสอนขับรถ [bot rian son khap rot] *n* driving lesson; เขาขับรถเร็วเกินไป [khao khap rot reo koen pai] He was driving too fast

ขั้วโลก [khua lok] *n* pole; เกี่ยวกับขั้วโลก [kiao kap khua lok] *adj* polar; มหาสมุทรขั้วโลกเหนือ [ma ha sa mut khua lok nuea] *n* Arctic Ocean; หมีขั้วโลก [mii khua lok] *n* polar bear

ขา [kha] *n* leg; ต้นขา [ton kha] *n* thigh; เธอทำขาเธอเจ็บ [thoe tham kha thoe chep] She has hurt her leg; ฉันขยับขาไม่ได้ [chan kha yap kha mai dai] I can't move my leg

ขากรรไกร [kha kan krai] *n* jaw

ข้าง [khang] เคลื่อนไปด้านข้าง [khluean pai dan khang] *adv* sideways; ข้างๆ [khang khang] *prep* beside

ข้างๆ [khang khang] *prep* next to

ข้างทาง [khang thang] *n* layby

ข้างนอก [khang nok] *adj* outside ▷ *n* outside

ข้างใน [khang nai] *n* inner

ข้างบน [khang bon] *adv* upstairs

ขาด [khat] *adj* absent; การขาด [kan khat] *n* lack; ขาดหรือแตกอย่างฉับพลัน [khat rue taek yang chap phlan] *vt* snap; จำนวนที่ขาดไป [cham nuan thii khat pai] *n* shortfall

ขาดแคลน [khat khlaen] การขาดแคลน [kan khat khlaen] *n* shortage; ความขาดแคลนอาหาร [khwam khaat khlaen a han] *n* famine

ขาด ช่วงเวลา [khat chuang we la] การขาด ช่วงเวลาที่ไม่อยู่ [kan khat, chuang we la thii mai yu] *n* absence

ขาดอาหาร [khat a han] การขาดอาหาร [kan khat a han] *n* malnutrition

ขานชื่อ [khan chue] การขานชื่อ [kan khan chue] *n* roll call

ข้าม [kham] *prep* across ▷ *vt* cross; การข้าม [kan kham] *n* crossing; ข้ามประเทศ [kham pra tet] *n* cross-country; ทางเดินข้าม [thang doen kham] *n* pedestrian crossing; รถหนึ่งคันกับผู้โดยสารสี่คนข้ามฝั่งไปราคาเท่าไร? [rot nueng khan kap phu doi san si khon kham fang pai ra kha thao rai] How much is the crossing for a car and four people?; การข้ามฝั่งเจอพายุทะเล [kan kham fang choe pha yu tha le] The crossing was rough

ขาย [khai] *vt* sell; ราคาขาย [ra kha khai] *n* selling price; การขาย [kan khai] *n* sale; การขายสินค้าราคาพิเศษ [kan khai sin kha ra kha phi set] *n* special offer; คุณขายการ์ดโทรศัพท์ไหม? [khun khai kaat tho ra sap mai] Do you sell phone cards?

ขายปลีก [khai phlik] *v* retail; ราคาขายปลีก [ra kha khai plik] *n* retail price; การขายปลีก [kan khai plik] *n* retail; ผู้ขายปลีก [phu khai plik] *n* retailer

ขายส่ง [khai song] โดยการขายส่ง [doi kan khai song] *adj* wholesale; การขายส่ง [kan khai song] *n* wholesale

ข้าราชการ [kha rat cha kan] ข้าราชการพลเรือน [kha rat cha kan phon la ruean] *n* civil servant

ขาว [khao] สีขาว [sii khao] *adj* white; กระดานสีขาว [kra dan sii kao] *n* whiteboard; ทาให้ขาว [tha hai khao] *v* whitewash; เป็นขาวกับดำ [pen khao kap dam] in black and white

ข่าว [khao] *npl* news; หัวข่าว [hua khao] *n* headline; หัวข้อข่าว [hua kho khao] *n* lead *(position)*; คนส่งข่าว [khon song khao] *n* messenger; จะมีข่าวเมื่อไร? [ja mii khao muea rai] When is the news?

ข้าว [khao] *n* rice; รำข้าว [ram khao] *n* bran; ข้าวซ้อมมือ [khao som mue] *n* brown rice; ข้าวบาร์เลย์ [khao ba le] *n* barley

ข้าวโพด [khao pot] *n* corn, maize; แป้งข้าวโพด [paeng khao phot] *n* cornflour; ข้าวโพดหวาน [khao phot wan] *n* sweetcorn; ข้าวโพดคั่ว [khao phot khua] *n* popcorn

ข่าวลือ [khao lue] *n* rumour

ข่าวสาร [khao san] *n* message; หน้าแรกของข่าวสารขององค์การหรือบุคคล [na raek khong khao san khong ong kan rue buk khon] *n* home page

ข้าวสาลี [khao sa li] *n* wheat; คนที่แพ้อาหารที่ทำจากข้าวสาลี [khon thii pae a han thii tham chak khao sa lii] *n* wheat intolerance

ข้าวโอ๊ต [khao ot] *npl* oats; ข้าวโอ๊ตบดหยาบ ๆ [khao oat bot yab yab] *n* oatmeal; อาหารเช้าที่ทำจากข้าวโอ๊ตที่ใส่น้ำหรือนม [a han chao thii tham chak khao ot thii sai nam rue nom] *n* porridge

ขิง [khing] *n* ginger

ขี่ [khi] การขี่ม้า [kan khi ma] *n* horse riding, riding; การขี่จักรยาน [kan khi chak kra yan] *n* cycling; ขี่ เช่นขี่ม้า ขี่จักรยานหรือจักรยานยนต [khi chen khi ma khi chak kra yan rue chak kra yan yon] *n* ride

ขี้เกียจ [khi kiat] *adj* lazy

ขี้ขลาด [khi khlat] คนขี้ขลาด [khon khii khlat] *n* coward; อย่างขี้ขลาด [yang

khii khlad] *adj* cowardly
ขีด [khid] ขีดฆ่า [khit kha] *v* cross out
ขีดเส้นใต้ [khit sen tai] *v* underline
ขีดออก [khit ok] ทำเครื่องหมายขีดออก [tham khrueang mai khit ok] *v* tick off
ขีปนาวุธ [khi pa na wut] *n* missile
ขี้ผึ้ง [khi phueng] *n* ointment, wax
ขี่ม้า [khi ma] การขี่ม้าขึ้นไปในระยะทางชันและลำบาก [kan khi ma khuen pai nai ra ya thang chan lae lam bak] pony trekking; เราไปขี่ม้าได้ไหม? [rao pai khi ma dai mai] Can we go horse riding?; ไปขี่ม้ากันเถอะ [pai khi ma kan thoe] Let's go horse riding
ขี้เลื่อย [khi lueai] *n* sawdust
ขี้เหนียว [khi niao] *adj* stingy
ขึ้น [khuen] *v* get on; ในทิศทางขึ้น [nai thit thang khuen] *adv* up; ขึ้นไป [khuen pai] *v* go up; ขึ้นไปทางเหนือ [khuen pai thang nuea] *adv* upwards
ขึ้นทะเบียน [khuen tha bian] การขึ้นทะเบียน [kan khuen tha bian] *n* registration
ขึ้นอยู่กับ [khuen yu kap] *v* depend, rely on
ขุด [khut] *vt* dig; เครื่องมือที่ใช้ในการขุด [khrueang mue thii chai nai kan khut] *n* digger; สถานที่ที่ขุดเอาหินออกมา [sa than thii thii khut ao hin ok ma] *n* quarry
ขุ่นเคือง [khun khueang] ซึ่งทำให้ขุ่นเคือง [sueng tham hai khun khueang] *adj* offensive; ทำให้ขุ่นเคือง [tham hai khun khueang] *v* offend
ขู่ [khu] การขู่ว่าจะเปิดโปงความลับ [kan ku wa ja poet pong khwam lap] *n* blackmail
ขู่เข็ญ [khu khen] *v* threaten; การขู่เข็ญ [kan ku khen] *n* threat; ที่ขู่เข็ญ [thii khu khen] *adj* threatening
ขูด [khut (khuut)] ขูดออก [khud ok] *v* grate, scratch
ขูดเลือด [khut lueat] หักหลัง ขูดเลือด [hak lang, khut lueat] *adj* extortionate
เขต [khet] *n* district, precinct, region; เกี่ยวกับเขตนั้น ๆ [kiao kap khet nan nan] *adj* regional; เขตเลือกตั้ง [khet lueak tang] *n* constituency, ward *(area)*; เขตที่มีคนอยู่อาศัย [khet thii mii khon yu a sai] *n* neighbourhood
เขตร้อน [khet ron] เกี่ยวกับเขตร้อน [kiao kap khet ron] *adj* tropical
เข็ม [khem] *n* needle; เข็มเครื่องหมาย [khem khrueang mai] *n* badge; เข็มหัวใหญ่ [khem hua yai] *n* thumb tack; เข็มถัก [khem thak] *n* knitting needle; คุณมีเข็มกับด้ายไหม? [khun mii khem kap dai mai] Do you have a needle and thread?
เข้ม [khem] ทำให้สีเข้มขึ้น [tham hai sii khem khuen] *adj* tinted
เข็มกลัด [khem klat] *n* brooch, clasp, safety pin; ฉันอยากได้เข็มกลัด [chan yak dai khem klat] I need a safety pin
เข้มข้นมาก [khem khon mak] การทำให้มีความเข้มข้นมากขึ้น การย่อความ [kan tham hai mii khwam khem khon mak khuen, kan yo khwam] *n* condensation
เข็มขัด [khem khat] *n* belt; เข็มขัดชูชีพ [khem khat chu chip] *n* lifebelt; เข็มขัดนิรภัย [khem khat ni ra phai] *n* safety belt, seatbelt
เข้มแข็ง [khem khaeng] ความเข้มแข็ง [khwam khem khaeng] *n* strength
เข้มงวด [khem nguat] *adj* strict
เข็มทิศ [khem thit] *n* compass
เข็มหมุด [khem mut] *n* drawing pin, pin
เขม่า [kha mao] เขม่า เขม่าถ่านหิน [kha mao, kha mao than hin] *n* soot
เขย [khoei] ลูกเขย [luk khoei] *n* son-in-law; พี่เขยหรือน้องเขย [phi khoei rue nong khoei] *n* brother-in-law
เขย่า [kha yao] โยก แกว่ง เขย่า [yok, kwaeng, kha yao] *v* rock
เขย่าขวัญ [kha yao khwan] *adj* thrilling; เรื่องเขย่าขวัญ [rueang kha yao khwan] *n* thriller; น่าเขย่าขวัญ [na kha

yao khwan] *adj* nerve-racking
เขลา [khlao] *adj* ignorant
เขา [khao] *n* horn; เขาเตี้ย ๆ [khao tia tia] *n* hill; เขาผู้ชาย [khao phu chai] *pron* he, him; เดินเขา [doen khao] *n* hill-walking
เข่า [khao] *n* knee
เข้า [khao] *vt* enter; เข้าไป [khao pai] *v* go in; เข้าไปใน [khao pai nai] *v* get into; เข้าไปได้ [khao pai dai] *v* access
เข้าใกล้ [khao klai] *v* approach
เข้าคุก [khao khuk] เอาเข้าคุก [ao khao khuk] *v* jail
เข้าใจ [khao chai] *v* understand; เข้าใจได้ [khao jai dai] *adj* understandable; เข้าใจถ่องแท้ [khao jai thong thae] *v* master; ความเข้าใจ [khwam khao jai] *n* comprehension; คุณเข้าใจไหม? [khun khao jai mai] Do you understand?
เข้าใจผิด [khao chao phit] *v* misunderstand; การเข้าใจผิด [kan khao jai phit] *n* misunderstanding; ซึ่งเข้าใจผิด [sueng khao jai phit] *adj* mistaken; ซึ่งทำให้เข้าใจผิด [sueng tham hai khao jai phit] *adj* misleading
เข้านอน [khao non] เราเข้านอนแล้วเมื่อคุณกลับมา [rao khao non laeo muea khun klap ma] We'll be in bed when you get back
เข้ามา [khao ma] ให้เข้ามา [hai khao ma] *v* let in
เข้าร่วม [khao ruam] *v* attend, join; ผู้เข้าร่วม [phu khao ruam] *n* joiner; ผู้เข้าร่วมการแข่งขัน [phu khao ruam kan khaeng khan] *n* racer; ฉันเข้าร่วมกับคุณได้ไหม? [chan khao ruam kap khun dai mai] Can I join you?
เขินอาย [khoen ai] *v* blush
เขี่ย [khia] ที่เขี่ยบุหรี่ [thi khia bu ri] *n* ashtray
เขียน [khian] *v* write; เขียนลง [khian long] *v* write down; เขียนหวัด ๆ [khian wat wat] *v* scribble; เขียนอักษรย่อ [khian ak son yo] *v* initial; คุณกรุณาเขียนให้ได้ไหม? [khun ka ru na khian hai dai mai] Could you write it down, please?
เขียว [khiao] เขียวชอุ่ม [kheo cha um] *adj* lush; สีเขียว [sii khiao] *adj* green *(colour)*; สีเขียว [sii khiao] *adj* green
เขื่อน [khuean] *n* dam, embankment
แขก [khaek] แขกที่มาเยี่ยม [khaek thii ma yiam] *n* guest; การรับรองแขก [kan rap rong khaek] *n* hospitality
แข็ง [khaeng] *adj* firm, hard *(firm, rigid)*, solid, stiff
แข่ง [khaeng] สนามแข่ง [sa nam khaeng] *n* racecourse; สนามแข่งม้า [sa nam khaeng ma] *n* racehorse; การแข่งม้า [kan khaeng ma] *n* horse racing
แข็งแกร่ง [khaeng kraeng] ความทรหดอดทน ความแข็งแกร่งที่ยืนหยัดอยู่ได้นาน [khwam tho ra hot ot thon, khwam khaeng kraeng thii yuen yat yu dai nan] *n* stamina
แข่งขัน [khaeng khan] *v* compete; การแข่งขัน [kan khaeng khan] *n* competition, contest, match *(sport)*, rivalry, tournament; การแข่งขันรอบก่อนรองชนะเลิศ [kan khaeng khan rop kon rong cha na loet] *n* quarter final; การแข่งขันกีฬานานาชาติโดยเฉพาะกีฬาฟุตบอล [kan khaeng khan ki la na na chat doi cha po ki la fut ball] *n* World Cup
แข่งม้า [khaeng ma] ฉันอยากดูแข่งม้า [chan yak du khaeng ma] I'd like to see a horse race
แข่งเรือ [khaeng ruea] เราจะไปเล่นแข่งเรือได้ที่ไหน? [rao ja pai len khaeng ruea dai thii nai] Where can we go rowing?
แข็งแรง [khaeng raeng] *adj* strong; แข็งแรงขึ้น [khaeng raeng khuen] *v* strengthen
แขน [khaen] *n* arm; แขนสั้น [khaen san] *adj* short-sleeved; ฉันขยับแขนไม่ได้

[chan kha yap khaen mai dai] I can't move my arm

แขนเสื้อ [khaen suea] *n* sleeve; ไม่มีแขนเสื้อ [mai mii khaen suea] *adj* sleeveless

แขวน [khwaen] *v* suspend, hang; ไม้แขวนเสื้อ [mai khwaen suea] *n* coathanger

โขมย [kha moi] การโขมย [kan kha moi] *n* theft

โขยกเขยก [kha yok kha yaek] เดินโขยกเขยก [doen kha yok kha yek] *v* limp

ไข [khai] ไขกุญแจ [khai kun jae] *v* unlock

ไข่ [khai] *n* egg; ไข่เจียว [khai chiao] *n* omelette; ไข่แดง [khai daeng] *n* egg yolk, yolk; ไข่ขาว [khai khao] *n* egg white; คุณทำอาหารที่ไม่มีไข่ได้ไหม? [khun tham a han thii mai mii khai dai mai] Could you prepare a meal without eggs?

ไข้ [khai] ไข้มาลาเรีย [khai ma la ria] *n* malaria; ไข้ละอองฟาง [khai la ong fang] *n* hay fever; การเป็นไข้ [kan pen khai] *n* fever; เขามีไข้ [khao mii khai] He has a fever

ไขข้อ [khai kho] โรคไขข้ออักเสบ [rok khai kho ak sep] *n* rheumatism

ไขควง [khai khuang] *n* screwdriver

ไข่ดิบ [khai dip] ฉันทานไข่ดิบไม่ได้ [chan than khai dip mai dai] I can't eat raw eggs

ไขมัน [khai man] *n* fat; เป็นไขมันลื่น [pen khai man luen] *adj* greasy; ไขมันในเส้นเลือด [khai man nai sen lueat] *n* cholesterol; ส่วนที่เป็นไขมันของนมซึ่งลอยขึ้นมาบนผิวนม [suan thii pen khai man khong nom sueng loi khuen ma bon phio nom] *n* cream

ไข่มุก [khai muk] *n* pearl

ไข้รากสาดน้อย [khai rak sat noi] *n* typhoid

ไขว้เขว [khai kheo] ทำให้ไขว้เขว [tham hai khwai khwe] *v* distract

ไขสันหลัง [khai san lang] *n* spinal cord

ไข้หวัด [khai wat] ไข้หวัดใหญ่ [khai wat yai] *n* flu, influenza; ไข้หวัดนก [khai wat nok] *n* bird flu

ไข้หวัดใหญ่ [khai wat yai] ฉันเป็นไข้หวัดใหญ่ [chan pen khai wat yai] I've got flu; ฉันเป็นไข้หวัดใหญ่เมื่อเร็ว ๆ นี้ [chan pen khai wat yai muea reo reo nii] I had flu recently

คงอยู่ [khong yu] *adj* intact ▷ *v* remain; ที่ยังคงอยู่ [thii yang khong yu] *adj* persistent
คณะ [kha na] *n* party *(group)*; กลุ่ม หมู่ คณะ [klum, moo ka na] *n* collective; คณะเดินทาง [kha na doen thang] *n* expedition; คณะลูกขุน [kha na luk khun] *n* jury
คณิตศาสตร [kha nit ta sat] *npl* mathematics; เกี่ยวกับคณิตศาสตร์ [kiao kap kha nit ta sat] *adj* mathematical; วิชาคณิตศาสตร์ [wi cha kha nit ta sat] *npl* maths
คด [khot] คดงอ [khot ngo] *adj* bent *(not straight)*
คดโกง [khot kong] การคดโกง [kan khot kong] *n* cheat
คดี [kha di] คดี กรณี [kha di, ko ra nii] *n* case
คติพจน์ [kha ti phot] *n* proverb
คน [khon] *n* human being ▷ *vt* stir; คนเก็บเงินบนรถประจำทาง [khon kep ngen bon rot pra cham thang] *n* bus conductor; คนเก็บขยะ [khon kep kha ya] *n* dustman; คนเดินหนังสือ [kon doen nang sue] *n* courier; คนที่มีชื่อเสียงในด้านใดด้านหนึ่ง [khon thii mii chue siang nai dan dai dan nueng] *n* star *(person)*; คนนำทาง [khon nam thang] *n* guide
คนไข้ [khon khai] ตึกคนไข้ [tuek khon khai] *n* ward *(hospital room)*
ค้นคว้า [khon kwa] การค้นคว้า [kan khon khwa] *n* research
คนงาน [khon ngan] *n* workman; คนงานเหมือง [khon ngan mueang] *n* miner
คนป่วย [khon puai] *n* patient
คนแปลกหน้า [khon plaek na] *n* stranger
ค้นพบ [khon phop] *v* discover, find out
คนพิการ [khon phi kan] มีห้องน้ำสำหรับคนพิการไหม? [mii hong nam sam rap khon phi kan mai] Are there any toilets for the disabled?; คุณมีเก้าอี้เข็นคนพิการไหม? [khun mii kao ii khen khon phi kan mai] Do you have wheelchairs?; คุณมีสิ่งอำนวยความสะดวกอะไรบ้างสำหรับคนพิการ? [khun mii sing am nuai khwam sa duak a rai bang sam rap khon phi kan] What facilities do you have for disabled people?
คนรับใช้ [khon rap chai] *n* servant
ค้นหา [khon ha] *v* search; ระบบการค้นหาทางโดยใช้ดาวเทียม [ra bop kan khon ha thang doi chai dao thiam] *abbr* GPS; การค้นหา [kan khon ha] *n* search; ค้นหาศัพท์หรือข้อมูล [khon ha sap rue kho mun] *v* look up
คม [khom] แหลม คม [laem, khom] *adj* sharp
ครบครัน [khrop khran] *adj* equipped
ครบถ้วน [khrop thuan] สิ่งที่ครบถ้วน [sing thii khrop thuan] *n* whole
ครบรอบ [krop rop] การครบรอบหนึ่งร้อยปี [kan khrop rop nueng roi pi] *n* centenary
ครรภ์ [khan] ทารกในครรภ์ [tha rok nai khan] *n* foetus
ครองชีพ [khrong chip] มาตรฐานการครองชีพ [mat tra than kan khrong

chip] *n* standard of living; ค่าครองชีพ [kha khrong chiip] *n* cost of living
ครอบครอง [khrop khrong] การครอบครอง [kan khrop khrong] *n* takeover
ครอบครัว [khrop khrua] *n* family, household; ที่ทำเองในครอบครัว [thii tham eng nai khrop khrua] *adj* home-made; ฉันมาที่นี่กับครอบครัว [chan ma thii ni kap khrob khrua] I'm here with my family
ครอบคลุม [khrop khlum] ที่ครอบคลุม [thii khrop khlum] *adj* comprehensive
ครอบงำ [khrop ngam] การครอบงำจิตใจ [kan khrop ngam jit jai] *n* obsession
ครั้ง [khrang] สองครั้ง [song khrang] *adv* twice
ครั้งแรก [khrang raek] นี่เป็นการเดินทางครั้งแรกของฉันที่จะไป... [ni pen kan doen thang khrang raek khong chan thii ja pai...] This is my first trip to...
ครั้งหนึ่ง [khrang nueng] *adv* once
ครัว [khrua] *n* kitchen; ครัวสำเร็จรูปที่สร้างติดไว้กับที่ [khrua sam ret rup thii sang tit wai kap thii] *n* fitted kitchen
คราง [khrang] *v* groan
คราด [khrat] *n* rake
คราบ [khrap] เป็นคราบ [pen khrap] *v* stain; คุณกำจัดคราบนี้ได้ไหม? [khun kam chat khrap nii dai mai] Can you remove this stain?; นี่คือคราบกาแฟ [ni khue khrap ka fae] This stain is coffee
คราบเปื้อน [khrap puean] น้ำยากำจัดคราบเปื้อน [nam ya kam chat khrab puean] *n* stain remover
คร่ำเคร่ง [khlam khleng] *adj* intensive
คริกเก็ต [khrik ket] กีฬาคริกเก็ต [ki la khrik ket] *n* cricket *(game)*
คริสต์ [khrit] สมาชิกของนิกายหนึ่งในศาสนาคริสต [sa ma chik khong ni kai nueng nai sat sa na kris] *n* Presbyterian; คริสต์ศาสนิกชน [khrit sat sa nik ka chon] *n* Christian
คริสต์มาส [kris mat] *n* Christmas, Xmas; ละครที่มีพื้นฐานมาจากเทพนิยายแสดงช่วงคริสต์มาส [la khon thii mii phuen than chak thep ni yai sa daeng chuang khris mas] *n* pantomime; คืนก่อนวันคริสต์มาส [khuen kon wan khris mas] *n* Christmas Eve; ต้นคริสต์มาส [ton khris mas] *n* Christmas tree; เมอรี่คริสต์มาส [moe ri khris mas] Merry Christmas!
คริสต์ศักราช [khrit sak ka rat] AD; ตัวย่อของก่อนคริสต์ศักราช [tua yo khong kon khrit sak ka rat] *abbr* BC
คริสต์ศาสนา [khrit sat sa na] พระในคริสต์ศาสนา [phra nai khris sat sa na] *n* vicar
ครีม [khrim] *n* cream; ครีมโกนหนวด [khrim kon nuat] *n* shaving cream; ครีมหรือแป้งสีทาแก้ม [khrim rue paeng sii tha kaem] *n* blusher; ครีมกันแสงอาทิตย์ [khrim kan saeng a thit] *n* sunblock
ครีมนวด [khrim nuat] คุณขายครีมนวดไหม? [khun khai khrim nuat mai] Do you sell conditioner?
ครึ่ง [khrueng] *adj* half ▷ *adv* half; ครึ่งเทอม [khrueng thoem] *n* half-term; ครึ่งเวลา [khrueng we la] *n* half-time; ครึ่งราคา [khrueng ra kha] *adj* half-price; เวลาสองโมงครึ่ง [we la song mong khrueng] It's half past two
ครึ่งวงกลม [khueng wong klom] *n* semicircle
ครู [khru] *n* teacher; ครูใหญ่ [khru yai] *n* head *(principal)*, headteacher; ครูสอนขับรถ [khru son khap rot] *n* driving instructor; ครูสอนนักเรียน [khru son nak rian] *n* schoolteacher; ฉันเป็นครู [chan pen khru] I'm a teacher
คฤหาสน์ [ka rue hat] คฤหาสน์หลังใหญ่ [kha rue hat lang yai] *n* stately home
คลอง [khlong] *n* canal
คล่องแคล่ว [khlong khlaeo] *adj* active; พูดหรือเขียนได้อย่างคล่องแคล่ว [phut rue khian dai yang klong khaeo] *adj* fluent
คลอด [khlot] การลาหยุดหลังคลอด [kan la yut lang khlot] *n* maternity leave; ฉัน

จะคลอดภายในห้าเดือน [chan ja khlot phai nai ha duen] I'm due in five months
คลอรีน [khlo rin] *n* chlorine
คลัง [khlang] คลังสินค้า [khlang sin kha] *n* stock
คลั่ง [khlang] คนคลั่ง [khon khlang] *n* maniac
คลั่งไคล้ [khlang khlai] *adj* devoted; ความคลั่งไคล้ [khwam khlang khlai] *n* mania; ผู้คลั่งไคล้ [phu khlang khlai] *n* fanatic
คลัทช์ [khlut] คลัทช์ในรถยนต์ [khlat nai rot yon] *n* clutch
คลับ [khlap] คลับวัยรุ่นที่จัดให้มีกิจกรรมเพื่อความบันเทิง [khlap wai run thii chat hai mii kit cha kam phuea khwam ban thoeng] *n* youth club; มีคลับดี ๆ อยู่ที่ไหน? [mii khlap di di yu thii nai] Where is there a good club?
คลาน [khlan] *v* crawl
คลาย [khlai] คลายเกลียว [khlai kliao] *v* unscrew
คล้าย [khlai] *v* resemble
คล้ายคลึง [khlai khlueng] *adj* similar; ความคล้ายคลึง [khwam khlai khlueng] *n* resemblance, similarity
คลาสสิก [klat sik] *adj* classic
คลำ [khlam] *v* grope
คลินิค [kli nik] *n* clinic
คลิป [khlip] คลิปติดกระดาษ [khlip tit kra dat] *n* paperclip
คลี่ [khli] คลี่ออก [khlii ok] *v* unwind
คลื่น [khluen] *n* wave; คลื่นซึนามิเกิดจากแผ่นดินไหวใต้ทะเล [khluen sue na mi koet chak phaen din wai tai tha le] *n* tsunami; คลื่นที่ซัดฝั่ง [khluen thii sat fang] *n* surf; ช่วงความยาวคลื่น [chuang khwam yao khluen] *n* wavelength
คลื่นไส้ [khluen sai] *adj* sick; อาการคลื่นไส้ [a kan khluen sai] *n* nausea
คลุม [khlum] *v* cover
คลุมเครือ [khlum khluea] *adj* vague; พูดคลุมเครือ [phut khlum khruea] *v* waffle
ควบคุม [khuap khum] *v* contain, control; เข้าควบคุม [khao khuap khum] *v* take over; การควบคุม [kan khuap khum] *n* curb; การควบคุมดูแล [kan khuap khum du lae] *n* control
ควบม้า [khuap ma] *v* gallop; การควบม้า [kan khuap ma] *n* gallop
ควบรวม [khwuap ruam] การควบรวม [kan khuap ruam] *n* merger
ควัน [khwan] *n* smoke; ควันจากท่อไอเสีย [khwan chak tho ai sia] *npl* exhaust fumes; ควันพิษ [khwan phit] *npl* fumes
คว้า [khwa] *v* grasp, snatch
ความ [khwam] ความพยายาม [khwam pha ya yam] *n* effort
ความกดดัน [khwam kot dan] *n* pressure
ความคิด [khwam khit] *n* idea, thought; ในความคิดของ [nai khwam kit khong] *prep* considering; ความคิดสร้างสรรค์ [khwam kit sang san] *n* innovation; ความคิดหรือกิจกรรมที่สัมพันธ์กัน [khwam kit rue kit cha kam thii sam phan kan] *n* complex
ความคิดเห็น [khwam kit hen] *n* opinion, point, view; แสดงความคิดเห็น [sa daeng khwam kit hen] *v* comment; การแสดงความคิดเห็น คำวิจารณ์ [kan sa daeng khwam kit hen, kham wi chan] *n* commentary; การสำรวจความคิดเห็น [kan sam ruat khwam kit hen] *n* opinion poll
ความจริง [khwam ching] *n* reality, truth; ใกล้เคียงความจริง [klai khiang khwam ching] *adj* realistic; การพูดเกินความจริง [kan phut koen khwam ching] *n* exaggeration
ความจำ [khwam cham] *n* memory; การ์ดบันทึกความจำของคอมพิวเตอร์ [kat ban thuek khwam cham khong khom pio toe] *n* memory card
ความจุ [khwam chu] ความจุ ปริมาตร [khwam ju, pa ri mat] *n* volume
ความดัน [khwam dan] ความดันโลหิต

[khwam dan lo hit] *n* blood pressure; ความดันยางควรเป็นเท่าไร? [khwam dan yang khuan pen thao rai] What should the tyre pressure be?
ความบันเทิง [khwam ban thoeng] มีความบันเทิงอะไรบ้างที่นั่น? [mii khwam ban thoeng a rai bang thii nan] What entertainment is there?
ความเป็นเจ้าของ [khwam pen chao khong] *n* possession
ความเป็นอยู่ [kham pen yu] *n* living
ความผิด [khwam phit] *n* guilt; ผู้กระทำความผิด [phu kra tham khwam phit] *n* culprit
ความเย็น [khwam yen] *n* cold
ความร้อน [khwam ron] เครื่องอัตโนมัติสำหรับควบคุมความร้อน [khrueang at ta no mat sam rap khuap khum khwam ron] *n* thermostat; ระบบทำความร้อน [ra bop tham khwam ron] *n* central heating; อุณหภูมิความร้อนของโลกที่เพิ่มขึ้น [un ha phum khwam ron khong lok thii poem khuen] *n* global warming
ความรัก [khwam rak] *n* love
ความรู้ [khwam ru] *n* knowledge; ให้ความรู้ [hai khwam ru] *adj* informative; มีความรู้ [mii khwam ru] *adj* knowledgeable; ความรู้ทั่วไป [khwam ru thua pai] *n* general knowledge
ความรู้สึก [khwam ru suek] *n* emotion, feeling, sense; ไม่แสดงอารมณ์และความรู้สึก [mai sa daeng a rom lae khwam ru suek] *adj* reserved; ความรู้สึกหมดแรงและสูญเสียทิศทางเพราะการเดินทางระหว่างเวลาที่ต่างกัน [khwam ru suek mot raeng lae sun sia thit thang phro kan doen thang ra wang we la thii tang kan] *n* jet lag; ความรู้สึกผิดชอบชั่วดี [khwam ru suek phit chop chua dii] *n* conscience
ความเร็ว [khwam reo] *n* speed; แผงที่บอกอัตราความเร็ว [phaeng thii bok at tra khwam reo] *n* speedometer; การเพิ่มความเร็ว [kan poem khwam reo] *n* acceleration; อัตราความเร็ว [at tra khwam reo] *n* speed limit, speeding
ความแรง [khwam raeng] ความแรงไฟฟ้าเท่าไร? [khwam raeng fai fa thao rai] What's the voltage?
ความลับ [khwam lap] *n* secret; เป็นความลับ [pen khwam lap] *adj* secret; ที่เป็นความลับ [thii pen khwam lap] *adj* confidential
ความสะอาด [khwam sa ad] เราต้องทำความสะอาดบ้านก่อนออกไปไหม? [rao tong tham khwam sa at baan kon ok pai mai] Do we have to clean the house before we leave?; ฉันจะทำความสะอาดได้ที่ไหน? [chan ja tham khwam sa aat dai thii nai] Where can I get this cleaned?; ฉันอยากทำความสะอาดเสื้อผ้าพวกนี้ [chan yak tham khwam sa aat suea pha phuak nii] I'd like to get these things cleaned
ความสัมพันธ์ทางเพศ [khwam sam phan thang phet] การมีความสัมพันธ์ทางเพศ [kan mii khwam sam phan thang phet] *n* sexual intercourse
ความสามารถ [khwam sa mat] ไม่มีความสามารถ [mai mii khwam sa mat] *adj* incompetent; ความสามารถทางจิต [khwam sa mat thang chit] *n* mentality
ความสามารถพิเศษ [khwam sa mat phi set] *n* talent; ซึ่งมีความสามารถพิเศษ [sueng mii khwam sa maat phi set] *adj* talented
ความหมาย [khwam mai] *n* meaning
ความหลัง [khwam lang] สิ่งเตือนความหลัง [sing tuean khwam lang] *n* reminder
ความเห็น [khwam hen] ซึ่งลงความเห็นแล้ว [sueng long khwam hen laeo] *adj* decisive; ทัศนคติ ความเห็น [that sa na kha ti, khwam hen] *n* attitude
คว่ำ [khwam] *v* capsize
คอ [kho] *n* neck, throat

ค็อกเทล [kok tel] คุณขายค็อกเทลไหม? [khun khai khok then mai] Do you sell cocktails?
คอกม้า [khok ma] *n* stable
คอเคเซีย [kho khe sia] เทือกเขาในคอเคเซีย [thueak khao nai kho khe chia] *n* Caucasus
คองโก [khong ko] ประเทศคองโก [pra tet khong ko] *n* Congo
คอด [khot] ปลาคอด [pla khot] *n* cod
ค้อน [khon] *n* hammer
คอนกรีต [khon krit] *n* concrete
ค่อนข้าง [khon khang] *adv* rather
ค่อนข้างจะ [khon khang cha] *adv* quite
คอนแทคเลนส์ [kon thak len] ฉันใส่คอนแทคเลนส์ [chan sai khon thaek len] I wear contact lenses; น้ำยาล้างคอนแทคเลนส์ [nam ya lang khon thaek len] cleansing solution for contact lenses
คอนแท็คเลนส์ [khon taek len] *npl* contact lenses
คอนเสิร์ต [kon soet] *n* concert; มีการแสดงคอนเสิร์ตดี ๆ บ้างไหม? [mii kan sa daeng khon soet di di bang mai] Are there any good concerts on?; คืนนี้มีการแสดงอะไรที่หอแสดงคอนเสิร์ต? [khuen nii mii kan sa daeng a rai thii ho sa daeng khon soet] What's on tonight at the concert hall?; ฉันจะซื้อตั๋วคอนเสิร์ตได้ที่ไหน? [chan ja sue tua khon soet dai thii nai] Where can I buy tickets for the concert?
คอมพิวเตอร์ [kom pio toe] เกมส์คอมพิวเตอร์ [kem khom phio toe] *n* computer game; เครื่องคอมพิวเตอร์ [khrueang khom phio toe] *n* computer; เครื่องคอมพิวเตอร์ส่วนตัว [khrueang khom phio toe suan tua] *n* PC; คอมพิวเตอร์ฉันไม่ทำงาน [khom phio toe chan mai tham ngan] My computer has frozen
คอมมิวนิสต์ [khom mio nit] *n* communist; เกี่ยวกับคอมมิวนิสต์ [kiao kap khom mio nis] *adj* communist; ระบบคอมมิวนิสต์ [ra bop khom mio nis] *n* communism
คอย [khoi] *v* hang on; รอคอย [ro khoi] *v* wait for, wait up
ค่อยเป็นค่อยไป [khoi pen phoi pai] *adj* gradual; อย่างค่อยเป็นค่อยไป [yang khoi pen khoi pai] *adv* gradually
คอสโซโว [kot so wo] ประเทศคอสโซโว [pra tet kos so vo] *n* Kosovo
คอสตาริกา [kot sa ta ri ka] ประเทศคอสตาริกา [pra tet kos ta ri ka] *n* Costa Rica
คะแนน [kha naen] *n* mark, score *(game/match)*; การให้คะแนน [kan hai kha naen] *v* mark *(grade)*; คะแนนเท่ากัน [kha naen thao kan] *v* draw *(tie)*; ทำคะแนน [tham kha naen] *v* score
คัดค้าน [khat khan] ความรู้สึกคัดค้าน [khwam ru suek khat khan] *n* objection
คัดเลือก [khat lueak] *v* elect; การคัดเลือก [kan khat lueak] *n* selection
คัน [khan] *v* itch; มีอาการคัน [mii a kan khan] *adj* itchy; คันบังคับเครื่องบิน [khan bang khap khrueang bin] *n* joystick; ขาฉันคัน [kha chan khan] My leg itches
คันเบ็ด [khan bet] *n* fishing rod
คันเร่ง [khan reng] *n* accelerator
คับ [khap] คับแน่น [khap naen] *adj* tight
คัมภีร์ [kham phi] คัมภีร์โกหร่าน [kham phii ko ran] *n* Koran; คัมภีร์ไบเบิล [kham phii bai boen] *n* Bible
คัสตาร์ด [cus tat] *n* custard
ค่า [kha] การลดค่าเงิน [kan lot kha ngen] *n* devaluation; ค่าเล่าเรียน [kha lao rian] *npl* tuition fees; ค่าเข้า [kha khao] *n* entrance fee; เก็บค่าระยะการเดินทางไหม? [kep kha ra ya kan doen thang mai] Is there a mileage charge?
ค้าขาย [kha khai] การค้าขาย [kan ka khai] *n* trade
ค่าเข้า [kha khao] ต้องเสียค่าเข้าเท่าไรเพื่อเข้าข้างใน? [tong sia kha khao thao rai phuea khao khang nai] How much

does it cost to get in?
คาง [khang] *n* chin, shin
ค้าง [khang] เงินค้างชำระ [ngoen kang cham ra] *npl* arrears; เราตั้งค่ายค้างคืนที่นี่ได้ไหม? [rao tang khai khang khuen thii ni dai mai] Can we camp here overnight?; ฉันต้องนอนค้างคืนไหม? [chan tong non khang khuen mai] Do I have to stay overnight?
คางคก [khang khok] *n* toad
ค้างคาว [khang khao] *n* bat *(mammal)*
ค้างคืน [khang khuen] ฉันจอดค้างคืนที่นี่ได้ไหม? [chan jot khang khuen thii ni dai mai] Can I park here overnight?
คางทูม [khang thum] โรคคางทูม [rok khang thum] *n* mumps
ค่าจอง [kha chong] มีค่าจองหรือไม่? [mii kha chong rue mai] Is there a booking fee?
ค่าจ้าง [kha chang] *n* wage; ไม่ได้ค่าจ้าง [mai dai kha chang] *adj* unpaid; ได้รับค่าจ้างน้อยไป [dai rap kha chang noi pai] *adj* underpaid; ค่าจ้างในระหว่างที่ลาป่วย [kha chang nai ra wang thii la puai] *n* sick pay
ค่าเช่า [kha chao] ค่าเช่าสนามเทนนิสเป็นจำนวนเท่าใด? [kha chao sa nam then nis pen cham nuan thao dai] How much is it to hire a tennis court?
ค่าใช้จ่าย [kha chai chai] ค่าใช้จ่ายในการดำเนินธุรกิจ [kha chai chai nai kan dam noen thu ra kit] *npl* overheads; ช่วยกันออกค่าใช้จ่าย [chuai kan ok kha chai jai] *v* club together
คาซัคสถาน [kha sak sa than] ประเทศคาซัคสถาน [pra tet kha sak sa than na] *n* Kazakhstan
คาด [khat] คาดว่า [khat wa] *v* expect
คาดคะเน [khat kha ne] *v* guess; การคาดคะเน [kan khat kha ne] *n* guess
คาดคิด [khat khit] ไม่คาดคิดมาก่อน [mai khat kit ma kon] *adj* unexpected; อย่างไม่คาดคิดมาก่อน [yang mai khat kit ma kon] *adv* unexpectedly
คาดหวัง [khat wang] โดยคาดหวังสิ่งที่ดี [doi khat wang sing thii di] *adj* optimistic
คาถา [kha tha] มนตร์คาถา [mon kha tha] *n* spell *(magic)*
คาทอลิค [ka tho lik] นิกายคาทอลิค [ni kai kha tho lik] *adj* Catholic; ผู้นับถือนิกายคาทอลิค [phu nap thue ni kai kha tho lik] *n* Catholic
ค่าธรรมเนียม [kha tham niam] ค่าธรรมเนียมในการเข้า [kha tham niam nai kan khao] *n* admission charge; ค่าธรรมเนียมธนาคาร [kha tham niam tha na khan] *npl* bank charges
คานรับน้ำหนัก [khan rap nam nak] ลำแสง คานรับน้ำหนัก รอยยิ้มกว้าง [lam saeng, khan rap nam nak, roi yim kwang] *n* beam
ค่าบริการ [kha bo ri kan] มีค่าบริการเพิ่มจากค่าอาหารหรือไม่? [mii kha bo ri kan poem chak kha a han rue mai] Is there a cover charge?; รวมค่าบริการหรือเปล่า? [ruam kha bo ri kan rue plao] Is service included?
คาบสมุทร [khap sa mut] *n* peninsula
ค่าปรับ [kha prup] ค่าปรับเท่าไร? [kha prap thao rai] How much is the fine?; ฉันจ่ายค่าปรับที่ไหน? [chan chai kha prap thii nai] Where do I pay the fine?
คาเฟ่ [kha fe] อินเตอร์เนตคาเฟ่ [in ter net kha fe] *n* cybercafé
คาเฟอีน [kha fe in] สารคาเฟอีน [san kha fe in] *n* caffeine; ที่ไม่มีคาเฟอีน [thii mai mii kha fe in] *adj* decaffeinated
ค่าไฟ [kha fai] เราต้องจ่ายค่าไฟเพิ่มไหม? [rao tong chai kha fai poem mai] Do we have to pay extra for electricity?; รวมค่าไฟด้วยหรือไม่? [ruam kha fai duai rue mai] Is the cost of electricity included?
ค่าย [khai] *n* camp; ไปค่าย [pai khai] *v* camp; การไปค่าย [kan pai khai] *n* camping; ชาวค่าย [chao khai] *n* camper

คาร์เนชั่น [kha ne chan] ดอกคาร์เนชั่น [dok kha ne chan] *n* carnation
คาร์บอน [kha bon] *n* carbon; คาร์บอนที่แต่ละคนใช้ในชีวิตประจำวันส่งไปในบรรยากาศของโลก [kha bon thii tae la khon chai nai chi wid pra cham wan song pai nai ban ya kat khong lok] *n* carbon footprint
คาร์โบไฮเดรท [ka bo hai dret] *n* carbohydrate
คาราเต้ [kha ra te] มวยคาราเต้ [muai kha ra te] *n* karate
คาราเมล [ka ra mel] *n* caramel
คาราวาน [kha ra wan] รถคาราวาน [rot kha ra van] caravan; ที่จอดรถคาราวาน [thii jot rot kha ra wan] *n* caravan site; เราจอดรถคาราวานของเราที่นี่ได้ไหม? [rao jot rot kha ra van khong rao thii ni dai mai] Can we park our caravan here?
ค่าแลก [kha laek] ค่าแลกเท่าไร? [kha laek thao rai] What's the commission?; คุณคิดค่าแลกไหม? [khun kit kha laek mai] Do you charge commission?
คาวบอย [khao boi] *n* cowboy
ค่าโอน [kha on] มีค่าโอนไหม? [mii kha on mai] Is there a transfer charge?
คำ [kham] *n* word; คำแนะนำสั่งสอน [kham nae nam sang son] *npl* instructions; คำกำกับนามที่ขึ้นต้นด้วยสระ [kham kam kap nam thii khuen ton duai sa ra] *art* an; คำขอร้อง [kham kho rong] *n* appeal; คำเดียวทั้งหมด [kham diao thang mot] all one word
คำกริยา [kham ka ri ya] *n* verb
คำขาด [kham khat] *n* ultimatum
คำตอบ [kham top] *n* reply, response; คำตอบที่แก้ปัญหา [kham top thii kae pan ha] *n* solution
คำถาม [kham tham] *n* query, question; ตัวย่อของคำถามที่ถามบ่อย ๆ [tua yo khong kham tham thii tham boi boi] *abbr* FAQ
คำนวณ [kham nuan] *v* calculate; การคำนวณ [kan kham nuan] *n* calculation; คิดคำนวณ [khit kham nuan] *v* figure out
คำนับ [kham nap] *v* bow, salute
คำแปล [kham plae] คำแปลที่เขียนไว้ข้างล่างในภาพยนตร์ [kham plae thii khian wai khang lang nai phap pa yon] *npl* subtitles; ที่มีคำแปลเขียนไว้ข้างล่างในภาพยนตร์ [thii mii kham plae khian wai khang lang nai phap pha yon] *adj* subtitled
คำพูด [kham phut] คำพูดหรือข้อเขียนที่แสดงเชาวน์ปัญญา [kham phut rue kho khian thii sa daeng chao pan ya] *n* wit; ซึ่งใช้คำพูดอย่างมีสติปัญญาและตลก [sueng chai kham phut yang mii sa ti pan ya lae ta lok] *adj* witty
คำศัพท์ [kham sap] *n* vocabulary; ซอฟแวร์ของคอมพิวเตอร์ที่ใช้สำหรับตรวจคำศัพท์ [sop wae khong khom phio toe thii chai sam rap truat kham sap] *n* spellchecker
คำสอน [kham son] คำสอนของพระเยซู [kham son khong phra ye su] *n* gospel
คำสั่ง [kham sang] *n* command, order; คำสั่งห้าม [kham sang ham] *n* ban
คำสุภาพ [kham su phap] คำสุภาพสำหรับเรียกผู้ชาย [kham su phap sam rap riak phu chai] *n* sir
คำอุทาน [kham u than] คำอุทานแสดงความรังเกียจหรือไม่พอใจ [kham u than sa daeng khwam rang kiat rue mai pho jai] *excl* ugh
คิด [khit] *v* think; แก้ปัญหาหรือวางแผนโดยการคิดไตร่ตรอง [kae pan ha rue wang phaen doi kan kit trai trong] *v* work out; มีอยู่แต่ในความนึกคิด [mii yu tae nai khwam nuek kit] *adj* imaginary; คิดเกินราคา [khit koen ra kha] *v* overcharge
คิดถึง [khit thueng] คิดถึงบ้าน [khit thueng baan] *adj* homesick; ที่คิดถึงความคิดของผู้อื่น [thii kit thueng khwam kit khong phu uen] *adj* considerate

คิดเห็น [khit hen] ข้อคิดเห็น [kho khit hen] *n* comment
คิปเปอร์ [kip poe] ปลาคิปเปอร์ [pla khip poe] *n* kipper
คิว [khio] เข้าคิว [khao khio] *v* queue
คิ้ว [khwio] *n* eyebrow
คิวบา [khio ba] เกี่ยวกับประเทศคิวบา [kiao kap pra thet khio ba] *adj* Cuban; ชาวคิวบา [chao khio ba] *n* Cuban; ประเทศคิวบา [pra tet khio ba] *n* Cuba
คีม [khim] *npl* pliers
คื่นช่าย [khuen chai] ผักคื่นช่าย [phak khuen chai] *n* celery
คืน [khuen] เงินที่จ่ายคืน [ngoen thii chai khuen] *n* repayment; ให้คืน [hai khuen] *v* give back; ใช้เงินคืน [chai ngoen khuen] *v* reimburse; คืนละเท่าไร? [khuen la thao rai] How much is it per night?
คืนนี้ [khuen ni] *adv* tonight
คือ [khue] เป็น อยู่ คือ [pen, yu, khue] *v* be; ตัวย่อของคือ [tua yo khong khue] *abbr* i.e.
คุก [khuk] *n* jail; คุกใต้ดินในปราสาท [khuk tai din nai pra sat] *n* dungeon; ผู้ถูกกักขังในคุก [phu thuk kak khang nai khuk] *n* inmate
คุกเข่า [khuk khao] *v* kneel; คุกเข่าลง [khuk khao long] *v* kneel down
คุกคาม [khuk kham] ข่มขู่คุกคาม [khom khu khuk kham] *v* intimidate
คุณ [khun] *pron* you *(singular)*; ตัวคุณเอง [tua khun eng] *pron* yourself *(intensifier)*; ตัวคุณเอง [tua khun eng] *pron* yourself; แล้วคุณละ? [laeo khun la] And you?
คุณค่า [khun kha] *n* value; มีคุณค่าที่น่าสังเกต [mii khun kha thii na sang ket] *adj* remarkable; คนที่ไม่มีคุณค่า [khon thii mai mii khun kha] *n* punk; ที่ไม่มีคุณค่า [thii mai mii khun kha] *adj* worthless
คุณภาพ [khun na phap] *n* quality
คุณลักษณะ [khun na lak sa na] *n* character
คุณสมบัติ [khun na som bat] *n* qualification; ไม่มีคุณสมบัติ [mai mii khun som bat] *adj* unfit; มีคุณสมบัติ [mii khun som bat] *v* qualify; ที่มีคุณสมบัติ [thii mii khun na som bat] *adj* qualified
คุ้นเคย [khun khoei] *adj* familiar; ไม่รู้จักคุ้นเคย [mai ru chak khun khoei] *adj* unfamiliar
คุม [khum] ผู้คุมสอบ [phu khum sob] *n* invigilator
คุ้มกัน [khum kan] คนคุ้มกัน [khon khum kan] *n* bodyguard
คุมกำเนิด [khum kam noet] การคุมกำเนิด [kan khum kam noet] *n* birth control; การคุมกำเนิด [kan khum kam noet] *n* contraception; ยาหรือสิ่งที่ใช้คุมกำเนิด [ya rue sing thii chai khum kham noet] *n* contraceptive
คุ้มครอง [khum khrong] การคุ้มครอง [kan khum khrong] *v* custody, escort
คุย [khui] ห้องคุย [hong khui] *n* chatroom; การพูดคุยกันเล่น ๆ [kan phut khui kan len len] *v* chat; คุยเล่น [khui len] *v* chat
คู [khu] *n* trench; คูน้ำ [khu nam] *n* ditch; คูน้ำรอบปราสาทหรือเมือง [khu nam rop pra saat rue mueang] *n* moat
คู่ [khu] *n* couple, pair; ห้องคู่ [hong khu] *n* twin room; คู่สมรส [khu som rot] *n* partner; คู่ต่อสู้ [khu to su] *n* adversary
คู่กันกับ [khu kan kap] *prep* along
คู่แข่ง [khu khaeng] *n* rival; ที่เป็นคู่แข่งกัน [thii pen khu khaeng kan] *adj* rival
คูณ [khun] *v* multiply; การคูณ [kan khun] *n* multiplication
คู่มือ [khu mue] หนังสือคู่มือ [nang sue khu mue] *n* handbook, manual
คู่รัก [khu rak] *n* lover
คูเวต [khu wet] เกี่ยวกับคูเวต [kiao kap khu wet] *adj* Kuwaiti; ชาวคูเวต [chao khu wet] *n* Kuwaiti; ประเทศคูเวต [pra tet khu wet] *n* Kuwait

คู่หมั้น [khu man] คู่หมั้นหญิง [khu man ying] *n* fiancée; คู่หมั้นชาย [khu man chai] *n* fiancé
เค้ก [khek] เค้กชั้นก้อนใหญ่ [khek chan kon yai] *n* gateau; เค้กที่ฟู [khek thii fu] *n* sponge *(cake)*; ขนมเค้ก [kha nom khek] *n* cake
เคนยา [ken ya] จากเคนยา [chak ken ya] *adj* Kenyan; ชาวเคนยา [chao ken ya] *n* Kenyan; ประเทศเคนยา [pra tet ken ya] *n* Kenya
เคบิน [khe bin] ห้องเคบิน [hong khe bin] *n* cabin; ห้องเคบินหมายเลข 5 อยู่ที่ไหน? [hong khe bin mai lek ha yu thii nai] Where is cabin number five?
เคเบิล [khe boen] โทรทัศน์ที่รับระบบการส่งสัญญาณด้วยสารเคเบิล [tho ra tat thii rap ra bop kan song san yan duai sai khe boen] *n* cable television; รถที่เคลื่อนที่โดยสายเคเบิล [rot thii khluean thii doi sai khe boen] *n* cable car
เคเบิ้ล [khe boen] สายเคเบิ้ล [sai khe boel] *n* cable
เค็ม [khem] เกี่ยวกับน้ำเค็ม [kiao kap nam khem] *adj* saltwater; ซึ่งมีรสเค็ม [sueng mii rot khem] *adj* salty; อาหารเค็มเกินไป [a han khem koen pai] The food is too salty
เคมี [khe mi] วิชาเคมี [wi cha ke mii] *n* chemistry
เคย [khoei] คุณเคยไปที่...ไหม? [khun khoei pai thii...mai] Have you ever been to...?; ฉันไม่เคยไป... [chan mai khoei pai...] I've never been to...; ฉันไม่เคยดื่มไวน์ [chan mai khoei duem wine] I never drink wine
เคยชิน [khoei chin] ความเคยชิน [khwam khoei chin] *n* habit
เคร่งขรึม [khreng khruem] *adj* grim, serious
เคร่งครัด [khreng khrat] *adj* stark; ความเคร่งครัด [khwam khreng khrat] *n* austerity; อย่างเคร่งครัด [yang khreng khrat] *adv* strictly
เครดิต [khre dit] บัตรเครดิต [bat khre dit] *n* credit card
เครา [khrao] *n* beard; เคราแข็งสองข้างปาก [khrao khaeng song khang pak] *npl* whiskers; ที่เต็มไปด้วยหนวดเครา [thii tem pai duai nuat khrao] *adj* bearded
เคราะห์ร้าย [khro rai] ผู้เคราะห์ร้าย [phu khrao rai] *n* victim; อย่างเคราะห์ร้าย [yang khrao rai] *adv* unfortunately
เครียด [khriat] *v* stress; ความเครียด [khwam khriat] *n* stress
เครือ [khruea] กลุ่ม พวง รวง เครือ [klum, phuang, ruang, khruea] *n* bunch
เครือข่าย [khruea khai] *n* network, Net; เครือข่ายคอมพิวเตอร์ทั่วโลก ๒ [khruea khai khom phio toe thua lok song] Web 2.0; ระบบเครือข่ายที่ใช้ประโยชน์ของเทคโนโลยีของอินเตอร์เน็ต [ra bop khruea khai thii chai pra yot khong thek no lo yii khong in toe net] *n* intranet; ฉันไม่ได้รับเครือข่าย [chan mai dai rap khruea khai] I can't get a network
เครื่อง [khrueang] เครื่องเล่นซีดี [khrueang len si di] *n* CD player; เครื่องเล่นดีวีดี [khrueang len di vi di] *n* DVD player; เครื่องเป่า [khrueang pao] *n* dryer; เครื่องขยายเสียง [khrueang kha yai siang] *n* amplifier; เครื่องจักร [khrueang chak] *n* machine, machinery; เครื่องที่ต่อกับทีวีใช้เล่นวีดีโอเกมส์ [khrueang thii to kap thii wii chai len vi di o kem] *n* games console; เครื่องฟังดนตรีเอ็มพี ๔ [khrueang fang don trii em phi si] *n* MP4 player
เครื่องเขียน [khrueang khian] *n* stationery; ร้านขายเครื่องเขียน [ran khai khrueang khian] *n* stationer's
เครื่องคิดเลข [khrueang kit lek] เครื่องคิดเลขฉบับกระเป๋า [khrueang kit lek cha bap kra pao] *n* pocket calculator
เครื่องจักร [khrueang chak] ผู้ควบคุมเครื่องจักร [phu khuap khum khrueang chak] *n* operator
เครื่องฉาย [khrueang chai] เครื่องฉาย

แผ่นไสลด์ [khrueang chai phaen sa lai] *n* projector
เครื่องฉายภาพ [**khrueang chai phap**] เครื่องฉายภาพบนผนังหรือจอ [khrueang chai phap bon pha nang rue cho] *n* overhead projector
เครื่องช่วยฟัง [**khrueang chuai fang**] ฉันมีเครื่องช่วยฟัง [chan mii khrueang chuai fang] I have a hearing aid
เครื่องชั่ง [**khrueang chang**] *npl* scales
เครื่องใช้ [**khrueang chai**] *n* appliance; เครื่องใช้ในห้องน้ำ เช่น สบู่ ยาสระผม ยาสีฟัน เป็นต้น [khrueang chai nai hong nam chen sa bu ya sa phom ya sii fan pen ton] *npl* toiletries
เครื่องซักผ้า [**khrueang sak pha**] *n* washing machine; เครื่องซักผ้านี้ทำงานอย่างไร? [khrueang sak pha nii tham ngan yang rai] How does the washing machine work?; เครื่องซักผ้าอยู่ที่ไหน? [khrueang sak pha yu thii nai] Where are the washing machines?
เครื่องดนตรี [**khrueang don tri**] *n* musical instrument; เครื่องดนตรีชนิดหนึ่งคล้ายไวโอลินแต่มีขนาดใหญ่กว่าและมีเสียงต่ำกว่า [khrueang don tri cha nit nueng khlai wai o lin tae mii kha naat yai kwa lae mii siang tam kwa] *n* viola; เครื่องดนตรีประเภทเป่า [khrueang don tri pra phet pao] *n* woodwind; เครื่องดนตรีประเภทเป่าชนิดหนึ่ง [khrueang don tri pra phet pao cha nit nueng] *n* clarinet, oboe
เครื่องดื่ม [**khrueang duem**] *n* drink; เครื่องดื่มเหล้าผสมน้ำผลไม้ [khrueang duem lao pha som nam phon la mai] *n* cocktail; เครื่องดื่มซึ่งไม่ใช่เหล้า [khrueang duem sueng mai chai lao] *n* soft drink; เครื่องดื่มที่มีแอลกอฮอล์ [khrueang duem thii mii aen ko ho] *n* booze; คุณมีเครื่องดื่มไม่มีแอลกอฮอล์อะไรบ้าง? [khun mii khrueang duem mai mii aen ko ho a rai bang] What non-alcoholic drinks do you have?
เครื่องดูดฝุ่น [**khrueang dut fun**] *n* vacuum cleaner
เครื่องแต่งกาย [**khrueang taeng kai**] *n* dress
เครื่องถ้วยชาม [**khrueang thuai cham**] เราอยากได้เครื่องถ้วยชามเพิ่มอีก [rao yak dai khrueang thuai cham poem ik] We need more crockery
เครื่องทำความร้อน [**khrueang tham khwam ron**] เครื่องทำความร้อนไม่ทำงาน [khrueang tham khwam ron mai tham ngan] The heating doesn't work; ฉันเปิดเครื่องทำความร้อนไม่ได้ [chan poet khrueang tham khwam ron mai dai] I can't turn the heating on; ฉันปิดเครื่องทำความร้อนไม่ได้ [chan pit khrueang tham khwam ron mai dai] I can't turn the heating off
เครื่องทำน้ำร้อน [**khrueang tham khwam ron**] เครื่องทำน้ำร้อนทำงานอย่างไร? [khrueang tham nam ron tham ngan yang rai] How does the water heater work?
เครื่องเทศ [**khrueang thet**] *n* spice; เครื่องเทศสีแดงอ่อนใส่อาหาร [khrueang tet sii daeng on sai a han] *n* paprika
เครื่องโทรสาร [**khrueang thro ra san**] มีเครื่องโทรสารที่ฉันจะใช้ได้ไหม? [mii khrueang tho ra san thii chan ja chai dai mai] Is there a fax machine I can use?; คุณมีเครื่องโทรสารไหม? [khun mii khrueang tho ra san mai] Do you have a fax?
เครื่องนอน [**khrueang non**] *n* bedding
เครื่องบิน [**khrueang bin**] *n* aircraft, plane *(aeroplane)*; เรือหรือเครื่องบินที่เดินทางประจำเส้นทาง [ruea rue khrueang bin thii doen thang pra cham sen thang] *n* liner; เครื่องบินเจ็ท [khrueang bin chet] *n* jet; เครื่องบินเจ็ทขนาดใหญ่มาก [khrueang bin chet kha nat yai mak] *n* jumbo jet; เครื่องบินฉันออกจาก... [khrueang bin chan ok chak...] My plane leaves at...

เครื่องเบิกเงิน [khrueang bek ngoen] เครื่องเบิกเงินกลืนการ์ดฉันไป [khrueang boek ngoen kluen kat chan pai] The cash machine swallowed my card
เครื่องแบบ [khrueang baep] *n* uniform; เครื่องแบบนักเรียน [khrueang baep nak rian] *n* school uniform
เครื่องประดับ [khrueang pra dap] *n* accessory, ornament
เครื่องปรับอากาศ [khrueang prap a kat] เครื่องปรับอากาศไม่ทำงาน [khrueang prap a kat mai tham ngan] The air conditioning doesn't work
เครื่องปั่น [khrueang pan] เครื่องปั่นผ้าให้แห้ง [khrueang pan pha hai haeng] *n* spin dryer
เครื่องปั้นดินเผา [khrueang pan din phao] *n* pottery
เครื่องปั๊ม [khrueang pum] *n* pump
เครื่องปิ้ง [khrueang ping] เครื่องปิ้งขนมปัง [khrueang ping kha nom pang] *n* toaster
เครื่องเป่าผม [khrueang pao phom] ฉันอยากได้เครื่องเป่าผม [chan yak dai khrueang pao phom] I need a hair dryer
เครื่องพิมพ์ [khrueang phim] *n* printer *(machine)*; มีเครื่องพิมพ์สีไหม? [mii khrueang phim sii mai] Is there a colour printer?
เครื่องพิมพ์ดีด [khrueang phim dit] *n* typewriter
เครื่องมือ [khrueang mue] *n* apparatus, equipment, tool; เครื่องมือที่ใช้ในการขุด [khrueang mue thii chai nai kan khut] *n* digger; ชุดเครื่องมือ [chut khrueang mue] *n* kit
เครื่องยนต์ [khrueang yon] *n* motor; ช่างเครื่องยนต์ [chang khrueang yon] *n* motor mechanic
เครื่องเรือน [khrueang ruean] *n* furniture; ซึ่งมีเครื่องเรือนพร้อม [sueng mii khrueang ruean phrom] *adj* furnished
เครื่องส่งเสียง [khrueang song siang] มีเครื่องส่งเสียงไหม? [mii khrueang song siang mai] Is there an induction loop?
เครื่องสำอาง [khrueang sam ang] *npl* cosmetics; ที่ร้านขายยาหรือเครื่องสำอาง [thii ran khai ya rue khrueang sam ang] *n* chemist('s)
เครื่องสำอาง [khrueang sam ang] *n* make-up; เครื่องสำอางใช้ทาขนตา [khrueang sam ang chai tha khon ta] *n* mascara
เครื่องหมาย [khrueang mai] *n* tick; เข็มเครื่องหมาย [khem khrueang mai] *n* badge; เครื่องหมาย : [khrueang mai:] *n* colon; เครื่องหมาย มักใช้ในคอมพิวเตอร์ [khrueang mai mak chai nai khom phio toe] *n* backslash; ฉันหาเครื่องหมาย@ ไม่ได้ [chan ha khrueang mai @ mai dai] I can't find the @ sign
เครื่องหมายการค้า [khrueang mai kan kha] *n* trademark
เครื่องหมาย คำถาม [khrueang mai kham tham] เครื่องหมายคำถาม [khrueang mai kham tham] *n* question mark
เครื่องหยอดเหรียญ [khrueang yot rian] เครื่องหยอดเหรียญสำหรับเล่นพนัน [khrueang yot rian sam rap len pha nan] *n* slot machine
เครื่องอบ [khrueang op] เครื่องอบผ้าให้แห้ง [khrueang op pha hai haeng] *n* tumble dryer
เครือญาติ [khruea yat] *n* relative
เคล็ด [khlet] ทำให้เคล็ด [tham hai khlet] *v* sprain; อาการเคล็ด [a kan khlet] *n* sprain
เคลื่อน [khluean] เคลื่อน เปลี่ยนตำแหน่ง [khluean plian tam naeng] *vi* move; เคลื่อนไปข้างหน้า [khluean pai khang na] *v* move forward; เคลื่อนไปด้านข้าง [khluean pai dan khang] *adv* sideways
เคลื่อนที่ [khluean thi] เคลื่อนที่อย่างเสียงดัง [khluean thii yang siang dang] *vi* crash; ขบวนที่เคลื่อนที่ไป [kha buan thii khluean thii pai] *n* procession; ที่

เคลื่อนที่ได้ [thii khluean thii dai] *adj* removable

เคลื่อนย้าย [khluean yai] *v* remove, shift; เคลื่อนย้ายจากที่หนึ่งไปอีกที่หนึ่ง [khluean yai chak thii nueng pai ik thii nueng] *adj* migrant; การเคลื่อนย้าย [kan khluean yai] *n* removal; การเคลื่อนย้าย การย้าย [kan khluean yai, kan yai] *n* shift

เคลื่อนไหว [khlluean wai] เคลื่อนไหวไม่ได้ [khluean wai mai dai] *adj* paralysed; เคลื่อนไหวช้ากว่าผู้อื่น [khluean wai cha kwa phu uen] *v* lag behind; ไม่มีการเคลื่อนไหว [mai mii kan khluean wai] *adj* motionless; เธอเคลื่อนไหวไม่ได้ [thoe khluean wai mai dai] She can't move

เคลือบ [khueap] เครื่องเคลือบดินเผา [khrueang khlueap din phao] *n* china; สิ่งเคลือบ [sing khlueap] *n* enamel

เคอร์ฟิว [koe fio] มีเคอร์ฟิวไหม? [mii khoe fio mai] Is there a curfew?

เคาน์เตอร์ [kao toe] *n* counter; เคาน์เตอร์ที่ขายของ [khao toe thii khai khong] *npl* stands

เคารพ [khao rop] *v* respect; เป็นที่เคารพบูชา [pen thii khao rop bu cha] *adj* holy; ความเคารพ [khwam khao rop] *n* respect; ความเคารพนบนอบที่เป็นผลมาจากความสำเร็จ [khwam khao rop nop nop thii pen phon ma chak khwam sam ret] *n* prestige

เคารพนับถือ [khao rom nap thue] ซึ่งเป็นที่เคารพนับถือ [sueng pen thii khao rop nap thue] *adj* prestigious

เคาะ [kho] *v* knock, knock *(on the door etc.)*; การเคาะ [kan kho] *n* knock; การตบเบา ๆ การเคาะเบา ๆ การตีเบา ๆ [kan top bao bao, kan kho bao bao, kan ti bao bao] *n* tap

เคี่ยว [khiao] เคี่ยวอาหาร [khiao a han] *adj* poached *(simmered gently)*

เคี้ยว [khiao] *v* chew

แค็ตตาล็อก [kaet ta lok] ฉันอยากได้แค็ตตาล็อก [chan yak dai khat ta lok] I'd like a catalogue

แคนาดา [khae na da] *adj* เกี่ยวกับประเทศแคนาดา [kiao kap pra thet khae na da] *adj* Canadian ▷ *n* ชาวแคนาดา [chao khae na da] *n* Canadian; ประเทศแคนาดา [pra tet khae na da] *n* Canada

แคนารี [kae na ri] ไวน์จากหมู่เกาะแคนารี [wine chak mu ko khae na ri] *n* canary; หมู่เกาะแคนารี [mu kao khae na ri] *npl* Canaries

แคนู [khae nu] เรือแคนู [ruea khae nu] *n* canoe; การเล่นเรือแคนู [kan len ruea khae nu] *n* canoeing; เราจะไปเล่นเรือแคนูได้ที่ไหน? [rao ja pai len ruea khae nu dai thii nai] Where can we go canoeing?

แคบ [khaep] *adj* narrow; การกลัวที่อยู่ในที่แคบ [kan klua thii yu nai thii khaep] *adj* claustrophobic

แคมเมอรูน [kaem moe run] ประเทศแคมเมอรูน [pra tet khaem moe run] *n* Cameroon

แคร่ [khrae] แคร่เลื่อนยาวติดกับรองเท้าใช้เล่นหิมะ [krae luean yao tit kap rong thao chai len hi ma] *n* ski

แครนเบอรี่ [khraen boe ri] ลูกแครนเบอรี่ [luk khraen boe ri] *n* cranberry

แครอท [kae rot] *n* carrot

แคระ [khrae] คนแคระ [khon khrae] *n* dwarf

แคริเบียน [mae ri bian] เกี่ยวกับประเทศในทะเลแคริเบียน [kiao kap pra thet nai tha le khae ri bian] *adj* Caribbean; ชาวแคริเบียน [chao khae ri bian] *n* Caribbean

แคลเซียม [khaen siam] *n* calcium

แค่ไหน [khae nai] ใช้เวลานานแค่ไหนที่จะไปที่...? [chai we la nan khae nai thii ja pai thii...] How long will it take to get to...?; อยู่ไกลแค่ไหน? [yu klai khae nai] How far is it?

แค่เอื้อม [khae ueam] *adj* nearby

โค้ก [khok] *n* Coke®

โคเคน [kho khen] *n* crack *(cocaine)*

โค้ง [khong] โค้งตัว [khong tua] *v* bend over; โครงสร้างที่มีรูปโค้ง [khrong sang thii mii rup khong] *n* arch; ของที่มีรูปร่างโค้งเหมือนตะขอ [khong thii mii rup rang khong muean ta kho] *n* crook
โค้ท [khot] เสื้อโค้ทกันหนาว [suea khot kan nao] *n* overcoat
โค่น [khon] โค่นต้นไม้ [khon ton mai] *v* cut down
โคม [khom] โคมไฟ [khom fai] *n* lampshade
โคมไฟ [khom fai] โคมไฟข้างเตียงนอน [khom fai khang tiang non] *n* bedside lamp; โคมไฟไม่ทำงาน [khom fai mai tham ngan] The lamp is not working
โครง [khrong] โครงยกพื้นที่ใช้สำหรับสร้างหรือซ่อมตึกหรือสถานที่ต่าง ๆ [khrong yok phuen thii chai sam rap sang rue som tuek rue sa than thii tang tang] *n* scaffolding
โครงกระดูก [khlong kra duk] *n* skeleton
โครงการ [khrong kan] *n* project; หนังสือโครงการ [nang sue khrong kan] *n* prospectus
โครงงาน [khrong ngan] *n* layout
โครงสร้าง [khrong sang] *n* frame, structure; เปลี่ยนโครงสร้างใหม่ [plian khrong sang mai] *v* restructure; โครงสร้างพื้นฐานเช่น ถนน สะพาน [khrong sang phuen than chen tha non sa phan] *n* infrastructure; ที่เกี่ยวกับโครงสร้าง [thii kiao kap khrong sang] *adj* constructive
โครเมียม [khro miam] แผ่นโครเมียม [phaen khro miam] *n* chrome
โครเอเชีย [khro e chai] เกี่ยวกับประเทศโครเอเชีย [kiao kap pra thet khro e chia] *adj* Croatian; ชาวโครเอเชียน [chao khro e chian] *n* Croatian *(person)*; ประเทศโครเอเชีย [pra tet khro e chia] *n* Croatia
โคลน [khlon] *n* mud; เต็มไปด้วยโคลน [tem pai duai khlon] *adj* muddy
โคลัมเบีย [ko lam bia] เกี่ยวกับประเทศโคลัมเบีย [kiao kap pra thet kho lam bia] *adj* Colombian; ชาวโคลัมเบีย [chao kho lam bia] *n* Colombian; ประเทศโคลัมเบีย [pra tet kho lam bia] *n* Colombia
โควต้า [kho ta] *n* quota
ใคร [khrai] *pron* who, whom; ใครสักคน [khrai sak khon] *pron* anyone; ใครก็ได้ [khrai ko dai] *pron* anybody; ไม่มีใคร [mai mii khrai] *pron* no one, nobody; ฉันกำลังพูดกับใคร? [chan kam lang phut kap khrai] Who am I talking to?
ไครกีสถาน [khrai ki sa than] ประเทศไครกีสถาน [pra tet khai ki sa than] *n* Kyrgyzstan

ฆ

ง

ฆ่า [kha] *v* kill; การฆ่าหมู่ [kan kha mu] *n* massacre; ฆ่าโดยการบีบคอ [kha doi kan bip kho] *v* strangle; ผู้ฆ่า [phu kha] *n* killer

ฆ่าเชื้อ [kha chuea] นมผ่านการฆ่าเชื้อ [nom phan kan kha chuea] *n* UHT milk

ฆ่าเชื้อโรค [kha chuea rok] ที่ผ่านการฆ่าเชื้อโรค [thii phan kan kha chuea rok] *adj* pasteurized

ฆาตกร [kha ta kon] *n* murderer

ฆาตกรรม [ka ta kam] *v* murder; การฆาตกรรม [kan khat ta kam] *n* murder

ฆ่าตัวตาย [kha tua tai] การฆ่าตัวตาย [kan kha tua tai] *n* suicide

ฆ่าเวลา [kha we la] ฆ่าเวลาโดยการทำอะไรที่ไม่สำคัญ [kha we la doi kan tham a rai thii mai sam khan] *v* mess about

เมฆ [mek] มีเมฆมาก [mii mek mak] *adj* overcast

โฆษก [kho sok] *n* spokesman, spokesperson; โฆษกหญิง [kho sok ying] *n* spokeswoman

โฆษณา [kho sa na] *n* advert; โฆษณาเล็ก ๆ [khot sa na lek lek] *npl* small ads; โฆษณาคั่นรายการ [khot sa na khan rai kan] *n* commercial break

งงงวย [ngong nguai] ทำให้งงงวย [tham hai ngong nguai] *adj* baffled, puzzling

แจ้ง [chaeng] เราต้องแจ้งกับตำรวจ [rao tong chaeng kap tam ruat] We will have to report it to the police

งดงาม [ngot ngam] สวยงดงาม [suai ngot ngam] *adj* picturesque

งบ [ngop] งบประมาณ [ngop pra man] *n* budget

งบดุล [ngop dun] *n* balance sheet; งบดุลธนาคาร [ngop dun tha na khan] *n* bank balance

งบประมาณ [ngop pra man] ปีงบประมาณ [pi ngop pra man] *n* financial year, fiscal year

ง่วงนอน [nguang non] *adj* sleepy

งวด [nguat] เงินที่จ่ายเป็นงวด [ngoen thii chai pen nguat] *n* instalment

งอ [ngo] *v* bend; คดงอ [khot ngo] *adj* bent *(not straight)*

งอกงาม [ngok ngam] เติบโต งอกงาม [toep to, ngok ngam] *vi* grow

งัวเงีย [ngua ngia] *adj* drowsy

งา [nga] งาช้าง [nga chang] *n* ivory

งาน [ngan] *n* job; ไม่มีงาน [mai mii ngan] *adj* jobless; ไม่มีงานทำ [mai mii ngan tham] *adj* unemployed; หน่วยจัดหางาน [nuai chat ha ngan] *n* job centre; งานศิลปะ [ngan sin la pa] *n* work of art

งานเลี้ยง [ngan liang] งานเลี้ยงของหนุ่มโสดก่อนวันแต่งงาน [ngan liang khong num sot kon wan taeng ngan] *n* stag night; งานเลี้ยงอาหารค่ำ [ngan liang a han kham] *n* dinner party; จัดงานเลี้ยง [chat ngan liang] *v* party

งานศิลปะ [ngan sin la pa] งานศิลปะที่ทำด้วยมือ [ngan sin la pa thii tham duai mue] *n* craft

งานอดิเรก [ngan a di rek] *n* pastime

งาม [ngam] ความงาม [khwam ngam] *n* beauty

ง่าย [ngai] *adj* easy, simple; ทำให้ง่ายขึ้น [tham hai ngai khuen] *v* simplify; อย่างง่าย ๆ [yang ngai ngai] *adv* simply; อย่างง่าย ๆ อย่างสบาย ๆ [yang ngai ngai, yang sa bai sa bai] *adj* easy-going

งีบหลับ [ngip lap] *v* doze, snooze; การงีบหลับ [kan ngib lap] *n* nap, snooze; งีบหลับไป [ngip lap pai] *v* doze off

งุนงง [ngun ngong] งุนงงอย่างที่สุด [ngun ngong yang thii sut] *adj* bewildered

งุ่มง่าม [ngum ngam] *adj* awkward, clumsy

งู [ngu] *n* snake; งูกะปะ [ngu ka pa] *n* rattlesnake

เงา [ngao] *n* shadow; ใส่น้ำมันชักเงา [sai nam man chak ngao] *v* varnish; ซึ่งเป็นมันเงา [sueng pen man ngao] *adj* shiny; น้ำมันชักเงา [nam man chak ngao] *n* varnish

เงิน [ngoen] *n* money, silver; เกี่ยวกับเงินตรา [kiao kap ngoen tra] *adj* monetary; เครื่องคิดเงิน [khrueang kit ngoen] *n* cash register; เงินเฉพาะจำนวนที่ให้ธนาคารจ่าย [ngoen cha pho cham nuan thii hai tha na khan chai] *n* standing order; เงินทุน [ngoen thun] *n* grant; เจ้าหน้าที่การเงิน [chao na thii kan ngoen] *n* cashier; ถุงเงิน [thung ngoen] *n* purse; ฉันไม่มีเงิน [chan mai mii ngoen] I have no money

เงินเดือน [ngoen duean] *n* salary; ซึ่งให้เงินเดือนสูง [sueng hai ngoen duean sung] *adj* well-paid

เงินทอน [ngoen thon] เสียใจด้วย ฉันไม่มีเงินทอน [sia jai duai chan mai mii ngoen thon] Sorry, I don't have any change; คุณมีเงินทอนสำหรับธนบัตรใบนี้ไหม? [khun mii ngen thon sam rap tha na bat bai nii mai] Do you have change for this note?; คุณมีเศษเงินทอนไหม? [khun mii set ngen thon mai] Do you have any small change?

เงินทุน [ngoen thun] จัดหาเงินทุนให้ [chat ha ngen thun hai] *v* finance

เงินฝาก [ngoen fak] บัญชีเงินฝาก [ban chi ngoen fak] *n* account *(in bank)*

เงินเฟ้อ [ngoen foe] ภาวะเงินเฟ้อ [pha wa ngoen foe] *n* inflation

เงินสด [ngoen sot] ฉันไม่มีเงินสด [chan mai mii ngoen sot] I don't have any cash

เงียบ [ngiap] *adj* quiet, silent; ความเงียบ [khwam ngiap] *n* silence; ซึ่งเงียบสงบและผ่อนคลาย [sueng ngiap sa ngob lae phon khlai] *adj* restful; อย่างเงียบ [yang ngiap] *adv* quietly; ฉันอยากได้ห้องเงียบ ๆ [chan yak dai hong ngiap ngiap] I'd like a quiet room

เงื่อน [nguean] *n* knot

เงื่อนไข [nguean khai] สภาวะ เงื่อนไข [sa pha wa, nguean khai] *n* condition; ที่เป็นเงื่อนไข [thii pen nguean khai] *adj* conditional; ที่ไม่มีเงื่อนไข [thii mai mii nguean khai] *adj* unconditional

เงื่อนงำ [nguean ngam] *n* clue

โง่ [ngo] *adj* daft, dumb, silly, stupid; คนโง่ [khon ngo] *n* fool, idiot, twit; ความโง่เขลา [khwam ngo khlao] *n* ignorance

โง่เขลา [ngo khlao] *adj* senseless

จ

จงรักภักดี [chong rak phak di] ความจงรักภักดี [khwam chong rak phak dii] *n* loyalty

จงอย [cha ngoi] จะงอยปากนก [cha ngoi pak nok] *n* beak

จด [chot] จดลง [chot long] *v* jot down; จดลงไป [chot long pai] *v* note down

จดหมาย [chot mai] *n* letter *(message)*, mail, post *(mail)*; เพื่อนทางจดหมาย [phuean thang chot mai] *n* penfriend; มีจดหมายถึงฉันบ้างไหม? [mii chot mai thueng chan bang mai] Is there any mail for me?

จตุรัส [cha tu rat] สี่เหลี่ยมจตุรัส [si liam chat tu rat] *n* square

จนกระทั่ง [chon kra thang] *conj* till, until; จนกว่า จนกระทั่ง [chon kwa, chon kra thang] *prep* till

จนกว่า [chon kwa] *prep* until; จนกว่า จนกระทั่ง [chon kwa, chon kra thang] *prep* till

จนมุม [chon mum] สภาพที่จนมุม [sa phap thii chon mum] *n* stalemate

จบ [chop] *vt* finish ▷ *n* ตอนจบ [ton job] *n* end, ending, finish ▷ *adj* ที่จบสิ้น [thii job sin] *adj* over

จม [chom] *vi* sink; จมน้ำ [chom nam] *v* drown

จมูก [cha muk] *n* nose; รูจมูก [ru cha muk] *n* nostril

จรจัด [chon chat] คนจรจัด [khon chon chat] *n* tramp *(beggar)*

จรวด [cha ruat] *n* rocket

จระเข้ [cha ra ke] *n* alligator, crocodile

จราจร [cha ra chon] เจ้าหน้าที่การจัดการจราจร [chao na thii kan chat kan cha ra chon] *n* traffic warden; สัญญาณจราจร [san yan cha ra chon] *npl* traffic lights

จริง [ching] *adj* genuine; โดยแท้จริง [doi thae ching] *adj* indeed; ไม่มองดูสภาพจริง [mai mong du sa phap ching] *adj* unrealistic; ความจริง [khwam ching] *n* fact

จริงจัง [ching chang] อย่างจริงจัง [yang ching chang] *adv* seriously

จริงใจ [ching chai] *adj* sincere; ไม่จริงใจ [mai ching jai] *adj* insincere; อย่างจริงใจ [yang ching jai] *adv* sincerely

จริยธรรม [cha ri ya tham] ตามหลักจริยธรรม [tam lak cha ri ya tham] *adj* ethical

จลาจล [cha la chon] การจลาจล [kan cha la chon] *n* riot

จอ [cho] จอภาพแบน [cho phap baen] *n* flat-screen

จอง [chong] *v* book; สำนักงานจอง [sam nak ngan chong] *n* booking office; การจอง [kan chong] *n* reservation; การจองล่วงหน้า [kan chong luang na] *n* booking

จ้อง [chong] *v* stare

จ้องมอง [chong mong] *v* gaze

จอด [chot] *v* park; การนำเครื่องบินลงจอด [kan nam khrueang bin long jod] *n* landing; จอดเรือ [jot ruea] *v* moor

จอภาพ [cho phap] โปรแกรมรักษาจอภาพ [pro kraem rak sa cho phap] *n* screen-saver; จอภาพแบน [cho phap baen] *n* plasma screen

จอร์เจีย [cho chia] เกี่ยวกับจอร์เจีย [kiao kap cho chia] *adj* Georgian; ประเทศจอร์เจีย [pra tet chor chia] *n* Georgia *(country)*
จอร์เจียน [cho chian] ชาวจอร์เจียน [chao cho chian] *n* Georgian *(inhabitant of Georgia)*
จอร์แดน [cho daen] เกี่ยวกับประเทศจอร์แดน [kiao kap pra thet cho daen] *adj* Jordanian; ชาวจอร์แดน [chao cho daen] *n* Jordanian; ประเทศจอร์แดน [pra tet chor daen] *n* Jordan
จั๊กจี้ [chak ka chi] จั๊กจี้ได้ง่าย [chak ka chi dai ngai] *adj* ticklish; ทำให้จั๊กจี้ [tham hai chak ka chi] *v* tickle
จักรกล [chak kon] เกี่ยวกับเครื่องจักรกล [kiao kap khrueang chak kon] *adj* mechanical
จักรพรรดิ [chak kra phat] *n* emperor
จักรยาน [chak kra yan] *n* bicycle, bike, cycle *(bike)*; เส้นทางขี่จักรยาน [sen thang khi chak kra yan] *n* cycle path; มือถือสำหรับเลี้ยวรถจักรยาน [mue thue sam rap liao rot chak kra yan] *npl* handlebars; การขี่จักรยาน [kan khi chak kra yan] *n* cycling; ไปขี่จักรยานกันเถอะ [pai khi chak kra yan kan thoe] Let's go cycling
จักรยานยนต์ [chak kra yan yon] รถจักรยานยนต์ [rot chak kra yan yon] *n* motorbike
จักรเย็บผ้า [chak yep pha] *n* sewing machine
จักรราศี [chak kra ra si] *n* zodiac
จักรวาล [chak kra wan] *n* universe
จังหวะ [chang wa] *n* rhythm; เต้นรำจังหวะวอลทซ [ten ram chang wa walt] *v* waltz
จังหวัด [chang wat] ศาลากลางจังหวัด [sa la klang changhwat] *n* town hall
จัด [chat] การแสดง การจัดวาง [kan sa daeng, kan chat wang] *v* display; การจัด [kan chat] *v* format; การจัดประเภท [kan chat pra phet] *n* assortment, sort; ฉันต้องจัดกระเป๋าเดี๋ยวนี้ [chan tong chat kra pao diao nii] I need to pack now
จัดการ [chat kan] *v* deal with, handle, manage, organize, direct ▷ *n* การจัดการแข่งขันใหม่ [kan chat kan khaeng khan mai] *n* replay; ตารางจัดการหมายถึงโปรแกรมคอมพิวเตอร์ประเภทหนึ่ง [ta rang chat kan mai thueng pro kraem khom phio toe pra pet nueng] *n* spreadsheet ▷ *adj* ที่จัดการได้ [thii chat kan dai] *adj* manageable
จัดเตรียม [chat triam] *vt* arrange; การจัดเตรียม [kan chat triam] *n* arrangement; วาง จัดเตรียม ตั้งเวลา ตั้งระบบ [wang, chat triam, tang we la, tang ra bop] *vt* set
จัดแสง [chat saeng] การจัดแสง [kan chat saeng] *n* lighting
จัดหา [chat ha] *v* provide, supply; สิ่งที่จัดหาให้ [sing thii chat ha hai] *n* supplies, supply; จัดหาเงินทุนให้ [chat ha ngen thun hai] *v* finance; จัดหาให้ [chat ha hai] *v* provide for
จันทร์ [chan] วันจันทร์ [wan chan] *n* Monday
จันทร์เทศ [chan thet] ต้นจันทร์เทศ [ton chan tet] *n* nutmeg
จับ [chap] การจับ การยึด [kan chap, kan yued] *n* seizure; จับได้ ฉวยจับ [chap dai, chuai chap] *vt* catch; จับฉวย [chap chuai] *v* grab
จับกุม [chap khum] *v* arrest, capture; การจับกุม [kan chap kum] *n* arrest
จับผิด [chap phit] จ้องจับผิด [chong chap phit] *v* nag
จ่า [cha] *n* sergeant; สิบโท จ่าอากาศโท [sip tho, cha a kaat tho] *n* corporal
จ้า [cha] สว่างจ้า [sa wang cha] *adj* bright
จาก [chak] *prep* from; มาจาก [ma chak] *v* come from; การจากกัน [kan chak kan] *n* parting; จากไป [chak pai] *adj* go off, gone
จากนั้นมา [chak nan ma] *adv* since
จ้าง [chang] ลูกจ้าง [luk chang] *n*

employee; การว่าจ้าง [kan wa chang] *n* employment; นายจ้าง [nai chang] *n* employer
จางหาย [chang hai] ละลาย ทำให้หลอมละลาย [la lai, tham hai lom la lai] *vt* melt
จาน [chan] *n* dish *(plate)*, plate; เครื่องล้างจาน [khrueang lang chan] *n* dishwasher; หน่วยจานบันทึก [nuai chan ban thuek] *n* disk drive; จานรอง [chan rong] *n* saucer; มีอะไรอยู่ในจานนี้? [mii a rai yu nai chan nii] What is in this dish?
จานบิน [chan bin] ตัวย่อของจานบินของมนุษย์ต่างดาว [tua yo khong chan bin khong ma nut tang dao] *abbr* UFO
จาม [cham] *v* sneeze
จาไมก้า [cha mai ka] เกี่ยวกับจาไมก้า [kiao kap cha mai ka] *adj* Jamaican; ชาวจาไมก้า [chao cha mai ka] *n* Jamaican
จ่าย [chai] *vi* pay; ได้จ่ายแล้ว [dai chai laeo] *adj* paid; สามารถจ่ายได้ [sa maat chai dai] *v* afford; การจ่าย [kan chai] *n* pay; มีการจ่ายเพิ่มหรือไม่? [mii kan chai poem rue mai] Is there a supplement to pay?
จ่ายยา [chai ya] สั่งจ่ายยา [sang chai ya] *v* prescribe
จารกรรม [cha ra kam] *n* espionage
จารึก [cha ruek] ข้อความที่จารึก [kho khwam thii cha ruek] *n* inscription
จำ [cham] *v* remember; จำได้ [cham dai] *v* recognize; ซึ่งสามารถจำได้ [sueng sa maat cham dai] *adj* recognizable
จำกัด [cham kat] *v* crack down on, restrict; ขีดจำกัด [khit cham kat] *n* limit
จำนวน [cham nuan] ค้นพบจำนวนที่แน่นอน [khon phop cham nuan thii nae non] *v* quantify; คนหรือสิ่งของจำนวนมาก [khon rue sing khong cham nuan mak] *pron* many; จำนวนเงินที่เป็นหนี้ธนาคาร [cham nuan ngen thii pen nii tha na khan] *n* overdraft
จำนวนหนึ่ง [cham nuan nueng] *pron* any
จำนอง [cham nong] *v* mortgage; การจำนอง [kan cham nong] *n* mortgage
จำนำ [cham nam] โรงรับจำนำ [rong rap cham nam] *n* pawnbroker
จำแนก [cham naek] จำแนกความแตกต่าง [cham naek khwam taek tang] *v* distinguish
จำเป็น [cham pen] *adj* necessary; ไม่จำเป็น [mai cham pen] *adj* unnecessary; ความจำเป็น [khwam cham pen] *n* necessity; อย่างจำเป็น [yang cham pen] *adv* necessarily
จำพวก [cham phuak] *n* kind
จำลอง [cham long] สภาวะเหมือนจริงที่จำลองโดยทางเทคนิคคอมพิวเตอร์ [sa pha wa muean ching thii cham long doi thang tek nik khom phio toe] *n* virtual reality; ของจำลอง [khong cham long] *n* replica; ที่จำลองขึ้น [thii cham long khuen] *adj* mock
จำเลย [cham loei] *n* defendant
จำหน่าย [cham nai] ผู้แทนจำหน่าย [phu thaen cham nai] *n* distributor
จิ้งจก [ching chok] สัตว์ประเภทจิ้งจกอาศัยได้ทั้งบนบกและในน้ำ [sat pra phet ching chok a sai dai thang bon bok lae nai nam] *n* newt
จิ้งจอก [ching chok] สุนัขจิ้งจอก [su nak ching chok] *n* fox
จิงโจ้ [ching cho] *n* kangaroo
จิ้งหรีด [ching rit] *n* cricket *(insect)*
จิต [chit] เกี่ยวกับจิต [kiao kap chit] *adj* psychological; ความสามารถทางจิต [khwam sa mat thang chit] *n* mentality; ช่วงเวลาที่เจ็บป่วยทางจิต [chuang we la thii chep puai thang chit] *n* nervous breakdown
จิตใจ [chit chai] *n* mind; ยาที่ทำให้จิตใจสงบ [ya thii tham hai chit jai sa ngop] *n* tranquillizer
จิตแพทย [chit ta phaet] จิตแพทย์ [chit

ta phaet] *n* psychiatrist
จิตรกร [chit ta kon] *n* painter
จิตวิทยา [chit wit tha ya] *n* psychology; ที่เกี่ยวกับจิตวิทยา [thii kiao kap chit ta wit ta ya] *adj* psychiatric; นักจิตวิทยา [nak chit ta wit tha ya] *n* psychologist
จินตนาการ [chin ta na kan] *n* imagination; ทำให้จินตนาการจินตนาการเห็น [tham hai chin ta na kan chin ta na kan hen] *v* visualize; อยู่ในจินตนาการ [yu nai chin ta na kan] *adj* unreal
จิ้ม [chim] การจิ้มน้ำจิ้ม [kan chim nam chim] *n* dip *(food/sauce)*
จี้ [chi] จี้ห้อยคอ [chi hoi kho] *n* locket, pendant
จีน [chin] ชาวจีน [chao chin] *n* Chinese *(person)*; ที่เกี่ยวกับชาติจีน [thii kiao kap chat chin] *adj* Chinese; ประเทศจีน [pra tet chin] *n* China
จีบ [chip] รอยจีบ [roi chip] *n* plait
จุด [chut] *n* dot; มหัพภาค จุด [ma hup phak chut] *n* full stop; จุดด่างพร้อย [chut dang phroi] *n* spot *(blemish)*; จุดที่เล็กที่สุดที่รวมกันเป็นภาพ [chut thii lek thii sut thii ruam kan pen phap] *n* pixel
จุดไฟ [chut fai] *v* light
จุดสุดยอด [chut sut yot] จุดสุดยอดของความรู้สึกทางเพศ [chut sut yot khong khwam ru suek thang phet] *n* orgasm
จุดหมาย [chut mai] *n* aim; ไร้จุดหมาย [rai chut mai] *adj* pointless; จุดหมายปลายทาง [chut mai plai thang] *n* destination
จุ่ม [chum] *vt* dip
จู้จี้ [chu chi] *adj* bossy, fussy
จู่โจม [chu chom] *v* raid; การจู่โจม [kan chu chom] *n* raid
จูบ [chup] *v* kiss; การจูบ [kan chup] *n* kiss
เจ [che] อาหารนี้เหมาะสำหรับพวกกินเจไหม? [a han nii mao sam rap phuak kin che mai] Is this suitable for vegans?
เจ็ด [chet] *number* seven; ลำดับที่เจ็ด [lam dap thii chet] seventh; ที่เจ็ด [thii chet] *adj* seventh
เจ็ดสิบ [chet sip] *number* seventy
เจตนา [chet ta na] *adj* intentional; ไม่ได้เจตนา [mai dai chet ta na] *adj* unintentional
เจตนาร้าย [chet ta na rai] *n* spite; ซึ่งมีเจตนาร้าย [sueng mii chet ta na rai] *adj* spiteful
เจ็ทสกี [chet sa ki] ฉันจะเช่าเจ็ทสกีได้ที่ไหน? [chan ja chao chet sa ki dai thii nai] Where can I hire a jet-ski?
เจ็บ [chep] หูเจ็บ [hu chep] *n* earache; คนเจ็บ [khon chep] *n* invalid; ความเจ็บ [khwam chep] *n* sore; เขาทำแขนตัวเองเจ็บ [khao tham khaen tua eng chep] He has hurt his arm
เจ็บปวด [chep puat] *adj* painful, sore ▷ *v* ache; ความเจ็บปวด [khwam chep puat] *n* ache, pain
เจ็บป่วย [chep puai] ความเจ็บป่วย [khwam chep puai] *n* illness, sickness; ช่วงเวลาที่เจ็บป่วยทางจิต [chuang we la thii chep puai thang chit] *n* nervous breakdown
เจริญ [cha roen] ทำให้เจริญก้าวหน้า [tham hai cha roen kao na] *v* bring forward; พัฒนา เจริญ เติบโต [phat ta na, cha roen, toep to] *vi* develop
เจริญเติบโต [cha roen toep to] *v* grow up; ปลูก ทำให้เจริญเติบโต [pluk, tham hai cha roen toep to] *vt* grow
เจริญรอยตาม [cha roen roi tam] *v* take after
เจริญรุ่งเรือง [cha roen rung rueang] ความเจริญรุ่งเรือง [khwam cha roen rung rueang] *n* prosperity
เจล [chel] เจลใส่ผม [chen sai phom] *n* hair gel; เจลสำหรับแต่งผม [chen sam rap taeng phom] *n* gel; เจลอาบน้ำ [chen aap nam] *n* shower gel
เจอเรเนียม [choe re niam] ต้นเจอเรเนียมมีดอกสีชมพูหรือสีม่วง [ton choe re niam mii dok sii chom phu rue sii muang] *n* geranium

เจ้าของ [chao khong] *n* owner; เจ้าของและผู้จัดการบาร์ [chao khong lae phu chat kan ba] *n* publican; เจ้าของร้าน [chao khong ran] *n* shopkeeper; เจ้าของที่ดิน [chao khong thii din] *n* landowner; ฉันขอพูดกับเจ้าของได้ไหม? [chan kho phut kap chao khong dai mai] Could I speak to the owner, please?
เจ้าชาย [chao chai] *n* prince
เจ้าชู้ [chao chu] คนเจ้าชู้ [khon chao chu] *n* flirt
เจ้านาย [chao nai] *n* boss, master
เจ้าเนื้อ [chao nuea] *adj* plump
เจ้าบ่าว [chao bao] *n* bridegroom, groom *(bridegroom)*; เพื่อนเจ้าบ่าว [phuean chao bao] *n* best man
เจ้าแผ่นดิน [chao phaen din] *n* monarch
เจ้าพ่อ [chao pho] *n* godfather *(criminal leader)*
เจ้าภาพ [chao phap] *n* host *(entertains)*
เจ้าเล่ห์ [chao le] *adj* cunning
เจ้าสาว [chao sao] *n* bride; เพื่อนเจ้าสาว [phuean chao sao] *n* bridesmaid
เจ้าหญิง [chao ying] *n* princess
เจ้าหน้าที่ [chao na thi] *adj* official; เจ้าหน้าที่เรือนจำ [chao na thii ruean cham] *n* prison officer; เจ้าหน้าที่การเงิน [chao na thii kan ngoen] *n* cashier; เจ้าหน้าที่การจัดการจราจร [chao na thii kan chat kan cha ra chon] *n* traffic warden
เจาะ [cho] *v* pierce, prick, drill; เจาะรู [jo ru] *v* bore *(drill)*; การเจาะ [kan jo] *n* piercing, puncture; ที่ถูกเจาะ [thii thuk jo] *adj* pierced
เจิดจ้า [choet cha] เจิดจ้า สว่างไสว [choet cha, sa wang sa wai] *adj* vivid
เจือจาง [chue chang] *v* dilute; เจือจางอ่อนแอ [chuea chang, on ae] *v* faint; ทำให้เจือจาง [tham hai chuea chang] *adj* diluted
แจ๊กเก็ต [chaek ket] เสื้อแจ๊กเก็ต [suea chaek ket] *n* jacket; เสื้อแจ๊กเก็ตกีฬาหรือโรงเรียน [suea chaek ket ki la rue rong rian] *n* blazer
แจกจ่าย [chaek chai] *v* distribute, give out
แจกัน [chae kan] *n* vase
แจ๊คเก็ต [chaek ket] เสื้อแจ๊คเก็ตมีหมวกคลุมหัวกันลมและฝน [suea chaek ket mii muak khlum hua kan lom lae fon] *n* cagoule
แจ้ง [chaeng] แจ้งให้ทราบ [chaeng hai sap] *v* inform; แจ้งออก [chaeng ok] *v* check out; การแจ้งล่วงหน้า [kan chaeng luang na] *n* notice *(termination)*
แจ๊ส [chaes] ดนตรีแจ๊ส [don tree jas] *n* jazz
โจมตี [chom ti] *vt* attack; การโจมตี [kan chom ti] *n* attack; การซุ่มโจมตี [kan sum chom ti] *n* ambush; การถูกโจมตีจากผู้ก่อการร้าย [kan thuk chom ti chak phu ko kan rai] *n* terrorist attack
โจร [chon] *n* robber; โจรปล้นจี้ [chon plon chi] *n* hijacker
โจรสลัด [chon sa lat] *n* pirate
ใจกลาง [chai klang] ใจกลางเมือง [jai klang mueang] *n* town centre
ใจกว้าง [chai kwang] *adj* broad-minded, generous; ความมีใจกว้าง [khwam mii jai kwang] *n* generosity
ใจแคบ [chai khaep] *adj* narrow-minded
ใจจดใจจ่อ [chai chot chai cho] *adj* preoccupied
ใจดี [chai di] *adj* kind; คนใจดี [khon jai dii] *adj* good-natured; อย่างใจดี [yang jai di] *adv* kindly; คุณใจดีมาก [khun jai di mak] That's very kind of you
ใจลอย [chai loi] *adj* absent-minded

ฉกฉวย [chok chuai] *v* seize
ฉนวน [cha nuan] ฉนวนกันความร้อน [cha nuan kan khwam ron] insulation
ฉบับ [cha bap] *n* version
ฉลอง [cha long] *v* celebrate; การฉลอง [kan cha long] *n* celebration; การฉลองครบรอบปี [kan cha long khrop rob pi] *n* anniversary
ฉลาก [cha lak] การขายตั๋วจับฉลากที่มีสิ่งของเป็นรางวัลมากกว่าเงิน [kan khai tua chab cha lak thii mii sing khong pen rang wan mak kwa ngen] *n* raffle; ฉลากติด สติ๊กเกอร์ [cha lak tit, sa tik koe] *n* sticker
ฉลาด [cha lat] *adj* intelligent; เฉลียวฉลาด [cha liao cha lat] *adj* clever; ไม่ฉลาด [mai cha lat] *adj* unwise; ฉลาดมาก [cha lat mak] *adj* brainy
ฉลาดแกมโกง [cha lat kaem kong] ซึ่งมีเล่ห์เหลี่ยม อย่างฉลาดแกมโกง [sueng mii le liam, yang cha lat kaem kong] *adj* sly
ฉลาม [cha lam] *n* shark
ฉัน [chan] *pron* I, me; ตัวของฉัน [tua khong chan] *pron* myself
ฉาย [chai] คืนนี้โรงหนังมีหนังอะไรฉาย? [khuen nii rong nang mii nang a rai chai] What's on tonight at the cinema?
ฉายา [cha ya] *n* alias
ฉิ่ง [ching] *npl* cymbals
ฉีก [chik] *v* tear, rip; ฉีกออก [chiik ok] *v* tear up
ฉีด [chit] *v* inject; ฉีดวัคซีน [chiit wak sin] *v* vaccinate
ฉีดยา [chit ya] การฉีดยา [kan chit ya] *n* injection; กรุณาฉีดยาให้ฉัน [ka ru na chit ya hai chan] Please give me an injection; ฉันอยากฉีดยาแก้ปวด [chan yak chit ya kae puat] I want an injection for the pain
ฉุกเฉิน [chuk choen] การจอดลงอย่างฉุกเฉินของเครื่องบิน [kan jod long yang chuk choen khong khrueang bin] *n* emergency landing; ทางออกฉุกเฉิน [thang ok chuk choen] *n* emergency exit; ภาวะฉุกเฉิน [pha wa chuk choen] *n* emergency; ร้านขายยาร้านไหนมีบริการขายฉุกเฉิน? [ran khai ya ran nai mii bo ri kan khai chuk choen] Which pharmacy provides emergency service?
ฉุนเฉียว [chun chiao] โกรธฉุนเฉียว [krot chun chiao] *adj* cross; ฉุนเฉียวโกรธง่าย [chun chiao krot ngai] *adj* touchy
เฉพาะ [cha pho] เฉพาะบุคคล [cha pho buk khon] *adj* individual; ลักษณะเฉพาะ [lak sa na cha pho] *adj* unique
เฉลี่ย [cha lia] โดยเฉลี่ย [doi cha lia] *adj* average; ค่าเฉลี่ย [kha cha lia] *adj* average, mean
เฉลียว [cha liao] เฉลียวฉลาด [cha liao cha lat] *adj* clever
เฉลียวฉลาด [cha liao cha lat] *adj* ingenious, wise; สติปัญญา ความเฉลียวฉลาด [sa ti pan ya, khwam cha liao cha lat] *n* wisdom
เฉา [chao] เหี่ยวเฉา [hiao chao] *v* wilt
เฉื่อยชา [chueai cha] *adj* passive

ช

ชก [chok] *v* punch; การชก [kan chok] *n* punch *(blow)*

ชกมวย [chok muai] การชกมวย [kan chok muai] *n* boxing

ชดเชย [chot choei] *v* compensate; การชดเชย [kan chot choei] *n* compensation

ชน [chon] *vi* clash; ไชโย ชนแก้ว [chai yo chon kaew] *excl* cheers!; การชน [kan chon] *n* bump, crash; การชนกัน [kan chon kan] *n* collision

ชนชั้น [chon chan] ชนชั้นกลาง [chon chan klang] *adj* middle-class; ชนชั้นผู้รับจ้าง [chon chan phu rap chang] *adj* working-class

ชนชาติ [chon chat] เกี่ยวกับลัทธิชนชาติ [kiao kap lat thi chon chat] *adj* racist

ชนบท [chon na bot] *n* countryside; ในชนบท [nai chon na bot] *adj* rural; คนที่ไปเดินในชนบท [khon thii pai doen nai chon na bot] *n* rambler

ชนวน [cha nuan] สายชนวน [sai cha nuan] *n* fuse; กล่องใส่สายชนวน [klong sai sai cha nuan] *n* fuse box; กระเบื้องหินชนวน [kra bueang hin cha nuan] *n* slate

ชนะ [cha na] *v* conquer, win; ตำแหน่งชนะเลิศ [tam naeng cha na loet] *n* championship; ผู้ชนะ [phu cha na] *n* winner; ผู้ชนะเลิศ [phu cha na loet] *n* champion

ชนะเลิศ [cha na loet] การแข่งขันรอบก่อนรองชนะเลิศ [kan khaeng khan rop kon rong cha na loet] *n* quarter final; การแข่งขันกีฬารอบรองชนะเลิศ [kan khaeng khan ki la rop rong cha na loet] *n* semifinal; ผู้รองชนะเลิศ [phu rong cha na loet] *n* runner-up

ชนิด [cha nit] *n* species

ชม [chom] ผู้ชม [phu chom] *n* audience, spectator; ผู้ดู ผู้ชมเช่น ผู้ชมรายการโทรทัศน์ [phu du, phu chom chen phu chom rai kan tho ra tat] *n* viewer

ชมเชย [chom choei] *v* compliment; การชมเชย [kan chom choei] *n* rave; คำชมเชย [kham chom choei] *n* compliment; ที่ชมเชย [thii chom choei] *adj* complimentary

ชมพู [chom phu] ซึ่งมีสีชมพู [sueng mii sii chom phu] *adj* pink

ชรา [cha ra] เกี่ยวกับคนชรา [kiao kap khon cha ra] *adj* geriatric; สถานดูแลคนชรา [sa than du lae khon cha ra] *n* nursing home; คนชรา [khon cha ra] *n* geriatric

ช่วง [chuang] ช่วงเวลาพัก [chuang we la phak] *n* interval; ช่วงหยุดพักอาหารกลางวัน [chuang yut phak a han klang wan] *n* lunch break; ช่วงวัยรุ่น [chuang wai run] *npl* adolescence

ช่วงเวลา [chuang we la] *n* duration, spell *(time)*

ช่วย [chuai] *vt* help; การให้ความช่วยเหลือทางโทรศัพท์ [kan hai khwam chuai luea thang tho ra sap] *n* helpline; ความช่วยเหลือ [khwam chuai luea] *n* help; ช่วยด้วย [chuai duai] *excl* help!; ขอคนมาช่วยเร็วหน่อย [kho khon ma chuai reo noi] Fetch help quickly!

ช่วยชีวิต [chuai chi wit] *v* save; การช่วย

ชีวิต [kan chuai chi wit] *n* rescue
ช่วยเหลือ [chuai luea] *v* rescue; เงินช่วยเหลือ [ngoen chuai luea] *n* subsidy; ให้ความช่วยเหลือในด้านการเงิน [hai khwam chuai luea nai dan kan ngoen] *v* subsidize; ไม่ช่วยเหลือ [mai chuai luea] *adj* unhelpful; หน่วยบริการช่วยเหลือใกล้ที่สุดอยู่ที่ไหน? [nuai bo ri kan chuai luea klai thii sut yu thii nai] Where is the nearest mountain rescue service post?
ชวเลข [cha wa lek] *n* shorthand
ช่อ [cho] ช่อดอกไม้ [cho dok mai] *n* bouquet
ช็อกโกแลต [chok ko laet] *n* chocolate; ช็อกโกแลตที่รสค่อนข้างขมและมีสีดำ [chok ko laet thii rot khon khang khom lae mii sii dam] *n* plain chocolate; ช็อกโกแลตนม [chok ko laet nom] *n* milk chocolate
ช่อง [chong] *n* aperture, channel; ช่องที่แคบและยาว [chong thii khaep lae yao] *n* slot
ช่องแคบ [chong khaep] *n* pass *(in mountains)*
ช่องว่าง [chong wang] *n* blank, gap
ช้อน [chon] *n* spoon; เต็มช้อน [tem chon] *n* spoonful; มีด ช้อนและส้อม [miit chon lae som] *n* cutlery; ช้อนโต๊ะ [chon to] *n* tablespoon; ฉันขอช้อนสะอาดหนึ่งคันได้ไหม? [chan kho chon sa aat nueng khan dai mai] Could I have a clean spoon, please?
ชอบ [chop] *v* like; ไม่ชอบ [mai chop] *v* dislike; การชอบมากกว่า [kan chop mak kwa] *n* preference; คนหรือสิ่งของที่ชอบเป็นพิเศษ [khon rue sing khong thii chop pen phi set] *n* favourite; ฉันไม่ชอบ... [chan mai chop...] I don't like...
ชอล์ก [chok] *n* chalk
ชะงัก [cha ngak] การหยุดชะงัก [kan yut cha ngak] *n* hitch, interruption; ติดชะงัก [tit cha ngak] *adj* stuck; ทำให้หยุดชะงัก [tham hai yut cha ngak] *v* interrupt
ชะโงก [cha ngok] ชะโงกออกไป [cha ngok ok pai] *v* lean out
ชะตากรรม [cha ta kam] *n* destiny
ชะแลง [cha laeng] *n* lever
ชัก [chak] อาการชักของลมบ้าหมู [a kan chak khong lom ba mu] *n* epileptic fit
ชักกระตุก [chak kra tuk] การชักกระตุกของกล้ามเนื้อ [kan chak kra tuk khong klam nuea] *n* spasm
ชักโครก [chak khrok] *v* flush; ห้องน้ำกดชักโครกไม่ลง [hong nam kot chak khrok mai long] The toilet won't flush
ชักจูง [chak chung] *v* persuade; ซึ่งชักจูงได้ [sueng chak chung dai] *adj* persuasive
ชักชวน [chak chuan] ชักชวนให้เข้าร่วม [chak chuan hai khao ruam] *v* rope in
ชักช้า [chak cha] ทำให้ชักช้า [tham hai chak cha] *v* hold up
ชักเย่อ [chak ka yoe] *n* tug-of-war
ชั่ง [chang] ชั่งน้ำหนัก [chang nam nak] *v* weigh
ชัด [chat] เห็นได้ชัด [hen dai chat] *adj* obvious; เห็นชัด [hen chat] *v* stand out; อย่างเห็นได้ชัด [yang hen dai chat] *adv* obviously
ชัดเจน [chat chen] *adj* apparent, clear; ซึ่งไม่ชัดเจน [sueng mai chat chen] *adj* unclear; อย่างชัดเจน [yang chat chen] *adv* apparently, clearly
ชัดแจ้ง [chat chen] *adj* blatant
ชัน [chan] สูงชัน [sung chan] *adj* steep; ชันมากไหม? [chan mak mai] Is it very steep?
ชั้น [chan] *n* layer; ระดับชั้น [ra dap chan] *n* grade; ชั้นล่าง [chan lang] *n* ground floor; ชั้นรอง [chan rong] *adj* second-rate
ชั้นใน [chan nai] เสื้อชั้นในสตรี [suea chan nai sa trii] *n* bra
ชั้นเรียน [chan rian] *n* class; ชั้นเรียนในเวลาเย็น [chan rian nai we la yen] *n* evening class

ชั้นวาง [chan wang] *n* shelf
ชัยชนะ [chai cha na] ความยินดีจากชัยชนะ [khwam yin dii chak chai cha na] *n* triumph; ชัยชนะในการสงคราม [chai cha na nai kan song khram] *n* victory; ซึ่งมีชัยชนะ [sueng mii chai cha na] *adj* winning
ชั่ว [chua] ชั่วร้าย [chua rai] *adj* evil
ชั่วขณะ [chua kha na] *n* moment
ชั่วคราว [chua khrao] *adj* provisional, temporary; การหยุดชั่วคราว [kan yut chua khrao] *n* suspension; พนักงานชั่วคราว [pha nak ngan chua khrao] *n* temp
ชั่วครู่ [chua khru] *adj* momentary
ชั่วโมง [chua mong] *n* hour; ครึ่งชั่วโมง [khrueng chau mong] *n* half-hour; ชั่วโมงเร่งด่วน [chau mong reng duan] *n* rush hour; ชั่วโมงเยี่ยม [chau mong yiam] *npl* visiting hours; ชั่วโมงละเท่าไร? [chau mong la thao rai] How much is it per hour?
ชั่วร้าย [chua rai] *adj* sinister, vile, wicked; ความชั่วร้าย [khwam chua rai] *n* vice; ตัวชั่วร้าย [tua chua rai] *n* villain
ชา [cha] *adj* numb; เวลาดื่มน้ำชา [we la duem nam cha] *n* teatime; กาน้ำชา [ka nam cha] *n* teapot; ชาสมุนไพร [cha sa mun phrai] *n* herbal tea
ช้า [cha] *adj* late *(delayed)*, slow; แล่นช้าลง [laen cha long] *v* slow down; ทำให้ช้า [tham hai cha] *n* setback; อย่างช้า ๆ [yang cha cha] *adv* slowly; เรามาช้าสิบนาที [rao ma cha sip na thi] We are ten minutes late
ช่าง [chang] เกี่ยวกับวิชาช่าง [kiao kap wi cha chang] *adj* technical; ช่างเครื่อง [chang khrueang] *n* mechanic; ช่างเครื่องยนต์ [chang khrueang yon] *n* motor mechanic; คุณส่งช่างมาได้ไหม? [khun song chang ma dai mai] Can you send a mechanic?
ช้าง [chang] *n* elephant; สัตว์ขนาดใหญ่คล้ายช้างขนยาว งาโค้งยาวสูญพันธุ์ไปแลว [sat kha nat yai khlai chang khon yao nga khong yao sun phan pai laeo] *n* mammoth
ช่างพูด [chang phut] *adj* talkative
ช่างไม้ [chang mai] *n* carpenter; ที่เกี่ยวกับช่างไม้ [thii kiao kap chang mai] *n* carpentry
ชาด [chat] ประเทศชาดในอัฟริกา [pra tet chad nai af ri ka] *n* Chad
ชาติ [chat] เพลงชาติ [phleng chat] *n* national anthem; มีใจรักชาติ [mii jai rak chat] *adj* patriotic; คนรักชาติ [khon rak chat] *n* nationalist
ชาตินิยม [chat ni yom] *n* nationalism
ชาน [chan] ชานบ้าน [chaan baan] *n* porch; นอกชาน [nok chan] *n* patio
ชานชาลา [chan cha la] รถไฟจะออกจากสถานีที่ชานชาลาไหน? [rot fai ja ok chak sa tha ni thii chan cha la nai] Which platform does the train leave from?
ชานเมือง [chan mueang] *n* suburb ▷ *npl* outskirts
ชาม [cham] *n* bowl
ชาย [chai] เด็กชาย [dek chai] *n* boy; ชายโสด [chai sot] *n* bachelor; ผู้ชาย [phu chai] *n* chap
ชายทะเล [chai tha le] *n* seaside
ชายฝั่ง [chai fang] *n* coast, shore; หน่วยรักษาการณ์ตามชายฝั่งทะเล [nuai rak sa kan tam chai fang tha le] *n* coastguard; ชายฝั่งทะเล [chai fang tha le] *n* seashore
ชายหาด [chai hat] *n* beach; เราอยู่ห่างจากชายหาดมากแค่ไหน? [rao yu hang chak chai hat mak khae nai] How far are we from the beach?; ฉันจะไปที่ชายหาด [chan ja pai thii chai hat] I'm going to the beach; ชายหาดอยู่ไกลแค่ไหน? [chai hat yu klai khae nai] How far is the beach?
ชาร์จ [chat] ไม่เก็บไฟที่ชาร์จไว้ [mai kep fai thii chat wai] It's not holding its charge; ไม่ชาร์จไฟ [mai chat fai] It's not charging; ฉันจะชาร์จไฟใส่โทรศัพท์

มือถือได้ที่ไหน? [chan ja chat fai sai tho ra sap mue thue dai thii nai] Where can I charge my mobile phone?

ชาว [chao] ชาวต่างชาติ [chao tang chat] *n* foreigner; ชาวประมง [chao pra mong] *n* fisherman

ชำนาญ [cham nan] ไม่มีความชำนาญ [mai mii khwam cham nan] *adj* unskilled; ความชำนาญในการทำสิ่งที่ยาก [khwam cham nan nai kan tham sing thii yak] *n* know-how; ความชำนาญพิเศษ [khwam cham nan phi set] *n* speciality

ชำระล้าง [cham ra lang] *v* rinse; การชำระล้าง [kan cham ra lang] *n* rinse

ชำเลือง [cham lueang] การชำเลือง [kan cham lueang] *n* glance; ชำเลืองดู [cham lueang du] *v* glance

ชิงทรัพย์ [ching sap] คนข่มขู่เพื่อชิงทรัพย์ [khon khom khu phuea ching sap] *n* mugger; ทำร้ายเพื่อชิงทรัพย์ [tham rai phuea ching sap] *v* mug

ชิด [chit] ชิดกัน [chit kan] *adv* close

ชิ้น [chin] *n* slice; เศษชิ้นเล็กชิ้นน้อย [set chin lek chin noi] *n* scrap *(small piece)*; ชิ้นส่วน [chin suan] *n* piece; ชิ้นปลาหรือเนื้อที่ไม่มีกระดูก [chin pla rue nuea thii mai mii kra duk] *n* fillet

ชิ้นเอก [chin ek] งานชิ้นเอก [ngan chin ek] *n* masterpiece

ชิม [chim] *v* taste; ขอฉันชิมได้ไหม? [kho chan chim dai mai] Can I taste it?

ชิมแปนซี [chim paen si] ลิงชิมแปนซี [ling chim paen si] *n* chimpanzee

ชิลี [chi li] เกี่ยวกับประเทศชิลี [kiao kap pra thet chi li] *adj* Chilean; ชาวชิลี [chao chi li] *n* Chilean; ประเทศชิลี [pra tet chi li] *n* Chile

ชีอะ [chi a] นิกายชีอะ [ni kai chi a] *adj* Shiite

ชี้ [chi] *vi* point; เครื่องชี้นำ [khrueang chii nam] *n* indicator; การชี้ตัว [kan chii tua] *n* identification

ชี้ตัว [chi tua] *v* identify

ชี้บอก [chi bok] *v* indicate

ชีพจร [chip pha chon] *n* pulse

ชีว [chi wa] เกี่ยวกับชีวสถิติวิทยา [kiao kap chi wa sa thi ti wit tha ya] *adj* biometric

ชีวเคมี [chi wa ke mi] *n* biochemistry

ชีววิทยา [chi wa wit tha ya] *n* biology; ทางชีววิทยา [thang chi wa wit tha ya] *adj* biological

ชีวิต [chi wit] *n* life; มีชีวิต [mii chi wit] *v* alive; ซึ่งช่วยชีวิต [sueng chuai chi wit] *adj* life-saving; ที่มีชีวิตชีวา [thii mii chi wit chi wa] *v* live

ชีวิตชีวา [chi wit chi wa] ไม่มีชีวิตชีวา [mai mii chi wit chi wa] *adj* drab

ชื้น [chuen] *adj* damp, humid, moist; ความชื้น [khwam chuen] *n* humidity, moisture

ชื่นชม [chuen chom] *v* admire; ความชื่นชม [khwam chuen chom] *n* admiration; น่าชื่นชมยินดี [na chuen chom yin dii] *adj* delighted

ชื่อ [chue] *n* name; ชื่อเล่น [chue len] *n* nickname; ชื่อสกุลของหญิงก่อนแต่งงาน [chue sa kun khong ying kon taeng ngan] *n* maiden name; ชื่อจริง [chue chring] *n* first name; คุณชื่ออะไร? [khun chue a rai] What's your name?

ชื่อเรื่อง [chue rueang] *n* title

ชื่อเสียง [chue siang] *n* fame, reputation; มีชื่อเสียง [mii chue siang] *adj* famous; คนที่มีชื่อเสียงในด้านใดด้านหนึ่ง [khon thii mii chue siang nai dan dai dan nueng] *n* star *(person)*; ที่มีชื่อเสียง [thii mii chue siang] *adj* well-known

ชุด [chut] *n* set; รายการอาหารเป็นชุด [rai kan a han pen chut] *n* set menu; ชุดแต่งงาน [chut taeng ngan] *n* wedding dress; ชุดแฟนซี [chut faen si] *n* fancy dress

ชุดชั้นใน [chut chan nai] ชุดชั้นในของสตรี [chut chan nai khong sa tree] *n* lingerie; ชุดชั้นในของผู้หญิง [chut chan

nai khong phu ying] *n* slip *(underwear)*; แผนกชุดชั้นในอยู่ที่ไหน? [pha naek chut chan nai yu thii nai] Where is the lingerie department?
ชุดนอน [chut non] *npl* pyjamas
ชุมชน [chum chon] *n* community
ชุมนุม [chum num] การชุมนุม [kan chum num] *n* rally; ชุมนุม จัดให้พบกัน [chum num, chat hai phop kan] *vi* meet
ชูชีพ [chu chip] เรือชูชีพ [ruea chu chip] *n* lifeboat; เสื้อชูชีพ [suea chu chip] *n* life jacket; เข็มขัดชูชีพ [khem khat chu chip] *n* lifebelt
เช็ก [chek] ชาวเช็ก [chao chek] *n* Czech *(person)*
เช็ค [chek] เช็คเดินทาง [chek doen thang] *n* traveller's cheque; เช็คเปล่า [chek plao] *n* blank cheque; เช็คไปรษณีย์ [chek prai sa ni] *n* postal order; มีคนขโมยเช็คเดินทางของฉัน [mii khon kha moi chek doen thang khong chan] Someone's stolen my traveller's cheques
เช็คอิน [chek in] ฉันเช็คอินอย่างช้าที่สุดได้เมื่อไร? [chan chek in yang cha thii sut dai muea rai] When is the latest I can check in?; ฉันไปเช็คอินเที่ยวบินไป...ได้ที่ไหน? [chan pai chek in thiao bin pai...dai thii nai] Where do I check in for the flight to...?; ฉันต้องเช็คอินเมื่อไร? [chan tong chek in muea rai] When do I have to check in?
เช็ด [chet] เช็ดให้สะอาด [chet hai sa at] *v* wipe up; เช็ดทำความสะอาดด้วยไม้ถูพื้น [chet tham khwam sa at duai mai thu phuen] *v* mop up; เช็ดออก [chet ok] *v* wipe
เช่น [chen] ตัวย่อของตัวอย่างเช่น [tua yo khong tua yang chen] *abbr* e.g.
เช่นกัน [chen kan] *adv* also; ไม่เช่นกัน [mai chen kan] *adv* either *(with negative)*
เช่นนี้ [chen ni] *adj* such
เชสเนีย [ches nia] ประเทศเชสเนีย [pra tet ches nia] *n* Chechnya
เชอร์รี่ [choe ri] ผลเชอร์รี่ [phon choe ri] *n* cherry
เชอรี่ [choe ri] เหล้าเชอรี่ [lao choe ri] *n* sherry
เช่า [chao] *v* hire, lease, rent; รถเช่า [rot chao] *n* car hire, car rental, hired car, rental car; สัญญาเช่า [san ya chao] *n* lease; การเช่ารถ [kan chao rot] *n* hire car; ฉันจะเช่าไม้เล่นได้ที่ไหน? [chan ja chao mai len dai thii nai] Where can I hire a racket?
เช้า [chao] เวลาเช้า [we la chao] *n* morning; อาหารเช้า [a han chao] *n* breakfast; เช้านี้ [chao nii] this morning
เชาว์ปัญญา [chao pan ya] คำพูดหรือข้อเขียนที่แสดงเชาว์ปัญญา [kham phut rue kho khian thii sa daeng chao pan ya] *n* wit
เชิง [choeng] เชิงเทียน [choeng thian] *n* candlestick
เชิงกราน [choeng kran] กระดูกเชิงกราน [kra duk choeng kran] *n* pelvis
เชิญ [choen] *v* invite; คุณใจดีมากที่เชิญเรา [khun jai di mak thii choen rao] It's very kind of you to invite us; คุณใจดีมากที่เชิญฉัน [khun jai di mak thii choen chan] It's very kind of you to invite me
เชียร์ [chia] การส่งเสียงเชียร์ [kan song siang chia] *n* cheer
เชี่ยวชาญ [chiao chan] ความเชี่ยวชาญ [khwam chiao chan] *n* skill; ผู้เชี่ยวชาญ [phu chiao chan] *n* expert, specialist; ผู้เชี่ยวชาญในวิชาชีพ [phu chiao chan nai wi cha chip] *n* professional
เชื่อ [chuea] *vt* believe; ซึ่งไม่น่าเชื่อว่าเป็นจริง [sueng mai na chuea wa pen ching] *adj* unbelievable
เชื้อ [chuea] เชื้อแบคทีเรีย [chuea baek thi ria] *npl* bacteria
เชือก [chueak] *n* rope, string; เชือกบังเหียน [chueak bang hian] *npl* reins;

เชือกผูกรองเท้า [chueak phuk rong thao] *n* shoelace
เชื่อง [chueang] *adj* tame; ไม่เชื่อง [mai chueang] *adj* wild
เชื่อใจ [chuea chai] ความเชื่อใจ [khwam chuea jai] *n* confidence *(secret)*, trust; ความไว้เนื้อเชื่อใจ [khwam wai nuea chuea jai] *n* confidence *(trust)*
เชื้อชาติ [chuea chat] *n* race *(origin)*; เกี่ยวกับเชื้อชาติ [kiao kap chuea chat] *adj* ethnic; ที่เกี่ยวกับเชื้อชาติ [thii kiao kap chuea chat] *adj* racial
เชื้อเชิญ [chuea choen] การเชื้อเชิญ [kan chuea choen] *n* invitation
เชื่อโชคลาง [chuea chok lang] ซึ่งเชื่อโชคลาง [sueng chuea chok lang] *adj* superstitious
เชื่อถือ [chue thue] เชื่อถือได้ [chuea thue dai] *adj* faithful, reliable; ความน่าเชื่อถือ [khwam na chuea thue] *n* credit; น่าเชื่อถือ [na chuea thue] *adj* credible, reputable
เชื้อเพลิง [chuea phloeng] *n* fuel
เชื่อฟัง [chue fung] *adj* obedient ▷ *v* obey; ไม่เชื่อฟัง [mai chuea fang] *v* disobey; ซึ่งไม่เชื่อฟัง [sueng mai chuea fang] *adj* disobedient
เชื่อม [chueam] *v* link (up); ที่เชื่อมตรงกับอินเตอร์เน็ต [thii chueam trong kap in toe net] *adv* online
เชื่อมต่อ [chueam to] เชื่อมต่อกับอินเตอร์เน็ตแบบไร้สาย [chueam to kap in toe net baep rai sai] *n* WiFi; ขณะเชื่อมต่อกับอินเตอร์เน็ต [kha na chueam to kap in toe net] *adv* online
เชื่อมั่น [chuea man] ความเชื่อมั่น [khwam chuea man] *n* belief; ซึ่งเชื่อมั่นในตัวเอง [sueng chuea man nai tua eng] *adj* self-assured
เชื้อโรค [chue rok] *n* germ; โปรตีนต่อต้านเชื้อโรคในร่างกาย [pro tin to tan chuea rok nai rang kai] *n* antibody; ระบบต่อต้านเชื้อโรค [ra bop to tan chuea rok] *n* immune system; สารที่ใช้ฆ่าเชื้อโรค [san thii chai kha chuea rok] *n* disinfectant
เชื้อสาย [chue sai] เชื้อสายวงศ์ตระกูล [chuea sai wong tra kun] *adj* pedigree
แช่ [chae] *v* soak
แช่แข็ง [chae khaeng] ตู้แช่แข็ง [tu chae khaeng] *n* freezer; ปลาสดหรือแช่แข็ง? [pla sot rue chae khaeng] Is the fish fresh or frozen?; ผักต่าง ๆ สดหรือแช่แข็ง? [phak tang tang sot rue chae khaeng] Are the vegetables fresh or frozen?
แชมเปญ [chaem pen] *n* champagne
โชค [chok] *n* luck
โชคชะตา [chok cha ta] *n* fate
โชคดี [chok di] *adj* fortunate, lucky ▷ *adv* luckily; อย่างโชคดี [yang chok di] *adv* fortunately
โชคร้าย [chok rai] *adj* unlucky; ความโชคร้าย [khwam chok rai] *n* misfortune
โชว์ [cho] เราจะไปดูโชว์ได้ที่ไหน? [rao ja pai du cho dai thii nai] Where can we go to see a show?
ใช่ [chai] *excl* yes
ใช้ [chai] *v* spend, use; ใช้เงินคืน [chai ngoen khuen] *v* reimburse; ใช้เวลา [chai we la] *vt* take *(time)*; ใช้ไปโดยเปล่าประโยชน์ [chai pai doi plao pra yot] *v* waste
ใช้จ่าย [chai chai] ใช้จ่ายสุรุ่ยสุร่าย [chai chai su rui su rai] *v* squander; การใช้จ่ายเงิน [kan chai chai ngen] *n* expenditure; ค่าใช้จ่าย [kha chai chai] *npl* charge *(price)*, cost, expenses
ไชโย [chai yo] ไชโย ชนแก้ว [chai yo chon kaew] *excl* cheers!

ซ

ซอง [song] *n* sachet; ซองจดหมาย [song chot mai] *n* envelope

ซ่อน [son] ซ่อน ซุกซ่อน [son, suk son] *vt* hide; ซ่อน ปกปิด [son, pok pit] *vi* hide

ซอฟแวร์ [sof wae] ซอฟแวร์ของคอมพิวเตอร์ที่ใช้สำหรับตรวจคำศัพท์ [sop wae khong khom phio toe thii chai sam rap truat kham sap] *n* spellchecker; ซอฟแวร์ที่บันทึกดนตรีลงในซีดี [sop wae thii ban thuek don tree long nai si di] *n* CD burner

ซ่อม [som] การซ่อม [kan som] *n* repair; การซ่อมถนน [kan som tha non] *npl* roadworks; ร้านซ่อมเก้าอี้คนพิการอยู่ใกล้ที่สุดอยู่ที่ไหน? [ran som kao ii khon phi kan yu klai thii sut yu thii nai] Where is the nearest repair shop for wheelchairs?

ซ่อมแซม [som saem] *v* mend, repair, fix; ซ่อมแซมโดยการเย็บ [som saem doi kan yep] *v* sew up; ซ่อมแซมให้สู่สภาพเดิม [som saem hai su sa phap doem] *v* restore

ซอส [sot] ซอสมะเขือเทศ [sos ma khuea tet] *n* tomato sauce

ซ้อส [sot] ซ้อสมะเขือเทศ [sos ma khuea tet] *n* ketchup

ซัก [sak] การซักเสื้อผ้า [kan sak suea pha] *n* washing; ซักด้วยเครื่องซักผ้าได้ [sak duai khrueang sak pha dai] *adj* machine washable; ฉันจะซักผ้าได้ที่ไหน? [chan ja sak pha dai thii nai] Where can I do some washing?

ซักถาม [sak tham] *v* query

ซักผ้า [sak pha] มีร้านซักผ้าเล็ก ๆ อยู่ใกล้ที่นี่ไหม? [mii ran sak pha lek lek yu kai thii ni mai] Is there a launderette near here?; มีบริการซักผ้าไหม? [mii bo ri kan sak pha mai] Is there a laundry service?

ซักแห้ง [sak haeng] การซักแห้ง [kan sak haeng] *n* dry-cleaning; ที่ร้านซักแห้ง [thii ran sak haeng] *n* dry-cleaner's; ฉันต้องการซักแห้ง [chan tong kan sak haeng] I need this dry-cleaned

ซับซ้อน [sap son] *adj* complex

ซาก [sak] ซากศพ [saak sop] *n* corpse

ซากปรักหักพัง [sak prak hak phang] *n* ruin, wreckage

ซานมาริโน [san ma ri o] ประเทศซานมาริโน [pra tet san ma ri no] *n* San Marino

ซ้าย [sai] ไปทางซ้าย [pai thang sai] *adv* left; มือซ้าย [mue sai] *adj* left-hand; การขับด้านซ้าย [kan khap dan sai] *n* left-hand drive; เลี้ยวซ้าย [liao sai] Turn left

ซาร์ดีน [sa din] ปลาซาร์ดีน [pla sa din] *n* sardine

ซาลามิ [sa la mi] ไส้กรอกซาลามิ [sai krok sa la mi] *n* salami

ซาอุดิอาระเบีย [sa u di a ra bia] เกี่ยวกับประเทศซาอุดิอาระเบีย [kiao kap pra thet sa u di a ra bia] *adj* Saudi, Saudi Arabian; ชาวซาอุดิอาระเบีย [chao sa u di a ra bia] *n* Saudi; ประเทศซาอุดิอาระเบีย [pra tet sa u di a ra bia] *n* Saudi Arabia

ซาฮารา [sa ha ra] ทะเลทรายซาฮารา [tha le sai sa ha ra] *n* Sahara

ซ้ำ [sam] เกิดซ้ำ ๆ [koet sam sam] *adj* recurring; การกระทำซ้ำ [kan kra tham sam] *n* repeat; พูด เขียนทำซ้ำ [phut

khian tham som] *v* repeat
ซ้ำซาก [sam sak] ที่ทำซ้ำซาก [thii tham sam sak] *adj* repetitive; น่าเบื่อหน่ายเพราะซ้ำซาก [na buea nai phro sam sak] *adj* monotonous
ซิกข์ [sik] เกี่ยวกับศาสนาซิกข์ [kiao kap sat sa na sik] *n* Sikh; ชาวศาสนาซิกข์ [chao sat sa na sik] *n* Sikh
ซิการ์ [si ka] *n* cigar
ซิป [sip] *n* zip; รูดซิป [rut sip] *vi* zip (up); รูดซิปออก [rut sip ok] *v* unzip
ซิมบับเว [sim bap we] เกี่ยวกับประเทศซิมบับเว [kiao kap pra thet sim bap we] *adj* Zimbabwean; ชาวซิมบับเว [chao sim bap we] *n* Zimbabwean; ประเทศซิมบับเว [pra tet sim bab we] *n* Zimbabwe
ซี่โครง [si khrong] เนื้อติดซี่โครง [nuea tit si khrong] *n* rib
ซีด [sit] ซีดเผือด [sid phueat] *adj* pale
ซีดี [si di] *n* CD; เครื่องเล่นซีดี [khrueang len si di] *n* CD player; ซีดี-รอม [si di -rom] *n* CD-ROM; ซีดีจะเสร็จเมื่อไร? [si di ja set muea rai] When will the CD be ready?
ซีเมนต์ [si men] *n* cement; ส่วนผสมของปูนขาวหรือซีเมนต์กับน้ำและทราย [suan pha som khong pun khao rue si men kap nam lae sai] *n* mortar *(plaster)*
ซีเรีย [si ria] เกี่ยวกับประเทศซีเรีย [kiao kap pra thet si ria] *adj* Syrian; ชาวซีเรีย [chao si ria] *n* Syrian; ประเทศซีเรีย [pra tet si ria] *n* Syria
ซี่ล้อ [si lo] ซี่ล้อรถ [si lo rot] *n* spoke
ซีอิ๊ว [si io] น้ำซีอิ๊ว [nam si io] *n* soy sauce
ซึ่งทำงาน [sueng tham ngan] ซึ่งทำงานอิสระไม่ได้รับเงินเดือนประจำ [sueng tham ngan it sa ra mai dai rap ngoen duean pra cham] *adv* freelance
ซึนามิ [sue na mi] คลื่นซึนามิเกิดจากแผ่นดินไหวใต้ทะเล [khluen sue na mi koet chak phaen din wai tai tha le] *n* tsunami
ซื้อ [sue] *v* buy, purchase; ได้ซื้อ [dai sue] *adj* bought; สามารถซื้อได้ [sa maat sue dai] *adj* affordable; ผู้ซื้อ [phu sue] *n* buyer; ฉันจะซื้อตั๋วได้ที่ไหน? [chan ja sue tua dai thii nai] Where do I buy a ticket?
ซื้อของ [sue khong] การซื้อของ [kan sue khong] *n* shopping; คำพูดเพื่อซื้อของ [kham phut phuea sue khong] Shopping phrases
ซื้อขาย [sue khai] การซื้อขาย [kan sue khai] *n* deal; การซื้อขายหุ้นของบริษัท [kan sue khai hun khong bo ri sat] *n* buyout
ซื้อเชื่อ [sue chuea] การซื้อเชื่อ [kan sue chuea] *n* credit
ซื่อสัตย์ [sue sat] *adj* honest, truthful; ไม่ซื่อสัตย์ [mai sue sat] *adj* dishonest, unfaithful; ความซื่อสัตย์ [khwam sue sat] *n* honesty; อย่างซื่อสัตย์ [yang sue sat] *adv* honestly
ซุกซน [suk son] *adj* naughty
ซุกซ่อน [suk son] ซ่อน ซุกซ่อน [son, suk son] *vt* hide
ซุป [sup] *n* broth, soup; ซุปประจำวันคืออะไร? [sup pra cham wan khuea a rai] What is the soup of the day?
ซุปเปอร์มาเก็ต [sup poe ma ket] ฉันต้องมองหาซุปเปอร์มาเก็ต [chan tong mong ha sup poe ma ket] I need to find a supermarket
ซุปเปอร์มาร์เก็ต [sup poe ma ket] *n* supermarket
ซุ่ม [sum] การซุ่มโจมตี [kan sum chom ti] *n* ambush
ซูดาน [su dan] เกี่ยวกับประเทศซูดาน [kiao kap pra thet su dan] *adj* Sudanese; ชาวซูดาน [chao su dan] *n* Sudanese; ประเทศซูดาน [pra tet su dan] *n* Sudan
เซ [se] *v* stagger
เซ็น [sen] ฉันเซ็นชื่อที่ไหน? [chan sen chue thii nai] Where do I sign?
เซ็น [sen] เซ็นลงทะเบียนเพื่อรับเงินสวัสดิการ [sen long tha bian phuea rap ngoen sa wat sa di kan] *v* sign on

เซ็นชื่อ [sen chue] *v* sign
เซ็นติเกรด [sen ti kret] องศาเซ็นติเกรด [ong sa sen ti kret] *n* degree centigrade
เซนติเมตร [sen ti met] *n* centimetre
เซเนกัล [se ne kan] เกี่ยวกับสาธารณรัฐเซเนกัล [kiao kap sa tha ra na rat se ne kal] *adj* Senegalese; สาธารณรัฐเซเนกัลในอัฟริกา [sa tha ra na rat se ne kal nai af ri ka] *n* Senegal; ชาวเซเนกัล [chao se ne kal] *n* Senegalese
เซรามิค [se ra mik] *adj* ceramic
เซลเซียส [sen siat] องศาเซลเซียส [ong sa sel sias] *n* degree Celsius
เซลล์ [sel] ทำให้กำเนิดมาจากเซลล์เดียวกัน [tham hai kam noet ma chak sel diao kan] *v* clone
เชโล [se lo] ไวโอลินเชโล [vi o lin che lo] *n* cello
เซอร์เบีย [soe bia] *adj* เกี่ยวกับเซอร์เบีย [kiao kap soe bia] *adj* Serbian ▷ *n* ชาวเซอร์เบีย [chao soe bia] *n* Serbian *(person)*; ประเทศเซอร์เบีย [pra tet soe bia] *n* Serbia
แซ็กโซโฟน [saek so fon] *n* saxophone
แซนด์วิช [san wit] ขนมปังแซนด์วิช [kha nom pang saen wit] *n* sandwich; คุณมีขนมปังแซนด์วิชอะไรบ้าง? [khun mii kha nom pang saen wit a rai bang] What kind of sandwiches do you have?
แซมเบีย [saem bia] เกี่ยวกับประเทศแซมเบีย [kiao kap pra thet saem bia] *adj* Zambian; ชาวแซมเบีย [chao saem bia] *n* Zambian; ประเทศแซมเบีย [pra tet saem bia] *n* Zambia
แซลมอน [saen mon] ปลาแซลมอน [pla sael mon] *n* salmon
โซ่ [so] *n* chain; ฉันต้องใส่โซ่กันหิมะหรือไม่? [chan tong sai so kan hi ma rue mai] Do I need snow chains?
โซดา [so da] น้ำโซดา [nam so da] *n* sparkling water; วิสกี้กับโซดาหนึ่งแก้ว [wis ki kap so da nueng kaeo] a whisky and soda
โซเดียมไบคาร์บอเนต [so diam bai kha bo net] สารโซเดียมไบคาร์บอเนต [san so diam bi kha bo net] *n* bicarbonate of soda
โซน [son] โซน แถบ เขต [son, thaep, khet] *n* zone
โซมาเลีย [so ma lia] เกี่ยวกับประเทศโซมาเลีย [kiao kap pra thet so ma lia] *adj* Somali; ชาวโซมาเลีย [chao so ma lia] *n* Somali *(person)*; ประเทศโซมาเลีย [pra tet so ma lia] *n* Somalia
ไซโคลน [sai khlon] พายุหมุนไซโคลน [pha yu mun sai khlon] *n* cyclone
ไซบีเรีย [sai bi ria] ประเทศไซบีเรีย [pra tet sai bi ria] *n* Siberia
ไซปรัส [sai prat] เกี่ยวกับประเทศไซปรัส [kiao kap pra thet sai bras] *adj* Cypriot; ชาวไซปรัส [chao sai pras] *n* Cypriot *(person)*; ประเทศไซปรัส [pra tet sai pras] *n* Cyprus

ฌ

ฌาปนกิจ [cha pa na kit] โรงงานประกอบพิธีฌาปนกิจศพ [rong ngan pra kop phi ti cha pa na kit sop] *n* funeral parlour

ญ

ญาติ [yat] เป็นญาติกัน [pen yat kan] *adj* related; ญาติที่ใกล้ที่สุด [yat thii klai thii sut] *n* next-of-kin; ญาติพี่น้องที่มาจากการแต่งงาน [yat phi nong thii ma chak kan taeng ngan] *npl* in-laws

ญี่ปุ่น [yi pun] เกี่ยวกับญี่ปุ่น [kiao kap yi pun] *adj* Japanese; ชาวญี่ปุ่น [chao yi pun] *n* Japanese *(person)*; ประเทศญี่ปุ่น [pra tet yii pun] *n* Japan

ฐาน [than] **ฐานข้อมูล** [tan kho mun] *n* database
ฐานทัพ [than thap] **พื้นฐาน ฐานทัพ** [phuen than, than thap] *n* base

ณ ที่นี้ [na thi ni] *n* present *(time being)*

ดนตรี [don tri] *n* music; เล่นดนตรี [len don trii] play *(music)*; เสียงดนตรี [siang don trii] *n* melody; เกี่ยวกับดนตรี [kiao kap don tree] *adj* musical; เราจะฟังดนตรีสดได้ที่ไหน? [rao ja fang don trii sot dai thii nai] Where can we hear live music?

ดม [dom] ดมกลิ่น [dom klin] *vi* smell

ดลใจ [don chai] ซึ่งดลใจ [sueng don jai] *adj* moving

ดวงตราไปรษณียกร [duang tra prai sa ni] *n* stamp

ดวงอาทิตย์ [duang a thit] เกี่ยวกับดวงอาทิตย์ [kiao kap duang a thit] *adj* solar

ด่วน [duan] คุณจัดการให้มีเงินส่งมาด่วนได้ไหม? [khun chat kan hai mii ngoen song ma duan dai mai] Can you arrange to have some money sent over urgently?; ฉันต้องการโทรด่วน [chan tong kan tho duan] I need to make an urgent telephone call

ด้วยกัน [duai kan] อยู่ด้วยกัน [yu duai kan] *v* live together; เราใช้แท็กซี่ไปด้วยกันได้ [rao chai thaek si pai duai kan dai] We could share a taxi

ดอก [dok] ดอกเดซี่ [dok de si] *n* daisy; ดอกแดฟโฟดิลมีสีเหลือง [dok daef fo dil mii sii lueang] *n* daffodil

ดอกเบี้ย [dok bia] *n* interest *(income)*; อัตราดอกเบี้ย [at tra dok bia] *n* interest rate

ดอกไม้ [dok mai] *n* blossom, flower; ร้านดอกไม้ [ran dok mai] *n* florist; กลีบดอกไม้ [klip dok mai] *n* pedal; ช่อดอกไม้ [cho dok mai] *n* bouquet

ดอกไม้ไฟ [dok mai fai] *npl* fireworks

ด้อย [doi] ด้อยกว่า [doi kwa] *adj* inferior; ผู้ด้อยกว่า [phu doi kwa] *n* inferior

ด้อยพัฒนา [doi phat tha na] ประเทศที่ด้อยพัฒนา [pra tet thii doi phat ta na] *n* Third World

ดอลลาร์ [don la] คุณรับดอลลาร์ไหม? [khun rap don la mai] Do you take dollars?

ดอลลาร์ [don la] เงินดอลลาร์ [ngoen don la] *n* dollar

ดัก [dak] ที่ดักแมลง [thii dak ma laeng] *n* stick insect

ดักฟัง [dak fung] *adj* bugged

ดัง [dang] *adj* loud; เสียงดังมาก [siang dang mak] *adj* deafening; อย่างดัง [yang dang] *adv* aloud

ดั้งเดิม [dang doem] แบบดั้งเดิม [baep dang doem] *adj* primitive; โบราณ แบบดั้งเดิม แบบเก่าแก่ [bo ran, baep dang doem, baep kao kae] *adj* traditional

ดังที่ [dang thi] ขณะที่ ดังที่ เนื่องจาก [kha na thii, dang thii, nueang chak] *conj* as

ดังนั้น [dang nan] *adv* consequently ▷ *conj* so (that)

ดัช [dat] เกี่ยวกับดัช [kiao kap dat] *adj* Dutch; ชาวดัช [chao dat] *n* Dutch; ผู้หญิงชาวดัช [phu ying chao dat] *n* Dutchwoman

ดัชนี [dut cha ni] *n* index *(numerical scale)*

ดัด [dat] การดัดผม [kan dat phom] *n* perm; ผมฉันเป็นผมดัด [phom chan pen phom dat] My hair is permed

ดัน [dan] คุณช่วยดันรถหน่อยได้ไหม?

[khun chuai dan rot noi dai mai] Can you give me a push?
ดับ [dap] ขยี้ให้ดับ [kha yii hai dab] *v* stub out
ดับเพลิง [dap phloeng] เครื่องดับเพลิง [khrueang dap phloeng] *n* extinguisher; เครื่องดับเพลิง [khrueang dap phloeng] *n* fire extinguisher; เจ้าหน้าที่ดับเพลิง [chao na thii dap phloeng] *n* fireman
ดับไฟ [dap fai] การดับไฟ [kan dap fai] *n* blackout
ด่างพร้อย [dang phroi] จุดด่างพร้อย [chut dang phroi] *n* spot *(blemish)*
ดาดฟ้า [dat fa] ดาดฟ้าเรือ [dat fa ruea] *n* deck; เราขึ้นไปบนดาดฟ้าเรือได้ไหม? [rao khuen pai bon dat fa ruea dai mai] Can we go out on deck?
ด้าน [dan] *n* side; ด้านวิชาการ [dan wi cha kan] *adj* academic; ที่อยู่คนละด้าน [thii yu khon la dan] *adv* opposite
ด้านลบ [dan lop] ที่เป็นด้านลบ [thii pen dan lop] *adj* negative
ดาบ [dap] *n* sword
ด้าม [dam] *n* handle
ด้าย [dai] *n* thread; คุณมีเข็มกับด้ายไหม? [khun mii khem kap dai mai] Do you have a needle and thread?
ดารา [da ra] เป็นดารานำแสดง [pen da ra nam sa daeng] *v* star; ดาราภาพยนตร์ [da ra phap pha yon] *n* film star
ดาราศาสตร์ [da ra sat] *n* astronomy
ดาว [dao] *n* star *(sky)*; ดาวหาง [dao hang] *n* comet
ดาวเคราะห์ [dao khro] ดาวเคราะห์เก้าดวง [dao khrao kao duang] *n* planet
ดาวเทียม [dao thiam] *n* satellite; ระบบการค้นหาทางโดยใช้ดาวเทียม [ra bop kan khon ha thang doi chai dao thiam] *abbr* GPS; จานดาวเทียม [chan dao thiam] *n* satellite dish
ดาวเรือง [dao rueang] ต้นไม้ประเภทดาวเรือง [ton mai pra phet dao rueang] *n* marigold
ดำ [dam] *adj* black; คนดำ [khon dam] *n* Niger; เป็นขาวกับดำ [pen khao kap dam] in black and white
ดำน้ำ [dam nam] *v* dive; การดำน้ำ [kan dam nam] *n* dive, diving; การดำน้ำด้วยถังอ๊อกซิเจน [kan dam nam duai thang ok si chen] *n* scuba diving; ชุดดำน้ำ [chut dam nam] *n* wetsuit; ฉันอยากไปดำน้ำ [chan yak pai dam nam] I'd like to go diving
ดำน้ำตื้น [dam nam tuen] ฉันอยากไปดำน้ำตื้น [chan yak pai dam nam tuen] I'd like to go snorkelling
ดำเนิน [dam noen] กำลังดำเนินอยู่ [kam lang dam noen yu] *dv* on; ดำเนินต่อไป [dam noen to pai] *vt* carry on, continue; ดำเนินต่อไปใหม่ [dam noen to pai mai] *v* resume; เขาดำเนินกิจการโรงแรม [khao dam noen kit cha kan rong raeng] He runs the hotel
ดำเนินการ [dam noen kan] *v* execute; การดำเนินการ [kan dam noen kan] *npl* operation *(undertaking)*, proceedings; การติดต่อทางธุรกิจ การดำเนินการทางธุรกิจ [kan tit to thang thu ra kit, kan dam noen kan thang thu ra kit] *n* transaction; ดำเนินการต่อไป [dam noen kan to pai] *v* go on
ดำเนินชีวิต [dam noen chi wit] *v* live
ดิจิตัล [di chi tal] โทรทัศน์ดิจิตัล [tho ra tat di chi tal] *n* digital television; กล้องดิจิตัล [klong di chi tan] *n* digital camera; นาฬิกาดิจิตัล [na li ka di chi tal] *n* digital watch
ดิน [din] *n* dirt, soil; ดินเหนียว [din niao] *n* clay
ดินเผา [din phao] เครื่องเคลือบดินเผา [khrueang khlueap din phao] *n* china
ดินสอ [din so] *n* pencil; กล่องใส่ดินสอ [klong sai din so] *n* pencil case; ดินสอสี [din so sii] *n* crayon; ที่เหลาดินสอ [thii lao din so] *n* pencil sharpener
ดิบ [dip] *adj* raw
ดิสก์ [disk] แผ่นดิสก์ [phaen dis] *n*

compact disc, disk
ดิสโก้ [dit sa ko] การเต้นดิสโก้ [kan ten dis ko] *n* disco
ดิสค์ [disk] แผ่นดิสค์ [phaen dis] *n* disc
ดี [di] *adj* fine, good, nice, well; มาตรฐานที่ดีกว่า [mat tra than thii di kwa] *adv* better; การทำให้ดีขึ้น [kan tham hai di khuen] *n* improvement; ดีเลิศ [di loet] *adj* ideal
ดีเจ [di che] *abbr* DJ
ดีใจ [di chai] *adj* glad
ดีซ่าน [di san] โรคดีซ่าน [rok di san] *n* jaundice
ดีเซล [di sel] น้ำมันดีเซล [nam man di sel] *n* diesel; กรุณาเติมดีเซลเป็นเงิน... [ka ru na toem di sel pen ngeg...]... worth of diesel, please
ดีด [dit] ตี ดีด ปะทะ [ti, diit, pa tha] strike
ดีบุก [di buk] *n* tin
ดีวีดี [di wi di] *n* DVD; เครื่องเล่นดีวีดี [khrueang len di vi di] *n* DVD player; ซอฟแวร์ที่ทำให้บันทึกลงในดีวีดีได้ [sop wae thii tham hai ban thuek long nai di wi di dai] *n* DVD burner
ดึก [duek] อยู่ดึก [yu duek] *v* stay up
ดึง [dueng] *vt* pull; การดึงและบิดอย่างแรง [kan dueng lae bit yang raeng] *n* wrench; ดึงและบิดอย่างแรง [dueng lae bit yang raeng] *v* wrench; ดึงลง [dueng long] *v* pull down
ดึงดูด [dueng dut] มีเสน่ห์ดึงดูด [mii sa ne dueng dut] *adj* attractive; การดึงดูดความสนใจ [kan dueng dud khwam son jai] *n* attraction; ดึงดูดความสนใจ [dueng dut khwam son jai] *v* attract
ดื่ม [duem] *vt* drink; การดื่มเหล้ามากเกินไป [kan duem lao mak koen pai] *n* binge drinking; การดื่มอวยพร [kan duem uai pon] *n* toast *(tribute)*; ดื่มอัลกอฮอล์แล้วขับรถ [duem aen ko ho laeo khap rot] *n* drink-driving; คุณอยากดื่มอะไร? [khun yak duem a rai] What would you like to drink?
ดื้อ [due] *adj* stubborn; หัวดื้อ [hua due] *adj* bigheaded
ดื้อดึง [due dueng] *adj* obstinate
ดุ [du] ดุว่า [du wa] *v* scold, tell off
ดุร้าย [du rai] *adj* fierce
ดุลยพินิจ [dun ya phi nit] การใช้ดุลยพินิจ [kan chai dun la ya phi nit] *n* discretion
ดุเหว่า [du wao] นกดุเหว่า [nok du wao] *n* blackbird
ดู [du (duu)] เฝ้าระวังดู [fao ra wang du] *v* watch out; การดูนก [kan du nok] *n* birdwatching; ชำเลืองดู [cham lueang du] *v* glance; มีอะไรให้ดูที่นั่น? [mii a rai hai du thii nan] What is there to see here?
ดูด [dud] *v* suck; ตัวดูดอากาศเข้าลูกสูบ [tua dut a kaat khao luk sup] *n* carburettor; ยี่ห้อเครื่องดูดฝุ่น [yi ho khrueang dut fun] *n* Hoover®
ดูดฝุ่น [dud fun] *v* hoover, vacuum
ดูถูก [du thuk] *v* insult; การดูถูก [kan du thuk] *n* insult
ดูแล [du lae] *v* care, look after; กำกับดูแลโดยรัฐ [kam kap du lae doi rat] *v* nationalize; การควบคุมดูแล [kan khuap khum du lae] *n* control; การดูแล [kan du lae] *n* care; ฉันอยากได้คนดูแลเด็ก ๆ คืนนี้ [chan yak dai khon du lae dek dek khuen nii] I need someone to look after the children tonight
เด็ก [dek] *n* child, kid; เด็กหนุ่ม [dek num] *n* lad; เด็กชาย [dek chai] *n* boy; เด็กประจำ [dek pra cham] *n* boarder; เด็กคนนี้อยู่ในหนังสือเดินทางเล่มนี้ [dek khon nii yu nai nang sue doen thang lem nii] The child is on this passport
เด้ง [deng] *vi* bounce
เดซี่ [de si] ดอกเดซี่ [dok de si] *n* daisy
เด็ดเดี่ยว [det diao] *adj* determined; ความเด็ดเดี่ยวแน่นอน [khwam det diao nae non] *n* resolution
เด่น [den] *adj* distinctive; จุดเด่น [chut den] *n* highlight

เดนมาร์ก [den mak] เกี่ยวกับชาวเดนมาร์ก [kiao kap chao den mak] *adj* Danish; ชาวเดนมาร์ก [chao den mak] *n* Dane; ประเทศเดนมาร์ก [pra tet den mak] *n* Denmark

เดิน [doen] *v* march, walk; เดินเขา [doen khao] *n* hill-walking; เดินโขยกเขยก [doen kha yok kha yek] *v* limp; เดินไปโดยไม่มีจุดหมาย [doen pai doi mai mii chut mai] *v* wander; ฉันเดินไปได้ไหม? [chan doen pai dai mai] Can I walk there?

เดินขบวน [doen kha buan] การเดินขบวน [kan doen kha buan] *n* march

เดินเครื่อง [doen khrueang] วิ่ง วิ่งหนี เปิดเครื่อง เดินเครื่อง [wing, wing nii, poet khrueang, doen khrueang] *vi* run

เดินทาง [doen thang] *v* commute, travel; เริ่มเดินทาง [roem doen thang] *v* set off, start off; เริ่มออกเดินทาง [roem ok doen thang] *v* set out; เช็คเดินทาง [chek doen thang] *n* traveller's cheque; การประกันการเดินทาง [kan pra kan kan doen thang] *n* travel insurance; ผู้เดินทาง [phu doen thang] *n* commuter, traveller; ฉันเดินทางคนเดียว [chan doen thang khon diao] I'm travelling alone

เดินเรือ [doen ruea] การเดินเรือ [kan doen ruea] *n* sailing

เดิม [doem] กลับไปสภาพเดิม [klap pai sa phap doem] *adv* back

เดียว [diao] *adj* single; เตียงเดี่ยว [tiang diao] *n* single bed; ห้องเดี่ยว [hong diao] *n* single, single room; การเล่นเดี่ยว [kan len diao] *npl* singles

เดียวดาย [diao dai] *adj* lonesome

เดี๋ยวนี้ [diao ni] *adv* now

เดือด [dueat] เดือดแล้ว [dueat laeo] *adj* boiled; เดือดจนล้น [dueat chon lon] *v* boil over; กำลังเดือด [kam lang dueat] *adj* boiling

เดือดดาล [dueat dan] ความเดือดดาล [khwam dueat dan] *n* rage

เดือน [duean] *n* month; เดือนเมษายน [duean me sa yon] *n* April; เดือนมกราคม [duean mok ka ra khom] *n* January; เดือนมิถุนายน [duean mi thu na yon] *n* June; หนึ่งเดือนมาแล้ว [nueng duean ma laeo] a month ago

แดง [daeng] *adj* red; แดงน้ำตาล [daeng nam tan] *adj* ginger; สีแดงสด [sii daeng sot] *adj* scarlet; หน้าหรือผิวแดง [na rue phio daeng] *n* flush

แดด [daet] สีไหม้เกรียมของผิวหนังจากการตากแดด [sii mai kriam khong phio nang chak kan tak daet] *n* tan; ผิวหนังเป็นสีน้ำตาลเนื่องจากตากแดด [phio nang pen sii nam tan nueang chak tak daet] *n* suntan; มีแดดออก [mii daet ok] It's sunny

แดฟโฟดิล [daep fo dil] ดอกแดฟโฟดิลมีสีเหลือง [dok daef fo dil mii sii lueang] *n* daffodil

โดดเด่น [dot den] ซึ่งโดดเด่น [sueng dot den] *adj* striking

โดดเดี่ยว [dot diao] *adj* isolated, stranded

โดนัท [do nat] ขนมโดนัท [kha nom do nat] *n* doughnut

โดมินิกันรีพับลิค [do mi ni kan ri phap blik] ประเทศโดมินิกันรีพับลิค [pra tet do mi ni kan ri phap lik] *n* Dominican Republic

โดมิโน [do mi no] เกมโดมิโน [kem do mi no] *npl* domino, dominoes

โดย [doi] *prep* by

โดยเฉพาะ [doi cha pho] *adj* particular, specific ▷ *adv* exclusively; โดยเฉพาะอย่างยิ่ง [doi cha pho yang ying] *adv* especially, particularly

โดยทาง [doi thang] *prep* via

โดยลำพัง [doi lam phang] *adj* alone

โดยสาร [doi san] การโดยสารไปด้วย [kan doi san pai duai] *n* lift *(free ride)*; ค่าโดยสาร [kha doi san] *n* fare; ผู้โดยสาร [phu doi san] *n* passenger; มีรถโดยสารไปในเมืองไหม? [mii rot doi san pai nai mueang mai] Is there a bus to the city?

โดยสิ้นเชิง [doi sin choeng] *adv* totally
ได้ [dai] *v* get, get *(to a place)*; ได้กำไร [dai kam rai] *vt* gain; ได้คืนมาอีก [dai khuen ma ik] *v* regain; ที่สามารถทำได้ [thii sa maat tham dai] *adj* capable
ไดโนเสาร์ [dai no sao] *n* dinosaur
ได้เปรียบ [dai priap] ความได้เปรียบ [khwam dai priap] *n* advantage
ได้ผล [dai phon] ได้ผลดี [dai phon di] *adj* effective; อย่างได้ผล [yang dai phon] *adv* effectively
ได้ยิน [dai yin] *v* hear; การได้ยิน [kan dai yin] *n* hearing; พลาด ไม่เห็น ไม่เข้าใจ ไม่ได้ยิน [phlat, mai hen, mai khao jai, mai dai yin] *vt* miss
ไดร์เชอรี่ [dai choe ri] ขอไดรเชอรี่หนึ่งแก้ว [kho drai choe ri nueng kaeo] A dry sherry, please
ได้รับ [dai rap] *v* obtain, receive; ได้รับรายได้ [dai rap rai dai] *v* earn; ผู้ได้รับ [phu dai rap] *n* receiver *(person)*, recipient
ไดอารี่ [dai a ri] ไดอารี่เล่มใหญ่ [dai a ri lem yai] *n* personal organizer

ตก [tok] เธอตกลงมา [thoe tok long ma] She fell
ตกกระ [tok kra] *npl* freckles
ตกใจ [tok chai] *v* shock; สั่น ทำให้สั่น ทำให้ตกใจและสะเทือนใจ [san, tham hai san, tham hai tok jai lae sa thuean jai] *vt* shake; ความตกใจ [khwam tok jai] *n* fright, shock; ซึ่งตกใจสุดขีด [sueng tok jai sut khit] *adj* shocking
ตกตะลึง [tok ta lueng] ทำให้ตกตะลึงเพราะความกลัว [tham hai tok ta lueng phro khwam klua] *adj* petrified
ตกต่ำ [tok tam] การตกต่ำทางเศรษฐกิจ [kan tok tam thang set tha kit] *n* recession
ตกแต่ง [tok taeng] ช่างตกแต่ง [chang tok taeng] *n* decorator; ตกแต่งใหม่ [tok taeng mai] *v* redecorate; นักตกแต่งภายใน [nak tok taeng phai nai] *n* interior designer
ตกปลา [tok pla] *vi* fish; การตกปลา [kan tok pla] *n* angling, fishing; นักตกปลา [nak tok pla] *n* angler; ขอเราตกปลาที่นี่ได้ไหม? [kho rao tok pla thii nii dai mai] Can we fish here?
ตกลง [tok long] ไม่ตกลงใจ [mai tok long

jai] *adj* undecided; คุณตกลงไหม? [khun tok long mai] Are you alright?
ตกหลุมรัก [tok lum rak] *v* fall for
ต้น [tan] ต้นเมเปิล [ton me poel] *n* maple; ต้นเฟอร์ [ton foe] *n* fir (tree); ต้นเดือนมิถุนายน [ton duean mi thu na yon] at the beginning of June
ต้นฉบับ [ton cha bap] *n* text
ต้นไม้ [ton mai] *n* tree; หัวของต้นไม้ [hua khong ton mai] *n* bulb *(plant)*; ต้นไม้เลื้อยชนิดหนึ่งมีกลิ่นหอม [ton mai lueai cha nit nueng mii klin hom] *n* honeysuckle
ต้นหอม [ton hom] *n* spring onion
ต้นอ่อน [ton on] *npl* sprouts
ตบ [top] *v* slap; การตบเบา ๆ การเคาะเบา ๆ การตีเบา ๆ [kan top bao bao, kan kho bao bao, kan ti bao bao] *n* tap
ต้ม [tom] *vt* boil
ต้มตุ๋น [tom tun] การโกง การหลอกลวง การต้มตุ๋น [kan kong, kan lok luang, kan tom tun] *n* rip-off
ตรง [trong] *adj* direct; เครื่องทำผมให้ตรง [khrueang tham phom hai trong] *npl* straighteners; โดยตรง [doi trong] *adv* directly; ไม่ตรง [mai trong] *adj* indirect; ฉันต้องการเดินทางสายตรง [chan tong kan doen thang sai trong] I'd prefer to go direct
ตรงกันข้าม [trong kan kham] การตรงกันข้าม [kan trong kan kham] *n* contrary; ที่อยู่ตรงกันข้าม [thii yu trong kan kham] *adj* opposite
ตรงข้าม [trong kham] *prep* opposite; ด้านตรงข้าม [dan trong kham] *n* reverse; ฝ่ายตรงข้าม [fai trong kham] *n* opponent, opposition
ตรงต่อเวลา [trong to we la] ที่ตรงต่อเวลา [thii trong to we la] *adj* punctual
ตรงไป [trong pai] ที่ตรงไป [thii trong pai] *adj* straight; อย่างตรงไป [yang trong pai] *adv* straight on
ตรงไปตรงมา [trong pai trong ma] *adj* straightforward; อย่างตรงไปตรงมา [yang trong pai trong ma] *adv* frankly
ตรงเวลา [trong we la] *adj* on time; ที่ตรงเวลา [thii trong we la] *adj* prompt; อย่างตรงเวลา [yang trong we la] *adv* promptly
ตรวจ [truat] *vt* check; การตรวจ [kan truat] *n* check; การตรวจเลือด [kan truat lueat] *n* blood test; คุณช่วยตรวจดูน้ำได้ไหม? [khun chuai truat du nam dai mai] Can you check the water, please?
ตรวจตรา [truat tra] *v* supervise; การดูแลตรวจตรา [kan du lae truat tra] *n* oversight *(supervision)*
ตรวจภายใน [truat phai nai] การตรวจภายใน [kan truat phai nai] *n* smear test
ตรวจสอบ [truat sop] *v* examine; การตรวจสอบบัญชี [kan truat sob ban chii] *n* audit; ตรวจสอบบัญชี [truat sop ban chii] *v* audit; ตรวจสอบอย่างละเอียด [truat sop yang la iad] *v* inspect
ตรอก [trok] *n* alley, lane, lane *(driving)*
ตระกร้า [tra kra] *n* basket; ตะกร้าใส่ขยะ [ta kra sai kha ya] *n* wastepaper basket
ตระกูล [tra kun] เชื้อสายวงศ์ตระกูล [chuea sai wong tra kun] *adj* pedigree
ตระเตรียม [tra triam] การตระเตรียม [kan tra triam] *n* preparation
ตระหนก [tra nak] *adj* apprehensive
ตระหนัก [tra nak] *v* realize; ตระหนักรู้ [tra nak ru] *adj* aware
ตระหนี่ [tra ni] *adj* thrifty; คนตระหนี่ [khon tra nii] *n* miser
ตรา [tra] *n* brand
ตราประทับ [tra pra thap] *n* seal *(mark)*; ตราประทับบนไปรษณียภัณฑ์ [tra pra thap bon prai sa ni phan] *n* postmark
ตรี [tri] ปริญญาตรี [pa rin ya tree] *abbr* BA
ตลก [ta lok] *adj* funny; เรื่องตลก [rueang ta lok] *n* joke; ละครตลก [la khon ta lok] *n* comedy; หนังสือตลก [nang sue ta lok] *n* comic book

ตลอด [ta lot] *adv* ever
ตลอดไป [ta lot pai] *adv* forever
ตลอดเวลา [ta lot we la] เกิดขึ้นตลอดเวลา [koet khuen ta lot we la] *adv* constantly; ที่เกิดขึ้นตลอดเวลา [thii koet khuen ta lot we la] *adj* constant
ตลาด [ta lat] *n* market; การทำการตลาด [kan tham kan ta lat] *n* marketing; ตลาดสินค้า [ta lat sin kha] *n* marketplace; มีตลาดเมื่อไร? [mii ta lat muea rai] When is the market on?
ตลาดหลักทรัพย์ [ta lad hlak sap] *n* stock exchange
ตลาดหุ้น [ta lad hun] *n* stock market
ตลิ่ง [ta ling] *n* bank *(ridge)*
ต่อ [to] *prep* per ▷ *v* connect; ตัวแตน ตัวต่อ [tua taen, tua to] *n* wasp
ต้อ [to] *n* cataract *(eye)*
ต้อง [tong] *v* have to, must
ต้องการ [tong kan] *v* demand, need, require, want; ความต้องการ [khwam tong kan] *n* demand, need, requirement, wish; ต้องการอย่างมาก [tong kan yang mak] *adj* demanding; คุณต้องการอะไรบ้างไหม? [khun tong kan a rai bang mai] Do you need anything?
ต่อต้าน [to tan] *prep* against ▷ *v* oppose, resist; ระบบต่อต้านเชื้อโรค [ra bop to tan chuea rok] *n* immune system; การต่อต้าน [kan to tan] *n* resistance; ซึ่งต่อต้าน [sueng to tan] *adj* opposing
ตอน [ton] *n* episode; ตอนบ่าย [ton bai] *n* afternoon; ที่เป็นตอน ๆ [thii pen ton ton] *n* serial
ตอนเช้า [ton chao] ในตอนเช้า [nai ton chao] in the morning; ฉันป่วยตั้งแต่ตอนเช้า [chan puai tang tae ton chao] I've been sick since this morning
ตอนนี้ [ton ni] ฉันจ่ายตอนนี้หรือจ่ายทีหลัง? [chan chai ton nii rue chai thii lang] Do I pay now or later?
ตอนบ่าย [ton bai] ในตอนบ่าย [nai ton bai] in the afternoon
ตอนเย็น [ton yen] ในตอนเย็น [nai ton yen] in the evening; มีอะไรทำที่นั่นในตอนเย็น? [mii a rai tham thii nan nai ton yen] What is there to do in the evenings?
ต้อนรับ [ton rap] *v* welcome; การต้อนรับ [kan ton rap] *n* welcome; พบโดยบังเอิญ ต้อนรับ [phop doi bang oen, ton rab] *vt* meet
ตอนหลัง [ton lang] *adv* later
ต่อเนื่อง [to nueang] *adj* continual; สิ่งที่ต่อเนื่องกัน [sing thii to nueang kan] *n* series; การพัฒนาต่อเนื่อง [kan phat ta na to nueang] *n* process; ซึ่งต่อเนื่องกัน [sueng to nueang kan] *adj* continuous
ตอบ [top] *v* answer, respond; ให้คำตอบ [hai kham top] *v* reply; คำตอบ [kham top] *n* answer
ต่อไป [to pai] *adj* next; เรือลำต่อไปล่องไป...เมื่อไร? [ruea lam to pai long pai... muea rai] When is the next sailing to...?; รถโดยสารคันต่อไปที่จะไป...เดินทางเมื่อไร? [rot doi san khan to pai thii ja pai...doen thang muea rai] When is the next bus to...?
ต่อม [tom] *n* gland
ต่อมทอนซิล [tom thon sin] *npl* tonsils; ภาวะต่อมทอนซิลอักเสบ [pha wa tom thon sil ak sep] *n* tonsillitis
ต่อย [toi] แผลถูกแมลงกัดต่อย [phlae thuk ma laeng kat toi] *v* sting; ต่อยจนล้มลุกไม่ขึ้น [toi chon lom luk mai khuen] *v* knock out; ฉันถูกต่อย [chan thuk toi] I've been stung
ต่อรอง [to rong] *v* negotiate; การต่อรอง [kan to rong] *npl* bargain, negotiations; ต่อรองราคา [to rong ra kha] *v* haggle; ผู้ต่อรอง [phu to rong] *n* negotiator
ต่อสู้ [to su] *v* fight, scrap; การต่อสู้ [kan to su] *n* fight, fighting, scrap *(dispute)*; คู่ต่อสู้ [khu to su] *n* adversary
ต่อสู้กับ [to su kap] *prep* versus
ต่ออายุ [to a yu] ซึ่งต่ออายุใหม่ได้ [sueng

to a yu mai dai] *adj* renewable
ตะกละ [ta kla] ซึ่งตะกละมาก [sueng ta kla mak] *adj* ravenous
ตะกั่ว [ta kua] *n* lead *(metal)*, pewter; ไร้สารตะกั่ว [rai san ta kua] *adj* lead-free; น้ำมันไร้สารตะกั่ว [nam man rai san ta kua] *n* unleaded, unleaded petrol
ตะเกียง [ta kiang] *n* lamp
ตะเกียบ [ta kiap] *npl* chopsticks
ตะแกรง [ta klaeng] *n* grid
ตะโกน [ta kon] *v* shout; การตะโกน [kan ta khon] *n* shout; ตะโกน ร้อง [ta khon, rong] *v* yell; ตะโกนใส่ [ta khon sai] *v* slag off
ตะขอ [ta kho] *n* hook; ของที่มีรูปร่างโค้งเหมือนตะขอ [khong thii mii rup rang khong muean ta kho] *n* crook
ตะเข็บ [ta khep] *n* seam
ตะคิว [ta khio] ฉันเป็นตะคิวที่ขา [chan pen ta khio thii kha] I've got cramp in my leg
ตะไคร่ [ta khrai] พืชตะไคร่น้ำ [phuet ta khrai nam] *n* moss
ตะไบ [ta bai] *n* file *(tool)* ▷ *v* file *(smoothing)*; ตะไบขัดเล็บ [ta bai khat lep] *n* nailfile
ตะปู [ta pu] *n* nail; ตะปูควง [ta pu khuang] *n* screw
ตะลึง [ta lueng] ตกตะลึง [tok ta lueng] *adj* stunned
ตะวันตก [ta wan tok] ซึ่งเกี่ยวกับทางทิศตะวันตก [sueng kiao kap thang thit ta wan tok] *adj* west; ซึ่งเคลื่อนไปทางตะวันตก [sueng khluean pai thang ta wan tok] *adj* westbound; ซึ่งอยู่ไปทางทิศตะวันตก [sueng yu pai thang thit ta wan tok] *adj* western
ตะวันออก [ta wan ok] เกี่ยวกับทิศตะวันออก [kiao kap thit ta wan ok] *adj* east, eastern; กลุ่มประเทศในเอเชียตะวันออก [klum pra tet nai e chia ta wan ok] *n* Far East; ซึ่งเดินทางไปทางด้านตะวันออก [sueng doen thang pai thang dan ta wan ok] *adj* eastbound
ตะวันออกกลาง [ta wan ok klang] *n* Middle East
ตัก [tak] *n* lap
ตักเตือน [tak tuean] การตักเตือน [kan tak tuean] *n* caution
ตั๊กแตน [tak ka taen] *n* grasshopper
ตั้ง [tang] ซึ่งตั้งอยู่ [sueng tang yu] *adj* situated; ตั้งขึ้น [tang khuen] *v* put up; ที่ตั้งขึ้น [thii tang khuen] *adv* upright
ตั้งครรภ์ [tang khan] *adj* pregnant
ตั้งใจ [tang chai] ไม่ได้ตั้งใจ [mai dai tang jai] *adv* inadvertently; การตั้งใจ [kan tang jai] *n* concentration; ความตั้งใจ [khwam tang jai] *n* attention, intention
ตั้งแต่ [tang tae] *prep* since; ฉันป่วยตั้งแต่วันจันทร์ [chan puai tang tae wan chan] I've been sick since Monday
ตั้งเป้า [tang pao] *v* aim
ตั้งหลักฐาน [tang lak than] *v* settle down
ตัณหา [tan ha] *n* lust
ตัด [tat] *v* cut; การตัด [kan tat] *n* cutting; การตัดไฟชั่วคราว [kan tat fai chua khrao] *n* power cut; การตัดผม [kan tat phom] *n* haircut; ฉันถูกตัดสาย [chan thuk tat sai] I've been cut off
ตัดขาด [tat khat] ตัดขาดจากกัน [tat khat chak kan] *v* disconnect
ตัดสิน [tat sin] *v* judge; การตัดสิน [kan tat sin] *n* arbitration; คำตัดสินของคณะลูกขุน [kham tat sin khong kha na luk khun] *n* verdict; ตัดสินลงโทษ [tat sin long thot] *v* sentence
ตัดสินใจ [tat sin chai] *v* decide; การตัดสินใจ [kan tat sin jai] *n* decision; ตัดสินใจผิด [tat sin jai phit] *v* misjudge
ตัดเสื้อ [tat suea] ช่างตัดเสื้อ [chang tat suea] *n* tailor
ตัดหญ้า [tat ya] *v* mow
ตัน [tan] ทางตัน [thang ton] *n* dead end
ตับ [tap] *n* liver; โรคตับอักเสบ [rok tap ak sep] *n* hepatitis; ฉันกินตับไม่ได้ [chan kin tab mai dai] I can't eat liver

ตับอ่อน [tap on] สารชนิดหนึ่งสกัดจากตับอ่อน [san cha nit nueng sa kat chak tap on] *n* insulin
ตั๋ว [tua] *n* ticket; เครื่องกีดกั้นที่ต้องแสดงตั๋วก่อนผ่านเข้าไป [khrueang kit kan thii tong sa daeng tua kon phan khao pai] *n* ticket barrier; เครื่องขายตั๋ว [khrueang khai tua] *n* ticket machine; สำนักงานขายตั๋ว [sam nak ngan khai tua] *n* ticket office; เครื่องขายตั๋วไม่ทำงาน [khrueang khai tua mai tham ngan] The ticket machine isn't working
ตัวต่อ [tua to] ตัวต่อสำหรับสร้างเป็นภาพ [tua to sam rap sang pen phap] *n* jigsaw
ตัวตุ่น [tua tun] *n* mole *(mammal)*
ตัวแทน [tua thaen] *n* agent, delegate; เป็นตัวแทน [pen tua taen] *adj* represent, representative; ตัวแทนสำนักงานท่องเที่ยว [tua thaen sam nak ngan thong thiao] *n* travel agent; ที่สำนักงานตัวแทนท่องเที่ยว [thii sam nak ngan tua taen thong thiao] *n* travel agent's
ตัวย่อ [tua yo] ตัวย่อของเร็วที่สุดเท่าที่จะเป็นไปได้ [tua yo khong reo thii sut thao thii ja pen pai dai] *adv abbr* asap; ตัวย่อของเตียงนอนและอาหารเช้า [tua yo khong tiang non lae a han chao] *n* B&B; ตัวย่อของก่อนคริสต์ศักราช [tua yo khong kon khrit sak ka rat] *abbr* BC
ตัวร้อน [tua ron] ฉันอยากได้อะไรสักอย่างสำหรับตัวร้อน [chan yak dai a rai sak yang sam rap tua ron] I'd like something for a temperature
ตัวเลข [tua lek] *n* figure, number; ซึ่งส่งรับข้อมูลโดยใช้ตัวเลข [sueng song rap kho mun doi chai tua lek] *adj* digital
ตัวเลือก [tua lueak] ซึ่งมีตัวเลือก [sueng mii tua lueak] *adv* alternatively; ที่มีตัวเลือก [thii mii tua lueak] *adj* alternative
ตัวอย่าง [tua yang] *n* example, instance, sample; ซึ่งเป็นตัวอย่าง [sueng pen tua yang] *adj* typical; ตัวย่อของตัวอย่างเช่น [tua yo khong tua yang chen] *abbr* e.g.
ตัวเอก [tua ek] *n* lead *(in play/film)*
ตัวเอง [tua eng] ตัวย่อของทำด้วยตัวเอง [tua yo khong tham duai tua eng] *abbr* DIY; ที่เป็นของตัวเอง [thii pen khong tua eng] *adj* own; ช่วยตัวเอง [chuai tua eng] Help yourself!
ตา [ta] *n* eye, grandpa; เปลือกตา [plueak ta] *n* eyelid; สิ่งที่ใช้ปิดตา [sing thii chai pit ta] *n* blindfold; ขนตา [khon ta] *n* eyelash; มีบางอย่างอยู่ในลูกตาฉัน [mii bang yang yu nai luk ta chan] I have something in my eye
ตาก [tak] มีที่ไหนที่ฉันจะตากผ้าได้ไหม? [mii thii nai thii chan ja tak pha dai mai] Is there somewhere to dry clothes?
ตากอากาศ [tak a kat] สถานที่ตากอากาศ [sa than thii tak a kaat] *n* resort
ตาไก่ [ta kai] *n* ring binder
ตาข่าย [ta khai] ตาข่ายดักสัตว์ [ta khai dak sat] *n* net
ต่าง [tang] ต่างกัน [tang kan] *adj* different; ต่างชนิด [tang cha nit] *adj* various
ต่างก็ไม่ [tang ko mai] *adv* neither ▷ *pron* neither
ต่างชาติ [tang chat] ชาวต่างชาติ [chao tang chat] *n* foreigner
ต่างด้าว [tang dao] คนต่างด้าว [khon tang dao] *n* alien
ต่างต่างนานา [tang tang na na] *adj* varied
ต่างประเทศ [tang pra thet] เกี่ยวกับต่างประเทศ [kiao kap tang pra thet] *adv* foreign, overseas; ไปต่างประเทศ [pai tang pra tet] *n* abroad *(go abroad)*; ต่างประเทศ [tang pra thet] *adv* abroad; ฉันจะโทรศัพท์ไปต่างประเทศได้ที่ไหน? [chan ja tho ra sap pai tang pra tet dai thii nai] Where can I make an international phone call?
ต่างหาก [tang hak] ขอนมต่างหาก [kho nom tang hak] with the milk separate

ตาบอด [ta bot] ตาบอดสี [ta bot sii] *adj* colour-blind; ฉันตาบอด [chan ta bot] I'm blind
ตาปลา [tok pla] ตาปลาบนเท้า [ta pla bon thao] *n* bunion
ตาม [tam] *vt* follow; ที่จะตามมา [thii ja tam ma] *adv* next
ตามเข็ม [tam khem] ตามเข็มนาฬิกา [tam khem na li ka] *adv* clockwise
ตามใจ [tam chai] ทำให้เสียหาย ตามใจจนเสียคน [tham hai sia hai, tam jai chon sia khon] *vt* spoil
ตามทัน [tam than] *v* catch up; ไล่ตามทัน [lai tam than] *v* overtake
ตามที่ [tan thi] *prep* according to
ตามนั้น [tam nan] *adv* accordingly
ตามลำดับ [tam lam dap] *adv* respectively; เหตุการณ์ที่เกิดขึ้นตามลำดับ [het kan thii koet khuen tam lam dap] *n* sequence
ตาย [tai] *v* die; เพิ่งตาย [phoeng tai] *adj* late *(dead)*; ความตาย [khwam tai] *n* death; ซึ่งทำให้ถึงตาย [sueng tham hai thueng tai] *adj* fatal
ตาราง [ta rang] *n* chart; ตารางเวลา [ta rang we la] *n* timetable; ตารางรายการ [ta rang rai kan] *n* table *(chart)*; ตารางจัดการหมายถึงโปรแกรมคอมพิวเตอร์ประเภทหนึ่ง [ta rang chat kan mai thueng pro kraem khom phio toe pra pet nueng] *n* spreadsheet
ตารางเวลา [ta rang we la] *n* schedule
ตาเหล [ta le] *v* squint
ตาฮิติ [ta hi ti] เกาะตาฮิติทางตอนใต้ของมหาสมุทรแปซิฟิก [ko ta hi ti thang ton tai khong ma ha sa mut pae si fik] *n* Tahiti
ต่ำ [tam] *adj* low ▷ *adv* low; ต่ำสุด [tam sut] *adj* bottom; ต่ำกว่า [tam kwa] *v* lower; ต่ำกว่ากำหนดอายุ [tam kwa kam not a yu] *adj* underage
ตำนาน [tam nan] *n* legend, mythology
ตำรวจ [tam ruat] *n* cop, police; สถานีตำรวจ [sa tha ni tam ruat] *n* police station; ตำรวจหญิง [tam ruat ying] *n* policewoman; ตำรวจชาย [tam ruat chai] *n* policeman; เรียกตำรวจ [riak tam ruat] Call the police
ตำรา [tam ra] ตำรากับข้าว [tam ra kap khao] *n* recipe; ตำราอาหาร [tam ra a han] *n* cookbook
ตำราเรียน [tam ra rian] *n* textbook
ตำหนิ [tam ni] *n* fault *(defect)* ▷ *v* blame; สะอาดไม่มีตำหนิ [sa at mai mii tam ni] *adj* spotless; การตำหนิ คำติเตียน [kan tam hni, kham ti tian] *n* blame
ตำแหน่ง [tam naeng] *n* placement, position, post *(position)*, rank *(status)*; ลดตำแหน่ง [lot tam naeng] *v* relegate; ตำแหน่งชนะเลิศ [tam naeng cha na loet] *n* championship; ตำแหน่งว่าง [tam naeng wang] *n* vacancy
ติด [tit] ใช้กาวติด [chai kao tit] *v* glue; การหนีบติดกัน [kan niip tit kan] *n* clip; การติดเชื้อโรค [kan tit chuea rok] infection; ฉันติดคุณเท่าไร? [chan tit khun thao rai] What do I owe you?
ติดใจ [tit chai] น่าติดใจ [na tit jai] *adj* gripping
ติดเชื้อ [tit chuea] มันติดเชื้อไหม? [man tit chuea mai] Is it infectious?
ติดต่อ [tit to] *v* contact; การติดต่อ [kan tit to] *n* contact; การติดต่อสื่อสาร [kan tit to sue san] *n* communication; การติดต่อกันทางจดหมาย [kan tit to kan thang chot mai] *n* correspondence; เราจะต้องติดต่อใครถ้าเกิดปัญหา? [rao ja tong tit to khrai tha koet pan ha] Who do we contact if there are problems?
ติดตาม [tit tam] *v* pursue; แสวงหาติดตาม [sa waeng ha tit tam] *v* go after; การติดตาม [kan tit tam] *n* pursuit; ติดตามจนพบ [tit tam chon phop] *v* track down
ติดอ่าง [tit ang] *v* stutter
ติเตียน [ti tian] การตำหนิ คำติเตียน [kan tam hni, kham ti tian] *n* blame
ตี [ti] *v* beat *(strike)*, hit; ตี ดีด ปะทะ [ti,

diit, pa tha] strike; การตี [kan ti] *n* hit; การตี [kan ti] *n* beat, percussion

ตีลังกา [ti lang ka] การตีลังกาโดยไม่ใช้มือ [kan ti lang ka doi mai chai mue] *n* aerial

ตึก [tuek] ช่วงตึก [chuang tuek] *n* block *(buildings)*; ตึก อาคาร [tuek, a khan] *n* building; ตึกระฟ้า [tuek ra fa] *n* skyscraper; ...อยู่ที่ตึกไหน? [...yuu thii tuek nai] Which ward is... in?

ตึง [tueng] *adj* tense

ตึงเครียด [tueng khriat] *adj* stressful, uptight ▷ *n* tense; ความตึงเครียด [khwam tueng khriat] *n* strain, tension

ตื่น [tuen] *adj* awake; การนอนตื่นสายในตอนเช้า [kan non tuen sai nai ton chao] *n* have a lie-in, lie in; ตื่นขึ้น [tuen khuen] *v* wake up; ปลุก ทำให้ตื่น [pluk, tham hai tuen] *v* awake

ตื้น [tuen] *adj* shallow

ตื่นตัว [tuen tua] *adj* alert

ตื่นเต้น [tuen ten] ความตื่นเต้น [khwam tuen ten] *n* thrill; ตื่นเต้นดีใจ [tuen ten di jai] *adj* excited; ที่รู้สึกตื่นเต้น [thii ru suek tuen ten] *adj* thrilled

ตื่นนอน [tuen non] คุณตื่นนอนกี่โมง? [khun tuen non kii mong] What time do you get up?

ตุ๊กตา [tuk ka ta] *n* doll; ตุ๊กตาหมี [tuk ka ta mii] *n* teddy bear

ตุ๋น [tun] *v* simmer

ตุ้ม [tum] ตุ้มหู [tum hu] *n* earring

ตุรกี [tu ra ki] เกี่ยวกับตุรกี [kiao kap tu ra ki] *adj* Turkish; ชาวตุรกี [chao tu ra ki] *n* Turk; ประเทศตุรกี [pra tet tu ra ki] *n* Turkey

ตุล [tun] ราศีตุล [ra si tun] *n* Libra

ตุลาคม [tu la kan] เดือนตุลาคม [duean tu la khom] *n* October; วันอาทิตย์ที่สามตุลาคม [wan a thit thii sam tu la khom] It's Sunday third October

ตู้ [tu] *n* cupboard; ตู้เสบียงบนรถไฟ [tu sa biang bon rot fai] *n* dining car; ตู้เก็บเครื่องใช้หรือภาชนะที่ใช้ในการรับประทานอาหาร [tu kep khrueang chai rue pha cha na thii chai nai kan rap pra than a han] *n* sideboard; ตู้เก็บอาหาร [tu kep a han] *n* larder

ตู้โชว์ [tu cho] หน้าต่างตู้โชว์ของร้านค้า [na tang tu cho khong ran ka] *n* shop window

ตู้นิรภัย [tu ni ra phai] *n* safe; ฉันมีของในตู้นิรภัย [chan mii khong nai tu ni ra phai] I have some things in the safe; ฉันอยากวางเครื่องประดับไว้ในตู้นิรภัย [chan yak wang khrueang pra dap wai nai tu ni ra phai] I would like to put my jewellery in the safe

ตูนีเซีย [tu ni sia] เกี่ยวกับตูนีเซีย [kiao kap tu ni sia] *adj* Tunisian; ชาวตูนีเซีย [chao tu ni sia] *n* Tunisian; ประเทศตูนีเซีย [pra tet tu ni sia] *n* Tunisia

ตู้ปลา [tu phla] *n* aquarium

ตู้เย็น [tu yen] *n* fridge, refrigerator; ตู้เย็นขนาดเล็กในห้องพักโรงแรม [tu yen kha naat lek nai hong phak rong raeng] *n* minibar

ตู้เสื้อผ้า [tu suea pha] *n* wardrobe

เต้น [ten] เต้นเป็นจังหวะ [ten pen chang wa] *v* throb; การเต้นแอร์โรบิค [kan ten ae ro bik] *npl* aerobics

เต็นท์ [ten] *n* tent; ไม้ค้ำเต็นท์ [mai kham tent] *n* tent pole; ตอกหมุดสำหรับเต็นท์ [tok mut sam rap tent] *n* tent peg; เราอยากได้ที่ตั้งเต็นท์ [rao yak dai thii tang tent] We'd like a site for a tent

เต้นระบำ [ten ra bam] การเต้นระบำเปลื้องผ้า [kan ten ra bam plueang pha] *n* strip; นักเต้นระบำเปลื้องผ้า [nak ten ra bam plueang pha] *n* stripper

เต้นรำ [ten ram] *v* dance; เต้นรำจังหวะวอลทซ์ [ten ram chang wa walt] *v* waltz; การเต้นรำ [kan ten ram] *n* dance, dancing; การเต้นรำโดยใช้รองเท้าเคาะพื้นเป็นจังหวะ [kan ten ram doi chai rong thao kho phuen pen chang wa] *n* tap-dancing; เราจะไปเต้นรำได้ที่ไหน? [rao ja pai ten ram dai thii nai] Where can we go dancing?

เต็ม [tem] *adj* full; เต็มช้อน [tem chon] *n* spoonful

เต็มใจ [tem chai] ไม่เต็มใจ [mai tem jai] *adj* reluctant; ความไม่เต็มใจ [khwam mai tem jai] *n* grudge; อย่างเต็มใจ [yang tem jai] *adv* willingly

เต็มที่ [tem thi] *adj* sheer; อย่างเต็มที่ [yang tem thii] *adv* fully

เตรียม [triam] *v* prepare; ที่เตรียมไว้ [thii triam wai] *adj* prepared

เตะ [te] *vt* kick; เตะเริ่ม [te roem] *v* kick off; เตะฟรีในฟุตบอล [te frii nai fut bal] *n* free kick; การเตะ [kan te] *n* kick

เตา [tao] เตาหุงอาหาร [tao hung a han] *n* cooker; เตาทำอาหาร [tao tham a han] *n* stove; เตาทำอาหารที่ใช้แก๊ส [tao tham a han thii chai kaes] *n* gas cooker

เต่า [tao] *n* tortoise, turtle

เตาผิง [tao phing] ชั้นที่อยู่เหนือเตาผิง [chan thii yu nuea tao phing] *n* mantelpiece

เตารีด [tao rit] ฉันอยากได้เตารีด [chan yak dai tao riit] I need an iron

เตาอบ [tao op] *n* oven; เหมาะกับการใช้ในเตาอบ [mo kap kan chai nai tao op] *adj* ovenproof

เติบโต [toep to] เติบโต งอกงาม [toep to, ngok ngam] *vi* grow; ความเติบโต [khwam toep to] *n* growth; พัฒนา เจริญ เติบโต [phat ta na, cha roen, toep to] *vi* develop

เติม [toem] *vt* fill; เติมเชื้อเพลิง [toem chuea phloeng] *v* refuel; เติมให้เต็ม [toem hai tem] *v* fill up, refill; บัตรเติม [bat toem] *n* top-up card; ช่วยเติมให้เต็มด้วย [chuai toem hai tem duai] Fill it up, please

เตียง [tiang] เก้าอี้นวมที่นั่งในเวลากลางวันและเป็นเตียงเวลากลางคืน [kao ii nuam thii nang nai we la klang wan lae pen tiang we la klang khuen] *n* sofa bed; เตียงเดี่ยว [tiang diao] *n* single bed; เตียงสำหรับเด็ก [tiang sam rap dek] *n* cot; เตียงไม่สบาย [tiang mai sa bai] The bed is uncomfortable

เตือน [tuean] *v* alert, remind, warn; สิ่งเตือนความหลัง [sing tuean khwam lang] *n* reminder; การเตือน [kan tuean] *n* warning; การเตือนล่วงหน้า [kan tuean luang na] *n* premonition

เตือนภัย [tuean phai] เครื่องสัญญาณเตือนภัย [khrueang san yan tuean phai] *n* smoke alarm; สัญญาณเตือนภัยปลอม [san yan tuean phai plom] *n* false alarm

แต่ [tae] *conj* but

แตก [taek] เรือแตก [ruea taek] *n* shipwreck; เศษเล็ก ๆ ที่แตกออก [set lek lek thii taek ok] *n* splinter; แตกหัก [taek hak] *adj* broke, broken; ฉันทำหน้าต่างแตก [chan tham na tang taek] I've broken the window

แตกต่าง [taek tang] ความแตกต่าง [khwam taek tang] *n* contrast, difference; จำแนกความแตกต่าง [cham naek khwam taek tang] *v* distinguish

แตกแยก [taek yaek] *v* break up

แตกร้าว [taek rao] *vi* crack

แต่ก่อน [tae kon] *adv* previously

แตงกวา [taeng kwa] *n* cucumber

แต่งกาย [taeng kai] เครื่องแต่งกาย [khrueang taeng kai] *n* costume

แต่งงาน [taeng ngan] *v* marry; แหวนแต่งงาน [waen taeng ngan] *n* wedding ring; แต่งงานใหม่ [taeng ngan mai] *v* remarry; ไม่แต่งงาน [mai taeng ngan] *adj* unmarried; ฉันแต่งงานแล้ว [chan taeng ngan laeo] I'm married

แต่งตั้ง [taeng tang] *v* appoint; การแต่งตั้ง [kan taeng tang] *n* appointment

แต่งตัว [taeng tau] แต่งตัวอย่างสวยงาม [taeng tua yang suai ngam] *v* dress up; โต๊ะแต่งตัว [to taeng tua] *n* dressing table; ได้แต่งตัวแล้ว [dai taeng tua laeo] *adj* dressed

แตงโม [taeng mo] *n* watermelon

แตน [taen] ตัวแตน ตัวต่อ [tua taen, tua

to] *n* wasp
แต้มต่อ [taem to] แต้มต่อของคุณเท่าไร? [taem to khong khun thao rai] What's your handicap?; แต้มต่อของฉันคือ... [taem to khong chan khue...] My handicap is...
แตร [trae] *n* trumpet; แตรทองเหลืองรูปร่างโค้งงอ [trae thong lueang rup rang khong ngo] *n* French horn; แตรทองเหลืองขนาดเล็ก [trae thong lueang kha nat lek] *n* cornet; แตรยาว [trae yao] *n* trombone
แต่ละ [tae la] *adj* each ▷ *pron* each
แตะพื้น [tae phuen] การบินลงแตะพื้น [kan bin long tae phuen] *n* touchdown
โต [to] ใหญ่โต [yai to] *adj* huge, massive; ยังไม่โตเต็มที่ [yang mai to tem thii] *adj* premature
โต้เถียง [to thiang] *v* argue; การโต้เถียง [kan to thiang] *n* argument
โต้แย้ง [to yaeng] ไม่อาจจะโต้แย้งได้ [mai at ja to yaeng dai] *adj* undisputed; ซึ่งก่อให้เกิดการโต้แย้ง [sueng ko hai koet kan to yaeng] *adj* controversial
โต้วาที [to wa thi] *v* debate; การโต้วาที [kan to wa tii] *n* debate
โต๊ะ [to] *n* desk, table *(furniture)*; โต๊ะแต่งตัว [to taeng tua] *n* dressing table; โต๊ะสอบถาม [to sop tham] *n* enquiry desk; โต๊ะกาแฟ [to ka fae] *n* coffee table; ขอโต๊ะสำหรับสี่คน [kho to sam rap si kon] A table for four people, please
ใต้ [tai] ในทางภาคใต้ [nai thang phak tai] *adj* southern; ข้างใต้ [khang tai] *prep* underneath; ขั้วโลกใต้ [khua lok tai] *n* South Pole
ใต้ดิน [tai din] *adv* underground; ชั้นใต้ดิน [chan tai din] *n* underground
ใต้น้ำ [tai nam] *adv* underwater
ไต [tai] *n* kidney
ไต่ [tai] ฉันอยากไปไต่ลงเขาโดยใช้เชือก [chan yak pai tai long khao doi chai chueak] I'd like to go abseiling
ไต่เขา [tai khao] การไต่เขา [kan tai khao] *n* mountaineering, rock climbing; ขึ้นม้า ไต่เขา [khuen ma, tai khao] *v* mount; นักไต่เขา [nak tai khao] *n* mountaineer
ไต่ถาม [tai tham] *v* inquire, question
ไตร่ตรอง [trai trong] แก้ปัญหาหรือวางแผนโดยการคิดไตร่ตรอง [kae pan ha rue wang phaen doi kan kit trai trong] *v* work out
ไต่สวน [tai suan] การไต่สวน [kan tai suan] *n* enquiry
ไต้หวัน [tai hwan] ชาวไต้หวัน [chao tai wan] *n* Taiwanese; ที่เกี่ยวกับประเทศไต้หวัน [thii kiao kap pra tet tai wan] *adj* Taiwanese; ประเทศไต้หวัน [pra tet tai wan] *n* Taiwan

ถ

ถนน [tha non] *n* road, street; แผนที่ถนน [phaen thii tha non] *n* street map, street plan; ไฟถนน [fai tha non] *n* streetlamp; ขอบถนน [kop tha non] *n* kerb; คุณมีแผนที่ถนนของบริเวณนี้ไหม? [khun mii phaen thii tha non khong bo ri wen nii mai] Do you have a road map of this area?
ถนัด [tha nat] ถนัดมือซ้าย [tha nat mue sai] *adj* left-handed
ถ่มน้ำลาย [thom nam lai] *v* spit
ถล่ม [tha lom] แผ่นดินถล่ม [phaen din tha lom] *n* landslide
ถลา [tha la] ถลาไปอย่างรวดเร็ว [tha la pai yang ruat reo] *vi* dash; ทำให้ลื่นถลา [tham hai luen tha la] *v* slide
ถ้วย [tuai] *n* cup; ถ้วยใส่ไข่ [thuai sai khai] *n* eggcup; ถ้วยใหญ่มีหู [thuai yai mii hu] *n* mug; ถ้วยชา [thuai cha] *n* teacup; ขอกาแฟให้พวกเราอีกถ้วยได้ไหม? [kho ka fae hai phuak rao ik thuai dai mai] Could we have another cup of coffee, please?
ถ้วยรางวัล [thuai rang wan] *n* trophy
ถอด [thot] *v* take off; ถอดเสื้อผ้า [thot suea pha] *v* undress; ถอดปลั๊ก [thot pluk] *v* unplug
ถอน [thon] ถอนเงินเกิน [thon ngoen koen] *adj* overdrawn; ถอนคืน [thon khuen] *v* withdraw; ถอนตำแหน่ง [thon tam naeng] *n* withdrawal
ถอนหายใจ [thon hai chai] *v* sigh; การถอนหายใจ [kan thon hai jai] *n* sigh
ถ่อมตัว [thom tua] *adj* humble, modest
ถอยกลับ [thoi klap] *v* reverse
ถอยหลัง [thoi lang] *adv* backwards ▷ *v* back
ถัก [thak] *vt* knit; เข็มถัก [khem thak] *n* knitting needle; การถัก [kan thak] *n* knitting; การถักโครเชต์ [kan thak kro chae] *v* crochet
ถักร้อย [thak roi] เย็บปักถักร้อย [yep pak thak roi] *v* embroider
ถัง [thang] *n* bucket, pail; ถังใส่ขยะ [thang sai kha ya] *n* litter bin; ถังใส่ของเหลว [thang sai khong leo] *n* barrel; ถังขนาดใหญ่บรรจุน้ำหรือก๊าซ [thang kha naat yai ban chu nam rue kas] *n* tank *(large container)*
ถัดไป [that pai] *adj* following
ถั่ว [thua] *n* bean, nut *(food)*; เนยผสมถั่วลิสงบด [noei pha som thua li song bod] *n* peanut butter; การแพ้ถั่ว [kan phae thua] *n* nut allergy; ถั่วเฮเซลนัท [thua he sel nat] *n* hazelnut; คุณทำอาหารที่ไม่มีถั่วได้ไหม? [khun tham a han thii mai mii thua dai mai] Could you prepare a meal without nuts?
ถั่วลิสง [thua li song] ฉันแพ้ถั่วลิสง [chan pae thua li song] I'm allergic to peanuts; นั่นมีถั่วลิสงไหม? [nan mii thua li song mai] Does that contain peanuts?
ถั่วเหลือง [thua lueang] *n* soya
ถ้า [tha] *conj* if; ถ้าไม่ [tha mai] *conj* unless
ถาด [that] *n* tray
ถ่าน [than] *n* charcoal
ถ่านหิน [than hin] *n* coal; เหมืองถ่านหิน [mueang than hin] *n* colliery; ถ่านหิน

เลน [than hin len] *n* peat
ถาม [tham] *v* ask; ถามคำถาม [tham kham tham] *v* enquire
ถ่าย [thai] การถ่ายเลือด [kan thai luead] *n* blood transfusion; ถ่ายสินค้า [thai sin ka] *v* unload
ถ่ายทอด [thai thot] การถ่ายทอด [kan thai thot] *n* relay
ถ่ายเท [thai the] อากาศไม่ถ่ายเท [a kaat mai thai the] *adj* stuffy
ถ่ายภาพ [thai phap] *v* photograph; การถ่ายภาพ [kan thai phap] *n* photography; การถ่ายภาพอย่างรวดเร็ว [kan thai phap yang ruad reo] *n* snapshot; ช่างถ่ายภาพ [chang thai phap] *n* photographer
ถ่ายรูป [thai rup] คุณช่วยถ่ายรูปให้เราได้ไหม? [khun chuai thai rup hai rao dai mai] Would you take a picture of us, please?; ถ่ายรูปที่นี่ได้ไหม? [thai rup thii ni dai mai] Is it OK to take pictures here?
ถ่ายเลือด [thai lueat] การถ่ายเลือด [kan thai luead] *n* transfusion
ถ่ายสำเนา [thai sam nao] *v* copy; การถ่ายสำเนา [kan thai sam nao] *n* photocopy
ถ่ายหนัง [thai nang] ถ่ายหนังที่นี่ได้ไหม? [thai nang thii ni dai mai] Can I film here?
ถ่ายเอกสาร [thai ek ka san] เครื่องถ่ายเอกสาร [khrueang thai ek ka san] *n* photocopier; คุณถ่ายเอกสารนี้ให้ฉันได้ไหม? [khun thai ek ka san nii hai chan dai mai] Can you copy this for me?; ฉันจะถ่ายเอกสารได้ที่ไหน? [chan ja thai ek ka san dai thii nai] Where can I get some photocopying done?
ถาวร [tha won] *adj* permanent; อย่างถาวร [yang tha won] *adv* permanently
ถ้ำ [tham] *n* cave
ถี่ [thi] ความถี่ [khwam thi] *n* frequency
ถี่ถ้วน [thi thuan] ละเอียดถี่ถ้วน [la iat thi thuan] *adj* thorough
ถึง [thueng] *prep* to; ไปถึง [pai thueng] *prep* reach; มาถึง [ma thueng] *v* arrive; การมาถึง [kan ma thueng] *n* arrival; เราจะถึงที่...เวลาอะไร? [rao ja thueng thii... we la a rai] What time do we get to...?
ถึงแม้ว่า [thueng mae wa] *conj* although, though
ถือ [thue] *vt* hold; คุณช่วยถือนี่ให้ฉันได้ไหม? [khun chuai thue nii hai chan dai mai] Could you hold this for me?
ถือตัว [thue tua] หยิ่งแบบถือตัว [ying baep thue tua] *adj* vain
ถือศีลอด [thue sin ot] เดือนถือศีลอดของชาวมุสลิม [duean thue sin ot khong chao mus sa lim] *n* Ramadan
ถุง [thung] กระเป๋า ถุง [kra pao, thung] *n* bag; ถุงเงิน [thung ngoen] *n* purse; ถุงใส่ของ [thung sai khong] *n* carrier bag, shopping bag; ฉันไม่ต้องการถุง ขอบคุณ [chan mai tong kan thung kop khun] I don't need a bag, thanks
ถุงเท้า [thung thao] *n* sock
ถุงน่อง [thung nong] *n* stocking ▷ *npl* tights
ถุงนอน [thung non] *n* sleeping bag
ถุงน้ำ [thung nam] ถุงน้ำที่เกิดในร่างกายคนหรือสัตว์ [thung nam thii koet nai rang kai khon rue sat] *n* cyst
ถุงน้ำดี [thung nam di] *n* gall bladder
ถุงมือ [thung mue] *n* glove; ถุงมือแบบมีสี่นิ้วรวมกันแต่นิ้วโป้งแยกออก [thung mue baep mii si nio ruam kan tae nio pong yaek ok] *n* mitten; ถุงมือจับภาชนะร้อนจากเตาอบ [thung mue chap pha cha na ron chak tao op] *n* oven glove; ถุงมือยาง [thung mue yang] *npl* rubber gloves
ถุงยาง [thung yang] ถุงยางอนามัย [thung yang a na mai] *n* condom
ถู [thu] *v* rub; เช็ดทำความสะอาดด้วยไม้ถูพื้น [chet tham khwam sa at duai mai thu phuen] *v* mop up; ถูทำความสะอาดอย่างแรง [thu tham khwam sa aat yang raeng] *v* scrub
ถูก [thuk] ซึ่งมีราคาถูกและไม่ใช่ช่วงที่นิยม

[sueng mii ra kha thuk lae mai chai chuang thii ni yom] *adv* off-peak; อย่างถูก [yang thuk] *adj* cheap; มีตั๋วรถไฟราคาถูกไหม? [mii tua rot fai ra kha thuk mai] Are there any cheap train fares?

ถูกต้อง [tuk tong] *adj* correct, perfect, right *(correct)*; ไม่ถูกต้อง [mai thuk tong] *adj* incorrect; ถูกต้องแม่นยำ [thuk tong maen yam] *adj* exact; อย่างไม่ถูกต้อง [yang mai thuk tong] *adj* wrong; ชานชาลานี้ที่ถูกต้องไหมสำหรับรถไฟที่จะไป...? [chaan cha la nii thii thuk tong mai sam rap rot fai thii ja pai...] Is this the right platform for the train to...?

แถบ [thaep] แถบ เส้น ริ้ว [thaep, sen, rio] *n* bar *(strip)*; โซน แถบ เขต [son, thaep, khet] *n* zone; ซึ่งเป็นแถบ [sueng pen thaep] *adj* striped

แถบผ้า [thaep pha] แถบผ้าคล้องคอสำหรับแขวนมือหรือแขนที่บาดเจ็บ [thaep pha khlong kho sam rap khwaen mue rue khaen thii bat chep] *n* sling

แถบสี [thaep si] *n* stripe

แถลง [tha laeng] แถลงข้อความต่อสาธารณะชน [tha laeng kho khwam to sa tha ra na chon] *v* issue; คุณมีสำนักงานแถลงข่าวไหม? [khun mii sam nak ngan tha laeng khao mai] Do you have a press office?

แถลงการณ์ [tha laeng kan] *n* statement

แถลงข่าว [tha laeng khao] การแถลงข่าว [kan tha laeng khao] *n* press conference

แถว [thaeo] *n* queue, rank *(line)*, row *(line)*; จัดแถว [chat thaeo] *v* rank; นี่เป็นตอนท้ายของแถวใช่ไหม? [ni pen ton thai khong thaeo chai mai] Is this the end of the queue?

โถง [thong] ห้องโถง [hong thong] *n* hall; ทางเดินห้องโถง [thang doen hong thong] *n* hallway

ไถ [thai] *vt* plough; การไถ [kan thai] *n* plough

ไถ่ตัว [thai tua] ค่าไถ่ตัว [kha thai tua] *n* ransom

ไถล [tha lai] ลื่นไถล [luen tha lai] *adj* slippery; ลื่นไถลไป [luen tha lai pai] *vi* slip; การลื่นไถล [kan luen tha lai] *n* slide

ท

ทดลอง [thot long] ระยะเวลาทดลอง [ra ya we la thot long] *n* trial period; ห้องทดลองทางวิทยาศาสตร์ [hong thot long thang wit tha ya sart] *n* laboratory; หลอดทดลอง [lot thot long] *n* test tube; ฉันขอทดลองได้ไหม? [chan kho thot long dai mai] Can I test it, please?
ทดสอบ [thot sop] *v* test; การทดสอบ [kan thot sob] *n* test; การทดสอบการแสดง [kan thot sop kan sa daeng] *n* audition
ทน [thon] *v* bear; ซึ่งไม่สามารถทนได้ [sueng mai sa maat thon dai] *adj* unbearable; ซึ่งทนไม่ได้ [sueng thon mai dai] *adj* intolerant
ทนทาน [thon than] ที่ทนทาน [thii thon than] *adj* tough
ทนาย [tha nai] ทนาย นิติกร [tha nai, ni ti kon] *n* attorney
ทนายความ [tha nai khwam] *n* lawyer, solicitor
ทบทวน [thop thuan] *v* revise; การทบทวน [kan thop thuan] *n* revision
ทแยงมุม [tha yaeng mum] *adj* diagonal
ทรง [song] ทรงผม [song phom] *n* hairdo, hairstyle
ทรงเกียรติ [song kiat] ความทรงเกียรติ [khwam song kiat] *n* glory
ทรงผม [song phom] ทรงผมหางม้าของเด็กผู้หญิง [song phom hang ma khong dek phu ying] *n* ponytail; ทรงผมของผู้ชายที่สั้นมาก [song phom khong phu chai thii san mak] *n* crew cut
ทรมาน [to ra man] *v* torture; การทรมาน [kan tho ra man] *v* torture; ความทรมาน [khwam tho ra man] *n* agony; ทนทุกข์ทรมาน [thon thuk tho ra man] *v* suffer
ทรยศ [tho ra yot] *v* betray
ทรหด [tho ra hot] ความทรหดอดทน ความแข็งแกร่งที่ยืนหยัดอยู่ได้นาน [khwam tho ra hot ot thon, khwam khaeng kraeng thii yuen yat yu dai nan] *n* stamina
ทรัพย์สมบัติ [sap som bat] *n* property; ทรัพย์สมบัติมากมาย [sap som bat mak mai] *n* fortune; ทรัพย์สมบัติส่วนตัว [sap som bat suan tua] *n* private property
ทรัพย์สิน [sap sin] ทรัพย์สินที่ดิน [sap sin thii din] *n* estate
ทรัพยากร [pha ya kon] *n* resource; ทรัพยากรธรรมชาติ [sap pha ya kon tham ma chaat] *npl* natural resources
ทราบ [sap] ฉันไม่ทราบ [chan mai sap] I don't know
ทราย [sai] *n* sand; หลุมทราย [lum sai] *n* sandpit; หินทราย [hin sai] *n* sandstone; กรวดทราย [kraut sai] *n* grit
ทรินิแดด [thri ni daet] สาธารณรัฐทรินิแดดและโทบาโก [sa tha ra na rat thri ni daet lae tho ba ko] *n* Trinidad and Tobago
ทฤษฎี [thrit sa di] *n* theory
ทวด [thuat] *n* great-grandfather, great-grandmother
ทวนเข็ม [thuan khem] ที่ทวนเข็มนาฬิกา [thii thuan khem na li ka] *adv* anticlockwise
ท่วม [thuam] *vt* flood
ท่วมท้น [thuam thon] ทำให้ท่วมท้นด้วยความรู้สึก ที่เสียหาย [tham hai thuam thon duai khwam ru suk thii sia hai] *adj* devastated

ทวีป [tha wip] *n* continent; ทวีปเอเชีย [tha wip e chia] *n* Asia; ทวีปยุโรป [tha wip yu rop] *n* Europe; ทวีปอเมริกาใต้ [tha wip a me ri ka tai] *n* South America
ทศนิยม [thot sa ni yom] เลขทศนิยม [lek thot sa ni yom] *adj* decimal
ทศวรรษ [thot sa wat] *n* decade
ทหาร [tha han] *n* soldier; สตรีที่รับราชการทหาร [sa tree thii rap rat cha kan tha han] *n* servicewoman; กองทหาร [kong tha haan] *npl* regiment, troops; กองทหารราบ [kong tha haan raap] *n* infantry
ท่อ [tho] *n* pipe; ท่อระบายน้ำ [tho ra bai nam] *n* drain, drainpipe; ท่อช่วยหายใจในน้ำ [tho chuai hai jai nai nam] *n* snorkel; ท่อประปา [tho pra pa] *n* plumbing
ทอง [thong] *n* gold; เหมือนทอง [muean thong] *adj* golden; เคลือบทอง [khlueap thong] *adj* gold-plated; เป็นสีทอง [pen sii thong] *adj* blonde
ท้อง [thong] *n* abdomen, belly, stomach, tummy; การตั้งท้อง [kan tang thong] *n* pregnancy; ช่องท้อง [chong thong] *adj* coeliac; ปวดท้อง [puat thong] *n* stomachache
ทองคำขาว [thong kham khao] *n* platinum
ท่องจำ [thong cham] *v* memorize
ทองแดง [thong daeng] *n* copper
ท้องถิ่น [thong thin] ประจำท้องถิ่น [pra cham thong thin] *adj* local; ภาษาท้องถิ่น [pha sa thong thin] *n* dialect; เราอยากเห็นพืชของท้องถิ่น [rao yak hen phuet khong thong thin] We'd like to see local plants and trees
ท่องเที่ยว [thong thiao] สำนักงานการท่องเที่ยว [sam nak ngan kan thong thiao] *n* tourist office; สำนักงานท่องเที่ยว [sam nak ngan thong thiao] *n* travel agency; หนังสือที่ให้ข้อมูลกับนักท่องเที่ยว [nang sue thii hai kho mun kap nak thong thiao] *n* guidebook; เที่ยวชมสถานที่และสำนักงานท่องเที่ยว [thiao chom sa than thii lae sam nak ngan thong thiao] Sightseeing and tourist office
ท้องผูก [thong phuk] *adj* constipated; ฉันท้องผูก [chan thong phuk] I'm constipated
ท้องฟ้า [thong fa] *n* sky
ท้องร่วง [thong ruang] อาการท้องร่วง [a kan thong ruang] *n* diarrhoea; ฉันท้องร่วง [chan thong ruang] I have diarrhoea
ทองเหลือง [thong lueang] *n* brass
ทอด [thot] *v* fry; ซึ่งทอดในน้ำมัน [sueng thot nai nam man] *adj* fried; ทอดอาหารที่มีน้ำมันมาก [thot a han thii mii nam man mak] *v* deep-fry
ทอดทิ้ง [thot thing] *v* leave, neglect; ถูกทอดทิ้ง [thuk thot thing] *adj* neglected
ท้อแท้ [tho thae] ท้อแท้ หงุดหงิด [tho thae, ngut ngit] *adj* frustrated
ทอน [thon] คุณมีเงินทอนสำหรับมิเตอร์จอดรถไหม? [khun mii ngen thon sam rap mi toe jot rot mai] Do you have change for the parking meter?
ท่อน้ำเสีย [tho nam sia] *n* sewer
ทอร์นาโด [tho na do] พายุทอร์นาโด [pha yu tho na do] *n* tornado
ท่อระบายน้ำ [tho ra bai nam] ท่อระบายน้ำตัน [tho ra bai nam tan] The drain is blocked
ท่อไอเสีย [tho ai sia] *n* exhaust pipe; ควันจากท่อไอเสีย [khwan chak tho ai sia] *npl* exhaust fumes; อุปกรณ์ที่ช่วยลดสารเป็นพิษในท่อไอเสีย [up pa kon thii chuai lot san pen phit nai tho ai sia] *n* catalytic converter
ทะเบียน [tha bian] สำนักทะเบียน [sam nak tha bian] *n* registry office; ป้ายทะเบียนรถ [pai tha bian rot] *n* number plate; ทะเบียนรถหมายเลข... [tha bian rot mai lek...] Registration number...
ทะเบียนสมรส [tha bian som rot] ใบทะเบียนสมรส [bai tha bian som rot] *n*

marriage certificate
ทะเยอทะยาน [tha yoe tha yan] *adj* ambitious; ความทะเยอทะยาน [khwam tha yoe tha yan] *n* ambition
ทะเล [tha le] *n* sea; ระดับน้ำทะเล [ra dap nam tha le] *n* sea level; ชายฝั่งทะเล [chai fang tha le] *n* seashore; ทะเลเหนือ [tha le nuea] *n* North Sea
ทะเลทราย [tha le sai] *n* desert; เกาะกลางทะเลทราย [ko klang tha le sai] *n* desert island; ทะเลทรายซาฮารา [tha le sai sa ha ra] *n* Sahara; บริเวณอุดมสมบูรณ์ในทะเลทราย [bo ri wen u dom som bun nai tha le sai] *n* oasis
ทะเลเมดิเตอร์เรเนียน [tha le me di toe re nian] *n* Mediterranean; เกี่ยวกับทะเลเมดิเตอร์เรเนียน [kiao kap tha le me di toe re nian] *adj* Mediterranean
ทะเลสาบ [tha le sap] *n* lake
ทะเลาะ [tha lo] *v* quarrel; ทะเลาะกัน [tha lao kan] *v* fall out; ทะเลาะกัน [tha lao kan] *v* squabble
ทะเลาะวิวาท [tha lo wi wat] *v* row *(to argue)*; การทะเลาะวิวาท [kan tha lo wi wat] *n* quarrel, row *(argument)*
ทักซิโด้ [tak si do] ชุดทักซิโด้ [chut thak si do] *n* tuxedo
ทักทาย [thak thai] *v* greet; คำทักทาย [kham thak thai] *n* greeting
ทั้งสอง [thang song] *pron* both; ไม่ใช่ทั้งสอง [mai chai thang song] *conj* neither
ทั้งหมด [thang mot] *adj* all, complete, entire, whole ▷ *adv* altogether, overall; โดยทั้งหมด [doi thang mot] *adv* entirely; จำนวนทั้งหมด [cham nuan thang mot] *n* a lot; อย่างทั้งหมด [yang thang mot] *adv* completely; ขอทั้งหมด [kho thang mot] All together, please
ทัณฑ์บน [than bon] การพ้นโทษอย่างมีเงื่อนไขหรือทำทัณฑ์บนไว้ [kan phon thot yang mii nguean khai rue tham than bon wai] *n* parole
ทันที [than thi] *adj* immediate; โดยทันที [doi than thi] *adv* immediately; ซึ่งกระทำเองโดยทันที [sueng kra tham eng doi than thi] *adj* spontaneous; ทันทีทันใด [than thii than dai] *adj* abrupt, instant, sudden
ทันสมัย [than sa mai] *adj* contemporary, cool *(stylish)*, fashionable, up-to-date; ไม่ทันสมัย [mai than sa mai] *adj* unfashionable; ทำให้ทันสมัย [tham hai tan sa mai] *v* modernize, update
ทับ [thap] *n* forward slash
ทับทิม [thap thip] ผลทับทิม [phon thap thim] *n* pomegranate
ทัพพี [thap phi] *n* ladle
ทั่วไป [thua pai] โดยทั่วไป [doi thua pai] *adv* general, generally; ไม่เป็นไปตามกฎทั่วไป [mai pen pai tam kot thua pai] *adj* unconventional; พูดคลุมทั่ว ๆ ไป [phut khlum thua thua pai] *v* generalize
ทัวร์ [tua] กรุ๊ปทัวร์ [krup thua] *n* guided tour; ทัวร์ที่จัดแบบครบวงจร [thua thii chat baep khrop wong chon] *n* package tour; มีทัวร์เที่ยวชมสถานที่ในเมืองไหม? [mii thua thiao chom sa than thii nai mueang mai] Are there any sightseeing tours of the town?
ทัศนคติ [that sa na kha ti] *n* outlook, perspective, standpoint, viewpoint; ทัศนคติ ความเห็น [that sa na kha ti, khwam hen] *n* attitude
ทัศนวิสัย [that sa na wi sai] *n* visibility
ทัศนียภาพ [that sa ni ya phap] ทัศนียภาพที่อยู่ใกล้ที่สุด [that sa nii ya phap thii yu klai thii sut] *n* foreground
ทัสเมเนีย [tas me nia] รัฐทัสเมเนียในประเทศออสเตรเลีย [rat tas me nia nai pra tet os tre lia] *n* Tasmania
ทา [tha] ทาให้ขาว [tha hai khao] *v* whitewash
ท่า [tha] ท่าจอดเรือ [tha jot ruea] *n* marina
ทาก [thak] ตัวทากกินใบไม้ [tua thak kin bai mai] *n* slug

ทาง [thang] ไหล่ทาง [lai thang] *n* hard shoulder; ไปทาง [pai thang] *prep* towards; ครึ่งทาง [khrueng thang] *adv* halfway; เธอไม่ได้ให้ทาง [thoe mai dai hai thang] She didn't give way

ทางการ [thang kan] ไม่เป็นทางการ [mai pen thang kan] *adj* unofficial; ความเป็นทางการ [khwam pen thang kan] *n* formality

ทางข้าม [thang kham] ทางข้ามไฟที่มีสัญญานโดยผู้ข้ามเป็นผู้กดปุ่ม [thang kham fai thii mii san yan doi phu kham pen phu kot pum] *n* pelican crossing

ทางเข้า [thang khao] *n* entrance, way in; ทางเข้าที่มีแกนหมุนให้ผ่านได้ทีละคน [thang khao thii mii kaen mun hai phan dai thi la khon] *n* turnstile

ทางเข้าออก [thang khao ok] คุณจัดให้มีทางเข้าออกสำหรับคนพิการไหม? [khun chat hai mii thang khao ok sam rap khon phi kan mai] Do you provide access for the disabled?; ทางที่เข้าออกได้ของเก้าอี้คนพิการอยู่ที่ไหน? [thang thii khao ok dai khong kao ii khon phi kan yu thii nai] Where is the wheelchair-accessible entrance?

ทางชัน [thang chan] ปีนขึ้นทางชันครั้งสุดท้ายเมื่อไร? [pin khuen thang chan khrang sut thai muea rai] When is the last ascent?

ทางเดิน [thang doen] *n* footpath, passage *(route)*, path; ทางเดินเลียบชายทะเลที่สถานพักผ่อนชายทะเล [thang doen liap chai tha le thii sa than phak phon chai tha le] *n* promenade; ทางเดินเท้า [thang doen thao] *n* pavement, walkway; ทางเดินระหว่างที่นั่ง [thang doen ra wang thii nang] *n* aisle; ทางเดินนี้จะพาไปที่ไหน? [thang doen nii ja pha pai thii nai] Where does this path lead?

ทางม้าลาย [thang ma lai] *n* zebra crossing

ทางแยก [thang yaek] *n* joint *(junction)*, junction; ทางแยกจากถนนใหญ่ [thang yaek chak tha non yai] *n* side street; เลี้ยวขวาที่ทางแยก [liao khwa thii thang yaek] Go right at the next junction; รถอยู่ที่ทางแยกหมายเลข... [rot yu thii thang yaek mai lek...] The car is near junction number...

ทางลัด [thang lat] *n* shortcut

ทางลาด [thang lat (thang laat)] *n* ramp

ทางเลือก [thang lueak] *n* alternative; ซึ่งเป็นทางเลือก [sueng pen thang lueak] *adj* optional

ทางหลวง [thang luang] *n* motorway; ถนนเชื่อมทางหลวง [tha non chueam thang luang] *n* slip road; มีด่านเก็บทางบนทางหลวงนี้ไหม? [mii dan kep thang bon thang luang nii mai] Is there a toll on this motorway?; รถติดมากบนทางหลวงหรือเปล่า? [rot tit mak bon thang luang rue plao] Is the traffic heavy on the motorway?

ทางออก [thang ok] *n* exit, way out; ทางออกฉุกเฉิน [thang ok chuk choen] *n* emergency exit; ทางออกทางไหนสำหรับ...? [thang ok thang nai sam rap...] Which exit for...?; ทางออกอยู่ที่ไหน? [thang ok yu thii nai] Where is the exit?

ทาเจคกิสถาน [tha chek ki sa than] ประเทศทาเจคกิสถาน [pra tet tha chek ki sa than] *n* Tajikistan

ท่าทาง [tha thang] *n* gesture; ลักษณะท่าทาง [lak sa na tha thang] *n* manner

ท้าทาย [tha thai] *v* challenge; การท้าทาย [kan tha thai] *n* challenge; ที่ท้าทาย [thii tha thai] *adj* challenging

ทาน [than] คุณทานอาหารหรือยัง? [khun than a han rue yang] Have you eaten?; คุณอยากทานอะไร? [khun yak than a rai] What would you like to eat?

ท่าน [than] *pron* you *(singular polite)*; ตัวท่านเอง [tua than eng] *pron* yourself *(polite)*

ทานตะวัน [than ta wan] ดอกทานตะวัน [dok than ta wan] *n* sunflower
ท่ามกลาง [tham klang] *prep* among
ท้ายที่สุด [thai thi sut] *adv* ultimately
ทายาท [tha yat] *n* heir; ทายาทหญิง [tha yat ying] *n* heiress
ทารก [tha rok] เด็กทารก [dek tha rok] *n* baby; ทารกในครรภ์ [tha rok nai khan] *n* foetus
ทารุณ [tha run] การกระทำทารุณต่อเด็ก [kan kra tham tha run to dek] *n* child abuse
ท่าเรือ [tha rue] *n* harbour, jetty, port *(ships)*, quay
ทาส [that] *n* slave
ทาสี [tha si] *vt* paint
ทำ [tham] *v* make, do; ตัวย่อของทำด้วยตัวเอง [tua yo khong tham duai tua eng] *abbr* DIY; ที่สั่งทำ [thii sang tham] *adj* customized; ที่ทำเองในครอบครัว [thii tham eng nai khrop khrua] *adj* home-made; มีอะไรทำบ้างที่นั่น? [mii a rai tham bang thii nan] What is there to do here?; คุณทำอะไร? [khun tham a rai] What do you do?; คุณทำอะไรเย็นนี้? [khun tham a rai yen nii] What are you doing this evening?
ทำความสะอาด [tham khwam sa ad] *vt* clean; ทำความสะอาดจนหมด [tham khwam sa aat chon mot] *v* clear up; ทำความสะอาดบ้านทั่วทั้งหลัง [tham khwam sa aat baan thua thang lang] *n* spring-cleaning
ทำงาน [tham ngan] *v* work; ใบอนุญาตให้ทำงาน [bai a nu yat hai tham ngan] *n* work permit; ไม่ทำงาน [mai tham ngan] *adv* off; สถานที่ทำงาน [sa than thii tham ngan] *n* work station, workplace, workstation; เครื่องขายตั๋วทำงานอย่างไร? [khrueang khai tua tham ngan yang rai] How does the ticket machine work?
ทำแท้ง [tham thaeng] การทำแท้ง [kan tham thang] *n* abortion
ทำนอง [tham nong] *n* tune
ทำนาย [tham nai] *v* predict; ทำนายไม่ได้ [tham nai mai dai] *adj* unpredictable; พอที่จะทำนายได้ [pho thii ja tham nai dai] *adj* predictable
ทำผิด [tham phit] *v* mistake; การทำผิดเพราะสะเพร่า [kan tham phit phro sa phrao] *n* blunder
ทำไม [tham mai] *adv* why
ทำร้าย [tham rai] การทำร้าย [kan tham rai] *v* damage; การทำร้ายเพื่อปล้นทรัพย์ [kan tham rai phuea plon sab] *n* mugging; ทำร้ายเพื่อชิงทรัพย์ [tham rai phuea ching sap] *v* mug; ฉันถูกทำร้าย [chan thuk tham rai] I've been attacked
ทำลาย [tham lai] *v* destroy, sack; สิ่งที่ถูกทำลายอย่างเสียหายยับเยิน [sing thii thuk tham lai yang sia hai yap yoen] *n* wreck; การทำลาย [kan tham lai] *n* destruction; การทำลายทรัพย์สิน [kan tham lai sap sin] *n* vandalism
ทำให้ดีขึ้น [tha hai di khuen] *v* improve
ทำอาหาร [tham a han] *v* cook; คุณทำอาหารจานนี้อย่างไร? [khun tham a han chan nii yang rai] How do you cook this dish?
ทิ้ง [thing] *v* ditch, dump; โยนทิ้ง [yon thing] *v* throw away; ซึ่งออกแบบมาให้ใช้แล้วทิ้ง [sueng ok baep ma hai chai laeo thing] *adj* disposable
ทิป [thip] เป็นเรื่องปรกติไหมถ้าจะให้เงินทิป? [pen rueang prok ka ti mai tha ja hai ngoen thip] Is it usual to give a tip?; ฉันควรให้เงินทิปเท่าไร? [chan khuan hai ngoen thip thao rai] How much should I give as a tip?
ทิวเขา [thio khao] *n* range *(mountains)*
ทิวทัศน์ [thio that] *n* scenery
ทิวลิป [thio lip] ดอกทิวลิป [dok thio lip] *n* tulip
ทิศ [thit] ทิศตะวันออก [thit ta wan ok] *n* east
ทิศทาง [thit thang] *n* direction; ทิศทาง

ต่าง ๆ [thit thang tang tang] *npl* directions; คุณวาดแผนที่บอกทิศทางให้ฉันได้ไหม? [khun wat phaen thii bok thit thang hai chan dai mai] Can you draw me a map with directions?
ทิศเหนือ [thit nuea] *n* north
ที่ [thi] *prep* at; ในที่ซึ่ง [nai thii sueng] *conj* where; ที่เก็บขนมปัง [thii kep kha nom pang] *n* bread bin; ที่เก็บน้ำ [thii kep nam] *n* reservoir; ที่ที่คนทำงาน [thii thii khon tham ngan] *n* workspace; ที่ว่างเหนือศีรษะ [thii wang nuea si sa] *n* headroom
ที่เก็บ [thi kep] *n* storage
ที่เขี่ยบุหรี่ [thi khia bu ri] ฉันขอที่เขี่ยบุหรี่ได้ไหม? [chan kho thii khia bu ri dai mai] May I have an ashtray?
ที่คั่น [thi khan] ที่คั่นหนังสือ [thii khan nang sue] *n* bookmark
ที่จอดรถ [thi chot rot] *n* parking
ที่จับ [thi chap] ที่จับหลุดออกมา [thii chap lut ok ma] The handle has come off; ที่จับประตูหลุดออกมา [thii chap pra tu lut ok ma] The door handle has come off
ที่ดิน [thi din] *n* land, plot *(piece of land)*; คนที่ทำงานเกี่ยวกับขายบ้านและที่ดิน [khon thii tham ngan kiao kap khai baan lae thii din] *n* estate agent; ที่ดินและสิ่งปลูกสร้าง [thii din lae sing pluk sang] *npl* premises; ทรัพย์สินที่ดิน [sap sin thii din] *n* estate
ที่ใดที่หนึ่ง [thi dai thi nueng] *adv* somewhere
ที่ทำงาน [thi tham ngan] ฉันจะไปที่ทำงานคุณได้อย่างไร? [chan ja pai thii tham ngan khun dai yang rai] How do I get to your office?
ที่นอน [thi non] *n* mattress; ที่นอนเด็กที่หิ้วไปไหน ๆ ได้ [thii non dek thii hio pai nai nai dai] *n* carrycot; ที่นอนในเรือ [thii non nai ruea] *n* bunk; ที่นอนในเรือหรือรถไฟ [thii non nai ruea rue rot fai] *n* berth
ที่นั่ง [thi nang] ที่นั่งใกล้หน้าต่าง [thii nang klai na tang] *n* window seat; ที่นั่งในรัฐสภา [thii nang nai rat tha sa pha] *n* seat *(constituency)*; ที่นั่งมีพนักพิงและที่วางแขน [thii nang mii pha nak phing lae thii wang khaen] *n* settee; เราขอที่นั่งด้วยกันได้ไหม? [rao kho thii nang duai kan dai mai] Can we have seats together?
ที่นั่น [thi nan] *adv* there; ฉันจะไปที่นั่นได้อย่างไร? [chan ja pai thii nan dai yang rai] How do I get there?
ที่นี่ [thi ni] *adv* here
ที่โน่น [thi non] อยู่ที่โน่น [yu thii non] It's over there
ที่ปัด [thi pat] ที่ปัดกระจก [thii pat kra chok] *n* windscreen wiper
ที่พัก [thi pak] ที่พักค้างแรมที่ให้อาหารเช้า [thii phak kang raem thii hai a han chao] *n* bed and breakfast; ที่พักที่คนซื้อและใช้ตามเวลาที่กำหนดในแต่ละปี [thii phak thii khon sue lae chai tam we la thii kam not nai tae la pi] *n* timeshare; ที่พักอาหารเช้าและเย็น [thii phak a han chao lae yen] *n* half board
ที่เย็บกระดาษ [thi yep kra dat] *n* stapler
ที่รัก [thi rak] *n* darling; ซึ่งเป็นที่รักยิ่ง [sueng pen thii rak ying] *adj* dear *(loved)*
ที่แล้ว [thi laeo] ปีที่แล้ว [pi thii laeo] last year; วันเสาร์ที่แล้ว [wan sao thii laeo] last Saturday; อาทิตย์ที่แล้ว [a thit thii laeo] last week
ที่ว่าง [thi wang] *n* space
ทีวี [thi wi] *n* telly, TV; รายการทีวีที่แสดงสภาพความเป็นจริง [rai kan thii wii thii sa daeng sa phap khwam pen ching] *n* reality TV; รายการทีวีที่มีการพูดคุยกับแขกรับเชิญ [rai kan thii wii thii mii kan phut khui kap khaek rap choen] *n* chat show; ทีวีที่มีจอภาพแบน [tii wii thii mii cho phap baen] *n* plasma TV; มีทีวีในห้องไหม? [mii thii wii nai hong mai] Does the room have a TV?
ที่สุด [thi sut] *adj* extreme ▷ *adv* most

(superlative); ในที่สุด [nai thi sut] *adv* finally; ดีที่สุด [di thii sut] *adj* best; อย่างที่สุด [yang thii sut] *adv* extremely
ทีหลัง [thi lang] เราพบกันทีหลังดีไหม? [rao phop kan thi lang di mai] Shall we meet afterwards?; ฉันจ่ายตอนนี้หรือจ่ายทีหลัง? [chan chai ton nii rue chai thii lang] Do I pay now or later?
ที่ไหน [thi nai] *adv* where; ไม่มีที่ไหน [mai mii thii nai] *adv* nowhere; ที่ไหนก็ตาม [thii nai ko tam] *adv* anywhere; เราจะไป...ได้ที่ไหน? [rao ja pai...dai thii nai] Where can you go...?
ที่อยู่ [thi yu] *n* address *(location)*, home address; คำย่อของที่อยู่ของเว็บไซต์บนอินเตอร์เน็ต [kham yo khong thii yu khong web sai bon in toe net] *n* URL; ที่อยู่ของเว็บบนระบบค้นหาและเข้าถึงข้อมูลบนอินเตอร์เน็ต [thii yu khong web bon ra bop khon ha lae khao thueng kho mun bon in toe net] *n* website; ที่อยู่ของข้อมูลที่เราจะหาได้ทางอินเตอร์เน็ต [thii yu khong kho mun thii rao ja ha dai thang in toe net] *n* web address; คุณจะช่วยเขียนที่อยู่ได้ไหม? [khun ja chuai khian thii yu dai mai] Will you write down the address, please?
ทึกทัก [thuek thak] ทึกทักเอา [thuek thak ao] *v* assume
ทึ่ง [thueng] น่าทึ่ง [na thueng] *adj* amazed
ทื่อ [thue] *adj* blunt
ทุก [thuk] *adj* every; ทุกเดือน [thuk duean] *adj* monthly; ทุกชั่วโมง [thuk chau mong] *adv* hourly; รถโดยสารวิ่งทุกยี่สิบนาที [rot doi san wing thuk yi sip na thi] The bus runs every twenty minutes
ทุกข์ [thuk] ทนทุกข์ทรมาน [thon thuk tho ra man] *v* suffer
ทุกข์ยาก [thuk yak] ความทุกข์ยาก [khwam thuk yak] *n* misery
ทุกคน [thuk khon] *pron* all, everybody, everyone
ทุกที่ [thuk thi] *adv* everywhere
ทุกวัน [thuk wan] *adj* daily
ทุกสิ่งทุกอย่าง [thuk sing thuk yang] *pron* everything
ทุกหนทุกแห่ง [thuk hon thuk haeng] *prep* throughout
ทุ่ง [thung] ทุ่งโล่ง [thung long] *n* moor
ทุ่งหญ้า [thung ya] *n* meadow
ทุจริต [thut cha rit] *adj* corrupt ▷ *v* cheat; การทุจริต [kan thut cha rit] *n* corruption; คนทุจริต [khon thut cha rit] *n* crook *(swindler)*
ทุน [thun] เงินทุน [ngoen thun] *n* grant; ทุนเล่าเรียน [thun lao rian] *n* scholarship
ทุ่น [thun] *n* buoy
ทุนนิยม [thun ni yom] ระบบทุนนิยม [ra bop thun ni yom] capitalism
ทุบ [thup] *v* thump
ทูต [thut] เกี่ยวกับการทูต [kiao kap kan thut] *adj* diplomatic; นักการทูต [nak kan thut] *n* diplomat
ทูน่า [tu na] ปลาทูน่า [pla thu na] *n* tuna
เท [the] *vt* pour
เทคโนโลยี [tek no lo yi] ทางเทคโนโลยี [thang thek no lo yii] *adj* technological
เทคโนโลยีสารสนเทศ [tek no lo yi sa ra son thet] ตัวย่อของเทคโนโลยีสารสนเทศ [tua yo khong thek no lo yii sa ra son tet] *abbr* IT
เทนนิส [then nis] *n* tennis; ไม้ตีเทนนิส [mai ti then nis] *n* tennis racket; สนามเทนนิส [sa nam then nis] *n* tennis court; ผู้เล่นเทนนิส [phu len then nis] *n* tennis player; เราอยากเล่นเทนนิส [rao yak len then nis] We'd like to play tennis
เทป [thep] เครื่องอัดเทป [khrueang at thep] *n* tape recorder; เทปใส [thep sai] *n* Sellotape®; ตลับเทป [ta lap thep] *n* cassette
เทพนิยาย [thep ni yai] นิทานเทพนิยาย [ni than thep ni yai] *n* fairytale
เทศกาล [thet sa kan] *n* festival; คืนวัน

ก่อนวันเทศกาล [khuen wan kon wan tet sa kan] *n* eve; วันเทศกาลสารภาพบาป [wan tet sa kan sa ra phap bap] *n* Shrove Tuesday
เทศนา [thet sa na] การเทศนา การให้โอวาท [kan ted sa na, kan hai o wat] *n* sermon
เทศบาล [thet sa ban] สมาชิกสภาเทศบาล [sa ma chik sa pha tet sa ban] *n* councillor; บ้านของเทศบาล [baan khong tet sa ban] *n* council house
เทศมนตรี [thet sa mon tri] นายกเทศมนตรี [na yok tet sa mon tree] *n* mayor
เทอม [thoem] *n* semester; ครึ่งเทอม [khrueng thoem] *n* half-term
เทา [thao] สีเทา [sii thao] *adj* grey; ที่มีผมสีเทา [thii mii phom sii thao] *adj* grey-haired
เทา [thao] เพิ่มเป็นสามเท่า [poem pen sam thao] *v* treble; สองเท่า [song thao] *adj* double
เท้า [thao] *n* foot ▷ *npl* feet; เท้าเปล่า [thao plao] *adv* barefoot; ส้นเท้า [son thao] *n* heel; ตาปลาบนเท้า [ta pla bon thao] *n* bunion; เท้าฉันเบอร์หก [thao chan boe hok] My feet are a size six
เท่ากัน [thao kan] ซึ่งเท่ากัน [sueng thao kan] *adj* equal; ทำคะแนนเท่ากัน [tham kha naen thao kan] *v* equalize
เท่ากับ [thao kap] *n* equivalent
เท่าเทียม [thao thiam] ความเท่าเทียม [khwam thao thiam] *n* equation; ทำให้เท่าเทียมกัน [tham hai thao thiam kan] *v* equal
เท่านั้น [thao nan] *adv* only; เพียงเท่านั้น [phiang thao nan] *adj* mere, only
เท่าไร [thao rai] รูปภาพราคาเท่าไร? [rup phap ra kha thao rai] How much do the photos cost?; ราคาเท่าไรที่จะจอดรถที่พักกลางแจ้งสำหรับสี่คน? [ra kha thao rai thii ja jot rot thii phak klang chaeng sam rap si khon] How much is it for a camper with four people?; คุณคิดค่าแลกเท่าไร? [khun kit kha laek thao rai] How much do you charge?
เที่ยงคืน [thiang khuen] *n* midnight; เวลาหลังเที่ยงคืนถึงเที่ยงวัน [we la lang thiang khuen thueng thiang wan] *abbr* a.m.; เวลาเที่ยงคืน [we la thiang khuen] at midnight
เที่ยงตรง [thiang trong] ไม่เที่ยงตรง [mai thiang trong] *adj* inaccurate
เที่ยงวัน [thiang wan] *n* midday, noon; เวลาหลังเที่ยงคืนถึงเที่ยงวัน [we la lang thiang khuen thueng thiang wan] *abbr* a.m.; เวลาเที่ยงวัน [we la thiang wan] It's twelve midday; ตอนเที่ยงวัน [ton thiang wan] at midday
เทียน [thian] *n* candle; เชิงเทียน [choeng thian] *n* candlestick
เทียม [thiam] *n* artificial
เที่ยว [thiao] การไปเที่ยวนอกบ้านและนำอาหารไปรับประทาน [kan pai thiao nok baan lae nam a han pai rap pra than] *n* picnic; ออกเที่ยวฟังความเห็น เที่ยวหาเสียง [ok thiao fang khwam hen, thiao ha siang] *v* canvass; เที่ยวให้สนุกนะ [thiao hai sa nuk na] Enjoy your holiday!
เที่ยวบิน [thiao bin] *n* flight; มีเที่ยวบินราคาถูกไหม? [mii thiao bin ra kha thuk mai] Are there any cheap flights?; ฉันตกเที่ยวบิน [chan tok thiao bin] I've missed my flight; ฉันอยากเปลี่ยนเที่ยวบินของฉัน [chan yak plian thiao bin khong chan] I'd like to change my flight
เทือกเขา [thueak khao] เทือกเขาแอลป์ [thueak khao aelp] *npl* Alps; เทือกเขาแอนดีส [thueak khao aen dis] *npl* Andes; เทือกเขาในคอเคเซีย [thueak khao nai kho khe chia] *n* Caucasus
แท้ [thae] โดยแท้จริง [doi thae ching] *adj* indeed; ของแท้ [khong thae] *adj* authentic
แท็กซี่ [taek si] รถแท็กซี่ [rot thaek si] *n* taxi; รถขับที่ใช้เป็นแท็กซี่ [rot khap thii chai pen thaek si] *n* minicab; คนขับรถแท็กซี่ [khon khap rot thaek si] *n* taxi

driver; ฉันต้องการแท็กซี่หนึ่งคัน [chan tong kan thaek si nueng khan] I need a taxi

แทง [thaeng] *v* stab ▷ *vi* stick

แท้ง [thaeng] การแท้งบุตร [kan thang but] *n* miscarriage; การทำแท้ง [kan tham thang] *n* abortion

แท้จริง [thae ching] *adj* real; โดยแท้จริง [doi thae ching] *adj* really, virtual; อย่างแท้จริง [yang thae ching] *adv* literally, truly

แทน [thaen] *v* stand for; แทนที่ [thaen thi] *v* instead; การทำหน้าที่แทน [kan tham na thii thaen] *n* replacement

แท่น [thaen] แท่นบูชา [thaen bu cha] *n* altar

แทนซาเนีย [than sa nia] เกี่ยวกับประเทศแทนซาเนีย [kiao kap pra thet thaen sa nia] *adj* Tanzanian; ชาวแทนซาเนีย [chao taen sa nia] *n* Tanzanian; ประเทศแทนซาเนีย [pra tet taen sa nia] *n* Tanzania

แทนที่ [than thi] *v* replace, substitute; คนหรือสิ่งที่เข้าแทนที่ [khon rue sing thii khao taen thii] *n* substitute

แทนที่จะ [thaen thi cha] *prep* instead of

แท่นบูชา [thaen bu cha] *n* shrine

แทรกซึม [saek suem] ผู้แทรกซึม [phu saek suem] *n* mole *(infiltrator)*

แทรกเตอร์ [thraek toe] รถแทรกเตอร์ [rot traek toe] *n* tractor; รถแทรกเตอร์เกลี่ยดิน [rot traek toe klia din] *n* bulldozer

โทโก [to ko] สาธารณรัฐโทโก [sa tha ra na rat tho ko] *n* Togo

โทนิค [tho nik] ฉันจะดื่มยินกับโทนิค [chan ja duem yin kap tho nik] I'll have a gin and tonic, please

โทบาโก [tho ba ko] สาธารณรัฐทรินิแดดและโทบาโก [sa tha ra na rat thri ni daet lae tho ba ko] *n* Trinidad and Tobago

โทร [tho] *v* phone; โทรกลับ [tho klap] *v* call back, phone back, ring back; การโทรปลุก [kan to pluk] *n* alarm call; คุณอยากโทรกลับบ้านไหม? [khun yak tho klap baan mai] Would you like to phone home?

โทรทัศน์ [tho ra that] *n* television; เครื่องโทรทัศน์วงจรปิด [khrueang tho ra tat wong chon pit] *n* monitor; โทรทัศน์สี [tho ra tat sii] *n* colour television; โทรทัศน์ดิจิตัล [tho ra tat di chi tal] *n* digital television; โทรทัศน์อยู่ที่ไหน? [tho ra tat yu thii nai] Where is the television?

โทรเลข [tho ra lek] *n* telegram; ฉันส่งโทรเลขจากที่นี่ได้ไหม? [chan song tho ra lek chak thii ni dai mai] Can I send a telegram from here?; ฉันจะส่งโทรเลขได้ที่ไหน? [chan ja song tho ra lek dai thii nai] Where can I send a telegram from?; ฉันอยากส่งโทรเลข [chan yak song tho ra lek] I want to send a telegram

โทรศัพท์ [tho ra thap] *n* phone, telephone; เสียงสายไม่ว่างของโทรศัพท์ [siang sai mai wang khong tho ra sap] *n* engaged tone; โทรศัพท์มือถือ [tho ra sap mue thue] *n* mobile phone; โทรศัพท์มือถือยี่ห้อหนึ่ง [tho ra sap mue thue yi ho nueng] *n* BlackBerry®; ฉันโทรศัพท์ไปต่างประเทศจากที่นี่ได้ไหม? [chan tho ra sap pai tang pra tet chak thii ni dai mai] Can I phone internationally from here?

โทรสาร [tho ra san] *n* fax; โทรสารคุณมีปัญหา [tho ra san khun mii pan ha] There is a problem with your fax; ฉันส่งโทรสารจากที่นี่ได้ไหม? [chan song tho ra san chak thii ni dai mai] Can I send a fax from here?; ฉันอยากส่งโทรสาร [chan yak song tho ra san] I want to send a fax

โทษ [thot] โทษทัณฑ์ทางกฎหมาย [thot than thang kot mai] *n* penalty

ไทย [thai] *adj* เกี่ยวกับประเทศไทย [kiao kap pra thet thai] *adj* Thai ▷ *n* ชาวไทย [chao thai] *n* Thai *(person)*; ประเทศไทย [pra tet thai] *n* Thailand

ธ

ธง [thong] *n* flag
ธนบัตร [tha na bat] *n* banknote, note *(banknote)*
ธนาคาร [tha na kan] *n* bank *(finance)*; เครื่องกดเงินสดจากธนาคาร [khrueang kot ngoen sot chak tha na khan] *n* cash dispenser; ค่าธรรมเนียมธนาคาร [kha tham niam tha na khan] *npl* bank charges; งบดุลธนาคาร [ngop dun tha na khan] *n* bank balance; มีธนาคารอยู่ใกล้ที่นี่ไหม? [mii tha na khan yu klai thii ni mai] Is there a bank nearby?
ธนู [tha nu] ลูกธนู [luk tha nu] *n* arrow; ราศีธนู [ra si tha nu] *n* Sagittarius; คันธนู [khan tha nu] *n* bow *(weapon)*
ธรณีวิทยา [tho ra ni wit tha ya] *n* geology
ธรรมชาติ [tham ma chat] *adj* natural ▷ *n* nature; เหนือธรรมชาติ [nuea tham ma chat] *adj* supernatural; ก๊าซธรรมชาติ [kas tham ma chat] *n* natural gas; ที่ไม่เป็นธรรมชาติ [thii mai pen tham ma chaat] *adj* strained
ธรรมดา [tham ma da] พื้นฐาน ธรรมดา [phuen than, tham ma da] *adj* basic; อย่างธรรมดา [yang tham ma da] *adj* ordinary; จะใช้เวลานานเท่าไรที่จะส่งแบบธรรมดา? [ja chai we la nan thao rai thii ja song baep tham ma da] How long will it take by normal post?
ธรรมเนียม [tham niam] ค่าธรรมเนียม [kha tham niam] *n* fee; ตามธรรมเนียมปฏิบัติ [tam tham niam pa ti bat] *adj* formal
ธัญพืช [than ya puet] อาหารที่ประกอบด้วยธัญพืชถั่วและผลไม้แห้ง [a han thii pra kop duai than ya phuet thua lae phon la mai haeng] *n* muesli
ธัญญาหาร [than ya han] อาหารเช้าที่ทำจากพืชพันธุ์ธัญญาหาร [a han chao thii tham chak phuet phan than ya han] *npl* cornflakes
ธัญพืช [tha ya phuet] ธัญพืชคล้ายข้าวสาลี [than ya phuet khlai khao sa lii] *n* rye; อาหารเช้าที่ทำจากธัญพืช [a han chao thii tham chak than ya phuet] *n* cereal
ธันวาคม [than wa khom] เดือนธันวาคม [duean than wa khom] *n* December; วันศุกร์ที่สามสิบเอ็ด ธันวาคม [wan suk thii sam sip et than wa khom] on Friday the thirty first of December
ธาตุ [that] ธาตุปรอท [that pa rot] *n* mercury; ธาตุยูเรเนียม [that u re niam] *n* uranium
ธารน้ำแข็ง [than nam khaeng] *n* glacier
ธิเบต [thi bet] ชาวธิเบต [chao thi bet] *n* Tibetan *(person)*; ประเทศธิเบต [pra tet thi bet] *n* Tibet; ภาษาธิเบต [pha sa thi bet] *n* Tibetan *(language)*
ธุรกิจ [thu ra kit] *n* business; การเดินทางไปทำธุรกิจ [kan doen thang pai tham thu ra kit] *n* business trip; ธุรกิจการบันเทิง [thu ra kit kan ban thoeng] *n* show business; นักธุรกิจชาย [nak thu ra kit chai] *n* businessman; ฉันมาทำธุรกิจที่นี่ [chan ma tham thu ra kit thii ni] I'm here on business
เธอ [thoe] *pron* her, she

นก [nok] *n* bird; ลูกไก่ ลูกนก [luk kai, luk nok] *n* chick; การดูนก [kan du nok] *n* birdwatching; นกกระสา [nok kra sa] *n* crane *(bird)*
นกกระจอกเทศ [nok kra chok thet] *n* ostrich
นกเค้าแมว [nok khao maeo] *n* owl
นกนางนวล [nok nang nuan] *n* seagull
นม [nom] *n* milk; หน้าอก นม [na ok, nom] *n* bust; นมผ่านการฆ่าเชื้อ [nom phan kan kha chuea] *n* UHT milk; ผลผลิตจากนม [phon pha lit chak nom] *n* dairy produce; คุณดื่มนมไหม? [khun duem nom mai] Do you drink milk?
นรก [na rok] *n* hell
นวด [nuat] การนวด [kan nuat] *n* massage
นวนิยาย [na wa ni yai] *n* fiction; นักแต่งนวนิยาย [nak taeng na wa ni yai] *n* novelist; นวนิยายวิทยาศาสตร์ [na wa ni yai wit tha ya saat] *n* science fiction; นวนิยายวิทยาศาสตร์เรื่องสั้น [na wa ni yai wit tha ya saat rueang san] *n* scifi
นวล [nuan] เป็นสีนวล [pen sii nuan] *adj* cream
นอก [nok] ให้อยู่ข้างนอก [hai yu khang nok] *v* keep out; ข้างนอก [khang nok] *n* out, outdoors; นอกเวลา [nok we la] *adv* part-time
นอกจาก [nok chak] *prep* apart from, except, outside
นอกจากนี้ [nak chak ni] *adv* besides
นอกเมือง [nok mueang] *adj* suburban
น้อง [nong] น้องสะใภ้หรือพี่สะใภ้ [nong sa phai rue phii sa phai] *n* sister-in-law; พี่เขยหรือน้องเขย [phi khoei rue nong khoei] *n* brother-in-law; พี่ชายหรือน้องชาย [phi chai rue nong chai] *n* brother
น้องชาย [nong chai] พี่ชายน้องชายต่างบิดา [phi chai nong chai tang bi da] *n* stepbrother
น้องสาว [nong sao] พี่สาวหรือน้องสาว [phi sao rue nong sao] *n* sister; พี่สาวน้องสาวต่างบิดา [phi sao nong sao tang bi da] *n* stepsister
นอน [non] *v* sleep; เวลานอน [we la non] *n* bedtime; นอนห้องเดียวกัน [non hong diao kan] *v* sleep together; นอนนานกว่าปรกติ [non nan kwa prok ka ti] *v* sleep in; ฉันนอนไม่หลับเพราะเสียง [chan non mai lap phro siang] I can't sleep for the noise
นอนหลับ [non lap] การนอนหลับ [kan non lap] *n* sleep; ยานอนหลับ [ya non lap] *n* sleeping pill; คุณนอนหลับดีไหม? [khun non lap di mai] Did you sleep well?
น้อย [noi] *adj* few; จำนวนน้อย [cham nuan noi] *pron* few; จำนวนน้อยที่สุด [cham nuan noi thii sut] *n* minimum; ที่พบได้น้อย [thii phop dai noi] *adj* rare *(uncommon)*
น้อยๆ [noi noi] เล็ก ๆ น้อย ๆ [lek lek noi noi] *n* bit
นอร์เวย์ [no we] เกี่ยวกับนอร์เวย์ [kiao kap no we] *adj* Norwegian; ชาวนอร์เวย์ [chao no we] *n* Norwegian *(person)*; ประเทศนอร์เวย์ [pra tet nor we] *n* Norway
นัก [nak] นักเล่นกล [nak len kon] *n*

magician; นักโบราณคดี [nak bo ran kha di] *n* archaeologist; นักตกแต่งภายใน [nak tok taeng phai nai] *n* interior designer

นักกีฬา [nak ki la] *n* sportsman; มีน้ำใจเป็นนักกีฬา [mii nam jai pen nak ki la] *adj* sporty; นักกีฬาหญิง [nak ki la ying] *n* sportswoman

นักดนตรี [nak don tri] กลุ่มนักร้องหรือนักดนตรีสี่คน [klum nak rong rue nak don tree sii khon] *n* quartet; เราจะฟังนักดนตรีท้องถิ่นเล่นได้ที่ไหน? [rao ja fang nak don trii thong thin len dai thii nai] Where can we hear local musicians play?

นักเต้น [nak ten] นักเต้นระบำปลายเท้า [nak ten ra bam plai thao] *n* ballet dancer; นักเต้นบัลเล่ต์หญิง [nak ten bal le ying] *n* ballerina

นักแต่ง [nak taeng] นักแต่งนวนิยาย [nak taeng na wa ni yai] *n* novelist

นักแต่งเพลง [nak taeng phleng] *n* composer

นักท่องเที่ยว [nak thong thiao] นักท่องเที่ยวประเภทต่าง ๆ [nak thong thiao pra phet tang tang] Different types of travellers; นักท่องเที่ยวพิการ [nak thong thiao phi kan] Disabled travellers

นักธุรกิจ [nuk thu ra kit] ฉันเป็นนักธุรกิจหญิง [chan pen nak thu ra kit ying] I'm a businesswoman; ผมเป็นนักธุรกิจ [phom pen nak thu ra kit] I'm a businessman

นักบิน [nak bin] *n* pilot

นักบุญ [nak bun] *n* saint

นักร้อง [nak rong] *n* singer; กลุ่มนักร้องหรือนักดนตรีสี่คน [klum nak rong rue nak don tree sii khon] *n* quartet; นักร้องเดี่ยว [nak rong diao] *n* soloist; นักร้องรำทำกินเร่ตามถนน [nak rong ram tham kin re tam tha non] *n* busker

นักเรียน [nak rian] *n* pupil *(learner)*, student; เด็กนักเรียน [dek nak rian] *n* schoolchildren; เด็กนักเรียนชาย [dek nak rian chai] *n* schoolboy; นักเรียนทหาร [nak rian tha han] *n* cadet; ฉันเป็นนักเรียน [chan pen nak rian] I'm a student

นักศึกษา [nak suek sa] นักศึกษาระดับปริญญาตรี [nak suek sa ra dap pa rin ya tree] *n* undergraduate; นักศึกษาที่เรียนต่อจากปริญญาตรี [nak suek sa thii rian to chak pa rin ya tree] *n* postgraduate

นักสืบ [nak suep] *n* detective

นั่ง [nang] *vi* sit; นั่งลง [nang long] *v* sit down; ฉันสามารถนั่งได้ที่ไหนบ้าง? [chan sa maat nang dai thii dai bang] Is there somewhere I can sit down?; ฉันจะนั่งได้ที่ไหน? [chan ja nang dai thii nai] Where can I sit down?

นั่งเล่น [nang len] ห้องนั่งเล่น [hong nang len] *n* living room, sitting room

นั่งสมาธิ [nang sa ma thi] การนั่งสมาธิ [kan nang sa ma thi] *n* meditation

นัด [nat] คุณมีนัดไหม? [khun mii nat mai] Do you have an appointment?; ฉันมีนัดกับ... [chan mii nat kap...] I have an appointment with...; ฉันขอนัดหมอได้ไหม? [chan kho nat mo dai mai] Can I have an appointment with the doctor?

นัดพบ [nat phop] การนัดพบตามเวลาที่นัดไว้ [kan nat phop tam we la thii nat wai] *n* rendezvous

นั้น [nan] *adj* that ▷ *pron* that; อันนั้น [an nan] *pron* that

นับ [nap] *v* count

นับถือ [nap thue] ความนับถือ [khwam nap thue] *n* regard; น่านับถือ [na nap thue] *adj* respectable

นา [na] ชาวนา [chao na] *n* farmer

น้า [na] ป้า น้า อาผู้หญิง [pa na a phu ying] *n* auntie; ป้า น้า อาผู้หญิง [pa na a phu ying] *n* aunt

นาก [nak] ตัวนาก [tua nak] *n* otter

น่ากลัว [na klua] *adj* gruesome, spooky; ความน่ากลัว [khwam na klua] *n* horror; ที่น่ากลัว [thii na klua] *adj* scared; ทำให้

น่ากลัวมาก [tham hai na klua mak] *adj* terrified
น่าเกลียด [na kliat] *adj* ugly
นาง [nang] *n* Mrs
นางเงือก [nang ngueak] *n* mermaid
นางแบบ [nang baep] *n* model
นางพยาบาล [nang pha ya ban] *n* nurse
นางฟ้า [nang fa] *n* angel, fairy
นางสาว [nang sao] *n* Miss
น่าจะ [na cha] ไม่น่าจะเกิดขึ้น [mai na ja koet khuen] *adj* unlikely
น่าจะเป็นไปได้ [na cha pen pai dai] ความน่าจะเป็นไปได้ [khwam na ja pen pai dai] *n* probability; ที่น่าจะเป็นไปได้ [thii na ja pen pai dai] *adj* probable; อย่างน่าจะเป็นไปได้ [yang na ja pen pai dai] *adv* probably
น่าเชื่อ [na chuea] ไม่น่าเชื่อ [mai na chuea] *adj* incredible; มีความน่าเชื่อ [mii khwam na chuea] *adj* sensible
นาโต้ [na to] ตัวย่อขององค์การนาโต้ [tua yo khong ong kan na to] *abbr* NATO
นาที [na thi] *n* minute
น่าทึ่ง [na thueng] *adj* stunning
นาน [nan] ไม่นาน [mai nan] *adv* soon; นาน ๆ ครั้ง [nan nan khrang] rarely; ยาวนาน [yao nan] *adv* long; ใช้เวลานานเท่าไรในการซ่อม? [chai we la nan thao rai nai kan som] How long will it take to repair?
น่านฟ้า [nan fa] *n* airspace
นาม [nam] คำนำหน้านามชี้เฉพาะ [kham nam na nam chii cha pho] *art* the; คำนาม [kham nam] *n* noun
นามธรรม [nam ma tham] ที่เป็นนามธรรม [thii pen nam ma tham] *adj* abstract
นามบัตร [nam bat] คุณมีนามบัตรไหม? [khun mii nam bat mai] Do you have a business card?; ฉันขอนามบัตรคุณได้ไหม? [chan kho nam bat khun dai mai] Can I have your card?; นี่คือนามบัตรของฉัน [ni khue nam bat khong chan] Here's my card
นามแฝง [nam faeng] *n* pseudonym
นามสกุล [nam sa kun] *n* surname
นาย [nai] *n* Mr
นายก [na yok] นายกเทศมนตรี [na yok tet sa mon tree] *n* mayor
นายกรัฐมนตรี [na yok rat tha mon tri] *n* prime minister
นายพราน [nai phran] *n* hunter
นายพล [nai phon] *n* general
นายพลตำรวจ [nai pon tam ruat] *n* police officer
นายหน้า [nai na] *n* broker; นายหน้าขายหุ้น [nai na khai hun] *n* stockbroker
น่ารัก [na rak] *adj* cute, lovely
นาวิเกเตอร์ [na wi ke toe] เครื่องนำทางนาวิเกเตอร์ [khrueang nam thang, na wi ke toe] *n* sat nav
น่าสนใจ [na son chai] มีที่เดินที่น่าสนใจใกล้ ๆ บางไหม? [mii thii doen thii na son jai klai klai bang mai] Are there any interesting walks nearby?; คุณแนะนำที่ที่น่าสนใจที่จะไปได้ไหม? [khun nae nam thii thii na son jai thii ja pai dai mai] Can you suggest somewhere interesting to go?
น่าสังเกต [na sang ket] มีคุณค่าที่น่าสังเกต [mii khun kha thii na sang ket] *adj* remarkable
นาฬิกา [na li ka] *n* clock; สายนาฬิกา [sai na li ka] *n* watch strap; ตามเข็มนาฬิกา [tam khem na li ka] *adv* clockwise; นาฬิกาข้อมือ [na li ka kho mue] *n* watch
นำ [nam] *v* head, lead; นำไปคืน [nam pai khuen] *v* take back; นำมา [nam ma] *v* bring; นำกลับมา [nam klap ma] *v* bring back
น้ำ [nam] *n* water; หยดน้ำ [yot nam] *n* drip, drop; น้ำส้ม [nam som] *n* orange juice; น้ำที่หยดออกมาจากเนื้อ [nam thii yot ok ma chak nuea] *n* gravy
นำกลับมาใช้อีก [nam klap ma chai ik] *v* recycle
น้ำขึ้น [nam khuen] น้ำขึ้นเมื่อไร? [nam khuen muea rai] When is high tide?
น้ำขึ้นน้ำลง [nam khuen nam long]

ปรากฏการณ์น้ำขึ้นน้ำลง [pra kot kan nam khuen nam long] *n* tide
นำเขา [nam khao] *v* import; การนำเข้า [kan nam khao] *n* import
น้ำแข็ง [nam khaeng] *n* ice; ก้อนน้ำแข็ง [kon nam khaeng] *n* ice cube; ขจัดน้ำแข็ง [kha chat nam khaeng] *n* de-icer; น้ำแข็งที่ผสมน้ำผลไม้ [nam khaeng thii pha som nam phon la mai] *n* sorbet; ขอน้ำแข็งด้วย [kho nam khaeng duai] With ice, please
น้ำค้าง [nam khang] น้ำค้างแข็ง [nam khang khaeng] *n* frost
น้ำเงิน [nam ngoen] สีน้ำเงินอมเขียว [sii nam ngoen om khiao] *adj* turquoise; น้ำเงินเข้ม [nam ngoen khem] *adj* navy-blue
น้ำใจ [nam chai] มีน้ำใจเป็นนักกีฬา [mii nam jai pen nak ki la] *adj* sporty
น้ำเชื่อม [nam chueam] *n* syrup, treacle
น้ำตก [nam tok] *n* waterfall; น้ำตกที่สูงชัน [nam tok thii sung chan] *n* cataract *(waterfall)*
น้ำตา [nam ta] *n* tear *(from eye)*
น้ำตาล [nam tan] *n* sugar; ไม่มีน้ำตาล [mai mii nam tan] *adj* sugar-free; สีน้ำตาลอ่อน [sii nam tan on] *adj* beige; น้ำตาลไอซิ่งบนขนมเค้ก [nam tan ai sing bon kha nom khek] *n* frosting; ไม่ใส่น้ำตาล [mai sai nam tan] no sugar
น้ำตาลเทียม [nam tan thiam] คุณมีน้ำตาลเทียมไหม? [khun mii nam tan thiam mai] Do you have any sweetener?
น้ำท่วม [nam thuam] *n* flood, flooding
น้ำทะเล [nam tha le] ความสูงเหนือพื้นดินหรือเหนือน้ำทะเล [khwam sung nuea phuen din rue nuea nam tha le] *n* altitude
นำทาง [nam thang] *v* guide; เครื่องนำทาง นาวิเกเตอร์ [khrueang nam thang, na wi ke toe] *n* sat nav; คนนำทาง [khon nam thang] *n* guide; คุณช่วยนำทางให้ฉันด้วยได้ไหม? [khun chuai nam thang hai chan duai dai mai] Can you guide me, please?
น้ำปรุงรส [nam prung rot] *n* sauce
น้ำผลไม้ [nam phon la mai] น้ำแข็งที่ผสมน้ำผลไม้ [nam khaeng thii pha som nam phon la mai] *n* sorbet
น้ำผึ้ง [nam khueng] *n* honey; น้ำผึ้งพระจันทร์ [nam phueng phra chan] *n* honeymoon
น้ำผึ้งพระจันทร์ [nam phueng phra chan] เรามาดื่มน้ำผึ้งพระจันทร์ที่นี่ [rao ma duem nam phueng phra chan thii ni] We are on our honeymoon
น้ำพุ [nam phu] *n* fountain
น้ำมะนาว [nam ma nao] ขอน้ำมะนาวหนึ่งแก้ว [kho nam ma nao nueng kaew] A glass of lemonade, please
น้ำมัน [nam man] *n* grease, oil; โรงกลั่นน้ำมัน [rong klan nam man] *n* oil refinery; น้ำมันไร้สารตะกั่ว [nam man rai san ta kua] *n* unleaded, unleaded petrol; นี่คือคราบน้ำมัน [ni khue khrap nam man] This stain is oil
น้ำยา [nam ya] น้ำยาล้างเล็บ [nam ya lang lep] *n* nail-polish remover; น้ำยาล้างจาน [nam ya lang chan] *n* washing-up liquid; น้ำยาล้างปาก [nam ya lang pak] *n* mouthwash
น้ำยาปรับผ้านุ่ม [nam ya prap pha num] คุณมีน้ำยาปรับผ้านุ่มไหม? [khun mii nam ya prab pha num mai] Do you have softener?
น้ำร้อน [nam ron] ไม่มีน้ำร้อน [mai mii nam ron] There is no hot water
น้ำแร่ [nam rae] น้ำแร่แบบไม่ซ่าหนึ่งขวด [nam rae baep mai sa nueng khaut] a bottle of still mineral water; น้ำแร่แบบซ่าหนึ่งขวด [nam rae baep sa nueng khaut] a bottle of sparkling mineral water; น้ำแร่หนึ่งขวด [nam rae nueng khaut] a bottle of mineral water
น้ำลาย [nam lai] *n* saliva; ผ้ากันน้ำลายของเด็ก [pha kan nam lai khong dek] *n* pinafore

น้ำสต๊อค [nam sa tok] อาหารนี้ทำในน้ำสต๊อคเนื้อหรือเปล่า? [a han nii tham nai nam sa tok nuea rue plao] Is this cooked in meat stock?; อาหารนี้ทำในน้ำสต๊อคปลาหรือเปล่า? [a han nii tham nai nam sa tok pla rue plao] Is this cooked in fish stock?
น้ำส้ม [nam som] *n* vinegar
น้ำสลัด [nam sa lat] น้ำสลัดชนิดหนึ่งทำจากน้ำมัน น้ำส้มและเครื่องปรุงรส [nam sa lat cha nit nueng tham chak nam man nam som lae khrueang prung rot] *n* vinaigrette
น้ำหนัก [nam nak] *n* weight; หน่วยน้ำหนักเท่ากับสองพันสองร้อยสี่สิบปอนด์ [nuai nam nak thao kap song phan song roi si sip pond] *n* ton; ชั่งน้ำหนัก [chang nam nak] *v* weigh; ที่มีน้ำหนักมากเกินไป [thii mii nam nak mak koen pai] *adj* overweight
น้ำหอม [nam hom] *n* perfume; น้ำหอมปรับผิวหลังโกนหนวด [nam hom prap phio lang kon nuat] *n* aftershave
นิกาย [ni kai] สมาชิกของนิกายยะโฮวาวิทเนส [sa ma chik khong ni kai ya ho va wit nes] *n* Jehovah's Witness; ที่เกี่ยวกับนิกายโปรเตสแตนส์ [thii kiao kap ni kai pro tes taen] *adj* Methodist; นิกายหนึ่งของศาสนาคริสต์ซึ่งเคร่งมาก [ni kai nueng khong sat sa na khris sueng khreng mak] *n* Quaker
นิคารากัว [ni kha ra kua] เกี่ยวกับนิคารากัว [kiao kap ni kha ra kua] *adj* Nicaraguan; ชาวนิคารากัว [chao ni kha ra kua] *n* Nicaraguan; ประเทศนิคารากัว [pra tet ni kha ra kua] *n* Nicaragua
นิโคติน [ni kho tin] สารนิโคตินในยาสูบหรือบุหรี่ [san ni kho tin nai ya sup rue bu ri] *n* nicotine
นิ่ง [ning] *adj* still
นิตยสาร [nit ta ya san] *n* magazine *(periodical)*; นิตยสารในคอมพิวเตอร์ [nit ta ya san nai khom phio toe] *n* webzine; ฉันจะซื้อนิตยสารได้ที่ไหน? [chan ja sue nit ta ya san dai thii nai] Where can I buy a magazine?
นิติกร [ni ti kon] ทนาย นิติกร [tha nai, ni ti kon] *n* attorney
นิทาน [ni than] นิทานเทพนิยาย [ni than thep ni yai] *n* fairytale; นิทานปรัมปรา [ni than pa ram pa ra] *n* myth; ผู้เล่านิทาน [phu lao ni than] *n* teller
นินทา [nin tha] *v* gossip; การนินทา [kan nin tha] *n* gossip
นิยม [ni yom] เป็นที่นิยม [pen thii ni yom] *adj* popular; ไม่เป็นที่นิยม [mai pen thii ni yom] *adj* unpopular; ความนิยม [khwam ni yom] *n* popularity
นิยาม [ni yam] *v* define
นิยาย [ni yai] *n* novel
นิรนาม [ni ra nam] *adj* anonymous
นิรภัย [ni ra phai] เข็มขัดนิรภัย [khem khat ni ra phai] *n* safety belt, seatbelt; ถุงอากาศนิรภัย [thung a kaat ni ra phai] *n* airbag
นิรันดร์ [ni ran don] *n* eternity; ที่อยู่ชั่วนิรันดร์ [thii yu chua ni ran] *adj* eternal
นิ่ว [nio] นิ่วในถุงน้ำดี [nio nai thung nam di] *n* gallstone
นิ้ว [nio] *n* inch; ลายพิมพ์นิ้วมือ [lai phim nio mue] *n* fingerprint; นิ้วเท้า [nio thao] *n* toe; นิ้วโป้ง [nio pong] *n* thumb
นิวเคลียร์ [nio klia] เกี่ยวกับนิวเคลียร์ [kiao kap nio khlia] *adj* nuclear
นิวซีแลนด์ [nio si laen] ชาวนิวซีแลนด์ [chao nio si laen] *n* New Zealander; ประเทศนิวซีแลนด์ [pra tet nio si laen] *n* New Zealand
นิเวศน์วิทยา [ni wet wit tha ya] *n* ecology; เกี่ยวกับนิเวศน์วิทยา [kiao kap ni wet wit tha ya] *adj* ecological
นี่ [ni] นี่คือ... [ni khue...] It's... *(calling)*, This is... (calling)
นี้ [ni] *adj* this; อันนี้ [an nii] *pron* this; วันเสาร์นี้ [wan sao nii] this Saturday
นีออน [ni on] ไฟนีออน [fai ni on] *n* fluorescent, neon
นุ่ม [num] น้ำยาปรับให้นุ่ม [nam ya prap

hai num] *n* conditioner; อ่อนนุ่ม [on num] *adj* soft
นุ่มนวล [num nuan] อย่างนุ่มนวล [yang num nuan] *adv* gently
เนคไท [nek thai] *n* tie
เน็ตบอล [net bon] กีฬาเน็ตบอลมีสองทีม ๆ ละเจ็ดคน [ki la net bal mii song thim thim la chet kon] *n* netball
เนเธอร์แลนด์ [ne thoe laen] ประเทศเนเธอร์แลนด์ [pra tet ne thoe laen] *npl* Netherlands
เน้น [nen] *v* emphasize, highlight; จุดเน้น [chut nen] *n* focus
เนปาล [ne pan] ประเทศเนปาล [pra tet ne pan] *n* Nepal
เนย [noei] *n* butter; เนยเหลวชนิดหนึ่ง [noei leo cha nit nueng] *n* cottage cheese; เนยเทียม [noei thiam] *n* margarine; เนยแข็ง [noei khaeng] *n* cheese
เนยแข็ง [noei khaeng] คุณมีเนยแข็งแบบไหน? [khun mii noei khaeng baep nai] What sort of cheese?
เนรเทศ [ne ra thet] เนรเทศออกจากประเทศ [ne ra thet ok chak pra thet] *v* deport
เน่า [nao] *v* rot; เหม็นเน่า [men nao] *adj* foul
เน่าเปื่อย [nao pueai] *adj* rotten ▷ *v* decay
เนิน [noen] ซึ่งเป็นเนิน [sueng pen noen] *adv* uphill
เนื้อ [nuea] *n* meat; เนื้อและผักชิ้นเล็กเสียบด้วยไม้เสียบแล้วย่าง [nuea lae phak chin lek siap duai mai siap laeo yang] *n* kebab; แฮมเบอร์เกอร์เนื้อ [haem boe koe nuea] *n* beefburger; ที่ร้านคนขายเนื้อ [thii ran khon khai nuea] *n* butcher's; คุณทานเนื้อไหม? [khun than nuea mai] Do you eat meat?
เนื่องจาก [nueang chak] *conj* since ▷ *prep* owing to; ขณะที่ ดังที่ เนื่องจาก [kha na thii, dang thii, nueang chak] *conj* as
เนื่องด้วย [nueang duai] เนื่องด้วยเหตุผลบางอย่าง [nueang duai het phon bang yang] *adv* somehow
เนื้องอก [nue ngok] *n* tumour
เนื้อเพลง [nuea phleng] *npl* lyrics
เนื้อเยื่อ [nuea yuea] เนื้อเยื่อของคน สัตว์และพืช [nuea yuea khong khon sat lae phuet] *n* tissue *(anatomy)*
เนื้อหา [nuea ha] เนื้อหาสาระ [nuea ha sa ra] *n* substance
แน่ใจ [nae chai] ไม่แน่ใจ [mai nae jai] *adj* unsure; ทำให้แน่ใจว่า [tham hai nae jai wa] *v* ensure
แน่น [naen] *adj* packed; คับแน่น [khap naen] *adj* tight; ติดแน่น [tit naen] *adj* fixed; ทำให้แน่นหรือตึงขึ้น [tham hai naen rue tueng khuen] *v* tighten
แน่นอน [nae non] *adj* certain, definite, sure; ความเด็ดเดี่ยวแน่นอน [khwam det diao nae non] *n* resolution; ความแน่นอน [khwam nae non] *n* certainty; ความไม่แน่นอน [khwam mai nae non] *n* instability, uncertainty
แน่นอนใจ [nae non chai] ความไม่แน่นอนใจ [khwam mai nae non jai] *n* suspense
แนบ [naep] การผูกติด สิ่งที่แนบมา [kan phuk tit, sing thii naep ma] *n* attachment
แนวดิ่ง [naeo ding] ซึ่งเป็นแนวดิ่ง [sueng pen naeo ding] *adj* vertical
แนวทาง [naeo thang] *n* trend; วิธีหรือแนวทาง [wi thi rue naeo thang] *n* way
แนวนอน [naeo non] *adj* horizontal, reclining
แนวหน้า [naeo na] *adj* advanced
แนะนำ [nae nam] *v* advise, instruct, introduce, recommend, suggest; แนะนำให้รู้จัก [nae nam hai ru chak] *v* present; การแนะนำ [kan nae nam] *n* introduction, recommendation; คำแนะนำ [kham nae nam] *n* advice, suggestion; คุณแนะนำไวน์ดี ๆ ได้ไหม? [khun nae nam wine di di dai mai] Can you recommend a good wine?

โน้ต [not] โน้ตเพลง [not phleng] *n* note *(music)*
โน้ตเพลง [not phleng] *n* score *(of music)*
โน้มน้าว [nom nao] *v* convince; ซึ่งโน้มน้าว [sueng nom nao] *adj* convincing
โน้มเอียง [nom iang] *v* tend; ความโน้มเอียง [khwam nom iang] *n* tendency
ใน [nai] *prep* in; ในบ้าน [nai baan] *adv* indoors; ข้างใน [khang nai] *prep* inside; ด้านใน [dan nai] *n* inside
ในฐานะ [nai tha na] *prep* as
ในทางกลับกัน [nai thang klap kan] *adv* vice versa
ในที่สุด [nai thi sut] *adv* eventually
ในนามของ [nai nam khong] *n* on behalf of
ในไม่ช้า [nai mai cha] *adv* presently, sooner
ในร่ม [nai rom] *adj* indoor
ไนจีเรีย [nai chi ria] เกี่ยวกับไนจีเรีย [kiao kap nai chi ria] *adj* Nigerian; ชาวไนจีเรีย [chao nai chi ria] *n* Nigerian; ประเทศไนจีเรีย [pra tet nai chi ria] *n* Nigeria
ไนโตรเจน [nai tro chen] *n* nitrogen
ไนท์คลับ [nait khlap] *n* nightclub
ไนล่อน [nai lon] เส้นใยไนล่อน [sen yai nai lon] *n* nylon; เวลโคร ไนล่อนสองชิ้นที่ยึดสิ่งของให้ติดแน่น ใช้แทนซิป กระดุมและขอเกี่ยว [wel khro nai lon song chin thii yuet sing khong hai tit naen chai taen sip kra dum lae kho kiao] *n* Velcro®

บ

บกพร่อง [bok phrong] ข้อบกพร่อง [kho bok phrong] *n* defect, flaw, shortcoming
บงการ [bong kan] *v* boss around; ควบคุมบงการ [khuap khum bong kan] *v* manipulate
บด [bot] *v* mince, grind; เครื่องบดถนน [khrueang bot tha non] *n* roller; บดละเอียด [bot la iat] *v* crush
บท [bot] บทเรียนสอนขับรถ [bot rian son khap rot] *n* driving lesson; บทสนทนา [bot son tha na] *n* conversation; บทของหนังสือหรืองานเขียน [bot khong nang sue rue ngan khian] *n* chapter
บทกวี [bot ka wi] *n* poem, poetry
บทเขียน [bot khian] บทเขียนวิจารณ์ [bot khian wi chan] *n* review
บทความ [bot khwam] *n* article
บทบาท [bot bat] หน้าที่หรือบทบาท [na thii rue bot bat] *n* role
บทเรียน [bot rian] *n* lesson
บทละคร [bot la khon] ผู้เขียนบทละคร [phu khian bot la khon] *n* playwright
บน [bon] *prep* on
บ่น [bon] *v* moan, mutter; การบ่น [kan bon] *n* grouse *(complaint)*; บ่นด้วยความโกรธ [bon duai khwam krot] *v* growl

บรรจุ [ban chu] *vt* pack; การบรรจุลง [kan ban chu long] *n* download; บรรจุใหม่ [ban chu mai] *v* recharge; บรรจุลง [ban chu long] *v* download
บรรณาธิการ [ban na thi kan] *n* editor
บรรณารักษ์ [ban na rak] *n* librarian
บรรทัด [ban that] เส้นบรรทัด [sen ban that] *n* line
บรรทุก [ban thuk] รถบรรทุก [rot ban thuk] *n* lorry; น้ำหนักบรรทุก [nam nak ban thuk] *n* load; บรรทุกสินค้า [ban thuk sin kha] *v* load; มีเรือแฟรี่บรรทุกรถไป...ไหม? [mii ruea fae ri ban thuk rot pai…mai] Is there a car ferry to…?
บรรพบุรุษ [ban pha bu rut] *n* ancestor
บรรยากาศ [ban ya kat] *n* atmosphere
บรรยาย [ban yai] *v* lecture; รายงาน การบรรยาย [rai ngan, kan ban yai] *n* account *(report)*; การบรรยาย [kan ban yai] *n* lecture; คำบรรยาย [kham ban yai] *n* speech
บรรลุ [ban lu] การบรรลุผลสำเร็จ [kan ban lu phon sam ret] *n* achievement
บรอดแบน [brot baen] *n* broadband
บรั่นดี [bran di] เหล้าบรั่นดี [lao bran di] *n* brandy; ฉันจะดื่มบรั่นดี [chan ja duem bran di] I'll have a brandy
บราซิล [bra sin] *adj* เกี่ยวกับประเทศบราซิล [kiao kap pra thet bra sil] *adj* Brazilian ▷ *n* ชาวบราซิล [chao bra sin] *n* Brazilian; ประเทศบราซิล [pra tet bra sil] *n* Brazil
บริกร [bo ri kan] บริกรหญิง [bo ri kon ying] *n* waitress; บริกรชาย [bo ri kon chai] *n* waiter; บริกรบนเครื่องบิน [bo ri kon bon khrueang bin] *n* steward
บริการ [bo ri kan] *v* serve; แบบบริการตัวเอง [baep bo ri kan tua eng] *adj* self-service; บริการรับใช้ในห้องของโรงแรม [bo ri kan rap chai nai hong khong rong raeng] *n* room service; เรายังรอให้คุณมาบริการเรา [rao yang ro hai khun ma bo ri kan rao] We are still waiting to be served
บริจาค [bo ri chak] *v* donate; การบริจาค [kan bo ri chak] *n* contribution; ผู้บริจาค [phu bo ri chak] *n* donor
บริบท [bo ri bot] *n* context
บริโภค [bo ri phok] ผู้บริโภค [phu bo ri phok] *n* consumer
บริเวณ [bo ri wen] *n* area; บริเวณใกล้เคียง [bo ri wen klai khiang] *n* vicinity; บริเวณที่ใกล้เคียง [bo ri wen thii klai khiang] *n* proximity; บริเวณที่รอบล้อม [bo ri wen thii rop lom] *npl* surroundings
บริษัท [bo ri sat] *n* company, firm; รถบริษัท [rot bo ri sat] *n* company car; บริษัทละคร [bo ri sat la khon] *n* rep; บริษัทระหว่างประเทศ [bo ri sat ra wang pra tet] *n* multinational; ฉันอยากได้ข้อมูลเกี่ยวกับบริษัทคุณ [chan yak dai kho mun kiao kap bo ri sat khun] I would like some information about the company
บริสุทธิ์ [bo ri sut] *adj* pure
บริหาร [bo ri han] เกี่ยวกับการบริหาร [kiao kap kan bo ri han] *adj* administrative; การบริหาร [kan bo ri han] *n* administration; การบริหาร [kan bo ri han] *n* running
บลอนด์ [blon] ผมฉันเป็นสีบลอนด์ตามธรรมชาติ [phom chan pen sii blon tam tham ma chaat] My hair is naturally blonde
บลูเบอรี่ [blu boe ri] ผลบลูเบอรี่ [phon blu boe ri] *n* blueberry
บวบ [buap] *n* courgette, zucchini; บวบฝรั่งขนาดใหญ่ [buap fa rang kha naat yai] *n* marrow
บวม [buam] *adj* swollen
บ่อ [bo] บ่อ เช่น บ่อแร่ บ่อน้ำมัน บ่อน้ำ [bo chen bo rae bo nam man bo nam] *n* well
บอก [bok] *vt* tell; การบอกใบ้ [kan bok bai] *n* hint; ซึ่งบอกเป็นนัย ๆ [sueng bok pen nai nai] *adj* subtle; บอกใบ้ [bok bai] *v* hint
บอด [bot] ตาบอด [ta bot] *n* blind
บ่อน [bon] บ่อนการพนัน [bon kan pha nan] *n* casino

บอบช้ำ [bop cham] ซึ่งบอบช้ำทางจิตใจ [sueng bop cham thang chit jai] *adj* traumatic

บ่อย [boi] *adv* often; บ่อย ๆ [boi boi] *adj* frequent; บ่อยขึ้น [boi khuen] *adv* more; รถโดยสารไป...บ่อยแค่ไหน? [rot doi san pai...boi khae nai] How often are the buses to...?

บอร์ดดิ้งการ์ด [bot ding kat] นี่คือบอร์ดดิงการ์ดของฉัน [ni khue bot ding kaat khong chan] Here is my boarding card

บอลข่าน [bol khan] ประเทศในคาบสมุทรบอลข่าน [pra tet nai khap sa mut bon khan] *adj* Balkan

บอสซาวานา [bot sa wa na] ประเทศบอสซาวาน่า [pra tet bos sa wa na] *n* Botswana

บอสเนีย [bos nia] *adj* เกี่ยวกับประเทศบอสเนีย [kiao kap pra thet bos nia] *adj* Bosnian ▷ *n* ชาวบอสเนีย [chao bos nia] *n* Bosnian *(person)*; ประเทศบอสเนีย [pra tet bos nia] *n* Bosnia

บังกาโล [bang ka lo] *n* bungalow

บังคลาเทศ [bang kha la thet] ชาวบังคลาเทศ [chao bang khla tet] *n* Bangladeshi; ที่เกี่ยวกับประเทศบังคลาเทศ [thii kiao kap pra tet bang khla tet] *adj* Bangladeshi; ประเทศบังคลาเทศ [pra tet bang khla tet] *n* Bangladesh

บังคับ [bang khap] *v* force; ข้อบังคับ [kho bang khap] *n* discipline; คันบังคับเครื่องบิน [khan bang khap khrueang bin] *n* joystick; ที่บังคับ [thii bang khap] *adj* compulsory

บังโคลน [bang khlon] บังโคลนรถ [bang khlon rot] *n* mudguard

บังตา [bang ta] *adj* blind

บังเหียน [bang hian] เชือกบังเหียน [chueak bang hian] *npl* reins

บังเอิญ [bang oen] เหตุบังเอิญ [het bang oen] *n* coincidence; เป็นเหตุบังเอิญ [pen het bang oen] *adj* accidental; โดยบังเอิญ [doi bang oen] *adj* accidentally, by chance, by accident, casual

บัญชาการ [ban cha kan] กองบัญชาการ [kong ban cha kaan] *npl* headquarters

บัญชี [ban chi] รายการของเงินที่หักบัญชี [rai kan khong ngoen thii hak ban chi] *n* debit; หักบัญชี [hak ban chi] *v* debit; หมายเลขบัญชี [mai lek ban chi] *n* account number

บัตร [bat] ตั๋วหรือบัตรที่ใช้แทนเงินในการซื้อสินค้าที่ระบุ [tua rue bat thii chai thaen ngoen nai kan sue sin kha thii ra bu] *n* voucher; บัตรเล่นสกี [bat len sa ki] *n* ski pass; บัตรเครดิต [bat khre dit] *n* credit card; ฉันจะใช้บัตรเบิกเงินสดได้ไหม? [chan ja chai bat boek ngoen sot dai mai] Can I use my card to get cash?

บัตรเครดิต [bat khre dit] คุณรับบัตรเครดิตไหม? [khun rap bat khre dit mai] Do you take credit cards?; ฉันจ่ายด้วยบัตรเครดิตได้ไหม? [chan chai duai bat khre dit dai mai] Can I pay by credit card?; ฉันจะเบิกเงินสดล่วงหน้าจากบัตรเครดิตของฉันได้ไหม? [chan ja boek ngoen sot luang na chak bat khre dit khong chan dai mai] Can I get a cash advance with my credit card?

บัตรเดบิต [bat de bit] คุณรับบัตรเดบิตไหม? [khun rap bat de bit mai] Do you take debit cards?

บัตรผ่าน [bat phan] มีส่วนลดสำหรับบัตรผ่านนี้หรือไม่? [mii suan lot sam rap bat phan nii rue mai] Is there a reduction with this pass?

บันได [ban dai] *n* ladder ▷ *npl* stairs; บันไดเลื่อน [ban dai luean] *n* escalator; บันไดทอดหนึ่ง [ban dai thot nueng] *n* staircase; บันไดพับได้ [ban dai phap dai] *n* stepladder

บั้นท้าย [ban thai] *npl* buttocks

บันทึก [ban thuek] *v* record; แผ่นบันทึก [phaen ban thuek] *n* floppy disk, hard disk; ลงบันทึกเข้า [long ban thuek khao] *v* log in; ลงบันทึกเปิด [long ban thuek poet] *v* log on

บันเทิง [ban thoeng] ธุรกิจการบันเทิง [thu ra kit kan ban thoeng] *n* show

business; ผู้ให้ความบันเทิง [phu hai khwam ban thoeng] *n* entertainer
บัลลังก์ [ban lang] *n* throne
บัลเลต์ [bal le] รองเท้าบัลเลต์ [rong thao ban le] *npl* ballet shoes; นักเต้นบัลเลต์หญิง [nak ten bal le ying] *n* ballerina; ฉันจะซื้อตั๋วแสดงบัลเลต์ได้ที่ไหน? [chan ja sue tua sa daeng ban le dai thii nai] Where can I buy tickets for the ballet?
บ้า [ba] *adj* crazy; คนบ้า [khon ba] *n* lunatic, madman
บาง [bang] แบบบาง [baep bang] *adj* frail
บ้าง [bang] *adj* any
บางคน [bang khon] *pron* somebody, someone
บางครั้งบางคราว [bang khang bang khrao] *adv* occasionally, sometimes
บางที [bang thi] *adv* perhaps
บางเวลา [bang we la] *adv* sometime
บางส่วน [bang suan] *adv* partly ▷ *pron* some; ซึ่งเป็นบางส่วน [sueng pen bang suan] *adj* partial
บางสิ่ง [bang sing] *pron* something
บางแห่ง [bang haeng] *adv* someplace
บาดเจ็บ [bat chep] *v* wound, hurt; การทดเวลาบาดเจ็บ [kan thot we la bat chep] *n* injury time; ความบาดเจ็บ [khwam bat chep] *n* injury; ชนล้มและบาดเจ็บ [chon lom lae bat chep] *v* run over
บาดทะยัก [bat tha yak] โรคบาดทะยัก [rok bat tha yak] *n* tetanus; ฉันต้องฉีดกันบาดทะยัก [chan tong chiit kan bat tha yak] I need a tetanus shot
บาดแผล [bat phlae] *n* wound
บาทหลวง [bat luang] ตำแหน่งบาทหลวงที่ปกครองบาทหลวงอื่น ๆ [tam naeng bat luang thii pok khrong bat luang uen uen] *n* bishop
บ้าน [ban] *n* home, house; ไม่มีบ้าน [mai mii baan] *adj* homeless; คนที่ทำงานเกี่ยวกับขายบ้านและที่ดิน [khon thii tham ngan kiao kap khai baan lae thii din] *n* estate agent; งานบ้าน [ngan baan] *n* housework; คุณจะกลับบ้านเมื่อไร? [khun ja klap baan muea rai] When do you go home?
บานเกล็ด [ban klet] บานเกล็ดหน้าต่าง [baan klet na tang] *n* shutters
บานพับ [ban phap] *n* hinge
บาป [bap] *v* sin
บ่าย [bai] ตอนบ่าย [ton bai] *n* afternoon; พรุ่งนี้บ่าย [phrung nii bai] tomorrow afternoon
บาร์ [ba] *n* pub; เจ้าของและผู้จัดการบาร์ [chao khong lae phu chat kan ba] *n* publican; คนเฝ้าหน้าบาร์ที่กันไม่ให้คนเข้า [khon fao na bar thii kan mai hai khon khao] *n* bouncer; บาร์ ที่จำหน่ายเครื่องดื่ม [baa thii cham nai khrueang duem] *n* bar *(alcohol)*
บาร์เทนเดอร์ [ba ten doe] *n* bartender
บาร์บีคิว [ba bi kio] *n* barbecue; บริเวณที่บาร์บิคิวอยู่ที่ไหน? [bo ri wen thii bar bi khio yu thii nai] Where is the barbecue area?
บาร์เบโดส [ba be dos] ประเทศบาร์เบโดส [pra tet bar be dos] *n* Barbados
บาร์เลย์ [ba le] ข้าวบาร์เลย์ [khao ba le] *n* barley
บาห์เรน [ba ha ren] ประเทศบาห์เรน [pra tet bar ren] *n* Bahrain
บาสเกตบอล [bas ket bon] กีฬาบาสเกตบอล [ki la bas ket bal] *n* basketball
บาสค์ [bat] *adj* เกี่ยวกับชาวบาสค์ [kiao kap chao bas] *adj* Basque ▷ *n* ชาวบาสค์ [chao bas] *n* Basque *(person)*; ภาษาบาสค์ [pha sa bas] *n* Basque *(language)*
บาฮามาส [ba ha mas] ประเทศบาฮามาส [pra tet ba ha mas] *npl* Bahamas
บำนาญ [bam nan] *n* pension; คนชราเกษียณผู้รับบำนาญ [khon cha ra ka sian phu rap bam nan] *n* old-age pensioner; ผู้รับบำนาญ [phu rap bam nan] *n* pensioner
บำบัดโรค [bam bat rok] การบำบัดโรค [kan bam bat rok] *n* therapy
บำรุง [bam rung] การบำรุงผิวหน้า [kan bam rung phio na] *n* facial

บิกินี่ [bi ki ni] *n* bikini
บิงโก [bing ko] เกมบิงโก [kem bing ko] *n* bingo
บิชอพ [bi chop] หัวหน้าของบิชอพ [hua na khong bi chop] *n* archbishop
บิด [bit] การดึงและบิดอย่างแรง [kan dueng lae bit yang raeng] *n* wrench; ดึงและบิดอย่างแรง [dueng lae bit yang raeng] *v* wrench; บิดเป็นเกลียว [bit pen kliao] *vi* twist
บิน [bin] *vi* fly; การบิน [kan bin] *n* fly; การบินขึ้น [kan bin khuen] *n* takeoff; บินไป [bin pai] *v* fly away
บิล [bin] บิลเก็บเงินค่าโทรศัพท์ [bil kep ngoen kha tho ra sap] *n* phone bill; ใส่ลงไปในบิลฉัน [sai long pai nai bil chan] Put it on my bill; ฉันขอบิลที่แสดงทุกรายการได้ไหม? [chan kho bil thii sa daeng thuk rai kan dai mai] Can I have an itemized bill?
บิลเลียด [bin liat] *npl* billiards; ไม้แทงบิลเลียด [mai thaeng bil liad] *n* cue *(billiards)*
บีช [bit] ต้นบีช [ton bit] *n* beech (tree)
บีตรูต [bit rut] หัวบีตรูต [hua bit rut] *n* beetroot
บีบ [bip] *v* squeeze
บีบคอ [bip kho] ฆ่าโดยการบีบคอ [kha doi kan bip kho] *v* strangle
บีบอัด [bip at] เครื่องบีบอัด [khrueang bip at] *n* press
บึง [bueng] *n* marsh; บึงน้ำเค็ม [bueng nam khem] *n* lagoon
บึ้ง [bueng] ทำหน้าบึ้ง [tham na bueng] *v* frown
บุ [bu] ผ้าบุคลุมเตียง [pha bu khlum tiang] *n* quilt
บุก [buk] บุกเข้าไป [buk khao pai] *v* break in, break in (on); บุกเข้ามาขโมยของ [buk khao ma kha moi khong] *v* burgle
บุกรุก [buk ruk] *v* invade; การบุกรุกเข้าไป [kan buk ruk khao pai] *n* break-in; ผู้บุกรุก [phu buk ruk] *n* intruder
บุคคล [bu khon] *n* person; เฉพาะบุคคล [cha pho buk khon] *adj* individual; บุคคลที่ [buk khon thii] *pron* who; ฝ่ายบุคคล [fai buk khon] *n* personnel
บุคลิก [buk ka lik] บุคลิกลักษณะ [buk kha lik lak sa na] *n* personality
บุญคุณ [bun kun] ไม่สำนึกบุญคุณ [mai sam nuek bun khun] *adj* ungrateful; ซึ่งสำนึกในบุญคุณ [sueng sam nuek nai bun khun] *adj* grateful
บุตรบุญธรรม [but bun tham] การรับเลี้ยงบุตรบุญธรรม [kan rap liang but bun tham] *n* adoption
บุฟเฟ่ต์ [bup fe] มีที่ทานอาหารแบบบุฟเฟ่ต์บนรถไฟไหม? [mii thii than a han baep buf fe bon rot fai mai] Is there a buffet car on the train?; ที่กินอาหารแบบบุฟเฟ่ต์อยู่ที่ไหน? [thii kin a han baep buf fe yu thii nai] Where is the buffet car?
บุ๋ม [bum] รอยบุ๋ม [roi bum] *n* dent
บุหรี่ [bu ri] *n* cigarette; ไฟที่จุดบุหรี่ [fai thii chut bu ri] *n* cigarette lighter; ที่เขี่ยบุหรี่ [thi khia bu ri] *n* ashtray
บูชา [bu cha] *v* adore, worship; เป็นที่เคารพบูชา [pen thii khao rop bu cha] *adj* holy; แท่นบูชา [thaen bu cha] *n* altar
บูดบึ้ง [but bueng] อารมณ์บูดบึ้ง [a rom but bueng] *adj* grumpy; อารมณ์บูดบึ้งไม่พูดไม่จา [a rom but bueng mai phut mai cha] *v* sulk
บูท [but] รองเท้าบู๊ท [rong thao but] *n* boot
บูท [but] ร้านที่เป็นบู๊ทเล็ก ๆ [ran thii pen but lek lek] *n* kiosk; รองเท้าบู๊ทยาง [rong thao but yang] *nl* wellies, wellingtons; ราคานี้รวมรองเท้าบู๊ทไหม? [ra kha nii ruam rong thao but mai] Does the price include boots?
บูลกาเรีย [bul kae ria] ชาวบูลกาเรีย [chao bul ka ria] *n* Bulgarian *(person)*; ที่เกี่ยวกับบูลกาเรีย [thii kiao kap bul ka ria] *adj* Bulgarian; ประเทศบูลกาเรีย [pra tet bul ka ria] *n* Bulgaria
เบญจมาศ [ben cha mat] ดอกเบญจมาศ [dok ben cha mat] *n* chrysanthemum
เบ็ดเตล็ด [bet ta let] *adj* miscellaneous

เบรค [brek] เบรคมือ [brek mue] *n* handbrake; เบรคหรือเครื่องห้ามล้อ [brek rue khrueang ham lo] *n* brake; ไฟเบรค [fai brek] *n* brake light; เบรคไม่ทำงาน [brek mai tham ngan] The brakes are not working, The brakes don't work
เบรารัสเซียน [brao rat sia] *n* ชาวเบรารัสเซียน [chao be ra ras sian] *n* Belarussian *(person)*; ภาษาเบรารัสเซียน [pha sa be ra ras sian] *n* Belarussian *(language)*
เบรารุส [be ra rut] เกี่ยวกับชาวเบรารุส [kiao kap chao be ra rus] *n* Belarussian; ประเทศเบรารุส [pra tet be ra rus] *n* Belarus
เบลเยี่ยม [ben yiam] *adj* เกี่ยวกับชาวเบลเยี่ยม [kiao kap chao bel yiam] *adj* Belgian ▷ *n* ชาวเบลเยี่ยม [chao bel yiam] *n* Belgian; ประเทศเบลเยี่ยม [pra tet bel yiam] *n* Belgium
เบสบอล [bes bon] หมวกแก๊บสำหรับเล่นเบสบอล [muak kaep sam rap len bes bal] *n* baseball cap; กีฬาเบสบอล [ki la bes bal] *n* baseball
เบอร์ [boe] รายการเบอร์โทรศัพท์ [rai kan boe tho ra sap] *n* entry phone; โทรสารเบอร์อะไร? [tho ra san boe a rai] What is the fax number?; โทรศัพท์เบอร์อะไร? [tho ra sap boe a rai] What's the telephone number?
เบอร์เกอร์ [boe koe] *n* burger
เบอร์รี่ [boe ri] ลูกเบอร์รี่เป็นลูกไม้ส่วนใหญ่กินได้และมีลักษณะกลม [luk boe ri pen luk mai suan yai kin dai lae mii lak sa na klom] *n* berry
เบา [bao] *adj* light *(not heavy)*
เบาหวาน [bao hwan] โรคเบาหวาน [rok bao wan] *n* diabetes; คนเป็นเบาหวาน [khon pen bao wan] *n* diabetic; ซึ่งเป็นเบาหวาน [sueng pen bao wan] *adj* diabetic; ฉันเป็นเบาหวาน [chan pen bao wan] I'm diabetic
เบาะ [bo] เบาะรอง [bo rong] *n* pad; เบาะพลาสติกที่เป่าให้พองลมได้ [bo phas tik thii pao hai phong lom dai] *n* Lilo®
เบิก [boek] ฉันจะเบิกเงินสดล่วงหน้าจากบัตรเครดิตของฉันได้ไหม? [chan ja boek ngoen sot luang na chak bat khre dit khong chan dai mai] Can I get a cash advance with my credit card?; ฉันอยากเบิกสองร้อย... [chan yak boek song roi...] I'd like two hundred...; ฉันอยากเบิกห้าร้อย... [chan yak boek ha roi...] I'd like five hundred...
เบิร์ช [boet] ต้นไม้ชนิดหนึ่งชื่อต้นเบิร์ช [ton mai cha nit nueng chue ton birch] *n* birch
เบียด [biat] เบียดเข้าไป [biat khao pai] *v* squeeze in
เบียดเสียด [biat siat] *v* squash
เบียร์ [bia] *n* beer; เบียร์สีอ่อนเก็บไว้ในถังบ่ม [bia sii on kep wai nai thang bom] *n* lager; เบียร์อีกแก้ว [bia ik kaew] another beer; ขอเบียร์สด [kho bia sot] A draught beer, please
เบื่อ [buea] *adj* fed up ▷ *v* bore *(be dull)*; เบื่อและไม่พอใจ [buea lae mai pho jai] *adj* restless; ความเบื่อ [khwam buea] *n* boredom; ทำให้เบื่อ [tham hai buea] *adj* bored
เบื้องต้น [bueang ton] *adj* gross *(income etc.)*
เบื่อหน่าย [buea nai] น่าเบื่อหน่ายเพราะซ้ำซาก [na buea nai phro sam sak] *adj* monotonous
แบคทีเรีย [bak thi ria] เชื้อแบคทีเรีย [chuea baek thi ria] *npl* bacteria
แบ่ง [baeng] *vt* divide; แบ่งส่วน [baeng suan] *v* share; แบ่งออก [baeng ok] *v* share out; การแบ่ง [kan baeng] *n* division
แบ่งแยก [baeng yaek] การแบ่งแยก [kan baeng yaek] *n* distinction; การแบ่งแยกเพศ [kan baeng yaek phet] *adj* sexist
แบดมินตัน [bat min tan] *n* badminton
แบตเตอรี่ [bat toe ri] *n* battery; สายต่อหม้อแบตเตอรี่ [sai to mo baet toe ri] *npl* jump leads; แบตเตอรี่เสีย [baet toe ri sia] The battery is flat; คุณมีแบตเตอรี่ไหม? [khun mii baet toe ri mai] Do you

have any batteries?
แบน [baen] จอภาพแบน [cho phap baen] *n* flat-screen; ยางรถฉันแบน [yang rot chan baen] I've a flat tyre
แบนโจ [baen cho] แบนโจ เครื่องดนตรี [baen jo khrueang don trii] *n* banjo
แบบ [baep] *n* pattern
แบบฉบับ [baep cha bap] ซึ่งเป็นแบบฉบับ [sueng pen baep cha bap] *adj* original
แบบฟอร์ม [baep fom] แบบฟอร์มใบสมัคร [baep fom bai sa mak] *n* application form; แบบฟอร์มสั่งซื้อ [baep fom sang sue] *n* order form; แบบฟอร์มการเรียกร้อง [baep fom kan riak rong] *n* claim form
แบบอย่าง [baep yang] ทำให้เป็นแบบอย่าง [tham hai pen baep yang] *adj* model
แบลคเคอแรนต์ [blaek koe raen] ผลแบลคเคอแรนต์ [phon blaek koe raen] *n* blackcurrant
โบกมือ [bok mue] *v* wave
โบกรถ [bok rot] โบกรถเพื่อนเดินทาง [bok rot phuean doen thang] *v* hitchhike
โบสถ์ [bot] โบสถ์เล็ก ๆ [bot lek lek] *n* chapel
โบนัส [bo nat] เงินโบนัส [ngoen bo nas] *n* bonus
โบราณ [bo ran] *adj* ancient; แบบโบราณ [baep bo ran] *adj* quaint; โบราณ แบบดั้งเดิม แบบเก่าแก่ [bo ran, baep dang doem, baep kao kae] *adj* traditional
โบราณคดี [bo ran kha di] นักโบราณคดี [nak bo ran kha di] *n* archaeologist; วิชาโบราณคดี [wi cha bo ran kha di] *n* archaeology
โบลิเวีย [bo li wia] ชาวโบลิเวีย [chao bo li wia] *n* Bolivian; ประเทศโบลิเวีย [pra thet bo li wia] *n* Bolivia
โบว์ [bo] โบว์หูกระต่าย [bo hu kra tai] *n* bow tie
โบว์ลิ่ง [bo ling] *n* bowling; เลนเล่นโบว์ลิ่ง [len len bo ling] *n* bowling alley; โบว์ลิ่งแบบตัวตั้งสิบตัว [bo ling baep tua tang sip tua] *n* tenpin bowling
โบสถ์ [bot] *n* church; โบสถ์ของศาสนายิว [bot khong sat sa na yio] *n* synagogue; เราไปเยี่ยมชมโบสถ์ได้ไหม? [rao pai yiam chom bot dai mai] Can we visit the church?
ใบ [bai] ใบเกิด [bai koet] *n* birth certificate; ใบแจ้งหนี้ [bai chaeng nii] *n* bill *(account)*; ใบรายการส่งสินค้าที่แสดงราคา [bai rai kan song sin ka thii sa daeng ra kha] *n* invoice
ใบ้ [bai] บอกใบ้ [bok bai] *v* hint
ใบปลิว [bai plio] แผ่นใบปลิว [phaen bai plio] *n* leaflet; คุณมีใบปลิวเป็นภาษาอังกฤษไหม? [khun mii bai plio pen pha sa ang krit mai] Do you have a leaflet in English?; คุณมีใบปลิวบ้างไหม? [khun mii bai plio bang mai] Do you have any leaflets?
ใบไม้ [bai mai] *n* leaf; ใบไม้หลายใบ [bai mai lai bai] *npl* leaves; ฤดูใบไม้ร่วง [rue du bai mai ruang] *n* autumn
ใบรับรอง [bai rap rong] ใบรับรองผลการศึกษา [bai rap rong phon kan suek sa] *n* transcript
ใบรับรองแพทย์ [bai rap rong phaet] *n* medical certificate
ใบเรือ [bai ruea] *n* sail
ใบสั่ง [bai sang] *n* parking ticket
ใบสั่งจ่ายยา [bai sang chai ya] *n* prescription
ใบเสร็จ [bai set] ฉันขอใบเสร็จรับเงิน [chan kho bai set rap ngoen] I need a receipt, please; ฉันอยากได้ใบเสร็จสำหรับประกัน [chan yak dai bai set sam rap pra kan] I need a receipt for the insurance
ใบเสร็จรับเงิน [bai set rap ngoen] *n* receipt
ใบหน้า [bai na] *n* face; เกี่ยวกับใบหน้า [kiao kap bai na] *adj* facial
ใบอนุญาต [bai a nu yat] คุณต้องมีใบอนุญาตตกปลาไหม? [khun tong mii bai a nu yat tok pla mai] Do you need a fishing permit?
ไบเบิล [bai boen] คัมภีร์ไบเบิล [kham phii bai boen] *n* Bible

ป

ปก [pok] ปกเสื้อ [pok suea] *n* collar; ปกหนังสือ [pok nang sue] *n* cover

ปกครอง [pok khrong] เจ้าหน้าที่ฝ่ายปกครอง [chao na thii fai pok khrong] *n* magistrate; การปกครองโดยมีพระมหากษัตริย์เป็นประมุข [kan pok khrong doi mii phra ma ha ka sat pen pra muk] *n* monarchy; การปกครองตนเอง [kan pok khrong ton eng] *n* autonomy; ฉันเป็นผู้ปกครองเต็มเวลา [chan pen phu pok khrong tem we la] I'm a full-time parent

ปกป้อง [pok pong] ผู้ปกป้อง [phu pok pong] *n* defender

ปกปิด [pok pit] หลบ กำบัง ป้องกัน ปกปิดเหมือนกับมีฉากกั้น [lop, kam bang, pong kan, pok pit muean kap mii chak kan] *v* screen (off); ซ่อน ปกปิด [son, pok pit] *vi* hide

ปฏิทิน [pa ti thin] *n* calendar

ปฏิกรณ์นิวเคลียร์ [pa ti kon nio khlia] เครื่องปฏิกรณ์นิวเคลียร์ [khrueang pa ti kon nio khlia] *n* reactor

ปฏิกิริยา [pa ti ki ri ya] *n* reaction; มีปฏิกิริยา [mii pa ti ki ri ya] *v* react

ปฏิชีวนะ [pa ti chi wa na] ยาปฏิชีวนะ [ya pa ti chi wa na] *n* antibiotic

ปฏิญาณ [pa ti yan] คำปฏิญาณ [kham pa ti yan] *n* oath

ปฏิบัติ [pa ti bat] *v* behave, operate *(to function)*, treat; เหมาะสมที่จะปฏิบัติ [mo som thii ja pa ti bat] *adj* practical; ที่ปฏิบัติไม่ได้ [thii pa ti bat mai dai] *adj* impractical; ปฏิบัติต่ออย่างไม่ดี [pa ti bat to yang mai di] *v* ill-treat

ปฏิภาณ [pa ti phan] การมีไหวพริบหรือปฏิภาณดี [kan mii wai phrip rue pa ti phan dii] *n* tact

ปฏิวัติ [pa ti wat] เกี่ยวกับการปฏิวัติ [kiao kap kan pa ti wat] *adj* revolutionary; การปฏิวัติ [kan pa ti wat] *n* revolution

ปฏิเสธ [pa ti set] *v* deny, refuse, reject; การปฏิเสธ [kan pa ti set] *n* refusal; คำปฏิเสธ [kham pa ti set] *n* negative; ซึ่งไม่อาจปฏิเสธได้ [sueng mai aat pa ti set dai] *adj* undeniable

ปฐมพยาบาล [pa thom pha ya ban] การปฐมพยาบาลเบื้องต้น [kan pa thom pa ya baan bueang ton] *n* first aid; ชุดปฐมพยาบาล [chut pa thom pha ya baan] *n* first-aid kit

ปรกติ [prok ka ti] *adj* normal; เป็นปรกติ [pen prok ka ti] *adj* usual; โดยปรกติ [doi prok ka ti] *adv* normally, regularly, usually

ปรบมือ [prop mue] *v* applaud, clap; การปรบมือแสดงความชื่นชม [kan prop mue sa daeng khwam chuen chom] *n* applause

ปรมาณู [po ra ma nu] เกี่ยวกับปรมาณู [kiao kap pa ra ma nu] *adj* atomic; ระเบิดปรมาณู [ra boet pa ra ma nu] *n* atom bomb

ปรอท [prot] ธาตุปรอท [that pa rot] *n* mercury; ปรอทวัดอุณหภูมิ [pa rot wat un ha phum] *n* thermometer

ประกอบ [pra kop] ประกอบด้วย [pra kop duai] *adj* included; ภาพประกอบ [phap pra kop] *n* illustration

ประกอบด้วย [pra kop duai] *v* consist of

ประกัน [pra kan] *v* insure; ใบประกัน [bai pra kan] *n* insurance certificate; กรมธรรม์ประกัน [krom ma than pra kan] *n* insurance policy; การประกัน [kan pra kan] *n* insurance; ฉันขอประกันกระเป๋าเดินทางของฉันได้ไหม? [chan kho pra kan kra pao doen thang khong chan dai mai] Can I insure my luggage?

ประกายไฟ [pra kai phai] *n* spark

ประกาศ [pra kat] *v* announce, declare, notice; กระดานปิดประกาศ [kra dan pid pra kat] *n* bulletin board; การประกาศ [kan pra kat] *n* announcement; การประกาศข่าวมรณกรรม [kan pra kat khao mo ra na kam] *n* obituary

ประกาศนียบัตร [pra ka sa ni ya bat] *n* certificate, diploma

ประจำ [pra cham] เด็กประจำ [dek pra cham] *n* boarder; เป็นประจำ [pen pra cham] *adj* regular; โรงเรียนประจำ [rong rian pra cham] *n* boarding school

ประจำเดือน [pra cham duean] การมีประจำเดือน [kan mii pra cham duen] *n* menstruation; ช่วงวัยหมดประจำเดือน [chuang wai mot pra cham duen] *n* menopause

ประจำตัว [pra cham tua] บัตรประจำตัว [bat pra cham tua] *n* identity card

ประจำปี [pra cham pi] *adj* annual, yearly

ประจุ [pra chu] ประจุไฟฟ้า [pra chu fai fa] *n* charge *(electricity)*

ประชด [pra chot] การประชด [kan pra chot] *n* irony

ประชากร [pra cha kon] *n* population; การสำรวจจำนวนประชากร [kan sam ruat cham nuan pra cha kon] *n* census

ประชาชน [pra cha chuen] บัตรประจำตัวประชาชน [bat pra cham tua pra cha chon] *abbr* ID card

ประชาธิปไตย [pra cha thi pa tai] *n* democracy; เกี่ยวกับประชาธิปไตย [kiao kap pra cha thip pa tai] *adj* democratic

ประชาสัมพันธ์ [pra cha sam phan] *npl* public relations

ประชุม [pra chum] การประชุม [kan pra chum] *n* meeting; การประชุมประจำปี [kan pra chum pra cham pi] *abbr* AGM; ฉันอยากจัดให้การประชุมกับ... [chan yak chat hai kan pra chum kap...] I'd like to arrange a meeting with...

ประณีต [pra nit] สะอาดและประณีต [sa at lae pra nit] *adj* smart

ประดับ [pra dap] *v* decorate; การประดับเหรียญให้ [kan pra dap rian hai] *n* medallion

ประดิษฐ์ [pra dit] *v* invent; การประดิษฐ์ [kan pra dit] *n* invention; ผู้ประดิษฐ์ [phu pra dit] *n* inventor

ประตู [pra tu] *n* door, gate; รถยนต์ที่มีประตูหลัง [rot yon thii mii pra tu lang] *n* hatchback; คนเปิดประตูหน้าโรงแรมหรืออาคารต่าง ๆ [khon poet pra tu na rong raeng rue a khan tang tang] *n* doorman; ที่จับประตู [thii chap pra tu] *n* door handle; กรุณาไปที่ประตูโดยสารที่... [ka ru na pai thii pra tu doi san thii...] Please go to gate...

ประถม [pra thom] โรงเรียนชั้นประถม [rong rian chan pra thom] *n* primary school

ประถมศึกษา [pra thom suek sa] โรงเรียนระดับประถมศึกษา [rong rian ra dap pra thom suek sa] *n* elementary school

ประท้วง [pra thuang] *n* strike ▷ *v* protest; หยุดงานประท้วง [yut ngan pra thuang] strike *(suspend work)*; การประท้วง [kan pra thuang] *n* demonstration, protest; คนที่หยุดงานประท้วง [khon thii yut ngan pra thuang] *n* striker

ประทัด [pra that] *n* cracker

ประทับใจ [pra thap chai] *v* impress; สิ่งที่ประทับใจ [sing thii pra thap jai] *n* impression; น่าประทับใจ [na pra thap jai] *adj* impressive; อย่างประทับใจ [yang pra thap jai] *adj* impressed

ประเทศ [pra thet] *n* country, nation;

เกี่ยวกับหลายประเทศ [kiao kap lai pra tet] *adj* multinational; ในประเทศ [nai pra tet] *adj* domestic; ระหว่างประเทศ [ra wang pra thet] *adj* international; ฉันจะซื้อแผนที่ของประเทศนี้ได้ที่ไหน? [chan ja sue phaen thii khong pra tet nii dai thii nai] Where can I buy a map of the country?

ประเทศโบลิเวีย [pra thet bo li wia] เกี่ยวกับประเทศโบลิเวีย [kiao kap pra thet bo li via] *adj* Bolivian

ประเทศโมร็อคโค [pra thet mo rok ko] *n* Morocco

ประธาน [pra than] ประธานกรรมการ [pra than kam ma kan] *n* chairman

ประธานาธิบดี [pra tha na thi bo di] *n* president

ประนาม [pra nam] *v* condemn

ประนีประนอม [pra ni pra nom] *v* compromise; การประนีประนอม [kan pra nii pra nom] *n* compromise

ประปา [pra pa] ช่างประปา [chang pra pa] *n* plumber; ท่อประปา [tho pra pa] *n* plumbing

ประพฤติ [pra pruet] ที่มีความประพฤติเรียบร้อย [thii mii khwam pra phruet riap roi] *adj* well-behaved; ประพฤติตัวไม่เหมาะสม [pra phruet tua mai mo som] *v* misbehave

ประพันธ์ [pra phan] นักประพันธ์ [nak pra phan] *n* author; นักประพันธ์ นักศิลปะหรืองานทางศิลปะที่ยอดเยี่ยมที่สุด [nak pra phan, nak sin la pa rue ngan thang sin la pa thii yot yiam thii sut] *n* classic

ประเพณี [pra phe ni] *n* tradition; เรื่องราวประเพณีและความเชื่อของผู้คน [rueang rao pra phe ni lae khwam chuea khong phu kon] *n* folklore; เกี่ยวกับประเพณีนิยม [kiao kap pra phe ni ni yom] *adj* conventional

ประภาคาร [pra pha khan] *n* lighthouse

ประเภท [pra phet] การจัดประเภท [kan chat pra phet] *n* assortment, sort; ประเภทต่าง ๆ [pra phet tang tang] *n* variety

ประมง [pra mong] ชาวประมง [chao pra mong] *n* fisherman

ประมาณ [pra man] *adj* approximate ▷ *prep* around ▷ *v* estimate; โดยประมาณ [doi pra man] *adv* approximately

ประมุข [pra muk] การปกครองโดยมีพระมหากษัตริย์เป็นประมุข [kan pok khrong doi mii phra ma ha ka sat pen pra muk] *n* monarchy

ประมูล [pra mun] *vi* bid *(at auction)*; การประมูล [kan pra mun] *n* auction, bid

ประเมิน [pra moen] ประเมินมากเกินไป [pra moen mak koen pai] *v* overestimate; ประเมินค่า จัดอันดับ [pra moen kha, chat an dap] *v* rate; ประเมินต่ำไป [pra moen tam pai] *v* underestimate

ประยุกต์ [pra yuk] ประยุกต์ใช้ [pra yuk chai] *v* apply

ประโยค [pra yok] *n* sentence *(words)*

ประโยชน์ [pra yot] *n* asset; เป็นประโยชน์ [pen pra yot] *adj* helpful; มีประโยชน์ต่อ [mii pra yot to] *v* benefit; ซึ่งไม่มีประโยชน์ [sueng mai mii pra yot] *adj* useless

ประวัติ [pra wat] ตัวย่อของประวัติส่วนตัว [tua yo khong pra wat suan tua] *abbr* CV; ประวัติส่วนตัว [pra wat suan tua] *n* curriculum vitae

ประวัติศาสตร์ [pra wat ti sat] *n* history; ก่อนประวัติศาสตร์ [kon pra wat ti sat] prehistoric; ที่เกี่ยวกับประวัติศาสตร์ [thii kiao kap pra wat ti saat] *adj* historical; นักประวัติศาสตร์ [nak pra wat ti saat] *n* historian

ประสบ [pra sop] ประสบ อดทน อดกลั้น [pra sop, ot thon, ot klan] *v* undergo

ประสบการณ์ [phra sop kan] *n* experience; ไม่มีประสบการณ์ [mai mii pra sop kan] *adj* inexperienced; ซึ่งมีประสบการณ์ [sueng mii pra sop kan] *adj* veteran; ที่มีประสบการณ์ [thii mii pra

sop kan] *adj* experienced
ประสบความสำเร็จ [pra sop khwam sam ret] *v* succeed, triumph; **ไม่ประสบความสำเร็จ** [mai pra sop khwam sam ret] *adj* unsuccessful
ประสบผลสำเร็จ [pra sop phon sam ret] *adj* successful ▷ *v* achieve; **อย่างประสบผลสำเร็จ** [yang pra sop phon sam ret] *adv* successfully
ประสาท [pra sat] **เกี่ยวกับโรคประสาท** [kiao kap rok pra sat] *adj* neurotic; **ยาระงับประสาท** [ya ra ngap pra saat] *n* sedative
ประสานเสียง [pra san siang] **คณะร้องเพลงประสานเสียง** [kha na rong phleng pra san siang] *n* choir
ประสิทธิภาพ [pra sit thi phap] **ไร้ประสิทธิภาพ** [rai pra sit thi phap] *adj* inefficient; **ซึ่งมีประสิทธิภาพ** [sueng mii pra sit thi phap] *adj* efficient; **อย่างมีประสิทธิภาพ** [yang mii pra sit thi phap] *adv* efficiently
ประหยัด [pra yat] *adj* economical ▷ *v* economize; **ชั้นประหยัด** [chan pra yat] *n* economy class
ประหลาด [pra lat] *adj* peculiar; **แปลกประหลาด** [plaek pra lat] *adj* weird; **คนที่แปลกประหลาด** [khon thii plaek pra lat] *adj* eccentric
ประหลาดใจ [pra lat chai] **ความประหลาดใจ** [khwam pra lat jai] *n* surprise; **ที่ประหลาดใจ** [thii pra lat jai] *adj* astonished; **ทำให้ประหลาดใจ** [tham hai pra lat jai] *adj* amaze, surprised
ประหาร [pra han] **การลงโทษประหารชีวิต** [kan long thot pra han chi wit] *n* capital punishment; **การประหารชีวิต** [kan pra han chi wit] *n* execution
ปรัชญา [plat cha ya] *n* philosophy
ปรับ [prap] **ค่าปรับ** [kha prup] *n* fine
ปรับตัว [prap tua] *v* adapt, adjust; **ที่ปรับตัวเข้ากับสถานการณ์** [thii prap tua khao kap sa tha na kan] *adj* flexible; **ปรับตัวได้** [prap tua dai] *adj* adjustable
ปรับปรุง [prap prung] **ปรับปรุงใหม่** [prap prung mai] *v* renovate; **วิชาที่ปรับปรุงใหม่** [wi cha thii prap prung mai] *n* refresher course
ปรับเปลี่ยน [prap plian] **การปรับเปลี่ยน** [kan prap plian] *n* adjustment
ปรับอากาศ [prap a kat] **ซึ่งได้ปรับอากาศ** [sueng dai prap a kaat] *adj* air-conditioned
ปรัมปรา [pram pra] **นิทานปรัมปรา** [ni than pa ram pa ra] *n* myth
ปรากฏ [pra kot] **ไม่ปรากฏชื่อ** [mai pra kot chue] *adj* unidentified; **การปรากฏตัว** [kan pra kot tua] *n* appearance; **ที่ปรากฏ** [thii pra kot] *v* seem
ปรากฏการณ์ [pra kot ta kan] **ปรากฏการณ์น้ำขึ้นน้ำลง** [pra kot kan nam khuen nam long] *n* tide
ปรากฏตัว [pra kot tua] **การปรากฏตัวของคนหรือสิ่งสำคัญ** [kan pra kot tua khong khon rue sing sam khan] *n* advent
ปรารถนา [prat tha na] *v* desire
ปรารถนา [prat tha na] *v* fancy, wish; **ความปรารถนา** [khwam prat tha na] *v* desire
ปราศจาก [prat sa chak] *prep* without
ปราศจากเชื้อ [prat sa chak chuea] *adj* sterile; **ทำให้ปราศจากเชื้อ** [tham hai prat sa chak chuea] *v* sterilize
ปราศรัย [pra sai] **คำปราศรัย** [kham pra sai] *n* address *(speech)*
ปราสาท [pra sat] *n* castle; **ปราสาททราย** [pra saat sai] *n* sandcastle; **เราไปเยี่ยมชมปราสาทได้ไหม?** [rao pai yiam chom pra sat dai mai] Can we visit the castle?; **ปราสาทเปิดให้สาธารณะชนเข้าชมไหม?** [pra saat poet hai sa tha ra na chon khao chom mai] Is the castle open to the public?
ปริญญา [pa rin ya] **การจบปริญญา** [kan job pa rin ya] *n* graduation; **ตัวย่อของปริญญาเอก** [tua yo khong pa rin yaa ek] *n* PhD; **ปริญญาตรี** [pa rin ya tree] *abbr* BA

ปริญญาตรี [pa rin ya tri] นักศึกษาระดับปริญญาตรี [nak suek sa ra dap pa rin ya tree] *n* undergraduate
ปริมาณ [po ri man] ปริมาณสูงสุดที่รับได้ [pa ri man sung sut thii rap dai] *n* capacity; ปริมาณที่ขาด การขาดดุล [pa ri man thii khat, kan khat dun] *n* deficit; ปริมาณยาที่ให้แต่ละครั้ง [pa ri man ya thii hai tae la khrang] *n* dose
ปริมาตร [pa ri mat] ความจุ ปริมาตร [khwam ju, pa ri mat] *n* volume
ปริศนา [prit sa na] ปริศนาอักษรไขว้ [prit sa na ak son khwai] *n* crossword
ปรึกษา [pruek sa] *v* consult; การปรึกษาหารือ [kan pruek sa ha rue] *n* discussion; ปรึกษาหารือ [pruek sa ha rue] *v* discuss; ผู้ให้คำปรึกษา [phu hai kham pruek sa] *n* consultant *(adviser)*
ปรุง [prung] หนังสือการปรุงอาหาร [nang sue kan prung a han] *n* cookery book; การปรุงอาหาร [kan prung a han] *n* cookery
ปรุงรส [prung rot] การปรุงรส [kan prung rot] *n* seasoning
ปลด [plot] ปลดออกจากตำแหน่ง [plot ok chak tam naeng] *v* dismiss
ปลดเกษียณ [plot ka sian] *adj* retired; การปลดเกษียณ [kan plot ka sian] *n* retirement
ปลดปล่อย [plot ploi] *v* release; การปลดปล่อย การปลดปล่อยเป็นอิสระ [kan plot ploi, kan plot ploi pen it sa ra] *v* release; การปลดปล่อยให้เป็นอิสระ [kan plot ploi hai pen it sa ra] *n* liberation
ปล้น [plon] *v* hijack, rob; การทำร้ายเพื่อปล้นทรัพย [kan tham rai phuea plon sab] *n* mugging; การปล้น [kan plon] *n* robbery; ฉันถูกปล้น [chan thuk plon] I've been robbed
ปลอก [plok] *n* collar, band, case; ปลอกหมอน [plok mon] *n* pillowcase
ปล่องไฟ [plong fai] *n* chimney
ปลอดภัย [plot phai] *adj* safe, secure; ความปลอดภัย [khwam plot phai] *n* safety, security; ผู้คุ้มกันความปลอดภัย [phu khum kan khwam plot phai] *n* security guard; ปลอดภัยไหมที่จะว่ายน้ำที่นี่? [plot phai mai thii ja wai nam thii ni] Is it safe to swim here?
ปลอม [plom] *adj* fake, false; ของปลอม [khong plom] *n* fake; ฟันปลอม [fan plom] *npl* dentures
ปลอมตัว [plom tua] *v* disguise
ปลอมแปลง [plom plaeng] *v* forge; การปลอมแปลง [kan plom plaeng] *n* forgery
ปล่อย [ploi] ปล่อยเรือลงน้ำเป็นครั้งแรก [ploi ruea long nam pen khrang raek] *vt* launch; ปล่อยฉันไว้ตามลำพัง [ploi chan wai tam lam phang] Leave me alone!
ปลั๊ก [plak] เสียบปลั๊ก [siap pluk] *v* plug in; ถอดปลั๊ก [thot pluk] *v* unplug; ปลั๊กตัวเมีย [plak tua mia] *n* socket; ปลั๊กสำหรับที่โกนหนวดไฟฟ้าอยู่ที่ไหน? [plak sam rap thii kon nuat fai fa yu thii nai] Where is the socket for my electric razor?
ปลั๊กไฟ [plak fai] *n* plug
ปลา [pla] *n* fish; คนขายปลา [khon khai pla] *n* fishmonger; ชิ้นปลาหรือเนื้อที่ไม่มีกระดูก [chin pla rue nuea thii mai mii kra duk] *n* fillet; ปลาเฮอริ่ง [pla hoe ring] *n* herring; คุณมีอาหารปลาอะไรบ้าง? [khun mii a han pla a rai bang] What fish dishes do you have?
ปลาย [plai] จุดปลายสุด [chut plai sut] *n* tip *(end of object)*; ปลายเดือนมิถุนายน [plai duean mi thu ma yon] at the end of June
ปลายทาง [plai thang] ฉันอยากโทรศัพท์เก็บเงินปลายทาง [chan yak tho ra sap kep ngoen plai thang] I'd like to make a reverse charge call
ปลายเท้า [plai thao] เดินด้วยปลายเท้า [doen duai plai thao] *n* tiptoe
ปลาวาฬ [pla wan] *n* whale
ปลาหมึก [pla muek] *n* squid; ปลาหมึก

ยักษ์ [pla muek yak] *n* octopus
ปลุก [pluk] การโทรปลุก [kan to pluk] *n* alarm call; ปลุก ทำให้ตื่น [pluk, tham hai tuen] *v* awake; ฉันจะปลุกคุณดีไหม? [chan ja pluk khun di mai] Shall I wake you up?
ปลูก [pluk] *v* plant; ปลูก ทำให้เจริญเติบโต [pluk, tham hai cha roen toep to] *vt* grow
ปลูกถ่ายอวัยวะ [pluk thai a wai ya wa] การปลูกถ่ายอวัยวะ [kan pluk thai a wai ya wa] *n* transplant
ปวด [puat] การปวดฟัน [kan puat fan] *n* toothache; ปวดหัว [puat hua] *n* headache; ปวดหลัง [puat lang] *n* back pain; มันปวด [man puat] It's sore
ปวดหัว [puat hua] ฉันอยากได้อะไรสักอย่างเพื่อแก้ปวดหัว [chan yak dai a rai sak yang phuea kae puat hua] I'd like something for a headache
ป่วย [puai] *adj* ill; ฉันรู้สึกป่วย [chan ru suek puai] I feel ill
ป้องกัน [pong kan] *v* prevent, protect; หลบ กำบัง ป้องกัน ปกปิดเหมือนกับมีฉากกัน [lop, kam bang, pong kan, pok pit muean kap mii chak kan] *v* screen (off); การป้องกัน [kan pong kan] *n* defence, prevention, protection; การป้องกันตัวเอง [kan pong kan tua eng] *n* self-defence
ปอด [pot] *n* lung
ปอดบวม [phot buam] โรคปอดบวม [rok pot buam] *n* pneumonia
ปอนด์ [pon] เงินปอนด์ [ngoen pon] *n* pound
ป๊อปปี้ [pop pi] ดอกป๊อปปี้ [dok pop pi] *n* poppy
ป้อม [pom] *n* fort
ปะ [pa] แผ่นผ้าปะรูในเสื้อผ้า [phaen pha pa ru nai suea pha] *n* patch; ที่ได้รับการปะ [thii dai rap kan pa] *adj* patched
ปะการัง [pa ka rang] หินปะการัง [hin pa ka rang] *n* coral
ปะทะ [pa tha] ตี ตีด ปะทะ [ti, diit, pa tha] strike; ปะทะกัน [pa tha kan] *v* collide
ปัก [pak] เย็บปักถักร้อย [yep pak thak roi] *v* embroider; การเย็บปักถักร้อย [kan yep pak thak roi] *n* embroidery
ปักกิ่ง [pak king] กรุงปักกิ่ง [krung pak king] *n* Beijing; ชาวปักกิ่ง [chao pak king] *n* Pekinese
ปัจจุบัน [pat chu ban] เหตุการณ์ปัจจุบัน [het kan pat chu ban] *npl* current affairs; ในปัจจุบัน [nai pat chu ban] *adv* currently; สถานภาพปัจจุบัน [sa tha na phap pat chu ban] *n* status quo
ปัญญา [pan ya] ซึ่งมีปัญญาสูง [sueng mii pan ya sung] *adj* intellectual; ผู้มีปัญญาสูง [phu mii pan ya sung] *n* intellectual
ปัญหา [pan ha] *n* problem, trouble; แก้ปัญหา [kae pan ha] *v* solve; แก้ปัญหา [kae pan ha] *v* settle; คำตอบที่แก้ปัญหา [kham top thii kae pan ha] *n* solution; ไม่มีปัญหา [mai mii pan ha] No problem
ปัญหา ยุ่งยาก [pan ha yung yak] ปัญหายุ่งยาก [pan ha yung yak] *n* puzzle
ปัด [pat] ปัดฝุ่น [pat fun] *vi* dust
ปั่น [pun] เครื่องปั่น [khrueang pan] *n* blender; นมปั่น [nom pan] *n* milkshake
ปั้น [pun] รูปปั้น [rup pan] *n* sculpture; นักปั้น [nak pan] *n* sculptor
ปั้นจั่น [pan chan] *n* jack; ปั้นจั่นยกของหนัก [pan chan yok khong nak] *n* crane *(for lifting)*
ปั่นป่วน [pan puan] ความปั่นป่วน [khwam pan puan] *n* turbulence
ปั๊ม [pum] ปั๊มน้ำมัน [pam nam man] *n* petrol station; มีปั๊มน้ำมันที่อยู่ใกล้ที่นี่ไหม? [mii pam nam man thii yu klai thii ni mai] Is there a petrol station near here?; ปั๊มเลขสาม [pam lek sam] Pump number three, please
ปัสสาวะ [pat sa wa] น้ำปัสสาวะ [nam pat sa wa] *n* urine
ป่า [pa] *n* forest; สัตว์และพืชป่า [sat lae phuet pa] *n* wildlife; ป่าหนาทึบในเขต

ร้อนซึ่งมีฝนตกมาก [pa na thuep nai khet ron sueng mii fon tok mak] *n* rainforest; ป่าทึบ [pa thuep] *n* jungle
ป้า [pa] ป้า น้า อาผู้หญิง [pa na a phu ying] *n* auntie; ป้า น้า อาผู้หญิง [pa na a phu ying] *n* aunt
ปาก [pak] *n* mouth; น้ำยาล้างปาก [nam ya lang pak] *n* mouthwash
ปากกา [pak ka] *n* pen; ปากกาลูกลื่น [pak ka luk luen] *n* ballpoint pen; ปากกาลูกลื่นกลม [pak ka luk luen klom] *n* Biro®; ปากกาสะท้อนแสงที่ใช้เน้นข้อความให้เด่นชัด [pak ka sa thon saeng thii chai nen kho khwam hai den chat] *n* highlighter; คุณมีปากกาให้ฉันยืมไหม? [khun mii pak ka hai chan yuem mai] Do you have a pen I could borrow?
ปากีสถาน [pa ki sa than] เกี่ยวกับปากีสถาน [kiao kap pa ki sa than] *adj* Pakistani; ชาวปากีสถาน [chao pa ki sa than] *n* Pakistani; ประเทศปากีสถาน [pra tet pa ki sa than] *n* Pakistan
ปาฐกถา [pa tha ka tha] การแสดงปาฐกถา [kan sa daeng pa tha ka tha] *n* talk
ป่าเถื่อน [pa thuean] *adj* barbaric
ปานกลาง [pan klang] *adj* moderate
ปานามา [pa na ma] ประเทศปานามา [pra tet pa na ma] *n* Panama
ป่าไม้ [pa mai] *n* wood *(forest)*
ป้าย [pai] *n* sign; แถบป้ายบอกข้อมูล [thaep pai bok kho mun] *n* tag; ป้ายโฆษณา [pai khot sa na] *n* poster; ป้ายจราจร [pai cha ra chon] *n* road sign
ป้ายรถ [pai rot] ป้ายรถโดยสารประจำทาง [pai rot doi san pra cham thang] *n* bus stop
ปารากวัย [pa ra kwai] เกี่ยวกับปารากวัย [kiao kap pa ra kwai] *adj* Paraguayan; ชาวปารากวัย [chao pa ra kwai] *n* Paraguayan; ประเทศปารากวัย [pra tet pa ra kwai] *n* Paraguay
ปาล์ม [pam] ต้นปาล์ม [ton palm] *n* palm *(tree)*
ปาเลสไตน์ [pa les tai] เกี่ยวกับปาเลสไตน์ [kiao kap pa les tai] *adj* Palestinian; ชาวปาเลสไตน์ [chao pa les tai] *n* Palestinian; ประเทศปาเลสไตน์ [pra tet pa les tai] *n* Palestine
ปิงปอง [ping pong] การเล่นปิงปอง [kan len ping pong] *n* table tennis
ปิด [pit] *v* close, switch off, turn off, turn out, shut; เวลาปิด [we la pit] *n* closing time; ลงบันทึกปิด [long ban thuek pit] *v* log off; การปิด [kan pit] *n* closure; มันปิดไม่ได้ [man pit mai dai] It won't turn off
ปิดกั้น [pit kan] หยุด ระงับ ปิดกั้น [yut, ra ngab, pit kan] *vt* stop
ปิดตา [pit ta] เอาผ้าปิดตา [ao pha pit ta] *v* blindfold
ปิดบัง [pit bang] ซึ่งปิดบัง [sueng pit bang] *adj* hidden
ปิดผนึก [pit pha nuek] *v* seal
ปีติ [pi ti] น่าปีติยินดี [na pi ti yin dii] *adj* delightful
ปิรามิด [pi ra mit] *n* pyramid
ปี [pi] *n* year; ระยะเวลาหนึ่งพันปี [ra ya we la nueng phan pi] *n* millennium; การครบรอบหนึ่งร้อยปี [kan khrop rop nueng roi pi] *n* centenary; ซึ่งเกิดปีละครั้ง [sueng koet pi la khrang] *adv* annually; ปีหน้า [pi na] next year
ปี่ [pi] ปี่ใหญ่ [pi yai] *n* bassoon; ปี่สก๊อต [pi sa kot] *npl* bagpipes
ปีก [pik] *n* wing
ปีน [pin] *v* climb; การปีน [kan pin] *n* climbing; คนปีน [khon pin] *n* climber; ฉันอยากไปปีนเขา [chan yak pai pin khao] I'd like to go climbing
ปืน [puen] *n* gun, pistol; ปืนเล็กยาว [puen lek yao] *n* rifle; ปืนล่าสัตว์ [puen la sat] *n* shotgun; ปืนพกลูกโม่ [puen phok luk mo] *n* revolver
ปืนกล [puen kon] *n* machine gun
ปืนใหญ่ [puen yai] ปืนใหญ่ขนาดเล็ก [puen yai kha nat lek] *n* mortar *(military)*
ปุ่ม [pum] ฉันต้องกดปุ่มไหน? [chan tong

kot pum nai] Which button do I press?
ปุ๋ย [pui] *n* fertilizer; ถังปุ๋ยหมัก [thang pui mak] *n* septic tank
ปู [pu] *n* crab
ปู่ [pu] ปู่ ตา [pu ta] *n* granddad, grandfather; ปู่ ย่า ตา ยาย [pu ya ta yai] *npl* grandparents
ปูน [pun] ช่างปูน [chang pun] *n* bricklayer; ปูนฉาบผนัง [pun chap pha nang] *n* plaster *(for wall)*
ปูนขาว [pun khao] *n* lime *(compound)*; ส่วนผสมของปูนขาวหรือซีเมนต์กับน้ำและทราย [suan pha som khong pun khao rue si men kap nam lae sai] *n* mortar *(plaster)*
เป้ [pe] เป้สะพายหลัง [pe sa phai lang] *n* rucksack
เป็ด [pet] *n* duck
เป็น [pen] เป็น อยู่ คือ [pen, yu, khue] *v* be
เป็นของ [pen khong] *v* belong
เป็นครั้งคราว [pen khrang khrao] ซึ่งเป็นครั้งคราว [sueng pen khrang khrao] *adj* occasional
เป็นทางการ [pen thang kan] ไม่เป็นทางการ [mai pen thang kan] *adj* informal
เป็นไปได้ [pen pai dai] *adj* likely; ความเป็นไปได้ [khwam pen pai dai] *n* possibility, potential; ซึ่งเป็นไปได้ [sueng pen pai dai] *adj* feasible, possible; ตัวย่อของเร็วที่สุดเท่าที่จะเป็นไปได้ [tua yo khong reo thii sut thao thii ja pen pai dai] *adv abbr* asap
เป็นไปไม่ได้ [pen pai mai dai] ที่เป็นไปไม่ได้ [thii pen pai mai dai] *adj* impossible
เป็นมิตร [pen mit] *adj* sociable; ไม่เป็นมิตร [mai pen mit] *adj* unfriendly
เป็นลม [pen lom] *v* faint; เธอเป็นลม [thoe pen lom] She has fainted
เป็นหนี้ [pen ni] *v* owe
เปราะบาง [pro bang] *adj* fragile
เปรียบเทียบ [priap thiap] *v* compare; โดยเปรียบเทียบกับสิ่งอื่น [doi priap thiap kap sing uen] *adv* relatively; การเปรียบเทียบ [kan priap thiap] *n* comparison; ที่เปรียบเทียบได้ [thii priap thiap dai] *adv* comparatively
เปรี้ยว [priao] มีรสเปรี้ยว [mee rot priao] *adj* sour
เปรู [pe ru] เกี่ยวกับเปรู [kiao kap pe ru] *adj* Peruvian; ชาวเปรู [chao pe ru] *n* Peruvian; ประเทศเปรู [pra tet pe ru] *n* Peru
เปล [ple] *n* hammock; เปลเด็ก [ple dek] *n* cradle; เปลหาม [phle ham] *n* stretcher
เปล่งเสียง [pleng siang] เปล่งเสียงแสดงความยินดี [pleng siang sa daeng khwam yin dii] *v* cheer
เปลวไฟ [pleo fai] *n* blaze, flame; เปลวไฟที่จุดเตาแก๊ซ [pheo fai thii chut tao kaes] *n* pilot light
เปล่าเปลี่ยว [plao pliao] ความรู้สึกหรือสภาพเปล่าเปลี่ยวอ้างว้าง [khwam ru suek rue sa phap plao pliao ang wang] *n* void
เปลี่ยน [plian] *v* switch, change, convert; เคลื่อน เปลี่ยนตำแหน่ง [khluean plian tam naeng] *vi* move; เปลี่ยน แลกเปลี่ยน [plian, laek plian] *vt* change; เปลี่ยนโครงสร้างใหม่ [plian khrong sang mai] *v* restructure; ฉันเปลี่ยนห้องได้ไหม? [chan plian hong dai mai] Can I switch rooms?
เปลี่ยนแปลง [plian pleng] *v* vary; เปลี่ยนแปลงแก้ไข [plian plaeng kae khai] *v* modify; เปลี่ยนแปลงได้ตลอดเวลา [plian plaeng dai ta lot we la] *adj* variable; การเปลี่ยนแปลง [kan plian plaeng] *n* change, makeover, transition
เปลือก [plueak] *n* shell; เปลือกมะนาวหรือส้ม [plueak ma nao rue som] *n* zest *(lemon-peel)*
เปลือย [plueai] เปลือยกาย [plueai kai] *adj* naked, nude; คนเปลือยกาย [khon plueai kai] *n* nude, nudist
เปลือยเปล่า [pluea plao] *adj* bare

เปอร์เซ็นต์ [poe sen] *adv* per cent
เปอร์เซีย [poe sia] เกี่ยวกับเปอร์เซีย [kiao kap poe sia] *adj* Persian
เปอร์โตริโก [poe to ti ko] ประเทศเปอร์โตริโก [pra tet poe to ri ko] *n* Puerto Rico
เป่า [pao] *vi* blow; เครื่องเป่า [khrueang pao] *n* dryer; เครื่องเป่าผม [khrueang pao phom] *n* hairdryer; เครื่องดนตรีประเภทเป่า [khrueang don tri pra phet pao] *n* woodwind; ช่วยตัดและเป่าให้แห้ง [chuai tat lae pao hai haeng] A cut and blow-dry, please
เป้า [pao] เป้ารองรับลูกกอล์ฟในการตี [pao rong rap luk kolf nai kan ti] *n* tee
เป้าหมาย [pao mai] *n* goal, objective, target
เปิด [poet] *v* switch on, turn on, open; เปิดออก [poet ok] *adj* open; ลงบันทึกเปิด [long ban thuek poet] *v* log on; ชั่วโมงที่เปิด [chau mong thii poet] *npl* opening hours; เปิดหน้าต่างไม่ได้ [poet na tang mai dai] The window won't open; เปิดประตูไม่ได้ [poet pra tu mai dai] The door won't open; เปิดวันนี้ไหม? [poet wan nii mai] Is it open today?; มันเปิดไม่ได้ [man poet mai dai] It won't turn on
เปิดเผย [poet phoei] *v* disclose, reveal; เปิดเผยให้เห็น [poet phoei hai hen] *v* show up; ทำให้โล่ง เปิดเผยออกมา [tham hai long, poet phoei ok ma] *v* bare; พูดจาเปิดเผย [phud cha poet phoei] *adj* outspoken
เปียก [piak] *adj* wet; ทำให้เปียก [tham hai piak] *adj* soaked; ทำให้เปียกชุ่ม [tham hai piak chum] *v* drench
เปียกโชก [piak chok] *adj* soggy
เปียโน [pia no] *n* piano; นักเปียโน [nak pia no] *n* pianist
เปื้อน [phuean] ผ้ากันเปื้อน [pha kan puean] *n* apron
แป้ง [paeng] *n* flour, starch; แป้งข้าวโพด [paeng khao phot] *n* cornflour; แป้งที่ใช้เป็นฐานของขนมพาย [paeng thii chai pen than khong kha nom phai] *n* shortcrust pastry; แป้งผสมฟูที่มีแผ่นบางหลายชั้นซ้อนกัน [paeng pha som fu thii mii phaen bang lai chan son kan] *n* puff pastry
แปซิฟิก [pae si fik] มหาสมุทรแปซิฟิก [ma ha sa mut pae si fik] *n* Pacific
แปด [plaet] *number* eight; ที่แปด [thii paet] *n* eighth
แปดสิบ [paet sip] *number* eighty
แป้น [paen] แผงแป้นอักขระ [phaeng paen ak kha ra] *n* keyboard
แปรง [plraeng] *v* brush; แปรงแปรงผม [praeng praeng phom] *n* hairbrush; แปรงทำความสะอาดเล็บ [praeng tham khwam sa at lep] *n* nailbrush; แปรงทาสี [praeng tha sii] *n* paintbrush
แปรงสีฟัน [praeng si fan] *n* toothbrush
แปรรูป [prae rup] แปรรูปหน่วยราชการและรัฐวิสาหกิจให้เป็นเอกชน [prae rup nuai rat cha kan lae rat wi sa ha kit hai pen ek ka chon] *v* privatize
แปล [plae] *n* translate ▷ *v* interpret; แปลคำพูดด้วยการอ่านริมฝีปาก [plae kham phut duai kan an rim fi pak] *v* lip-read; การแปล [kan plae] *n* translation; ผู้แปล [phu plae] *n* translator; คุณกรุณาแปลนี่ให้ได้ไหม? [khun ka ru na plae ni hai dai mai] Can you translate this for me?
แปลก [plaek] *adj* odd, strange; แปลกจนไม่สามารถอธิบายได้ [plaek chon mai sa mat a thi bai dai] *adj* uncanny; แปลกประหลาด [plaek pra lat] *adj* weird
แปลกใจ [plaek chai] ทำให้แปลกใจ [tham hai plaek jai] *v* astonish
แปลกประหลาด [plaek pra lat] ฉันไม่อยากได้อะไรที่แปลกประหลาดมากไป [chan mai yak dai a rai thii plaek pra lat mak pai] I don't want anything drastic
แปลงไฟ [plang fai] ตัวแปลงไฟ [tua plaeng fai] *n* adaptor
โป่ง [pong] โป่งหรือพองเหมือนถุง [pong

rue phong muean thung] *adj* baggy

โปรแกรม [pro kraem] โปรแกรมรักษาจอภาพ [pro kraem rak sa cho phap] *n* screen-saver; โปรแกรมคอมพิวเตอร์ [pro kraem khom phio toe] *n* software; โปรแกรมที่ใช้สำหรับเปิดดูเว็บไซต์ต่าง ๆ ที่ใช้ภาษาไฮเปอร์เท็กซ์ [pro kraem thii chai sam rap poet du web sai tang tang thii chai pha sa hai poe thek] *n* browser

โปร่งใส [prong sai] *adj* see-through, transparent

โปรตีน [pro tin] *n* protein; โปรตีนเหนียวที่พบในธัญพืช [pro tin niao thii phop nai than ya phuet] *n* gluten

โปรตุเกส [pro tu ket] เกี่ยวกับชาวโปรตุเกส [kiao kap chao pro tu ket] *adj* Portuguese; ชาวโปรตุเกส [chao pro tu ket] *n* Portuguese *(person)*; ประเทศโปรตุเกส [pra tet pro tu ket] *n* Portugal

โปรเตสแตนส์ [pro tet sa taen] ที่เกี่ยวกับนิกายโปรเตสแตนส์ [thii kiao kap ni kai pro tes taen] *adj* Methodist

โปรแตสแตนต [pro taet sa taen] เกี่ยวกับนิกายหนึ่งของโปรแตสแตนต์ [kiao kap ni kai nueng khong pro tes taen] *adj* Presbyterian

โปลิโอ [po li o] โรคโปลิโอ [rok po li o] *n* polio

โปแลนด์ [po laen] ชาวโปแลนด์ [chao po laen] *n* Pole, Polish; ที่เกี่ยวกับโปแลนด์ [thii kiao kap po laen] *adj* Polish; ประเทศโปแลนด [pra tet po laen] *n* Poland

โปสการ์ด [pos kat] คุณมีโปสการ์ดบ้างไหม? [khun mii pos kart bang mai] Do you have any postcards?; ฉันหาโปสการ์ด [chan ha pos kaat] I'm looking for postcards; ฉันขอซื้อแสตมป์สำหรับโปสการ์ดสี่ใบไป...ได้ไหม? [chan kho sue sa taem sam rap pos kart sii bai pai... dai mai] Can I have stamps for four postcards to...

ไป [pai] ไป เคลื่อนไป ออกไป [pai, khluean pai, ok pai] *vi* go; ไปเป็นเพื่อน [pai pen phuean] *v* accompany; ไปเอามา [pai ao ma] *vt* fetch; เราจะไป... [rao ja pai...] We're going to...

ไปกลับ [pai klap] ไปกลับในหนึ่งวัน [pai klap nai nueng wan] *n* day return

ไปรษณีย [prai sa ni] *n* post office; เช็คไปรษณีย [chek prai sa ni] *n* postal order; ไปรษณีย์หญิง [prai sa ni ying] *n* postwoman; รหัสไปรษณีย [ra hat prai sa ni] *n* postcode; ไปรษณีย์เปิดเมื่อไร? [prai sa ni poet muea rai] When does the post office open?

ไปรษณียบัตร [prai sa ni ya bat] *n* postcard

ไปรษณียภัณฑ์ [prai sa ni ya phan] ตราประทับบนไปรษณียภัณฑ์ [tra pra thap bon prai sa ni phan] *n* postmark

ผง [phong] *n* powder; เครื่องแกงที่เป็นผง [khrueang kaeng thii pen phong] *n* curry powder; ผงสีเหลืองอมส้มทำจากดอกโครคัส [phong sii lueang om som tham chak dok khro khas] *n* saffron
ผงซักฟอก [phong sak fok] *n* detergent, washing powder; คุณมีผงซักฟอกไหม? [khun mii phong sak fok mai] Do you have washing powder?
ผงฟู [phong fu] *n* baking powder
ผจญภัย [pha chon phai] การผจญภัย [kan pha chon phai] *n* adventure; ชอบผจญภัย [chop pha chon phai] *adj* adventurous
ผดุงครรภ์ [pha dung khan] นางพยาบาลผดุงครรภ์ [nang pha ya baan pa dung khan] *n* midwife
ผนัง [pha nang] กระดาษบุผนังหรือเพดาน [kra dat bu pha nang rue phe dan] *n* wallpaper
ผม [phom] *n* hair; เครื่องทำผมให้ตรง [khrueang tham phom hai trong] *npl* straighteners; เจลใส่ผม [chen sai phom] *n* hair gel; แปรงแปรงผม [praeng praeng phom] *n* hairbrush; ผมปลอมของชาย [phom plom khong chai] *n* toupee; คุณแนะนำอะไรสำหรับผมฉัน? [khun nae nam a rai sam rap phom chan] What do you recommend for my hair?
ผมปลอม [phom plom] *n* wig
ผล [phon] เป็นผล [pen phon] *v* result in; ให้ผลตรงข้ามกับที่ตั้งใจไว้ [hai phon trong kham kap thii tang jai wai] *v* backfire; ตอบรับ: ผลตอบรับ [top rap : phon top rap] *n* feedback
ผลข้างเคียง [phon khang khiang] *n* side effect
ผลงาน [phon ngan] *n* performance *(functioning)*
ผลผลิต [phon pha lit] *n* crop, product; ผลผลิต ปริมาณผลผลิต [phon pha lit, pa ri man phon pha lit] *vi* return *(yield)*; ผลผลิตจากนม [phon pha lit chak nom] *n* dairy produce; ผลผลิตต่าง ๆ จากนม [phon pha lit tang tang chak nom] *npl* dairy products
ผลไม้ [phon la mai] *n* fruit *(botany)*, fruit *(collectively)*; ร้านขายผักและผลไม้สด [ran khai phak lae phon la mai sot] *n* greengrocer's; สลัดผลไม้ [sa lat phon la mai] *n* fruit salad; สวนผลไม้ [suan phon la mai] *n* orchard
ผลรวม [phon ruam] *n* total
ผลลัพธ์ [phon lap] *n* consequence, outcome, result
ผลสำเร็จ [phon sam ret] การบรรลุผลสำเร็จ [kan ban lu phon sam ret] *n* achievement
ผลัก [phlak] *vt* push
ผลิดอก [phli dok] *v* flower
ผลิต [pha lit] *n* make ▷ *v* manufacture, produce, yield; การผลิต [kan pha lit] *n* production; การผลิตใหม่ [kan pha lit mai] *n* reproduction; ความสามารถในการผลิต [khwam sa mat nai kan pha lit] *n* productivity
ผลิตภัณฑ์ [pha lit ta phan] ผลิตภัณฑ์ที่ทำจากนม [pha lit ta phan thii tham chak nom] *n* dairy

ผสม [pha som] *vt* mix; เครื่องผสม [khrueang pha som] *n* mixer; การผสม [kan pha som] *n* mix; ที่ผสมกัน [thii pha som kan] *adj* mixed
ผสมพันธุ์ [pha som phan] *v* breed
ผ่อนคลาย [phon khlai] *v* relieve; การผ่อนคลาย [kan phon khlai] *n* relief; ซึ่งเงียบสงบและผ่อนคลาย [sueng ngiap sa ngob lae phon khlai] *adj* restful; ซึ่งช่วยให้ผ่อนคลาย [sueng chuai hai phon khlai] *adj* relaxing
ผอม [phom] *adj* thin; ผอมเพรียว [phom phriao] *adj* slender, slim; ผอมโย่ง [phom yong] *adj* lanky; ผอมมาก [phom mak] *adj* skinny
ผัก [phak] *n* vegetable; ร้านขายผักและผลไม้สด [ran khai phak lae phon la mai sot] *n* greengrocer's; ผักลีค [phak lik] *n* leek; ผักสวิดิเป็นหัว [phak sa wi di pen hua] *n* swede; มีผักรวมอยู่ในนี้ด้วยไหม? [mii phak ruam yu nai nii duai mai] Are the vegetables included?
ผักกาด [phak kat] ผักกาดที่ใส่ในสลัด [phak kaat thii sai nai sa lad] *n* lettuce
ผักโขม [phak khom] *n* spinach
ผ้า [pha] *n* cloth; กระดาษหรือผ้าเช็ดตัวเด็ก [kra dat rue pha chet tua dek] *n* baby wipe; ผ้าเช็ดหน้า [pha chet na] *n* handkerchief, hankie; ผ้าเช็ดจาน [pha chet chan] *n* dish towel, dishcloth; ผ้าคลุมไหล่ [pha khlum lai] *n* shawl; ผ้าปูที่นอน [pha pu thi non] *n* bed linen, fitted sheet, sheet
ผ้าขนหนู [pha khon nu] *n* towel; ผ้าขนหนูเช็ดตัว [pha khon nu chet tua] *n* bath towel
ผ้าขี้ริ้ว [pha khi rio] *n* rag
ผ้าเช็ดตัว [pha chet tua] ช่วยเอาผ้าเช็ดตัวมาให้ฉันอีกหลาย ๆ ผืน [chuai ao pha chet tua ma hai chan ik lai lai phuen] Please bring me more towels; ผ้าเช็ดตัวหมด [pha chet tua mot] The towels have run out
ผ้าเช็ดมือ [pha chet mue] *n* tea towel
ผ่าตัด [pha tat] *v* operate *(to perform surgery)*; แพทย์ผ่าตัด [phaet pha tat] *n* surgeon; ห้องผ่าตัด [hong pha tat] *n* operating theatre; การผ่าตัด [kan pha tat] *n* surgery *(operation)*
ผ่าน [phan] เลยผ่าน [loei phan] *prep* past; เดินผ่านไป [doen phan pai] *v* go past; ส่งต่อไป ส่งผ่าน ส่งให้ [song to pai, song phan, song hai] *vi* pass; ฉันขอทางผ่านด้วย [chan kho thang phan duai] Please let me through
ผ้าใบ [pha bai] เก้าอี้ผ้าใบ [kao ii pha bai] *n* deckchair; เตียงผ้าใบน้ำหนักเบา [tiang pha bai nam nak bao] *n* camp bed; ผ้าใบอาบน้ำมันใช้ทำผ้าคลุมกันฝน [pha bai aap nam man chai tham pha khlum kan fon] *n* tarpaulin
ผ้าปูที่นอน [pha pu thi non] เราอยากได้ผ้าปูที่นอนเพิ่มอีก [rao yak dai pha pu thii non poem ik] We need more sheets; ผ้าปูที่นอนสกปรก [pha pu thii non sok ka prok] The sheets are dirty
ผ้าพันคอ [pha phan kho] *n* scarf
ผ้าพันแผล [pha phan phae] ฉันอยากได้ผ้าพันแผล [chan yak dai pha phan phlae] I'd like a bandage; ฉันอยากได้ผ้าพันแผลใหม่ [chan yak dai pha phan phlae mai] I'd like a fresh bandage
ผ้าห่ม [pha hom] *n* blanket, duvet; ผ้าห่มไฟฟ้า [pha hom fai fa] *n* electric blanket; เราต้องการผ้าห่มเพิ่มอีก [rao tong kan pha hom poem ik] We need more blankets; ช่วยเอาผ้าห่มมาให้ฉันอีกผืน [chuai ao pha hom ma hai chan ik phuen] Please bring me an extra blanket
ผ้าอนามัย [pha a na mai] *n* sanitary towel; ผ้าอนามัยแบบสอด [pha a na mai baep sot] *n* tampon
ผ้าอ้อม [pha om] ผ้าอ้อมเด็ก [pha om dek] *n* nappy
ผิด [phit] เกี่ยวกับความผิด [kiao kap khwam phit] *adj* guilty; ผิดกฎหมาย [phit kot mai] *adj* illegal; ผิดศีลธรรม

[phit sin la tham] *adj* immoral; คุณโทรผิดเบอร์ [khun tho phit boe] You have the wrong number
ผิดกฎหมาย [phit kot mai] การกระทำผิดกฎหมาย [kan kra tham pit kot mai] *n* offence
ผิดชอบ [phit chop] ความรู้สึกผิดชอบชั่วดี [khwam ru suek phit chop chua dii] *n* conscience
ผิดธรรมดา [phit tham ma da] *adj* extraordinary
ผิดปกติ [phit pok ka ti] ความผิดปกติในการอ่าน [khwam phit pok ka ti nai kan aan] *n* dyslexia; มีอะไรผิดปรกติไหม? [mii a rai phit prok ka ti mai] What's wrong?
ผิดปรกติ [phit prok ka ti] *adj* abnormal, unusual; ผิดปรกติและน่าตกใจ [phit prok ka ti lae na tok jai] *adj* outrageous
ผิดพลาด [phit phlat] ขอผิดพลาด [kho phit phlat] *n* error, fault *(mistake)*; ความผิดพลาด [khwam phit phlat] *n* mistake, slip-up; ความผิดพลาดเพราะละเลยหรือไม่สังเกต [khwam phit phlat phro la loei rue mai sang ket] *n* oversight *(mistake)*
ผิดหวัง [phit wang] ความผิดหวัง [khwam phit wang] *n* disappointment; ซึ่งผิดหวัง [sueng phit wang] *adj* disappointing; ที่ผิดหวัง [thii phit hwang] *adj* disappointed
ผิว [phio] *n* complexion; ที่มีผิวสีแทน [thii mii phio sii taen] *adj* tanned
ผิวปาก [phio pak] *v* whistle; การผิวปาก [kan phio pak] *n* whistle
ผิวเผิน [phio phoen] ผิวเผิน ไม่ลึกซึ้ง ไม่สำคัญ [phio phoen, mai luek sueng, mai sam khan] *adj* superficial
ผิวหนัง [phio nang] *n* skin; ผิวหนังเป็นสีน้ำตาลเนื่องจากตากแดด [phio nang pen sii nam tan nueang chak tak daet] *n* suntan
ผิวหน้า [phio na] *n* surface
ผี [phi] *n* ghost; ผีที่สูบเลือดคน [phi thii sup lueat khon] *n* vampire
ผีเสื้อ [phi suea] *n* butterfly; หนอนผีเสื้อ [non phi suea] *n* caterpillar; ผีเสื้อราตรีออกหากินกลางคืน [phi suea ra tree ok ha kin klang khuen] *n* moth
ผึ้ง [phueng] *n* bee; ผึ้งมีขนตัวใหญ่ [phueng mii khon tua yai] *n* bumblebee
ผื่น [phuen] ฉันมีผื่นคัน [chan mii phuen khan] I have a rash
ผื่นคัน [phuen khan] *n* rash
ผู้ [phu] ผู้เห็นเหตุการณ์ [phu hen het kan] *n* onlooker; ผู้เผด็จการ [phu pha det kan] *n* dictator; ผู้แสวงหาที่ลี้ภัย [phu sa waeng ha thii lii phai] *n* asylum seeker; ผู้จ่าย [phu chai] *n* dispenser; ผู้ติดยา [phu tit ya] *n* drug addict; ผู้ผลิต [phu pha lit] *n* maker, manufacturer
ผูก [phuk] ผูกให้แน่น [phuk hai naen] *v* tie; คุณช่วยปรับที่ผูกข้อมือให้ฉันได้ไหม? [khun chuai prap thii phuk kho mue hai chan dai mai] Can you adjust my bindings, please?; คุณช่วยผูกที่ผูกข้อมือฉันให้แน่นขึ้นได้ไหม? [khun chuai phuk thii phuk kho mue chan hai naen khuen dai mai] Can you tighten my bindings, please?
ผูกขาด [phuk khat] ระบบผูกขาด [ra bop phuk khat] *n* monopoly
ผูกติด [phuk tit] การผูกติด สิ่งที่แนบมา [kan phuk tit, sing thii naep ma] *n* attachment
ผูกมัด [phuk mat] ข้อผูกมัด [kho phuk mat] *n* bond
ผู้ขับขี่ [phu khap khi] *n* rider
ผู้เขียน [phu khian] ผู้เขียนบทละคร [phu khian bot la khon] *n* playwright
ผู้คุ้มกัน [phu khum kan] ผู้คุ้มกันความปลอดภัย [phu khum kan khwam plot phai] *n* security guard
ผู้จัดการ [phu chat kan] *n* manager; เจ้าของและผู้จัดการบาร์ [chao khong lae phu chat kan ba] *n* publican; กรรมการผู้

จัดการ [kam ma kan phu chat kan] *n* managing director; ผู้จัดการหญิง [phu chat kan ying] *n* manageress; ฉันขอพูดกับผู้จัดการ [chan kho phut kap phu chat kan] I'd like to speak to the manager, please
ผู้ช่วย [phu chuai] *n* assistant; การเป็นผู้ช่วยเลี้ยงเด็ก [kan pen phu chuai liang dek] *n* babysitting; ครูผู้ช่วยในห้องเรียน [khru phu chuai nai hong rian] *n* classroom assistant; ผู้ช่วยเลี้ยงเด็ก [phu chuai liang dek] *n* babysitter
ผู้ชาย [phu chai] *n* bloke, guy, male, man; ซึ่งเป็นของผู้ชาย [sueng pen khong phu chai] *adj* male; ผู้ชายที่แต่งตัวเป็นเพศตรงกันข้าม [phu chai thii taeng tua pen phet trong kan kham] *n* transvestite; อย่างผู้ชาย [yang phu chai] *adj* masculine
ผู้โดยสาร [phu doi san] ห้องพักสำหรับผู้โดยสารที่จะเปลี่ยนเครื่องบิน [hong phak sam rap phu doi san thii ja plian khrueang bin] *n* transit lounge
ผู้ต้องสงสัย [phu tong song sai] *n* suspect
ผู้ติดยาเสพติด [phu tit ya sep tit] addict
ผู้ถือหุ้น [phu thue hun] *n* shareholder
ผู้ถูกขัง [phu thuk khang] *n* prisoner
ผู้แทน [phu thaen] ผู้แทนการขาย [phu thaen kan khai] *n* sales rep; ผู้แทนจำหน่าย [phu thaen cham nai] *n* distributor
ผู้นำ [phu nam] *n* leader
ผู้บริหาร [phu bo ri han] คณะผู้บริหาร [kha na phu bo ri han] *n* management
ผู้บังคับบัญชา [phu bang khap ban cha] *n* superior
ผู้ปกครอง [phu pok khrong] มีสิ่งอำนวยความสะดวกสำหรับผู้ปกครองและเด็กไหม? [mii sing am nuai khwam sa duak sam rap phu pok khrong lae dek mai] Are there facilities for parents with babies?
ผู้เยาว์ [phu yao] *n* minor
ผู้สืบตำแหน่ง [phu suep tam naeng] *n* successor
ผู้แสดง [phu sa daeng] ผู้แสดงแทนในฉากเสี่ยงอันตราย [phu sa daeng thaen nai chak siang an ta rai] *n* stuntman
ผู้หญิง [phu ying] *n* woman; เด็กผู้หญิงที่มีพฤติกรรมคล้ายเด็กผู้ชาย [dek phu ying thii mii phruet ti kam khlai dek phu chai] *n* tomboy; คุณผู้หญิง [khun phu ying] *n* madam; ผู้หญิงที่รับอุ้มท้องแทน [phu ying thii rap um thong taen] *n* surrogate mother
ผู้ใหญ่ [phu yai] *n* adult, grown-up; เป็นผู้ใหญ่ [pen phu yai] *adj* mature; นักเรียนผู้ใหญ่ [nak rian phu yai] *n* mature student
เผชิญหน้า [pha choen na] *v* face
เผด็จการ [pha det kan] ผู้เผด็จการ [phu pha det kan] *n* dictator
เผยแพร่ [phoei phrae] กระจายเสียง เผยแพร่ [kra jai siang phoei prae] *v* broadcast
เผ่า [phao] *n* tribe
เผาผลาญ [phao phan] กระบวนการเผาผลาญอาหาร [kra buan kan phao phlan a han] *n* metabolism
เผาไหม [khao mai] เผาไหม้ทำลายลง [phao mai tham lai long] *v* burn down; ไหม้ เผาไหม้ [mai, phao mai] *n* burn; การติดเครื่อง [kan tit khrueang] *n* ignition
แผ [phae] แผ่ออกไป [phae ok pai] *v* spread out
แผง [phlaeng] แผงหน้าปัดรถยนต์ [phaeng na pat rot yon] *n* dashboard; แผงขายของ [phaeng khai khong] stall
แผ่น [phaen] แผ่นรองเมาส์ [phaen rong mao] *n* mouse mat; แผ่นดิสก์ [phaen dis] *n* compact disc; แผ่นบันทึก [phaen ban thuek] *n* floppy disk, hard disk
แผนก [pha naek] *n* department; แผนกชุดชั้นในอยู่ที่ไหน? [pha naek chut chan nai yu thii nai] Where is the lingerie department?

แผนกฉุกเฉิน [pha naek chuk choen] แผนกฉุกเฉินอยู่ที่ไหน? [pha naek chuk choen yu thii nai] Where is casualty?; ฉันต้องไปที่แผนกฉุกเฉิน [chan tong pai thii pha naek chuk choen] I need to go to casualty

แผนการ [phaen kan] *n* plan, scheme

แผ่นดิน [phaen din] แผ่นดินใหญ่ [phaen din yai] *n* mainland; แผ่นดินถล่ม [phaen din tha lom] *n* landslide

แผ่นดินไหว [phaen din wai] *n* earthquake; คลื่นซึนามิเกิดจากแผ่นดินไหวใต้ทะเล [khluen sue na mi koet chak phaen din wai tai tha le] *n* tsunami

แผนที่ [phaen thi] *n* map; แผนที่ถนน [phaen thii tha non] *n* road map, street map, street plan; สมุดแผนที่ [sa mut phaen thii] *n* atlas; คุณมีแผนที่เส้นทางสกีไหม? [khun mii phaen thii sen thang sa ki mai] Do you have a map of the ski runs?

แผ่นพับ [phaen phap] *n* pamphlet; แผ่นพับโฆษณา [phaen phap khot sa na] *n* brochure

แผนภาพ [phaen phap] *n* diagram

แผ่นเสียง [phaen siang] ผู้จัดรายการดนตรีแผ่นเสียง [phu chat rai kan don tree phaen siang] *n* disc jockey

แผล [phlae] แผลเป็น [phlae pen] *n* scar; แผลเปื่อย [phlae pueai] *n* cold sore, ulcer; แผลถูกแมลงกัดต่อย [phlae thuk ma laeng kat toi] *v* sting

โผล [phlo] ซึ่งโผล่อย่างฉับพลัน [sueng phlo yang chap phlan] *n* pop-up

ไผ่ [phai] ต้นไผ่ [ton phai] *n* bamboo

ฝน [fon] *n* rain; เสื้อกันฝน [suea kan fon] *n* raincoat; ฝนตกหนักมาก [fon tok nak mak] *n* downpour; ฝนที่เป็นกรด [fon thii pen krot] *n* acid rain; คุณคิดว่าฝนจะตกไหม? [khun kit wa fon ja tok mai] Do you think it's going to rain?

ฝนตก [fon tok] *v* rain; ซึ่งมีฝนตก [sueng mii fon tok] *adj* rainy; ฝนตกปรอย ๆ [fon tok proi proi] *n* drizzle

ฝรั่งเศส [fa rang set] *adj* เกี่ยวกับชาวฝรั่งเศส [kiao kap chao fa rang set] *adj* French ▷ *n* หญิงฝรั่งเศส [ying fa rang set] *n* Frenchwoman; ชายฝรั่งเศส [chai fa rang set] *n* Frenchman

ฝักบัว [fak bua] ฝักบัวรดน้ำต้นไม้ [fak bua rot nam ton mai] *n* watering can; ห้องอาบน้ำฝักบัวสกปรก [hong aap nam fak bua sok ka prok] The shower is dirty

ฝัง [fang] *v* bury

ฝั่ง [fang] เราขึ้นฝั่งตอนนี้ได้ไหม? [rao khuen fang ton nii dai mai] Can we go ashore now?

ฝังเข็ม [fang khem] การฝังเข็ม [kan fang khem] *n* acupuncture

ฝัน [fan] *v* dream; ความฝัน [khwam fan] *n* dream; ฝันร้าย [fan rai] *n* nightmare

ฝา [fa] ฝากระโปรงรถยนต์ [fa kra prong rot yon] *n* bonnet *(car)*; ฝาปิด [fa pit] *n* lid
ฝ่ามือ [fa mue] *n* palm *(part of hand)*
ฝ่าย [fai] ฝ่ายตรงข้าม [fai trong kham] *n* opponent, opposition; ฝ่ายบุคคล [fai buk khon] *n* personnel
ฝ้าย [fai] ผ้าฝ้าย [pha fai] *n* cotton
ฝี [fi] *n* abscess; ฉันมีฝี [chan mii fii] I have an abscess
ฝีมือ [fi mue] ช่างฝีมือ [chang fi mue] *n* craftsman
ฝึก [fuek] การฝึก [kan fuek] *n* training; ผู้ได้รับการฝึก [phu dai rap kan fuek] *n* trainee; ผู้ฝึก [phu fuek] *n* trainer
ฝึกงาน [fuek ngan] ผู้ฝึกงาน [phu fuek ngan] *n* apprentice
ฝึกซ้อม [fuek som] *v* practise, rehearse; การฝึกซ้อม [kan fuek som] *n* rehearsal; การฝึกซ้อมที่ทำเป็นประจำ [kan fuek som thii tham pen pra cham] *n* practice
ฝึกฝน [fuek fon] การฝึกฝน [kan fuek fon] *n* drill
ฝุ่น [fun] *n* dust; ซึ่งปกคลุมไปด้วยฝุ่น [sueng pok khlum pai duai fun] *adj* dusty; ที่ปัดฝุ่นพร้อมแปรง [thii pat fun phrom praeng] *n* dustpan
ฝูงชน [fung chon] *n* crowd; ซึ่งเต็มไปด้วยฝูงชน [sueng tem pai duai fung chon] *adj* crowded
ฝูงสัตว์ [fung sat] *n* flock, herd
เฝ้า [fao] *v* guard; เฝ้าระวังดู [fao ra wang du] *v* watch out; คุณเห็นคนเฝ้ารถไฟไหม? [khun hen khon fao rot fai mai] Have you seen the guard?
เฝ้าดู [fao du] *vt* watch
เฝือก [fueak] *n* splint
แฝด [faet] แฝดสาม [faer sam] *npl* triplets; คู่แฝด [khu faet] *n* twin
ไฝ [fai] *n* mole *(skin)*; ก้อนเล็ก ๆ ที่ขึ้นบนผิวหนัง เช่น ไฝหรือหูด [kon lek lek thii khuen bon phio nang chen fai rue hut] *n* wart

พจนานุกรม [phot cha na nu krom] *n* dictionary
พ่น [phon] *v* spray
พ้น [phan] พ้นกำหนดเวลา [phon kam not we la] *adj* overdue
พ้นโทษ [phon thot] การพ้นโทษอย่างมีเงื่อนไขหรือทำทัณฑ์บนไว้ [kan phon thot yang mii nguean khai rue tham than bon wai] *n* parole
พนักงาน [pha nak ngan] *n* staff *(workers)*; แอร์โฮสเตส [ae hot sa tet] *n* air hostess; พนักงานขาย [pha nak ngan khai] *n* sales assistant, salesperson; พนักงานขายหญิง [pha nak ngan khai ying] *n* saleswoman
พนักงานต้อนรับ [pha nak ngan ton rap] *n* receptionist
พนักงานหญิงบริการบนเครื่องบิน [pha nak ngan ying] air hostess
พนัน [pha nan] *vi* bet; เกมส์พนันรูเลทท์ [kem pha nan ru let] *n* roulette; เครื่องหยอดเหรียญสำหรับเล่นการพนัน [khrueang yot rian sam rap len kan pha nan] *n* fruit machine; เครื่องหยอดเหรียญสำหรับเล่นพนัน [khrueang yot rian sam rap len pha nan] *n* slot

machine
พบ [phop] ชุมนุม จัดให้พบกัน [chum num, chat hai phop kan] *vi* meet; พบเห็น [phop hen] *vt* spot; พบโดยบังเอิญ ตอนรับ [phop doi bang oen, ton rab] *vt* meet; เราจะพบกันได้ที่ไหน? [rao ja phop kan dai thii nai] Where can we meet?
พม่า [pha ma] เกี่ยวกับประเทศพม่า [kiao kap pra thet pha ma] *adj* Burmese; ชาวพม่า [chao pha ma] *n* Burmese *(person)*; ประเทศพม่า [pra tet pha ma] *n* Burma, Myanmar
พยักหน้า [pha yak na] *v* nod
พยัญชนะ [pha yan cha na] ตัวพยัญชนะ [tua pha yan cha na] *n* consonant
พยากรณ์ [pha ya kon] การพยากรณ์ [kan pha ya kon] *n* forecast; การพยากรณ์อากาศ [kan pha ya kon a kat] *n* weather forecast; พยากรณ์อากาศเป็นอย่างไร? [pha ya kon a kaat pen yang rai] What's the weather forecast?
พยางค์ [pha yang] *n* syllable
พยาธิ [pha yat] *n* worm
พยาน [pha yan] *n* witness; คุณเป็นพยานให้ฉันได้ไหม? [khun pen pha yan hai chan dai mai] Can you be a witness for me?
พยาบาล [pha ya ban] รถพยาบาล [rot pha ya ban] *n* ambulance; นางพยาบาลผดุงครรภ์ [nang pha ya baan pa dung khan] *n* midwife; ฉันอยากพูดกับพยาบาล [chan yak phut kap pha ya baan] I'd like to speak to a nurse
พยายาม [pha ya yom] *v* attempt, struggle, try; ความพยายาม [khwam pha ya yam] *n* attempt, effort, struggle, try
พรม [phrom] *n* carpet; พรมที่ปูติดแน่น [phrom thii pu tit naen] *n* fitted carpet; พรมผืนเล็ก [phrom phuen lek] *n* rug
พรมแดน [phrom daen] เขตพรมแดน [khet phrom daen] *n* frontier
พรรคการเมือง [phak kan muang] พรรคการเมืองฝ่ายซ้าย [phak kan mueang fai sai] *adj* left-wing; พรรคการเมืองอนุรักษนิยม [phak kan mueang a nu rak ni yom] *adj* right-wing
พรสวรรค์ [pon sa wan] มีพรสวรรค์ [mii phon sa wan] *adj* gifted
พรหมจารีย์ [phrom ma chan] หญิงพรหมจารีย์ [ying prom ma cha ri] *n* virgin
พร้อม [phrom] *adj* ready; ซึ่งมีทุกอย่างพร้อมในตัว [sueng mii thuk yang prom nai tua] *adj* self-contained; คุณพร้อมหรือยัง? [khun phrom rue yang] Are you ready?; ฉันพร้อมแล้ว [chan phrom laeo] I'm ready
พร้อมกัน [phrom kan] โดยเกิดขึ้นพร้อมกัน [doi koet khuen phrom kan] *adv* simultaneously; ที่พร้อมกัน [thii phrom kan] *adj* simultaneous
พระ [phra] *n* monk, priest; ที่อยู่ของพระ [thii yu khong phra] *n* monastery; พระในคริสต์ศาสนา [phra nai khris sat sa na] *n* vicar; พระในศาสนายิว [phra nai sat sa na yio] *n* rabbi
พระจันทร์ [phra chan] *n* moon; น้ำผึ้งพระจันทร์ [nam phueng phra chan] *n* honeymoon; พระจันทร์เต็มดวง [phra chan tem duang] *n* full moon
พระเจ้า [phra chao] *n* god; ผู้เชื่อว่าพระเจ้าไม่มีจริง [phu chuea wa phra chao mai mii ching] *n* atheist; พระเจ้าศาสนาอิสลาม [phra chao sat sa na is sa lam] *n* Allah
พระเจ้าแผ่นดิน [phra chao phaen din] *n* king
พระพุทธรูป [phra phut tha rup] *n* Buddha
พระมหากษัตริย์ [phra ma ha ka sat] การปกครองโดยมีพระมหากษัตริย์เป็นประมุข [kan pok khrong doi mii phra ma ha ka sat pen pra muk] *n* monarchy
พระเยซู [phra ye su] คำสอนของพระเยซู [kham son khong phra ye su] *n* gospel;

พระเยซูคริสต์ [phra ye su khris] *n* Christ, Jesus
พระราชวัง [phra rat cha wang] *n* palace; พระราชวังเปิดให้สาธารณะชนเข้าชมไหม? [phra rat cha wang poet hai sa tha ra na chon khao chom mai] Is the palace open to the public?; พระราชวังจะเปิดเมื่อไร? [phra rat cha wang ja poet muea rai] When is the palace open?
พระราชินี [phra ra chi ni] *n* queen
พระสันตปาปา [phra san ta pa pa] พระสันตปาปาหัวหน้าบิชชอปและผู้นำของนิกายโรมันคาทอลิค [phra san ta pa pa hua na bis chop lae phu nam khong ni kai ro man kha tho lik] *n* pope
พระอาทิตย์ [phra a thit] *n* sun
พระอาทิตย์ขึ้น [phra a thit khuen] *n* sunrise
พระอาทิตย์ตก [phra a thit tok] *n* sunset
พรายแสง [phrai saeng] พรายแสง ฉลาดเยี่ยม [phrai saeng, cha lat yiam] *adj* brilliant
พริก [phrik] *n* chilli
พริกไทย [prik thai] กระปุกบดพริกไทย [kra puk bod prik thai] *n* peppermill; พริกไทยป่น [phrik thai pon] *n* pepper
พรุ่งนี้ [phrung ni] *adj* tomorrow; เปิดพรุ่งนี้ไหม? [poet phrung nii mai] Is it open tomorrow?; คืนพรุ่งนี้ [khuen phrung nii] tomorrow night; ฉันโทรหาคุณพรุ่งนี้ได้ไหม? [chan tho ha khun phrung nii dai mai] May I call you tomorrow?
พฤติกรรม [phrue ti kam] *n* behaviour
พฤศจิกายน [prue sa chi ka yon] เดือนพฤศจิกายน [duean phruet sa chi ka yon] *n* November
พฤษภ [phruek sop] ราศีพฤษภ [ra si phrue sop] *n* Taurus
พฤษภาคม [prue sa pha khom] เดือนพฤษภาคม [duean phruet sa pha khom] *n* May
พฤหัสบดี [pha rue hat sa bo di] วันพฤหัสบดี [wan pha rue hat sa bo di] *n* Thursday
พลเมือง [phon la muang] *n* citizen; ความเป็นพลเมือง [khwam pen phon la mueang] *n* citizenship; พลเมืองอาวุโส [phon la mueang a wu so] *n* senior citizen
พลเรือน [phon la ruan] *n* civilian; เกี่ยวกับพลเรือน [kiao kap phon la ruean] *adj* civilian
พลัง [pha lang] เต็มไปด้วยพลังและความคิดสร้างสรรค์ [tem pai duai pha lang lae khwam kit sang san] *adj* dynamic
พลังงาน [pha lang ngan] *n* energy; หน่วยพลังงานความร้อน [nuai pha lang ngan khwam ron] *n* calorie; พลังงานแสงอาทิตย์ [pha lang ngan saeng a thit] *n* solar power
พลับพลา [phlap phla] *n* pavilion
พลัม [phlam] ลูกพลัม [luk phlam] *n* plum
พลั่ว [phlua] *n* shovel, spade
พลาด [phlat] *n* slip *(mistake)*; พลาด ไม่เห็น ไม่เข้าใจ ไม่ได้ยิน [phlat, mai hen, mai khao jai, mai dai yin] *vt* miss
พลาสติก [phlas tik] ซึ่งทำด้วยพลาสติก [sueng tham duai phlat sa tik] *adj* plastic; ถุงพลาสติก [thung phas tik] *n* plastic bag, polythene bag; วัตถุพลาสติก [wat thu phlas tik] *n* plastic
พลาสเตอร์ [plas toe] *n* Elastoplast®; พลาสเตอร์ปิดแผล [phlas toe pit phlae] *n* plaster *(for wound)*
พลิก [phlik] พลิกเอาด้านบนลงล่าง [phlik ao dan bon long lang] *adv* upside down; พลิกหงาย [phlik ngai] *v* turn up
พวก [phuak] สมัครพรรคพวก [sa mak phak phuak] *n* gang
พวกเขา [phuak khao] *pron* them, they; ด้วยตัวของพวกเขาเอง [duai tua khong phuak khao eng] *pron* themselves
พวกคุณ [phuak khun] *pron* you *(plural)*; ตัวพวกคุณเอง [tua phuak khun eng] *pron* yourselves
พวกท่าน [phuak than] ตัวพวกท่านเอง [tua phuak than eng] *pron* yourselves

(polite)

พวกเรา [phuak rao] *pron* we; ตัวของพวกเราเอง [tua khong phuak rao eng] *pron* ourselves

พวง [phuang] กลุ่ม พวง รวง เครือ [klum, phuang, ruang, khruea] *n* bunch

พ่วง [phuang] รถพ่วง [rot phuang] *n* trailer

พวงมาลัยรถ [phuang ma lai] *n* steering wheel

พหูพจน์ [pha hu phot] *n* plural

พอ [pho] แค่นั้นพอแล้ว ขอบคุณ [khae nan pho laeo khop khun] That's enough, thank you

พ่อ [pho] *n* dad, daddy, father; พ่อเลี้ยง [pho liang] *n* stepfather; พ่อหรือแม่ [pho rue mae] *n* parent; พ่อหรือแม่ที่เลี้ยงลูกคนเดียว [pho rue mae thii liang luk khon diao] *n* single parent

พอกัน [pho kan] อย่างพอ ๆ กัน [yang pho pho kan] *prep* as

พ่อครัว [pho khrua] *n* cook; หัวหน้าพ่อครัว [hua na pho khrua] *n* chef

พ่อค้า [pho kha] พ่อค้าขายผลิตภัณฑ์ประเภทยาสูบ [pho kha khai pha lit ta phan pra phet ya sup] *n* tobacconist's

พอง [phong] โป่งหรือพองเหมือนถุง [pong rue phong muean thung] *adj* baggy; ที่ทำให้พองได้ [thii tham hai phong dai] *adj* inflatable

พอใจ [pho chai] *adj* pleased, satisfied; เบื่อและไม่พอใจ [buea lae mai pho jai] *adj* restless; ไม่น่าพอใจ [mai na pho jai] *adj* unsatisfactory; ร้องแสดงความพอใจ [rong sa daeng khwam pho jai] *v* purr; ฉันไม่พอใจกับสิ่งนี้ [chan mai pho jai kap sing nii] I'm not satisfied with this

พอใช้ได้ [pho chai dai] *adj* okay ▷ *adv* pretty

พอดี [pho di] *vi* fit; ความพอดี [khwam pho dii] *n* fit; ฉันใส่ไม่พอดี [chan sai mai pho dii] It doesn't fit me

พอประมาณ [pho pra man] ความพอประมาณ [khwam pho pra man] *n* moderation

พอเพียง [pho phiang] *adj* enough; ไม่พอเพียง [mai pho phiang] *adj* skimpy; จำนวนที่พอเพียง [cham nuan thii pho phiang] *pron* enough; อย่างไม่พอเพียง [yang mai pho phiang] *adv* scarcely

พ่อมด [pho mot] *n* sorcerer

พ่อแม่ [pho mae] *npl* parents

พ่อหม้าย [pho mai] *n* widower

พัก [phak] การหยุดพักระหว่างทาง [kan yut phak ra wang thang] *n* stopover; การพักอยู่ [kan phak yu] *n* stay; พักอยู่ [phak yu] *v* stay; คุณพักที่ไหน? [khun phak thii nai] Where are you staying?

พักผ่อน [phak phon] *vi* relax, rest; สถานที่ที่คนไปออกกำลังกายหรือพักผ่อน [sa than thii thii khon pai ok kam lang kai rue phak phon] *n* leisure centre; การพักผ่อน [kan phak phon] *n* relaxation, rest

พักอาศัย [phak a sai] เขตที่มีที่พักอาศัย [khet thii mii thii phak a sai] *adj* residential; ผู้พักอาศัย [phu phak a sai] *n* resident

พังทลาย [phang tha lai] *v* collapse

พังพอน [phang phon] สัตว์คล้ายพังพอน [sat khlai phang phon] *n* ferret

พัฒนา [phat tha na] การพัฒนา [kan phat ta na] *n* development; การพัฒนาต่อเนื่อง [kan phat ta na to nueang] *n* process; ประเทศที่กำลังพัฒนา [pra tet thii kam lang phat ta na] *n* developing country

พัดลม [phat lom] *n* fan; มีพัดลมในห้องไหม? [mii phat lom nai hong mai] Does the room have a fan?

พัน [phan] *v* wind *(coil around)*; เศษหนึ่งส่วนพัน [set nueng suan phan] *n* thousandth; หนึ่งพัน [nueng phan] *number* thousand; ที่หนึ่งพัน [thii nueng phan] *adj* thousandth

พันธมิตร [phan tha mit] *n* alliance

พันธุ์ [phan] *n* breed; สายพันธุ์ [sai phan] *n* gene; คนสัตว์หรือพืชที่เป็นพันธุ์ผสม

[khon sat rue phuet thii pen phan pha som] *n* mongrel
พันธุกรรม [phan thu kam] รหัสทางพันธุกรรม [ra hat thang phan tu kam] *n* DNA
พันธุ์ไม้ [phan mai] ชื่อพันธุ์ไม้ชนิดหนึ่ง [chue phan mai cha nit nueng] *n* hyacinth; พันธุ์ไม้มีหนามจำพวกหนึ่ง [phan mai mii nam cham phuak nueng] *n* thistle; พันธุ์ไม้ชนิดหนึ่งใช้ดอกทำอาหาร [phan mai cha nit nueng chai dok tham a han] *n* artichoke
พันธุศาสตร์ [pan thu sat] *n* genetics; เกี่ยวกับพันธุศาสตร์ [kiao kap phan thu sat] *adj* genetic; ซึ่งเปลี่ยนแปลงทางพันธุศาสตร์ [sueng plian plang thang phan tu sat] *adj* genetically-modified; ตัวย่อของแก้ไขเปลี่ยนแปลงเกี่ยวกับพันธุศาสตร์ [tua yo khong kae khai plian plang kiao kap phan thu sat] *abbr* GM
พันเอก [phan ek] *n* colonel
พับ [phap] *vt* fold; รอยพับ [roi phap] *n* fold; ที่พับเก็บได้ [thii phap kep dai] *adj* folding
พัสดุ [phat sa du] *n* parcel; ราคาส่งกล่องพัสดุใบนี้เท่าไร? [ra kha song klong phat sa du bai nii thao rai] How much is it to send this parcel?; ฉันอยากส่งกล่องพัสดุใบนี้ [chan yak song klong phat sa du bai nii] I'd like to send this parcel
พา [pha] คุณช่วยพาฉันไปที่อู่ได้ไหม? [khun chuai pha chan pai thii u dai mai] Can you give me a lift to the garage?; คุณพาฉันไปโดยรถยนต์ได้ไหม? [khun pha chan pai doi rot yon dai mai] Can you take me by car?; ช่วยพาฉันไปใจกลางเมือง [chuai pha chan pai jai klang mueang] Please take me to the city centre
พาย [phai] *v* row *(in boat)*; ขนมแอปเปิ้ลพาย [kha nom ap poen phai] *n* apple pie; ขนมพาย [kha nom phai] *n* pie; ขนมพายไส้ต่าง ๆ [kha nom phai sai tang tang] *n* tart
พ่ายแพ้ [phai phae] *vi* lose; ความพ่ายแพ้ [khwam phai phae] *n* defeat; ทำให้พ่ายแพ้ [tham hai phai phae] *v* beat *(outdo)*, defeat; ทำให้พ่ายแพ้ไม่ได้ [tham hai phai phae mai dai] *adj* unbeatable
พายเรือ [phai ruea] *vt* paddle; ไม้พายเรือ [mai phai ruea] *n* paddle; การพายเรือ [kan phai ruea] *n* rowing
พายุ [pha yu] *n* storm; ลมพายุ [lom pha yu] *n* gale; ราวกับพายุ [rao kap pha yu] *adj* stormy; พายุเฮอริเคน [pha yu hoe ri khen] *n* hurricane; คุณคิดว่าจะมีพายุหรือไม่? [khun kit wa ja mii pha yu rue mai] Do you think there will be a storm?
พาราไกลด์ดิ้ง [pha ra klai ding] คุณจะไปพาราไกลดิ้งได้ที่ไหน? [khun ja pai pha ra klai ding dai thii nai] Where can you go paragliding?
พาราเซทตามอล [pa ra set ta mon] ฉันอยากได้พาราเซทตามอล [chan yak dai pha ra set ta mon] I'd like some paracetamol
พาราเซลลิ่ง [pha ra sen ling] คุณจะไปพาราเซลลิ่งได้ที่ไหน? [khun ja pai pha ra sen ling dai thii nai] Where can you go para-sailing?
พาราฟิน [pha ra fin] *n* paraffin
พาสต้า [pas ta] พาสต้า อาหารจำพวกแป้ง [phas ta a han cham phuak paeng] *n* pasta; ฉันอยากได้พาสต้าเป็นรายการแรก [chan yak dai phas ta pen rai kan raek] I'd like pasta as a starter
พาสเตอร์ [pas toe] ผ้าพาสเตอร์ [pha phas toe] *n* Band-Aid®
พาสลี่ [phat sa li] พาสลี่ ผักใช้ปรุงอาหาร [phas li phak chai prung a han] *n* parsley
พาหนะ [pha ha na] พาหนะขนส่งสาธารณะ [pha ha na khon song sa tha ra na] *n* shuttle
พิการ [phi kan] *adj* disabled, handicapped; เก้าอี้เข็นสำหรับคนป่วยหรือคนพิการ [kao ii khen sam rap khon

puai rue khon phi kan] *n* wheelchair; โรคอาการพิการทางสมอง [rok a kan phi kan thang sa mong] *n* Down's syndrome; คนพิการ [khon phi kan] *npl* disabled
พิง [phing] *v* lean
พิจารณา [phi cha ra na] *v* regard, consider; คิดว่า พิจารณาว่า [khit wa, phi cha ra na wa] *v* reckon; พิจารณาใหม่ [phi cha ra na mai] *v* reconsider
พิจารณาคดี [phi cha ra na kha di] การพิจารณาคดี [kan phi cha ra na kha di] *n* trial
พิจิก [phi chik] ราศีพิจิก [ra si phi chik] *n* Scorpio
พิซซา [phit sa] *n* pizza
พิณ [phin] พิณตั้ง [phin tang] *n* harp
พิธี [phi thi] พิธีแมสในโบถส์ [phi ti maes nai bot] *n* mass *(church)*
พิธีกร [phi thi kon] *n* compere
พิธีกรรม [phi thi kam] เกี่ยวกับพิธีกรรม [kiao kap phi thi kam] *adj* ritual; พิธีกรรมทางศาสนา [phi ti kam thang sat sa na] *n* ritual
พิธีการ [phi thi kon] *n* ceremony
พิธีแมส [phi thi maet] ทำพิธีแมสเมื่อไร [tham phi thi maes muea rai] When is mass?
พินัยกรรม [phi nai kam] *n* will *(document)*
พินาศ [phi nat] ทำให้พินาศ [tham hai phi nat] *v* ruin
พิพากษา [phi phak sa] การพิพากษา [kan phi phak sa] *n* sentence *(punishment)*; ผู้พิพากษา [phu phi phak sa] *n* judge
พิพิธภัณฑ์ [phi phit tha phan] *n* museum; พิพิธภัณฑ์เปิดตอนเช้าไหม? [phi phit tha phan poet ton chao mai] Is the museum open in the morning?; พิพิธภัณฑ์เปิดตอนบ่ายไหม? [phi phit tha phan poet ton bai mai] Is the museum open in the afternoon?; พิพิธภัณฑ์เปิดวันอาทิตย์ไหม? [phi phit tha phan poet wan a thit mai] Is the museum open on Sundays?
พิมพ์ [phim] *v* print, type; สิ่งพิมพ์ [sing phim] *n* print; การพิมพ์ผิด [kan phim phit] *n* misprint; ข้อมูลที่พิมพ์ออกจากเครื่องคอมพิวเตอร์ [kho mun thii phim ok chak khrueang khom pio toe] *n* printout; ค่าพิมพ์ราคาเท่าไร? [kha phim ra kha thao rai] How much is printing?
พิราบ [phi rap] นกพิราบ [nok phi rap] *n* dove, pigeon
พิเศษ [phi set] *adj* special; เป็นพิเศษ [pen phi set] *adj* extra; การขายสินค้าราคาพิเศษ [kan khai sin kha ra kha phi set] *n* special offer; ดีเป็นพิเศษ [di pen phi set] *adj* exceptional
พิษ [phit] เลือดเป็นพิษ [lueat pen phit] *n* blood poisoning; มีพิษ [mii phit] *adj* toxic; ซึ่งเป็นพิษ [sueng pen phit] *adj* poisonous
พิสูจน์ [phi sut] *v* prove; ข้อพิสูจน์ [kho phi sut] *n* proof *(for checking)*; พิสูจน์ว่ามีความผิด [phi sut wa mii khwam phit] *v* convict; พิสูจน์ว่าถูกต้อง [phi sut wa thuk tong] *v* justify
พี่ [phi] น้องสะใภ้หรือพี่สะใภ้ [nong sa phai rue phii sa phai] *n* sister-in-law; พี่เขยหรือน้องเขย [phi khoei rue nong khoei] *n* brother-in-law; พี่ชายหรือน้องชาย [phi chai rue nong chai] *n* brother
พีช [phuet] ลูกพีช [luk phiit] *n* peach
พี่ชาย [phi chai] พี่ชายน้องชายต่างบิดา [phi chai nong chai tang bi da] *n* stepbrother
พี่น้อง [phi nong] *npl* siblings
พี่เลี้ยง [phi liang] พี่เลี้ยงดูแลเด็ก [phi liang du lae dek] *n* nanny
พี่สาว [phi sao] พี่สาวหรือน้องสาว [phi sao rue nong sao] *n* sister; พี่สาวน้องสาวต่างบิดา [phi sao nong sao tang bi da] *n* stepsister
พึ่งพา [phueng pha] *v* lean on; พึ่งพาได้ [phueng pha dai] *v* count on
พืช [phuet] *n* plant; ใบพืชที่มีรสแรงใช้ทำสลัดและสำหรับตกแต่งอาหาร [bai phuet

thii mii rot raeng chai tham sa lat lae sam rap tok taeng a han] *n* cress; สัตว์และพืชป่า [sat lae phuet pa] *n* wildlife; พืชคล้ายหัวหอมมีก้านยาวสีเขียว [phuet khlai hua hom mii kan yao sii khiao] *npl* chives; เราอยากเห็นพืชของท้องถิ่น [rao yak hen phuet khong thong thin] We'd like to see local plants and trees
พืชผัก [phuet phak] *n* vegetation
พื้น [phuen] *n* floor; วางลงบนพื้น [wang long bon phuen] *v* ground
พื้นฐาน [phuen than] โครงสร้างพื้นฐาน เช่น ถนน สะพาน [khrong sang phuen than chen tha non sa phan] *n* infrastructure; โดยพื้นฐาน [doi phuen than] *adv* basically; สิ่งที่เป็นพื้นฐาน [sing thii pen phuen than] *npl* basics
พื้นดิน [phuen din] *n* ground
พื้นที่ [phuen thi] โครงยกพื้นที่ใช้สำหรับสร้างหรือซ่อมตึกหรือสถานที่ต่าง ๆ [khrong yok phuen thii chai sam rap sang rue som tuek rue sa than thii tang tang] *n* scaffolding; พื้นที่ลาดเอียง [phuen thii lat iang] *n* slope; พื้นที่บริการ [phuen thii bo ri kan] *n* service area
พื้นเมือง [phuen mueang] *adj* native
พื้นราบ [phuen rap] *n* plane *(surface)*
พุ่ง [phung] พุ่งไปอย่างรวดเร็ว [phung pai yang ruat reo] *v* plunge
พุ่งหลาว [phung lao] กีฬาพุ่งหลาว [ki la phung lao] *n* javelin
พุดดิ้ง [phut ding] ก้อนพุดดิ้ง [kon phut ding] *n* dumpling
พุดเดิ้ล [put doen] สุนัขพันธุ์พุดเดิ้ล [su nak phan put doen] *n* poodle
พุทธ [phut] เกี่ยวกับชาวพุทธ [kiao kap chao phut] *adj* Buddhist; ชาวพุทธ [chao phut] *n* Buddhist; ศาสนาพุทธ [sat sa na phut] *n* Buddhism
พุธ [phut] วันพุธ [wan phut] *n* Wednesday
พุพอง [phu phong] แผลพุพอง [phlae phu phong] *n* blister
พุ่มไม้ [phum mai] *n* bush *(thicket)*, shrub
พูด [phut] *v* say, speak; ไม่สามารถพูดได้ [mai sa mat phut dai] *adj* speechless; การพูด [kan phut] *n* saying; การพูดเกินความจริง [kan phut koen khwam ching] *n* exaggeration; มีใครที่นี่พูดภาษา...ไหม? [mii khrai thii ni phut pha sa…mai] Does anyone here speak...?
พูดติดอ่าง [put tit ang] *v* stammer
พูดเยาะเย้ย [put yo yoei] *v* scoff
เพ่ง [pheng] เพ่งความสนใจ [pheng khwam son jai] *v* concentrate
เพชร [pet] *n* diamond
เพชรพลอย [pet ploi] *n* gem, jewel; เครื่องเพชรพลอย [khrueang phet ploy] *n* jewellery; คนขายซื้อและซ่อมเครื่องเพชรพลอย [khon khai sue lae som khrueang phet ploi] *n* jeweller; ที่ร้านขายเครื่องเพชรพลอย [thii ran khai khrueang phet ploy] *n* jeweller's
เพดาน [phe dan] *n* ceiling; ห้องเพดาน [hong phe dan] *n* loft
เพ็นกวิน [pen kwin] นกเพ็นกวิน [nok phen kwin] *n* penguin
เพนนิซิลิน [phen ni si lin] ฉันแพ้เพ็นนิซิลิน [chan phae phen ni si lin] I'm allergic to penicillin
เพนนี [pen ni] *n* penny
เพราะ [phro] *prep* due to; เพราะว่า [phro wa] *conj* because
เพราะฉะนั้น [phro cha nan] *adv* therefore
เพราะว่า [phro wa] *conj* that
เพลง [phleng] *n* song; เพลงร้องเดี่ยว [phleng rong diao] *n* solo; เพลงร้องกล่อมเด็ก [phleng rong klom dek] *n* lullaby; เพลงสำหรับวงดนตรีประสานเสียงขนาดใหญ่ [phleng sam rap wong don trii pra san siang kha nat yai] *n* symphony
เพลา [phlao] แกน เพลา [kaen, phlao] axle
เพลิดเพลิน [phloet phloem] ซึ่งสนุกสนานเพลิดเพลิน [sueng sa nuk sa nan phloet

ploen] *adj* entertaining; ทำให้เพลิดเพลิน [tham hai phoet phloen] *v* entertain
เพศ [phet] *n* gender, sex; เรื่องทางเพศ [rueang thang phet] *n* sexuality; เกี่ยวกับเพศ [kiao kap phet] *adj* sexual; เกี่ยวกับเพศตรงข้าม [kiao kap phet trong kham] *adj* heterosexual
เพศสัมพันธ์ [phet sam phan] มีเพศสัมพันธ์กับคนหลายคน [mii phet sam phan kap khon lai khon] *v* sleep around
เพ้อเจ้อ [phoe choe] พูดเพ้อเจ้อ [phut phoe choe] *v* rave
เพาะกาย [pho kai] การเพาะกาย [kan po kai] *n* bodybuilding
เพาะปลูก [pho pluk] ที่เพาะปลูกและเลี้ยงสัตว์ [thii pho pluk lae liang sat] *n* farm
เพิง [phoeng] เพิงเก็บของ [phoeng kep khong] *n* shed
เพิ่ง [phoeng] *adv* just; ฉันเพิ่งมาถึง [chan phoeng ma thueng] I've just arrived
เพิ่ม [phoem] เพิ่มเป็นสามเท่า [poem pen sam thao] *v* treble; เพิ่มมากขึ้นทุกที [poem mak khuen thuk thi] *adv* increasingly; เพิ่มขึ้น [phoem khuen] *v* increase; มีส่วนที่ต้องจ่ายเพิ่มไหม? [mii suan thii tong chai poem mai] Is there a supplement to pay?
เพิ่มขึ้น [phoem khuen] การเพิ่มขึ้น [kan poem khuen] *n* increase
เพียง [phiang] เพียงเท่านั้น [phiang thao nan] *adj* mere
เพียงพอ [phiang pho] *adj* sufficient; ไม่เพียงพอ [mai phiang pho] *adj* inadequate, insufficient
เพี้ยน [phian] คนเพี้ยน [khon phian] *n* nutter
เพื่อ [phuea] *prep* for
เพื่อน [phuean] *n* friend, mate; เพื่อนเจ้าสาว [phuean chao sao] *n* bridesmaid; เพื่อนเจ้าบ่าว [phuean chao bao] *n* best man; เพื่อนเดินทาง [phuean doen thang] *n* companion; ฉันมาที่นี่กับเพื่อน ๆ [chan ma thii ni kap phuean phuean] I'm here with my friends
เพื่อนบ้าน [phuean ban] *n* neighbour
แพ [phae] *n* raft
แพ้ [phae] *adj* allergic; การแพ้ถั่ว [kan phae thua] *n* nut allergy; คนที่แพ้อาหารที่ทำจากข้าวสาลี [khon thii pae a han thii tham chak khao sa lii] *n* wheat intolerance; ยาแก้แพ้ชนิดหนึ่ง [ya kae pae cha nit nueng] *n* antihistamine
แพง [phaeng] *adj* expensive; ไม่แพง [mai phaeng] *adj* inexpensive; ราคาแพงเกินไปสำหรับฉัน [ra kha phaeng koen pai sam rap chan] It's too expensive for me; ราคาค่อนข้างแพง [ra kha khon khang phaeng] It's quite expensive
แพทย์ [phaet] *n* doctor; เจ้าหน้าที่ทางการแพทย์ [chao na thii thang kan phaet] *n* paramedic; แพทย์ผ่าตัด [phaet pha tat] *n* surgeon; ห้องแพทย์ [hong phaet] *n* surgery *(doctor's)*
แพ้ท้อง [phae thong] *n* morning sickness
แพนเค้ก [paen khek] ขนมแพนเค้ก [kha nom phaen khek] *n* pancake
แพนด้า [paen da] หมีแพนด้า [mii phaen da] *n* panda
แพร์ [phae] ลูกแพร์ [luk pae] *n* pear
แพร่ [phrae] แพร่ไปทั่ว [prae pai thua] *adj* widespread; ซึ่งแพร่กระจายได้ [sueng phrae kra jai dai] *adj* contagious
แพะ [phae] *n* goat
โพรง [phlong] เป็นโพรง [pen phrong] *adj* hollow
โพรงกระดูก [phrong kra duk] โพรงกระดูกในศีรษะ [phrong kra duk nai si sa] *n* sinus
ไพ่ [phai] แต้มเอหรือเลขหนึ่งในการเล่นไพ่ [taem e rue lek nueng nai kan len pai] *n* ace; การเล่นไพ่ [kan len pai] *n* playing card
ไพลิน [phai lin] ไพลินสีน้ำเงินหรือสีฟ้าเข้ม [phai lin sii nam ngoen rue sii fa khem] *n* sapphire

ฟ

ฟกช้ำ [fok cham] แผลฟกช้ำ [phlae fok cham] *n* bruise
ฟรี [fri] *adj* free *(no cost)*
ฟลามิงโก [fla ming ko] นกฟลามิงโก [nok fla ming ko] *n* flamingo
ฟอก [fok] *n* bleach; ถูกฟอก [thuk fok] *adj* bleached
ฟอง [fong] *n* bubble; ฟองอาบน้ำ [fong aap nam] *n* bubble bath
ฟองน้ำ [fong nam] *n* sponge *(for washing)*
ฟ้องร้อง [fong rong] *v* charge *(accuse)*, prosecute, sue
ฟักทอง [fak thong] *n* pumpkin
ฟัง [fang] *v* listen, listen to; เครื่องช่วยฟัง [khrueang chuai fang] *n* hearing aid; หูฟัง [hu fang] *npl* earphones; ผู้ฟัง [phu fang] *n* listener
ฟัน [fan] *n* tooth ▷ *v* hack; เกี่ยวกับฟัน [kiao kap fan] *adj* dental; ไหมขัดฟัน [mai khat fan] *n* dental floss; หมอฟัน [mo fan] *n* dentist; ปวดฟันซี่นี้ [puat fan si nii] This tooth hurts
ฟันปลอม [fan plom] คุณซ่อมฟันปลอมฉันได้ไหม? [khun som fan plom chan dai mai] Can you repair my dentures?
ฟ้า [fa] สีฟ้า [sii fa] *adj* blue
ฟางข้าว [fang khao] *n* straw
ฟ้าร้อง [fa rong] เสียงและลักษณะแบบฟ้าร้อง [siang lae lak sa na baep fa rong] *adj* thundery; เสียงฟ้าร้อง [siang fa rong] *n* thunder; ฉันคิดว่าจะมีฟ้าร้อง [chan kit wa ja mii fa rong] I think it's going to thunder
ฟาโรห์ [fa ro] หมู่เกาะฟาโรห์ [mu kao fa ro] *npl* Faroe Islands
ฟ้าแลบ [pha laep] สายฟ้าแลบ [sai fa laep] *n* lightning
ฟาหเรนไฮต์ [fa ren hai] องศาฟาห์เรนไฮต์ [ong sa fa ren hai] *n* degree Fahrenheit
ฟิจิ [fi ji] ประเทศฟิจิ [pra tet fi chi] *n* Fiji
ฟินแลนด์ [fin laen] เกี่ยวกับประเทศฟินแลนด์ [kiao kap pra thet fin laen] *adj* Finnish; ชาวฟินแลนด์ [chao fin laen] *n* Finn, Finnish; ประเทศฟินแลนด์ [pra tet fin laen] *n* Finland
ฟิล์ม [fim] ขอฟิล์มสี [kho fim sii] A colour film, please; คุณช่วยล้างฟิล์มได้ไหม? [khun chuai lang fim dai mai] Can you develop this film, please?; ฉันอยากได้ฟิล์มสีสำหรับกล้องอันนี้ [chan yak dai fim sii sam rap klong an nii] I need a colour film for this camera
ฟิลิปปินส์ [fi lip pin] เกี่ยวกับชาวฟิลิปปินส์ [kiao kap chao fi lip pin] *adj* Filipino; หญิงชาวฟิลิปปินส์ [ying chao fi lip pin] *n* Filipino
ฟิวส์ [fio] กล่องฟิวส์อยู่ที่ไหน? [klong fio yu thii nai] Where is the fusebox?; คุณซ่อมฟิวส์ได้ไหม? [khun som fio dai mai] Can you mend a fuse?; ฟิวส์ขาด [fio khat] A fuse has blown
ฟิสิกส์ [fi sik] นักฟิสิกส์ [nak fi sik] *n* physicist; วิชาฟิสิกส์ [wi cha phi sik] *npl* physics
ฟื้น [fuen] หาย ฟื้น [hai, fuen] *vi* recover; ฟื้นขึ้นมา [fuen khuen ma] *v* come round; ฟื้นจากการเจ็บป่วย [fuen chak kan chep puai] *n* recovery
ฟุตบอล [fut bon] *n* football; เตะฟรีใน

ฟุตบอล [te frii nai fut bal] *n* free kick; กีฬาแข่งขันฟุตบอล [ki la khaeng khan fut bal] *n* football match; การแข่งขันกีฬานานาชาติโดยเฉพาะกีฬาฟุตบอล [kan khaeng khan ki la na na chat doi cha po ki la fut ball] *n* World Cup; มาเล่นฟุตบอลกัน [ma len fut bal kan] Let's play football

ฟุ่มเฟือย [fum fueai] *adj* extravagant

ฟู [fu] ออกเสียงฟู [ok siang fu] *adj* fizzy

เฟอร์ [foe] ต้นเฟอร์ [ton foe] *n* fir (tree)

เฟิร์น [foen] ต้นเฟิร์น [ton foen] *n* fern

แฟ็กซ [faek] ส่งแฟ็กซ [song fak] *v* fax

แฟชั่น [fae chan] *n* fashion

แฟน [faen] เสียใจด้วย ฉันมีแฟนแล้ว [sia jai duai chan mii faen laeo] Sorry, I'm in a relationship

แฟนซี [fan si] ชุดแฟนซี [chut faen si] *n* fancy dress

แฟ้ม [faem] แฟ้มเอกสาร [faem ek ka san] *n* file *(folder)*; แฟ้มในเครื่องคอมพิวเตอร์ใช้เก็บข้อความที่ส่งทางอีเล็กโทรนิค [faem nai khrueang khom phio toe chai kep kho khwam thii song thang i lek tro nik] *n* inbox; จัดเข้าแฟ้ม [chat khao faem] *v* file *(folder)*

แฟรี่ [fae ri] เรือแฟรี่บรรทุกรถต่าง ๆ [ruea fae ri ban thuk rot tang tang] *n* car-ferry

แฟลช [flaet] ไฟแฟลชของกล้องถ่ายรูป [fai flaet khong klong thai rup] *n* flash; ไฟแฟลชไม่ทำงาน [fai flaet mai tham ngan] The flash is not working

โฟม [fom] โฟมโกนหนวด [fom kon nuat] *n* shaving foam

ไฟ [fai] *n* fire; เครื่องอัดไฟ [khrueang at fai] *n* charger; แสงไฟสว่างจ้าที่ใช้ในสนามกีฬาหรือนอกอาคาร [saeng fai sa wang cha thii chai nai sa nam ki la rue nok a khan] *n* floodlight; โคมไฟ [khom fai] *n* lampshade; ทางหนีไฟ [thang nii fai] *n* fire escape

ไฟฉาย [fai chai] *n* flashlight, torch; ไฟฉายที่มีแสงสว่างจ้ามาก [fai chai thii mii saeng sa wang cha mak] *n* spotlight

ไฟแช็ก [fai cheak] *n* lighter

ไฟแช็ค [fai chaek] คุณมีที่เติมก๊าซสำหรับไฟแช็คก๊าซของฉันไหม? [khun mii thii toem kas sam rap fai chaek kas khong chan mai] Do you have a refill for my gas lighter?

ไฟฟ้า [fai fa] *n* electricity; เสาไฟฟ้า [sao fai fa] *n* lamppost; เกี่ยวกับไฟฟ้า [kiao kap fai fa] *adj* electric, electrical; เครื่องกำเนิดไฟฟ้า [khrueang kam noet fai fa] *n* generator; ไม่มีไฟฟ้า [mai mii fai fa] There is no electricity

ไฟล์ [fai] พีดีเอฟไฟล์ [phi di ef fim] *n* PDF

ไฟไหม้ [fai mai] สัญญาณเตือนไฟไหม้ [san yan tuean fai mai] *n* fire alarm

ภรรยา [phan ra ya] *n* wife; สามีหรือภรรยา [sa mii rue phan ra ya] *n* spouse; อดีตภรรยา [a dit phan ra ya] *n* ex-wife; นี่ภรรยาผมครับ [ni phan ra ya phom krap] This is my wife

ภาค [phak] ภาคหรือกลุ่ม [phak rue klum] *n* sector

ภาคภูมิใจ [phak phum chai] ความภาคภูมิใจ [khwam phak phum jai] *n* pride

ภาคเรียน [phak rian] *n* term *(division of year)*

ภาชนะ [pha cha na] ภาชนะใส่ของ [pha cha na sai khong] *n* container

ภาพ [phap] สัญลักษณ์ภาพ [san ya lak phap] *n* icon; ห้องแสดงภาพ [hong sa daeng phap] *n* gallery; จุดที่เล็กที่สุดที่รวมกันเป็นภาพ [chut thii lek thii sut thii ruam kan pen phap] *n* pixel; คุณช่วยใส่ภาพพวกนี้ลงบนซีดีได้ไหม? [khun chuai sai phap phuak nii long bon si di dai mai] Can you put these photos on CD, please?

ภาพพจน์ [phap phot] *n* image

ภาพยนตร์ [phap pha yon] *n* film, movie; โรงภาพยนตร์ [rong phap pha yon] *n* cinema; คำแปลที่เขียนไว้ข้างล่างในภาพยนตร์ [kham plae thii khian wai khang lang nai phap pa yon] *npl* subtitles; ดาราภาพยนตร์ [da ra phap pha yon] *n* film star; ที่มีคำแปลเขียนไว้ข้างล่างในภาพยนตร์ [thii mii kham plae khian wai khang lang nai phap pha yon] *adj* subtitled

ภาพร่าง [phap rang] *n* sketch

ภาพวาด [phap wat] *n* painting

ภายใต้ [phai tai] *adv* underneath

ภายนอก [phai nok] *adj* exterior; ที่ใช้ภายนอก [thii chai phai nok] *adj* external

ภายใน [phai nai] *adj* internal ▷ *adv* inside ▷ *n* interior ▷ *prep* within *(space)*, within *(term)*; นักตกแต่งภายใน [nak tok taeng phai nai] *n* interior designer

ภายหน้า [phai na] *adj* future

ภายหลัง [phai lang] *prep* after

ภารกิจ [pha ra kit] *n* task

ภารโรง [phan rong] *n* janitor

ภาระ [pha ra] *n* burden

ภาวะ [pha wa] ภาวะเงินเฟ้อ [pha wa ngoen foe] *n* inflation; ภาวะไม่อยากหรือทานอาหารไม่ได้ [pha wa mai yak rue than a han mai dai] *n* anorexia; ภาวะฉุกเฉิน [pha wa chuk choen] *n* emergency

ภาษา [pha sa] *n* language; เจ้าของภาษา [chao khong pha sa] *n* native speaker; โรงเรียนสอนภาษา [rong rian son pha sa] *n* language school; สามารถเขียนหรือพูดได้สองภาษา [sa maat khian rue phut dai song pha sa] *adj* bilingual; คุณพูดภาษาอะไรบ้าง? [khun phut pha sa a rai bang] What languages do you speak?

ภาษาศาสตร์ [pha sa sat] เกี่ยวกับภาษาศาสตร์ [kiao kap pha sa sat] *adj* linguistic; นักภาษาศาสตร์ [nak pha sa saat] *n* linguist

ภาษี [pha si] *n* tax; สินค้าปลอดภาษี [sin kha plot pha si] *n* duty-free; ที่ปลอดภาษี [thii plot pha si] *adj* duty-free; ผู้เสียภาษี [phu sia pha si] *n* tax payer

ภูเขา [phu khao] *n* mountain; เต็มไปด้วยภูเขา [tem pai duai phu khao] *adj* mountainous; ภูเขาน้ำแข็งลอยอยู่กลางทะเล [phu khao nam khaeng loi yu klang tha le] *n* iceberg; ยอดสุดของภูเขา [yot sut khong phu khao] *n* summit; ฉันอยากได้ห้องที่มีวิวภูเขา [chan yak dai hong thii mii wio phu khao] I'd like a room with a view of the mountains
ภูเขาไฟ [phu khao fai] *n* volcano
ภูต [phut] *n* devil
ภูมิใจ [phum chai] *adj* proud
ภูมิประเทศ [phu mi prathet] *n* landscape; สิ่งที่เป็นลักษณะเด่นของภูมิประเทศ [sing thii pen lak sa na den khong phu mi pra tet] *n* landmark
ภูมิภาค [phu mi phak] ฉันจะซื้อแผนที่ของภูมิภาคนี้ได้ที่ไหน? [chan ja sue phaen thii khong phu mi phak nii dai thii nai] Where can I buy a map of the region?
ภูมิศาสตร์ [phu mi sat] *n* geography
ภูมิหลัง [phum hlang] *n* background
เภสัชกร [phe sat cha kon] *n* pharmacist
โภชนาการ [pho cha na kan] *n* nutrition

มกราคม [mok ka ra khom] เดือนมกราคม [duean mok ka ra khom] *n* January
มงกุฎ [mong kut] *n* crown
มด [mot] *n* ant
มนตร์ [mon] มนตร์คาถา [mon kha tha] *n* spell *(magic)*
มนุษย์ [ma nut] เกี่ยวกับมนุษย์ [kiao kap ma nut] *adj* human; มนุษย์อวกาศ [ma nut a wa kat] *n* astronaut
มนุษยชาติ [ma nut sa ya chat] *n* mankind
มนุษย์ต่างดาว [ma nut tang dao] ตัวย่อของจานบินของมนุษย์ต่างดาว [tua yo khong chan bin khong ma nut tang dao] *abbr* UFO
มนุษยธรรม [ma nut sa ya tham] มีมนุษยธรรม [mii ma nut sa ya tham] *adj* humanitarian
มนุษยศาสตร์ [ma nut sa ya sat] *n* anthropology
มโนคติวิทยา [ma no kha ti wit tha ya] *n* ideology
มโนภาพ [ma no phap] วาดมโนภาพ [wad ma no phap] *v* imagine
มรณกรรม [mo ra na kam] การประกาศข่าวมรณกรรม [kan pra kat khao mo ra

na kam] *n* obituary
มรดก [mo ra dok] *n* heritage, inheritance
มรรยาท [ma ra yat] *npl* manners
มรสุม [mo ra sum] ฤดูมรสุม [rue du mo ra sum] *n* monsoon
มลพิษ [mon la phit] การทำให้เป็นมลพิษ [kan tham hai pen mon la phit] *n* pollution; ที่เป็นมลพิษ [thii pen mon la phit] *adj* polluted; ทำให้เป็นมลพิษ [tham hai pen mon la phit] *v* pollute
ม่วง [muang] สีม่วงอ่อน [sii muang on] *adj* mauve; ที่มีสีม่วง [thii mii sii muang] *adj* purple; ที่มีสีม่วงอ่อน [thii mii sii muang on] *adj* lilac
ม้วน [muan] เครื่องม้วน [khrueang muan] *n* reel; โรลม้วนผม [rol muan phom] *n* curler; ม้วนกระดาษชำระ [muan kra dat cham ra] *n* toilet roll
มวย [muai] นักมวย [nak muai] *n* boxer
มวยปล้ำ [muai plam] การแข่งขันมวยปล้ำ [kan khaeng khan muai plam] *n* wrestling; นักมวยปล้ำ [nak muai plam] *n* wrestler
มหัพภาค [ma hap phak] มหัพภาค จุด [ma hup phak chut] *n* full stop
มหัศจรรย [ma hat sa chan] เรื่องมหัศจรรย์ [rueang ma hat sa chan] *n* miracle
มหาวิทยาลัย [ma ha wit tha ya lai] *n* university; ตัวย่อของมหาวิทยาลัย [tua yo khong ma ha wit ta ya lai] *n* uni
มหาสมุทร [ma ha sa mut] *n* ocean; มหาสมุทรแปซิฟิก [ma ha sa mut pae si fik] *n* Pacific; มหาสมุทรแอตแลนติก [ma ha sa mut at laen tik] *n* Atlantic; มหาสมุทรขั้วโลกเหนือ [ma ha sa mut khua lok nuea] *n* Arctic Ocean
มหึมา [ma hue ma] *adj* mammoth; ที่ใหญ่มหึมา [thii yai ma hu ma] *adj* enormous
มโหฬาร [ma ho lan] *adj* gigantic
มอง [mong] มองไปรอบ ๆ [mong pai rop rop] *v* look round; มองหา [mong ha] *v* look for; มองข้าม [mong kham] *v* overlook
มองโกเลีย [mong ko lia] เกี่ยวกับมองโกเลีย [kiao kap mong ko lia] *adj* Mongolian; ชาวมองโกเลีย [chao mong ko lia] Mongolian *(person)*; ประเทศมองโกเลีย [pra tet mong ko lia] *n* Mongolia
มองในแง่ดี [mong nai ngae di] การมองในแง่ดี [kan mong nai ngae dii] *n* optimism; ซึ่งมองในแง่ดี [sueng mong nai ngae di] *adj* positive
มองโลกในแงดี [mong lok nai ngae di] ผู้มองโลกในแง่ดี [phu mong lok nai ngae di] *n* optimist
มองโลกในแง่ร้าย [mong lok nai ngae rai] คนมองโลกในแง่ร้าย [khon mong lok nai ngae rai] *n* pessimist; ที่มองโลกในแง่ร้าย [thii mong lok nai ngae rai] *adj* pessimistic
มองหา [mong ha] เรากำลังมองหา... [rao kam lang mong ha...] We're looking for...
มองเห็น [mong hen] การมองเห็น [kan mong hen] *n* sight
มอเตอร์ไซด์ [mo toe sai] มอเตอร์ไซด์ขนาดเล็ก [mo toe sai kha naat lek] *n* moped; รถมอเตอร์ไซด์ [rot mo toe sai] *n* motorcycle; นักขับมอเตอร์ไซด์ [nak khap mo toe sai] *n* motorcyclist; ฉันอยากเช่ามอเตอร์ไซด์คันเล็กหนึ่งคัน [chan yak chao mo toe sai khan lek nueng khan] I want to hire a moped
มอบ [mop] ส่งมอบ [song mop] *vt* deliver
มอบหมาย [mop mai] งานที่ได้รับมอบหมาย [ngan thii dai rap mop mai] *n* assignment
มอบให้ทำแทน [mop hai tham thaen] *v* delegate
มอร์ฟีน [mo fin] *n* morphine
มอริชัส [mo ri chas] ชาวมอริชัส [chao mo ri chas] *n* Mauritius
มอริทาเนีย [mo ri tha nia] ประเทศมอริทาเนีย [pra tet mo ri tha nia] *n*

Mauritania

มอลโดวัน [mon do wan] ชาวมอลโดวัน [chao mol do wan] *n* Moldovan

มอลโดวา [mon do wa] เกี่ยวกับมอลโดวา [kiao kap mol do va] *adj* Moldovan; ประเทศมอลโดวาอยู่ในทวีปอัฟริกา [pra tet mol do va yu nai tha wip af ri ka] *n* Moldova

มอลตา [mon ta] เกี่ยวกับมอลตา [kiao kap mol ta] *adj* Maltese; ชาวมอลตา [chao mol ta] *n* Maltese *(person)*; ประเทศมอลตา [pra tet mol ta] *n* Malta

มะกอก [ma kok] *n* olive; ต้นมะกอก [ton ma kok] *n* olive tree; น้ำมันมะกอก [nam man ma kok] *n* olive oil

มะกะโรนี [ma ka ro ni] *npl* macaroni

มะเขือ [ma khuea] มะเขือฝรั่งมีสีม่วงผลยาวใหญ่ [ma khuea fa rang mii sii muang phon yao yai] *n* aubergine

มะเขือเทศ [ma khuea thet] *n* tomato; ซ้อสมะเขือเทศ [sos ma khuea tet] *n* ketchup; ซอสมะเขือเทศ [sos ma khuea tet] *n* tomato sauce

มะเดื่อ [ma duea] ต้นหรือผลตระกูลมะเดื่อ [ton rue phon tra kun ma duea] *n* fig

มะนาว [ma nao] *n* lemon, lime *(fruit)*; เปลือกมะนาวหรือส้ม [plueak ma nao rue som] *n* zest *(lemon-peel)*; น้ำมะนาว [nam ma nao] *n* lemonade; ใส่มะนาว [sai ma nao] with lemon

มะพร้าว [ma phrao] *n* coconut

มะม่วง [ma muang] *n* mango

มะม่วงหิมพานต์ [ma muang him ma phan] เมล็ดมะม่วงหิมพานต์ [ma let ma muang him ma phan] *n* cashew

มะเร็ง [ma reng] *n* cancer *(illness)*

มะฮอกกานี [ma hok ka ni] ต้นมะฮอกกานี [ton ma hok ka ni] *n* mahogany

มัคคุเทศก์ [mak khu thet] *n* tour guide

มังกร [mang kon] *n* dragon; ราศีมังกร [ra si mang kon] *n* Capricorn

มั่งคั่ง [mang kang] ร่ำรวยมั่งคั่ง [ram ruai mang khang] *adj* wealthy; ความร่ำรวยมั่งคั่ง [khwam ram ruai mang khang] *n* wealth

มังสวิรัติ [mang sa wi rat] *adj* vegetarian; ผู้นับถือลัทธิมังสวิรัติ [phu nap thue lat thi mang sa wi rat] *n* vegan; มีร้านอาหารมังสวิรัติที่นี่ไหม? [mii ran a han mang sa wi rat thii ni mai] Are there any vegetarian restaurants here?; คุณมีอาหารมังสวิรัติไหม? [khun mii a han mang sa wi rat mai] Do you have any vegetarian dishes?

มัด [mat] มัดให้แน่น [mat hai naen] *v* tie up

มัดจำ [mat cham] ขอเงินมัดจำของฉันคืน [kho ngen mat cham khong chan khuen] Can I have my deposit back, please?; ค่ามัดจำเท่าไร? [kha mat cham thao rai] How much is the deposit?; ค่าวางมัดจำเท่าไร? [kha wang mat cham thao rai] How much is the deposit?

มัธยม [mat tha yom] โรงเรียนชั้นมัธยม [rong rian chan mat tha yom] *n* secondary school

มัน [man] *pron* it; มันบด [man bot] *npl* mashed potatoes; มันอบ [man op] *n* baked potato; ซึ่งเป็นมันเงา [sueng pen man ngao] *adj* shiny

มั่นคง [man khong] *adj* stable, steady; ไม่มั่นคง [mai man khong] *adj* insecure, unstable, unsteady; ความมั่นคง [khwam man khong] *n* stability

มั่นใจ [man chai] ให้ความมั่นใจ [hai khwam man jai] *v* assure; ความมั่นใจ [khwam man jai] *n* confidence *(self-assurance)*; ที่ให้ความมั่นใจ [thii hai khwam man jai] *adj* reassuring

มันฝรั่ง [man fa rang] *n* potato; มันฝรั่งหั่นบางทอดกรอบ [man fa rang han bang thot krop] *npl* crisps; มันฝรั่งทอด [man fa rang thot] *npl* chips; มันฝรั่งอบทั้งลูก [man fa rang op thang luk] *n* jacket potato

มัมมี่ [mam mi] *n* mummy *(body)*

มัสตาร์ด [mat sa tat] ผงมัสตาร์ดใช้ปรุงอาหาร [phong mas tat chai prung a

han] *n* mustard
มา [ma] *v* come; มาจาก [ma chak] *v* come from; ที่กำลังจะมาถึง [thii kam lang ja ma thueng] *adj* coming; ฉันจะไม่มา [chan ja mai ma] I'm not coming
ม้า [ma] *n* horse; เกือกม้า [kueak ma] *n* horseshoe; ม้าหรือม้าลายตัวเมีย [ma rue ma lai tua mia] *n* mare; ม้าพันธุ์เล็ก [ma phan lek] *n* pony
มาก [mak] *adj* much ▷ *adv* so; มากเกินไป [mak koen pai] *adv* grossly; มากกว่า [mak kwa] *adj* more; มากที่สุด [mak thii sut] *adj* most
มากมาย [mak mai] *adj* many, numerous; จำนวนมากมาย [cham nuan mak mai] *n* plenty
มาจอรั่ม [ma cho ram] ต้นมาจอรั่มมีใบหอมใช้ปรุงอาหารและใส่ในสลัด [ton ma cho ram mii bai hom chai prung a han lae sai nai sa lat] *n* marjoram
มาดากัสการ์ [ma da kat sa ka] เกาะมาดากัสการ์ในมหาสมุทรอินเดีย [ko ma da kas ka nai ma ha sa mut in dia] *n* Madagascar
มาตรฐาน [mat tra than] *n* standard; มาตรฐานการครองชีพ [mat tra than kan khrong chip] *n* standard of living; ซึ่งเป็นมาตรฐาน [sueng pen mat tra than] *adj* standard
มาตรา [mat tra] *n* clause
ม่าน [man] ม่านเกล็ดไม้รูดขึ้นลงได้ [man klet mai rut khuen long dai] *n* Venetian blind; ผ้าม่าน [pha man] *n* curtain
ม่านตา [man ta] *n* iris
ม้านั่ง [ma nang] *n* bench; ม้านั่งไม่มีพนัก [ma nang mai mii pha nak] *n* stool
มายองเนส [ma yong net] *n* mayonnaise
มายากล [ma ya kon] นักแสดงมายากล [nak sa daeng ma ya kon] *n* conjurer
ม้าโยก [ma yok] ม้าโยกไม้สำหรับเด็กนั่งเล่น [ma yok mai sam rap dek nang len] *n* rocking horse
มาร์กซ์ [mak] ลัทธิมาร์กซ์ [lat thi mark] *n* Marxism
มารดา [man da] เกี่ยวกับมารดา [kiao kap man da] *adj* maternal
มารยา [ma ra yat] ไม่มีเล่ห์เหลี่ยม ไม่มีมารยา [mai mii le liam, mai mii man ya] *adj* naive
มาราธอน [ma ra thon] การวิ่งแข่งมาราธอน [kan wing khaeng ma ra thon] *n* marathon
ม้าลาย [ma lai] *n* zebra; ม้าหรือม้าลายตัวเมีย [ma rue ma lai tua mia] *n* mare
มาลาเรีย [ma la ria] ไข้มาลาเรีย [khai ma la ria] *n* malaria
มาลาวี [ma la wi] ประเทศมาลาวี [pra tet ma la wi] *n* Malawi
มาเลเซีย [ma le sia] เกี่ยวกับประเทศมาเลเซีย [kiao kap pra thet ma le sia] *adj* Malaysian; ชาวมาเลเซีย [chao ma le sia] *n* Malaysian; ประเทศมาเลเซีย [pra tet ma le sia] *n* Malaysia
ม้าหมุน [ma mun] *n* merry-go-round
มิงค์ [ming] ตัวมิงค์ ขนใช้ทำเสื้อกันหนาว [tua ming khon chai tham suea kan nao] *n* mink
มิฉะนั้น [mi cha nan] *conj* otherwise
มิตร [mit] เป็นมิตร [pen mit] *adj* friendly; ไม่เป็นมิตร [mai pen mit] *adj* hostile; ที่เป็นมิตรกับสภาพแวดล้อม [thii pen mit kap sa phap waet lom] *adj* environmentally friendly
มิตรภาพ [mit tra phap] *n* friendship
มิติ [mi ti] สามมิติ [sam mi ti] *adj* three-dimensional
มิเตอร์ [mi toe] มิเตอร์จอดรถ [mi toe jot rot] *n* parking meter; มันมากกว่าบนมิเตอร์ [man mak kwa bon mi toe] It's more than on the meter; มิเตอร์แก๊ซอยู่ที่ไหน? [mi toe kaes yu thii nai] Where is the gas meter?
มิถุน [mi thun] ราศีมิถุน [ra si mi thun] *n* Gemini
มิถุนายน [mi thu na yon] เดือนมิถุนายน [duean mi thu na yon] *n* June; ต้นเดือนมิถุนายน [ton duean mi thu na yon] at

the beginning of June; ตลอดเดือนมิถุนายน [ta lot duen mi thu na yon] for the whole of June
มิลลิเมตร [min li met] *n* millimetre
มิสซิสซิปปี้ [mit sit sip pi] ตัวย่อของแม่น้ำมิสซิสซิปปี้ในอเมริกา [tua yo khong mae nam mis sis sip pi nai a me ri ka] *abbr* MS
มี [mi] *v* have; มีผลใช้ได้ [mii phon chai dai] *n* availability; มีอยู่ [mii yu] *adj* available; คุณมี...บ้างไหม? [khun mii... bang mai] Have you got any...?
มีค่า [mi kha] มีค่าเป็นเงินมาก [mii kha pen ngoen mak] *adj* valuable; ของมีค่า [khong mi kha] *npl* valuables
มีชีวิต [mi chi wit] *v* exist; มีชีวิตอยู่ต่อไป [mii chi wid yu to pai] *v* live on
มีชีวิตชีวา [mi chi wit chi wa] *adj* lively ▷ *v* revive
มีชีวิตรอด [mi chi wit rot] *v* survive
มีชื่อเสียง [mi chue siang] *adj* renowned
มีด [mit] *n* knife; ใบมีด [bai mit] *n* blade; มีด ช้อนและส้อม [miit chon lae som] *n* cutlery; มีดเล็กที่พับได้ [miit lek thii phap dai] *n* penknife
มีดโกน [mit kon] *n* razor; ใบมีดโกน [bai mit kon] *n* razor blade; มีดโกนไฟฟ้า [miit kon fai fa] *n* shaver
มีผลบังคับใช้ [mi phon bang khap] *adj* valid
มีส่วนทำให้ [mi suan tham hai] *v* contribute
มีส่วนร่วม [mi suan ruam] *v* participate; เข้าไปมีส่วนร่วม [khao pai mii suan ruam] *v* involve
มึนเมา [muen mao] *adj* tipsy
มืด [muet] *adj* dark
มือ [mue] *n* hand; ไม่ใช้มือ [mai chai mue] *adj* hands-free; ที่ทำด้วยมือ [thii tham duai mue] *adj* handmade
มื้อ [mue] มื้ออาหาร [mue a han] *n* meal; อาหารมื้อหลัก [a han mue lak] *n* main course
มือถือ [mue thue] โทรศัพท์มือถือ [tho ra sap mue thue] *n* mobile phone; เบอร์มือถือคุณเบอร์อะไร? [boe mue thue khun boe a rai] What is the number of your mobile?; เบอร์มือถือฉันเบอร์... [boe mue thue chan boe...] My mobile number is...
มือสอง [mue song] *adj* secondhand
มืออาชีพ [mue a chip] อย่างมืออาชีพ [yang mue a chip] *adv* professionally
มุง [mung] ที่มุงด้วยจาก [thii mung duai chak] *adj* thatched
มุ่ง [mung] มุ่งไปที่ [mung pai thii] *v* point out
มุ่งเน้น [mung nen] *v* focus
มุ่งร้าย [mung rai] *adj* malicious ▷ *v* spite; ที่มุ่งร้าย [thii mung rai] *adj* malignant
มุม [mum] *n* angle, corner; มุมที่ถูกต้อง [mum thii thuk tong] *n* right angle
มุมมอง [mum mong] *n* aspect
มุสลิม [mut sa lim] *adj* Muslim; เกี่ยวกับมุสลิม [kiao kap mus sa lim] *adj* Moslem; ชาวมุสลิม [chao mus sa lim] *n* Moslem, Muslim
มูล [mun] มูลสัตว์ [mun sat] *n* manure
มูลค่า [mun kha] *n* worth; มีมูลค่า [mii mun kha] *v* cost
มูส [mus] มูสใส่ผมให้อยู่ทรง [mus sai phom hai yu song] *n* mousse
เมกกะ [mek ka] กรุงเมกกะ [krung mek ka] *n* Mecca
เม็กซิกัน [mek si kan] เกี่ยวกับเม็กซิกัน [kiao kap mex si kan] *adj* Mexican; ชาวเม็กซิกัน [chao mex si kan] *n* Mexican
เม็กซิโก [mek si ko] ประเทศเม็กซิโก [pra tet mex si ko] *n* Mexico
เมฆ [mek] *n* cloud; ที่ปกคลุมด้วยเมฆ [thii pok khlum duai mek] *adj* cloudy
เม็ด [met] เม็ดยี่หร่า [met yi ra] *n* fennel
เม็ดโลหิต [met lo hit] โรคที่มีเม็ดโลหิตขาวมากเกินไป [rok thii mii met lo hit khao mak koen pai] *n* leukaemia
เมตตา [met ta] ความเมตตา [khwam met ta] *n* mercy; ความเมตตากรุณา [khwam

met ta ka ru na] *n* kindness
เมตตาปราณี [met ta pra ni] ไร้ความเมตตาปราณี [rai khwam met ta pra nii] *adj* ruthless
เมตร [met] *n* metre; หน่วยวัดความยาวเป็นเมตร [nuai wat khwam yao pen met] *n* meter; ซึ่งวัดเป็นเมตร [sueng wat pen met] *adj* metric
เม่น [men] *n* hedgehog
เมเปิล [mem mo ri kat] ต้นเมเปิล [ton me poel] *n* maple
เม็มเมอร์รี่การ์ด [mem mo ri kat] มีเม็มเมอร์รี่การ์ดสำหรับกล้องดิจิตัลไหม? [mii mem moe ri kaat sam rap klong di gi tal mai] A memory card for this digital camera, please
เมรุ [men] *n* crematorium
เมล็ด [ma let] เมล็ดในของผลไม้ [ma let nai khong phon la mai] *n* pip; เมล็ดมะม่วงหิมพานต์ [ma let ma muang him ma phan] *n* cashew; เมล็ดกาแฟ [ma let ka fae] *n* coffee bean
เมล็ดพืช [ma let phuet] *n* seed
เมลอน [me lon] เมลอนเป็นผลไม้จำพวกแตง [me lon pen phon la mai cham phuak taeng] *n* melon
เมษ [met] ราศีเมษ [ra si met] *n* Aries
เมษายน [me sa yon] เดือนเมษายน [duean me sa yon] *n* April
เมา [mao] *adj* drunk; เมาเครื่องบิน [mao khrueang bin] airsick; เมาคลื่น [mao khluen] *adj* seasick
เมารี [mao ri] เกี่ยวกับเมารี [kiao kap mao ri] *adj* Maori; ชาวเมารี [chao mao ri] *n* Maori *(person)*; ภาษาเมารี [pha sa mao ri] *n* Maori *(language)*
เมาส์ [maot] แผ่นรองเมาส์ [phaen rong mao] *n* mouse mat
เมื่อ [muea] เมื่อหรือขณะที่ [muea rue kha na thii] *conj* when
เมื่อก่อน [muea kon] *adj* previous
เมื่อคืนนี้ [muea khuen ni] last night
เมือง [mueang] *n* city; เขตเมือง [khet mueang] *n* town; ใจกลางเมือง [jai klang mueang] *n* city centre, town centre; ตัวเมือง [tua mueang] *adv* downtown; ฉันจะซื้อแผนที่ของเมืองนี้ได้ที่ไหน? [chan ja sue phaen thii khong mueang nii dai thii nai] Where can I buy a map of the city?
เมืองหลวง [muang luang] *n* capital
เมื่อเร็วๆนี้ [muea reo reo ni] *adv* lately
เมื่อไร [muea rai] เราจะถึงที่...เมื่อไร? [rao ja thueng thii... muea rai] When does it arrive in...?; คุณจะเสร็จเมื่อไร? [khun ja set muea rai] When will you have finished?
เมื่อวานซืน [muea wan suen] the day before yesterday
เมื่อวานนี้ [muea wan ni] *adv* yesterday
เมื่อไหร่ [muea rai] *adv* when
แม่ [mae] *n* mother, mum, mummy *(mother)*; แม่เลี้ยง [mae liang] *n* stepmother; แม่สามี [mae sa mii] *n* mother-in-law; แม่อุปถัมป์ [mae up pa tham] *n* godmother
แม็กเคอเร็ล [maek khoe ren] ปลาแม็กเคอเร็ล [pla mak koe rel] *n* mackerel
แมกไพ [maek phai] นกแมกไพ [nok maek phai] *n* magpie
แมงกระพรุน [maeng kra phrun] *n* jellyfish; ที่นี่มีแมงกะพรุนไหม? [thii ni mii maeng ka prun mai] Are there jellyfish here?
แมงมุม [maeng mum] *n* spider; ใยแมงมุม [yai maeng mum] *n* cobweb
แม่ชี [mae chi] *n* nun; สำนักแม่ชี [sam nak mae chi] *n* convent
แม่นยำ [maen yam] *adj* accurate, precise; ความแม่นยำ [khwam maen yam] *n* accuracy; ถูกต้องแม่นยำ [thuk tong maen yam] *adj* exact; อย่างแม่นยำ [yang maen yam] *adv* accurately, precisely
แม่น้ำ [mae nam] *n* river; ส่วนของแม่น้ำที่ไหลแรงและเร็ว [suan khong mae nam

thii lai raeng lae reo] *npl* rapids; เราว่ายน้ำในแม่น้ำได้ไหม? [rao wai nam nai mae nam dai mai] Can one swim in the river?
แม่บ้าน [mae ban] *n* housewife
แม่พิมพ์ [mae phim] *n* mould *(shape)*
แม่มด [mae mot] *n* witch
แมลง [ma leng] *n* bug, insect; แมลงตัวเล็กคล้ายยุงกัดคนและสัตว์ [ma laeng tua lek khlai yung kat khon lae sat] *n* midge; แมลงปีกแข็ง [ma laeng pik khaeng] *n* ladybird; แมลงปีกแข็ง เช่นตัวด้วง [ma laeng pik khaeng chen tua duang] *n* beetle; มีแมลงในห้องฉัน [mii ma laeng nai hong chan] There are bugs in my room
แมลงป่อง [ma laeng pong] *n* scorpion
แมลงสาบ [ma laeng sap] *n* cockroach
แมว [maeo] *n* cat; ลูกแมว [luk maeo] *n* kitten
แมวน้ำ [maeo nam] *n* seal *(animal)*
แมส [maet] พิธีแมสในโบถส์ [phi ti maes nai bot] *n* mass *(church)*
แม่หม้าย [mae mai] *n* widow
แม่เหล็ก [mae lek] *n* magnet; ซึ่งมีคุณสมบัติเป็นแม่เหล็ก [sueng mii khun som bat pen mae lek] *adj* magnetic
โมฆะ [mo kha] ที่เป็นโมฆะ [thii pen mo kha] *adj* void
โมซัมบิก [mo sam bik] ประเทศโมซัมบิก [pra tet mo sam bik] *n* Mozambique
โมเด็ม [mo dem] *n* modem
โมเต็ล [mo ten] *n* motel
โมนาโค [mo na kho] ประเทศโมนาโค [pra tet mo na kho] *n* Monaco
โมร็อคโค [mo rok kho] เกี่ยวกับโมร็อคโค [kiao kap mo rok kho] *n* Moroccan; ชาวโมร็อคโค [chao mo rok kho] *n* Moroccan
โมเลกุล [mo le kun] *n* molecule
ไม่ [mai] *adv* not ▷ *excl* no!; ไม่ มักใช้คู่กับ neither [mai mak chai khu kap neither] *conj* nor; ไม่แม้แต่หนึ่ง [mai mae tae nueng] *adj* no
ไม้ [mai] *n* wood *(material)*; เนื้อหรือไม้ชิ้นหนาสั้น [nuea rue mai chin na san] *n* chunk; ไม้เป็นท่อน [mai pen thon] *n* log; ไม้แขวนเสื้อ [mai khwaen suea] *n* coathanger; จุกไม้ก๊อก [chuk mai kok] *n* cork
ไม้กวาด [mai kwat] *n* broom
ไม้กอล์ฟ [mai kop] เขาให้เช่าไม้กอล์ฟไหม? [khao hai chao mai kolf mai] Do they hire out golf clubs?
ไม้กางเขน [mai kang khen] *n* cross; ไม้กางเขนที่พระเยซูถูกตรึง [mai kang khen thii phra ye su thuk trueng] *n* crucifix
ไม้แขวนเสื้อ [mai khwaen suea] *n* hanger
ไม่ค่อย [mai khoi] ไม่ค่อยจะ [mai khoi ja] *adv* seldom
ไม่ค่อย [mai khoi] ไม่ค่อยพบ [mai khoi phop] *adj* scarce
ไม้ค้ำ [mai kham] ไม้ค้ำ เสาค้ำ ไม้เท้า [mai kham, sao kham, mai thao] *n* staff *(stick or rod)*
ไม่เคยมีมาก่อน [mai khoei ma kon] *adj* unprecedented
ไมโครชิป [mai khro chip] แผ่นไมโครชิป [phaen mai khro chip] *n* chip *(electronic)*; การฝังไมโครชิป [kan fang mai khro chip] *n* silicon chip
ไมโครชิฟ [maek phai] *n* microchip
ไมโครโฟน [mai khro fon] *n* microphone, mike; มีไมโครโฟนไหม? [mii mai khro fon mai] Does it have a microphone?
ไมโครเวฟ [mai khro wep] เตาอบไมโครเวฟ [tao op mai khro wep] *n* microwave oven
ไม้จิ้มฟัน [mai chim fan] *n* toothpick
ไม่เช่นนั้น [mai chen nan] *adv* otherwise
ไม้ดอก [mai dok] ไม้ดอกชนิดหนึ่งนิยมปลูกในสวนใบเหมือนหญ้าดอกเล็ก [mai dok cha nit nueng ni yom pluk nai suan bai muean ya dok lek] *n* crocus
ไม้เทนนิส [mai then nit] เขามีไม้เล่น

เทนนิสให้เช่าไหม? [khao mii mai len then nis hai chao mai] Do they hire out rackets?
ไม้เท้า [mai thao] *n* stick, walking stick; ไม้เท้าใช้พยุง [mai thao chai pha yung] *n* crutch; ไม้ค้ำ เสาค้ำ ไม้เท้า [mai kham, sao kham, mai thao] *n* staff *(stick or rod)*
ไม้บรรทัด [mai ban that] *n* ruler *(measure)*
ไม้พาย [mai phai] *n* oar; ไม้พายที่ใช้ทำอาหาร [mai phai thii chai tham a han] *n* spatula
ไม้พุ่ม [mai phum] *n* bush *(shrub)*; ไม้พุ่มสมุนไพร [mai phum sa mun phrai] *n* rosemary
ไม่มี [mai mi] ไม่มีสักสิ่ง [mai mii sak sing] *pron* none
ไม่มีทาง [mai mi thang] *adv* never
ไมล์ [mai] *n* mile; เครื่องวัดจำนวนไมล์ [khrueang wat cham nuan mai] *n* mileometer; ระยะทางเป็นไมล์ [ra ya thang pen mai] *n* mileage; ตัวย่อของไมล์ต่อชั่วโมง [tua yo khong mai to chau mong] *abbr* mph
ไม้เลื้อย [mai lueai] ไม้เลื้อยชื่อต้นไอวี่ [mai lueai chue ton ai vi] *n* ivy
ไม่ว่าจะ [mai wa cha] ไม่ว่าจะ...หรือไม่ [mai wa ja…rue mai] *conj* whether
ไม้เสียบ [mai siap] *n* skewer
ไม้หนีบ [mai nip] ไม้หนีบผ้า [mai nip pha] *n* peg
ไม้อัด [mai at] *n* plywood

ย

ยก [yok] ยกขึ้น [yok khuen] *v* lift, raise; คุณช่วยฉันยกกระเป๋าได้ไหม? [khun chuai chan yok kra pao dai mai] Can you help me with my luggage, please?
ยกน้ำหนัก [yok nam nak] การยกน้ำหนัก [kan yok nam nak] *n* weightlifting; ผู้ยกน้ำหนัก [phu yok nam nak] *n* weightlifter
ยกยอ [yok yo] *v* flatter; ที่ได้รับการยกยอ [thii dai rap kan yok yo] *adj* flattered
ยกย่อง [yok yong] *v* appreciate; พูดยกย่องตัวเองจนเกินไป [phud yok yong tua eng chon koen pai] *v* boast
ยกเลิก [yok loek] *v* abolish, give up, cancel; การยกเลิก [kan yok loek] *n* cancellation; ฉันต้องยกเลิกการ์ดของฉัน [chan tong yok loek kat khong chan] I need to cancel my card; ฉันอยากยกเลิกเที่ยวบินของฉัน [chan yak yok loek thiao bin khong chan] I'd like to cancel my flight
ยกเว้น [yok wen] ข้อยกเว้น [kho yok wen] *n* exception
ย่น [yon] รอยย่น [roi yon] *n* crease; อย่างย่น [yang yon] *adj* creased
ยนต์ [yon] เรือยนต์ [ruea yon] *n*

motorboat; เครื่องยนต์ [khrueang yon] *n* engine
ยโส [ya so] หยิ่งยโส [ying ya so] *adj* arrogant
ย่อ [yo] การทำให้มีความเข้มข้นมากขึ้น การย่อความ [kan tham hai mii khwam khem khon mak khuen, kan yo khwam] *n* condensation; ตัวย่อ [tua yo] *n* acronym; ตัวย่อของ และอื่น ๆ [tua yo khong lae uen uen] *abbr* etc
ยอด [yot] ยอดสุดของภูเขา [yot sut khong phu khao] *n* summit; ยอดหลังคา [yot lang kha] *n* steeple
ยอดขาย [yot khai] *n* turnover
ยอดเยี่ยม [yod yiam] *adj* splendid
ย้อน [yon] ย้อนรอยเดิม [yon roi doem] *v* retrace
ยอม [yom] ยอมให้เข้า [yom hai khao] *v* admit *(allow in)*
ย้อม [yom] *v* dye; การย้อม [kan yom] *n* dye; คุณช่วยย้อมรากผมให้ฉันได้ไหม? [khun chuai yom rak phom hai chan dai mai] Can you dye my roots, please?; คุณช่วยย้อมผมให้ฉันได้ไหม? [khun chuai yom phom hai chan dai mai] Can you dye my hair, please?
ยอมแพ้ [yom phae] *v* give in, surrender
ยอมรับ [yom rap] *v* accept; ไม่ยอมรับ [mai yom rap] *v* rule out; การยอมรับ [kan yom rap] *n* acknowledgement; ซึ่งไม่สามารถยอมรับได้ [sueng mai sa maat yom rap dai] *adj* unacceptable
ย่อย [yoi] *v* digest; การไม่ย่อยของอาหาร [kan mai yoi khong a han] *n* indigestion; การย่อย [kan yoi] *n* digestion
ย่อหน้า [yo na] *n* paragraph
ยักษ์ [yak] *n* giant
ยักไหล่ [yak lai] ยักไหล่เพื่อแสดงความไม่สนใจหรือไม่ทราบ [yak lai phuea sa daeng khwam mai son jai rue mai sap] *v* shrug
ยัง [yang] *adv* yet *(with negative)*; ยังคง [yang khong] *adv* still
ยังแข็งแรง [yang khaeng raeng] *v* bear up
ยังคงอยู่ [yang khong yu] ที่ยังคงอยู่ [thii yang khong yu] *adj* remaining
ยับยั้ง [yap yang] อำนาจในการยับยั้ง [am nat nai kan yap yang] *n* veto
ยา [ya] *n* drug, medicine, pill; ร้านขายยา [ran khai ya] *n* pharmacy; คนขายยา [khon khai ya] *n* drug dealer; ที่ร้านขายยาหรือเครื่องสำอาง [thii ran khai ya rue khrueang sam ang] *n* chemist('s); ยาดับกลิ่น [ya dap klin] *n* deodorant; ยาที่อยู่ในหลอดเล็ก ๆ [ya thii yu nai lot lek lek] *n* capsule; ฉันได้รับยานี้ไปแล้ว [chan dai rap ya nii pai laeo] I'm already taking this medicine
ย่า [ya] ปู่ ย่า ตา ยาย [pu ya ta yai] *npl* grandparents; ย่า ยาย [ya, yai] *n* grandma, grandmother; ยาย ย่า [yai, ya] *n* granny
ยาก [yak] *adj* difficult, hard *(difficult)*; ความยากลำบาก [khwam yak lam bak] *n* difficulty; ยากเย็น [yak yen] *adv* hard; ยากที่จะเข้าใจ [yak thii ja khao jai] *adj* complicated
ยากจน [yak chon] *adj* poor; ความยากจน [khwam yak chon] *n* poverty
ยากันแมลง [ya kan ma laeng] คุณมียากันแมลงไหม? [khun mii ya kan ma laeng mai] Do you have insect repellent?
ยาคุมกำเนิด [ya khum kam noet] ฉันอยากได้ยาคุมกำเนิด [chan yak dai ya khum kam noet] I need contraception
ยาฆ่าแมลง [ya kha ma laeng] *n* pesticide
ยาง [yang] *n* rubber; ยางในของรถ [yang nai khong rot] *n* inner tube; ยางรัดผม [yang rat phom] *n* hairband; ยางรถ [yang rot] *n* tyre
ย่าง [yang] *v* grill; ซึ่งถูกย่าง [sueng thuk yang] *adj* grilled; อาหารย่าง [a han yang] *n* grill
ยางมะตอย [yang ma toi] *n* tarmac

ยางไม้ [yang mai] *n* resin
ยางรัด [yang rat] *n* rubber band
ยาชา [ya cha] *n* anaesthetic; ยาชาเฉพาะแห่ง [ya chaa cha pho haeng] *n* local anaesthetic
ยาน [yan] หย่อนยาน [yon yan] *adj* flabby
ยานพาหนะ [yan pha ha na] *n* vehicle; ตัวย่อของยานพาหนะที่สามารถบรรทุกของหนัก [tua yo khong yan pha ha na thii sa maat ban thuk khong nak] *abbr* HGV; ยานพาหนะที่เดินทางไปด้วยกัน [yan pha ha na thii doen thang pai duai kan] *n* convoy
ยานอวกาศ [yan a wa kat] *n* spacecraft
ยาบำรุง [ya bam rung] *n* tonic
ยาปฏิชีวนะ [ya pha ti chi wa na] ยาปฏิชีวนะชื่อเพนนิซิลิน [ya pa ti chi wa na chue pen ni si lin] *n* penicillin
ยาพิษ [ya phit] วางยาพิษ [wang ya phit] *v* poison
ยาม [yam] *n* guard
ยาย [yai] ปู่ ย่า ตา ยาย [pu ya ta yai] *npl* grandparents; ย่า ยาย [ya, yai] *n* grandma, grandmother; ยาย ย่า [yai, ya] *n* granny
ย้าย [yai] การเคลื่อนย้าย การย้าย [kan khluean yai, kan yai] *n* shift; การย้ายที่อยู่ [kan yai thii yu] *n* move; ย้าย ขยับ [yai, kha yap] *vi* move
ย้ายโอน [yai on] *v* transfer; การย้ายโอน [kan yai on] *n* transfer
ยาว [yao] *adj* long; ความยาว [khwam yao] *n* length; ยาวกว่า [yao kwa] *adv* longer; ยาวนาน [yao nan] *adv* long
ยาสระผม [ya sa phom] *n* shampoo; คุณขายยาสระผมไหม? [khun khai ya sa phom mai] Do you sell shampoo?
ยาสลบ [ya sa lop] การวางยาสลบ [kan wang ya sa lop] *n* general anaesthetic
ยาสีฟัน [ya si fan] *n* toothpaste
ยาสูบ [ya sup] ต้นยาสูบ [ton ya sup] *n* tobacco; พ่อค้าขายผลิตภัณฑ์ประเภทยาสูบ [pho kha khai pha lit ta phan pra phet ya sup] *n* tobacconist's
ยาเสพติด [ya sep tit] ทำให้ติดยาเสพติด [tham hai tit ya sep tit] *adj* addicted; ผู้ติดยาเสพติด [phu tit ya sep tit] *n* addict; ยาเสพติดชนิดหนึ่ง [ya sep tit cha nit nueng] *n* cocaine
ยิง [ying] *vt* shoot; การยิง [kan ying] *n* shooting, shot
ยิ่ง [ying] หยิ่งแบบถือตัว [ying baep thue tua] *adj* vain; ยิ่งไปกว่านั้น [ying pai kwa nan] *adv* even
ยิ่งใหญ่ [ying yai] *adj* grand, great, mega; ซึ่งปรากฏที่ยิ่งใหญ่ [sueng pra kot thii ying yai] *adj* spectacular
ยินดี [yin di] แสดงความยินดี [sa daeng khwam yin dii] *v* congratulate; การแสดงความยินดี [kan sa daeng khwam yin dii] *npl* congratulations; ความปีติยินดี [khwam pi ti yin dii] *n* pleasure; มีความยินดีที่ได้พบคุณ [mii khwam yin dii thii dai phop khun] It was a pleasure to meet you
ยินดีต้อนรับ [yin di ton rap] *excl* welcome!
ยินยอม [yin yom] *adj* agreed; สัมปทาน การยินยอม [sam pa than, kan yin yom] *n* concession
ยิปซี [yip si] ชาวยิปซี [chao yip si] *n* gypsy
ยิม [yim] โรงยิม [rong yim] *n* gym
ยิ้ม [yim] *v* smile; การยิ้มอย่างเปิดเผย [kan yim yang poet phoei] *n* grin; ยิ้มยิงฟัน [yim ying fan] *v* grin
ยิว [yio] เกี่ยวกับยิว [kiao kap yio] *adj* Jewish; โบสถ์ของศาสนายิว [bot khong sat sa na yio] *n* synagogue; สะอาดและดีพอที่จะกินได้ตามกฎของอาหารยิว [sa at lae di pho thii ja kin dai tam kot khong a han yio] *adj* kosher
ยิน [yin] ฉันจะดื่มยินกับโทนิค [chan ja duem yin kap tho nik] I'll have a gin and tonic, please
ยีนส์ [yin] กางเกงยีนส์ [kang keng yin] *npl* jeans; ผ้ายีนส์ [pha yin] *npl* denim, denims

ยีราฟ [yi rap] *n* giraffe
ยีสต์ [yist] ยีสต์ เชื้อหมัก [yis, chuea mak] *n* yeast
ยี่สิบ [yi sip] *number* twenty; ลำดับที่ยี่สิบ [lam dap thii yi sip] *adj* twentieth
ยี่หร่า [yi ra] เม็ดยี่หร่า [met yi ra] *n* fennel
ยี่ห้อ [yi ho] *n* brand name
ยึด [yuet] การจับ การยึด [kan chap, kan yued] *n* seizure; ยึดแน่น [yuet naen] *v* hold on; ยึดทรัพย์ [yuet sap] *v* confiscate
ยึดครอง [yuet khrong] *v* occupy; การยึดครอง [kan yuet khrong] *n* occupation *(invasion)*
ยึดถือ [yuet thue] ผู้ยึดถืออุดมการณ์ [phu yuet thue u dom kan] *n* chauvinist
ยืด [yuet] คุณยืดผมฉันให้ตรงได้ไหม? [khun yuet phom chan hai trong dai mai] Can you straighten my hair?
ยืดหยุ่น [yuet yun] เวลาที่ยืดหยุ่นได้ [we la thii yuet yun dai] *n* flexitime; ไม่ยืดหยุ่น [mai yuet yun] *adj* inflexible; ความยืดหยุ่น [khwam yuet yun] *n* elastic
ยืน [yuen] *vi* stand; ยืนขึ้น [yuen khuen] *v* stand up
ยื่น [yuen] ยื่นออกมา [yuen ok ma] *v* stick out
ยืนยัน [yuen yan] *v* confirm, insist; การยืนยัน [kan yuen yan] *n* confirmation; ฉันยืนยันการจองด้วยจดหมาย [chan yuen yan kan chong duai chot mai] I confirmed my booking by letter
ยืนหยัด [yuen yan] *v* last; ยืนหยัดถึงที่สุด [yuen yat thueng thii sut] *v* persevere
ยืม [yuem] *v* borrow; คุณมีปากกาให้ฉันยืมไหม? [khun mii pak ka hai chan yuem mai] Do you have a pen I could borrow?
ยื้อยุด [yue yut] การยื้อยุดหยุดฝ่ายตรงข้ามในการครองลูกฟุตบอลหรือรักบี้ [kan yue yut fai trong kham nai kan khrong luk fut bon rue rak bii] *n* tackle
ยุค [yuk] ยุคกลาง [yuk klang] *npl* Middle Ages
ยุคกลาง [yuk klang] เกี่ยวกับยุคกลาง [kiao kap yuk klang] *adj* mediaeval
ยุง [yung] *n* mosquito
ยุ่ง [yung] *adj* busy
ยุ่งยาก [yung yak] การทำให้ยุ่งยาก [kan tham hai yung yak] *n* complication; ที่ยุ่งยาก [thii yung yak] *adj* puzzled; ทำให้ยุ่งยาก [tham hai yung yak] bother
ยุ่งเหยิง [yung yoeng] *adj* chaotic
ยุ่งเหยิง [yung yoeng] ความยุ่งเหยิง ความโกลาหล สถานการณ์สับสนวุ่นวาย [khwam yung yoeng, khwam ko la hon, sa than na kan sap son wun wai] *npl* shambles; ทำให้ยุ่งเหยิง [tham hai yung yoeng] *v* disrupt
ยุติ [yu ti] *adj* finished ▷ *v* call off; หยุด ยุติ เลิก [yut, yu ti, loek] *vi* stop
ยุติธรรม [yu ti tham] ไม่ยุติธรรม [mai yu ti tham] *adj* unfair; ความไม่ยุติธรรม [khwam mai yut ti tham] *n* injustice; ความยุติธรรม [khwam yut ti tham] *n* fairness, justice
ยุทธภัณฑ์ [yut tha phan] อาวุธยุทธภัณฑ์ [a wut yut tha phan] *n* ammunition
ยุทธวิธี [yut tha wi thi] *n* strategy ▷ *npl* tactics; เกี่ยวกับยุทธวิธีหรือกลยุทธ [kiao kap yut tha wi thi rue kon la yut] *adj* strategic; ปราศจากยุทธวิธี [prat sa chak yut tha wi thii] *adj* tactless
ยุโรป [yu rop] เกี่ยวกับดินแดนในยุโรปเหนือ [kiao kap din daen nai yu rop nuea] *adj* Scandinavian; เกี่ยวกับยุโรป [kiao kap yu rop] *adj* European; สหภาพยุโรป [sa ha phap yu rop] *n* European Union
ยูเครน [u khren] เกี่ยวกับประเทศยูเครน [kiao kap pra thet yu khren] *adj* Ukrainian; ชาวยูเครน [chao u khren] *n* Ukrainian *(person)*; ประเทศยูเครน [pra tet yu khren] *n* Ukraine
ยูโด [yu do] กีฬายูโด [ki la yu do] *n* judo
ยูไนเต็ดอาหรับเอเมเรซ [u nai tet a rap e me ret] ประเทศยูไนเต็ดอาหรับเอเมเรซ [pra tet yu nai tet a rab e me ret] *npl* United Arab Emirates

ยูเรเนียม [u re niam] ธาตุยูเรเนียม [that u re niam] *n* uranium
ยูโร [yu ro] เงินยูโร [ngoen u ro] *n* euro
เย็น [yen] *adj* cold, cool *(cold)*; เย็นเฉียบ [yen chiap] *adj* freezing; เย็นจัด [yen chat] *adj* icy; เย็นจัด [yen chat] *adj* frosty; เนื้อเย็น [nuea yen] The meat is cold
เย็บ [yep] *v* sew, stitch; เย็บปักถักร้อย [yep pak thak roi] *v* embroider; การเย็บ [kan yep] *n* sewing; ซ่อมแซมโดยการเย็บ [som saem doi kan yep] *v* sew up
เยเมน [ye men] ประเทศเยเมน [pra tet ye men] *n* Yemen
เยลลี่ [yen li] *n* jelly
เยอรมัน [yoe ra man] เกี่ยวกับเยอรมัน [kiao kap yoe ra man] *adj* German; ชาวเยอรมัน [chao yoe ra man] *n* German *(person)*; ประเทศเยอรมัน [pra tet yoe ra man] *n* Germany
เย่อหยิ่ง [yoe ying] *adj* stuck-up
เยาว์วัย [yao wai] ยังเยาว์วัย [yang yao wai] *adj* immature
เยาะเย้ย [yo yoei] *v* mock
เยี่ยม [yiam] *adj* fabulous; มาเยี่ยม [ma yiam] *n* visit; การไปเยี่ยม [kan pai yiam] *n* visit; ชั่วโมงเยี่ยม [chau mong yiam] *npl* visiting hours
เยี่ยมชม [yiam chom] การเยี่ยมชม [kan yiam chom] *n* sightseeing; เรามีเวลาที่จะเยี่ยมชมเมืองไหม? [rao mii we la thii ja yiam chom mueang mai] Do we have time to visit the town?; เราจะเยี่ยมชมสถานที่อะไรได้บ้างที่นี่? [rao ja yiam chom sa than thii a rai dai bang thii ni] What sights can you visit here?
เยื่อ [yuea] เยื่อหุ้มสมองอักเสบ [yuea hum sa mong ak sep] *n* meningitis
เยือกแข็ง [yueak khaeng] สารต้านการเยือกแข็ง [san tan kan yueak khaeng] *n* antifreeze
แย่ [yae] แย่มาก [yae mak] *adj* awful; แย่ลง [yae long] *adj* worse; แย่กว่า [yae kwa] *adv* worse; สายตาของฉันแย่ลง [sai ta khong chan yae long] I'm visually impaired
แยก [yaek] *vt* split; แยกจาก [yaek chak] *adv* apart; แยกออก [yaek ok] *v* sort out; แยกออกไป [yaek ok pai] *v* exclude
แยกเขี้ยว [yaek khiao] *v* snarl
แย็บ [yaep] การแย็บ [kan yaep] *n* jab
แยม [yaem] *n* jam; แยมส้ม [yam som] *n* marmalade; ขวดแยม [khaut yaem] *n* jam jar
โยก [yok] โยก แกว่ง เขย่า [yok, kwaeng, kha yao] *v* rock
โยคะ [yo kha] *n* yoga
โยน [yon] *vt* throw; โยนเหรียญ [yon lian] *v* toss; โยนทิ้ง [yon thing] *v* throw away; โยนออกไป [yon ok pai] *v* throw out
ใย [yai] ใยแมงมุม [yai maeng mum] *n* cobweb; ใยไหมแก้ว [yai mai kaew] *n* fibreglass
ใยแมงมุม [yai maeng mum] *n* web

ร

รก [tok] สภาพรกรุงรัง [sa phap rok rung rang] *n* mess
รณรงค [ron na rong] การรณรงค์ [kan ron na rong] *n* campaign
รดน้ำ [rot nam] *v* water
รถ [rot] เรือหรือรถที่บรรทุกน้ำมันหรือของเหลวอื่น ๆ [ruea rue rot thii ban thuk nam man rue khong leo uen uen] *n* tanker; โรงรถ [rong rot] *n* garage; รถเล็กไม่มีประตู [rot lek mai mii pra tu] *n* buggy; รถคันใหญ่ที่หรูหราโอ่อ่า [rot khan yai thii ru ra o a] *n* limousine; รถที่เคลื่อนที่โดยสายเคเบิล [rot thii khluean thii doi sai khe boen] *n* cable car; รถยนต์ที่มีประตูหลัง [rot yon thii mii pra tu lang] *n* hatchback; มีรถโดยสารไป...ไหม? [mii rot doi san pai...mai] Is there a bus to...?
รถเข็น [rot khen] *n* trolley; เกวียน รถเข็น [kwian, rot khen] *n* cart; รถเข็นเด็ก [rot khen dek] *n* pram, pushchair; รถเข็นในห้างสรรพสินค้า [rot khen nai hang sap pha sin ka] *n* shopping trolley
รถโคช [rot khot] รถโคชออกไปโดยไม่มีฉัน [rot khot ok pai doi mai mii chan] The coach has left without me
รถชน [rot chon] มีรถชนกัน [mii rot chon kan] There's been a crash; มีคนถูกรถชน [mii khon thuk rot chon] Someone has been knocked down by a car
รถโดยสาร [rot doi san] รถโดยสารประจำสนามบิน [rot doi san pra cham sa nam bin] *n* airport bus
รถถัง [rot thang] *n* tank *(combat vehicle)*
รถบรรทุก [rot ban thuk] คนขับรถบรรทุก [khon khap rot ban thuk] *n* truck driver
รถประจำทาง [rot pra cham thang] *n* bus; คนเก็บเงินบนรถประจำทาง [khon kep ngen bon rot pra cham thang] *n* bus conductor; รถประจำทางพาเที่ยวเมืองเมื่อไร? [rot pra cham thang pha thiao mueang muea rai] When is the bus tour of the town?
รถพยาบาล [rot pha ya ban] เรียกรถพยาบาล [riak rot pha ya baan] Call an ambulance
รถไฟ [rot fai] *n* railway, train; เตียงนอนบนรถไฟ [tiang non bon rot fai] *n* couchette; สถานีรถไฟ [sa tha ni rot fai] *n* railway station; ห้องในรถไฟ [hong nai rot fai] *n* compartment; มีรถไฟสายตรงไหม? [mii rot fai sai trong mai] Is it a direct train?
รถไฟใต้ดิน [rot fai tai din] *n* subway; สถานีรถไฟใต้ดิน [sa tha ni rot fai tai din] *n* metro station, tube station
รถเมล์ [rot me] รถเมล์เล็ก [rot me lek] *n* minibus
รถยนต์ [rot yon] *n* car; คนขับรถยนต์ [khon khap rot yon] *n* motorist; ฝากระโปรงรถยนต์ [fa kra prong rot yon] *n* bonnet *(car)*
รถสามล้อ [rot sam lo] *n* tricycle
รบ [rop] การหยุดรบ [kan yut rop] *n* ceasefire
รบกวน [rop kuan] *v* disturb, pester; ผู้รบกวนความสุขของผู้อื่น [phu rop kuan khwam suk khong phu uen] *n* spoilsport

ร่ม [rom] *n* umbrella; ร่ม ที่ร่ม [rom, thii rom] *n* shade
รมควัน [rom khwan] *adj* smoked; เนื้อด้านหลังและส่วนนอกของหมูที่ใส่เกลือรมควัน [nuea dan lang lae suan nok khong mu thii sai kluea rom khwan] *n* bacon
ร่มชูชีพ [rom chu chip] *n* parachute
รวง [ruang] กลุ่ม พวง รวง เครือ [klum, phuang, ruang, khruea] *n* bunch
รวดเร็ว [ruat reo] *adj* quick; อย่างรวดเร็ว [yang ruat reo] *adv* fast, quickly
รวม [ruam] *v* add, mix up; รวมเข้าด้วยกัน [ruam khao duai kan] *v* merge; รวมกัน [ruam kan] *v* combine; รวมตัวกัน [ruam tua kan] *v* round up
ร่วม [ruam] การเกิดขึ้นร่วมกัน [kan koet khuen ruam kan] *n* conjunction; ที่อยู่ร่วมกันได้ [thii yu ruam kan dai] *adj* compatible
รวมกลุ่ม [ruam klum] การรวมกลุ่ม [kan ruam klum] *n* assembly
รวมกัน [ruam kan] การรวมกัน [kan ruam kan] *n* conjugation, union
ร่วมกัน [ruam kan] *adv* together
รวมทั้ง [ruam thang] *prep* including
ร่วมเพศ [ruam phet] ผู้ที่ชอบร่วมเพศกับเด็ก [phu thii chop ruam phet kap dek] *n* paedophile
ร่วมมือ [ruam mue] *v* collaborate; การร่วมมือกัน [kan ruam mue kan] *n* cooperation
รวย [ruai] *adj* rich
รส [rot] การปรุงรส [kan prung rot] *n* flavouring; ออกรส [ok rot] *adj* tasty; รสไม่ค่อยดี [rot mai khoi di] It doesn't taste very nice
รสจัด [rot chat] ที่มีรสจัด [thii mii rot chat] *adj* spicy; อาหารรสจัดเกินไป [a han rot chat koen pai] The food is too spicy
รสชาติ [rot chat] *n* flavour, taste; ซึ่งมีรสชาติอ่อน [sueng mii rot chat on] *adj* mild
รสนิยม [rot ni yom] ไม่มีรสนิยม [mai mii rot ni yom] *adj* tasteless; ความมีรสนิยมการออกแบบ [khwam mii rot ni yom, kan ok baep] *n* style; ซึ่งมีรสนิยม [sueng mii rot ni yom] *adj* tasteful
รหัส [ra hat] *n* code; เลขรหัสลับส่วนตัว [lek ra hat lap suan tua] *npl* PIN; รหัสไปรษณีย์ [ra hat prai sa ni] *n* postcode; รหัสมอร์ส [ra hat mos] *n* Morse; รหัสหมุนไปสหราชอาณาจักรคืออะไร? [ra hat mun pai sa ha rat cha a na chak khue a rai] What is the dialling code for the UK?
รอ [ro] *vi* wait; รอคอย [ro khoi] *v* wait for, wait up; ห้องที่ใช้นั่งรอ [hong thii chai nang ro] *n* waiting room; เราได้รอมาเป็นเวลานานมาก [rao dai ro ma pen we la nan mak] We've been waiting for a very long time
รอคอย [ro khoi] *v* long
รอง [rong] เป็นรอง [pen rong] *adj* minor; รองอาจารย์ใหญ่ [rong a chan yai] *n* deputy head; ชั้นรอง [chan rong] *adj* second-rate
ร้อง [rong] ร้องแสดงความพอใจ [rong sa daeng khwam pho jai] *v* purr; ร้องโหยหวน [rong hoi huan] *v* howl; ตะโกนร้อง [ta khon, rong] *v* yell
ร้องทุกข์ [rong thuk] *v* complain
รองเท้า [rong thao] *n* shoe; เชือกผูกรองเท้า [chueak phuk rong thao] *n* shoelace; ร้านขายรองเท้า [ran khai rong thao] *n* shoe shop; รองเท้าแตะ [rong thao tae] *n* flip-flops, sandal; รองเท้าฉันมีรู [rong thao chan mii ru] I have a hole in my shoe
ร้องเพลง [rong phleng] *v* sing; ร้องเพลงในคอ [rong phleng nai kho] *v* hum; การร้องเพลง [kan rong phleng] *n* singing; การร้องเพลงไปกับทำนองเพลงที่มีเนื้อร้องบนจอทีวี [kan rong phleng pai kap tham nong phleng thii mii nuea rong bon jo tii wii] *n* karaoke
ร่องรอย [rong roi] *n* trace
ร้องเรียน [rong rian] การร้องเรียน [kan

rong rian] *n* petition; ฉันจะร้องเรียนได้กับใคร? [chan ja rong rian dai kap khrai] Who can I complain to?; ฉันอยากร้องเรียน [chan yak rong rian] I'd like to make a complaint
ร้องไห้ [rong hai] *v* cry, weep; ร้องไห้สะอึกสะอื้น [rong hai sa uek sa uen] *v* sob
ร่อน [ron] เครื่องร่อน [khrueang ron] *n* glider; เครื่องร่อน [khrueang ron] *n* hang-gliding; การร่อน [kan ron] *n* gliding
ร้อน [ron] *adj* hot; เครื่องทำความร้อน [khrueang tham khwam ron] *n* heater, heather; ร้อนและอบ [ron lae op] *adj* stifling; ร้อนมาก [ron mak] *adj* sweltering; มันร้อนไปหน่อย [man ron pai noi] It's a bit too hot
ร้อนใน [ron nai] *n* heartburn
ร่อนลง [ron long] นำร่อนลง [nam ron long] *vi* land
รอบ [rop] คุณพาเราดูรอบ ๆ ได้ไหม? [khun pha rao du rop rop dai mai] Could you show us around?
รอบๆ [rop rop] *adv* around
รอบคอบ [rop khop] ซึ่งทำอย่างรอบคอบ [sueng tham yang rop khop] *adj* deliberate; อย่างละเอียดรอบคอบ [yang la iat rop khop] *adv* thoroughly; อย่างรอบคอบ [yang rop khop] *adv* deliberately
รอบล้อม [rop lom] บริเวณที่รอบล้อม [bo ri wen thii rop lom] *npl* surroundings
รอม [rom] ซีดี-รอม [si di -rom] *n* CD-ROM
รอย [roi] รอยแตก [roi taek] *n* crack *(fracture)*; รอยกัด [roi kat] *n* bite; รอยจีบ [roi chip] *n* plait
ร้อย [roi] ที่หนึ่งร้อย [thii nueng roi] *number* hundred
รอยขวน [roi khuan] *n* scratch
รอยฉีก [roi chik] *n* tear *(split)*
รอยเท้า [roi thao] *n* footprint
ร้อยโท [roi tho] นายร้อยโท [nai roi tho] *n* lieutenant
รอยบุ๋ม [roi bum] ทำให้เป็นรอยบุ๋ม [tham hai pen roi bum] *v* dent
รอยเปื้อน [roi puean] *n* smudge, stain
รอยย่น [roi yon] รอยย่นบนผิว [roi yon bon phio] *n* wrinkle; ซึ่งมีรอยย่น [sueng mii roi yon] *adj* wrinkled
รอยยิ้ม [roi yim] *n* smile; หน้าที่มีรอยยิ้ม [na thii mii roi yim] *n* smiley
รอยยิ้มกว้าง [roi yim kwang] ลำแสง คานรับน้ำหนัก รอยยิ้มกว้าง [lam saeng, khan rap nam nak, roi yim kwang] *n* beam
รอยเย็บ [roi yep] *n* stitch
ร้อยละ [roi la] อัตราร้อยละ [at tra roi la] *n* percentage
ระเกะระกะ [ra ke ra ka] กองระเกะระกะ [kong ra ke ra ka] *n* clutter
ระฆัง [ra khang] *n* bell; การตีระฆัง [kan ti ra khang] *n* toll
ระงับ [ra ngap] หยุด ระงับ ปิดกั้น [yut, ra ngab, pit kan] *vt* stop
ระดับ [ra dap] *n* level; ระดับชั้น [ra dap chan] *n* grade; ระดับตามแนวราบ [ra dap tam naeo rap] *adj* level
ระดับเสียง [ra dap siang] *n* pitch *(sound)*
ระนาด [ra nat] ระนาดฝรั่ง [ra nat fa rang] *n* xylophone
ระบบ [ra bop] *n* system; ระบบเครือข่ายที่ใช้ประโยชน์ของเทคโนโลยีของอินเตอร์เน็ต [ra bop khruea khai thii chai pra yot khong thek no lo yii khong in toe net] *n* intranet; ระบบราชการ [ra bop rat cha kan] *n* bureaucracy; ระบบการส่งข้อความทางโทรศัพท์ [ra bop kan song kho khwam thang tho ra sap] *n* MMS
ระบาด [ra bat] การแพร่ระบาดอย่างรวดเร็ว [kan prae ra bat yang ruat reo] *n* epidemic
ระบาย [ra bai] ระบาย ขอบ [ra bai khop] *n* fringe; ระบายลม [ra bai lom] *v* wind *(with a blow etc.)*; ระบายออก [ra bai ok] *vt* drain
ระบายอากาศ [ra bai a kat] การระบายอากาศ [kan ra bai a kat] *n* ventilation

ระบำ [ra bam] ระบำปลายเท้า [ra bam plai thao] *n* ballet; นักเต้นระบำปลายเท้า [nak ten ra bam plai thao] *n* ballet dancer
ระบุ [ra bu] *v* specify
ระเบิด [ra boet] *n* explosive ▷ *v* burst, explode; ลูกระเบิด [luk ra boet] *n* bomb; ระเบิดที่ตั้งเวลาได้ [ra boet thii tang we la dai] *n* time bomb; ระเบิดปรมาณู [ra boet pa ra ma nu] *n* atom bomb
ระเบียง [ra biang] *n* balcony, terrace; ราวระเบียง [rao ra biang] *n* banister; คุณมีห้องที่มีระเบียงไหม? [khun mii hong thii mii ra biang mai] Do you have a room with a balcony?; ฉันไปทานที่ระเบียงได้ไหม? [chan pai than thii ra biang dai mai] Can I eat on the terrace?
ระเบียบ [ra biap] ไม่เป็นระเบียบเรียบร้อย [mai pen ra biap riap roi] *adj* untidy; ความเป็นระเบียบ [khwam pen ra biap] *v* order; ความไม่เป็นระเบียบ [khwam mai pen ra biap] *n* muddle
ระเบียบวินัย [ra biap wi nai] การทำให้มีระเบียบวินัย [kan tham hai mii ra biap wi nai] *n* self-discipline
ระมัดระวัง [ra mat ra wang] *adj* careful, cautious ▷ *vi* mind; ไม่ระมัดระวัง [mai ra mat ra wang] *adj* careless; การระมัดระวังไว้ก่อน [kan ra mat ra wang wai kon] *n* precaution; อย่างระมัดระวัง [yang ra mat ra wang] *adv* carefully, cautiously
ระยะทาง [ra ya thang] ระยะทางเป็นไมล์ [ra ya thang pen mai] *n* mileage
ระยะเวลา [ra ya we la] *n* period, session; ระยะเวลาที่กำหนด [ra ya we la thii kam not] *n* term *(description)*; ระยะเวลาทดลอง [ra ya we la thot long] *n* trial period; ระยะเวลายาวนาน [ra ya we la yao nan] *n* cycle *(recurring period)*
ระหว่าง [ra wang] *prep* between; ในระหว่าง [nai ra wang] *prep* during; ในระหว่างนั้น [nai ra wang nan] *adv* meantime; ระหว่างกลาง [ra wang klang] *adj* intermediate
ระหว่างประเทศ [ra wang pra thet] บริษัทระหว่างประเทศ [bo ri sat ra wang pra tet] *n* multinational; ขอการ์ดโทรศัพท์ระหว่างประเทศหนึ่งใบ [kho kat tho ra sap ra wang pra tet nueng bai] An international phone card, please
รัก [rak] *v* love; มีใจรักชาติ [mii jai rak chat] *adj* patriotic; ใช่ ฉันรักที่จะ... [chai chan rak thii ja...] Yes, I'd love to; ฉันรัก... [chan rak...] I love...
รักใคร [rak khrai] เรื่องรักใคร่ [rueang rak khrai] *n* romance; เกี่ยวกับเรื่องรักใคร่ [kiao kap rueang rak khrai] *adj* romantic; ซึ่งรักใคร่ [sueng rak khrai] *adj* affectionate
รักบี้ [rak bi] กีฬารักบี้ [ki la rak bii] *n* rugby; การยื้อยุดหยุดฝ่ายตรงข้ามในการครองลูกฟุตบอลหรือรักบี้ [kan yue yut fai trong kham nai kan khrong luk fut bon rue rak bii] *n* tackle
รักแร้ [rak rae] *n* armpit
รักษา [rak sa] *v* heal, cure; ไม่สามารถรักษาได้ [mai sa mat rak sa dai] *adv* terminally; รักษาไว้ที่ระดับปัจจุบัน [rak sa wai thii ra dap pat chu ban] *v* keep up, keep up with; การเก็บรักษา [kan kep rak sa] *n* reserve *(retention)*
รักษาการณ์ [rak sa kan] หน่วยรักษาการณ์ตามชายฝั่งทะเล [nuai rak sa kan tam chai fang tha le] *n* coastguard
รักษาการแทน [rak sa kan thaen] *adj* acting
รัง [rang] *n* nest
รังเกียจ [rang kiat] ทำให้เป็นที่รังเกียจ [tham hai pen thii rang kiat] *adj* repellent; น่ารังเกียจ [na rang kiat] *adj* lousy, nasty, obnoxious, revolting
รังแก [rang kae] กดขี่รังแก [kot khii rang kae] *v* bully
รังไข่ [rang khai] รังไข่ของสตรี [rang khai khong sa tree] *n* ovary
รังควาน [rang khwan] การรังควาน [kan rang khwan] *n* harassment
รังแค [rang khae] *n* dandruff
รังสี [rang si] *n* radiation; รังสีแม่เหล็ก

ไฟฟ้าชนิดหนึ่งผ่านสิ่งของบางประเภทได้ [rang sii mae lek fai fa cha nit nueng phan sing khong bang pra phet dai] *n* X-ray; ถ่ายภาพด้วยรังสีเอ็กซ์ [thai phap duai rang sii ex] *v* X-ray
รัฐ [rat] กำกับดูแลโดยรัฐ [kam kap du lae doi rat] *v* nationalize
รัฐธรรมนูญ [rat tha tham ma nun] *n* constitution
รัฐบาล [rat tha ban] *n* government
รัฐมนตรี [rat tha mon tri] *n* minister *(government)*; คณะรัฐมนตรี [kha na rat tha mon tree] *n* cabinet
รัฐศาสตร์ [rat tha sat] คณะรัฐศาสตร์ [kha na rat tha sat] *n* law school
รัฐสภา [rat tha sa pha] *n* parliament; ที่นั่งในรัฐสภา [thii nang nai rat tha sa pha] *n* seat *(constituency)*
รัดรูป [rat rup] *adj* skin-tight
รับ [rap] รับเอามา [rap ao ma] *v* adopt; การรับไว้ [kan rap wai] *adv* reception; การรับสมาชิกใหม่ [kan rap sa ma chik mai] *n* recruitment; คุณได้รับอีเมลล์ฉันไหม? [khun dai rap e mail chan mai] Did you get my email?
รับจ้าง [rap chang] รถรับจ้าง [rot rap chang] *n* cab; ชนชั้นผู้รับจ้าง [chon chan phu rap chang] *adj* working-class
รับประกัน [rap pra kan] *v* guarantee; การรับประกัน [kan rap pra kan] *n* guarantee, warranty
รับประทาน [rap pra than] *vt* eat; คนที่มารับประทานในร้านอาหาร [khon thii ma rap pra than nai ran a han] *n* diner
รับผิดชอบ [rap phit chop] ไม่รับผิดชอบ [mai rap phit chop] irresponsible; ความรับผิดชอบ [khwam rap phit chop] *n* responsibility; อย่างรับผิดชอบ [yang rap phit chop] *adj* responsible
รับมรดก [rap mo ra dok] *v* inherit
รับมือ [rap mue] *v* tackle; รับมือได้ [rap mue dai] *v* cope (with)
รับรอง [rap rong] หนังสือรับรอง [nang sue rap rong] *npl* credentials; การรับรองแขก [kan rap rong khaek] *n* hospitality
รับเลี้ยง [rap liang] รับเลี้ยงเป็นลูก [rap liang pen luk] *adj* adopted; สถานรับเลี้ยงเด็ก [sa than rap liang dek] *n* nursery; การรับเลี้ยงบุตรบุญธรรม [kan rap liang but bun tham] *n* adoption
รัม [ram] เหล้ารัม [lao ram] *n* rum
รั่ว [rua] *vi* leak; การรั่ว [kan rua] *n* leak; เครื่องทำความร้อนรั่ว [khrueang tham khwam ron rua] There is a leak in the radiator; แท็งค์น้ำมันรั่ว [thang nam man rua] The petrol tank is leaking
รั้ว [rua] *n* fence, hedge; รั้วสำหรับแข่งกระโดดข้าม [rua sam rap khaeng kra dot kham] *n* hurdle
รัสเซีย [rut sia] *adj* เกี่ยวกับรัสเซีย [kiao kap ras sia] *adj* Russian ▷ *n* ชาวรัสเซีย [chao ras sia] *n* Russian *(person)*; ประเทศรัสเซีย [pra tet ras sia] *n* Russia
รา [ra] *n* mould *(fungus)*; ซึ่งปกคลุมด้วยรา [sueng pok khlum duai ra] *adj* mouldy
ราก [rak] *n* root
รากฐาน [rak than] *n* basis; รากฐานสิ่งก่อสร้าง [rak than sing ko sang] *npl* foundations; ซึ่งเป็นรากฐาน [sueng pen rak than] *adj* based
ราคา [ra kha] *n* price; มีราคาสูง [mii ra kha sung] *adj* dear *(expensive)*; ราคาลดสำหรับนักเรียน [ra kha lot sam rap nak rian] *n* student discount; ราคาขาย [ra kha khai] *n* selling price
ราง [rang] *n* rail; รางอาหารหรือน้ำสำหรับสัตว์ [rang a han rue nam sam rap sat] *n* trough
ร่าง [rang] ร่างกฎหมาย [rang kot mai] *n* bill *(legislation)*
ร่างกาย [rang kai] *n* body, physical; เกี่ยวกับร่างกาย [kiao kap rang kai] *adj* physical
ร่างภาพ [rang phap] *v* sketch
รางวัล [rang wan] *n* award, prize, reward; ให้เงินรางวัล [hai ngoen rang wan] *vt* tip *(reward)*; การให้เงินรางวัล [kan hai ngen rang wan] *n* tip *(reward)*;

การให้รางวัล [kan hai rang wan] *n* prize-giving
ราชการ [rat cha kan] ระบบราชการ [ra bop rat cha kan] *n* bureaucracy; สตรีที่รับราชการทหาร [sa tree thii rap rat cha kan tha han] *n* servicewoman; หน่วยสืบราชการลับ [nuai suep rat cha kan lap] *n* secret service
ราชวงศ์ [rat cha wong] เกี่ยวกับราชวงศ์ [kiao kap rat cha wong] *adj* royal
ราชอาณาจักร [rat cha a na chak] *n* kingdom
ราตรีสวัสดิ์ [ra tri sa wat] Good night
ร้าน [ran] *n* shop; เจ้าของร้าน [chao khong ran] *n* shopkeeper; ร้านเสริมสวย [ran soem suai] *n* beauty salon; ร้านรับพนัน [ran rap pha nan] *n* betting shop; ร้านขายยา [ran khai ya] *n* pharmacy; ร้านอาหารที่นำเข้าจากต่างประเทศเช่น ไส้กรอก เนื้อรมควันและอื่น ๆ [ran a han thii nam khao chak tang pra tet chen sai krok nuea rom khwan lae uen uen] *n* delicatessen
ร้านค้า [ran kha] *n* store
ร้านอาหาร [ran a han] *n* restaurant
ราบ [rap] *adj* flat; ราบเรียบ [rap riap] *adj* plain; ที่ราบ [thii rap] *n* flat, plain
ราบรื่น [rap ruen] ไม่สนุก ไม่ราบรื่น [mai sa nuk, mai rap ruen] *adj* unpleasant
ราบเรียบ [rap riap] *adj* even
ร้าย [rai] เลวร้าย [leo rai] *adj* horrible; ชั่วร้าย [chua rai] *adj* evil; ร้านขายยาที่ใกล้ที่สุดอยู่ที่ไหน? [ran khai ya thii klai thii sut yu thii nai] Where is the nearest chemist?
รายการ [rai kan] *n* list; ใบรายการส่งสินค้าที่แสดงราคา [bai rai kan song sin ka thii sa daeng ra kha] *n* invoice; ไม่อยู่ในรายการ [mai yu nai rai kan] *adj* unlisted; ลงรายการ [long rai kan] *v* list
รายการอาหาร [rai kan a han] ขอรายการอาหาร [kho rai kan a han] The menu, please; คุณมีรายการอาหารเด็กไหม? [khun mii rai kan a han dek mai] Do you have a children's menu?
รายงาน [rai ngan] *v* report; รายงาน การบรรยาย [rai ngan, kan ban yai] *n* account *(report)*; การรายงาน [kan rai ngan] *n* report; บัตรรายงาน [bat rai ngan] *n* report card; ฉันจำเป็นต้องมีรายงานของตำรวจสำหรับการประกัน [chan cham pen tong mii rai ngan khong tam ruat sam rap kan pra kan] I need a police report for my insurance
รายชื่อ [rai chue] รายชื่อและที่อยู่ของคนที่ได้รับข่าวสาร โฆษณาและข้อมูลเป็นประจำ [rai chue lae thii yu khong khon thii dai rap khao san khot sa na lae kho mun pen pra cham] *n* mailing list; รายชื่อของคนที่รอคิวอยู่ [rai chue khong khon thii ro khio yu] *n* waiting list; สมุดรายชื่อ [sa mut rai chue] *n* directory
รายได้ [rai dai] *n* income ▷ *npl* earnings, proceeds, takings; รายได้ของรัฐที่ได้จากการเก็บภาษีอากรและธรรมเนียม [rai dai khong rat thii dai chak kan kep pha si a kon lae tham niam] *n* revenue
ร้ายแรง [rai raeng] ที่ร้ายแรง [thii rai raeng] *adj* vicious; อยู่ในขั้นร้ายแรง [yu nai khan rai raeng] *n* terminal; มันร้ายแรงไหม? [man rai raeng mai] Is it serious?
รายละเอียด [rai la iad] *n* detail; ซึ่งมีรายละเอียดมาก [sueng mii rai la iat mak] *adj* detailed; นี่คือรายละเอียดการประกันของฉัน [ni khue rai la iat kan pra kan khong chan] Here are my insurance details
ราว [rao] *n* rail ▷ *npl* railings; ราวระเบียง [rao ra biang] *n* banister; ราวตากผ้า [rao tak pha] *n* clothes line, washing line
ร้าว [rao] *adj* cracked
ราศี [ra si] ราศีกุมภ์ [ra si kum] *n* Aquarius; ราศีเมษ [ra si met] *n* Aries; ราศีมังกร [ra si mang kon] *n* Capricorn; ราศีมิถุน [ra si mi thun] *n* Gemini
ราสเบอรี่ [ras boe ri] ลูกราสเบอรี่ [luk ras

boe ri] *n* raspberry
รำข้าว [ram khao] ซึ่งไม่ได้เอารำข้าวสาลีออก [sueng mai dai ao ram khao sa lii ok] *adj* wholemeal
รำคาญ [ram khan] การก่อให้เกิดความรำคาญ [kan ko hai koed khwam ram khan] *n* nuisance; คำอุทานแสดงความรำคาญ [kham u than sa daeng khwam ram khan] *adj* damn; ทำให้รำคาญ [tham hai ram khan] *adj* annoy, irritating
ร่ำรวย [ram ruai] ร่ำรวยมั่งคั่ง [ram ruai mang khang] *adj* wealthy; ความร่ำรวยมั่งคั่ง [khwam ram ruai mang khang] *n* wealth; ซึ่งร่ำรวย [sueng ram ruai] *adj* well-off
ริดสีดวงทวาร [rit si duang tha wan] *npl* haemorrhoids; โรคริดสีดวงทวาร [rok rit sii duang tha wan] *npl* piles
ริบบิ้น [rip bin] ริบบิ้น เส้นหรือแถบผ้ายาวที่ใช้ผูกเพื่อประดับตกแต่ง [rip bin, sen rue thaep pha yao thii chai phuk phuea pra dap tok taeng] *n* ribbon
ริมฝีปาก [rim fi pak] *n* lip
ริเริ่ม [ri roem] การริเริ่ม [kan ri roem] *n* initiative; ซึ่งมีความคิดริเริ่ม [sueng mii khwam kit ri roem] *adj* creative
ริ้ว [rio] แถบ เส้น ริ้ว [thaep, sen, rio] *n* bar *(strip)*
ริษยา [rit sa ya] *v* envy
รีด [rit] รีดด้วยเตารีด [riit duai tao riit] *v* iron; ฉันจะรีดผ้าได้ที่ไหน? [chan ja riit pha dai thii nai] Where can I get this ironed?
รีดนม [rit nom] *v* milk
รีดผ้า [rit pha] การรีดผ้า [kan rit pha] *n* ironing; ที่รีดผ้า [thii riit pha] *n* ironing board
รีบ [rip] ความเร่งรีบ [khwam reng rip] *n* hurry; วิ่งแข่ง รีบไป เคลื่อนไปอย่างรวดเร็ว [wing khaeng, rip pai, khluean pai yang ruat reo] *vt* run; อย่างรีบเร่ง [yang rip reng] *adv* hastily; ฉันกำลังรีบ [chan kam lang rip] I'm in a hurry
รื่นเริง [ruen roeng] *adj* jolly, merry
รื้อถอน [rue thon] *v* demolish
รุกล้ำ [ruk lam] *adj* poached *(caught illegally)*
รุ้ง [rung] รุ้งกินน้ำ [rung kin nam] *n* rainbow
รุงรัง [rung rang] สภาพรกรุงรัง [sa phap rok rung rang] *n* mess
รุนแรง [run raeng] รุนแรงมาก [run raeng mak] *adj* drastic; คนที่มีหัวรุนแรง [khon thii mii hua run raeng] *n* extremist; ความรุนแรง [khwam run raeng] *n* violence
รู [ru] *n* hole; รูที่ให้น้ำไหลออก [ru thii hai nam lai ok] *n* plughole
รู้ [ru] *v* know; รู้ล่วงหน้า [ru luang na] *v* foresee; คนที่แกล้งทำเป็นรู้มากกว่าคนอื่น [khon thii klaeng tham pen ru mak kwa khon uen] *n* know-all; ตระหนักรู้ [tra nak ru] *adj* aware; คุณรู้ไหมว่าจะทำนี่ได้อย่างไร? [khun ru mai wa ja tham ni dai yang rai] Do you know how to do this?
รู้จัก [ru chak] เป็นที่รู้จัก [pen thii ru chak] *adj* known; ไม่มีใครรู้จัก [mai mii khrai ru chak] *adj* unknown; ไม่รู้จักคุ้นเคย [mai ru chak khun khoei] *adj* unfamiliar; คุณรู้จักเขาไหม? [khun ru chak khao mai] Do you know him?
รูด [rut] รูดซิป [rut sip] *vi* zip (up); รูดซิปออก [rut sip ok] *v* unzip
รูป [rup] รูปวาด [rup wat] *n* drawing; กรอบรูป [krop rup] *n* frame
รูปทรง [rup song] *n* form
รูปแบบ [rup baep] *n* format, type
รูปปั้น [rup pan] *n* statue
รูปภาพ [rup phap] *n* picture
รูปร่าง [rup rang] *n* shape
รูปวาด [rup wat] รูปวาดของคน [rup wat khong khon] *n* portrait
รู้แล้วรู้รอด [ru laeo ru rot] *v* get over
รู้สึก [ru suek] *v* feel; รู้สึกตัว [ru suek tua] *adj* conscious; การรู้สึกตัว [kan ru suk tua] *n* consciousness; ที่ทำด้วยความรู้สึก

ในด้านดี [thii tham duai khwam ru suek nai dan di] *adj* conscientious; คุณรู้สึกอย่างไรตอนนี้? [khun ru suek yang rai ton nii] How are you feeling now?
รู้สึกตัว [ru suek tua] ไม่รู้สึกตัว [mai ru suek tua] *adj* unconscious
เร่ง [reng] เร่งให้เร็วขึ้น [reng hai reo khuen] *v* speed up; เร่งความเร็ว [reng khwam reo] *v* accelerate; การเร่ง [kan reng] *n* rush
เร่งด่วน [reng duan] ที่จำเป็นเร่งด่วน [thii cham pen reng duan] *adj* urgent
เร่งรีบ [reng rip] *v* hurry, hurry up; เคลื่อนหรือทำอย่างเร่งรีบ [khluean rue tham yang reng rip] *vi* rush; การเร่งรีบ [kan reng rip] *n* urgency
เรดาห์ [re da] *n* radar
เร่ร่อน [re ron] *vi* drift
เร็ว [reo] *adj* fast; เร่งให้เร็วขึ้น [reng hai reo khuen] *v* speed up; ตัวย่อของเร็วที่สุดเท่าที่จะเป็นไปได้ [tua yo khong reo thii sut thao thii ja pen pai dai] *adv abbr* asap; ฉันคิดว่านาฬิกาฉันเดินเร็ว [chan kit wa na li ka chan doen reo] I think my watch is fast
เร็วๆนี้ [reo reo ni] *adj* recent ▷ *prep* near; เมื่อเร็วๆนี้ [muea reo reo ni] *adv* recently; ในเร็ว ๆ นี้ [nai reo reo nii] *adv* shortly
เรอ [roe] *vi* burp; การเรอ [kan roe] *n* burp
เรา [rao] *pron* us
เร้าใจ [rao chai] น่าเร้าใจ [na rao jai] *adj* sensational
เริ่ม [roem] *v* begin; เริ่ม เริ่มทำ เริ่มต้น [roem, roem tham, roem ton] *vt* start; เริ่ม ลงมือ ทำให้เกิด [roem, long mue, tham hai koet] *vi* start; เริ่มเดินทาง [roem doen thang] *v* set off, start off; จะเริ่มเมื่อไร? [ja roem muea rai] When does it begin?
เริ่มต้น [roem ton] การเริ่มต้น [kan roem ton] *n* outset
เรียก [riak] *vt* call; เรียกโดยใช้เครื่องขยายเสียงหรือเครื่องส่งสัญญาณติดตามตัว [riak doi chai khrueang kha yai siang rue khrueang song san yan tit tam tua] *v* page; การเรียก การโทรศัพท์ [kan riak, kan tho ra sap] *n* call; ช่วยเรียกบริการรถเสียให้ด้วย [chuai riak bo ri kan rot sia hai duai] Call the breakdown service, please
เรียกร้อง [riak rong] *v* claim, request; แบบฟอร์มการเรียกร้อง [baep fom kan riak rong] *n* claim form; การเรียกร้อง [kan riak rong] *n* claim, request
เรียกหา [riak ha] *v* call for
เรียงความ [riang khwam] *n* essay
เรียน [rian] *v* learn, study; เรียนอย่างหนัก [rian yang nak] *v* swot; ห้องเรียน [hong rian] *n* classroom; การเรียนพิเศษแบบเข้ม [kan rian phi set baep khem] *n* tutorial; ฉันยังเรียนหนังสืออยู่ [chan yang rian nang sue yu] I'm still studying
เรียบ [riap] *adj* smooth; ราบเรียบ [rap riap] *adj* plain
เรียบร้อย [riap roi] *adj* neat; ไม่เป็นระเบียบเรียบร้อย [mai pen ra biap riap roi] *adj* untidy; จัดให้เป็นระเบียบเรียบร้อย [chat hai pen ra biap riap roi] *v* tidy up; ซึ่งไม่เรียบร้อยและสกปรก [sueng mai riap roi lae sok ka prok] *adj* messy
เรือ [ruea] *n* boat, ship; เรือเร็ว [ruea reo] *n* speedboat; เรือแคนู [ruea khae nu] *n* canoe; เรือแตก [ruea taek] *n* shipwreck; ลูกเรือ [luk ruea] *n* crew, sailor; ตัวเรือ [tua ruea] *n* hull; เรือลำแรกมาเมื่อไร? [ruea lam raek ma muea rai] When is the first boat?
เรื่อง [rueang] เรื่องเล็ก ๆ น้อย ๆ [rueang lek lek noi noi] *n* trifle; เรื่องสอนใจ [rueang son jai] *n* moral; เรื่องตลก [rueang ta lok] *n* joke
เรื่องราว [rueang rao] *n* story; เรื่องราวที่ติดตามมา [rueang rao thii tit tam ma] *n* sequel; เรื่องราวประเพณีและความเชื่อของผู้คน [rueang rao pra phe ni lae khwam chuea khong phu kon] *n* folklore

เรื่องเล่า [rueang lao] *n* tale
เรื่องสั้น [rueang san] *n* short story
เรือชูชีพ [ruea chu chip] เรียกเรือชูชีพ [riak ruea chu chip] Call out the lifeboat!
เรือดำน้ำ [ruea dam nam] *n* submarine
เรือนกระจก [ruean kra chok] เรือนกระจกสำหรับเก็บต้นไม้ [ruean kra chok sam rap kep ton mai] *n* conservatory; เรือนกระจกสำหรับปลูกต้นไม้ [ruean kra chok sam rap pluk ton mai] *n* greenhouse
เรื้อนกวาง [ruean kwang] โรคเรื้อนกวาง [rok ruean kwang] *n* eczema
เรือนจำ [ruan cham] *n* prison; เจ้าหน้าที่เรือนจำ [chao na thii ruean cham] *n* prison officer
เรือใบ [ruea bai] *n* sailing boat; เรือใบสำหรับที่ใช้ท่องเที่ยวหรือแข่งเรือ [ruea bai sam rap thii chai thong thiao rue khaeng ruea] *n* yacht
เรื้อรัง [rue rang] *adj* chronic
แร่ [rae] ที่มีแร่ [thii mii rae] *adj* mineral; น้ำแร่ [nam rae] *n* mineral water
แรก [raek] *adj* initial; เป็นอันดับแรก [pen an dap raek] *adj* preceding; แต่แรก [tae raek] *adv* early; ตั้งแต่แรก [tang tae raek] *adv* initially
แรกเริ่ม [raek roem] โดยแรกเริ่ม [doi raek roem] *adv* originally
แรง [raeng] ฉันอยากได้อะไรที่แรงกว่านี้ [chan yak dai a rai thii raeng kwa nii] I need something stronger
แร้ง [raeng] นกแร้ง [nok raeng] *n* vulture
แรงกล้า [raeng kla] *adj* intense
แรงงาน [raeng ngan] *n* labour
แรงดัน [raeng dan] แรงดันไฟฟ้าที่มีหน่วยเป็นโวลต์ [raeng dan fai fa thii mii nuai pen volt] *n* voltage; หน่วยแรงดันไฟฟ้า [nuai raeng dan fai fa] *n* volt
แรงบันดาลใจ [raeng ban dan chai] *n* motivation, will *(motivation)*; ซึ่งมีแรงบันดาลใจ [sueng mii raeng ban dan jai] *adj* motivated
แร่ธาตุ [rae that] *n* mineral
โรค [rok] *n* disease; เกี่ยวกับโรคประสาท [kiao kap rok pra sat] *adj* neurotic; โรคเลือดคั่งในสมอง [rok lueat khang nai sa mong] *n* multiple sclerosis; โรคเรื้อนกวาง [rok ruean kwang] *n* eczema; โรคกระเพาะปัสสาวะ [rok kra phao pat sa wa] *n* cystitis; โรคที่มีเม็ดโลหิตขาวมากเกินไป [rok thii mii met lo hit khao mak koen pai] *n* leukaemia; มีเชื้อไวรัสที่ทำให้เกิดโรคเอดส์ [mii chuea wai ras thii tham hai koet rok aid] *adj* HIV-positive
โรคจิต [rok chit] เป็นโรคจิต [pen rok chit] *adj* mental; โรคจิตชนิดหนึ่งที่มีสองบุคคลิกในคนคนเดียว [rok chit cha nit nueng thii mii song buk kha lik nai khon khon diao] *adj* schizophrenic; โรงพยาบาลโรคจิต [rong pha ya baan rok chit] *n* mental hospital
โรคพิษสุนัขบ้า [rok phit su nak ba] *n* rabies
โรคหัด [rok hat] ฉันเป็นโรคหัดเมื่อเร็ว ๆ นี้ [chan pen rok hat muea reo reo nii] I had measles recently
โรคหืด [rok huet] ฉันทุกข์ทรมานด้วยโรคหืด [chan thuk tho ra man duai rok huet] I suffer from asthma
โรง [rong] โรงรถ [rong rot] *n* garage; โรงกลั่น [rong klan] *n* refinery; โรงกษาปณ์ [rong ka sap] *n* mint *(coins)*; โรงเล่นกีฬาอยู่ที่ไหน? [rong len ki la yu thii nai] Where is the gym?
โรงกลั่น [rong klan] โรงกลั่นสุรา [rong klan su ra] *n* distillery
โรงงาน [rong ngan] *n* factory, plant *(site/equipment)*; โรงงานต้มและกลั่นเหล้า [rong ngan tom lae klan lao] *n* brewery; ห้องทำงานในโรงงาน [hong tham ngan nai rong ngan] *n* workshop; ฉันทำงานในโรงงาน [chan tham ngan nai rong ngan] I work in a factory
โรงนา [rong na] *n* barn
โรงพยาบาล [rong pha ya ban] *n*

hospital, infirmary; โรงพยาบาลแม่และเด็ก [rong pha ya baan mae lae dek] *n* maternity hospital; โรงพยาบาลโรคจิต [rong pha ya baan rok chit] *n* mental hospital; เราต้องพาเขาไปโรงพยาบาล [rao tong pha khao pai rong pha ya baan] We must get him to hospital
โรงรถ [rong rot] กุญแจดอกไหนเป็นกุญแจโรงรถ? [kun jae dok nai pen kun jae rong rot] Which is the key for the garage?
โรงเรียน [rong rian] *n* school; โรงเรียนเด็กเล็ก [rong rian dek lek] *n* infant school; โรงเรียนเด็กเล็กอายุ ๒ ถึง ๕ ปี [rong rian dek lek a yu song thueng ha pi] *n* nursery school; โรงเรียนในตอนเย็นหรือกลางคืน [rong rian nai ton yen rue klang khuen] *n* night school
โรงแรม [rong raem] *n* hotel; โรงแรมเล็กๆ [rong raeng lek lek] *n* inn; บริการรับใช้ในห้องของโรงแรม [bo ri kan rap chai nai hong khong rong raeng] *n* room service; เก้าอี้เข็นสามารถเข้าออกโรงแรมของคุณได้ไหม? [kao ii khen sa maat khao ok rong raeng khong khun dai mai] Is your hotel accessible to wheelchairs?
โรงละคร [rong la kon] *n* theatre; มีการแสดงอะไรที่โรงละคร? [mii kan sa daeng a rai thii rong la khon] What's on at the theatre?
โรงละคร/โรงโอเปร่า [rong la khon/ rong o pe ra] Theatre/opera
โรงสี [rong si] *n* mill
โรงหนัง [rong nang] มีหนังอะไรฉายที่โรงหนัง? [mii nang a rai chai thii rong nang] What's on at the cinema?
โรงโอเปร่า [rong o pe ra] คืนนี้มีการแสดงโอเปร่าอะไร? [khuen nii mii kan sa daeng o pe ra a rai] What's on tonight at the opera?
โรม [rom] ที่เกี่ยวกับโรม [thii kiao kap rom] *adj* Roman
โรมัน [ro man] เกี่ยวกับแบบกรีกและโรมัน [kiao kap baep krik lae ro man] *adj* classical
โรมันคาทอลิค [ro man kha tho rik] ที่เกี่ยวกับศาสนาโรมันคาทอลิค [thii kiao kap sat sa na ro man kha tho lik] *adj* Roman Catholic; ผู้นับถือนิกายโรมันคาทอลิค [phu nap thue ni kai ro man kha tho lik] *n* Roman Catholic
โรมาเนีย [ro ma nia] เกี่ยวกับโรมาเนีย [kiao kap ro ma nia] *adj* Romanian; ชาวโรมาเนีย [chao ro ma nia] *n* Romanian *(person)*; ประเทศโรมาเนีย [pra tet ro ma nia] *n* Romania
ไร่ [rai] บ้านไร่ [baan rai] *n* farmhouse
ไร้เดียงสา [rai diang sa] *adj* innocent; ไร้เดียงสาอย่างเด็ก [rai diang sa yang dek] *adj* childish
ไร้สาระ [rai sa ra] *adj* absurd; เรื่องไร้สาระ [rueang rai sa ra] *n* nonsense

ฤดู [rue du] *n* season; ฤดูใบไม้ร่วง [rue du bai mai ruang] *n* autumn; ฤดูมรสุม [rue du mo ra sum] *n* monsoon; ฤดูถือบวชโดยอดอาหารประจำปีก่อนวันอีสเตอร์ของชาวคริสต์ [rue du thue buat doi ot a han pra cham pi kon wan is toe khong chao khris] *n* Lent

ฤดูกาล [rue du kan] ตามฤดูกาล [tam rue du kan] *adj* seasonal; ฤดูกาลที่มีธุรกิจมาก [rue du kan thii mii thu ra kit mak] *n* high season

ฤดูใบไม้ผลิ [rue du bai mai phli] *n* spring *(season)*, springtime

ฤดูร้อน [rue du ron] *n* summer; เวลาในฤดูร้อน [we la nai rue du ron] *n* summertime; วันหยุดในฤดูร้อน [wan yut nai rue du ron] *npl* summer holidays

ฤดูหนาว [rue du nao] *n* winter; กีฬาฤดูหนาว [ki la rue du nao] *npl* winter sports

ลง [long] ลงไป [long pai] *v* go down; ลงมา [long ma] *v* come down, descend; ขอให้ฉันลงจากรถ [kho hai chan long chak rot] Please let me off

ลงคะแนนเสียง [long kha naen siang] *v* vote; การลงคะแนนเสียง [kan long kha naen siang] *n* vote

ลงทะเบียน [long tha bian] *n* recorded delivery ▷ *v* register; เซ็นลงทะเบียนเพื่อรับเงินสวัสดิการ [sen long tha bian phuea rap ngoen sa wat sa di kan] *v* sign on; ลงทะเบียนเพื่อเข้าพัก [long tha bian phuea khao phak] *v* check in; จะใช้เวลานานเท่าไรถ้าส่งแบบลงทะเบียน? [ja chai we la nan thao rai tha song baep long tha bian] How long will it take by registered post?

ลงทุน [long thun] *v* invest; การลงทุน [kan long thun] *n* investment; นักลงทุน [nak long thun] *n* investor

ลงโทษ [long thot] *v* penalize, punish; การลงโทษ [kan long thot] *n* punishment; การลงโทษประหารชีวิต [kan long thot pra han chi wit] *n* capital punishment

ลงมือ [long mue] เริ่ม ลงมือ ทำให้เกิด

[roem, long mue, tham hai koet] *vi* start
ลด [lot] ลดราคา [lot ra kha] *v* knock down; ลดตำแหน่ง [lot tam naeng] *v* relegate; คุณช่วยลดเสียงลงได้ไหม? [khun chuai lot siang long dai mai] Please could you lower the volume?
ลดน้ำหนัก [lot nam nak] ควบคุมอาหารเพื่อลดน้ำหนัก [khuap khum a han phuea lot nam nak] *v* diet
ลดลง [lot long] *v* decrease; การทำให้ลดลง [kan tham hai lot long] *n* reduction; ทำให้ลดลง [tham hai lot long] *v* diminish, reduce, turn down
ลดหลั่น [lot lun] ทำให้ลดหลั่นเป็นชั้น [tham hai lot lan pen chan] *adj* terraced
ล้น [lon] ไหลบ่า ไหลล้น [lai ba, lai lon] *vi* flood
ลบ [lop] *prep* minus ▷ *v* delete; ลบออก [lop ok] *v* deduct, erase; ลบออกไป [lop ok pai] *v* leave out, subtract
ลม [lom] *n* wind; ลมแรงพัดกะทันหัน [lom raeng phat kra tan han] *n* gust; ลมพายุ [lom pha yu] *n* gale
ลมบ้าหมู [lom ba mu] โรคลมบ้าหมู [rok lom ba mu] *n* epileptic; อาการชักของลมบ้าหมู [a kan chak khong lom ba mu] *n* epileptic fit
ล้มละลาย [lom la lai] *adj* bankrupt
ล้มเลิก [lom loek] การล้มเลิก [kan lom loek] *n* abolition
ลมหายใจ [lom hai chai] เครื่องวัดปริมาณแอลกอฮอล์จากลมหายใจ [khrueang wat pa ri man aen ko ho chak lom hai jai] *n* Breathalyser®
ล้มเหลว [lom leo] *vi* fail; ความล้มเหลว [khwam lom leo] *n* failure, flop
ล้วงกระเป๋า [luang kra pao] นักล้วงกระเป๋า [nak luang kra pao] *n* pickpocket
ลวงตา [luang ta] ภาพลวงตา [phap luang ta] *n* illusion
ล่วงเวลา [luang we la] *n* overtime
ล่วงหน้า [luang na] *adv* beforehand; จ่ายล่วงหน้า [chai luang na] *adj* prepaid
ลวด [luat] *n* wire; เส้นลวด [sen luat] *n* barbed wire
ลวดเย็บกระดาษ [luat yep kra dat] *n* staple (*wire*); ติดด้วยลวดเย็บกระดาษ [tit duai luat yep kra daat] *v* staple
ลวดลาย [luat lai] ลวดลายที่ทำด้วยกระจกสี [luat lai thii tham duai kra chok sii] *n* mosaic
ล่อ [lo] *n* mule
ล้อ [lo] *n* wheel; ล้ออะไหล่ [lo a lai] *n* spare wheel; การขับทั้งสี่ล้อ [kan khap thang si lo] *n* four-wheel drive
ลอก [lok] การลอกเลียนแบบ [kan lok lian baep] *n* imitation
ล็อกออน [lok on] ฉันล็อกออนไม่ได้ [chan lok on mai dai] I can't log on
ล็อค [lok] ล็อคประตู [lok pra tu] Keep the door locked; ฉันล็อคตัวเองออกนอกห้อง [chan lok tua eng ok nok hong] I have locked myself out of my room
ล็อคเกอร์ [lok koe] ตู้ล็อคเกอร์ [tu lok koe] *n* locker; ตู้ล็อคเกอร์เก็บกระเป๋าเดินทาง [tu lok koe kep kra pao doen thang] *n* left-luggage locker; ล็อคเกอร์ของฉันอันไหน? [lok koe khong chan an nai] Which locker is mine?
ลอง [long] ลองสวมใส่ [long suam sai] *v* try on; ลองดู [long du] *v* try out; คุณลองใหม่อีกทีได้ไหม? [khun long mai ik thii dai mai] Can you try again later?
ล่องเรือ [long ruea] การล่องเรือ [kan long ruea] *n* cruise; เราจะล่องเรือเมื่อไร? [rao ja long ruea muea rai] When do we sail?
ล่อใจ [lo chai] *adj* tempting; การล่อใจ [kan lo jai] *n* temptation
ลอน [lon] หยักศก ที่เป็นลอน [yak sok, thii pen lon] *adj* curly; ผมเป็นลอน [phom pen lon] *n* curl
ลอนดอน [lon don] *n* London
ลอบ [lop] การลอบวางเพลิง [kan lop wang phloeng] *n* arson
ล็อบบี้ [lop bi] ฉันจะไปพบคุณที่ล็อบบี้ [chan ja pai phop khun thii lop bi] I'll meet

you in the lobby
ล้อม [lom] การปิดล้อม [kan pit lom] *n* blockage
ล้อมรอบ [lom rop] *prep* round ▷ *v* surround
ลอย [loi] ลอยบนผิวน้ำหรือในอากาศ [loi bon phio nam rue nai a kaat] *vi* float; สิ่งที่ลอยได้เช่นแพ [sing thii loi dai chen phae] *n* float
ล้อเล่น [lo len] *v* kid
ล้อเลียน [lo lian] *v* mimic
ละ [la] ราคาห้องคนละเท่าไร? [ra kha hong khon la thao rai] How much is it per person?; ราคาห้องคืนละเท่าไร? [ra kha hong khuen la thao rai] How much is it per night?; ราคาห้องอาทิตย์ละเท่าไร? [ra kha hong a thit la thao rai] How much is it per week?
ละคร [la kon] *n* drama; โรงละครสัตว์ [rong la khon sat] *n* circus; ละครเพลง [la khon phleng] *n* musical; ละครตลก [la khon ta lok] *n* comedy
ละติน [la tin] ภาษาละติน [pha sa la tin] *n* Latin
ละตินอเมริกา [la tin a me ri ka] *n* Latin America
ละทิ้ง [la thing] *v* abandon
ละมั่ง [la mang] *n* antelope
ละเมอ [la moe] เดินละเมอ [doen la moe] *v* sleepwalk
ละลาย [la lai] *vt* dissolve; ละลาย ทำให้หลอมละลาย [la lai, tham hai lom la lai] *vt* melt; ซึ่งสามารถละลายได้ [sueng sa maat la lai dai] *adj* soluble; ตัวทำละลาย [tua tham la lai] *n* solvent
ละเลย [la loei] *v* ignore; การละเลย [kan la loei] *n* neglect
ละออง [la ong] ละอองของเหลว [la ong khong leo] *n* aerosol
ละอองน้ำ [la ong nam] *n* spray
ละเอียด [la iat] ละเอียดถี่ถ้วน [la iat thi thuan] *adj* thorough; ละเอียดอ่อน [la iat on] *adj* delicate; อย่างละเอียดรอบคอบ [yang la iat rop khop] *adv* thoroughly
ลักขโมย [lak kha moi] *v* steal
ลักเซมเบิร์ก [lak sem boek] ประเทศลักเซมเบิร์ก [pra tet lak sem boek] *n* Luxembourg
ลักพาตัว [lak pha tua] *v* abduct, kidnap
ลักลอบนำเข้า [lak lop nam khao] *v* smuggle; การลักลอบนำเข้า [kan lak lop nam khao] *n* smuggling; ผู้ลักลอบนำเขา [phu lak lop nam khao] *n* smuggler
ลักษณะ [lak sa na] ลักษณะเฉพาะ [lak sa na cha pho] *adj* unique; ลักษณะหน้าตา [lak sa na na ta] *n* feature; ลักษณะท่าทาง [lak sa na tha thang] *n* manner
ลัง [lang] หีบ ลัง กล่อง [hip, lang, klong] *n* chest *(storage)*
ลังเล [lang le] *adj* indecisive; ลังเลใจ [lang le jai] *v* hesitate; อย่างไม่ลังเล [yang mai lang le] *adv* readily
ลัทธิ [lat thi] เกี่ยวกับลัทธิเสรีนิยม [kiao kap lat thi se ri ni yom] *adj* liberal; เกี่ยวกับลัทธิชนชาติ [kiao kap lat thi chon chat] *adj* racist; ลัทธิมาร์กซ์ [lat thi mark] *n* Marxism
ลับ [lap] หน่วยสืบราชการลับ [nuai suep rat cha kan lap] *n* secret service; อย่างลับ ๆ [yang lap lap] *adv* secretly
ลับสุดยอด [lap sut yot] *adj* top-secret
ลา [la (laa)] *n* donkey; การลาหยุดหลังคลอด [kan la yut lang khlot] *n* maternity leave
ลาก [lak] *vt* drag; ลากไป [lak pai] *v* tow away
ลาก่อน [la kon] *excl* bye!, bye-bye!, cheerio!, farewell!, goodbye!
ล่าง [lang] ข้างล่าง [khang laang] *adv* beneath, downstairs; ข้างล่าง [khang laang] *adv* downstairs; ชั้นล่าง [chan lang] *n* ground floor
ล้าง [lang] เครื่องล้างจาน [khrueang lang chan] *n* dishwasher; ล้างจาน [lang chan] *v* wash up; ล้างออกไป [lang ok pai] *v* wash; ฉันล้างมือได้ที่ไหน? [chan lang mue dai thii nai] Where can I wash my hands?

ล้างบาป [lang bap] การทำพิธีล้างบาปและตั้งชื่อ [kan tham phi thii lang bap lae tang chue] *n* christening; ผู้ทำพิธีล้างบาป [phu tham phi thi lang bap] *n* Baptist

ล่าช้า [la cha] *v* delay; ความล่าช้า [khwam la cha] *n* delay; ทำให้ล่าช้า [tham hai la cha] *adj* delayed; เที่ยวบินล่าช้า [thiao bin la cha] The flight has been delayed

ลาดชัน [lat chan] ที่ลาดชันสำหรับฝึกเล่นสกี [thii lat chan sam rap fuek len sa ki] *n* nursery slope

ลาดตระเวน [lat tra wen] รถลาดตระเวน [rot lay tra wen] *n* patrol car; การลาดตระเวน [kan lat tra wen] *n* patrol

ลาดเอียง [lat iang] พื้นที่ลาดเอียง [phuen thii lat iang] *n* slope

ลาน [lan] ลานเล่นสเก็ต [lan len sa ket] *n* skating rink; ลานเล่นสเก็ตน้ำแข็ง [lan len sa ket nam khaeng] *n* rink; ลานน้ำแข็งเล่นสเก็ต [lan nam khaeng len sa ket] *n* ice rink

ล้าน [lan] *adj* bald; หนึ่งล้าน [nueng lan] *n* million; พันล้าน [phan lan] *n* billion

ลานบิน [lan bin] *n* runway

ลาป่วย [la puai] การลาป่วย [kan la puai] *n* sick leave; ค่าจ้างในระหว่างที่ลาป่วย [kha chang nai ra wang thii la puai] *n* sick pay; จดหมายลาป่วยที่แพทย์เป็นผู้เขียน [chot mai la puai thii phaet pen phu khian] *n* sick note

ล่าม [lam] *n* interpreter; คุณช่วยเป็นล่ามแปลให้เราได้ไหม? [khun chuai pen laam plae hai rao dai mai] Could you act as an interpreter for us, please?; ฉันต้องการล่าม [chan tong kan lam] I need an interpreter

ลามก [la mok] *adj* obscene; หนังสือ ภาพ เรื่องเขียน หนังและศิลปะที่ลามก [nang sue phap rueang khian nang lae sin la pa thii la mok] *n* pornography; ตัวย่อของหนังสือ ภาพ เรื่องเขียน หนังและศิลปะที่ลามก [tua yo khong nang sue phap rueang khian nang lae sin la pa thii la mok] *n* porn; ที่ลามก [thii la mok] *adj* pornographic

ลาย [lai] ซึ่งมีลาย [sueng mii lai] *adj* stripy; ที่มีลายตารางหมากรุก [thii mii lai ta rang mak ruk] *adj* checked

ลายเซ็น [lai sen] *n* autograph, signature

ลายมือ [lai mue] *n* handwriting

ลายสก็อต [lai sa kot] *adj* tartan

ลาว [lao] ประเทศลาว [pra tet lao] *n* Laos

ลาวา [la wa] หินลาวา [hin la va] *n* lava

ลาเวนเดอร์ [la wen doe] ต้นลาเวนเดอร์ดอกมีสีฟ้าม่วง [ton la wen doe dok mii sii fa muang] *n* lavender

ล้าสมัย [la sa mai] *adj* out-of-date; ที่ล้าสมัย [thii la sa mai] *adj* obsolete

ล่าสัตว์ [la sat] *v* hunt; การล่าสัตว์ [kan la sat] *n* hunting

ล่าสุด [la sut] *adv* last

ลาหยุด [la yut] การลาหยุด [kan la yut] *n* leave; การลาหยุดของพ่อเพื่อเลี้ยงดูลูกแรกเกิด [kan la yut khong pho phuea liang du luk raek koet] *n* paternity leave

ลาออก [la ok] *v* resign

ล้ำค่า [lam kha] *adj* precious

ลำดับ [lam dap] *v* range; ที่ต่อเนื่องตามลำดับ [thii to nueang tam lam dap] *adj* consecutive

ลำต้น [lam ton] *n* trunk

ลำธาร [lam than] *n* stream

ลำบาก [lam bak] สภาวะลำบาก [sa pha wa lam bak] *n* dilemma; ความยากลำบาก [khwam yak lam bak] *n* difficulty

ลำแสง [lam saeng] ลำแสง คานรับน้ำหนัก รอยยิ้มกว้าง [lam saeng, khan rap nam nak, roi yim kwang] *n* beam

ลำไส้ [lam sai] *npl* bowels

ล้ำหน้า [lam na] ที่อยู่ในตำแหน่งล้ำหน้า [thii yu nai tam naeng lam na] *adj* offside

ลำเอียง [lam iang] ไม่ลำเอียง [mai lam iang] *adj* impartial; ซึ่งลำเอียง [sueng lam iang] *adj* biased

ลิขสิทธิ์ [lik kha sit] *n* copyright
ลิคเตนส์ไตน์ [lik ten sa tai] ประเทศลิคเตนส์ไตน์ [pra tet lik ten sa tai] *n* Liechtenstein
ลิง [ling] *n* monkey; ลิงกอริลล่า [ling ko ril la] *n* gorilla; ลิงชิมแปนซี [ling chim paen si] *n* chimpanzee
ลิตร [lit] หน่วยวัดปริมาณ ๑ ลิตร [nuai wat pa ri man nueng lit] *n* litre
ลิทัวเนีย [li thua nia] เกี่ยวกับลิทัวเนีย [kiao kap li thua nia] *adj* Lithuanian; ชาวลิทัวเนีย [chao li thua nia] *n* Lithuanian *(person)*; ประเทศลิทัวเนีย [pra tet li thua nia] *n* Lithuania
ลิ้น [lin] *n* tongue
ลิ้นชัก [lin chak] *n* drawer; กล่องหรือลิ้นชักเก็บเงิน [klong rue lin chak kep ngen] *n* till; ลิ้นชักติด [lin chak tit] The drawer is jammed
ลินิน [li nin] ผ้าลินิน [pha li nin] *n* linen
ลิเบีย [li bia] เกี่ยวกับลิเบีย [kiao kap li bia] *adj* Libyan; ชาวลิเบีย [chao li bia] *n* Libyan; ประเทศลิเบีย [pra tet li bia] *n* Libya
ลิปสติก [lip sa tik] *n* lipstick
ลิฟต์ [lip] *n* lift *(up/down)*; มีลิฟต์ไหม? [mii lift mai] Is there a lift?; ลิฟต์อยู่ที่ไหน? [lift yu thii nai] Where is the lift?; คุณมีลิฟต์สำหรับเก้าอี้เข็นคนพิการไหม? [khun mii lift sam rap kao ii khen khon phi kan mai] Do you have a lift for wheelchairs?
ลิฟท์ [lip] มีลิฟท์ในตึกนี้ไหม? [mii lift nai tuek nii mai] Is there a lift in the building?
ลิลลี่ [lin li] ดอกไม้ชื่อลิลลี่ออฟเดอะแวลลี่ มีสีขาวมีกลิ่นหอม [dok mai chue lil li of doe vael li mii sii khao mii klin hom] *n* lily of the valley; ดอกลิลลี่ [dok lil li] *n* lily
ลี้ภัย [li phai] การลี้ภัย [kan lii phai] *n* exile; ที่ลี้ภัย [thii lii phai] *n* asylum; ผู้แสวงหาที่ลี้ภัย [phu sa waeng ha thii lii phai] *n* asylum seeker
ลึก [luek] *adj* deep; ความลึก [khwam luek] *n* depth; อย่างลึกมาก [yang luek mak] *adv* deeply; น้ำลึกแค่ไหน? [nam luek khae nai] How deep is the water?
ลึกซึ้ง [luek sueng] ผิวเผิน ไม่ลึกซึ้ง ไม่สำคัญ [phio phoen, mai luek sueng, mai sam khan] *adj* superficial
ลึกลับ [luek lap] ความลึกลับ [khwam luek lap] *n* mystery; ที่ลึกลับ [thii luek lap] *adj* mysterious
ลื่น [luen] *v* skid; ลื่นไถล [luen tha lai] *adj* slippery; ลื่นไถลไป [luen tha lai pai] *vi* slip; การลื่นไถล [kan luen tha lai] *n* slide; รถลื่น [rot luen] The car skidded
ลืม [luem] *v* forget; โรคลืม อัลไซเมอร์ [rok luem, al sai moe] *n* Alzheimer's disease; ไม่สามารถที่จะลืมได้ [mai sa mat thii ja luem dai] *adj* unforgettable; ที่ถูกลืม [thii thuk luem] *adj* forgotten; ฉันลืมกุญแจ [chan luem kun jae] I've forgotten the key
ลุก [luk] ลุกขึ้น [luk khuen] *v* get up; คุณช่วยพาฉันลุกขึ้นได้ไหม? [khun chuai pha chan luk khuen dai mai] Can you help me get on, please?
ลุกขึ้น [luk khuen] *v* rise; การลุกขึ้น [kan luk khuen] *n* rise
ลุง [lung] *n* uncle
ลู่ [lu] ลู่ที่ใช้แข่งขันความเร็ว [lu thii chai khaeng khan khwam reo] *n* racetrack
ลูก [luk] ลูกเลี้ยง [luk liang] *n* foster child; ลูกเรือ [luk ruea] *n* crew; ลูกเขย [luk khoei] *n* son-in-law; ลูก ๆ ของฉันอยู่ในรถ [luk luk khong chan yu nai rot] My children are in the car
ลูกกวาด [luk kwat] *npl* sweets
ลูกเกด [luk ket] *n* currant, raisin; ลูกเกดชนิดไม่มีเมล็ด [luk ket cha nit mai mii ma let] *n* sultana
ลูกขนไก่ [luk khon kai] *n* shuttlecock
ลูกข่าง [luk khang] *n* top
ลูกขุน [luk khun] คำตัดสินของคณะลูกขุน [kham tat sin khong kha na luk khun] *n* verdict; คณะลูกขุน [kha na luk khun] *n* jury

ลูกค้า [lik kha] *n* client, customer
ลูกชิ้น [luk chin] *n* meatball
ลูกโซ่ [luk so] ข้อลูกโซ่ [kho luk so] *n* link
ลูกดอก [luk dok] *n* dart; ลูกดอกหลายลูก [luk dok lai luk] *npl* darts
ลูกเต๋า [luk tao] *npl* dice
ลูกทุ่ง [luk thung] ดนตรีลูกทุ่ง [don tree luk thung] *n* folk music
ลูกบอล [luk bon] *n* ball *(toy)*; ไม้ตีลูกบอล [mai ti luk bon] *n* bat *(with ball)*
ลูกบาศก์ [luk bat] *n* cube; ที่เป็นลูกบาศก์ [thii pen luk baat] *adj* cubic
ลูกบิด [luk bit] *n* knob
ลูกปัด [luk pat] *n* bead
ลูกโป่ง [luk pong] *n* balloon
ลูกพรุน [luk phrun] *n* prune
ลูกพี่ลูกน้อง [luk pi luk nong] *n* cousin
ลูกไม้ [luk mai] *n* lace
ลูกเรือ [lik ruea] *n* cabin crew, seaman
ลูกเลี้ยง [luk liang] ลูกเลี้ยงหญิง [luk liang ying] *n* stepdaughter; ลูกเลี้ยงที่เป็นชาย [luk liang thii pen chai] *n* stepson
ลูกสูบ [luk sup] *n* piston; ตัวดูดอากาศเข้าลูกสูบ [tua dut a kaat khao luk sup] *n* carburettor; วงแหวนอัดลูกสูบ [wong waen at luk sup] *n* gasket
ลูกเสือ [luk suea] *n* scout
ลูกเห็บ [luk hep] *n* hail
ลูกอม [luk om] *n* toffee
ลูบ [lup] การลูบหรือการสัมผัส [kan lub rue kan sam phat] *n* stroke *(hit)*
ลูบคลำ [lup khlam] สัมผัสหรือลูบคลำ [sam phat rue lup khlam] *v* stroke
เล็ก [lek] *adj* little, small; เล็กมาก [lek mak] *adj* miniature, minute, tiny; สิ่งที่มีขนาดเล็กมาก [sing thii mii kha naat lek mak] *n* miniature; ทำให้เล็กลงที่สุด [tham hai lek long thii sut] *v* minimize; ห้องเล็กเกินไป [hong lek koen pai] The room is too small
เล็กๆ [lek lek] เล็ก ๆ น้อย ๆ [lek lek noi noi] *n* bit
เล็กน้อย [lek noi] *adj* some; เล็กน้อยมาก [lek noi mak] *adj* slight; อย่างเล็กน้อย [yang lek noi] *adv* slightly
เล็กๆน้อยๆ [lek lek noi noi] เรื่องเล็ก ๆ น้อย ๆ [rueang lek lek noi noi] *n* trifle
เลข [lek] เครื่องคิดเลข [khrueang kit lek] *n* calculator
เลขา [le kha] ตัวย่อของเลขาส่วนตัว [tua yo khong le kha suan tua] *abbr* PA
เลขานุการ [le kha nu kan] *n* secretary
เลเซอร์ [le soe] แสงเลเซอร์ [saeng le soe] *n* laser
เลน [len] เลนเล่นโบว์ลิ่ง [len len bo ling] *n* bowling alley
เล่น [len] *vt* play *(in sport)*; เล่นใหม่ [len mai] *v* replay; เล่นดนตรี [len don trii] play *(music)*; เวลาเล่น [we la len] *n* playtime
เล่นกล [len kon] นักเล่นกล [nak len kon] *n* juggler, magician
เล่นพนัน [len pha nan] *v* gamble
เลนส์ [len] เลนส์ของกล้องที่ขยายปรับภาพโดยรักษาโฟกัสเดิมไว้ [len khong klong thii kha yai prab phap doi rak sa fo kas doem wai] *n* zoom lens; เลนส์ตา [len to] *n* lens; แว่นสองเลนส์ [waen song len] *npl* bifocals
เล็บ [lep] *n* nail; เล็บมือ [lep mue] *n* fingernail; แปรงทำความสะอาดเล็บ [praeng tham khwam sa at lep] *n* nailbrush; กรรไกรตัดเล็บ [kan krai tat lep] *npl* nail scissors
เลบานอน [le ba non] เกี่ยวกับเลบานอน [kiao kap le ba non] *adj* Lebanese; ชาวเลบานอน [chao le ba non] *n* Lebanese; ประเทศเลบานอน [pra tet le ba non] *n* Lebanon
เล็ม [lem] ฉันขอเล็มผมได้ไหม? [chan kho lem phom dai mai] Can I have a trim?
เลย [loei] เลยออกไป [loei ok pai] *prep* beyond
เลว [leo] *adj* bad ▷ *adv* badly; เลวร้าย [leo rai] *adj* horrible; เลวที่สุด [leo thii sut] *adj* worst; คนเลว [khon leo] *n* brat
เลวร้าย [leo rai] อย่างเลวร้าย [yang leo

rai] *adv* awfully
เล่ห์ [le] เล่ห์อุบาย [le u bai] *n* scam
เล่ห์เหลี่ยม [le liam] *n* trick; ใช้เล่ห์เหลี่ยม [chai le liam] *v* trick; ไม่มีเล่ห์เหลี่ยม ไม่มีมารยา [mai mii le liam, mai mii man ya] *adj* naive; ซึ่งมีเล่ห์เหลี่ยม อย่างฉลาดแกมโกง [sueng mii le liam, yang cha lat kaem kong] *adj* sly
เล่าเรียน [lao rian] ค่าเล่าเรียน [kha lao rian] *npl* tuition fees
เลิก [loek] *vt* quit; หยุด ยุติ เลิก [yut, yu ti, loek] *vi* stop
เลิกจ้าง [loek chang] เลิกจ้างงาน [loek chang ngan] *v* lay off
เลิศ [loet] ดีเลิศ [di loet] *adj* ideal; อย่างดีเลิศ [yang di loet] *adv* ideally
เลีย [lia] *v* lick
เลี้ยง [liang] *v* breed; เลี้ยงให้ของ [liang hai khong] *n* treat; คนเลี้ยงแกะ [khon liang kae] *n* shepherd; คนเลี้ยงดูเด็ก [khon liang du dek] *n* au pair
เลี้ยงดู [liang du] *v* bring up; เลี้ยงดูเด็ก [liang du dek] *v* foster; การเลี้ยงดูอบรมสั่งสอน [kan liang du op rom sang son] *n* upbringing
เลียนแบบ [lian baep] *v* imitate; การลอกเลียนแบบ [kan lok lian baep] *n* imitation
เลี้ยว [liao] *vi* turn; เลี้ยวกลับ [liao klap] *v* turn back; การเลี้ยว [kan liao] *n* turn; การเลี้ยวกลับที่ทางเลี้ยวเป็นรูปตัวยู [kan liao klap thii thang liao pen rup tua u] *n* U-turn; เลี้ยวขวา [liao khwa] Turn right
เลือก [lueak] *v* choose, select, pick; เลือกที่จะไม่เกี่ยวข้องด้วย [lueak thii ja mai kiao khong duai] *v* opt out; เลือกออก [lueak ok] *v* pick out; การเลือก [kan lueak] *n* choice, option, pick
เลือกตั้ง [lueak tang] เขตเลือกตั้ง [khet lueak tang] *n* constituency; การเลือกตั้ง [kan lueak tang] *n* election; การเลือกตั้งทั่วไป [kan lueak tang thua pai] *n* general election
เลือด [lueat] *n* blood; เลือดเป็นพิษ [lueat pen phit] *n* blood poisoning; เต็มไปด้วยเลือด [tem pai duai lueat] *adj* bloody; กลุ่มเลือด [klum lueat] *n* blood group; เลือดฉันกลุ่มโอ [lueat chan klum o] My blood group is O positive
เลือดกำเดา [lueat kam dao] เลือดกำเดาออก [lueat kam dao ok] *n* nosebleed
เลือดออก [lueat ok] *vi* bleed
เลือน [luean] *v* fade
เลื่อน [luean] เลื่อนออกไป [luean ok pai] *v* postpone, put off; แคร่เลื่อนยาวติดกับรองเท้าใช้เล่นหิมะ [krae luean yao tit kap rong thao chai len hi ma] *n* ski; เราไปเล่นเลื่อนบนหิมะได้ที่ไหน? [rao pai len luean bon hi ma dai thii nai] Where can we go sledging?
เลื่อนหิมะ [luean hi ma] *n* toboggan; เลื่อนหิมะขนาดใหญ่ [luean hi ma kha nat yai] *n* sledge; การเล่นเลื่อนหิมะ [kan len luean hi ma] *n* sledging; การเล่นเลื่อนหิมะ [kan len luean hi ma] *n* tobogganing
เลื่อมใส [lueam sai] เลื่อมใส ศรัทธา [lueam sai, sat tha] *vi* believe
เลื่อย [lueai] *n* saw
แลก [laek] สำนักงานแลกเงิน [sam nak ngan laek ngoen] *n* bureau de change; สำนักงานแลกเงินจะเปิดเมื่อไร? [sam nak ngan laek ngoen ja poet muea rai] When is the bureau de change open?; ฉันแลกเช็คที่นี่ได้ไหม? [chan laek chek thii ni dai mai] Can I cash a cheque?
แล็กเกอร์ [lak koe] น้ำมันแล็กเกอร์ [nam man laek koe] *n* lacquer
แลกเงิน [laek ngoen] ตั๋วแลกเงิน [tua laek ngoen] *n* draft
แลกเปลี่ยน [laek plian] *v* swap; เปลี่ยนแลกเปลี่ยน [plian, laek plian] *vt* change; การแลกเปลี่ยน [kan laek plian] *v* exchange; อัตราแลกเปลี่ยน [at tra laek plian] *n* exchange rate
แลตเวีย [laet wai] เกี่ยวกับประเทศแลตเวีย [kiao kap pra thet laet via] *adj* Latvian;

ชาวแลตเวีย [chao laet wia] *n* Latvian *(person)*; ประเทศแลตเวีย [pra tet laet via] *n* Latvia

แล่นเรือ [laen ruea] *v* sail

แล้ว [laeo] *adv* already

และ [lae] *conj* and

โลก [lok] *n* earth, world; ลูกโลก [luk lok] *n* globe; การกระจายไปทั่วโลก [kan kra chai pai thua lok] *n* globalization; ทั่วโลก [thua lok] *adj* global

โลโก้ [lo ko] *n* logo

โล่ง [long] ทำให้โล่ง เปิดเผยออกมา [tham hai long, poet phoei ok ma] *v* bare

โลชั่น [lo chan] *n* lotion; โลชั่นหลังอาบแดด [lo chan lang aap daet] *n* after sun lotion; โลชั่นทำความสะอาด [lo chan tham khwam sa at] *n* cleansing lotion

โลภ [lop] *adj* greedy

โลมา [lo ma] ปลาโลมา [pla lo ma] *n* dolphin

โล่ห์ [lo] *n* shield

โลหะ [lo ha] *n* metal; เครื่องใช้ที่ทำด้วยโลหะ [khrueang chai thii tham duai lo ha] *n* hardware; โลหะแผ่น [lo ha phaen] *n* foil; ร้านขายเครื่องใช้ที่ทำด้วยโลหะ [ran khai khrueang chai thii tham duai lo ha] *n* ironmonger's

โลหิต [lo hit] ความดันโลหิต [khwam dan lo hit] *n* blood pressure

โลหิตจาง [lo hit chang] ที่เกี่ยวกับโรคโลหิตจาง [thii kiao kap rok lo hit chang] *adj* anaemic

ไล่ [lai] ไล่ตาม [lai tam] *v* chase; ไล่ตามทัน [lai tam than] *v* overtake; การไล่ตาม [kan lai tam] *n* chase

ไลบีเรีย [lai bi ria] เกี่ยวกับไลบีเรีย [kiao kap lai bi ria] *adj* Liberian; ชาวไลบีเรีย [chao lai bi ria] *n* Liberian; ประเทศไลบีเรีย [pra tet lai bi ria] *n* Liberia

ไลแลค [lai laek] ดอกไลแลคมีสีม่วงแดงหรือขาวมีกลิ่นหอม [dok lai laek mii sii muang daeng rue khao mii klin hom] *n* lilac

ไล่ออก [lai ok] *n* sack *(dismissal)* ▷ *v* expel

ว

วกวน [wok won] ทางวกวน [thang wok won] *n* maze

วง [wong] วงดนตรี [wong don tri] *n* band *(musical group)*; วงดนตรีเครื่องเป่า [wong don tree khrueang pao] *n* brass band

วงกลม [wong klom] *n* circle, round *(circle)*; ที่เป็นวงกลม [thii pen wong klom] *adj* circular

วงดนตรี [wong don tri] วงดนตรีขนาดใหญ่ที่เล่นเพลงคลาสสิค [wong don tree kha naat yai thii len phleng khlas sik] *n* orchestra

วงเล็บ [wong lep] ในวงเล็บ [nai wong lep] *npl* brackets

วงเวียน [wong wian] วงเวียนที่ต้องขับรถรอบ [wong wian thii tong khap rot rop] *n* roundabout

วงแหวน [wong waen] ถนนวงแหวน [tha non wong waen] *n* ring road; วงแหวนอัดลูกสูบ [wong waen at luk sup] *n* gasket

วน [won] วนไปวนมา [won pai won ma] *v* go round

วนิลา [wa ni la] กลิ่นหรือรสวนิลา [klin rue rot wa ni la] *n* vanilla

วรรค [wak] เครื่องหมายวรรคตอน

[khrueang mai wak ton] *n* apostrophe
วรรณคดี [wan na kha di] *n* literature
วลี [wa li] *n* phrase; หนังสือที่เกี่ยวกับวลี [nang sue thii kiao kap wa li] *n* phrasebook
วอลทซ์ [wolt] เต้นรำจังหวะวอลทซ์ [ten ram chang wa walt] *v* waltz; การเต้นรำจังหวะวอลทซ์ [kan ten ram chang wa walt] *n* waltz
วอลนัท [won nat] ถั่ววอลนัทมีเปลือกแข็งรอยหยักและทานได้ [thua wal nat mii plueak khaeng roi yak lae than dai] *n* walnut
วอลเลย์บอล [won le bon] กีฬาวอลเลย์บอล [ki la wal le bal] *n* volleyball
วัคซีน [wak chin] การฉีดวัคซีน [kan chit wak sin] *n* vaccination; ฉีดวัคซีน [chiit wak sin] *v* vaccinate; ฉันต้องฉีดวัคซีน [chan tong chiit wak sin] I need a vaccination
วัชพืช [wat cha phuet] *n* weed; ยากำจัดวัชพืช [ya kam chat wat cha phuet] *n* weedkiller
วัฒนธรรม [wat tha na tham] *n* culture; ทางวัฒนธรรม [thang wat tha na tham] *adj* cultural
วัณโรค [wan na rok] *n* tuberculosis; โรควัณโรค [rok wan na rok] *n* TB
วัด [wat] *n* temple ▷ *v* gauge, measure; เครื่องวัด [khrueang wat] *n* gauge; การวัด [kan wat] *npl* measurements; การวัด [kan wat] *npl* scale *(measure)*; คุณช่วยวัดตัวฉันได้ไหม? [khun chuai wat tua chan dai mai] Can you measure me, please?
วัตถุ [wat thu] วัตถุสิ่งของ [wat thu sing khong] *n* object
วัตถุประสงค์ [wat thu pra song] *n* purpose
วัน [wan] *n* day; แต่ละวัน [tae la wan] *adv* daily; วันเกิด [wan koet] *n* birthday; วันเทศกาลสารภาพบาป [wan tet sa kan sa ra phap bap] *n* Shrove Tuesday; เป็นวันที่อากาศดี [pen wan thii a kat di] What a lovely day!
วันเกิด [wan koet] สุขสันต์วันเกิด [suk san wan koet] Happy birthday!
วันจันทร์ [wan chan] on Monday
วันที่ [wan thi] *n* date; ขายก่อนหมดวันที่กำหนด [khai kon mot wan thii kam nod] *n* sell-by date; วันที่อะไร? [wan thii a rai] What is the date?; วันนี้วันที่เท่าไร? [wan nii wan thii thao rai] What is today's date?
วันธรรมดา [wan tham ma da] วันธรรมดาตั้งแต่วันจันทร์ถึงวันศุกร์ [wan tham ma da tang tae wan chan thueng wan suk] *n* weekday
วันนี้ [wan ni] *adj* today; วันนี้คุณอยากทำอะไร? [wan nii khun yak tham a rai] What would you like to do today?
วันพฤหัสบดี [wan pha rue hat sa bo di] on Thursday
วันพุธ [wan phut] on Wednesday
วันมะรืน [wan ma ruen] the day after tomorrow
วันศุกร์ [wan suk] on Friday
วันเสาร์ [wan sao] on Saturday; วันเสาร์ต่าง ๆ [wan sao tang tang] on Saturdays
วันหยุด [wan yut] ช่วงวันหยุดหรือไม่ไปทำงาน [chuang wan yut rue mai pai tham ngan] *n* time off; วันหยุดเพื่อระลึกถึงการอพยพของชาวอียิปต์ [wan yut phuea ra luek thueng kan op pha yop khong chao i yip] *n* Passover; วันหยุดในฤดูร้อน [wan yut nai rue du ron] *npl* summer holidays
วันอังคาร [wan ang khan] on Tuesday
วันอาทิตย์ [wan a thit] on Sunday
วัย [wai] สูงวัย [sung wai] *adj* elderly; ซึ่งมีวัยกลางคน [sueng mii wai klang khon] *adj* middle-aged; วัยเด็ก [wai dek] *n* childhood
วัยรุ่น [wai run] *n* adolescent, teenager; คลับวัยรุ่นที่จัดให้มีกิจกรรมเพื่อความบันเทิง [khlap wai run thii chat hai mii kit cha kam phuea khwam ban thoeng] *n* youth club; ช่วงวัยรุ่น [chuang wai run]

npl adolescence, teens
วัว [wao] เนื้อลูกวัว [nuea luk wua] *n* veal; เนื้อวัว [nuea wua] *n* beef; ลูกวัว [luk wua] *n* calf
วัสดุ [wat sa du] *n* material; ชิ้นหรือของหรือวัสดุที่เป็นของแข็ง [chin rue khong rue wat sa du thii pen khong khaeng] *n* block *(solid piece)*; วัสดุอะไร? [wat sa du a rai] What is the material?
ว่า [wa] ดุว่า [du wa] *v* scold, tell off; คุณจะว่าอย่างไรไหม? [khun ja wa yang rai mai] Do you mind?; ฉันไม่ว่าอย่างไร [chan mai wa yang rai] I don't mind
วาง [wang] *v* put; วาง จัดเตรียม ตั้งเวลา ตั้งระบบ [wang, chat triam, tang we la, tang ra bop] *vt* set; วางเข้าไปใน [wang khao pai nai] *v* put in; วางไว้ในตำแหน่ง [wang wai nai tam naeng] *vt* place; ช่วยวางมันลงที่นั่น [chuai wang man long thii nan] Put it down over there, please
ว่าง [wang] *adj* blank, vacant; เสียงสายไม่ว่างของโทรศัพท์ [siang sai mai wang khong tho ra sap] *n* engaged tone; เวลาว่าง [we la wang] *n* spare time; ตำแหน่งว่าง [tam naeng wang] *n* vacancy
ว่างงาน [wang ngan] เงินที่รัฐบาลให้กับคนว่างงานทุกเดือน [ngoen thii rat tha ban hai kap khon wang ngan thuk duean] *n* dole; การว่างงาน [kan wang ngan] *n* unemployment
วางใจ [wang chai] ไว้วางใจ [wai wang chai] *v* trust; ทำให้วางใจ [tham hai wang jai] *v* reassure
ว่างเปล่า [wang plao] *adj* empty; ทำให้ว่างเปล่า [tham hai wang plao] *vt* empty
วางผังเมือง [wang phang mueang] การวางผังเมือง [kan wang phang mueang] *n* town planning
วางแผน [wang phen] *v* plan, plot *(conspire)*, plot *(secret plan)*; การวางแผน [kan wang phaen] *n* planning; การวางแผนการอย่างลับ ๆ [kan wang phaen kan yang lap lap] *n* conspiracy
วางเพลิง [wang phloeng] การลอบวางเพลิง [kan lop wang phloeng] *n* arson
วางหู [wang hu] วางหูโทรศัพท์ [wang hu tho ra sap] *v* hang up
วาด [wat] ที่วาดขอบตา [thii wat kop ta] *n* eyeliner; วาดมโนภาพ [wad ma no phap] *v* imagine; วาดภาพ [wat phap] *vt* draw *(sketch)*
วาติกัน [wa ti kan] สำนักวาติกันที่เป็นที่ประทับขององค์สันตะปาปาในกรุงโรม [sam nak wa ti kan thii pen thii pra thap khong ong san ta pa pa nai krung rom] *n* Vatican
ว่ายน้ำ [wai nam] *vi* swim; สระว่ายน้ำ [sa wai nam] *n* baths, swimming pool; การว่ายน้ำ [kan wai nam] *n* swimming; การว่ายน้ำท่าผีเสื้อ [kan wai nam tha phii suea] *n* breaststroke; ไปว่ายน้ำกันเถอะ [pai wai nam kan thoe] Let's go swimming
วารสารศาสตร์ [wa ra san sat] *n* journalism
ว่าว [wao] *n* kite
ว้าวุ่น [wa wun] ที่ทำให้ว้าวุ่นใจ [thii tham hai wa wun jai] *adj* shaken
วิกฤต [wi krit] ช่วงวิกฤต [chuang wi krit] *n* crisis
วิกลจริต [wi kon cha rit] *adj* mad *(insane)*; ความวิกลจริต [khwam wi kon ja rit] *n* madness; ที่วิกลจริต [thii wi kon ja rit] *adj* insane
วิเคราะห์ [wi khro] *v* analyse; นักวิเคราะห์ระบบ [nak wi khrao ra bop] *n* systems analyst; ผลการวิเคราะห์ [phon kan wi khrao] *n* analysis
วิ่ง [wing] การแข่งวิ่งเร็วในระยะสั้น [kan khaeng wing reo nai ra ya san] *n* sprint; การวิ่ง [kan wing] *n* run, running; การวิ่งเหยาะ [kan wing yo] *n* jogging; ฉันจะวิ่งได้ที่ไหน? [chan ja wing dai thii nai] Where can I go jogging?

วิ่งแข่ง [wing khaeng] *vi* race
วิ่งเหยาะ [wing yo] *vi* jog
วิจัย [wi chai] การวิจัยตลาด [kan wi jai ta lad] *n* market research
วิจารณ์ [wi chan] *v* criticize; เกี่ยวกับการวิจารณ์ สำคัญ [kiao kap kan wi chan, sam khan] *adj* critical; การแสดงความคิดเห็น คำวิจารณ์ [kan sa daeng khwam kit hen, kham wi chan] *n* commentary; การวิจารณ์ [kan wi chan] *n* criticism
วิชา [wi cha] วิชาเคมี [wi cha ke mii] *n* chemistry; วิชาโบราณคดี [wi cha bo ran kha di] *n* archaeology; วิชาที่ปรับปรุงใหม่ [wi cha thii prap prung mai] *n* refresher course
วิชาการ [wi cha kan] ด้านวิชาการ [dan wi cha kan] *adj* academic
วิชาชีพ [wi cha chip] เกี่ยวกับวิชาชีพ [kiao kap wi cha chip] *adj* vocational; ผู้เชี่ยวชาญในวิชาชีพ [phu chiao chan nai wi cha chip] *n* professional
วิญญาณ [win yan] *n* soul, spirit
วิดพื้น [wit puen] การวิดพื้น [kan wit phuen] *n* press-up; การออกกำลังกายแบบวิดพื้น [kan ok kam lang kai baep wid phuen] *n* push-up
วิตก [wi tok] ความวิตกกังวล [khwam wi tok kang won] *n* anxiety; วิตกกังวล [wi tok kang won] *vi* worry
วิตกกังวล [wi tok kang won] สาเหตุของความวิตกกังวล [sa het khong khwam wi tok kang won] *adj* worrying; ความหวาดกลัวหรือวิตกกังวล [khwam wat klua rue wi tok kang won] *n* panic
วิตามิน [wi ta min] *n* vitamin
วิถีทาง [wi thi thang] วิถีทางการดำเนินชีวิต [wi thi thang kan dam noen chi wit] *n* lifestyle
วิทยาเขต [wit tha ya khet] *n* campus
วิทยาลัย [wit tha ya lai] *n* college
วิทยาศาสตร์ [wit tha ya sat] ห้องทดลองทางวิทยาศาสตร์ [hong thot long thang wit tha ya sart] *n* laboratory; การนำเอาวิทยาศาสตร์มาใช้ในการปฏิบัติ [kan nam ao wit ta ya sat ma chai nai kan pa ti bat] *n* technology; ตัวย่อของห้องทดลองทางวิทยาศาสตร์ [tua yo khong hong thot long thang wit ta ya saat] *n* lab
วิทยุ [wit tha yu] *n* radio; เครื่องรับส่งวิทยุมือถือ [khrueang rap song wit tha yu mue thue] *n* walkie-talkie; สถานีวิทยุ [sa tha ni wit tha yu] *n* radio station; ที่ควบคุมด้วยวิทยุ [thii khuap khum duai wit tha yu] *adj* radio-controlled
วิธี [wi thi] *npl* means; วิธีหรือแนวทาง [wi thi rue naeo thang] *n* way
วิธีการ [wi thi kan] *n* method; วางวิธีการให้ [wang wi thi kan hai] *v* program
วินเซิฟ [win soep] คุณจะไปวินเซิรฟได้ที่ไหน? [khun ja pai win soep dai thii nai] Where can you go surfing?; ฉันอยากไปเล่นวินเซิรฟ [chan yak pai len vin serf] I'd like to go windsurfing
วินด์เซิรฟ [win soep] กีฬาวินด์เซิรฟ [ki la win serf] *n* windsurfing
วินัย [wi nai] ความตั้งใจและความมีวินัยที่นำตัวเองไปสู่ความสำเร็จ [khwam tang jai lae khwam mii wi nai thii nam tua eng pai su khwam sam ret] *n* willpower
วินิจฉัย [wi nit chai] การวินิจฉัยโรค [kan wi nit chai rok] *n* diagnosis
วิลล่า [win la] ฉันอยากเช่าวิลล่า [chan yak chao win la] I'd like to rent a villa
วิว [wio] เราอยากเห็นวิวที่น่าตื่นเต้น [rao yak hen wio thii na tuen ten] We'd like to see spectacular views; ฉันอยากได้ห้องที่มีวิวทะเล [chan yak dai hong thii mii wio tha le] I'd like a room with a view of the sea
วิวัฒนาการ [wi wat tha na kan] *n* evolution
วิศวกร [wit sa wa kon] *n* engineer
วิศวกรรมศาสตร์ [wit sa wa kam ma sat] *n* engineering
วิเศษ [wi set] *adj* fantastic, magic, superb
วิสกี้ [wit sa ki] *n* whisky; เหล้าวิสกี้ที่ทำ

จากข้าวมอลต์ [lao wis ki thii tham chak khao malt whisky] *n* malt whisky; ฉันจะดื่มวิสกี้ [chan ja duem wis ki] I'll have a whisky; วิสกี้กับโซดาหนึ่งแก้ว [wis ki kap so da nueng kaeo] a whisky and soda

วิหาร [wi han] มหาวิหาร [ma ha wi han] *n* cathedral

วีซ่า [wi sa] วีซ่า เอกสารอนุมัติที่ประทับตราบนหนังสือเดินทาง [wi sa, ek ka san a nu mat thii pra thap tra bon nang sue doen thang] *n* visa; ฉันมีวีซ่าเข้าประเทศ [chan mii wi sa khao pra tet] I have an entry visa; นี่คือวีซ่าของฉัน [ni khue wi sa khong chan] Here is my visa

วีดีโอ [wi di o] ภาพหรือหนังในเทปวีดีโอ [phap rue nang nai thep wi di o] *n* video

วีดีโอเกมส์ [wi di o kem] เครื่องที่ต่อกับทีวีใช้เล่นวีดีโอเกมส์ [khrueang thii to kap thii wii chai len vi di o kem] *n* games console; ฉันเล่นวีดีโอเกมส์ได้ไหม? [chan len wi di o kem dai mai] Can I play video games?

วีรบุรุษ [wi ra bu rut] *n* hero

วีรสตรี [wi ra sa tri] *n* heroine

วุ่นวาย [wun wai] สับสนวุ่นวาย [sap son wun wai] *adj* upset; ความยุ่งเหยิง ความโกลาหล สถานการณ์สับสนวุ่นวาย [khwam yung yoeng, khwam ko la hon, sa than na kan sap son wun wai] *npl* shambles; ความวุ่นวาย [khwam wun wai] *n* fuss

เวทมนตร์ [wet mon] *n* magic; ซึ่งมีเวทมนตร์ [sueng mii wet mon] *adj* magical

เวที [we thi] เวทีการแสดง [we thi kan sa daeng] *n* stage; เวทีที่ยกพื้น [we thi thii yok phuen] *n* platform

เวเนซุเอลา [we ne su e la] ชาวเวเนซุเอลา [chao we ne su e la] *n* Venezuelan; ที่เกี่ยวกับเวเนซุเอลา [thii kiao kap we ne su e la] *adj* Venezuelan; ประเทศเวเนซุเอลา [pra tet ve ne su e la] *n* Venezuela

เว็บไซด์ [wep sait] คำย่อของที่อยู่ของเว็บไซด์บนอินเตอร์เน็ต [kham yo khong thii yu khong web sai bon in toe net] *n* URL; ผู้ดูแลเว็บไซด์ [phu du lae wep sai] *n* webmaster

เว็ปไซด์ [wep sait] ที่อยู่ของเว็ปไซด์คือ... [thii yu khong web sai khue...] The website address is...

เวลโคร [wen khro] เวลโคร ไนล่อนสองชิ้นที่ยึดสิ่งของให้ติดแน่น ใช้แทนซิป กระดุมและขอเกี่ยว [wel khro nai lon song chin thii yuet sing khong hai tit naen chai taen sip kra dum lae kho kiao] *n* Velcro®

เวลส์ [wel] เกี่ยวกับประชาชนและวัฒนธรรมเวลส์ [kiao kap pra cha chon lae wat tha na tham wel] *adj* Welsh; ชาวเวลส์ [chao wel] *n* Welsh; ประเทศเวลส์ที่รวมอยู่ในสหราชอาณาจักรอังกฤษ [pra tet wel thii ruam yu nai sa ha rat cha a na chak ang krit] *n* Wales

เวลา [we la] *n* time; เขตเวลาของโลกซึ่งมี ๒๔ เขต [khet we la khong lok sueng mii yi sip sii khet] *n* time zone; เครื่องจับเวลา [khrueang chap we la] *n* timer; เวลาเล่น [we la len] *n* playtime; ในระหว่างเวลาที่มีกิจกรรมน้อย [nai ra wang we la thii mii kit cha kam noi] *adv* off-season; ช่วงเวลาพัก [chuang we la phak] *n* interval; พ้นกำหนดเวลา [phon kam not we la] *adj* overdue; เวลาต่ำที่สุดเท่าไร? [we la tam thii sut thao rai] What's the minimum amount of time?

เวียดนาม [wiat nam] *adj* Vietnamese ▷ *n* Vietnamese *(language)*, Vietnamese *(person)*; ประเทศเวียดนาม [pra tet viat nam] *n* Vietnam

เวียน [wian] เวียนศีรษะ [wian si sa] *adj* dizzy; ฉันมีอาการเวียนศีรษะบ่อย [chan mii a kan wian sii sa boi] I keep having dizzy spells; ฉันรู้สึกเวียนศีรษะ [chan ru suek wian sii sa] I feel dizzy

เวียนศีรษะ [wian si sa] อาการเวียนศีรษะ

ทำให้ทรงตัวลำบาก [a kan wian si sa tham hai song tua lam bak] *n* vertigo
แวง [waeng] เส้นแวง [sen waeng] *n* longitude
แวดล้อม [waet lom] สภาวะแวดล้อม [sa pha wa waet lom] *adj* environmental
แว่น [waen] แว่นสองเลนส์ [waen song len] *npl* bifocals; แว่นขยาย [waen kha yai] *n* magnifying glass
แว่นตา [waen ta] *npl* glasses, specs, spectacles; แว่นตากันแดด [waen ta kan daet] *npl* sunglasses; แว่นตากันลม/ ฝุ่น/ น้ำ [waen ta kan lom/ fun/ nam] *npl* goggles; คุณซ่อมแว่นตาฉันได้ไหม? [khun som waen ta chan dai mai] Can you repair my glasses?
โวลต์ [wolt] แรงดันไฟฟ้าที่มีหน่วยเป็นโวลต์ [raeng dan fai fa thii mii nuai pen volt] *n* voltage
ไว [wai] ซึ่งไวต่อสิ่งกระตุ้น [sueng wai to sing kra tun] *adj* sensitive; ที่ไม่ไวต่อความรู้สึกของผู้อื่น [thii mai wai to khwam ru suek khong phu uen] *adj* insensitive
ไว้ใจ [wai chai] ไว้ใจไม่ได้ [wai jai mai dai] *adj* unreliable
ไว้ทุกข [wai thuk] การไว้ทุกข์ [kan wai thuk] *n* mourning
ไวน์ [wai] *n* wine; แก้วไวน์ [kaew wine] *n* wineglass; ไวน์แดง [wine daeng] *n* red wine; ไวน์ของร้านอาหาร [wine khong ran a han] *n* house wine; ไวน์เย็นไหม? [wine yen mai] Is the wine chilled?
ไวยากรณ์ [wai ya kon] *n* grammar; ที่เกี่ยวกับไวยากรณ์ [thii kiao kap wai ya kon] *adj* grammatical
ไวรัส [wai ras] เชื้อไวรัส [chuea wai rat] *n* virus; ยาต่อต้านไวรัส [ya to tan vai ras] *n* antivirus
ไว้วางใจ [wai wang chai] ที่ไว้วางใจ [thii wai wang jai] *adj* trusting
ไวโอลิน [wai o lin] เครื่องดนตรีชนิดหนึ่งคล้ายไวโอลินแต่มีขนาดใหญ่กว่าและมีเสียงต่ำกว่า [khrueang don tri cha nit nueng khlai wai o lin tae mii kha naat yai kwa lae mii siang tam kwa] *n* viola; เครื่องดนตรีประเภทสีชนิดหนึ่ง ไวโอลิน [khrueang don tri pra phet sii cha nit nueng vi o lin] *n* violin; ไวโอลินเชโล [vi o lin che lo] *n* cello

ศตวรรษ [sa ta wat] *n* century
ศพ [sop] ห้องเก็บศพ [hong kep sop] *n* morgue; หลุมฝังศพ [lum fang sop] *n* grave; งานศพ [ngan sop] *n* funeral
ศรัทธา [sat tha] เลื่อมใส ศรัทธา [lueam sai, sat tha] *vi* believe; ความศรัทธา [khwam sat tha] *n* faith
ศรีลังกา [si lang ka] ประเทศศรีลังกา [pra tet sri lang ka] *n* Sri Lanka
ศีรษะ [si sa] โพรงกระดูกในศีรษะ [phrong kra duk nai si sa] *n* sinus; กะโหลกศีรษะ [ka lok sii sa] *n* skull; ที่ว่างเหนือศีรษะ [thii wang nuea si sa] *n* headroom
ศอก [sok] ข้อศอก [kho sok] *n* elbow
ศักดิ์สิทธิ์ [sak sit] ผู้ที่เดินทางไปสถานที่ศักดิ์สิทธิ์ [phu thii doen thang pai sa than thii sak sit] *n* pilgrim
ศักราช [sak ka rat] คริสต์ศักราช [khrit sak ka rat] *abbr* AD
ศัตรู [sat tru] *n* enemy; ทำให้กลายเป็นศัตรู [tham hai klai pen sa tru] *v* antagonize
ศัลยกรรม [san ya kam] *n* operation *(surgery)*; การผ่าตัดศัลยกรรมเสริมความงาม [kan pha tat san la ya kam soem khwam ngam] *n* cosmetic surgery; ศัลยกรรมตกแต่ง [san la ya kam tok taeng] *n* plastic surgery
ศาล [san] *n* court; ศาลยุติธรรม [san yu thi tham] *n* tribunal
ศาลากลาง [sa la klang] ศาลากลางจังหวัด [sa la klang changhwat] *n* town hall
ศาสตราจารย์ [sat tra chan] *n* professor
ศาสนศาสตร์ [sat sa na] *n* theology
ศาสนา [sat sa na] *n* religion; เกี่ยวกับศาสนา [kiao kap sat sa na] *adj* religious, spiritual; เกี่ยวกับศาสนาซิกซ์ [kiao kap sat sa na sik] *n* Sikh; เขตศาสนาที่มีโบสถ์และพระ [khet sat sa na thii mii bot lae phra] *n* parish
ศิลป์ [sin] *n* art
ศิลปะ [sin la pa] เกี่ยวกับศิลปะ [kiao kap sin la pa] *adj* artistic; โรงเรียนศิลปะ [rong rian sin la pa] *n* art school; ห้องแสดงงานศิลปะ [hong sa daeng ngan sin la pa] *n* art gallery
ศิลปิน [sin la pin] *n* artist
ศีรษะ [si sa] *n* head *(body part)*
ศีลธรรม [sin tham] เกี่ยวกับศีลธรรม [kiao kap sin la tham] *adj* moral; ผิดศีลธรรม [phit sin la tham] *adj* immoral
ศึกษา [suek sa] สถาบันศึกษา [sa tha ban suek sa] *n* academy; การศึกษา [kan suek sa] *n* education; การศึกษาระดับสูง [kan suek sa ra dap sung] *n* further education, higher education
ศุกร์ [suk] วันศุกร์ [wan suk] *n* Friday; วันศุกร์ที่สามสิบเอ็ด ธันวาคม [wan suk thii sam sip et than wa khom] on Friday the thirty first of December
ศุลกากร [sun la ka kon] *n* custom; เจ้าหน้าที่ศุลกากร [chao na thii sun la ka kon] *n* customs officer
ศูนย์ [sun] *n* nil, nought, zero; ศูนย์โทรศัพท์ [sun tho ra sap] *n* call centre; ศูนย์ขายต้นไม้และเครื่องมือในการทำสวน [sun khai ton mai lae khrueang mue nai kan tham suan] *n* garden centre; ศูนย์ดนตรี [sun don tree] *n* music centre
ศูนย์กลาง [sun klang] *n* centre; ที่เป็น

ศูนย์กลาง [thii pen sun klang] *adj* central; ฉันจะไปที่ศูนย์กลางของ...ได้อย่างไร? [chan ja pai thii sun klang khong...dai yang rai] How do I get to the centre of...?
ศูนย์การค้า [sun kan kha] *n* shopping centre
ศูนย์สูตร [sun sut] เส้นศูนย์สูตร [sen sun sut] *n* equator
เศรษฐกิจ [set tha kit] *n* economy; เกี่ยวกับเศรษฐกิจ [kiao kap set tha kit] *adj* economic; การตกต่ำทางเศรษฐกิจ [kan tok tam thang set tha kit] *n* recession
เศรษฐศาสตร์ [set tha sat] นักเศรษฐศาสตร์ [nak set tha sat] *n* economist; วิชาเศรษฐศาสตร์ [wi cha set tha sat] *npl* economics
เศรษฐี [set thi] เศรษฐีเงินล้าน [set thi ngoen lan] *n* millionaire
เศร้า [sao] *adj* sad, unhappy; ความเศร้าใจ [khwam sao jai] *npl* blues; ยาต้านอาการเศร้าซึม [ya tan a kan sao suem] *n* antidepressant; อย่างเศร้าใจ [yang sao jai] *adv* sadly
เศร้าใจ [sao chai] *adj* gloomy
เศร้าโศก [sao sok] ความเศร้าโศก [khwam sao sok] *n* grief
เศษ [set] เศษเล็กเศษน้อย [set lek set noi] *n* crumb; เศษเล็ก ๆ ที่แตกออก [set lek lek thii taek ok] *n* splinter; เศษชิ้นเล็กชิ้นน้อย [set chin lek chin noi] *n* scrap *(small piece)*
เศษหนึ่งส่วนสี่ [set nueng suan si] *n* quarter
โศกนาฏกรรม [sok ka nat ta kam] *n* tragedy

สกปรก [sok ka prok] *adj* dirty; สกปรกที่สุด [sok ka prok thii sut] *adj* filthy; ซึ่งไม่เรียบร้อยและสกปรก [sueng mai riap roi lae sok ka prok] *adj* messy; ทำให้สกปรก [tham hai sok ka prok] *v* mess up; มันสกปรก [man sok ka prok] It's dirty
สก็อตแลนด์ [sa kot laen] *adj* เกี่ยวกับสก็อตแลนด์ [kiao kap sa kot laen] *adj* Scottish ▷ *n* หญิงชาวสก็อตแลนด์ [ying chao sa kot laen] *n* Scotswoman; ชายชาวสก็อตแลนด์ [chai chao sa kot laen] *n* Scotsman
สกี [sa ki] เคลื่อนไปบนสกี [khluean pai bon sa ki] *v* ski; การเล่นสกี [kan len sa ki] *n* skiing; ที่ลาดชันสำหรับฝึกเล่นสกี [thii lat chan sam rap fuek len sa ki] *n* nursery slope; เล่นสกีน้ำที่นี่ได้ไหม? [len sa ki nam thii ni dai mai] Is it possible to go water-skiing here?
สกีน้ำ [sa ki nam] การเล่นสกีน้ำ [kan len sa ki nam] *n* water-skiing
สกุลเงิน [sa kun ngoen] สกุลเงินของสหราชอาณาจักรอังกฤษ [sa kun ngoen khong sa ha rat cha a na chak ang krit] *n* sterling

สเก็ต [sa ket] เล่นสเก็ต [len sa ket] *v* skate; ลานเล่นสเก็ต [lan len sa ket] *n* skating rink; ลานเล่นสเก็ตน้ำแข็ง [lan len sa ket nam khaeng] *n* rink; เราจะเช่าสเก็ตได้ที่ไหน? [rao ja chao sa ket dai thii nai] Where can we hire skates?

สแกนดิเนเวีย [sa kaen di ne wia] กลุ่มประเทศสแกนดิเนเวีย [klum pra tet sa kaen di ne via] *n* Scandinavia

ส่ง [song] *v* send; ส่งแฟ็กซ์ [song fak] *v* fax; ส่งให้ [song hai] *v* hand; ส่งมอบ [song mop] *vt* deliver; ค่าส่งโทรสารราคาเท่าไร? [kha song tho ra san ra kha thao rai] How much is it to send a fax?

ส่งของ [song khong] ทำใบส่งของ [tham bai song khong] *v* invoice

สงคราม [song khram] *n* war; สงครามกลางเมือง [song khram klang mueang] *n* civil war

สงฆ์ [song] สำนักสงฆ์ [sam nak song] *n* abbey

สงบ [sa ngop] ความสงบเรียบร้อย [khwam sa ngob riap roi] *n* peace; ซึ่งเงียบสงบและผ่อนคลาย [sueng ngiap sa ngob lae phon khlai] *adj* restful; ที่มีอารมณ์สงบ [thii mii a rom sa ngop] *adj* calm

สงบศึก [sa ngop suek] การสงบศึกชั่วคราว [kan sa ngob suek chua khrao] *n* truce

สงวน [sa nguan] เขตสงวน [khet sa nguan] *n* reserve *(land)*

สงสัย [song sai] *adj* dubious, suspicious ▷ *v* doubt, suspect, wonder; ไม่เป็นที่น่าสงสัยใด ๆ ทั้งสิ้น [mai pen thii na song sai dai dai thang sin] *adv* undoubtedly; ความสงสัย [khwam song sai] *n* doubt; ที่เป็นที่สงสัย [thii pen thii song sai] *adj* doubtful

สงสาร [song san] *v* pity; ความสงสาร [khwam song san] *n* pity; น่าสงสาร [na song san] *adj* pathetic

ส่งเสริม [song some] *v* boost, promote; การส่งเสริมสนับสนุน [kan song sem sa nab sa nun] *n* promotion

ส่งเสียง [song siang] ส่งเสียงดังกังวาน [song siang dang kang wan] *v* ring; การส่งเสียงเชียร์ [kan song siang chia] *n* cheer

ส่งออก [song ok] *v* export; การส่งออก [kan song ok] *n* export

สง่า [sa nga] สง่างาม [sa nga ngam] *adj* magnificent

สง่างาม [sa nga ngam] อย่างสง่างาม [yang sa ngan gam] *adj* graceful

สง่าผ่าเผย [sa nga pha phoei] ความสง่าผ่าเผย [khwam sa nga pha phoei] *n* majesty

สด [sot] *adj* fresh; ไม่สด [mai sot] *adj* stale; ปลาสดหรือแช่แข็ง? [pla sot rue chae khaeng] Is the fish fresh or frozen?

สดชื่น [sot chuen] การทำให้สดชื่น [kan tham hai sot chuen] *npl* refreshments; ซึ่งทำให้สดชื่น [sueng tham hai sot chuen] *adj* refreshing; ที่ทำให้รู้สึกสดชื่น [thii tham hai ru suek sot chuen] *adj* cheerful

สตรอเบอรี่ [sa tro boe ri] ผลสตรอเบอรี่ [phon sa tro boe ri] *n* strawberry

สตรี [sa tri] เกี่ยวกับสตรี [kiao kap sa tree] *adj* female; สตรีที่ไม่ได้แต่งงาน [sa tree thii mai dai taeng ngan] *n* spinster; สตรีที่รับราชการทหาร [sa tree thii rap rat cha kan tha han] *n* servicewoman

สติ [sa ti] มีสติรู้ตัว [mii sa ti ru tua] *adj* self-conscious

สติ๊กเกอร์ [stik koe] ฉลากติด สติ๊กเกอร์ [cha lak tit, sa tik koe] *n* sticker

สติปัญญา [sa ti pan ya] *n* intelligence; สติปัญญา ความเฉลียวฉลาด [sa ti pan ya, khwam cha liao cha lat] *n* wisdom; ซึ่งใช้คำพูดอย่างมีสติปัญญาและตลก [sueng chai kham phut yang mii sa ti pan ya lae ta lok] *adj* witty

สตูว์ [sa tu] *n* stew

สเต๊ค [sa tek] เนื้อสเต๊ค [nuea sa tek] *n* steak

สเตริโอ [sa te ri o] มีระบบสเตริโอในรถไหม? [mee ra bob sa toe ri o nai rot mai] Is there a stereo in the car?

สเตอรอยด์ [sa toe roi] *n* steroid
สเตอริโอ [sa toe ri o] ระบบเสียงแบบสเตอริโอ [ra bop siang baep sa toe ri o] *n* stereo; สเตอริโอส่วนตัว [sa toe ri o suan tua] *n* personal stereo
สถาน [sa than] สถานรับเลี้ยงเด็ก [sa than rap liang dek] *n* nursery; สถานดูแลคนชรา [sa than du lae khon cha ra] *n* nursing home; สถานบำรุงสุขภาพ [sa than bam rung suk kha phap] *n* spa
สถานการณ์ [sa tha na kan] *n* situation ▷ *npl* circumstances; สถานการณ์ที่ได้รับการจัดการ [sa tha na kan thii dai rap kan chat kan] *n* affair
สถานทต [sa than thut] *n* embassy
สถานที่ [sa than thi] *n* location, place, spot *(place)*; สถานที่เก็บเอกสารสำคัญ [sa than thii kep ek ka san som khan] *n* archive; สถานที่เกิด [sa than thii koet] *n* birthplace, place of birth; สถานที่เกิดเหตุ [sa than thii koet het] *n* scene
สถานทูต [sa than thut] ฉันต้องโทรหาสถานทูตของฉัน [chan tong tho ha sa than thut khong chan] I need to call my embassy; ฉันอยากโทรไปที่สถานทูตของฉัน [chan yak tho pai thii sa than thut khong chan] I'd like to phone my embassy
สถานบันเทิง [sa than ban thoeng] สถานบันเทิงเวลากลางคืน [sa than ban thoeng we la klang khuen] *n* nightlife
สถานภาพ [sa tha na phap] สถานภาพการแต่งงาน [sa tha na phap kan taeng ngan] *n* marital status; สถานภาพปัจจุบัน [sa tha na phap pat chu ban] *n* status quo
สถานะ [sa tha na] ฉันตกอยู่ในสถานะลำบาก [chan tok yu nai sa tha na lam bak] I am in trouble
สถานี [sa tha ni] *n* station; สถานีรถโดยสารประจำทาง [sa tha ni rot doi san pra cham thang] *n* bus station; สถานีรถไฟ [sa tha ni rot fai] *n* railway station; สถานีรถไฟใต้ดิน [sa tha ni rot fai tai din] *n* metro station, tube station; สถานีรถโดยสารอยู่ที่ไหน? [sa tha ni rot doi san yu thii nai] Where is the bus station?
สถานีตำรวจ [sa tha ni tam ruat] สถานีตำรวจอยู่ที่ไหน? [sa tha ni tam ruat yu thii nai] Where is the police station?; ฉันมองต้องหาสถานีตำรวจ [chan mong tong ha sa tha ni tam ruat] I need to find a police station
สถานีรถไฟ [sa tha ni rot fai] วิธีไหนที่ดีที่สุดที่จะไปสถานีรถไฟ? [wi thi nai thii di thii sut thii ja pai sa tha ni rot fai] What's the best way to get to the railway station?
สถาบัน [sa tha ban] *n* institution; สถาบันศึกษา [sa tha ban suek sa] *n* academy
สถาปนิก [sa tha pa nik] *n* architect
สถาปัตยกรรม [sa tha pat ta ya kam] *n* architecture; ซึ่งเป็นสถาปัตยกรรมที่แพร่ในยุโรปตะวันตกตั้งแต่ศตวรรษที่ ๙ ถึง ๑๒ [sueng pen sa ta pat ta ya kam thii phrae nai yu rop ta wan tok tang tae sat ta wat thii   thueng   ] *adj* Romanesque
สถิติ [sa thi ti] เกี่ยวกับชีวสถิติวิทยา [kiao kap chi wa sa thi ti wit tha ya] *adj* biometric; สถิติ ข้อมูล [sa thi ti, kho mun] *npl* data; ภาพแสดงสถิติรูปพาย [phap sa daeng sa thi ti rup phai] *n* pie chart
สน [son] ต้นสน [ton son] *n* conifer, pine
ส้น [son] ส้นเท้า [son thao] *n* heel; ที่มีส้นสูง [thii mii son sung] *adj* high-heeled; คุณใส่ส้นรองเท้านี้ได้ไหม? [khun sai son rong thao nii dai mai] Can you re-heel these shoes?
สนใจ [son chai] *v* interest; เกี่ยวกับเรื่องที่ได้รับความสนใจในขณะนั้น [kiao kap rueang thii dai rap khwam son jai nai kha na nan] *adj* topical; เพ่งความสนใจ [pheng khwam son jai] *v* concentrate; มีความสนใจ [mii khwam son jai] *adj*

interested; ขอโทษ ฉันไม่สนใจ [kho thot chan mai son jai] Sorry, I'm not interested
สนทนา [son tha na] การสนทนา [kan son tha na] *n* dialogue; บทสนทนา [bot son tha na] *n* conversation
สนธิสัญญา [son thi san ya] *n* treaty
สนับสนุน [sa nap sa nun] *n* backup ▷ *v* back up, support; การส่งเสริมสนับสนุน [kan song sem sa nab sa nun] *n* promotion; การสนับสนุน [kan sa nap sa nun] *n* support; ผู้สนับสนุน [phu sa nap sa nun] *n* supporter
สนาม [sa nam] *n* field; สนามเด็กเล่น [sa nam dek len] *n* playground; สนามเด็กเล่น [sa nam dek len] *n* pitch *(sport)*; สนามเทนนิส [sa nam then nis] *n* tennis court
สนามกอล์ฟ [sa nam kop] มีสนามกอล์ฟสาธารณะใกล้ที่นี่ไหม? [mii sa nam kolf sa tha ra na klai thii ni mai] Is there a public golf course near here?
สนามกีฬา [sa nam ki la] สนามกีฬาที่มีอัฒจันทร์โดยรอบ [sa nam ki la thii mii at tha chan doi rop] *n* stadium; เราจะไปที่สนามกีฬาได้อย่างไร? [rao ja pai thii sa nam ki la dai yang rai] How do we get to the stadium?
สนามบิน [sa nam bin] *n* airport; แท็กซี่ไปสนามบินราคาเท่าไร? [thaek si pai sa nam bin ra kha thao rai] How much is the taxi to the airport?; ฉันจะไปสนามบินได้อย่างไร? [chan ja pai sa nam bin dai yang rai] How do I get to the airport?
สนามหญ้า [sa nam ya] *n* lawn
สนิม [sa nim] *n* rust; ที่เป็นสนิม [thii pen sa nim] *adj* rusty
สนุก [sa nuk] ไม่สนุก ไม่ราบรื่น [mai sa nuk, mai rap ruen] *adj* unpleasant; สวนสนุก [suan sa nuk] *n* fairground, funfair; น่าสนุก [na sa nuk] *adj* fun; เราสนุกมาก [rao sa nuk mak] We are having a nice time
สนุกเกอร์ [sa nuk koe] *n* snooker
สนุกสนาน [sa nuk sa nan] *v* enjoy; สนุกสนานเฮฮา [sa nuk sa nan he ha] *adj* hilarious; ความสนุกสนาน [khwam sa nuk sa nan] *n* zest *(excitement)*; ชอบเล่นสนุกสนาน [chop len sa nuk sa nan] *adj* playful
สบถ [sa bot] *v* swear; คำสบถ [kham sa bot] *n* swearword
สบาย [sa bai] ไม่สบาย [mai sa bai] *adj* unwell; ไม่ค่อยสบาย [mai khoi sa bai] *adj* poorly; สะดวกสบาย [sa duak sa bai] *adj* comfortable; เขาไม่สบาย [khao mai sa bai] He's not well
สบายใจ [sa bai chai] *adj* smug
สบู่ [sa bu] *n* soap; จานสบู่ [chan sa bu] *n* soap dish; ผงสบู่ [phong sa bu] *n* soap powder; ไม่มีสบู่ [mai mii sa bu] There is no soap
สปริง [sa pring] ลวดสปริง [luat sa pring] *n* spring *(coil)*
สปาเก็ตตี้ [sa pa ket ti] *n* spaghetti
สเปน [sa pen] *adj* เกี่ยวกับสเปน [kiao kap sa pen] *adj* Spanish ▷ *n* ชาวสเปน [chao sa pen] *n* Spaniard; ประเทศสเปน [pra tet sa pen] *n* Spain, Spanish
สเปรย์ [sa pre] สเปรย์ฉีดผม [sa pre chit phom] *n* hair spray
สภา [sa pha] สภาท้องถิ่น [sa pha thong thin] *n* council
สภากาชาด [sap ha ka chat] *n* Red Cross
สภาพ [su phap] สภาพไม่รู้สึกตัวของผู้ป่วย [sa phap mai ru suek tua khong phu puai] *n* coma; สภาพรกรุงรัง [sa phap rok rung rang] *n* mess; สภาพที่จนมุม [sa phap thii chon mum] *n* stalemate
สภาพแวดล้อม [sa phap waet lom] *n* environment, state; ที่เป็นมิตรกับสภาพแวดล้อม [thii pen mit kap sa phap waet lom] *adj* environmentally friendly; ที่ไม่ทำความเสียหายกับสภาพแวดล้อม [thii mai tham khwam sia hai kap sa phap waet lom] *adj* ecofriendly
สภาวะ [sa pha wa] สภาวะ เงื่อนไข [sa pha wa, nguean khai] *n* condition;

สภาวะเหมือนจริงที่จำลองโดยทางเทคนิคคอมพิวเตอร์ [sa pha wa muean ching thii cham long doi thang tek nik khom phio toe] *n* virtual reality; สภาวะแวดล้อม [sa pha wa waet lom] *adj* environmental

สภาวะฉุกเฉิน [sa pha wa chuk choen] เป็นสภาวะฉุกเฉิน [pen sa pha wa chuk choen] It's an emergency!

ส้ม [som] *n* mandarin *(fruit)*; ส้มชนิดหนึ่ง [som cha nit nueng] *n* clementine; ต้นส้ม [ton som] *n* orange; ที่มีสีส้ม [thii mii sii som] *adj* orange

สมควรได้รับ [som khuan dai rap] *v* deserve

สมดุล [som dun] ความสมดุล [khwam som dun] *n* balance; ซึ่งมีสัดส่วนสมดุลกัน [sueng mii sat suan som dun kan] *adj* symmetrical; ที่สมดุล [thii som dun] *adj* balanced

สมบัติ [som bat] *n* treasure; สมบัติส่วนตัว [som bat suan tua] *npl* belongings

สมบูรณ์ [som bun] โดยสมบูรณ์ [doi som bun] *n* total; ไม่สมบูรณ์ [mai som boon] *adj* incomplete; ความสมบูรณ์แบบ [khwam som boon baep] *n* perfection

สมมุติ [som mut] *v* suppose; ตามที่สมมุติ [tam thii som mut] *adv* supposedly; ถ้าสมมุติว่า [tha som mut wa] *conj* supposing

สมรส [som rot] คู่สมรส [khu som rot] *n* partner

สมรู้ร่วมคิด [som ru ruam kit] ผู้สมรู้ร่วมคิด [phu som ru ruam kit] *n* accomplice

สมหวัง [som wang] *v* fulfil

สมเหตุสมผล [som het som phon] ไม่สมเหตุสมผล [mai som het som phon] *adj* unreasonable

สมอ [sa mo] สมอเรือ [sa mo ruea] *n* anchor

สมอง [sa mong] *n* brain; เยื่อหุ้มสมองอักเสบ [yuea hum sa mong ak sep] *n* meningitis; โรคเลือดคั่งในสมอง [rok lueat khang nai sa mong] *n* multiple sclerosis; โรคอาการพิการทางสมอง [rok a kan phi kan thang sa mong] *n* Down's syndrome

ส้มโอ [som o] ส้มโอฝรั่ง [som o fa rang] *n* grapefruit

สมัคร [sa mak] แบบฟอร์มใบสมัคร [baep fom bai sa mak] *n* application form; ใบสมัคร [bai sa mak] application; ผู้สมัคร [phu sa mak] *n* applicant, candidate

สมัครใจ [sa mak chai] เสนอตัวโดยสมัครใจ [sa noe tua doi sa mak jai] *v* volunteer; โดยสมัครใจ [doi sa mak jai] *adj* voluntary; อย่างสมัครใจ [yang sa mak jai] *adj* voluntarily, willing

สมัครเล่น [sa mak len] มือสมัครเล่น [mue sa mak len] *n* amateur

สมัยเก่า [sa mai kao] *adj* old-fashioned

สมัยใหม่ [sa mai mai] *adj* modern; ภาษาสมัยใหม่ต่าง ๆ [pha sa sa mai mai tang tang] *npl* modern languages

สมาคม [sa ma khom] สมาคม สโมสร [sa ma khom, sa mo son] *n* club *(group)*; กลุ่ม สมาคม [klum, sa ma khom] *n* association

สมาชิก [sa ma chik] *n* member; เป็นสมาชิกของ [pen sa ma chik khong] *v* belong to; สมาชิกสภาเทศบาล [sa ma chik sa pha tet sa ban] *n* councillor; การเป็นสมาชิก [kan pen sa ma chik] *n* membership; คุณต้องเป็นสมาชิกหรือไม่? [khun tong pen sa ma chik rue mai] Do you have to be a member?

สม่ำเสมอ [sa mam sa moe] ไม่สม่ำเสมอ [mai sa mam sa moe] *adj* inconsistent, irregular

สมุด [sa mut] สมุดแผนที่ [sa mut phaen thii] *n* atlas; สมุดโทรศัพท์ [sa mut tho ra sap] *n* phonebook, telephone directory; สมุดโทรศัพท์ฉบับโฆษณาสินค้า [sa mut tho ra sap cha bap khot sa na sin ka] *npl* Yellow Pages®

สมุดภาพ [sa mut phap] album

สมุนไพร [sa mun phrai] *npl* herbs; ไม้

พุ่มสมุนไพร [mai phum sa mun phrai] *n* rosemary; สมุนไพรชนิดหนึ่งมีกลิ่นหอมใช้อาหาร [sa mun phrai cha nit nueng mii klin hom chai a han] *n* tarragon; สมุนไพรอย่างหนึ่งเป็นหัวมีรสเผ็ด [sa mun phrai yang nueng pen hua mii rot phet] *n* horseradish

สโมสร [sa mo son] สโมสรกอล์ฟ [sa mo son kolf] *n* golf club *(society)*; สมาคมสโมสร [sa ma khom, sa mo son] *n* club *(group)*

สรรพนาม [sap pha nam] *n* pronoun

สรรเสริญ [san soen] การสรรเสริญ [kan san sen] *v* praise

สร้อย [soi] สร้อยคอ [soi kho] *n* necklace

สร้อยข้อมือ [soi kho mue] กำไลหรือสร้อยข้อมือ [kam lai rue soi kho mue] *n* bracelet

สระ[1] [sa ra] สระน้ำตื้น ๆ สำหรับเด็กเล็ก [sa nam tuen tuen sam rap dek lek] *n* paddling pool; สระว่ายน้ำ [sa wai nam] *n* baths, swimming pool; เป็นสระข้างนอกใช่ไหม? [pen sa khang nok chai mai] Is it an outdoor pool?

สระ[2] [sa ra] เสียงสระ [siang sa ra] *n* vowel

สระน้ำ [sa nam] *n* pond, pool *(water)*

สระว่ายน้ำ [sa wai nam] มีสระว่ายน้ำเด็กไหม? [mii sa wai nam dek mai] Is there a children's pool?; มีสระว่ายน้ำไหม? [mii sa wai nam mai] Is there a swimming pool?; มีสระว่ายน้ำที่เด็ก ๆ จะลงแกว่งแขนขาในน้ำไหม? [mii sa wai nam thii dek dek ja long kwaeng khaen kha nai nam mai] Is there a paddling pool for the children?

สร้าง [sang] *v* construct, create, build; สร้างใหม่ [sang mai] *v* rebuild; การสร้าง [kan sang] *n* creation; ซึ่งสร้างขึ้นมา [sueng sang khuen ma] *adj* man-made

สร้างสรรค์ [sang san] *adj* innovative; ความคิดสร้างสรรค์ [khwam kit sang san] *n* innovation

สรุป [sa rup] *v* summarize, conclude; ใจความสรุป [jai khwam sa rup] *n* summary; สรุปสาระ [sa rup sa ra] *v* sum up; การสรุป [kan sa rup] *n* conclusion

สลดใจ [sa lot chai] น่าสลดใจ [na sa lot jai] *adj* tragic

สละ [sa la] ยอมสละ [yom sa la] *v* part with

สละสิทธิ์ [sa la sit] *v* waive

สลัก [sa lak] *v* engrave; แป้นเกลียวของสลัก [paen kliao khong sa lak] *n* nut *(device)*

สลัด [sa lat] *n* salad; สลัดรวม [sa lat ruam] *n* mixed salad; สลัดกะหล่ำปลีใส่มายองเนส [sa lat ka lam plii sai ma yong nes] *n* coleslaw; สลัดผักสีเขียว [sa lat phak sii khiao] *n* green salad

สลับ [sa lap] ซึ่งสลับกัน [sueng sa lap kan] *adj* alternate

สลัว [sa lua] *adj* dim

สลาก [sa lak] *n* draw *(lottery)*

สลากกินแบ่ง [sa lak kin baeng] *n* lottery

สแลง [sa laeng] ภาษาสแลง [pha sa sa laeng] *n* slang

สโลวาเกีย [sa lo wa kia] เกี่ยวกับสาธารณรัฐสโลวาเกีย [kiao kap sa tha ra na rat sa lo va kia] *adj* Slovak; ชาวสโลวาเกีย [chao sa lo wa kia] *n* Slovak *(person)*; ประเทศสโลวาเกีย [pra tet sa lo va kia] *n* Slovakia

สโลเวเนีย [sa lo we nia] เกี่ยวกับสาธารณรัฐสโลเวเนีย [kiao kap sa tha ra na rat sa lo ve nia] *adj* Slovenian; สาธารณรัฐสโลเวเนีย [sa tha ra na rat sa lo ve nia] *n* Slovenia; ชาวสโลเวเนียน [chao sa lo we nian] *n* Slovenian *(person)*

สวดมนต์ [suat mon] *v* pray; ผู้สวดมนต์ [phu suat mon] *n* prayer

สวน [suan] *n* garden; สวนสนุก [suan sa nuk] *n* fairground, funfair; สวนสาธารณะ [suan sa tha ra na] *n* park; สวนผลไม้ [suan phon la mai] *n* orchard; เราไปเยี่ยมชมสวนได้ไหม? [rao pai yiam chom suan dai mai] Can we visit the gardens?

ส่วน [suan] ส่วนหนึ่ง [suan nueng] *n* part; ส่วนที่ตัดออก [suan thii tat ok] *n* section
ส่วนเกิน [suan koen] เป็นส่วนเกิน [pen suan koen] *adj* surplus
ส่วนตัว [suan tua] โดยส่วนตัว [doi suan tua] *adv* personally; ไม่ใช่ส่วนตัว [mai chai suan tua] *adj* impersonal; ความเป็นส่วนตัว [khwam pen suan tua] *n* privacy; มีห้องน้ำส่วนตัวในห้องไหม? [mii hong nam suan tua nai hong mai] Does the room have a private bathroom?
ส่วนบุคคล [suan bu khon] *adj* personal
ส่วนแบ่ง [suan baeng] *n* portion, share
ส่วนประกอบ [suan pra kop] *n* component; เกี่ยวกับส่วนประกอบ [kiao kap suan pra kop] *adj* component
ส่วนผสม [suan pha som] *n* ingredient, mix-up, mixture; ส่วนผสมสำหรับแก้ไอ [suan pha som sam rap kae ai] *n* cough mixture; ส่วนผสมของแป้ง น้ำและอื่น ๆ เช่นน้ำมัน น้ำตาลเพื่อทำขนมปัง [suan pha som khong paeng nam lae uen uen chen nam man nam tan phuea tham kha nom pang] *n* dough; ส่วนผสมของปูนขาวหรือซีเมนต์กับน้ำและทราย [suan pha som khong pun khao rue si men kap nam lae sai] *n* mortar *(plaster)*
ส่วนมาก [suan mak] *adj* major ▷ *adv* mostly
ส่วนร่วม [suan ruam] การมีส่วนร่วม [kan mii suan ruam] *n* communion; ซึ่งมีส่วนร่วมกัน [sueng mii suan ruam kan] *adj* mutual
ส่วนลด [suan lot] มีส่วนลดให้คนพิการไหม? [mii suan lot hai khon phi kan mai] Is there a reduction for disabled people?; มีส่วนลดสำหรับเด็กหรือไม่? [mii suan lot sam rap dek rue mai] Are there any reductions for children?; มีส่วนลดสำหรับนักเรียนหรือไม่? [mii suan lot sam rap nak rian rue mai] Are there any reductions for students?
สวนสนุก [suan sa nuk] *n* theme park; ลานรถลื่นไถลสำหรับการเล่นของเด็กในสวนสนุก [lan rot luen tha lai sam rap kan len khong dek nai suan sa nuk] *n* rollercoaster
สวนสัตว์ [suan sat] *n* zoo
ส่วนใหญ่ [suan yai] *n* majority; โดยส่วนใหญ่ [doi suan yai] *adv* mainly
สวม [suam] สวมใส่ [suam sai] *vt* wear
สวย [suai] *adj* pretty; สวยงดงาม [suai ngot ngam] *adj* picturesque; สวยงาม [suai ngam] *adj* elegant
สวยงาม [suai ngam] *adj* beautiful, gorgeous; สถานที่สวยงาม [sa than thii suai ngam] *n* beauty spot; อย่างสวยงาม [yang suai ngam] *adv* beautifully, prettily
สวรรค์ [sa wan] *n* heaven, paradise
สวัสดิการ [sa wat di kan] เซ็นต์ลงทะเบียนเพื่อรับเงินสวัสดิการ [sen long tha bian phuea rap ngoen sa wat sa di kan] *v* sign on
สวัสดี [sa wat di] *excl* hello!, hi!
สว่าง [sa wang] *adj* light *(not dark)*; แสงสว่าง [saeng sa wang] *n* light; สว่างจ้า [sa wang cha] *adj* bright; ฉันเอาไปดูตรงที่สว่างได้ไหม? [chan ao pai du trong thii sa wang dai mai] May I take it over to the light?
สว่างไสว [sa wang sa hwai] เจิดจ้า สว่างไสว [choet cha, sa wang sa wai] *adj* vivid
สวาซิแลนด์ [sa wa si laen] ประเทศสวาซิแลนด์ [pra tet sa wa si laen] *n* Swaziland
สว่าน [sa wan] สว่านเปิดจุกขวด [sa wan poet chuk khaut] *n* corkscrew; สว่านชนิดที่ใช้กำลังอัดของอากาศ [sa wan cha nit thii chai kam lang at khong a kaat] *n* pneumatic drill
สวิตเซอร์แลนด์ [sa wit soe laen] เกี่ยวกับชาวสวิตเซอร์แลนด์ [kiao kap chao sa wis soe laen] *n* Swiss; ประเทศสวิตเซอร์แลนด์ [pra tet sa vis soe laen] *n* Swiss,

Switzerland
สวีเดน [sa wi den] เกี่ยวกับประเทศสวีเดน [kiao kap pra thet sa wi den] *adj* Swedish; ชาวสวีเดน [chao sa wi den] *n* Swede; ประเทศสวีเดน [pra tet sa wi den] *n* Sweden
สหพันธ์ [sa ha phan] *n* league
สหภาพ [sa ha phap] สหภาพยุโรป [sa ha phap yu rop] *n* European Union; ประเทศในกลุ่มสหภาพยุโรป [pra tet nai klum sa ha phap yu rop] *abbr* EU
สหภาพแรงงาน [sa ha phap raeng ngan] *n* trade union; สมาชิกสหภาพแรงงาน [sa ma chik sa ha phap raeng ngan] *n* trade unionist
สหรัฐอเมริกา [sa ha rat a me ri ka] *n* US; ตัวย่อของประเทศสหรัฐอเมริกา [tua yo khong pra tet sa ha rat a me ri ka] *n* USA; ประเทศสหรัฐอเมริกา [pra tet sa ha rat a me ri ka] *n* United States
สหราชอาณาจักร [sa ha rat cha a na chak] ชาวสหราชอาณาจักร [chao sa ha rat cha a na chak] *n* British; ประเทศสหราชอาณาจักร [pra tet sa ha rat cha a na chak] *n* Great Britain; ประเทศสหราชอาณาจักรอังกฤษ [pra tet sa ha rat cha a na chak ang krit] *n* Britain
สหราชอาณาจักรอังกฤษ [sa ha rat cha a na chak ang krit] ประเทศสหราชอาณาจักรอังกฤษ [pra tet sa ha rat cha a na chak ang krit] *n* United Kingdom
สอง [song] *num* two; ในลำดับที่สอง [nai lam dap thii song] *adv* secondly; ลำดับที่สอง [lam dap thii song] *n* second; สองเท่า [song thao] *adj* double; เวลาสองโมง [we la song mong] It's two o'clock
ส่อง [song] กล้องส่องทางไกล [klong song thang klai] *n* binoculars
สองเท่า [song thao] ทำเป็นสองเท่า [tham pen song thao] *vt* double
ส่องแสง [song saeng] ส่องแสงเจิดจ้า [song saeng chet cha] *v* glare; ส่องแสงวาบขึ้นมา [song saeng wab khuen ma] *vi* flash; ทำให้ส่องแสง [tham hai song saeng] *v* shine
สอดคล้อง [sot khlong] สอดคล้องกันพอดี [sot khlong kan pho dii] *v* coincide; ที่สอดคล้องกัน [thii sot khlong kan] *adj* consistent
สอดแนม [sot naem] การสอดแนม [kan sot naem] *n* spying
สอดรู้สอดเห็น [sot ru sot hen] *v* pry
สอน [son] *v* teach; การสอน [kan son] *n* teaching; การสอนพิเศษ [kan son phi set] *n* tuition; ที่เกี่ยวกับการเรียนการสอน [thii kiao kap kan rian kan son] *adj* educational
สอบ [sop] สอบใหม่ [sop mai] *v* resit; สอบผ่าน สอบไล่ได้ [sop phan, sop lai dai] *v* pass *(an exam)*; การสอบ [kan sop] *n* examination
สอบถาม [sop tham] แบบสอบถาม [baep sop tham] *n* questionnaire; โต๊ะสอบถาม [to sop tham] *n* enquiry desk; สำนักงานที่คนไปสอบถาม [sam nak ngan thii khon pai sop tham] *n* inquiries office
สอบปากคำ [sop pak kham] *v* interrogate
สอบสวน [sop suan] การสอบสวน [kan sop suan] *n* inquiry; การสอบสวนสาเหตุที่เสียชีวิต [kan sop suan sa het thii sia chi wid] *n* inquest
ส้อม [som] มีด ช้อนและส้อม [miit chon lae som] *n* cutlery; ส้อมทานอาหาร [som than a han] *n* fork; ฉันขอส้อมสะอาดหนึ่งคันได้ไหม? [chan kho som sa aat nueng khan dai mai] Could I have a clean fork please?
สะกด [sa kot] การสะกดคำ [kan sa kot kham] *n* spelling; อ่านสะกดคำ [arn sa kot kham] *v* spell; คุณสะกดคำนี้อย่างไร? [khun sa kot kham nii yang rai] How do you spell it?
สะดวก [sa duak] *adj* convenient; ใช้สะดวก [chai sa duak] *adj* handy, user-friendly; ไม่สะดวก [mai sa duak] *adj* inconvenient; สะดวกสบาย [sa duak sa bai] *adj* comfortable

สะดวกสบาย [sa duak sa bai] ไม่สะดวกสบาย [mai sa duak sa bai] *adj* uncomfortable; ความสะดวกสบายสมัยใหม่ [khwam sa duak sa bai sa mai mai] *npl* mod cons
สะดือ [sa due] *n* belly button, navel
สะดุง [sa dung] *v* startle
สะดุด [sa dut] *v* stumble, trip (up)
สะท้อน [sa thon] เสียงสะท้อน [siang sa thon] *n* echo; สะท้อนกลับ [sa thon klap] *v* reflect; การสะท้อนกลับ [kan sa thon klap] *n* reflection
สะเทือนใจ [sa thuean chai] สั่น ทำให้สั่น ทำให้ตกใจและสะเทือนใจ [san, tham hai san, tham hai tok jai lae sa thuean jai] *vt* shake
สะบ้า [sa ba] กระดูกสะบ้าหัวเข่า [kra duk sa ba hua khao] *n* kneecap
สะพาน [sa phan] *n* bridge; สะพานแขวน [sa phan khwaen] *n* suspension bridge; สะพานที่ยื่นออกไปในน้ำ [sa phan thii yuen ok pai nai nam] *n* pier
สะพาย [sa phai] กระเป๋าสะพายหลัง [kra pao sa phai lang] *n* backpack; การใส่กระเป๋าสะพายหลัง [kan sai kra pao sa phai lang] *n* backpacking; ผู้ใส่กระเป๋าสะพายหลัง [phu sai kra pao sa phai hlang] *n* backpacker
สะเพร่า [sa phrao] การทำผิดเพราะสะเพร่า [kan tham phit phro sa phrao] *n* blunder
สะโพก [sa phok] *n* hip
สะใภ้ [sa phai] ลูกสะใภ้ [luk sa phai] *n* daughter-in-law; น้องสะใภ้หรือพี่สะใภ้ [nong sa phai rue phii sa phai] *n* sister-in-law
สะระแหน่ [sa ra nae] *n* peppermint; ใบสะระแหน่ [bai sa ra nae] *n* mint *(herb/sweet)*
สะสม [sa som] *vt* collect; สิ่งที่สะสมไว้ [sing thii sa som wai] *n* collection; นักสะสม [nak sa som] *n* collector
สะอาด [sa ad] *adj* clean; สะอาดและประณีต [sa at lae pra nit] *adj* smart; สะอาดไม่มีตำหนิ [sa at mai mii tam ni] *adj* spotless; สิ่งที่ใช้ทำความสะอาดผิวหน้า [sing thii chai tham khwam sa at phio na] *n* cleanser; ห้องไม่สะอาด [hong mai sa at] The room isn't clean
สะอิดสะเอียน [sa it sa ian] น่าสะอิดสะเอียน [na sa it sa ian] *adj* sickening
สะอึก [sa uek] *npl* hiccups
สะอึกสะอื้น [sa uek sa uean] ร้องไห้สะอึกสะอื้น [rong hai sa uek sa uen] *v* sob
สัก [sak] รอยสัก [roi sak] *n* tattoo
สักการะ [sak ka ra] ซึ่งเป็นที่สักการะทางศาสนา [sueng pen thii sak ka ra thang sat sa na] *adj* sacred
สักหลาด [sak ka lat] สักหลาดที่เป็นริ้ว [sak ka lat thii pen rio] *n* corduroy; ผ้าสักหลาดอ่อน [pha sak ka lat on] *n* flannel
สั่ง [sang] *v* order *(command)*, order *(request)*; แบบฟอร์มสั่งซื้อ [baep fom sang sue] *n* order form; ที่สั่งทำ [thii sang tham] *adj* customized; ฉันไม่ได้สั่ง [chan mai dai sang] This isn't what I ordered
สังกะสี [sang ka si] *n* zinc
สังเกต [sang ket] *v* observe; การสังเกต [kan sang ket] *n* notice *(note)*; ช่างสังเกต [chang sang ket] *adj* observant; ที่สังเกตเห็นได้ [thii sang ket hen dai] *adj* noticeable
สังเกตการณ์ [sang ket kan] หอสังเกตการณ์ [ho sang ket kan] *n* observatory; ผู้สังเกตการณ์ [phu sang ket kan] *n* observer
สังคม [sang khom] *n* society; อยู่ร่วมกันในสังคม [yu ruam kan nai sang khom] *adj* social
สังคมนิยม [sang khom ni yom] ระบบสังคมนิยม [ra bop sang khom ni yom] *n* socialism; ที่เป็นแบบสังคมนิยม [thii pen baep sang khom ni yom] *adj* socialist; นักสังคมนิยม [nak sang khom ni yom] *n* socialist

สังคมวิทยา [sang khom wit tha ya] *n* sociology
สังคมสงเคราะห์ [sang khom song khro] การบริการสังคมสงเคราะห์ [kan bo ri kan sang khom song khro] *npl* social services; นักสังคมสงเคราะห์ [nak sang khom song khro] *n* social worker
สั่งซื้อ [sang sue] การสั่งซื้อเป็นประจำ [kan sang sue pen pra cham] *n* subscription
สังสรรค์ [sang san] *v* get together
สั่งสอน [sang son] คำแนะนำสั่งสอน [kham nae nam sang son] *npl* instructions; ผู้แนะนำสั่งสอน [phu nae nam sang son] *n* instructor
สัญชาตญาณ [san chat ta yan] *n* instinct; การรู้โดยสัญชาตญาณ [kan ru doi san chat ta yan] *n* intuition
สัญชาติ [san chat] *n* nationality
สัญญลักษณ์ [san ya lak] *n* symbol; สัญลักษณ์บนคอมพิวเตอร์แสดงให้เห็นจุดที่พิมพ์ได้ [san ya lak bon khom phio toe sa daeng hai hen chut thii phim dai] *n* cursor; สิ่งที่ใช้เป็นสัญลักษณ์ [sing thii chai pen san ya lak] *n* token; ภาษาสัญญลักษณ์ [pha sa san ya lak] *n* sign language
สัญญา [san ya] *n* contract ▷ *v* promise; ให้คำมั่นสัญญา [hai kham man san ya] *v* commit; สัญญาเช่า [san ya chao] *n* lease; คำมั่นสัญญา [kham man san ya] *n* promise
สัญญาณ [san yan] สัญญาณเตือนไฟไหม้ [san yan tuean fai mai] *n* fire alarm; สัญญาณเตือนภัยปลอม [san yan tuean phai plom] *n* false alarm; สัญญาณขอความช่วยเหลือ [san yan kho khwam chuai luea] *n* SOS
สัญญาณ [san yan] *n* signal; เสียงสัญญาณเตือนภัย [siang san yan tuean phai] *n* siren; เครื่องส่งสัญญาณติดตามตัว [khrueang song san yan tit tam tua] *n* bleeper; เครื่องสัญญาณเตือนภัย [khrueang san yan tuean phai] *n* smoke alarm
สัญลักษณ์ [san ya lak] สัญลักษณ์ภาพ [san ya lak phap] *n* icon
สัญญาณ [san yan] สัญญาณไม่ว่าง [san yan mai wang] *n* busy signal
สัดส่วน [sat suan] *n* proportion; ทำให้ได้สัดส่วนกัน [tham hai dai sat suan kan] *adj* proportional
สัตว์ [sat] *n* animal; โรงละครสัตว์ [rong la khon sat] *n* circus; ลูกสัตว์ [luk sat] *n* litter *(offspring)*; ลูกของสัตว์ [luk khong sat] *n* cub
สัตว์ทะเล [sat tha le] สัตว์ทะเลพวกเดียวกับสิงโตทะเลและแมวน้ำ [sat tha le phuak diao kap sing to tha le lae maeo nam] *n* walrus
สัตว์น้ำ [sat nam] สัตว์น้ำประเภทมีเปลือก [sat nam pra phet mii plueak] *n* shellfish; ฉันแพ้สัตว์น้ำที่มีเปลือก [chan phae sat nam thii mii plueak] I'm allergic to shellfish
สัตว์ประหลาด [sat pra lat] *n* monster
สัตว์ป่า [sat pa] เราอยากเห็นสัตว์ป่า [rao yak hen sat pa] We'd like to see wildlife
สัตว์แพทย์ [sat phaet] *n* vet
สัตว์เลี้ยง [sat liang] *n* pet
สัตว์เลี้ยงลูกด้วยนม [sat liang luk duai nom] *n* mammal; สัตว์เลี้ยงลูกด้วยนมที่ใช้ฟันแทะ [sat liang luk duai nom thii chai fan thae] *n* rodent
สัตว์เลื้อยคลาน [sat lueai khlan] *n* reptile; สัตว์เลื้อยคลานเช่นจิ้งจกหรือตุ๊กแก [sat lueai khlan chen ching chok rue tuk kae] *n* lizard
สัตววิทยา [sat ta wa wit tha ya] *n* zoology
สั่น [san] สั่น ทำให้สั่น ทำให้ตกใจและสะเทือนใจ [san, tham hai san, tham hai tok jai lae sa thuean jai] *vt* shake; สั่นเพราะหนาวหรือความกลัว [san phro nao rue khwam klua] *v* shiver; สั่นระริกด้วยความกลัว [san ra rik duai khwam klua] *v* shudder
สั้น [san] *adj* brief, short; แขนสั้น [khaen san] *adj* short-sleeved; สั้นกระชับ [san

kra chap] *adj* concise; สายตาสั้น [sai ta san] *adj* near-sighted
สั่นคลอน [san khlon] *adj* shaky
สันนิษฐาน [san ni than] *v* presume
สั่นสะเทือน [san sa thuean] *v* tremble; สั่นสะเทือน หวั่นไหว [san sa thuean, wan wai] *vi* shake
สันหลัง [san lang] กระดูกสันหลัง [kra duk san lang] *n* backbone
สับ [sap] *v* chop; การสับ [kan sap] *v* chop
สับปะรด [sap pa rot] *n* pineapple
สับสน [sap son] *v* confuse; สับสนวุ่นวาย [sap son wun wai] *adj* upset; ความสับสน [khwam sap son] *n* chaos, confusion; ความยุ่งเหยิง ความโกลาหล สถานการณ์สับสนวุ่นวาย [khwam yung yoeng, khwam ko la hon, sa than na kan sap son wun wai] *npl* shambles
สัปดาห์ [sap da] หนึ่งสัปดาห์ [nueng sap da] *n* week
สัมนา [sam ma na] การสัมนา [kan sam ma na] *n* conference
สัมปทาน [sam pa than] สัมปทาน การยินยอม [sam pa than, kan yin yom] *n* concession
สัมผัส [sam phat] *v* touch; สัมผัสหรือลูบคลำ [sam phat rue lup khlam] *v* stroke; การลูบหรือการสัมผัส [kan lub rue kan sam phat] *n* stroke *(hit)*; ที่ถูกสัมผัส [thii thuk sam phat] *adj* touched
สัมพันธ์ [sam pan] สัมพันธ์กัน [sam phan kan] *adj* joint; ความสัมพันธ์ [khwam sam phan] *n* relationship; ความสัมพันธ์กัน [khwam sam phan kan] *n* connection
สัมพันธมิตร [sam phan tha rat] *n* ally
สัมภาษณ์ [sam pat] *v* interview; การสัมภาษณ์ [kan sam phat] *n* interview; ผู้สัมภาษณ์ [phu sam phat] *n* interviewer
สัมฤทธิ์ [sam rit] ทองสัมฤทธิ์ [thong sam rit] *n* bronze
สาขา [sa kha] *n* branch
สาด [sat] สาดกระเด็น [sat kra den] *v* splash
สาธารณรัฐอัฟริกันกลาง [sa tha ra na rat ap fri kan klang] ประเทศสาธารณรัฐอัฟริกันกลาง [pra tet sa tha ra na rat af ri kan klang] *n* Central African Republic
สาธารณรัฐ [sa tha ra na rat] *n* republic
สาธารณรัฐเช็ก [sa tha ra na rat chek] *n* Czech Republic; เกี่ยวกับสาธารณรัฐเช็ก [kiao kap sa tha ra na rat chek] *n* Czech
สาธารณรัฐทองกา [sa tha ra na rat thong ka] *n* Tonga
สาธารณะ [sa tha ra na] *n* public; ที่สาธารณะ [thii sa tha ra na] *n* public
สาธิต [sa thit] การสาธิต [kan sa thit] *n* demo
สาปแช่ง [sap chaeng] คำสาปแช่ง [kham sap chaeng] *n* curse
สาม [sam] *number* three; เศษหนึ่งส่วนสาม [set nueng suan sam] *n* third; ในลำดับสาม [nai lam dap sam] *adv* thirdly; ซึ่งเป็นลำดับที่สาม [sueng pen lam dap thii sam] *adj* third; เวลาสามโมง [we la sam mong] at three o'clock, It's three o'clock
สามสิบ [sam sip] *number* thirty
สามเหลี่ยม [sam liam] *n* triangle
สามัญสำนึก [sa man sam nuke] *n* common sense
สามารถ [sa mat] *adj* able; ไม่สามารถที่จะ [mai sa mat thii ja] *adj* unable to; ไม่สามารถอ่านและเขียนได้ [mai sa mat an lae khian dai] *adj* illiterate; สามารถเขียนหรือพูดได้สองภาษา [sa maat khian rue phut dai song pha sa] *adj* bilingual
สามี [sa mi] *n* husband; แม่สามี [mae sa mii] *n* mother-in-law; สามีหรือภรรยา [sa mii rue phan ra ya] *n* spouse; อดีตสามี [a dit sa mii] *n* ex-husband; นี่สามีดิฉันค่ะ [ni sa mii di chan kha] This is my husband
สาย [sai] *adv* late; สายเคเบิ้ล [sai khe boel] *n* cable; สายชนวน [sai cha nuan] *n* fuse; สายต่อหม้อแบตเตอรี่ [sai to mo baet toe ri] *npl* jump leads; รถไฟมาสายใช่ไหม? [rot fai ma sai chai mai] Is the

train running late?
สายการบิน [sai kan bin] *n* airline
สายคาด [sai khat] *n* band *(strip)*
สายเคเบิล [sai khe boen] ปิดที่สายเคเบิลใหญ่ [pit thii sai khe boen yai] Turn it off at the mains
สายตา [sai ta] *n* eyesight; สายตาสั้น [sai ta san] *adj* near-sighted; ซึ่งมีสายตาสั้น [sueng mii sai ta san] *adj* short-sighted; ผู้มีคุณสมบัติที่จะตรวจออกใบวัดและขายอุปกรณ์เกี่ยวกับสายตา [phu mii khun na som bat thii ja truat ok bai wat lae khai ub pa kon kiao kap sai ta] *n* optician
สายพาน [sai phan] สายพานในเครื่องยนต์ [sai phan nai khrueang yon] *n* fan belt; สายพานการขนส่ง [sai phan kan khon song] *n* conveyor belt
สายไฟ [sai fai] *n* flex; ที่ต่อสายไฟ [thii to sai fai] *n* extension cable
สายยาง [sai yang] *n* hosepipe
สายรัด [sai rat] *n* strap
สายวัด [sai wat] *n* tape measure
สายไหม [sai mai] ขนมสายไหม [kha nom sai mai] *n* candyfloss
สาร [san] สารโซเดียมไบคาร์บอเนต [san so diam bi kha bo net] *n* bicarbonate of soda; สารคาเฟอีน [san kha fe in] *n* caffeine; สารชนิดหนึ่งสกัดจากตับอ่อน [san cha nit nueng sa kat chak tap on] *n* insulin
สารกันบูด [san khan but] *n* preservative
สารคดี [sa ra kha di] *n* documentary
สารเคมี [san khe mi] *n* chemical
สารบัญ [sa ra ban] *n* index *(list)*
สารภาพ [sa ra phap] *v* admit *(confess)*, confess, own up; คำสารภาพ [kham sa ra phap] *n* confession
สารภาพบาป [sa ra phap bap] วันเทศกาลสารภาพบาป [wan tet sa kan sa ra phap bap] *n* Shrove Tuesday
สารอาหาร [san a han] *n* nutrient
สาระ [sa ra] เนื้อหาสาระ [nuea ha sa ra] *n* substance; ที่ไร้สาระ [thii rai sa ra] *adj* rubbish
สารานุกรม [sa ra nu krom] *n* encyclopaedia
สาวใช้ [sao chai] *n* maid; สาวใช้ทำความสะอาดห้องนอน [sao chai tham khwam sa at hong non] *n* chambermaid
สาหร่าย [sa rai] สาหร่ายทะเล [sa rai tha le] *n* seaweed
สำคัญ [sam khan] *adj* chief, important; เกี่ยวกับการวิจารณ์ สำคัญ [kiao kap kan wi chan, sam khan] *adj* critical; เป็นเรื่องสำคัญ [pen rueang sam khan] *v* matter; ไม่สำคัญ [mai sam khan] *adj* trivial, unimportant
สำแดง [sam daeng] ฉันไม่มีอะไรที่ต้องสำแดง [chan mai mii a rai thii tong sam daeng] I have nothing to declare; ฉันมีเหล้าที่จะต้องสำแดง [chan mii lao thii ja tong sam daeng] I have a bottle of spirits to declare; ฉันมีแอลกอฮอล์ตามจำนวนที่อนุญาตที่ต้องสำแดง [chan mii aen ko ho tam cham nuan thii a nu yat thii tong sam daeng] I have the allowed amount of alcohol to declare
สำนัก [sam nak] สำนักแม่ชี [sam nak mae chi] *n* convent; สำนักสงฆ์ [sam nak song] *n* abbey; สำนักทะเบียน [sam nak tha bian] *n* registry office
สำนักงาน [sam nak ngan] *n* office; สำนักงานเก็บของหาย [sam nak ngan kep khong hai] *n* lost-property office; สำนักงานแลกเงิน [sam nak ngan laek ngoen] *n* bureau de change; สำนักงานใหญ่ [sam nak ngan yai] *n* head office; เที่ยวชมสถานที่และสำนักงานท่องเที่ยว [thiao chom sa than thii lae sam nak ngan thong thiao] Sightseeing and tourist office
สำนึก [sam nuek] ไม่สำนึกบุญคุณ [mai sam nuek bun khun] *adj* ungrateful; ซึ่งสำนึกในบุญคุณ [sueng sam nuek nai bun khun] *adj* grateful
สำนึกผิด [sam nuek phit] การสำนึกผิด [kan sam nuek phit] *n* remorse

สำเนา [sam nao] ฉบับสำเนา [cha bap sam nao] *n* copy *(written text)*; ทำสำเนา [tham sam nao] *n* copy *(reproduction)*
สำรวจ [sam ruat] *v* explore; การสำรวจ [kan sam ruat] *n* survey; การสำรวจความคิดเห็น [kan sam ruat khwam kit hen] *n* opinion poll; การสำรวจความคิดเห็นจากคนส่วนมาก [kan sam ruat khwam kit hen chak kon suan mak] *n* poll
สำรอง [sam rong] *v* reserve; เก็บสำรองไว้ [kep sam rong wai] *v* stock up on; ไม่มีสำรอง [mai mii sam rong] *v* run out of; ห้องว่างหรือห้องสำรอง [hong wang rue hong sam rong] *n* spare room
สำเร็จ [sam ret] ความสำเร็จ [khwam sam ret] *n* success; ทำให้สำเร็จ [tham hai sam ret] *v* carry out
สำลี [sam li] *n* cotton wool; สำลีแคะหู [sam lii khae hu] *n* cotton bud
สำหรับ [sam rap] กุญแจดอกนี้สำหรับที่ไหน? [kun jae dok nii sam rap thii nai] What's this key for?; ฉันอยากจองโต๊ะสำหรับสองคนเวลาเจ็ดโมงครึ่ง [chan yak chong to sam rap song khon we la chet mong khrueng] I'd like to make a reservation for half past seven for two people
สิง [sing] ซึ่งสิงอยู่ [sueng sing yu] *adj* haunted
สิ่ง [sing] ไม่มีสักสิ่ง [mai mii sak sing] *pron* none; สิ่งกีดขวาง [sing kit khwang] *n* block *(obstruction)*; สิ่งกระตุ้น [sing kra tun] *n* incentive
สิ่งก่อสร้าง [sing ko sang] สิ่งก่อสร้างสูงรูปกรวยที่เป็นส่วนหนึ่งของโบถส์ [sing ko sang sung rup kruai thii pen suan nueng khong bot] *n* spire
สิ่งกีดขวาง [sing kit khang] *n* roadblock
สิ่งของ [sing khong] *n* pack, thing; รายการสิ่งของ [rai kan sing khong] *n* inventory; สิ่งของในรายการ [sing khong nai rai kan] *n* item; วัตถุสิ่งของ [wat thu sing khong] *n* object
สิ่งตีพิมพ์ [sing ti phim] *n* publication
สิงโต [sing to] *n* lion; สิงโตตัวเมีย [sing to tua mia] *n* lioness
สิ่งทอ [sing tho] ผ้าหรือสิ่งทอ [pha rue sing tho] *n* fabric; วัตถุดิบที่นำมาทำสิ่งทอ [wat thu dip thii nam ma tham sing tho] *n* textile
สิ่งที่ [sing thi] สิ่งที่ อันที่ [sing thii, an thii] *pron* which
สิ่งประดับ [sing pra dap] สิ่งประดับแวววาว [sing pra dap waeo wao] *n* tinsel
สิ่งปลูกสร้าง [sing pluk sang] ที่ดินและสิ่งปลูกสร้าง [thii din lae sing pluk sang] *npl* premises
สิ่งมีชีวิต [sing mi chi wit] *n* creature; สิ่งมีชีวิตเช่นพืชและสัตว์ [sing mii chi wit chen phuet lae sat] *n* organism; สิ่งมีชีวิตที่เกิดมาจากเซลล์เดียวกัน [sing mii chi wit thii koet ma chak sel diao kan] *n* clone; ซึ่งมาจากสิ่งมีชีวิต [sueng ma chak sing mii chi wit] *adj* organic
สิงห์ [sing] ราศีสิงห์ [ra si sing] *n* Leo
สิงหาคม [sing ha khom] เดือนสิงหาคม [duean sing ha khom] *n* August
สิ่งไหน [sing nai] อันไหน สิ่งไหน [an nai, sing nai] *pron* what
สิ่งอำนวยความสะดวก [sing am nuai khwam sa duak] *npl* amenities
สิทธิ [sit thi] *n* right; สิทธิของมนุษย์ [sit thi khong ma nut] *npl* human rights; สิทธิที่เท่ากันของพลเมือง [sit thi thii thao kan khong phon la mueang] *npl* civil rights; สิทธิผ่านทาง [sit thi phan thang] *n* right of way
สินค้า [sin kha] *n* cargo ▷ *npl* goods; ใบรายการส่งสินค้าที่แสดงราคา [bai rai kan song sin ka thii sa daeng ra kha] *n* invoice; สินค้าที่ขนส่ง [sin kha thii khon song] *n* freight; สินค้าปลอดภาษี [sin kha plot pha si] *n* duty-free
สินทรัพย์ [sin sap] *n* assets
สินบน [sin bon] การให้สินบน [kan hai sin bon] *n* bribery
สิ้นสุด [sin sut] ซึ่งไม่สิ้นสุด [sueng mai sin sut] *adj* endless; ทำให้สิ้นสุด [tham

hai sin sut] *v* end
สิ้นหวัง [sin wang] ความสิ้นหวัง [khwam sin wang] *n* despair; ซึ่งสิ้นหวัง [sueng sin wang] *adj* desperate; อย่างสิ้นหวัง [yang sin wang] *adv* desperately
สิบ [sip] *number* ten; ที่สิบ [thii sip] *adj* tenth; อันดับที่สิบ [an dap thii sip] *n* tenth; เวลาสองโมงสิบนาที [we la song mong sip na thi] It's ten past two
สิบเก้า [sip kao] *number* nineteen; ที่สิบเก้า [thii sip kao] *adj* nineteenth
สิบเจ็ด [sip chet] *number* seventeen; ที่สิบเจ็ด [thii sip chet] *adj* seventeenth
สิบโท [sip tho] สิบโท จ่าอากาศโท [sip tho, cha a kaat tho] *n* corporal
สิบแปด [sip paet] *number* eighteen; ที่สิบแปด [thii sip paet] *adj* eighteenth
สิบสอง [sip song] *number* twelve; ลำดับที่สิบสอง [lam dap thii sip song] *adj* twelfth
สิบสาม [sip sam] *number* thirteen; ลำดับที่สิบสาม [lam dap thii sip sam] *adj* thirteenth
สิบสี่ [sip si] *number* fourteen; อันดับที่สิบสี่ [an dap thii sip si] *adj* fourteenth
สิบหก [sip hok] *number* sixteen; ที่สิบหก [thii sip hok] *adj* sixteenth
สิบห้า [sip ha] *number* fifteen; ลำดับที่สิบห้า [lam dap thii sip ha] *adj* fifteenth
สิบเอ็ด [sip et] *number* eleven; ที่สิบเอ็ด [thii sip et] *adj* eleventh
สิว [sio] *n* acne, pimple, zit; เต็มไปด้วยสิว [tem pai duai sio] *adj* spotty
สิ่ว [sio] *n* chisel
สี [si] *n* colour, paint; เป็นสีทอง [pen sii thong] *adj* blonde; เป็นสีนวล [pen sii nuan] *adj* cream; แปรงทาสี [praeng tha sii] *n* paintbrush; ที่เป็นสีเหลือง [thii pen sii lueang] *adj* yellow; เป็นสี [pen sii] in colour
สี่ [si] *number* four; อันดับที่สี่ [an dap thii si] *adj* fourth
สีแทน [si thaen] ที่มีผิวสีแทน [thii mii phio sii taen] *adj* tanned
สีน้ำ [si nam] *n* watercolour
สีสัน [si san] เต็มไปด้วยสีสัน [tem pai duai sii san] *adj* colourful
สี่สิบ [si sip] *number* forty
สี่เหลี่ยม [si liam] เป็นสี่เหลี่ยมจัตุรัส [pen si liam chat tu rat] *n* square; รูปสี่เหลี่ยมผืนผ้า [rup si liam phuen pha] *adj* oblong; สี่เหลี่ยมจตุรัส [si liam chat tu rat] *n* square
สี่เหลี่ยมผืนผ้า [si liam phuen pha] *n* rectangle; ที่เป็นสี่เหลี่ยมผืนผ้า [thii pen si liam phuen pha] *adj* rectangular
สืบ [suep] *vi* spy; นักสืบ [nak suep] *n* spy
สืบสวน [suep suan] การสืบสวน [kan suep suan] *n* investigation
สื่อมวลชน [sue muan chon] *npl* media
สื่อสาร [sue san] การสื่อสารทางไกลโดยใช้เทคโนโลยี [kan sue san thang klai doi chai thek no lo yii] *npl* telecommunications; การติดต่อสื่อสาร [kan tit to sue san] *n* communication; ติดต่อสื่อสาร [tit to sue san] *v* communicate; สื่อสารลำบาก [sue san lam bak] Communication difficulties
สุก [suk] *adj* ripe; ไม่สุก [mai suk] *adj* rare *(undercooked)*; ที่สุกแล้ว [thii suk laeo] *adj* ready-cooked; ที่สุกมากเกินไป [thii suk mak koen pai] *adj* overdone
สุกร [su kon] *n* pork
สุข [suk] เป็นสุข [pen suk] *adj* happy; ความสุข [khwam suk] *n* happiness; ความสุขอันสุดยอด [khwam suk an sut yot] *n* bliss
สุขภาพ [suk kha phap] *n* health; มีสุขภาพดี [mii suk kha phap di] *adj* healthy; สถานบำรุงสุขภาพ [sa than bam rung suk kha phap] *n* spa; การตรวจสุขภาพ [kan truat suk kha phap] *n* check-up
สุดท้าย [sut thai] *adj* final, last, ultimate; ที่สองจากที่สุดท้าย [thii song chak thii sut thai] *adj* penultimate; ที่สุดท้าย [thii sut thai] *adv* lastly; อันสุดท้าย [an sut thai] *n* final; เรือลำสุดท้าย

มาเมื่อไร? [ruea lam sut thai ma muea rai] When is the last boat?
สุนัข [su nak] *n* dog; ลูกสุนัข [luk su nak] *n* puppy; สุนัขใหญ่ขนยาวที่ใช้เลี้ยงแกะ [su nak yai khon yao thii chai liang kae] *n* collie; สุนัขขนาดเล็กพันธุ์หนึ่งเมื่อก่อนใช้เป็นสุนัขล่าเนื้อ [su nak kha naat lek phan nueng muea kon chai pen su nak la nuea] *n* terrier; ฉันมีสุนัขนำทาง [chan mii su nak nam thang] I have a guide dog
สุนัขป่า [su nak pa] *n* wolf
สุภาพ [su phap] *adj* polite; ความสุภาพอ่อนโยน [khwam su phap on yon] *n* politeness; อย่างสุภาพ [yang su phap] *adv* politely
สุภาพบุรุษ [su phap bu rut] *n* gentleman
สุภาพสตรี [su phap sa tri] *n* lady
สุ่ม [sum] โดยการสุ่ม [doi kan sum] *adj* random
สุรา [su ra] ร้านขายสุรา [ran khai su ra] *n* off-licence
สุริยะจักรวาล [su ri ya chak kca wan] ระบบสุริยะจักรวาล [ra bop su ri ya chak kra wan] solar system
สุรุ่ยสุร่าย [su rui su rai] ใช้จ่ายสุรุ่ยสุร่าย [chai chai su rui su rai] *v* squander
สุสาน [su san] *n* cemetery, graveyard; สุสานฝังศพ [su san fang sop] *n* tomb
สุเหรา [su rao] *n* mosque; มีสุเหร่าอยู่ที่ไหน? [mii su rao yu thii nai] Where is there a mosque?
สูง [sung] *adj* high, tall; สูงกว่า [sung kwa] *adj* upper; สูงวัย [sung wai] *adj* elderly; ความสูง [khwam sung] *n* height; สูงแค่ไหน? [sung khae nai] How high is it?
สูงที่สุด [sung thi sut] *adj* top
สูงสุด [sung sut] *adj* maximum; จำนวนสูงสุด [cham nuan sung sut] *n* maximum
สูญพันธุ์ [sun phan] *adj* extinct
สูญเสีย [sun sia] *vt* lose; การสูญเสียโดยเปล่าประโยชน์ [kan sun sia doi plao pra yot] *n* waste; ความสูญเสีย [khwam sun sia] *n* loss; ที่สูญเสียน้ำจากร่างกาย [thii sun sia nam chak rang kai] *adj* dehydrated
สูญหาย [sun hai] *adj* lost
สูดจมูก [sut cha muk] สูดจมูกฟุดฟิด [sut cha muk fut fit] *v* sniff
สูตร [sut] *n* formula
สูตินารีแพทย์ [su ti na ri phaet] *n* gynaecologist
สูท [sut] ชุดสูท [chut sut] *v* suit
สูบ [sup] *v* pump, smoke; เครื่องสูบอากาศหรือยาเข้าปอด [khrueang sup a kat rue ya khao pot] *n* inhaler; สูบขึ้นมา [sup khuen ma] *v* pump up; ที่สูบรถจักรยาน [thii sup rot chak kra yan] *n* bicycle pump; คุณมีเครื่องสูบลมไหม? [khun mii khrueang sup lom mai] Do you have a pump?
สูบบุหรี่ [sup bu ri] การสูบบุหรี่ [kan sub bu rii] *n* smoking; ซึ่งไม่สูบบุหรี่ [sueng mai sup bu rii] *adj* non-smoking; ผู้ไม่สูบบุหรี่ [phu mai sup bu rii] *n* non-smoker; มีที่ไม่สูบบุหรี่ไหม? [mii thii mai sup bu rii mai] Is there a non-smoking area?
สู้รบ [su rop] การสู้รบ [kan su rop] *n* battle
เสก็ต [sa ket] การเล่นสเก็ต [kan len sa ket] *n* rollerskating
เส้น [sen] เส้นแวง [sen waeng] *n* longitude; เส้นขวางขนานกับเส้นศูนย์สูตรของโลก [sen khwang kha nan kap sen sun sut khong lok] *n* latitude; เส้นตาย [sen tai] *n* deadline
เส้นทาง [sen thang] *n* route; เส้นทางขี่จักรยาน [sen thang khi chak kra yan] *n* cycle path; เส้นทางอ้อม [sen thang om] *n* detour; มีเส้นทางใดที่หลีกเลี่ยงรถติดได้? [mii sen thang dai thii lik liang rot tit dai] Is there a route that avoids the traffic?
เส้นประสาท [sen pra sat] *n* nerve *(to/*

from brain)
เส้นผ่าศูนย์กลาง [sen pha sun klang] *n* diameter
เส้นใย [sen yai] *n* fibre
เส้นเลือดแดง [sen lueat daeng] เส้นเลือดแดงที่นำเลือดแดงออกจากหัวใจ [sen lueat daeng thii nam lueat daeng ok chak hua jai] *n* artery
เส้นโลหิต [sen lo hit] เส้นโลหิตดำ [sen lo hit dam] *n* vein
เส้นศูนย์สูตร [sen sun sut] เส้นขวางขนานกับเส้นศูนย์สูตรของโลก [sen khwang kha nan kap sen sun sut khong lok] *n* latitude
เสน่ห์ [sa ne] *n* charm; มีเสน่ห์ [moii sa ne] *adj* charming; มีเสน่ห์ดึงดูด [mii sa ne dueng dut] *adj* attractive; ซึ่งมีเสน่ห์ [sueng mii sa ne] *adj* glamorous
เสนอ [sa noe] *v* propose; เสนอเพื่อให้พิจารณา [sa noe phuea hai phi ja ra na] *v* offer; เสนอข้อเสนอ [sa noe kho sa noe] *v* put forward; เสนอชื่อ [sa noe chue] *v* nominate
เส้นเอ็น [sen en] เส้นเอ็นที่ยึดกล้ามเนื้อและกระดูก [sen en thii yuet klam nuea lae kra duk] *n* tendon
เสบียง [sa biang] ตู้เสบียงบนรถไฟ [tu sa biang bon rot fai] *n* dining car
เสมอ [sa moe] *adv* always; เสมอกัน [sa moe kan] *v* draw *(equal with)*
เสมอภาค [sa moe phak] ความเสมอภาค [khwam sa moe phak] *n* equality
เสร็จ [set] เสร็จสิ้น [set sin] *adj* done; ทำให้เสร็จสมบูรณ์ [tham hai set som boon] *v* finalize; รูปภาพจะเสร็จเมื่อไร? [rup phap ja set muea rai] When will the photos be ready?
เสิร์ฟ [soep] หญิงเสิร์ฟเครื่องดื่มในบาร์ [ying soep khrueang duem nai ba] *n* barmaid; ชายเสิร์ฟเครื่องดื่มในบาร์ [chai soep khrueang duem nai bar] *n* barman; เสิร์ฟอาหารเช้าที่ไหน? [soep a han chao thii nai] Where is breakfast served?
เสริม [soem] เสริมซึ่งกันและกัน [soem sueng kan lae kan] *adj* complementary; ส่วนเสริม [suan sem] *n* supplement; คนหรือสิ่งที่เป็นตัวเสริม [khon rue sing thii pen tua soem] *n* subsidiary
เสริมสวย [some suai] ร้านเสริมสวย [ran soem suai] *n* beauty salon
เสรีนิยม [se ri niyom] เกี่ยวกับลัทธิเสรีนิยม [kiao kap lat thi se ri ni yom] *adj* liberal
เสา [sao] เสาเรือ [sao ruea] *n* mast; เสาไฟฟ้า [sao fai fa] *n* lamppost; เสาหลัก [sao lak] *n* pillar, post *(stake)*
เสาค้ำ [sao kham] ไม้ค้ำ เสาค้ำ ไม้เท้า [mai kham, sao kham, mai thao] *n* staff *(stick or rod)*
เสาร์ [sao] วันเสาร์ [wan sao] *n* Saturday
เสาวรส [sao wa rot] *n* passion fruit
เสิร์ฟ [soep] การเสิร์ฟลูกเทนนิส [kan soep luk then nis] *n* serve
เสีย [sia] รถตู้เสีย [rot tu sia] *n* breakdown van; รถบรรทุกเสีย [rot ban thuk sia] *n* breakdown truck; การเสีย [kan sia] *n* breakdown; เนื้อนี่เสีย [nuea ni sia] This meat is off
เสียง [siang] *n* noise, sound; เสียงในฟิล์ม [siang nai film] *n* soundtrack; เสียงร้อง [siang rong] *n* cry; เสียงสัญญานเตือนภัย [siang san yan tuean phai] *n* siren; โทนเสียงต่ำ [thon siang tam] *n* bass
เสี่ยง [siang] *v* risk; ความเสี่ยง [khwam siang] *n* risk; ที่เสี่ยง [thii siang] *adj* risky
เสี่ยงโชค [siang chok] *v* speculate
เสียงดัง [siang dang] *adj* noisy; อย่างเสียงดัง [yang siang dang] *adv* loudly; ห้องเสียงดังมากเกินไป [hong siang dang mak koen pai] The room is too noisy
เสียใจ [sia chai] *v* regret; ความเสียใจ [khwam sia jai] *n* regret
เสียดสี [siat si] ช่างเสียดสี [chang siat sii] *adj* sarcastic
เสียเปรียบ [sia priap] คนที่เสียเปรียบ [khon thii sia priap] *n* disadvantage

เสียสติ [sai sa ti] อย่างเสียสติ [yang sia sa ti] *adv* madly
เสียสละ [sia sa la] การเสียสละ [kan sia sa la] *n* sacrifice; ผู้ยอมเสียสละชีวิตเพื่อศาสนาหรือความเชื่อของตน [phu yom sia sa la chi wit phuea sat sa na rue khwam chuea khong ton] *n* martyr
เสียหาย [sia hai] สิ่งที่ถูกทำลายอย่างเสียหายยับเยิน [sing thii thuk tham lai yang sia hai yap yoen] *n* wreck; ความเสียหาย [khwam sia hai] *n* damage; ซึ่งก่อให้เกิดความเสียหายอย่างมาก [sueng ko hai koet khwam sia hai yang mak] *adj* devastating; กระเป๋าเดินทางของฉันเสียหายเมื่อมาถึง [kra pao doen thang khong chan sia hai muea ma thueng] My suitcase has arrived damaged
เสือ [suea] *n* tiger; เสือดำ [suea dam] *n* panther; เสือดาว [suea dao] *n* leopard
เสื่อ [suea] *n* mat; เสื่อน้ำมัน [suea nam man] *n* lino
เสื้อ [suea] เสื้อเกราะ [suea kro] *n* armour; เสื้อเชิ้ต [suea choet] *n* shirt; เสื้อแจ็กเก็ต [suea chaek ket] *n* jacket; เสื้อชั้นในสตรี [suea chan nai sa trii] *n* bra; เสื้อที่ถักด้วยขนสัตว์ [suea thii thak duai khon sat] *n* sweater
เสื้อคลุม [suea khlum] เสื้อคลุมของสตรีส่วนมากมีชายทำด้วยลูกไม้ [suea khlum khong sa trii suan mak mii chai tham duai luk mai] *n* negligee; เสื้อคลุมที่สวมเพื่อกันเปื้อน [suea khlum thii suam phuea kan puean] *npl* overalls
เสื้อเชิ้ต [suea choet] เสื้อเชิ้ตแขนสั้นมีปกและกระดุมสามเม็ดตรงสาบคอ [suea choet khaen san mii pok lae kra dum sam met trong sap kho] *n* polo shirt
เสื้อผ้า [suea pha] *n* clothing, garment ▷ *npl* clothes; เสื้อผ้าชุดทำงาน [suea pha chut tham ngan] *npl* dungarees; เสื้อผ้าทั้งชุด [suea pha thang chut] *n* outfit; เสื้อผ้าที่กำลังจะซัก [suea pha thii kam lang ja sak] *n* laundry; เสื้อผ้าฉันชื้น [suea pha chan chuen] My clothes are damp
เสื้อผ้าชั้นใน [suea pha chan nai] *n* underwear
เสื่อมโทรม [sueam som] *v* deteriorate; ที่เสื่อมโทรมได้ [thii sueam som dai] *adj* biodegradable
เสื้อหนาว [suea nao] เสื้อหนาวคอโปโล [suea nao kho po lo] *n* polo-necked sweater
แส้ [sae] *n* whip
แสง [saeng] แสงเลเซอร์ [saeng le soe] *n* laser; แสงสว่าง [saeng sa wang] *n* light; ที่แสงเข้าตา [thit saeng khao ta] *adj* glaring
แสงแดด [saeng daet] โรคแพ้แสงแดดจัด [rok pae saeng daet chat] *n* sunstroke; มีแสงแดดมาก [mii saeng daet mak] *adj* sunny; ครีมป้องกันแสงแดด [khrim pong kan saeng daet] *n* sunscreen
แสงอาทิตย์ [saeng a thit] *n* sunlight, sunshine; ครีมทากันแสงอาทิตย์ [khrim tha kan saeng a thit] *n* suncream; พลังงานแสงอาทิตย์ [pha lang ngan saeng a thit] *n* solar power
แสดง [sa daeng] *v* display, perform, show; แสดงให้เห็น [sa daeng hai hen] *v* demonstrate; แสดงความคิดเห็น [sa daeng khwam kit hen] *v* comment; แสดงความยินดี [sa daeng khwam yin dii] *v* congratulate
แสดงแบบ [sa daeng baep] *v* model
แสดงออก [sa daeng ok] การแสดงออก [kan sa daeng ok] *n* expression
แสตมป์ [sa taem] ร้านขายแสตมป์ที่ใกล้ที่สุดอยู่ที่ไหน? [ran khai sa taem thii klai thii sut yu thii nai] Where is the nearest shop which sells stamps?; คุณขายแสตมป์ไหม? [khun khai sa taem mai] Do you sell stamps?; ฉันขอซื้อแสตมป์สำหรับโปสการ์ดสี่ใบไป...ได้ไหม? [chan kho sue sa taem sam rap pos kart sii bai pai...dai mai] Can I have stamps for four postcards to...
แสวงบุญ [sa waeng bun] การเดินทางเพื่อ

ไปแสวงบุญ [kan doen thang phue pai sa waeng bun] *n* pilgrimage
แสวงหา [sa waeng ha] แสวงหาติดตาม [sa waeng ha tit tam] *v* go after
โสด [sot] ชายโสด [chai sot] *n* bachelor; ใช่ ฉันเป็นโสด [chai chan pen sot] Yes, I'm single; คุณเป็นโสดหรือเปล่า? [khun pen sot rue plao] Are you single?
โสเภณี [so pe ni] *n* prostitute
ใส่ [sai] ใส่เสื้อผ้า [sai suea pha] *vi* dress; ใส่ข้อมูลส่วนบุคคล [sai kho mun suan buk khon] *v* blog; ใส่น้ำมัน [sai nam man] *v* oil; ฉันควรจะใส่อะไรดี? [chan khuan ja sai a rai di] What should I wear?
ไส้กรอก [sai krok] *n* sausage; ไส้กรอกซาลามิ [sai krok sa la mi] *n* salami; ขนมปังประกอบไส้กรอก [kha nom pang pra kop sai krok] *n* hot dog
ไส้ติ่ง [sai ting] ไส้ติ่งอักเสบ [sai ting ak sep] *n* appendicitis
ไส้พุง [sai phung] *n* gut
ไส้เลื่อน [sai luean] โรคไส้เลื่อน [rok sai luean] *n* hernia

ห

หก [hok] *number* six; ที่หก [thii hok] *adj* sixth; ทำหก [tham hok] *vt* spill; เวลาหกโมง [we la hok mong] It's six o'clock
หกล้ม [hok lom] *v* fall down
หกสิบ [hok sip] *number* sixty
หงส์ [hong] *n* swan
หงาย [ngai] พลิกหงาย [phlik ngai] *v* turn up
หงุดหงิด [ngut ngit] *adj* moody; ท้อแท้หงุดหงิด [tho thae, ngut ngit] *adj* frustrated
หญ้า [ya] *n* grass *(plant)*; เครื่องตัดหญ้า [khrueang tat ya] *n* lawnmower, mower; หญ้าแห้ง [ya haeng] *n* hay; กองหญ้า [kong ya] *n* haystack
หญิง [ying] เกี่ยวกับเพศหญิง [kiao kap phet ying] feminine; เพศหญิง [phet ying] *n* female; หญิงทำความสะอาด [ying tham khwam sa at] *n* cleaning lady
หด [hot] *v* shrink
หดลง [hot long] ที่หดลง [thii hot long] *adj* shrunk
หดหู่ [hot hu] *adj* depressed, dismal; ความหดหู่ [khwam hot hu] *n* depression; ทำให้หดหู่ใจ [tham hai hot hu jai] *adj* miserable

หนทาง [hon thang] *n* track
หนวก [nuak] หูหนวก [hu nuak] *adj* deaf
หนวด [nuat] *n* moustache; ที่เติมไปด้วยหนวดเครา [thii tem pai duai nuat khrao] *adj* bearded
หน่วย [nuai] *n* unit; หน่วยเงินเซ็นต์ [nuai ngoen sen] *n* cent; หน่วยเงินตราของสหราชอาณาจักรอังกฤษ [nuai ngoen tra khong sa ha rat cha a na chak ang krit] *n* pound sterling; หน่วยรักษาการณ์ตามชายฝั่งทะเล [nuai rak sa kan tam chai fang tha le] *n* coastguard
หน่วยกู้ไฟ [nuai ku phai] กรุณาเรียกรถดับเพลิง [ka ru na riak rot dap ploeng] Please call the fire brigade
หน่วยความจำ [nuai khwam cham] หน่วยความจำของคอมพิวเตอร์ [nuai khwam cham khong khom phio toe] *n* ram
หน่วยงาน [nuai ngan] *n* institute
หน่วยบริการ [hnuai bo ri kan] หน่วยบริการช่วยเหลือใกล้ที่สุดอยู่ที่ไหน? [nuai bo ri kan chuai luea klai thii sut yu thii nai] Where is the nearest mountain rescue service post?
หน่วยวัด [nuai wat] หน่วยวัดกำลังกระแสไฟฟ้า [nuai wat kam lang kra sae fai fa] *n* amp
หนอง [nong] *n* pus
หนองน้ำ [hnong nam] *n* swamp
หนอน [non] *n* maggot; หนอนผีเสื้อ [non phi suea] *n* caterpillar
หน่อไม้ [no mai] หน่อไม้ฝรั่ง [no mai fa rang] *n* asparagus
หนัก [nak] *adj* heavy; งานหนักและน่าเบื่อ [ngan nak lae na buea] *n* fag; อย่างหนัก [yang nak] *adv* heavily; นี่หนักเกินไป [ni nak koen pai] This is too heavy
หนัง [nang] *n* leather; หนังแกะ [nang kae] *n* sheepskin; หนังกลับชนิดนิ่ม [nang klap cha nit nim] *n* suede; หนังที่น่ากลัว [nang thii na klua] *n* horror film
หนังสือ [nang sue] *n* book; ร้านหนังสือ [ran nang sue] *n* bookshop; หนังสือเล่มเล็ก [nang sue lem lek] *n* booklet; หนังสือโรงเรียน [nang sue rong rian] *n* schoolbook; ปกหนังสือ [pok nang sue] *n* cover; คุณมีหนังสือแนะนำเกี่ยวกับ... [khun mii nang sue nae nam kiao kap...] Do you have a guide book in...?
หนังสือเดินทาง [nang sue doen thang] *n* passport; หน่วยควบคุมหนังสือเดินทาง [nuai khuap khum nang sue doen thang] *n* passport control; วีซ่า เอกสารอนุมัติที่ประทับตราบนหนังสือเดินทาง [wi sa, ek ka san a nu mat thii pra thap tra bon nang sue doen thang] *n* visa; เด็ก ๆ อยู่ในหนังสือเดินทางเล่มนี้ [dek dek yu nai nang sue doen thang lem nii] The children are on this passport
หนังสือพิมพ์ [nang sue phim] *n* newspaper; เส้นทางส่งหนังสือพิมพ์ [sen thang song nang sue phim] *n* paper round; ร้านขายหนังสือพิมพ์ [ran khai nang sue phim] *n* newsagent; นักหนังสือพิมพ์ [nak nang sue phim] *n* journalist; ร้านขายหนังสือพิมพ์ที่ใกล้ที่สุดอยู่ที่ไหน? [ran khai nang sue phim thii klai thii sut yu thii nai] Where is the nearest shop which sells newspapers?
หนังสือรับรอง [nang sue rap rong] ฉันอยากได้หนังสือรับรองว่าฉันแข็งแรงที่จะบินได้ [chan yak dai nang sue rap rong wa chan khaeng raeng thii ja bin dai] I need a 'fit to fly' certificate
หนา [na] *adj* thick; ความหนา [khwam na] *n* thickness
หน้า [na] *n* page; โดยไปข้างหน้า [doi pai khang na] *adv* forward; ไปข้างหน้า [pai khang na] *v* forward; หน้าหรือผิวแดง [na rue phio daeng] *n* flush
หน้ากาก [na kak] *n* mask; ที่ใส่หน้ากาก [thii sai na kak] *adj* masked
หน้าตา [na ta] ลักษณะหน้าตา [lak sa na na ta] *n* feature; หน้าตาดี [na ta di] *adj* good-looking
หน้าต่าง [hna tang] *n* window; หน้าต่างตู้โชว์ของร้านค้า [na tang tu cho khong

ran ka] *n* shop window; กระจกหน้าต่าง [kra jok na tang] *n* window pane; ขอบหน้าต่างส่วนล่าง [kop na tang suan lang] *n* windowsill
หน้าที่ [na thi] *n* duty; หน้าที่หรือบทบาท [na thii rue bot bat] *n* role; หน้าที่ของพระ [na thii khong phra] *n* ministry *(religion)*
หนาแน่น [hna naen] *adj* dense; ความหนาแน่น [khwam na naen] *n* density
หน้าปัด [na pat] แผงหน้าปัดรถยนต์ [phaeng na pat rot yon] *n* dashboard
หน้าผา [na pha] *n* cliff
หน้าผาก [na phak] *n* forehead
หนาม [nam] *n* thorn
หน้าร้อน [na ron] ในหน้าร้อน [nai na ron] in summer; ระหว่างหน้าร้อน [ra wang na ron] during the summer; หลังหน้าร้อน [lang na ron] after summer
หนาว [nao] หนาวเย็น [nao yen] *adj* chilly; ห้องหนาวเกินไป [hong nao koen pai] The room is too cold; หนาวเยือกเย็น [nao yueak yen] It's freezing cold
หน้าอก [na ok] *n* breast, chest *(body part)*; หน้าอก นม [na ok, nom] *n* bust; ฉันเจ็บหน้าอก [chan chep na ok] I have a pain in my chest
หนี [ni] *v* flee, get away; หนีโรงเรียน [nii rong rian] *v* play truant; หนีงาน [nii ngan] *v* skive; วิ่งหนีไป [wing nii pai] *v* run away
หนี้ [ni] *n* debt; ใบแจ้งหนี้ [bai chaeng nii] *n* bill *(account)*; จำนวนเงินที่เป็นหนี้ธนาคาร [cham nuan ngen thii pen nii tha na khan] *n* overdraft
หนีบ [nip] ไม้หนีบผ้า [mai nip pha] *n* clothes peg; การหนีบติดกัน [kan niip tit kan] *n* clip
หนึ่ง [nue] *art* a ▷ *number* one; คนหรือของที่เป็นอันดับหนึ่ง [khon rue khong thii pen an dap nueng] *n* first; ชั้นหนึ่ง [chan nueng] *adj* first-class; ที่หนึ่ง [thii nueng] *adj* first; เวลาหนึ่งโมง [we la nueng mong] It's one o'clock
หนุ่ม [num] เด็กหนุ่ม [dek num] *n* lad
หนุ่มสาว [num sao] วัยหนุ่มสาว [wai num sao] *n* youth
หนู [nu] *n* mouse, rat; สัตว์ชนิดหนึ่งคล้ายหนู [sat cha nit nueng khlai nu] *n* hamster; หนูตะเภา [nu ta phao] *n* guinea pig *(rodent)*; หนูตะเภาสำหรับทดลอง [nu ta phao sam rap thot long] *n* guinea pig *(for experiment)*
หมด [mot] ใช้จนหมด [chai chon mot] *v* use up; หมดเงิน [mot ngoen] *adj* hard up; ขายหมด [khai mot] *v* sell out; ฉันเงินหมด [chan ngoen mot] I have run out of money
หมดสติ [mot sa ti] *v* pass out
หมดอายุ [mot a yu] *v* expire
หมวก [muak] *n* hat; หมวกแก๊บสำหรับเล่นเบสบอล [muak kaep sam rap len bes bal] *n* baseball cap; หมวกกันน็อก [muak kan nok] *n* helmet; หมวกกลม [muak klom] *n* beret
หมวด [muat] หมวดหมู่ [muat mu] *n* category
หมอ [mo] หมอสอนศาสนา [mo son sat sa na] *n* missionary; หมอที่รักษาโรคที่เกี่ยวกับมือหรือเท้า [mo thii rak sa rok thii kiao kap mue rue thao] *n* chiropodist; หมอฟัน [mo fan] *n* dentist; เรียกหมอ [riak mo] Call a doctor!
หม้อ [mo] *n* pot; หม้อกาแฟ [mo ka fae] *n* coffeepot; หม้อที่มีฝาปิดและมีด้ามยาว [mo thii mii fa pit lae mii dam yao] *n* saucepan; อาหารอบจากหม้อที่มีฝาปิด [a han op chak mo thii mii fa pit] *n* casserole
หมอก [mok] *n* fog, mist; ไฟหมอก [fai mok] *n* fog light; ที่เป็นหมอก [thii pen mok] *adj* foggy; ที่ปกคลุมด้วยหมอก [thii pok khlum duai mok] *adj* misty
หมอน [mon] *n* pillow; หมอนอิง [mon ing] *n* cushion; ปลอกหมอน [plok mon] *n* pillowcase; ช่วยเอาหมอนมาให้ฉันอีกหนึ่งใบ [chuai ao mon ma hai chan ik nueng bai] Please bring me an extra

pillow
หมอนรองกระดูกสันหลัง [mon rong kra duk san hlang] หมอนรองกระดูกสันหลังเลื่อน [mon rong kra duk san lang luean] *n* slipped disc
หม้อน้ำ [mo nam] *n* boiler
หมอบ [mop] หมอบลง [mop long] *v* crouch down
หมอฟัน [mo fan] ฉันต้องการหมอฟัน [chan tong kan mo fan] I need a dentist
หมัก [mak] *v* marinade; การหมัก [kan mak] *v* marinade; ยีสต์ เชื้อหมัก [yis, chuea mak] *n* yeast
หมัด [mat] *n* flea
หมั้น [mun] แหวนหมั้น [waen man] *n* engagement ring; การหมั้น [kan man] *n* engagement; ฉันหมั้นแล้ว [chan man laeo] I'm engaged
หมั้นหมาย [man mai] ที่หมั้นหมาย [thii man mai] *adj* engaged
หมากฝรั่ง [mak fa rang] *n* bubble gum, chewing gum, gum
หมากรุก [mak ruk] *n* chess; ที่มีลายตารางหมากรุก [thii mii lai ta rang mak ruk] *adj* checked
หมากฮอส [mak hot] *npl* draughts
หม้าย [mai] ฉันเป็นหม้าย [chan pen mai] I'm widowed
หมายกำหนดการ [mai kam not kan] *n* program, programme
หมายความ [mai khwam] หมายความว่า [mai khwam wa] *v* mean
หมายเลข [mai lek] หมายเลขเอกสารอ้างอิง [mai lek ek ka san ang ing] *n* reference number; หมายเลขโทรศัพท [mai lek tho ra sap] *n* phone number; หมายเลขโทรศัพท์ของโทรศัพท์มือถือ [mai lek tho ra sap khong tho ra sap mue thue] *n* mobile number; หมายเลขสอบถามคือหมายเลขอะไร? [mai lek sop tham khue mai lek a rai] What is the number for directory enquiries?
หมายเหตุ [mai het] *abbr* NB *(notabene)*
หมิ่นประมาท [min pra mat] การหมิ่นประมาท [kan min pra mat] *n* contempt
หมี [mi] *n* bear; สัตว์คล้ายหมีแต่ตัวเล็กและมีหางเป็นพวง [sat khlai mii tae tua lek lae mii hang pen puang] *n* racoon; หมีแพนด้า [mii phaen da] *n* panda; หมีขั้วโลก [mii khua lok] *n* polar bear
หมึก [muek] *n* ink
หมุด [mut] *n* stud; ตอกหมุดสำหรับเต็นท์ [tok mut sam rap tent] *n* tent peg
หมุน [mun] *v* dial; หมุนกลับ [mun klap] *v* turn round, turn around; การหมุน [kan mun] *n* roll
หมุนเวียน [mun wian] การหมุนเวียน [kan mun wian] *n* circulation
หมู [mu] *n* pig; เนื้อหมูที่ติดกระดูก [nuea mu thii tit kra duk] *n* pork chop; เนื้อด้านหลังและส่วนนอกของหมูที่ใส่เกลือรมควัน [nuea dan lang lae suan nok khong mu thii sai kluea rom khwan] *n* bacon; ต้นขาหลังของหมู [ton kha lang khong mu] *n* ham
หมู่ [mu] หมวดหมู่ [muat mu] *n* category; กลุ่ม หมู่คณะ [klum, moo ka na] *n* collective
หมู่เกาะ [mu ko] เกี่ยวกับหมู่เกาะในมหาสมุทรแปซิฟิกใต้ [kiao kap mu ko nai ma ha sa mut pae si fik tai] *adj* Polynesian; หมู่เกาะในมหาสมุทรแปซิฟิกได้แก่ ฮาวาย ซามัวร์และหมู่เกาะคุก [mu kao nai ma ha sa mut pae si fik dai kae ha wai sa mua lae mu kao khuk] *n* Polynesia; หมู่เกาะทางแปซิฟิก [mu kao thang pae si fik] *n* Oceania
หมู่บ้าน [mu ban] *n* village
หยด [yot] หยดน้ำ [yot nam] *n* drip, drop; ทำให้หยด [tham hai yot] *v* drip
หยอกล้อ [yok lo] *vt* tease
หยอด [yot] น้ำยาหยอดตา [nam ya yot ta] *npl* eye drops
หยอดเหรียญ [yot rian] ตู้ขายสินค้าแบบหยอดเหรียญ [tu khai sin ka baep yot rian] *n* vending machine
หย่อน [yon] *adj* slack
หยักศก [yak sok] หยักศก ที่เป็นลอน [yak

sok, thii pen lon] *adj* curly
หย่า [ya] การหย่า [kan ya] *n* divorce; ซึ่งหย่าแล้ว [sueng ya laeo] *adj* divorced; ฉันหย่าแล้ว [chan ya laeo] I'm divorced
หยาบ [yap] *adj* crude, harsh, rough; อย่างหยาบ [yang yap] *adv* coarse, roughly
หยาบคาย [yap khai] *adj* rude, vulgar
หยิก [yik] *vt* pinch
หยิ่ง [ying] หยิ่งยโส [ying ya so] *adj* arrogant
หยุด [yut] ไม่หยุด [mai yut] *adv* non-stop; หยุด ระงับ ปิดกั้น [yut, ra ngab, pit kan] *vt* stop; หยุด ยุติ เลิก [yut, yu ti, loek] *vi* stop; เราจะหยุดจอดครั้งต่อไปเมื่อไร? [rao ja yut jot khrang to pai muea rai] When do we stop next?
หยุดงาน [yut ngan] หยุดงานประท้วง [yut ngan pra thuang] strike *(suspend work)*
หรือ [rue] *conj* or
หรูหรา [ru ra] *adj* luxurious; ความหรูหรา [khwam ru ra] *n* luxury
หลง [long] ซึ่งทำให้หลงเสน่ห์ [sueng tham hai long sa ne] *adj* fascinating; เราหลงทาง [rao long thang] We're lost; ฉันหลงทาง [chan long thang] I'm lost
หลงทาง [long thang] สัตว์ที่หลงทาง [sat thii long thang] *n* stray; ลูกสาวฉันหลงทาง [luk sao chan long thang] My daughter is lost; ลูกชายฉันหลงทาง [luk chai chan long thang] My son is lost
หล่น [lon] *vi* fall; การหล่นลงมา [kan lon long ma] *n* fall
หลบ [lop] หลบ กำบัง ป้องกัน ปกปิดเหมือนกับมีฉากกัน [lop, kam bang, pong kan, pok pit muean kap mii chak kan] *v* screen (off)
หลบภัย [lop phai] ที่หลบภัย [thii lop phai] *n* refuge
หลบหนี [lop ni] *vi* escape; การหลบหนี [kan lop nii] *n* escape
หลบหลีก [lop lik] *v* dodge
หลวม [luam] *adj* loose
หล่อ [lo] *adj* handsome
หลอกลวง [lok luang] *v* deceive, fool; การโกง การหลอกลวง การต้มตุ๋น [kan kong, kan lok luang, kan tom tun] *n* rip-off
หลอด [lot] *n* tube; หลอดทดลอง [lot thot long] *n* test tube
หลอดไฟ [lot fai] *n* light bulb
หลอดไฟฟ้า [lot fai fa] bulb *(electricity)*
หลอดลม [lot lom] โรคหลอดลมอักเสบ [rok lot lom ak sep] *n* bronchitis
หล่อน [lon] หล่อนเอง [lon eng] *pron* herself
หลอมละลาย [hlom la lai] ละลาย ทำให้หลอมละลาย [la lai, tham hai lom la lai] *vt* melt; ละลาย ทำให้หลอมละลาย [la lai, tham hai lom la lai] *vt* melt
หลัก [luk] *adj* main; หลักเสาหินใหญ่ [lak sao hin yai] *n* column; หลักความประพฤติ [lak khwam pra phruet] *npl* morals; อาหารมื้อหลัก [a han mue lak] *n* main course
หลักเกณฑ์ [lak ken] *n* rule
หลักฐาน [lak than] *n* evidence, proof *(evidence)*
หลักปฏิบัติ [lak pa ti bat] *n* principle; ที่เป็นหลักปฏิบัติ [thii pen lak pa ti bat] *adj* principal
หลักสูตร [lak sut] *n* course, curriculum; หลักสูตรการเรียน [lak sut kan rian] *n* syllabus; หลักสูตรการศึกษา [lak sut kan suek sa] *n* module; หลักสูตรอบรม [lak sut op rom] *n* training course
หลัง [lung] *n* behind; หลัง ส่วนหลัง [lang, suan lang] *n* back; ข้างหลัง [khang lang] *adj* behind, rear; ซึ่งผ่านมาแล้ว ซึ่งอยู่ด้านหลัง [sueng phan ma laeo, sueng yu dan lang] *adj* back
หลังคา [lang kha] *n* roof; ห้องใต้หลังคา [hong tai lang kha] *n* attic; หลังคารถ [lang kha rot] *n* roof rack; หลังคากันแสงพระอาทิตย์ [lang kha kan saeng phra a thit] *n* sunroof; หลังคารั่ว [lang kha rua] The roof leaks

หลังจาก [lang chak] *conj* after ▷ *prep* behind
หลังจากนั้น [lang chak nan] *adv* afterwards ▷ *conj* then
หลับ [lap] นอนหลับ [non lap] *adj* asleep; ฉันนอนไม่หลับ [chan non mai lap] I can't sleep
หลา [la] *n* yard *(measurement)*
หลาน [lan] *n* grandchild; หลาน ๆ [lan lan] *npl* grandchildren; หลานสาว [lan sao] *n* granddaughter, niece; หลานชาย [lan chai] *n* grandson, nephew
หลาย [lai] *adj* several ▷ *pron* several
หลีกเลี่ยง [lik liang] *v* avoid; ไม่สามารถหลีกเลี่ยงได้ [mai sa mat lik liang dai] *adj* inevitable; ที่หลีกเลี่ยงไม่ได้ [thii lik liang mai dai] *adj* unavoidable
หลุด [lut] ฟันที่อุดหลุดออกมา [fan thii ut lut ok ma] A filling has fallen out
หลุม [lum] หลุมทราย [lum sai] *n* sandpit; หลุมบ่อ [lum bo] *n* pothole, puddle; หลุมฝังศพ [lum fang sop] *n* grave
ห่วง [huang] เป็นห่วงกังวล [pen huang kang won] *adj* worried
ห่วงใย [huang yai] ที่ห่วงใยผู้อื่น [thii huang yai phu uen] *adj* caring
ห้วย [huai] *n* bog
หวัง [wang] *v* hope; ไม่มีความหวัง [mai mii khwam wang] *adj* hopeless; มีความหวัง [mii khwam wang] *adj* hopeful; ความหวัง [khwam wang] *n* hope; ฉันหวังว่าอากาศคงจะดีขึ้น [chan wang wa a kaat khong ja di khuen] I hope the weather improves
หวัด [wat] โรคหวัดที่มีน้ำมูกไหลออกมา [rok wat thii mii nam muk lai ok ma] *n* catarrh; ฉันเป็นหวัด [chan pen wat] I have a cold; ฉันอยากได้อะไรสักอย่างสำหรับป้องกันหวัด [chan yak dai a rai sak yang sam rap pong kan wat] I'd like something for a cold
หวั่นไหว [hwan hwai] สั่นสะเทือน หวั่นไหว [san sa thuean, wan wai] *vi* shake
หวาดกลัว [wat klua] *v* scare; ความหวาดกลัว [khwam wat klua] *n* phobia, scare; ความหวาดกลัวหรือวิตกกังวล [khwam wat klua rue wi tok kang won] *n* panic; ทำให้หวาดกลัว [tham hai wat klua] *v* terrify
หวาน [wan] *adj* sweet *(taste)*; ของหวาน [khong wan] *n* dessert
หวี [wi] *n* comb; การหวี [kan wii] *v* comb
หวีดร้อง [wit rong] *v* shriek
ห่อ [ho] *v* wrap; แกะห่อออก [kae ho ok] *v* unwrap; ห่อหุ้ม [ho hum] *v* wrap up; ห่อของเล็ก ๆ [ho khong lek lek] *n* packet; คุณช่วยห่อให้ฉันได้ไหม? [khun chuai ho hai chan dai mai] Could you wrap it up for me, please?
ห้อง [hong] *n* room; เพื่อนร่วมห้อง [phuean ruam hong] *n* roommate; ห้องเล็กในห้องขัง [hong lek nai hong khang] *n* cell; ห้องเรียน [hong rian] *n* classroom; ห้องลองเสื้อผ้า [hong long suea pha] *n* fitting room; ห้องที่ใช้นั่งรอ [hong thii chai nang ro] *n* waiting room; ห้องนั่งเล่นในบ้าน [hong nang len nai baan] *n* lounge; ห้องลองอยู่ที่ไหน? [hong long yu thii nai] Where are the changing rooms?
ห้องครอบครัว [hong khrop khrua] ฉันอยากจองห้องสำหรับครอบครัวหนึ่งห้อง [chan yak chong hong sam rap khrob khrua nueng hong] I'd like to book a family room
ห้องคู่ [hong khu] ฉันอยากจองห้องคู่หนึ่งห้อง [chan yak chong hong khu nueng hong] I want to reserve a double room
ห้องชุด [hong chut] *n* suite; ห้องชุดที่เป็นห้องทำงาน [hong chut thii pen hong tham ngan] *n* studio flat
ห้องเดี่ยว [hong diao] ฉันอยากจองห้องเดี่ยวหนึ่งห้อง [chan yak chong hong diao nueng hong] I'd like to book a single room
ห้องนอน [hong non] คุณมีห้องนอนอยู่ชั้นล่างไหม? [khun mii hong non yu chan lang mai] Do you have any bedrooms

on the ground floor?

ห้องน้ำ [hong nam] *n* bathroom, lavatory, loo, toilet; ห้องน้ำสตรี [hong nam sa trii] *n* ladies'; ห้องน้ำชาย [hong nam chai] *n* gents'; มีห้องน้ำส่วนตัวในห้องไหม? [mii hong nam suan tua nai hong mai] Does the room have a private bathroom?

ห้องปฏิบัติการ [hong pa ti bat kan] ห้องปฏิบัติการทางภาษา [hong pa ti bat kan thang pha sa] *n* language laboratory

ห้องรับแขก [hong rap khaek] เราจะดื่มกาแฟในห้องรับแขกได้ไหม? [rao ja duem ka fae nai hong rap khaek dai mai] Could we have coffee in the lounge?

ห้องสมุด [hong sa mut] *n* library

หอพัก [ho phak] *n* dormitory; หอพักนักเรียน [ho phak nak rian] *n* hostel, youth hostel

หอม [hom] กลิ่นหอม [klin hom] *n* aroma; การรักษาที่ใช้เครื่องหอมกับสมุนไพร [kan rak sa thii chai khrueang hom kap sa mun phrai] *n* aromatherapy

หอย [hoi] หอยแมลงภู่ [hoi ma laeng phu] *n* mussel; หอยนางรม [hoi nang rom] *n* oyster; หอยพัด [hoi phat] *n* scallop

หอยทาก [hoi thak] *n* snail

หอหุ้ม [ho hum] สิ่งห่อหุ้ม [sing ho hum] *n* muffler

หัก [hak] แตกหัก [taek hak] *adj* broke, broken; รายการของเงินที่หักบัญชี [rai kan khong ngoen thii hak ban chi] *n* debit; หักบัญชี [hak ban chi] *v* debit; ฉันทำฟันหักหนึ่งซี่ [chan tham fan hak nueng si] I've broken a tooth

หักเลี้ยว [hak kiao] *v* swerve

หักหลัง [hak lang] *v* blackmail; หักหลังขูดเลือด [hak lang, khut lueat] *adj* extortionate

หัด [hat] โรคหัด [rok hat] *npl* measles; หัดเยอรมัน [hat yoe ra man] *n* German measles

หันเห [han he] การหันเหความสนใจ [kan han he khwam son jai] *n* diversion

หัว [hua] หัวของต้นไม้ [hua khong ton mai] *n* bulb *(plant)*; ปวดหัว [puat hua] *n* headache

หัวข้อ [hua kho] *n* subject, theme, topic; หัวข้อข่าว [hua kho khao] *n* lead *(position)*; หัวข้อที่ถกเถียงกัน [hua kho thii thok thiang kan] *n* issue

หัวเข็มขัด [hua khem khat] *n* buckle

หัวเข่า [hua khao] กระดูกสะบ้าหัวเข่า [kra duk sa ba hua khao] *n* kneecap

หัวใจ [hua chai] *n* heart; เส้นเลือดแดงที่นำเลือดแดงออกจากหัวใจ [sen lueat daeng thii nam lueat daeng ok chak hua jai] *n* artery; หัวใจวาย [hua jai wai] *n* heart attack; ฉันมีอาการทางหัวใจ [chan mii a kan thang hua jai] I have a heart condition

หัวฉีดน้ำ [hua chit nam] *n* sprinkler

หัวไชเท้า [hua chai thao] ผักมีลูกกลมสีแดงรสคล้ายหัวไชเท้าใช้ใส่ในสลัดผัก [phak mii luk klom sii daeng rot khlai hua chai thao chai sai nai sa lad phak] *n* radish

หัวเทียน [hua thian] หัวเทียนไฟเครื่องยนต์ [hua thian fai khrueang yon] *n* spark plug

หัวผักกาด [hua phak kat] *n* turnip

หัวมุม [hua mum] อยู่ใกล้ ๆ หัวมุม [yu klai klai hua mum] It's round the corner; อยู่ที่หัวมุม [yu thii hua mum] It's on the corner

หัวเราะ [hua ro] *v* laugh; เสียงหัวเราะ [siang hua rao] *n* laughter; หัวเราะต่อกระซิก [hua ro to kra sik] *v* giggle; การหัวเราะ [kan hua rao] *n* laugh

หัวเราะเยาะ [hua ro yo] *v* snigger

หัวล้าน [hua lan] คนที่โกนผมหัวล้าน [khon thii kon phom hua lan] *n* skinhead

หัวสูง [hua sung] คนหัวสูง [khon hua sung] *n* snob

หัวหน้า [hua na] หัวหน้างานที่ควบคุมดูแล [hua na ngan thii khuap khum du lae] *n* supervisor; หัวหน้าพ่อครัว [hua na pho

khrua] *n* chef
หัวหอม [hua hom] *n* onion
หา [ha] *v* find, seek; กลไกการหาข้อมูลบนอินเตอร์เน็ต [kon kai kan ha kho mun bon in toe net] *n* search engine
ห้า [ha] *number* five; ลำดับที่ห้า [lam dap thii ha] *adj* fifth
หาง [hang] *n* tail
ห่าง [hang] ห่างไกล [hang klai] *adv* distant, far; ห่างออกไป [hang ok pai] *adj* further; ความห่างไกล [khwam hang klai] *n* distance; เราอยู่ห่างจากใจกลางเมืองมากแค่ไหน? [rao yu hang chak jai klang mueang mak khae nai] How far are we from the town centre?
ห่างไกล [hang klai] *adv* remotely
หางเปีย [hang pia] *n* pigtail
ห้างสรรพสินค้า [hang sap pha sin kha] *n* department store
หาดทราย [hat sai] มีรถโดยสารไปหาดทรายไหม? [mii rot doi san pai hat sai mai] Is there a bus to the beach?
ห่าน [han] *n* goose
ห้าม [ham] *v* ban, forbid; ห้ามโดยกฎหมาย [ham doi kot mai] *v* prohibit; การห้ามออกนอกบ้านยามวิกาล [kan ham ok nok baan yam wi kan] *n* curfew; ข้อห้าม [kho ham] *n* taboo
ห้ามล้อ [ham lo] *v* brake
หาย [hai] สำนักงานเก็บของหาย [sam nak ngan kep khong hai] *n* lost-property office; หาย ฟื้น [hai, fuen] *vi* recover; ซึ่งหายไป [sueng hai pai] *adj* missing; ลูกสาวฉันหาย [luk sao chan hai] My daughter is missing
หายใจ [hai chai] *v* breathe; ลมหายใจ [lom hai chai] *n* breath; หายใจเข้า [hai jai khao] *v* breathe in; หายใจไม่ออก [hai jai mai ok] *v* suffocate; เขาหายใจไม่ได้ [khao hai jai mai dai] He can't breathe
หายนะ [ha ya na] ก่อให้เกิดความหายนะ [ko hai koet khwam ha ya na] *adj* disastrous; ความหายนะ [khwam hai ya na] *n* catastrophe, disaster
หายไป [hai pai] *v* disappear; หายไปอย่างรวดเร็ว [hai pai yang ruat reo] *v* vanish; การหายไป [kan hai pai] *n* disappearance
หารือ [ha rue] การปรึกษาหารือ [kan pruek sa ha rue] *n* discussion; ปรึกษาหารือ [pruek sa ha rue] *v* discuss
หาว [hao] *v* yawn
ห้าสิบ [ha sip] *number* fifty; ห้าสิบต่อห้าสิบ [ha sip to ha sip] *adv* fifty-fifty
หาเสียง [ha siang] ออกเที่ยวฟังความเห็นเที่ยวหาเสียง [ok thiao fang khwam hen, thiao ha siang] *v* canvass
หิน [hin] *n* rock, stone; แผ่นเหล็กหรือหินสลัก [phaen lek rue hin sa lak] *n* plaque; หินแกรนิต [hin krae nit] *n* granite; หินสลักหน้าหลุมฝังศพ [hin sa lak na lum fang sop] *n* gravestone
หินปูน [hin pun] *n* limestone
หินอ่อน [hin on] *n* marble
หิมะ [hi ma] *n* snow; แคร่เลื่อนยาวติดกับรองเท้าใช้เล่นหิมะ [krae luean yao tit kap rong thao chai len hi ma] *n* ski; รูปปั้นมนุษย์หิมะ [rup pan ma nut hi ma] *n* snowman; รถไถกวาดหิมะ [rot thai kwat hi ma] *n* snowplough; สภาพหิมะเป็นอย่างไร? [sa phap hi ma pen yang rai] What are the snow conditions?
หิว [hio] *adj* hungry; ความหิว [khwam hio] *n* hunger; ฉันไม่หิว [chan mai hio] I'm not hungry; ฉันหิว [chan hio] I'm hungry
หิ้ว [hio] หิ้วได้ [hio dai] *adj* portable
หีบ [hip] หีบ ลัง กล่อง [hip, lang, klong] *n* chest *(storage)*
หีบเพลง [hip phleng] *n* accordion; หีบเพลง ออร์แกน [hip phleng, o kaen] *n* organ *(music)*; หีบเพลงปาก [hip phleng pak] *n* mouth organ
หีบศพ [hip sop] *n* coffin
หีบห่อ [hip ho] *n* package, packaging
หืด [huet] โรคหืด [rok huet] *n* asthma
หุ่น [hun] หุ่นกระบอก [hun kra bok] *n*

puppet; หุ่นจำลอง [hun cham long] *n* dummy
หุ้น [hun] การซื้อขายหุ้นของบริษัท [kan sue khai hun khong bo ri sat] *n* buyout; นายหน้าขายหุ้น [nai na khai hun] *n* stockbroker; ผู้ถือหุ้น [phu thue hun] *n* stockholder
หุ่นยนต์ [hun yon] *n* robot
หุ่นไล่กา [hun lai ka] *n* scarecrow
หุบเขา [hup khao] *n* valley; หุบเขาลึก [hup khao luek] *n* ravine
หุบทราย [hup sai] *n* sand dune
หุบปาก [hup pak] *v* shut up
หุ้ม [hum] ห่อหุ้ม [ho hum] *v* wrap up
หู [hu] *n* ear; เยื่อแก้วหู [yuea kaew hu] *n* eardrum; หูเจ็บ [hu chep] *n* earache; หูหนวก [hu nuak] *adj* deaf
หูด [hut] ก้อนเล็ก ๆ ที่ขึ้นบนผิวหนัง เช่น ไฝ หรือหูด [kon lek lek thii khuen bon phio nang chen fai rue hut] *n* wart
หูฟัง [hu fang] *npl* headphones; มีหูฟังไหม? [mii hu fang mai] Does it have headphones?
หูหนวก [hu nuak] ฉันหูหนวก [chan hu nuak] I'm deaf
เหงา [ngao] หงอยเหงา [ngoi ngao] *adj* lonely; ความเหงา [khwam ngao] *n* loneliness
เหงื่อ [nguea] *n* perspiration, sweat; เปียกเหงื่อ [piak nguea] *adj* sweaty; ทำให้เหงื่อออก [tham hai nguea ok] *v* sweat; ยาลดการขับเหงื่อ [ya lot kan khap nguea] *n* antiperspirant
เหงือก [ngueak] *n* gum; เหงือกฉันเลือดออก [ngueak chan lueat ok] My gums are bleeding; เหงือกฉันปวด [ngueak chan puat] My gums are sore
เห็ด [het] *n* mushroom; เห็ดมีพิษชนิดหนึ่ง [het mii phit cha nit nueng] *n* toadstool
เหตุ [het] เหตุบังเอิญ [het bang oen] *n* coincidence
เหตุการณ์ [het kan] เหตุการณ์สำคัญ [het kan sam khan] *n* event; เหตุการณ์ที่เกิดขึ้น [het kan thii koet khuen] *n* occurrence; เหตุการณ์ที่เกิดขึ้นตามลำดับ [het kan thii koet khuen tam lam dap] *n* sequence
เหตุจูงใจ [het chung chai] *n* motive
เหตุบังเอิญ [het bang oen] เป็นเหตุบังเอิญ [pen het bang oen] *adj* accidental
เหตุผล [het phon] *n* reason; เหตุผลที่ดี [het phon thii di] *n* cause *(reason)*; ให้เหตุผลสำหรับ [hai het phon sam rap] *v* account for; มีเหตุผล [mii het phon] *adj* logical
เห็น [hen] *vt* see; มองไม่เห็น [mong mai hen] *adj* invisible; ที่เห็นได้ [thii hen dai] *adj* visual; ที่สามารถมองเห็นได้ [thii sa maat mong hen dai] *adj* visible; เราไม่อยากเห็นใครเลยทั้งวันนอกจากเราเอง เท่านั้น [rao mai yak hen khrai loei thang wan nok chak rao eng thao nan] We'd like to see nobody but us all day!
เห็นแก่ตัว [hen kae tua] *adj* selfish; ซึ่งเห็นแก่ตัวเอง [sueng hen kae tua eng] *adj* self-centred
เห็นใจ [hen chai] *v* sympathize; ความเห็นใจ [khwam hen jai] *n* sympathy
เห็นด้วย [hen duai] *v* agree; ไม่เห็นด้วย [mai hen duai] *v* disagree
เหน็ดเหนื่อย [net nueai] *adj* exhausted, tired; น่าเหน็ดเหนื่อย [na net nueai] *adj* tiring
เหน็บแนม [nep name] ที่ชอบเหน็บแนม [thii chop nep naem] *adj* ironic
เห็นอกเห็นใจ [hen ok hen chai] *adj* sympathetic; ที่เข้าใจ อย่างเห็นอกเห็นใจ [thii khao jai yang hen ok hen jai] *adj* understanding
เหนียว [niao] *adj* sticky; ดินเหนียว [din niao] *n* clay
เหนือ [nuea] *prep* over; เหนือกว่า [nuea kwa] *adj* above; เกี่ยวกับทิศเหนือ [kiao kap thit nuea] *adj* north; ไปทางด้านเหนือ [pai thang dan nuea] *adv* north
เหนือกวา [nuea kwa] *adj* superior
เหนื่อย [nueai] ฉันเหนื่อย [chan nueai]

I'm tired; ฉันเหนื่อยนิดหน่อย [chan nueai nit noi] I'm a little tired
เหม็น [men] เหม็นเน่า [men nao] *adj* foul; ส่งกลิ่นเหม็น [song klin men] *v* stink; กลิ่นเหม็น [klin men] *n* stink
เหมาะ [mo] เหมาะกัน [mo kan] *n* match
เหมาะสม [mo som] *adj* appropriate, decent, proper, relevant, suitable; เหมาะสมกัน [mo som kan] *v* suit; เหมาะสมที่สุด [mo som thii sut] *adv* best; ซึ่งไม่เหมาะสม [sueng mai mo som] *adj* unsuitable
เหมือง [mueang] เหมืองถ่านหิน [mueang than hin] *n* colliery; การทำเหมือง [kan tham mueang] *n* mining; คนงานเหมือง [khon ngan mueang] *n* miner
เหมืองแร่ [mueang rae] *n* mine
เหมือน [muean] ไม่เหมือน [mai muean] *prep* unlike; ดูเหมือนว่า [du muean wa] *v* appear
เหมือนกัน [muean kan] *adj* same, twinned; เหมือนกันทุกอย่าง [muean kan thuk yang] *adj* identical; สิ่งที่เหมือนกันราวกับพิมพ์มาจากบล็อกเดียวกัน [sing thii muean kan rao kap phim ma chak blok diao kan] *n* stereotype; ฉันอยากได้เครื่องดื่มเหมือนกัน [chan yak dai khrueang duem muean kan] I'll have the same
เหมือนกับ [muean kap] *prep* like
เหยียดเชื้อชาติ [yiat chuea chat] การเหยียดเชื้อชาติ [kan yiat chuea chat] *n* racism
เหยียดผิว [yiat phio] ผู้เหยียดผิว [phu yiat phio] *n* racist
เหยียดหยาม [yiat yam] *v* despise
เหยียบ [yiap] *v* tread; กระทืบ เหยียบ [kra thuep, yiab] *vt* stamp
เหยื่อ [yuea] *n* prey
เหยือก [yueak] *n* jug; น้ำหนึ่งเหยือก [nam nueng yueak] a jug of water
เหรัญญิก [he ran yik] *n* treasurer
เหรียญ [rian] *n* coin, medal; การประดับเหรียญให้ [kan pra dap rian hai] *n* medallion; ฉันอยากได้เหรียญสำหรับโทรศัพท์ [chan yak dai rian sam rap tho ra sap] I'd like some coins for the phone, please
เหล็ก [hlek] *n* iron, steel; เหล็กที่ไม่เป็นสนิม [lek thii mai pen sa nim] *n* stainless steel; แผ่นเหล็กหรือหินสลัก [phaen lek rue hin sa lak] *n* plaque
เหล็กเสียบ [hlek siap] เหล็กเสียบเนื้อย่าง [lek siap nuea yang] *n* spit
เหลวไหล [leo lai] เรื่องเหลวไหล [rueang leo lai] *n* trash
เหลา [lao] ที่เหลาดินสอ [thii lao din so] *n* pencil sharpener
เหล้า [lao] *n* alcohol, liqueur; เหล้าเชอรี่ [lao choe ri] *n* sherry; เหล้ารัม [lao ram] *n* rum; เหล้าราคาถูก [lao ra kha thuk] *n* table wine; คุณมีเหล้าหวานชนิดไหน? [khun mii lao wan cha nit nai] What liqueurs do you have?
เหล่านั้น [lao nan] *adj* those ▷ *pron* those
เหล่านี้ [lao ni] *adj* these ▷ *pron* these
เหลือ [luea] ส่วนที่เหลือ [suan thii luea] *n* the rest; ส่วนที่เหลืออยู่ [suan thii luea yu] *n* stub; สิ่งที่เหลืออยู่ [sing thii luea yu] *npl* remains
เหลือง [lueang] สีเหลืองอำพัน [sii lueang am phan] *n* amber; ที่เป็นสีเหลือง [thii pen sii lueang] *adj* yellow
เหา [hao] *npl* lice
เห่า [hao] *v* bark
เหี่ยว [hiao] เหี่ยวเฉา [hiao chao] *v* wilt
แห้ง [haeng] *adj* dried ▷ *v* dry; เครื่องอบผ้าให้แห้ง [khrueang op pha hai haeng] *n* tumble dryer; แห้งสนิท [haeng sa nit] *adj* bone dry; ฉันมีผมแห้ง [chan mii phom haeng] I have dry hair
แห้งแล้ง [haeng laeng] ความแห้งแล้ง [khwam haeng laeng] *n* drought
แห้งแล้ง [haeng laeng] *adj* dry
แหนบ [naep] *npl* tweezers
แหย่ [yae] แหย่ด้วยข้อศอกหรือนิ้ว [yae duai kho sok rue nio] *v* poke
แหล่งเสื่อมโทรม [laeng sueam som] *n*

slum
แหลม [laem] แหลม คม [laem, khom] *adj* sharp
แหวน [waen] *n* ring; แหวนแต่งงาน [waen taeng ngan] *n* wedding ring; แหวนหมั้น [waen man] *n* engagement ring
โหด [hot] โหดร้าย [hot rai] *adj* brutal
โหดร้าย [hot rai] *adj* cruel; ความโหดร้าย [khwam hot rai] *n* cruelty
โหนก [nok] โหนกแก้ม [nok kaem] *n* cheekbone
โหยหวน [hoi huan] ร้องโหยหวน [rong hoi huan] *v* howl
โห่ร้อง [ho rong] โห่ร้องอวยชัย [ho rong uai chai] *v* hail
โหระพา [ho ra pha] ใบโหระพา [bai ho ra pha] *n* basil
โหราศาสตร [ho ra sat] *n* astrology, horoscope
โหล [lo] *n* dozen
ให้ [hai] *vt* give; ให้คืน [hai khuen] *v* give back; ฉันควรให้เท่าไร? [chan khuan hai thao rai] How much should I give?
ให้การ [hai kan] การให้การเท็จ [kan hai kan tet] *n* perjury
ให้กู้ [hai ku] ให้กู้เงิน [hai ku ngoen] *v* loan
ใหญ่ [yai] *adj* big, large; ใหญ่โต [yai to] *adj* huge, massive; ใหญ่โตมาก [yai to mak] *adj* tremendous; ใหญ่กว่า [yai kwa] *adj* bigger; คุณมีห้องใหญ่กว่านี้ไหม? [khun mii hong yai kwa nii mai] Do you have a bigger one?
ให้นม [hai nom] ให้นมทารกด้วยนมแม่ [hai nom tha rok duai nom mae] *v* breast-feed; ฉันให้นมลูกที่นี่ได้ไหม? [chan hai nom luk thii ni dai mai] Can I breast-feed here?; ฉันจะให้นมลูกได้ที่ไหน? [chan ja hai nom luk dai thii nai] Where can I breast-feed the baby?
ใหม่ [mai] *adj* new; ใหม่เอี่ยม [mai iam] *adj* brand-new; การจัดการแข่งขันใหม่ [kan chat kan khaeng khan mai] *n* replay; ปีใหม่ [pi mai] *n* New Year
ให้ยืม [hai yuem] *v* lend
ให้สินบน [hai sin bon] *v* bribe
ให้อภัย [hai a phai] *v* forgive; การให้อภัยโทษ [kan hai a phai thot] *n* pardon
ให้อาหาร [hai a han] *vt* feed
ไหปลาร้า [hai pla ra] กระดูกไหปลาร้า [kra duk hai pla ra] *n* collarbone
ไหม [mai] *n* silk; ไหมขัดฟัน [mai khat fan] *n* dental floss
ไหม้ [mai] ไหม้ เผาไหม้ [mai, phao mai] *n* burn; การที่ถูกไหม้ [kan thii thuk mai] *n* burn; ไฟไหม้ [fai mai] Fire!
ไหม้เกรียม [mai kriam] สีไหม้เกรียมของผิวหนังจากการตากแดด [sii mai kriam khong phio nang chak kan tak daet] *n* tan
ไหมพรม [mai phrom] เสื้อไหมพรมติดกระดุมหน้า [suea mai phrom tit kra dum na] *n* cardigan
ไหล [lai] *v* flow; ไหลบ่า ไหลล้น [lai ba, lai lon] *vi* flood; ปลาไหล [pla lai] *n* eel
ไหล่ [lai] *n* shoulder; หัวไหล่ [hua lai] *n* shoulder blade; ฉันปวดไหล่ [chan puat lai] I've hurt my shoulder
ไหวพริบ [wai prip] มีไหวพริบดี [mii wai phrip di] *adj* tactful; การมีไหวพริบหรือปฏิภาณดี [kan mii wai phrip rue pa ti phan dii] *n* tact

อ

อกหัก [ok hak] *adj* heartbroken
อคติ [a kha ti] *n* prejudice; มีอคติ [mii a kha ti] *adj* prejudiced
องค์กร [ong kon] *n* organization
องค์การ [ong kan] ตัวย่อขององค์การนาโต้ [tua yo khong ong kan na to] *abbr* NATO
องค์การสหประชาชาติ [ong kan sa ha pra cha chat] *n* United Nations; ตัวย่อขององค์การสหประชาชาติ [tua yo khong ong kan sa ha pra cha chat] *abbr* UN
องค์ประกอบ [ong pra kop] *n* element; การจัดวางองค์ประกอบ [kan chat wang ong pra kop] *n* composition
องศา [ong sa] *n* degree; องศาเซ็นติเกรด [ong sa sen ti kret] *n* degree centigrade; องศาเซลเซียส [ong sa sel sias] *n* degree Celsius; องศาฟาห์เรนไฮต์ [ong sa fa ren hai] *n* degree Fahrenheit
องุ่น [a ngun] *n* grape; ไร่องุ่น [rai a ngun] *n* vineyard; ต้นองุ่น [ton a ngun] *n* vine
อด [ot] *v* starve
อดกลั้น [ot klan] ประสบ อดทน อดกลั้น [pra sop, ot thon, ot klan] *v* undergo
อดทน [ot thon] *adj* patient; ไม่อดทน [mai ot thon] *adj* impatient; ความไม่อดทน [khwam mai ot thon] *n* impatience; ความทรหดอดทน ความแข็งแกร่งที่ยืนหยัดอยู่ได้นาน [khwam tho ra hot ot thon, khwam khaeng kraeng thii yuen yat yu dai nan] *n* stamina
อดิเรก [a di rek] งานอดิเรก [ngan a di rek] *n* hobby
อดีต [a dit] สิ่งที่เกิดในอดีต [sing thii koet nai a dit] *n* past; อดีตภรรยา [a dit phan ra ya] *n* ex-wife
อธิบาย [a thi bai] *v* describe ▷ *vi* explain; คำอธิบาย [kham a thi bai] *n* description, explanation; คำอธิบายอย่างคร่าว ๆ [kham a thi bai yang khrao khrao] *n* outline; ที่สามารถอธิบายได้ [thii sa maat a thi bai dai] *adj* accountable; คุณอธิบายได้ไหมว่าเกิดอะไรขึ้น? [khun a thi bai dai mai wa koet a rai khuen] Can you explain what the matter is?
อนาคต [a na khot] *n* future; ในอนาคต [nai a na khot] *adv* ahead; มีอนาคตดี [mii a na khot di] *adj* promising
อนามัย [a na mai] *n* hygiene; ผิดหลักอนามัย [phit lak a na mai] *adj* unhealthy
อนุญาต [a nu yat] *n* permit ▷ *v* allow, let; ใบอนุญาต [bai a nu yat] *n* licence, pass *(permit)*, permit; ใบอนุญาตให้ทำงาน [bai a nu yat hai tham ngan] *n* work permit; การอนุญาต [kan a nu yat] *n* permission
อนุภรรยา [a nu phan ra ya] *n* mistress
อนุมัติ [a nu mat] *v* approve; การอนุมัติ [kan a nu mat] *n* approval
อนุรักษ์ [a nu rak] การอนุรักษ์ธรรมชาติและสภาพแวดล้อม [kan a nu rak tham ma chat lae sa phap waet lom] *n* conservation
อนุรักษ์นิยม [a nu rak ni yom] ที่เป็นอนุรักษ์นิยม [thii pen a nu rak ni yom] *adj* conservative; พรรคการเมืองอนุรักษ์นิยม [phak kan mueang a nu rak ni

yom] *adj* right-wing
อนุสรณ์ [a nu son] *n* memorial
อนุสาวรีย์ [a nu sao wa ri] *n* monument
อบ [op] *adj* baked ▷ *v* bake; ร้อนและอบ [ron lae op] *adj* stifling; การอบ [kan op] *n* baking; ที่อบ [thii op] *adj* roast
อบเชย [op choei] *n* cinnamon; ใบอบเชย [bai op choei] *n* bay leaf
อบรม [op rom] *vt* train; หลักสูตรอบรม [lak sut op rom] *n* training course; ที่ได้รับการอบรม [thii dai rap kan op rom] *adj* trained
อบอุ่น [op un] อบอุ่นและสะดวกสบาย [op un lae sa duak sa bai] *adj* cosy
อบไอน้ำ [op ai nam] การอบไอน้ำ [kan op ai nam] *n* sauna
อพยพ [op pha yop] *v* evacuate; การอพยพ [kan op pa yop] *n* migration; การอพยพจากต่างประเทศ [kan op pa yop chak tang pra tet] *n* immigration; ผู้อพยพ [phu op pha yop] *n* migrant
อพาร์ทเมนท์ [a phat men] *n* apartment; เรากำลังมองหาอพาร์ทเมนท์ [rao kam lang mong ha a part ment] We're looking for an apartment; คุณพาเราดูอพาร์ทเมนท์ได้ไหม? [khun pha rao du a phat ment dai mai] Could you show us around the apartment?
อภิปราย [a phi prai] หัวเรื่องการอภิปราย [hua rueang kan a phi prai] *n* cause *(ideals)*
อภิสิทธิ์ [a phi sit] *n* privilege
อมยิ้ม [om yim] *n* lolly; ลูกอมยิ้ม [luk om yim] *n* lollipop
อเมริกัน [a me ri kan] *n* ชาวอเมริกัน [chao a me ri kan] *n* American
อเมริกา [a me ri ka] *adj* เกี่ยวกับอเมริกา [kiao kap a me ri ka] *adj* American; เกี่ยวกับอเมริกาเหนือ [kiao kap a me ri ka nuea] *adj* North American ▷ *n* ทวีปอเมริกาเหนือ [tha wip a me ri ka nuea] *n* North America
อเมริกาใต้ [a me ri ka tai] *adj* เกี่ยวกับอเมริกาใต้ [kiao kap a me ri ka tai] *adj* South American; ชาวอเมริกาใต้ [chao a me ri ka tai] *n* South American ▷ *n* ทวีปอเมริกาใต้ [tha wip a me ri ka tai] *n* South America
อยาก [yak] ทำให้อยาก [tham hai yak] *v* tempt; คืนนี้คุณอยากไปที่ไหน? [khuen nii khun yak pai thii nai] Where would you like to go tonight?; ฉันอยากเช่าจักรยานหนึ่งคัน [chan yak chao chak kra yan nueng khan] I want to hire a bike
อยากได้ [yak dai] ฉันอยากได้ตั๋วสองใบสำหรับคืนนี้ [chan yak dai tua song bai sam rap khuen nii] I'd like two tickets for tonight
อยากรู้อยากเห็น [yak ru yak hen] *adj* curious, nosy; ที่อยากรู้อยากเห็น [thii yak ru yak hen] *adj* inquisitive
อย่างงั้นๆ [yang ngan yang ngan] อย่างงั้น ๆ อย่างงั้นแหละ [yang ngan ngan, yang ngan lae] *adv* so-so
อย่างงั้นแหละ [yang ngan lae] อย่างงั้น ๆ อย่างงั้นแหละ [yang ngan ngan, yang ngan lae] *adv* so-so
อย่างใดอย่างหนึ่ง [yang dai yang nueng] อย่างใดอย่างหนึ่งในจำนวนสอง [yang dai yang nueng nai cham nuan song] *pron* either
อย่างนั้น [yang nan] อย่างนี้หรืออย่างนั้น [yang nii rue yang nan] *conj* either... or
อย่างนี้ [yang ni] อย่างนี้หรืออย่างนั้น [yang nii rue yang nan] *conj* either... or
อย่างไร [yang rai] *adv* how; คุณรู้ไหมว่าจะทำนี่ได้อย่างไร? [khun ru mai wa ja tham ni dai yang rai] Do you know how to do this?; ฉันจะไปที่...ได้อย่างไร? [chan ja pai thii...dai yang rai] How do I get to...?
อย่างไรก็ตาม [yang rai ko tam] *adv* anyway, however, though, yet *(nevertheless)*; แต่อย่างไรก็ตาม [tae yang rai ko tam] *adv* nevertheless
อยู่ [yu] เป็น อยู่ คือ [pen, yu, khue] *v* be; มีชีวิตอยู่ต่อไป [mii chi wid yu to pai] *v*

live on; การพักอยู่ [kan phak yu] *n* stay; เราอยู่ที่... [rao yu thii...] We live in...
อยู่รอด [yu rot] การอยู่รอด [kan yu rot] *n* survival; ผู้ที่อยู่รอด [phu thii yu rot] *n* survivor
อร่อย [a roi] *adj* delicious; นั่นอร่อยมาก [nan a roi mak] That was delicious; อาหารมื้อนี้อร่อยมาก [a han mue nii a roi mak] The meal was delicious
อรุณ [a run] รุ่งอรุณ [rung a run] *n* dawn
อรุณสวัสดิ์ [a run sa wat] Good morning
อลูมิเนียม [a lu mi niam] *n* aluminium
อวกาศ [a wa kat] มนุษย์อวกาศ [ma nut a wa kat] *n* astronaut
อ้วน [uan] *adj* fat; อ้วนเกินไป [uan koen pai] *adj* obese; อ้วนกลม [uan klom] *adj* chubby
อวยพร [uai pon] *v* bless; การดื่มอวยพร [kan duem uai pon] *n* toast *(tribute)*; บัตรอวยพร [bat uai phon] *n* card, greetings card
อวัยวะ [a wai ya wa] อวัยวะต่าง ๆ [a wai ya wa tang tang] *n* organ *(body part)*
อสุจิ [a su chi] ตัวอสุจิ [tua a su chi] *n* sperm
อ้อ [o] ต้นไม้จำพวกอ้อหรือกก [ton mai cham phuak o rue kok] *n* reed
ออก [ok] *v* leave; ไป เคลื่อนไป ออกไป [pai, khluean pai, ok pai] *vi* go; การออกเดินทาง [kan ok doen thang] *n* departure; ช่วยกันออกค่าใช้จ่าย [chuai kan ok kha chai jai] *v* club together; รถไฟจะออกจากสถานีเวลาอะไร? [rot fai ja ok chak sa tha ni we la a rai] What time does the train leave?
ออกกำลังกาย [ok kam lang kai] สถานที่ที่คนไปออกกำลังกายหรือพักผ่อน [sa than thii thii khon pai ok kam lang kai rue phak phon] *n* leisure centre; การออกกำลังกาย [kan ok kam lang kai] *n* exercise; การออกกำลังกายแบบวิดพื้น [kan ok kam lang kai baep wid phuen] *n* push-up
ออกจาก [ok chak] *prep* off
ออกซิเจน [ok si chen] *n* oxygen
ออกดอก [ok dok] *v* blossom
ออกแบบ [ok baep] *v* design; การออกแบบ [kan ok baep] *n* design; ความมีรสนิยมการออกแบบ [khwam mii rot ni yom, kan ok baep] *n* style; ผู้ออกแบบ [phu ok baep] *n* designer
ออกไป [ok pai] *v* get out, go out
ออกรายการ [ok rai kan] การออกรายการอากาศ [kan ok rai kan a kat] *n* broadcast
ออกเสียง [ok siang] *v* pronounce; การออกเสียงคำพูด [kan ok siang kham phut] *n* pronunciation; อ่านออกเสียง [an ok siang] *v* read out; คุณอ่านออกเสียงคำนี้อย่างไร? [khun aan ok siang kham nii yang rai] How do you pronounce it?
อ่อน [on] สีอ่อน [sii on] *adj* fair *(light colour)*; ซึ่งมีรสชาติอ่อน [sueng mii rot chat on] *adj* mild; อ่อนนุ่ม [on num] *adj* soft
ออนซ์ [on] หน่วยวัดน้ำหนักเป็นออนซ์ [nuai wat nam nak pen on] *n* ounce
อ่อนนุ่ม [on num] *adj* tender
อ่อนโยน [on yon] ความสุภาพอ่อนโยน [khwam su phap on yon] *n* politeness; อย่างอ่อนโยน [yang on yon] *adj* gentle
อ่อนวัย [on wai] *adj* young
อ่อนหวาน [on wan] *adj* sweet *(pleasing)*
อ่อนหัด [on hat] คนอ่อนหัด [khon on hat] *adj* green *(inexperienced)*
อ่อนไหว [on wai] มีอารมณ์อ่อนไหวมากเกินไป [mii a rom on wai mak koen pai] *adj* soppy
อ่อนแอ [on ae] *adj* weak; เจือจาง อ่อนแอ [chuea chang, on ae] *v* faint; ความอ่อนแอ [khwam on ae] *n* weakness
ออฟฟิศ [op fit] ฉันทำงานในออฟฟิศ [chan tham ngan nai op fit] I work in an office
ออม [om] เงินออม [ngoen om] *npl* savings
อ้อม [om] เส้นทางอ้อม [sen thang om] *n* detour; ทางอ้อม [thang om] *n* bypass

ออร์แกน [o kan] หีบเพลง ออร์แกน [hip phleng, o kaen] *n* organ *(music)*
ออริกาโน [o ri ka no] ต้นออริกาโนเป็นสมุนไพรใช้ทำอาหาร [ton o ri ka no pen sa mun phrai chai tham a han] *n* oregano
ออสเตรเลีย [os tre lia] *n* Australasia; ที่เกี่ยวกับออสเตรเลีย [thii kiao kap os tre lia] *adj* Australian; ประเทศออสเตรเลีย [pra tet os tre lia] *n* Australia
ออสเตรีย [os tria] ชาวออสเตรีย [chao os tria] *n* Austrian; ที่เกี่ยวกับออสเตรีย [thii kiao kap os tria] *adj* Austrian; ประเทศออสเตรีย [pra tet os tria] *n* Austria
ออสเตรียน [ot sa trian] ชาวออสเตรียน [chao os trian] *n* Austrian
อะตอม [a tom] *n* atom
อะไร [a rai] *adj* what; ไม่มีอะไร [mai mii a rai] *n* nothing; อะไรก็ได้ [a rai ko dai] *pron* anything; เป็นอะไรหรือเปล่า? [pen a rai rue plao] What's the matter?
อะลูมิเนียม [a lu mi niam] แผ่นอะลูมิเนียมที่ใช้ในครัว [phaen a lu mi niam thii chai nai khrua] *n* tinfoil
อะโวคาโด [a wo ka do] ผลอะโวคาโด [phon a vo kha do] *n* avocado
อะไหล่ [a lai] *n* spare part; ล้ออะไหล่ [lo a lai] *n* spare wheel; ยางอะไหล่ [yang a lai] *n* spare tyre
อักษร [ak son] ตัวอักษร [tua ak son] *n* alphabet, letter *(a, b, c)*; ปริศนาอักษรไขว้ [prit sa na ak son khwai] *n* crossword; อักษรแรก ๆ ของชื่อ [ak son raek raek khong chue] *npl* initials
อักเสบ [ak sep] เยื่อหุ้มสมองอักเสบ [yuea hum sa mong ak sep] *n* meningitis; โรคไขข้ออักเสบ [rok khai kho ak sep] *n* rheumatism; โรคหลอดลมอักเสบ [rok lot lom ak sep] *n* bronchitis; ฉันทุกข์ทรมานด้วยข้อต่ออักเสบ [chan thuk tho ra man duai kho to ak sep] I suffer from arthritis
อังกฤษ [ang krit] *adj* เกี่ยวกับชาวอังกฤษ [kiao kap chao ang krit] *adj* English; เกี่ยวกับประเทศสหราชอาณาจักรอังกฤษ [kiao kap pra thet sa ha rat cha a na chak ang krit] *adj* British ▷ *n* สกุลเงินของสหราชอาณาจักรอังกฤษ [sa kun ngoen khong sa ha rat cha a na chak ang krit] *n* sterling; มีใครพูดภาษาอังกฤษได้ไหม? [mii khrai phut pha sa ang krit dai mai] Does anyone speak English?
อังคาร [ang kan] วันอังคาร [wan ang khan] *n* Tuesday
อัจฉริยะ [at cha ri ya] อัจฉริยบุคคล [at cha ri ya buk khon] *n* genius
อัญประกาศ [an ya pra kat] *npl* quotation marks
อัฒภาค [at tha phak] เครื่องหมายอัฒภาค [khrueang mai at ta phak] *n* semicolon
อัณฑะ [an tha] ลูกอัณฑะ [luk an tha] *n* testicle
อัดไฟ [at fai] *v* charge *(electricity)*
อัดสำเนา [at sam nao] *v* photocopy
อัตชีวประวัติ [at ta chi wa pra wat] *n* autobiography, biography
อัตโนมัติ [at ta no mat] *adj* automatic; โดยอัตโนมัติ [doi at ta no mat] *adv* automatically; การกระทำโดยอัตโนมัติ [kan kra tham doi at ta no mat] *n* reflex; เป็นรถขับแบบอัตโนมัติหรือเปล่า? [pen rot khap baep at ta no mat rue plao] Is it an automatic car?
อัตรา [at tra] *n* rate; แผงที่บอกอัตราความเร็ว [phaeng thii bok at tra khwam reo] *n* speedometer; อัตราแลกเปลี่ยน [at tra laek plian] *n* exchange rate; อัตราแลกเปลี่ยนเงิน [at tra laek plian ngoen] *n* rate of exchange; อัตราแลกคือเท่าไร? [at tra laek khue thao rai] What's the exchange rate?
อัตราส่วน [at tra suan] *n* ratio
อันดับ [an dap] ประเมินค่า จัดอันดับ [pra moen kha, chat an dap] *v* rate
อันตราย [an ta rai] *n* danger; เป็นอันตราย [pen an ta rai] *adj* harmful; ไม่มีอันตราย

[mai mii an ta rai] *adj* harmless; ไฟเตือนอันตราย [fai tuean an ta rai] *npl* hazard warning lights; มีอันตรายเกี่ยวกับหิมะถล่มไหม? [mii an ta rai kiao kap hi ma tha lom mai] Is there a danger of avalanches?

อันที่ [an thi] สิ่งที่ อันที่ [sing thii, an thii] *pron* which

อันธพาล [an tha pan] *n* bully, thug; พวกอันธพาล [phuak an tha phan] *n* gangster

อันไหน [an nai] *adj* which; อันไหน สิ่งไหน [an nai, sing nai] *pron* what

อับปาง [ap pang] ทำให้เรืออับปาง [tham hai ruea ap pang] *adj* shipwrecked

อับอาย [ap ai] *adj* ashamed; ความอับอาย [khwam ap ai] *n* shame; ซึ่งอับอาย [sueng ap ai] *adj* embarrassed; น่าอับอาย [na ap ai] *adj* disgraceful, embarrassing

อัปลักษณ์ [ap pa lak] *adj* hideous

อัฟกานิสถาน [ap ka nit sa than] เกี่ยวกับอัฟกานิสถาน [kiao kap af ka ni sa than] *adj* Afghan; ชาวอัฟกานิสถาน [chao af ka ni sa than] *n* Afghan; ประเทศอัฟกานิสถาน [pra tet af ka ni sa than] Afghanistan

อัฟริกัน [ap fri kan] ชาวอัฟริกัน [chao af ri kan] *n* African, Afrikaner; ชาวอัฟริกันตอนเหนือ [chao af ri kan ton nuea] *n* North African

อัฟริกา [ap fri ka] เกี่ยวกับอัฟริกา [kiao kap af ri ka] *adj* African; เกี่ยวกับอัฟริกาเหนือ [kiao kap af ri ka nuea] *adj* North African; ชื่อภาษาราชการของอัฟริกาใต้ [chue pha sa rat cha kan khong af ri ka tai] *n* Afrikaans

อัฟริกาใต้ [ap fri ka tai] เกี่ยวกับอัฟริกาใต้ [kiao kap af ri ka tai] *adj* South African; ชาวอัฟริกาใต้ [chao af ri kan tai] *n* South African; ประเทศอัฟริกาใต้ [pra tet af ri ka tai] *n* South Africa

อัมพาต [am ma phat] อัมพาตเนื่องจากเส้นโลหิตในสมองแตก [am ma phat nueang chak sen lo hit nai sa mong taek] *v* stroke *(apoplexy)*

อัลจีเรีย [an chi ria] ชาวอัลจีเรีย [chao al chi ria] *n* Algerian; ที่เกี่ยวกับอัลจีเรีย [thii kiao kap al chi ria] *adj* Algerian; ประเทศอัลจีเรีย [pra tet al chi ria] *n* Algeria

อัลไซเมอร์ [an sai moe] โรคลืม อัลไซเมอร์ [rok luem, al sai moe] *n* Alzheimer's disease

อัลบั้ม [al bam] อัลบั้ม [al bam] *n* album; อัลบั้มใส่รูป [al bam sai rup] *n* photo album

อัลเบเนีย [an be nia] ประเทศอัลเบเนีย [pra tet al be nia] *n* Albania

อัลเบเนีย [an be nia] ชาวอัลเบเนียน [chao al be nian] *n* Albanian *(person)*; ซึ่งเกี่ยวกับอัลเบเนียน [sueng kiao kap al be nian] *adj* Albanian; ภาษาอัลเบเนียน [pha sa al be nian] *n* Albanian *(language)*

อัลมอนด์ [an mon] เมล็ดอัลมอนด์ [ma let a mon] *n* almond; ส่วนผสมของอัลมอนด์ น้ำตาลและไข่ขาวใส่บนหน้าเค้ก [suan pha som khong a mon nam tan lae khai khao sai bon na khek] *n* marzipan; ต้นไม้ในตระกูลอัลมอนด์ [ton mai nai tra kun an mon] *n* elm

อัศเจรีย์ [at sa che ri] เครื่องหมายอัศเจรีย์ [khrueang mai at sa je ri] *n* exclamation mark

อา [a] ป้า น้า อาผู้หญิง [pa na a phu ying] *n* auntie; ป้า น้า อาผู้หญิง [pa na a phu ying] *n* aunt

อาการ [a kan] อาการแพ้ [a kan phae] *n* allergy; อาการของโรค [a kan khong rok] *n* symptom; อาการชักของลมบ้าหมู [a kan chak khong lom ba mu] *n* epileptic fit

อากาศ [a kat] *n* air, climate, weather; เครื่องปรับอากาศ [khrueang prap a kat] *n* air conditioning; การเปลี่ยนแปลงของอากาศ [kan plian plaeng khong a kat] *n* climate change; การพยากรณ์อากาศ [kan pha ya kon a kat] *n* weather

forecast; จะใช้เวลานานเท่าไรถ้าส่งทางอากาศ? [ja chai we la nan thao rai tha song thang a kat] How long will it take by air?
อาคาร [a kan] ตึก อาคาร [tuek, a khan] *n* building
อ่าง [ang] อ่างล้างหน้าและมือ [ang lang na lae mue] *n* washbasin; อ่างสำหรับล้าง [ang sam rap lang] *n* sink; อ่างอาบน้ำ [ang aap nam] *n* bathtub
อ้าง [ang] คำอ้างว่าอยู่ที่อื่นขณะที่เกิดเหตุ [kham ang wa yu thii uen kha na thii koet het] *n* alibi
อ่างน้ำ [ang nam] *n* basin
อ่างล้างหน้า [ang lang na] อ่างล้างหน้าสกปรก [ang lang na sok ka prok] The washbasin is dirty
อ้างว้าง [ang wang] *adj* bleak; ความรู้สึกหรือสภาพเปล่าเปลี่ยวอ้างว้าง [khwam ru suek rue sa phap plao pliao ang wang] *n* void
อ้างอิง [ang ing] *v* quote, refer; เครื่องหมายอ้างอิง [khrueang mai ang ing] *npl* inverted commas; เอกสารอ้างอิง [ek ka san ang ing] *n* reference; หมายเลขเอกสารอ้างอิง [mai lek ek ka san ang ing] *n* reference number
อาจ [at] อาจจะ [at cha] *adv* maybe
อาจจะ [at cha] *adv* possibly
อาจารย์ [a chan] รองอาจารย์ใหญ่ [rong a chan yai] *n* deputy head
อาเจียน [a chian] *v* throw up, vomit
อาชญากรรม [at cha ya kam] *n* crime; เกี่ยวกับอาชญากรรม [kiao kap at cha ya kam] *adj* criminal; อาชญากรรมที่เกิดขึ้นบนอินเตอร์เนต [at cha ya kam thii koet khuen bon in ter net] *n* cybercrime
อาชีพ [a chip] *n* occupation *(work)*, profession; เกี่ยวกับอาชีพ [kiao kap a chip] *adj* professional; ผู้ที่ได้ทำงานในอาชีพใดอาชีพหนึ่งมานาน [phu thii dai tham ngan nai a chip dai a chip nueng ma nan] *n* veteran; อาชีพการทำงาน [a chiip kan tham ngan] *n* career
อาเซอร์ไบจาน [a soe bai chan] เกี่ยวกับอาเซอร์ไบจาน [kiao kap a soe bai chan] *adj* Azerbaijani; ชาวอาเซอร์ไบจาน [chao a soe bi chan] *n* Azerbaijani; ประเทศอาเซอร์ไบจาน [pra tet a soe bi chan] *n* Azerbaijan
อาณาเขต [a na khet] *n* territory
อาณาจักร [a na chak] *n* empire
อาทิตย์ [a thit] สองอาทิตย์ [song a thit] *n* fortnight; วันอาทิตย์ [wan a thit] *n* Sunday; ราคาเท่าไรที่จะจอดหนึ่งอาทิตย์? [ra kha thao rai thii ja jot nueng a thit] How much is it for a week?
อาน [an] *n* saddle
อ่าน [an] *v* read; แปลคำพูดด้วยการอ่านริมฝีปาก [plae kham phut duai kan an rim fi pak] *v* lip-read; ไม่สามารถอ่านและเขียนได้ [mai sa mat an lae khian dai] *adj* illiterate; การอ่าน [kan an] *n* reading; ฉันอ่านไม่ได้ [chan an mai dai] I can't read it
อาบแดด [ap daet] *v* sunbathe; เตียงอาบแดด [tiang aap daet] *n* sunbed; โลชั่นหลังอาบแดด [lo chan lang aap daet] *n* after sun lotion
อาบน้ำ [ap nam] *v* bathe; เสื้อคลุมอาบน้ำ [suea khlum aap nam] *n* bathrobe; เจลอาบน้ำ [chen aap nam] *n* shower gel; หมวกอาบน้ำ [muak aap nam] *n* shower cap
อาบูดาบี้ [a bu da bi] *n* Abu Dhabi
อาย [ai] ขี้อาย [khii ai] *adj* shy
อายแชโดว์ [ai chae do] *n* eye shadow
อายุ [a yu] *n* age; สูงอายุ [sung a yu] *adj* aged; ชั่วอายุคน [chua a yu khon] *n* generation; ต่ำกว่ากำหนดอายุ [tam kwa kam not a yu] *adj* underage
อายุน้อย [a yu noi] มีอายุน้อยกว่า [mii a yu noi kwa] *adj* younger; อายุน้อยที่สุด [a yu noi thii sut] *adj* youngest
อาร์เจนตินา [a chen ti na] เกี่ยวกับประเทศอาร์เจนตินา [kiao kap pra thet a chen ti na] *n* Argentinian; ชาวอาร์เจนตินา [chao a chen ti na] *n* Argentinian *(person)*;

ประเทศอาร์เจนตินา [pra tet ar chen ti na] *n* Argentina
อารมณ์ [a rom] *n* mood, temper ▷ *npl* spirits; เกี่ยวกับอารมณ์ [kiao kap a rom] *adj* emotional; ไม่แสดงอารมณ์และความรู้สึก [mai sa daeng a rom lae khwam ru suek] *adj* reserved; ซึ่งไม่สามารถควบคุมอารมณ์ได้ [sueng mai sa maat khuap khum a rom dai] *adj* frantic
อารมณ์ขัน [a rom khan] การมีอารมณ์ขัน [kan mii a rom khan] *n* sense of humour
อารมณ์เสีย [a rom sia] ทำให้อารมณ์เสีย [tham hai a rom sia] *v* upset
อาร์มีเนีย [a mi nia] เกี่ยวกับประเทศอาร์มีเนีย [kiao kap pra thet a mii nia] *adj* Armenian; ประเทศอาร์มีเนีย [pra tet ar mii nia] *n* Armenia
อาร์มีเนียน [a mi nian] ชาวอาร์มีเนียน [chao a mii nian] *n* Armenian *(person)*; ภาษาอาร์มีเนียน [pha sa ar mii nian] *n* Armenian *(language)*
อารยธรรม [a ra ya tham] *n* civilization; ซึ่งไร้อารยธรรม [sueng rai a ra ya tham] *adj* uncivilized
อาระเบีย [a ra bia] ประเทศต่าง ๆ ในคาบสมุทรอาระเบีย [pra tet tang tang nai khap sa mut a ra bia] *npl* Gulf States
อาราม [a ram] อารามเปิดให้สาธารณะชนเข้าชมไหม? [a ram poet hai sa tha ra na chon khao chom mai] Is the monastery open to the public?
อ่าว [ao] *n* bay
อาวุธ [a wut] *n* weapon; ติดอาวุธ [tit a wut] *adj* armed; อาวุธยุทธภัณฑ์ [a wut yut tha phan] *n* ammunition
อาวุโส [a wu so] ผู้อาวุโส [phu a wu so] *adj* senior; พลเมืองอาวุโส [phon la mueang a wu so] *n* senior citizen
อาศัย [a sai] เขตที่มีคนอยู่อาศัย [khet thii mii khon yu a sai] *n* neighbourhood; ไม่มีคนอาศัยอยู่ [mai mii khon a sai yu] *adj* uninhabited; ที่พักอาศัย [thii phak a sai] *n* accommodation
อาสาสมัคร [a sa sa mak] *n* volunteer
อาหรับ [a rup] เกี่ยวกับชาวอาหรับ [kiao kap chao a rap] *adj* Arab; ชาวอาหรับ [chao a rap] *n* Arab; ที่เกี่ยวกับอาหรับ [thii kiao kap a rap] *adj* Arabic
อาหาร [a han] *n* diet, food; เกี่ยวกับการทานอาหารไม่ได้ [kiao kap kan than a han mai dai] *adj* anorexic; เครื่องทำอาหาร [khrueang tham a han] *n* food processor; เวลาอาหาร [we la a han] *n* mealtime; ความอยากอาหาร [khwam yak a han] *n* appetite; ภาวะไม่อยากหรือทานอาหารไม่ได้ [pha wa mai yak rue than a han mai dai] *n* anorexia; อาหารเย็น [a han yen] *n* dinner; อาหารย่าง [a han yang] *n* grill; คุณมีอาหารไหม? [khun mii a han mai] Do you have food?
อาหารกลางวัน [a han klang wan] *n* lunch; เวลาอาหารกลางวัน [we la a han klang wan] *n* lunchtime; ช่วงหยุดพักอาหารกลางวัน [chuang yut phak a han klang wan] *n* lunch break; อาหารกลางวันเตรียมจากบ้านไปทานที่อื่น [a han klang wan triam chak baan pai than thii uen] *n* packed lunch; อาหารกลางวันจะพร้อมเมื่อไร? [a han klang wan ja phrom muea rai] When will lunch be ready?
อาหารเจ [a han che] คุณมีอาหารเจไหม? [khun mii a han je mai] Do you have any vegan dishes?
อาหารเช้า [a han chao] อาหารเช้าที่ทำจากข้าวโอ๊ตที่ใส่น้ำหรือนม [a han chao thii tham chak khao ot thii sai nam rue nom] *n* porridge; เวลาอาหารเช้ากี่โมง? [we la a han chao ki mong] What time is breakfast?; ไม่มีอาหารเช้า [mai mii a han chao] without breakfast
อาหารทะเล [a han tha le] คุณช่วยทำอาหารที่ไม่มีอาหารทะเลได้ไหม? [khun chuai tham a han thii mai mii a han tha le dai mai] Could you prepare a meal without seafood?; คุณชอบอาหาร

ทะเลไหม? [khun chop a han tha le mai] Do you like seafood?
อาหารเย็น [a han yen] *n* supper
อาหารว่าง [a han wang] *n* snack; ห้องทานอาหารว่าง [hong than a han wang] *n* snack bar
อาหารฮาลาล [a han ha lan] คุณมีอาหารฮาลาล? [khun mii a han ha lal] Do you have halal dishes?
อำนวยการ [am nuai kan] ผู้อำนวยการ [phu am nuai kan] *n* director
อำนวยความสะดวก [am nuai khwam sa duak] สิ่งอำนวยความสะดวกต่าง ๆ [sing am nuai khwam sa duak tang tang] *npl* facilities
อำนาจ [am nat] *n* power; ให้อำนาจ [hai am nat] *v* authorize; ใช้อำนาจเหนือ [chai am nat nuea] *v* overrule; อำนาจในการยับยั้ง [am nat nai kan yap yang] *n* veto
อำพัน [am pan] สีเหลืองอำพัน [sii lueang am phan] *n* amber
อิจฉา [it cha] *adj* envious, jealous; ความอิจฉา [khwam it cha] *n* envy
อิฐ [it] *n* brick
อิตาลี [it ta li] *adj* เกี่ยวกับอิตาลี [kiao kap i ta li] *adj* Italian ▷ *n* ชาวอิตาเลียน [chao i ta lian] *n* Italian *(person)*; ประเทศอิตาลี [pra tet i ta li] *n* Italy
อิทธิพล [it thi phon] *n* influence; มีอิทธิพล [mii it thi phon] *v* influence; ที่มีอิทธิพล [thii mii it ti pon] powerful
อินเดีย [in dia] *adj* เกี่ยวกับชาวอินเดีย [kiao kap chao in dia] *adj* Indian ▷ *n* มหาสมุทรอินเดีย [ma ha sa mut in dia] *n* Indian Ocean; หมู่เกาะอินเดียตะวันตกในทะเลคาริบเบียน [mu kao in dia ta wan tok nai tha le kha rip bian] *npl* West Indies
อินโดนีเซีย [in do ni sia] เกี่ยวกับอินโดนีเซีย [kiao kap in do ni sia] *adj* Indonesian; ชาวอินโดนีเซีย [chao in do ni sia] *n* Indonesian *(person)*; ประเทศอินโดนีเซีย [pra tet in do ni sia] *n* Indonesia
อินเตอร์เนต [in toe net] หนังสือที่อ่านได้จากอินเตอร์เนต [nang sue thii an dai chak in toe net] *n* e-book; ข้อมูลของบุคคลในอินเตอร์เนต [kho mun khong buk khon nai in toe net] *n* blog; ธุรกิจการค้าที่ทำบนอินเตอร์เนต [thu ra kit kan kha thii tham bon in toe net] *n* e-commerce
อินเตอร์เน็ต [in toe net] *n* Internet; เชื่อมต่อกับอินเตอร์เน็ตแบบไร้สาย [chueam to kap in toe net baep rai sai] *n* WiFi; ร้านที่ให้บริการอินเตอร์เน็ต [ran thii hai bo ri kan in toe net] *n* Internet café; ระบบเครือข่ายที่ใช้ประโยชน์ของเทคโนโลยีของอินเตอร์เน็ต [ra bop khruea khai thii chai pra yot khong thek no lo yii khong in toe net] *n* intranet; มีอินเตอร์เน็ตในห้องไหม? [mii in toe net nai hong mai] Is there an Internet connection in the room?
อินทรีย์ [in si] นกอินทรีย์ [nok in sii] *n* eagle
อิ่ม [im] ฉันอิ่ม [chan im] I'm full
อิรัก [i rak] เกี่ยวกับอิรัก [kiao kap i rak] *adj* Iraqi; ชาวอิรัก [chao i rak] *n* Iraqi; ประเทศอิรัก [pra tet i rak] *n* Iraq
อิเล็กทรอนิกส์ [i lek tho nik] เกี่ยวกับระบบอิเล็กทรอนิกส์ [kiao kap ra bop i lek tro nik] *adj* electronic; วิชาอิเล็กทรอนิกส์ [wi cha i lek tro nik] *npl* electronics
อิสรภาพ [it sa ra phap] *n* independence
อิสระ [it sa ra] *adj* free *(no restraint)*, independent; การปลดปล่อยให้เป็นอิสระ [kan plot ploi hai pen it sa ra] *n* liberation; ความเป็นอิสระ [khwam pen it sa ra] *n* freedom; ซึ่งทำงานอิสระไม่ได้รับเงินเดือนประจำ [sueng tham ngan it sa ra mai dai rap ngoen duean pra cham] *adv* freelance
อิสราเอล [it sra el] เกี่ยวกับอิสราเอล [kiao kap is sa ra el] *adj* Israeli; ชาวอิสราเอล [chao is sa ra el] *n* Israeli; ประเทศอิสราเอล [pra tet is sa ra el] *n* Israel

อิสลาม [it sa lam] *n* Islam; ของอิสลาม [khong is sa lam] *adj* Islamic; พระเจ้าศาสนาอิสลาม [phra chao sat sa na is sa lam] *n* Allah

อิหร่าน [i ran] เกี่ยวกับอิหร่าน [kiao kap i ran] *adj* Iranian; ชาวอิหร่าน [chao i ran] *n* Iranian *(person)*; ประเทศอิหร่าน [pra tet i ran] *n* Iran

อีก [ik] อีกครั้ง [ik khrang] *adv* again; อีกอันหนึ่ง [ik an nueng] *adj* another; เบียร์อีกแก้ว [bia ik kaew] another beer

อีกด้วย [ik duai] *adv* too

อีกนัยหนึ่ง [ik nai nueng] อีกนัยหนึ่งเรียกว่า [ik nai nueng riak wa] *prep* alias

อีเมลล์ [i mel] *n* email; ส่งอีเมลล [song e mail] *v* email *(a person)*; ที่อยู่อีเมลล์ [thii yu e mail] *n* email address; ฉันขออีเมลล์ของคุณได้ไหม? [chan kho ii mail khong khun dai mai] Can I have your email?

อียิปต์ [i yip] เกี่ยวกับประเทศอียิปต์ [kiao kap pra thet i yip] *adj* Egyptian; ชาวอียิปต์ [chao i yip] *n* Egyptian; ปะเทศอียิปต์ [pra tet i yip] *n* Egypt

อีสเตอร [is toe] ไข่อีสเตอร์ [khai is toe] *n* Easter egg; วันอีสเตอร์ [wan is toe] *n* Easter

อีสุกอีใส [i suk i sai] โรคอีสุกอีใส [rok i suk i sai] *n* chickenpox

อีเห็น [i hen] *n* weasel

อึกทึก [uek ka thuek] เสียงอึกทึก [siang uek ka tuek] *n* din

อื่น [uen] มาจากประเทศอื่น [ma chak pra tet uen] *adj* exotic; ที่อื่น [thii uen] *adv* elsewhere; อื่น ๆ [uen uen] *adv* else, other; คุณมีห้องอื่น ๆ ไหม? [khun mii hong uen uen mai] Do you have any others?

อื้อฉาว [ue chao] เรื่องอื้อฉาว [rueang ue chao] *n* scandal

อุกกาบาต [uk ka bat] *n* meteorite

อุซเบกิสถาน [ut be kit sa than] ประเทศอุซเบกิสถาน [pra tet us be ki sa than] *n* Uzbekistan

อุณหภูมิ [un na ha phum] *n* temperature; อุณหภูมิความร้อนของโลกที่เพิ่มขึ้น [un ha phum khwam ron khong lok thii poem khuen] *n* global warming; เธอมีอุณหภูมิ [thoe mii un ha phum] She has a temperature; อุณหภูมิเท่าไร? [un ha phum thao rai] What is the temperature?

อุด [ut] สิ่งที่ใช้อุดรู [sing thii chai ut ru] *n* plug; คุณอุดฟันชั่วคราวให้ได้ไหม? [khun ut fan chua khrao hai dai mai] Can you do a temporary filling?; ฟันที่อุดหลุดออกมา [fan thii ut lut ok ma] A filling has fallen out

อุดตัน [ut tan] ที่อุดตัน [thii ut tan] *adj* jammed

อุดมการณ์ [u dom kan] ผู้ยึดถืออุดมการณ์ [phu yuet thue u dom kan] *n* chauvinist

อุดมสมบูรณ์ [u dom som bun] ไม่อุดมสมบูรณ์ [mai u dom som bun] *adj* infertile; ซึ่งมีดินอุดมสมบูรณ์ [sueng mii din u dom som bun] *adj* fertile

อุตสาหกรรม [ut sa ha kam] *n* industry; เกี่ยวกับอุตสาหกรรม [kiao kap ut sa ha kram] *adj* industrial; เขตอุตสาหกรรม [khet ut sa ha kam] *n* industrial estate

อุทธรณ์ [ut thon] ขออุทธรณ์ [kho ut thon] *v* appeal

อุทยาน [ut tha yan] อุทยานแห่งชาติ [ut tha yan haeng chat] *n* national park

อุทาน [u than] คำอุทานแสดงความรำคาญ [kham u than sa daeng khwam ram khan] *adj* damn

อุทิศ [u thit] การอุทิศให้ [kan u thit hai] *n* dedication; ซึ่งอุทิศตัวเพื่อ [sueng u thit tua phuea] *adj* dedicated

อุ่น [un] *adj* lukewarm, warm ▷ *v* heat up; การทำให้อุ่น [kan tham hai un] *n* heating; ทำให้อุ่นขึ้น [tham hai un khuen] *v* warm up; คุณช่วยอุ่นอันนี้ได้ไหม? [khun chuai un an nii dai mai] Can you warm this up, please?

อุบัติเหตุ [u bat ti het] *n* accident; ประกัน

อุบัติเหตุ [pra kan u bat ti het] *n* accident insurance; อุบัติเหตุเล็ก ๆ [u bat ti het lek lek] *n* mishap; อุบัติเหตุและหน่วยฉุกเฉิน [u bat ti het lae nuai chuk choen] *n* accident & emergency department; มีอุบัติเหตุเกิดขึ้น [mii u bat ti het koet khuen] There's been an accident!

อุบาย [u bai] เล่ห์อุบาย [le u bai] *n* scam

อุปกรณ์ [up pa kon] *n* device; อุปกรณ์ในเครื่องคอมพิวเตอร์แบบกระเป๋าหิ้วที่ใช้แทนเมาส์เพื่อแสดงตัวชี้ตำแหน่ง [up pa kon nai khrueang khom phio toe baep kra pao hio thii chai thaen mao phuea sa daeng tua chii tam naeng] *n* touchpad; อุปกรณ์ไฟฟ้าที่ช่วยให้อัตราการเต้นของหัวใจสม่ำเสมอ [up pa kon fai fa thii chuai hai at tra kan ten khong hua jai sa mam sa moe] *n* pacemaker; อุปกรณ์รับและส่งสัญญาน [up pa kon rap lae song san yan] *n* scanner

อุปถัมภ์ [up pa tham] แม่อุปถัมภ์ [mae up pa tham] *n* godmother; ลูกของพ่อแม่อุปถัมภ์ [luk khong pho mae up pa tham] *n* godchild

อุปถัมภ์ [up pa tham] *v* sponsor; ลูกสาวอุปถัมภ์ [luk sao up pa tham] *n* goddaughter; ลูกชายอุปถัมภ์ [luk chai up pa tham] *n* godson; การอุปถัมภ์ [kan op pa tham] *n* sponsorship

อุปนิสัย [up pa ni sai] *n* characteristic

อุปสรรค [up pa sak] *n* obstacle

อุ้มท้อง [um thong] ผู้หญิงที่รับอุ้มท้องแทน [phu ying thii rap um thong taen] *n* surrogate mother

อุโมงค์ [u mong] *n* tunnel

อุรุกวัย [u ru kwai] เกี่ยวกับอุรุกวัย [kiao kap u ru kwai] *adj* Uruguayan; ชาวอุรุกวัย [chao u ru kwai] *n* Uruguayan; ประเทศอุรุกวัย [pra tet u ru kwai] *n* Uruguay

อุลตราซาวด์ [un tra sao] การบำบัดโดยใช้อุลตราซาวด์ [kan bam bat doi chai ul tra sao] *n* ultrasound

อู่ [u] อู่เรือ [u ruea] *n* dock; อู่ซ่อมและต่อเรือ [u som lae to ruea] *n* shipyard; มีอู่อยู่ใกล้ที่นี่ไหม? [mii u yu klai thii ni mai] Is there a garage near here?

อูกันดา [u kan da] เกี่ยวกับประเทศอูกันดา [kiao kap pra thet u kan da] *adj* Ugandan; ชาวอูกันดา [chao u kan da] *n* Ugandan; ประเทศอูกันดาอยู่ในทวีปอัฟริกา [pra tet u kan da yu nai tha wip af ri ka] *n* Uganda

อูฐ [ut (uut)] *n* camel

เอกฉันท์ [ek ka chan] เป็นเอกฉันท์ [pen ek ka chan] *adj* unanimous

เอกชน [ek ka chon] แปรรูปหน่วยราชการและรัฐวิสาหกิจให้เป็นเอกชน [prae rup nuai rat cha kan lae rat wi sa ha kit hai pen ek ka chon] *v* privatize

เอกพจน์ [ek ka pot] *n* singular

เอกลักษณ์ [ek ka lak] *n* identity; การขโมยเอกลักษณ์ [kan kha moi ek ka lak] *n* identity theft

เอกสาร [ek ka san] *n* document; เอกสารต่าง ๆ [ek ka san tang tang] *npl* documents; แฟ้มเอกสาร [faem ek ka san] *n* file *(folder)*; สถานที่เก็บเอกสารสำคัญ [sa than thii kep ek ka san som khan] *n* archive; นี่คือเอกสารต่าง ๆ ของรถฉัน [ni khue ek ka san tang tang khong rot chan] Here are my vehicle documents

เอกอัครราชทูต [ek ak khra rat cha thut] *n* ambassador

เอควาดอร์ [e khwa do] ประเทศเอควาดอร์ [pra tet e kwa do] *n* Ecuador

เอควาทอเรียลกินี [e khwa tho rian ki ni] ประทศเอควาทอเรียลกินี [pra thet a khwa to rial ki ni] *n* Equatorial Guinea

เอเคอร์ [e koe] หน่วยวัดเนื้อที่เป็นเอเคอร์ [nuai wat nuea thii pen e khoe] *n* acre

เอเชีย [e chia] *adj* Asiatic; เกี่ยวกับประเทศในเอเชีย [kiao kap pra thet nai e chia] *adj* Asian; กลุ่มประเทศในเอเชียตะวันออก [klum pra tet nai e chia ta wan ok] *n* Far East; ชาวเอเชีย [chao e chia] *n*

Asian
เอเชียตะวันออก [e chia ta wan ok] *n* Orient
เอดส์ [et] โรคเอดส์ [rok aid] *n* AIDS; ไม่มีเชื้อไวรัสที่ทำให้เกิดโรคเอดส์ [mai mii chuea vai ras thii tham hai koet rok aid] *adj* HIV-negative; มีเชื้อไวรัสที่ทำให้เกิดโรคเอดส์ [mii chuea wai ras thii tham hai koet rok aid] *adj* HIV-positive
เอเดรียติค [e dria tik] *adj* Adriatic; ทะเลเอเดรียติค [tha le e dria tik] *n* Adriatic Sea
เอธิโอเปีย [e thi o pia] เกี่ยวกับเอธิโอเปียน [kiao kap e thi o pia] *adj* Ethiopian; ชาวเอธิโอเปียน [chao e thi o pian] *n* Ethiopian; ประเทศเอธิโอเปีย [pra tet e thi o pia] *n* Ethiopia
เอน [en] เอนไปข้างหน้า [en pai khang na] *v* lean forward
เอ็มพี ๓ [em pi sam] เครื่องฟังดนตรีเอ็มพี ๓ [khrueang fang don trii em phi sam] *n* MP3 player
เอ็มพี ๔ [em pi si] เครื่องฟังดนตรีเอ็มพี ๔ [khrueang fang don trii em phi si] *n* MP4 player
เอริเทรีย [e ri thria] ประเทศเอริเทรีย [pra tet e ri tria] *n* Eritrea
เอว [eo] *n* waist
เอสโตเนีย [es to nia] เกี่ยวกับเอสโตเนีย [kiao kap es to nia] *adj* Estonian; ชาวเอสโตเนียน [chao es to nian] *n* Estonian *(person)*; ประเทศเอสโตเนีย [pra tet es to nia] *n* Estonia
เอา [ao] เอาไป [ao pai] *vt* take; เอาของออก [ao khong ok] *v* unpack; เอาออกไป [ao ok pai] *v* take away; ฉันควรเอาไปเท่าไร? [chan khuan ao pai thao rai] How much should I take?
เอาใจใส่ [ao chai sai] ไม่เอาใจใส่ [mai ao jai sai] *adj* unattended; ที่เอาใจใส่อย่างมาก [thii ao jai sai yang mak] *adj* obsessed
เอาชนะ [ao cha na] *v* overcome
เอาตัวรอด [ao tua rot] ซึ่งเอาตัวรอดได้ในสังคมเมือง [sueng ao tua rot dai nai sang khom mueang] *adj* streetwise
เอาเปรียบ [ao priap] *v* exploit; การเอาเปรียบ [kan ao priap] *n* exploitation
เอาออก [ao ok] เอาออกไป [ao ok pai] *v* clear off
เอียง [iang] ทำให้เอียง [tham hai iang] *v* tip *(incline)*
เอื้ออำนวย [uea am nuai] ไม่เอื้ออำนวยประโยชน์ [mai uea am nuai pra yot] *adj* unfavourable
แองโกล่า [ang ko la] ชาวแองโกล่า [chao aeng ko la] *n* Angolan; ซึ่งเกี่ยวกับแองโกล่า [sueng kiao kap aeng ko la] *adj* Angolan; ประเทศแองโกล่า [pra tet aeng ko la] *n* Angola
แอตแลนติก [at laen tik] มหาสมุทรแอตแลนติก [ma ha sa mut at laen tik] *n* Atlantic
แอนโชวี่ [an cho wi] ปลาแอนโชวี่ [pla an cho vi] *n* anchovy
แอนดอรา [an do ra] ประเทศแอนดอร่า [pra tet aen do ra] *n* Andorra
แอนดีส [aen dit] เทือกเขาแอนดีส [thueak khao aen dis] *npl* Andes
แอปเปิ้ล [aep poen] *n* apple; ขนมแอปเปิ้ลพาย [kha nom ap poen phai] *n* apple pie; น้ำแอปเปิ้ลที่มีแอลกอฮอล์ [nam ap poen thii mii aen ko ho] *n* cider
แอปริคอท [aep pri cot] ลูกแอปริคอท [luk ae pri kot] *n* apricot
แอร์ [ae] มีแอร์ไหม? [mii ae mai] Does it have air conditioning?
แอร์คอนดิชั่น [ae khon di chan] มีแอร์คอนดิชั่นในห้องไหม? [mii ae khon di chan nai hong mai] Does the room have air conditioning?
แอร์โรบิค [ae ro bik] การเต้นแอร์โรบิค [kan ten ae ro bik] *npl* aerobics
แอร์โฮสเตส [ae hot sa tet] แอร์โฮสเตส [ae hot sa tet] *n* air hostess
แอลกอฮอล [aen ko ho] เครื่องวัดปริมาณแอลกอฮอล์จากลมหายใจ [khrueang wat pa ri man aen ko ho chak lom hai jai] *n* Breathalyser®; แอลกอฮอล์ต่ำ [aen ko

ho tam] *adj* low-alcohol; คุณมีเครื่องดื่มไม่มีแอลกอฮอล์อะไรบ้าง? [khun mii khrueang duem mai mii aen ko ho a rai bang] What non-alcoholic drinks do you have?

แอลป์ [aelp] เทือกเขาแอลป์ [thueak khao aelp] *npl* Alps

แอสไพริน [aes phai rin] ยาแอสไพริน [ya as phai rin] *n* aspirin; ฉันกินแอสไพรินไม่ได้ [chan kin as phai rin mai dai] I can't take aspirin; ฉันอยากได้แอสไพริน [chan yak dai as phai rin] I'd like some aspirin

แออัด [ae at] *vi* cram; ความแออัด [khwam ae at] *n* congestion; อย่างแออัด [yang ae at] *adj* crammed

โอ๊ก [ok] ผลต้นโอ๊ก [phon ton oak] *n* acorn

โอกาส [o kat] *n* chance, occasion, opportunity, prospect

โอ๊ค [ok] ต้นโอ๊ค [ton ok] *n* oak

โอโซน [o son] ก๊าซโอโซน [kas o son] *n* ozone; ชั้นก๊าซโอโซนล้อมรอบโลก [chan kas o son lom rop lok] *n* ozone layer

โอน [on] จะใช้เวลานานเท่าไรในการโอน? [ja chai we la nan thao rai nai kan on] How long will it take to transfer?; ฉันอยากโอนเงินจากบัญชีของฉัน [chan yak on ngoen chak ban chii khong chan] I would like to transfer some money from my account; ฉันอยากโอนเงินบางส่วนจากธนาคารของฉันที่... [chan yak on ngoen bang suan chak tha na khan khong chan thii...] I would like to transfer some money from my bank in...

โอเปร่า [o pe ra] *n* opera

โอมาน [o man] ประเทศโอมาน [pra tet o man] *n* Oman

โอวาท [o wat] การเทศนา การให้โอวาท [kan ted sa na, kan hai o wat] *n* sermon

โอ้อวด [o uat] คนที่ชอบโอ้อวด [khon thii chop o uad] *n* show-off

ไอ [ai] *vi* cough; ส่วนผสมสำหรับแก้ไอ [suan pha som sam rap kae ai] *n* cough mixture; การไอ [kan ai] *n* cough; ฉันไอ [chan ai] I have a cough

ไอคิว [ai khio] *abbr* IQ

ไอซ์แลนด์ [ais laen] *adj* เกี่ยวกับไอซ์แลนด์ [kiao kap ai laen] *n* Icelandic ▷ *n* ชาวไอซ์แลนด์ [chao ai laen] *n* Icelandic; ประเทศไอซ์แลนด์ [pra tet ai laen] *n* Iceland

ไอซียู [ai si yu] ห้องไอซียู [hong ai si u] *n* intensive care unit

ไอติม [ai tim] ไอติมรสผลไม้ [ai tim rot phon la mai] *n* ice lolly

ไอน้ำ [ai nam] *n* steam

ไอพอต [ai phot] *n* iPod®

ไอร์แลนด์ [ai laen] *adj* เกี่ยวกับไอร์แลนด์ [kiao kap ai laen] *adj* Irish ▷ *n* ประเทศไอร์แลนด์ [pra tet ai laen] *n* Eire, Ireland; ประเทศไอร์แลนด์เหนือ [pra tet ai laen nuea] *n* Northern Ireland

ไอริช [ai rit] ชาวไอริช [chao ai rit] *n* Irish; ผู้หญิงไอริช [phu ying ai rit] *n* Irishwoman; ผู้ชายไอริช [phu chai ai rit] *n* Irishman

ไอวี่ [ai wi] ไม้เลื้อยชื่อต้นไอวี่ [mai lueai chue ton ai vi] *n* ivy

ไอศกรีม [ai sa khrim] *n* ice cream; เราอยากได้ไอศกรีม [rao yak dai ai sa krim] I'd like an ice cream

ฮอกกี้ [hok ki] กีฬาไอซ์ฮอกกี้ [ki la ai hok ki] *n* ice hockey
ฮ็อคกี้ [hok ki] กีฬาฮ็อคกี้ [ki la hok ki] *n* hockey
ฮอธอน [ho thon] ต้นฮอธอน [ton ho thon] *n* hawthorn
ฮอนดูรัส [hon du ras] ประเทศฮอนดูรัส [pra tet hon du ras] *n* Honduras
ฮอร์โมน [ho mon] *n* hormone
ฮอลลี่ [hon li] ต้นฮอลลี่ [ton hol li] *n* holly
ฮอลแลนด์ [hon laen] ประเทศฮอลแลนด์ [pra tet hol laen] *n* Holland
ฮังการี [hang ka ri] เกี่ยวกับประเทศฮังการี [kiao kap pra thet hang ka ri] *adj* Hungarian; ชาวฮังการี [chao hang ka ri] *n* Hungarian; ประเทศฮังการี [pra tet hang ka ri] *n* Hungary
ฮินดู [hin du] แขกที่นับถือศาสนาฮินดู [khaek thii nap thue sat sa na hin du] *n* Hindu; ชาวฮินดู [chao hin du] *adj* Hindu; ศาสนาฮินดู [sat sa na hin du] *n* Hinduism
ฮิปปี้ [hip pi] พวกฮิปปี้ [phuak hip pi] *n* hippie
ฮิปโป [hip po] *n* hippo, hippopotamus
ฮูเร [hu re] *excl* hooray!
เฮชไอวี [het ai wi] ฉันเป็นเฮชไอวีบวก [chan pen het ai wii buak] I am HIV-positive
เฮเซลนัท [he sel nat] ถั่วเฮเซลนัท [thua he sel nat] *n* hazelnut
เฮโรอีน [he ro in] *n* heroin
เฮลิคอปเตอร์ [he li kop toe] *n* helicopter
เฮอร์เซโกวีนา [hoe se ko wi na] ประเทศบอสเนียและเฮอร์เซโกวีน่า [pra tet bos nia lae hoe se ko vi na] *n* Bosnia and Herzegovina
เฮอริเคน [hoe ri khen] พายุเฮอริเคน [pha yu hoe ri khen] *n* hurricane
เฮอริ่ง [hoe ring] ปลาเฮอริ่ง [pla hoe ring] *n* herring
เฮฮา [he ha] สนุกสนานเฮฮา [sa nuk sa nan he ha] *adj* hilarious
แฮดดอค [haet dot] ปลาแฮดดอค [pla haed dot] *n* haddock
แฮมเบอร์เกอร์ [haem boe koe] *n* hamburger; แฮมเบอร์เกอร์เนื้อ [haem boe koe nuea] *n* beefburger
ไฮโดรเจน [hai dro chen] แก๊สไฮโดรเจน [kas hai dro chen] *n* hydrogen
ไฮติ [hai ti] ประเทศไฮติ [pra tet hai ti] *n* Haiti
ไฮไฟ [hai fai] เครื่องไฮไฟ [khrueang hai fai] *n* hifi
ไฮไลท์ [hai lait] ผมฉันทำไฮไลท์ [phom chan tham hai lai] My hair is highlighted

ENGLISH–THAI
อังกฤษ–ไทย

a

a [eɪ] *art* หนึ่ง [nue]
abandon [əˈbændən] *v* ละทิ้ง [la thing]
abbey [ˈæbɪ] *n* สำนักสงฆ์ [sam nak song]
abbreviation [əˌbriːvɪˈeɪʃən] *n* อักษรย่อ [ak sorn yor]
abdomen [ˈæbdəmən; æbˈdəʊ-] *n* ท้อง [thong]
abduct [æbˈdʌkt] *v* ลักพาตัว [lak pha tua]
ability [əˈbɪlɪtɪ] *n* ความสามารถ [khwam sa mat]
able [ˈeɪbᵊl] *adj* สามารถ [sa mat]
abnormal [æbˈnɔːməl] *adj* ผิดปรกติ [phit prok ka ti]
abolish [əˈbɒlɪʃ] *v* ยกเลิก [yok loek]
abolition [ˌæbəˈlɪʃən] *n* การล้มเลิก [kan lom loek]
abortion [əˈbɔːʃən] *n* การทำแท้ง [kan tham thang]
about [əˈbaʊt] *adv* ใกล้ [klai] ▷ *prep* เกี่ยวกับ [kiao kap]; **Do you have any leaflets about...?** คุณมีใบปลิวเกี่ยวกับ...บ้างไหม? [khun mii bai plio kiao kap... bang mai]; **I want to complain about the service** ฉันอยากร้องเรียนเกี่ยวกับการบริการ [chan yak rong rian kiao kap kan bo ri kan]
above [əˈbʌv] *prep* เหนือกว่า [nuea kwa]
abroad [əˈbrɔːd] *adv* ต่างประเทศ [tang pra thet]
abrupt [əˈbrʌpt] *adj* ทันทีทันใด [than thii than dai]
abruptly [əˈbrʌptlɪ] *adv* อย่างทันทีทันใด [yang than thee than dai]
abscess [ˈæbsɛs; -sɪs] *n* ฝี [fi]; **I have an abscess** ฉันมีฝี [chan mii fii]
absence [ˈæbsəns] *n* การขาด ช่วงเวลาที่ไม่อยู่ [kan khat, chuang we la thii mai yu]
absent [ˈæbsənt] *adj* ขาด [khat]
absent-minded [ˌæbsənˈtˈmaɪndɪd] *adj* ใจลอย [chai loi]
absolutely [ˌæbsəˈluːtlɪ] *adv* อย่างแน่นอน [yang nae norn]
abstract [ˈæbstrækt] *adj* ที่เป็นนามธรรม [thii pen nam ma tham]
absurd [əbˈsɜːd] *adj* ไร้สาระ [rai sa ra]
Abu Dhabi [ˈæbuː ˈdɑːbɪ] *n* อาบูดาบี้ [a bu da bi]
abuse *n* [əˈbjuːs] การข่มเหง [kan khom heng] ▷ *v* [əˈbjuːz] ข่มเหง [khom heng]; **child abuse** *n* การกระทำทารุณต่อเด็ก [kan kra tham tha run to dek]
abusive [əˈbjuːsɪv] *adj* ซึ่งเป็นอันตราย [sueng pen an tra lai]
academic [ˌækəˈdɛmɪk] *adj* ด้านวิชาการ [dan wi cha kan]; **academic year** *n* ปีการศึกษา [pi kan suek sa]
academy [əˈkædəmɪ] *n* สถาบันศึกษา [sa tha ban suek sa]
accelerate [ækˈsɛləˌreɪt] *v* เร่งความเร็ว [reng khwam reo]
acceleration [ækˌsɛləˈreɪʃən] *n* การเพิ่มความเร็ว [kan poem khwam reo]
accelerator [ækˈsɛləˌreɪtə] *n* คันเร่ง [khan reng]
accept [əkˈsɛpt] *v* ยอมรับ [yom rap]
acceptable [əkˈsɛptəbᵊl] *adj* ที่ยอมรับได้ [thii yorm rab dai]
access [ˈæksɛs] *n* ทางเข้า [thang khao]

▷ *v* เข้าไปได้ [khao pai dai]; **Do you provide access for the disabled?** คุณจัดให้มีทางเข้าออกสำหรับคนพิการไหม? [khun chat hai mii thang khao ok sam rap khon phi kan mai]

accessible [əkˈsɛsəbᵊl] *adj* ที่สามารถเข้าได้ [thii sa mart khao dai]

accessory [əkˈsɛsərɪ] *n* เครื่องประดับ [khrueang pra dap]

accident [ˈæksɪdənt] *n* อุบัติเหตุ [u bat ti het]; **accident & emergency department** *n* อุบัติเหตุและหน่วยฉุกเฉิน [u bat ti het lae nuai chuk choen]; **I'd like to arrange personal accident insurance** ฉันอยากให้มีประกันชีวิตจากอุบัติเหตุ [chan yak hai mii pra kan chi vid chak u bat ti het]; **I've had an accident** ฉันเคยได้รับอุบัติเหตุ [chan khoei dai rap u bat ti het]; **There's been an accident!** มีอุบัติเหตุเกิดขึ้น [mii u bat ti het koet khuen]

accidental [ˌæksɪˈdɛntᵊl] *adj* เป็นเหตุบังเอิญ [pen het bang oen]

accidentally [ˌæksɪˈdɛntəlɪ] *adv* โดยบังเอิญ [doi bang oen]

accommodate [əˈkɒməˌdeɪt] *v* จัดที่อยู่ให้ [chad thii yu hai]

accommodation [əˌkɒməˈdeɪʃən] *n* ที่พักอาศัย [thii phak a sai]

accompany [əˈkʌmpənɪ; əˈkʌmpnɪ] *v* ไปเป็นเพื่อน [pai pen phuean]

accomplice [əˈkɒmplɪs; əˈkʌm-] *n* ผู้สมรู้ร่วมคิด [phu som ru ruam kit]

according [əˈkɔːdɪŋ] *prep* **according to** *prep* ตามที่ [tam thi]

accordingly [əˈkɔːdɪŋlɪ] *adv* ตามนั้น [tam nan]

accordion [əˈkɔːdɪən] *n* หีบเพลง [hip phleng]

account [əˈkaʊnt] *n (in bank)* บัญชีเงินฝาก [ban chi ngoen fak], *(report)* รายงาน การบรรยาย [rai ngan, kan ban yai]; **account number** *n* หมายเลขบัญชี [mai lek ban chi]; **bank account** *n* บัญชีธนาคาร [ban chi tha na khan]; **current account** *n* บัญชีกระแสรายวัน [ban chi kra sae rai wan]

accountable [əˈkaʊntəbᵊl] *adj* ที่สามารถอธิบายได้ [thii sa maat a thi bai dai]

accountancy [əˈkaʊntənsɪ] *n* การบัญชี [kan ban chi]

accountant [əˈkaʊntənt] *n* นักบัญชี [nak ban chi]

account for [əˈkaʊnt fɔː] *v* ให้เหตุผลสำหรับ [hai het phon sam rap]

accuracy [ˈækjʊrəsɪ] *n* ความแม่นยำ [khwam maen yam]

accurate [ˈækjərɪt] *adj* แม่นยำ [maen yam]

accurately [ˈækjərɪtlɪ] *adv* อย่างแม่นยำ [yang maen yam]

accusation [ˌækjʊˈzeɪʃən] *n* การกล่าวหา [kan klao ha]

accuse [əˈkjuːz] *v* กล่าวหา [klao ha]

accused [əˈkjuːzd] *n* ผู้ถูกกล่าวหา [phu thuk klao ha]

ace [eɪs] *n* แต้มเอหรือเลขหนึ่งในการเล่นไพ่ [taem e rue lek nueng nai kan len pai]

ache [eɪk] *n* ความเจ็บปวด [khwam chep puat] ▷ *v* เจ็บปวด [chep puat]

achieve [əˈtʃiːv] *v* ประสบผลสำเร็จ [pra sop phon sam ret]

achievement [əˈtʃiːvmənt] *n* การบรรลุผลสำเร็จ [kan ban lu phon sam ret]

acid [ˈæsɪd] *n* กรด [krot]; **acid rain** *n* ฝนที่เป็นกรด [fon thii pen krot]

acknowledgement [əkˈnɒlɪdʒmənt] *n* การยอมรับ [kan yom rap]

acne [ˈæknɪ] *n* สิว [sio]

acorn [ˈeɪkɔːn] *n* ผลต้นโอ๊ก [phon ton oak]

acoustic [əˈkuːstɪk] *adj* ซึ่งเกี่ยวข้องกับเสียง [sueng kiao khong kab siang]

acre [ˈeɪkə] *n* หน่วยวัดเนื้อที่เป็นเอเคอร์ [nuai wat nuea thii pen e khoe]

acrobat [ˈækrəˌbæt] *n* นักกายกรรม [nak kai ya kam]

acronym ['ækrənɪm] *n* ตัวย่อ [tua yo]
across [ə'krɒs] *prep* ข้าม [kham]
act [ækt] *n* การกระทำ [kan kra tham] ▷ *v* กระทำ [kra tham]
acting ['æktɪŋ] *adj* รักษาการแทน [rak sa kan thaen] ▷ *n* การแสดง [kan sa daeng]
action ['ækʃən] *n* การกระทำ [kan kra tham]
active ['æktɪv] *adj* คล่องแคล่ว [khlong khlaeo]
activity [æk'tɪvɪtɪ] *n* กระตือรือร้น [kra tue rue ron]; **activity holiday** *n* วันหยุดท่องเที่ยวที่มีกิจกรรม [wan yut thong thiao thii mii kit cha kam]
actor ['æktə] *n* นักแสดงชาย [nak sa daeng chai]
actress ['æktrɪs] *n* นักแสดงหญิง [nak sa daeng hying]
actual ['æktʃʊəl] *adj* ที่จริง [thii chring]
actually ['æktʃʊəlɪ] *adv* อย่างที่เกิดขึ้นตามจริง [yang thii koed khuen tam chring]
acupuncture ['ækjʊˌpʌŋktʃə] *n* การฝังเข็ม [kan fang khem]
ad [æd] *abbr* ตัวย่อของโฆษณา [tua yor khong kho sa na]; **small ads** *npl* โฆษณาเล็ก ๆ [khot sa na lek lek]
AD [eɪ diː] *abbr* คริสต์ศักราช [khrit sak ka rat]
adapt [ə'dæpt] *v* ปรับตัว [prap tua]
adaptor [ə'dæptə] *n* ตัวแปลงไฟ [tua plaeng fai]
add [æd] *v* รวม [ruam]
addict ['ædɪkt] *n* ผู้ติดยาเสพติด [phu tit ya sep tit]; **drug addict** *n* ผู้ติดยา [phu tit ya]
addicted [ə'dɪktɪd] *adj* ทำให้ติดยาเสพติด [tham hai tit ya sep tit]
additional [ə'dɪʃənᵊl] *adj* ที่เพิ่มขึ้น [thii perm khuen]
additive ['ædɪtɪv] *n* สิ่งที่เพิ่มเข้าไป [sing thii perm khao pai]
address [ə'drɛs] *n* *(location)* ที่อยู่ [thi yu], *(speech)* คำปราศรัย [kham pra sai]; **address book** *n* สมุดที่อยู่ [sa mut thii yu]; **Please send my mail on to this address** ช่วยส่งจดหมายฉันไปตามที่อยู่ที่นี่ [chuai song chot mai chan pai tam thii yu thii ni]; **The website address is...** ที่อยู่ของเว็ปไซด์คือ... [thii yu khong web sai khue...]; **Will you write down the address, please?** คุณจะช่วยเขียนที่อยู่ได้ไหม? [khun ja chuai khian thii yu dai mai]
add up [æd ʌp] *v* คิดผลรวม [kid phon ruam]
adjacent [ə'dʒeɪsᵊnt] *adj* ติดกัน [tid kan]
adjective ['ædʒɪktɪv] *n* คำคุณศัพท์ [kham khun na sab]
adjust [ə'dʒʌst] *v* ปรับตัว [prap tua]
adjustable [ə'dʒʌstəbᵊl] *adj* ปรับตัวได้ [prap tua dai]
adjustment [ə'dʒʌstmənt] *n* การปรับเปลี่ยน [kan prap plian]
administration [ədˌmɪnɪ'streɪʃən] *n* การบริหาร [kan bo ri han]
administrative [əd'mɪnɪˌstrətɪv] *adj* เกี่ยวกับการบริหาร [kiao kap kan bo ri han]
admiration [ˌædmə'reɪʃən] *n* ความชื่นชม [khwam chuen chom]
admire [əd'maɪə] *v* ชื่นชม [chuen chom]
admission [əd'mɪʃən] *n* การอนุญาตให้เข้า [kan ar nu yard hai khao]; **admission charge** *n* ค่าธรรมเนียมในการเข้า [kha tham niam nai kan khao]
admit [əd'mɪt] *v* *(allow in)* ยอมให้เข้า [yom hai khao], *(confess)* สารภาพ [sa ra phap]
admittance [əd'mɪtᵊns] *n* การอนุญาตให้เข้าได้ [kan ar nu yard hai khao dai]
adolescence [ˌædə'lɛsəns] *n* ช่วงวัยรุ่น [chuang wai run]
adolescent [ˌædə'lɛsᵊnt] *n* วัยรุ่น [wai run]
adopt [ə'dɒpt] *v* รับเอามา [rap ao ma]
adopted [ə'dɒptɪd] *adj* รับเลี้ยงเป็นลูก

[rap liang pen luk]
adoption [əˈdɒpʃən] *n* การรับเลี้ยงบุตรบุญธรรม [kan rap liang but bun tham]
adore [əˈdɔː] *v* บูชา [bu cha]
Adriatic [ˌeɪdrɪˈætɪk] *adj* เอเดรียติค [e dria tik]
Adriatic Sea [ˌeɪdrɪˈætɪk siː] *n* ทะเลเอเดรียติค [tha le e dria tik]
adult [ˈædʌlt; əˈdʌlt] *n* ผู้ใหญ่ [phu yai]; **adult education** *n* การศึกษาผู้ใหญ่ [kan suek sa phu yai]
advance [ədˈvɑːns] *n* ความก้าวหน้า [khwam kao na] ▷ *v* ก้าวหน้า [kao na]; **advance booking** *n* จองล่วงหน้า [chong luang na]
advanced [ədˈvɑːnst] *adj* แนวหน้า [naeo na]
advantage [ədˈvɑːntɪdʒ] *n* ความได้เปรียบ [khwam dai priap]
advent [ˈædvɛnt; -vənt] *n* การปรากฏตัวของคนหรือสิ่งสำคัญ [kan pra kot tua khong khon rue sing sam khan]
adventure [ədˈvɛntʃə] *n* การผจญภัย [kan pha chon phai]
adventurous [ədˈvɛntʃərəs] *adj* ชอบผจญภัย [chop pha chon phai]
adverb [ˈædˌvɜːb] *n* คำวิเศษณ์ [kham vi sed]
adversary [ˈædvəsərɪ] *n* คู่ต่อสู้ [khu to su]
advert [ˈædvɜːt] *n* โฆษณา [kho sa na]
advertise [ˈædvəˌtaɪz] *v* ลงโฆษณา [long kho sa na]
advertisement [ədˈvɜːtɪsmənt; -tɪz-] *n* การโฆษณา [kan kho sa na]
advertising [ˈædvəˌtaɪzɪŋ] *n* ธุรกิจโฆษณา [thu ra kid kho sa na]
advice [ədˈvaɪs] *n* คำแนะนำ [kham nae nam]
advisable [ədˈvaɪzəbᵊl] *adj* ควรแก่การแนะนำ [khua kae kan nae nam]
advise [ədˈvaɪz] *v* แนะนำ [nae nam]
aerial [ˈɛərɪəl] *n* การตีลังกาโดยไม่ใช้มือ [kan ti lang ka doi mai chai mue]
aerobics [ɛəˈrəʊbɪks] *npl* การเต้นแอร์โรบิค [kan ten ae ro bik]
aerosol [ˈɛərəˌsɒl] *n* ละอองของเหลว [la ong khong leo]
affair [əˈfɛə] *n* สถานการณ์ที่ได้รับการจัดการ [sa tha na kan thii dai rap kan chat kan]
affect [əˈfɛkt] *v* กระทบ [kra thop]
affectionate [əˈfɛkʃənɪt] *adj* ซึ่งรักใคร่ [sueng rak khrai]
afford [əˈfɔːd] *v* สามารถจ่ายได้ [sa maat chai dai]
affordable [əˈfɔːdəbᵊl] *adj* สามารถซื้อได้ [sa maat sue dai]
Afghan [ˈæfgæn; -gən] *adj* เกี่ยวกับอัฟกานิสถาน [kiao kap af ka ni sa than] ▷ *n* ชาวอัฟกานิสถาน [chao af ka ni sa than]
Afghanistan [æfˈgænɪˌstɑːn; -ˌstæn] *n* ประเทศอัฟกานิสถาน [pra tet af ka ni sa than]
afraid [əˈfreɪd] *adj* กลัว [klua]
Africa [ˈæfrɪkə] *n* ทวีปอัฟริกา [tha vip af ri ka]; **North Africa** *n* อัฟริกาเหนือ [af ri ka nuea]; **South Africa** *n* ประเทศอัฟริกาใต้ [pra tet af ri ka tai]
African [ˈæfrɪkən] *adj* เกี่ยวกับอัฟริกา [kiao kap af ri ka] ▷ *n* ชาวอัฟริกัน [chao af ri kan]; **Central African Republic** *n* ประเทศสาธารณรัฐอัฟริกันกลาง [pra tet sa tha ra na rat af ri kan klang]; **North African** *n* เกี่ยวกับอัฟริกาเหนือ [kiao kap af ri ka nuea], ชาวอัฟริกันตอนเหนือ [kiao kap af ri ka nuea, chao af ri kan ton nuea]; **South African** *n* เกี่ยวกับอัฟริกาใต้ [kiao kap af ri ka tai], ชาวอัฟริกาใต้ [kiao kap af ri ka tai, chao af ri ka tai]
Afrikaans [ˌæfrɪˈkɑːns; -ˈkɑːnz] *n* ชื่อภาษาราชการของอัฟริกาใต้ [chue pha sa rat cha kan khong af ri ka tai]
Afrikaner [afriˈkaːnə; ˌæfrɪˈkɑːnə] *n* ชาวอัฟริกัน [chao af ri kan]
after [ˈɑːftə] *conj* หลังจาก [lang chak] ▷ *prep* ภายหลัง [phai lang]

afternoon [ˌɑːftəˈnuːn] *n* ตอนบ่าย [ton bai]; **Good afternoon** สวัสดีตอนบ่าย [sa wat di ton bai]; **in the afternoon** ในตอนบ่าย [nai ton bai]
afters [ˈɑːftəz] *npl* ของหวาน [khong wan]
aftershave [ˈɑːftəˌʃeɪv] *n* น้ำหอมปรับผิวหลังโกนหนวด [nam hom prap phio lang kon nuat]
afterwards [ˈɑːftəwədz] *adv* หลังจากนั้น [lang chak nan]
again [əˈɡɛn; əˈɡeɪn] *adv* อีกครั้ง [ik khrang]
against [əˈɡɛnst; əˈɡeɪnst] *prep* ต่อต้าน [to tan]
age [eɪdʒ] *n* อายุ [a yu]; **age limit** *n* อายุขั้นต่ำ [a yu khan tam]; **Middle Ages** *npl* ยุคกลาง [yuk klang]
aged [ˈeɪdʒɪd] *adj* สูงอายุ [sung a yu]
agency [ˈeɪdʒənsɪ] *n* บริษัทตัวแทน [bor ri sat tua tan]; **travel agency** *n* สำนักงานท่องเที่ยว [sam nak ngan thong thiao]
agenda [əˈdʒɛndə] *n* กำหนดการ [kam not kan]
agent [ˈeɪdʒənt] *n* ตัวแทน [tua thaen]; **estate agent** *n* คนที่ทำงานเกี่ยวกับขายบ้านและที่ดิน [khon thii tham ngan kiao kap khai baan lae thii din]; **travel agent** *n* ตัวแทนสำนักงานท่องเที่ยว [tua thaen sam nak ngan thong thiao]
aggressive [əˈɡrɛsɪv] *adj* ก้าวร้าว [kao rao]
AGM [eɪ dʒiː ɛm] *abbr* การประชุมประจำปี [kan pra chum pra cham pi]
ago [əˈɡəʊ] *adv* **a month ago** หนึ่งเดือนมาแล้ว [nueng duean ma laeo]; **a week ago** อาทิตย์หนึ่งมาแล้ว [a thit nueng ma laeo]
agony [ˈæɡənɪ] *n* ความทรมาน [khwam tho ra man]
agree [əˈɡriː] *v* เห็นด้วย [hen duai]
agreed [əˈɡriːd] *adj* ยินยอม [yin yom]
agreement [əˈɡriːmənt] *n* ข้อตกลง [kho tok long]
agricultural [ˈæɡrɪˌkʌltʃərəl] *adj* ที่เกี่ยวกับเกษตรกรรม [thii kiao kap ka set tra kam]
agriculture [ˈæɡrɪˌkʌltʃə] *n* การเกษตรกรรม [kan ka set tra kam]
ahead [əˈhɛd] *adv* ในอนาคต [nai a na khot]
aid [eɪd] *n* ความช่วยเหลือ [khwam chuai luea]; **first aid** *n* การปฐมพยาบาลเบื้องต้น [kan pa thom pa ya baan bueang ton]; **first-aid kit** *n* ชุดปฐมพยาบาล [chut pa thom pha ya baan]; **hearing aid** *n* เครื่องช่วยฟัง [khrueang chuai fang]
AIDS [eɪdz] *n* โรคเอดส์ [rok aid]
aim [eɪm] *n* จุดหมาย [chut mai] ▷ *v* ตั้งเป้า [tang pao]
air [ɛə] *n* อากาศ [a kat]; **air hostess** *n* พนักงานหญิงบริการบนเครื่องบิน [pha nak ngan ying], แอร์โฮสเตส [pha nak ngan ying bo ri kan bon khrueang bin, ae hos tes]; **air-traffic controller** *n* ผู้ควบคุมเส้นทางการบิน [phu khuap khum sen thang kan bin]; **Air Force** *n* กองทัพอากาศ [kong thap a kat]; **How long will it take by air?** จะใช้เวลานานเท่าไรถ้าส่งทางอากาศ? [ja chai we la nan thao rai tha song thang a kat]
airbag [ɛəbæɡ] *n* ถุงอากาศนิรภัย [thung a kaat ni ra phai]
air-conditioned [ɛəkənˈdɪʃənd] *adj* ซึ่งได้ปรับอากาศ [sueng dai prap a kaat]
air conditioning [ɛə kənˈdɪʃənɪŋ] *n* เครื่องปรับอากาศ [khrueang prap a kat]; **The air conditioning doesn't work** เครื่องปรับอากาศไม่ทำงาน [khrueang prap a kat mai tham ngan]
aircraft [ˈɛəˌkrɑːft] *n* เครื่องบิน [khrueang bin]
airline [ˈɛəˌlaɪn] *n* สายการบิน [sai kan bin]
airmail [ˈɛəˌmeɪl] *n* จดหมายทางอากาศ [chod mai thang ar kard]
airport [ˈɛəˌpɔːt] *n* สนามบิน [sa nam bin]; **How do I get to the airport?** ฉัน

จะไปสนามบินได้อย่างไร? [chan ja pai sa nam bin dai yang rai]; **How much is the taxi to the airport?** แท็กซี่ไปสนามบินราคาเท่าไร? [thaek si pai sa nam bin ra kha thao rai]; **Is there a bus to the airport?** มีรถโดยสารไปสนามบินไหม? [mii rot doi san pai sa nam bin mai]

airsick ['ɛə,sɪk] *adj* เมาเครื่องบิน [mao khrueang bin]

airspace ['ɛə,speɪs] *n* น่านฟ้า [nan fa]

airtight ['ɛə,taɪt] *adj* ที่ผนึกแน่นไม่ให้อากาศเข้า [thii pha nuek naen mai hai ar kard khao]

aisle [aɪl] *n* ทางเดินระหว่างที่นั่ง [thang doen ra wang thii nang]

alarm [ə'lɑːm] *n* สัญญาณเตือนภัย [san yan tuean phai]; **alarm call** *n* การโทรปลุก [kan to pluk]; **alarm clock** *n* นาฬิกาปลุก [na li ka pluk]; **false alarm** *n* สัญญาณเตือนภัยปลอม [san yan tuean phai plom]

alarming [ə'lɑːmɪŋ] *adj* ซึ่งน่าตกใจ [sueng na tok jai]

Albania [æl'beɪnɪə] *n* ประเทศอัลเบเนีย [pra tet al be nia]

Albanian [æl'beɪnɪən] *adj* ซึ่งเกี่ยวกับอัลเบเนียน [sueng kiao kap al be nian] ▷ *n (language)* ภาษาอัลเบเนียน [pha sa al be nian], *(person)* ชาวอัลเบเนียน [chao al be nian]

album ['ælbəm] *n* สมุดภาพ [sa mut phap], อัลบั้ม [al bam]; **photo album** *n* อัลบั้มใส่รูป [al bam sai rup]

alcohol ['ælkə,hɒl] *n* เหล้า [lao]

alcohol-free ['ælkə,hɒlfriː] *adj* ไม่มีเหล้า [mai mee lao]

alcoholic [,ælkə'hɒlɪk] *adj* ซึ่งติดเหล้า [sueng tid lao] ▷ *n* ผู้ติดเหล้า [phu tid lao]

alert [ə'lɜːt] *adj* ตื่นตัว [tuen tua] ▷ *v* เตือน [tuean]

Algeria [æl'dʒɪərɪə] *n* ประเทศอัลจีเรีย [pra tet al chi ria]

Algerian [æl'dʒɪərɪən] *adj* ที่เกี่ยวกับอัลจีเรีย [thii kiao kap al chi ria] ▷ *n* ชาวอัลจีเรีย [chao al chi ria]

alias ['eɪlɪəs] *adv* ฉายา [cha ya] ▷ *prep* อีกนัยหนึ่งเรียกว่า [ik nai nueng riak wa]

alibi ['ælɪ,baɪ] *n* คำอ้างว่าอยู่ที่อื่นขณะที่เกิดเหตุ [kham ang wa yu thii uen kha na thii koet het]

alien ['eɪljən; 'eɪlɪən] *n* คนต่างด้าว [khon tang dao]

alive [ə'laɪv] *adj* มีชีวิต [mii chi wit]

all [ɔːl] *adj* ทั้งหมด [thang mot] ▷ *pron* ทุกคน [thuk khon]

Allah ['ælə] *n* พระเจ้าศาสนาอิสลาม [phra chao sat sa na is sa lam]

allegation [,ælɪ'geɪʃən] *n* ข้อกล่าวหา [kho klao ha]

alleged [ə'lɛdʒd] *adj* ซึ่งถูกกล่าวหา [sueng thuk klao ha]

allergic [ə'lɜːdʒɪk] *adj* แพ้ [phae]; **I'm allergic to penicillin** ฉันแพ้เพ็นนิซิลิน [chan phae phen ni si lin]

allergy ['ælədʒɪ] *n* อาการแพ้ [a kan phae]; **peanut allergy** *n* อาการแพ้ถั่วลิสง [a kan phae thua li song]

alley ['ælɪ] *n* ตรอก [trok]

alliance [ə'laɪəns] *n* พันธมิตร [phan tha mit]

alligator ['ælɪ,geɪtə] *n* จระเข้ [cha ra ke]

allow [ə'laʊ] *v* อนุญาต [a nu yat]

all right [ɔːl raɪt] *adv* อย่างน่าพอใจ [yang na phor jai]

ally ['ælaɪ; ə'laɪ] *n* สัมพันธมิตร [sam phan tha rat]

almond ['ɑːmənd] *n* เมล็ดอัลมอนด์ [ma let a mon]

almost ['ɔːlməʊst] *adv* เกือบจะ [kueap cha]

alone [ə'ləʊn] *adj* โดยลำพัง [doi lam phang]

along [ə'lɒŋ] *prep* คู่กันกับ [khu kan kap]

aloud [ə'laʊd] *adv* อย่างดัง [yang dang]

alphabet ['ælfə,bɛt] *n* ตัวอักษร [tua ak son]

Alps [ælps] *npl* เทือกเขาแอลป์ [thueak khao aelp]

already [ɔːlˈrɛdɪ] *adv* แล้ว [laeo]
alright [ɔːlˈraɪt] *adv* **Are you alright?** คุณตกลงไหม? [khun tok long mai]
also [ˈɔːlsəʊ] *adv* เช่นกัน [chen kan]
altar [ˈɔːltə] *n* แท่นบูชา [thaen bu cha]
alter [ˈɔːltə] *v* ปรับเปลี่ยน [prap plian]
alternate [ɔːlˈtɜːnɪt] *adj* ซึ่งสลับกัน [sueng sa lap kan]
alternative [ɔːlˈtɜːnətɪv] *adj* ที่มีตัวเลือก [thii mii tua lueak] ▷ *n* ทางเลือก [thang lueak]
alternatively [ɔːlˈtɜːnətɪvlɪ] *adv* ซึ่งมีตัวเลือก [sueng mii tua lueak]
although [ɔːlˈðəʊ] *conj* ถึงแม้ว่า [thueng mae wa]
altitude [ˈæltɪˌtjuːd] *n* ความสูงเหนือพื้นดินหรือเหนือน้ำทะเล [khwam sung nuea phuen din rue nuea nam tha le]
altogether [ˌɔːltəˈɡɛðə; ˈɔːltəˌɡɛðə] *adv* ทั้งหมด [thang mot]
aluminium [ˌæljʊˈmɪnɪəm] *n* อลูมิเนียม [a lu mi niam]
always [ˈɔːlweɪz; -wɪz] *adv* เสมอ [sa moe]
a.m. [eɪɛm] *abbr* เวลาหลังเที่ยงคืนถึงเที่ยงวัน [we la lang thiang khuen thueng thiang wan]
amateur [ˈæmətə; -tʃə; -ˌtjʊə; ˌæməˈtɜː] *n* มือสมัครเล่น [mue sa mak len]
amaze [əˈmeɪz] *v* ทำให้ประหลาดใจ [tham hai pra lat jai]
amazed [əˈmeɪzd] *adj* น่าทึ่ง [na thueng]
amazing [əˈmeɪzɪŋ] *adj* น่าประหลาดใจ [na pra hlad jai]
ambassador [æmˈbæsədə] *n* เอกอัครราชทูต [ek ak khra rat cha thut]
amber [ˈæmbə] *n* สีเหลืองอำพัน [sii lueang am phan]
ambition [æmˈbɪʃən] *n* ความทะเยอทะยาน [khwam tha yoe tha yan]
ambitious [æmˈbɪʃəs] *adj* ทะเยอทะยาน [tha yoe tha yan]
ambulance [ˈæmbjʊləns] *n* รถพยาบาล [rot pha ya ban]; **Call an ambulance** เรียกรถพยาบาล [riak rot pha ya baan]
ambush [ˈæmbʊʃ] *n* การซุ่มโจมตี [kan sum chom ti]
amenities [əˈmiːnɪtɪz] *npl* สิ่งอำนวยความสะดวก [sing am nuai khwam sa duak]
America [əˈmɛrɪkə] *n* ประเทศอเมริกา [pra ted a me ri ka]; **Central America** *n* อเมริกากลาง [a me ri ka klang]; **North America** *n* ทวีปอเมริกาเหนือ [tha wip a me ri ka nuea]; **South America** *n* ทวีปอเมริกาใต้ [tha wip a me ri ka tai]
American [əˈmɛrɪkən] *adj* เกี่ยวกับอเมริกา [kiao kap a me ri ka] ▷ *n* ชาวอเมริกัน [chao a me ri kan]; **American football** *n* ฟุตบอลอเมริกัน [fut bal a me ri kan]; **North American** *n* เกี่ยวกับอเมริกาเหนือ [kiao kap a me ri ka nuea], ผู้อาศัยอยู่ในทวีปอเมริกาเหนือ [kiao kap a me ri ka nuea, phu a sai yu nai tha wip a me ri ka nuea]; **South American** *n* เกี่ยวกับอเมริกาใต้ [kiao kap a me ri ka tai], ชาวอเมริกาใต้ [kiao kap a me ri ka tai, chao a me ri ka tai]
ammunition [ˌæmjʊˈnɪʃən] *n* อาวุธยุทธภัณฑ์ [a wut yut tha phan]
among [əˈmʌŋ] *prep* ท่ามกลาง [tham klang]
amount [əˈmaʊnt] *n* จำนวนรวม [cham nuan ruam]
amp [æmp] *n* หน่วยวัดกำลังกระแสไฟฟ้า [nuai wat kam lang kra sae fai fa]
amplifier [ˈæmplɪˌfaɪə] *n* เครื่องขยายเสียง [khrueang kha yai siang]
amuse [əˈmjuːz] *v* ทำให้หัวเราะ [tham hai hua rao]; **amusement arcade** *n* บริเวณที่มีตู้เกมส์ให้เล่น [bo ri wen thii mii tu kem hai len]
an [ɑːn] *art* คำกำกับนามที่ขึ้นต้นด้วยสระ [kham kam kap nam thii khuen ton duai sa ra]
anaemic [əˈniːmɪk] *adj* ที่เกี่ยวกับโรคโลหิตจาง [thii kiao kap rok lo hit

chang]
anaesthetic [ˌænɪs'θɛtɪk] *n* ยาชา [ya cha]; **general anaesthetic** *n* การวางยาสลบ [kan wang ya sa lop]; **local anaesthetic** *n* ยาชาเฉพาะแห่ง [ya chaa cha pho haeng]
analyse ['ænᵊˌlaɪz] *v* วิเคราะห์ [wi khro]
analysis [ə'nælɪsɪs] *n* ผลการวิเคราะห์ [phon kan wi khrao]
ancestor ['ænsɛstə] *n* บรรพบุรุษ [ban pha bu rut]
anchor ['æŋkə] *n* สมอเรือ [sa mo ruea]
anchovy ['æntʃəvɪ] *n* ปลาแอนโชวี่ [pla an cho vi]
ancient ['eɪnʃənt] *adj* โบราณ [bo ran]
and [ænd; ənd; ən] *conj* และ [lae]
Andes ['ændi:z] *npl* เทือกเขาแอนดีส [thueak khao aen dis]
Andorra [æn'dɔ:rə] *n* ประเทศแอนดอร่า [pra tet aen do ra]
angel ['eɪndʒəl] *n* นางฟ้า [nang fa]
anger ['æŋgə] *n* ความโกรธ [khwam krot]
angina [æn'dʒaɪnə] *n* โรคอักเสบที่ลำคอจากโรคหัวใจ [rok ak seb thii lam kor chak rok hua jai]
angle ['æŋgᵊl] *n* มุม [mum]; **right angle** *n* มุมที่ถูกต้อง [mum thii thuk tong]
angler ['æŋglə] *n* นักตกปลา [nak tok pla]
angling ['æŋglɪŋ] *n* การตกปลา [kan tok pla]
Angola [æŋ'gəʊlə] *n* ประเทศแองโกล่า [pra tet aeng ko la]
Angolan [æŋ'gəʊlən] *adj* ซึ่งเกี่ยวกับแองโกล่า [sueng kiao kap aeng ko la] ▷ *n* ชาวแองโกล่า [chao aeng ko la]
angry ['æŋgrɪ] *adj* โกรธ [krot]
animal ['ænɪməl] *n* สัตว์ [sat]
aniseed ['ænɪˌsi:d] *n* เมล็ดพืชชนิดหนึ่งใช้เป็นตัวแต่งกลิ่นแต่งรส [ma led phuet cha nit hueng chai pen tua taeng klin taeng rot]
ankle ['æŋkᵊl] *n* ข้อเท้า [kho thao]
anniversary [ˌænɪ'vɜ:sərɪ] *n* การฉลองครบรอบปี [kan cha long khrop rob pi]; **wedding anniversary** *n* ปีครบรอบแต่งงาน [pi khrop rop taeng ngan]
announce [ə'naʊns] *v* ประกาศ [pra kat]
announcement [ə'naʊnsmənt] *n* การประกาศ [kan pra kat]
annoy [ə'nɔɪ] *v* ทำให้รำคาญ [tham hai ram khan]
annoying [ə'nɔɪɪŋ] *adj* น่ารำคาญ [na ram khan]
annual ['ænjʊəl] *adj* ประจำปี [pra cham pi]
annually ['ænjʊəlɪ] *adv* ซึ่งเกิดปีละครั้ง [sueng koet pi la khrang]
anonymous [ə'nɒnɪməs] *adj* นิรนาม [ni ra nam]
anorak ['ænəˌræk] *n* เสื้อแจ๊คเกตตัวใหญ่และหนา [suea chaek ket tua yai lae hna]
anorexia [ˌænɒ'rɛksɪə] *n* ภาวะไม่อยากหรือทานอาหารไม่ได้ [pha wa mai yak rue than a han mai dai]
anorexic [ˌænɒ'rɛksɪk] *adj* เกี่ยวกับการทานอาหารไม่ได้ [kiao kap kan than a han mai dai]
another [ə'nʌðə] *adj* อีกอันหนึ่ง [ik an nueng]
answer ['ɑ:nsə] *n* คำตอบ [kham top] ▷ *v* ตอบ [top]
answerphone ['ɑ:nsəfəʊn] *n* เครื่องตอบรับโทรศัพท์ [khrueang top rap tho ra sap]
ant [ænt] *n* มด [mot]
antagonize [æn'tægəˌnaɪz] *v* ทำให้กลายเป็นศัตรู [tham hai klai pen sa tru]
Antarctic [ænt'ɑ:ktɪk] *adj* บริเวณขั้วโลกใต้ [bor ri ven khua lok tai]; **the Antarctic** *n* ที่ใกล้บริเวณขั้วโลกใต้ [thii klai bo ri wen khua lok tai]
Antarctica [ænt'ɑ:ktɪkə] *n* ที่ใกล้บริเวณขั้วโลกใต้ [thii klai bo ri wen khua lok tai]
antelope ['æntɪˌləʊp] *n* ละมั่ง [la mang]
antenatal [ˌæntɪ'neɪtᵊl] *adj* ก่อนเกิด [kon koed]
anthem ['ænθəm] *n* เพลงชาติ [phleng

chat]
anthropology [ˌænθrəˈpɒlədʒɪ] *n* มนุษยศาสตร์ [ma nut sa ya sat]
antibiotic [ˌæntɪbaɪˈɒtɪk] *n* ยาปฏิชีวนะ [ya pa ti chi wa na]
antibody [ˈæntɪˌbɒdɪ] *n* โปรตีนต่อต้านเชื้อโรคในร่างกาย [pro tin to tan chuea rok nai rang kai]
anticlockwise [ˌæntɪˈklɒkˌwaɪz] *adv* ที่ทวนเข็มนาฬิกา [thii thuan khem na li ka]
antidepressant [ˌæntɪdɪˈprɛsᵊnt] *n* ยาต้านอาการเศร้าซึม [ya tan a kan sao suem]
antidote [ˈæntɪˌdəʊt] *n* ยาถอนพิษ [ya thon phit]
antifreeze [ˈæntɪˌfriːz] *n* สารต้านการเยือกแข็ง [san tan kan yueak khaeng]
antihistamine [ˌæntɪˈhɪstəˌmiːn; -mɪn] *n* ยาแก้แพ้ชนิดหนึ่ง [ya kae pae cha nit nueng]
antiperspirant [ˌæntɪˈpɜːspərənt] *n* ยาลดการขับเหงื่อ [ya lot kan khap nguea]
antique [ænˈtiːk] *n* ของเก่า [khong kao]; **antique shop** *n* ร้านขายของเก่า [ran khai khong kao]
antiseptic [ˌæntɪˈsɛptɪk] *n* ยาฆ่าเชื้อโรค [ya kha chuea rok]
antivirus [ˈæntɪˌvaɪrəs] *n* ยาต่อต้านไวรัส [ya to tan vai ras]
anxiety [æŋˈzaɪɪtɪ] *n* ความวิตกกังวล [khwam wi tok kang won]
any [ˈɛnɪ] *pron* จำนวนหนึ่ง [cham nuan nueng], บาง [bang]; **Is there any garlic in it?** มีกระเทียมอยู่ในนี้บ้างไหม? [mii kra thiam yu nai nii bang mai]
anybody [ˈɛnɪˌbɒdɪ; -bədɪ] *pron* ใครก็ได้ [khrai ko dai]
anyhow [ˈɛnɪˌhaʊ] *adv* กรณีใด ๆ [ko ra nii dai dai]
anyone [ˈɛnɪˌwʌn; -wən] *pron* ใครสักคน [khrai sak khon]
anything [ˈɛnɪˌθɪŋ] *pron* อะไรก็ได้ [a rai ko dai]
anyway [ˈɛnɪˌweɪ] *adv* อย่างไรก็ตาม [yang rai ko tam]
anywhere [ˈɛnɪˌwɛə] *adv* ที่ไหนก็ตาม [thii nai ko tam]
apart [əˈpɑːt] *adv* แยกจาก [yaek chak]
apart from [əˈpɑːt frɒm] *prep* นอกจาก [nok chak]
apartment [əˈpɑːtmənt] *n* อพาร์ทเมนท์ [a phat men]; **We're looking for an apartment** เรากำลังมองหาอพาร์ทเมนท์ [rao kam lang mong ha a part ment]; **We've booked an apartment in the name of...** เราจองอพาร์ทเมนท์ในนามของ... [rao chong a part ment nai nam khong...]
aperitif [ɑːˌpɛrɪˈtiːf] *n* การดื่มเหล้าก่อนอาหาร [kan duem lao kon a han]
aperture [ˈæpətʃə] *n* ช่อง [chong]
apologize [əˈpɒləˌdʒaɪz] *v* ขอโทษ [kho thot]
apology [əˈpɒlədʒɪ] *n* คำขอโทษ [kham kho thot]
apostrophe [əˈpɒstrəfɪ] *n* เครื่องหมายวรรคตอน [khrueang mai wak ton]
appalling [əˈpɔːlɪŋ] *adj* ซึ่งทำให้ตกใจ [sueng tham hai tok jai]
apparatus [ˌæpəˈreɪtəs; -ˈrɑːtəs; ˈæpəˌreɪtəs] *n* เครื่องมือ [khrueang mue]
apparent [əˈpærənt; əˈpɛər-] *adj* ชัดเจน [chat chen]
apparently [əˈpærəntlɪ; əˈpɛər-] *adv* อย่างชัดเจน [yang chat chen]
appeal [əˈpiːl] *n* คำขอร้อง [kham kho rong] ▷ *v* ขออุทธรณ์ [kho ut thon]
appear [əˈpɪə] *v* ดูเหมือนว่า [du muean wa]
appearance [əˈpɪərəns] *n* การปรากฏตัว [kan pra kot tua]
appendicitis [əˌpɛndɪˈsaɪtɪs] *n* ไส้ติ่งอักเสบ [sai ting ak sep]
appetite [ˈæpɪˌtaɪt] *n* ความอยากอาหาร [khwam yak a han]
applaud [əˈplɔːd] *v* ปรบมือ [prop mue]
applause [əˈplɔːz] *n* การปรบมือแสดงความชื่นชม [kan prop mue sa daeng khwam chuen chom]

apple ['æpᵊl] *n* แอปเปิ้ล [aep poen]; **apple pie** *n* ขนมแอปเปิ้ลพาย [kha nom ap poen phai]
appliance [ə'plaɪəns] *n* เครื่องใช้ [khrueang chai]
applicant ['æplɪkənt] *n* ผู้สมัคร [phu sa mak]
application [ˌæplɪ'keɪʃən] *n* ใบสมัคร [bai sa mak]; **application form** *n* แบบฟอร์มใบสมัคร [baep fom bai sa mak]
apply [ə'plaɪ] *v* ประยุกต์ใช้ [pra yuk chai]
appoint [ə'pɔɪnt] *v* แต่งตั้ง [taeng tang]
appointment [ə'pɔɪntmənt] *n* การแต่งตั้ง [kan taeng tang]
appreciate [ə'priːʃɪˌeɪt; -sɪ-] *v* ยกย่อง [yok yong]
apprehensive [ˌæprɪ'hɛnsɪv] *adj* ตระหนก [tra nak]
apprentice [ə'prɛntɪs] *n* ผู้ฝึกงาน [phu fuek ngan]
approach [ə'prəʊtʃ] *v* เข้าใกล้ [khao klai]
appropriate [ə'prəʊprɪɪt] *adj* เหมาะสม [mo som]
approval [ə'pruːvᵊl] *n* การอนุมัติ [kan a nu mat]
approve [ə'pruːv] *v* อนุมัติ [a nu mat]
approximate [ə'prɒksɪmɪt] *adj* ประมาณ [pra man]
approximately [ə'prɒksɪmɪtlɪ] *adv* โดยประมาณ [doi pra man]
apricot ['eɪprɪˌkɒt] *n* ลูกแอปริคอท [luk ae pri kot]
April ['eɪprəl] *n* เดือนเมษายน [duean me sa yon]; **April Fools' Day** *n* วันที่เล่นแกล้งกันหรือล้อเลียน [wan thii len klaeng kan rue lo lian]
apron ['eɪprən] *n* ผ้ากันเปื้อน [pha kan puean]
aquarium [ə'kwɛərɪəm] *n* ตู้ปลา [tu phla]
Aquarius [ə'kwɛərɪəs] *n* ราศีกุมภ์ [ra si kum]
Arab ['ærəb] *adj* เกี่ยวกับชาวอาหรับ [kiao kap chao a rap] ▷ *n* ชาวอาหรับ [chao a rap]; **United Arab Emirates** *npl* ประเทศยูไนเต็ดอาหรับเอเมเรซ [pra tet yu nai tet a rab e me ret]
Arabic ['ærəbɪk] *adj* ที่เกี่ยวกับอาหรับ [thii kiao kap a rap] ▷ *n (language)* ภาษาหรืออักขระอาหรับ [pha sa hue ak kha ra ar hrab]
arbitration [ˌɑːbɪ'treɪʃən] *n* การตัดสิน [kan tat sin]
arch [ɑːtʃ] *n* โครงสร้างที่มีรูปโค้ง [khrong sang thii mii rup khong]
archaeologist [ˌɑːkɪ'ɒlədʒɪst] *n* นักโบราณคดี [nak bo ran kha di]
archaeology [ˌɑːkɪ'ɒlədʒɪ] *n* วิชาโบราณคดี [wi cha bo ran kha di]
archbishop ['ɑːtʃ'bɪʃəp] *n* หัวหน้าของบิชอพ [hua na khong bi chop]
architect ['ɑːkɪˌtɛkt] *n* สถาปนิก [sa tha pa nik]
architecture ['ɑːkɪˌtɛktʃə] *n* สถาปัตยกรรม [sa tha pat ta ya kam]
archive ['ɑːkaɪv] *n* สถานที่เก็บเอกสารสำคัญ [sa than thii kep ek ka san som khan]
Arctic ['ɑːktɪk] *adj* ที่อยู่ใกล้บริเวณขั้วโลกเหนือ [thii yu klai bo ri wen khua lok nuea]; **Arctic Circle** *n* วงเขตขั้วโลกเหนือ [wong khet khua lok nuea]; **Arctic Ocean** *n* มหาสมุทรขั้วโลกเหนือ [ma ha sa mut khua lok nuea]; **the Arctic** *n* ที่อยู่ใกล้บริเวณขั้วโลกเหนือ [thii yu klai bo ri wen khua lok nuea]
area ['ɛərɪə] *n* บริเวณ [bo ri wen]; **service area** *n* พื้นที่บริการ [phuen thii bo ri kan]
Argentina [ˌɑːdʒən'tiːnə] *n* ประเทศอาร์เจนตินา [pra tet ar chen ti na]
Argentinian [ˌɑːdʒən'tɪnɪən] *adj* เกี่ยวกับประเทศอาร์เจนตินา [kiao kap pra thet a chen ti na] ▷ *n (person)* ชาวอาร์เจนตินา [chao a chen ti na]
argue ['ɑːgjuː] *v* โต้เถียง [to thiang]
argument ['ɑːgjʊmənt] *n* การโต้เถียง [kan to thiang]

Aries ['ɛəriːz] *n* ราศีเมษ [ra si met]
arm [ɑːm] *n* แขน [khaen]; **I can't move my arm** ฉันขยับแขนไม่ได้ [chan khla yap khaen mai dai]
armchair ['ɑːmˌtʃɛə] *n* เก้าอี้มีที่วางแขน [kao ee mee thii wang khaen]
armed [ɑːmd] *adj* ติดอาวุธ [tit a wut]
Armenia [ɑː'miːnɪə] *n* ประเทศอาร์มีเนีย [pra tet ar mii nia]
Armenian [ɑː'miːnɪən] *adj* เกี่ยวกับประเทศอาร์มีเนีย [kiao kap pra thet a mii nia] ▷ *n (language)* ภาษาอาร์มีเนียน [pha sa ar mii nian], *(person)* ชาวอาร์มีเนียน [chao a mii nian]
armour ['ɑːmə] *n* เสื้อเกราะ [suea kro]
armpit ['ɑːmˌpɪt] *n* รักแร้ [rak rae]
army ['ɑːmɪ] *n* กองทัพ [kang thap]
aroma [ə'rəʊmə] *n* กลิ่นหอม [klin hom]
aromatherapy [əˌrəʊmə'θɛrəpɪ] *n* การรักษาที่ใช้เครื่องหอมกับสมุนไพร [kan rak sa thii chai khrueang hom kap sa mun phrai]
around [ə'raʊnd] *adv* รอบๆ [rop rop] ▷ *prep* ประมาณ [pra man]; **Could you show us around?** คุณพาเราดูรอบ ๆ ได้ไหม? [khun pha rao du rop rop dai mai]
arrange [ə'reɪndʒ] *v* จัดเตรียม [chat triam]
arrangement [ə'reɪndʒmənt] *n* การจัดเตรียม [kan chat triam]
arrears [ə'rɪəz] *npl* เงินค้างชำระ [ngoen kang cham ra]
arrest [ə'rɛst] *n* การจับกุม [kan chap kum] ▷ *v* จับกุม [chap khum]
arrival [ə'raɪvᵊl] *n* การมาถึง [kan ma thueng]
arrive [ə'raɪv] *v* มาถึง [ma thueng]; **I've just arrived** ฉันเพิ่งมาถึง [chan phoeng ma thueng]; **My suitcase has arrived damaged** กระเป๋าเดินทางของฉันเสียหายเมื่อมาถึง [kra pao doen thang khong chan sia hai muea ma thueng]; **We arrived early/late** เรามาถึงก่อนเวลา/ช้า [rao ma thueng kon we la / cha]
arrogant ['ærəgənt] *adj* หยิ่งยโส [ying ya so]
arrow ['ærəʊ] *n* ลูกธนู [luk tha nu]
arson ['ɑːsᵊn] *n* การลอบวางเพลิง [kan lop wang phloeng]
art [ɑːt] *n* ศิลป [sin]; **art gallery** *n* ห้องแสดงงานศิลปะ [hong sa daeng ngan sin la pa]; **art school** *n* โรงเรียนศิลปะ [rong rian sin la pa]; **work of art** *n* งานศิลปะ [ngan sin la pa]
artery ['ɑːtərɪ] *n* เส้นเลือดแดงที่นำเลือดแดงออกจากหัวใจ [sen lueat daeng thii nam lueat daeng ok chak hua jai]
arthritis [ɑː'θraɪtɪs] *n* โรคข้อต่ออักเสบ [rok kho to ak sep]
artichoke ['ɑːtɪˌtʃəʊk] *n* พันธุ์ไม้ชนิดหนึ่งใช้ดอกทำอาหาร [phan mai cha nit nueng chai dok tham a han]
article ['ɑːtɪkᵊl] *n* บทความ [bot khwam]
artificial [ˌɑːtɪ'fɪʃəl] *adj* เทียม [thiam]
artist ['ɑːtɪst] *n* ศิลปิน [sin la pin]
artistic [ɑː'tɪstɪk] *adj* เกี่ยวกับศิลปะ [kiao kap sin la pa]
as [əz] *adv* อย่างพอ ๆ กัน [yang pho pho kan] ▷ *conj* ขณะที่ ดังที่ เนื่องจาก [kha na thii, dang thii, nueang chak] ▷ *prep* ในฐานะ [nai tha na]
asap [eɪsæp] *abbr* ตัวย่อของเร็วที่สุดเท่าที่จะเป็นไปได้ [tua yo khong reo thii sut thao thii ja pen pai dai]
ascent [ə'sɛnt] *n* **When is the last ascent?** ปีนขึ้นทางชันครั้งสุดท้ายเมื่อไร? [pin khuen thang chan khrang sut thai muea rai]
ashamed [ə'ʃeɪmd] *adj* อับอาย [ap ai]
ashore [ə'ʃɔː] *adv* **Can we go ashore now?** เราขึ้นฝั่งตอนนี้ได้ไหม? [rao khuen fang ton nii dai mai]
ashtray ['æʃˌtreɪ] *n* ที่เขี่ยบุหรี่ [thi khia bu ri]; **May I have an ashtray?** ฉันขอที่เขี่ยบุหรี่ได้ไหม? [chan kho thii khia bu ri dai mai]
Asia ['eɪʃə; 'eɪʒə] *n* ทวีปเอเชีย [tha wip e

chia]
Asian ['eɪʃən; 'eɪʒən] *adj* เกี่ยวกับประเทศในเอเชีย [kiao kap pra thet nai e chia] ▷ *n* ชาวเอเชีย [chao e chia]
Asiatic [ˌeɪʃɪ'ætɪk; -zɪ-] *adj* เอเชีย [e chia]
ask [ɑːsk] *v* ถาม [tham]
ask for [ɑːsk fɔː] *v* ขอให้ทำ [kho hai tham]
asleep [ə'sliːp] *adj* นอนหลับ [non lap]
asparagus [ə'spærəgəs] *n* หน่อไม้ฝรั่ง [no mai fa rang]
aspect ['æspɛkt] *n* มุมมอง [mum mong]
aspirin ['æsprɪn] *n* ยาแอสไพริน [ya as phai rin]
assembly [ə'sɛmblɪ] *n* การรวมกลุ่ม [kan ruam klum]
asset ['æsɛt] *n* ประโยชน์ [pra yot]; **assets** *npl* สินทรัพย์ [sin sap]
assignment [ə'saɪnmənt] *n* งานที่ได้รับมอบหมาย [ngan thii dai rap mop mai]
assistance [ə'sɪstəns] *n* ความช่วยเหลือ [khwam chuai luea]
assistant [ə'sɪstənt] *n* ผู้ช่วย [phu chuai]; **personal assistant** *n* ผู้ช่วยส่วนตัว [phu chuai suan tua]; **sales assistant** *n* พนักงานขาย [pha nak ngan khai]; **shop assistant** *n* พนักงานขายของ [pha nak ngan khai khong]
associate *adj* [ə'səʊʃɪɪt] ที่เกี่ยวเนื่อง [thii kiao nueang] ▷ *n* [ə'səʊʃɪɪt] ผู้มีความสัมพันธ์กัน เช่น ผู้ร่วมงาน เพื่อน หุ้นส่วน [phu mee khwam sam phan kan chen phu ruam ngan phuean hun suan]
association [əˌsəʊsɪ'eɪʃən; -ʃɪ-] *n* กลุ่มสมาคม [klum, sa ma khom]
assortment [ə'sɔːtmənt] *n* การจัดประเภท [kan chat pra phet]
assume [ə'sjuːm] *v* ทึกทักเอา [thuek thak ao]
assure [ə'ʃʊə] *v* ให้ความมั่นใจ [hai khwam man jai]
asthma ['æsmə] *n* โรคหืด [rok huet]
astonish [ə'stɒnɪʃ] *v* ทำให้แปลกใจ [tham hai plaek jai]
astonished [ə'stɒnɪʃt] *adj* ที่ประหลาดใจ [thii pra lat jai]
astonishing [ə'stɒnɪʃɪŋ] *adj* น่าประหลาดใจ [na pra hlad jai]
astrology [ə'strɒlədʒɪ] *n* โหราศาสตร์ [ho ra sat]
astronaut ['æstrəˌnɔːt] *n* มนุษย์อวกาศ [ma nut a wa kat]
astronomy [ə'strɒnəmɪ] *n* ดาราศาสตร์ [da ra sat]
asylum [ə'saɪləm] *n* ที่ลี้ภัย [thii lii phai]; **asylum seeker** *n* ผู้แสวงหาที่ลี้ภัย [phu sa waeng ha thii lii phai]
at [æt] *prep* ที่ [thi]; **Do we stop at...?** เราหยุดจอดที่...หรือเปล่า? [rao yut jot thii…rue plao]; **I'm delighted to meet you at last** ฉันดีใจที่ได้พบคุณในท้ายที่สุด [chan di jai thii dai phop khun nai thai thii sut]; **I'm staying at a hotel** ฉันพักที่โรงแรม [chan phak thii rong raem]
atheist ['eɪθɪˌɪst] *n* ผู้เชื่อว่าพระเจ้าไม่มีจริง [phu chuea wa phra chao mai mii ching]
athlete ['æθliːt] *n* นักกีฬา [nak ki la]
athletic [æθ'lɛtɪk] *adj* ในด้านกีฬา [nai dan ki la]
athletics [æθ'lɛtɪks] *npl* การเล่นกีฬาทั้งทางลู่และลาน [kan len ki la thang thang lu lae lan]
Atlantic [ət'læntɪk] *n* มหาสมุทรแอตแลนติก [ma ha sa mut at laen tik]
atlas ['ætləs] *n* สมุดแผนที่ [sa mut phaen thii]
atmosphere ['ætməsˌfɪə] *n* บรรยากาศ [ban ya kat]
atom ['ætəm] *n* อะตอม [a tom]; **atom bomb** *n* ระเบิดปรมาณู [ra boet pa ra ma nu]
atomic [ə'tɒmɪk] *adj* เกี่ยวกับปรมาณู [kiao kap pa ra ma nu]
attach [ə'tætʃ] *v* ติดกัน [tid kan]
attached [ə'tætʃt] *adj* ที่ติดกัน [thii tid kan]

attachment [ə'tætʃmənt] *n* การผูกติดสิ่งที่แนบมา [kan phuk tit, sing thii naep ma]
attack [ə'tæk] *n* การโจมตี [kan chom ti] ▷ *v* โจมตี [chom ti]; **heart attack** *n* หัวใจวาย [hua jai wai]; **terrorist attack** *n* การถูกโจมตีจากผู้กอการร้าย [kan thuk chom ti chak phu ko kan rai]
attempt [ə'tɛmpt] *n* ความพยายาม [khwam pha ya yam] ▷ *v* พยายาม [pha ya yom]
attend [ə'tɛnd] *v* เข้าร่วม [khao ruam]
attendance [ə'tɛndəns] *n* การเข้าชั้นเรียน [kan khao chan rian]
attendant [ə'tɛndənt] *n* **flight attendant** *n* เจ้าหน้าที่ต้อนรับบนเครื่องบิน [chao na thii ton rap bon khrueang bin]
attention [ə'tɛnʃən] *n* ความตั้งใจ [khwam tang jai]
attic ['ætɪk] *n* ห้องใต้หลังคา [hong tai lang kha]
attitude ['ætɪˌtju:d] *n* ทัศนคติ ความเห็น [that sa na kha ti, khwam hen]
attorney [ə'tɜ:nɪ] *n* ทนาย นิติกร [tha nai, ni ti kon]
attract [ə'trækt] *v* ดึงดูดความสนใจ [dueng dut khwam son jai]
attraction [ə'trækʃən] *n* การดึงดูดความสนใจ [kan dueng dud khwam son jai]
attractive [ə'træktɪv] *adj* มีเสน่ห์ดึงดูด [mii sa ne dueng dut]
aubergine ['əʊbəˌʒi:n] *n* มะเขือฝรั่งมีสีม่วงผลยาวใหญ่ [ma khuea fa rang mii sii muang phon yao yai]
auburn ['ɔ:bᵊn] *adj* สีน้ำตาลอมแดง [see nam tan om daeng]
auction ['ɔ:kʃən] *n* การประมูล [kan pra mun]
audience ['ɔ:dɪəns] *n* ผู้ชม [phu chom]
audit ['ɔ:dɪt] *n* การตรวจสอบบัญชี [kan truat sob ban chii] ▷ *v* ตรวจสอบบัญชี [truat sop ban chii]
audition [ɔ:'dɪʃən] *n* การทดสอบการแสดง [kan thot sop kan sa daeng]
auditor ['ɔ:dɪtə] *n* ผู้สอบบัญชี [phu sob ban che]
August ['ɔ:gəst] *n* เดือนสิงหาคม [duean sing ha khom]
aunt [ɑ:nt] *n* ป้า น้า อาผู้หญิง [pa na a phu ying]
auntie ['ɑ:ntɪ] *n* ป้า น้า อาผู้หญิง [pa na a phu ying]
au pair [əʊ 'pɛə; o pɛr] *n* คนเลี้ยงดูเด็ก [khon liang du dek]
austerity [ɒ'stɛrɪtɪ] *n* ความเคร่งครัด [khwam khreng khrat]
Australasia [ˌɒstrə'leɪzɪə] *n* ออสเตรเลีย [os tre lia]
Australia [ɒ'streɪlɪə] *n* ประเทศออสเตรเลีย [pra tet os tre lia]
Australian [ɒ'streɪlɪən] *adj* ที่เกี่ยวกับออสเตรเลีย [thii kiao kap os tre lia] ▷ *n* ชาวออสเตรเลีย [chao os tre lia]
Austria ['ɒstrɪə] *n* ประเทศออสเตรีย [pra tet os tria]
Austrian ['ɒstrɪən] *adj* ที่เกี่ยวกับออสเตรีย [thii kiao kap os tria] ▷ *n* ชาวออสเตรียน [chao os trian]
authentic [ɔ:'θɛntɪk] *adj* ของแท้ [khong thae]
author, authoress ['ɔ:θə, 'ɔ:θəˌrɛs] *n* นักประพันธ์ [nak pra phan]
authorize ['ɔ:θəˌraɪz] *v* ให้อำนาจ [hai am nat]
autobiography [ˌɔ:təʊbaɪ'ɒgrəfɪ; ˌɔ:təbaɪ-] *n* อัตชีวประวัติ [at ta chi wa pra wat]
autograph ['ɔ:təˌgrɑ:f; -ˌgræf] *n* ลายเซ็น [lai sen]
automatic [ˌɔ:tə'mætɪk] *adj* อัตโนมัติ [at ta no mat]; **An automatic, please** ขอคันขับแบบอัตโนมัติ [kho khan khap baep at ta no mat]; **Is it an automatic car?** เป็นรถขับแบบอัตโนมัติหรือเปล่า? [pen rot khap baep at ta no mat rue plao]
automatically [ˌɔ:tə'mætɪklɪ] *adv* โดยอัตโนมัติ [doi at ta no mat]
autonomous [ɔ:'tɒnəməs] *adj* ซึ่ง

ปกครองตนเอง [sueng pok khrong ton ang]

autonomy [ɔːˈtɒnəmɪ] *n* การปกครองตนเอง [kan pok khrong ton eng]

autumn [ˈɔːtəm] *n* ฤดูใบไม้ร่วง [rue du bai mai ruang]

availability [əˈveɪləbɪlɪtɪ] *n* มีผลใช้ได้ [mii phon chai dai]

available [əˈveɪləbᵊl] *adj* มีอยู่ [mii yu]

avalanche [ˈævəˌlɑːntʃ] *n* หิมะถล่ม [hi ma tha lom]; **Is there a danger of avalanches?** มีอันตรายเกี่ยวกับหิมะถล่มไหม? [mii an ta rai kiao kap hi ma tha lom mai]

avenue [ˈævɪˌnjuː] *n* ถนนสายใหญ่ [tha non sai yai]

average [ˈævərɪdʒ; ˈævrɪdʒ] *adj* โดยเฉลี่ย [doi cha lia] ▷ *n* ค่าเฉลี่ย [kha cha lia]

avocado, avocados [ˌævəˈkɑːdəʊ, ˌævəˈkɑːdəʊs] *n* ผลอะโวคาโด้ [phon a vo kha do]

avoid [əˈvɔɪd] *v* หลีกเลี่ยง [lik liang]

awake [əˈweɪk] *adj* ตื่น [tuen] ▷ *v* ปลุกทำให้ตื่น [pluk, tham hai tuen]

award [əˈwɔːd] *n* รางวัล [rang wan]

aware [əˈwɛə] *adj* ตระหนักรู้ [tra nak ru]

away [əˈweɪ] *adv* ไปที่อื่น [pai thii aue]; **away match** *n* การแข่งขันที่ไปเล่นที่อื่น [kan khaeng khan thii pai len thii uen]

awful [ˈɔːfʊl] *adj* แย่มาก [yae mak]; **What awful weather!** อากาศแย่มาก [a kaat yae mak]

awfully [ˈɔːfəlɪ; ˈɔːflɪ] *adv* อย่างเลวร้าย [yang leo rai]

awkward [ˈɔːkwəd] *adj* งุ่มง่าม [ngum ngam]

axe [æks] *n* ขวาน [khwan]

axle [ˈæksəl] *n* แกน เพลา [kaen, phlao]

Azerbaijan [ˌæzəbaɪˈdʒɑːn] *n* ประเทศอาเซอร์ไบจาน [pra tet a soe bi chan]

Azerbaijani [ˌæzəbaɪˈdʒɑːnɪ] *adj* เกี่ยวกับอาเซอร์ไบจาน [kiao kap a soe bai chan] ▷ *n* ชาวอาเซอร์ไบจาน [chao a soe bi chan]

b

B&B [biː ænd biː] *n* ตัวย่อของเตียงนอนและอาหารเช้า [tua yo khong tiang non lae a han chao]

BA [bɑː] *abbr* ปริญญาตรี [pa rin ya tree]

baby [ˈbeɪbɪ] *n* เด็กทารก [dek tha rok]; **baby milk** *n* นมสำหรับเด็กทารก [nom sam rap dek tha rok]; **baby wipe** *n* กระดาษหรือผ้าเช็ดตัวเด็ก [kra dat rue pha chet tua dek]; **baby's bottle** *n* ขวดนมเด็ก [khaut nom dek]

babysit [ˈbeɪbɪsɪt] *v* ช่วยดูแลเด็ก [chuai du lae dek]

babysitter [ˈbeɪbɪsɪtə] *n* ผู้ช่วยเลี้ยงเด็ก [phu chuai liang dek]

babysitting [ˈbeɪbɪsɪtɪŋ] *n* การเป็นผู้ช่วยเลี้ยงเด็ก [kan pen phu chuai liang dek]

bachelor [ˈbætʃələ; ˈbætʃlə] *n* ชายโสด [chai sot]

back [bæk] *adj* ซึ่งผ่านมาแล้ว ซึ่งอยู่ด้านหลัง [sueng phan ma laeo, sueng yu dan lang] ▷ *adv* กลับไปสภาพเดิม [klap pai sa phap doem] ▷ *n* หลัง ส่วนหลัง [lang, suan lang] ▷ *v* ถอยหลัง [thoi lang]; **back pain** *n* ปวดหลัง [puat lang]

backache ['bæk,eɪk] *n* อาการปวดหลัง [a kan puad hlang]
backbone ['bæk,bəʊn] *n* กระดูกสันหลัง [kra duk san lang]
backfire [,bæk'faɪə] *v* ให้ผลตรงข้ามกับที่ตั้งใจไว้ [hai phon trong kham kap thii tang jai wai]
background ['bæk,graʊnd] *n* ภูมิหลัง [phum hlang]
backing ['bækɪŋ] *n* ความช่วยเหลือ ผู้ช่วยเหลือ [khwam chuai hluea phu chuai hluea]
back out [bæk aʊt] *v* กลับคำ [klab kham]
backpack ['bæk,pæk] *n* กระเป๋าสะพายหลัง [kra pao sa phai lang]
backpacker ['bæk,pækə] *n* ผู้ใส่กระเป๋าสะพายหลัง [phu sai kra pao sa phai hlang]
backpacking ['bæk,pækɪŋ] *n* การใส่กระเป๋าสะพายหลัง [kan sai kra pao sa phai lang]
backside [,bæk'saɪd] *n* ด้านหลัง [dan hlang]
backslash ['bæk,slæʃ] *n* เครื่องหมาย มักใช้ในคอมพิวเตอร์ [khrueang mai mak chai nai khom phio toe]
backstroke ['bæk,strəʊk] *n* ท่าว่ายน้ำแบบตีกรรเชียง [tha wai nam baep ti kan chiang]
back up [bæk ʌp] *v* สนับสนุน [sa nap sa nun]
backup [bæk,ʌp] *n* สนับสนุน [sa nap sa nun]
backwards ['bækwədz] *adv* ถอยหลัง [thoi lang]
bacon ['beɪkən] *n* เนื้อด้านหลังและส่วนนอกของหมูที่ใส่เกลือรมควัน [nuea dan lang lae suan nok khong mu thii sai kluea rom khwan]
bacteria [bæk'tɪərɪə] *npl* เชื้อแบคทีเรีย [chuea baek thi ria]
bad [bæd] *adj* เลว [leo]
badge [bædʒ] *n* เข็มเครื่องหมาย [khem khrueang mai]
badger ['bædʒə] *n* สัตว์สี่เท้ามีขนสีเทาหัวมีลายเส้นสีขาวตัดกับขนสีเทา [sat si thao mee khon see thao hua mee lai sen see khao tad kab khon see thao]
badly ['bædlɪ] *adv* เลว [leo]
badminton ['bædmɪntən] *n* แบดมินตัน [bat min tan]
bad-tempered [bæd'tɛmpəd] *adj* อารมณ์เสีย [a rom sia]
baffled ['bæfᵊld] *adj* ทำให้งงงวย [tham hai ngong nguai]
bag [bæg] *n* กระเป๋า ถุง [kra pao, thung]; **bum bag** *n* กระเป๋าเล็กที่ติดเข็มขัดสวมรอบเอว [kra pao lek thii tit khem khat suam rop eo]; **carrier bag** *n* ถุงใส่ของ [thung sai khong]; **overnight bag** *n* กระเป๋าเดินทางใบเล็กใช้เพื่อค้างคืน [kra pao doen thang bai lek chai phuea khang khuen]
baggage ['bægɪdʒ] *n* กระเป๋าเดินทาง [kra pao doen thang]; **baggage allowance** *n* การอนุญาตให้มีกระเป๋าเดินทางตามที่กำหนด [kan a nu yat hai mii kra pao doen thang tam thii kam not]; **baggage reclaim** *n* ที่เรียกเก็บกระเป๋าเดินทาง [thii riak kep kra pao doen thang]; **excess baggage** *n* กระเป๋าที่มีน้ำหนักเกิน [kra pao thii mii nam nak koen]; **What is the baggage allowance?** อนุญาตน้ำหนักกระเป๋าเดินทางเท่าไร? [a nu yaat nam nak kra pao doen thang thao rai]
baggy ['bægɪ] *adj* โป่งหรือพองเหมือนถุง [pong rue phong muean thung]
bagpipes ['bæg,paɪps] *npl* ปี่สก็อต [pi sa kot]
Bahamas [bə'hɑːməz] *npl* ประเทศบาฮามาส [pra tet ba ha mas]
Bahrain [bɑː'reɪn] *n* ประเทศบาร์เรน [pra tet bar ren]
bail [beɪl] *n* การประกันตัว [kan pra kan tua]
bake [beɪk] *v* อบ [op]

baked [beɪkt] *adj* อบ [op]; **baked potato** *n* มันอบ [man op]
baker ['beɪkə] *n* คนทำขนมปัง [kon tham kha nom pang]
bakery ['beɪkərɪ] *n* ร้านขายขนมปัง [ran khai kha nom pang]
baking ['beɪkɪŋ] *n* การอบ [kan op]; **baking powder** *n* ผงฟู [phong fu]
balance ['bæləns] *n* ความสมดุล [khwam som dun]; **balance sheet** *n* งบดุล [ngop dun]; **bank balance** *n* งบดุลธนาคาร [ngop dun tha na khan]
balanced ['bælənst] *adj* ที่สมดุล [thii som dun]
balcony ['bælkənɪ] *n* ระเบียง [ra biang]; **Do you have a room with a balcony?** คุณมีห้องที่มีระเบียงไหม? [khun mii hong thii mii ra biang mai]
bald [bɔːld] *adj* ล้าน [lan]
Balkan ['bɔːlkən] *adj* ประเทศในคาบสมุทรบอลข่าน [pra tet nai khap sa mut bon khan]
ball [bɔːl] *n (dance)* งานบอล [ngan bon], *(toy)* ลูกบอล [luk bon]
ballerina [ˌbæləˈriːnə] *n* นักเต้นบัลเล่ต์หญิง [nak ten bal le ying]
ballet ['bæleɪ; bæ'leɪ] *n* ระบำปลายเท้า [ra bam plai thao]; **ballet dancer** *n* นักเต้นระบำปลายเท้า [nak ten ra bam plai thao]; **ballet shoes** *npl* รองเท้าบัลเล่ต์ [rong thao ban le]
balloon [bə'luːn] *n* ลูกโป่ง [luk pong]
bamboo [bæm'buː] *n* ต้นไผ่ [ton phai]
ban [bæn] *n* คำสั่งห้าม [kham sang ham] ▷ *v* ห้าม [ham]
banana [bə'nɑːnə] *n* กล้วย [kluai]
band [bænd] *n (musical group)* วงดนตรี [wong don tri], *(strip)* สายคาด [sai khat]; **brass band** *n* วงดนตรีเครื่องเป่า [wong don tree khrueang pao]; **elastic band** *n* ยางยืด [yang yuet]; **rubber band** *n* ยางรัด [yang rat]
bandage ['bændɪdʒ] *n* ผ้าพันแผล [pha phan phae] ▷ *v* พันแผล [phan phae]; **I'd like a bandage** ฉันอยากได้ผ้าพันแผล [chan yak dai pha phan phlae]; **I'd like a fresh bandage** ฉันอยากได้ผ้าพันแผลใหม่ [chan yak dai pha phan phlae mai]
Band-Aid® [bændeɪd] *n* ผ้าพาสเตอร์ [pha phas toe]
bang [bæŋ] *n* เสียงดังมาก [siang dang mak] ▷ *v* ตีอย่างแรง ปิดอย่างแรง [ti yang raeng pid yang raeng]
Bangladesh [ˌbɑːŋglə'dɛʃ; ˌbæŋ-] *n* ประเทศบังคลาเทศ [pra tet bang khla tet]
Bangladeshi [ˌbɑːŋglə'dɛʃɪ; ˌbæŋ-] *adj* ที่เกี่ยวกับประเทศบังคลาเทศ [thii kiao kap pra tet bang khla tet] ▷ *n* ชาวบังคลาเทศ [chao bang khla tet]
banister ['bænɪstə] *n* ราวระเบียง [rao ra biang]
banjo ['bændʒəʊ] *n* แบนโจ เครื่องดนตรี [baen jo khrueang don trii]
bank [bæŋk] *n (finance)* ธนาคาร [tha na kan], *(ridge)* ตลิ่ง [ta ling]; **bank account** *n* บัญชีธนาคาร [ban chi tha na khan]; **How far is the bank?** ธนาคารอยู่ไกลแค่ไหน? [tha na khan yu klai khae nai]; **I would like to transfer some money from my bank in...** ฉันอยากโอนเงินบางส่วนจากธนาคารของฉันที่... [chan yak on ngoen bang suan chak tha na khan khong chan thii...]; **Is the bank open today?** วันนี้ธนาคารเปิดไหม? [wan nii tha na khan poet mai]
banker ['bæŋkə] *n* นายธนาคาร [nai tha na khan]
banknote ['bæŋkˌnəʊt] *n* ธนบัตร [tha na bat]
bankrupt ['bæŋkrʌpt; -rəpt] *adj* ล้มละลาย [lom la lai]
banned [bænd] *adj* ถูกห้าม [thuk ham]
Baptist ['bæptɪst] *n* ผู้ทำพิธีล้างบาป [phu tham phi thi lang bap]
bar [bɑː] *n (alcohol)* บาร์ ที่จำหน่ายเครื่องดื่ม [baa thii cham nai khrueang

duem], *(strip)* แถบ เส้น ริ้ว [thaep, sen, rio]; **snack bar** *n* ห้องทานอาหารว่าง [hong than a han wang]
Barbados [bɑːˈbeɪdəʊs; -dəʊz; -dɒs] *n* ประเทศบาร์เบโดส [pra tet bar be dos]
barbaric [bɑːˈbærɪk] *adj* ป่าเถื่อน [pa thuean]
barbecue [ˈbɑːbɪˌkjuː] *n* บาร์บีคิว [ba bi kio]
barber [ˈbɑːbə] *n* ช่างตัดผม [chang tad phom]
bare [bɛə] *adj* เปลือยเปล่า [pluea plao] ▷ *v* ทำให้โล่ง เปิดเผยออกมา [tham hai long, poet phoei ok ma]
barefoot [ˈbɛəˌfʊt] *adj* เท้าเปล่า [thao plao] ▷ *adv* เท้าเปล่า [thao plao]
barely [ˈbɛəlɪ] *adv* เกือบไม่พอ [kueap mai pho]
bargain [ˈbɑːɡɪn] *n* การต่อรอง [kan to rong]
barge [bɑːdʒ] *n* เรือบรรทุก เรือที่ใช้ในพิธี [ruea ban thuk ruea thii chai nai phi ti]
bark [bɑːk] *v* เห่า [hao]
barley [ˈbɑːlɪ] *n* ข้าวบาร์เลย์ [khao ba le]
barmaid [ˈbɑːˌmeɪd] *n* หญิงเสริฟเครื่องดื่มในบาร์ [ying soep khrueang duem nai ba]
barman, barmen [ˈbɑːmən, ˈbɑːmɛn] *n* ชายเสิร์ฟเครื่องดื่มในบาร์ [chai soep khrueang duem nai bar]
barn [bɑːn] *n* โรงนา [rong na]
barrel [ˈbærəl] *n* ถังใส่ของเหลว [thang sai khong leo]
barrier [ˈbærɪə] *n* สิ่งกีดขวาง [sing kit khwang]; **ticket barrier** *n* เครื่องกีดกั้นที่ต้องแสดงตั๋วก่อนผ่านเข้าไป [khrueang kit kan thii tong sa daeng tua kon phan khao pai]
bartender [ˈbɑːˌtɛndə] *n* บาร์เทนเดอร์ [ba ten doe]
base [beɪs] *n* พื้นฐาน ฐานทัพ [phuen than, than thap]
baseball [ˈbeɪsˌbɔːl] *n* กีฬาเบสบอล [ki la bes bal]; **baseball cap** *n* หมวกแก๊บสำหรับเล่นเบสบอล [muak kaep sam rap len bes bal]
based [beɪst] *adj* ซึ่งเป็นรากฐาน [sueng pen rak than]
basement [ˈbeɪsmənt] *n* ห้องใต้ดิน [hong tai din]
bash [bæʃ] *n* ชนอย่างแรง [chon yang raeng] ▷ *v* ตีอย่างรุนแรง [ti yang run raeng]
basic [ˈbeɪsɪk] *adj* พื้นฐาน ธรรมดา [phuen than, tham ma da]
basically [ˈbeɪsɪklɪ] *adv* โดยพื้นฐาน [doi phuen than]
basics [ˈbeɪsɪks] *npl* สิ่งที่เป็นพื้นฐาน [sing thii pen phuen than]
basil [ˈbæzᵊl] *n* ใบโหระพา [bai ho ra pha]
basin [ˈbeɪsᵊn] *n* อ่างน้ำ [ang nam]
basis [ˈbeɪsɪs] *n* รากฐาน [rak than]
basket [ˈbɑːskɪt] *n* ตะกร้า [tra kra]; **wastepaper basket** *n* ตะกร้าใส่ขยะ [ta kra sai kha ya]
basketball [ˈbɑːskɪtˌbɔːl] *n* กีฬาบาสเกตบอล [ki la bas ket bal]
Basque [bæsk; bɑːsk] *adj* เกี่ยวกับชาวบาสค์ [kiao kap chao bas] ▷ *n (language)* ภาษาบาสค์ [pha sa bas], *(person)* ชาวบาสค์ [chao bas]
bass [beɪs] *n* โทนเสียงต่ำ [thon siang tam]; **bass drum** *n* กลองที่มีเสียงต่ำ [klong thii mii siang tam]; **double bass** *n* ดนตรีเครื่องสายชนิดหนึ่ง [don tree khrueang sai cha nit nueng]
bassoon [bəˈsuːn] *n* ปี่ใหญ่ [pi yai]
bat [bæt] *n (mammal)* ค้างคาว [khang khao], *(with ball)* ไม้ตีลูกบอล [mai ti luk bon]
bath [bɑːθ] *n* **bubble bath** *n* ฟองอาบน้ำ [fong aap nam]
bathe [beɪð] *v* อาบน้ำ [ap nam]
bathrobe [ˈbɑːθˌrəʊb] *n* เสื้อคลุมอาบน้ำ [suea khlum aap nam]
bathroom [ˈbɑːθˌruːm; -ˌrʊm] *n* ห้องน้ำ [hong nam]; **Are there support**

railings in the bathroom? มีราวช่วยพยุงในห้องน้ำไหม? [mii rao chuai pha yung nai hong nam mai]; **Does the room have a private bathroom?** มีห้องน้ำส่วนตัวในห้องไหม? [mii hong nam suan tua nai hong mai]; **The bathroom is flooded** ห้องน้ำมีน้ำท่วม [hong nam mii nam thuam]

baths [bɑːθz] *npl* สระว่ายน้ำ [sa wai nam]

bathtub [ˈbɑːθˌtʌb] *n* อ่างอาบน้ำ [ang aap nam]

batter [ˈbætə] *n* ส่วนผสมที่ทำจากแป้งนมและไข่ [suan pha som thii tham chak paeng num lae khai]

battery [ˈbætərɪ] *n* แบตเตอรี่ [bat toe ri]; **Do you have any batteries?** คุณมีแบตเตอรี่ไหม? [khun mii baet toe ri mai]; **Do you have batteries for this camera?** คุณมีแบตเตอรี่สำหรับกล้องนี้ไหม? [khun mii baet toe ri sam rap klong nii mai]; **I need a new battery** ฉันอยากได้แบตเตอรี่ใหม่ [chan yak dai baet toe ri mai]

battle [ˈbætᵊl] *n* การสู้รบ [kan su rop]

battleship [ˈbætᵊlˌʃɪp] *n* เรือรบ [ruea rob]

bay [beɪ] *n* อ่าว [ao]; **bay leaf** *n* ใบอบเชย [bai op choei]

BC [biː siː] *abbr* ตัวย่อของก่อนคริสต์ศักราช [tua yo khong kon khrit sak ka rat]

be [biː; bɪ] *v* เป็น อยู่ คือ [pen, yu, khue]

beach [biːtʃ] *n* ชายหาด [chai hat]; **Are there any good beaches near here?** มีชายหาดดีๆ ใกล้ที่นี่ไหม? [mee chai had di di kai thii ni mai]; **How far is the beach?** ชายหาดอยู่ไกลแค่ไหน? [chai hat yu klai khae nai]; **I'm going to the beach** ฉันจะไปที่ชายหาด [chan ja pai thii chai hat]

bead [biːd] *n* ลูกปัด [luk pat]

beak [biːk] *n* จะงอยปากนก [cha ngoi pak nok]

beam [biːm] *n* ลำแสง คานรับน้ำหนัก รอยยิ้มกว้าง [lam saeng, khan rap nam nak, roi yim kwang]

bean [biːn] *n* ถั่ว [thua]; **broad bean** *n* ถั่วชนิดหนึ่งเป็นฝัก [thua cha nit nueng pen phak]; **coffee bean** *n* เมล็ดกาแฟ [ma let ka fae]; **French beans** *npl* ถั่วคล้ายถั่วฝักยาว [thua khlai thua fak yao]

beansprout [ˈbiːnspraʊt] *n*

beansprouts *npl* ถั่วงอก [thua ngok]

bear [bɛə] *n* หมี [mi] ▷ *v* ทน [thon]; **polar bear** *n* หมีขั้วโลก [mii khua lok]; **teddy bear** *n* ตุ๊กตาหมี [tuk ka ta mii]

beard [bɪəd] *n* เครา [khrao]

bearded [bɪədɪd] *adj* ที่เต็มไปด้วยหนวดเครา [thii tem pai duai nuat khrao]

bear up [bɛə ʌp] *v* ยังแข็งแรง [yang khaeng raeng]

beat [biːt] *n* การตี [kan ti] ▷ *v (outdo)* ทำให้พ่ายแพ้ [tham hai phai phae], *(strike)* ตี [ti]

beautiful [ˈbjuːtɪfʊl] *adj* สวยงาม [suai ngam]

beautifully [ˈbjuːtɪflɪ] *adv* อย่างสวยงาม [yang suai ngam]

beauty [ˈbjuːtɪ] *n* ความงาม [khwam ngam]; **beauty salon** *n* ร้านเสริมสวย [ran soem suai]; **beauty spot** *n* สถานที่สวยงาม [sa than thii suai ngam]

beaver [ˈbiːvə] *n* สัตว์ครึ่งบกครึ่งน้ำคล้ายนาก [sat khrueng bok khrueng nam khlai nak]

because [bɪˈkɒz; -ˈkəz] *conj* เพราะว่า [phro wa]

become [bɪˈkʌm] *v* กลายเป็น [klai pen]

bed [bɛd] *n* เตียงนอน [tiang norn]; **bed and breakfast** *n* ที่พักค้างแรมที่ให้อาหารเช้า [thii phak kang raem thii hai a han chao]; **bunk beds** *npl* เตียงชั้น [tiang chan]; **camp bed** *n* เตียงผ้าใบน้ำหนักเบา [tiang pha bai nam nak bao]

bedclothes [ˈbɛdˌkləʊðz] *npl* ของใช้บนเตียงนอน เช่น ผ้าห่ม ฟูก [khong chai bon tiang non chen pha hom fuk]

bedding ['bɛdɪŋ] *n* เครื่องนอน [khrueang non]
bedroom ['bɛd,ru:m; -,rʊm] *n* ห้องนอน [hong non]; **Do you have any bedrooms on the ground floor?** คุณมีห้องนอนอยู่ชั้นล่างไหม? [khun mii hong non yu chan lang mai]
bedsit ['bɛd,sɪt] *n* ห้องเดี่ยวที่รวมเป็นทั้งห้องนอนและนั่งเล่น [hong diao thii ruam pen thang hong norn lae nang len]
bedspread ['bɛd,sprɛd] *n* ผ้าคลุมเตียง [pha khlum tiang]
bedtime ['bɛd,taɪm] *n* เวลานอน [we la non]
bee [bi:] *n* ผึ้ง [phueng]
beech [bi:tʃ] *n* **beech (tree)** *n* ต้นบีช [ton bit]
beef [bi:f] *n* เนื้อวัว [nuea wua]
beefburger ['bi:f,bɜ:gə] *n* แฮมเบอร์เกอร์เนื้อ [haem boe koe nuea]
beer [bɪə] *n* เบียร์ [bia]; **another beer** เบียร์อีกแก้ว [bia ik kaew]; **A draught beer, please** ขอเบียร์สด [kho bia sot]
beetle ['bi:tᵊl] *n* แมลงปีกแข็ง เช่นตัวด้วง [ma laeng pik khaeng chen tua duang]
beetroot ['bi:t,ru:t] *n* หัวบีตรูต [hua bit rut]
before [bɪ'fɔ:] *adv* ก่อน [kon] ▷ *conj* ก่อนที่ [kon thii]; **before five o'clock** ก่อนห้าโมง [kon ha mong]; **Do we have to clean the house before we leave?** เราต้องทำความสะอาดบ้านก่อนออกไปไหม? [rao tong tham khwam sa at baan kon ok pai mai]; **the week before last** อาทิตย์ก่อนอาทิตย์ที่แล้ว [a thit kon a thit thii laeo]
beforehand [bɪ'fɔ:,hænd] *adv* ล่วงหน้า [luang na]
beg [bɛg] *v* ขอร้อง [kho rong]
beggar ['bɛgə] *n* ขอทาน [kho than]
begin [bɪ'gɪn] *v* เริ่ม [roem]; **When does it begin?** จะเริ่มเมื่อไร? [ja roem muea rai]
beginner [bɪ'gɪnə] *n* ผู้เริ่มใหม่ [phu roem mai]
beginning [bɪ'gɪnɪŋ] *n* การเริ่มต้น [kan roem ton]
behave [bɪ'heɪv] *v* ปฏิบัติ [pa ti bat]
behaviour [bɪ'heɪvjə] *n* พฤติกรรม [phrue ti kam]
behind [bɪ'haɪnd] *adv* ข้างหลัง [khang lang] ▷ *n* หลัง [lung] ▷ *prep* หลังจาก [lang chak]; **lag behind** *v* เคลื่อนไหวช้ากว่าผู้อื่น [khluean wai cha kwa phu uen]; **I've been left behind** ฉันถูกทิ้งให้อยู่ข้างหลัง [chan thuk thing hai yu khang lang]
beige [beɪʒ] *adj* สีน้ำตาลอ่อน [sii nam tan on]
Beijing ['beɪ'dʒɪŋ] *n* กรุงปักกิ่ง [krung pak king]
Belarus ['bɛlə,rʌs; -,rʊs] *n* ประเทศเบรารุส [pra tet be ra rus]
Belarussian [,bɛləʊ'rʌʃən; ,bjɛl-] *adj* เกี่ยวกับชาวเบรารุส [kiao kap chao be ra rus] ▷ *n (language)* ภาษาเบรารัสเซียน [pha sa be ra ras sian], *(person)* ชาวเบรารัสเซียน [chao be ra ras sian]
Belgian ['bɛldʒən] *adj* เกี่ยวกับชาวเบลเยี่ยม [kiao kap chao bel yiam] ▷ *n* ชาวเบลเยี่ยม [chao bel yiam]
Belgium ['bɛldʒəm] *n* ประเทศเบลเยี่ยม [pra tet bel yiam]
belief [bɪ'li:f] *n* ความเชื่อมั่น [khwam chuea man]
believe [bɪ'li:v] *vi* เลื่อมใส ศรัทธา [lueam sai, sat tha] ▷ *vt* เชื่อ [chuea]
bell [bɛl] *n* ระฆัง [ra khang]
belly ['bɛlɪ] *n* ท้อง [thong]; **belly button** *n* สะดือ [sa due]
belong [bɪ'lɒŋ] *v* เป็นของ [pen khong]; **belong to** *v* เป็นสมาชิกของ [pen sa ma chik khong]
belongings [bɪ'lɒŋɪŋz] *npl* สมบัติส่วนตัว [som bat suan tua]
below [bɪ'ləʊ] *adv* อยู่ข้างล่าง [yu khang lang] ▷ *prep* อยู่ตอนใต้ [yu torn tai]
belt [bɛlt] *n* เข็มขัด [khem khat];

conveyor belt *n* สายพานการขนส่ง [sai phan kan khon song]; **money belt** *n* กระเป๋าใส่เงินคาดที่เอว [kra pao sai ngoen khat thii eo]; **safety belt** *n* เข็มขัดนิรภัย [khem khat ni ra phai]
bench [bɛntʃ] *n* ม้านั่ง [ma nang]
bend [bɛnd] *n* ทางโค้ง [thang khong] ▷ *v* งอ [ngo]; **bend down** *v* ย่อตัว [yo tua]; **bend over** *v* โค้งตัว [khong tua]
beneath [bɪ'ni:θ] *prep* ข้างล่าง [khang laang]
benefit ['bɛnɪfɪt] *n* ผลประโยชน์ [phon pra yot] ▷ *v* มีประโยชน์ต่อ [mii pra yot to]
bent [bɛnt] *adj (dishonest)* โกงกิน [kong kin], *(not straight)* คดงอ [khot ngo]
beret ['bɛreɪ] *n* หมวกกลม [muak klom]
berry ['bɛrɪ] *n* ลูกเบอร์รี่เป็นลูกไม้ส่วนใหญ่กินได้และมีลักษณะกลม [luk boe ri pen luk mai suan yai kin dai lae mii lak sa na klom]
berth [bɜ:θ] *n* ที่นอนในเรือหรือรถไฟ [thii non nai ruea rue rot fai]
beside [bɪ'saɪd] *prep* ข้างๆ [khang khang]
besides [bɪ'saɪdz] *adv* นอกจากนี้ [nak chak ni]
best [bɛst] *adj* ดีที่สุด [di thii sut] ▷ *adv* เหมาะสมที่สุด [mo som thii sut]; **best man** *n* เพื่อนเจ้าบ่าว [phuean chao bao]; **What's the best way to get to the city centre?** วิธีไหนที่ดีที่สุดที่จะไปใจกลางเมือง? [wi thi nai thii di thii sut thii ja pai jai klang mueang]
bestseller [ˌbɛst'sɛlə] *n* ขายดีที่สุด [khai dee thii sud]
bet [bɛt] *n* การพนัน [kan pha nan] ▷ *v* พนัน [pha nan]
betray [bɪ'treɪ] *v* ทรยศ [tho ra yot]
better ['bɛtə] *adj* ดีกว่า [di kwa] ▷ *adv* มาตรฐานที่ดีกว่า [mat tra than thii di kwa]
betting [bɛtɪŋ] *n* การพนัน [kan pha nan]; **betting shop** *n* ร้านรับพนัน [ran rap pha nan]
between [bɪ'twi:n] *prep* ระหว่าง [ra wang]
bewildered [bɪ'wɪldəd] *adj* งุนงงอย่างที่สุด [ngun ngong yang thii sut]
beyond [bɪ'jɒnd] *prep* เลยออกไป [loei ok pai]
biased ['baɪəst] *adj* ซึ่งลำเอียง [sueng lam iang]
bib [bɪb] *n* ผ้ากันเปื้อนเด็ก [pha kan puean dek]
Bible ['baɪbᵊl] *n* คัมภีร์ไบเบิล [kham phii bai boen]
bicarbonate [baɪ'kɑ:bənɪt; -ˌneɪt] *n* **bicarbonate of soda** *n* สารโซเดียมไบคาร์บอเนต [san so diam bi kha bo net]
bicycle ['baɪsɪkᵊl] *n* จักรยาน [chak kra yan]; **bicycle pump** *n* ที่สูบรถจักรยาน [thii sup rot chak kra yan]
bid [bɪd] *n* การประมูล [kan pra mun] ▷ *v* *(at auction)* ประมูล [pra mun]
bifocals [baɪ'fəʊkᵊlz] *npl* แว่นสองเลนส์ [waen song len]
big [bɪg] *adj* ใหญ่ [yai]; **It's too big** มันใหญ่เกินไป [man yai koen pai]; **The house is quite big** บ้านค่อนข้างใหญ่ [baan khon khang yai]
bigger [bɪgə] *adj* ใหญ่กว่า [yai kwa]; **Do you have a bigger one?** คุณมีห้องใหญ่กว่านี้ไหม? [khun mii hong yai kwa nii mai]
bigheaded ['bɪgˌhɛdɪd] *adj* หัวดื้อ [hua due]
bike [baɪk] *n* จักรยาน [chak kra yan]; **Can I keep my bike here?** ฉันจอดจักรยานที่นี่ได้ไหม? [chan jot chak kra yan thii ni dai mai]; **Does the bike have brakes?** จักรยานคันนี้มีเบรคไหม? [chak kra yan khan nii mii brek mai]; **Does the bike have gears?** จักรยานคันนี้มีเกียร์ไหม? [chak kra yan khan nii mii kia mai]
bikini [bɪ'ki:nɪ] *n* บิกินี่ [bi ki ni]
bilingual [baɪ'lɪŋgwəl] *adj* สามารถเขียน

หรือพูดได้สองภาษา [sa maat khian rue phut dai song pha sa]

bill [bɪl] *n (account)* ใบแจ้งหนี้ [bai chaeng nii], *(legislation)* ร่างกฎหมาย [rang kot mai]; **phone bill** *n* บิลเก็บเงินค่าโทรศัพท์ [bil kep ngoen kha tho ra sap]

billiards [ˈbɪljədz] *npl* บิลเลียด [bin liat]

billion [ˈbɪljən] *n* พันล้าน [phan lan]

bin [bɪn] *n* ถังขยะ [thang kha ya]; **litter bin** *n* ถังใส่ขยะ [thang sai kha ya]

binding [ˈbaɪndɪŋ] *n* **Can you adjust my bindings, please?** คุณช่วยปรับที่ผูกข้อมือให้ฉันได้ไหม? [khun chuai prap thii phuk kho mue hai chan dai mai]; **Can you tighten my bindings, please?** คุณช่วยผูกที่ผูกข้อมือฉันให้แน่นขึ้นได้ไหม? [khun chuai phuk thii phuk kho mue chan hai naen khuen dai mai]

bingo [ˈbɪŋgəʊ] *n* เกมบิงโก [kem bing ko]

binoculars [bɪˈnɒkjʊləz; baɪ-] *npl* กล้องส่องทางไกล [klong song thang klai]

biochemistry [ˌbaɪəʊˈkɛmɪstrɪ] *n* ชีวเคมี [chi wa ke mi]

biodegradable [ˌbaɪəʊdɪˈgreɪdəbᵊl] *adj* ที่เสื่อมโทรมได้ [thii sueam som dai]

biography [baɪˈɒgrəfɪ] *n* อัตชีวประวัติ [at ta chi wa pra wat]

biological [ˌbaɪəˈlɒdʒɪkᵊl] *adj* ทางชีววิทยา [thang chi wa wit tha ya]

biology [baɪˈɒlədʒɪ] *n* ชีววิทยา [chi wa wit tha ya]

biometric [ˌbaɪəʊˈmɛtrɪk] *adj* เกี่ยวกับชีวสถิติวิทยา [kiao kap chi wa sa thi ti wit tha ya]

birch [bɜːtʃ] *n* ต้นไม้ชนิดหนึ่งชื่อต้นเบิร์ช [ton mai cha nit nueng chue ton birch]

bird [bɜːd] *n* นก [nok]; **bird flu** *n* ไข้หวัดนก [khai wat nok]; **bird of prey** *n* นกล่าสัตว์หรือนกเล็ก ๆ เป็นอาหาร [nok la sat rue nok lek lek pen a han]

birdwatching [bɜːdwɒtʃɪŋ] *n* การดูนก [kan du nok]

Biro® [ˈbaɪrəʊ] *n* ปากกาลูกลื่นกลม [pak ka luk luen klom]

birth [bɜːθ] *n* การเกิด [kan koed]; **birth certificate** *n* ใบเกิด [bai koet]; **birth control** *n* การคุมกำเนิด [kan khum kam noet]; **place of birth** *n* สถานที่เกิด [sa than thii koet]

birthday [ˈbɜːθˌdeɪ] *n* วันเกิด [wan koet]; **Happy birthday!** สุขสันต์วันเกิด [suk san wan koet]

birthplace [ˈbɜːθˌpleɪs] *n* สถานที่เกิด [sa than thii koet]

biscuit [ˈbɪskɪt] *n* ขนมปังกรอบ [kha nom pang krob]

bishop [ˈbɪʃəp] *n* ตำแหน่งบาทหลวงที่ปกครองบาทหลวงอื่น ๆ [tam naeng bat luang thii pok khrong bat luang uen uen]

bit [bɪt] *n* เล็ก ๆ น้อย ๆ [lek lek noi noi]

bitch [bɪtʃ] *n* สุนัขตัวเมีย [su nak tua mia]

bite [baɪt] *n* รอยกัด [roi kat] ▷ *v* กัด [kat]; **I have been bitten** ฉันถูกกัด [chan thuk kat]; **This bite is infected** ที่ถูกกัดนี้ติดเชื้อโรค [thii thuk kat nii tit chuea rok]

bitter [ˈbɪtə] *adj* ขม [khom]

black [blæk] *adj* ดำ [dam]; **black ice** *n* น้ำแข็งสีดำ [nam khaeng sii dam]; **in black and white** เป็นขาวกับดำ [pen khao kap dam]

blackberry [ˈblækbərɪ] *n* ลูกแบรี่สีดำ [luk bae ri see dam]

blackbird [ˈblækˌbɜːd] *n* นกดุเหว่า [nok du wao]

blackboard [ˈblækˌbɔːd] *n* กระดานดำ [kra dan dam]

blackcurrant [ˌblækˈkʌrənt] *n* ผลแบลคเคอแรนต์ [phon blaek koe raen]

blackmail [ˈblækˌmeɪl] *n* การขู่ว่าจะเปิดโปงความลับ [kan ku wa ja poet pong khwam lap] ▷ *v* หักหลัง [hak lang]

blackout [ˈblækaʊt] *n* การดับไฟ [kan dap fai]
bladder [ˈblædə] *n* กระเพาะปัสสาวะ [kra pho pat sa wa]; **gall bladder** *n* ถุงน้ำดี [thung nam di]
blade [bleɪd] *n* ใบมีด [bai mit]; **razor blade** *n* ใบมีดโกน [bai mit kon]; **shoulder blade** *n* หัวไหล่ [hua lai]
blame [bleɪm] *n* การตำหนิ ค่าติเตียน [kan tam hni, kham ti tian] ▷ *v* ตำหนิ [tam ni]
blank [blæŋk] *adj* ว่าง [wang] ▷ *n* ช่องว่าง [chong wang]; **blank cheque** *n* เช็คเปล่า [chek plao]
blanket [ˈblæŋkɪt] *n* ผ้าห่ม [pha hom]; **electric blanket** *n* ผ้าห่มไฟฟ้า [pha hom fai fa]; **Please bring me an extra blanket** ช่วยเอาผ้าห่มมาให้ฉันอีกผืน [chuai ao pha hom ma hai chan ik phuen]; **We need more blankets** เราต้องการผ้าห่มเพิ่มอีก [rao tong kan pha hom poem ik]
blast [blɑːst] *n* การระเบิด [kan ra boed]
blatant [ˈbleɪtᵊnt] *adj* ชัดแจ้ง [chat chen]
blaze [bleɪz] *n* เปลวไฟ [pleo fai]
blazer [ˈbleɪzə] *n* เสื้อแจ๊กเก็ตกีฬาหรือโรงเรียน [suea chaek ket ki la rue rong rian]
bleach [bliːtʃ] *n* ฟอก [fok]
bleached [bliːtʃt] *adj* ถูกฟอก [thuk fok]
bleak [bliːk] *adj* อ้างว้าง [ang wang]
bleed [bliːd] *v* เลือดออก [lueat ok]; **My gums are bleeding** เหงือกฉันเลือดออก [ngueak chan lueat ok]
bleeper [ˈbliːpə] *n* เครื่องส่งสัญญานติดตามตัว [khrueang song san yan tit tam tua]
blender [ˈblɛndə] *n* เครื่องปั่น [khrueang pan]
bless [blɛs] *v* อวยพร [uai pon]
blind [blaɪnd] *adj* บังตา [bang ta] ▷ *n* ตาบอด [ta bot]; **Venetian blind** *n* ม่านเกล็ดไม้รูดขึ้นลงได้ [man klet mai rut khuen long dai]; **I'm blind** ฉันตาบอด [chan ta bot]
blindfold [ˈblaɪndˌfəʊld] *n* สิ่งที่ใช้ปิดตา [sing thii chai pit ta] ▷ *v* เอาผ้าปิดตา [ao pha pit ta]
blink [blɪŋk] *v* กระพริบตา [kra phrip ta]
bliss [blɪs] *n* ความสุขอันสุดยอด [khwam suk an sut yot]
blister [ˈblɪstə] *n* แผลพุพอง [phlae phu phong]
blizzard [ˈblɪzəd] *n* พายุหิมะ [pha yu hi ma]
block [blɒk] *n (buildings)* ช่วงตึก [chuang tuek], *(obstruction)* สิ่งกีดขวาง [sing kit khwang], *(solid piece)* ชิ้นหรือของหรือวัสดุที่เป็นของแข็ง [chin rue khong rue wat sa du thii pen khong khaeng] ▷ *v* กีดขวาง [kit khwang]
blockage [ˈblɒkɪdʒ] *n* การปิดล้อม [kan pit lom]
blocked [blɒkt] *adj* ที่กีดขวาง [thii kit khwang]
blog [blɒg] *n* ข้อมูลของบุคคลในอินเตอร์เนต [kho mun khong buk khon nai in toe net] ▷ *v* ใส่ข้อมูลส่วนบุคคล [sai kho mun suan buk khon]
bloke [bləʊk] *n* ผู้ชาย [phu chai]
blonde [blɒnd] *adj* เป็นสีทอง [pen sii thong]
blood [blʌd] *n* เลือด [lueat]; **blood group** *n* กลุ่มเลือด [klum lueat]; **blood poisoning** *n* เลือดเป็นพิษ [lueat pen phit]; **blood pressure** *n* ความดันโลหิต [khwam dan lo hit]; **My blood group is O positive** เลือดฉันกลุ่มโอ [lueat chan klum o]
bloody [ˈblʌdɪ] *adj* เต็มไปด้วยเลือด [tem pai duai lueat]
blossom [ˈblɒsəm] *n* ดอกไม้ [dok mai] ▷ *v* ออกดอก [ok dok]
blouse [blaʊz] *n* เสื้อสตรี [suea sa tree]
blow [bləʊ] *n* การเป่า [kan pao] ▷ *v* เป่า [pao]
blow-dry [bləʊdraɪ] *n* การเป่าให้แห้ง

[kan pao hai haeng]
blow up [bləʊ ʌp] *v* เป่าให้ไฟลุก [pao hai fai luk]
blue [blu:] *adj* สีฟ้า [sii fa]
blueberry ['blu:bərɪ; -brɪ] *n* ผลบลูเบอรี่ [phon blu boe ri]
blues [blu:z] *npl* ความเศร้าใจ [khwam sao jai]
bluff [blʌf] *n* การแกล้งตั้งใจทำบางสิ่ง [kan klaeng tang jai tham bang sing] ▷ *v* แกล้งตั้งใจทำ [klaeng tang jai tham]
blunder ['blʌndə] *n* การทำผิดเพราะสะเพร่า [kan tham phit phro sa phrao]
blunt [blʌnt] *adj* ทื่อ [thue]
blush [blʌʃ] *v* เขินอาย [khoen ai]
blusher ['blʌʃə] *n* ครีมหรือแป้งสีทาแก้ม [khrim rue paeng sii tha kaem]
board [bɔ:d] *n (meeting)* คณะกรรมการ [kha na kram ma kan], *(wood)* กระดาน [kra dan] ▷ *v (go aboard)* ไปต่างประเทศ [pai tang pra tet]; **board game** *n* เกมส์ที่เล่นบนกระดาน [kem thii len bon kra dan]; **boarding card** *n* บัตรขึ้นเครื่องบินหรือยานพาหนะ [bat khuen khrueang bin rue yan pha ha na]; **boarding pass** *n* บัตรผ่านขึ้นเครื่องบิน [bat phan khuen khrueang bin]
boarder ['bɔ:də] *n* เด็กประจำ [dek pra cham]
boast [bəʊst] *v* พูดยกย่องตัวเองจนเกินไป [phud yok yong tua eng chon koen pai]
boat [bəʊt] *n* เรือ [ruea]; **fishing boat** *n* เรือตกปลา [ruea tok pla]; **Are there any boat trips on the river?** มีเรือท่องเที่ยวในแม่น้ำไหม? [mii ruea thong thiao nai mae nam mai]; **When is the first boat?** เรือลำแรกมาเมื่อไร? [ruea lam raek ma muea rai]; **When is the last boat?** เรือลำสุดท้ายมาเมื่อไร? [ruea lam sut thai ma muea rai]
body ['bɒdɪ] *n* ร่างกาย [rang kai]
bodybuilding ['bɒdɪ,bɪldɪŋ] *n* การเพาะกาย [kan po kai]
bodyguard ['bɒdɪ,gɑ:d] *n* คนคุ้มกัน [khon khum kan]
bog [bɒg] *n* หัวย [huai]
boil [bɔɪl] *vi* ทำให้เดือด [tham hai duead] ▷ *vt* ต้ม [tom]
boiled [bɔɪld] *adj* เดือดแล้ว [dueat laeo]; **boiled egg** *n* ไข่ต้ม [khai tom]
boiler ['bɔɪlə] *n* หม้อน้ำ [mo nam]
boiling ['bɔɪlɪŋ] *adj* กำลังเดือด [kam lang dueat]
boil over [bɔɪl 'əʊvə] *v* เดือดจนล้น [dueat chon lon]
Bolivia [bə'lɪvɪə] *n* ประเทศโบลิเวีย [pra thet bo li wia]
Bolivian [bə'lɪvɪən] *adj* เกี่ยวกับประเทศโบลิเวีย [kiao kap pra thet bo li via] ▷ *n* ชาวโบลิเวีย [chao bo li wia]
bolt [bəʊlt] *n* กลอนประตู [klon pra tu]
bomb [bɒm] *n* ลูกระเบิด [luk ra boet] ▷ *v* ทิ้งระเบิด [thing ra boed]; **atom bomb** *n* ระเบิดปรมาณู [ra boet pa ra ma nu]
bombing [bɒmɪŋ] *n* กำลังทิ้งระเบิด [kam lang thing ra boed]
bond [bɒnd] *n* ข้อผูกมัด [kho phuk mat]
bone [bəʊn] *n* กระดูก [kra duk]; **bone dry** *adj* แห้งสนิท [haeng sa nit]
bonfire ['bɒn,faɪə] *n* กองไฟจุดกลางแจ้ง [kong fai chut klang chaeng]
bonnet ['bɒnɪt] *n (car)* ฝากระโปรงรถยนต์ [fa kra prong rot yon]
bonus ['bəʊnəs] *n* เงินโบนัส [ngoen bo nas]
book [bʊk] *n* หนังสือ [nang sue] ▷ *v* จอง [chong]; **Can you book me into a hotel?** คุณจองโรงแรมให้ฉันได้ไหม? [khun chong rong raem hai chan dai mai]; **Can you book the tickets for us?** คุณจองตั๋วให้เราได้ไหม? [khun chong tua hai rao dai mai]; **I booked a room in the name of...** ฉันจองห้องในนาม... [chan chong hong nai nam...]
bookcase ['bʊk,keɪs] *n* ตู้หนังสือ [tu hnang sue]
booking ['bʊkɪŋ] *n* การจองล่วงหน้า [kan chong luang na]; **advance booking** *n*

จองล่วงหน้า [chong luang na]; **booking office** *n* สำนักงานจอง [sam nak ngan chong]

booklet ['bʊklɪt] *n* หนังสือเล่มเล็ก [nang sue lem lek]

bookmark ['bʊkˌmɑːk] *n* ที่คั่นหนังสือ [thii khan nang sue]

bookshelf ['bʊkˌʃɛlf] *n* ชั้นวางหนังสือ [chan wang hnang sue]

bookshop ['bʊkˌʃɒp] *n* ร้านหนังสือ [ran nang sue]

boost [buːst] *v* ส่งเสริม [song some]

boot [buːt] *n* รองเท้าบู๊ท [rong thao but]

booze [buːz] *n* เครื่องดื่มที่มีแอลกอฮอล์ [khrueang duem thii mii aen ko ho]

border ['bɔːdə] *n* ขอบเขต [khop khet]

bore [bɔː] *v (be dull)* เบื่อ [buea], *(drill)* เจาะรู [jo ru]

bored [bɔːd] *adj* ทำให้เบื่อ [tham hai buea]

boredom ['bɔːdəm] *n* ความเบื่อ [khwam buea]

boring ['bɔːrɪŋ] *adj* น่าเบื่อ [na buea]

born [bɔːn] *adj* ที่เป็นมาโดยกำเนิด [thii pen ma doi kam noet]

borrow ['bɒrəʊ] *v* ยืม [yuem]; **Do you have a pen I could borrow?** คุณมีปากกาให้ฉันยืมไหม? [khun mii pak ka hai chan yuem mai]

Bosnia ['bɒznɪə] *n* ประเทศบอสเนีย [pra tet bos nia]; **Bosnia and Herzegovina** *n* ประเทศบอสเนียและเฮอร์เซโกวีน่า [pra tet bos nia lae hoe se ko vi na]

Bosnian ['bɒznɪən] *adj* เกี่ยวกับประเทศบอสเนีย [kiao kap pra thet bos nia] ▷ *n (person)* ชาวบอสเนีย [chao bos nia]

boss [bɒs] *n* เจ้านาย [chao nai]

boss around [bɒs ə'raʊnd] *v* บงการ [bong kan]

bossy ['bɒsɪ] *adj* จู้จี้ [chu chi]

both [bəʊθ] *adj* ทั้งสอง [thang song] ▷ *pron* ทั้งสอง [thang song]

bother ['bɒðə] *v* ทำให้ยุ่งยาก [tham hai yung yak]

Botswana [bʊ'tʃwɑːnə; bʊt'swɑːnə; bɒt-] *n* ประเทศบอสซาวาน่า [pra tet bos sa wa na]

bottle ['bɒtᵊl] *n* ขวด [khuat]; **baby's bottle** *n* ขวดนมเด็ก [khaut nom dek]; **a bottle of mineral water** น้ำแร่หนึ่งขวด [nam rae nueng khaut]; **a bottle of red wine** ไวน์แดงหนึ่งขวด [wine daeng nueng khaut]; **Please bring another bottle** ขออีกหนึ่งขวด [kho ik nueng khaut]

bottle-opener ['bɒtᵊl'əʊpənə] *n* ที่เปิดขวด [thii poed khaud]

bottom ['bɒtəm] *adj* ต่ำสุด [tam sut] ▷ *n* ก้น [kan]

bought [bɔːt] *adj* ได้ซื้อ [dai sue]

bounce [baʊns] *v* เด้ง [deng]

bouncer ['baʊnsə] *n* คนเฝ้าหน้าบาร์ที่กันไม่ให้คนเข้า [khon fao na bar thii kan mai hai khon khao]

boundary ['baʊndərɪ; -drɪ] *n* ขอบเขต [khop khet]

bouquet ['buːkeɪ] *n* ช่อดอกไม้ [cho dok mai]

bow *n* [bəʊ] *(weapon)* คันธนู [khan tha nu] ▷ *v* [baʊ] คำนับ [kham nap]

bowels ['baʊəlz] *npl* ลำไส้ [lam sai]

bowl [bəʊl] *n* ชาม [cham]

bowling ['bəʊlɪŋ] *n* โบว์ลิ่ง [bo ling]; **bowling alley** *n* เลนเล่นโบว์ลิ่ง [len len bo ling]; **tenpin bowling** *n* โบว์ลิ่งแบบตัวตั้งสิบตัว [bo ling baep tua tang sip tua]

bow tie [bəʊ] *n* **bow tie** *n* โบว์หูกระต่าย [bo hu kra tai]

box [bɒks] *n* กล่อง [klong]; **box office** *n* ที่ขายตั๋วหนังหรือละคร [thii khai tua nang rue la khon]; **call box** *n* ตู้โทรศัพท์ [tu tho ra sap]; **fuse box** *n* กล่องใส่สายชนวน [klong sai sai cha nuan]

boxer ['bɒksə] *n* นักมวย [nak muai]; **boxer shorts** *npl* กางเกงขาสั้น [kang keng kha san]

boxing ['bɒksɪŋ] *n* การชกมวย [kan chok

muai]
boy [bɔɪ] *n* เด็กชาย [dek chai]
boyfriend ['bɔɪˌfrɛnd] *n* เพื่อนชาย [phuean chai]; **I have a boyfriend** ฉันมีเพื่อนชาย [chan mii phuean chai]
bra [brɑː] *n* เสื้อชั้นในสตรี [suea chan nai sa trii]
bracelet ['breɪslɪt] *n* กำไลหรือสร้อยข้อมือ [kam lai rue soi kho mue]
braces ['breɪsɪz] *npl* สายโยงกางเกง [sai yong kang keng]
brackets ['brækɪts] *npl* ในวงเล็บ [nai wong lep]
brain [breɪn] *n* สมอง [sa mong]
brainy ['breɪnɪ] *adj* ฉลาดมาก [cha lat mak]
brake [breɪk] *n* เบรคหรือเครื่องห้ามล้อ [brek rue khrueang ham lo] ▷ *v* ห้ามล้อ [ham lo]; **brake light** *n* ไฟเบรค [fai brek]
bran [bræn] *n* รำข้าว [ram khao]
branch [brɑːntʃ] *n* สาขา [sa kha]
brand [brænd] *n* ตรา [tra]; **brand name** *n* ยี่ห้อ [yi ho]
brand-new [brænd'njuː] *adj* ใหม่เอี่ยม [mai iam]
brandy ['brændɪ] *n* เหล้าบรั่นดี [lao bran di]
brass [brɑːs] *n* ทองเหลือง [thong lueang]; **brass band** *n* วงดนตรีเครื่องเป่า [wong don tree khrueang pao]
brat [bræt] *n* คนเลว [khon leo]
brave [breɪv] *adj* กล้าหาญ [kla han]
bravery ['breɪvərɪ] *n* ความกล้าหาญ [khwam kla han]
Brazil [brə'zɪl] *n* ประเทศบราซิล [pra tet bra sil]
Brazilian [brə'zɪljən] *adj* เกี่ยวกับประเทศบราซิล [kiao kap pra thet bra sil] ▷ *n* ชาวบราซิล [chao bra sin]
bread [brɛd] *n* ขนมปัง [kha nom pang]; **bread roll** *n* ขนมปังกลม [kha nom pang klom]; **brown bread** *n* ขนมปังสีน้ำตาล [kha nom pang sii nam tan]; **Please bring more bread** ช่วยเอาขนมปังมาอีก [chuai ao kha nom pang ma ik]
bread bin [brɛdbɪn] *n* ที่เก็บขนมปัง [thii kep kha nom pang]
breadcrumbs ['brɛdˌkrʌmz] *npl* ขนมปังป่น [kha nom pang pon]
break [breɪk] *n* การแตกหัก [kan taek hak] ▷ *v* ทำให้เสีย [tham hai sia]; **lunch break** *n* ช่วงหยุดพักอาหารกลางวัน [chuang yut phak a han klang wan]
break down [breɪk daʊn] *v* ใช้งานไม่ได้ [chai ngan mai dai]
breakdown ['breɪkdaʊn] *n* การเสีย [kan sia]; **breakdown truck** *n* รถบรรทุกเสีย [rot ban thuk sia]; **breakdown van** *n* รถตู้เสีย [rot tu sia]; **nervous breakdown** *n* ช่วงเวลาที่เจ็บป่วยทางจิต [chuang we la thii chep puai thang chit]
breakfast ['brɛkfəst] *n* อาหารเช้า [a han chao]; **Can I have breakfast in my room?** ฉันทานอาหารเช้าในห้องฉันได้ไหม? [chan than a han chao nai hong chan dai mai]; **Is breakfast included?** รวมอาหารเช้าหรือไม่? [ruam a han chao rue mai]; **with breakfast** มีอาหารเช้า [mii a han chao]
break in [breɪk ɪn] *v* บุกเข้าไป [buk khao pai]; **break in (on)** *v* บุกเข้าไป [buk khao pai]
break-in [breɪkɪn] *n* การบุกรุกเข้าไป [kan buk ruk khao pai]
break up [breɪk ʌp] *v* แตกแยก [taek yaek]
breast [brɛst] *n* หน้าอก [na ok]
breast-feed ['brɛstˌfiːd] *v* ให้นมทารกด้วยนมแม่ [hai nom tha rok duai nom mae]
breaststroke ['brɛstˌstrəʊk] *n* การว่ายน้ำท่าผีเสื้อ [kan wai nam tha phii suea]
breath [brɛθ] *n* ลมหายใจ [lom hai chai]
Breathalyser® ['brɛθəˌlaɪzə] *n* เครื่องวัดปริมาณแอลกอฮอล์จากลมหายใจ [khrueang wat pa ri man aen ko ho

chak lom hai jai]
breathe [bri:ð] *v* หายใจ [hai chai]; **He can't breathe** เขาหายใจไม่ได้ [khao hai jai mai dai]
breathe in [bri:ð ɪn] *v* หายใจเข้า [hai jai khao]
breathe out [bri:ð aʊt] *v* หายใจออก [hai jai ork]
breathing ['bri:ðɪŋ] *n* การหายใจ [kan hai jai]
breed [bri:d] *n* พันธุ์ [phan] ▷ *v* เลี้ยง [liang], ผสมพันธุ์ [pha som phan]
breeze [bri:z] *n* สายลมที่พัดเบาๆ [sai lom thii phad bao bao]
brewery ['brʊərɪ] *n* โรงงานต้มและกลั่นเหล้า [rong ngan tom lae klan lao]
bribe [braɪb] *v* ให้สินบน [hai sin bon]
bribery ['braɪbərɪ] *n* การให้สินบน [kan hai sin bon]
brick [brɪk] *n* อิฐ [it]
bricklayer ['brɪk,leɪə] *n* ช่างปูน [chang pun]
bride [braɪd] *n* เจ้าสาว [chao sao]
bridegroom ['braɪd,gru:m; -,grʊm] *n* เจ้าบ่าว [chao bao]
bridesmaid ['braɪdz,meɪd] *n* เพื่อนเจ้าสาว [phuean chao sao]
bridge [brɪdʒ] *n* สะพาน [sa phan]; **suspension bridge** *n* สะพานแขวน [sa phan khwaen]
brief [bri:f] *adj* สั้น [san]
briefcase ['bri:f,keɪs] *n* กระเป๋าเอกสาร [kra pao aek san]
briefing ['bri:fɪŋ] *n* การสรุปแบบสั้นๆ [kan sa rup baeb san san]
briefly ['bri:flɪ] *adv* อย่างสั้น [yang san]
briefs [bri:fs] *npl* การสรุปอย่างสั้น [kan sa rup yang san]
bright [braɪt] *adj* สว่างจ้า [sa wang cha]
brilliant ['brɪljənt] *adj* พรายแสง ฉลาดเยี่ยม [phrai saeng, cha lat yiam]
bring [brɪŋ] *v* นำมา [nam ma]
bring back [brɪŋ bæk] *v* นำกลับมา [nam klap ma]
bring forward [brɪŋ 'fɔ:wəd] *v* ทำให้เจริญก้าวหน้า [tham hai cha roen kao na]
bring up [brɪŋ ʌp] *v* เลี้ยงดู [liang du]
Britain ['brɪtᵊn] *n* ประเทศสหราชอาณาจักรอังกฤษ [pra tet sa ha rat cha a na chak ang krit]
British ['brɪtɪʃ] *adj* เกี่ยวกับประเทศสหราชอาณาจักรอังกฤษ [kiao kap pra thet sa ha rat cha a na chak ang krit] ▷ *n* ชาวสหราชอาณาจักร [chao sa ha rat cha a na chak]
broad [brɔ:d] *adj* กว้าง [kwang]
broadband ['brɔ:d,bænd] *n* บรอดแบน [brot baen]
broadcast ['brɔ:d,kɑ:st] *n* การออกรายการอากาศ [kan ok rai kan a kat] ▷ *v* กระจายเสียง เผยแพร่ [kra jai siang phoei prae]
broad-minded [brɔ:d'maɪndɪd] *adj* ใจกว้าง [chai kwang]
broccoli ['brɒkəlɪ] *n* ผักบร๊อคคอรี่ [phak brok koe ri]
brochure ['brəʊʃjʊə; -ʃə] *n* แผ่นพับโฆษณา [phaen phap khot sa na]
broke [brəʊk] *adj* แตกหัก [taek hak]
broken ['brəʊkən] *adj* แตกหัก [taek hak]; **broken down** *adj* ทำให้แตกหัก [tham hai taek hak]
broker ['brəʊkə] *n* นายหน้า [nai na]
bronchitis [brɒŋ'kaɪtɪs] *n* โรคหลอดลมอักเสบ [rok lot lom ak sep]
bronze [brɒnz] *n* ทองสัมฤทธิ์ [thong sam rit]
brooch [brəʊtʃ] *n* เข็มกลัด [khem klat]
broom [bru:m; brʊm] *n* ไม้กวาด [mai kwat]
broth [brɒθ] *n* ซุป [sup]
brother ['brʌðə] *n* พี่ชายหรือน้องชาย [phi chai rue nong chai]
brother-in-law ['brʌðə ɪn lɔ:] *n* พี่เขยหรือน้องเขย [phi khoei rue nong khoei]
brown [braʊn] *adj* สีน้ำตาล [see nam tan]; **brown bread** *n* ขนมปังสีน้ำตาล

[kha nom pang sii nam tan]; **brown rice** *n* ข้าวซ้อมมือ [khao som mue]
browse [braʊz] *v* ดูคร่าวๆ [du khrao khrao]
browser ['braʊzə] *n* โปรแกรมที่ใช้สำหรับเปิดดูเว็บไซต์ต่าง ๆ ที่ใช้ภาษาไฮเปอร์เท็กซ์ [pro kraem thii chai sam rap poet du web sai tang tang thii chai pha sa hai poe thek]
bruise [bru:z] *n* แผลฟกช้ำ [phlae fok cham]
brush [brʌʃ] *n* ไม้แปรง [mai praeng] ▷ *v* แปรง [plraeng]
brutal ['bru:tᵊl] *adj* โหดร้าย [hot rai]
bubble ['bʌbᵊl] *n* ฟอง [fong]; **bubble bath** *n* ฟองอาบน้ำ [fong aap nam]; **bubble gum** *n* หมากฝรั่ง [mak fa rang]
bucket ['bʌkɪt] *n* ถัง [thang]
buckle ['bʌkᵊl] *n* หัวเข็มขัด [hua khem khat]
Buddha ['bʊdə] *n* พระพุทธรูป [phra phut tha rup]
Buddhism ['bʊdɪzəm] *n* ศาสนาพุทธ [sat sa na phut]
Buddhist ['bʊdɪst] *adj* เกี่ยวกับชาวพุทธ [kiao kap chao phut] ▷ *n* ชาวพุทธ [chao phut]
budgerigar ['bʌdʒərɪ,gɑ:] *n* นกขนาดเล็กตระกูลเดียวกับนกแก้ว [nok kha nard lek tra kul diao kab nok kaew]
budget ['bʌdʒɪt] *n* งบประมาณ [ngop pra man]
budgie ['bʌdʒɪ] *n* นกขนาดเล็ก [nok kha nard lek]
buffalo ['bʌfə,ləʊ] *n* กระบือ [kra bue]
buffet ['bʊfeɪ] *n* อาหารที่ลูกค้าบริการตัวเอง [a han thii luk ka bor ri kan tua eng]; **buffet car** *n* รถมีอาหารที่ลูกค้าบริการตัวเอง [rot mii a han thii luk kha bo ri kan tua eng]
bug [bʌg] *n* แมลง [ma leng]; **There are bugs in my room** มีแมลงในห้องฉัน [mii ma laeng nai hong chan]
bugged ['bʌgd] *adj* ดักฟัง [dak fung]
buggy ['bʌgɪ] *n* รถเล็กไม่มีประตู [rot lek mai mii pra tu]
build [bɪld] *v* สร้าง [sang]
builder ['bɪldə] *n* ช่างก่อสร้าง [chang ko sang]
building ['bɪldɪŋ] *n* ตึก อาคาร [tuek, a khan]; **building site** *n* บริเวณที่ก่อสร้าง [bo ri wen thii ko sang]
bulb [bʌlb] *n* *(electricity)* หลอดไฟฟ้า [lot fai fa], *(plant)* หัวของต้นไม้ [hua khong ton mai]
Bulgaria [bʌl'gɛərɪə; bʊl-] *n* ประเทศบูลกาเรีย [pra tet bul ka ria]
Bulgarian [bʌl'gɛərɪən; bʊl-] *adj* ที่เกี่ยวกับบูลกาเรีย [thii kiao kap bul ka ria] ▷ *n* *(language)* ภาษาบูลกาเรีย [pha sa bul ka ria], *(person)* ชาวบูลกาเรีย [chao bul ka ria]
bulimia [bju:'lɪmɪə] *n* โรคผิดปรกติทางอารมณ์ที่กินมากไปแล้วอาเจียรออก [rok phid prok ka ti thang ar rom thii kin mak pai laeo a chian ork]
bull [bʊl] *n* วัวตัวผู้ [vua tua phu]
bulldozer ['bʊl,dəʊzə] *n* รถแทรกเตอร์เกลี่ยดิน [rot traek toe klia din]
bullet ['bʊlɪt] *n* กระสุน [kra sun]
bully ['bʊlɪ] *n* อันธพาล [an tha pan] ▷ *v* กดขี่รังแก [kot khii rang kae]
bum [bʌm] *n* ก้น [kan]; **bum bag** *n* กระเป๋าเล็กที่ติดเข็มขัดสวมรอบเอว [kra pao lek thii tit khem khat suam rop eo]
bumblebee ['bʌmbᵊl,bi:] *n* ผึ้งมีขนตัวใหญ่ [phueng mii khon tua yai]
bump [bʌmp] *n* การชน [kan chon]; **bump into** *v* ชนกับ [chon kap]
bumper ['bʌmpə] *n* กันชน [kan chon]
bumpy ['bʌmpɪ] *adj* ขรุขระ [khru khra]
bun [bʌn] *n* ขนมปังนุ่ม [kha nom pang num]
bunch [bʌntʃ] *n* กลุ่ม พวง รวง เครือ [klum, phuang, ruang, khruea]
bungalow ['bʌŋgə,ləʊ] *n* บังกาโล [bang ka lo]
bungee jumping ['bʌndʒɪ] *n* การกระ

โดดจากสะพานหรือหน้าผาสูง [kan kra dod chak sa pan hue na pa sung]
bunion [ˈbʌnjən] *n* ตาปลาบนเท้า [ta pla bon thao]
bunk [bʌŋk] *n* ที่นอนในเรือ [thii non nai ruea]; **bunk beds** *npl* เตียงชั้น [tiang chan]
buoy [bɔɪ; ˈbuːɪ] *n* ทุ่น [thun]
burden [ˈbɜːdᵊn] *n* ภาระ [pha ra]
bureaucracy [bjʊəˈrɒkrəsɪ] *n* ระบบราชการ [ra bop rat cha kan]
bureau de change [ˈbjʊərəʊ də ˈʃɒnʒ] *n* **I need to find a bureau de change** ฉันต้องหาที่แลกเงิน [chan tong ha thii laek ngoen]; **Is there a bureau de change here?** ที่นี่มีสำนักงานแลกเงินไหม? [thii ni mii sam nak ngan laek ngoen mai]; **When is the bureau de change open?** สำนักงานแลกเงินจะเปิดเมื่อไร? [sam nak ngan laek ngoen ja poet muea rai]
burger [ˈbɜːgə] *n* เบอร์เกอร์ [boe koe]
burglar [ˈbɜːglə] *n* ขโมย [kha moi]; **burglar alarm** *n* เครื่องกันขโมย [khrueang kan kha moi]
burglary [ˈbɜːglərɪ] *n* การบุกเข้ามาขโมยของในอาคารหรือบ้าน [kan buk khao ma kha moi khlong nai ar khan hue baan]
burgle [ˈbɜːgᵊl] *v* บุกเข้ามาขโมยของ [buk khao ma kha moi khong]
Burma [ˈbɜːmə] *n* ประเทศพม่า [pra tet pha ma]
Burmese [bɜːˈmiːz] *adj* เกี่ยวกับประเทศพม่า [kiao kap pra thet pha ma] ▷ *n* *(language)* ภาษาพม่า [pha sa pha ma], *(person)* ชาวพม่า [chao pha ma]
burn [bɜːn] *n* การที่ถูกไหม้ [kan thii thuk mai] ▷ *v* ไหม้ เผาไหม้ [mai, phao mai]
burn down [bɜːn daʊn] *v* เผาไหม้ทำลายลง [phao mai tham lai long]
burp [bɜːp] *n* การเรอ [kan roe] ▷ *v* เรอ [roe]
burst [bɜːst] *v* ระเบิด [ra boet]
bury [ˈbɛrɪ] *v* ฝัง [fang]
bus [bʌs] *n* รถประจำทาง [rot pra cham thang]; **airport bus** *n* รถโดยสารประจำสนามบิน [rot doi san pra cham sa nam bin]; **bus station** *n* สถานีรถโดยสารประจำทาง [sa tha ni rot doi san pra cham thang]; **bus stop** *n* ป้ายรถโดยสารประจำทาง [pai rot doi san pra cham thang]
bush [bʊʃ] *n* *(shrub)* ไม้พุ่ม [mai phum], *(thicket)* พุ่มไม้ [phum mai]
business [ˈbɪznɪs] *n* ธุรกิจ [thu ra kit]; **business class** *n* ชั้นธุรกิจ [chan thu ra kit]; **business trip** *n* การเดินทางไปทำธุรกิจ [kan doen thang pai tham thu ra kit]; **show business** *n* ธุรกิจการบันเทิง [thu ra kit kan ban thoeng]; **I run my own business** ฉันทำงานธุรกิจของตัวเอง [chan tham ngan thu ra kit khong tua eng]
businessman, businessmen [ˈbɪznɪsˌmæn; -mən, ˈbɪznɪsˌmɛn] *n* นักธุรกิจชาย [nak thu ra kit chai]
businesswoman, businesswomen [ˈbɪznɪsˌwʊmən, ˈbɪznɪsˌwɪmɪn] *n* นักธุรกิจหญิง [nak thu ra kid hying]; **I'm a businesswoman** ฉันเป็นนักธุรกิจหญิง [chan pen nak thu ra kit ying]
busker [ˈbʌskə] *n* นักร้องรำทำกินเร่ตามถนน [nak rong ram tham kin re tam tha non]
bust [bʌst] *n* หน้าอก นม [na ok, nom]
busy [ˈbɪzɪ] *adj* ยุ่ง [yung]; **busy signal** *n* สัญญาณไม่ว่าง [san yan mai wang]
but [bʌt] *conj* แต่ [tae]
butcher [ˈbʊtʃə] *n* คนขายเนื้อ [kon khai nuea]
butcher's [ˈbʊtʃəz] *n* ที่ร้านคนขายเนื้อ [thii ran khon khai nuea]
butter [ˈbʌtə] *n* เนย [noei]; **peanut butter** *n* เนยผสมถั่วลิสงบด [noei pha som thua li song bod]
buttercup [ˈbʌtəˌkʌp] *n* ดอกไม้ป่าดอกเล็กสีเหลือง [dok mai pa dok lek see hlueang]

butterfly ['bʌtəˌflaɪ] *n* ผีเสื้อ [phi suea]
buttocks ['bʌtəkz] *npl* บั้นท้าย [ban thai]
button ['bʌtᵊn] *n* กระดุม [kra dum]; **belly button** *n* สะดือ [sa due]
buy [baɪ] *v* ซื้อ [sue]; **Where can I buy a map of the area?** ฉันจะซื้อแผนที่ของเขตนี้ได้ที่ไหน? [chan ja sue phaen thii khong khet nii dai thii nai]; **Where can I buy stamps?** ฉันจะซื้อแสตมป์ได้ที่ไหน? [chan ja sue sa taem dai thii nai]; **Where do I buy a ticket?** ฉันจะซื้อตั๋วได้ที่ไหน? [chan ja sue tua dai thii nai]
buyer ['baɪə] *n* ผู้ซื้อ [phu sue]
buyout ['baɪˌaʊt] *n* การซื้อขายหุ้นของบริษัท [kan sue khai hun khong bo ri sat]
by [baɪ] *prep* โดย [doi]; **Can you take me by car?** คุณพาฉันไปโดยรถยนต์ได้ไหม? [khun pha chan pai doi rot yon dai mai]
bye [baɪ] *excl* ลาก่อน [la kon]
bye-bye [baɪbaɪ] *excl* ลาก่อน [la kon]
bypass ['baɪˌpɑːs] *n* ทางอ้อม [thang om]

C

cab [kæb] *n* รถรับจ้าง [rot rap chang]
cabbage ['kæbɪdʒ] *n* กะหล่ำ [ka lam]
cabin ['kæbɪn] *n* ห้องเคบิน [hong khe bin]; **cabin crew** *n* ลูกเรือ [luk ruea]; **Where is cabin number five?** ห้องเคบินหมายเลข 5 อยู่ที่ไหน? [hong khe bin mai lek ha yu thii nai]
cabinet ['kæbɪnɪt] *n* คณะรัฐมนตรี [kha na rat tha mon tree]
cable ['keɪbᵊl] *n* สายเคเบิ้ล [sai khe boel]; **cable car** *n* รถที่เคลื่อนที่โดยสายเคเบิล [rot thii khluean thii doi sai khe boen]; **cable television** *n* โทรทัศน์ที่รับระบบการส่งสัญญาณด้วยสายเคเบิล [tho ra tat thii rap ra bop kan song san yan duai sai khe boen]
cactus ['kæktəs] *n* กระบองเพชร [kra bong phet]
cadet [kə'dɛt] *n* นักเรียนทหาร [nak rian tha han]
café ['kæfeɪ; 'kæfɪ] *n* ร้านกาแฟ [ran ka fae]; **Internet café** *n* ร้านที่ให้บริการอินเตอร์เน็ต [ran thii hai bo ri kan in toe net]
cafeteria [ˌkæfɪ'tɪərɪə] *n* ร้านอาหาร

บริการตนเอง [ran a han bor ri kan ton ang]
caffeine ['kæfi:n; 'kæfɪ,i:n] *n* สารคาเฟอีน [san kha fe in]
cage [keɪdʒ] *n* กรง [krong]
cagoule [kə'gu:l] *n* เสื้อแจ็คเก็ตมีหมวกคลุมหัวกันลมและฝน [suea chaek ket mii muak khlum hua kan lom lae fon]
cake [keɪk] *n* ขนมเค้ก [kha nom khek]
calcium ['kælsɪəm] *n* แคลเซี่ยม [khaen siam]
calculate ['kælkjʊ,leɪt] *v* คำนวณ [kham nuan]
calculation [,kælkjʊ'leɪʃən] *n* การคำนวณ [kan kham nuan]
calculator ['kælkjʊ,leɪtə] *n* เครื่องคิดเลข [khrueang kit lek]; **pocket calculator** *n* เครื่องคิดเลขฉบับกระเป๋า [khrueang kit lek cha bap kra pao]
calendar ['kælɪndə] *n* ปฏิทิน [pa ti thin]
calf, calves [kɑ:f, kɑ:vz] *n* ลูกวัว [luk wua]
call [kɔ:l] *n* การเรียก การโทรศัพท์ [kan riak, kan tho ra sap] ▷ *v* เรียก [riak]; **alarm call** *n* การโทรปลุก [kan to pluk]; **call box** *n* ตู้โทรศัพท์ [tu tho ra sap]; **call centre** *n* ศูนย์โทรศัพท์ [sun tho ra sap]; **Call a doctor!** เรียกหมอ [riak mo]
call back [kɔ:l bæk] *v* โทรกลับ [tho klap]; **I'll call back later** ฉันจะโทรกลับหาคุณอีก [chan ja tho klap ha khun ik]; **I'll call back tomorrow** ฉันจะโทรกลับหาคุณพรุ่งนี้ [chan ja tho klap ha khun phrung nii]; **Please call me back** กรุณาโทรกลับหาฉัน [ka ru na tho klap ha chan]
call for [kɔ:l fɔ:] *v* เรียกหา [riak ha]
call off [kɔ:l ɒf] *v* ยุติ [yu ti]
calm [kɑ:m] *adj* ที่มีอารมณ์สงบ [thii mii a rom sa ngop]
calm down [kɑ:m daʊn] *v* ทำให้สงบ [tham hai sa ngob]
calorie ['kælərɪ] *n* หน่วยพลังงานความร้อน [nuai pha lang ngan khwam ron]
Cambodia [kæm'bəʊdɪə] *n* ประเทศกัมพูชา [pra tet kam phu cha]
Cambodian [kæm'bəʊdɪən] *adj* เกี่ยวกับประเทศกัมพูชา [kiao kap pra thet kam phu cha] ▷ *n (person)* ชาวกัมพูชา [chao kam phu cha]
camcorder ['kæm,kɔ:də] *n* กล้องถ่ายวีดีโอที่สามารถนำติดตัวได้ [klong thai vi di o thii sa maad nam tid tua dai]
camel ['kæməl] *n* อูฐ [ut (uut)]
camera ['kæmərə; 'kæmrə] *n* กล้องถ่ายรูป [klong thai lup]; **camera phone** *n* โทรศัพท์ที่มีกล้องถ่ายรูปในตัว [tho ra sap thii mii klong thai rup nai tua]; **digital camera** *n* กล้องดิจิตัล [klong di chi tan]; **video camera** *n* กล้องถ่ายวีดีโอ [klong thai vi di o]
cameraman, cameramen ['kæmərə,mæn; 'kæmrə-, 'kæmərə,mɛn] *n* ช่างภาพ [chang phap]
Cameroon [,kæmə'ru:n; 'kæmə,ru:n] *n* ประเทศแคมเมอรูน [pra tet khaem moe run]
camp [kæmp] *n* ค่าย [khai] ▷ *v* ไปค่าย [pai khai]; **camp bed** *n* เตียงผ้าใบน้ำหนักเบา [tiang pha bai nam nak bao]; **Can we camp here overnight?** เราตั้งค่ายค้างคืนที่นี่ได้ไหม? [rao tang khai khang khuen thii ni dai mai]
campaign [kæm'peɪn] *n* การรณรงค์ [kan ron na rong]
camper ['kæmpə] *n* ชาวค่าย [chao khai]
camping ['kæmpɪŋ] *n* การไปค่าย [kan pai khai]; **camping gas** *n* ก๊าซที่บรรจุในภาชนะเล็ก ๆ ใช้เมื่อไปตั้งแคมป์ [kas thii ban chu nai pha cha na lek lek chai muea pai tang khaem]
campsite ['kæmp,saɪt] *n* บริเวณที่ตั้งค่าย [bor ri ven thii tang khai]
campus ['kæmpəs] *n* วิทยาเขต [wit tha ya khet]
can [kæn] *n* บรรจุกระป๋อง สามารถ [ban

chu kra pong sa mart]; **watering can** *n* ฝักบัวรดน้ำต้นไม้ [fak bua rot nam ton mai]
Canada ['kænədə] *n* ประเทศแคนาดา [pra tet khae na da]
Canadian [kə'neɪdɪən] *adj* เกี่ยวกับประเทศแคนาดา [kiao kap pra thet khae na da] ▷ *n* ชาวแคนาดา [chao khae na da]
canal [kə'næl] *n* คลอง [khlong]
Canaries [kə'nɛəri:z] *npl* หมู่เกาะแคนารี่ [mu kao khae na ri]
canary [kə'nɛərɪ] *n* ไวน์จากหมู่เกาะแคนารี่ [wine chak mu ko khae na ri]
cancel ['kænsᵊl] *v* ยกเลิก [yok loek]; **I want to cancel my booking** ฉันอยากยกเลิกการจองของฉัน [chan yak yok loek kan chong khong chan]; **I'd like to cancel my flight** ฉันอยากยกเลิกเที่ยวบินของฉัน [chan yak yok loek thiao bin khong chan]
cancellation [ˌkænsɪ'leɪʃən] *n* การยกเลิก [kan yok loek]; **Are there any cancellations?** มีการยกเลิกเที่ยวบินไหม? [mii kan yok loek thiao bin mai]
cancer ['kænsə] *n (illness)* มะเร็ง [ma reng]
Cancer ['kænsə] *n (horoscope)* ราศีกรกฎ [ra si ko ra kot]
candidate ['kændɪˌdeɪt; -dɪt] *n* ผู้สมัคร [phu sa mak]
candle ['kændᵊl] *n* เทียน [thian]
candlestick ['kændᵊlˌstɪk] *n* เชิงเทียน [choeng thian]
candyfloss ['kændɪˌflɒs] *n* ขนมสายไหม [kha nom sai mai]
canister ['kænɪstə] *n* กระป๋องสเปรย์ [kra pong sa pre]
cannabis ['kænəbɪs] *n* กัญชา [kan cha]
canned [kænd] *adj* ที่บรรจุในกระป๋อง [thii ban chu nai kra pong]
canoe [kə'nu:] *n* เรือแคนู [ruea khae nu]
canoeing [kə'nu:ɪŋ] *n* การเล่นเรือแคนู [kan len ruea khae nu]
can-opener ['kæn'əʊpənə] *n* ที่เปิดกระป๋อง [thii poet kra pong]
canteen [kæn'ti:n] *n* โรงอาหาร [rong a han]
canter ['kæntə] *v* วิ่งเร็วกว่าวิ่งเหยาะ [wing reo kwa wing hyao]
canvas ['kænvəs] *n* ผ้าหนาและหยาบใช้วาดภาพ [pha hna lae hyab chai vad phap]
canvass ['kænvəs] *v* ออกเที่ยวฟังความเห็น เที่ยวหาเสียง [ok thiao fang khwam hen, thiao ha siang]
cap [kæp] *n* หมวกที่มีกระบังหน้า [hmuak thii mee kra bang na]; **baseball cap** *n* หมวกแก๊บสำหรับเล่นเบสบอล [muak kaep sam rap len bes bal]
capable ['keɪpəbᵊl] *adj* ที่สามารถทำได้ [thii sa maat tham dai]
capacity [kə'pæsɪtɪ] *n* ปริมาณสูงสุดที่รับได้ [pa ri man sung sut thii rap dai]
capital ['kæpɪtᵊl] *n* เมืองหลวง [muang luang]
capitalism ['kæpɪtəˌlɪzəm] *n* ระบบทุนนิยม [ra bop thun ni yom]
Capricorn ['kæprɪˌkɔ:n] *n* ราศีมังกร [ra si mang kon]
capsize [kæp'saɪz] *v* คว่ำ [khwam]
capsule ['kæpsju:l] *n* ยาที่อยู่ในหลอดเล็ก ๆ [ya thii yu nai lot lek lek]
captain ['kæptɪn] *n* กัปตัน [kap tan]
caption ['kæpʃən] *n* คำบรรยายใต้ภาพ [kham ban yai tai phap]
capture ['kæptʃə] *v* จับกุม [chap khum]
car [kɑ:] *n* รถยนต์ [rot yon]; **buffet car** *n* รถมีอาหารที่ลูกค้าบริการตัวเอง [rot mii a han thii luk kha bo ri kan tua eng]; **cable car** *n* รถที่เคลื่อนที่โดยสายเคเบิล [rot thii khluean thii doi sai khe boen]; **car hire** *n* รถเช่า [rot chao]; **Can you take me by car?** คุณพาฉันไปโดยรถยนต์ได้ไหม? [khun pha chan pai doi rot yon dai mai]
carafe [kə'ræf; -'rɑ:f] *n* ขวดชนิดหนึ่งที่ใส่น้ำดื่มหรือไวน์เพื่อเสิร์ฟที่โต๊ะอาหาร

[khaut cha nit nueng thii sai nam duem rue wai phuea soep thii to a han]
caramel ['kærəməl; -ˌmɛl] *n* คาราเมล [ka ra mel]
carat ['kærət] *n* กะรัต [ka rat]
caravan ['kærəˌvæn] *n* รถคาราวาน [rot kha ra van]; **caravan site** *n* ที่จอดรถคาราวาน [thii jot rot kha ra wan]; **Can we park our caravan here?** เราจอดรถคาราวานของเราที่นี่ได้ไหม? [rao jot rot kha ra van khong rao thii ni dai mai]; **We'd like a site for a caravan** เราอยากได้บริเวณที่จอดรถคาราวาน [rao yak dai bo ri wen thii jot rot kha ra van]
carbohydrate [ˌkɑːbəʊ'haɪdreɪt] *n* คาร์โบไฮเดรท [ka bo hai dret]
carbon ['kɑːbᵊn] *n* คาร์บอน [kha bon]; **carbon footprint** *n* คาร์บอนที่แต่ละคนใช้ในชีวิตประจำวันส่งไปในบรรยากาศของโลก [kha bon thii tae la khon chai nai chi wid pra cham wan song pai nai ban ya kat khong lok]
carburettor [ˌkɑːbjʊ'rɛtə; 'kɑːbjʊˌrɛtə; -bə-] *n* ตัวดูดอากาศเข้าลูกสูบ [tua dut a kaat khao luk sup]
card [kɑːd] *n* บัตรอวยพร [bat uai phon]; **boarding card** *n* บัตรขึ้นเครื่องบินหรือยานพาหนะ [bat khuen khrueang bin rue yan pha ha na]; **credit card** *n* บัตรเครดิต [bat khre dit]; **debit card** *n* บัตรที่หักบัญชี [bat thii hak ban chi]
cardboard ['kɑːdˌbɔːd] *n* กระดาษแข็ง [kra dat khaeng]
cardigan ['kɑːdɪgən] *n* เสื้อไหมพรมติดกระดุมหน้า [suea mai phrom tit kra dum na]
cardphone ['kɑːdfəʊn] *n* บัตรโทรศัพท์ [bat tho ra sab]
care [kɛə] *n* การดูแล [kan du lae] ▷ *v* ดูแล [du lae]; **intensive care unit** *n* ห้องไอซียู [hong ai si u]; **Take care** ดูแล [du lae]
career [kə'rɪə] *n* อาชีพการทำงาน [a chiip kan tham ngan]
careful ['kɛəfʊl] *adj* ระมัดระวัง [ra mat ra wang]
carefully ['kɛəfʊlɪ] *adv* อย่างระมัดระวัง [yang ra mat ra wang]
careless ['kɛəlɪs] *adj* ไม่ระมัดระวัง [mai ra mat ra wang]
caretaker ['kɛəˌteɪkə] *n* ผู้รับจ้างดูแล [phu rab chang du lae]
car-ferry ['kɑːfɛrɪ] *n* เรือแฟรี่บรรทุกรถต่าง ๆ [ruea fae ri ban thuk rot tang tang]
cargo ['kɑːgəʊ] *n* สินค้า [sin kha]
Caribbean [ˌkærɪ'biːən; kə'rɪbɪən] *adj* เกี่ยวกับประเทศในทะเลแคริเบียน [kiao kap pra thet nai tha le khae ri bian] ▷ *n* ชาวแคริเบียน [chao khae ri bian]
caring ['kɛərɪŋ] *adj* ที่ห่วงใยผู้อื่น [thii huang yai phu uen]
carnation [kɑː'neɪʃən] *n* ดอกคาร์เนชั่น [dok kha ne chan]
carnival ['kɑːnɪvᵊl] *n* งานฉลองของมวลชน [ngan cha long khong muan chon]
carol ['kærəl] *n* เพลงสวดหรือเพลงร้องเพื่อความสนุกสนาน [phleng suad hue phleng rong phue khwam sa nuk sa nan]
carpenter ['kɑːpɪntə] *n* ช่างไม้ [chang mai]
carpentry ['kɑːpɪntrɪ] *n* ที่เกี่ยวกับช่างไม้ [thii kiao kap chang mai]
carpet ['kɑːpɪt] *n* พรม [phrom]; **fitted carpet** *n* พรมที่ปูติดแน่น [phrom thii pu tit naen]
carriage ['kærɪdʒ] *n* ตู้โดยสารรถไฟ [tu doi san rot fai]
carriageway ['kærɪdʒˌweɪ] *n* **dual carriageway** *n* ทางรถคู่ [thang rot khu]
carrot ['kærət] *n* แครอท [kae rot]
carry ['kærɪ] *v* ขนส่ง [khon song]
carrycot ['kærɪˌkɒt] *n* ที่นอนเด็กที่หิ้วไปไหน ๆ ได้ [thii non dek thii hio pai nai nai dai]

carry on ['kærɪ ɒn] *v* ดำเนินต่อไป [dam noen to pai]
carry out ['kærɪ aʊt] *v* ทำให้สำเร็จ [tham hai sam ret]
cart [kɑːt] *n* เกวียน รถเข็น [kwian, rot khen]
carton ['kɑːtᵊn] *n* กล่องบรรจุกระดาษหรือพลาสติก [klong ban chu kra dart hue phlas tik]
cartoon [kɑː'tuːn] *n* การ์ตูน [ka tun]
cartridge ['kɑːtrɪdʒ] *n* ปลอกกระสุนปืน [plok kra sun puen]
carve [kɑːv] *v* แกะสลัก [kae sa lak]
case [keɪs] *n* คดี กรณี [kha di, ko ra nii]; **pencil case** *n* กล่องใส่ดินสอ [klong sai din so]
cash [kæʃ] *n* เงินสด [ngoen sot]; **Can I get a cash advance with my credit card?** ฉันจะเบิกเงินสดล่วงหน้าจากบัตรเครดิตของฉันได้ไหม? [chan ja boek ngoen sot luang na chak bat khre dit khong chan dai mai]; **Do you offer a discount for cash?** คุณมีส่วนลดสำหรับเงินสดไหม? [khun mii suan lot sam rap ngoen sot mai]; **I don't have any cash** ฉันไม่มีเงินสด [chan mai mii ngoen sot]
cashew ['kæʃuː; kæ'ʃuː] *n* เมล็ดมะม่วงหิมพานต์ [ma let ma muang him ma phan]
cashier [kæ'ʃɪə] *n* เจ้าหน้าที่การเงิน [chao na thii kan ngoen]
cashmere ['kæʃmɪə] *n* ขนสัตว์นุ่มที่ได้จากแพะ [khon sat num thii dai chak phae]
casino [kə'siːnəʊ] *n* บ่อนการพนัน [bon kan pha nan]
casserole ['kæsəˌrəʊl] *n* อาหารอบจากหม้อที่มีฝาปิด [a han op chak mo thii mii fa pit]
cassette [kæ'sɛt] *n* ตลับเทป [ta lap thep]
cast [kɑːst] *n* การขว้าง [kan khwang]
castle ['kɑːsᵊl] *n* ปราสาท [pra sat]
casual ['kæʒjʊəl] *adj* โดยบังเอิญ [doi bang oen]
casually ['kæʒjʊəlɪ] *adv* อย่างบังเอิญ [yang bang oen]
casualty ['kæʒjʊəltɪ] *n* จำนวนคนเสียชีวิตหรือได้รับบาดเจ็บ [cham nuan kon sia chi vid hue dai rab bad chep]
cat [kæt] *n* แมว [maeo]
catalogue ['kætəˌlɒg] *n* บัญชีรายการสินค้า [ban chi rai kan sin ka]
cataract ['kætəˌrækt] *n (eye)* ต้อ [to], *(waterfall)* น้ำตกที่สูงชัน [nam tok thii sung chan]
catarrh [kə'tɑː] *n* โรคหวัดที่มีน้ำมูกไหลออกมา [rok wat thii mii nam muk lai ok ma]
catastrophe [kə'tæstrəfɪ] *n* ความหายนะ [khwam hai ya na]
catch [kætʃ] *v* จับได้ ฉวยจับ [chap dai, chuai chap]
catching ['kætʃɪŋ] *adj* ที่ติดต่อได้ง่าย [thii tid tor dai ngai]
catch up [kætʃ ʌp] *v* ตามทัน [tam than]
category ['kætɪgərɪ] *n* หมวดหมู่ [muat mu]
catering ['keɪtərɪŋ] *n* การจัดอาหาร [kan chad a han]
caterpillar ['kætəˌpɪlə] *n* หนอนผีเสื้อ [non phi suea]
cathedral [kə'θiːdrəl] *n* มหาวิหาร [ma ha wi han]
Catholic ['kæθəlɪk; 'kæθlɪk] *adj* นิกายคาทอลิค [ni kai kha tho lik] ▷ *n* ผู้นับถือนิกายคาทอลิค [phu nap thue ni kai kha tho lik]; **Roman Catholic** *n* ที่เกี่ยวกับศาสนาโรมันคาทอลิค [thii kiao kap sat sa na ro man kha tho lik], ผู้นับถือนิกายโรมันคาทอลิค [thii kiao kap sat sa na ro man kha tho lik, phu nap thue ni kai ro man kha tho lik]
cattle ['kætᵊl] *npl* วัวควาย [vua khwai]
Caucasus ['kɔːkəsəs] *n* เทือกเขาในคอเคเซีย [thueak khao nai kho khe chia]
cauliflower ['kɒlɪˌflaʊə] *n* กะหล่ำดอก [ka lam dok]

cause [kɔːz] *n (ideals)* หัวเรื่องการอภิปราย [hua rueang kan a phi prai], *(reason)* เหตุผลที่ดี [het phon thii di] ▷ *v* ทำให้เกิด [tham hai koed]
caution ['kɔːʃən] *n* การตักเตือน [kan tak tuean]
cautious ['kɔːʃəs] *adj* ระมัดระวัง [ra mat ra wang]
cautiously ['kɔːʃəslɪ] *adv* อย่างระมัดระวัง [yang ra mat ra wang]
cave [keɪv] *n* ถ้ำ [tham]
CCTV [siː siː tiː viː] *abbr* ตัวย่อของกล้องโทรทัศน์วงจรภายใน [tua yor khong klong tho ra tat wong chorn phai nai]
CD [siː diː] *n* ซีดี [si di]; **CD burner** *n* ซอฟแวร์ที่บันทึกดนตรีลงในซีดี [sop wae thii ban thuek don tree long nai si di]; **CD player** *n* เครื่องเล่นซีดี [khrueang len si di]; **Can I make CDs at this computer?** ฉันทำซีดีกับเครื่องคอมพิวเตอร์นี้ได้ไหม? [chan tham si di kap khrueang khom phio toe nii dai mai]
CD-ROM [-'rɒm] *n* ซีดี-รอม [si di -rom]
ceasefire ['siːs'faɪə] *n* การหยุดรบ [kan yut rop]
ceiling ['siːlɪŋ] *n* เพดาน [phe dan]
celebrate ['sɛlɪˌbreɪt] *v* ฉลอง [cha long]
celebration ['sɛlɪˌbreɪʃən] *n* การฉลอง [kan cha long]
celebrity [sɪ'lɛbrɪtɪ] *n* ผู้มีชื่อเสียง [phu mee chue siang]
celery ['sɛlərɪ] *n* ผักคื่นช่าย [phak khuen chai]
cell [sɛl] *n* ห้องเล็กในห้องขัง [hong lek nai hong khang]
cellar ['sɛlə] *n* ห้องใต้ดิน [hong tai din]
cello ['tʃɛləʊ] *n* ไวโอลินเชโล [vi o lin che lo]
cement [sɪ'mɛnt] *n* ซีเมนต์ [si men]
cemetery ['sɛmɪtrɪ] *n* สุสาน [su san]
census ['sɛnsəs] *n* การสำรวจจำนวนประชากร [kan sam ruat cham nuan pra cha kon]
cent [sɛnt] *n* หน่วยเงินเซ็นต์ [nuai ngoen sen]
centenary [sɛn'tiːnərɪ] *n* การครบรอบหนึ่งร้อยปี [kan khrop rop nueng roi pi]
centimetre ['sɛntɪˌmiːtə] *n* เซนติเมตร [sen ti met]
central ['sɛntrəl] *adj* ที่เป็นศูนย์กลาง [thii pen sun klang]; **central heating** *n* ระบบทำความร้อน [ra bop tham khwam ron]; **Central America** *n* อเมริกากลาง [a me ri ka klang]
centre ['sɛntə] *n* ศูนย์กลาง [sun klang]; **call centre** *n* ศูนย์โทรศัพท์ [sun tho ra sap]; **city centre** *n* ใจกลางเมือง [jai klang mueang]; **job centre** *n* หน่วยจัดหางาน [nuai chat ha ngan]
century ['sɛntʃərɪ] *n* ศตวรรษ [sa ta wat]
CEO [siː iː əʊ] *abbr* ตัวย่อของเจ้าหน้าที่ระดับสูง [tua yor khong chao na thii ra dab sung]
ceramic [sɪ'ræmɪk] *adj* เซรามิค [se ra mik]
cereal ['sɪərɪəl] *n* อาหารเช้าที่ทำจากธัญพืช [a han chao thii tham chak than ya phuet]
ceremony ['sɛrɪmənɪ] *n* พิธีการ [phi thi kon]
certain ['sɜːtᵊn] *adj* แน่นอน [nae non]
certainly ['sɜːtᵊnlɪ] *adv* อย่างแน่นอน [yang nae norn]
certainty ['sɜːtᵊntɪ] *n* ความแน่นอน [khwam nae non]
certificate [sə'tɪfɪkɪt] *n* ประกาศนียบัตร [pra ka sa ni ya bat]; **birth certificate** *n* ใบเกิด [bai koet]; **marriage certificate** *n* ใบทะเบียนสมรส [bai tha bian som rot]; **medical certificate** *n* ใบรับรองแพทย์ [bai rap rong phaet]
Chad [tʃæd] *n* ประเทศชาดในอัฟริกา [pra tet chad nai af ri ka]
chain [tʃeɪn] *n* โซ่ [so]; **Do I need snow chains?** ฉันต้องใส่โซ่กันหิมะหรือไม่? [chan tong sai so kan hi ma rue mai]
chair [tʃɛə] *n (furniture)* เก้าอี้ [kao i];

easy chair *n* เก้าอี้ที่มีที่วางแขน [kao ii thii mii thii wang khaen]; **rocking chair** *n* เก้าอี้โยก [kao ii yok]; **Do you have a high chair?** คุณมีเก้าอี้สำหรับเด็กไหม? [khun mii kao ii sam rap dek mai]
chairlift ['tʃɛə,lɪft] *n* เก้าอี้ยกคนขึ้นไปเล่นสกี [kao ee yok kon khuen pai len sa ki]
chairman, chairmen ['tʃɛəmən, 'tʃɛəmɛn] *n* ประธานกรรมการ [pra than kam ma kan]
chalk [tʃɔːk] *n* ชอล์ก [chok]
challenge ['tʃælɪndʒ] *n* การท้าทาย [kan tha thai] ▷ *v* ท้าทาย [tha thai]
challenging ['tʃælɪndʒɪŋ] *adj* ที่ท้าทาย [thii tha thai]
chambermaid ['tʃeɪmbə,meɪd] *n* สาวใช้ทำความสะอาดห้องนอน [sao chai tham khwam sa at hong non]
champagne [ʃæm'peɪn] *n* แชมเปญ [chaem pen]
champion ['tʃæmpɪən] *n* ผู้ชนะเลิศ [phu cha na loet]
championship ['tʃæmpɪən,ʃɪp] *n* ตำแหน่งชนะเลิศ [tam naeng cha na loet]
chance [tʃɑːns] *n* โอกาส [o kat]; **by chance** *adv* โดยบังเอิญ [doi bang oen]
change [tʃeɪndʒ] *n* การเปลี่ยนแปลง [kan plian plaeng] ▷ *vi* เปลี่ยน [plian] ▷ *vt* เปลี่ยน แลกเปลี่ยน [plian, laek plian]; **Do I have to change?** ฉันต้องเปลี่ยนหรือไม่? [chan tong plian rue mai]; **I want to change my ticket** ฉันอยากเปลี่ยนตั๋วของฉัน [chan yak plian tua khong chan]; **I'd like to change my flight** ฉันอยากเปลี่ยนเที่ยวบินของฉัน [chan yak plian thiao bin khong chan]
changeable ['tʃeɪndʒəbᵊl] *adj* ที่เปลี่ยนแปลงได้ [thii plian plang dai]
channel ['tʃænᵊl] *n* ช่อง [chong]
chaos ['keɪɒs] *n* ความสับสน [khwam sap son]
chaotic [keɪ'ɒtɪk] *adj* ยุ่งเหยิง [yung yoeng]
chap [tʃæp] *n* ผู้ชาย [phu chai]
chapel ['tʃæpᵊl] *n* โบสถ์เล็ก ๆ [bot lek lek]
chapter ['tʃæptə] *n* บทของหนังสือหรืองานเขียน [bot khong nang sue rue ngan khian]
character ['kærɪktə] *n* คุณลักษณะ [khun na lak sa na]
characteristic [,kærɪktə'rɪstɪk] *n* อุปนิสัย [up pa ni sai]
charcoal ['tʃɑː,kəʊl] *n* ถ่าน [than]
charge [tʃɑːdʒ] *n (accusation)* ข้อกล่าวหา [kho klao ha], *(electricity)* ประจุไฟฟ้า [pra chu fai fa], *(price)* ค่าใช้จ่าย [kha chai chai] ▷ *v (accuse)* ฟ้องร้อง [fong rong], *(electricity)* อัดไฟ [at fai], *(price)* เรียกเก็บเงิน [riak kep ngoen]; **admission charge** *n* ค่าธรรมเนียมในการเข้า [kha tham niam nai kan khao]; **cover charge** *n* ค่าบริการเพิ่มจากค่าอาหาร [kha bo ri kan poem chak kha a han]; **service charge** *n* ค่าบริการ [kha bo ri kan]
charger ['tʃɑːdʒə] *n* เครื่องอัดไฟ [khrueang at fai]
charity ['tʃærɪtɪ] *n* การกุศล [kan ku son]; **charity shop** *n* ร้านการกุศล [ran kan ku son]
charm [tʃɑːm] *n* เสน่ห์ [sa ne]
charming ['tʃɑːmɪŋ] *adj* มีเสน่ห์ [moii sa ne]
chart [tʃɑːt] *n* ตาราง [ta rang]; **pie chart** *n* ภาพแสดงสถิติรูปพาย [phap sa daeng sa thi ti rup phai]
chase [tʃeɪs] *n* การไล่ตาม [kan lai tam] ▷ *v* ไล่ตาม [lai tam]
chat [tʃæt] *n* การพูดคุยกันเล่น ๆ [kan phut khui kan len len] ▷ *v* คุยเล่น [khui len]; **chat show** *n* รายการทีวีที่มีการพูดคุยกับแขกรับเชิญ [rai kan thii wii thii mii kan phut khui kap khaek rap choen]
chatroom ['tʃæt,ruːm; -,rʊm] *n* ห้องคุย [hong khui]

chauffeur ['ʃəʊfə; ʃəʊ'fɜː] *n* คนขับรถ [kon khab rot]
chauvinist ['ʃəʊvɪˌnɪst] *n* ผู้ยึดถืออุดมการณ์ [phu yuet thue u dom kan]
cheap [tʃiːp] *adj* อย่างถูก [yang thuk]
cheat [tʃiːt] *n* การคดโกง [kan khot kong] ▷ *v* ทุจริต [thut cha rit]
Chechnya ['tʃɛtʃnjə] *n* ประเทศเชสเนีย [pra tet ches nia]
check [tʃɛk] *n* การตรวจ [kan truat] ▷ *v* ตรวจ [truat]; **Can you check the water, please?** คุณช่วยตรวจดูน้ำได้ไหม? [khun chuai truat du nam dai mai]
checked [tʃɛkt] *adj* ที่มีลายตารางหมากรุก [thii mii lai ta rang mak ruk]
check in [tʃɛk ɪn] *v* ลงทะเบียนเพื่อเข้าพัก [long tha bian phuea khao phak]
check-in [tʃɛkɪn] *n* ลงทะเบียนเข้าพักในโรงแรมหรือก่อนขึ้นรถ, เครื่องบิน [long tha bian khao phak nai rong raeng hue kon khuen rot, khueang bin]
check out [tʃɛk aʊt] *v* แจ้งออก [chaeng ok]
checkout ['tʃɛkaʊt] *n* การแจ้งออกจากที่พักหรือห้องของโรงแรม [kan chaeng ork chak thii phak hue hong khong rong raeng]
check-up [tʃɛkʌp] *n* การตรวจสุขภาพ [kan truat suk kha phap]
cheek [tʃiːk] *n* แก้ม [kaem]
cheekbone ['tʃiːkˌbəʊn] *n* โหนกแก้ม [nok kaem]
cheeky ['tʃiːkɪ] *adj* ที่ไม่เคารพ [thii mai khao rop]
cheer [tʃɪə] *n* การส่งเสียงเชียร์ [kan song siang chia] ▷ *v* เปล่งเสียงแสดงความยินดี [pleng siang sa daeng khwam yin dii]
cheerful ['tʃɪəfʊl] *adj* ที่ทำให้รู้สึกสดชื่น [thii tham hai ru suek sot chuen]
cheerio [ˌtʃɪərɪ'əʊ] *excl* ลาก่อน [la kon]
cheers [tʃɪəz] *excl* ไชโย ชนแก้ว [chai yo chon kaew]
cheese [tʃiːz] *n* เนยแข็ง [noei khaeng]; **cottage cheese** *n* เนยเหลวชนิดหนึ่ง [noei leo cha nit nueng]; **What sort of cheese?** คุณมีเนยแข็งแบบไหน? [khun mii noei khaeng baep nai]
chef [ʃɛf] *n* หัวหน้าพ่อครัว [hua na pho khrua]; **What is the chef's speciality?** อาหารพิเศษของหัวหน้าพ่อครัวคืออะไร? [a han phi set khong hua na pho khrua khue a rai]
chemical ['kɛmɪkᵊl] *n* สารเคมี [san khe mi]
chemist ['kɛmɪst] **chemist('s)** *n* ที่ร้านขายยาหรือเครื่องสำอาง [thii ran khai ya rue khrueang sam ang]; **Where is the nearest chemist?** ร้านขายยาที่ใกล้ที่สุดอยู่ที่ไหน? [ran khai ya thii klai thii sut yu thii nai]
chemistry ['kɛmɪstrɪ] *n* วิชาเคมี [wi cha ke mii]
cheque [tʃɛk] *n* ใบสั่งจ่ายเช็ค [bai sang chai chek]; **blank cheque** *n* เช็คเปล่า [chek plao]; **traveller's cheque** *n* เช็คเดินทาง [chek doen thang]
chequebook ['tʃɛkˌbʊk] *n* สมุดเช็ค [sa mud chek]
cherry ['tʃɛrɪ] *n* ผลเชอร์รี่ [phon choe ri]
chess [tʃɛs] *n* หมากรุก [mak ruk]
chest [tʃɛst] *n (body part)* หน้าอก [na ok], *(storage)* หีบ ลัง กล่อง [hip, lang, klong]; **chest of drawers** *n* ตู้ที่มีลิ้นชัก [tu thii mii lin chak]; **I have a pain in my chest** ฉันเจ็บหน้าอก [chan chep na ok]
chestnut ['tʃɛsˌnʌt] *n* ลูกเกาลัด [luk kao lat]
chew [tʃuː] *v* เคี้ยว [khiao]; **chewing gum** *n* หมากฝรั่ง [mak fa rang]
chick [tʃɪk] *n* ลูกไก่ ลูกนก [luk kai, luk nok]
chicken ['tʃɪkɪn] *n* ไก่ [kai]
chickenpox ['tʃɪkɪnˌpɒks] *n* โรคอีสุกอีใส [rok i suk i sai]
chickpea ['tʃɪkˌpiː] *n* ถั่วจำพวกหนึ่งมีรูปกลมเล็กสีน้ำตาลออนใช้ทำอาหาร [thua

cham phua khueng mee rup klom lek see nam tan on chai tham a han]
chief [tʃi:f] *adj* สำคัญ [sam khan] ▷ *n* ผู้นำ [phu nam]
child, children [tʃaɪld, 'tʃɪldrən] *n* เด็ก [dek]; **Do you have a children's menu?** คุณมีรายการอาหารเด็กไหม? [khun mii rai kan a han dek mai]; **I need someone to look after the children tonight** ฉันอยากได้คนดูแลเด็ก ๆ คืนนี้ [chan yak dai khon du lae dek dek khuen nii]; **I'd like a child seat for a two-year-old child** ฉันอยากได้ที่นั่งเด็กอายุสองขวบ [chan yak dai thii nang dek a yu song khuap]
childcare ['tʃaɪld,kɛə] *n* การดูแลเลี้ยงเด็ก [kan du lae liang dek]
childhood ['tʃaɪldhʊd] *n* วัยเด็ก [wai dek]
childish ['tʃaɪldɪʃ] *adj* ไร้เดียงสาอย่างเด็ก [rai diang sa yang dek]
childminder ['tʃaɪld,maɪndə] *n* คนดูแลเด็ก [kon du lae dek]
Chile ['tʃɪlɪ] *n* ประเทศชิลี [pra tet chi li]
Chilean ['tʃɪlɪən] *adj* เกี่ยวกับประเทศชิลี [kiao kap pra thet chi li] ▷ *n* ชาวชิลี [chao chi li]
chill [tʃɪl] *v* ทำให้เย็น [tham hai yen]
chilli ['tʃɪlɪ] *n* พริก [phrik]
chilly ['tʃɪlɪ] *adj* หนาวเย็น [nao yen]
chimney ['tʃɪmnɪ] *n* ปล่องไฟ [plong fai]
chimpanzee [,tʃɪmpæn'zi:] *n* ลิงชิมแปนซี [ling chim paen si]
chin [tʃɪn] *n* คาง [khang]
china ['tʃaɪnə] *n* เครื่องเคลือบดินเผา [khrueang khlueap din phao]
China ['tʃaɪnə] *n* ประเทศจีน [pra tet chin]
Chinese [tʃaɪ'ni:z] *adj* ที่เกี่ยวกับชาติจีน [thii kiao kap chat chin] ▷ *n (language)* ภาษาจีน [pha sa chin], *(person)* ชาวจีน [chao chin]
chip [tʃɪp] *n (electronic)* แผ่นไมโครชิป [phaen mai khro chip], *(small piece)* เศษที่แตกออกไป [sed thii taek ork pai]; **silicon chip** *n* การฝังไมโครชิป [kan fang mai khro chip]
chips [tʃɪps] *npl* มันฝรั่งทอด [man fa rang thot]
chiropodist [kɪ'rɒpədɪst] *n* หมอที่รักษาโรคที่เกี่ยวกับมือหรือเท้า [mo thii rak sa rok thii kiao kap mue rue thao]
chisel ['tʃɪzᵊl] *n* สิ่ว [sio]
chives [tʃaɪvz] *npl* พืชคล้ายหัวหอมมีก้านยาวสีเขียว [phuet khlai hua hom mii kan yao sii khiao]
chlorine ['klɔ:ri:n] *n* คลอรีน [khlo rin]
chocolate ['tʃɒkəlɪt; 'tʃɒklɪt; -lət] *n* ช็อกโกแลต [chok ko laet]; **milk chocolate** *n* ช็อกโกแลตนม [chok ko laet nom]; **plain chocolate** *n* ช็อกโกแลตที่รสค่อนข้างขมและมีสีดำ [chok ko laet thii rot khon khang khom lae mii sii dam]
choice [tʃɔɪs] *n* การเลือก [kan lueak]
choir [kwaɪə] *n* คณะร้องเพลงประสานเสียง [kha na rong phleng pra san siang]
choke [tʃəʊk] *v* ทำให้หายใจไม่ออก [tham hai hai jai mai ork]
cholesterol [kə'lɛstə,rɒl] *n* ไขมันในเส้นเลือด [khai man nai sen lueat]
choose [tʃu:z] *v* เลือก [lueak]
chop [tʃɒp] *n* การสับ [kan sap] ▷ *v* สับ [sap]; **pork chop** *n* เนื้อหมูที่ติดกระดูก [nuea mu thii tit kra duk]
chopsticks ['tʃɒpstɪks] *npl* ตะเกียบ [ta kiap]
chosen ['tʃəʊzᵊn] *adj* ที่เลือกแล้ว [thii lueak laeo]
Christ [kraɪst] *n* พระเยซูคริสต์ [phra ye su khris]
christening ['krɪsᵊnɪŋ] *n* การทำพิธีล้างบาปและตั้งชื่อ [kan tham phi thii lang bap lae tang chue]
Christian ['krɪstʃən] *adj* เกี่ยวกับชาวคริสต์ [kiao kap chao khris] ▷ *n* คริสต์ศาสนิกชน [khrit sat sa nik ka chon]; **Christian name** *n* ชื่อที่ตั้งในพิธีชำระ

บาป [chue thii tang nai phi tii cham ra bap]
Christianity [ˌkrɪstɪˈænɪtɪ] *n* ศาสนาคริสต์ [sad sa na khris]
Christmas [ˈkrɪsməs] *n* คริสต์มาส [kris mat]; **Christmas card** *n* บัตรคริสต์มาส [bat khris mas]; **Christmas Eve** *n* คืนก่อนวันคริสต์มาส [khuen kon wan khris mas]; **Christmas tree** *n* ต้นคริสต์มาส [ton khris mas]; **Merry Christmas!** เมอรี่คริสต์มาส [moe ri khris mas]
chrome [krəʊm] *n* แผ่นโครเมียม [phaen khro miam]
chronic [ˈkrɒnɪk] *adj* เรื้อรัง [rue rang]
chrysanthemum [krɪˈsænθəməm] *n* ดอกเบญจมาศ [dok ben cha mat]
chubby [ˈtʃʌbɪ] *adj* อ้วนกลม [uan klom]
chunk [tʃʌŋk] *n* เนื้อหรือไม้ชิ้นหนาสั้น [nuea rue mai chin na san]
church [tʃɜːtʃ] *n* โบสถ์ [bot]
cider [ˈsaɪdə] *n* น้ำแอปเปิ้ลที่มีแอลกอฮอล์ [nam ap poen thii mii aen ko ho]
cigar [sɪˈɡɑː] *n* ซิการ์ [si ka]
cigarette [ˌsɪɡəˈrɛt] *n* บุหรี่ [bu ri]; **cigarette lighter** *n* ไฟที่จุดบุหรี่ [fai thii chut bu ri]
cinema [ˈsɪnɪmə] *n* โรงภาพยนตร์ [rong phap pha yon]
cinnamon [ˈsɪnəmən] *n* อบเชย [op choei]
circle [ˈsɜːkᵊl] *n* วงกลม [wong klom]; **Arctic Circle** *n* วงเขตขั้วโลกเหนือ [wong khet khua lok nuea]
circuit [ˈsɜːkɪt] *n* ขอบเขต [khop khet]
circular [ˈsɜːkjʊlə] *adj* ที่เป็นวงกลม [thii pen wong klom]
circulation [ˌsɜːkjʊˈleɪʃən] *n* การหมุนเวียน [kan mun wian]
circumstances [ˈsɜːkəmstənsɪz] *npl* สถานการณ์ [sa tha na kan]
circus [ˈsɜːkəs] *n* โรงละครสัตว์ [rong la khon sat]
citizen [ˈsɪtɪzᵊn] *n* พลเมือง [phon la muang]; **senior citizen** *n* พลเมืองอาวุโส [phon la mueang a wu so]
citizenship [ˈsɪtɪzən,ʃɪp] *n* ความเป็นพลเมือง [khwam pen phon la mueang]
city [ˈsɪtɪ] *n* เมือง [mueang]; **Is there a bus to the city?** มีรถโดยสารไปในเมืองไหม? [mii rot doi san pai nai mueang mai]; **Please take me to the city centre** ช่วยพาฉันไปใจกลางเมือง [chuai pha chan pai jai klang mueang]; **Where can I buy a map of the city?** ฉันจะซื้อแผนที่ของเมืองนี้ได้ที่ไหน? [chan ja sue phaen thii khong mueang nii dai thii nai]
civilian [sɪˈvɪljən] *adj* เกี่ยวกับพลเรือน [kiao kap phon la ruean] ▷ *n* พลเรือน [phon la ruan]
civilization [ˌsɪvɪlaɪˈzeɪʃən] *n* อารยธรรม [a ra ya tham]
claim [kleɪm] *n* การเรียกร้อง [kan riak rong] ▷ *v* เรียกร้อง [riak rong]; **claim form** *n* แบบฟอร์มการเรียกร้อง [baep fom kan riak rong]
clap [klæp] *v* ปรบมือ [prop mue]
clarify [ˈklærɪ,faɪ] *v* ทำให้ใสสะอาด [tham hai sai sa ad]
clarinet [ˌklærɪˈnɛt] *n* เครื่องดนตรีประเภทเป่าชนิดหนึ่ง [khrueang don tri pra phet pao cha nit nueng]
clash [klæʃ] *v* ชน [chon]
clasp [klɑːsp] *n* เข็มกลัด [khem klat]
class [klɑːs] *n* ชั้นเรียน [chan rian]; **business class** *n* ชั้นธุรกิจ [chan thu ra kit]; **economy class** *n* ชั้นประหยัด [chan pra yat]; **second class** *n* ชั้นที่สอง [chan thii song]
classic [ˈklæsɪk] *adj* คลาสสิก [klat sik] ▷ *n* นักประพันธ์ นักศิลปะหรืองานทางศิลปะที่ยอดเยี่ยมที่สุด [nak pra phan, nak sin la pa rue ngan thang sin la pa thii yot yiam thii sut]
classical [ˈklæsɪkᵊl] *adj* เกี่ยวกับแบบกรีกและโรมัน [kiao kap baep krik lae ro man]
classmate [ˈklɑːs,meɪt] *n* เพื่อนร่วมชั้น

เรียน [phuean ruam chan rian]
classroom ['klɑːsˌruːm; -ˌrʊm] *n* ห้องเรียน [hong rian]; **classroom assistant** *n* ครูผู้ช่วยในห้องเรียน [khru phu chuai nai hong rian]
clause [klɔːz] *n* มาตรา [mat tra]
claustrophobic [ˌklɔːstrəˈfəʊbɪk; ˌklɒs-] *adj* การกลัวที่อยู่ในที่แคบ [kan klua thii yu nai thii khaep]
claw [klɔː] *n* กรงเล็บ [krong lep]
clay [kleɪ] *n* ดินเหนียว [din niao]
clean [kliːn] *adj* สะอาด [sa ad] ▷ *v* ทำความสะอาด [tham khwam sa ad]; **Can you clean the room, please?** คุณช่วยทำความสะอาดห้องได้ไหม? [khun chuai tham khwam sa at hong dai mai]; **I'd like to get these things cleaned** ฉันอยากทำความสะอาดเสื้อผ้าพวกนี้ [chan yak tham khwam sa aat suea pha phuak nii]; **The room isn't clean** ห้องไม่สะอาด [hong mai sa at]
cleaner ['kliːnə] *n* คนทำความสะอาด [kon tham khwam sa ad]; **When does the cleaner come?** คนทำความสะอาดจะมาเมื่อไร? [khon tham khwam sa at ja ma muea rai]
cleaning ['kliːnɪŋ] *n* การทำความสะอาด [kan tham khwam sa ad]; **cleaning lady** *n* หญิงทำความสะอาด [ying tham khwam sa at]
cleanser ['klɛnzə] *n* สิ่งที่ใช้ทำความสะอาดผิวหน้า [sing thii chai tham khwam sa at phio na]
clear [klɪə] *adj* ชัดเจน [chat chen]
clearly ['klɪəlɪ] *adv* อย่างชัดเจน [yang chat chen]
clear off [klɪə ɒf] *v* เอาออกไป [ao ok pai]
clear up [klɪə ʌp] *v* ทำความสะอาดจนหมด [tham khwam sa aat chon mot]
clementine ['klɛmənˌtiːn; -ˌtaɪn] *n* ส้มชนิดหนึ่ง [som cha nit nueng]
clever ['klɛvə] *adj* เฉลียวฉลาด [cha liao cha lat]
click [klɪk] *n* เสียงดังกริ๊ก [siang dang krik] ▷ *v* เกิดเสียงดังกริ๊ก [koet siang dang krik]
client ['klaɪənt] *n* ลูกค้า [lik kha]
cliff [klɪf] *n* หน้าผา [na pha]
climate ['klaɪmɪt] *n* อากาศ [a kat]; **climate change** *n* การเปลี่ยนแปลงของอากาศ [kan plian plaeng khong a kat]
climb [klaɪm] *v* ปีน [pin]; **I'd like to go climbing** ฉันอยากไปปีนเขา [chan yak pai pin khao]
climber ['klaɪmə] *n* คนปีน [khon pin]
climbing ['klaɪmɪŋ] *n* การปีน [kan pin]
clinic ['klɪnɪk] *n* คลินิค [kli nik]
clip [klɪp] *n* การหนีบติดกัน [kan niip tit kan]
clippers ['klɪpəz] *npl* กรรไกร [kan krai]
cloakroom ['kləʊkˌruːm; -ˌrʊm] *n* ห้องเก็บเสื้อโค้ท [hong keb suea khot]
clock [klɒk] *n* นาฬิกา [na li ka]; **alarm clock** *n* นาฬิกาปลุก [na li ka pluk]
clockwise ['klɒkˌwaɪz] *adv* ตามเข็มนาฬิกา [tam khem na li ka]
clog [klɒg] *n* รองเท้าไม้ [rong thao mai]
clone [kləʊn] *n* สิ่งมีชีวิตที่เกิดมาจากเซลล์เดียวกัน [sing mii chi wit thii koet ma chak sel diao kan] ▷ *v* ทำให้กำเนิดมาจากเซลล์เดียวกัน [tham hai kam noet ma chak sel diao kan]
close *adj* [kləʊs] ใกล้ [klai] ▷ *adv* [kləʊs] ชิดกัน [chit kan] ▷ *v* [kləʊz] ปิด [pit]; **May I close the window?** ฉันขอปิดหน้าต่างได้ไหม? [chan kho pit na tang dai mai]; **The door won't close** ปิดประตูไม่ได้ [pit pra tu mai dai]; **What time do you close?** คุณปิดเวลาอะไร? [khun pit we la a rai]
closed [kləʊzd] *adj* ปิดไม่รับสิ่งใหม่ [pid mai rab sing mai]
closely [kləʊslɪ] *adv* อย่างใกล้ชิด [yang klai chit]
closure ['kləʊʒə] *n* การปิด [kan pit]
cloth [klɒθ] *n* ผ้า [pha]
clothes [kləʊðz] *npl* เสื้อผ้า [suea pha]; **clothes line** *n* ราวตากผ้า [rao tak pha];

clothes peg *n* ไม้หนีบผ้า [mai nip pha]; **My clothes are damp** เสื้อผ้าฉันชื้น [suea pha chan chuen]
clothing ['kləʊðɪŋ] *n* เสื้อผ้า [suea pha]
cloud [klaʊd] *n* เมฆ [mek]
cloudy ['klaʊdɪ] *adj* ที่ปกคลุมด้วยเมฆ [thii pok khlum duai mek]
clove [kləʊv] *n* กานพลู [kan phlu]
clown [klaʊn] *n* ตัวตลก [tua ta lok]
club [klʌb] *n* *(group)* สมาคม สโมสร [sa ma khom, sa mo son], *(weapon)* ไม้พลอง [mai phlong]; **golf club** *n* *(game)* ไม้ตีกอล์ฟ [mai ti kolf], *(society)* สโมสรกอล์ฟ [sa mo son kolf]
club together [klʌb tə'gɛðə] *v* ช่วยกันออกค่าใช้จ่าย [chuai kan ok kha chai jai]
clue [klu:] *n* เงื่อนงำ [nguean ngam]
clumsy ['klʌmzɪ] *adj* งุ่มง่าม [ngum ngam]
clutch [klʌtʃ] *n* คลัทช์ในรถยนต์ [khlat nai rot yon]
clutter ['klʌtə] *n* กองระเกะระกะ [kong ra ke ra ka]
coach [kəʊtʃ] *n* *(trainer)* ครูฝึกกีฬา [khru fuek ki la], *(vehicle)* รถโค้ช [rot khoch]
coal [kəʊl] *n* ถ่านหิน [than hin]
coarse [kɔ:s] *adj* อย่างหยาบ [yang yap]
coast [kəʊst] *n* ชายฝั่ง [chai fang]
coastguard ['kəʊst,gɑ:d] *n* หน่วยรักษาการณ์ตามชายฝั่งทะเล [nuai rak sa kan tam chai fang tha le]
coat [kəʊt] *n* เสื้อโค้ท [suea khot]; **fur coat** *n* เสื้อโค้ทท่าจากขนสัตว์ [suea khot tham chak khon sat]
coathanger ['kəʊt,hæŋə] *n* ไม้แขวนเสื้อ [mai khwaen suea]
cobweb ['kɒb,wɛb] *n* ใยแมงมุม [yai maeng mum]
cocaine [kə'keɪn] *n* ยาเสพติดชนิดหนึ่ง [ya sep tit cha nit nueng]
cock [kɒk] *n* ไก่ตัวผู้ [kai tua phu]
cockerel ['kɒkərəl; 'kɒkrəl] *n* ไก่ที่มีอายุน้อยกว่าหนึ่งปี [kai thii mii a yu noi kwa nueng pi]
cockpit ['kɒk,pɪt] *n* ที่นั่งคนขับเครื่องบินหรือรถแข่ง [thii nang kon khab khueang bin hue rot khaeng]
cockroach ['kɒk,rəʊtʃ] *n* แมลงสาบ [ma laeng sap]
cocktail ['kɒk,teɪl] *n* เครื่องดื่มเหล้าผสมน้ำผลไม้ [khrueang duem lao pha som nam phon la mai]
cocoa ['kəʊkəʊ] *n* ผงโกโก้ [phong ko ko]
coconut ['kəʊkə,nʌt] *n* มะพร้าว [ma phrao]
cod [kɒd] *n* ปลาคอด [pla khot]
code [kəʊd] *n* รหัส [ra hat]; **dialling code** *n* รหัสหมุนโทรศัพท์ [ra hat mun tho ra sap]; **Highway Code** *n* กฎจราจรว่าด้วยการใช้ทางหลวง [kod ja ra jon wa duai kan chai thang luang]; **What is the dialling code for the UK?** รหัสหมุนไปสหราชอาณาจักรคืออะไร? [ra hat mun pai sa ha rat cha a na chak khue a rai]
coeliac ['si:lɪ,æk] *adj* ช่องท้อง [chong thong]
coffee ['kɒfɪ] *n* กาแฟ [ka fae]; **black coffee** *n* กาแฟดำ [ka fae dam]; **A white coffee, please** ขอกาแฟใส่นมหนึ่งที่ [kho ka fae sai nom nueng thii]; **Could we have another cup of coffee, please?** ขอกาแฟให้พวกเราอีกถ้วยได้ไหม? [kho ka fae hai phuak rao ik thuai dai mai]; **Have you got fresh coffee?** คุณมีกาแฟสดไหม? [khun mii ka fae sot mai]
coffeepot ['kɒfɪ,pɒt] *n* หม้อกาแฟ [mo ka fae]
coffin ['kɒfɪn] *n* หีบศพ [hip sop]
coin [kɔɪn] *n* เหรียญ [rian]; **I'd like some coins for the phone, please** ฉันอยากได้เหรียญสำหรับโทรศัพท์ [chan yak dai rian sam rap tho ra sap]
coincide [,kəʊɪn'saɪd] *v* สอดคล้องกันพอดี [sot khlong kan pho dii]
coincidence [kəʊ'ɪnsɪdəns] *n* เหตุบังเอิญ [het bang oen]

Coke® [kəʊk] *n* โค้ก [khok]
colander ['kɒləndə; 'kʌl-] *n* กระชอน [kra chon]
cold [kəʊld] *adj* เย็น [yen] ▷ *n* ความเย็น [khwam yen]; **cold sore** *n* แผลเปื่อย [phlae pueai]; **It's freezing cold** หนาวเยือกเย็น [nao yueak yen]; **The food is too cold** อาหารเย็นเกินไป [a han yen koen pai]
coleslaw ['kəʊlˌslɔː] *n* สลัดกะหล่ำปลีใส่มายองเนส [sa lat ka lam plii sai ma yong nes]
collaborate [kə'læbəˌreɪt] *v* ร่วมมือ [ruam mue]
collapse [kə'læps] *v* พังทลาย [phang tha lai]
collar ['kɒlə] *n* ปกเสื้อ [pok suea]
collarbone ['kɒləˌbəʊn] *n* กระดูกไหปลาร้า [kra duk hai pla ra]
colleague ['kɒliːg] *n* เพื่อนร่วมงาน [phuean ruam ngan]
collect [kə'lɛkt] *v* สะสม [sa som]
collection [kə'lɛkʃən] *n* สิ่งที่สะสมไว้ [sing thii sa som wai]
collective [kə'lɛktɪv] *adj* ซึ่งเป็นกลุ่ม [sueng pen klum] ▷ *n* กลุ่ม หมู่คณะ [klum, moo ka na]
collector [kə'lɛktə] *n* นักสะสม [nak sa som]; **ticket collector** *n* ผู้เก็บตั๋ว [phu kep tua]
college ['kɒlɪdʒ] *n* วิทยาลัย [wit tha ya lai]
collide [kə'laɪd] *v* ปะทะกัน [pa tha kan]
collie ['kɒlɪ] *n* สุนัขใหญ่ขนยาวที่ใช้เลี้ยงแกะ [su nak yai khon yao thii chai liang kae]
colliery ['kɒljərɪ] *n* เหมืองถ่านหิน [mueang than hin]
collision [kə'lɪʒən] *n* การชนกัน [kan chon kan]
Colombia [kə'lɒmbɪə] *n* ประเทศโคลัมเบีย [pra tet kho lam bia]
Colombian [kə'lɒmbɪən] *adj* เกี่ยวกับประเทศโคลัมเบีย [kiao kap pra thet kho lam bia] ▷ *n* ชาวโคลัมเบีย [chao kho lam bia]
colon ['kəʊlən] *n* เครื่องหมาย [khrueang mai]
colonel ['kɜːnᵊl] *n* พันเอก [phan ek]
colour ['kʌlə] *n* สี [si]; **A colour film, please** ขอฟิล์มสี [kho fim sii]; **Do you have this in another colour?** คุณมีตัวนี้เป็นสีอื่นไหม? [khun mii tua nii pen sii uen mai]; **in colour** เป็นสี [pen sii]
colour-blind ['kʌlə'blaɪnd] *adj* ตาบอดสี [ta bot sii]
colourful ['kʌləfʊl] *adj* เต็มไปด้วยสีสัน [tem pai duai sii san]
colouring ['kʌlərɪŋ] *n* การให้สี [kan hai see]
column ['kɒləm] *n* หลักเสาหินใหญ่ [lak sao hin yai]
coma ['kəʊmə] *n* สภาพไม่รู้สึกตัวของผู้ป่วย [sa phap mai ru suek tua khong phu puai]
comb [kəʊm] *n* หวี [wi] ▷ *v* การหวี [kan wii]
combination [ˌkɒmbɪ'neɪʃən] *n* การรวมกัน [kan ruam kan]
combine [kəm'baɪn] *v* รวมกัน [ruam kan]
come [kʌm] *v* มา [ma]; **I'm not coming** ฉันจะไม่มา [chan ja mai ma]
come back [kʌm bæk] *v* กลับมา [klap ma]; **Shall I come back later?** ฉันกลับมาทีหลังดีไหม? [chan klap ma thi lang di mai]
comedian [kə'miːdɪən] *n* ตัวตลก [tua ta lok]
come down [kʌm daʊn] *v* ลงมา [long ma]
comedy ['kɒmɪdɪ] *n* ละครตลก [la khon ta lok]
come from [kʌm frəm] *v* มาจาก [ma chak]
come in [kʌm ɪn] *v* เข้ามา [khao ma]; **Come in!** เข้ามา [khao ma]
come off [kʌm ɒf] *v* **The handle has**

come off ที่จับหลุดออกมา [thii chap lut ok ma]
come out [kʌm aʊt] *v* ออกมา [ork ma]
come round [kʌm raʊnd] *v* ฟื้นขึ้นมา [fuen khuen ma]
comet ['kɒmɪt] *n* ดาวหาง [dao hang]
come up [kʌm ʌp] *v* ถูกนำเสนอ [thuk nam sa noe]
comfortable ['kʌmftəbᵊl; 'kʌmfətəbᵊl] *adj* สะดวกสบาย [sa duak sa bai]
comic ['kɒmɪk] *n* ตัวละครตลก [tua la khon ta lok]; **comic book** *n* หนังสือตลก [nang sue ta lok]; **comic strip** *n* หนังสือการ์ตูน [nang sue ka tun]
coming ['kʌmɪŋ] *adj* ที่กำลังจะมาถึง [thii kam lang ja ma thueng]
comma ['kɒmə] *n* เครื่องหมายลูกน้ำ [khueang mai luk nam]; **inverted commas** *npl* เครื่องหมายอ้างอิง [khrueang mai ang ing]
command [kə'mɑːnd] *n* คำสั่ง [kham sang]
comment ['kɒmɛnt] *n* ข้อคิดเห็น [kho khit hen] ▷ *v* แสดงความคิดเห็น [sa daeng khwam kit hen]
commentary ['kɒməntərɪ; -trɪ] *n* การแสดงความคิดเห็น คำวิจารณ์ [kan sa daeng khwam kit hen, kham wi chan]
commentator ['kɒmən,teɪtə] *n* ผู้แสดงความคิดเห็นหรือผู้วิจารณ์ [phu sa daeng khwam kid hen hue phu vi chan]
commercial [kə'mɜːʃəl] *n* โฆษณาทางทีวีหรือวิทยุ [kho sa na thang tee vee hue wit tha yu]; **commercial break** *n* โฆษณาคั่นรายการ [khot sa na khan rai kan]
commission [kə'mɪʃən] *n* งานที่ได้รับสั่งให้ทำ [ngan thii dai rab sang hai tham]
commit [kə'mɪt] *v* ให้คำมั่นสัญญา [hai kham man san ya]
committee [kə'mɪtɪ] *n* คณะกรรมการ [kha na kram ma kan]
common ['kɒmən] *adj* ที่เกิดขึ้นทุกวัน [thii koed khuen thuk wan]; **common sense** *n* สามัญสำนึก [sa man sam nuek]
communicate [kə'mjuːnɪ,keɪt] *v* ติดต่อสื่อสาร [tit to sue san]
communication [kə,mjuːnɪ'keɪʃən] *n* การติดต่อสื่อสาร [kan tit to sue san]
communion [kə'mjuːnjən] *n* การมีส่วนร่วม [kan mii suan ruam]
communism ['kɒmjʊ,nɪzəm] *n* ระบบคอมมิวนิสต์ [ra bop khom mio nis]
communist ['kɒmjʊnɪst] *adj* เกี่ยวกับคอมมิวนิสต์ [kiao kap khom mio nis] ▷ *n* คอมมิวนิสต์ [khom mio nit]
community [kə'mjuːnɪtɪ] *n* ชุมชน [chum chon]
commute [kə'mjuːt] *v* เดินทาง [doen thang]
commuter [kə'mjuːtə] *n* ผู้เดินทาง [phu doen thang]
compact ['kəm'pækt] *adj* กระชับ [kra chap]; **compact disc** *n* แผ่นดิสก์ [phaen dis]
companion [kəm'pænjən] *n* เพื่อนเดินทาง [phuean doen thang]
company ['kʌmpənɪ] *n* บริษัท [bo ri sat]; **company car** *n* รถบริษัท [rot bo ri sat]; **I would like some information about the company** ฉันอยากได้ข้อมูลเกี่ยวกับบริษัทคุณ [chan yak dai kho mun kiao kap bo ri sat khun]
comparable ['kɒmpərəbᵊl] *adj* ที่สามารถเปรียบเทียบได้ [thii sa mart priab thiab dai]
comparatively [kəm'pærətɪvlɪ] *adv* ที่เปรียบเทียบได้ [thii priap thiap dai]
compare [kəm'pɛə] *v* เปรียบเทียบ [priap thiap]
comparison [kəm'pærɪsᵊn] *n* การเปรียบเทียบ [kan priap thiap]
compartment [kəm'pɑːtmənt] *n* ห้องในรถไฟ [hong nai rot fai]
compass ['kʌmpəs] *n* เข็มทิศ [khem thit]
compatible [kəm'pætəbᵊl] *adj* ที่อยู่ร่วม

กันได้ [thii yu ruam kan dai]
compensate ['kɒmpɛn,seɪt] *v* ชดเชย [chot choei]
compensation [,kɒmpɛn'seɪʃən] *n* การชดเชย [kan chot choei]
compere ['kɒmpɛə] *n* พิธีกร [phi thi kon]
compete [kəm'pi:t] *v* แข่งขัน [khaeng khan]
competent ['kɒmpɪtənt] *adj* ที่มีความสามารถ [thii mee khwam sa mart]
competition [,kɒmpɪ'tɪʃən] *n* การแข่งขัน [kan khaeng khan]
competitive [kəm'pɛtɪtɪv] *adj* ที่เกี่ยวกับการแข่งขัน [thii kiao kab kan khaeng khan]
competitor [kəm'pɛtɪtə] *n* ผู้แข่งขัน [phu khaeng khan]
complain [kəm'pleɪn] *v* ร้องทุกข์ [rong thuk]
complaint [kəm'pleɪnt] *n* ความไม่พอใจ [khwam mai phor jai]
complementary [,kɒmplɪ'mɛntərɪ; -trɪ] *adj* เสริมซึ่งกันและกัน [soem sueng kan lae kan]
complete [kəm'pli:t] *adj* ทั้งหมด [thang mot]
completely [kəm'pli:tlɪ] *adv* อย่างทั้งหมด [yang thang mot]
complex ['kɒmplɛks] *adj* ซับซ้อน [sap son] ▷ *n* ความคิดหรือกิจกรรมที่สัมพันธ์กัน [khwam kit rue kit cha kam thii sam phan kan]
complexion [kəm'plɛkʃən] *n* ผิว [phio]
complicated ['kɒmplɪ,keɪtɪd] *adj* ยากที่จะเข้าใจ [yak thii ja khao jai]
complication [,kɒmplɪ'keɪʃən] *n* การทำให้ยุ่งยาก [kan tham hai yung yak]
compliment *n* ['kɒmplɪmənt] คำชมเชย [kham chom choei] ▷ *v* ['kɒmplɪ,mɛnt] ชมเชย [chom choei]
complimentary [,kɒmplɪ'mɛntərɪ; -trɪ] *adj* ที่ชมเชย [thii chom choei]
component [kəm'pəʊnənt] *adj* เกี่ยวกับส่วนประกอบ [kiao kap suan pra kop] ▷ *n* ส่วนประกอบ [suan pra kop]
composer [kəm'pəʊzə] *n* นักแต่งเพลง [nak taeng phleng]
composition [,kɒmpə'zɪʃən] *n* การจัดวางองค์ประกอบ [kan chat wang ong pra kop]
comprehension [,kɒmprɪ'hɛnʃən] *n* ความเข้าใจ [khwam khao jai]
comprehensive [,kɒmprɪ'hɛnsɪv] *adj* ที่ครอบคลุม [thii khrop khlum]
compromise ['kɒmprə,maɪz] *n* การประนีประนอม [kan pra nii pra nom] ▷ *v* ประนีประนอม [pra ni pra nom]
compulsory [kəm'pʌlsərɪ] *adj* ที่บังคับ [thii bang khap]
computer [kəm'pju:tə] *n* เครื่องคอมพิวเตอร์ [khrueang khom phio toe]; **computer game** *n* เกมส์คอมพิวเตอร์ [kem khom phio toe]; **computer science** *n* วิทยาศาสตร์คอมพิวเตอร์ [wit tha ya saat khom phio toe]; **May I use your computer?** ฉันขอใช้เครื่องคอมพิวเตอร์คุณได้ไหม? [chan kho chai khrueang khom phio toe khun dai mai]
computing [kəm'pju:tɪŋ] *n* งานคอมพิวเตอร์และเขียนโปรแกรม [ngan khom pio ter lae khian pro kraem]
concentrate ['kɒnsən,treɪt] *v* เพ่งความสนใจ [pheng khwam son jai]
concentration [,kɒnsən'treɪʃən] *n* การตั้งใจ [kan tang jai]
concern [kən'sɜ:n] *n* ความกังวล [khwam kang won]
concerned [kən'sɜ:nd] *adj* กังวล [kang won]
concerning [kən'sɜ:nɪŋ] *prep* เกี่ยวกับ [kiao kap]
concert ['kɒnsɜ:t; -sət] *n* คอนเสิร์ต [kon soet]; **Are there any good concerts on?** มีการแสดงคอนเสิร์ตดี ๆ บ้างไหม? [mii kan sa daeng khon soet di di bang mai]; **What's on tonight at the**

concert hall? คืนนี้มีการแสดงอะไรที่หอแสดงคอนเสิร์ต? [khuen nii mii kan sa daeng a rai thii ho sa daeng khon soet]; **Where can I buy tickets for the concert?** ฉันจะซื้อตั๋วคอนเสิร์ตได้ที่ไหน? [chan ja sue tua khon soet dai thii nai]

concerto, concerti [kən'tʃɛətəʊ, kən'tʃɛətɪ] *n* การเล่นเพลงคลาสสิคที่มีนักร้องเดี่ยวหนึ่งหรือมากกว่าหนึ่งคน [kan len phleng khlas sik thii mee nak rong diao hueng hue mak kwa hueng kon]

concession [kən'sɛʃən] *n* สัมปทาน การยินยอม [sam pa than, kan yin yom]

concise [kən'saɪs] *adj* สั้นกระชับ [san kra chap]

conclude [kən'klu:d] *v* สรุป [sa rup]

conclusion [kən'klu:ʒən] *n* การสรุป [kan sa rup]

concrete ['kɒnkri:t] *n* คอนกรีต [khon krit]

concussion [kən'kʌʃən] *n* การสั่นอย่างแรง [kan san yang raeng]

condemn [kən'dɛm] *v* ประณาม [pra nam]

condensation [,kɒndɛn'seɪʃən] *n* การทำให้มีความเข้มข้นมากขึ้น การย่อความ [kan tham hai mii khwam khem khon mak khuen, kan yo khwam]

condition [kən'dɪʃən] *n* สภาวะ เงื่อนไข [sa pha wa, nguean khai]

conditional [kən'dɪʃənᵊl] *adj* ที่เป็นเงื่อนไข [thii pen nguean khai]

conditioner [kən'dɪʃənə] *n* น้ำยาปรับให้นุ่ม [nam ya prap hai num]

condom ['kɒndɒm; 'kɒndəm] *n* ถุงยางอนามัย [thung yang a na mai]

conduct [kən'dʌkt] *v* จัดการ [chat kan]

conductor [kən'dʌktə] *n* ผู้ควบคุมวงดนตรี [phu khuab khum wong don tree]; **bus conductor** *n* คนเก็บเงินบนรถประจำทาง [khon kep ngen bon rot pra cham thang]

cone [kəʊn] *n* กรวย [kruai]

conference ['kɒnfərəns; -frəns] *n* การสัมมนา [kan sam ma na]; **press conference** *n* การแถลงข่าว [kan tha laeng khao]

confess [kən'fɛs] *v* สารภาพ [sa ra phap]

confession [kən'fɛʃən] *n* คำสารภาพ [kham sa ra phap]

confetti [kən'fɛtɪ] *npl* เศษกระดาษสีสันที่ใช้โปรยในงานแต่งงาน [sed kra dart see san thii chai proi nai ngan taeng ngan]

confidence ['kɒnfɪdəns] *n (secret)* ความเชื่อใจ [khwam chuea jai], *(self-assurance)* ความมั่นใจ [khwam man jai], *(trust)* ความไว้เนื้อเชื่อใจ [khwam wai nuea chuea jai]

confident ['kɒnfɪdənt] *adj* ที่มั่นใจ [thii man jai]

confidential [,kɒnfɪ'dɛnʃəl] *adj* ที่เป็นความลับ [thii pen khwam lap]

confirm [kən'fɜ:m] *v* ยืนยัน [yuen yan]; **I confirmed my booking by letter** ฉันยืนยันการจองด้วยจดหมาย [chan yuen yan kan chong duai chot mai]

confirmation [,kɒnfə'meɪʃən] *n* การยืนยัน [kan yuen yan]

confiscate ['kɒnfɪ,skeɪt] *v* ยึดทรัพย์ [yuet sap]

conflict ['kɒnflɪkt] *n* ความขัดแย้ง [khwam khat yaeng]

confuse [kən'fju:z] *v* สับสน [sap son]

confused [kən'fju:zd] *adj* ที่สับสน [thii sab son]

confusing [kən'fju:zɪŋ] *adj* น่าสับสน [na sab son]

confusion [kən'fju:ʒən] *n* ความสับสน [khwam sap son]

congestion [kən'dʒɛstʃən] *n* ความแออัด [khwam ae at]

Congo ['kɒŋgəʊ] *n* ประเทศคองโก [pra tet khong ko]

congratulate [kən'grætjʊ,leɪt] *v* แสดงความยินดี [sa daeng khwam yin dii]

congratulations [kən,grætjʊ'leɪʃənz] *npl* การแสดงความยินดี [kan sa daeng

khwam yin dii]
conifer ['kəʊnɪfə; 'kɒn-] *n* ต้นสน [ton son]
conjugation [ˌkɒndʒʊ'geɪʃən] *n* การรวมกัน [kan ruam kan]
conjunction [kən'dʒʌŋkʃən] *n* การเกิดขึ้นร่วมกัน [kan koet khuen ruam kan]
conjurer ['kʌndʒərə] *n* นักแสดงมายากล [nak sa daeng ma ya kon]
connect [kə'nɛkt] *v* ต่อ [to]
connection [kə'nɛkʃən] *n* ความสัมพันธ์กัน [khwam sam phan kan]
conquer ['kɒŋkə] *v* ชนะ [cha na]
conscience ['kɒnʃəns] *n* ความรู้สึกผิดชอบชั่วดี [khwam ru suek phit chop chua dii]
conscientious [ˌkɒnʃɪ'ɛnʃəs] *adj* ที่ทำด้วยความรู้สึกในด้านดี [thii tham duai khwam ru suek nai dan di]
conscious ['kɒnʃəs] *adj* รู้สึกตัว [ru suek tua]
consciousness ['kɒnʃəsnɪs] *n* การรู้สึกตัว [kan ru suk tua]
consecutive [kən'sɛkjʊtɪv] *adj* ที่ต่อเนื่องตามลำดับ [thii to nueang tam lam dap]
consensus [kən'sɛnsəs] *n* ความคิดเห็นของคนส่วนใหญ่ [khwam kid hen khong kon suan yai]
consequence ['kɒnsɪkwəns] *n* ผลลัพธ์ [phon lap]
consequently ['kɒnsɪkwəntlɪ] *adv* ดังนั้น [dang nan]
conservation [ˌkɒnsə'veɪʃən] *n* การอนุรักษ์ธรรมชาติและสภาพแวดล้อม [kan a nu rak tham ma chat lae sa phap waet lom]
conservative [kən'sɜːvətɪv] *adj* ที่เป็นอนุรักษ์นิยม [thii pen a nu rak ni yom]
conservatory [kən'sɜːvətrɪ] *n* เรือนกระจกสำหรับเก็บต้นไม้ [ruean kra chok sam rap kep ton mai]
consider [kən'sɪdə] *v* พิจารณา [phi cha ra na]
considerate [kən'sɪdərɪt] *adj* ที่คิดถึงความคิดของผู้อื่น [thii kit thueng khwam kit khong phu uen]
considering [kən'sɪdərɪŋ] *prep* ในความคิดของ [nai khwam kit khong]
consist [kən'sɪst] *v* **consist of** *v* ประกอบด้วย [pra kop duai]
consistent [kən'sɪstənt] *adj* ที่สอดคล้องกัน [thii sot khlong kan]
consonant ['kɒnsənənt] *n* ตัวพยัญชนะ [tua pha yan cha na]
conspiracy [kən'spɪrəsɪ] *n* การวางแผนการอย่างลับ ๆ [kan wang phaen kan yang lap lap]
constant ['kɒnstənt] *adj* ที่เกิดขึ้นตลอดเวลา [thii koet khuen ta lot we la]
constantly ['kɒnstəntlɪ] *adv* เกิดขึ้นตลอดเวลา [koet khuen ta lot we la]
constipated ['kɒnstɪˌpeɪtɪd] *adj* ท้องผูก [thong phuk]; **I'm constipated** ฉันท้องผูก [chan thong phuk]
constituency [kən'stɪtjʊənsɪ] *n* เขตเลือกตั้ง [khet lueak tang]
constitution [ˌkɒnstɪ'tjuːʃən] *n* รัฐธรรมนูญ [rat tha tham ma nun]
construct [kən'strʌkt] *v* สร้าง [sang]
construction [kən'strʌkʃən] *n* การก่อสร้าง [kan ko sang]
constructive [kən'strʌktɪv] *adj* ที่เกี่ยวกับโครงสร้าง [thii kiao kap khrong sang]
consul ['kɒnsᵊl] *n* กงสุล [kong sun]
consulate ['kɒnsjʊlɪt] *n* สถานกงสุล [sa than kong sun]
consult [kən'sʌlt] *v* ปรึกษา [pruek sa]
consultant [kən'sʌltᵊnt] *n (adviser)* ผู้ให้คำปรึกษา [phu hai kham pruek sa]
consumer [kən'sjuːmə] *n* ผู้บริโภค [phu bo ri phok]
contact *n* ['kɒntækt] การติดต่อ [kan tit to] ▷ *v* [kən'tækt] ติดต่อ [tit to]; **contact lenses** *npl* คอนแท็คเลนส์ [khon taek len]; **Where can I contact you?** ฉันจะติดต่อคุณได้ที่ไหน? [chan ja tit to

khun dai thii nai]; **Who do we contact if there are problems?** เราจะต้องติดต่อใครถ้าเกิดปัญหา? [rao ja tong tit to khrai tha koet pan ha]
contagious [kən'teɪdʒəs] *adj* ซึ่งแพร่กระจายได้ [sueng phrae kra jai dai]
contain [kən'teɪn] *v* ควบคุม [khuap khum]
container [kən'teɪnə] *n* ภาชนะใส่ของ [pha cha na sai khong]
contemporary [kən'tɛmprərɪ] *adj* ทันสมัย [than sa mai]
contempt [kən'tɛmpt] *n* การหมิ่นประมาท [kan min pra mat]
content ['kɒntɛnt] *n* ความพึงพอใจ [khwam phueng phor jai]; **contents** (list) *npl* จำนวนสิ่งของที่บรรจุอยู่ [cham nuan sing khong thii ban chu yu]
contest ['kɒntɛst] *n* การแข่งขัน [kan khaeng khan]
contestant [kən'tɛstənt] *n* ผู้แข่งขัน [phu khaeng khan]
context ['kɒntɛkst] *n* บริบท [bo ri bot]
continent ['kɒntɪnənt] *n* ทวีป [tha wip]
continual [kən'tɪnjʊəl] *adj* ต่อเนื่อง [to nueang]
continually [kən'tɪnjʊəlɪ] *adv* อย่างต่อเนื่อง [yang tor nueang]
continue [kən'tɪnju:] *vi* เริ่มอีกครั้ง [roem ik khrang] ▷ *vt* ดำเนินต่อไป [dam noen to pai]
continuous [kən'tɪnjʊəs] *adj* ซึ่งต่อเนื่องกัน [sueng to nueang kan]
contraception [ˌkɒntrə'sɛpʃən] *n* การคุมกำเนิด [kan khum kam noet]
contraceptive [ˌkɒntrə'sɛptɪv] *n* ยาหรือสิ่งที่ใช้คุมกำเนิด [ya rue sing thii chai khum kham noet]
contract ['kɒntrækt] *n* สัญญา [san ya]
contractor ['kɒntræktə; kən'træk-] *n* ผู้ทำสัญญา [phu tham san ya]
contradict [ˌkɒntrə'dɪkt] *v* ขัดแย้ง [khat yaeng]
contradiction [ˌkɒntrə'dɪkʃən] *n* ความขัดแย้ง [khwam khat yaeng]
contrary ['kɒntrərɪ] *n* การตรงกันข้าม [kan trong kan kham]
contrast ['kɒntrɑ:st] *n* ความแตกต่าง [khwam taek tang]
contribute [kən'trɪbju:t] *v* มีส่วนทำให้ [mi suan tham hai]
contribution [ˌkɒntrɪ'bju:ʃən] *n* การบริจาค [kan bo ri chak]
control [kən'trəʊl] *n* การควบคุมดูแล [kan khuap khum du lae] ▷ *v* ควบคุม [khuap khum]; **birth control** *n* การคุมกำเนิด [kan khum kam noet]; **passport control** *n* หน่วยควบคุมหนังสือเดินทาง [nuai khuap khum nang sue doen thang]; **remote control** *n* อุปกรณ์ควบคุมระยะห่างหรือไกลที่ไม่ต้องมีสาย เช่น ที่ใช้กับทีวีหรือเครื่องเสียง [up pa kon khuap khum ra ya hang rue klai thii mai tong mii sai chen thii chai kap tii wii rue khrueang siang]
controller [kən'trəʊlə] *n* **air-traffic controller** *n* ผู้ควบคุมเส้นทางการบิน [phu khuap khum sen thang kan bin]
controversial ['kɒntrə'vɜ:ʃəl] *adj* ซึ่งก่อให้เกิดการโต้แย้ง [sueng ko hai koet kan to yaeng]
convenient [kən'vi:nɪənt] *adj* สะดวก [sa duak]
convent ['kɒnvənt] *n* สำนักแม่ชี [sam nak mae chi]
conventional [kən'vɛnʃənᵊl] *adj* เกี่ยวกับประเพณีนิยม [kiao kap pra phe ni ni yom]
conversation [ˌkɒnvə'seɪʃən] *n* บทสนทนา [bot son tha na]
convert [kən'vɜ:t] *v* เปลี่ยน [plian]; **catalytic converter** *n* อุปกรณ์ที่ช่วยลดสารเป็นพิษในท่อไอเสีย [up pa kon thii chuai lot san pen phit nai tho ai sia]
convertible [kən'vɜ:təbᵊl] *adj* ที่สามารถเปลี่ยนแปลงได้ [thii sa mart plian plang dai] ▷ *n* การเปลี่ยนแปลงได้ [kan plian

plang dai]
convict [kən'vɪkt] *v* พิสูจน์ว่ามีความผิด [phi sut wa mii khwam phit]
convince [kən'vɪns] *v* โน้มน้าว [nom nao]
convincing [kən'vɪnsɪŋ; con'vincing] *adj* ซึ่งโน้มน้าว [sueng nom nao]
convoy ['kɒnvɔɪ] *n* ยานพาหนะที่เดินทางไปด้วยกัน [yan pha ha na thii doen thang pai duai kan]
cook [kʊk] *n* พ่อครัว [pho khrua] ▷ *v* ทำอาหาร [tham a han]; **How do you cook this dish?** คุณทำอาหารจานนี้อย่างไร? [khun tham a han chan nii yang rai]
cookbook ['kʊk,bʊk] *n* ตำราอาหาร [tam ra a han]
cooker ['kʊkə] *n* เตาหุงอาหาร [tao hung a han]; **gas cooker** *n* เตาทำอาหารที่ใช้แก๊ส [tao tham a han thii chai kaes]
cookery ['kʊkərɪ] *n* การปรุงอาหาร [kan prung a han]; **cookery book** *n* หนังสือการปรุงอาหาร [nang sue kan prung a han]
cooking ['kʊkɪŋ] *n* การทำอาหาร [kan tham a han]
cool [ku:l] *adj (cold)* เย็น [yen], *(stylish)* ทันสมัย [than sa mai]
cooperation [kəʊ,ɒpə'reɪʃən] *n* การร่วมมือกัน [kan ruam mue kan]
cop [kɒp] *n* ตำรวจ [tam ruat]
cope [kəʊp] *v* **cope (with)** *v* รับมือได้ [rap mue dai]
copper ['kɒpə] *n* ทองแดง [thong daeng]
copy ['kɒpɪ] *n (reproduction)* ทำสำเนา [tham sam nao], *(written text)* ฉบับสำเนา [cha bap sam nao] ▷ *v* ถ่ายสำเนา [thai sam nao]
copyright ['kɒpɪ,raɪt] *n* ลิขสิทธิ์ [lik kha sit]
coral ['kɒrəl] *n* หินปะการัง [hin pa ka rang]
cord [kɔ:d] *n* **spinal cord** *n* ไขสันหลัง [khai san lang]
cordless ['kɔ:dlɪs] *adj* ที่ไร้สาย [thii rai sai]
corduroy ['kɔ:də,rɔɪ; ,kɔ:də'rɔɪ] *n* สักหลาดที่เป็นริ้ว [sak ka lat thii pen rio]
core [kɔ:] *n* ส่วนสำคัญ [suan sam khan]
coriander [,kɒrɪ'ændə] *n* ผักชี [phak chi]
cork [kɔ:k] *n* จุกไม้ก๊อก [chuk mai kok]
corkscrew ['kɔ:k,skru:] *n* สว่านเปิดจุกขวด [sa wan poet chuk khaut]
corn [kɔ:n] *n* ข้าวโพด [khao pot]
corner ['kɔ:nə] *n* มุม [mum]; **It's on the corner** อยู่ที่หัวมุม [yu thii hua mum]; **It's round the corner** อยู่ใกล้ ๆ หัวมุม [yu klai klai hua mum]
cornet ['kɔ:nɪt] *n* แตรทองเหลืองขนาดเล็ก [trae thong lueang kha nat lek]
cornflakes ['kɔ:n,fleɪks] *npl* อาหารเช้าที่ทำจากพืชพันธุ์ธัญญาหาร [a han chao thii tham chak phuet phan than ya han]
cornflour ['kɔ:n,flaʊə] *n* แป้งข้าวโพด [paeng khao phot]
corporal ['kɔ:pərəl; -prəl] *n* สิบโท จ่าอากาศโท [sip tho, cha a kaat tho]
corpse [kɔ:ps] *n* ซากศพ [saak sop]
correct [kə'rɛkt] *adj* ถูกต้อง [tuk tong] ▷ *v* แก้ไขให้ถูกต้อง [kae khai hai thuk tong]
correction [kə'rɛkʃən] *n* การแก้ไขให้ถูกต้อง [kan kae khai hai thuk tong]
correctly [kə'rɛktlɪ] *adv* อย่างถูกต้อง [yang thuk tong]
correspondence [,kɒrɪ'spɒndəns] *n* การติดต่อกันทางจดหมาย [kan tit to kan thang chot mai]
correspondent [,kɒrɪ'spɒndənt] *n* นักข่าว [nak khao]
corridor ['kɒrɪ,dɔ:] *n* ทางเดินยาว [thang doen yao]
corrupt [kə'rʌpt] *adj* ทุจริต [thut cha rit]
corruption [kə'rʌpʃən] *n* การทุจริต [kan thut cha rit]

cosmetics [kɒzˈmɛtɪks] *npl* เครื่องสำอาง [khrueang sam ang]
cost [kɒst] *n* ค่าใช้จ่าย [kha chai chai] ▷ *v* มีมูลค่า [mii mun kha]; **cost of living** *n* ค่าครองชีพ [kha khrong chiip]
Costa Rica [ˈkɒstə ˈriːkə] *n* ประเทศคอสตาริก้า [pra tet kos ta ri ka]
costume [ˈkɒstjuːm] *n* เครื่องแต่งกาย [khrueang taeng kai]; **swimming costume** *n* ชุดว่ายน้ำ [chut wai nam]
cosy [ˈkəʊzɪ] *adj* อบอุ่นและสะดวกสบาย [op un lae sa duak sa bai]
cot [kɒt] *n* เตียงสำหรับเด็ก [tiang sam rap dek]
cottage [ˈkɒtɪdʒ] *n* กระท่อม [kra thom]; **cottage cheese** *n* เนยเหลวชนิดหนึ่ง [noei leo cha nit nueng]
cotton [ˈkɒtᵊn] *n* ผ้าฝ้าย [pha fai]; **cotton bud** *n* สำลีแคะหู [sam lii khae hu]; **cotton wool** *n* สำลี [sam lii]
couch [kaʊtʃ] *n* เก้าอี้ยาว [kao ee yao]
couchette [kuːˈʃɛt] *n* เตียงนอนบนรถไฟ [tiang non bon rot fai]
cough [kɒf] *n* การไอ [kan ai] ▷ *v* ไอ [ai]; **cough mixture** *n* ส่วนผสมสำหรับแก้ไอ [suan pha som sam rap kae ai]; **I have a cough** ฉันไอ [chan ai]
council [ˈkaʊnsəl] *n* สภาท้องถิ่น [sa pha thong thin]; **council house** *n* บ้านของเทศบาล [baan khong tet sa ban]
councillor [ˈkaʊnsələ] *n* สมาชิกสภาเทศบาล [sa ma chik sa pha tet sa ban]
count [kaʊnt] *v* นับ [nap]
counter [ˈkaʊntə] *n* เคาน์เตอร์ [kao toe]
count on [kaʊnt ɒn] *v* พึ่งพาได้ [phueng pha dai]
country [ˈkʌntrɪ] *n* ประเทศ [pra thet]; **developing country** *n* ประเทศที่กำลังพัฒนา [pra tet thii kam lang phat ta na]; **Where can I buy a map of the country?** ฉันจะซื้อแผนที่ของประเทศนี้ได้ที่ไหน? [chan ja sue phaen thii khong pra tet nii dai thii nai]
countryside [ˈkʌntrɪˌsaɪd] *n* ชนบท [chon na bot]
couple [ˈkʌpᵊl] *n* คู่ [khu]
courage [ˈkʌrɪdʒ] *n* ความกล้าหาญ [khwam kla han]
courageous [kəˈreɪdʒəs] *adj* กล้าหาญ [kla han]
courgette [kʊəˈʒɛt] *n* บวบ [buap]
courier [ˈkʊərɪə] *n* คนเดินหนังสือ [kon doen nang sue]
course [kɔːs] *n* หลักสูตร [lak sut]; **golf course** *n* สนามกอล์ฟ [sa nam kop]; **main course** *n* อาหารมื้อหลัก [a han mue lak]; **refresher course** *n* วิชาที่ปรับปรุงใหม่ [wi cha thii prap prung mai]
court [kɔːt] *n* ศาล [san]; **tennis court** *n* สนามเทนนิส [sa nam then nis]
courtyard [ˈkɔːtˌjɑːd] *n* สนามรอบบ้าน [sa nam rob baan]
cousin [ˈkʌzᵊn] *n* ลูกพี่ลูกน้อง [luk pi luk nong]
cover [ˈkʌvə] *n* ปกหนังสือ [pok nang sue] ▷ *v* คลุม [khlum]; **cover charge** *n* ค่าบริการเพิ่มจากค่าอาหาร [kha bo ri kan poem chak kha a han]; **How much extra is comprehensive insurance cover?** ต้องจ่ายเพิ่มเท่าไรสำหรับประกันแบบครอบคลุมทุกอย่าง? [tong jai poem thao rai sam rap pra kan baep khrop khlum thuk yang]
cow [kaʊ] *n* วัวตัวเมีย [vua tua mia]
coward [ˈkaʊəd] *n* คนขี้ขลาด [khon khii khlat]
cowardly [ˈkaʊədlɪ] *adj* อย่างขี้ขลาด [yang khii khlad]
cowboy [ˈkaʊˌbɔɪ] *n* คาวบอย [khao boi]
crab [kræb] *n* ปู [pu]
crack [kræk] *n (cocaine)* โคเคน [kho khen], *(fracture)* รอยแตก [roi taek] ▷ *v* แตกร้าว [taek rao]; **crack down on** *v* จำกัด [cham kat]
cracked [krækt] *adj* ร้าว [rao]
cracker [ˈkrækə] *n* ขนมปังกรอบไม่หวาน [kha nom pang krob mai hwan],

ประทัด [pra that]
cradle ['kreɪdᵊl] *n* เปลเด็ก [ple dek]
craft [krɑːft] *n* งานศิลปะที่ทำด้วยมือ [ngan sin la pa thii tham duai mue]
craftsman ['krɑːftsmən] *n* ช่างฝีมือ [chang fi mue]
cram [kræm] *v* แออัด [ae at]
crammed [kræmd] *adj* อย่างแออัด [yang ae at]
cranberry ['krænbərɪ; -brɪ] *n* ลูกแครนเบอรี่ [luk khraen boe ri]
crane [kreɪn] *n* *(bird)* นกกระสา [nok kra sa], *(for lifting)* ปั้นจั่นยกของหนัก [pan chan yok khong nak]
crash [kræʃ] *n* การชน [kan chon] ▷ *vi* เคลื่อนที่อย่างเสียงดัง [khluean thii yang siang dang] ▷ *vt* ชนอย่างแรง [chon yang raeng]
crawl [krɔːl] *v* คลาน [khlan]
crayfish ['kreɪˌfɪʃ] *n* กุ้งชนิดหนึ่งคล้ายกุ้งก้ามกราม [kung cha nit nueng khlai kung kam kram]
crayon ['kreɪən; -ɒn] *n* ดินสอสี [din so sii]
crazy ['kreɪzɪ] *adj* บ้า [ba]
cream [kriːm] *adj* เป็นสีนวล [pen sii nuan] ▷ *n* ส่วนที่เป็นไขมันของนมซึ่งลอยขึ้นมาบนผิวนม [suan thii pen khai man khong nom sueng loi khuen ma bon phio nom], ครีม [khrim]; **ice cream** *n* ไอศครีม [ai sa khrim]; **shaving cream** *n* ครีมโกนหนวด [khrim kon nuat]; **whipped cream** *n* ครีมที่ตีจนเบาและฟู [khrim thii ti chon bao lae fu]
crease [kriːs] *n* รอยย่น [roi yon]
creased [kriːst] *adj* อย่างย่น [yang yon]
create [kriːˈeɪt] *v* สร้าง [sang]
creation [kriːˈeɪʃən] *n* การสร้าง [kan sang]
creative [kriːˈeɪtɪv] *adj* ซึ่งมีความคิดริเริ่ม [sueng mii khwam kit ri roem]
creature ['kriːtʃə] *n* สิ่งมีชีวิต [sing mi chi wit]
crêche [krɛʃ] *n* สถานที่ดูแลเด็ก [sa than thii du lae dek]
credentials [krɪˈdɛnʃəlz] *npl* หนังสือรับรอง [nang sue rap rong]
credible ['krɛdɪbᵊl] *adj* น่าเชื่อถือ [na chuea thue]
credit ['krɛdɪt] *n* การซื้อเชื่อ [kan sue chuea], ความน่าเชื่อถือ [khwam na chuea thue]; **credit card** *n* บัตรเครดิต [bat khre dit]
crematorium, crematoria [ˌkrɛməˈtɔːrɪəm, ˌkrɛməˈtɔːrɪə] *n* เมรุ [men]
cress [krɛs] *n* ใบพืชที่มีรสแรงใช้ทำสลัดและสำหรับตกแต่งอาหาร [bai phuet thii mii rot raeng chai tham sa lat lae sam rap tok taeng a han]
crew [kruː] *n* ลูกเรือ [luk ruea]; **crew cut** *n* ทรงผมของผู้ชายที่สั้นมาก [song phom khong phu chai thii san mak]
cricket ['krɪkɪt] *n* *(game)* กีฬาคริกเก็ต [ki la khrik ket], *(insect)* จิ้งหรีด [ching rit]
crime [kraɪm] *n* อาชญากรรม [at cha ya kam]
criminal ['krɪmɪnᵊl] *adj* เกี่ยวกับอาชญากรรม [kiao kap at cha ya kam] ▷ *n* ผู้ทำผิดกฎหมาย [phu tham phid kod mai]
crisis ['kraɪsɪs] *n* ช่วงวิกฤต [chuang wi krit]
crisp [krɪsp] *adj* กรอบ [krop]
crisps [krɪsps] *npl* มันฝรั่งหั่นบางทอดกรอบ [man fa rang han bang thot krop]
crispy ['krɪspɪ] *adj* อย่างกรอบ [yang krop]
criterion, criteria [kraɪˈtɪərɪən, kraɪˈtɪərɪə] *n* เกณฑ์ [ken]
critic ['krɪtɪk] *n* นักวิจารณ์ [nak vi chan]
critical ['krɪtɪkᵊl] *adj* เกี่ยวกับการวิจารณ์ สำคัญ [kiao kap kan wi chan, sam khan]
criticism ['krɪtɪˌsɪzəm] *n* การวิจารณ์ [kan wi chan]
criticize ['krɪtɪˌsaɪz] *v* วิจารณ์ [wi chan]

Croatia [krəʊ'eɪʃə] *n* ประเทศโครเอเชีย [pra tet khro e chia]
Croatian [krəʊ'eɪʃən] *adj* เกี่ยวกับประเทศโครเอเชีย [kiao kap pra thet khro e chia] ▷ *n (language)* ภาษาโครเอเชียน [pha sa khro e chian], *(person)* ชาวโครเอเชียน [chao khro e chian]
crochet ['krəʊʃeɪ; -ʃɪ] *v* การถักโครเชต์ [kan thak kro chae]
crockery ['krɒkərɪ] *n* **We need more crockery** เราอยากได้เครื่องถ้วยชามเพิ่มอีก [rao yak dai khrueang thuai cham poem ik]
crocodile ['krɒkəˌdaɪl] *n* จระเข้ [cha ra ke]
crocus ['krəʊkəs] *n* ไม้ดอกชนิดหนึ่งนิยมปลูกในสวนใบเหมือนหญ้าดอกเล็ก [mai dok cha nit nueng ni yom pluk nai suan bai muean ya dok lek]
crook [krʊk] *n* ของที่มีรูปร่างโค้งเหมือนตะขอ [khong thii mii rup rang khong muean ta kho], *(swindler)* คนทุจริต [khon thut cha rit]
crop [krɒp] *n* ผลผลิต [phon pha lit]
cross [krɒs] *adj* โกรธฉุนเฉียว [krot chun chiao] ▷ *n* ไม้กางเขน [mai kang khen] ▷ *v* ข้าม [kham]; **Red Cross** *n* สภากาชาด [sa pha ka chat]
cross-country ['krɒs'kʌntrɪ] *n* ข้ามประเทศ [kham pra tet]
crossing ['krɒsɪŋ] *n* การข้าม [kan kham]; **level crossing** *n* จุดที่ทางรถไฟและถนนตัดผ่านกัน [chut thii thang rot fai lae tha non tad phan kan]; **pedestrian crossing** *n* ทางเดินข้าม [thang doen kham]; **pelican crossing** *n* ทางข้ามไฟที่มีสัญญานโดยผู้ข้ามเป็นผู้กดปุ่ม [thang kham fai thii mii san yan doi phu kham pen phu kot pum]; **The crossing was rough** การข้ามฝั่งเจอพายุทะเล [kan kham fang choe pha yu tha le]
cross out [krɒs aʊt] *v* ขีดฆ่า [khid kha]
crossroads ['krɒsˌrəʊdz] *n* ทางข้าม [thang kham]
crossword ['krɒsˌwɜːd] *n* ปริศนาอักษรไขว้ [prit sa na ak son khwai]
crouch down [kraʊtʃ daʊn] *v* หมอบลง [mop long]
crow [krəʊ] *n* นกกา [nok ka]
crowd [kraʊd] *n* ฝูงชน [fung chon]
crowded [kraʊdɪd] *adj* ซึ่งเต็มไปด้วยฝูงชน [sueng tem pai duai fung chon]
crown [kraʊn] *n* มงกุฎ [mong kut]
crucial ['kruːʃəl] *adj* สำคัญมาก [sam khan mak]
crucifix ['kruːsɪfɪks] *n* ไม้กางเขนที่พระเยซูถูกตรึง [mai kang khen thii phra ye su thuk trueng]
crude [kruːd] *adj* หยาบ [yap]
cruel ['kruːəl] *adj* โหดร้าย [hot rai]
cruelty ['kruːəltɪ] *n* ความโหดร้าย [khwam hot rai]
cruise [kruːz] *n* การล่องเรือ [kan long ruea]
crumb [krʌm] *n* เศษเล็กเศษน้อย [set lek set noi]
crush [krʌʃ] *v* บดละเอียด [bot la iat]
crutch [krʌtʃ] *n* ไม้เท้าใช้พยุง [mai thao chai pha yung]
cry [kraɪ] *n* เสียงร้อง [siang rong] ▷ *v* ร้องไห้ [rong hai]
crystal ['krɪstᵊl] *n* แก้วเจียรนัย [kaew chia ra nai]
cub [kʌb] *n* ลูกของสัตว์ [luk khong sat]
Cuba ['kjuːbə] *n* ประเทศคิวบา [pra tet khio ba]
Cuban ['kjuːbən] *adj* เกี่ยวกับประเทศคิวบา [kiao kap pra thet khio ba] ▷ *n* ชาวคิวบา [chao khio ba]
cube [kjuːb] *n* ลูกบาศก์ [luk bat]; **ice cube** *n* ก้อนน้ำแข็ง [kon nam khaeng]; **stock cube** *n* ก้อนสต๊อค [kon sa tok]
cubic ['kjuːbɪk] *adj* ที่เป็นลูกบาศก์ [thii pen luk baat]
cuckoo ['kʊkuː] *n* นกชนิดหนึ่งที่วางไข่ในรังนกอื่น [nok cha nit hueng thii wang

khai nai rang nok aue]
cucumber ['kjuːˌkʌmbə] *n* แตงกวา [taeng kwa]
cuddle ['kʌdᵊl] *n* การกอดด้วยความรักใคร่ [kan kot duai khwam ruk kai] ▷ *v* กอดด้วยความรักใคร่ [kot duai khwam ruk khrai]
cue [kjuː] *n (billiards)* ไม้แทงบิลเลียด [mai thaeng bil liad]
cufflinks ['kʌflɪŋks] *npl* กระดุมข้อมือเสื้อเชิร์ต [kra dum kho mue suea shoet]
culprit ['kʌlprɪt] *n* ผู้กระทำความผิด [phu kra tham khwam phit]
cultural ['kʌltʃərəl] *adj* ทางวัฒนธรรม [thang wat tha na tham]
culture ['kʌltʃə] *n* วัฒนธรรม [wat tha na tham]
cumin ['kʌmɪn] *n* ขมิ้น [kha min]
cunning ['kʌnɪŋ] *adj* เจ้าเล่ห์ [chao le]
cup [kʌp] *n* ถ้วย [tuai]; **World Cup** *n* การแข่งขันกีฬานานาชาติโดยเฉพาะกีฬาฟุตบอล [kan khaeng khan ki la na na chat doi cha po ki la fut ball]; **Could we have another cup of tea, please?** ขอชาให้พวกเราอีกถ้วยได้ไหม? [kho cha hai phuak rao ik thuai dai mai]
cupboard ['kʌbəd] *n* ตู้ [tu]
curb [kɜːb] *n* การควบคุม [kan khuap khum]
cure [kjʊə] *n* การรักษา [kan rak sa] ▷ *v* รักษา [rak sa]
curfew ['kɜːfjuː] *n* การห้ามออกนอกบ้านยามวิกาล [kan ham ok nok baan yam wi kan]
curious ['kjʊərɪəs] *adj* อยากรู้อยากเห็น [yak ru yak hen]
curl [kɜːl] *n* ผมเป็นลอน [phom pen lon]
curler ['kɜːlə] *n* โรลม้วนผม [rol muan phom]
curly ['kɜːlɪ] *adj* หยักศก ที่เป็นลอน [yak sok, thii pen lon]
currant ['kʌrənt] *n* ลูกเกด [luk ket]
currency ['kʌrənsɪ] *n* เงินตรา [ngen tra]
current ['kʌrənt] *adj* ที่ใช้กันในปัจจุบัน [thii chai kan nai pad chu ban] ▷ *n (electricity)* กระแสไฟ [kra sae fai], *(flow)* กระแสน้ำ [kra sae nam]; **current account** *n* บัญชีกระแสรายวัน [ban chi kra sae rai wan]; **current affairs** *npl* เหตุการณ์ปัจจุบัน [het kan pat chu ban]; **Are there currents?** มีกระแสน้ำไหม? [mii kra sae nam mai]
currently ['kʌrəntlɪ] *adv* ในปัจจุบัน [nai pat chu ban]
curriculum [kə'rɪkjʊləm] *n* หลักสูตร [lak sut]; **curriculum vitae** *n* ประวัติส่วนตัว [pra wat suan tua]
curry ['kʌrɪ] *n* แกง [kaeng]; **curry powder** *n* เครื่องแกงที่เป็นผง [khrueang kaeng thii pen phong]
curse [kɜːs] *n* คำสาปแช่ง [kham sap chaeng]
cursor ['kɜːsə] *n* สัญลักษณ์บนคอมพิวเตอร์แสดงให้เห็นจุดที่พิมพ์ได้ [san ya lak bon khom phio toe sa daeng hai hen chut thii phim dai]
curtain ['kɜːtᵊn] *n* ผ้าม่าน [pha man]
cushion ['kʊʃən] *n* หมอนอิง [mon ing]
custard ['kʌstəd] *n* คัสตาร์ด [cus tat]
custody ['kʌstədɪ] *n* การคุ้มครอง [kan khum khrong]
custom ['kʌstəm] *n* ศุลกากร [sun la ka kon]
customer ['kʌstəmə] *n* ลูกค้า [lik kha]
customized ['kʌstəˌmaɪzd] *adj* ที่สั่งทำ [thii sang tham]
customs ['kʌstəmz] *npl* ภาษีนำสินค้าเข้าหรือส่งออก [pha si nam sin ka khao rue song ok]; **customs officer** *n* เจ้าหน้าที่ศุลกากร [chao na thii sun la ka kon]
cut [kʌt] *n* การลดลง [kan lod long] ▷ *v* ตัด [tat]; **crew cut** *n* ทรงผมของผู้ชายที่สั้นมาก [song phom khong phu chai thii san mak]; **power cut** *n* การตัดไฟชั่วคราว [kan tat fai chua khrao]; **A cut and blow-dry, please** ช่วยตัดและเป่าให้แห้ง [chuai tat lae pao hai haeng]; **Don't cut too much off** อย่าตัดออกมาก

เกินไป [ya tat ok mak koen pai]
cutback ['kʌt,bæk] *n* การลดจำนวนลง [kan lod cham nuan long]
cut down [kʌt daʊn] *v* โค่นต้นไม้ [khon ton mai]
cute [kju:t] *adj* น่ารัก [na rak]
cutlery ['kʌtlərɪ] *n* มีด ช้อนและส้อม [miit chon lae som]
cutlet ['kʌtlɪt] *n* เนื้อจากส่วนคอหรือบริเวณซี่โครง [nuea chak suan khor hue bor ri ven si khrong]
cut off [kʌt ɒf] *v* ตัดทิ้ง [tad thing]
cutting ['kʌtɪŋ] *n* การตัด [kan tat]
cut up [kʌt ʌp] *v* ตัดเป็นชิ้นๆ [tad pen chin chin]
CV [si: vi:] *abbr* ตัวย่อของประวัติส่วนตัว [tua yo khong pra wat suan tua]
cybercafé ['saɪbə,kæfeɪ; -,kæfɪ] *n* อินเตอร์เนตคาเฟ่ [in ter net kha fe]
cybercrime ['saɪbə,kraɪm] *n* อาชญากรรมที่เกิดขึ้นบนอินเตอร์เนต [at cha ya kam thii koet khuen bon in ter net]
cycle ['saɪkᵊl] *n* *(bike)* จักรยาน [chak kra yan], *(recurring period)* ระยะเวลายาวนาน [ra ya we la yao nan] ▷ *v* ขี่จักรยาน [khi chak ka yan]; **cycle lane** *n* ทางขี่จักรยาน [thang khi chak kra yan]; **cycle path** *n* เส้นทางขี่จักรยาน [sen thang khi chak kra yan]; **Where is the cycle path to...?** ทางรถจักรยานที่จะไป...อยู่ที่ไหน? [thang rot chak kra yan thii ja pai...yu thii nai]
cycling ['saɪklɪŋ] *n* การขี่จักรยาน [kan khi chak kra yan]
cyclist ['saɪklɪst] *n* ผู้ขี่จักรยาน [phu khi chak ka yan]
cyclone ['saɪkləʊn] *n* พายุหมุนไซโคลน [pha yu mun sai khlon]
cylinder ['sɪlɪndə] *n* กระบอกสูบ [kra bok sub]
cymbals ['sɪmbᵊlz] *npl* ฉิ่ง [ching]
Cypriot ['sɪprɪət] *adj* เกี่ยวกับประเทศไซปรัส [kiao kap pra thet sai bras] ▷ *n* *(person)* ชาวไซปรัส [chao sai pras]
Cyprus ['saɪprəs] *n* ประเทศไซปรัส [pra tet sai pras]
cyst [sɪst] *n* ถุงน้ำที่เกิดในร่างกายคนหรือสัตว์ [thung nam thii koet nai rang kai khon rue sat]
cystitis [sɪ'staɪtɪs] *n* โรคกระเพาะปัสสาวะ [rok kra phao pat sa wa]
Czech [tʃɛk] *adj* เกี่ยวกับสาธารณรัฐเช็ก [kiao kap sa tha ra na rat chek] ▷ *n* *(language)* ภาษาเช็ค [pha sa chek], *(person)* ชาวเช็ก [chao chek]; **Czech Republic** *n* สาธารณรัฐเช็ก [sa tha ra na rat chek]

d

dad [dæd] *n* พ่อ [pho]
daddy ['dædɪ] *n* พ่อ [pho]
daffodil ['dæfədɪl] *n* ดอกแดฟโฟดิลมีสีเหลือง [dok daef fo dil mii sii lueang]
daft [dɑ:ft] *adj* โง่ [ngo]
daily ['deɪlɪ] *adj* ทุกวัน [thuk wan] ▷ *adv* แต่ละวัน [tae la wan]
dairy ['dɛərɪ] *n* ผลิตภัณฑ์ที่ทำจากนม [pha lit ta phan thii tham chak nom]; **dairy produce** *n* ผลผลิตจากนม [phon pha lit chak nom]; **dairy products** *npl* ผลผลิตต่าง ๆ จากนม [phon pha lit tang tang chak nom]
daisy ['deɪzɪ] *n* ดอกเดซี่ [dok de si]
dam [dæm] *n* เขื่อน [khuean]
damage ['dæmɪdʒ] *n* ความเสียหาย [khwam sia hai] ▷ *v* การทำร้าย [kan tham rai]
damaged ['dæmɪdʒd] *adj* **My luggage has been damaged** กระเป๋าเดินทางฉันเสียหาย [kra pao doen thang chan sia hai]; **My suitcase has arrived damaged** กระเป๋าเดินทางของฉันเสียหายเมื่อมาถึง [kra pao doen thang khong chan sia hai muea ma thueng]
damn [dæm] *adj* คำอุทานแสดงความรำคาญ [kham u than sa daeng khwam ram khan]
damp [dæmp] *adj* ชื้น [chuen]
dance [dɑ:ns] *n* การเต้นรำ [kan ten ram] ▷ *v* เต้นรำ [ten ram]; **I don't really dance** ที่จริงฉันไม่เต้นรำ [thii ching chan mai ten ram]; **I feel like dancing** ฉันรู้สึกอยากเต้นรำ [chan ru suek yak ten ram]; **Would you like to dance?** คุณอยากเต้นรำไหม? [khun yak ten ram mai]
dancer ['dɑ:nsə] *n* นักเต้นรำ [nak ten ram]
dancing ['dɑ:nsɪŋ] *n* การเต้นรำ [kan ten ram]; **ballroom dancing** *n* การเต้นรำจังหวะบอลรูม [kan ten ram chang wa ball room]
dandelion ['dændɪˌlaɪən] *n* พันธุ์ไม้ชนิดหนึ่งใบหยิกมีสีเหลือง [phan mai cha nit hueng bai hyik mee see hlueang]
dandruff ['dændrəf] *n* รังแค [rang khae]
Dane [deɪn] *n* ชาวเดนมาร์ก [chao den mak]
danger ['deɪndʒə] *n* อันตราย [an ta rai]; **Is there a danger of avalanches?** มีอันตรายเกี่ยวกับหิมะถล่มไหม? [mii an ta rai kiao kap hi ma tha lom mai]
dangerous ['deɪndʒərəs] *adj* ซึ่งเป็นอันตราย [sueng pen an tra lai]
Danish ['deɪnɪʃ] *adj* เกี่ยวกับชาวเดนมาร์ก [kiao kap chao den mak] ▷ *n (language)* ภาษาเดนมาร์ก [pha sa den mak]
dare [dɛə] *v* กล้า [kla]
daring ['dɛərɪŋ] *adj* กล้าหาญ [kla han]
dark [dɑ:k] *adj* มืด [muet] ▷ *n* ความมืด [khwam mued]; **It's dark** มืด [muet]
darkness ['dɑ:knɪs] *n* ความมืด [khwam mued]
darling ['dɑ:lɪŋ] *n* ที่รัก [thi rak]
dart [dɑ:t] *n* ลูกดอก [luk dok]
darts [dɑ:ts] *npl* ลูกดอกหลายลูก [luk dok lai luk]
dash [dæʃ] *v* ถลาไปอย่างรวดเร็ว [tha la

pai yang ruat reo]

dashboard ['dæʃ,bɔ:d] *n* แผงหน้าปัดรถยนต์ [phaeng na pat rot yon]

data ['deɪtə; 'dɑ:tə] *npl* สถิติ ข้อมูล [sa thi ti, kho mun]

database ['deɪtə,beɪs] *n* ฐานข้อมูล [tan kho mun]

date [deɪt] *n* วันที่ [wan thi]; **best-before date** *n* วันหมดอายุ [wan mot a yu]; **expiry date** *n* วันที่หมดอายุ [wan thii mot a yu]; **sell-by date** *n* ขายก่อนหมดวันที่กำหนด [khai kon mot wan thii kam nod]; **What is the date?** วันที่อะไร? [wan thii a rai]

daughter ['dɔ:tə] *n* ลูกสาว [luk sao]; **My daughter is lost** ลูกสาวฉันหลงทาง [luk sao chan long thang]; **My daughter is missing** ลูกสาวฉันหาย [luk sao chan hai]

daughter-in-law ['dɔ:tə ɪn lɔ:] (*pl* **daughters-in-law**) *n* ลูกสะใภ้ [luk sa phai]

dawn [dɔ:n] *n* รุ่งอรุณ [rung a run]

day [deɪ] *n* วัน [wan]; **Do you run day trips to...?** คุณจัดเที่ยวแบบหนึ่งวันไป...ไหม? [khun chat thiao baep nueng wan pai...mai]; **I want to hire a car for five days** ฉันอยากเช่ารถคันหนึ่งสักห้าวัน [chan yak chao rot khan nueng sak ha wan]; **Is the museum open every day?** พิพิธภัณฑ์เปิดทุกวันไหม? [phi phit tha phan poet thuk wan mai]

daytime ['deɪ,taɪm] *n* เวลากลางวัน [we la klang wan]

dead [dɛd] *adj* ตายแล้ว [tai laeo] ▷ *adv* อย่างแน่นอน [yang nae norn]; **dead end** *n* ทางตัน [thang ton]

deadline ['dɛd,laɪn] *n* เส้นตาย [sen tai]

deaf [dɛf] *adj* หูหนวก [hu nuak]; **I'm deaf** ฉันหูหนวก [chan hu nuak]

deafening ['dɛfᵊnɪŋ] *adj* เสียงดังมาก [siang dang mak]

deal [di:l] *n* การซื้อขาย [kan sue khai]

dealer ['di:lə] *n* ผู้ทำธุรกิจ [phu tham thu ra kid]; **drug dealer** *n* คนขายยา [khon khai ya]

deal with [di:l wɪð] *v* จัดการ [chat kan]

dear [dɪə] *adj (expensive)* มีราคาสูง [mii ra kha sung], *(loved)* ซึ่งเป็นที่รักยิ่ง [sueng pen thii rak ying]

death [dɛθ] *n* ความตาย [khwam tai]

debate [dɪ'beɪt] *n* การโต้วาที [kan to wa tii] ▷ *v* โต้วาที [to wa thi]

debit ['dɛbɪt] *n* รายการของเงินที่หักบัญชี [rai kan khong ngoen thii hak ban chi] ▷ *v* หักบัญชี [hak ban chi]; **debit card** *n* บัตรที่หักบัญชี [bat thii hak ban chi]; **direct debit** *n* การหักบัญชีโดยตรง [kan hak ban chii doi trong]

debt [dɛt] *n* หนี้ [ni]

decade ['dɛkeɪd; dɪ'keɪd] *n* ทศวรรษ [thot sa wat]

decaffeinated [dɪ'kæfɪ,neɪtɪd] *adj* ที่ไม่มีคาเฟอีน [thii mai mii kha fe in]; **decaffeinated coffee** *n* กาแฟที่ไม่มีคาเฟอีน [ka fae thii mai mii kha fe in]

decay [dɪ'keɪ] *v* เน่าเปื่อย [nao pueai]

deceive [dɪ'si:v] *v* หลอกลวง [lok luang]

December [dɪ'sɛmbə] *n* เดือนธันวาคม [duean than wa khom]

decent ['di:sᵊnt] *adj* เหมาะสม [mo som]

decide [dɪ'saɪd] *v* ตัดสินใจ [tat sin chai]

decimal ['dɛsɪməl] *adj* เลขทศนิยม [lek thot sa ni yom]

decision [dɪ'sɪʒən] *n* การตัดสินใจ [kan tat sin jai]

decisive [dɪ'saɪsɪv] *adj* ซึ่งลงความเห็นแล้ว [sueng long khwam hen laeo]

deck [dɛk] *n* ดาดฟ้าเรือ [dat fa ruea]; **Can we go out on deck?** เราขึ้นไปบนดาดฟ้าเรือได้ไหม? [rao khuen pai bon dat fa ruea dai mai]

deckchair ['dɛk,tʃɛə] *n* เก้าอี้ผ้าใบ [kao ii pha bai]

declare [dɪ'klɛə] *v* ประกาศ [pra kat]

decorate ['dɛkə,reɪt] *v* ประดับ [pra dap]

decorator ['dɛkə,reɪtə] *n* ช่างตกแต่ง [chang tok taeng]

decrease *n* ['di:kri:s] การลดลง [kan lod

long] ▷ *v* [dɪ'kri:s] ลดลง [lot long]
dedicated ['dɛdɪˌkeɪtɪd] *adj* ซึ่งอุทิศตัวเพื่อ [sueng u thit tua phuea]
dedication [ˌdɛdɪ'keɪʃən] *n* การอุทิศให้ [kan u thit hai]
deduct [dɪ'dʌkt] *v* ลบออก [lop ok]
deep [di:p] *adj* ลึก [luek]
deep-fry [di:pfraɪ] *v* ทอดอาหารที่มีน้ำมันมาก [thot a han thii mii nam man mak]
deeply ['di:plɪ] *adv* อย่างลึกมาก [yang luek mak]
deer [dɪə] **(*pl* deer)** *n* กวาง [kwang]
defeat [dɪ'fi:t] *n* ความพ่ายแพ้ [khwam phai phae] ▷ *v* ทำให้พ่ายแพ้ [tham hai phai phae]
defect [dɪ'fɛkt] *n* ข้อบกพร่อง [kho bok phrong]
defence [dɪ'fɛns] *n* การป้องกัน [kan pong kan]
defend [dɪ'fɛnd] *v* แก้ตัว [kae tua]
defendant [dɪ'fɛndənt] *n* จำเลย [cham loei]
defender [dɪ'fɛndə] *n* ผู้ปกป้อง [phu pok pong]
deficit ['dɛfɪsɪt; dɪ'fɪsɪt] *n* ปริมาณที่ขาดการขาดดุล [pa ri man thii khat, kan khat dun]
define [dɪ'faɪn] *v* นิยาม [ni yam]
definite ['dɛfɪnɪt] *adj* แน่นอน [nae non]
definitely ['dɛfɪnɪtlɪ] *adv* อย่างแน่นอน [yang nae norn]
definition [ˌdɛfɪ'nɪʃən] *n* คำจำกัดความ [kham cham kad khwam]
degree [dɪ'gri:] *n* องศา [ong sa]; **degree centigrade** *n* องศาเซ็นติเกรด [ong sa sen ti kret]; **degree Celsius** *n* องศาเซลเซียส [ong sa sel sias]; **degree Fahrenheit** *n* องศาฟาห์เรนไฮต์ [ong sa fa ren hai]
dehydrated [di:'haɪdreɪtɪd] *adj* ที่สูญเสียน้ำจากร่างกาย [thii sun sia nam chak rang kai]
de-icer [di:'aɪsə] *n* ขจัดน้ำแข็ง [kha chat nam khaeng]
delay [dɪ'leɪ] *n* ความล่าช้า [khwam la cha] ▷ *v* ล่าช้า [la cha]
delayed [dɪ'leɪd] *adj* ทำให้ล่าช้า [tham hai la cha]
delegate *n* ['dɛlɪˌgeɪt] ตัวแทน [tua thaen] ▷ *v* ['dɛlɪˌgeɪt] มอบให้ทำแทน [mop hai tham thaen]
delete [dɪ'li:t] *v* ลบ [lop]
deliberate [dɪ'lɪbərɪt] *adj* ซึ่งทำอย่างรอบคอบ [sueng tham yang rop khop]
deliberately [dɪ'lɪbərətlɪ] *adv* อย่างรอบคอบ [yang rop khop]
delicate ['dɛlɪkɪt] *adj* ละเอียดอ่อน [la iat on]
delicatessen [ˌdɛlɪkə'tɛsᵊn] *n* ร้านอาหารที่นำเข้าจากต่างประเทศเช่น ไส้กรอกเนื้อรมควันและอื่น ๆ [ran a han thii nam khao chak tang pra tet chen sai krok nuea rom khwan lae uen uen]
delicious [dɪ'lɪʃəs] *adj* อร่อย [a roi]; **That was delicious** นั่นอร่อยมาก [nan a roi mak]; **The meal was delicious** อาหารมื้อนี้อร่อยมาก [a han mue nii a roi mak]
delight [dɪ'laɪt] *n* ความยินดี [khwam yin dee]
delighted [dɪ'laɪtɪd] *adj* น่าชื่นชมยินดี [na chuen chom yin dii]
delightful [dɪ'laɪtfʊl] *adj* น่าปีติยินดี [na pi ti yin dii]
deliver [dɪ'lɪvə] *v* ส่งมอบ [song mop]
delivery [dɪ'lɪvərɪ] *n* การส่ง [kan song]; **recorded delivery** *n* ลงทะเบียน [long tha bian]
demand [dɪ'mɑ:nd] *n* ความต้องการ [khwam tong kan] ▷ *v* ต้องการ [tong kan]
demanding [dɪ'mɑ:ndɪŋ] *adj* ต้องการอย่างมาก [tong kan yang mak]
demo, demos ['dɛməʊ, 'di:mɒs] *n* การสาธิต [kan sa thit]
democracy [dɪ'mɒkrəsɪ] *n* ประชาธิปไตย [pra cha thi pa tai]
democratic [ˌdɛmə'krætɪk] *adj* เกี่ยวกับ

ประชาธิปไตย [kiao kap pra cha thip pa tai]
demolish [dɪˈmɒlɪʃ] *v* รื้อถอน [rue thon]
demonstrate [ˈdɛmənˌstreɪt] *v* แสดงให้เห็น [sa daeng hai hen]
demonstration [ˌdɛmənˈstreɪʃən] *n* การประท้วง [kan pra thuang]
demonstrator [ˈdɛmənˌstreɪtə] *n* ผู้ประท้วง [phu pra thuang]
denim [ˈdɛnɪm] *n* ผ้ายีนส์ [pha yin]
denims [ˈdɛnɪmz] *npl* ผ้ายีนส์ [pha yin]
Denmark [ˈdɛnmɑːk] *n* ประเทศเดนมารก [pra tet den mak]
dense [dɛns] *adj* หนาแน่น [hna naen]
density [ˈdɛnsɪtɪ] *n* ความหนาแน่น [khwam na naen]
dent [dɛnt] *n* รอยบุ๋ม [roi bum] ▷ *v* ทำให้เป็นรอยบุ๋ม [tham hai pen roi bum]
dental [ˈdɛntᵊl] *adj* เกี่ยวกับฟัน [kiao kap fan]; **dental floss** *n* ไหมขัดฟัน [mai khat fan]; **I don't know if I have dental insurance** ฉันไม่รู้ว่าฉันมีประกันเกี่ยวกับฟันไหม? [chan mai ru wa chan mii pra kan kiao kap fan mai]
dentist [ˈdɛntɪst] *n* หมอฟัน [mo fan]; **I need a dentist** ฉันต้องการหมอฟัน [chan tong kan mo fan]
dentures [ˈdɛntʃəz] *npl* ฟันปลอม [fan plom]; **Can you repair my dentures?** คุณซ่อมฟันปลอมฉันได้ไหม? [khun som fan plom chan dai mai]
deny [dɪˈnaɪ] *v* ปฏิเสธ [pa ti set]
deodorant [diːˈəʊdərənt] *n* ยาดับกลิ่น [ya dap klin]
depart [dɪˈpɑːt] *v* ออกเดินทาง [ork doen thang]
department [dɪˈpɑːtmənt] *n* แผนก [pha naek]; **accident & emergency department** *n* อุบัติเหตุและหน่วยฉุกเฉิน [u bat ti het lae nuai chuk choen]; **department store** *n* ห้างสรรพสินค้า [hang sap pha sin kha]; **Where is the lingerie department?** แผนกชุดชั้นในอยู่ที่ไหน? [pha naek chut chan nai yu thii nai]
departure [dɪˈpɑːtʃə] *n* การออกเดินทาง [kan ok doen thang]; **departure lounge** *n* ห้องพักผู้โดยสารที่จะเดินทางออก [hong phak phu doi san thii ja doen thang ok]
depend [dɪˈpɛnd] *v* ขึ้นอยู่กับ [khuen yu kap]
deport [dɪˈpɔːt] *v* เนรเทศออกจากประเทศ [ne ra thet ok chak pra thet]
deposit [dɪˈpɒzɪt] *n* เงินฝาก [ngoen fak]
depressed [dɪˈprɛst] *adj* หดหู่ [hot hu]
depressing [dɪˈprɛsɪŋ] *adj* หมดกำลังใจ [mot kam lang jai]
depression [dɪˈprɛʃən] *n* ความหดหู่ [khwam hot hu]
depth [dɛpθ] *n* ความลึก [khwam luek]
descend [dɪˈsɛnd] *v* ลงมา [long ma]
describe [dɪˈskraɪb] *v* อธิบาย [a thi bai]
description [dɪˈskrɪpʃən] *n* คำอธิบาย [kham a thi bai]
desert [ˈdɛzət] *n* ทะเลทราย [tha le sai]; **desert island** *n* เกาะกลางทะเลทราย [ko klang tha le sai]
deserve [dɪˈzɜːv] *v* สมควรได้รับ [som khuan dai rap]
design [dɪˈzaɪn] *n* การออกแบบ [kan ok baep] ▷ *v* ออกแบบ [ok baep]
designer [dɪˈzaɪnə] *n* ผู้ออกแบบ [phu ok baep]; **interior designer** *n* นักตกแต่งภายใน [nak tok taeng phai nai]
desire [dɪˈzaɪə] *n* ความปรารถนา [khwam prat tha na] ▷ *v* ปรารถนา [prat tha na]
desk [dɛsk] *n* โต๊ะ [to]; **enquiry desk** *n* โต๊ะสอบถาม [to sop tham]; **May I use your desk?** ฉันขอใช้โต๊ะหนังสือคุณได้ไหม? [chan kho chai to nang sue khun dai mai]
despair [dɪˈspɛə] *n* ความสิ้นหวัง [khwam sin wang]
desperate [ˈdɛspərɪt; -prɪt] *adj* ซึ่งสิ้นหวัง [sueng sin wang]
desperately [ˈdɛspərɪtlɪ] *adv* อย่างสิ้นหวัง [yang sin wang]

despise [dɪ'spaɪz] *v* เหยียดหยาม [yiat yam]
despite [dɪ'spaɪt] *prep* ทั้งๆ ที่ [thang thang thii]
dessert [dɪ'zɜːt] *n* ของหวาน [khong wan]; **dessert spoon** *n* ช้อนของหวาน [chon khong wan]; **The dessert menu, please** ขอรายการของหวาน [kho rai kan khong wan]; **We'd like a dessert** เราอยากได้ของหวาน [rao yak dai khong wan]
destination [ˌdɛstɪ'neɪʃən] *n* จุดหมายปลายทาง [chut mai plai thang]
destiny ['dɛstɪnɪ] *n* ชะตากรรม [cha ta kam]
destroy [dɪ'strɔɪ] *v* ทำลาย [tham lai]
destruction [dɪ'strʌkʃən] *n* การทำลาย [kan tham lai]
detail ['diːteɪl] *n* รายละเอียด [rai la iad]; **Here are my insurance details** นี่คือรายละเอียดการประกันของฉัน [ni khue rai la iat kan pra kan khong chan]
detailed ['diːteɪld] *adj* ซึ่งมีรายละเอียดมาก [sueng mii rai la iat mak]
detective [dɪ'tɛktɪv] *n* นักสืบ [nak suep]
detention [dɪ'tɛnʃən] *n* การควบคุมตัว [kan khuab khum tua]
detergent [dɪ'tɜːdʒənt] *n* ผงซักฟอก [phong sak fok]
deteriorate [dɪ'tɪərɪəˌreɪt] *v* เสื่อมโทรม [sueam som]
determined [dɪ'tɜːmɪnd] *adj* เด็ดเดี่ยว [det diao]
detour ['diːtʊə] *n* เส้นทางอ้อม [sen thang om]
devaluation [diːˌvæljuː'eɪʃən] *n* การลดค่าเงิน [kan lot kha ngen]
devastated ['dɛvəˌsteɪtɪd] *adj* ทำให้ท่วมท้นด้วยความรู้สึก ที่เสียหาย [tham hai thuam thon duai khwam ru suk thii sia hai]
devastating ['dɛvəˌsteɪtɪŋ] *adj* ซึ่งก่อให้เกิดความเสียหายอย่างมาก [sueng ko hai koet khwam sia hai yang mak]
develop [dɪ'vɛləp] *vi* พัฒนา เจริญ เติบโต [phat ta na, cha roen, toep to] ▷ *vt* พัฒนา ทำให้เติบโต ทำให้ดีขึ้น [phat ta na tham hai toep to tham hai di khuen]; **developing country** *n* ประเทศที่กำลังพัฒนา [pra tet thii kam lang phat ta na]
development [dɪ'vɛləpmənt] *n* การพัฒนา [kan phat ta na]
device [dɪ'vaɪs] *n* อุปกรณ์ [up pa kon]
devil ['dɛvᵊl] *n* ภูต [phut]
devise [dɪ'vaɪz] *v* คิดขึ้นใหม่ [kid khuen mai]
devoted [dɪ'vəʊtɪd] *adj* คลั่งไคล้ [khlang khlai]
diabetes [ˌdaɪə'biːtɪs; -tiːz] *n* โรคเบาหวาน [rok bao wan]
diabetic [ˌdaɪə'bɛtɪk] *adj* ซึ่งเป็นเบาหวาน [sueng pen bao wan] ▷ *n* คนเป็นเบาหวาน [khon pen bao wan]
diagnosis [ˌdaɪəg'nəʊsɪs] *n* การวินิจฉัยโรค [kan wi nit chai rok]
diagonal [daɪ'ægənᵊl] *adj* ทแยงมุม [tha yaeng mum]
diagram ['daɪəˌgræm] *n* แผนภาพ [phaen phap]
dial ['daɪəl; daɪl] *v* หมุน [mun]; **dialling code** *n* รหัสหมุนโทรศัพท์ [ra hat mun tho ra sap]; **dialling tone** *n* เสียงหมุนโทรศัพท์ [siang mun tho ra sap]
dialect ['daɪəˌlɛkt] *n* ภาษาท้องถิ่น [pha sa thong thin]
dialogue ['daɪəˌlɒg] *n* การสนทนา [kan son tha na]
diameter [daɪ'æmɪtə] *n* เส้นผ่าศูนย์กลาง [sen pha sun klang]
diamond ['daɪəmənd] *n* เพชร [pet]
diarrhoea [ˌdaɪə'rɪə] *n* อาการท้องร่วง [a kan thong ruang]
diary ['daɪərɪ] *n* สมุดบันทึกประจำวัน [sa mud ban thuek pra cham wan]
dice, die [daɪs, daɪ] *npl* ลูกเต๋า [luk tao]
dictation [dɪk'teɪʃən] *n* การเขียนตามคำบอก [kan khian tam kham bork]
dictator [dɪk'teɪtə] *n* ผู้เผด็จการ [phu

pha det kan]
dictionary ['dɪkʃənərɪ; -ʃənrɪ] *n* พจนานุกรม [phot cha na nu krom]
die [daɪ] *v* ตาย [tai]
diesel ['diːzᵊl] *n* น้ำมันดีเซล [nam man di sel]
diet ['daɪət] *n* อาหาร [a han] ▷ *v* ควบคุมอาหารเพื่อลดน้ำหนัก [khuap khum a han phuea lot nam nak]; **I'm on a diet** ฉันกำลังคุมอาหารเพื่อลดน้ำหนัก [chan kam lang khum a han phuea lot nam nak]
difference ['dɪfərəns; 'dɪfrəns] *n* ความแตกต่าง [khwam taek tang]
different ['dɪfərənt; 'dɪfrənt] *adj* ต่างกัน [tang kan]
difficult ['dɪfɪkᵊlt] *adj* ยาก [yak]
difficulty ['dɪfɪkᵊltɪ] *n* ความยากลำบาก [khwam yak lam bak]
dig [dɪg] *v* ขุด [khut]
digest [dɪ'dʒɛst; daɪ-] *v* ย่อย [yoi]
digestion [dɪ'dʒɛstʃən; daɪ-] *n* การย่อย [kan yoi]
digger ['dɪgə] *n* เครื่องมือที่ใช้ในการขุด [khrueang mue thii chai nai kan khut]
digital ['dɪdʒɪtᵊl] *adj* ซึ่งส่งรับข้อมูลโดยใช้ตัวเลข [sueng song rap kho mun doi chai tua lek]; **digital camera** *n* กล้องดิจิตัล [klong di chi tan]; **digital radio** *n* วิทยุดิจิตัล [wit tha yu di chi tal]; **digital television** *n* โทรทัศน์ดิจิตัล [tho ra tat di chi tal]
dignity ['dɪgnɪtɪ] *n* ความมีเกียรติ [khwam mii kiat]
dilemma [dɪ'lɛmə; daɪ-] *n* สภาวะลำบาก [sa pha wa lam bak]
dilute [daɪ'luːt] *v* เจือจาง [chue chang]
diluted [daɪ'luːtɪd] *adj* ทำให้เจือจาง [tham hai chuea chang]
dim [dɪm] *adj* สลัว [sa lua]
dimension [dɪ'mɛnʃən] *n* การวัดขนาด [kan wat kha nat]
diminish [dɪ'mɪnɪʃ] *v* ทำให้ลดลง [tham hai lot long]
din [dɪn] *n* เสียงอึกทึก [siang uek ka tuek]
diner ['daɪnə] *n* คนที่มารับประทานในร้านอาหาร [khon thii ma rap pra than nai ran a han]
dinghy ['dɪŋɪ] *n* เรือขนาดเล็ก [ruea kha nard lek]
dinner ['dɪnə] *n* อาหารเย็น [a han yen]; **dinner jacket** *n* เสื้อนอกที่ใส่ไปงานเลี้ยงอาหารค่ำ [suea nok thii sai pai ngan liang a han kham]; **The dinner was delicious** อาหารเย็นที่อร่อยมาก [a han yen thii a roi mak]; **What time is dinner?** อาหารเย็นเวลาใด? [a han yen we la dai]; **Would you like to go out for dinner?** คุณอยากออกไปทานอาหารเย็นไหม? [khun yak ok pai than a han yen mai]
dinosaur ['daɪnə,sɔː] *n* ไดโนเสาร์ [dai no sao]
dip [dɪp] *n (food/sauce)* การจิ้มน้ำจิ้ม [kan chim nam chim] ▷ *v* จุ่ม [chum]
diploma [dɪ'pləʊmə] *n* ประกาศนียบัตร [pra ka sa ni ya bat]
diplomat ['dɪplə,mæt] *n* นักการทูต [nak kan thut]
diplomatic [,dɪplə'mætɪk] *adj* เกี่ยวกับการทูต [kiao kap kan thut]
dipstick ['dɪp,stɪk] *n* ก้านโลหะที่ใช้ตรวจวามีน้ำมันอยู่ในแท็งค์เท่าไหร่ [kan lo ha thii chai truat wa mii nam man yu nai thaeng thao rai]
direct [dɪ'rɛkt; daɪ-] *adj* ตรง [trong] ▷ *v* จัดการ [chat kan]; **direct debit** *n* การหักบัญชีโดยตรง [kan hak ban chii doi trong]; **I'd prefer to go direct** ฉันต้องการเดินทางสายตรง [chan tong kan doen thang sai trong]; **Is it a direct train?** มีรถไฟสายตรงไหม? [mii rot fai sai trong mai]
direction [dɪ'rɛkʃən; daɪ-] *n* ทิศทาง [thit thang]; **Can you draw me a map with directions?** คุณวาดแผนที่บอกทิศทางให้ฉันได้ไหม? [khun wat phaen thii bok thit thang hai chan dai mai]

directions [dɪ'rɛkʃənz; daɪ-] *npl* ทิศทางต่าง ๆ [thit thang tang tang]
directly [dɪ'rɛktlɪ; daɪ-] *adv* โดยตรง [doi trong]
director [dɪ'rɛktə; daɪ-] *n* ผู้อำนวยการ [phu am nuai kan]; **managing director** *n* กรรมการผู้จัดการ [kam ma kan phu chat kan]
directory [dɪ'rɛktərɪ; -trɪ; daɪ-] *n* สมุดรายชื่อ [sa mut rai chue]; **directory enquiries** *npl* การสอบถามข้อมูลรายชื่อ [kan sop tham kho mun rai chue]; **telephone directory** *n* สมุดโทรศัพท์ [sa mut tho ra sap]
dirt [dɜ:t] *n* ดิน [din]
dirty ['dɜ:tɪ] *adj* สกปรก [sok ka prok]; **It's dirty** มันสกปรก [man sok ka prok]; **My sheets are dirty** ผ้าปูที่นอนฉันสกปรก [pha pu thii non chan sok ka prok]
disability [ˌdɪsə'bɪlɪtɪ] *n* ความพิการ [khwam phi kan]
disabled [dɪ'seɪbᵊld] *adj* พิการ [phi kan] ▷ *npl* คนพิการ [khon phi kan]; **Are there any toilets for the disabled?** มีห้องน้ำสำหรับคนพิการไหม? [mii hong nam sam rap khon phi kan mai]; **Do you provide access for the disabled?** คุณจัดให้มีทางเข้าออกสำหรับคนพิการไหม? [khun chat hai mii thang khao ok sam rap khon phi kan mai]; **Is there a reduction for disabled people?** มีส่วนลดให้คนพิการไหม? [mii suan lot hai khon phi kan mai]
disadvantage [ˌdɪsəd'vɑ:ntɪdʒ] *n* คนที่เสียเปรียบ [khon thii sia priap]
disagree [ˌdɪsə'gri:] *v* ไม่เห็นด้วย [mai hen duai]
disagreement [ˌdɪsə'gri:mənt] *n* ความขัดแย้งกัน [khwam khat yaeng kan]
disappear [ˌdɪsə'pɪə] *v* หายไป [hai pai]
disappearance [ˌdɪsə'pɪərəns] *n* การหายไป [kan hai pai]
disappoint [ˌdɪsə'pɔɪnt] *v* ทำให้ผิดหวัง [tham hai phid hwang]
disappointed [ˌdɪsə'pɔɪntɪd] *adj* ที่ผิดหวัง [thii phit hwang]
disappointing [ˌdɪsə'pɔɪntɪŋ] *adj* ซึ่งผิดหวัง [sueng phit wang]
disappointment [ˌdɪsə'pɔɪntmənt] *n* ความผิดหวัง [khwam phit wang]
disaster [dɪ'zɑ:stə] *n* ความหายนะ [khwam hai ya na]
disastrous [dɪ'zɑ:strəs] *adj* ก่อให้เกิดความหายนะ [ko hai koet khwam ha ya na]
disc [dɪsk] *n* แผ่นดิสค์ [phaen dis]; **compact disc** *n* แผ่นดิสก์ [phaen dis]; **disc jockey** *n* ผู้จัดรายการดนตรีแผ่นเสียง [phu chat rai kan don tree phaen siang]; **slipped disc** *n* หมอนรองกระดูกสันหลังเลื่อน [mon rong kra duk san lang luean]
discharge [dɪs'tʃɑ:dʒ] *v* **When will I be discharged?** ฉันจะออกจากโรงพยาบาลได้เมื่อไร? [chan ja ok chak rong pha ya baan dai muea rai]
discipline ['dɪsɪplɪn] *n* ข้อบังคับ [kho bang khap]
disclose [dɪs'kləʊz] *v* เปิดเผย [poet phoei]
disco ['dɪskəʊ] *n* การเต้นดิสโก้ [kan ten dis ko]
disconnect [ˌdɪskə'nɛkt] *v* ตัดขาดจากกัน [tat khat chak kan]
discount ['dɪskaʊnt] *n* การลดราคา [kan lod ra kha]; **student discount** *n* ราคาลดสำหรับนักเรียน [ra kha lot sam rap nak rian]
discourage [dɪs'kʌrɪdʒ] *v* ทำให้หมดกำลังใจ [tham hai hmod kam lang jai]
discover [dɪ'skʌvə] *v* ค้นพบ [khon phop]
discretion [dɪ'skrɛʃən] *n* การใช้ดุลยพินิจ [kan chai dun la ya phi nit]
discrimination [dɪˌskrɪmɪ'neɪʃən] *n* การแบ่งแยก [kan baeng yaek]
discuss [dɪ'skʌs] *v* ปรึกษาหารือ [pruek sa ha rue]
discussion [dɪ'skʌʃən] *n* การปรึกษาหารือ [kan pruek sa ha rue]

disease [dɪ'zi:z] *n* โรค [rok]; **Alzheimer's disease** *n* โรคลืม อัลไซเมอร์ [rok luem, al sai moe]
disgraceful [dɪs'greɪsfʊl] *adj* น่าอับอาย [na ap ai]
disguise [dɪs'gaɪz] *v* ปลอมตัว [plom tua]
disgusted [dɪs'gʌstɪd] *adj* ซึ่งน่าขยะแขยง [sueng na kha ya kha yaeng]
disgusting [dɪs'gʌstɪŋ] *adj* น่าขยะแขยง [na kha ya kha yaeng]
dish [dɪʃ] *n (food)* กับข้าว [kap khao], *(plate)* จาน [chan]; **dish towel** *n* ผ้าเช็ดจาน [pha chet chan]; **Can you recommend a local dish?** คุณแนะนำอาหารจานท้องถิ่นได้ไหม? [khun nae nam a han chan thong thin dai mai]; **How do you cook this dish?** คุณทำอาหารจานนี้อย่างไร? [khun tham a han chan nii yang rai]; **How is this dish served?** เสริฟอาหารจานนี้อย่างไร? [serf a han chan nee yang rai]
dishcloth ['dɪʃ,klɒθ] *n* ผ้าเช็ดจาน [pha chet chan]
dishonest [dɪs'ɒnɪst] *adj* ไม่ซื่อสัตย์ [mai sue sat]
dishwasher ['dɪʃ,wɒʃə] *n* เครื่องล้างจาน [khrueang lang chan]
disinfectant [,dɪsɪn'fɛktənt] *n* สารที่ใช้ฆ่าเชื้อโรค [san thii chai kha chuea rok]
disk [dɪsk] *n* แผ่นดิสก์ [phaen dis]; **disk drive** *n* หน่วยจานบันทึก [nuai chan ban thuek]
diskette [dɪs'kɛt] *n* จานบันทึก [chan ban thuek]
dislike [dɪs'laɪk] *v* ไม่ชอบ [mai chop]
dismal ['dɪzməl] *adj* หดหู่ [hot hu]
dismiss [dɪs'mɪs] *v* ปลดออกจากตำแหน่ง [plot ok chak tam naeng]
disobedient [,dɪsə'bi:dɪənt] *adj* ซึ่งไม่เชื่อฟัง [sueng mai chuea fang]
disobey [,dɪsə'beɪ] *v* ไม่เชื่อฟัง [mai chuea fang]
dispenser [dɪ'spɛnsə] *n* ผู้จ่าย [phu chai]; **cash dispenser** *n* เครื่องกดเงินสดจากธนาคาร [khrueang kot ngoen sot chak tha na khan]
display [dɪ'spleɪ] *n* การแสดง การจัดวาง [kan sa daeng, kan chat wang] ▷ *v* แสดง [sa daeng]
disposable [dɪ'spəʊzəbᵊl] *adj* ซึ่งออกแบบมาให้ใช้แล้วทิ้ง [sueng ok baep ma hai chai laeo thing]
disqualify [dɪs'kwɒlɪ,faɪ] *v* ตัดสิทธิเพราะฝ่าฝืนกฎหรือไม่มีคุณสมบัติ [tad sid khro fa fuen kod hue mai mee khun som bat]
disrupt [dɪs'rʌpt] *v* ทำให้ยุ่งเหยิง [tham hai yung yoeng]
dissatisfied [dɪs'sætɪs,faɪd] *adj* ซึ่งไม่พอใจ [sueng mai phor jai]
dissolve [dɪ'zɒlv] *v* ละลาย [la lai]
distance ['dɪstəns] *n* ความห่างไกล [khwam hang klai]
distant ['dɪstənt] *adj* ห่างไกล [hang klai]
distillery [dɪ'stɪlərɪ] *n* โรงกลั่นสุรา [rong klan su ra]
distinction [dɪ'stɪŋkʃən] *n* การแบ่งแยก [kan baeng yaek]
distinctive [dɪ'stɪŋktɪv] *adj* เด่น [den]
distinguish [dɪ'stɪŋgwɪʃ] *v* จำแนกความแตกต่าง [cham naek khwam taek tang]
distract [dɪ'strækt] *v* ทำให้ไขว้เขว [tham hai khwai khwe]
distribute [dɪ'strɪbju:t] *v* แจกจ่าย [chaek chai]
distributor [dɪ'strɪbjʊtə] *n* ผู้แทนจำหน่าย [phu thaen cham nai]
district ['dɪstrɪkt] *n* เขต [khet]
disturb [dɪ'stɜ:b] *v* รบกวน [rop kuan]
ditch [dɪtʃ] *n* คูน้ำ [khu nam] ▷ *v* ทิ้ง [thing]
dive [daɪv] *n* การดำน้ำ [kan dam nam] ▷ *v* ดำน้ำ [dam nam]; **I'd like to go diving** ฉันอยากไปดำน้ำ [chan yak pai dam nam]; **Where is the best place to dive?** ที่ไหนเป็นที่ดำน้ำที่ดีที่สุด? [thii nai pen thii dam nam thii di thii sut]

diver ['daɪvə] *n* นักดำน้ำ [nak dam nam]
diversion [daɪ'vɜːʃən] *n* การหันเหความสนใจ [kan han he khwam son jai]
divide [dɪ'vaɪd] *v* แบ่ง [baeng]
diving ['daɪvɪŋ] *n* การดำน้ำ [kan dam nam]; **diving board** *n* กระดานกระโดดน้ำ [kra dan kra dot nam]; **scuba diving** *n* การดำน้ำด้วยถังออกซิเจน [kan dam nam duai thang ok si chen]
division [dɪ'vɪʒən] *n* การแบ่ง [kan baeng]
divorce [dɪ'vɔːs] *n* การหย่า [kan ya] ▷ *v* การหย่า [kan ya]
divorced [dɪ'vɔːst] *adj* ซึ่งหย่าแล้ว [sueng ya laeo]
DIY [diː aɪ waɪ] *abbr* ตัวย่อของทำด้วยตัวเอง [tua yo khong tham duai tua eng]
dizzy ['dɪzɪ] *adj* เวียนศรีษะ [wian si sa]
DJ [diː dʒeɪ] *abbr* ดีเจ [di che]
DNA [diː ɛn eɪ] *n* รหัสทางพันธุกรรม [ra hat thang phan tu kam]
do [dʊ] *v* ทำ [tham]; **Can you do it straightaway?** คุณทำทันทีเลยได้ไหม? [khun tham than thii loei dai mai]; **What are you doing this evening?** คุณทำอะไรเย็นนี้? [khun tham a rai yen nii]; **What do I do?** ฉันจะทำอย่างไร? [chan ja tham yang rai]
dock [dɒk] *n* อู่เรือ [u ruea]
doctor ['dɒktə] *n* แพทย์ [phaet]
document ['dɒkjʊmənt] *n* เอกสาร [ek ka san]; **Here are my vehicle documents** นี่คือเอกสารต่าง ๆ ของรถฉัน [ni khue ek ka san tang tang khong rot chan]; **I want to copy this document** ฉันอยากถ่ายเอกสารใบนี้ [chan yak thai ek ka san bai nii]
documentary [,dɒkjʊ'mɛntərɪ; -trɪ] *n* สารคดี [sa ra kha di]
documentation [,dɒkjʊmɛn'teɪʃən] *n* การเตรียมเอกสาร [kan triam ek ka sarn]
documents [,dɒkjʊmɛnts] *npl* เอกสารต่าง ๆ [ek ka san tang tang]
dodge [dɒdʒ] *v* หลบหลีก [lop lik]
dog [dɒg] *n* สุนัข [su nak]; **guide dog** *n* สุนัขนำทาง [su nak nam thang]; **hot dog** *n* ขนมปังประกอบไส้กรอก [kha nom pang pra kop sai krok]
dole [dəʊl] *n* เงินที่รัฐบาลให้กับคนว่างงานทุกเดือน [ngoen thii rat tha ban hai kap khon wang ngan thuk duean]
doll [dɒl] *n* ตุ๊กตา [tuk ka ta]
dollar ['dɒlə] *n* เงินดอลลาร์ [ngoen don la]
dolphin ['dɒlfɪn] *n* ปลาโลมา [pla lo ma]
domestic [də'mɛstɪk] *adj* ในประเทศ [nai pra tet]
Dominican Republic [də'mɪnɪkən rɪ'pʌblɪk] *n* ประเทศโดมินิกันริพับลิค [pra tet do mi ni kan ri phap lik]
domino ['dɒmɪ,nəʊ] *n* เกมโดมิโน [kem do mi no]
dominoes ['dɒmɪ,nəʊz] *npl* เกมโดมิโน [kem do mi no]
donate [dəʊ'neɪt] *v* บริจาค [bo ri chak]
done [dʌn] *adj* เสร็จสิ้น [set sin]
donkey ['dɒŋkɪ] *n* ลา [la (laa)]
donor ['dəʊnə] *n* ผู้บริจาค [phu bo ri chak]
door [dɔː] *n* ประตู [pra tu]; **Keep the door locked** ล็อคประตู [lok pra tu]; **The door handle has come off** ที่จับประตูหลุดออกมา [thii chap pra tu lut ok ma]; **The door won't close** ปิดประตูไม่ได้ [pit pra tu mai dai]
doorbell ['dɔː,bɛl] *n* กริ่งประตู [kring pra tu]
doorman, doormen ['dɔː,mæn; -mən, 'dɔː,mɛn] *n* คนเปิดประตูหน้าโรงแรมหรืออาคารต่าง ๆ [khon poet pra tu na rong raeng rue a khan tang tang]
doorstep ['dɔː,stɛp] *n* ธรณีประตู [tho ra nee pra tu]
dorm [dɔːm] *n* **Do you have any single sex dorms?** คุณมีหอพักสำหรับเพศเดียวกันไหม? [khun mii ho phak sam rap phet diao kan mai]
dormitory ['dɔːmɪtərɪ; -trɪ] *n* หอพัก [ho phak]
dose [dəʊs] *n* ปริมาณยาที่ให้แต่ละครั้ง [pa

ri man ya thii hai tae la khrang]
dot [dɒt] *n* จุด [chut]
double ['dʌbᵊl] *adj* สองเท่า [song thao] ▷ *v* ทำเป็นสองเท่า [tham pen song thao]; **double bass** *n* ดนตรีเครื่องสายชนิดหนึ่ง [don tree khrueang sai cha nit nueng]; **double bed** *n* เตียงคู่ [tiang khu]; **double glazing** *n* การติดตั้งกระจกหนาสองชั้น [kan tit tang kra chok na song chan]
doubt [daʊt] *n* ความสงสัย [khwam song sai] ▷ *v* สงสัย [song sai]
doubtful ['daʊtfʊl] *adj* ที่เป็นที่สงสัย [thii pen thii song sai]
dough [dəʊ] *n* ส่วนผสมของแป้ง น้ำและอื่น ๆ เช่นน้ำมัน น้ำตาลเพื่อทำขนมปัง [suan pha som khong paeng nam lae uen uen chen nam man nam tan phuea tham kha nom pang]
doughnut ['dəʊnʌt] *n* ขนมโดนัท [kha nom do nat]
do up [dʊ ʌp] *v* ห่อทำให้เป็นก้อน [hor tham hai pen kon]
dove [dʌv] *n* นกพิราบ [nok phi rap]
do without [dʊ wɪ'ðaʊt] *v* ทำโดยปราศจาก [tham doi prad sa chak]
down [daʊn] *adv* น้อยลง [noi long]
download ['daʊn,ləʊd] *n* การบรรจุลง [kan ban chu long] ▷ *v* บรรจุลง [ban chu long]
downpour ['daʊn,pɔː] *n* ฝนตกหนักมาก [fon tok nak mak]
downstairs ['daʊn'stɛəz] *adj* ข้างล่าง [khang laang] ▷ *adv* ข้างล่าง [khang laang]
downtown ['daʊn'taʊn] *adv* ตัวเมือง [tua mueang]
doze [dəʊz] *v* งีบหลับ [ngip lap]
dozen ['dʌzᵊn] *n* โหล [lo]
doze off [dəʊz ɒf] *v* งีบหลับไป [ngip lap pai]
drab [dræb] *adj* ไม่มีชีวิตชีวา [mai mii chi wit chi wa]
draft [drɑːft] *n* ตั๋วแลกเงิน [tua laek ngoen]
drag [dræg] *v* ลาก [lak]
dragon ['drægən] *n* มังกร [mang kon]
dragonfly ['drægən,flaɪ] *n* แมลงปอ [ma laeng po]
drain [dreɪn] *n* ท่อระบายน้ำ [tho ra bai nam] ▷ *v* ระบายออก [ra bai ok]; **draining board** *n* กระดานที่ใช้วางเครื่องใช้ในครัวให้แห้ง [kra dan thii chai wang khrueang chai nai khrua hai haeng]; **The drain is blocked** ท่อระบายน้ำตัน [tho ra bai nam tan]
drainpipe ['dreɪn,paɪp] *n* ท่อระบายน้ำ [tho ra bai nam]
drama ['drɑːmə] *n* ละคร [la kon]
dramatic [drə'mætɪk] *adj* ที่เกี่ยวกับละคร [thii kiao kab la khon]
drastic ['dræstɪk] *adj* รุนแรงมาก [run raeng mak]
draught [drɑːft] *n* กระแสลม [kra sae lom]
draughts [drɑːfts] *npl* หมากฮอส [mak hot]
draw [drɔː] *n (lottery)* สลาก [sa lak], *(tie)* คะแนนเท่ากัน [kha naen thao kan] ▷ *v (equal with)* เสมอกัน [sa moe kan], *(sketch)* วาดภาพ [wat phap]
drawback ['drɔː,bæk] *n* ข้อเสียเปรียบ [kho thii sia priap]
drawer ['drɔːə] *n* ลิ้นชัก [lin chak]; **The drawer is jammed** ลิ้นชักติด [lin chak tit]
drawers [drɔːz] *n* **chest of drawers** *n* ตู้ที่มีลิ้นชัก [tu thii mii lin chak]
drawing ['drɔːɪŋ] *n* รูปวาด [rup wat]
drawing pin ['drɔːɪŋ pɪn] *n* **drawing pin** *n* เข็มหมุด [khem mut]
dreadful ['drɛdfʊl] *adj* น่าสะพึงกลัว [na sa phueng klua]
dream [driːm] *n* ความฝัน [khwam fan] ▷ *v* ฝัน [fan]
drench [drɛntʃ] *v* ทำให้เปียกชุ่ม [tham hai piak chum]
dress [drɛs] *n* เครื่องแต่งกาย [khrueang taeng kai] ▷ *v* ใส่เสื้อผ้า [sai suea pha];

evening dress *n* ชุดกลางคืน [chut klang khuen]; **wedding dress** *n* ชุดแต่งงาน [chut taeng ngan]
dressed [drɛst] *adj* ได้แต่งตัวแล้ว [dai taeng tua laeo]
dresser ['drɛsə] *n* ตู้ที่ลิ้นชักสำหรับใส่เสื้อผ้า [tu thii lin chak sam hrab sai suea pha]
dressing ['drɛsɪŋ] *n* **salad dressing** *n* น้ำสลัด [nam sa lat]
dressing gown ['drɛsɪŋ gaʊn] *n* **dressing gown** *n* เสื้อคลุม [suea khlum]
dressing table ['drɛsɪŋ 'teɪbᵊl] *n* **dressing table** *n* โต๊ะแต่งตัว [to taeng tua]
dress up [drɛs ʌp] *v* แต่งตัวอย่างสวยงาม [taeng tua yang suai ngam]
dried [draɪd] *adj* แห้ง [haeng]
drift [drɪft] *n* กองดิน [kong din] ▷ *v* เร่ร่อน [re ron]
drill [drɪl] *n* การฝึกฝน [kan fuek fon] ▷ *v* เจาะ [cho]; **pneumatic drill** *n* สว่านชนิดที่ใช้กำลังอัดของอากาศ [sa wan cha nit thii chai kam lang at khong a kaat]
drink [drɪŋk] *n* เครื่องดื่ม [khrueang duem] ▷ *v* ดื่ม [duem]; **binge drinking** *n* การดื่มเหล้ามากเกินไป [kan duem lao mak koen pai]; **Can I get you a drink?** ฉันเอาเครื่องดื่มให้คุณได้ไหม? [chan ao khrueang duem hai khun dai mai]; **Do you drink milk?** คุณดื่มนมไหม? [khun duem nom mai]; **I don't drink alcohol** ฉันไม่ดื่มแอลกอฮอล์ [chan mai duem aen ko ho]
drink-driving ['drɪŋk'draɪvɪŋ] *n* ดื่มอัลกอฮอล์แล้วขับรถ [duem aen ko ho laeo khap rot]
drip [drɪp] *n* หยดน้ำ [yot nam] ▷ *v* ทำให้หยด [tham hai yot]
drive [draɪv] *n* การขับ [kan khap] ▷ *v* ขับ [khap]; **driving instructor** *n* ครูสอนขับรถ [khru son khap rot]; **four-wheel drive** *n* การขับทั้งสี่ล้อ [kan khap thang si lo]; **left-hand drive** *n* การขับด้านซ้าย [kan khap dan sai]; **You were driving too fast** คุณขับรถเร็วเกินไป [khun khap rot reo koen pai]
driver ['draɪvə] *n* คนขับ [kon khab]; **learner driver** *n* นักเรียนเรียนขับรถ [nak rian rian khap rot]; **lorry driver** *n* คนขับรถบรรทุก [khon khap rot ban thuk]; **racing driver** *n* ผู้ขับรถแข่ง [phu khap rot khaeng]
driveway ['draɪv,weɪ] *n* ทางที่จอดรถส่วนบุคคล [thang thii jod rot suan bu kon]
driving lesson ['draɪvɪŋ 'lɛsᵊn] *n* บทเรียนสอนขับรถ [bot rian son khap rot]
driving licence ['draɪvɪŋ 'laɪsəns] *n* **Here is my driving licence** นี่คือใบขับขี่ของฉัน [ni khue bai khap khi khong chan]; **I don't have my driving licence on me** ฉันไม่มีใบขับขี่ในตอนนี้ [chan mai mii bai khap khii nai ton nii]; **My driving licence number is...** ใบขับขี่ของฉันหมายเลข... [bai khap khi khong chan mai lek...]
driving test ['draɪvɪŋ 'tɛst] *n* การสอบขับรถ [kan sop khap rot]
drizzle ['drɪzᵊl] *n* ฝนตกปรอย ๆ [fon tok proi proi]
drop [drɒp] *n* หยดน้ำ [yot nam]; **eye drops** *npl* น้ำยาหยอดตา [nam ya yot ta]
drought [draʊt] *n* ความแห้งแล้ง [khwam haeng laeng]
drown [draʊn] *v* จมน้ำ [chom nam]; **Someone is drowning!** มีคนกำลังจะจมน้ำ [mii khon kam lang ja chom nam]
drowsy ['draʊzɪ] *adj* ง่วงเงีย [ngua ngia]
drug [drʌg] *n* ยา [ya]; **drug addict** *n* ผู้ติดยา [phu tit ya]; **drug dealer** *n* คนขายยา [khon khai ya]
drum [drʌm] *n* กลอง [klong]
drummer ['drʌmə] *n* คนตีกลอง [khon ti klong]
drunk [drʌŋk] *adj* เมา [mao] ▷ *n* คนเมา [kon mao]
dry [draɪ] *adj* แห้งแล้ง [haeng laeng] ▷ *v*

แห้ง [haeng]; **bone dry** *adj* แห้งสนิท [haeng sa nit]; **I have dry hair** ฉันมีผมแห้ง [chan mii phom haeng]
dry-cleaner's ['draɪ'kli:nəz] *n* ที่ร้านซักแห้ง [thii ran sak haeng]
dry-cleaning ['draɪ'kli:nɪŋ] *n* การซักแห้ง [kan sak haeng]
dryer ['draɪə] *n* เครื่องเป่า [khrueang pao]; **spin dryer** *n* เครื่องปั่นผ้าให้แห้ง [khrueang pan pha hai haeng]; **tumble dryer** *n* เครื่องอบผ้าให้แห้ง [khrueang op pha hai haeng]
dual ['dju:əl] *adj* **dual carriageway** *n* ทางรถคู่ [thang rot khu]
dubbed [dʌbt] *adj* ที่แปลงเสียงเป็นภาษาอื่น [thii plang siang pen pha sa aue]
dubious ['dju:bɪəs] *adj* สงสัย [song sai]
duck [dʌk] *n* เป็ด [pet]
due [dju:] *adj* ถึงกำหนด [thueng kam not]
due to [dju: tʊ] *prep* เพราะ [phro]
dull [dʌl] *adj* น่าเบื่อ [na buea]
dumb [dʌm] *adj* โง่ [ngo]
dummy ['dʌmɪ] *n* หุ่นจำลอง [hun cham long]
dump [dʌmp] *n* ที่ทิ้งขยะ [thii thing kha ya] ▷ *v* ทิ้ง [thing]; **rubbish dump** *n* ที่ทิ้งขยะ [thii thing kha ya]
dumpling ['dʌmplɪŋ] *n* ก้อนพุดดิ้ง [kon phut ding]
dune [dju:n] *n* **sand dune** *n* หุบทราย [hup sai]
dungarees [,dʌŋgə'ri:z] *npl* เสื้อผ้าชุดทำงาน [suea pha chut tham ngan]
dungeon ['dʌndʒən] *n* คุกใต้ดินในปราสาท [khuk tai din nai pra sat]
duration [djʊ'reɪʃən] *n* ช่วงเวลา [chuang we la]
during ['djʊərɪŋ] *prep* ในระหว่าง [nai ra wang]
dusk [dʌsk] *n* เวลาเย็นก่อนค่ำ [we la yen kon kham]
dust [dʌst] *n* ฝุ่น [fun] ▷ *v* ปัดฝุ่น [pat fun]
dustbin ['dʌst,bɪn] *n* ที่ใส่ขยะ [thii sai kha ya]
dustman, dustmen ['dʌstmən, 'dʌstmɛn] *n* คนเก็บขยะ [khon kep kha ya]
dustpan ['dʌst,pæn] *n* ที่ปัดฝุ่นพร้อมแปรง [thii pat fun phrom praeng]
dusty ['dʌstɪ] *adj* ซึ่งปกคลุมไปด้วยฝุ่น [sueng pok khlum pai duai fun]
Dutch [dʌtʃ] *adj* เกี่ยวกับดัช [kiao kap dat] ▷ *n* ชาวดัช [chao dat]
Dutchman, Dutchmen ['dʌtʃmən, 'dʌtʃmɛn] *n* ผู้ชายชาวดัช [phu chai chao dat]
Dutchwoman, Dutchwomen [,dʌtʃwʊmən, 'dʌtʃ,wɪmɪn] *n* ผู้หญิงชาวดัช [phu ying chao dat]
duty ['dju:tɪ] *n* หน้าที่ [na thi]; **(customs) duty** *n* ภาษีนำสินค้าเข้าหรือส่งออก [pha si nam sin ka khao rue song ok]
duty-free ['dju:tɪ'fri:] *adj* ที่ปลอดภาษี [thii plot pha si] ▷ *n* สินค้าปลอดภาษี [sin kha plot pha si]
duvet ['du:veɪ] *n* ผ้าห่ม [pha hom]
DVD [di: vi: di:] *n* ดีวีดี [di wi di]; **DVD burner** *n* ซอฟแวร์ที่ทำให้บันทึกลงในดีวีดีได้ [sop wae thii tham hai ban thuek long nai di wi di dai]; **DVD player** *n* เครื่องเล่นดีวีดี [khrueang len di vi di]
dwarf, dwarves [dwɔ:f, dwɔ:vz] *n* คนแคระ [khon khrae]
dye [daɪ] *n* การย้อม [kan yom] ▷ *v* ย้อม [yom]; **Can you dye my hair, please?** คุณช่วยย้อมผมให้ฉันได้ไหม? [khun chuai yom phom hai chan dai mai]
dynamic [daɪ'næmɪk] *adj* เต็มไปด้วยพลังและความคิดสร้างสรรค์ [tem pai duai pha lang lae khwam kit sang san]
dyslexia [dɪs'lɛksɪə] *n* ความผิดปกติในการอ่าน [khwam phid pok kha ti nai kan arn]
dyslexic [dɪs'lɛksɪk] *adj* ที่ท่องอ่านเขียนลำบาก [thii thong arn khian lam bak] ▷ *n* ผู้ที่ท่องอ่านเขียนลำบาก [phu thii thong arn khian lam bak]

e

each [iːtʃ] *adj* แต่ละ [tae la] ▷ *pron* แต่ละ [tae la]
eagle [ˈiːgᵊl] *n* นกอินทรีย์ [nok in sii]
ear [ɪə] *n* หู [hu]
earache [ˈɪərˌeɪk] *n* หูเจ็บ [hu chep]
eardrum [ˈɪəˌdrʌm] *n* เยื่อแก้วหู [yuea kaew hu]
earlier [ˈɜːlɪə] *adv* ก่อนหน้านั้น [kon na nan]
early [ˈɜːlɪ] *adj* ก่อนเวลาที่กำหนดไว้ [kon we la thii kam not wai] ▷ *adv* แต่แรก [tae raek]
earn [ɜːn] *v* ได้รับรายได้ [dai rap rai dai]
earnings [ˈɜːnɪŋz] *npl* รายได้ [rai dai]
earphones [ˈɪəˌfəʊnz] *npl* หูฟัง [hu fang]
earplugs [ˈɪəˌplʌgz] *npl* ที่ปิดหู [thii pid hu]
earring [ˈɪəˌrɪŋ] *n* ตุ้มหู [tum hu]
earth [ɜːθ] *n* โลก [lok]
earthquake [ˈɜːθˌkweɪk] *n* แผ่นดินไหว [phaen din wai]
easily [ˈiːzɪlɪ] *adv* อย่างสะดวก [yang sa duak]
east [iːst] *adj* เกี่ยวกับทิศตะวันออก [kiao kap thit ta wan ok] ▷ *adv* ที่อยู่ทางทิศตะวันออก [thii yu thang thid ta wan ork] ▷ *n* ทิศตะวันออก [thit ta wan ok]; **Far East** *n* กลุ่มประเทศในเอเชียตะวันออก [klum pra tet nai e chia ta wan ok]; **Middle East** *n* ตะวันออกกลาง [ta wan ok klang]
eastbound [ˈiːstˌbaʊnd] *adj* ซึ่งเดินทางไปทางด้านตะวันออก [sueng doen thang pai thang dan ta wan ok]
Easter [ˈiːstə] *n* วันอีสเตอร์ [wan is toe]; **Easter egg** *n* ไข่อีสเตอร์ [khai is toe]
eastern [ˈiːstən] *adj* เกี่ยวกับทิศตะวันออก [kiao kap thit ta wan ok]
easy [ˈiːzɪ] *adj* ง่าย [ngai]; **easy chair** *n* เก้าอี้ที่มีที่วางแขน [kao ii thii mii thii wang khaen]
easy-going [ˈiːzɪˈgəʊɪŋ] *adj* อย่างง่าย ๆ อย่างสบาย ๆ [yang ngai ngai, yang sa bai sa bai]
eat [iːt] *v* รับประทาน [rap pra than]
e-book [ˈiːˈbʊk] *n* หนังสือที่อ่านได้จากอินเตอร์เนต [nang sue thii an dai chak in toe net]
eccentric [ɪkˈsɛntrɪk] *adj* คนที่แปลกประหลาด [khon thii plaek pra lat]
echo [ˈɛkəʊ] *n* เสียงสะท้อน [siang sa thon]
ecofriendly [ˈiːkəʊˌfrɛndlɪ] *adj* ที่ไม่ทำความเสียหายกับสภาพแวดล้อม [thii mai tham khwam sia hai kap sa phap waet lom]
ecological [ˌiːkəˈlɒdʒɪkᵊl] *adj* เกี่ยวกับนิเวศน์วิทยา [kiao kap ni wet wit tha ya]
ecology [ɪˈkɒlədʒɪ] *n* นิเวศน์วิทยา [ni wet wit tha ya]
e-commerce [ˈiːkɒmɜːs] *n* ธุรกิจการค้าที่ทำบนอินเตอร์เนต [thu ra kit kan kha thii tham bon in toe net]
economic [ˌiːkəˈnɒmɪk; ˌɛkə-] *adj* เกี่ยวกับเศรษฐกิจ [kiao kap set tha kit]
economical [ˌiːkəˈnɒmɪkᵊl; ˌɛkə-] *adj* ประหยัด [pra yat]
economics [ˌiːkəˈnɒmɪks; ˌɛkə-] *npl*

วิชาเศรษฐศาสตร์ [wi cha set tha sat]
economist [ɪ'kɒnəmɪst] *n* นักเศรษฐศาสตร์ [nak set tha sat]
economize [ɪ'kɒnə,maɪz] *v* ประหยัด [pra yat]
economy [ɪ'kɒnəmɪ] *n* เศรษฐกิจ [set tha kit]; **economy class** *n* ชั้นประหยัด [chan pra yat]
ecstasy ['ɛkstəsɪ] *n* ความปีติยินดีอย่างล้นพ้น [khwam pi thi yin dee yang lon phon]
Ecuador ['ɛkwə,dɔː] *n* ประเทศเอควาดอร์ [pra tet e kwa do]
eczema ['ɛksɪmə; ɪg'ziːmə] *n* โรคเรื้อนกวาง [rok ruean kwang]
edge [ɛdʒ] *n* ขอบ [khop]
edgy ['ɛdʒɪ] *adj* กระสับกระส่าย [kra sap kra sai]
edible ['ɛdɪbᵊl] *adj* ซึ่งกินได้ [sueng kin dai]
edition [ɪ'dɪʃən] *n* จำนวนพิมพ์ทั้งหมดต่อครั้ง [cham nuan phim thang hmod tor khrang]
editor ['ɛdɪtə] *n* บรรณาธิการ [ban na thi kan]
educated ['ɛdjʊ,keɪtɪd] *adj* ซึ่งได้รับการศึกษา [sueng dai rab kan suek sa]
education [,ɛdjʊ'keɪʃən] *n* การศึกษา [kan suek sa]; **adult education** *n* การศึกษาผู้ใหญ่ [kan suek sa phu yai]; **higher education** *n* การศึกษาระดับสูง [kan suek sa ra dap sung]
educational [,ɛdjʊ'keɪʃənᵊl] *adj* ที่เกี่ยวกับการเรียนการสอน [thii kiao kap kan rian kan son]
eel [iːl] *n* ปลาไหล [pla lai]
effect [ɪ'fɛkt] *n* ผลกระทบ [phon kra thop]; **side effect** *n* ผลข้างเคียง [phon khang khiang]
effective [ɪ'fɛktɪv] *adj* ได้ผลดี [dai phon di]
effectively [ɪ'fɛktɪvlɪ] *adv* อย่างได้ผล [yang dai phon]
efficient [ɪ'fɪʃənt] *adj* ซึ่งมีประสิทธิภาพ [sueng mii pra sit thi phap]
efficiently [ɪ'fɪʃəntlɪ] *adv* อย่างมีประสิทธิภาพ [yang mii pra sit thi phap]
effort ['ɛfət] *n* ความพยายาม [khwam pha ya yam]
e.g. [iː dʒiː] *abbr* ตัวย่อของตัวอย่างเช่น [tua yo khong tua yang chen]
egg [ɛg] *n* ไข่ [khai]; **boiled egg** *n* ไข่ต้ม [khai tom]; **egg white** *n* ไข่ขาว [khai khao]; **egg yolk** *n* ไข่แดง [khai daeng]; **Could you prepare a meal without eggs?** คุณทำอาหารที่ไม่มีไข่ได้ไหม? [khun tham a han thii mai mii khai dai mai]
eggcup ['ɛg,kʌp] *n* ถ้วยใส่ไข่ [thuai sai khai]
Egypt ['iːdʒɪpt] *n* ปะเทศอียิปต์ [pra tet i yip]
Egyptian [ɪ'dʒɪpʃən] *adj* เกี่ยวกับประเทศอียิปต์ [kiao kap pra thet i yip] ▷ *n* ชาวอียิปต์ [chao i yip]
eight [eɪt] *number* แปด [plaet]; **two for the eight o'clock showing** สองที่สำหรับการแสดงรอบ แปดโมง [song thii sam hrab kan sa daeng rob paed mong]
eighteen ['eɪ'tiːn] *number* สิบแปด [sip paet]
eighteenth ['eɪ'tiːnθ] *adj* ที่สิบแปด [thii sip paet]
eighth [eɪtθ] *adj* ที่แปด [thii paet] ▷ *n* ที่แปด [thii paet]
eighty ['eɪtɪ] *number* แปดสิบ [paet sip]
Eire ['ɛərə] *n* ประเทศไอร์แลนด์ [pra tet ai laen]
either ['aɪðə; 'iːðə] *adv (with negative)* ไม่เช่นกัน [mai chen kan] ▷ *conj (... or)* ถ้าไม่...ก็... [tha mai...ko...] ▷ *pron* อย่างใดอย่างหนึ่งในจำนวนสอง [yang dai yang nueng nai cham nuan song]; **either... or** *conj* อย่างนี้หรืออย่างนั้น [yang nii rue yang nan]
elastic [ɪ'læstɪk] *n* ความยืดหยุ่น [khwam yuet yun]; **elastic band** *n* ยางยืด [yang yuet]

Elastoplast® [ɪ'læstə,plɑːst] *n* พลาสเตอร์ [plas toe]
elbow ['ɛlbəʊ] *n* ข้อศอก [kho sok]
elder ['ɛldə] *adj* แก่กว่า [kae kwa]
elderly ['ɛldəlɪ] *adj* สูงวัย [sung wai]
eldest ['ɛldɪst] *adj* แก่ที่สุด [kae thii sut]
elect [ɪ'lɛkt] *v* คัดเลือก [khat lueak]
election [ɪ'lɛkʃən] *n* การเลือกตั้ง [kan lueak tang]; **general election** *n* การเลือกตั้งทั่วไป [kan lueak tang thua pai]
electorate [ɪ'lɛktərɪt] *n* ประชาชนผู้เลือกตั้ง [pra cha chon phu lueak tang]
electric [ɪ'lɛktrɪk] *adj* เกี่ยวกับไฟฟ้า [kiao kap fai fa]; **electric blanket** *n* ผ้าห่มไฟฟ้า [pha hom fai fa]; **electric shock** *n* กระแสไฟดูด [kra sae fai dut]; **There is something wrong with the electrics** มีอะไรผิดปรกติเกี่ยวกับไฟฟ้า [mii a rai phit prok ka ti kiao kap fai fa]
electrical [ɪ'lɛktrɪkᵊl] *adj* เกี่ยวกับไฟฟ้า [kiao kap fai fa]
electrician [ɪlɛk'trɪʃən; ,iːlɛk-] *n* ช่างไฟ [chang fai]
electricity [ɪlɛk'trɪsɪtɪ; ,iːlɛk-] *n* ไฟฟ้า [fai fa]; **There is no electricity** ไม่มีไฟฟ้า [mai mii fai fa]
electronic [ɪlɛk'trɒnɪk; ,iːlɛk-] *adj* เกี่ยวกับระบบอิเล็กทรอนิกส์ [kiao kap ra bop i lek tro nik]
electronics [ɪlɛk'trɒnɪks; ,iːlɛk-] *npl* วิชาอิเล็กทรอนิกส์ [wi cha i lek tro nik]
elegant ['ɛlɪgənt] *adj* สวยงาม [suai ngam]
element ['ɛlɪmənt] *n* องค์ประกอบ [ong pra kop]
elephant ['ɛlɪfənt] *n* ช้าง [chang]
eleven [ɪ'lɛvᵊn] *number* สิบเอ็ด [sip et]
eleventh [ɪ'lɛvᵊnθ] *adj* ที่สิบเอ็ด [thii sip et]
eliminate [ɪ'lɪmɪ,neɪt] *v* ขจัด [kha chat]
elm [ɛlm] *n* ต้นไม้ในตระกูลอัลมอนด์ [ton mai nai tra kun an mon]
else [ɛls] *adj* อื่น ๆ [uen uen]
elsewhere [,ɛls'wɛə] *adv* ที่อื่น [thii uen]
email ['iːmeɪl] *n* อีเมลล์ [i mel] ▷ *vt (a person)* ส่งอีเมลล์ [song e mail]; **email address** *n* ที่อยู่อีเมลล์ [thii yu e mail]; **Can I have your email?** ฉันขออีเมลล์ของคุณได้ไหม? [chan kho ii mail khong khun dai mai]; **Can I send an email?** ฉันส่งอีเมลล์ได้ไหม? [chan song e mail dai mai]; **Did you get my email?** คุณได้รับอีเมลล์ฉันไหม? [khun dai rap e mail chan mai]; **My email address is...** อีเมลล์เอดเดรสของฉันคือ... [e mail ad dres khong chan khue...]; **What is your email address?** อีเมลล์เอดเดรสของคุณคืออะไร? [e mail ad dres khong khun khue a rai]
embankment [ɪm'bæŋkmənt] *n* เขื่อน [khuean]
embarrassed [,ɪm'bærəst] *adj* ซึ่งอับอาย [sueng ap ai]
embarrassing [ɪm'bærəsɪŋ] *adj* น่าอับอาย [na ap ai]
embassy ['ɛmbəsɪ] *n* สถานทูต [sa than thut]
embroider [ɪm'brɔɪdə] *v* เย็บปักถักร้อย [yep pak thak roi]
embroidery [ɪm'brɔɪdərɪ] *n* การเย็บปักถักร้อย [kan yep pak thak roi]
emergency [ɪ'mɜːdʒənsɪ] *n* ภาวะฉุกเฉิน [pha wa chuk choen]; **accident & emergency department** *n* อุบัติเหตุและหน่วยฉุกเฉิน [u bat ti het lae nuai chuk choen]; **emergency exit** *n* ทางออกฉุกเฉิน [thang ok chuk choen]; **emergency landing** *n* การจอดลงอย่างฉุกเฉินของเครื่องบิน [kan jod long yang chuk choen khong khrueang bin]; **It's an emergency!** เป็นสภาวะฉุกเฉิน [pen sa pha wa chuk choen]
emigrate ['ɛmɪ,greɪt] *v* อพยพย้ายถิ่นฐาน [op pa yop yai thin tan]
emotion [ɪ'məʊʃən] *n* ความรู้สึก [khwam ru suek]
emotional [ɪ'məʊʃənᵊl] *adj* เกี่ยวกับ

อารมณ์ [kiao kap a rom]
emperor, empress ['ɛmpərə, 'ɛmprɪs] *n* จักรพรรดิ [chak kra phat]
emphasize ['ɛmfə,saɪz] *v* เน้น [nen]
empire ['ɛmpaɪə] *n* อาณาจักร [a na chak]
employ [ɪm'plɔɪ] *v* ว่าจ้าง [wa chang]
employee [ɛm'plɔiː; ,ɛmplɔɪ'iː] *n* ลูกจ้าง [luk chang]
employer [ɪm'plɔɪə] *n* นายจ้าง [nai chang]
employment [ɪm'plɔɪmənt] *n* การว่าจ้าง [kan wa chang]
empty ['ɛmptɪ] *adj* ว่างเปล่า [wang plao] ▷ *v* ทำให้ว่างเปล่า [tham hai wang plao]
enamel [ɪ'næməl] *n* สิ่งเคลือบ [sing khlueap]
encourage [ɪn'kʌrɪdʒ] *v* ให้กำลังใจ [hai kam lang jai]
encouragement [ɪn'kʌrɪdʒmənt] *n* การให้กำลังใจ [kan hai kam lang jai]
encouraging [ɪn'kʌrɪdʒɪŋ] *adj* ที่ให้กำลังใจ [thii hai kam lang jai]
encyclopaedia [ɛn,saɪkləʊ'piːdɪə] *n* สารานุกรม [sa ra nu krom]
end [ɛnd] *n* ตอนจบ [ton job] ▷ *v* ทำให้สิ้นสุด [tham hai sin sut]; **dead end** *n* ทางตัน [thang ton]
endanger [ɪn'deɪndʒə] *v* ทำให้อยู่ในอันตราย [tham hai yu nai an tra lai]
ending ['ɛndɪŋ] *n* ตอนจบ [ton job]
endless ['ɛndlɪs] *adj* ซึ่งไม่สิ้นสุด [sueng mai sin sut]
enemy ['ɛnəmɪ] *n* ศัตรู [sat tru]
energetic [,ɛnə'dʒɛtɪk] *adj* กระตือรือร้น [kra tue rue ron]
energy ['ɛnədʒɪ] *n* พลังงาน [pha lang ngan]
engaged [ɪn'geɪdʒd] *adj* ที่หมั้นหมาย [thii man mai]; **engaged tone** *n* เสียงสายไม่ว่างของโทรศัพท์ [siang sai mai wang khong tho ra sap]
engagement [ɪn'geɪdʒmənt] *n* การหมั้น [kan man]; **engagement ring** *n* แหวนหมั้น [waen man]
engine ['ɛndʒɪn] *n* เครื่องยนต์ [khrueang yon]; **search engine** *n* กลไกการหาข้อมูลบนอินเตอร์เน็ต [kon kai kan ha kho mun bon in toe net]; **The engine is overheating** เครื่องยนต์ร้อนเกินไป [khrueang yon ron koen pai]
engineer [,ɛndʒɪ'nɪə] *n* วิศวกร [wit sa wa kon]
engineering [,ɛndʒɪ'nɪərɪŋ] *n* วิศวกรรมศาสตร [wit sa wa kam ma sat]
England ['ɪŋglənd] *n* ประเทศอังกฤษ [pra ted ang krid]
English ['ɪŋglɪʃ] *adj* เกี่ยวกับชาวอังกฤษ [kiao kap chao ang krit] ▷ *n* ชาวอังกฤษ [chao ang krid]
Englishman, Englishmen ['ɪŋglɪʃmən, 'ɪŋglɪʃmɛn] *n* ชายชาวอังกฤษ [chai chao ang krid]
Englishwoman, Englishwomen ['ɪŋglɪʃ,wʊmən, 'ɪŋglɪʃ,wɪmɪn] *n* หญิงชาวอังกฤษ [hying chao ang krid]
engrave [ɪn'greɪv] *v* สลัก [sa lak]
enjoy [ɪn'dʒɔɪ] *v* สนุกสนาน [sa nuk sa nan]
enjoyable [ɪn'dʒɔɪəbᵊl] *adj* ที่สนุกสนาน [thii sa nuk sa nan]
enlargement [ɪn'lɑːdʒmənt] *n* การขยาย [kan kha yai]
enormous [ɪ'nɔːməs] *adj* ที่ใหญ่มหึมา [thii yai ma hu ma]
enough [ɪ'nʌf] *adj* พอเพียง [pho phiang] ▷ *pron* จำนวนที่พอเพียง [cham nuan thii pho phiang]
enquire [ɪn'kwaɪə] *v* ถามคำถาม [tham kham tham]
enquiry [ɪn'kwaɪərɪ] *n* การไต่สวน [kan tai suan]; **enquiry desk** *n* โต๊ะสอบถาม [to sop tham]
ensure [ɛn'ʃʊə; -'ʃɔː] *v* ทำให้แน่ใจว่า [tham hai nae jai wa]
enter ['ɛntə] *v* เข้า [khao]
entertain [,ɛntə'teɪn] *v* ทำให้เพลิดเพลิน [tham hai phoet phloen]

entertainer [ˌɛntəˈteɪnə] *n* ผู้ให้ความบันเทิง [phu hai khwam ban thoeng]
entertaining [ˌɛntəˈteɪnɪŋ] *adj* ซึ่งสนุกสนานเพลิดเพลิน [sueng sa nuk sa nan phloet ploen]
entertainment [ˌɛntəˈteɪnmənt] *n* **What entertainment is there?** มีความบันเทิงอะไรบ้างที่นั่น? [mii khwam ban thoeng a rai bang thii nan]
enthusiasm [ɪnˈθjuːzɪˌæzəm] *n* ความกระตือรือร้น [khwam kra tue rue ron]
enthusiastic [ɪnˌθjuːzɪˈæstɪk] *adj* กระตือรือร้น [kra tue rue ron]
entire [ɪnˈtaɪə] *adj* ทั้งหมด [thang mot]
entirely [ɪnˈtaɪəlɪ] *adv* โดยทั้งหมด [doi thang mot]
entrance [ˈɛntrəns] *n* ทางเข้า [thang khao]; **entrance fee** *n* ค่าเข้า [kha khao]
entry [ˈɛntrɪ] *n* การเข้า [kan khao]; **entry phone** *n* รายการเบอร์โทรศัพท์ [rai kan boe tho ra sap]
envelope [ˈɛnvəˌləʊp; ˈɒn-] *n* ซองจดหมาย [song chot mai]
envious [ˈɛnvɪəs] *adj* อิจฉา [it cha]
environment [ɪnˈvaɪrənmənt] *n* สภาพแวดล้อม [sa phap waet lom]
environmental [ɪnˌvaɪrənˈmɛntəˌl] *adj* สภาวะแวดล้อม [sa pha wa waet lom]; **environmentally friendly** *adj* ที่เป็นมิตรกับสภาพแวดล้อม [thii pen mit kap sa phap waet lom]
envy [ˈɛnvɪ] *n* ความอิจฉา [khwam it cha] ▷ *v* ริษยา [rit sa ya]
epidemic [ˌɛpɪˈdɛmɪk] *n* การแพร่ระบาดอย่างรวดเร็ว [kan prae ra bat yang ruat reo]
epileptic [ˌɛpɪˈlɛptɪk] *n* โรคลมบ้าหมู [rok lom ba mu]; **epileptic fit** *n* อาการชักของลมบ้าหมู [a kan chak khong lom ba mu]
episode [ˈɛpɪˌsəʊd] *n* ตอน [ton]
equal [ˈiːkwəl] *adj* ซึ่งเท่ากัน [sueng thao kan] ▷ *v* ทำให้เท่าเทียมกัน [tham hai thao thiam kan]
equality [ɪˈkwɒlɪtɪ] *n* ความเสมอภาค [khwam sa moe phak]
equalize [ˈiːkwəˌlaɪz] *v* ทำคะแนนเท่ากัน [tham kha naen thao kan]
equation [ɪˈkweɪʒən; -ʃən] *n* ความเท่าเทียม [khwam thao thiam]
equator [ɪˈkweɪtə] *n* เส้นศูนย์สูตร [sen sun sut]
Equatorial Guinea [ˌɛkwəˈtɔːrɪəl ˈgɪnɪ] *n* ประเทศเอควาทอเรียลกินี [pra thet a khwa to rial ki ni]
equipment [ɪˈkwɪpmənt] *n* เครื่องมือ [khrueang mue]
equipped [ɪˈkwɪpt] *adj* ครบครัน [khrop khran]
equivalent [ɪˈkwɪvələnt] *n* เท่ากับ [thao kap]
erase [ɪˈreɪz] *v* ลบออก [lop ok]
Eritrea [ˌɛrɪˈtreɪə] *n* ประเทศเอริเทรีย [pra tet e ri tria]
erotic [ɪˈrɒtɪk] *adj* ซึ่งกระตุ้นความรู้สึกทางเพศ [sueng kra tun khwam ru suk thang phed]
error [ˈɛrə] *n* ข้อผิดพลาด [kho phit phlat]
escalator [ˈɛskəˌleɪtə] *n* บันไดเลื่อน [ban dai luean]
escape [ɪˈskeɪp] *n* การหลบหนี [kan lop nii] ▷ *v* หลบหนี [lop ni]; **fire escape** *n* ทางหนีไฟ [thang nii fai]
escort [ɪsˈkɔːt] *v* การคุ้มครอง [kan khum khrong]
especially [ɪˈspɛʃəlɪ] *adv* โดยเฉพาะอย่างยิ่ง [doi cha pho yang ying]
espionage [ˈɛspɪəˌnɑːʒ; ˌɛspɪəˈnɑːʒ; ˈɛspɪənɪdʒ] *n* จารกรรม [cha ra kam]
essay [ˈɛseɪ] *n* เรียงความ [riang khwam]
essential [ɪˈsɛnʃəl] *adj* ซึ่งสำคัญ [sueng sam khan]
estate [ɪˈsteɪt] *n* ทรัพย์สินที่ดิน [sap sin thii din]; **estate agent** *n* คนที่ทำงานเกี่ยวกับขายบ้านและที่ดิน [khon thii tham ngan kiao kap khai baan lae thii din]; **estate car** *n* รถเก๋งที่บรรทุกทั้งคน

และสินค้า [rot keng thii ban thuk thang khon lae sin kha]
estimate *n* ['ɛstɪmɪt] การตีราคา [kan ti ra kha] ▷ *v* ['ɛstɪˌmeɪt] ประมาณ [pra man]
Estonia [ɛ'stəʊnɪə] *n* ประเทศเอสโตเนีย [pra tet es to nia]
Estonian [ɛ'stəʊnɪən] *adj* เกี่ยวกับเอสโตเนีย [kiao kap es to nia] ▷ *n (language)* ภาษาเอสโตเนียน [pha sa es to nian], *(person)* ชาวเอสโตเนียน [chao es to nian]
etc [ɪt 'sɛtrə] *abbr* ตัวย่อของ และอื่น ๆ [tua yo khong lae uen uen]
eternal [ɪ'tɜːnᵊl] *adj* ที่อยู่ชั่วนิรันดร์ [thii yu chua ni ran]
eternity [ɪ'tɜːnɪtɪ] *n* นิรันดร [ni ran don]
ethical ['ɛθɪkᵊl] *adj* ตามหลักจริยธรรม [tam lak cha ri ya tham]
Ethiopia [ˌiːθɪ'əʊpɪə] *n* ประเทศเอธิโอเปีย [pra tet e thi o pia]
Ethiopian [ˌiːθɪ'əʊpɪən] *adj* เกี่ยวกับเอธิโอเปียน [kiao kap e thi o pia] ▷ *n* ชาวเอธิโอเปียน [chao e thi o pian]
ethnic ['ɛθnɪk] *adj* เกี่ยวกับเชื้อชาติ [kiao kap chuea chat]
e-ticket ['iː'tɪkɪt] *n* ตั๋วที่ซื้อจากเครื่องคอมพิวเตอร์ [tua thii sue chak khueang khom pio ter]
EU [iː juː] *abbr* ประเทศในกลุ่มสหภาพยุโรป [pra tet nai klum sa ha phap yu rop]
euro ['jʊərəʊ] *n* เงินยูโร [ngoen u ro]
Europe ['jʊərəp] *n* ทวีปยุโรป [tha wip yu rop]
European [ˌjʊərə'pɪən] *adj* เกี่ยวกับยุโรป [kiao kap yu rop] ▷ *n* ชาวยุโรป [chao yu rop]; **European Union** *n* สหภาพยุโรป [sa ha phap yu rop]
evacuate [ɪ'vækjʊˌeɪt] *v* อพยพ [op pha yop]
eve [iːv] *n* คืนวันก่อนวันเทศกาล [khuen wan kon wan tet sa kan]
even ['iːvᵊn] *adj* ราบเรียบ [rap riap] ▷ *adv* ยิ่งไปกว่านั้น [ying pai kwa nan]
evening ['iːvnɪŋ] *n* เวลาเย็น [we la yen]; **evening class** *n* ชั้นเรียนในเวลาเย็น [chan rian nai we la yen]; **evening dress** *n* ชุดกลางคืน [chut klang khuen]
event [ɪ'vɛnt] *n* เหตุการณ์สำคัญ [het kan sam khan]
eventful [ɪ'vɛntfʊl] *adj* เต็มไปด้วยเหตุการณ์ที่สำคัญ [tem pai duai hed kan thii sam khan]
eventually [ɪ'vɛntʃʊəlɪ] *adv* ในที่สุด [nai thi sut]
ever ['ɛvə] *adv* ตลอด [ta lot]
every ['ɛvrɪ] *adj* ทุก [thuk]; **The bus runs every twenty minutes** รถโดยสารวิ่งทุกยี่สิบนาที [rot doi san wing thuk yi sip na thi]
everybody ['ɛvrɪˌbɒdɪ] *pron* ทุกคน [thuk khon]
everyone ['ɛvrɪˌwʌn; -wən] *pron* ทุกคน [thuk khon]
everything ['ɛvrɪθɪŋ] *pron* ทุกสิ่งทุกอย่าง [thuk sing thuk yang]
everywhere ['ɛvrɪˌwɛə] *adv* ทุกที่ [thuk thi]
evidence ['ɛvɪdəns] *n* หลักฐาน [lak than]
evil ['iːvᵊl] *adj* ชั่วร้าย [chua rai]
evolution [ˌiːvə'luːʃən] *n* วิวัฒนาการ [wi wat tha na kan]
ewe [juː] *n* แกะตัวเมียที่โตเต็มที่ [kae tua mia thii to tem thii]
exact [ɪg'zækt] *adj* ถูกต้องแม่นยำ [thuk tong maen yam]
exactly [ɪg'zæktlɪ] *adv* อย่างถูกต้อง [yang thuk tong]
exaggerate [ɪg'zædʒəˌreɪt] *v* พูดเกินความจริง [phud koen khwam chring]
exaggeration [ɪg'zædʒəˌreɪʃən] *n* การพูดเกินความจริง [kan phut koen khwam ching]
exam [ɪg'zæm] *n* ข้อสอบ [kho sop]
examination [ɪgˌzæmɪ'neɪʃən] *n (medical)* การสอบ [kan sop], *(school)* การสอบ [kan sop]

examine [ɪɡ'zæmɪn] *v* ตรวจสอบ [truat sop]
examiner [ɪɡ'zæmɪnə] *n* ผู้ตรวจสอบ [phu truat sorb]
example [ɪɡ'zɑːmpᵊl] *n* ตัวอย่าง [tua yang]
excellent ['ɛksələnt] *adj* ดีเยี่ยม [di yiam]
except [ɪk'sɛpt] *prep* นอกจาก [nok chak]
exception [ɪk'sɛpʃən] *n* ข้อยกเว้น [kho yok wen]
exceptional [ɪk'sɛpʃənᵊl] *adj* ดีเป็นพิเศษ [di pen phi set]
excessive [ɪk'sɛsɪv] *adj* ซึ่งมากเกินความจำเป็น [sueng mak koen khwam cham pen]
exchange [ɪks'tʃeɪndʒ] *v* การแลกเปลี่ยน [kan laek plian]; **exchange rate** *n* อัตราแลกเปลี่ยน [at tra laek plian]; **rate of exchange** *n* อัตราแลกเปลี่ยนเงิน [at tra laek plian ngoen]; **stock exchange** *n* ตลาดหลักทรัพย์ [ta lad hlak sap]
excited [ɪk'saɪtɪd] *adj* ตื่นเต้นดีใจ [tuen ten di jai]
exciting [ɪk'saɪtɪŋ] *adj* ที่น่าตื่นเต้น [thii na tuen ten]
exclude [ɪk'skluːd] *v* แยกออกไป [yaek ok pai]
excluding [ɪk'skluːdɪŋ] *prep* ที่แยกออกไป [thii yaek ork pai]
exclusively [ɪk'skluːsɪvlɪ] *adv* โดยเฉพาะ [doi cha pho]
excuse *n* [ɪk'skjuːs] ข้อแก้ตัว [kho kae tua] ▷ *v* [ɪk'skjuːz] แก้ตัว [kae tua]
execute ['ɛksɪˌkjuːt] *v* ดำเนินการ [dam noen kan]
execution [ˌɛksɪ'kjuːʃən] *n* การประหารชีวิต [kan pra han chi wit]
executive [ɪɡ'zɛkjʊtɪv] *n* ผู้บริหาร [phu bo ri han]
exercise ['ɛksəˌsaɪz] *n* การออกกำลังกาย [kan ok kam lang kai]
exhaust [ɪɡ'zɔːst] *n* **The exhaust is broken** ท่อไอเสียแตก [tho ai sia taek]
exhausted [ɪɡ'zɔːstɪd] *adj* เหนื่อยเหนื่อย [net nueai]
exhibition [ˌɛksɪ'bɪʃən] *n* งานแสดง [ngan sa daeng]
ex-husband [ɛks'hʌzbənd] *n* อดีตสามี [a dit sa mii]
exile ['ɛɡzaɪl; 'ɛksaɪl] *n* การลี้ภัย [kan lii phai]
exist [ɪɡ'zɪst] *v* มีชีวิต [mii chi wit]
exit ['ɛɡzɪt; 'ɛksɪt] *n* ทางออก [thang ok]; **emergency exit** *n* ทางออกฉุกเฉิน [thang ok chuk choen]; **Where is the exit?** ทางออกอยู่ที่ไหน? [thang ok yu thii nai]; **Which exit for...?** ทางออกทางไหนสำหรับ...? [thang ok thang nai sam rap...]
exotic [ɪɡ'zɒtɪk] *adj* มาจากประเทศอื่น [ma chak pra tet uen]
expect [ɪk'spɛkt] *v* คาดว่า [khat wa]
expedition [ˌɛkspɪ'dɪʃən] *n* คณะเดินทาง [kha na doen thang]
expel [ɪk'spɛl] *v* ไล่ออก [lai ok]
expenditure [ɪk'spɛndɪtʃə] *n* การใช้จ่ายเงิน [kan chai chai ngen]
expenses [ɪk'spɛnsɪz] *npl* ค่าใช้จ่าย [kha chai chai]
expensive [ɪk'spɛnsɪv] *adj* แพง [phaeng]; **It's quite expensive** ราคาค่อนข้างแพง [ra kha khon khang phaeng]; **It's too expensive for me** ราคาแพงเกินไปสำหรับฉัน [ra kha phaeng koen pai sam rap chan]
experience [ɪk'spɪərɪəns] *n* ประสบการณ์ [phra sop kan]; **work experience** *n* ประสบการณ์การทำงาน [pra sop kan kan tham ngan]
experienced [ɪk'spɪərɪənst] *adj* ที่มีประสบการณ์ [thii mii pra sop kan]
experiment [ɪk'spɛrɪmənt] *n* การทดลอง [kan thod long]
expert ['ɛkspɜːt] *n* ผู้เชี่ยวชาญ [phu chiao chan]
expire [ɪk'spaɪə] *v* หมดอายุ [mot a yu]

explain [ɪk'spleɪn] *v* อธิบาย [a thi bai]; **Can you explain what the matter is?** คุณอธิบายได้ไหมว่าเกิดอะไรขึ้น? [khun a thi bai dai mai wa koet a rai khuen]
explanation [ˌɛksplə'neɪʃən] *n* คำอธิบาย [kham a thi bai]
explode [ɪk'spləʊd] *v* ระเบิด [ra boet]
exploit [ɪk'splɔɪt] *v* เอาเปรียบ [ao priap]
exploitation [ˌɛksplɔɪ'teɪʃən] *n* การเอาเปรียบ [kan ao priap]
explore [ɪk'splɔː] *v* สำรวจ [sam ruat]
explorer [ɪk'splɔːrə] *n* นักสำรวจ [nak sam ruat]
explosion [ɪk'spləʊʒən] *n* การระเบิด [kan ra boed]
explosive [ɪk'spləʊsɪv] *n* ระเบิด [ra boet]
export *n* ['ɛkspɔːt] การส่งออก [kan song ok] ▷ *v* [ɪk'spɔːt] ส่งออก [song ok]
express [ɪk'sprɛs] *v* แสดงออก [sa daeng ok]
expression [ɪk'sprɛʃən] *n* การแสดงออก [kan sa daeng ok]
extension [ɪk'stɛnʃən] *n* การขยายออก [kan kha yai ok]; **extension cable** *n* ที่ต่อสายไฟ [thii to sai fai]
extensive [ɪk'stɛnsɪv] *adj* กว้างขวาง [kwang khwang]
extensively [ɪk'stɛnsɪvlɪ] *adv* อย่างกว้างขวาง [yang kwang khwang]
extent [ɪk'stɛnt] *n* ขอบเขต [khop khet]
exterior [ɪk'stɪərɪə] *adj* ภายนอก [phai nok]
external [ɪk'stɜːnᵊl] *adj* ที่ใช้ภายนอก [thii chai phai nok]
extinct [ɪk'stɪŋkt] *adj* สูญพันธุ์ [sun phan]
extinguisher [ɪk'stɪŋgwɪʃə] *n* เครื่องดับเพลิง [khrueang dap phloeng]
extortionate [ɪk'stɔːʃənɪt] *adj* หักหลังขูดเลือด [hak lang, khut lueat]
extra ['ɛkstrə] *adj* เป็นพิเศษ [pen phi set] ▷ *adv* อย่างพิเศษ [yang phi sed]
extraordinary [ɪk'strɔːdᵊnrɪ; -dᵊnərɪ] *adj* ผิดธรรมดา [phit tham ma da]
extravagant [ɪk'strævɪgənt] *adj* ฟุ่มเฟือย [fum fueai]
extreme [ɪk'striːm] *adj* ที่สุด [thi sut]
extremely [ɪk'striːmlɪ] *adv* อย่างที่สุด [yang thii sut]
extremism [ɪk'striːmɪzəm] *n* พวกหัวรุนแรง [phuak hua run raeng]
extremist [ɪk'striːmɪst] *n* คนที่มีหัวรุนแรง [khon thii mii hua run raeng]
ex-wife [ɛks'waɪf] *n* อดีตภรรยา [a dit phan ra ya]
eye [aɪ] *n* ตา [ta]; **eye drops** *npl* น้ำยาหยอดตา [nam ya yot ta]; **eye shadow** *n* อายแชโดว์ [ai chae do]; **I have something in my eye** มีบางอย่างอยู่ในลูกตาฉัน [mii bang yang yu nai luk ta chan]
eyebrow ['aɪˌbraʊ] *n* คิ้ว [khwio]
eyelash ['aɪˌlæʃ] *n* ขนตา [khon ta]
eyelid ['aɪˌlɪd] *n* เปลือกตา [plueak ta]
eyeliner ['aɪˌlaɪnə] *n* ที่วาดขอบตา [thii wat kop ta]
eyesight ['aɪˌsaɪt] *n* สายตา [sai ta]

f

fabric ['fæbrɪk] *n* ผ้าหรือสิ่งทอ [pha rue sing tho]
fabulous ['fæbjʊləs] *adj* เยี่ยม [yiam]
face [feɪs] *n* ใบหน้า [bai na] ▷ *v* เผชิญหน้า [pha choen na]; **face cloth** *n* ผ้าขนหนูผืนเล็กใช้เช็ดหน้า [pha khon nu phuen lek chai chet na]
facial ['feɪʃəl] *adj* เกี่ยวกับใบหน้า [kiao kap bai na] ▷ *n* การบำรุงผิวหน้า [kan bam rung phio na]
facilities [fə'sɪlɪtɪz] *npl* สิ่งอำนวยความสะดวกต่าง ๆ [sing am nuai khwam sa duak tang tang]
fact [fækt] *n* ความจริง [khwam ching]
factory ['fæktərɪ] *n* โรงงาน [rong ngan]; **I work in a factory** ฉันทำงานในโรงงาน [chan tham ngan nai rong ngan]
fade [feɪd] *v* เลือน [luean]
fag [fæg] *n* งานหนักและน่าเบื่อ [ngan nak lae na buea]
fail [feɪl] *v* ล้มเหลว [lom leo]
failure ['feɪljə] *n* ความล้มเหลว [khwam lom leo]
faint [feɪnt] *adj* เจือจาง อ่อนแอ [chuea chang, on ae] ▷ *v* เป็นลม [pen lom]; **She has fainted** เธอเป็นลม [thoe pen lom]
fair [fɛə] *adj (light colour)* สีอ่อน [sii on], *(reasonable)* สมเหตุสมผล [som het som phon] ▷ *n* งานแสดงสินค้า [ngan sa daeng sin ka]
fairground ['fɛə,graʊnd] *n* สวนสนุก [suan sa nuk]
fairly ['fɛəlɪ] *adv* อย่างยุติธรรม [yang yu thi tham]
fairness ['fɛənɪs] *n* ความยุติธรรม [khwam yut ti tham]
fairy ['fɛərɪ] *n* นางฟ้า [nang fa]
fairytale ['fɛərɪ,teɪl] *n* นิทานเทพนิยาย [ni than thep ni yai]
faith [feɪθ] *n* ความศรัทธา [khwam sat tha]
faithful ['feɪθfʊl] *adj* เชื่อถือได้ [chuea thue dai]
faithfully ['feɪθfʊlɪ] *adv* อย่างเชื่อถือได้ [yang chuea thue dai]
fake [feɪk] *adj* ปลอม [plom] ▷ *n* ของปลอม [khong plom]
fall [fɔːl] *n* การหล่นลงมา [kan lon long ma] ▷ *v* หล่น [lon]
fall down [fɔːl daʊn] *v* หกล้ม [hok lom]
fall for [fɔːl fɔː] *v* ตกหลุมรัก [tok lum rak]
fall out [fɔːl aʊt] *v* ทะเลาะกัน [tha lao kan]
false [fɔːls] *adj* ปลอม [plom]; **false alarm** *n* สัญญาณเตือนภัยปลอม [san yan tuean phai plom]
fame [feɪm] *n* ชื่อเสียง [chue siang]
familiar [fə'mɪlɪə] *adj* คุ้นเคย [khun khoei]
family ['fæmɪlɪ; 'fæmlɪ] *n* ครอบครัว [khrop khrua]; **I want to reserve a family room** ฉันอยากจองห้องสำหรับครอบครัวหนึ่งห้อง [chan yak chong hong sam rap khrob khrua nueng hong]; **I'd like to book a family room** ฉันอยากจองห้องสำหรับครอบครัวหนึ่งห้อง [chan yak chong hong sam rap khrob khrua

nueng hong]; **I'm here with my family** ฉันมาที่นี่กับครอบครัว [chan ma thii ni kap khrob khrua]
famine ['fæmɪn] *n* ความขาดแคลนอาหาร [khwam khaat khlaen a han]
famous ['feɪməs] *adj* มีชื่อเสียง [mii chue siang]
fan [fæn] *n* พัดลม [phat lom]; **fan belt** *n* สายพานในเครื่องยนต์ [sai phan nai khrueang yon]; **Does the room have a fan?** มีพัดลมในห้องไหม? [mii phat lom nai hong mai]
fanatic [fə'nætɪk] *n* ผู้คลั่งไคล้ [phu khlang khlai]
fancy ['fænsɪ] *v* ปรารถนา [prat tha na]; **fancy dress** *n* ชุดแฟนซี [chut faen si]
fantastic [fæn'tæstɪk] *adj* วิเศษ [wi set]
FAQ [ɛf eɪ kju:] *abbr* ตัวย่อของคำถามที่ถามบ่อย ๆ [tua yo khong kham tham thii tham boi boi]
far [fɑ:] *adj* ห่างไกล [hang klai] ▷ *adv* ไกล [klai]; **How far is it?** อยู่ไกลแค่ไหน? [yu klai khae nai]; **How far is the bank?** ธนาคารอยู่ไกลแค่ไหน? [tha na khan yu klai khae nai]; **Is it far?** อยู่ไกลไหม? [yu klai mai]
fare [fɛə] *n* ค่าโดยสาร [kha doi san]
farewell [ˌfɛə'wɛl] *excl* ลาก่อน [la kon]
farm [fɑ:m] *n* ที่เพาะปลูกและเลี้ยงสัตว์ [thii pho pluk lae liang sat]
farmer ['fɑ:mə] *n* ชาวนา [chao na]
farmhouse ['fɑ:mˌhaʊs] *n* บ้านไร่ [baan rai]
farming ['fɑ:mɪŋ] *n* การเกษตรกรรม [kan ka set tra kam]
Faroe Islands ['fɛərəʊ 'aɪləndz] *npl* หมู่เกาะฟาโรห์ [mu kao fa ro]
fascinating ['fæsɪˌneɪtɪŋ] *adj* ซึ่งทำให้หลงเสน่ห์ [sueng tham hai long sa ne]
fashion ['fæʃən] *n* แฟชั่น [fae chan]
fashionable ['fæʃənəbᵊl] *adj* ทันสมัย [than sa mai]
fast [fɑ:st] *adj* เร็ว [reo] ▷ *adv* อย่างรวดเร็ว [yang ruat reo]; **He was driving too fast** เขาขับรถเร็วเกินไป [khao khap rot reo koen pai]; **I think my watch is fast** ฉันคิดว่านาฬิกาฉันเดินเร็ว [chan kit wa na li ka chan doen reo]
fat [fæt] *adj* อ้วน [uan] ▷ *n* ไขมัน [khai man]
fatal ['feɪtᵊl] *adj* ซึ่งทำให้ถึงตาย [sueng tham hai thueng tai]
fate [feɪt] *n* โชคชะตา [chok cha ta]
father ['fɑ:ðə] *n* พ่อ [pho]
father-in-law ['fɑ:ðə ɪn lɔ:] (*pl* **fathers-in-law**) *n* พ่อของสามีหรือภรรยา [phor khong sa mee hue phan ra ya]
fault [fɔ:lt] *n* (*defect*) ตำหนิ [tam ni], (*mistake*) ข้อผิดพลาด [kho phit phlat]
faulty ['fɔ:ltɪ] *adj* ซึ่งมีข้อผิดพลาด [sueng mee khor phid phlad]
fauna ['fɔ:nə] *npl* สัตว์ในท้องถิ่นหนึ่งๆ [sat nai thong thin hueng hueng]
favour ['feɪvə] *n* ความช่วยเหลือ [khwam chuai luea]
favourite ['feɪvərɪt; 'feɪvrɪt] *adj* ที่ชอบที่สุด [thii chop thiisud] ▷ *n* คนหรือสิ่งของที่ชอบเป็นพิเศษ [khon rue sing khong thii chop pen phi set]
fax [fæks] *n* โทรสาร [tho ra san] ▷ *v* ส่งแฟ็กซ์ [song fak]; **Do you have a fax?** คุณมีเครื่องโทรสารไหม? [khun mii khrueang tho ra san mai]; **How much is it to send a fax?** ค่าส่งโทรสารราคาเท่าไร? [kha song tho ra san ra kha thao rai]; **I want to send a fax** ฉันอยากส่งโทรสาร [chan yak song tho ra san]
fear [fɪə] *n* ความกลัว [khwam klua] ▷ *v* กลัว [klua]
feasible ['fi:zəbᵊl] *adj* ซึ่งเป็นไปได้ [sueng pen pai dai]
feather ['fɛðə] *n* ขนนก [khon nok]
feature ['fi:tʃə] *n* ลักษณะหน้าตา [lak sa na na ta]
February ['fɛbrʊərɪ] *n* เดือนกุมภาพันธ์ [duean kum pha phan]

fed up [fɛd ʌp] *adj* เบื่อ [buea]
fee [fi:] *n* ค่าธรรมเนียม [kha tham niam]; **entrance fee** *n* ค่าเข้า [kha khao]; **tuition fees** *npl* ค่าเล่าเรียน [kha lao rian]
feed [fi:d] *v* ให้อาหาร [hai a han]
feedback ['fi:d,bæk] *n* ผลตอบรับ [phon top rab]
feel [fi:l] *v* รู้สึก [ru suek]; **How are you feeling now?** คุณรู้สึกอย่างไรตอนนี้? [khun ru suek yang rai ton nii]; **I feel cold** ฉันรู้สึกหนาว [chan ru suek nao]; **I feel dizzy** ฉันรู้สึกเวียนศีรษะ [chan ru suek wian sii sa]
feeling ['fi:lɪŋ] *n* ความรู้สึก [khwam ru suek]
feet [fi:t] *npl* เท้า [thao]; **My feet are a size six** เท้าฉันเบอร์หก [thao chan boe hok]; **My feet are sore** เท้าฉันเจ็บ [thao chan chep]
felt [fɛlt] *n* ผ้าขนสัตว์ [pha khon sat]
female ['fi:meɪl] *adj* เกี่ยวกับสตรี [kiao kap sa tree] ▷ *n* เพศหญิง [phet ying]
feminine ['fɛmɪnɪn] *adj* เกี่ยวกับเพศหญิง [kiao kap phet ying]
feminist ['fɛmɪnɪst] *n* ผู้สนับสนุนสิทธิสตรี [phu sa nab sa nun sit thi sa tree]
fence [fɛns] *n* รั้ว [rua]
fennel ['fɛnᵊl] *n* เม็ดยี่หร่า [met yi ra]
fern [fɜ:n] *n* ต้นเฟิร์น [ton foen]
ferret ['fɛrɪt] *n* สัตว์คล้ายพังพอน [sat khlai phang phon]
ferry ['fɛrɪ] *n* เรือข้ามฟาก [ruea kham fak]
fertile ['fɜ:taɪl] *adj* ซึ่งมีดินอุดมสมบูรณ์ [sueng mii din u dom som bun]
fertilizer ['fɜ:tɪ,laɪzə] *n* ปุ๋ย [pui]
festival ['fɛstɪvᵊl] *n* เทศกาล [thet sa kan]
fetch [fɛtʃ] *v* ไปเอามา [pai ao ma]
fever ['fi:və] *n* การเป็นไข้ [kan pen khai]; **hay fever** *n* ไข้ละอองฟาง [khai la ong fang]
few [fju:] *adj* น้อย [noi] ▷ *pron* จำนวนน้อย [cham nuan noi]
fewer [fju:ə] *adj* น้อยกว่า [noi kwa]
fiancé [fɪ'ɒnseɪ] *n* คู่หมั้นชาย [khu man chai]
fiancée [fɪ'ɒnseɪ] *n* คู่หมั้นหญิง [khu man ying]
fibre ['faɪbə] *n* เส้นใย [sen yai]
fibreglass ['faɪbə,glɑ:s] *n* ใยไหมแก้ว [yai mai kaew]
fiction ['fɪkʃən] *n* นวนิยาย [na wa ni yai]; **science fiction** *n* นวนิยายวิทยาศาสตร์ [na wa ni yai wit tha ya saat]
field [fi:ld] *n* สนาม [sa nam]; **playing field** *n* สนามกีฬา [sa nam ki la]
fierce [fɪəs] *adj* ดุร้าย [du rai]
fifteen ['fɪf'ti:n] *number* สิบห้า [sip ha]
fifteenth ['fɪf'ti:nθ] *adj* ลำดับที่สิบห้า [lam dap thii sip ha]
fifth [fɪfθ] *adj* ลำดับที่ห้า [lam dap thii ha]
fifty ['fɪftɪ] *number* ห้าสิบ [ha sip]
fifty-fifty ['fɪftɪ'fɪftɪ] *adj* ห้าสิบต่อห้าสิบ [ha sip to ha sip] ▷ *adv* ห้าสิบต่อห้าสิบ [ha sip to ha sip]
fig [fɪg] *n* ต้นหรือผลตระกูลมะเดื่อ [ton rue phon tra kun ma duea]
fight [faɪt] *n* การต่อสู้ [kan to su] ▷ *v* ต่อสู้ [to su]
fighting [faɪtɪŋ] *n* การต่อสู้ [kan to su]
figure ['fɪgə; 'fɪgjər] *n* ตัวเลข [tua lek]
figure out ['fɪgə aʊt] *v* คิดคำนวณ [khit kham nuan]
Fiji ['fi:dʒi:; fi:'dʒi:] *n* ประเทศฟิจิ [pra tet fi chi]
file [faɪl] *n (folder)* แฟ้มเอกสาร [faem ek ka san], *(tool)* ตะไบ [ta bai] ▷ *v (folder)* จัดเข้าแฟ้ม [chat khao faem], *(smoothing)* ตะไบ [ta bai]
Filipino, Filipina [,fɪlɪ'pi:nəʊ, ,fɪlɪ'pi:na] *adj* เกี่ยวกับชาวฟิลิปปินส์ [kiao kap chao fi lip pin] ▷ *n* หญิงชาวฟิลิปปินส์ [ying chao fi lip pin]
fill [fɪl] *v* เติม [toem]

fillet ['fɪlɪt] *n* ชิ้นปลาหรือเนื้อที่ไม่มีกระดูก [chin pla rue nuea thii mai mii kra duk] ▷ *v* ตัดชิ้นเนื้อโดยไม่มีกระดูกติด [tad chin nuea doi mai mee kra duk tid]
fill in [fɪl ɪn] *v* กรอก [krok]
filling ['fɪlɪŋ] *n* **A filling has fallen out** ฟันที่อุดหลุดออกมา [fan thii ut lut ok ma]; **Can you do a temporary filling?** คุณอุดฟันชั่วคราวให้ได้ไหม? [khun ut fan chua khrao hai dai mai]
fill up [fɪl ʌp] *v* เติมให้เต็ม [toem hai tem]; **Fill it up, please** ช่วยเติมให้เต็มด้วย [chuai toem hai tem duai]
film [fɪlm] *n* ภาพยนตร์ [phap pha yon]; **film star** *n* ดาราภาพยนตร์ [da ra phap pha yon]; **horror film** *n* หนังที่น่ากลัว [nang thii na klua]
filter ['fɪltə] *n* เครื่องกรอง [khrueang krong] ▷ *v* กรอง [krong]
filthy ['fɪlθɪ] *adj* สกปรกที่สุด [sok ka prok thii sut]
final ['faɪnᵊl] *adj* สุดท้าย [sut thai] ▷ *n* อันสุดท้าย [an sut thai]
finalize ['faɪnəˌlaɪz] *v* ทำให้เสร็จสมบูรณ์ [tham hai set som boon]
finally ['faɪnəlɪ] *adv* ในที่สุด [nai thi sut]
finance [fɪ'næns; 'faɪnæns] *n* การเงิน [kan ngoen] ▷ *v* จัดหาเงินทุนให้ [chat ha ngen thun hai]
financial [fɪ'nænʃəl; faɪ-] *adj* ทางการเงิน [thang kan ngoen]; **financial year** *n* ปีงบประมาณ [pi ngop pra man]
find [faɪnd] *v* หา [ha]; **I can't find the at sign** ฉันหาเครื่องหมาย@ ไม่ได้ [chan ha khrueang mai mai dai]; **I need to find a supermarket** ฉันต้องมองหาซุปเปอร์มาเก็ต [chan tong mong ha sup poe ma ket]
find out [faɪnd aʊt] *v* ค้นพบ [khon phop]
fine [faɪn] *adj* ดี [di] ▷ *adv* น่าพึงพอใจ [na phueng phor jai] ▷ *n* ค่าปรับ [kha prup]; **Fine, thanks** สบายดี ขอบคุณ [sa bai di, kop khun]; **How much is the fine?** ค่าปรับเท่าไร? [kha prap thao rai]; **Is it going to be fine?** อากาศจะดีหรือไม่? [a kaat ja di rue mai]
finger ['fɪŋgə] *n* นิ้วมือ [nio mue]; **index finger** *n* นิ้วชี้ [nio chii]
fingernail ['fɪŋgəˌneɪl] *n* เล็บมือ [lep mue]
fingerprint ['fɪŋgəˌprɪnt] *n* ลายพิมพ์นิ้วมือ [lai phim nio mue]
finish ['fɪnɪʃ] *n* ตอนจบ [ton job] ▷ *v* จบ [chop]
finished ['fɪnɪʃt] *adj* ยุติ [yu ti]
Finland ['fɪnlənd] *n* ประเทศฟินแลนด์ [pra tet fin laen]
Finn ['fɪn] *n* ชาวฟินแลนด์ [chao fin laen]
Finnish ['fɪnɪʃ] *adj* เกี่ยวกับประเทศฟินแลนด์ [kiao kap pra thet fin laen] ▷ *n* ชาวฟินแลนด์ [chao fin laen]
fir [fɜː] *n* **fir (tree)** *n* ต้นเฟอร์ [ton foe]
fire [faɪə] *n* ไฟ [fai]; **fire alarm** *n* สัญญาณเตือนไฟไหม้ [san yan tuean fai mai]; **fire brigade** *n* หน่วยดับเพลิง [nuai dap phloeng]; **fire escape** *n* ทางหนีไฟ [thang nii fai]; **Fire!** ไฟไหม้ [fai mai]
fireman, firemen ['faɪəmən, 'faɪəmɛn] *n* เจ้าหน้าที่ดับเพลิง [chao na thii dap phloeng]
fireplace ['faɪəˌpleɪs] *n* เตาผิง [tao phing]
firewall ['faɪəˌwɔːl] *n* ระบบความปลอดภัยที่กันไม่ให้เข้าถึงเครือข่ายของคอมพิวเตอร์จากอินเตอร์เน็ต [ra bob khwam plod phai thiikan mai hai khao thueng khruea khai khong khom pio ter chak in toe net]
fireworks ['faɪəˌwɜːks] *npl* ดอกไม้ไฟ [dok mai fai]
firm [fɜːm] *adj* แข็ง [khaeng] ▷ *n* บริษัท [bo ri sat]
first [fɜːst] *adj* ที่หนึ่ง [thii nueng] ▷ *adv* อย่างแรก [yang raek] ▷ *n* คนหรือของที่เป็นอันดับหนึ่ง [khon rue khong thii pen an dap nueng]; **first aid** *n* การปฐมพยาบาลเบื้องต้น [kan pa thom pa ya

baan bueang ton]; **first name** *n* ชื่อจริง [chue chring]
first-class ['fɜ:st'klɑ:s] *adj* ชั้นหนึ่ง [chan nueng]
firstly ['fɜ:stlɪ] *adv* อันดับแรก [an dab raek]
fiscal ['fɪskᵊl] *adj* เกี่ยวกับการเงิน [kiao kap kan ngoen]; **fiscal year** *n* ปีงบประมาณ [pi ngop pra man]
fish [fɪʃ] *n* ปลา [pla] ▷ *v* ตกปลา [tok pla]; **Am I allowed to fish here?** อนุญาตให้ฉันตกปลาที่นี่ได้ไหม? [a nu yaat hai chan tok pla thii ni dai mai]; **Can we fish here?** ขอเราตกปลาที่นี่ได้ไหม? [kho rao tok pla thii nii dai mai]; **Could you prepare a meal without fish?** คุณทำอาหารที่ไม่มีปลาได้ไหม? [khun tham a han thii mai mii pla dai mai]
fisherman, fishermen ['fɪʃəmən, 'fɪʃəmɛn] *n* ชาวประมง [chao pra mong]
fishing ['fɪʃɪŋ] *n* การตกปลา [kan tok pla]; **fishing boat** *n* เรือตกปลา [ruea tok pla]; **fishing rod** *n* คันเบ็ด [khan bet]; **fishing tackle** *n* อุปกรณ์ตกปลา [up pa kon tok pla]
fishmonger ['fɪʃˌmʌŋɡə] *n* คนขายปลา [khon khai pla]
fist [fɪst] *n* กำปั้น [kam pan]
fit [fɪt] *adj* ที่มีสุขภาพดี [thii mee su kha phap di] ▷ *n* ความพอดี [khwam pho dii] ▷ *v* พอดี [pho di]; **epileptic fit** *n* อาการชักของลมบ้าหมู [a kan chak khong lom ba mu]; **fitted kitchen** *n* ครัวสำเร็จรูปที่สร้างติดไว้กับที่ [khrua sam ret rup thii sang tit wai kap thii]; **fitted sheet** *n* ผ้าปูที่นอน [pha pu thi non]; **It doesn't fit me** ฉันใส่ไม่พอดี [chan sai mai pho dii]
fit in [fɪt ɪn] *v* บรรจุลงใน [ban chu long nai]
five [faɪv] *number* ห้า [ha]
fix [fɪks] *v* ซ่อมแซม [som saem]
fixed [fɪkst] *adj* ติดแน่น [tit naen]
fizzy ['fɪzɪ] *adj* ออกเสียงฟู่ [ok siang fu]
flabby ['flæbɪ] *adj* หย่อนยาน [yon yan]
flag [flæɡ] *n* ธง [thong]
flame [fleɪm] *n* เปลวไฟ [pleo fai]
flamingo [flə'mɪŋɡəʊ] *n* นกฟลามิงโก [nok fla ming ko]
flammable ['flæməbᵊl] *adj* ซึ่งไวไฟ [sueng vai fai]
flan [flæn] *n* ขนมน้ำผลไม้ [kha nom nam phon la mai]
flannel ['flænᵊl] *n* ผ้าสักหลาดอ่อน [pha sak ka lat on]
flap [flæp] *v* กระพือปีก [kra phue piik]
flash [flæʃ] *n* ไฟแฟลชของกล้องถ่ายรูป [fai flaet khong klong thai rup] ▷ *v* ส่องแสงวาบขึ้นมา [song saeng wab khuen ma]
flashlight ['flæʃˌlaɪt] *n* ไฟฉาย [fai chai]
flask [flɑ:sk] *n* กระติกน้ำร้อนหรือน้ำเย็น [kra tik nam ron rue nam yen]
flat [flæt] *adj* ราบ [rap] ▷ *n* ที่ราบ [thii rap]; **studio flat** *n* ห้องชุดที่เป็นห้องทำงาน [hong chut thii pen hong tham ngan]
flat-screen ['flætˌskri:n] *adj* จอภาพแบน [cho phap baen]
flatter ['flætə] *v* ยกยอ [yok yo]
flattered ['flætəd] *adj* ที่ได้รับการยกยอ [thii dai rap kan yok yo]
flavour ['fleɪvə] *n* รสชาติ [rot chat]
flavouring ['fleɪvərɪŋ] *n* การปรุงรส [kan prung rot]
flaw [flɔ:] *n* ข้อบกพร่อง [kho bok phrong]
flea [fli:] *n* หมัด [mat]; **flea market** *n* ตลาดขายของที่ใช้แล้ว [ta lat khai khong thii chai laeo]
flee [fli:] *v* หนี [ni]
fleece [fli:s] *n* ผ้าขนแกะ [pha khon kae]
fleet [fli:t] *n* กองเรือรบ [kong ruea rob]
flex [flɛks] *n* สายไฟ [sai fai]
flexible ['flɛksɪbᵊl] *adj* ที่ปรับตัวเข้ากับสถานการณ์ [thii prap tua khao kap sa tha na kan]
flexitime ['flɛksɪˌtaɪm] *n* เวลาที่ยืดหยุ่น

ได้ [we la thii yuet yun dai]
flight [flaɪt] *n* เที่ยวบิน [thiao bin]; **charter flight** *n* เครื่องบินเช่า [khrueang bin chao]; **Are there any cheap flights?** มีเที่ยวบินราคาถูกไหม? [mii thiao bin ra kha thuk mai]; **I would prefer an earlier flight** ฉันอยากได้เที่ยวบินก่อนหน้านี้ [chan yak dai thiao bin kon na nii]; **I'd like to cancel my flight** ฉันอยากยกเลิกเที่ยวบินของฉัน [chan yak yok loek thiao bin khong chan]
fling [flɪŋ] *v* ขว้าง [khwang]
flip-flops ['flɪp'flɒpz] *npl* รองเท้าแตะ [rong thao tae]
flippers ['flɪpəz] *npl* รองเท้านักดำน้ำ [rong thao nak dam nam]
flirt [flɜːt] *n* คนเจ้าชู้ [khon chao chu] ▷ *v* เกี้ยวพาราสี [kiao pha ra si]
float [fləʊt] *n* สิ่งที่ลอยได้เช่นแพ [sing thii loi dai chen phae] ▷ *v* ลอยบนผิวน้ำหรือในอากาศ [loi bon phio nam rue nai a kaat]
flock [flɒk] *n* ฝูงสัตว์ [fung sat]
flood [flʌd] *n* น้ำท่วม [nam thuam] ▷ *vi* ไหลบ่า ไหลล้น [lai ba, lai lon] ▷ *vt* ท่วม [thuam]
flooding ['flʌdɪŋ] *n* น้ำท่วม [nam thuam]
floodlight ['flʌd,laɪt] *n* แสงไฟสว่างจ้าที่ใช้ในสนามกีฬาหรือนอกอาคาร [saeng fai sa wang cha thii chai nai sa nam ki la rue nok a khan]
floor [flɔː] *n* พื้น [phuen]; **ground floor** *n* ชั้นล่าง [chan lang]
flop [flɒp] *n* ความล้มเหลว [khwam lom leo]
floppy ['flɒpɪ] *adj* **floppy disk** *n* แผ่นบันทึก [phaen ban thuek]
flora ['flɔːrə] *npl* พืชที่ขึ้นในเฉพาะพื้นที่ [phuet thii khuen nai cha pau phuen thii]
florist ['flɒrɪst] *n* ร้านดอกไม้ [ran dok mai]
flour ['flaʊə] *n* แป้ง [paeng]
flow [fləʊ] *v* ไหล [lai]
flower ['flaʊə] *n* ดอกไม้ [dok mai] ▷ *v* ผลิดอก [phli dok]
flu [fluː] *n* ไข้หวัดใหญ่ [khai wat yai]; **bird flu** *n* ไข้หวัดนก [khai wat nok]; **I had flu recently** ฉันเป็นไข้หวัดใหญ่เมื่อเร็ว ๆ นี้ [chan pen khai wat yai muea reo reo nii]; **I've got flu** ฉันเป็นไข้หวัดใหญ่ [chan pen khai wat yai]
fluent ['fluːənt] *adj* พูดหรือเขียนได้อย่างคล่องแคล่ว [phut rue khian dai yang klong khaeo]
fluorescent [,flʊə'rɛsᵊnt] *adj* ไฟนีออน [fai ni on]
flush [flʌʃ] *n* หน้าหรือผิวแดง [na rue phio daeng] ▷ *v* ชักโครก [chak khrok]
flute [fluːt] *n* ขลุ่ย [khlui]
fly [flaɪ] *n* การบิน [kan bin] ▷ *v* บิน [bin]; **I need a 'fit to fly' certificate** ฉันอยากได้หนังสือรับรองว่าฉันแข็งแรงที่จะบินได้ [chan yak dai nang sue rap rong wa chan khaeng raeng thii ja bin dai]
fly away [flaɪ ə'weɪ] *v* บินไป [bin pai]
foal [fəʊl] *n* ลูกม้า [luk ma]
foam [fəʊm] *n* **shaving foam** *n* โฟมโกนหนวด [fom kon nuat]
focus ['fəʊkəs] *n* จุดเน้น [chut nen] ▷ *v* มุ่งเน้น [mung nen]
foetus ['fiːtəs] *n* ทารกในครรภ์ [tha rok nai khan]
fog [fɒg] *n* หมอก [mok]; **fog light** *n* ไฟหมอก [fai mok]
foggy ['fɒgɪ] *adj* ที่เป็นหมอก [thii pen mok]
foil [fɔɪl] *n* โลหะแผ่น [lo ha phaen]
fold [fəʊld] *n* รอยพับ [roi phap] ▷ *v* พับ [phap]
folder ['fəʊldə] *n* ที่เก็บเอกสาร [thii keb ek ka sarn]
folding [fəʊldɪŋ] *adj* ที่พับเก็บได้ [thii phap kep dai]
folklore ['fəʊk,lɔː] *n* เรื่องราวประเพณีและความเชื่อของผู้คน [rueang rao pra phe ni

lae khwam chuea khong phu kon]

follow ['fɒləʊ] *v* ตาม [tam]

following ['fɒləʊɪŋ] *adj* ถัดไป [that pai]

food [fuːd] *n* อาหาร [a han]; **Do you have food?** คุณมีอาหารไหม? [khun mii a han mai]; **The food is too hot** อาหารร้อนเกินไป [a han ron koen pai]; **The food is very greasy** อาหารมันมาก [a han man mak]

fool [fuːl] *n* คนโง่ [khon ngo] ▷ *v* หลอกลวง [lok luang]

foot, feet [fʊt, fiːt] *n* เท้า [thao]; **My feet are a size six** เท้าฉันเบอร์หก [thao chan boe hok]

football ['fʊtˌbɔːl] *n* ฟุตบอล [fut bon]; **American football** *n* ฟุตบอลอเมริกัน [fut bal a me ri kan]; **football match** *n* กีฬาแข่งขันฟุตบอล [ki la khaeng khan fut bal]; **football player** *n* นักเล่นฟุตบอล [nak len fut bal]; **I'd like to see a football match** ฉันอยากดูการแข่งฟุตบอล [chan yak du kan khaeng fut bal]

footballer ['fʊtˌbɔːlə] *n* นักฟุตบอล [nak fut bal]

footpath ['fʊtˌpɑːθ] *n* ทางเดิน [thang doen]

footprint ['fʊtˌprɪnt] *n* รอยเท้า [roi thao]

footstep ['fʊtˌstɛp] *n* ก้าวเดิน [kao doen]

for [fɔː; fə] *prep* เพื่อ [phuea]

forbid [fə'bɪd] *v* ห้าม [ham]

forbidden [fə'bɪdᵊn] *adj* ที่ไม่ได้รับอนุญาต [thii mai dai rab ar nu yard]

force [fɔːs] *n* กำลัง [kam lang] ▷ *v* บังคับ [bang khap]; **Air Force** *n* กองทัพอากาศ [kong thap a kat]

forecast ['fɔːˌkɑːst] *n* การพยากรณ์ [kan pha ya kon]

foreground ['fɔːˌgraʊnd] *n* ทัศนียภาพที่อยู่ใกล้ที่สุด [that sa nii ya phap thii yu klai thii sut]

forehead ['fɒrɪd; 'fɔːˌhɛd] *n* หน้าผาก [na phak]

foreign ['fɒrɪn] *adj* เกี่ยวกับต่างประเทศ [kiao kap tang pra thet]

foreigner ['fɒrɪnə] *n* ชาวต่างชาติ [chao tang chat]

foresee [fɔː'siː] *v* รู้ล่วงหน้า [ru luang na]

forest ['fɒrɪst] *n* ป่า [pa]

forever [fɔː'rɛvə; fə-] *adv* ตลอดไป [ta lot pai]

forge [fɔːdʒ] *v* ปลอมแปลง [plom plaeng]

forgery ['fɔːdʒərɪ] *n* การปลอมแปลง [kan plom plaeng]

forget [fə'gɛt] *v* ลืม [luem]

forgive [fə'gɪv] *v* ให้อภัย [hai a phai]

forgotten [fə'gɒtᵊn] *adj* ที่ถูกลืม [thii thuk luem]

fork [fɔːk] *n* ส้อมทานอาหาร [som than a han]

form [fɔːm] *n* รูปทรง [rup song]; **application form** *n* แบบฟอร์มใบสมัคร [baep fom bai sa mak]; **order form** *n* แบบฟอร์มสั่งซื้อ [baep fom sang sue]

formal ['fɔːməl] *adj* ตามธรรมเนียมปฏิบัติ [tam tham niam pa ti bat]

formality [fɔː'mælɪtɪ] *n* ความเป็นทางการ [khwam pen thang kan]

format ['fɔːmæt] *n* รูปแบบ [rup baep] ▷ *v* การจัด [kan chat]

former ['fɔːmə] *adj* ก่อนหน้านี้ [kon na nee]

formerly ['fɔːməlɪ] *adv* เมื่อก่อนนี้ [muea kon nii]

formula ['fɔːmjʊlə] *n* สูตร [sut]

fort [fɔːt] *n* ป้อม [pom]

fortnight ['fɔːtˌnaɪt] *n* สองอาทิตย์ [song a thit]

fortunate ['fɔːtʃənɪt] *adj* โชคดี [chok di]

fortunately ['fɔːtʃənɪtlɪ] *adv* อย่างโชคดี [yang chok di]

fortune ['fɔːtʃən] *n* ทรัพย์สมบัติมากมาย [sap som bat mak mai]

forty ['fɔːtɪ] *number* สี่สิบ [si sip]

forward ['fɔːwəd] *adv* โดยไปข้างหน้า [doi pai khang na] ▷ *v* ไปข้างหน้า [pai khang na]; **forward slash** *n* ทับ [thap]; **lean forward** *v* เอนไปข้างหน้า [en pai khang na]

foster ['fɒstə] *v* เลี้ยงดูเด็ก [liang du dek]; **foster child** *n* ลูกเลี้ยง [luk liang]
foul [faʊl] *adj* เหม็นเน่า [men nao] ▷ *n* การทำผิดกติกา [kan tham phit ka ti ka]
foundations [faʊn'deɪʃənz] *npl* รากฐานสิ่งก่อสร้าง [rak than sing ko sang]
fountain ['faʊntɪn] *n* น้ำพุ [nam phu]; **fountain pen** *n* ปากกาหมึกซึม [pak ka muek suem]
four [fɔː] *number* สี่ [si]
fourteen ['fɔː'tiːn] *number* สิบสี่ [sip si]
fourteenth ['fɔː'tiːnθ] *adj* อันดับที่สิบสี่ [an dap thii sip si]
fourth [fɔːθ] *adj* อันดับที่สี่ [an dap thii si]
fox [fɒks] *n* สุนัขจิ้งจอก [su nak ching chok]
fracture ['fræktʃə] *n* การแตกโดยเฉพาะกระดูก [kan taek doi cha pau kra duk]
fragile ['frædʒaɪl] *adj* เปราะบาง [pro bang]
frail [freɪl] *adj* แบบบาง [baep bang]
frame [freɪm] *n* โครงสร้าง [khrong sang], กรอบรูป [krop rup]; **picture frame** *n* กรอบรูป [krop rup]; **Zimmer® frame** *n* อุปกรณ์ช่วยเดิน [up pa kon chuai doen]
France [frɑːns] *n* ประเทศฝรั่งเศส [pra ted fa rang set]
frankly ['fræŋklɪ] *adv* อย่างตรงไปตรงมา [yang trong pai trong ma]
frantic ['fræntɪk] *adj* ซึ่งไม่สามารถควบคุมอารมณ์ได้ [sueng mai sa maat khuap khum a rom dai]
fraud [frɔːd] *n* การโกง [kan kong]
freckles ['frɛkᵊlz] *npl* ตกกระ [tok kra]
free [friː] *adj (no cost)* ฟรี [fri], *(no restraint)* อิสระ [it sa ra] ▷ *v* ทำให้อิสระ [tham hai is sa ra]; **free kick** *n* เตะฟรีในฟุตบอล [te frii nai fut bal]
freedom ['friːdəm] *n* ความเป็นอิสระ [khwam pen it sa ra]
freelance ['friː,lɑːns] *adj* ที่ทำงานอิสระ [thii tham ngan is sa ra] ▷ *adv* ซึ่งทำงานอิสระไม่ได้รับเงินเดือนประจำ [sueng tham ngan it sa ra mai dai rap ngoen duean pra cham]
freeze [friːz] *v* กลายเป็นน้ำแข็ง [klai pen nam khaeng]
freezer ['friːzə] *n* ตู้แช่แข็ง [tu chae khaeng]
freezing ['friːzɪŋ] *adj* เย็นเฉียบ [yen chiap]
freight [freɪt] *n* สินค้าที่ขนส่ง [sin kha thii khon song]
French [frɛntʃ] *adj* เกี่ยวกับชาวฝรั่งเศส [kiao kap chao fa rang set] ▷ *n* ชาวฝรั่งเศส [chao fa rang set]; **French beans** *npl* ถั่วคล้ายถั่วฝักยาว [thua khlai thua fak yao]; **French horn** *n* แตรทองเหลืองรูปร่างโค้งงอ [trae thong lueang rup rang khong ngo]
Frenchman, Frenchmen ['frɛntʃmən, 'frɛntʃmɛn] *n* ชายฝรั่งเศส [chai fa rang set]
Frenchwoman, Frenchwomen ['frɛntʃwʊmən, 'frɛntʃwɪmɪn] *n* หญิงฝรั่งเศส [ying fa rang set]
frequency ['friːkwənsɪ] *n* ความถี่ [khwam thi]
frequent ['friːkwənt] *adj* บ่อย ๆ [boi boi]
fresh [frɛʃ] *adj* สด [sot]
fret [frɛt] *v* กลัดกลุ้ม [klat klum]
Friday ['fraɪdɪ] *n* วันศุกร์ [wan suk]; **Good Friday** *n* วันทางศาสนาคริสต วันที่พระเยซูถูกตรึงไม้กางเขน [wan thang sat sa na khris, wan thii phra ye su thuk trueng mai kang khen]; **on Friday the thirty first of December** วันศุกร์ที่สามสิบเอ็ด ธันวาคม [wan suk thii sam sip et than wa khom]; **on Friday** วันศุกร์ [wan suk]
fridge [frɪdʒ] *n* ตู้เย็น [tu yen]
fried [fraɪd] *adj* ซึ่งทอดในน้ำมัน [sueng thot nai nam man]
friend [frɛnd] *n* เพื่อน [phuean]; **I'm here with my friends** ฉันมาที่นี่กับเพื่อน ๆ [chan ma thii ni kap phuean phuean]
friendly ['frɛndlɪ] *adj* เป็นมิตร [pen mit]
friendship ['frɛndʃɪp] *n* มิตรภาพ [mit

tra phap]
fright [fraɪt] *n* ความตกใจ [khwam tok jai]
frighten ['fraɪtᵊn] *v* ตระหนกตกใจ [tra hnok tok jai]
frightened ['fraɪtənd] *adj* น่าตกใจ [na tok jai]
frightening ['fraɪtᵊnɪŋ] *adj* ที่น่าตกใจ [thii na tok jai]
fringe [frɪndʒ] *n* ระบาย ขอบ [ra bai khop]
frog [frɒg] *n* กบ [kop]
from [frɒm; frəm] *prep* จาก [chak]; **How far are we from the beach?** เราอยู่ห่างจากชายหาดมากแค่ไหน? [rao yu hang chak chai hat mak khae nai]; **I'm from...** ฉันมาจาก... [chan ma chak...]; **Where are you from?** คุณมาจากไหน? [khun ma chak nai]
front [frʌnt] *adj* ข้างหน้า [khang na] ▷ *n* ด้านหน้า [dan na]; **Facing the front, please** ขอนั่งที่หันหน้าไปด้านหน้า [kho nang thii han na pai dan na]
frontier ['frʌntɪə; frʌn'tɪə] *n* เขตพรมแดน [khet phrom daen]
frost [frɒst] *n* ความเย็น [khwam yen]
frosting ['frɒstɪŋ] *n* น้ำตาลไอซิ่งบนขนมเค้ก [nam tan ai sing bon kha nom khek]
frosty ['frɒstɪ] *adj* เย็นจัด [yen chat]
frown [fraʊn] *v* ทำหน้าบึ้ง [tham na bueng]
frozen ['frəʊzᵊn] *adj* ซึ่งเป็นน้ำแข็ง [sueng pen nam khaeng]
fruit [fru:t] *n (botany)* ผลไม้ [phon la mai], *(collectively)* ผลไม้ [phon la mai]; **fruit juice** *n* น้ำผลไม้ [nam phon la mai]; **fruit machine** *n* เครื่องหยอดเหรียญสำหรับเล่นการพนัน [khrueang yot rian sam rap len kan pha nan]; **fruit salad** *n* สลัดผลไม้ [sa lat phon la mai]
frustrated [frʌ'streɪtɪd] *adj* ท้อแท้ หงุดหงิด [tho thae, ngut ngit]
fry [fraɪ] *v* ทอด [thot]; **frying pan** *n* กระทะทอด [kra tha thot]
fuel [fjʊəl] *n* เชื้อเพลิง [chuea phloeng]
fulfil [fʊl'fɪl] *v* สมหวัง [som wang]
full [fʊl] *adj* เต็ม [tem]; **full moon** *n* พระจันทร์เต็มดวง [phra chan tem duang]; **full stop** *n* มหัพภาค จุด [ma hup phak chut]
full-time ['fʊl,taɪm] *adj* ซึ่งเต็มเวลา [sueng tem we la] ▷ *adv* อย่างเต็มเวลา [yang tem we la]
fully ['fʊlɪ] *adv* อย่างเต็มที่ [yang tem thii]
fumes [fju:mz] *npl* ควันพิษ [khwan phit]; **exhaust fumes** *npl* ควันจากท่อไอเสีย [khwan chak tho ai sia]
fun [fʌn] *adj* น่าสนุก [na sa nuk] ▷ *n* ความขบขัน [khwam khop khan]
funds [fʌndz] *npl* กองทุน [kong thun]
funeral ['fju:nərəl] *n* งานศพ [ngan sop]; **funeral parlour** *n* โรงงานประกอบพิธีฌาปนกิจศพ [rong ngan pra kop phi ti cha pa na kit sop]
funfair ['fʌn,fɛə] *n* สวนสนุก [suan sa nuk]
funnel ['fʌnᵊl] *n* กรวย [kruai]
funny ['fʌnɪ] *adj* ตลก [ta lok]
fur [fɜ:] *n* ขนสัตว์ [khon sat]; **fur coat** *n* เสื้อโค้ทที่ทำจากขนสัตว์ [suea khot tham chak khon sat]
furious ['fjʊərɪəs] *adj* โกรธ [krot]
furnished ['fɜ:nɪʃt] *adj* ซึ่งมีเครื่องเรือนพร้อม [sueng mii khrueang ruean phrom]
furniture ['fɜ:nɪtʃə] *n* เครื่องเรือน [khrueang ruean]
further ['fɜ:ðə] *adj* ห่างออกไป [hang ok pai] ▷ *adv* ไกลกว่า [klai kwa]; **further education** *n* การศึกษาระดับสูง [kan suek sa ra dap sung]
fuse [fju:z] *n* สายชนวน [sai cha nuan]; **fuse box** *n* กล่องใส่สายชนวน [klong sai sai cha nuan]
fusebox ['fju:z,bɒks] *n* **Where is the fusebox?** กล่องฟิวส์อยู่ที่ไหน? [klong fio yu thii nai]
fuss [fʌs] *n* ความวุ่นวาย [khwam wun wai]
fussy ['fʌsɪ] *adj* จู้จี้ [chu chi]
future ['fju:tʃə] *adj* ภายหน้า [phai na] ▷ *n* อนาคต [a na khot]

g

Gabon [gə'bɒn] *n* ประเทศกาบอน [pra tet ka bon]
gain [geɪn] *n* ผลกำไร [phon kam rai] ▷ *v* ได้กำไร [dai kam rai]
gale [geɪl] *n* ลมพายุ [lom pha yu]
gallery ['gælərɪ] *n* ห้องแสดงภาพ [hong sa daeng phap]; **art gallery** *n* ห้องแสดงงานศิลปะ [hong sa daeng ngan sin la pa]
gallop ['gæləp] *n* การควบม้า [kan khuap ma] ▷ *v* ควบมา [khuap ma]
gallstone ['gɔːlˌstəʊn] *n* นิ่วในถุงน้ำดี [nio nai thung nam di]
Gambia ['gæmbɪə] *n* ประเทศแกมเบีย [pra tet kaem bia]
gamble ['gæmbᵊl] *v* เล่นพนัน [len pha nan]
gambler ['gæmblə] *n* นักพนัน [nak pha nan]
gambling ['gæmblɪŋ] *n* การพนัน [kan pha nan]
game [geɪm] *n* เกมส์ [kem]; **board game** *n* เกมส์ที่เล่นบนกระดาน [kem thii len bon kra dan]; **games console** *n* เครื่องที่ต่อกับทีวีใช้เล่นวีดีโอเกมส์ [khrueang thii to kap thii wii chai len vi di o kem]; **Can I play video games?** ฉันเล่นวีดีโอเกมส์ได้ไหม? [chan len wi di o kem dai mai]
gang [gæŋ] *n* สมัครพรรคพวก [sa mak phak phuak]
gangster ['gæŋstə] *n* พวกอันธพาล [phuak an tha phan]
gap [gæp] *n* ช่องว่าง [chong wang]
garage ['gærɑːʒ; -rɪdʒ] *n* โรงรถ [rong rot]; **Which is the key for the garage?** กุญแจดอกไหนเป็นกุญแจโรงรถ? [kun jae dok nai pen kun jae rong rot]
garbage ['gɑːbɪdʒ] *n* ขยะ [kha ya]
garden ['gɑːdᵊn] *n* สวน [suan]; **garden centre** *n* ศูนย์ขายต้นไม้และเครื่องมือในการทำสวน [sun khai ton mai lae khrueang mue nai kan tham suan]; **Can we visit the gardens?** เราไปเยี่ยมชมสวนได้ไหม? [rao pai yiam chom suan dai mai]
gardener ['gɑːdnə] *n* คนทำสวน [kon tham suan]
gardening ['gɑːdᵊnɪŋ] *n* การทำสวน [kan tham suan]
garlic ['gɑːlɪk] *n* กระเทียม [kra thiam]; **Is there any garlic in it?** มีกระเทียมอยู่ในนี้บ้างไหม? [mii kra thiam yu nai nii bang mai]
garment ['gɑːmənt] *n* เสื้อผ้า [suea pha]
gas [gæs] *n* ก๊าซ [kas]; **gas cooker** *n* เตาทำอาหารที่ใช้แก๊ส [tao tham a han thii chai kaes]; **natural gas** *n* ก๊าซธรรมชาติ [kas tham ma chat]; **I can smell gas** ฉันได้กลิ่นก๊าซ [chan dai klin kas]
gasket ['gæskɪt] *n* วงแหวนอัดลูกสูบ [wong waen at luk sup]
gate [geɪt] *n* ประตู [pra tu]; **Please go to gate...** กรุณาไปที่ประตูโดยสารที่... [ka ru na pai thii pra tu doi san thii...]; **Which gate for the flight to...?** ประตูไหนสำหรับเที่ยวบินไป...? [pra tu nai sam rap thiao bin pai...]

gateau, gateaux ['gætəʊ, 'gætəʊz] *n* เค้กชั้นก้อนใหญ่ [khek chan kon yai]
gather ['gæðə] *v* จัดรวม [chad ruam]
gauge [geɪdʒ] *n* เครื่องวัด [khrueang wat] ▷ *v* วัด [wat]
gaze [geɪz] *v* จ้องมอง [chong mong]
gear [gɪə] *n (equipment)* เกียร์ [kia], *(mechanism)* เกียร์รถ [kia rot]; **gear box** *n* กระปุกเกียร์ [kra puk kia]; **gear lever** *n* ที่เปลี่ยนเกียร์ [thii plian kia]; **gear stick** *n* กระปุกเกียร์ [kra puk kia]; **Does the bike have gears?** จักรยานคันนี้มีเกียร์ไหม? [chak kra yan khan nii mii kia mai]
gearbox ['gɪə,bɒks] *n* **The gearbox is broken** กระปุกเกียร์เสีย [kra puk kia sia]
gearshift ['gɪə,ʃɪft] *n* การเปลี่ยนเกียร์ [kan plian kia]
gel [dʒɛl] *n* เจลสำหรับแต่งผม [chen sam rap taeng phom]; **hair gel** *n* เจลใส่ผม [chen sai phom]
gem [dʒɛm] *n* เพชรพลอย [pet ploi]
Gemini ['dʒɛmɪ,naɪ; -,niː] *n* ราศีมิถุน [ra si mi thun]
gender ['dʒɛndə] *n* เพศ [phet]
gene [dʒiːn] *n* สายพันธุ์ [sai phan]
general ['dʒɛnərəl; 'dʒɛnrəl] *adj* โดยทั่วไป [doi thua pai] ▷ *n* นายพล [nai phon]; **general anaesthetic** *n* การวางยาสลบ [kan wang ya sa lop]; **general election** *n* การเลือกตั้งทั่วไป [kan lueak tang thua pai]; **general knowledge** *n* ความรู้ทั่วไป [khwam ru thua pai]
generalize ['dʒɛnrə,laɪz] *v* พูดคลุมทั่ว ๆ ไป [phut khlum thua thua pai]
generally ['dʒɛnrəlɪ] *adv* โดยทั่วไป [doi thua pai]
generation [,dʒɛnə'reɪʃən] *n* ชั่วอายุคน [chua a yu khon]
generator ['dʒɛnə,reɪtə] *n* เครื่องกำเนิดไฟฟ้า [khrueang kam noet fai fa]
generosity [,dʒɛnə'rɒsɪtɪ] *n* ความมีใจกว้าง [khwam mii jai kwang]
generous ['dʒɛnərəs; 'dʒɛnrəs] *adj* ใจกว้าง [chai kwang]
genetic [dʒɪ'nɛtɪk] *adj* เกี่ยวกับพันธุศาสตร์ [kiao kap phan thu sat]
genetically-modified [dʒɪ'nɛtɪklɪ'mɒdɪ,faɪd] *adj* ซึ่งเปลี่ยนแปลงทางพันธุศาสตร์ [sueng plian plang thang phan tu sat]
genetics [dʒɪ'nɛtɪks] *n* พันธุศาสตร์ [pan thu sat]
genius ['dʒiːnɪəs; -njəs] *n* อัจฉริยบุคคล [at cha ri ya buk khon]
gentle ['dʒɛntᵊl] *adj* อย่างอ่อนโยน [yang on yon]
gentleman, gentlemen ['dʒɛntᵊlmən; 'dʒɛntᵊlmɛn] *n* สุภาพบุรุษ [su phap bu rut]
gently [dʒɛntlɪ] *adv* อย่างนุ่มนวล [yang num nuan]
gents' [dʒɛnts] *n* ห้องน้ำชาย [hong nam chai]
genuine ['dʒɛnjʊɪn] *adj* จริง [ching]
geography [dʒɪ'ɒgrəfɪ] *n* ภูมิศาสตร์ [phu mi sat]
geology [dʒɪ'ɒlədʒɪ] *n* ธรณีวิทยา [tho ra ni wit tha ya]
Georgia ['dʒɔːdʒjə] *n (country)* ประเทศจอร์เจีย [pra tet chor chia], *(US state)* รัฐจอร์เจียในอเมริกา [rat chor chia nai a me ri ka]
Georgian ['dʒɔːdʒjən] *adj* เกี่ยวกับจอร์เจีย [kiao kap cho chia] ▷ *n (inhabitant of Georgia)* ชาวจอร์เจียน [chao cho chian]
geranium [dʒɪ'reɪnɪəm] *n* ต้นเจอเรเนียมมีดอกสีชมพูหรือสีม่วง [ton choe re niam mii dok sii chom phu rue sii muang]
gerbil ['dʒɜːbɪl] *n* สัตว์ทะเลทรายขนาดเล็กคล้ายหนู [sat tha le srai kha nard lek khlai nu]
geriatric [,dʒɛrɪ'ætrɪk] *adj* เกี่ยวกับคนชรา [kiao kap khon cha ra] ▷ *n* คนชรา [khon cha ra]
germ [dʒɜːm] *n* เชื้อโรค [chue rok]

German ['dʒɜːmən] *adj* เกี่ยวกับเยอรมัน [kiao kap yoe ra man] ▷ *n (language)* ภาษาเยอรมัน [pha sa yoe ra man], *(person)* ชาวเยอรมัน [chao yoe ra man]; **German measles** *n* หัดเยอรมัน [hat yoe ra man]
Germany ['dʒɜːmənɪ] *n* ประเทศเยอรมัน [pra tet yoe ra man]
gesture ['dʒɛstʃə] *n* ท่าทาง [tha thang]
get [gɛt] *v* ได้ [dai], *(to a place)* ได้ [dai]; **Can I get you a drink?** ฉันเอาเครื่องดื่มให้คุณได้ไหม? [chan ao khrueang duem hai khun dai mai]; **Did you get my email?** คุณได้รับอีเมลล์ฉันไหม? [khun dai rap e mail chan mai]; **How do I get to the airport?** ฉันจะไปสนามบินได้อย่างไร? [chan ja pai sa nam bin dai yang rai]
get away [gɛt ə'weɪ] *v* หนี [ni]
get back [gɛt bæk] *v* กลับมา [klap ma]; **When do we get back?** เราจะกลับมาเมื่อไร? [rao ja klap ma muea rai]
get in [gɛt ɪn] **How much does it cost to get in?** ต้องเสียค่าเข้าเท่าไรเพื่อเข้าข้างใน? [tong sia kha khao thao rai phuea khao khang nai]
get into [gɛt 'ɪntə] *v* เข้าไปใน [khao pai nai]
get off [gɛt ɒf] *v* ลงรถ [long rot]; **Please tell me when to get off** ช่วยบอกฉันด้วยว่าจะต้องลงรถเมื่อไร [chuai bok chan duai wa ja tong long rot muea rai]
get on [gɛt ɒn] *v* ขึ้น [khuen]; **Can you help me get on, please?** คุณช่วยพาฉันลุกขึ้นได้ไหม? [khun chuai pha chan luk khuen dai mai]
get out [gɛt aʊt] *v* ออกไป [ok pai]
get over [gɛt 'əʊvə] *v* รู้แล้วรู้รอด [ru laeo ru rot]
get through [gɛt θruː] *v* **I can't get through** ฉันต่อสายไม่ติด [chan to sai mai tit]
get together [gɛt tə'gɛðə] *v* สังสรรค์ [sang san]
get up [gɛt ʌp] *v* ลุกขึ้น [luk khuen]
Ghana ['gɑːnə] *n* ประเทศกานา [pra tet ka na]
Ghanaian [gɑː'neɪən] *adj* เกี่ยวกับชาวกานา [kiao kap chao ka na] ▷ *n* ชาวกานา [chao ka na]
ghost [gəʊst] *n* ผี [phi]
giant ['dʒaɪənt] *adj* สูงใหญ่ [sung yai] ▷ *n* ยักษ์ [yak]
gift [gɪft] *n* ของขวัญ [khong khwan]; **gift shop** *n* ร้านขายของขวัญ [ran khai khong khwan]; **gift voucher** *n* บัตรของขวัญ [bat khong khwan]; **Please can you gift-wrap it?** คุณห่อของขวัญให้ได้ไหม? [khun ho khong khwan hai dai mai]
gifted ['gɪftɪd] *adj* มีพรสวรรค์ [mii phon sa wan]
gigantic [dʒaɪ'gæntɪk] *adj* มโหฬาร [ma ho lan]
giggle ['gɪgᵊl] *v* หัวเราะต่อกระซิก [hua ro to kra sik]
gin [dʒɪn] *n* เหล้ายีน [lao yin]
ginger ['dʒɪndʒə] *adj* แดงน้ำตาล [daeng nam tan] ▷ *n* ขิง [khing]
giraffe [dʒɪ'rɑːf; -'ræf] *n* ยีราฟ [yi rap]
girl [gɜːl] *n* เด็กผู้หญิง [dek phu hying]
girlfriend ['gɜːl,frɛnd] *n* เพื่อนผู้หญิง [phuean phu hying]
give [gɪv] *v* ให้ [hai]; **Can you give me something for the pain?** คุณให้อะไรฉันสักอย่างเพื่อแก้ปวดได้ไหม? [khun hai a rai chan sak yang phue kae puat dai mai]; **Could you give me change of...?** คุณให้เงินทอนฉันเป็น...ได้ไหม? [khun hai ngen thon chan pen...dai mai]; **Give me your insurance details, please** ขอให้คุณให้รายละเอียดการประกันของคุณ [kho hai khun hai rai la iad kan pra kan khong khun]
give back [gɪv bæk] *v* ให้คืน [hai khuen]
give in [gɪv ɪn] *v* ยอมแพ้ [yom phae]
give out [gɪv aʊt] *v* แจกจ่าย [chaek

chai]
give up [gɪv ʌp] *v* ยกเลิก [yok loek]
glacier ['glæsɪə; 'gleɪs-] *n* ธารน้ำแข็ง [than nam khaeng]
glad [glæd] *adj* ดีใจ [di chai]
glamorous ['glæmərəs] *adj* ซึ่งมีเสน่ห์ [sueng mii sa ne]
glance [glɑːns] *n* การชำเลือง [kan cham lueang] ▷ *v* ชำเลืองดู [cham lueang du]
gland [glænd] *n* ต่อม [tom]
glare [glɛə] *v* ส่องแสงเจิดจ้า [song saeng chet cha]
glaring ['glɛərɪŋ] *adj* ที่แสงเข้าตา [thit saeng khao ta]
glass [glɑːs] *n* แก้ว [kaeo], *(vessel)* แก้วน้ำ [kaew nam]; **a glass of water** น้ำหนึ่งแก้ว [nam nueng kaew]; **A glass of lemonade, please** ขอน้ำมะนาวหนึ่งแก้ว [kho nam ma nao nueng kaew]; **Can I have a clean glass, please?** ฉันขอแก้วสะอาดหนึ่งใบได้ไหม? [chan kho kaew sa aat nueng bai dai mai]
glasses ['glɑːsɪz] *npl* แว่นตา [waen ta]; **Can you repair my glasses?** คุณซ่อมแว่นตาฉันได้ไหม? [khun som waen ta chan dai mai]
glazing ['gleɪzɪŋ] *n* **double glazing** *n* การติดตั้งกระจกหนาสองชั้น [kan tit tang kra chok na song chan]
glider ['glaɪdə] *n* เครื่องร่อน [khrueang ron]
gliding ['glaɪdɪŋ] *n* การร่อน [kan ron]
global ['gləʊbᵊl] *adj* ทั่วโลก [thua lok]; **global warming** *n* อุณหภูมิความร้อนของโลกที่เพิ่มขึ้น [un ha phum khwam ron khong lok thii poem khuen]
globalization [ˌgləʊbᵊlaɪ'zeɪʃən] *n* การกระจายไปทั่วโลก [kan kra chai pai thua lok]
globe [gləʊb] *n* ลูกโลก [luk lok]
gloomy ['gluːmɪ] *adj* เศร้าใจ [sao chai]
glorious ['glɔːrɪəs] *adj* เกียรติยศ [kiat ti yot]
glory ['glɔːrɪ] *n* ความทรงเกียรติ [khwam song kiat]
glove [glʌv] *n* ถุงมือ [thung mue]; **glove compartment** *n* ที่ใส่ถุงมือในรถ [thii sai thung mue nai rot]; **oven glove** *n* ถุงมือจับภาชนะร้อนจากเตาอบ [thung mue chap pha cha na ron chak tao op]; **rubber gloves** *npl* ถุงมือยาง [thung mue yang]
glucose ['gluːkəʊz; -kəʊs] *n* กลูโคส [klu khos]
glue [gluː] *n* กาว [kao] ▷ *v* ใช้กาวติด [chai kao tit]
gluten ['gluːtᵊn] *n* โปรตีนเหนียวที่พบในธัญพืช [pro tin niao thii phop nai than ya phuet]
GM [dʒiː ɛm] *abbr* ตัวย่อของแก้ไขเปลี่ยนแปลงเกี่ยวกับพันธุศาสตร์ [tua yo khong kae khai plian plang kiao kap phan thu sat]
go [gəʊ] *v* ไป เคลื่อนไป ออกไป [pai, khluean pai, ok pai]
go after [gəʊ 'ɑːftə] *v* แสวงหาติดตาม [sa waeng ha tit tam]
go ahead [gəʊ ə'hɛd] *v* ทำต่อไปโดยไม่รีรอ [tham tor pai doi mai ri ror]
goal [gəʊl] *n* เป้าหมาย [pao mai]
goalkeeper ['gəʊlˌkiːpə] *n* ผู้รักษาประตู [phu rak sa pra tu]
goat [gəʊt] *n* แพะ [phae]
go away [gəʊ ə'weɪ] *v* ไปให้พ้น [pai hai phon]
go back [gəʊ bæk] *v* กลับไป [klap pai]
go by [gəʊ baɪ] *v* ผ่านไป [phan pai]
god [gɒd] *n* พระเจ้า [phra chao]
godchild, godchildren ['gɒdˌtʃaɪld, 'gɒdˌtʃɪldrən] *n* ลูกของพ่อแม่อุปถัมป์ [luk khong pho mae up pa tham]
goddaughter ['gɒdˌdɔːtə] *n* ลูกสาวอุปถัมภ์ [luk sao up pa tham]
godfather ['gɒdˌfɑːðə] *n* *(baptism)* พ่ออุปถัมภ์ [phor op pa tam], *(criminal leader)* เจ้าพ่อ [chao pho]
godmother ['gɒdˌmʌðə] *n* แม่อุปถัมป์ [mae up pa tham]

go down [gəʊ daʊn] *v* ลงไป [long pai]
godson ['gɒd,sʌn] *n* ลูกชายอุปถัมภ์ [luk chai up pa tham]
goggles ['gɒgᵊlz] *npl* แว่นตากันลม/ ฝุ่น/ น้ำ [waen ta kan lom/ fun/ nam]
go in [gəʊ ɪn] *v* เข้าไป [khao pai]
gold [gəʊld] *n* ทอง [thong]
golden ['gəʊldən] *adj* เหมือนทอง [muean thong]
goldfish ['gəʊld,fɪʃ] *n* ปลาทอง [pla thong]
gold-plated ['gəʊld'pleɪtɪd] *adj* เคลือบทอง [khlueap thong]
golf [gɒlf] *n* กีฬากอล์ฟ [ki la kolf]; **golf club** *n (game)* ไม้ตีกอล์ฟ [mai ti kolf], *(society)* สโมสรกอล์ฟ [sa mo son kolf]; **golf course** *n* สนามกอล์ฟ [sa nam kop]
gone [gɒn] *adj* จากไป [chak pai]
good [gʊd] *adj* ดี [di]; **Good afternoon** สวัสดีตอนบ่าย [sa wat di ton bai]; **Good evening** สวัสดีตอนเย็น [sa wat di ton yen]; **It's quite good** ค่อนข้างดี [khon khang di]
goodbye [,gʊd'baɪ] *excl* ลาก่อน [la kon]
good-looking ['gʊd'lʊkɪŋ] *adj* หน้าตาดี [na ta di]
good-natured ['gʊd'neɪtʃəd] *adj* คนใจดี [khon jai dii]
goods [gʊdz] *npl* สินค้า [sin kha]
go off [gəʊ ɒf] *v* จากไป [chak pai]
Google® ['gu:gᵊl] *v* หาข้อมูลบนอินเตอร์เน็ต [ha khor mun bon in toe net]
go on [gəʊ ɒn] *v* ดำเนินการต่อไป [dam noen kan to pai]
goose, geese [gu:s, gi:s] *n* ห่าน [han]; **goose pimples** *npl* ขนลุก [khon luk]
gooseberry ['gʊzbərɪ; -brɪ] *n* ผลไม้ชนิดหนึ่งมีลูกสีเขียว [phon la mai cha nit hueng mee luk see khiao]
go out [gəʊ aʊt] *v* ออกไป [ok pai]
go past [gəʊ pɑ:st] *v* เดินผ่านไป [doen phan pai]
gorgeous ['gɔ:dʒəs] *adj* สวยงาม [suai ngam]
gorilla [gə'rɪlə] *n* ลิงกอริลล่า [ling ko ril la]
go round [gəʊ raʊnd] *v* วนไปวนมา [won pai won ma]
gospel ['gɒspᵊl] *n* คำสอนของพระเยซู [kham son khong phra ye su]
gossip ['gɒsɪp] *n* การนินทา [kan nin tha] ▷ *v* นินทา [nin tha]
go through [gəʊ θru:] *v* ผ่านไป [phan pai]
go up [gəʊ ʌp] *v* ขึ้นไป [khuen pai]
government ['gʌvənmənt; 'gʌvəmənt] *n* รัฐบาล [rat tha ban]
gown [gaʊn] *n* **dressing gown** *n* เสื้อคลุม [suea khlum]
GP [dʒi: pi:] *abbr* ตัวย่อของแพทย์ทั่วไป [tua yor khong phaet thua pai]
GPS [dʒi: pi: ɛs] *abbr* ระบบการค้นหาทางโดยใช้ดาวเทียม [ra bop kan khon ha thang doi chai dao thiam]
grab [græb] *v* จับฉวย [chap chuai]
graceful ['greɪsfʊl] *adj* อย่างสง่างาม [yang sa ngan gam]
grade [greɪd] *n* ระดับชั้น [ra dap chan]
gradual ['grædjʊəl] *adj* ค่อยเป็นค่อยไป [khoi pen phoi pai]
gradually ['grædjʊəlɪ] *adv* อย่างค่อยเป็นค่อยไป [yang khoi pen khoi pai]
graduate ['grædjʊɪt] *n* ผู้จบปริญญา [phu job pa rin ya]
graduation [,grædjʊ'eɪʃən] *n* การจบปริญญา [kan job pa rin ya]
graffiti, graffito [græ'fi:ti:, græ'fi:təʊ] *npl* ภาพวาดหรือคำต่างๆที่วาดหรือสเปรย์ลงบนกำแพงหรือโปสเตอร์ [phap vad hue kham tang tang thii vad hue sa prey long bon kom phaeng hue pos toe]
grain [greɪn] *n* เมล็ดพืช [ma let phuet]
grammar ['græmə] *n* ไวยากรณ์ [wai ya kon]
grammatical [grə'mætɪkᵊl] *adj* ที่เกี่ยวกับไวยากรณ์ [thii kiao kap wai ya kon]

gramme [græm] *n* น้ำหนักเป็นกรัม [nam nak pen kram]
grand [grænd] *adj* ยิ่งใหญ่ [ying yai]
grandchild ['græn,tʃaɪld] *n* หลาน [lan]; **grandchildren** *npl* หลาน ๆ [lan lan]
granddad ['græn,dæd] *n* ปู่ ตา [pu ta]
granddaughter ['græn,dɔːtə] *n* หลานสาว [lan sao]
grandfather ['græn,fɑːðə] *n* ปู่ ตา [pu ta]
grandma ['græn,mɑː] *n* ย่า ยาย [ya, yai]
grandmother ['græn,mʌðə] *n* ย่า ยาย [ya, yai]
grandpa ['græn,pɑː] *n* ตา [ta]
grandparents ['græn,pɛərəntz] *npl* ปู่ ย่า ตา ยาย [pu ya ta yai]
grandson ['grænsʌn; 'grænd-] *n* หลานชาย [lan chai]
granite ['grænɪt] *n* หินแกรนิต [hin krae nit]
granny ['grænɪ] *n* ยาย ย่า [yai, ya]
grant [grɑːnt] *n* เงินทุน [ngoen thun]
grape [greɪp] *n* องุ่น [a ngun]
grapefruit ['greɪp,fruːt] *n* ส้มโอฝรั่ง [som o fa rang]
graph [grɑːf; græf] *n* กราฟ [krap]
graphics ['græfɪks] *npl* ภาพกราฟฟิก [phap kraf fik]
grasp [grɑːsp] *v* คว้า [khwa]
grass [grɑːs] *n (informer)* คนที่ส่งข้อมูลให้ตำรวจ [kon thiisong khor mun hai tam ruad], *(marijuana)* กัญชา [kan cha], *(plant)* หญ้า [ya]
grasshopper ['grɑːs,hɒpə] *n* ตั๊กแตน [tak ka taen]
grate [greɪt] *v* ขูดออก [khud ok]
grateful ['greɪtfʊl] *adj* ซึ่งสำนึกในบุญคุณ [sueng sam nuek nai bun khun]
grave [greɪv] *n* หลุมฝังศพ [lum fang sop]
gravel ['græv°l] *n* ก้อนกรวด [kon kraut]
gravestone ['greɪv,stəʊn] *n* หินสลักหน้าหลุมฝังศพ [hin sa lak na lum fang sop]
graveyard ['greɪv,jɑːd] *n* สุสาน [su san]
gravy ['greɪvɪ] *n* น้ำที่หยดออกมาจากเนื้อ [nam thii yot ok ma chak nuea]
grease [griːs] *n* น้ำมัน [nam man]
greasy ['griːzɪ; -sɪ] *adj* เป็นไขมันลื่น [pen khai man luen]
great [greɪt] *adj* ยิ่งใหญ่ [ying yai]
Great Britain ['greɪt 'brɪt°n] *n* ประเทศสหราชอาณาจักร [pra tet sa ha rat cha a na chak]
great-grandfather ['greɪt'græn,fɑːðə] *n* ทวด [thuat]
great-grandmother ['greɪt'græn,mʌðə] *n* ทวด [thuat]
Greece [griːs] *n* ประเทศกรีก [pra ted krik]
greedy ['griːdɪ] *adj* โลภ [lop]
Greek [griːk] *adj* แห่งประเทศกรีก [haeng pra tet krik] ▷ *n (language)* ภาษากรีก [pha sa krik], *(person)* ชาวกรีก [chao kriik]
green [griːn] *adj (colour)* สีเขียว [sii khiao], *(inexperienced)* คนอ่อนหัด [khon on hat] ▷ *n* สีเขียว [sii khiao]; **green salad** *n* สลัดผักสีเขียว [sa lat phak sii khiao]
greengrocer's ['griːn,grəʊsəz] *n* ร้านขายผักและผลไม้สด [ran khai phak lae phon la mai sot]
greenhouse ['griːn,haʊs] *n* เรือนกระจกสำหรับปลูกต้นไม้ [ruean kra chok sam rap pluk ton mai]
Greenland ['griːnlənd] *n* ประเทศกรีนแลนด์ [pra tet krin laen]
greet [griːt] *v* ทักทาย [thak thai]
greeting ['griːtɪŋ] *n* คำทักทาย [kham thak thai]; **greetings card** *n* บัตรอวยพร [bat uai phon]
grey [greɪ] *adj* สีเทา [sii thao]
grey-haired [,greɪ'hɛəd] *adj* ที่มีผมสีเทา [thii mii phom sii thao]
grid [grɪd] *n* ตะแกรง [ta klaeng]
grief [griːf] *n* ความเศร้าโศก [khwam sao sok]
grill [grɪl] *n* อาหารย่าง [a han yang] ▷ *v*

ย่าง [yang]
grilled [grɪld] *adj* ซึ่งถูกย่าง [sueng thuk yang]
grim [grɪm] *adj* เคร่งขรึม [khreng khruem]
grin [grɪn] *n* การยิ้มอย่างเปิดเผย [kan yim yang poet phoei] ▷ *v* ยิ้มยิงฟัน [yim ying fan]
grind [graɪnd] *v* บด [bot]
grip [grɪp] *v* จับอย่างแน่น [chab yang naen]
gripping [grɪpɪŋ] *adj* น่าติดใจ [na tit jai]
grit [grɪt] *n* กรวดทราย [kraut sai]
groan [grəʊn] *v* คราง [khrang]
grocer ['grəʊsə] *n* คนขายของชำ [khon khai khong cham]
groceries ['grəʊsərɪz] *npl* อาหารและสิ่งอื่น ๆ ขายที่ร้านขายของชำ [a han lae sing uen uen khai thii ran khai khong cham]
grocer's ['grəʊsəz] *n* ร้านขายของชำ [ran khai khong cham]
groom [gru:m; grʊm] *n* คนเลี้ยงม้า [kon liang ma], *(bridegroom)* เจ้าบ่าว [chao bao]
grope [grəʊp] *v* คลำ [khlam]
gross [grəʊs] *adj (fat)* ที่มีมันเยอะ [thii mee man yuea], *(income etc.)* เบื้องต้น [bueang ton]
grossly [grəʊslɪ] *adv* มากเกินไป [mak koen pai]
ground [graʊnd] *n* พื้นดิน [phuen din] ▷ *v* วางลงบนพื้น [wang long bon phuen]; **ground floor** *n* ชั้นล่าง [chan lang]
group [gru:p] *n* กลุ่ม [klum]; **Are there any reductions for groups?** มีส่วนลดสำหรับกลุ่มต่าง ๆ หรือไม่? [mii suan lot sam rap klum tang tang rue mai]
grouse [graʊs] *n (complaint)* การบ่น [kan bon], *(game bird)* ไก่ป่า [kai pa]
grow [grəʊ] *vi* เติบโต งอกงาม [toep to, ngok ngam] ▷ *vt* ปลูก ทำให้เจริญเติบโต [pluk, tham hai cha roen toep to]
growl [graʊl] *v* บ่นด้วยความโกรธ [bon duai khwam krot]
grown-up [grəʊnʌp] *n* ผู้ใหญ่ [phu yai]
growth [grəʊθ] *n* ความเติบโต [khwam toep to]
grow up [grəʊ ʌp] *v* เจริญเติบโต [cha roen toep to]
grub [grʌb] *n* ตัวอ่อนของแมลง [tua on khong ma laeng]
grudge [grʌdʒ] *n* ความไม่เต็มใจ [khwam mai tem jai]
gruesome ['gru:səm] *adj* น่ากลัว [na klua]
grumpy ['grʌmpɪ] *adj* อารมณ์บูดบึ้ง [a rom but bueng]
guarantee [,gærən'ti:] *n* การรับประกัน [kan rap pra kan] ▷ *v* รับประกัน [rap pra kan]
guard [gɑ:d] *n* ยาม [yam] ▷ *v* เฝ้า [fao]; **security guard** *n* ผู้คุ้มกันความปลอดภัย [phu khum kan khwam plot phai]; **Have you seen the guard?** คุณเห็นคนเฝ้ารถไฟไหม? [khun hen khon fao rot fai mai]
Guatemala [,gwɑ:tə'mɑ:lə] *n* ประเทศกัวเตมาลา [pra tet kua te ma la]
guess [gɛs] *n* การคาดคะเน [kan khat kha ne] ▷ *v* คาดคะเน [khat kha ne]
guest [gɛst] *n* แขกที่มาเยี่ยม [khaek thii ma yiam]
guesthouse ['gɛst,haʊs] *n* บ้านรับรองแขก [baan rab rong khaek]
guide [gaɪd] *n* คนนำทาง [khon nam thang] ▷ *v* นำทาง [nam thang]; **guide dog** *n* สุนัขนำทาง [su nak nam thang]; **guided tour** *n* กรุ๊ปทัวร์ [krup thua]; **tour guide** *n* มัคคุเทศก์ [mak khu thet]; **Can you guide me, please?** คุณช่วยนำทางให้ฉันด้วยได้ไหม? [khun chuai nam thang hai chan duai dai mai]; **Do you have a guide to local walks?** คุณมีไกด์นำทางเดินเส้นทางท้องถิ่นไหม? [khun mii kai nam thang doen sen thang thong thin mai]; **I have a guide**

dog ฉันมีสุนัขนำทาง [chan mii su nak nam thang]
guidebook ['gaɪd,bʊk] *n* หนังสือที่ให้ข้อมูลกับนักท่องเที่ยว [nang sue thii hai kho mun kap nak thong thiao]
guilt [gɪlt] *n* ความผิด [khwam phit]
guilty ['gɪltɪ] *adj* เกี่ยวกับความผิด [kiao kap khwam phit]
Guinea ['gɪnɪ] *n* ประเทศกินี [pra tet ki ni]; **guinea pig** *n (for experiment)* หนูตะเภาสำหรับทดลอง [nu ta phao sam rap thot long], *(rodent)* หนูตะเภา [nu ta phao]
guitar [gɪ'tɑː] *n* กีตาร์ [ki ta]
gum [gʌm] *n* เหงือก [ngueak], หมากฝรั่ง [mak fa rang]; **chewing gum** *n* หมากฝรั่ง [mak fa rang]; **My gums are bleeding** เหงือกฉันเลือดออก [ngueak chan lueat ok]; **My gums are sore** เหงือกฉันปวด [ngueak chan puat]
gun [gʌn] *n* ปืน [puen]; **machine gun** *n* ปืนกล [puen kon]
gust [gʌst] *n* ลมแรงพัดกะทันหัน [lom raeng phat kra tan han]
gut [gʌt] *n* ไส้พุง [sai phung]
guy [gaɪ] *n* ผู้ชาย [phu chai]
Guyana [gaɪ'ænə] *n* ประเทศกูยาน่า [pra tet ku ya na]
gym [dʒɪm] *n* โรงยิม [rong yim]
gymnast ['dʒɪmnæst] *n* นักกายบริหาร [nak kai bo ri han]
gymnastics [dʒɪm'næstɪks] *npl* กายบริหาร [kai bo ri han]
gynaecologist [,gaɪnɪ'kɒlədʒɪst] *n* สูตินารีแพทย์ [su ti na ri phaet]
gypsy ['dʒɪpsɪ] *n* ชาวยิปซี [chao yip si]

h

habit ['hæbɪt] *n* ความเคยชิน [khwam khoei chin]
hack [hæk] *v* ฟัน [fan]
hacker ['hækə] *n* ผู้ที่ชำนาญในการใช้เครื่องคอมพิวเตอร์ในทางที่ผิดกฎหมาย [phu thii cham nan nai kan chai khueang khom pio ter nai thang thii phid kod mai]
haddock ['hædək] *n* ปลาแฮดดอค [pla haed dok]
haemorrhoids ['hɛmə,rɔɪdz] *npl* ริดสีดวงทวาร [rit si duang tha wan]
haggle ['hæg*ə*l] *v* ต่อรองราคา [to rong ra kha]
hail [heɪl] *n* ลูกเห็บ [luk hep] ▷ *v* โห่ร้องอวยชัย [ho rong uai chai]
hair [hɛə] *n* ผม [phom]; **Can you dye my hair, please?** คุณช่วยย้อมผมให้ฉันได้ไหม? [khun chuai yom phom hai chan dai mai]; **Can you straighten my hair?** คุณยืดผมฉันให้ตรงได้ไหม? [khun yuet phom chan hai trong dai mai]; **I have greasy hair** ฉันมีผมมัน [chan mii phom man]
hairband ['hɛə,bænd] *n* ยางรัดผม [yang

rat phom]
hairbrush ['hɛə,brʌʃ] *n* แปรงแปรงผม [praeng praeng phom]
haircut ['hɛə,kʌt] *n* การตัดผม [kan tat phom]
hairdo ['hɛə,du:] *n* ทรงผม [song phom]
hairdresser ['hɛə,drɛsə] *n* ช่างทำผม [chang tham phom]
hairdresser's ['hɛə,drɛsəz] *n* ที่ร้านช่างทำผม [thii ran chang tham phom]
hairdryer ['hɛə,draɪə] *n* เครื่องเป่าผม [khrueang pao phom]
hairgrip ['hɛə,grɪp] *n* กิ๊บติดผม [kip tit phom]
hairstyle ['hɛə,staɪl] *n* ทรงผม [song phom]
hairy ['hɛərɪ] *adj* เต็มไปด้วยขน [tem pai duai khon]
Haiti ['heɪtɪ; hɑː'iːtɪ] *n* ประเทศไฮติ [pra tet hai ti]
half [hɑːf] *adj* ครึ่ง [khrueng] ▷ *adv* ครึ่ง [khrueng] ▷ *n* ครึ่งหนึ่ง [khrueng hueng]; **half board** *n* ที่พักอาหารเช้าและเย็น [thii phak a han chao lae yen]; **It's half past two** เวลาสองโมงครึ่ง [we la song mong khrueng]
half-hour ['hɑːf,aʊə] *n* ครึ่งชั่วโมง [khrueng chau mong]
half-price ['hɑːf,praɪs] *adj* ครึ่งราคา [khrueng ra kha] ▷ *adv* อยางครึ่งราคา [yang khrueng ra kha]
half-term ['hɑːf,tɜːm] *n* ครึ่งเทอม [khrueng thoem]
half-time ['hɑːf,taɪm] *n* ครึ่งเวลา [khrueng we la]
halfway [,hɑːf'weɪ] *adv* ครึ่งทาง [khrueng thang]
hall [hɔːl] *n* ห้องโถง [hong thong]; **town hall** *n* ศาลากลางจังหวัด [sa la klang changhwat]
hallway ['hɔːl,weɪ] *n* ทางเดินห้องโถง [thang doen hong thong]
halt [hɔːlt] *n* การหยุด [kan yud]
ham [hæm] *n* ต้นขาหลังของหมู [ton kha lang khong mu]
hamburger ['hæm,bɜːgə] *n* แฮมเบอร์เกอร [haem boe koe]
hammer ['hæmə] *n* ค้อน [khon]
hammock ['hæmək] *n* เปล [ple]
hamster ['hæmstə] *n* สัตว์ชนิดหนึ่งคล้ายหนู [sat cha nit nueng khlai nu]
hand [hænd] *n* มือ [mue] ▷ *v* ส่งให้ [song hai]; **hand luggage** *n* กระเป๋าเดินทางใบเล็กที่ถือขึ้นเครื่องบิน [kra pao doen thang bai lek thii thue khuen khrueang bin]; **Where can I wash my hands?** ฉันล้างมือได้ที่ไหน? [chan lang mue dai thii nai]
handbag ['hænd,bæg] *n* กระเป๋าถือ [kra pao thue]
handball ['hænd,bɔːl] *n* กีฬาเล่นโดยใช้ลูกบอลโยนกับกำแพง [ki la len doi chai luk bal yon kap kam phaeng]
handbook ['hænd,bʊk] *n* หนังสือคู่มือ [nang sue khu mue]
handbrake ['hænd,breɪk] *n* เบรคมือ [brek mue]
handcuffs ['hænd,kʌfs] *npl* ที่ใส่กุญแจมือ [thii sai kun jae mue]
handicap ['hændɪ,kæp] *n* **My handicap is...** แต้มต่อของฉันคือ... [taem to khong chan khue...]; **What's your handicap?** แต้มต่อของคุณเท่าไร? [taem to khong khun thao rai]
handicapped ['hændɪ,kæpt] *adj* พิการ [phi kan]
handkerchief ['hæŋkətʃɪf; -tʃiːf] *n* ผ้าเช็ดหน้า [pha chet na]
handle ['hænd°l] *n* ด้าม [dam] ▷ *v* จัดการ [chat kan]
handlebars ['hænd°l,bɑːz] *npl* มือถือสำหรับเลี้ยวรถจักรยาน [mue thue sam rap liao rot chak kra yan]
handmade [,hænd'meɪd] *adj* ที่ทำด้วยมือ [thii tham duai mue]; **Is this handmade?** เป็นของที่ทำด้วยมือหรือเปล่า? [pen khong thii tham duai mue rue plao]

hands-free ['hændz,friː] *adj* ไม่ใช้มือ [mai chai mue]; **hands-free kit** *n* อุปกรณ์ที่ไม่ต้องใช้มือ [up pa kon thii mai tong chai mue]
handsome ['hændsəm] *adj* หล่อ [lo]
handwriting ['hænd,raɪtɪŋ] *n* ลายมือ [lai mue]
handy ['hændɪ] *adj* ใช้สะดวก [chai sa duak]
hang [hæŋ] *vi* แขวน [khwaen]
hanger ['hæŋə] *n* ไม้แขวนเสื้อ [mai khwaen suea]
hang-gliding ['hæŋ'glaɪdɪŋ] *n* เครื่องร่อน [khrueang ron]
hang on [hæŋ ɒn] *v* คอย [khoi]
hangover ['hæŋ,əʊvə] *n* การเมาค้าง [kan mao kang]
hang up [hæŋ ʌp] *v* วางหูโทรศัพท์ [wang hu tho ra sap]
hankie ['hæŋkɪ] *n* ผ้าเช็ดหน้า [pha chet na]
happen ['hæpᵊn] *v* เกิดขึ้น [koet khuen]; **When did it happen?** เกิดขึ้นเมื่อไร? [koet khuen muea rai]
happily ['hæpɪlɪ] *adv* อย่างมีความสุข [yang mee khwam suk]
happiness ['hæpɪnɪs] *n* ความสุข [khwam suk]
happy ['hæpɪ] *adj* เป็นสุข [pen suk]
harassment ['hærəsmənt] *n* การรังควาน [kan rang khwan]
harbour ['hɑːbə] *n* ท่าเรือ [tha rue]
hard [hɑːd] *adj (difficult)* ยาก [yak], *(firm, rigid)* แข็ง [khaeng] ▷ *adv* ยากเย็น [yak yen]; **hard disk** *n* แผ่นบันทึก [phaen ban thuek]; **hard shoulder** *n* ไหล่ทาง [lai thang]
hardboard ['hɑːd,bɔːd] *n* ไม้อัด [mai at]
hardly ['hɑːdlɪ] *adv* เกือบจะไม่ [kueap ja mai]
hard up [hɑːd ʌp] *adj* หมดเงิน [mot ngoen]
hardware ['hɑːd,wɛə] *n* เครื่องใช้ที่ทำด้วยโลหะ [khrueang chai thii tham duai lo ha]
hare [hɛə] *n* กระต่ายป่า [kra tai pa]
harm [hɑːm] *v* ทำอันตราย [tham an tra lai]
harmful ['hɑːmfʊl] *adj* เป็นอันตราย [pen an ta rai]
harmless ['hɑːmlɪs] *adj* ไม่มีอันตราย [mai mii an ta rai]
harp [hɑːp] *n* พิณตั้ง [phin tang]
harsh [hɑːʃ] *adj* หยาบ [yap]
harvest ['hɑːvɪst] *n* การเก็บเกี่ยว [kan kep kiao] ▷ *v* เก็บเกี่ยว [kep kiao]
hastily [heɪstɪlɪ] *adv* อย่างรีบเร่ง [yang rip reng]
hat [hæt] *n* หมวก [muak]
hatchback ['hætʃ,bæk] *n* รถยนต์ที่มีประตูหลัง [rot yon thii mii pra tu lang]
hate [heɪt] *v* เกลียด [kliat]; **I hate...** ฉันเกลียด... [chan kliat...]
hatred ['heɪtrɪd] *n* ความเกลียด [khwam kliat]
haunted ['hɔːntɪd] *adj* ซึ่งสิงอยู่ [sueng sing yu]
have [hæv] *v* มี [mi]; **Do you have a room?** คุณมีห้องว่างสักห้องไหม? [khun mii hong wang sak hong mai]; **I don't have any children** ฉันไม่มีลูก [chan mai mii luk]; **I have a child** ฉันมีลูกหนึ่งคน [chan mii luk nueng khon]
have to [hæv tʊ] *v* ต้อง [tong]; **Do you have to be a member?** คุณต้องเป็นสมาชิกหรือไม่? [khun tong pen sa ma chik rue mai]; **We will have to report it to the police** เราต้องแจ้งกับตำรวจ [rao tong chaeng kap tam ruat]; **Will I have to pay?** ฉันต้องจ่ายไหม? [chan tong chai mai]
hawthorn ['hɔː,θɔːn] *n* ต้นฮอธอน [ton ho thon]
hay [heɪ] *n* หญ้าแห้ง [ya haeng]; **hay fever** *n* ไข้ละอองฟาง [khai la ong fang]
haystack ['heɪ,stæk] *n* กองหญ้า [kong ya]
hazelnut ['heɪzᵊl,nʌt] *n* ถั่วเฮเซลนัท

[thua he sel nat]
he [hiː] *pron* เขาผู้ชาย [khao phu chai]
head [hɛd] *n (body part)* ศีรษะ [si sa], *(principal)* ครูใหญ่ [khru yai] ▷ *v* นำ [nam]; **deputy head** *n* รองอาจารย์ใหญ่ [rong a chan yai]; **head office** *n* สำนักงานใหญ่ [sam nak ngan yai]
headache [ˈhɛdˌeɪk] *n* ปวดหัว [puat hua]; **I'd like something for a headache** ฉันอยากได้อะไรสักอย่างเพื่อแก้ปวดหัว [chan yak dai a rai sak yang phuea kae puat hua]
headlamp [ˈhɛdˌlæmp] *n* ไฟหน้าของรถยนต์ [fai na khong rot yon]
headlight [ˈhɛdˌlaɪt] *n* ไฟหน้าของรถยนต [fai na khong rot yon]
headline [ˈhɛdˌlaɪn] *n* หัวข่าว [hua khao]
headphones [ˈhɛdˌfəʊnz] *npl* หูฟัง [hu fang]; **Does it have headphones?** มีหูฟังไหม? [mii hu fang mai]
headquarters [ˌhɛdˈkwɔːtəz] *npl* กองบัญชาการ [kong ban cha kaan]
headroom [ˈhɛdˌrʊm; -ˌruːm] *n* ที่ว่างเหนือศีรษะ [thii wang nuea si sa]
headscarf, headscarves [ˈhɛdˌskɑːf, ˈhɛdˌskɑːvz] *n* ผ้าพันศีรษะ [pha phan sri sa]
headteacher [ˈhɛdˌtiːtʃə] *n* ครูใหญ่ [khru yai]
heal [hiːl] *v* รักษา [rak sa]
health [hɛlθ] *n* สุขภาพ [suk kha phap]; **I don't have health insurance** ฉันไม่มีประกันสุขภาพส่วนตัว [chan mai mii pra kan suk kha phap suan tua]; **I have private health insurance** ฉันมีประกันสุขภาพส่วนตัว [chan mii pra kan suk kha phap suan tua]
healthy [ˈhɛlθɪ] *adj* มีสุขภาพดี [mii suk kha phap di]
heap [hiːp] *n* กอง [kong]
hear [hɪə] *v* ได้ยิน [dai yin]
hearing [ˈhɪərɪŋ] *n* การได้ยิน [kan dai yin]; **hearing aid** *n* เครื่องช่วยฟัง [khrueang chuai fang]
heart [hɑːt] *n* หัวใจ [hua chai]; **heart attack** *n* หัวใจวาย [hua jai wai]; **I have a heart condition** ฉันมีอาการทางหัวใจ [chan mii a kan thang hua jai]
heartbroken [ˈhɑːtˌbrəʊkən] *adj* อกหัก [ok hak]
heartburn [ˈhɑːtˌbɜːn] *n* ร้อนใน [ron nai]
heat [hiːt] *n* ความร้อน [khwam ron] ▷ *v* ทำให้ร้อน [tham hai ron]
heater [ˈhiːtə] *n* เครื่องทำความร้อน [khrueang tham khwam ron]
heather [ˈhɛðə] *n* เครื่องทำความร้อน [khrueang tham khwam ron]
heating [ˈhiːtɪŋ] *n* การทำให้อุ่น [kan tham hai un]; **central heating** *n* ระบบทำความร้อน [ra bop tham khwam ron]
heat up [hiːt ʌp] *v* อุ่น [un]
heaven [ˈhɛvᵊn] *n* สวรรค์ [sa wan]
heavily [ˈhɛvɪlɪ] *adv* อย่างหนัก [yang nak]
heavy [ˈhɛvɪ] *adj* หนัก [nak]; **This is too heavy** นี่หนักเกินไป [ni nak koen pai]
hedge [hɛdʒ] *n* รั้ว [rua]
hedgehog [ˈhɛdʒˌhɒg] *n* เม่น [men]
heel [hiːl] *n* ส้นเท้า [son thao]; **high heels** *npl* รองเท้าส้นสูง [rong thao son sung]
height [haɪt] *n* ความสูง [khwam sung]
heir [ɛə] *n* ทายาท [tha yat]
heiress [ˈɛərɪs] *n* ทายาทหญิง [tha yat ying]
helicopter [ˈhɛlɪˌkɒptə] *n* เฮลิคอปเตอร์ [he li kop toe]
hell [hɛl] *n* นรก [na rok]
hello [hɛˈləʊ] *excl* สวัสดี [sa wat di]
helmet [ˈhɛlmɪt] *n* หมวกกันน็อก [muak kan nok]
help [hɛlp] *n* ความช่วยเหลือ [khwam chuai luea] ▷ *v* ช่วย [chaui]; **Can you help me?** คุณช่วยฉันได้ไหม? [khun chuai chan dai mai]; **Fetch help quickly!** ขอคนมาช่วยเร็วหน่อย [kho khon ma chuai reo noi]; **Help!** ช่วยด้วย

[chuai duai]
helpful ['hɛlpfʊl] *adj* เป็นประโยชน์ [pen pra yot]
helpline ['hɛlp,laɪn] *n* การให้ความช่วยเหลือทางโทรศัพท์ [kan hai khwam chuai luea thang tho ra sap]
hen [hɛn] *n* แม่ไก่ [mae kai]; **hen night** *n* งานปาร์ตี้ที่หญิงสาวฉลองคืนก่อนวันแต่งงาน [ngan pa tii thii ying sao cha long khuen kon wan taeng ngan]
hepatitis [,hɛpə'taɪtɪs] *n* โรคตับอักเสบ [rok tap ak sep]
her [hɜ:; hə; ə] *pron* เธอ [thoe], ของหล่อน [khong hlon]; **She has hurt her leg** เธอทำขาเธอเจ็บ [thoe tham kha thoe chep]
herbs [hɜ:bz] *npl* สมุนไพร [sa mun phrai]
herd [hɜ:d] *n* ฝูงสัตว์ [fung sat]
here [hɪə] *adv* ที่นี่ [thi ni]; **I'm here for work** ฉันมาทำงานที่นี่ [chan ma tham ngan thii ni]; **I'm here on my own** ฉันมาที่นี่คนเดียว [chan ma thii ni khon diao]
hereditary [hɪ'rɛdɪtərɪ; -trɪ] *adj* เป็นกรรมพันธุ์ [pen kam ma phan]
heritage ['hɛrɪtɪdʒ] *n* มรดก [mo ra dok]
hernia ['hɜ:nɪə] *n* โรคไส้เลื่อน [rok sai luean]
hero ['hɪərəʊ] *n* วีรบุรุษ [wi ra bu rut]
heroin ['hɛrəʊɪn] *n* เฮโรอีน [he ro in]
heroine ['hɛrəʊɪn] *n* วีรสตรี [wi ra sa tri]
heron ['hɛrən] *n* นกกระสา [nok kra sa]
herring ['hɛrɪŋ] *n* ปลาเฮอริ่ง [pla hoe ring]
hers [hɜ:z] *pron* ของหล่อน [khong hlon]
herself [hə'sɛlf] *pron* หล่อนเอง [lon eng]
hesitate ['hɛzɪ,teɪt] *v* ลังเลใจ [lang le jai]
heterosexual [,hɛtərəʊ'sɛksjʊəl] *adj* เกี่ยวกับเพศตรงข้าม [kiao kap phet trong kham]
HGV [eɪtʃ dʒi: vi:] *abbr* ตัวย่อของยานพาหนะที่สามารถบรรทุกของหนัก [tua yo khong yan pha ha na thii sa maat ban thuk khong nak]
hi [haɪ] *excl* สวัสดี [sa wat di]
hiccups ['hɪkʌps] *npl* สะอึก [sa uek]
hidden ['hɪdᵊn] *adj* ซึ่งปิดบัง [sueng pit bang]
hide [haɪd] *vi* ซ่อน ปกปิด [son, pok pit] ▷ *vt* ซ่อน ซุกซ่อน [son, suk son]
hide-and-seek [,haɪdænd'si:k] *n* การเล่นซ่อนหา [kan len saun ha]
hideous ['hɪdɪəs] *adj* อัปลักษณ์ [ap pa lak]
hifi ['haɪ'faɪ] *n* เครื่องไฮไฟ [khrueang hai fai]
high [haɪ] *adj* สูง [sung] ▷ *adv* อย่างสูง [yang sung]; **high heels** *npl* รองเท้าส้นสูง [rong thao son sung]; **high jump** *n* กระโดดสูง [kra dot sung]; **high season** *n* ฤดูกาลที่มีธุรกิจมาก [rue du kan thii mii thu ra kit mak]; **How high is it?** สูงแค่ไหน? [sung khae nai]
highchair ['haɪ,tʃɛə] *n* เก้าอี้เด็ก [kao ee dek]
high-heeled ['haɪ,hi:ld] *adj* ที่มีส้นสูง [thii mii son sung]
highlight ['haɪ,laɪt] *n* จุดเด่น [chut den] ▷ *v* เน้น [nen]
highlighter ['haɪ,laɪtə] *n* ปากกาสะท้อนแสงที่ใช้เน้นข้อความให้เด่นชัด [pak ka sa thon saeng thii chai nen kho khwam hai den chat]
high-rise ['haɪ,raɪz] *n* ตึกสูง [tuek sung]
hijack ['haɪ,dʒæk] *v* ปล้น [plon]
hijacker ['haɪ,dʒækə] *n* โจรปล้นจี้ [chon plon chi]
hike [haɪk] *n* การเดินทางไกลด้วยเท้า [kan doen thang kai duai thao]
hiking [haɪkɪŋ] *n* การเดินทางไกลในชนบท [kan doen thang kai nai chon na bot]
hilarious [hɪ'lɛərɪəs] *adj* สนุกสนานเฮฮา [sa nuk sa nan he ha]
hill [hɪl] *n* เขาเตี้ย ๆ [khao tia tia]

hill-walking ['hɪl,wɔːkɪŋ] *n* เดินเขา [doen khao]
him [hɪm; ɪm] *pron* เขาผู้ชาย [khao phu chai]
himself [hɪm'sɛlf; ɪm'sɛlf] *pron* ตัวเขาเอง [tua khao eng]
Hindu ['hɪnduː; hɪn'duː] *adj* ชาวฮินดู [chao hin du] ▷ *n* แขกที่นับถือศาสนาฮินดู [khaek thii nap thue sat sa na hin du]
Hinduism ['hɪndʊ,ɪzəm] *n* ศาสนาฮินดู [sat sa na hin du]
hinge [hɪndʒ] *n* บานพับ [ban phap]
hint [hɪnt] *n* การบอกใบ้ [kan bok bai] ▷ *v* บอกใบ้ [bok bai]
hip [hɪp] *n* สะโพก [sa phok]
hippie ['hɪpɪ] *n* พวกฮิปปี้ [phuak hip pi]
hippo ['hɪpəʊ] *n* ฮิปโป [hip po]
hippopotamus, hippopotami [,hɪpə'pɒtəməs, ,hɪpə'pɒtəmaɪ] *n* ฮิปโป [hip po]
hire ['haɪə] *n* การให้เช่า [kan hai chao] ▷ *v* เช่า [chao]; **Can we hire the equipment?** เราจะเช่าอุปกรณ์ได้ที่ไหน? [rao ja chao up pa kon dai thii nai]; **Do they hire out rackets?** เขามีไม้เล่นเทนนิสให้เช่าไหม? [khao mii mai len then nis hai chao mai]; **Do you hire push-chairs?** คุณมีรถเข็นเด็กให้เช่าไหม? [khun mii rot khen dek hai chao mai]
his [hɪz; ɪz] *adj* ของเขา [khong khao] ▷ *pron* ของเขาผู้ชาย [khong khao phu chai]
historian [hɪ'stɔːrɪən] *n* นักประวัติศาสตร์ [nak pra wat ti saat]
historical [hɪ'stɒrɪkəl] *adj* ที่เกี่ยวกับประวัติศาสตร์ [thii kiao kap pra wat ti saat]
history ['hɪstərɪ; 'hɪstrɪ] *n* ประวัติศาสตร์ [pra wat ti sat]
hit [hɪt] *n* การตี [kan ti] ▷ *v* ตี [ti]
hitch [hɪtʃ] *n* การหยุดชะงัก [kan yut cha ngak]
hitchhike ['hɪtʃ,haɪk] *v* โบกรถเพื่อนเดินทาง [bok rot phuean doen thang]
hitchhiker ['hɪtʃ,haɪkə] *n* คนที่เดินทางโดยการขออาศัยรถคนอื่น [kon thii doen thang doi kan khor a sai rot kon aue]
hitchhiking ['hɪtʃ,haɪkɪŋ] *n* เดินทางโดยอาศัยรถของผู้อื่น [doen thang doi a sai rot khong phu aue]
HIV-negative [eɪtʃ aɪ viː 'nɛɡətɪv] *adj* ไม่มีเชื้อไวรัสที่ทำให้เกิดโรคเอดส์ [mai mii chuea vai ras thii tham hai koet rok aid]
HIV-positive [eɪtʃ aɪ viː 'pɒzɪtɪv] *adj* มีเชื้อไวรัสที่ทำให้เกิดโรคเอดส์ [mii chuea wai ras thii tham hai koet rok aid]
hobby ['hɒbɪ] *n* งานอดิเรก [ngan a di rek]
hockey ['hɒkɪ] *n* กีฬาฮ็อคกี้ [ki la hok ki]; **ice hockey** *n* กีฬาไอซ์ฮอกกี้ [ki la ai hok ki]
hold [həʊld] *v* ถือ [thue]; **Could you hold this for me?** คุณช่วยถือนี่ให้ฉันได้ไหม? [khun chuai thue nii hai chan dai mai]
holdall ['həʊld,ɔːl] *n* กระเป๋าเดินทางที่พับเก็บได้ [kra pao doen thang thii phap kep dai]
hold on [həʊld ɒn] *v* ยึดแน่น [yuet naen]
hold up [həʊld ʌp] *v* ทำให้ชักช้า [tham hai chak cha]
hold-up [həʊldʌp] *n* การหยุดชะงัก [kan yut cha ngak]
hole [həʊl] *n* รู [ru]; **I have a hole in my shoe** รองเท้าฉันมีรู [rong thao chan mii ru]
holiday ['hɒlɪ,deɪ; -dɪ] *n* วันหยุด [wan yut]; **activity holiday** *n* วันหยุดท่องเที่ยวที่มีกิจกรรม [wan yut thong thiao thii mii kit cha kam]; **bank holiday** *n* วันหยุดธนาคาร [wan yut tha na khan]; **holiday home** *n* บ้านที่ใช้ในระหว่างเวลาหยุดงานหรือหยุดเรียน [baan thii chai nai ra wang we la yut ngan rue yut rian]
Holland ['hɒlənd] *n* ประเทศฮอลแลนด์ [pra tet hol laen]
hollow ['hɒləʊ] *adj* เป็นโพรง [pen phrong]
holly ['hɒlɪ] *n* ต้นฮอลลี่ [ton hol li]

holy ['həʊlɪ] *adj* เป็นที่เคารพบูชา [pen thii khao rop bu cha]
home [həʊm] *adv* ที่บ้าน [thii baan] ▷ *n* บ้าน [ban]; **home address** *n* ที่อยู่ [thi yu]; **I'd like to go home** ฉันอยากกลับบ้าน [chan yak klap baan]; **Please come home by 11p.m.** กรุณากลับบ้านภายในห้าทุ่ม [ka ru na klap baan pai nai ha tum]; **When do you go home?** คุณจะกลับบ้านเมื่อไร? [khun ja klap baan muea rai]
homeland ['həʊm,lænd] *n* บ้านเกิดเมืองนอน [baan koed mueang norn]
homeless ['həʊmlɪs] *adj* ไม่มีบ้าน [mai mii baan]
home-made ['həʊm'meɪd] *adj* ที่ทำเองในครอบครัว [thii tham eng nai khrop khrua]
homeopathic [,həʊmɪ'ɒpæθɪk] *adj* ที่เกี่ยวกับการรักษาที่ใช้ยาจำนวนเล็กน้อยสร้างระบบเชื้อโรคในร่างกายคนที่แข็งแรง [thii kiao kab kan rak sa thii chai ya cham nuan lek noi srang ra bob chuea rok nai rang kai kon thii khaeng raeng]
homeopathy [,həʊmɪ'ɒpəθɪ] *n* วิธีการรักษาโดยใช้ยาจำนวนเล็กน้อยที่จะสร้างระบบเชื้อโรคในคนที่มีร่างกายแข็งแรง [vi thi kan rak sa doi chai ya cham nuan lek noi thii ja srang ra bob chuea rok nai kon thii mee rang kai khaeng raeng]
homesick ['həʊm,sɪk] *adj* คิดถึงบ้าน [khit thueng baan]
homework ['həʊm,wɜːk] *n* การบ้าน [kan ban]
Honduras [hɒn'djʊərəs] *n* ประเทศฮอนดูรัส [pra tet hon du ras]
honest ['ɒnɪst] *adj* ซื่อสัตย์ [sue sat]
honestly ['ɒnɪstlɪ] *adv* อย่างซื่อสัตย์ [yang sue sat]
honesty ['ɒnɪstɪ] *n* ความซื่อสัตย์ [khwam sue sat]
honey ['hʌnɪ] *n* น้ำผึ้ง [nam khueng]
honeymoon ['hʌnɪ,muːn] *n* น้ำผึ้งพระจันทร์ [nam phueng phra chan]; **We are on our honeymoon** เรามาดื่มน้ำผึ้งพระจันทร์ที่นี่ [rao ma duem nam phueng phra chan thii ni]
honeysuckle ['hʌnɪ,sʌkᵊl] *n* ต้นไม้เลื้อยชนิดหนึ่งมีกลิ่นหอม [ton mai lueai cha nit nueng mii klin hom]
honour ['ɒnə] *n* เกียรติยศ [kiat ti yot]
hood [hʊd] *n* หมวกครอบ [hmuak khrob]
hook [hʊk] *n* ตะขอ [ta kho]
hooray [huː'reɪ] *excl* ฮูเร [hu re]
Hoover® ['huːvə] *n* ยี่ห้อเครื่องดูดฝุ่น [yi ho khrueang dut fun]; **hoover** *v* ดูดฝุ่น [dud fun]
hope [həʊp] *n* ความหวัง [khwam wang] ▷ *v* หวัง [wang]; **I hope the weather improves** ฉันหวังว่าอากาศคงจะดีขึ้น [chan wang wa a kaat khong ja di khuen]
hopeful ['həʊpfʊl] *adj* มีความหวัง [mii khwam wang]
hopefully ['həʊpfʊlɪ] *adv* ด้วยความหวังว่าจะสมหวัง [duai khwam hwang wa ja som hwang]
hopeless ['həʊplɪs] *adj* ไม่มีความหวัง [mai mii khwam wang]
horizon [hə'raɪzᵊn] *n* ขอบฟ้า [khop fa]
horizontal [,hɒrɪ'zɒntᵊl] *adj* แนวนอน [naeo non]
hormone ['hɔːməʊn] *n* ฮอร์โมน [ho mon]
horn [hɔːn] *n* เขา [khao]; **French horn** *n* แตรทองเหลืองรูปร่างโค้งงอ [trae thong lueang rup rang khong ngo]
horoscope ['hɒrə,skəʊp] *n* โหราศาสตร์ [ho ra sat]
horrendous [hɒ'rɛndəs] *adj* น่ากลัว [na klua]
horrible ['hɒrəbᵊl] *adj* เลวร้าย [leo rai]
horrifying ['hɒrɪ,faɪɪŋ] *adj* ที่ทำให้ขยะแขยง [thii tham hai kha ya kha yaeng]
horror ['hɒrə] *n* ความน่ากลัว [khwam na

klua]; **horror film** *n* หนังที่น่ากลัว [nang thii na klua]

horse [hɔːs] *n* ม้า [ma]; **horse racing** *n* การแข่งม้า [kan khaeng ma]; **Can we go horse riding?** เราไปขี่ม้าได้ไหม? [rao pai khi ma dai mai]; **I'd like to see a horse race** ฉันอยากดูแข่งม้า [chan yak du khaeng ma]; **Let's go horse riding** ไปขี่ม้ากันเถอะ [pai khi ma kan thoe]

horseradish ['hɔːs,rædɪʃ] *n* สมุนไพรอย่างหนึ่งเป็นหัวมีรสเผ็ด [sa mun phrai yang nueng pen hua mii rot phet]

horseshoe ['hɔːs,ʃuː] *n* เกือกม้า [kueak ma]

hose [həʊz] *n* ข้อต่อสำหรับเครื่องอัดน้ำมันหรือน้ำ [kho to sam rap khrueang at nam man rue nam]

hosepipe ['həʊz,paɪp] *n* สายยาง [sai yang]

hospital ['hɒspɪtᵊl] *n* โรงพยาบาล [rong pha ya ban]; **How do I get to the hospital?** ฉันจะไปโรงพยาบาลได้อย่างไร? [chan ja pai rong pha ya baan dai yang rai]; **I work in a hospital** ฉันทำงานในโรงพยาบาล [chan tham ngan nai rong pha ya baan]; **We must get him to hospital** เราต้องพาเขาไปโรงพยาบาล [rao tong pha khao pai rong pha ya baan]

hospitality [,hɒspɪ'tælɪtɪ] *n* การรับรองแขก [kan rap rong khaek]

host [həʊst] *n (entertains)* เจ้าภาพ [chao phap], *(multitude)* จำนวนมาก [cham nuan mak]

hostage ['hɒstɪdʒ] *n* ตัวประกัน [tua pra kan]

hostel ['hɒstᵊl] *n* หอพักนักเรียน [ho phak nak rian]; **Is there a youth hostel nearby?** มีหอพักนักเรียนใกล้ๆ บ้างไหม? [mee hor phak nak rian kai kai bang mai]

hostess ['həʊstɪs] *n* **air hostess** *n* พนักงานหญิงบริการบนเครื่องบิน [pha nak ngan ying], แอร์โฮสเตส [pha nak ngan ying bo ri kan bon khrueang bin, ae hos tes]

hostile ['hɒstaɪl] *adj* ไม่เป็นมิตร [mai pen mit]

hot [hɒt] *adj* ร้อน [ron]; **I feel hot** ฉันรู้สึกร้อน [chan ru suek ron]; **I'm too hot** ฉันร้อนเกินไป [chan ron koen pai]; **It's very hot** ร้อนมาก [ron mak]

hotel [həʊ'tɛl] *n* โรงแรม [rong raem]; **Can you book me into a hotel?** คุณจองโรงแรมให้ฉันได้ไหม? [khun chong rong raem hai chan dai mai]; **Can you recommend a hotel?** คุณแนะนำโรงแรมให้ได้ไหม? [khun nae nam rong raem hai dai mai]; **He runs the hotel** เขาดำเนินกิจการโรงแรม [khao dam noen kit cha kan rong raeng]

hour [aʊə] *n* ชั่วโมง [chua mong]; **office hours** *npl* ชั่วโมงทำงาน [chau mong tham ngan]; **opening hours** *npl* ชั่วโมงที่เปิด [chau mong thii poet]; **peak hours** *npl* ชั่วโมงที่มีผู้ใช้ถนนมาก [chau mong thii mii phu chai tha non mak]; **How much is it per hour?** ชั่วโมงละเท่าไร? [chau mong la thao rai]

hourly ['aʊəlɪ] *adj* ที่เกิดประจำทุกชั่วโมง [thii koed pra cham thuk chau mong] ▷ *adv* ทุกชั่วโมง [thuk chau mong]

house [haʊs] *n* บ้าน [ban]; **council house** *n* บ้านของเทศบาล [baan khong tet sa ban]; **detached house** *n* บ้านเดี่ยว [baan diao]; **semi-detached house** *n* บ้านที่อยู่ติดกัน [baan thii yu tit kan]; **Do we have to clean the house before we leave?** เราต้องทำความสะอาดบ้านก่อนออกไปไหม? [rao tong tham khwam sa at baan kon ok pai mai]

household ['haʊs,həʊld] *n* ครอบครัว [khrop khrua]

housewife, housewives ['haʊs,waɪf, 'haʊs,waɪvz] *n* แม่บ้าน [mae ban]

housework ['haʊs,wɜːk] *n* งานบ้าน [ngan baan]

hovercraft ['hɒvə,krɑːft] *n* เรือที่แล่นได้

อย่างรวดเร็วบนน้ำ [ruea thii laen dai yang ruad reo bon nam]
how [haʊ] *adv* อย่างไร [yang rai]; **Do you know how to do this?** คุณรู้ไหมว่าจะทำนี่ได้อย่างไร? [khun ru mai wa ja tham ni dai yang rai]; **How do I get to...?** ฉันจะไปที่...ได้อย่างไร? [chan ja pai thii...dai yang rai]; **How does this work?** นี่ทำงานอย่างไร? [ni tham ngan yang rai]
however [haʊˈɛvə] *adv* อย่างไรก็ตาม [yang rai ko tam]
howl [haʊl] *v* ร้องโหยหวน [rong hoi huan]
HQ [eɪtʃ kjuː] *abbr* ตัวย่อของสำนักงานใหญ่ [tua yor khong sam nak ngan yai]
hubcap [ˈhʌbˌkæp] *n* หมวกครอบศีรษะ [hmuak khrob sri sa]
hug [hʌg] *n* การกอด [kan kot] ▷ *v* กอด [kot]
huge [hjuːdʒ] *adj* ใหญ่โต [yai to]
hull [hʌl] *n* ตัวเรือ [tua ruea]
hum [hʌm] *v* ร้องเพลงในคอ [rong phleng nai kho]
human [ˈhjuːmən] *adj* เกี่ยวกับมนุษย์ [kiao kap ma nut]; **human being** *n* คน [khon]; **human rights** *npl* สิทธิของมนุษย์ [sit thi khong ma nut]
humanitarian [hjuːˌmænɪˈtɛərɪən] *adj* มีมนุษยธรรม [mii ma nut sa ya tham]
humble [ˈhʌmbᵊl] *adj* ถ่อมตัว [thom tua]
humid [ˈhjuːmɪd] *adj* ชื้น [chuen]
humidity [hjuːˈmɪdɪtɪ] *n* ความชื้น [khwam chuen]
humorous [ˈhjuːmərəs] *adj* ตลกขบขัน [ta lok khop khan]
humour [ˈhjuːmə] *n* อารมณ์ขัน [a rom khan]; **sense of humour** *n* การมีอารมณ์ขัน [kan mii a rom khan]
hundred [ˈhʌndrəd] *number* ที่หนึ่งร้อย [thii nueng roi]
Hungarian [hʌŋˈgɛərɪən] *adj* เกี่ยวกับประเทศฮังการี [kiao kap pra thet hang ka ri] ▷ *n* ชาวฮังการี [chao hang ka ri]
Hungary [ˈhʌŋgərɪ] *n* ประเทศฮังการี [pra tet hang ka ri]
hunger [ˈhʌŋgə] *n* ความหิว [khwam hio]
hungry [ˈhʌŋgrɪ] *adj* หิว [hio]; **I'm hungry** ฉันหิว [chan hio]; **I'm not hungry** ฉันไม่หิว [chan mai hio]
hunt [hʌnt] *n* ล่าสัตว์ [la sat] ▷ *v* ล่าสัตว์ [la sat]
hunter [ˈhʌntə] *n* นายพราน [nai phran]
hunting [ˈhʌntɪŋ] *n* การล่าสัตว์ [kan la sat]
hurdle [ˈhɜːdᵊl] *n* รั้วสำหรับแข่งกระโดดข้าม [rua sam rap khaeng kra dot kham]
hurricane [ˈhʌrɪkᵊn; -keɪn] *n* พายุเฮอริเคน [pha yu hoe ri khen]
hurry [ˈhʌrɪ] *n* ความเร่งรีบ [khwam reng rip] ▷ *v* เร่งรีบ [reng rip]
hurry up [ˈhʌrɪ ʌp] *v* เร่งรีบ [reng rip]
hurt [hɜːt] *adj* ทำให้บาดเจ็บ [tham hai bad chep] ▷ *v* บาดเจ็บ [bat chep]
husband [ˈhʌzbənd] *n* สามี [sa mi]; **This is my husband** นี่สามีดิฉันค่ะ [ni sa mii di chan kha]
hut [hʌt] *n* กระท่อม [kra thom]; **Where is the nearest mountain hut?** กระท่อมที่ใกล้ที่สุดบนเขาอยู่ที่ไหน? [kra thom thii klai thii sud bon khao yu thii nai]
hyacinth [ˈhaɪəsɪnθ] *n* ชื่อพันธุ์ไม้ชนิดหนึ่ง [chue phan mai cha nit nueng]
hydrogen [ˈhaɪdrɪdʒən] *n* แก๊สไฮโดรเจน [kas hai dro chen]
hygiene [ˈhaɪdʒiːn] *n* อนามัย [a na mai]
hymn [hɪm] *n* เพลงศาสนา [phleng sad da na]
hypermarket [ˈhaɪpəˌmɑːkɪt] *n* ร้านขายของขนาดใหญ่มากมักอยู่นอกเมือง [ran khai khong kha nard yai mak mak yu nork mueang]
hyphen [ˈhaɪfᵊn] *n* เครื่องหมายขีดสั้นกลางระหว่างคำ [khueang mai khid san klang ra wang kham]

I

I [aɪ] *pron* ฉัน [chan]; **I am HIV-positive** ฉันเป็นเฮชไอวีบวก [chan pen het ai wii buak]; **I don't like...** ฉันไม่ชอบ... [chan mai chop...]; **I have an appointment with...** ฉันมีนัดกับ... [chan mii nat kap...]

ice [aɪs] *n* น้ำแข็ง [nam khaeng]; **black ice** *n* น้ำแข็งสีดำ [nam khaeng sii dam]; **ice cube** *n* ก้อนน้ำแข็ง [kon nam khaeng]; **ice hockey** *n* กีฬาไอซ์ฮอกกี้ [ki la ai hok ki]; **With ice, please** ขอน้ำแข็งด้วย [kho nam khaeng duai]

iceberg ['aɪsbɜːg] *n* ภูเขาน้ำแข็งลอยอยู่กลางทะเล [phu khao nam khaeng loi yu klang tha le]

icebox ['aɪs,bɒks] *n* ช่องน้ำแข็งในตู้เย็น [chong nam khaeng nai tu yen]

ice cream ['aɪs 'kriːm] *n* ไอศกรีม [ai sa krim]; **I'd like an ice cream** เราอยากได้ไอศกรีม [rao yak dai ai sa krim]

Iceland ['aɪslənd] *n* ประเทศไอซ์แลนด์ [pra tet ai laen]

Icelandic [aɪs'lændɪk] *adj* เกี่ยวกับไอซ์แลนด์ [kiao kap ai laen] ▷ *n* ชาวไอซ์แลนด์ [chao ai laen]

ice-skating ['aɪs,skeɪtɪŋ] *n* การเล่นสเก็ตน้ำแข็ง [kan len sa ket nam khaeng]

icing ['aɪsɪŋ] *n* น้ำตาลไอซิ่งบนหน้าขนมเค้ก [nam tan ai sing bon na kha nom khek]; **icing sugar** *n* น้ำตาลผง [nam tan phong]

icon ['aɪkɒn] *n* สัญลักษณ์ภาพ [san ya lak phap]

icy ['aɪsɪ] *adj* เย็นจัด [yen chat]

idea [aɪ'dɪə] *n* ความคิด [khwam khit]

ideal [aɪ'dɪəl] *adj* ดีเลิศ [di loet]

ideally [aɪ'dɪəlɪ] *adv* อย่างดีเลิศ [yang di loet]

identical [aɪ'dɛntɪkᵊl] *adj* เหมือนกันทุกอย่าง [muean kan thuk yang]

identification [aɪ,dɛntɪfɪ'keɪʃən] *n* การชี้ตัว [kan chii tua]

identify [aɪ'dɛntɪ,faɪ] *v* ชี้ตัว [chi tua]

identity [aɪ'dɛntɪtɪ] *n* เอกลักษณ์ [ek ka lak]; **identity card** *n* บัตรประจำตัว [bat pra cham tua]; **identity theft** *n* การขโมยเอกลักษณ [kan kha moi ek ka lak]

ideology [,aɪdɪ'ɒlədʒɪ] *n* มโนคติวิทยา [ma no kha ti wit tha ya]

idiot ['ɪdɪət] *n* คนโง่ [khon ngo]

idiotic [,ɪdɪ'ɒtɪk] *adj* ที่โง่เขลา [thii ngo khlao]

idle ['aɪdᵊl] *adj* เกียจคร้าน [kiat khran]

i.e. [aɪ iː] *abbr* ตัวย่อของคือ [tua yo khong khue]

if [ɪf] *conj* ถ้า [tha]; **Do you mind if I smoke?** คุณจะว่าอะไรไหมถ้าฉันสูบบุหรี่? [khun ja wa a rai mai tha chan sup bu rii]; **Please call us if you'll be late** ช่วยโทรบอกเราถ้าคุณจะมาช้า [chuai tho bok rao tha khun ja ms cha]

ignition [ɪg'nɪʃən] *n* การติดเครื่อง [kan tit khrueang]

ignorance ['ɪgnərəns] *n* ความโง่เขลา [khwam ngo khlao]

ignorant ['ɪgnərənt] *adj* เขลา [khlao]

ignore [ɪg'nɔː] *v* ละเลย [la loei]

ill [ɪl] *adj* ป่วย [puai]; **I feel ill** ฉันรู้สึกป่วย [chan ru suek puai]

illegal [ɪ'li:gᵊl] *adj* ผิดกฎหมาย [phit kot mai]
illegible [ɪ'lɛdʒɪbᵊl] *adj* อ่านออกได้ยาก [arn ork dai yak]
illiterate [ɪ'lɪtərɪt] *adj* ไม่สามารถอ่านและเขียนได้ [mai sa mat an lae khian dai]
illness ['ɪlnɪs] *n* ความเจ็บป่วย [khwam chep puai]
ill-treat [ɪl'tri:t] *v* ปฏิบัติต่ออย่างไม่ดี [pa ti bat to yang mai di]
illusion [ɪ'lu:ʒən] *n* ภาพลวงตา [phap luang ta]
illustration [ˌɪlə'streɪʃən] *n* ภาพประกอบ [phap pra kop]
image ['ɪmɪdʒ] *n* ภาพพจน์ [phap phot]
imaginary [ɪ'mædʒɪnərɪ; -dʒɪnrɪ] *adj* มีอยู่แต่ในความนึกคิด [mii yu tae nai khwam nuek kit]
imagination [ɪˌmædʒɪ'neɪʃən] *n* จินตนาการ [chin ta na kan]
imagine [ɪ'mædʒɪn] *v* วาดมโนภาพ [wad ma no phap]
imitate ['ɪmɪˌteɪt] *v* เลียนแบบ [lian baep]
imitation [ˌɪmɪ'teɪʃən] *n* การลอกเลียนแบบ [kan lok lian baep]
immature [ˌɪmə'tjʊə; -'tʃʊə] *adj* ยังเยาว์วัย [yang yao wai]
immediate [ɪ'mi:dɪət] *adj* ทันที [than thi]
immediately [ɪ'mi:dɪətlɪ] *adv* โดยทันที [doi than thi]
immigrant ['ɪmɪgrənt] *n* ผู้อพยพเข้าประเทศ [phu op pa yop khao pra ted]
immigration [ˌɪmɪ'greɪʃən] *n* การอพยพจากต่างประเทศ [kan op pa yop chak tang pra tet]
immoral [ɪ'mɒrəl] *adj* ผิดศีลธรรม [phit sin la tham]
impact ['ɪmpækt] *n* ผลกระทบ [phon kra thop]
impaired [ɪm'pɛəd] *adj* **I'm visually impaired** สายตาของฉันแย่ลง [sai ta khong chan yae long]
impartial [ɪm'pɑ:ʃəl] *adj* ไม่ลำเอียง [mai lam iang]
impatience [ɪm'peɪʃəns] *n* ความไม่อดทน [khwam mai ot thon]
impatient [ɪm'peɪʃənt] *adj* ไม่อดทน [mai ot thon]
impatiently [ɪm'peɪʃəntlɪ] *adv* อย่างไม่อดทน [yang mai od thon]
impersonal [ɪm'pɜ:sənᵊl] *adj* ไม่ใช่ส่วนตัว [mai chai suan tua]
import *n* ['ɪmpɔ:t] การนำเข้า [kan nam khao] ▷ *v* [ɪm'pɔ:t] นำเข้า [nam khao]
importance [ɪm'pɔ:tᵊns] *n* ความสำคัญ [khwam sam khan]
important [ɪm'pɔ:tᵊnt] *adj* สำคัญ [sam khan]
impossible [ɪm'pɒsəbᵊl] *adj* ที่เป็นไปไม่ได้ [thii pen pai mai dai]
impractical [ɪm'præktɪkᵊl] *adj* ที่ปฏิบัติไม่ได้ [thii pa ti bat mai dai]
impress [ɪm'prɛs] *v* ประทับใจ [pra thap chai]
impressed [ɪm'prɛst] *adj* อย่างประทับใจ [yang pra thap jai]
impression [ɪm'prɛʃən] *n* สิ่งที่ประทับใจ [sing thii pra thap jai]
impressive [ɪm'prɛsɪv] *adj* น่าประทับใจ [na pra thap jai]
improve [ɪm'pru:v] *v* ทำให้ดีขึ้น [tha hai di khuen]
improvement [ɪm'pru:vmənt] *n* การทำให้ดีขึ้น [kan tham hai di khuen]
in [ɪn] *prep* ใน [nai]; **in a month's time** ภายในเวลาหนึ่งเดือน [phai nai we la nueng duean]; **in summer** ในหน้าร้อน [nai na ron]; **in the evening** ในตอนเย็น [nai ton yen]
inaccurate [ɪn'ækjʊrɪt] *adj* ไม่เที่ยงตรง [mai thiang trong]
inadequate [ɪn'ædɪkwɪt] *adj* ไม่เพียงพอ [mai phiang pho]
inadvertently [ˌɪnəd'vɜ:tᵊntlɪ] *adv* ไม่ได้ตั้งใจ [mai dai tang jai]
inbox ['ɪnbɒks] *n* แฟ้มในเครื่อง

คอมพิวเตอร์ใช้เก็บข้อความที่ส่งทางอีเล็กโทรนิค [faem nai khrueang khom phio toe chai kep kho khwam thii song thang i lek tro nik]

incentive [ɪn'sɛntɪv] *n* สิ่งกระตุ้น [sing kra tun]

inch [ɪntʃ] *n* นิ้ว [nio]

incident ['ɪnsɪdənt] *n* เหตุการณ์ที่บังเกิดขึ้น [hed kan thii bang koed khuen]

include [ɪn'klu:d] *v* นับรวมเข้าด้วย [nab ruam khao duai]

included [ɪn'klu:dɪd] *adj* ประกอบด้วย [pra kop duai]

including [ɪn'klu:dɪŋ] *prep* รวมทั้ง [ruam thang]

inclusive [ɪn'klu:sɪv] *adj* รวมทุกอย่าง [ruam thuk yang]

income ['ɪnkʌm; 'ɪnkəm] *n* รายได้ [rai dai]; **income tax** *n* ภาษีเงินได้ [pha si ngoen dai]

incompetent [ɪn'kɒmpɪtənt] *adj* ไม่มีความสามารถ [mai mii khwam sa mat]

incomplete [,ɪnkəm'pli:t] *adj* ไม่สมบูรณ์ [mai som boon]

inconsistent [,ɪnkən'sɪstənt] *adj* ไม่สม่ำเสมอ [mai sa mam sa moe]

inconvenience [,ɪnkən'vi:njəns; -'vi:nɪəns] *n* อย่างไม่สะดวก [yang mai sa duak]

inconvenient [,ɪnkən'vi:njənt; -'vi:nɪənt] *adj* ไม่สะดวก [mai sa duak]

incorrect [,ɪnkə'rɛkt] *adj* ไม่ถูกต้อง [mai thuk tong]

increase *n* ['ɪnkri:s] การเพิ่มขึ้น [kan poem khuen] ▷ *v* [ɪn'kri:s] เพิ่มขึ้น [phoem khuen]

increasingly [ɪn'kri:sɪŋlɪ] *adv* เพิ่มมากขึ้นทุกที [poem mak khuen thuk thi]

incredible [ɪn'krɛdəbᵊl] *adj* ไม่น่าเชื่อ [mai na chuea]

indecisive [,ɪndɪ'saɪsɪv] *adj* ลังเล [lang le]

indeed [ɪn'di:d] *adv* โดยแท้จริง [doi thae ching]

independence [,ɪndɪ'pɛndəns] *n* อิสรภาพ [it sa ra phap]

independent [,ɪndɪ'pɛndənt] *adj* อิสระ [it sa ra]

index ['ɪndɛks] *n (list)* สารบัญ [sa ra ban], *(numerical scale)* ดัชนี [dut cha ni]; **index finger** *n* นิ้วชี้ [nio chii]

India ['ɪndɪə] *n* ประเทศอินเดีย [pra ted in dia]

Indian ['ɪndɪən] *adj* เกี่ยวกับชาวอินเดีย [kiao kap chao in dia] ▷ *n* ชาวอินเดีย [chao in dia]; **Indian Ocean** *n* มหาสมุทรอินเดีย [ma ha sa mut in dia]

indicate ['ɪndɪ,keɪt] *v* ชี้บอก [chi bok]

indicator ['ɪndɪ,keɪtə] *n* เครื่องชี้นำ [khrueang chii nam]

indigestion [,ɪndɪ'dʒɛstʃən] *n* การไม่ย่อยของอาหาร [kan mai yoi khong a han]

indirect [,ɪndɪ'rɛkt] *adj* ไม่ตรง [mai trong]

indispensable [,ɪndɪ'spɛnsəbᵊl] *adj* ที่ขาดไม่ได้ [thii khat mai dai]

individual [,ɪndɪ'vɪdjʊəl] *adj* เฉพาะบุคคล [cha pho buk khon]

Indonesia [,ɪndəʊ'ni:zɪə] *n* ประเทศอินโดนีเซีย [pra tet in do ni sia]

Indonesian [,ɪndəʊ'ni:zɪən] *adj* เกี่ยวกับอินโดนีเซีย [kiao kap in do ni sia] ▷ *n (person)* ชาวอินโดนีเซีย [chao in do ni sia]

indoor ['ɪn,dɔ:] *adj* ในร่ม [nai rom]; **What indoor activities are there?** มีกิจกรรมในร่มอะไรบ้าง? [mii kit cha kam nai rom a rai bang]

indoors [,ɪn'dɔ:z] *adv* ในบ้าน [nai baan]

industrial [ɪn'dʌstrɪəl] *adj* เกี่ยวกับอุตสาหกรรม [kiao kap ut sa ha kram]; **industrial estate** *n* เขตอุตสาหกรรม [khet ut sa ha kam]

industry ['ɪndəstrɪ] *n* อุตสาหกรรม [ut sa ha kam]

inefficient [,ɪnɪ'fɪʃənt] *adj* ไร้ประสิทธิภาพ [rai pra sit thi phap]

inevitable [ɪnˈɛvɪtəbᵊl] *adj* ไม่สามารถหลีกเลี่ยงได้ [mai sa mat lik liang dai]
inexpensive [ˌɪnɪkˈspɛnsɪv] *adj* ไม่แพง [mai phaeng]
inexperienced [ˌɪnɪkˈspɪəriənst] *adj* ไม่มีประสบการณ์ [mai mii pra sop kan]
infantry [ˈɪnfəntrɪ] *n* กองทหารราบ [kong tha haan raap]
infection [ɪnˈfɛkʃən] *n* การติดเชื้อโรค [kan tit chuea rok]
infectious [ɪnˈfɛkʃəs] *adj* ติดเชื้อโรค [tid chuea rok]
inferior [ɪnˈfɪərɪə] *adj* ด้อยกว่า [doi kwa] ▷ *n* ผู้ด้อยกว่า [phu doi kwa]
infertile [ɪnˈfɜːtaɪl] *adj* ไม่อุดมสมบูรณ์ [mai u dom som bun]
infinitive [ɪnˈfɪnɪtɪv] *n* รูปกริยาที่ตั้งต้นด้วย [rup ka ri ya thii tang ton duai to]
infirmary [ɪnˈfɜːmərɪ] *n* โรงพยาบาล [rong pha ya ban]
inflamed [ɪnˈfleɪmd] *adj* ทำให้อักเสบ [tham hai ak seb]
inflammation [ˌɪnfləˈmeɪʃən] *n* การอักเสบ [kan ak seb]
inflatable [ɪnˈfleɪtəbᵊl] *adj* ที่ทำให้พองได้ [thii tham hai phong dai]
inflation [ɪnˈfleɪʃən] *n* ภาวะเงินเฟ้อ [pha wa ngoen foe]
inflexible [ɪnˈflɛksəbᵊl] *adj* ไม่ยืดหยุ่น [mai yuet yun]
influence [ˈɪnflʊəns] *n* อิทธิพล [it thi phon] ▷ *v* มีอิทธิพล [mii it thi phon]
influenza [ˌɪnflʊˈɛnzə] *n* ไข้หวัดใหญ่ [khai wat yai]
inform [ɪnˈfɔːm] *v* แจ้งให้ทราบ [chaeng hai sap]
informal [ɪnˈfɔːməl] *adj* ไม่เป็นทางการ [mai pen thang kan]
information [ˌɪnfəˈmeɪʃən] *n* ข้อมูล [kho mun]; **information office** *n* สำนักงานข้อมูล [sam nak ngan kho mun]; **Here's some information about my company** นี่เป็นข้อมูลเกี่ยวกับบริษัทฉัน? [ni pen kho mun kiao kap bo ri sat chan]; **I'd like some information about...** ฉันอยากได้ข้อมูลเกี่ยวกับ... [chan yak dai kho mun kiao kap...]
informative [ɪnˈfɔːmətɪv] *adj* ให้ความรู้ [hai khwam ru]
infrastructure [ˈɪnfrəˌstrʌktʃə] *n* โครงสร้างพื้นฐานเช่น ถนน สะพาน [khrong sang phuen than chen tha non sa phan]
infuriating [ɪnˈfjʊərɪeɪtɪŋ] *adj* ทำให้โกรธเป็นไฟ [tham hai kod pen fai]
ingenious [ɪnˈdʒiːnjəs; -nɪəs] *adj* เฉลียวฉลาด [cha liao cha lat]
ingredient [ɪnˈgriːdɪənt] *n* ส่วนผสม [suan pha som]
inhabitant [ɪnˈhæbɪtənt] *n* ผู้อยู่อาศัย [phu yu a sai]
inhaler [ɪnˈheɪlə] *n* เครื่องสูบอากาศหรือยาเข้าปอด [khrueang sup a kat rue ya khao pot]
inherit [ɪnˈhɛrɪt] *v* รับมรดก [rap mo ra dok]
inheritance [ɪnˈhɛrɪtəns] *n* มรดก [mo ra dok]
inhibition [ˌɪnɪˈbɪʃən; ˌɪnhɪ-] *n* การขัดขวาง [kan khat khwang]
initial [ɪˈnɪʃəl] *adj* แรก [raek] ▷ *v* เขียนอักษรย่อ [khian ak son yo]
initially [ɪˈnɪʃəlɪ] *adv* ตั้งแต่แรก [tang tae raek]
initials [ɪˈnɪʃəlz] *npl* อักษรแรก ๆ ของชื่อ [ak son raek raek khong chue]
initiative [ɪˈnɪʃɪətɪv; -ˈnɪʃətɪv] *n* การริเริ่ม [kan ri roem]
inject [ɪnˈdʒɛkt] *v* ฉีด [chit]
injection [ɪnˈdʒɛkʃən] *n* การฉีดยา [kan chit ya]
injure [ˈɪndʒə] *v* ทำให้ได้รับบาดเจ็บ [tham hai dai rab bad chep]
injured [ˈɪndʒəd] *adj* ที่ได้รับบาดเจ็บ [thii dai rab bad chep]
injury [ˈɪndʒərɪ] *n* ความบาดเจ็บ [khwam bat chep]; **injury time** *n* การทดเวลาบาด

เจ็บ [kan thot we la bat chep]
injustice [ɪn'dʒʌstɪs] *n* ความไม่ยุติธรรม [khwam mai yut ti tham]
ink [ɪŋk] *n* หมึก [muek]
in-laws [ɪnlɔːz] *npl* ญาติพี่น้องที่มาจากการแต่งงาน [yat phi nong thii ma chak kan taeng ngan]
inmate ['ɪn,meɪt] *n* ผู้ถูกกักขังในคุก [phu thuk kak khang nai khuk]
inn [ɪn] *n* โรงแรมเล็ก ๆ [rong raeng lek lek]
inner ['ɪnə] *adj* ข้างใน [khang nai]; **inner tube** *n* ยางในของรถ [yang nai khong rot]
innocent ['ɪnəsənt] *adj* ไร้เดียงสา [rai diang sa]
innovation [,ɪnə'veɪʃən] *n* ความคิดสร้างสรรค์ [khwam kit sang san]
innovative ['ɪnə,veɪtɪv] *adj* สร้างสรรค์ [sang san]
inquest ['ɪn,kwɛst] *n* การสอบสวนสาเหตุที่เสียชีวิต [kan sop suan sa het thii sia chi wid]
inquire [ɪn'kwaɪə] *v* ไต่ถาม [tai tham]
inquiry [ɪn'kwaɪərɪ] *n* การสอบสวน [kan sop suan]; **inquiries office** *n* สำนักงานที่คนไปสอบถาม [sam nak ngan thii khon pai sop tham]
inquisitive [ɪn'kwɪzɪtɪv] *adj* ที่อยากรู้อยากเห็น [thii yak ru yak hen]
insane [ɪn'seɪn] *adj* ที่วิกลจริต [thii wi kon ja rit]
inscription [ɪn'skrɪpʃən] *n* ข้อความที่จารึก [kho khwam thii cha ruek]
insect ['ɪnsɛkt] *n* แมลง [ma leng]; **insect repellent** *n* ยากันแมลง [ya kan ma laeng]; **stick insect** *n* ที่ดักแมลง [thii dak ma laeng]; **Do you have insect repellent?** คุณมียากันแมลงไหม? [khun mii ya kan ma laeng mai]
insecure [,ɪnsɪ'kjʊə] *adj* ไม่มั่นคง [mai man khong]
insensitive [ɪn'sɛnsɪtɪv] *adj* ที่ไม่ไวต่อความรู้สึกของผู้อื่น [thii mai wai to khwam ru suek khong phu uen]
inside *adv* [,ɪn'saɪd] ภายใน [phai nai] ▷ *n* ['ɪn'saɪd] ด้านใน [dan nai] ▷ *prep* ข้างใน [khang nai]; **It's inside** อยู่ข้างใน [yu khang nai]
insincere [,ɪnsɪn'sɪə] *adj* ไม่จริงใจ [mai ching jai]
insist [ɪn'sɪst] *v* ยืนยัน [yuen yan]
insomnia [ɪn'sɒmnɪə] *n* โรคนอนไม่หลับ [rok norn mai hlap]
inspect [ɪn'spɛkt] *v* ตรวจสอบอย่างละเอียด [truat sop yang la iad]
inspector [ɪn'spɛktə] *n* ผู้ตรวจสอบ [phu truat sorb]; **ticket inspector** *n* ผู้ตรวจตั๋ว [phu truat tua]
instability [,ɪnstə'bɪlɪtɪ] *n* ความไม่แน่นอน [khwam mai nae non]
instalment [ɪn'stɔːlmənt] *n* เงินที่จ่ายเป็นงวด [ngoen thii chai pen nguat]
instance ['ɪnstəns] *n* ตัวอย่าง [tua yang]
instant ['ɪnstənt] *adj* ทันทีทันใด [than thii than dai]
instantly ['ɪnstəntlɪ] *adv* อย่างทันทีทันใด [yang than thee than dai]
instead [ɪn'stɛd] *adv* แทนที่ [thaen thi]; **instead of** *prep* แทนที่จะ [thaen thi cha]
instinct ['ɪnstɪŋkt] *n* สัญชาตญาณ [san chat ta yan]
institute ['ɪnstɪ,tjuːt] *n* หน่วยงาน [nuai ngan]
institution [,ɪnstɪ'tjuːʃən] *n* สถาบัน [sa tha ban]
instruct [ɪn'strʌkt] *v* แนะนำ [nae nam]
instructions [ɪn'strʌkʃənz] *npl* คำแนะนำสั่งสอน [kham nae nam sang son]
instructor [ɪn'strʌktə] *n* ผู้แนะนำสั่งสอน [phu nae nam sang son]; **driving instructor** *n* ครูสอนขับรถ [khru son khap rot]
instrument ['ɪnstrəmənt] *n* เครื่องดนตรี [khrueang don tri]; **musical instrument** *n* เครื่องดนตรี [khrueang

don tri]
insufficient [ˌɪnsəˈfɪʃənt] *adj* ไม่เพียงพอ [mai phiang pho]
insulation [ˌɪnsjʊˈleɪʃən] *n* ฉนวนกันความร้อน [cha nuan kan khwam ron]
insulin [ˈɪnsjʊlɪn] *n* สารชนิดหนึ่งสกัดจากตับอ่อน [san cha nit nueng sa kat chak tap on]
insult *n* [ˈɪnsʌlt] การดูถูก [kan du thuk] ▷ *v* [ɪnˈsʌlt] ดูถูก [du thuk]
insurance [ɪnˈʃʊərəns; -ˈʃɔː-] *n* การประกัน [kan pra kan]; **accident insurance** *n* ประกันอุบัติเหตุ [pra kan u bat ti het]; **Give me your insurance details, please** ขอให้คุณให้รายละเอียดการประกันของคุณ [kho hai khun hai rai la iad kan pra kan khong khun]; **Here are my insurance details** นี่คือรายละเอียดการประกันของฉัน [ni khue rai la iat kan pra kan khong chan]; **Is fully comprehensive insurance included in the price?** การประกันแบบครอบคลุมทุกอย่างรวมอยู่ในราคาหรือไม่? [kan pra kan baep khrop khlum thuk yang ruam yu nai ra kha rue mai]
insure [ɪnˈʃʊə; -ˈʃɔː] *v* ประกัน [pra kan]; **Can I insure my luggage?** ฉันขอประกันกระเป๋าเดินทางของฉันได้ไหม? [chan kho pra kan kra pao doen thang khong chan dai mai]
insured [ɪnˈʃʊəd; -ˈʃɔːd] *adj* ที่ได้ประกัน [thii dai pra kan]
intact [ɪnˈtækt] *adj* คงอยู่ [khong yu]
intellectual [ˌɪntɪˈlɛktʃʊəl] *adj* ซึ่งมีปัญญาสูง [sueng mii pan ya sung] ▷ *n* ผู้มีปัญญาสูง [phu mii pan ya sung]
intelligence [ɪnˈtɛlɪdʒəns] *n* สติปัญญา [sa ti pan ya]
intelligent [ɪnˈtɛlɪdʒənt] *adj* ฉลาด [cha lat]
intend [ɪnˈtɛnd] *v* **intend to** *v* ตั้งใจที่จะ [tang jai thii ja]
intense [ɪnˈtɛns] *adj* แรงกล้า [raeng kla]
intensive [ɪnˈtɛnsɪv] *adj* คร่ำเคร่ง [khlam khleng]; **intensive care unit** *n* ห้องไอซียู [hong ai si u]
intention [ɪnˈtɛnʃən] *n* ความตั้งใจ [khwam tang jai]
intentional [ɪnˈtɛnʃənᵊl] *adj* เจตนา [chet ta na]
intercom [ˈɪntəˌkɒm] *n* การติดต่อทางโทรศัพท์ภายในอาคาร [kan tid tor thang tho ra sab phai nai ar khan]
interest [ˈɪntrɪst; -tərɪst] *n (curiosity)* ความสนใจ [khwam son jai], *(income)* ดอกเบี้ย [dok bia] ▷ *v* สนใจ [son chai]; **interest rate** *n* อัตราดอกเบี้ย [at tra dok bia]
interested [ˈɪntrɪstɪd; -tərɪs-] *adj* มีความสนใจ [mii khwam son jai]
interesting [ˈɪntrɪstɪŋ; -tərɪs-] *adj* น่าสนใจ [na son chai]; **Are there any interesting walks nearby?** มีที่เดินที่น่าสนใจใกล้ ๆ บางไหม? [mii thii doen thii na son jai klai klai bang mai]; **Can you suggest somewhere interesting to go?** คุณแนะนำที่ที่น่าสนใจที่จะไปได้ไหม? [khun nae nam thii thii na son jai thii ja pai dai mai]
interior [ɪnˈtɪərɪə] *n* ภายใน [phai nai]; **interior designer** *n* นักตกแต่งภายใน [nak tok taeng phai nai]
intermediate [ˌɪntəˈmiːdɪɪt] *adj* ระหว่างกลาง [ra wang klang]
internal [ɪnˈtɜːnᵊl] *adj* ภายใน [phai nai]
international [ˌɪntəˈnæʃənᵊl] *adj* ระหว่างประเทศ [ra wang pra thet]
Internet [ˈɪntəˌnɛt] *n* อินเตอร์เน็ต [in toe net]; **Are there any Internet cafés here?** ที่นี่มีร้านอินเตอร์เน็ตไหม? [thii ni mii ran in toe net mai]; **Does the room have wireless Internet access?** มีอินเตอร์เน็ตไร้สายในห้องไหม? [mii in toe net rai sai nai hong mai]; **Is there an Internet connection in the room?** มีอินเตอร์เน็ตในห้องไหม? [mii in toe net nai hong mai]
interpret [ɪnˈtɜːprɪt] *v* แปล [plae]

interpreter [ɪn'tɜːprɪtə] *n* ล่าม [lam]; **Could you act as an interpreter for us, please?** คุณช่วยเป็นล่ามแปลให้เราได้ไหม? [khun chuai pen laam plae hai rao dai mai]; **I need an interpreter** ฉันต้องการล่าม [chan tong kan lam]
interrogate [ɪn'tɛrəˌɡeɪt] *v* สอบปากคำ [sop pak kham]
interrupt [ˌɪntə'rʌpt] *v* ทำให้หยุดชะงัก [tham hai yut cha ngak]
interruption [ˌɪntə'rʌpʃən] *n* การหยุดชะงัก [kan yut cha ngak]
interval ['ɪntəvəl] *n* ช่วงเวลาพัก [chuang we la phak]
interview ['ɪntəˌvjuː] *n* การสัมภาษณ์ [kan sam phat] ▷ *v* สัมภาษณ์ [sam pat]
interviewer ['ɪntəˌvjuːə] *n* ผู้สัมภาษณ์ [phu sam phat]
intimate ['ɪntɪmɪt] *adj* ใกล้ชิด [klai chit]
intimidate [ɪn'tɪmɪˌdeɪt] *v* ข่มขู่คุกคาม [khom khu khuk kham]
into ['ɪntuː; 'ɪntə] *prep* เข้าไปข้างใน [khao pai khang nai]; **bump into** *v* ชนกับ [chon kap]
intolerant [ɪn'tɒlərənt] *adj* ซึ่งทนไม่ได้ [sueng thon mai dai]
intranet ['ɪntrəˌnɛt] *n* ระบบเครือข่ายที่ใช้ประโยชน์ของเทคโนโลยีของอินเตอร์เน็ต [ra bop khruea khai thii chai pra yot khong thek no lo yii khong in toe net]
introduce [ˌɪntrə'djuːs] *v* แนะนำ [nae nam]
introduction [ˌɪntrə'dʌkʃən] *n* การแนะนำ [kan nae nam]
intruder [ɪn'truːdə] *n* ผู้บุกรุก [phu buk ruk]
intuition [ˌɪntjʊ'ɪʃən] *n* การรู้โดยสัญชาตญาณ [kan ru doi san chat ta yan]
invade [ɪn'veɪd] *v* บุกรุก [buk ruk]
invalid ['ɪnvəˌliːd] *n* คนเจ็บ [khon chep]
invent [ɪn'vɛnt] *v* ประดิษฐ์ [pra dit]
invention [ɪn'vɛnʃən] *n* การประดิษฐ์ [kan pra dit]
inventor [ɪn'vɛntə] *n* ผู้ประดิษฐ์ [phu pra dit]
inventory ['ɪnvəntərɪ; -trɪ] *n* รายการสิ่งของ [rai kan sing khong]
invest [ɪn'vɛst] *v* ลงทุน [long thun]
investigation [ɪnˌvɛstɪ'ɡeɪʃən] *n* การสืบสวน [kan suep suan]
investment [ɪn'vɛstmənt] *n* การลงทุน [kan long thun]
investor [ɪn'vɛstə] *n* นักลงทุน [nak long thun]
invigilator [ɪn'vɪdʒɪˌleɪtə] *n* ผู้คุมสอบ [phu khum sob]
invisible [ɪn'vɪzəbᵊl] *adj* มองไม่เห็น [mong mai hen]
invitation [ˌɪnvɪ'teɪʃən] *n* การเชื้อเชิญ [kan chuea choen]
invite [ɪn'vaɪt] *v* เชิญ [choen]; **It's very kind of you to invite me** คุณใจดีมากที่เชิญฉัน [khun jai di mak thii choen chan]
invoice ['ɪnvɔɪs] *n* ใบรายการส่งสินค้าที่แสดงราคา [bai rai kan song sin ka thii sa daeng ra kha] ▷ *v* ทำใบส่งของ [tham bai song khong]
involve [ɪn'vɒlv] *v* เข้าไปมีส่วนร่วม [khao pai mii suan ruam]
iPod® ['aɪˌpɒd] *n* ไอพอด [ai phot]
IQ [aɪ kjuː] *abbr* ไอคิว [ai khio]
Iran [ɪ'rɑːn] *n* ประเทศอิหร่าน [pra tet i ran]
Iranian [ɪ'reɪnɪən] *adj* เกี่ยวกับอิหร่าน [kiao kap i ran] ▷ *n (person)* ชาวอิหร่าน [chao i ran]
Iraq [ɪ'rɑːk] *n* ประเทศอิรัก [pra tet i rak]
Iraqi [ɪ'rɑːkɪ] *adj* เกี่ยวกับอิรัก [kiao kap i rak] ▷ *n* ชาวอิรัก [chao i rak]
Ireland ['aɪələnd] *n* ประเทศไอร์แลนด์ [pra tet ai laen]; **Northern Ireland** *n* ประเทศไอร์แลนด์เหนือ [pra tet ai laen nuea]
iris ['aɪrɪs] *n* ม่านตา [man ta]
Irish ['aɪrɪʃ] *adj* เกี่ยวกับไอร์แลนด์ [kiao

kap ai laen] ▷ *n* ชาวไอริช [chao ai rit]
Irishman, Irishmen ['aɪrɪʃmən, 'aɪrɪʃmɛn] *n* ผู้ชายไอริช [phu chai ai rit]
Irishwoman, Irishwomen ['aɪrɪʃwʊmən, 'aɪrɪʃwɪmɪn] *n* ผู้หญิงไอริช [phu ying ai rit]
iron ['aɪən] *n* เหล็ก [hlek] ▷ *v* รีดด้วยเตารีด [riit duai tao riit]
ironic [aɪ'rɒnɪk] *adj* ที่ชอบเหน็บแนม [thii chop nep naem]
ironing ['aɪənɪŋ] *n* การรีดผ้า [kan rit pha]; **ironing board** *n* ที่รีดผ้า [thii riit pha]
ironmonger's ['aɪən,mʌŋgəz] *n* ร้านขายเครื่องใช้ที่ทำด้วยโลหะ [ran khai khrueang chai thii tham duai lo ha]
irony ['aɪrənɪ] *n* การประชด [kan pra chot]
irregular [ɪ'rɛgjʊlə] *adj* ไม่สม่ำเสมอ [mai sa mam sa moe]
irrelevant [ɪ'rɛləvənt] *adj* ไม่เกี่ยวข้องกัน [mai kiao khong kan]
irresponsible [,ɪrɪ'spɒnsəbᵊl] *adj* ไม่รับผิดชอบ [mai rap phit chop]
irritable ['ɪrɪtəbᵊl] *adj* โกรธง่าย [krot ngai]
irritating ['ɪrɪ,teɪtɪŋ] *adj* ทำให้รำคาญ [tham hai ram khan]
Islam ['ɪzlɑːm] *n* อิสลาม [it sa lam]
Islamic ['ɪzlæmɪk] *adj* ของอิสลาม [khong is sa lam]
island ['aɪlənd] *n* เกาะ [ko]; **desert island** *n* เกาะกลางทะเลทราย [ko klang tha le sai]
isolated ['aɪsə,leɪtɪd] *adj* โดดเดี่ยว [dot diao]
ISP [aɪ ɛs piː] *abbr* ตัวย่อของธุรกิจจัดหาการเชื่อมต่อกับอินเตอร์เน็ตให้กับลูกค้า [tua yor khong thu ra kid chad ha kan chueam tor kab in toe net hai kab luk ka]
Israel ['ɪzreɪəl; -rɪəl] *n* ประเทศอิสราเอล [pra tet is sa ra el]
Israeli [ɪz'reɪlɪ] *adj* เกี่ยวกับอิสราเอล [kiao kap is sa ra el] ▷ *n* ชาวอิสราเอล [chao is sa ra el]
issue ['ɪʃjuː] *n* หัวข้อที่ถกเถียงกัน [hua kho thii thok thiang kan] ▷ *v* แถลงข้อความต่อสาธารณชน [tha laeng kho khwam to sa tha ra na chon]
it [ɪt] *pron* มัน [man]; **It hurts** มันเจ็บ [man chep]; **It won't turn on** มันเปิดไม่ได้ [man poet mai dai]
IT [aɪ tiː] *abbr* ตัวย่อของเทคโนโลยีสารสนเทศ [tua yo khong thek no lo yii sa ra son tet]
Italian [ɪ'tæljən] *adj* เกี่ยวกับอิตาลี [kiao kap i ta li] ▷ *n (language)* ภาษาอิตาเลียน [pha sa i ta lian], *(person)* ชาวอิตาเลียน [chao i ta lian]
Italy ['ɪtəlɪ] *n* ประเทศอิตาลี [pra tet i ta li]
itch [ɪtʃ] *v* คัน [khan]; **My leg itches** ขาฉันคัน [kha chan khan]
itchy [ɪtʃɪ] *adj* มีอาการคัน [mii a kan khan]
item ['aɪtəm] *n* สิ่งของในรายการ [sing khong nai rai kan]
itinerary [aɪ'tɪnərərɪ; ɪ-] *n* กำหนดการเดินทาง [kam not kan doen thang]
its [ɪts] *adj* ของมัน [khong man]
itself [ɪt'sɛlf] *pron* ตัวมันเอง [tua man eng]
ivory ['aɪvərɪ; -vrɪ] *n* งาช้าง [nga chang]
ivy ['aɪvɪ] *n* ไม้เลื้อยชื่อต้นไอวี่ [mai lueai chue ton ai vi]

jab [dʒæb] *n* การแย็บ [kan yaep]
jack [dʒæk] *n* ปั้นจั่น [pan chan]
jacket ['dʒækɪt] *n* เสื้อแจ็กเก็ต [suea chaek ket]; **jacket potato** *n* มันฝรั่งอบทั้งลูก [man fa rang op thang luk]; **life jacket** *n* เสื้อชูชีพ [suea chu chip]
jackpot ['dʒæk,pɒt] *n* เงินกองกลางก้อนใหญ่จากการเล่นการพนัน [ngen kong klang kon yai chak kan len kan pha nan]
jail [dʒeɪl] *n* คุก [khuk] ▷ *v* เอาเข้าคุก [ao khao khuk]
jam [dʒæm] *n* แยม [yaem]; **jam jar** *n* ขวดแยม [khaut yaem]; **traffic jam** *n* การจราจรติดขัด [kan cha ra chorn tit khat]
Jamaican [dʒə'meɪkən] *adj* เกี่ยวกับจาไมก้า [kiao kap cha mai ka] ▷ *n* ชาวจาไมก้า [chao cha mai ka]
jammed [dʒæmd] *adj* ที่อุดตัน [thii ut tan]
janitor ['dʒænɪtə] *n* ภารโรง [phan rong]
January ['dʒænjʊərɪ] *n* เดือนมกราคม [duean mok ka ra khom]
Japan [dʒə'pæn] *n* ประเทศญี่ปุ่น [pra tet yii pun]
Japanese [,dʒæpə'ni:z] *adj* เกี่ยวกับญี่ปุ่น [kiao kap yi pun] ▷ *n (language)* ภาษาญี่ปุ่น [pha sa yib pun], *(person)* ชาวญี่ปุ่น [chao yi pun]
jar [dʒɑ:] *n* ขวด [khuat]; **jam jar** *n* ขวดแยม [khaut yaem]
jaundice ['dʒɔ:ndɪs] *n* โรคดีซ่าน [rok di san]
javelin ['dʒævlɪn] *n* กีฬาพุ่งหลาว [ki la phung lao]
jaw [dʒɔ:] *n* ขากรรไกร [kha kan krai]
jazz [dʒæz] *n* ดนตรีแจ๊ส [don tree jas]
jealous ['dʒɛləs] *adj* อิจฉา [it cha]
jeans [dʒi:nz] *npl* กางเกงยีนส์ [kang keng yin]
jelly ['dʒɛlɪ] *n* เยลลี่ [yen li]
jellyfish ['dʒɛlɪ,fɪʃ] *n* แมงกระพรุน [maeng kra phrun]; **Are there jellyfish here?** ที่นี่มีแมงกะพรุนไหม? [thii ni mii maeng ka prun mai]
jersey ['dʒɜ:zɪ] *n* เสื้อถักไหมพรม [suea thak mai phrom]
Jesus ['dʒi:zəs] *n* พระเยซูคริสต์ [phra ye su khris]
jet [dʒɛt] *n* เครื่องบินเจ็ท [khrueang bin chet]; **jumbo jet** *n* เครื่องบินเจ็ทขนาดใหญ่มาก [khrueang bin chet kha nat yai mak]
jetty ['dʒɛtɪ] *n* ท่าเรือ [tha rue]
Jew [dʒu:] *n* ชาวยิว [chao yio]
jewel ['dʒu:əl] *n* เพชรพลอย [pet ploi]
jeweller ['dʒu:ələ] *n* คนขายซื้อและซ่อมเครื่องเพชรพลอย [khon khai sue lae som khrueang phet ploi]
jeweller's ['dʒu:ələz] *n* ที่ร้านขายเครื่องเพชรพลอย [thii ran khai khrueang phet ploy]
jewellery ['dʒu:əlrɪ] *n* เครื่องเพชรพลอย [khrueang phet ploy]
Jewish ['dʒu:ɪʃ] *adj* เกี่ยวกับยิว [kiao kap yio]
jigsaw ['dʒɪg,sɔ:] *n* ตัวต่อสำหรับสร้างเป็นภาพ [tua to sam rap sang pen phap]

job [dʒɒb] *n* งาน [ngan]; **job centre** *n* หน่วยจัดหางาน [nuai chat ha ngan]
jobless ['dʒɒblɪs] *adj* ไม่มีงาน [mai mii ngan]
jockey ['dʒɒkɪ] *n* คนขี่ม้าแข่ง [kon khi ma khaeng]
jog [dʒɒg] *v* วิ่งเหยาะ [wing yo]
jogging ['dʒɒgɪŋ] *n* การวิ่งเหยาะ [kan wing yo]
join [dʒɔɪn] *v* เข้าร่วม [khao ruam]; **Can I join you?** ฉันเข้าร่วมกับคุณได้ไหม? [chan khao ruam kap khun dai mai]
joiner ['dʒɔɪnə] *n* ผู้เข้าร่วม [phu khao ruam]
joint [dʒɔɪnt] *adj* สัมพันธ์กัน [sam phan kan] ▷ *n (junction)* ทางแยก [thang yaek], *(meat)* ข้อต่อ [kho to]; **joint account** *n* บัญชีร่วม [ban chi ruam]
joke [dʒəʊk] *n* เรื่องตลก [rueang ta lok] ▷ *v* พูดตลก [phud ta lok]
jolly ['dʒɒlɪ] *adj* รื่นเริง [ruen roeng]
Jordan ['dʒɔːdᵊn] *n* ประเทศจอร์แดน [pra tet chor daen]
Jordanian [dʒɔː'deɪnɪən] *adj* เกี่ยวกับประเทศจอร์แดน [kiao kap pra thet cho daen] ▷ *n* ชาวจอร์แดน [chao cho daen]
jot down [dʒɒt daʊn] *v* จดลง [chot long]
jotter ['dʒɒtə] *n* สมุดโน้ตเล่มเล็ก [sa mud nod lem lek]
journalism ['dʒɜːnᵊˌlɪzəm] *n* วารสารศาสตร์ [wa ra san sat]
journalist ['dʒɜːnᵊlɪst] *n* นักหนังสือพิมพ์ [nak nang sue phim]
journey ['dʒɜːnɪ] *n* การเดินทาง [kan doen thang]; **How long is the journey?** การเดินทางใช้เวลานานแค่ไหน? [kan doen thang chai we la nan khae nai]
joy [dʒɔɪ] *n* ความยินดี [khwam yin dee]
joystick ['dʒɔɪˌstɪk] *n* คันบังคับเครื่องบิน [khan bang khap khrueang bin]
judge [dʒʌdʒ] *n* ผู้พิพากษา [phu phi phak sa] ▷ *v* ตัดสิน [tat sin]
judo ['dʒuːdəʊ] *n* กีฬายูโด [ki la yu do]
jug [dʒʌg] *n* เหยือก [yueak]; **a jug of water** น้ำหนึ่งเหยือก [nam nueng yueak]
juggler ['dʒʌglə] *n* นักเล่นกล [nak len kon]
juice [dʒuːs] *n* น้ำผลไม้ [nam phon la mai]; **orange juice** *n* น้ำส้ม [nam som]
July [dʒuː'laɪ; dʒə-; dʒʊ-] *n* เดือนกรกฎาคม [duean ka ra ka da khom]
jump [dʒʌmp] *n* กระโดดยาว [kra dot yao] ▷ *v* กระโดด [kra dot]; **high jump** *n* กระโดดสูง [kra dot sung]; **long jump** *n* กระโดดยาว [kra dot yao]
jumper ['dʒʌmpə] *n* เสื้อถักด้วยไหมพรม [suea thak duai mai phrom]
jumping [dʒʌmpɪŋ] *n* **show-jumping** *n* การแสดงการขี่ม้าวิ่งข้ามสิ่งกีดขวาง [kan sa daeng kan khi ma wing kham sing kit khwang]
junction ['dʒʌŋkʃən] *n* ทางแยก [thang yaek]; **Go right at the next junction** เลี้ยวขวาที่ทางแยก [liao khwa thii thang yaek]; **Which junction is it for...?** ทางแยกใดที่ไป...? [thang yaek dai thii pai...]
June [dʒuːn] *n* เดือนมิถุนายน [duean mi thu na yon]; **at the beginning of June** ต้นเดือนมิถุนายน [ton duean mi thu na yon]; **for the whole of June** ตลอดเดือนมิถุนายน [ta lot duen mi thu na yon]
jungle ['dʒʌŋgᵊl] *n* ป่าทึบ [pa thuep]
junior ['dʒuːnjə] *adj* ที่อายุน้อยกว่า [thii a yu noi kwa]
junk [dʒʌŋk] *n* ของเก่าที่ไม่ต้องการแล้ว [khong kao thii mai tong kan laeo]
jury ['dʒʊərɪ] *n* คณะลูกขุน [kha na luk khun]
just [dʒəst] *adv* เพิ่ง [phoeng]; **I've just arrived** ฉันเพิ่งมาถึง [chan phoeng ma thueng]
justice ['dʒʌstɪs] *n* ความยุติธรรม [khwam yut ti tham]
justify ['dʒʌstɪˌfaɪ] *v* พิสูจน์ว่าถูกต้อง [phi sut wa thuk tong]

k

kangaroo [ˌkæŋɡəˈruː] *n* จิงโจ้ [ching cho]
karaoke [ˌkɑːrəˈəʊkɪ] *n* การร้องเพลงไปกับทำนองเพลงที่มีเนื้อร้องบนจอทีวี [kan rong phleng pai kap tham nong phleng thii mii nuea rong bon jo tii wii]
karate [kəˈrɑːtɪ] *n* มวยคาราเต้ [muai kha ra te]
Kazakhstan [ˌkɑːzɑːkˈstæn; -ˈstɑːn] *n* ประเทศคาซัคสถาน [pra tet kha sak sa than na]
kebab [kəˈbæb] *n* เนื้อและผักชิ้นเล็กเสียบด้วยไม้เสียบแล้วย่าง [nuea lae phak chin lek siap duai mai siap laeo yang]
keen [kiːn] *adj* กระตือรือร้น [kra tue rue ron]
keep [kiːp] *v* เก็บ [kep]; **Keep the change** คุณเก็บเงินทอนไว้ [khun kep ngen thon wai]; **May I keep it?** ขอฉันเก็บไว้ได้ไหม? [kho chan kep wai dai mai]
keep-fit [ˈkiːpˌfɪt] *n* การออกกำลังกายอย่างสม่ำเสมอ [kan ork kam lang kai yang sa mom sa moe]
keep out [kiːp aʊt] *v* ให้อยู่ข้างนอก [hai yu khang nok]
keep up [kiːp ʌp] *v* รักษาไว้ที่ระดับปัจจุบัน [rak sa wai thii ra dap pat chu ban]; **keep up with** *v* รักษาไว้ที่ระดับปัจจุบัน [rak sa wai thii ra dap pat chu ban]
kennel [ˈkɛnᵊl] *n* บ้านสุนัข [baan su nak]
Kenya [ˈkɛnjə; ˈkiːnjə] *n* ประเทศเคนยา [pra tet ken ya]
Kenyan [ˈkɛnjən; ˈkiːnjən] *adj* จากเคนยา [chak ken ya] ▷ *n* ชาวเคนยา [chao ken ya]
kerb [kɜːb] *n* ขอบถนน [kop tha non]
kerosene [ˈkɛrəˌsiːn] *n* น้ำมันก๊าด [nam man kad]
ketchup [ˈkɛtʃəp] *n* ซ้อสมะเขือเทศ [sos ma khuea tet]
kettle [ˈkɛtᵊl] *n* กาต้มน้ำ [ka tom nam]
key [kiː] *n (for lock)* กุญแจ [kun chae], *(music/computer)* ระดับเสียง รหัสผ่านที่เข้าไปในแฟ้มข้อมูล [ra dab siang ra has phan thii khao pai nai faem khor mun]; **Can I have a key?** ฉันขอกุญแจได้ไหม? [chan kho kun jae dai mai]; **I left the keys in the car** ฉันลืมกุญแจไว้ในรถ [chan luem kun jae wai nai rot]
keyboard [ˈkiːˌbɔːd] *n* แผงแป้นอักขระ [phaeng paen ak kha ra]
keyring [ˈkiːˌrɪŋ] *n* พวงกุญแจ [phuang kun jae]
kick [kɪk] *n* การเตะ [kan te] ▷ *v* เตะ [te]
kick off [kɪk ɒf] *v* เตะเริ่ม [te roem]
kick-off [kɪkɒf] *n* การเตะลูกครั้งแรก [kan te luk khrang raek]
kid [kɪd] *n* เด็ก [dek] ▷ *v* ล้อเล่น [lo len]
kidnap [ˈkɪdnæp] *v* ลักพาตัว [lak pha tua]
kidney [ˈkɪdnɪ] *n* ไต [tai]
kill [kɪl] *v* ฆ่า [kha]
killer [ˈkɪlə] *n* ผู้ฆ่า [phu kha]
kilo [ˈkiːləʊ] *n* กิโล [ki lo]
kilometre [kɪˈlɒmɪtə; ˈkɪləˌmiːtə] *n* กิโลเมตร [ki lo met]
kilt [kɪlt] *n* กระโปรงสั้นแค่เข่าจับจีบลายตาใส่ทั้งชายและหญิงในสก๊อตแลนด์ [kra

prong san khae khao chap chip lai ta sai thang chai lae ying nai sa kot land]

kind [kaɪnd] *adj* ใจดี [chai di] ▷ *n* จำพวก [cham phuak]; **It's very kind of you to invite me** คุณใจดีมากที่เชิญฉัน [khun jai di mak thii choen chan]

kindly ['kaɪndlɪ] *adv* อย่างใจดี [yang jai di]

kindness ['kaɪndnɪs] *n* ความเมตตากรุณา [khwam met ta ka ru na]

king [kɪŋ] *n* พระเจ้าแผ่นดิน [phra chao phaen din]

kingdom ['kɪŋdəm] *n* ราชอาณาจักร [rat cha a na chak]

kingfisher ['kɪŋˌfɪʃə] *n* นกกินปลา [nok kin pla]

kiosk ['kiːɒsk] *n* ร้านที่เป็นบู๊ทเล็ก ๆ [ran thii pen but lek lek]

kipper ['kɪpə] *n* ปลาคิปเปอร์ [pla khip poe]

kiss [kɪs] *n* การจูบ [kan chup] ▷ *v* จูบ [chup]

kit [kɪt] *n* ชุดเครื่องมือ [chut khrueang mue]; **hands-free kit** *n* อุปกรณ์ที่ไม่ต้องใช้มือ [up pa kon thii mai tong chai mue]; **repair kit** *n* ชุดสำหรับการซ่อม [chut sam rap kan som]

kitchen ['kɪtʃɪn] *n* ครัว [khrua]; **fitted kitchen** *n* ครัวสำเร็จรูปที่สร้างติดไว้กับที่ [khrua sam ret rup thii sang tit wai kap thii]

kite [kaɪt] *n* ว่าว [wao]

kitten ['kɪtᵊn] *n* ลูกแมว [luk maeo]

kiwi ['kiːwiː] *n* ผลกีวี [phon ki wi]

knee [niː] *n* เข่า [khao]

kneecap ['niːˌkæp] *n* กระดูกสะบ้าหัวเข่า [kra duk sa ba hua khao]

kneel [niːl] *v* คุกเข่า [khuk khao]

kneel down [niːl daʊn] *v* คุกเข่าลง [khuk khao long]

knickers ['nɪkəz] *npl* กางเกงในสตรี [kang keng nai sa tree]

knife [naɪf] *n* มีด [mit]

knit [nɪt] *v* ถัก [thak]

knitting ['nɪtɪŋ] *n* การถัก [kan thak]; **knitting needle** *n* เข็มถัก [khem thak]

knob [nɒb] *n* ลูกบิด [luk bit]

knock [nɒk] *n* การเคาะ [kan kho] ▷ *v* เคาะ [kho], *(on the door etc.)* เคาะ [kho]

knock down [nɒk daʊn] *v* ลดราคา [lot ra kha]

knock out [nɒk aʊt] *v* ต่อยจนล้มลุกไม่ขึ้น [toi chon lom luk mai khuen]

knot [nɒt] *n* เงื่อน [nguean]

know [nəʊ] *v* รู้ [ru]; **Do you know him?** คุณรู้จักเขาไหม? [khun ru chak khao mai]; **Do you know how to do this?** คุณรู้ไหมว่าจะทำนี่ได้อย่างไร? [khun ru mai wa ja tham ni dai yang rai]; **I'm very sorry, I didn't know the regulations** ฉันเสียใจมาก ฉันไม่รู้กฎข้อบังคับ [chan sia jai mak chan mai ru kot kho bang khap]

know-all ['nəʊɔːl] *n* คนที่แกล้งทำเป็นรู้มากกว่าคนอื่น [khon thii klaeng tham pen ru mak kwa khon uen]

know-how ['nəʊˌhaʊ] *n* ความชำนาญในการทำสิ่งที่ยาก [khwam cham nan nai kan tham sing thii yak]

knowledge ['nɒlɪdʒ] *n* ความรู้ [khwam ru]

knowledgeable ['nɒlɪdʒəbᵊl] *adj* มีความรู้ [mii khwam ru]

known [nəʊn] *adj* เป็นที่รู้จัก [pen thii ru chak]

Koran [kɔːˈrɑːn] *n* คัมภีร์โกหร่าน [kham phii ko ran]

Korea [kəˈriːə] *n* ประเทศเกาหลี [pra ted kao hlee]; **North Korea** *n* เกาหลีเหนือ [kao lii nuea]; **South Korea** *n* ประเทศเกาหลีใต้ [pra tet kao lii tai]

Korean [kəˈriːən] *adj* เกี่ยวกับเกาหลี [kiao kap kao lii] ▷ *n (language)* ภาษาเกาหลี [pha sa kao hlee], *(person)* ชาวเกาหลี [chao kao lii]

kosher ['kəʊʃə] *adj* สะอาดและดีพอที่จะกินได้ตามกฎของอาหารยิว [sa at lae di pho thii ja kin dai tam kot khong a han yio]

Kosovo ['kɔsəvəʊ; 'kɒsəvəʊ] *n* ประเทศคอสโซโว [pra tet kos so vo]
Kuwait [kʊ'weɪt] *n* ประเทศคูเวต [pra tet khu wet]
Kuwaiti [kʊ'weɪtɪ] *adj* เกี่ยวกับคูเวต [kiao kap khu wet] ▷ *n* ชาวคูเวต [chao khu wet]
Kyrgyzstan ['kɪəgɪz,stɑːn; -,stæn] *n* ประเทศไครกีสถาน [pra tet khai ki sa than]

l

lab [læb] *n* ตัวย่อของห้องทดลองทางวิทยาศาสตร์ [tua yo khong hong thot long thang wit ta ya saat]
label ['leɪbᵊl] *n* ป้ายชื่อ [pai chue]
laboratory [lə'bɒrətərɪ; -trɪ; 'læbrə,tɔːrɪ] *n* ห้องทดลองทางวิทยาศาสตร์ [hong thot long thang wit tha ya sart]; **language laboratory** *n* ห้องปฏิบัติการทางภาษา [hong pa ti bat kan thang pha sa]
labour ['leɪbə] *n* แรงงาน [raeng ngan]
labourer ['leɪbərə] *n* กรรมกร [kam ma kan]
lace [leɪs] *n* ลูกไม้ [luk mai]
lack [læk] *n* การขาด [kan khat]
lacquer ['lækə] *n* น้ำมันแล็กเกอร์ [nam man laek koe]
lad [læd] *n* เด็กหนุ่ม [dek num]
ladder ['lædə] *n* บันได [ban dai]
ladies ['leɪdɪz] *n* **ladies'** *n* ห้องน้ำสตรี [hong nam sa trii]; **Where is the ladies?** ห้องน้ำผู้หญิงอยู่ที่ไหน? [hong nam phu ying yu thii nai]
ladle ['leɪdᵊl] *n* ทัพพี [thap phi]
lady ['leɪdɪ] *n* สุภาพสตรี [su phap sa tri]

ladybird ['leɪdɪ,bɜ:d] *n* แมลงปีกแข็ง [ma laeng pik khaeng]
lag [læg] *n* **jet lag** *n* ความรู้สึกหมดแรงและสูญเสียทิศทางเพราะการเดินทางระหว่างเวลาที่ต่างกัน [khwam ru suek mot raeng lae sun sia thit thang phro kan doen thang ra wang we la thii tang kan]; **I'm suffering from jet lag** ฉันรู้สึกทรมานจากการเดินทางโดยเครื่องบิน [chan ru suek tho ra man chak kan doen thang doi khrueang bin]
lager ['lɑ:gə] *n* เบียร์สีอ่อนเก็บไว้ในถังบ่ม [bia sii on kep wai nai thang bom]
lagoon [lə'gu:n] *n* บึงน้ำเค็ม [bueng nam khem]
laid-back ['leɪdbæk] *adj* อาการผ่อนคลาย [a kan phon khlai]
lake [leɪk] *n* ทะเลสาบ [tha le sap]
lamb [læm] *n* แกะ [kae]
lame [leɪm] *adj* พิการที่ขา [phi kan thii kha]
lamp [læmp] *n* ตะเกียง [ta kiang]; **bedside lamp** *n* โคมไฟข้างเตียงนอน [khom fai khang tiang non]
lamppost ['læmp,pəʊst] *n* เสาไฟฟ้า [sao fai fa]
lampshade ['læmp,ʃeɪd] *n* โคมไฟ [khom fai]
land [lænd] *n* ที่ดิน [thi din] ▷ *v* นำร่อนลง [nam ron long]
landing ['lændɪŋ] *n* การนำเครื่องบินลงจอด [kan nam khrueang bin long jod]
landlady ['lænd,leɪdɪ] *n* เจ้าของบ้านหญิง [chao khong baan hying]
landlord ['lænd,lɔ:d] *n* เจ้าของบ้านชาย [chao khong baan chai]
landmark ['lænd,mɑ:k] *n* สิ่งที่เป็นลักษณะเด่นของภูมิประเทศ [sing thii pen lak sa na den khong phu mi pra tet]
landowner ['lænd,əʊnə] *n* เจ้าของที่ดิน [chao khong thii din]
landscape ['lænd,skeɪp] *n* ภูมิประเทศ [phu mi prathet]
landslide ['lænd,slaɪd] *n* แผ่นดินถล่ม [phaen din tha lom]
lane [leɪn] *n* ตรอก [trok], *(driving)* ตรอก [trok]; **cycle lane** *n* ทางขี่จักรยาน [thang khi chak kra yan]
language ['læŋgwɪdʒ] *n* ภาษา [pha sa]; **language laboratory** *n* ห้องปฏิบัติการทางภาษา [hong pa ti bat kan thang pha sa]; **language school** *n* โรงเรียนสอนภาษา [rong rian son pha sa]; **sign language** *n* ภาษาสัญลักษณ์ [pha sa san ya lak]; **What languages do you speak?** คุณพูดภาษาอะไรบ้าง? [khun phut pha sa a rai bang]
lanky ['læŋkɪ] *adj* ผอมโย่ง [phom yong]
Laos [laʊz; laʊs] *n* ประเทศลาว [pra tet lao]
lap [læp] *n* ตัก [tak]
laptop ['læp,tɒp] *n* คอมพิวเตอร์พกพา [khom pio ter phok pha]
larder ['lɑ:də] *n* ตู้เก็บอาหาร [tu kep a han]
large [lɑ:dʒ] *adj* ใหญ่ [yai]; **Do you have a large?** คุณมีขนาดใหญ่ไหม? [khun mi kha nat yai mai]; **Do you have an extra large?** คุณมีขนาดใหญ่พิเศษไหม? [khun mii kha nat yai phi set mai]
largely ['lɑ:dʒlɪ] *adv* อย่างมาก [yang mak]
laryngitis [,lærɪn'dʒaɪtɪs] *n* โรคกล่องเสียงอักเสบ [rok klong siang ak sep]
laser ['leɪzə] *n* แสงเลเซอร์ [saeng le soe]
lass [læs] *n* เด็กผู้หญิง [dek phu hying]
last [lɑ:st] *adj* สุดท้าย [sut thai] ▷ *adv* ล่าสุด [la sut] ▷ *v* ยืนหยัด [yuen yan]; **When does the last chair-lift go?** เก้าอี้ลิฟต์คันสุดท้ายจะขึ้นไปเมื่อไร? [kao ii lift khan sut thai ja khuen pai muea rai]; **When is the last bus to...?** รถโดยสารคันสุดท้ายที่จะไป...เดินทางเมื่อไร? [rot doi san khan sut thai thii ja pai... doen thang muea rai]
lastly ['lɑ:stlɪ] *adv* ที่สุดท้าย [thii sut thai]

late [leɪt] *adj (dead)* เพิ่งตาย [phoeng tai], *(delayed)* ช้า [cha] ▷ *adv* สาย [sai]; **Is the train running late?** รถไฟมาสายใช่ไหม? [rot fai ma sai chai mai]; **It's too late** ช้าเกินไป [cha koen pai]; **Please call us if you'll be late** ช่วยโทรบอกเราถ้าคุณจะมาช้า [chuai tho bok rao tha khun ja ms cha]

lately ['leɪtlɪ] *adv* เมื่อเร็วๆนี้ [muea reo reo ni]

later ['leɪtə] *adv* ตอนหลัง [ton lang]

Latin ['lætɪn] *n* ภาษาละติน [pha sa la tin]

Latin America ['lætɪn ə'mɛrɪkə] *n* ละตินอเมริกา [la tin a me ri ka]

Latin American ['lætɪn ə'mɛrɪkən] *adj* อเมริกากลางและใต้ที่ภาษาทางการคือเสปนและโปรตุเกส [a me ri ka klang lae tai thii pha sa thang kan khue sa pen lae pro tu ked]

latitude ['lætɪˌtjuːd] *n* เส้นขวางขนานกับเส้นศูนย์สูตรของโลก [sen khwang kha nan kap sen sun sut khong lok]

Latvia ['lætvɪə] *n* ประเทศแลตเวีย [pra tet laet via]

Latvian ['lætvɪən] *adj* เกี่ยวกับประเทศแลตเวีย [kiao kap pra thet laet via] ▷ *n (language)* ภาษาแลตเวีย [pha sa laet via], *(person)* ชาวแลตเวีย [chao laet wia]

laugh [lɑːf] *n* การหัวเราะ [kan hua rao] ▷ *v* หัวเราะ [hua ro]

laughter ['lɑːftə] *n* เสียงหัวเราะ [siang hua rao]

launch [lɔːntʃ] *v* ปล่อยเรือลงน้ำเป็นครั้งแรก [ploi ruea long nam pen khrang raek]

Launderette® [ˌlɔːndə'rɛt; lɔːn'drɛt] *n* ร้านซักผ้าด้วยเครื่องโดยใช้เหรียญหยอด [ran sak pha duai khueang doi chai lian hyod]

laundry ['lɔːndrɪ] *n* เสื้อผ้าที่กำลังจะซัก [suea pha thii kam lang ja sak]

lava ['lɑːvə] *n* หินลาวา [hin la va]

lavatory ['lævətərɪ; -trɪ] *n* ห้องน้ำ [hong nam]

lavender ['lævəndə] *n* ต้นลาเวนเดอร์ดอกมีสีฟ้าม่วง [ton la wen doe dok mii sii fa muang]

law [lɔː] *n* กฎหมาย [kot mai]; **law school** *n* คณะรัฐศาสตร์ [kha na rat tha sat]

lawn [lɔːn] *n* สนามหญ้า [sa nam ya]

lawnmower ['lɔːnˌmaʊə] *n* เครื่องตัดหญ้า [khrueang tat ya]

lawyer ['lɔːjə; 'lɔɪə] *n* ทนายความ [tha nai khwam]

laxative ['læksətɪv] *n* ยาระบาย [ya ra bai]

lay [leɪ] *v* วางลง [wang long]

layby ['leɪˌbaɪ] *n* ข้างทาง [khang thang]

layer ['leɪə] *n* ชั้น [chan]; **ozone layer** *n* ชั้นก๊าซโอโซนล้อมรอบโลก [chan kas o son lom rop lok]

lay off [leɪ ɒf] *v* เลิกจ้างงาน [loek chang ngan]

layout ['leɪˌaʊt] *n* โครงงาน [khrong ngan]

lazy ['leɪzɪ] *adj* ขี้เกียจ [khi kiat]

lead[1] [liːd] *n (in play/film)* ตัวเอก [tua ek], *(position)* หัวข้อข่าว [hua kho khao] ▷ *v* นำ [nam]; **jump leads** *npl* สายต่อหม้อแบตเตอรี่ [sai to mo baet toe ri]; **lead singer** *n* นักร้องนำ [nak rong nam]

lead[2] [lɛd] *n (metal)* ตะกั่ว [ta kua]

leader ['liːdə] *n* ผู้นำ [phu nam]

lead-free [ˌlɛd'friː] *adj* ไร้สารตะกั่ว [rai san ta kua]

leaf [liːf] *n* ใบไม้ [bai mai]; **bay leaf** *n* ใบอบเชย [bai op choei]

leaflet ['liːflɪt] *n* แผ่นใบปลิว [phaen bai plio]

league [liːg] *n* สหพันธ์ [sa ha phan]

leak [liːk] *n* การรั่ว [kan rua] ▷ *v* รั่ว [rua]; **The petrol tank is leaking** แท๊งค์น้ำมันรั่ว [thang nam man rua]; **The roof leaks** หลังคารั่ว [lang kha rua]; **There is a leak in the radiator** เครื่องทำความร้อนรั่ว [khrueang tham khwam ron

rua]
lean [li:n] *v* พิง [phing]; **lean forward** *v* เอนไปข้างหน้า [en pai khang na]
lean on [li:n ɒn] *v* พึ่งพา [phueng pha]
lean out [li:n aʊt] *v* ชะโงกออกไป [cha ngok ok pai]
leap [li:p] *v* กระโดด [kra dot]; **leap year** *n* ปีที่มีวันที่ ๒๙ กุมภาพันธ์ [pi thii mii wan thii yi sip kao kum pha phan]
learn [lɜ:n] *v* เรียน [rian]
learner ['lɜ:nə] *n* ผู้เรียน [phu rian]; **learner driver** *n* นักเรียนเรียนขับรถ [nak rian rian khap rot]
lease [li:s] *n* สัญญาเช่า [san ya chao] ▷ *v* เช่า [chao]
least [li:st] *adj* น้อยที่สุด [noi thii sud]; **at least** *adv* อย่างน้อยที่สุด [yang noi thii sut]
leather ['lɛðə] *n* หนัง [nang]
leave [li:v] *n* การลาหยุด [kan la yut] ▷ *v* ทอดทิ้ง [thot thing], ออก [ok]; **maternity leave** *n* การลาหยุดหลังคลอด [kan la yut lang khlot]; **Do we have to clean the house before we leave?** เราต้องทำความสะอาดบ้านก่อนออกไปไหม? [rao tong tham khwam sa at baan kon ok pai mai]; **My plane leaves at...** เครื่องบินฉันออกจาก... [khrueang bin chan ok chak...]; **Where do we hand in the key when we're leaving?** เราจะคืนกุญแจได้ที่ไหนเวลาเราออกไป [rao ja khuen kun jae dai thii nai we la rao ok pai]; **Which platform does the train for... leave from?** รถไฟที่จะไป...จะออกจากชานชาลาไหน? [rot fai thii ja pai... ja ok chak chan cha la nai]
leave out [li:v aʊt] *v* ลบออกไป [lop ok pai]
leaves [li:vz] *npl* ใบไม้หลายใบ [bai mai lai bai]
Lebanese [ˌlɛbə'ni:z] *adj* เกี่ยวกับเลบานอน [kiao kap le ba non] ▷ *n* ชาวเลบานอน [chao le ba non]
Lebanon ['lɛbənən] *n* ประเทศเลบานอน [pra tet le ba non]
lecture ['lɛktʃə] *n* การบรรยาย [kan ban yai], บรรยาย [ban yai]
lecturer ['lɛktʃərə] *n* ผู้บรรยาย [phu ban yai]
leek [li:k] *n* ผักลีค [phak lik]
left [lɛft] *adj* ทางซ้ายมือ [thang sai mue] ▷ *adv* ไปทางซ้าย [pai thang sai] ▷ *n* ด้านซ้าย [dan sai]
left-hand [ˌleft'hænd] *adj* มือซ้าย [mue sai]; **left-hand drive** *n* การขับด้านซ้าย [kan khap dan sai]
left-handed [ˌleft'hændɪd] *adj* ถนัดมือซ้าย [tha nat mue sai]
left-luggage [ˌleft'lʌgɪdʒ] *n* ที่ฝากกระเป๋า [thii fak kra pao]; **left-luggage locker** *n* ตู้ล็อคเกอร์เก็บกระเป๋าเดินทาง [tu lok koe kep kra pao doen thang]; **left-luggage office** *n* สำนักงานที่เก็บกระเป๋าที่ถูกทิ้งไว้ [sam nak ngan thii kep kra pao thii thuk thing wai]
leftovers ['lɛftˌəʊvəz] *npl* อาหารเหลือ [a han hluea]
left-wing [ˌleftˌwɪŋ] *adj* พรรคการเมืองฝ่ายซ้าย [phak kan mueang fai sai]
leg [lɛg] *n* ขา [kha]; **I can't move my leg** ฉันขยับขาไม่ได้ [chan kha yap kha mai dai]; **I've got cramp in my leg** ฉันเป็นตะคิวที่ขา [chan pen ta khio thii kha]; **My leg itches** ขาฉันคัน [kha chan khan]
legal ['li:gᵊl] *adj* ที่ถูกกฎหมาย [thii thuk kot mai]
legend ['lɛdʒənd] *n* ตำนาน [tam nan]
leggings ['lɛgɪŋz] *npl* กางเกงรัดรูป [kang keng rat rup]
legible ['lɛdʒəbᵊl] *adj* อ่านออกได้ [arn ork dai]
legislation [ˌlɛdʒɪs'leɪʃən] *n* การออกกฎหมาย [kan ok kot mai]
leisure ['lɛʒə; 'li:ʒər] *n* เวลาว่าง [we la wang]; **leisure centre** *n* สถานที่ที่คนไปออกกำลังกายหรือพักผ่อน [sa than thii thii khon pai ok kam lang kai rue

phak phon]

lemon ['lɛmən] *n* มะนาว [ma nao]; **with lemon** ใส่มะนาว [sai ma nao]

lemonade [,lɛmə'neɪd] *n* น้ำมะนาว [nam ma nao]

lend [lɛnd] *v* ให้ยืม [hai yuem]

length [lɛŋkθ; lɛŋθ] *n* ความยาว [khwam yao]

lens [lɛnz] *n* เลนส์ตา [len to]; **contact lenses** *npl* คอนแท็คเลนส์ [khon taek len]; **zoom lens** *n* เลนส์ของกล้องที่ขยายปรับภาพโดยรักษาโฟกัสเดิมไว้ [len khong klong thii kha yai prab phap doi rak sa fo kas doem wai]

Lent [lɛnt] *n* ฤดูถือบวชโดยอดอาหารประจำปีก่อนวันอีสเตอร์ของชาวคริสต์ [rue du thue buat doi ot a han pra cham pi kon wan is toe khong chao khris]

lentils ['lɛntɪlz] *npl* เมล็ดพืชขนาดเล็กของเอเชียที่กินได้ [ma led phuet kha nard lek khong e sia thii kin dai]

Leo ['li:əʊ] *n* ราศีสิงห์ [ra si sing]

leopard ['lɛpəd] *n* เสือดาว [suea dao]

leotard ['lɪə,tɑ:d] *n* เสื้อชุดติดกันแนบเนื้อ [suea chud tid kan naep nuea]

less [lɛs] *adv* น้อยกว่า [noi kwa] ▷ *pron* น้อยลง [noi long]

lesson ['lɛsᵊn] *n* บทเรียน [bot rian]; **driving lesson** *n* บทเรียนสอนขับรถ [bot rian son khap rot]

let [lɛt] *v* อนุญาต [a nu yat]

let down [lɛt daʊn] *v* ทำให้ผิดหวัง [tham hai phid hwang]

let in [lɛt ɪn] *v* ให้เข้ามา [hai khao ma]

letter ['lɛtə] *n (a, b, c)* ตัวอักษร [tua ak son], *(message)* จดหมาย [chot mai]; **I'd like to send this letter** ฉันอยากส่งจดหมายฉบับนี้ [chan yak song chot mai cha bap nii]

letterbox ['lɛtə,bɒks] *n* ตู้จดหมาย [tu chod mai]

lettuce ['lɛtɪs] *n* ผักกาดที่ใส่ในสลัด [phak kaat thii sai nai sa lad]

leukaemia [lu:'ki:mɪə] *n* โรคที่มีเม็ดโลหิตขาวมากเกินไป [rok thii mii met lo hit khao mak koen pai]

level ['lɛvᵊl] *adj* ระดับตามแนวราบ [ra dap tam naeo rap] ▷ *n* ระดับ [ra dap]; **level crossing** *n* จุดที่ทางรถไฟและถนนตัดผ่านกัน [chut thii thang rot fai lae tha non tad phan kan]; **sea level** *n* ระดับน้ำทะเล [ra dap nam tha le]

lever ['li:və] *n* ชะแลง [cha laeng]

liar ['laɪə] *n* คนโกหก [khon ko hok]

liberal ['lɪbərəl; 'lɪbrəl] *adj* เกี่ยวกับลัทธิเสรีนิยม [kiao kap lat thi se ri ni yom]

liberation [,lɪbə'reɪʃən] *n* การปลดปล่อยให้เป็นอิสระ [kan plot ploi hai pen it sa ra]

Liberia [laɪ'bɪərɪə] *n* ประเทศไลบีเรีย [pra tet lai bi ria]

Liberian [laɪ'bɪərɪən] *adj* เกี่ยวกับไลบีเรีย [kiao kap lai bi ria] ▷ *n* ชาวไลบีเรีย [chao lai bi ria]

Libra ['li:brə] *n* ราศีตุล [ra si tun]

librarian [laɪ'brɛərɪən] *n* บรรณารักษ์ [ban na rak]

library ['laɪbrərɪ] *n* ห้องสมุด [hong sa mut]

Libya ['lɪbɪə] *n* ประเทศลิเบีย [pra tet li bia]

Libyan ['lɪbɪən] *adj* เกี่ยวกับลิเบีย [kiao kap li bia] ▷ *n* ชาวลิเบีย [chao li bia]

lice [laɪs] *npl* เหา [hao]

licence ['laɪsəns] *n* ใบอนุญาต [bai a nu yat]; **driving licence** *n* ใบขับขี่ [bai khap khi]

lick [lɪk] *v* เลีย [lia]

lid [lɪd] *n* ฝาปิด [fa pit]

lie [laɪ] *n* การโกหก [kan ko hok] ▷ *v* โกหก [ko hok]

Liechtenstein ['lɪktən,staɪn; 'lɪçtənʃtain] *n* ประเทศลิคเตนสไตน์ [pra tet lik ten sa tai]

lie down [laɪ daʊn] *v* นอนลง [non long]

lie in [laɪ ɪn] *v* การนอนตื่นสายในตอนเช้า [kan non tuen sai nai ton chao]

lie-in [laɪɪn] *n* **have a lie-in** *v* การนอนตื่นสายในตอนเช้า [kan non tuen sai nai ton chao]

lieutenant [lɛf'tɛnənt; lu:'tɛnənt] *n* นายร้อยโท [nai roi tho]
life [laɪf] *n* ชีวิต [chi wit]; **life insurance** *n* การประกันชีวิต [kan pra kan chi wit]; **life jacket** *n* เสื้อชูชีพ [suea chu chip]
lifebelt ['laɪf,bɛlt] *n* เข็มขัดชูชีพ [khem khat chu chip]
lifeboat ['laɪf,bəʊt] *n* เรือชูชีพ [ruea chu chip]; **Call out the lifeboat!** เรียกเรือชูชีพ [riak ruea chu chip]
lifeguard ['laɪf,gɑ:d] *n* เจาหน้าที่ช่วยคนตกน้ำ [chao na thii chuai kon tok nam]; **Get the lifeguard!** เรียกเจ้าหน้าที่ช่วยคนตกน้ำ [riak chao na thii chuai khon tok nam]
life-saving ['laɪf,seɪvɪŋ] *adj* ซึ่งช่วยชีวิต [sueng chuai chi wit]
lifestyle ['laɪf,staɪl] *n* วิถีทางการดำเนินชีวิต [wi thi thang kan dam noen chi wit]
lift [lɪft] *n (free ride)* การโดยสารไปด้วย [kan doi san pai duai], *(up/down)* ลิฟต์ [lip] ▷ *v* ยกขึ้น [yok khuen]; **ski lift** *n* กระเช้าไฟฟ้า [kra chao fai fa]; **Do you have a lift for wheelchairs?** คุณมีลิฟต์สำหรับเก้าอี้เข็นคนพิการไหม? [khun mii lift sam rap kao ii khen khon phi kan mai]; **Where is the lift?** ลิฟต์อยู่ที่ไหน? [lift yu thii nai]
light [laɪt] *adj (not dark)* สว่าง [sa wang], *(not heavy)* เบา [bao] ▷ *n* แสงสว่าง [saeng sa wang] ▷ *v* จุดไฟ [chut fai]; **brake light** *n* ไฟเบรค [fai brek]; **hazard warning lights** *npl* ไฟเตือนอันตราย [fai tuean an ta rai]; **light bulb** *n* หลอดไฟ [lot fai]; **May I take it over to the light?** ฉันเอาไปดูตรงที่สว่างได้ไหม? [chan ao pai du trong thii sa wang dai mai]
lighter ['laɪtə] *n* ไฟแช็ก [fai cheak]
lighthouse ['laɪt,haʊs] *n* ประภาคาร [pra pha khan]
lighting ['laɪtɪŋ] *n* การจัดแสง [kan chat saeng]
lightning ['laɪtnɪŋ] *n* สายฟ้าแลบ [sai fa laep]
like [laɪk] *prep* เหมือนกับ [muean kap] ▷ *v* ชอบ [chop]; **I don't like...** ฉันไม่ชอบ... [chan mai chop...]; **I like...** ฉันชอบ... [chan chop...]; **I like you very much** ฉันชอบคุณมาก [chan chop khun mak]
likely ['laɪklɪ] *adj* เป็นไปได้ [pen pai dai]
lilac ['laɪlək] *adj* ที่มีสีม่วงอ่อน [thii mii sii muang on] ▷ *n* ดอกไลแลคมีสีม่วงแดงหรือขาวมีกลิ่นหอม [dok lai laek mii sii muang daeng rue khao mii klin hom]
Lilo® ['laɪləʊ] *n* เบาะพลาสติกที่เป่าให้พองลมได้ [bo phas tik thii pao hai phong lom dai]
lily ['lɪlɪ] *n* ดอกลิลลี่ [dok lil li]; **lily of the valley** *n* ดอกไม้ชื่อลิลลี่ออฟเดอะแวลลี่ มีสีขาวมีกลิ่นหอม [dok mai chue lil li of doe vael li mii sii khao mii klin hom]
lime [laɪm] *n (compound)* ปูนขาว [pun khao], *(fruit)* มะนาว [ma nao]
limestone ['laɪm,stəʊn] *n* หินปูน [hin pun]
limit ['lɪmɪt] *n* ขีดจำกัด [khit cham kat]; **age limit** *n* อายุขั้นต่ำ [a yu khan tam]; **speed limit** *n* อัตราความเร็ว [at tra khwam reo]
limousine ['lɪmə,zi:n; ,lɪmə'zi:n] *n* รถคันใหญ่ที่หรูหราโออ่า [rot khan yai thii ru ra o a]
limp [lɪmp] *v* เดินโขยกเขยก [doen kha yok kha yek]
line [laɪn] *n* เส้นบรรทัด [sen ban that]; **washing line** *n* ราวตากผ้า [rao tak pha]
linen ['lɪnɪn] *n* ผ้าลินิน [pha li nin]; **bed linen** *n* ผ้าปูที่นอน [pha pu thi non]
liner ['laɪnə] *n* เรือหรือเครื่องบินที่เดินทางประจำเส้นทาง [ruea rue khrueang bin thii doen thang pra cham sen thang]
lingerie ['lænʒərɪ] *n* ชุดชั้นในของสตรี [chut chan nai khong sa tree]
linguist ['lɪŋgwɪst] *n* นักภาษาศาสตร์ [nak pha sa saat]
linguistic [lɪŋ'gwɪstɪk] *adj* เกี่ยวกับภาษาศาสตร์ [kiao kap pha sa sat]

lining ['laɪnɪŋ] *n* ผ้าซับใน [pha sab nai]
link [lɪŋk] *n* ขอลูกโซ่ [kho luk so]; **link (up)** *v* เชื่อม [chueam]
lino ['laɪnəʊ] *n* เสื่อน้ำมัน [suea nam man]
lion ['laɪən] *n* สิงโต [sing to]
lioness ['laɪənɪs] *n* สิงโตตัวเมีย [sing to tua mia]
lip [lɪp] *n* ริมฝีปาก [rim fi pak]; **lip salve** *n* ครีมทากันริมฝีปากแตก [khrim tha kan rim fi pak taek]
lip-read ['lɪp,ri:d] *v* แปลคำพูดด้วยการอ่านริมฝีปาก [plae kham phut duai kan an rim fi pak]
lipstick ['lɪp,stɪk] *n* ลิปสติก [lip sa tik]
liqueur [lɪ'kjʊə; likœr] *n* เหล้า [lao]; **What liqueurs do you have?** คุณมีเหล้าหวานชนิดไหน? [khun mii lao wan cha nit nai]
liquid ['lɪkwɪd] *n* ของเหลว [khong leo]; **washing-up liquid** *n* น้ำยาล้างจาน [nam ya lang chan]
liquidizer ['lɪkwɪ,daɪzə] *n* เครื่องทำให้เป็นของเหลว [khrueang tham hai pen khong leo]
list [lɪst] *n* รายการ [rai kan] ▷ *v* ลงรายการ [long rai kan]; **mailing list** *n* รายชื่อและที่อยู่ของคนที่ได้รับข่าวสาร โฆษณาและข้อมูลเป็นประจำ [rai chue lae thii yu khong khon thii dai rap khao san khot sa na lae kho mun pen pra cham]; **price list** *n* รายการราคา [rai kan ra kha]; **waiting list** *n* รายชื่อของคนที่รอคิวอยู่ [rai chue khong khon thii ro khio yu]; **The wine list, please** ขอรายการไวน์ [khor rai kan wine]
listen ['lɪsᵊn] *v* ฟัง [fang]; **listen to** *v* ฟัง [fang]
listener ['lɪsnə] *n* ผู้ฟัง [phu fang]
literally ['lɪtərəlɪ] *adv* อย่างแท้จริง [yang thae ching]
literature ['lɪtərɪtʃə; 'lɪtrɪ-] *n* วรรณคดี [wan na kha di]
Lithuania [,lɪθjʊ'eɪnɪə] *n* ประเทศลิทัวเนีย [pra tet li thua nia]
Lithuanian [,lɪθjʊ'eɪnɪən] *adj* เกี่ยวกับลิทัวเนีย [kiao kap li thua nia] ▷ *n (language)* ภาษาลิทัวเนีย [pha sa li thua nia], *(person)* ชาวลิทัวเนีย [chao li thua nia]
litre ['li:tə] *n* หน่วยวัดปริมาณ ๑ ลิตร [nuai wat pa ri man nueng lit]
litter ['lɪtə] *n* ขยะ [kha ya], *(offspring)* ลูกสัตว์ [luk sat]; **litter bin** *n* ถังใส่ขยะ [thang sai kha ya]
little ['lɪtᵊl] *adj* เล็ก [lek]
live[1] [lɪv] *v* ดำเนินชีวิต [dam noen chi wit]
live[2] [laɪv] *adj* ที่มีชีวิตชีวา [thii mii chi wit chi wa]
lively ['laɪvlɪ] *adj* มีชีวิตชีวา [mi chi wit chi wa]
live on [lɪv ɒn] *v* มีชีวิตอยู่ต่อไป [mii chi wid yu to pai]
liver ['lɪvə] *n* ตับ [tap]
live together [lɪv] *v* อยู่ด้วยกัน [yu duai kan]
living ['lɪvɪŋ] *n* ความเป็นอยู่ [kham pen yu]; **cost of living** *n* ค่าครองชีพ [kha khrong chiip]; **living room** *n* ห้องนั่งเล่น [hong nang len]; **standard of living** *n* มาตรฐานการครองชีพ [mat tra than kan khrong chip]
lizard ['lɪzəd] *n* สัตว์เลื้อยคลานเช่นจิ้งจกหรือตุ๊กแก [sat lueai khlan chen ching chok rue tuk kae]
load [ləʊd] *n* น้ำหนักบรรทุก [nam nak ban thuk] ▷ *v* บรรทุกสินค้า [ban thuk sin kha]
loaf, loaves [ləʊf, ləʊvz] *n* ก้อนขนมปัง [kon kha nom pang]
loan [ləʊn] *n* เงินกู้ [ngoen ku] ▷ *v* ให้กู้เงิน [hai ku ngoen]
loathe [ləʊð] *v* เกลียดชัง [kliat chang]
lobby ['lɒbɪ] *n* **I'll meet you in the lobby** ฉันจะไปพบคุณที่ล็อบบี้ [chan ja pai phop khun thii lop bi]
lobster ['lɒbstə] *n* กุ้งทะเลขนาดใหญ่ [kung tha le kha nat yai]

local ['ləʊkᵊl] *adj* ประจำท้องถิ่น [pra cham thong thin]; **local anaesthetic** *n* ยาชาเฉพาะแห่ง [ya chaa cha pho haeng]
location [ləʊ'keɪʃən] *n* สถานที่ [sa than thi]
lock [lɒk] *n (door)* กุญแจ [kun chae], *(hair)* ปอยผม [poi phom] ▷ *v* ใส่กุญแจ [sai kun jae]; **Can I have a lock?** ฉันขอกุญแจล็อคได้ไหม? [chan kho kun jae lok dai mai]; **The door won't lock** ใส่กุญแจประตูไม่ได้ [sai kun jae pra tu mai dai]; **The lock is broken** กุญแจเสีย [kun jae sia]
locker ['lɒkə] *n* ตู้ล็อคเกอร์ [tu lok koe]; **left-luggage locker** *n* ตู้ล็อคเกอร์เก็บกระเป๋าเดินทาง [tu lok koe kep kra pao doen thang]; **Where are the clothes lockers?** ตู้ล็อคเกอร์เสื้อผ้าอยู่ที่ไหน? [tu lok koe suea pha yu thii nai]
locket ['lɒkɪt] *n* จี้ห้อยคอ [chi hoi kho]
lock out [lɒk aʊt] *v* ปิดประตูทางเข้า [pid pra tu thang khao]
locksmith ['lɒk,smɪθ] *n* ช่างทำกุญแจ [chang tham kun jae]
lodger ['lɒdʒə] *n* ผู้พักอาศัย [phu phak a sai]
loft [lɒft] *n* ห้องเพดาน [hong phe dan]
log [lɒg] *n* ไม้เป็นท่อน [mai pen thon]
logical ['lɒdʒɪkᵊl] *adj* มีเหตุผล [mii het phon]
log in [lɒg ɪn] *v* ลงบันทึกเข้า [long ban thuek khao]
logo ['ləʊgəʊ; 'lɒg-] *n* โลโก้ [lo ko]
log off [lɒg ɒf] *v* ลงบันทึกปิด [long ban thuek pit]
log on [lɒg ɒn] *v* ลงบันทึกเปิด [long ban thuek poet]
log out [lɒg aʊt] *v* บันทึกออกไป [ban thuek ork pai]
lollipop ['lɒlɪ,pɒp] *n* ลูกอมยิ้ม [luk om yim]
lolly ['lɒlɪ] *n* อมยิ้ม [om yim]
London ['lʌndən] *n* ลอนดอน [lon don]
loneliness ['ləʊnlɪnɪs] *n* ความเหงา [khwam ngao]
lonely ['ləʊnlɪ] *adj* หงอยเหงา [ngoi ngao]
lonesome ['ləʊnsəm] *adj* เดียวดาย [diao dai]
long [lɒŋ] *adj* ยาว [yao] ▷ *adv* ยาวนาน [yao nan] ▷ *v* รอคอย [ro khoi]; **long jump** *n* กระโดดยาว [kra dot yao]
longer [lɒŋə] *adv* ยาวกว่า [yao kwa]
longitude ['lɒndʒɪ,tju:d; 'lɒŋg-] *n* เส้นแวง [sen waeng]
loo [lu:] *n* ห้องน้ำ [hong nam]
look [lʊk] *n* การมอง [kan morng] ▷ *v* มองดู [morng du]; **look at** *v* ดูที่ [du thii]
look after [lʊk ɑ:ftə] *v* ดูแล [du lae]; **I need someone to look after the children tonight** ฉันอยากได้คนดูแลเด็ก ๆ คืนนี้ [chan yak dai khon du lae dek dek khuen nii]
look for [lʊk fɔ:] *v* มองหา [mong ha]; **We're looking for...** เรากำลังมองหา... [rao kam lang mong ha...]
look round [lʊk raʊnd] *v* มองไปรอบ ๆ [mong pai rop rop]
look up [lʊk ʌp] *v* ค้นหาศัพท์หรือข้อมูล [khon ha sap rue kho mun]
loose [lu:s] *adj* หลวม [luam]
lorry ['lɒrɪ] *n* รถบรรทุก [rot ban thuk]; **lorry driver** *n* คนขับรถบรรทุก [khon khap rot ban thuk]
lose [lu:z] *vi* พ่ายแพ้ [phai phae] ▷ *vt* สูญเสีย [sun sia]
loser ['lu:zə] *n* ผู้สูญเสีย [phu sun sia]
loss [lɒs] *n* ความสูญเสีย [khwam sun sia]
lost [lɒst] *adj* สูญหาย [sun hai]; **lost-property office** *n* สำนักงานเก็บของหาย [sam nak ngan kep khong hai]
lost-and-found ['lɒstænd'faʊnd] *n* ที่เก็บของหาย [thii keb khong hai]
lot [lɒt] *n* **a lot** *n* จำนวนทั้งหมด [cham nuan thang mot]
lotion ['ləʊʃən] *n* โลชั่น [lo chan]; **after sun lotion** *n* โลชั่นหลังอาบแดด [lo chan lang aap daet]; **cleansing lotion** *n*

โลชั่นทำความสะอาด [lo chan tham khwam sa at]; **suntan lotion** *n* ครีมที่ทำให้ผิวเป็นสีน้ำตาล [khrim thii tham hai phio pen sii nam tan]

lottery ['lɒtərɪ] *n* สลากกินแบ่ง [sa lak kin baeng]

loud [laʊd] *adj* ดัง [dang]; **Could you speak louder, please?** คุณกรุณาพูดดังกว่านี้ได้ไหม? [khun ka ru na phut dang kwa nii dai mai]; **It's too loud** เสียงดังเกินไป [siang dang koen pai]

loudly [laʊdlɪ] *adv* อย่างเสียงดัง [yang siang dang]

loudspeaker [ˌlaʊd'spiːkə] *n* เครื่องกระจายเสียง [khrueang kra jai siang]

lounge [laʊndʒ] *n* ห้องนั่งเล่นในบ้าน [hong nang len nai baan]; **departure lounge** *n* ห้องพักผู้โดยสารที่จะเดินทางออก [hong phak phu doi san thii ja doen thang ok]; **transit lounge** *n* ห้องพักสำหรับผู้โดยสารที่จะเปลี่ยนเครื่องบิน [hong phak sam rap phu doi san thii ja plian khrueang bin]

lousy ['laʊzɪ] *adj* น่ารังเกียจ [na rang kiat]

love [lʌv] *n* ความรัก [khwam rak] ▷ *v* รัก [rak]; **I love...** ฉันรัก... [chan rak...]; **I love you** ฉันรักคุณ [chan rak khun]; **Yes, I'd love to** ใช่ ฉันรักที่จะ... [chai chan rak thii ja...]

lovely ['lʌvlɪ] *adj* น่ารัก [na rak]

lover ['lʌvə] *n* คู่รัก [khu rak]

low [ləʊ] *adj* ต่ำ [tam] ▷ *adv* ต่ำ [tam]; **low season** *n* ฤดูท่องเที่ยวที่มีนักท่องเที่ยวน้อย [rue du thong thiao thii mii nak thong thiao noi]

low-alcohol ['ləʊˌælkəˌhɒl] *adj* แอลกอฮอล์ต่ำ [aen ko ho tam]

lower ['ləʊə] *adj* ที่ต่ำกว่า [thii tam kwa] ▷ *v* ต่ำกว่า [tam kwa]

low-fat ['ləʊˌfæt] *adj* ที่ไขมันต่ำ [thii khai man tam]

loyalty ['lɔɪəltɪ] *n* ความจงรักภักดี [khwam chong rak phak dii]

luck [lʌk] *n* โชค [chok]

luckily ['lʌkɪlɪ] *adv* โชคดี [chok di]

lucky ['lʌkɪ] *adj* โชคดี [chok di]

lucrative ['luːkrətɪv] *adj* มีกำไรงาม [mii kam rai ngam]

luggage ['lʌgɪdʒ] *n* กระเป๋าเดินทาง [kra pao doen thang]; **hand luggage** *n* กระเป๋าเดินทางใบเล็กที่ถือขึ้นเครื่องบิน [kra pao doen thang bai lek thii thue khuen khrueang bin]; **Are there any luggage trolleys?** มีรถเข็นกระเป๋าเดินทางไหม? [mii rot khen kra pao doen thang mai]; **Can I insure my luggage?** ฉันขอประกันกระเป๋าเดินทางของฉันได้ไหม? [chan kho pra kan kra pao doen thang khong chan dai mai]; **My luggage has been damaged** กระเป๋าเดินทางฉันเสียหาย [kra pao doen thang chan sia hai]

lukewarm [ˌluːk'wɔːm] *adj* อุ่น [un]

lullaby ['lʌləˌbaɪ] *n* เพลงร้องกล่อมเด็ก [phleng rong klom dek]

lump [lʌmp] *n* ก้อน [kon]

lunatic ['luː'nætɪk] *n* คนบ้า [khon ba]

lunch [lʌntʃ] *n* อาหารกลางวัน [a han klang wan]; **Can we meet for lunch?** เราพบกันตอนอาหารกลางวันได้ไหม? [rao phop kan ton a han klang wan dai mai]; **I'm free for lunch** ฉันว่างตอนอาหารกลางวัน [chan wang ton a han klang wan]; **The lunch was excellent** อาหารกลางวันที่ยอดเยี่ยม [a han klang wan thii yot yiam]

lunchtime ['lʌntʃˌtaɪm] *n* เวลาอาหารกลางวัน [we la a han klang wan]

lung [lʌŋ] *n* ปอด [pot]

lush [lʌʃ] *adj* เขียวชอุ่ม [kheo cha um]

lust [lʌst] *n* ตัณหา [tan ha]

Luxembourg ['lʌksəmˌbɜːg] *n* ประเทศลักเซมเบิร์ก [pra tet lak sem boek]

luxurious [lʌg'zjʊərɪəs] *adj* หรูหรา [ru ra]

luxury ['lʌkʃərɪ] *n* ความหรูหรา [khwam ru ra]

lyrics ['lɪrɪks] *npl* เนื้อเพลง [nuea phleng]

mac [mæk] *abbr* ตัวย่อของเสื้อคลุมกันฝน [tua yor khong suea khlum kan fon]
macaroni [ˌmækəˈrəʊnɪ] *npl* มะกะโรนี [ma ka ro ni]
machine [məˈʃiːn] *n* เครื่องจักร [khrueang chak]; **answering machine** *n* เครื่องตอบรับโทรศัพท์ [khrueang top rap tho ra sap]; **machine gun** *n* ปืนกล [puen kon]; **machine washable** *adj* ซักด้วยเครื่องซักผ้าได้ [sak duai khrueang sak pha dai]
machinery [məˈʃiːnərɪ] *n* เครื่องจักร [khrueang chak]
mackerel [ˈmækrəl] *n* ปลาแม็กเคอเรล [pla mak koe rel]
mad [mæd] *adj (angry)* โกรธ [krot], *(insane)* วิกลจริต [wi kon cha rit]
Madagascar [ˌmædəˈgæskə] *n* เกาะมาดากัสการ์ในมหาสมุทรอินเดีย [ko ma da kas ka nai ma ha sa mut in dia]
madam [ˈmædəm] *n* คุณผู้หญิง [khun phu ying]
madly [ˈmædlɪ] *adv* อย่างเสียสติ [yang sia sa ti]
madman [ˈmædmən] *n* คนบ้า [khon ba]
madness [ˈmædnɪs] *n* ความวิกลจริต [khwam wi kon ja rit]
magazine [ˌmægəˈziːn] *n (ammunition)* ที่ใส่กระสุน [thii sai kra sun], *(periodical)* นิตยสาร [nit ta ya san]; **Where can I buy a magazine?** ฉันจะซื้อนิตยสารได้ที่ไหน? [chan ja sue nit ta ya san dai thii nai]
maggot [ˈmægət] *n* หนอน [non]
magic [ˈmædʒɪk] *adj* วิเศษ [wi set] ▷ *n* เวทมนตร์ [wet mon]
magical [ˈmædʒɪkəl] *adj* ซึ่งมีเวทมนตร์ [sueng mii wet mon]
magician [məˈdʒɪʃən] *n* นักเล่นกล [nak len kon]
magistrate [ˈmædʒɪˌstreɪt; -strɪt] *n* เจ้าหน้าที่ฝ่ายปกครอง [chao na thii fai pok khrong]
magnet [ˈmægnɪt] *n* แม่เหล็ก [mae lek]
magnetic [mægˈnɛtɪk] *adj* ซึ่งมีคุณสมบัติเป็นแม่เหล็ก [sueng mii khun som bat pen mae lek]
magnificent [mægˈnɪfɪsᵊnt] *adj* สง่างาม [sa nga ngam]
magpie [ˈmægˌpaɪ] *n* นกแมกไพ [nok maek phai]
mahogany [məˈhɒgənɪ] *n* ต้นมะฮอกกานี [ton ma hok ka ni]
maid [meɪd] *n* สาวใช้ [sao chai]
maiden [ˈmeɪdᵊn] *n* **maiden name** *n* ชื่อสกุลของหญิงก่อนแต่งงาน [chue sa kun khong ying kon taeng ngan]
mail [meɪl] *n* จดหมาย [chot mai] ▷ *v* ส่งจดหมาย [song chod mai]; **junk mail** *n* จดหมายที่ไม่ต้องการส่วนมากเป็นการโฆษณาขายสินค้า [chot mai thii mai tong kan suan mak pen kan khot sa na khai sin ka]; **Is there any mail for me?** มีจดหมายถึงฉันบ้างไหม? [mii chot mai thueng chan bang mai]; **Please send my mail on to this address** ช่วยส่งจดหมายฉันไปตามที่อยู่ที่นี่ [chuai song

chot mai chan pai tam thii yu thii ni]
mailbox ['meɪl,bɒks] *n* ตู้จดหมาย [tu chod mai]
mailing list ['meɪlɪŋ 'lɪst] *n* รายชื่อและที่อยู่ของคนที่ได้รับข่าวสาร โฆษณาและข้อมูลเป็นประจำ [rai chue lae thii yu khong khon thii dai rap khao san khot sa na lae kho mun pen pra cham]
main [meɪn] *adj* หลัก [luk]; **main course** *n* อาหารมื้อหลัก [a han mue lak]; **main road** *n* ถนนสายหลัก [tha non sai lak]
mainland ['meɪnlənd] *n* แผ่นดินใหญ่ [phaen din yai]
mainly ['meɪnlɪ] *adv* โดยส่วนใหญ่ [doi suan yai]
maintain [meɪn'teɪn] *v* ดูแลรักษา [du lae rak sa]
maintenance ['meɪntɪnəns] *n* การดูแลรักษา [kan du lae rak sa]
maize [meɪz] *n* ข้าวโพด [khao pot]
majesty ['mædʒɪstɪ] *n* ความสงาผ่าเผย [khwam sa nga pha phoei]
major ['meɪdʒə] *adj* ส่วนมาก [suan mak]
majority [mə'dʒɒrɪtɪ] *n* ส่วนใหญ่ [suan yai]
make [meɪk] *v* ทำ [tham]; **Is it made with unpasteurised milk?** นี่ทำจากนมที่ไม่ได้ผ่านการฆ่าเชื้อโรคด้วยความร้อนสูงหรือเปล่า? [ni tham chak nom thii mai dai phan kan kha chuea rok duai khwam ron sung rue plao]; **Where can I make a phone call?** ฉันจะโทรศัพท์ได้ที่ไหน? [chan ja tho ra sap dai thii nai]
makeover ['meɪk,əʊvə] *n* การเปลี่ยนแปลง [kan plian plaeng]
maker ['meɪkə] *n* ผู้ผลิต [phu pha lit]
make up [meɪk ʌp] *v* ทำขึ้น [tham khuen]
make-up [meɪkʌp] *n* เครื่องสำอางค์ [khrueang sam ang]
malaria [mə'lɛərɪə] *n* ไข้มาลาเรีย [khai ma la ria]
Malawi [mə'lɑːwɪ] *n* ประเทศมาลาวี [pra tet ma la wi]
Malaysia [mə'leɪzɪə] *n* ประเทศมาเลเซีย [pra tet ma le sia]
Malaysian [mə'leɪzɪən] *adj* เกี่ยวกับประเทศมาเลเซีย [kiao kap pra thet ma le sia] ▷ *n* ชาวมาเลเซีย [chao ma le sia]
male [meɪl] *adj* ซึ่งเป็นของผู้ชาย [sueng pen khong phu chai] ▷ *n* ผู้ชาย [phu chai]
malicious [mə'lɪʃəs] *adj* มุ่งร้าย [mung rai]
malignant [mə'lɪgnənt] *adj* ที่มุ่งร้าย [thii mung rai]
malnutrition [,mælnjuː'trɪʃən] *n* การขาดอาหาร [kan khat a han]
Malta ['mɔːltə] *n* ประเทศมอลตา [pra tet mol ta]
Maltese [mɔːl'tiːz] *adj* เกี่ยวกับมอลตา [kiao kap mol ta] ▷ *n (language)* ภาษามอลตา [pha sa mol ta], *(person)* ชาวมอลตา [chao mol ta]
mammal ['mæməl] *n* สัตว์เลี้ยงลูกด้วยนม [sat liang luk duai nom]
mammoth ['mæməθ] *adj* มหึมา [ma hue ma] ▷ *n* สัตว์ขนาดใหญ่คล้ายช้างขนยาว งาโค้งยาวสูญพันธุ์ไปแล้ว [sat kha nat yai khlai chang khon yao nga khong yao sun phan pai laeo]
man, men [mæn, mɛn] *n* ผู้ชาย [phu chai]; **best man** *n* เพื่อนเจ้าบ่าว [phuean chao bao]
manage ['mænɪdʒ] *v* จัดการ [chat kan]
manageable ['mænɪdʒəbᵊl] *adj* ที่จัดการได้ [thii chat kan dai]
management ['mænɪdʒmənt] *n* คณะผู้บริหาร [kha na phu bo ri han]
manager ['mænɪdʒə] *n* ผู้จัดการ [phu chat kan]; **I'd like to speak to the manager, please** ฉันขอพูดกับผู้จัดการ [chan kho phut kap phu chat kan]
manageress [,mænɪdʒə'rɛs; 'mænɪdʒə,rɛs] *n* ผู้จัดการหญิง [phu chat kan ying]
mandarin ['mændərɪn] *n (fruit)* ส้ม

[som], *(official)* ภาษาจีนกลาง [pha sa chin klang]
mangetout ['mɑ̃ʒ'tuː] *n* ถั่วผักชนิดหนึ่ง [thua phak cha nit hueng]
mango ['mæŋɡəʊ] *n* มะม่วง [ma muang]
mania ['meɪnɪə] *n* ความคลั่งไคล้ [khwam khlang khlai]
maniac ['meɪnɪˌæk] *n* คนคลั่ง [khon khlang]
manicure ['mænɪˌkjʊə] *n* การทำเล็บ [kan tham leb] ▷ *v* ทำเล็บ [tham leb]
manipulate [mə'nɪpjʊˌleɪt] *v* ควบคุมบงการ [khuap khum bong kan]
mankind [ˌmæn'kaɪnd] *n* มนุษยชาติ [ma nut sa ya chat]
man-made ['mænˌmeɪd] *adj* ซึ่งสร้างขึ้นมา [sueng sang khuen ma]
manner ['mænə] *n* ลักษณะท่าทาง [lak sa na tha thang]
manners ['mænəz] *npl* มรรยาท [ma ra yat]
manpower ['mænˌpaʊə] *n* กำลังคน [kam lang kon]
mansion ['mænʃən] *n* บ้านหลังใหญ่ [baan hlang yai]
mantelpiece ['mæntᵊlˌpiːs] *n* ชั้นที่อยู่เหนือเตาผิง [chan thii yu nuea tao phing]
manual ['mænjʊəl] *n* หนังสือคู่มือ [nang sue khu mue]
manufacture [ˌmænjʊ'fæktʃə] *v* ผลิต [pha lit]
manufacturer [ˌmænjʊ'fæktʃərə] *n* ผู้ผลิต [phu pha lit]
manure [mə'njʊə] *n* มูลสัตว์ [mun sat]
manuscript ['mænjʊˌskrɪpt] *n* หนังสือที่เขียนด้วยลายมือ [hnang sue thii khian duai lai mue]
many ['mɛnɪ] *adj* มากมาย [mak mai] ▷ *pron* คนหรือสิ่งของจำนวนมาก [khon rue sing khong cham nuan mak]
Maori ['maʊrɪ] *adj* เกี่ยวกับเมารี [kiao kap mao ri] ▷ *n (language)* ภาษาเมารี [pha sa mao ri], *(person)* ชาวเมารี [chao mao ri]
map [mæp] *n* แผนที่ [phaen thi]; **Can I have a map?** ฉันขอแผนที่ได้ไหม? [chan kho phaen thii dai mai]; **Can you draw me a map with directions?** คุณวาดแผนที่บอกทิศทางให้ฉันได้ไหม? [khun wat phaen thii bok thit thang hai chan dai mai]; **Can you show me where it is on the map?** คุณบอกฉันได้ไหมว่ามันอยู่ที่ใดบนแผนที่ [khun bok chan dai mai wa man yu thii dai bon phaen thii]
maple ['meɪpᵊl] *n* ต้นเมเปิล [ton me poel]
marathon ['mærəθən] *n* การวิ่งแข่งมาราธอน [kan wing khaeng ma ra thon]
marble ['mɑːbᵊl] *n* หินอ่อน [hin on]
march [mɑːtʃ] *n* การเดินขบวน [kan doen kha buan] ▷ *v* เดิน [doen]
March [mɑːtʃ] *n* เดือนกุมภาพันธ์ [duean kum pha phan]
mare [mɛə] *n* ม้าหรือม้าลายตัวเมีย [ma rue ma lai tua mia]
margarine [ˌmɑːdʒə'riːn; ˌmɑːɡə-] *n* เนยเทียม [noei thiam]
margin ['mɑːdʒɪn] *n* ขอบ [khop]
marigold ['mærɪˌɡəʊld] *n* ต้นไม้ประเภทดาวเรือง [ton mai pra phet dao rueang]
marijuana [ˌmærɪ'hwɑːnə] *n* กัญชา [kan cha]
marina [mə'riːnə] *n* ท่าจอดเรือ [tha jot ruea]
marinade *n* [ˌmærɪ'neɪd] การหมัก [kan mak] ▷ *v* ['mærɪˌneɪd] หมัก [mak]
marital ['mærɪtᵊl] *adj* **marital status** *n* สถานภาพการแต่งงาน [sa tha na phap kan taeng ngan]
maritime ['mærɪˌtaɪm] *adj* ทางทะเล [thang tha le]
marjoram ['mɑːdʒərəm] *n* ต้นมาจอรั่มมีใบหอมใช้ปรุงอาหารและใส่ในสลัด [ton ma cho ram mii bai hom chai prung a han lae sai nai sa lat]

mark [mɑːk] *n* คะแนน [kha naen] ▷ *v* *(grade)* การให้คะแนน [kan hai kha naen], *(make sign)* ทำเครื่องหมาย [tham khueang mai]; **exclamation mark** *n* เครื่องหมายอัศเจรีย์ [khrueang mai at sa je ri]; **question mark** *n* เครื่องหมายคำถาม [khrueang mai kham tham]; **quotation marks** *npl* อัญประกาศ [an ya pra kat]

market ['mɑːkɪt] *n* ตลาด [ta lat]; **market research** *n* การวิจัยตลาด [kan wi jai ta lad]; **stock market** *n* ตลาดหุ้น [ta lad hun]; **When is the market on?** มีตลาดเมื่อไร? [mii ta lat muea rai]

marketing ['mɑːkɪtɪŋ] *n* การทำการตลาด [kan tham kan ta lat]

marketplace ['mɑːkɪt,pleɪs] *n* ตลาดสินค้า [ta lat sin kha]

marmalade ['mɑːmə,leɪd] *n* แยมส้ม [yam som]

maroon [mə'ruːn] *adj* ซึ่งมีสีแดงม่วงเข้มอมน้ำตาล [sueng mee see daeng muang khem om nam tan]

marriage ['mærɪdʒ] *n* การแต่งงาน [kan taeng ngan]; **marriage certificate** *n* ใบทะเบียนสมรส [bai tha bian som rot]

married ['mærɪd] *adj* ได้แต่งงานแล้ว [dai taeng ngan laeo]

marrow ['mærəʊ] *n* บวบฝรั่งขนาดใหญ่ [buap fa rang kha naat yai]

marry ['mærɪ] *v* แต่งงาน [taeng ngan]

marsh [mɑːʃ] *n* บึง [bueng]

martyr ['mɑːtə] *n* ผู้ยอมเสียสละชีวิตเพื่อศาสนาหรือความเชื่อของตน [phu yom sia sa la chi wit phuea sat sa na rue khwam chuea khong ton]

marvellous ['mɑːvᵊləs] *adj* ดีเยี่ยม [di yiam]

Marxism ['mɑːksɪzəm] *n* ลัทธิมาร์กซ์ [lat thi mark]

marzipan ['mɑːzɪ,pæn] *n* ส่วนผสมของอัลมอนด์น้ำตาลและไข่ขาวใส่บนหน้าเค้ก [suan pha som khong a mon nam tan lae khai khao sai bon na khek]

mascara [mæ'skɑːrə] *n* เครื่องสำอางค์ใช้ทาขนตา [khrueang sam ang chai tha khon ta]

masculine ['mæskjʊlɪn] *adj* อย่างผู้ชาย [yang phu chai]

mask [mɑːsk] *n* หน้ากาก [na kak]

masked [mɑːskt] *adj* ที่ใส่หน้ากาก [thii sai na kak]

mass [mæs] *n* *(amount)* จำนวนมาก [cham nuan mak], *(church)* พิธีแมสในโบถส์ [phi ti maes nai bot]

massacre ['mæsəkə] *n* การฆ่าหมู่ [kan kha mu]

massage ['mæsɑːʒ; -sɑːdʒ] *n* การนวด [kan nuat]

massive ['mæsɪv] *adj* ใหญ่โต [yai to]

mast [mɑːst] *n* เสาเรือ [sao ruea]

master ['mɑːstə] *n* เจ้านาย [chao nai] ▷ *v* เข้าใจถ่องแท้ [khao jai thong thae]

masterpiece ['mɑːstə,piːs] *n* งานชิ้นเอก [ngan chin ek]

mat [mæt] *n* เสื่อ [suea]; **mouse mat** *n* แผ่นรองเมาส์ [phaen rong mao]

match [mætʃ] *n* *(partnership)* คู่ที่เหมือนกัน [khu thiihmuean kan], *(sport)* การแข่งขัน [kan khaeng khan] ▷ *v* เหมาะกัน [mo kan]; **away match** *n* การแข่งขันที่ไปเล่นที่อื่น [kan khaeng khan thii pai len thii uen]; **home match** *n* การแข่งขันที่เล่นที่สนามกีฬาของเจ้าถิ่น [kan khaeng khan thii len thii sa nam ki la khong chao thin]

matching [mætʃɪŋ] *adj* เข้ากัน [khao kan]

mate [meɪt] *n* เพื่อน [phuean]

material [mə'tɪərɪəl] *n* วัสดุ [wat sa du]; **What is the material?** วัสดุอะไร? [wat sa du a rai]

maternal [mə'tɜːnᵊl] *adj* เกี่ยวกับมารดา [kiao kap man da]

mathematical [,mæθə'mætɪkᵊl; ,mæθ'mæt-] *adj* เกี่ยวกับคณิตศาสตร์ [kiao kap kha nit ta sat]

mathematics [,mæθə'mætɪks;

ˌmæθ'mæt-] *npl* คณิตศาสตร์ [kha nit ta sat]
maths [mæθs] *npl* วิชาคณิตศาสตร์ [wi cha kha nit ta sat]
matter ['mætə] *n* สิ่งที่ต้องทำ [sing thii tong tham] ▷ *v* เป็นเรื่องสำคัญ [pen rueang sam khan]
mattress ['mætrɪs] *n* ที่นอน [thi non]
mature [mə'tjʊə; -'tʃʊə] *adj* เป็นผู้ใหญ่ [pen phu yai]; **mature student** *n* นักเรียนผู้ใหญ่ [nak rian phu yai]
Mauritania [ˌmɒrɪ'teɪnɪə] *n* ประเทศมอริทาเนีย [pra tet mo ri tha nia]
Mauritius [mə'rɪʃəs] *n* ชาวมอริชัส [chao mo ri chas]
mauve [məʊv] *adj* สีม่วงอ่อน [sii muang on]
maximum ['mæksɪməm] *adj* สูงสุด [sung sut] ▷ *n* จำนวนสูงสุด [cham nuan sung sut]
may [meɪ] *v* **May I call you tomorrow?** ฉันโทรหาคุณพรุ่งนี้ได้ไหม? [chan tho ha khun phrung nii dai mai]; **May I open the window?** ฉันขอเปิดหน้าต่างได้ไหม? [chan kho poet na tang dai mai]
May [meɪ] *n* เดือนพฤษภาคม [duean phruet sa pha khom]
maybe ['meɪˌbi:] *adv* อาจจะ [at cha]
mayonnaise [ˌmeɪə'neɪz] *n* มายองเนส [ma yong net]
mayor, mayoress [mɛə, 'mɛərɪs] *n* นายกเทศมนตรี [na yok tet sa mon tree]
maze [meɪz] *n* ทางวกวน [thang wok won]
me [mi:] *pron* ฉัน [chan]; **Can you show me where it is on the map?** คุณบอกฉันได้ไหมว่ามันอยู่ที่ใดบนแผนที่ [khun bok chan dai mai wa man yu thii dai bon phaen thii]; **Please let me off** ขอให้ฉันลงจากรถ [kho hai chan long chak rot]
meadow ['mɛdəʊ] *n* ทุ่งหญ้า [thung ya]
meal [mi:l] *n* มื้ออาหาร [mue a han]
mealtime ['mi:lˌtaɪm] *n* เวลาอาหาร [we la a han]
mean [mi:n] *adj* ค่าเฉลี่ย [kha cha lia] ▷ *v* หมายความว่า [mai khwam wa]
meaning ['mi:nɪŋ] *n* ความหมาย [khwam mai]
means [mi:nz] *npl* วิธี [wi thi]
meantime ['mi:nˌtaɪm] *adv* ในระหว่างนั้น [nai ra wang nan]
meanwhile ['mi:nˌwaɪl] *adv* ขณะที่ [kha na thi]
measles ['mi:zəlz] *npl* โรคหัด [rok hat]; **German measles** *n* หัดเยอรมัน [hat yoe ra man]; **I had measles recently** ฉันเป็นโรคหัดเมื่อเร็ว ๆ นี้ [chan pen rok hat muea reo reo nii]
measure ['mɛʒə] *v* วัด [wat]; **tape measure** *n* สายวัด [sai wat]; **Can you measure me, please?** คุณช่วยวัดตัวฉันได้ไหม? [khun chuai wat tua chan dai mai]
measurements ['mɛʒəmənts] *npl* การวัด [kan wat]
meat [mi:t] *n* เนื้อ [nuea]; **Do you eat meat?** คุณทานเนื้อไหม? [khun than nuea mai]; **I don't eat meat** ฉันไม่กินเนื้อ [chan mai kin nuea], ฉันไม่ทานเนื้อ [chan mai kin nuea, chan mai than nuea]; **I don't eat red meat** ฉันไม่กินเนื้อแดง [chan mai kin nuea daeng]
meatball ['mi:tˌbɔ:l] *n* ลูกชิ้น [luk chin]
Mecca ['mɛkə] *n* กรุงเมกกะ [krung mek ka]
mechanic [mɪ'kænɪk] *n* ช่างเครื่อง [chang khrueang]
mechanical [mɪ'kænɪkᵊl] *adj* เกี่ยวกับเครื่องจักรกล [kiao kap khrueang chak kon]
mechanism ['mɛkəˌnɪzəm] *n* กลไกการทำงานของเครื่องจักร [kon kai kan tham ngan khong khrueang chak]
medal ['mɛdᵊl] *n* เหรียญ [rian]
medallion [mɪ'dæljən] *n* การประดับเหรียญให้ [kan pra dap rian hai]
media ['mi:dɪə] *npl* สื่อมวลชน [sue

muan chon]
mediaeval [ˌmɛdɪ'iːvᵊl] *adj* เกี่ยวกับยุคกลาง [kiao kap yuk klang]
medical ['mɛdɪkᵊl] *adj* ทางการแพทย์ [thang kan phaet] ▷ *n* การตรวจร่างกาย [kan truat rang kai]; **medical certificate** *n* ใบรับรองแพทย์ [bai rap rong phaet]
medication [ˌmɛdɪ'keɪʃən] *n* **I'm on this medication** ฉันกำลังใช้ยานี้ [chan kam lang chai ya nii]
medicine ['mɛdɪsɪn; 'mɛdsɪn] *n* ยา [ya]; **I'm already taking this medicine** ฉันได้รับยานี้ไปแล้ว [chan dai rap ya nii pai laeo]
meditation [ˌmɛdɪ'teɪʃən] *n* การนั่งสมาธิ [kan nang sa ma thi]
Mediterranean [ˌmɛdɪtə'reɪnɪən] *adj* เกี่ยวกับทะเลเมดิเตอร์เรเนียน [kiao kap tha le me di toe re nian] ▷ *n* ทะเลเมดิเตอร์เรเนียน [tha le me di toe re nian]
medium ['miːdɪəm] *adj (between extremes)* ซึ่งอยู่ระหว่างกลาง [sueng yu ra wang klang]
medium-sized ['miːdɪəmˌsaɪzd] *adj* ขนาดกลาง [kha nat klang]
meet [miːt] *vi* ชุมนุม จัดให้พบกัน [chum num, chat hai phop kan] ▷ *vt* พบโดยบังเอิญ ต้อนรับ [phop doi bang oen, ton rab]
meeting ['miːtɪŋ] *n* การประชุม [kan pra chum]; **I'd like to arrange a meeting with...** ฉันอยากจัดให้การประชุมกับ... [chan yak chat hai kan pra chum kap...]
meet up [miːt ʌp] *v* พบกัน [phob kan]
mega ['mɛgə] *adj* ยิ่งใหญ่ [ying yai]
melody ['mɛlədɪ] *n* เสียงดนตรี [siang don trii]
melon ['mɛlən] *n* เมลอนเป็นผลไม้จำพวกแตง [me lon pen phon la mai cham phuak taeng]
melt [mɛlt] *vi* ละลาย ทำให้หลอมละลาย [la lai, tham hai lom la lai] ▷ *vt* ละลาย ทำให้หลอมละลาย [la lai, tham hai lom la lai]
member ['mɛmbə] *n* สมาชิก [sa ma chik]; **Do I have to be a member?** ฉันต้องเป็นสมาชิกไหม? [chan tong pen sa ma chik mai]
membership ['mɛmbəˌʃɪp] *n* การเป็นสมาชิก [kan pen sa ma chik]; **membership card** *n* บัตรสมาชิก [bat sa ma chik]
memento [mɪ'mɛntəʊ] *n* ของที่ระลึก [khong thi ra luek]
memo ['mɛməʊ; 'miːməʊ] *n* กระดาษจดบันทึก [kra dart chod ban thuek]
memorial [mɪ'mɔːrɪəl] *n* อนุสรณ์ [a nu son]
memorize ['mɛməˌraɪz] *v* ท่องจำ [thong cham]
memory ['mɛmərɪ] *n* ความจำ [khwam cham]; **memory card** *n* การ์ดบันทึกความจำของคอมพิวเตอร์ [kat ban thuek khwam cham khong khom pio toe]
mend [mɛnd] *v* ซ่อมแซม [som saem]
meningitis [ˌmɛnɪn'dʒaɪtɪs] *n* เยื่อหุ้มสมองอักเสบ [yuea hum sa mong ak sep]
menopause ['mɛnəʊˌpɔːz] *n* ช่วงวัยหมดประจำเดือน [chuang wai mot pra cham duen]
menstruation [ˌmɛnstrʊ'eɪʃən] *n* การมีประจำเดือน [kan mii pra cham duen]
mental ['mɛntᵊl] *adj* เป็นโรคจิต [pen rok chit]; **mental hospital** *n* โรงพยาบาลโรคจิต [rong pha ya baan rok chit]
mentality [mɛn'tælɪtɪ] *n* ความสามารถทางจิต [khwam sa mat thang chit]
mention ['mɛnʃən] *v* กล่าวถึง [klao thueng]
menu ['mɛnjuː] *n* รายการอาหาร [rai kan a han]; **Do you have a children's menu?** คุณมีรายการอาหารเด็กไหม? [khun mii rai kan a han dek mai]; **Do you have a set-price menu?** คุณมีรายการอาหารที่ตั้งราคาเป็นชุดไหม?

[khun mii rai kan a han thii tang ra kha pen chut mai]; **The menu, please** ขอรายการอาหาร [kho rai kan a han]

mercury ['mɜːkjʊrɪ] *n* ธาตุปรอท [that pa rot]

mercy ['mɜːsɪ] *n* ความเมตตา [khwam met ta]

mere [mɪə] *adj* เพียงเท่านั้น [phiang thao nan]

merge [mɜːdʒ] *v* รวมเข้าด้วยกัน [ruam khao duai kan]

merger ['mɜːdʒə] *n* การควบรวม [kan khuap ruam]

meringue [mə'ræŋ] *n* ขนมอบที่ใช้ไข่ขาวตีจนฟูแล้วอบ [kha nom op thii chai khai khao ti chon fu laeo op]

mermaid ['mɜːˌmeɪd] *n* นางเงือก [nang ngueak]

merry ['mɛrɪ] *adj* รื่นเริง [ruen roeng]

merry-go-round ['mɛrɪgəʊ'raʊnd] *n* ม้าหมุน [ma mun]

mess [mɛs] *n* สภาพรกรุงรัง [sa phap rok rung rang]

mess about [mɛs ə'baʊt] *v* ฆ่าเวลาโดยการทำอะไรที่ไม่สำคัญ [kha we la doi kan tham a rai thii mai sam khan]

message ['mɛsɪdʒ] *n* ข่าวสาร [khao san]; **text message** *n* ข้อความที่ส่งทางโทรศัพท์มือถือ [kho khwam thii song thang tho ra sap mue thue]

messenger ['mɛsɪndʒə] *n* คนส่งข่าว [khon song khao]

mess up [mɛs ʌp] *v* ทำให้สกปรก [tham hai sok ka prok]

messy ['mɛsɪ] *adj* ซึ่งไม่เรียบร้อยและสกปรก [sueng mai riap roi lae sok ka prok]

metabolism [mɪ'tæbəˌlɪzəm] *n* กระบวนการเผาผลาญอาหาร [kra buan kan phao phlan a han]

metal ['mɛtᵊl] *n* โลหะ [lo ha]

meteorite ['miːtɪəˌraɪt] *n* อุกกาบาต [uk ka bat]

meter ['miːtə] *n* หน่วยวัดความยาวเป็นเมตร [nuai wat khwam yao pen met]; **parking meter** *n* มิเตอร์จอดรถ [mi toe jot rot]

method ['mɛθəd] *n* วิธีการ [wi thi kan]

Methodist ['mɛθədɪst] *adj* ที่เกี่ยวกับนิกายโปรเตสแตนส์ [thii kiao kap ni kai pro tes taen]

metre ['miːtə] *n* เมตร [met]

metric ['mɛtrɪk] *adj* ซึ่งวัดเป็นเมตร [sueng wat pen met]

Mexican ['mɛksɪkən] *adj* เกี่ยวกับเม็กซิกัน [kiao kap mex si kan] ▷ *n* ชาวเม็กซิกัน [chao mex si kan]

Mexico ['mɛksɪˌkəʊ] *n* ประเทศเม็กซิโก [pra tet mex si ko]

microchip ['maɪkrəʊˌtʃɪp] *n* ไมโครชิพ [maek phai]

microphone ['maɪkrəˌfəʊn] *n* ไมโครโฟน [mai khro fon]; **Does it have a microphone?** มีไมโครโฟนไหม? [mii mai khro fon mai]

microscope ['maɪkrəˌskəʊp] *n* กล้องจุลทรรศน์ [klong chun la that]

mid [mɪd] *adj* ตรงกลาง [trong klang]

midday ['mɪd'deɪ] *n* เที่ยงวัน [thiang wan]; **at midday** ตอนเที่ยงวัน [ton thiang wan]; **It's twelve midday** เวลาเที่ยงวัน [we la thiang wan]

middle ['mɪdᵊl] *n* จุดกลาง [chud klang]; **Middle Ages** *npl* ยุคกลาง [yuk klang]; **Middle East** *n* ตะวันออกกลาง [ta wan ok klang]

middle-aged ['mɪdᵊlˌeɪdʒɪd] *adj* ซึ่งมีวัยกลางคน [sueng mii wai klang khon]

middle-class ['mɪdᵊlˌklɑːs] *adj* ชนชั้นกลาง [chon chan klang]

midge [mɪdʒ] *n* แมลงตัวเล็กคล้ายยุงกัดคนและสัตว์ [ma laeng tua lek khlai yung kat khon lae sat]

midnight ['mɪdˌnaɪt] *n* เที่ยงคืน [thiang khuen]; **at midnight** เวลาเที่ยงคืน [we la thiang khuen]

midwife, midwives ['mɪdˌwaɪf, 'mɪdˌwaɪvz] *n* นางพยาบาลผดุงครรภ์

[nang pha ya baan pa dung khan]
migraine ['mi:greɪn; 'maɪ-] *n* อาการปวดศรีษะเพียงข้างเดียว [a kan puad sri sa phiang khang diao]
migrant ['maɪgrənt] *adj* เคลื่อนย้ายจากที่หนึ่งไปอีกที่หนึ่ง [khluean yai chak thii nueng pai ik thii nueng] ▷ *n* ผู้อพยพ [phu op pha yop]
migration [maɪ'greɪʃən] *n* การอพยพ [kan op pa yop]
mike [maɪk] *n* ไมโครโฟน [mai khro fon]
mild [maɪld] *adj* ซึ่งมีรสชาติอ่อน [sueng mii rot chat on]
mile [maɪl] *n* ไมล์ [mai]
mileage ['maɪlɪdʒ] *n* ระยะทางเป็นไมล์ [ra ya thang pen mai]
mileometer [maɪ'lɒmɪtə] *n* เครื่องวัดจำนวนไมล์ [khrueang wat cham nuan mai]
military ['mɪlɪtərɪ; -trɪ] *adj* ทางทหาร [thang tha han]
milk [mɪlk] *n* นม [nom] ▷ *v* รีดนม [rit nom]; **baby milk** *n* นมสำหรับเด็กทารก [nom sam rap dek tha rok]; **Do you drink milk?** คุณดื่มนมไหม? [khun duem nom mai]; **Have you got real milk?** คุณมีนมสดไหม? [khun mii nom sot mai]; **Is it made with unpasteurised milk?** นี่ทำจากนมที่ไม่ได้ผ่านการฆ่าเชื้อโรคด้วยความร้อนสูงหรือเปล่า? [ni tham chak nom thii mai dai phan kan kha chuea rok duai khwam ron sung rue plao]
milkshake ['mɪlk,ʃeɪk] *n* นมปั่น [nom pan]
mill [mɪl] *n* โรงสี [rong si]
millennium [mɪ'lɛnɪəm] *n* ระยะเวลาหนึ่งพันปี [ra ya we la nueng phan pi]
millimetre ['mɪlɪ,mi:tə] *n* มิลลิเมตร [min li met]
million ['mɪljən] *n* หนึ่งล้าน [nueng lan]
millionaire [,mɪljə'nɛə] *n* เศรษฐีเงินล้าน [set thi ngoen lan]
mimic ['mɪmɪk] *v* ล้อเลียน [lo lian]
mince [mɪns] *v* บด [bot]
mind [maɪnd] *n* จิตใจ [chit chai] ▷ *v* ระมัดระวัง [ra mat ra wang]
mine [maɪn] *n* เหมืองแร่ [mueang rae] ▷ *pron* ของฉัน [khong chan]
miner ['maɪnə] *n* คนงานเหมือง [khon ngan mueang]
mineral ['mɪnərəl; 'mɪnrəl] *adj* ที่มีแร่ [thii mii rae] ▷ *n* แร่ธาตุ [rae that]; **mineral water** *n* น้ำแร่ [nam rae]
miniature ['mɪnɪtʃə] *adj* เล็กมาก [lek mak] ▷ *n* สิ่งที่มีขนาดเล็กมาก [sing thii mii kha naat lek mak]
minibar ['mɪnɪ,bɑ:] *n* ตู้เย็นขนาดเล็กในห้องพักโรงแรม [tu yen kha naat lek nai hong phak rong raeng]
minibus ['mɪnɪ,bʌs] *n* รถเมล์เล็ก [rot me lek]
minicab ['mɪnɪ,kæb] *n* รถขับที่ใช้เป็นแท็กซี่ [rot khap thii chai pen thaek si]
minimal ['mɪnɪməl] *adj* น้อยที่สุด [noi thii sud]
minimize ['mɪnɪ,maɪz] *v* ทำให้เล็กลงที่สุด [tham hai lek long thii sut]
minimum ['mɪnɪməm] *adj* ต่ำที่สุด [tam thii sud] ▷ *n* จำนวนน้อยที่สุด [cham nuan noi thii sut]
mining ['maɪnɪŋ] *n* การทำเหมือง [kan tham mueang]
miniskirt ['mɪnɪ,skɜ:t] *n* กระโปรงสั้น [kra prong san]
minister ['mɪnɪstə] *n* *(clergy)* พระผู้สอนศาสนา [phra phu sorn sad sa na], *(government)* รัฐมนตรี [rat tha mon tri]; **prime minister** *n* นายกรัฐมนตรี [na yok rat tha mon tri]
ministry ['mɪnɪstrɪ] *n* *(government)* กระทรวง [kra suang], *(religion)* หน้าที่ของพระ [na thii khong phra]
mink [mɪŋk] *n* ตัวมิงค์ ขนใช้ทำเสื้อกันหนาว [tua ming khon chai tham suea kan nao]
minor ['maɪnə] *adj* เป็นรอง [pen rong] ▷ *n* ผู้เยาว์ [phu yao]

minority [maɪˈnɒrɪtɪ; mɪ-] *n* คนกลุ่มน้อย [khon klum noi]
mint [mɪnt] *n (coins)* โรงกษาปณ์ [rong ka sap], *(herb/sweet)* ใบสะระแหน่ [bai sa ra nae]
minus [ˈmaɪnəs] *prep* ลบ [lop]
minute *adj* [maɪˈnjuːt] เล็กมาก [lek mak] ▷ *n* [ˈmɪnɪt] นาที [na thi]; **Can you wait here for a few minutes?** คุณรอที่นี่สักสองสามนาทีได้ไหม? [khun ro thii nii sak song sam na thii dai mai]; **We are ten minutes late** เรามาช้าสิบนาที [rao ma cha sip na thi]
miracle [ˈmɪrəkᵊl] *n* เรื่องมหัศจรรย์ [rueang ma hat sa chan]
mirror [ˈmɪrə] *n* กระจก [kra chok]; **rear-view mirror** *n* กระจกส่องหลัง [kra jok song lang]; **wing mirror** *n* กระจกส่องข้าง [kra jok song khang]
misbehave [ˌmɪsbɪˈheɪv] *v* ประพฤติตัวไม่เหมาะสม [pra phruet tua mai mo som]
miscarriage [mɪsˈkærɪdʒ] *n* การแท้งบุตร [kan thang but]
miscellaneous [ˌmɪsəˈleɪnɪəs] *adj* เบ็ดเตล็ด [bet ta let]
mischief [ˈmɪstʃɪf] *n* การก่อกวน [kan ko kuan]
mischievous [ˈmɪstʃɪvəs] *adj* เกเร [ke re]
miser [ˈmaɪzə] *n* คนตระหนี่ [khon tra nii]
miserable [ˈmɪzərəbᵊl; ˈmɪzrə-] *adj* ทำให้หดหู่ใจ [tham hai hot hu jai]
misery [ˈmɪzərɪ] *n* ความทุกข์ยาก [khwam thuk yak]
misfortune [mɪsˈfɔːtʃən] *n* ความโชคร้าย [khwam chok rai]
mishap [ˈmɪshæp] *n* อุบัติเหตุเล็ก ๆ [u bat ti het lek lek]
misjudge [ˌmɪsˈdʒʌdʒ] *v* ตัดสินใจผิด [tat sin jai phit]
mislay [mɪsˈleɪ] *v* วางผิดที่ [wang phid thii]
misleading [mɪsˈliːdɪŋ] *adj* ซึ่งทำให้เข้าใจผิด [sueng tham hai khao jai phit]
misprint [ˈmɪsˌprɪnt] *n* การพิมพ์ผิด [kan phim phit]
miss [mɪs] *v* พลาด ไม่เห็น ไม่เข้าใจ ไม่ได้ยิน [phlat, mai hen, mai khao jai, mai dai yin]
Miss [mɪs] *n* นางสาว [nang sao]
missile [ˈmɪsaɪl] *n* ขีปนาวุธ [khi pa na wut]
missing [ˈmɪsɪŋ] *adj* ซึ่งหายไป [sueng hai pai]
missionary [ˈmɪʃənərɪ] *n* หมอสอนศาสนา [mo son sat sa na]
mist [mɪst] *n* หมอก [mok]
mistake [mɪˈsteɪk] *n* ความผิดพลาด [khwam phit phlat] ▷ *v* ทำผิด [tham phit]
mistaken [mɪˈsteɪkən] *adj* ซึ่งเข้าใจผิด [sueng khao jai phit]
mistakenly [mɪˈsteɪkənlɪ] *adv* อย่างเข้าใจผิด [yang khao jai phid]
mistletoe [ˈmɪsᵊlˌtəʊ] *n* ไม้จำพวกกาฝากขึ้นตามต้นไม้ [mai cham phuak ka fak khuen tam ton mai]
mistress [ˈmɪstrɪs] *n* อนุภรรยา [a nu phan ra ya]
misty [ˈmɪstɪ] *adj* ที่ปกคลุมด้วยหมอก [thii pok khlum duai mok]
misunderstand [ˌmɪsʌndəˈstænd] *v* เข้าใจผิด [khao chao phit]
misunderstanding [ˌmɪsʌndəˈstændɪŋ] *n* การเข้าใจผิด [kan khao jai phit]; **There's been a misunderstanding** มีการเข้าใจผิด [mii kan khao jai phit]
mitten [ˈmɪtᵊn] *n* ถุงมือแบบมีสี่นิ้วรวมกันแต่นิ้วโป้งแยกออก [thung mue baep mii si nio ruam kan tae nio pong yaek ok]
mix [mɪks] *n* การผสม [kan pha som] ▷ *v* ผสม [pha som]
mixed [mɪkst] *adj* ที่ผสมกัน [thii pha som kan]; **mixed salad** *n* สลัดรวม [sa

lat ruam]
mixer ['mɪksə] *n* เครื่องผสม [khrueang pha som]
mixture ['mɪkstʃə] *n* ส่วนผสม [suan pha som]
mix up [mɪks ʌp] *v* รวม [ruam]
mix-up [mɪksʌp] *n* ส่วนผสม [suan pha som]
MMS [ɛm ɛm ɛs] *abbr* ระบบการส่งข้อความทางโทรศัพท์ [ra bop kan song kho khwam thang tho ra sap]
moan [məʊn] *v* บ่น [bon]
moat [məʊt] *n* คูน้ำรอบปราสาทหรือเมือง [khu nam rop pra saat rue mueang]
mobile ['məʊbaɪl] **mobile home** *n* บ้านเคลื่อนที่ [baan khluean thii]; **Do you have a mobile?** คุณมีโทรศัพท์มือถือไหม? [khun mii tho ra sap mue thue mai]; **My mobile number is...** เบอร์มือถือฉันเบอร์... [boe mue thue chan boe...]; **What is the number of your mobile?** เบอร์มือถือคุณเบอร์อะไร? [boe mue thue khun boe a rai]
mock [mɒk] *adj* ที่จำลองขึ้น [thii cham long khuen] ▷ *v* เยาะเย้ย [yo yoei]
mod cons ['mɒd kɒnz] *npl* ความสะดวกสบายสมัยใหม่ [khwam sa duak sa bai sa mai mai]
model ['mɒdᵊl] *adj* ทำให้เป็นแบบอย่าง [tham hai pen baep yang] ▷ *n* นางแบบ [nang baep] ▷ *v* แสดงแบบ [sa daeng baep]
modem ['məʊdɛm] *n* โมเด็ม [mo dem]
moderate ['mɒdərɪt] *adj* ปานกลาง [pan klang]
moderation [ˌmɒdə'reɪʃən] *n* ความพอประมาณ [khwam pho pra man]
modern ['mɒdən] *adj* สมัยใหม่ [sa mai mai]; **modern languages** *npl* ภาษาสมัยใหม่ต่าง ๆ [pha sa sa mai mai tang tang]
modernize ['mɒdəˌnaɪz] *v* ทำให้ทันสมัย [tham hai tan sa mai]
modest ['mɒdɪst] *adj* ถ่อมตัว [thom tua]
modification [ˌmɒdɪfɪ'keɪʃən] *n* การเปลี่ยนแปลงแก้ไข [kan plian plang kae khai]
modify ['mɒdɪˌfaɪ] *v* เปลี่ยนแปลงแก้ไข [plian plaeng kae khai]
module ['mɒdjuːl] *n* หลักสูตรการศึกษา [lak sut kan suek sa]
moist [mɔɪst] *adj* ชื้น [chuen]
moisture ['mɔɪstʃə] *n* ความชื้น [khwam chuen]
moisturizer ['mɔɪstʃəˌraɪzə] *n* ครีมทาให้ผิวนุ่ม [khrim tha hai phio num]
Moldova [mɒl'dəʊvə] *n* ประเทศมอลโดวาอยู่ในทวีปอัฟริกา [pra tet mol do va yu nai tha wip af ri ka]
Moldovan [mɒl'dəʊvən] *adj* เกี่ยวกับมอลโดวา [kiao kap mol do va] ▷ *n* ชาวมอลโดวัน [chao mol do wan]
mole [məʊl] *n (infiltrator)* ผู้แทรกซึม [phu saek suem], *(mammal)* ตัวตุ่น [tua tun], *(skin)* ไฝ [fai]
molecule ['mɒlɪˌkjuːl] *n* โมเลกุล [mo le kun]
moment ['məʊmənt] *n* ชั่วขณะ [chua kha na]
momentarily ['məʊməntərəlɪ; -trɪlɪ] *adv* ในเวลาอันใกล้ [nai we la an kai]
momentary ['məʊməntərɪ; -trɪ] *adj* ชั่วครู่ [chua khru]
momentous [məʊ'mɛntəs] *adj* ซึ่งมีความสำคัญมาก [sueng mee khwam sam khan mak]
Monaco ['mɒnəˌkəʊ; mə'nɑːkəʊ; mɔnako] *n* ประเทศโมนาโค [pra tet mo na kho]
monarch ['mɒnək] *n* เจ้าแผ่นดิน [chao phaen din]
monarchy ['mɒnəkɪ] *n* การปกครองโดยมีพระมหากษัตริย์เป็นประมุข [kan pok khrong doi mii phra ma ha ka sat pen pra muk]
monastery ['mɒnəstərɪ; -strɪ] *n* ที่อยู่ของพระ [thii yu khong phra]

Monday ['mʌndɪ] *n* วันจันทร์ [wan chan]; **It's Monday fifteenth June** วันจันทร์ที่สิบห้า มิถุนายน [wan chan thii sip ha mi thu na yon]; **on Monday** วันจันทร์ [wan chan]
monetary ['mʌnɪtərɪ; -trɪ] *adj* เกี่ยวกับเงินตรา [kiao kap ngoen tra]
money ['mʌnɪ] *n* เงิน [ngoen]; **Can I have my money back?** ฉันขอเงินคืนได้ไหม? [chan kho ngen khuen dai mai]; **Can you arrange to have some money sent over urgently?** คุณจัดการให้มีเงินส่งมาด่วนได้ไหม? [khun chat kan hai mii ngoen song ma duan dai mai]; **Could you lend me some money?** คุณให้ฉันยืมเงินได้ไหม? [khun hai chan yuem ngen dai mai]
Mongolia [mɒŋ'gəʊlɪə] *n* ประเทศมองโกเลีย [pra tet mong ko lia]
Mongolian [mɒŋ'gəʊlɪən] *adj* เกี่ยวกับมองโกเลีย [kiao kap mong ko lia] ▷ *n (language)* ภาษามองโกเลีย [pha sa morng ko lia], *(person)* ชาวมองโกเลีย [chao mong ko lia]
mongrel ['mʌŋgrəl] *n* คนสัตว์หรือพืชที่เป็นพันธุ์ผสม [khon sat rue phuet thii pen phan pha som]
monitor ['mɒnɪtə] *n* เครื่องโทรทัศน์วงจรปิด [khrueang tho ra tat wong chon pit]
monk [mʌŋk] *n* พระ [phra]
monkey ['mʌŋkɪ] *n* ลิง [ling]
monopoly [mə'nɒpəlɪ] *n* ระบบผูกขาด [ra bop phuk khat]
monotonous [mə'nɒtənəs] *adj* น่าเบื่อหน่ายเพราะซ้ำซาก [na buea nai phro sam sak]
monsoon [mɒn'su:n] *n* ฤดูมรสุม [rue du mo ra sum]
monster ['mɒnstə] *n* สัตว์ประหลาด [sat pra lat]
month [mʌnθ] *n* เดือน [duean]; **a month ago** หนึ่งเดือนมาแล้ว [nueng duean ma laeo]; **in a month's time** ภายในเวลาหนึ่งเดือน [phai nai we la nueng duean]
monthly ['mʌnθlɪ] *adj* ทุกเดือน [thuk duean]
monument ['mɒnjʊmənt] *n* อนุสาวรีย์ [a nu sao wa ri]
mood [mu:d] *n* อารมณ์ [a rom]
moody ['mu:dɪ] *adj* หงุดหงิด [ngut ngit]
moon [mu:n] *n* พระจันทร์ [phra chan]; **full moon** *n* พระจันทร์เต็มดวง [phra chan tem duang]
moor [mʊə; mɔ:] *n* ทุ่งโล่ง [thung long] ▷ *v* จอดเรือ [jot ruea]
mop [mɒp] *n* ไม้ถูพื้น [mai thu phuen]
moped ['məʊpɛd] *n* มอเตอร์ไซด์ขนาดเล็ก [mo toe sai kha naat lek]
mop up [mɒp ʌp] *v* เช็ดทำความสะอาดด้วยไม้ถูพื้น [chet tham khwam sa at duai mai thu phuen]
moral ['mɒrəl] *adj* เกี่ยวกับศีลธรรม [kiao kap sin la tham] ▷ *n* เรื่องสอนใจ [rueang son jai]
morale [mɒ'rɑ:l] *n* กำลังใจ [kam lang chai]
morals ['mɒrəlz] *npl* หลักความประพฤติ [lak khwam pra phruet]
more [mɔ:] *adj* มากกว่า [mak kwa] ▷ *adv* บ่อยขึ้น [boi khuen] ▷ *pron* จำนวนที่มากกว่า [cham nuan thii mak kwa]
morgue [mɔ:g] *n* ห้องเก็บศพ [hong kep sop]
morning ['mɔ:nɪŋ] *n* เวลาเช้า [we la chao]; **morning sickness** *n* แพ้ท้อง [phae thong]
Moroccan [mə'rɒkən] *adj* เกี่ยวกับโมร็อคโค [kiao kap mo rok kho] ▷ *n* ชาวโมร็อคโค [chao mo rok kho]
Morocco [mə'rɒkəʊ] *n* ประเทศโมร็อคโค [pra thet mo rok ko]
morphine ['mɔ:fi:n] *n* มอร์ฟีน [mo fin]
Morse [mɔ:s] *n* รหัสมอร์ส [ra hat mos]
mortar ['mɔ:tə] *n (military)* ปืนใหญ่ขนาดเล็ก [puen yai kha nat lek], *(plaster)* ส่วนผสมของปูนขาวหรือซีเมนต์กับ

น้ำและทราย [suan pha som khong pun khao rue si men kap nam lae sai]
mortgage ['mɔːgɪdʒ] *n* การจำนอง [kan cham nong] ▷ *v* จำนอง [cham nong]
mosaic [mə'zeɪɪk] *n* ลวดลายที่ทำด้วยกระจกสี [luat lai thii tham duai kra chok sii]
Moslem ['mɒzləm] *adj* เกี่ยวกับมุสลิม [kiao kap mus sa lim] ▷ *n* ชาวมุสลิม [chao mus sa lim]
mosque [mɒsk] *n* สุเหร่า [su rao]; **Where is there a mosque?** มีสุเหร่าอยู่ที่ไหน? [mii su rao yu thii nai]
mosquito [mə'skiːtəʊ] *n* ยุง [yung]
moss [mɒs] *n* พืชตะไคร่น้ำ [phuet ta khrai nam]
most [məʊst] *adj* มากที่สุด [mak thii sut] ▷ *adv (superlative)* ที่สุด [thi sut] ▷ *n (majority)* จำนวนมากที่สุด [cham nuan mak thii sud]
mostly ['məʊstlɪ] *adv* ส่วนมาก [suan mak]
MOT [ɛm əʊ tiː] *abbr* ตัวย่อของการตรวจเช็ครถประจำปี [tua yor khong kan truat chek rot pra cham pi]
motel [məʊ'tɛl] *n* โมเต็ล [mo ten]
moth [mɒθ] *n* ผีเสื้อราตรีออกหากินกลางคืน [phi suea ra tree ok ha kin klang khuen]
mother ['mʌðə] *n* แม่ [mae]; **mother tongue** *n* ภาษาแม่ [pha sa mae]; **surrogate mother** *n* ผู้หญิงที่รับอุ้มท้องแทน [phu ying thii rap um thong taen]
mother-in-law ['mʌðə ɪn lɔː] **(***pl* **mothers-in-law)** *n* แม่สามี [mae sa mii]
motionless ['məʊʃənlɪs] *adj* ไม่มีการเคลื่อนไหว [mai mii kan khluean wai]
motivated ['məʊtɪˌveɪtɪd] *adj* ซึ่งมีแรงบันดาลใจ [sueng mii raeng ban dan jai]
motivation [ˌməʊtɪ'veɪʃən] *n* แรงบันดาลใจ [raeng ban dan chai]
motive ['məʊtɪv] *n* เหตุจูงใจ [het chung chai]
motor ['məʊtə] *n* เครื่องยนต์ [khrueang yon]; **motor mechanic** *n* ช่างเครื่องยนต์ [chang khrueang yon]; **motor racing** *n* การแข่งรถยนต์ [kan khaeng rot yon]
motorbike ['məʊtəˌbaɪk] *n* รถจักรยานยนต์ [rot chak kra yan yon]
motorboat ['məʊtəˌbəʊt] *n* เรือยนต์ [ruea yon]
motorcycle ['məʊtəˌsaɪkᵊl] *n* รถมอเตอร์ไซด์ [rot mo toe sai]
motorcyclist ['məʊtəˌsaɪklɪst] *n* นักขับมอเตอร์ไซด์ [nak khap mo toe sai]
motorist ['məʊtərɪst] *n* คนขับรถยนต์ [khon khap rot yon]
motorway ['məʊtəˌweɪ] *n* ทางหลวง [thang luang]; **How do I get to the motorway?** ฉันจะขึ้นทางหลวงได้อย่างไร? [chan ja khuen thang luang dai yang rai]; **Is there a toll on this motorway?** มีด่านเก็บทางบนทางหลวงนี้ไหม? [mii dan kep thang bon thang luang nii mai]
mould [məʊld] *n (fungus)* รา [ra], *(shape)* แม่พิมพ์ [mae phim]
mouldy ['məʊldɪ] *adj* ซึ่งปกคลุมด้วยรา [sueng pok khlum duai ra]
mount [maʊnt] *v* ขึ้นม้า ไต่เขา [khuen ma, tai khao]
mountain ['maʊntɪn] *n* ภูเขา [phu khao]; **mountain bike** *n* จักรยานขี่บนทางขรุขระ [chak kra yan khi bon thang khru khra]
mountaineer [ˌmaʊntɪ'nɪə] *n* นักไต่เขา [nak tai khao]
mountaineering [ˌmaʊntɪ'nɪərɪŋ] *n* การไต่เขา [kan tai khao]
mountainous ['maʊntɪnəs] *adj* เต็มไปด้วยภูเขา [tem pai duai phu khao]
mount up [maʊnt ʌp] *v* ค่อยๆเพิ่มขึ้น [khoi khoi perm khuen]
mourning ['mɔːnɪŋ] *n* การไว้ทุกข์ [kan wai thuk]
mouse, mice [maʊs, maɪs] *n* หนู [nu]; **mouse mat** *n* แผ่นรองเมาส์ [phaen

rong mao]
mousse [mu:s] *n* มูสใส่ผมให้อยู่ทรง [mus sai phom hai yu song]
moustache [mə'stɑ:ʃ] *n* หนวด [nuat]
mouth [maʊθ] *n* ปาก [pak]; **mouth organ** *n* หีบเพลงปาก [hip phleng pak]
mouthwash ['maʊθ,wɒʃ] *n* น้ำยาล้างปาก [nam ya lang pak]
move [mu:v] *n* การย้ายที่อยู่ [kan yai thii yu] ▷ *vi* เคลื่อน เปลี่ยนตำแหน่ง [khluean plian tam naeng] ▷ *vt* ย้าย ขยับ [yai, kha yap]
move back [mu:v bæk] *v* ย้ายกลับ [yai klap]
move forward [mu:v fɔ:wəd] *v* เคลื่อนไปข้างหน้า [khluean pai khang na]
move in [mu:v ɪn] *v* ย้ายเข้า [yai khao]
movement ['mu:vmənt] *n* การเคลื่อนไหว [kan khluean wai]
movie ['mu:vɪ] *n* ภาพยนตร์ [phap pha yon]
moving ['mu:vɪŋ] *adj* ซึ่งดลใจ [sueng don jai]
mow [məʊ] *v* ตัดหญ้า [tat ya]
mower ['maʊə] *n* เครื่องตัดหญ้า [khrueang tat ya]
Mozambique [,məʊzəm'bi:k] *n* ประเทศโมซัมบิก [pra tet mo sam bik]
mph [maɪlz pə aʊə] *abbr* ตัวย่อของไมล์ต่อชั่วโมง [tua yo khong mai to chau mong]
Mr ['mɪstə] *n* นาย [nai]
Mrs ['mɪsɪz] *n* นาง [nang]
Ms [mɪz; məs] *n* ตัวย่อรวมของคำที่ใช้เรียกหญิงที่แต่งงานและไม่ได้แต่งงาน [tua yor ruam khong kham thii chai riak hying thii taeng ngan lae mai dai taeng ngan]
MS ['ɛmɛs] *abbr* ตัวย่อของแม่น้ำมิสซิสซิปปี้ในอเมริกา [tua yo khong mae nam mis sis sip pi nai a me ri ka]
much [mʌtʃ] *adj* มาก [mak] ▷ *adv* จำนวนมาก [cham nuan mak], อย่างมาก [yang mak]; **I like you very much** ฉันชอบคุณมาก [chan chop khun mak]; **Thank you very much** ขอบคุณมาก [kop khun mak]; **There's too much... in it** มี...ในนี้มากเกินไป [mii…nai nii mak koen pai]
mud [mʌd] *n* โคลน [khlon]
muddle ['mʌdᵊl] *n* ความไม่เป็นระเบียบ [khwam mai pen ra biap]
muddy ['mʌdɪ] *adj* เต็มไปด้วยโคลน [tem pai duai khlon]
mudguard ['mʌd,gɑ:d] *n* บังโคลนรถ [bang khlon rot]
muesli ['mju:zlɪ] *n* อาหารที่ประกอบด้วยธัญพืชถั่วและผลไม้แห้ง [a han thii pra kop duai than ya phuet thua lae phon la mai haeng]
muffler ['mʌflə] *n* สิ่งห่อหุ้ม [sing ho hum]
mug [mʌg] *n* ถ้วยใหญ่มีหู [thuai yai mii hu] ▷ *v* ทำร้ายเพื่อชิงทรัพย์ [tham rai phuea ching sap]
mugger ['mʌgə] *n* คนข่มขู่เพื่อชิงทรัพย์ [khon khom khu phuea ching sap]
mugging [mʌgɪŋ] *n* การทำร้ายเพื่อปล้นทรัพย์ [kan tham rai phuea plon sab]
muggy ['mʌgɪ] *adj* **It's muggy** ร้อนอบอ้าว [ron op oa]
mule [mju:l] *n* ล่อ [lo]
multinational [,mʌltɪ'næʃənᵊl] *adj* เกี่ยวกับหลายประเทศ [kiao kap lai pra tet] ▷ *n* บริษัทระหว่างประเทศ [bo ri sat ra wang pra tet]
multiple ['mʌltɪpᵊl] *adj* **multiple sclerosis** *n* โรคเลือดคั่งในสมอง [rok lueat khang nai sa mong]
multiplication [,mʌltɪplɪ'keɪʃən] *n* การคูณ [kan khun]
multiply ['mʌltɪ,plaɪ] *v* คูณ [khun]
mum [mʌm] *n* แม่ [mae]
mummy ['mʌmɪ] *n (body)* มัมมี่ [mam mi], *(mother)* แม่ [mae]
mumps [mʌmps] *n* โรคคางทูม [rok khang thum]
murder ['mɜ:də] *n* การฆาตกรรม [kan

khat ta kam] ▷ *v* ฆาตกรรม [ka ta kam]
murderer ['mɜːdərə] *n* ฆาตกร [kha ta kon]
muscle ['mʌsᵊl] *n* กล้ามเนื้อ [klam nuea]
muscular ['mʌskjʊlə] *adj* เกี่ยวกับกล้ามเนื้อ [kiao kap klam nuea]
museum [mjuː'zɪəm] *n* พิพิธภัณฑ์ [phi phit tha phan]; **Is the museum open every day?** พิพิธภัณฑ์เปิดทุกวันไหม? [phi phit tha phan poet thuk wan mai]; **When is the museum open?** พิพิธภัณฑ์จะเปิดเมื่อไร? [phi phit tha phan ja poet muea rai]
mushroom ['mʌʃruːm; -rʊm] *n* เห็ด [het]
music ['mjuːzɪk] *n* ดนตรี [don tri]; **folk music** *n* ดนตรีลูกทุ่ง [don tree luk thung]; **music centre** *n* ศูนย์ดนตรี [sun don tree]; **Where can we hear live music?** เราจะฟังดนตรีสดได้ที่ไหน? [rao ja fang don trii sot dai thii nai]
musical ['mjuːzɪkᵊl] *adj* เกี่ยวกับดนตรี [kiao kap don tree] ▷ *n* ละครเพลง [la khon phleng]; **musical instrument** *n* เครื่องดนตรี [khrueang don tri]
musician [mjuː'zɪʃən] *n* นักดนตรี [nak don tri]; **Where can we hear local musicians play?** เราจะฟังนักดนตรีท้องถิ่นเล่นได้ที่ไหน? [rao ja fang nak don trii thong thin len dai thii nai]
Muslim ['mʊzlɪm; 'mʌz-] *adj* มุสลิม [mut sa lim] ▷ *n* ชาวมุสลิม [chao mus sa lim]
mussel ['mʌsᵊl] *n* หอยแมลงภู่ [hoi ma laeng phu]
must [mʌst] *v* ต้อง [tong]
mustard ['mʌstəd] *n* ผงมัสตาร์ดใช้ปรุงอาหาร [phong mas tat chai prung a han]
mutter ['mʌtə] *v* บ่น [bon]
mutton ['mʌtᵊn] *n* เนื้อแกะ [nuea kae]
mutual ['mjuːtʃʊəl] *adj* ซึ่งมีส่วนร่วมกัน [sueng mii suan ruam kan]
my [maɪ] *pron* ของฉัน [khong chan]; **Here are my insurance details** นี่คือรายละเอียดการประกันของฉัน [ni khue rai la iat kan pra kan khong chan]
Myanmar ['maɪænmɑː; 'mjænmɑː] *n* ประเทศพม่า [pra tet pha ma]
myself [maɪ'sɛlf] *pron* ตัวของฉัน [tua khong chan]
mysterious [mɪ'stɪərɪəs] *adj* ที่ลึกลับ [thii luek lap]
mystery ['mɪstərɪ] *n* ความลึกลับ [khwam luek lap]
myth [mɪθ] *n* นิทานปรัมปรา [ni than pa ram pa ra]
mythology [mɪ'θɒlədʒɪ] *n* ตำนาน [tam nan]

n

naff [næf] *adj* ซึ่งขาดรสนิยม [sueng khat rot ni yom]
nag [næg] *v* จ้องจับผิด [chong chap phit]
nail [neɪl] *n* เล็บ [lep], ตะปู [ta pu]; **nail polish** *n* น้ำยาทาเล็บ [nam ya tha lep]; **nail scissors** *npl* กรรไกรตัดเล็บ [kan krai tat lep]; **nail varnish** *n* น้ำยาทาเล็บ [nam ya tha lep]
nailbrush ['neɪl,brʌʃ] *n* แปรงทำความสะอาดเล็บ [praeng tham khwam sa at lep]
nailfile ['neɪl,faɪl] *n* ตะไบขัดเล็บ [ta bai khat lep]
naive [nɑː'iːv; naɪ'iːv] *adj* ไม่มีเล่ห์เหลี่ยม ไม่มีมารยา [mai mii le liam, mai mii man ya]
naked ['neɪkɪd] *adj* เปลือยกาย [plueai kai]
name [neɪm] *n* ชื่อ [chue]; **brand name** *n* ยี่ห้อ [yi ho]; **first name** *n* ชื่อจริง [chue chring]; **maiden name** *n* ชื่อสกุลของหญิงก่อนแต่งงาน [chue sa kun khong ying kon taeng ngan]; **My name is...** ฉันชื่อ... [chan chue...]
nanny ['nænɪ] *n* พี่เลี้ยงดูแลเด็ก [phi liang du lae dek]
nap [næp] *n* การงีบหลับ [kan ngib lap]
napkin ['næpkɪn] *n* ผ้าเช็ดปาก [pha ched pak]
nappy ['næpɪ] *n* ผ้าอ้อมเด็ก [pha om dek]
narrow ['nærəʊ] *adj* แคบ [khaep]
narrow-minded ['nærəʊ'maɪndɪd] *adj* ใจแคบ [chai khaep]
nasty ['nɑːstɪ] *adj* น่ารังเกียจ [na rang kiat]
nation ['neɪʃən] *n* ประเทศ [pra thet]; **United Nations** *n* องค์การสหประชาชาติ [ong kan sa ha pra cha chat]
national ['næʃənᵊl] *adj* ประจำชาติ [pra cham chad]; **national anthem** *n* เพลงชาติ [phleng chat]; **national park** *n* อุทยานแห่งชาติ [ut tha yan haeng chat]
nationalism ['næʃənə,lɪzəm; 'næʃnə-] *n* ชาตินิยม [chat ni yom]
nationalist ['næʃənəlɪst] *n* คนรักชาติ [khon rak chat]
nationality [,næʃə'nælɪtɪ] *n* สัญชาติ [san chat]
nationalize ['næʃənə,laɪz; 'næʃnə-] *v* กำกับดูแลโดยรัฐ [kam kap du lae doi rat]
native ['neɪtɪv] *adj* พื้นเมือง [phuen mueang]; **native speaker** *n* เจ้าของภาษา [chao khong pha sa]
NATO ['neɪtəʊ] *abbr* ตัวย่อขององค์การนาโต้ [tua yo khong ong kan na to]
natural ['nætʃrəl; -tʃərəl] *adj* ธรรมชาติ [tham ma chat]; **natural gas** *n* ก๊าซธรรมชาติ [kas tham ma chat]; **natural resources** *npl* ทรัพยากรธรรมชาติ [sap pha ya kon tham ma chaat]
naturalist ['nætʃrəlɪst; -tʃərəl-] *n* นักธรรมชาตินิยม [nak tham ma chard ni yom]
naturally ['nætʃrəlɪ; -tʃərə-] *adv* อย่างเป็นธรรมชาติ [yang pen tham ma chard]
nature ['neɪtʃə] *n* ธรรมชาติ [tham ma chat]

naughty ['nɔːtɪ] *adj* ซุกซน [suk son]
nausea ['nɔːzɪə; -sɪə] *n* อาการคลื่นไส้ [a kan khluen sai]
naval ['neɪvᵊl] *adj* เกี่ยวกับเรือ [kiao kab ruea]
navel ['neɪvᵊl] *n* สะดือ [sa due]
navy ['neɪvɪ] *n* กองทัพเรือ [kong thap ruea]
navy-blue ['neɪvɪ'bluː] *adj* น้ำเงินเข้ม [nam ngoen khem]
NB [ɛn biː] *abbr (notabene)* หมายเหตุ [mai het]
near [nɪə] *adj* ใกล้ [klai] ▷ *adv* ในระยะเวลาอันใกล้ [nai ra ya we la an klai] ▷ *prep* เร็วๆนี้ [reo reo ni]; **Are there any good beaches near here?** มีชายหาดดีๆ ใกล้ที่นี่ไหม? [mee chai had di di kai thii ni mai]; **How do I get to the nearest tube station?** ฉันจะไปสถานีรถไฟใต้ดินที่ใกล้ที่สุดได้อย่างไร? [chan ja pai sa tha ni rot fai tai din thii klai thii sut dai yang rai]; **It's very near** อยู่ใกล้มาก [yu klai mak]
nearby *adj* ['nɪəˌbaɪ] แค่เอื้อม [khae ueam] ▷ *adv* [ˌnɪə'baɪ] ใกล้เคียง [klai khiang]
nearly ['nɪəlɪ] *adv* เกือบ [kueap]
near-sighted [ˌnɪə'saɪtɪd] *adj* สายตาสั้น [sai ta san]
neat [niːt] *adj* เรียบร้อย [riap roi]
neatly [niːtlɪ] *adv* อย่างเรียบร้อย [yang riab roi]
necessarily ['nɛsɪsərɪlɪ; ˌnɛsɪ'sɛrɪlɪ] *adv* อย่างจำเป็น [yang cham pen]
necessary ['nɛsɪsərɪ] *adj* จำเป็น [cham pen]
necessity [nɪ'sɛsɪtɪ] *n* ความจำเป็น [khwam cham pen]
neck [nɛk] *n* คอ [kho]
necklace ['nɛklɪs] *n* สร้อยคอ [soi kho]
nectarine ['nɛktərɪn] *n* ผลไม้สีเหลืองแดงคล้ายลูกพีช [phon la mai see hlueang daeng khlai luk phit]
need [niːd] *n* ความต้องการ [khwam tong kan] ▷ *v* ต้องการ [tong kan]; **Do you need anything?** คุณต้องการอะไรบ้างไหม? [khun tong kan a rai bang mai]; **I don't need a bag, thanks** ฉันไม่ต้องการถุง ขอบคุณ [chan mai tong kan thung kop khun]; **I need assistance** ฉันต้องการผู้ช่วย [chan tong kan phu chuai]
needle ['niːdᵊl] *n* เข็ม [khem]; **knitting needle** *n* เข็มถัก [khem thak]; **Do you have a needle and thread?** คุณมีเข็มกับด้ายไหม? [khun mii khem kap dai mai]
negative ['nɛgətɪv] *adj* ที่เป็นด้านลบ [thii pen dan lop] ▷ *n* คำปฏิเสธ [kham pa ti set]
neglect [nɪ'glɛkt] *n* การละเลย [kan la loei] ▷ *v* ทอดทิ้ง [thot thing]
neglected [nɪ'glɛktɪd] *adj* ถูกทอดทิ้ง [thuk thot thing]
negligee ['nɛglɪˌʒeɪ] *n* เสื้อคลุมของสตรีส่วนมากมีชายทำด้วยลูกไม้ [suea khlum khong sa trii suan mak mii chai tham duai luk mai]
negotiate [nɪ'gəʊʃɪˌeɪt] *v* ต่อรอง [to rong]
negotiations [nɪˌgəʊʃɪ'eɪʃənz] *npl* การต่อรอง [kan to rong]
negotiator [nɪ'gəʊʃɪˌeɪtə] *n* ผู้ต่อรอง [phu to rong]
neighbour ['neɪbə] *n* เพื่อนบ้าน [phuean ban]
neighbourhood ['neɪbəˌhʊd] *n* เขตที่มีคนอยู่อาศัย [khet thii mii khon yu a sai]
neither ['naɪðə; 'niːðə] *adv* ต่างก็ไม่ [tang ko mai] ▷ *conj* ไม่ใช่ทั้งสอง [mai chai thang song] ▷ *pron* ต่างก็ไม่ [tang ko mai]
neon ['niːɒn] *n* ไฟนีออน [fai ni on]
Nepal [nɪ'pɔːl] *n* ประเทศเนปาล [pra tet ne pan]
nephew ['nɛvjuː; 'nɛf-] *n* หลานชาย [lan chai]
nerve [nɜːv] *n (boldness)* ความกล้าหาญ

[khwam kla han], *(to/from brain)* เส้นประสาท [sen pra sat]
nerve-racking ['nɜːvˈrækɪŋ] *adj* น่าเขย่าขวัญ [na kha yao khwan]
nervous ['nɜːvəs] *adj* กระวนกระวาย [kra won kra wai]; **nervous breakdown** *n* ช่วงเวลาที่เจ็บป่วยทางจิต [chuang we la thii chep puai thang chit]
nest [nɛst] *n* รัง [rang]
Net [nɛt] *n* เครือข่าย [khruea khai]
net [nɛt] *n* ตาข่ายดักสัตว์ [ta khai dak sat]
netball ['nɛt,bɔːl] *n* กีฬาเน็ตบอลมีสองทีม ๆ ละเจ็ดคน [ki la net bal mii song thim thim la chet kon]
Netherlands ['nɛðələndz] *npl* ประเทศเนเธอร์แลนด์ [pra tet ne thoe laen]
nettle ['nɛtᵊl] *n* ต้นไม้ป่าใบเป็นขนที่ทำให้ระคายเคือง [ton mai pa bai pen khon thii tham hai ra khai khueng]
network ['nɛt,wɜːk] *n* เครือข่าย [khruea khai]; **I can't get a network** ฉันไม่ได้รับเครือข่าย [chan mai dai rap khruea khai]
neurotic [njʊ'rɒtɪk] *adj* เกี่ยวกับโรคประสาท [kiao kap rok pra sat]
neutral ['njuːtrəl] *adj* ที่เป็นกลาง [thii pen klang] ▷ *n* ความเป็นกลาง [khwam pen klang]
never ['nɛvə] *adv* ไม่มีทาง [mai mi thang]
nevertheless [,nɛvəðə'lɛs] *adv* แต่อย่างไรก็ตาม [tae yang rai ko tam]
new [njuː] *adj* ใหม่ [mai]; **New Year** *n* ปีใหม่ [pi mai]; **New Zealand** *n* ประเทศนิวซีแลนด์ [pra tet nio si laen]; **New Zealander** *n* ชาวนิวซีแลนด์ [chao nio si laen]; **Happy New Year!** สวัสดีปีใหม่ [sa wat di pii mai]
newborn ['njuː,bɔːn] *adj* แรกเกิด [raek koet]
newcomer ['njuː,kʌmə] *n* ผู้มาใหม่ [phu ma mai]
news [njuːz] *npl* ข่าว [khao]; **When is the news?** จะมีข่าวเมื่อไร? [ja mii khao muea rai]
newsagent ['njuːz,eɪdʒənt] *n* ร้านขายหนังสือพิมพ์ [ran khai nang sue phim]
newspaper ['njuːz,peɪpə] *n* หนังสือพิมพ์ [nang sue phim]; **Do you have newspapers?** คุณมีหนังสือพิมพ์ไหม? [khun mii nang sue phim mai]; **I would like a newspaper** ฉันอยากได้หนังสือพิมพ์หนึ่งฉบับ [chan yak dai nang sue phim nueng cha bap]; **Where can I buy a newspaper?** ฉันจะซื้อหนังสือพิมพ์ได้ที่ไหน? [chan ja sue nang sue phim dai thii nai]
newsreader ['njuːz,riːdə] *n* ผู้อ่านข่าว [phu arn khao]
newt [njuːt] *n* สัตว์ประเภทจิ้งจกอาศัยได้ทั้งบนบกและในน้ำ [sat pra phet ching chok a sai dai thang bon bok lae nai nam]
next [nɛkst] *adj* ต่อไป [to pai] ▷ *adv* ที่จะตามมา [thii ja tam ma]; **next to** *prep* ข้างๆ [khang khang]; **When do we stop next?** เราจะหยุดจอดครั้งต่อไปเมื่อไร? [rao ja yut jot khrang to pai muea rai]; **When is the next bus to...?** รถโดยสารคันต่อไปที่จะไป...เดินทางเมื่อไร? [rot doi san khan to pai thii ja pai...doen thang muea rai]
next-of-kin ['nɛkstɒv'kɪn] *n* ญาติที่ใกล้ที่สุด [yat thii klai thii sut]
Nicaragua [,nɪkə'rægjʊə; nika'raɣwa] *n* ประเทศนิคารากัว [pra tet ni kha ra kua]
Nicaraguan [,nɪkə'rægjʊən; -gwən] *adj* เกี่ยวกับนิคารากัว [kiao kap ni kha ra kua] ▷ *n* ชาวนิคารากัว [chao ni kha ra kua]
nice [naɪs] *adj* ดี [di]; **It doesn't taste very nice** รสไม่คอยดี [rot mai khoi di]; **Where is there a nice bar?** มีบาร์ดีๆ อยู่ที่ไหน? [mee bar di di yu thii nai]
nickname ['nɪk,neɪm] *n* ชื่อเล่น [chue len]

nicotine ['nɪkə,ti:n] *n* สารนิโคตินในยาสูบหรือบุหรี่ [san ni kho tin nai ya sup rue bu ri]
niece [ni:s] *n* หลานสาว [lan sao]
Niger ['naɪ'dʒɪər] *n* คนดำ [khon dam]
Nigeria [naɪ'dʒɪərɪə] *n* ประเทศไนจีเรีย [pra tet nai chi ria]
Nigerian [naɪ'dʒɪərɪən] *adj* เกี่ยวกับไนจีเรีย [kiao kap nai chi ria] ▷ *n* ชาวไนจีเรีย [chao nai chi ria]
night [naɪt] *n* กลางคืน [klang khuen]; **hen night** *n* งานปาร์ตี้ที่หญิงสาวฉลองคืนก่อนวันแต่งงาน [ngan pa tii thii ying sao cha long khuen kon wan taeng ngan]; **night school** *n* โรงเรียนในตอนเย็นหรือกลางคืน [rong rian nai ton yen rue klang khuen]; **stag night** *n* งานเลี้ยงของหนุ่มโสดก่อนวันแต่งงาน [ngan liang khong num sot kon wan taeng ngan]; **at night** ตอนกลางคืน [ton klang khuen]
nightclub ['naɪt,klʌb] *n* ไนท์คลับ [nait khlap]
nightdress ['naɪt,drɛs] *n* ชุดนอน [chut non]
nightie ['naɪtɪ] *n* ชุดนอน [chut non]
nightlife ['naɪt,laɪf] *n* สถานบันเทิงเวลากลางคืน [sa than ban thoeng we la klang khuen]
nightmare ['naɪt,mɛə] *n* ฝันร้าย [fan rai]
nightshift ['naɪt,ʃɪft] *n* กะกลางคืน [ka klang khuen]
nil [nɪl] *n* ศูนย์ [sun]
nine [naɪn] *number* เก้า [kao]
nineteen [,naɪn'ti:n] *number* สิบเก้า [sip kao]
nineteenth [,naɪn'ti:nθ] *adj* ที่สิบเก้า [thii sip kao]
ninety ['naɪntɪ] *number* เก้าสิบ [kao sip]
ninth [naɪnθ] *adj* ที่เก้า [thii kao] ▷ *n* ลำดับที่เก้า [lam dap thii kao]
nitrogen ['naɪtrədʒən] *n* ไนโตรเจน [nai tro chen]
no [nəʊ] *pron* ไม่แม้แต่หนึ่ง [mai mae tae nueng]; **no!** *excl* ไม่ [mai]; **no one** *pron* ไม่มีใคร [mai mii khrai]
nobody ['nəʊbədɪ] *pron* ไม่มีใคร [mai mii khrai]
nod [nɒd] *v* พยักหน้า [pha yak na]
noise [nɔɪz] *n* เสียง [siang]; **I can't sleep for the noise** ฉันนอนไม่หลับเพราะเสียง [chan non mai lap phro siang]
noisy ['nɔɪzɪ] *adj* เสียงดัง [siang dang]; **It's noisy** เสียงดัง [siang dang]; **My dorm-mates are very noisy** เพื่อนร่วมห้องพักฉันเสียงดังมาก [phuean ruam hong phak chan siang dang mak]; **The room is too noisy** ห้องเสียงดังมากเกินไป [hong siang dang mak koen pai]
nominate ['nɒmɪ,neɪt] *v* เสนอชื่อ [sa noe chue]
nomination [,nɒmɪ'neɪʃən] *n* การเสนอชื่อ [kan sa noe chue]
none [nʌn] *pron* ไม่มีสักสิ่ง [mai mii sak sing]
nonsense ['nɒnsəns] *n* เรื่องไร้สาระ [rueang rai sa ra]
non-smoker [nɒn'sməʊkə] *n* ผู้ไม่สูบบุหรี่ [phu mai sup bu rii]
non-smoking [nɒn'sməʊkɪŋ] *adj* ซึ่งไม่สูบบุหรี่ [sueng mai sup bu rii]
non-stop ['nɒn'stɒp] *adv* ไม่หยุด [mai yut]
noodles ['nu:dᵊlz] *npl* เส้นก๋วยเตี๋ยว [sen kuai tiao]
noon [nu:n] *n* เที่ยงวัน [thiang wan]
nor [nɔ:; nə] *conj* ไม่ มักใช้คู่กับ neither [mai mak chai khu kap neither]
normal ['nɔ:mᵊl] *adj* ปรกติ [prok ka ti]
normally ['nɔ:məlɪ] *adv* โดยปรกติ [doi prok ka ti]
north [nɔ:θ] *adj* เกี่ยวกับทิศเหนือ [kiao kap thit nuea] ▷ *adv* ไปทางด้านเหนือ [pai thang dan nuea] ▷ *n* ทิศเหนือ [thit nuea]; **North Africa** *n* อัฟริกาเหนือ [af ri ka nuea]; **North African** *n* เกี่ยวกับอัฟ

ริกาเหนือ [kiao kap af ri ka nuea], ชาวอัฟริกันตอนเหนือ [kiao kap af ri ka nuea, chao af ri kan ton nuea]; **North America** *n* ทวีปอเมริกาเหนือ [tha wip a me ri ka nuea]

northbound ['nɔːθ,baʊnd] *adj* ซึ่งไปทางเหนือ [sueng pai thang hnuea]

northeast [,nɔːθ'iːst; ,nɔːr'iːst] *n* ทิศตะวันออกเฉียงเหนือ [thid ta wan ork chiang hnuea]

northern ['nɔːðən] *adj* ทางภาคเหนือ [thang phak hnuea]; **Northern Ireland** *n* ประเทศไอร์แลนด์เหนือ [pra tet ai laen nuea]

northwest [,nɔːθ'wɛst; ,nɔː'wɛst] *n* ทิศตะวันตกเฉียงเหนือ [thid ta wan tok chiang hnuea]

Norway ['nɔːˌweɪ] *n* ประเทศนอร์เวย์ [pra tet nor we]

Norwegian [nɔː'wiːdʒən] *adj* เกี่ยวกับนอร์เวย์ [kiao kap no we] ▷ *n (language)* ภาษานอร์เวย์ [pha sa nor we], *(person)* ชาวนอร์เวย์ [chao no we]

nose [nəʊz] *n* จมูก [cha muk]

nosebleed ['nəʊz,bliːd] *n* เลือดกำเดาออก [lueat kam dao ok]

nostril ['nɒstrɪl] *n* รูจมูก [ru cha muk]

nosy ['nəʊzɪ] *adj* อยากรู้อยากเห็น [yak ru yak hen]

not [nɒt] *adv* ไม่ [mai]; **I'm not drinking** ฉันไม่ดื่ม [chan mai duem]; **This wine is not chilled** ไวน์ไม่เย็น [wine mai yen]

note [nəʊt] *n (banknote)* ธนบัตร [tha na bat], *(message)* ข้อความ [kho khwam], *(music)* โน้ตเพลง [not phleng]; **sick note** *n* จดหมายลาป่วยที่แพทย์เป็นผู้เขียน [chot mai la puai thii phaet pen phu khian]; **Do you have change for this note?** คุณมีเงินทอนสำหรับธนบัตรใบนี้ไหม? [khun mii ngen thon sam rap tha na bat bai nii mai]

notebook ['nəʊt,bʊk] *n* สมุดบันทึก [sa mud ban thuek]

note down [nəʊt daʊn] *v* จดลงไป [chot long pai]

notepad ['nəʊt,pæd] *n* กระดาษจดบันทึก [kra dart chod ban thuek]

notepaper ['nəʊt,peɪpə] *n* กระดาษจด [kra dart chod]

nothing ['nʌθɪŋ] *pron* ไม่มีอะไร [mai mii a rai]

notice ['nəʊtɪs] *n (note)* การสังเกต [kan sang ket], *(termination)* การแจ้งล่วงหน้า [kan chaeng luang na] ▷ *v* ประกาศ [pra kat]; **notice board** *n* ป้ายประกาศ [pai pra kaat]

noticeable ['nəʊtɪsəbᵊl] *adj* ที่สังเกตเห็นได้ [thii sang ket hen dai]

notify ['nəʊtɪ,faɪ] *v* บอกกล่าว [bok klao]

nought [nɔːt] *n* ศูนย์ [sun]

noun [naʊn] *n* คำนาม [kham nam]

novel ['nɒvᵊl] *n* นิยาย [ni yai]

novelist ['nɒvəlɪst] *n* นักแต่งนวนิยาย [nak taeng na wa ni yai]

November [nəʊ'vɛmbə] *n* เดือนพฤศจิกายน [duean phruet sa chi ka yon]

now [naʊ] *adv* เดี๋ยวนี้ [diao ni]; **I need to pack now** ฉันต้องจัดกระเป๋าเดี๋ยวนี้ [chan tong chat kra pao diao nii]

nowadays ['naʊə,deɪz] *adv* ปัจจุบันนี้ [pad chu ban nee]

nowhere ['nəʊ,wɛə] *adv* ไม่มีที่ไหน [mai mii thii nai]

nuclear ['njuːklɪə] *adj* เกี่ยวกับนิวเคลียร์ [kiao kap nio khlia]

nude [njuːd] *adj* เปลือยกาย [plueai kai] ▷ *n* คนเปลือยกาย [khon plueai kai]

nudist ['njuːdɪst] *n* คนเปลือยกาย [khon plueai kai]

nuisance ['njuːsəns] *n* การก่อให้เกิดความรำคาญ [kan ko hai koed khwam ram khan]

numb [nʌm] *adj* ชา [cha]

number ['nʌmbə] *n* ตัวเลข [tua lek]; **account number** *n* หมายเลขบัญชี [mai lek ban chi]; **mobile number** *n*

หมายเลขโทรศัพท์ของโทรศัพท์มือถือ [mai lek tho ra sap khong tho ra sap mue thue]; **number plate** *n* ป้ายทะเบียนรถ [pai tha bian rot]

numerous ['nju:mərəs] *adj* มากมาย [mak mai]

nun [nʌn] *n* แม่ชี [mae chi]

nurse [nɜ:s] *n* นางพยาบาล [nang pha ya ban]

nursery ['nɜ:srɪ] *n* สถานรับเลี้ยงเด็ก [sa than rap liang dek]; **nursery rhyme** *n* กลอนหรือเพลงง่าย ๆ สำหรับเด็ก [klon rue pleng ngai ngai sam rup dek]; **nursery school** *n* โรงเรียนเด็กเล็กอายุ ๒ ถึง ๕ ปี [rong rian dek lek a yu song thueng ha pi]

nursing home ['nɜ:sɪŋ həʊm] *n* สถานดูแลคนชรา [sa than du lae khon cha ra]

nut [nʌt] *n (device)* แป้นเกลียวของสลัก [paen kliao khong sa lak], *(food)* ถั่ว [thua]; **nut allergy** *n* การแพ้ถั่ว [kan phae thua]; **Could you prepare a meal without nuts?** คุณทำอาหารที่ไม่มีถั่วได้ไหม? [khun tham a han thii mai mii thua dai mai]

nutmeg ['nʌtmɛg] *n* ต้นจันทร์เทศ [ton chan tet]

nutrient ['nju:trɪənt] *n* สารอาหาร [san a han]

nutrition [nju:'trɪʃən] *n* โภชนาการ [pho cha na kan]

nutritious [nju:'trɪʃəs] *adj* ซึ่งบำรุงสุขภาพ [sueng bam rung su kha phap]

nutter ['nʌtə] *n* คนเพี้ยน [khon phian]

nylon ['naɪlɒn] *n* เส้นใยไนล่อน [sen yai nai lon]

O

oak [əʊk] *n* ต้นโอ๊ค [ton ok]

oar [ɔ:] *n* ไม้พาย [mai phai]

oasis, oases [əʊ'eɪsɪs, əʊ'eɪsi:z] *n* บริเวณอุดมสมบูรณ์ในทะเลทราย [bo ri wen u dom som bun nai tha le sai]

oath [əʊθ] *n* คำปฏิญาณ [kham pa ti yan]

oatmeal ['əʊt,mi:l] *n* ข้าวโอ๊ตบดหยาบ ๆ [khao oat bot yab yab]

oats [əʊts] *npl* ข้าวโอ๊ต [khao ot]

obedient [ə'bi:dɪənt] *adj* เชื่อฟัง [chue fung]

obese [əʊ'bi:s] *adj* อ้วนเกินไป [uan koen pai]

obey [ə'beɪ] *v* เชื่อฟัง [chue fung]

obituary [ə'bɪtjʊərɪ] *n* การประกาศข่าวมรณกรรม [kan pra kat khao mo ra na kam]

object ['ɒbdʒɪkt] *n* วัตถุสิ่งของ [wat thu sing khong]

objection [əb'dʒɛkʃən] *n* ความรู้สึกคัดค้าน [khwam ru suek khat khan]

objective [əb'dʒɛktɪv] *n* เป้าหมาย [pao mai]

oblong ['ɒb,lɒŋ] *adj* รูปสี่เหลี่ยมผืนผ้า

[rup si liam phuen pha]
obnoxious [əb'nɒkʃəs] *adj* น่ารังเกียจ [na rang kiat]
oboe ['əʊbəʊ] *n* เครื่องดนตรีประเภทเป่าชนิดหนึ่ง [khrueang don tri pra phet pao cha nit nueng]
obscene [əb'siːn] *adj* ลามก [la mok]
observant [əb'zɜːvənt] *adj* ช่างสังเกต [chang sang ket]
observatory [əb'zɜːvətərɪ; -trɪ] *n* หอสังเกตการณ์ [ho sang ket kan]
observe [əb'zɜːv] *v* สังเกต [sang ket]
observer [əb'zɜːvə] *n* ผู้สังเกตการณ์ [phu sang ket kan]
obsessed [əb'sɛst] *adj* ที่เอาใจใส่อย่างมาก [thii ao jai sai yang mak]
obsession [əb'sɛʃən] *n* การครอบงำจิตใจ [kan khrop ngam jit jai]
obsolete ['ɒbsəˌliːt; ˌɒbsə'liːt] *adj* ที่ล้าสมัย [thii la sa mai]
obstacle ['ɒbstəkᵊl] *n* อุปสรรค [up pa sak]
obstinate ['ɒbstɪnɪt] *adj* ดื้อดึง [due dueng]
obstruct [əb'strʌkt] *v* ขวางทาง [khwang thang]
obtain [əb'teɪn] *v* ได้รับ [dai rap]
obvious ['ɒbvɪəs] *adj* เห็นได้ชัด [hen dai chat]
obviously ['ɒbvɪəslɪ] *adv* อย่างเห็นได้ชัด [yang hen dai chat]
occasion [ə'keɪʒən] *n* โอกาส [o kat]
occasional [ə'keɪʒənᵊl] *adj* ซึ่งเป็นครั้งคราว [sueng pen khrang khrao]
occasionally [ə'keɪʒənəlɪ] *adv* บางครั้งบางคราว [bang khang bang khrao]
occupation [ˌɒkjʊ'peɪʃən] *n (invasion)* การยึดครอง [kan yuet khrong], *(work)* อาชีพ [a chip]
occupy ['ɒkjʊˌpaɪ] *v* ยึดครอง [yuet khrong]
occur [ə'kɜː] *v* เกิดขึ้น [koet khuen]
occurrence [ə'kʌrəns] *n* เหตุการณ์ที่เกิดขึ้น [het kan thii koet khuen]
ocean ['əʊʃən] *n* มหาสมุทร [ma ha sa mut]; **Arctic Ocean** *n* มหาสมุทรขั้วโลกเหนือ [ma ha sa mut khua lok nuea]; **Indian Ocean** *n* มหาสมุทรอินเดีย [ma ha sa mut in dia]
Oceania [ˌəʊʃɪ'ɑːnɪə] *n* หมู่เกาะทางแปซิฟิก [mu kao thang pae si fik]
o'clock [ə'klɒk] *adv* **after eight o'clock** หลังแปดโมง [lang paet mong]; **at three o'clock** เวลาสามโมง [we la sam mong]; **I'd like to book a table for four people for tonight at eight o'clock** ฉันอยากจองโต๊ะสำหรับสี่ คนคืนนี้เวลาแปดโมง [chan yak chong to sam hrab si kon khuen nee we la paed mong]
October [ɒk'təʊbə] *n* เดือนตุลาคม [duean tu la khom]
octopus ['ɒktəpəs] *n* ปลาหมึกยักษ์ [pla muek yak]
odd [ɒd] *adj* แปลก [plaek]
odour ['əʊdə] *n* กลิ่น [klin]
of [ɒv; əv] *prep* ของ [khong]; **Could I have a map of the tube, please?** ฉันขอแผนที่ของรถไฟใต้ดินได้ไหม? [chan kho phaen thii khong rot fai tai din dai mai]; **How do I get to the centre of...?** ฉันจะไปที่ศูนย์กลางของ...ได้อย่างไร? [chan ja pai thii sun klang khong...dai yang rai]
off [ɒf] *adv* ไม่ทำงาน [mai tham ngan] ▷ *prep* ออกจาก [ok chak]; **time off** *n* ช่วงวันหยุดหรือไม่ไปทำงาน [chuang wan yut rue mai pai tham ngan]
offence [ə'fɛns] *n* การกระทำผิดกฎหมาย [kan kra tham pit kot mai]
offend [ə'fɛnd] *v* ทำให้ขุ่นเคือง [tham hai khun khueang]
offensive [ə'fɛnsɪv] *adj* ซึ่งทำให้ขุ่นเคือง [sueng tham hai khun khueang]
offer ['ɒfə] *n* ข้อเสนอ [khor sa noe] ▷ *v* เสนอเพื่อให้พิจารณา [sa noe phuea hai phi ja ra na]; **special offer** *n* การขายสินค้าราคาพิเศษ [kan khai sin kha ra kha phi set]

office ['ɒfɪs] *n* สำนักงาน [sam nak ngan]; **booking office** *n* สำนักงานจอง [sam nak ngan chong]; **box office** *n* ที่ขายตั๋วหนังหรือละคร [thii khai tua nang rue la khon]; **head office** *n* สำนักงานใหญ่ [sam nak ngan yai]; **Do you have a press office?** คุณมีสำนักงานแถลงข่าวไหม? [khun mii sam nak ngan tha laeng khao mai]
officer ['ɒfɪsə] *n* นายทหาร [nai tha han]; **customs officer** *n* เจ้าหน้าที่ศุลกากร [chao na thii sun la ka kon]; **police officer** *n* นายพลตำรวจ [nai pon tam ruat]; **prison officer** *n* เจ้าหน้าที่เรือนจำ [chao na thii ruean cham]
official [ə'fɪʃəl] *adj* เจ้าหน้าที่ [chao na thi]
off-licence ['ɒf,laɪsəns] *n* ร้านขายสุรา [ran khai su ra]
off-peak ['ɒf,piːk] *adv* ซึ่งมีราคาถูกและไม่ใช่ช่วงที่นิยม [sueng mii ra kha thuk lae mai chai chuang thii ni yom]
off-season ['ɒf,siːzᵊn] *adj* ที่มีกิจกรรมที่เกิดขึ้นน้อย [thii mii kit cha kam thii koet khuen noi] ▷ *adv* ในระหว่างเวลาที่มีกิจกรรมน้อย [nai ra wang we la thii mii kit cha kam noi]
offside ['ɒf'saɪd] *adj* ที่อยู่ในตำแหน่งล้ำหน้า [thii yu nai tam naeng lam na]
often ['ɒfᵊn; 'ɒftᵊn] *adv* บ่อย [boi]; **How often are the buses to...?** รถโดยสารไป...บ่อยแค่ไหน? [rot doi san pai...boi khae nai]
oil [ɔɪl] *n* น้ำมัน [nam man] ▷ *v* ใส่น้ำมัน [sai nam man]; **olive oil** *n* น้ำมันมะกอก [nam man ma kok]; **The oil warning light won't go off** ไฟเตือนน้ำมันปิดไม่ได้ [fai tuean nam man pit mai dai]; **This stain is oil** นี่คือคราบน้ำมัน [ni khue khrap nam man]
oil refinery [ɔɪl rɪ'faɪnərɪ] *n* โรงกลั่นน้ำมัน [rong klan nam man]
oil rig [ɔɪl rɪg] *n* ฐานโครงสร้างใช้เจาะหาบ่อน้ำมัน [tan khrong sang chai jo ha bo nam man]
oil slick [ɔɪl slɪk] *n* คราบน้ำมันที่ลอยบนผิวน้ำ [khrap nam man thii loi bon phio nam]
oil well [ɔɪl wɛl] *n* บ่อน้ำมัน [bo nam man]
ointment ['ɔɪntmənt] *n* ขี้ผึ้ง [khi phueng]
OK [,əʊ'keɪ] *excl* โอ เค [o khe]
okay [,əʊ'keɪ] *adj* พอใช้ได้ [pho chai dai]; **okay!** *excl* โอ เค [o khe]
old [əʊld] *adj* แก่ [kae]; **old-age pensioner** *n* คนชราเกษียณผู้รับบำนาญ [khon cha ra ka sian phu rap bam nan]
old-fashioned ['əʊld'fæʃənd] *adj* สมัยเก่า [sa mai kao]
olive ['ɒlɪv] *n* มะกอก [ma kok]; **olive oil** *n* น้ำมันมะกอก [nam man ma kok]; **olive tree** *n* ต้นมะกอก [ton ma kok]
Oman [əʊ'mɑːn] *n* ประเทศโอมาน [pra tet o man]
omelette ['ɒmlɪt] *n* ไข่เจียว [khai chiao]
on [ɒn] *adv* กำลังดำเนินอยู่ [kam lang dam noen yu] ▷ *prep* บน [bon]; **on behalf of** *n* ในนามของ [nai nam khong]; **on time** *adj* ตรงเวลา [trong we la]
once [wʌns] *adv* ครั้งหนึ่ง [khrang nueng]
one [wʌn] *number* หนึ่ง [nue] ▷ *pron* คนหรือสิ่งที่ไม่เจาะจง [kon hue sing thii mai jo chong]; **no one** *pron* ไม่มีใคร [mai mii khrai]
one-off [wʌnɒf] *n* สิ่งที่เกิดขึ้นหรือทำขึ้นเพียงครั้งเดียว [sing thii koet khuen rue tham khuen phiang khrang diao]
onion ['ʌnjən] *n* หัวหอม [hua hom]; **spring onion** *n* ต้นหอม [ton hom]
online ['ɒn,laɪn] *adj* ที่เชื่อมตรงกับอินเตอร์เน็ต [thii chueam trong kap in toe net] ▷ *adv* ขณะเชื่อมต่อกับอินเตอร์เน็ต [kha na chueam to kap in toe net]
onlooker ['ɒn,lʊkə] *n* ผู้เห็นเหตุการณ์

[phu hen het kan]
only ['əʊnlɪ] *adj* เพียงเท่านั้น [phiang thao nan] ▷ *adv* เท่านั้น [thao nan]
open ['əʊpᵊn] *adj* เปิดออก [poet ok] ▷ *v* เปิด [poet]; **Are you open?** คุณเปิดหรือไม่? [khun poet rue mai]; **Is it open today?** เปิดวันนี้ไหม? [poet wan nii mai]; **Is the castle open to the public?** ปราสาทเปิดให้สาธารณะชนเข้าชมไหม? [pra saat poet hai sa tha ra na chon khao chom mai]
opera ['ɒpərə] *n* โอเปรา [o pe ra]; **soap opera** *n* ละครน้ำเน่า [la khon nam nao]; **What's on tonight at the opera?** คืนนี้มีการแสดงโอเปร่าอะไร? [khuen nii mii kan sa daeng o pe ra a rai]
operate ['ɒpəˌreɪt] *v* *(to function)* ปฏิบัติ [pa ti bat], *(to perform surgery)* ผ่าตัด [pha tat]
operating theatre ['ɒpəˌreɪtɪŋ 'θɪətə] *n* ห้องผ่าตัด [hong pha tat]
operation [ˌɒpə'reɪʃən] *n* *(surgery)* ศัลยกรรม [san ya kam], *(undertaking)* การดำเนินการ [kan dam noen kan]
operator ['ɒpəˌreɪtə] *n* ผู้ควบคุมเครื่องจักร [phu khuap khum khrueang chak]
opinion [ə'pɪnjən] *n* ความคิดเห็น [khwam kit hen]; **opinion poll** *n* การสำรวจความคิดเห็น [kan sam ruat khwam kit hen]; **public opinion** *n* ความคิดเห็นของสาธาณชน [khwam kit hen khong sa tha ra na chon]
opponent [ə'pəʊnənt] *n* ฝ่ายตรงข้าม [fai trong kham]
opportunity [ˌɒpə'tju:nɪtɪ] *n* โอกาส [o kat]
oppose [ə'pəʊz] *v* ต่อต้าน [to tan]
opposed [ə'pəʊzd] *adj* ถูกต่อต้าน [thuk tor tan]
opposing [ə'pəʊzɪŋ] *adj* ซึ่งต่อต้าน [sueng to tan]
opposite ['ɒpəzɪt; -sɪt] *adj* ที่อยู่ตรงกันข้าม [thii yu trong kan kham] ▷ *adv* ที่อยู่คนละด้าน [thii yu khon la dan] ▷ *prep* ตรงข้าม [trong kham]
opposition [ˌɒpə'zɪʃən] *n* ฝ่ายตรงข้าม [fai trong kham]
optician [ɒp'tɪʃən] *n* ผู้มีคุณสมบัติที่จะตรวจ ออกใบวัดและขายอุปกรณ์เกี่ยวกับสายตา [phu mii khun na som bat thii ja truat ok bai wat lae khai ub pa kon kiao kap sai ta]
optimism ['ɒptɪˌmɪzəm] *n* การมองในแง่ดี [kan mong nai ngae dii]
optimist ['ɒptɪˌmɪst] *n* ผู้มองโลกในแง่ดี [phu mong lok nai ngae di]
optimistic [ɒptɪ'mɪstɪk] *adj* โดยคาดหวังสิ่งที่ดี [doi khat wang sing thii di]
option ['ɒpʃən] *n* การเลือก [kan lueak]
optional ['ɒpʃənᵊl] *adj* ซึ่งเป็นทางเลือก [sueng pen thang lueak]
opt out [ɒpt aʊt] *v* เลือกที่จะไม่เกี่ยวข้องด้วย [lueak thii ja mai kiao khong duai]
or [ɔ:] *conj* หรือ [rue]; **either... or** *conj* อย่างนี้หรืออย่างนั้น [yang nii rue yang nan]; **Do I pay now or later?** ฉันจ่ายตอนนี้หรือจ่ายทีหลัง? [chan chai ton nii rue chai thii lang]
oral ['ɔ:rəl; 'ɒrəl] *adj* ที่ใช้การพูด [thii chai kan phud] ▷ *n* การสอบปากเปล่า [kan sorb pak plao]
orange ['ɒrɪndʒ] *adj* ที่มีสีส้ม [thii mii sii som] ▷ *n* ต้นส้ม [ton som]; **orange juice** *n* น้ำส้ม [nam som]
orchard ['ɔ:tʃəd] *n* สวนผลไม้ [suan phon la mai]
orchestra ['ɔ:kɪstrə] *n* วงดนตรีขนาดใหญ่ที่เล่นเพลงคลาสสิค [wong don tree kha naat yai thii len phleng khlas sik]
orchid ['ɔ:kɪd] *n* ต้นกล้วยไม้ [ton kluai mai]
ordeal [ɔ:'di:l] *n* ประสบการณ์ที่ทารุณ [pra sob kan thii tha run]
order ['ɔ:də] *n* คำสั่ง [kham sang], ความเป็นระเบียบ [khwam pen ra biap] ▷ *v* *(command)* สั่ง [sang], *(request)* สั่ง

[sang]; **order form** *n* แบบฟอร์มสั่งซื้อ [baep fom sang sue]; **postal order** *n* เช็คไปรษณีย์ [chek prai sa ni]; **standing order** *n* เงินเฉพาะจำนวนที่ให้ธนาคารจ่าย [ngoen cha pho cham nuan thii hai tha na khan chai]; **Can I order now, please?** ฉันขอสั่งตอนนี้ได้ไหม? [chan kho sang ton nii dai mai]; **I'd like to order something local** ฉันอยากสั่งอะไรสักอย่างที่เป็นของท้องถิ่น [chan yak sang a rai sak yang thii pen khong thong thin]; **This isn't what I ordered** ฉันไม่ได้สั่ง [chan mai dai sang]

ordinary ['ɔ:dᵊnrɪ] *adj* อย่างธรรมดา [yang tham ma da]

oregano [ˌɒrɪ'gɑ:nəʊ] *n* ต้นออริกาโนเป็นสมุนไพรใช้ทำอาหาร [ton o ri ka no pen sa mun phrai chai tham a han]

organ ['ɔ:gən] *n (body part)* อวัยวะต่าง ๆ [a wai ya wa tang tang], *(music)* หีบเพลง ออร์แกน [hip phleng, o kaen]; **mouth organ** *n* หีบเพลงปาก [hip phleng pak]

organic [ɔ:'gænɪk] *adj* ซึ่งมาจากสิ่งมีชีวิต [sueng ma chak sing mii chi wit]

organism ['ɔ:gəˌnɪzəm] *n* สิ่งมีชีวิตเช่นพืชและสัตว์ [sing mii chi wit chen phuet lae sat]

organization [ˌɔ:gənaɪ'zeɪʃən] *n* องค์กร [ong kon]

organize ['ɔ:gəˌnaɪz] *v* จัดการ [chat kan]

organizer ['ɔ:gəˌnaɪzə] *n* **personal organizer** *n* ไดอารี่เล่มใหญ่ [dai a ri lem yai]

orgasm ['ɔ:gæzəm] *n* จุดสุดยอดของความรู้สึกทางเพศ [chut sut yot khong khwam ru suek thang phet]

Orient ['ɔ:rɪənt] *n* เอเชียตะวันออก [e chia ta wan ok]

oriental [ˌɔ:rɪ'entᵊl] *adj* ซึ่งเกี่ยวกับประเทศเอเชีย [sueng kiao kab pra ted e chia]

origin ['ɒrɪdʒɪn] *n* จุดกำเนิด [chut kam noet]

original [ə'rɪdʒɪnᵊl] *adj* ซึ่งเป็นแบบฉบับ [sueng pen baep cha bap]

originally [ə'rɪdʒɪnəlɪ] *adv* โดยแรกเริ่ม [doi raek roem]

ornament ['ɔ:nəmənt] *n* เครื่องประดับ [khrueang pra dap]

orphan ['ɔ:fən] *n* ลูกกำพร้า [luk kam phra]

ostrich ['ɒstrɪtʃ] *n* นกกระจอกเทศ [nok kra chok thet]

other ['ʌðə] *adj* อื่น ๆ [uen uen]; **Do you have any others?** คุณมีห้องอื่น ๆ ไหม? [khun mii hong uen uen mai]

otherwise ['ʌðəˌwaɪz] *adv* ไม่เช่นนั้น [mai chen nan] ▷ *conj* มิฉะนั้น [mi cha nan]

otter ['ɒtə] *n* ตัวนาก [tua nak]

ounce [aʊns] *n* หน่วยวัดน้ำหนักเป็นออนซ์ [nuai wat nam nak pen on]

our [aʊə] *adj* ของเรา [khong rao]

ours [aʊəz] *pron* ของเราเอง [khong rao eng]

ourselves [aʊə'sɛlvz] *pron* ตัวของพวกเราเอง [tua khong phuak rao eng]

out [aʊt] *adj* ข้างนอก [khang nok] ▷ *adv* ภายนอก [phai nok]

outbreak ['aʊtˌbreɪk] *n* การเกิดขึ้นอย่างรุนแรงและทันทีทันใด [kan koed khuen yang run raeng lae than thee than dai]

outcome ['aʊtˌkʌm] *n* ผลลัพธ์ [phon lap]

outdoor ['aʊt'dɔ:] *adj* ที่อยู่กลางแจ้ง [thii yu klang chaeng]

outdoors [ˌaʊt'dɔ:z] *adv* ข้างนอก [khang nok]

outfit ['aʊtˌfɪt] *n* เสื้อผ้าทั้งชุด [suea pha thang chut]

outgoing ['aʊtˌgəʊɪŋ] *adj* ที่กำลังออกไป [thii kam lang ork pai]

outing ['aʊtɪŋ] *n* การเดินทางท่องเที่ยวระยะสั้น [kan doen thang thong thiao ra ya san]

outline ['aʊt,laɪn] *n* คำอธิบายอย่างคร่าว ๆ [kham a thi bai yang khrao khrao]
outlook ['aʊt,lʊk] *n* ทัศนคติ [that sa na kha ti]
out-of-date ['aʊtɒv'deɪt] *adj* ล้าสมัย [la sa mai]
out-of-doors ['aʊtɒv'dɔːz] *adv* กลางแจ้ง [klang chaeng]
outrageous [aʊt'reɪdʒəs] *adj* ผิดปรกติและน่าตกใจ [phit prok ka ti lae na tok jai]
outset ['aʊt,sɛt] *n* การเริ่มต้น [kan roem ton]
outside *adj* ['aʊt,saɪd] ข้างนอก [khang nok] ▷ *adv* [,aʊt'saɪd] ภายนอก [phai nok] ▷ *n* ['aʊt'saɪd] ข้างนอก [khang nok] ▷ *prep* นอกจาก [nok chak]; **I want to make an outside call, can I have a line?** ฉันอยากโทรศัพท์ออกข้างนอก ขอสายนอก? [chan yak tho ra sap ok khang nok kho sai nok]
outsize ['aʊt,saɪz] *adj* ที่ใหญ่เป็นพิเศษ [thii yai pen phi sed]
outskirts ['aʊt,skɜːts] *npl* ชานเมือง [chan mueang]
outspoken [,aʊt'spəʊkən] *adj* พูดจาเปิดเผย [phud cha poet phoei]
outstanding [,aʊt'stændɪŋ] *adj* ที่ดีเยี่ยม [thii di yiam]
oval ['əʊvᵊl] *adj* ซึ่งเป็นรูปไข่ [sueng pen rup khai]
ovary ['əʊvərɪ] *n* รังไข่ของสตรี [rang khai khong sa tree]
oven ['ʌvᵊn] *n* เตาอบ [tao op]; **microwave oven** *n* เตาอบไมโครเวฟ [tao op mai khro wep]; **oven glove** *n* ถุงมือจับภาชนะร้อนจากเตาอบ [thung mue chap pha cha na ron chak tao op]
ovenproof ['ʌvᵊn,pruːf] *adj* เหมาะกับการใช้ในเตาอบ [mo kap kan chai nai tao op]
over ['əʊvə] *adj* ที่จบสิ้น [thii job sin] ▷ *prep* เหนือ [nuea]
overall [,əʊvər'ɔːl] *adv* ทั้งหมด [thang mot]
overalls [,əʊvə'ɔːlz] *npl* เสื้อคลุมที่สวมเพื่อกันเปื้อน [suea khlum thii suam phuea kan puean]
overcast ['əʊvə,kɑːst] *adj* มีเมฆมาก [mii mek mak]
overcharge [,əʊvə'tʃɑːdʒ] *v* คิดเกินราคา [khit koen ra kha]
overcoat ['əʊvə,kəʊt] *n* เสื้อโค้ทกันหนาว [suea khot kan nao]
overcome [,əʊvə'kʌm] *v* เอาชนะ [ao cha na]
overdone [,əʊvə'dʌn] *adj* ที่สุกมากเกินไป [thii suk mak koen pai]
overdose ['əʊvə,dəʊs] *n* ปริมาณยาที่มากเกินไป [po ri man ya thii mak koen pai]
overdraft ['əʊvə,drɑːft] *n* จำนวนเงินที่เป็นหนี้ธนาคาร [cham nuan ngen thii pen nii tha na khan]
overdrawn [,əʊvə'drɔːn] *adj* ถอนเงินเกิน [thon ngoen koen]
overdue [,əʊvə'djuː] *adj* พ้นกำหนดเวลา [phon kam not we la]
overestimate [,əʊvər'ɛstɪ,meɪt] *v* ประเมินมากเกินไป [pra moen mak koen pai]
overheads ['əʊvə,hɛdz] *npl* ค่าใช้จ่ายในการดำเนินธุรกิจ [kha chai chai nai kan dam noen thu ra kit]
overlook [,əʊvə'lʊk] *v* มองข้าม [mong kham]
overnight ['əʊvə,naɪt] *adv* **Can I park here overnight?** ฉันจอดค้างคืนที่นี่ได้ไหม? [chan jot khang khuen thii ni dai mai]; **Can we camp here overnight?** เราตั้งค่ายค้างคืนที่นี่ได้ไหม? [rao tang khai khang khuen thii ni dai mai]; **Do I have to stay overnight?** ฉันต้องนอนค้างคืนไหม? [chan tong non khang khuen mai]
overrule [,əʊvə'ruːl] *v* ใช้อำนาจเหนือ [chai am nat nuea]
overseas [,əʊvə'siːz] *adv* เกี่ยวกับต่างประเทศ [kiao kap tang pra thet]

oversight ['əʊvəˌsaɪt] *n (mistake)* ความผิดพลาดเพราะละเลยหรือไม่สังเกต [khwam phit phlat phro la loei rue mai sang ket], *(supervision)* การดูแลตรวจตรา [kan du lae truat tra]
oversleep [ˌəʊvə'sliːp] *v* นอนเกินเวลา [norn koen we la]
overtake [ˌəʊvə'teɪk] *v* ไล่ตามทัน [lai tam than]
overtime ['əʊvəˌtaɪm] *n* ล่วงเวลา [luang we la]
overweight [ˌəʊvə'weɪt] *adj* ที่มีน้ำหนักมากเกินไป [thii mii nam nak mak koen pai]
owe [əʊ] *v* เป็นหนี้ [pen ni]
owing to ['əʊɪŋ tuː] *prep* เนื่องจาก [nueang chak]
owl [aʊl] *n* นกเค้าแมว [nok khao maeo]
own [əʊn] *adj* ที่เป็นของตัวเอง [thii pen khong tua eng] ▷ *v* เป็นเจ้าของ [pen chao khong]
owner ['əʊnə] *n* เจ้าของ [chao khong]; **Could I speak to the owner, please?** ฉันขอพูดกับเจ้าของได้ไหม? [chan kho phut kap chao khong dai mai]
own up [əʊn ʌp] *v* สารภาพ [sa ra phap]
oxygen ['ɒksɪdʒən] *n* ออกซิเจน [ok si chen]
oyster ['ɔɪstə] *n* หอยนางรม [hoi nang rom]
ozone ['əʊzəʊn; əʊ'zəʊn] *n* ก๊าซโอโซน [kas o son]; **ozone layer** *n* ชั้นก๊าซโอโซนล้อมรอบโลก [chan kas o son lom rop lok]

p

PA [piː eɪ] *abbr* ตัวย่อของเลขาส่วนตัว [tua yo khong le kha suan tua]
pace [peɪs] *n* ก้าวเดิน [kao doen]
pacemaker ['peɪsˌmeɪkə] *n* อุปกรณ์ไฟฟ้าที่ช่วยให้อัตราการเต้นของหัวใจสม่ำเสมอ [up pa kon fai fa thii chuai hai at tra kan ten khong hua jai sa mam sa moe]
Pacific [pə'sɪfɪk] *n* มหาสมุทรแปซิฟิก [ma ha sa mut pae si fik]
pack [pæk] *n* สิ่งของ [sing khong] ▷ *v* บรรจุ [ban chu]
package ['pækɪdʒ] *n* หีบห่อ [hip ho]; **package holiday** *n* การท่องเที่ยวกับบริษัททัวร์จัดบริการแบบครบวงจร [kan thong thiao kap bo ri sat tua chad bo ri kan baep khrop wong chon]; **package tour** *n* ทัวร์ที่จัดแบบครบวงจร [thua thii chat baep khrop wong chon]
packaging ['pækɪdʒɪŋ] *n* หีบห่อ [hip ho]
packed [pækt] *adj* แน่น [naen]; **packed lunch** *n* อาหารกลางวันเตรียมจากบ้านไปทานที่อื่น [a han klang wan triam chak baan pai than thii uen]

packet ['pækɪt] *n* ห่อของเล็ก ๆ [ho khong lek lek]
pad [pæd] *n* เบาะรอง [bo rong]
paddle ['pæd°l] *n* ไม้พายเรือ [mai phai ruea] ▷ *v* พายเรือ [phai ruea]
padlock ['pæd,lɒk] *n* กุญแจแบบคล้องสายยู [kun jae baeb khlong sai u]
paedophile ['pi:dəʊ,faɪl] *n* ผู้ที่ชอบร่วมเพศกับเด็ก [phu thii chop ruam phet kap dek]
page [peɪdʒ] *n* หน้า [na] ▷ *v* เรียกโดยใช้เครื่องขยายเสียงหรือเครื่องส่งสัญญาณติดตามตัว [riak doi chai khrueang kha yai siang rue khrueang song san yan tit tam tua]; **home page** *n* หน้าแรกของข่าวสารขององค์การหรือบุคคล [na raek khong khao san khong ong kan rue buk khon]; **Yellow Pages®** *npl* สมุดโทรศัพท์ฉบับโฆษณาสินค้า [sa mut tho ra sap cha bap khot sa na sin ka]
pager ['peɪdʒə] *n* วิทยุหรือเครื่องส่งสัญญาณติดตามตัว [wit tha yu hue khueang song san yan tid tam tua]
paid [peɪd] *adj* ได้จ่ายแล้ว [dai chai laeo]
pail [peɪl] *n* ถัง [thang]
pain [peɪn] *n* ความเจ็บปวด [khwam chep puat]; **back pain** *n* ปวดหลัง [puat lang]
painful ['peɪnfʊl] *adj* เจ็บปวด [chep puat]
painkiller ['peɪn,kɪlə] *n* ยาแก้ปวด [ya kae puad]
paint [peɪnt] *n* สี [si] ▷ *v* ทาสี [tha si]
paintbrush ['peɪnt,brʌʃ] *n* แปรงทาสี [praeng tha sii]
painter ['peɪntə] *n* จิตรกร [chit ta kon]
painting ['peɪntɪŋ] *n* ภาพวาด [phap wat]
pair [pɛə] *n* คู่ [khu]
Pakistan [,pɑːkɪ'stɑːn] *n* ประเทศปากีสถาน [pra tet pa ki sa than]
Pakistani [,pɑːkɪ'stɑːnɪ] *adj* เกี่ยวกับปากีสถาน [kiao kap pa ki sa than] ▷ *n* ชาวปากีสถาน [chao pa ki sa than]
pal [pæl] *n* เพื่อนสนิท [phuean sa nit]
palace ['pælɪs] *n* พระราชวัง [phra rat cha wang]; **Is the palace open to the public?** พระราชวังเปิดให้สาธารณะชนเข้าชมไหม? [phra rat cha wang poet hai sa tha ra na chon khao chom mai]; **When is the palace open?** พระราชวังจะเปิดเมื่อไร? [phra rat cha wang ja poet muea rai]
pale [peɪl] *adj* ซีดเผือด [sid phueat]
Palestine ['pælɪ,staɪn] *n* ประเทศปาเลสไตน์ [pra tet pa les tai]
Palestinian [,pælɪ'stɪnɪən] *adj* เกี่ยวกับปาเลสไตน์ [kiao kap pa les tai] ▷ *n* ชาวปาเลสไตน์ [chao pa les tai]
palm [pɑːm] *n (part of hand)* ฝ่ามือ [fa mue], *(tree)* ต้นปาล์ม [ton palm]
pamphlet ['pæmflɪt] *n* แผ่นพับ [phaen phap]
pan [pæn] *n* กระทะ [kra tha]; **frying pan** *n* กระทะทอด [kra tha thot]
Panama [,pænə'mɑː; 'pænə,mɑː] *n* ประเทศปานามา [pra tet pa na ma]
pancake ['pæn,keɪk] *n* ขนมแพนเค้ก [kha nom phaen khek]
panda ['pændə] *n* หมีแพนด้า [mii phaen da]
panic ['pænɪk] *n* ความหวาดกลัวหรือวิตกกังวล [khwam wat klua rue wi tok kang won] ▷ *v* ทำให้ตื่นตกใจ [tham hai tuen tok jai]
panther ['pænθə] *n* เสือดำ [suea dam]
panties ['pæntɪz] *npl* กางเกงในของสตรีหรือเด็ก [kang keng nai khong sa tee hue dek]
pantomime ['pæntə,maɪm] *n* ละครที่มีพื้นฐานมาจากเทพนิยายแสดงช่วงคริสต์มาส [la khon thii mii phuen than chak thep ni yai sa daeng chuang khris mas]
pants [pænts] *npl* กางเกงขายาว [kang keng kha yao]
paper ['peɪpə] *n* กระดาษ [kra dat]; **paper round** *n* เส้นทางส่งหนังสือพิมพ์ [sen thang song nang sue phim];

scrap paper *n* กระดาษทด [kra dat thot]; **toilet paper** *n* กระดาษชำระ [kra dat cham ra]; **There is no toilet paper** ไม่มีกระดาษชำระ [mai mii kra dat cham ra]

paperback ['peɪpə,bæk] *n* หนังสือปกอ่อน [hnang sue pok on]

paperclip ['peɪpə,klɪp] *n* คลิปติดกระดาษ [khlip tit kra dat]

paperweight ['peɪpə,weɪt] *n* ที่วางกระดาษ [thii wang kra dart]

paperwork ['peɪpə,wɜːk] *n* งานเอกสาร [ngan ek ka sarn]

paprika ['pæprɪkə; pæ'priː-] *n* เครื่องเทศสีแดงอ่อนใส่อาหาร [khrueang tet sii daeng on sai a han]

paracetamol [,pærə'siːtə,mɒl; -'sɛtə-] *n* **I'd like some paracetamol** ฉันอยากได้พาราเซทตามอล [chan yak dai pha ra set ta mon]

parachute ['pærə,ʃuːt] *n* ร่มชูชีพ [rom chu chip]

parade [pə'reɪd] *n* ขบวนแห่ [kha buan hae]

paradise ['pærə,daɪs] *n* สวรรค์ [sa wan]

paraffin ['pærəfɪn] *n* พาราฟีน [pha ra fin]

paragraph ['pærə,grɑːf; -,græf] *n* ย่อหน้า [yo na]

Paraguay ['pærə,gwaɪ] *n* ประเทศปารากวัย [pra tet pa ra kwai]

Paraguayan [,pærə'gwaɪən] *adj* เกี่ยวกับปารากวัย [kiao kap pa ra kwai] ▷ *n* ชาวปารากวัย [chao pa ra kwai]

parallel ['pærə,lɛl] *adj* ขนาน [kha nan]

paralysed ['pærə,laɪzd] *adj* เคลื่อนไหวไม่ได้ [khluean wai mai dai]

paramedic [,pærə'medɪk] *n* เจ้าหน้าที่ทางการแพทย [chao na thii thang kan phaet]

parcel ['pɑːsᵊl] *n* พัสดุ [phat sa du]; **How much is it to send this parcel?** ราคาส่งกล่องพัสดุใบนี้เท่าไร? [ra kha song klong phat sa du bai nii thao rai]; **I'd like to send this parcel** ฉันอยากส่งกล่องพัสดุใบนี้ [chan yak song klong phat sa du bai nii]

pardon ['pɑːdᵊn] *n* การให้อภัยโทษ [kan hai a phai thot]

parent ['pɛərənt] *n* พ่อหรือแม่ [pho rue mae]; **parents** *npl* พ่อแม่ [pho mae]; **single parent** *n* พ่อหรือแม่ที่เลี้ยงลูกคนเดียว [pho rue mae thii liang luk khon diao]

parish ['pærɪʃ] *n* เขตศาสนาที่มีโบสถ์และพระ [khet sat sa na thii mii bot lae phra]

park [pɑːk] *n* สวนสาธารณะ [suan sa tha ra na] ▷ *v* จอด [chot]; **car park** *n* ที่จอดรถ [thi chot rot]; **Can I park here?** ฉันจอดที่นี่ได้ไหม? [chan jot thii ni dai mai]; **Can we park our caravan here?** เราจอดรถคาราวานของเราที่นี่ได้ไหม? [rao jot rot kha ra van khong rao thii ni dai mai]; **How long can I park here?** ฉันจอดได้นานแค่ไหน? [chan jot dai nan khae nai]

parking [pɑːkɪŋ] *n* ที่จอดรถ [thi chot rot]; **parking meter** *n* มิเตอร์จอดรถ [mi toe jot rot]; **parking ticket** *n* ใบสั่ง [bai sang]

parliament ['pɑːləmənt] *n* รัฐสภา [rat tha sa pha]

parole [pə'rəʊl] *n* การพ้นโทษอย่างมีเงื่อนไขหรือทำทัณฑ์บนไว้ [kan phon thot yang mii nguean khai rue tham than bon wai]

parrot ['pærət] *n* นกแก้ว [nok kaew]

parsley ['pɑːslɪ] *n* พาสลี่ ผักใช้ปรุงอาหาร [phas li phak chai prung a han]

parsnip ['pɑːsnɪp] *n* พืชจำพวกมีหัวตระกูลเดียวกับแครอทมีสีขาว [phuet cham phuak mee hua tra kul diao kab kae rot mee see khao]

part [pɑːt] *n* ส่วนหนึ่ง [suan nueng]; **spare part** *n* อะไหล่ [a lai]

partial ['pɑːʃəl] *adj* ซึ่งเป็นบางส่วน [sueng pen bang suan]

participate [pɑːˈtɪsɪˌpeɪt] *v* มีส่วนร่วม [mi suan ruam]
particular [pəˈtɪkjʊlə] *adj* โดยเฉพาะ [doi cha pho]
particularly [pəˈtɪkjʊləlɪ] *adv* โดยเฉพาะอย่างยิ่ง [doi cha pho yang ying]
parting [ˈpɑːtɪŋ] *n* การจากกัน [kan chak kan]
partly [ˈpɑːtlɪ] *adv* บางส่วน [bang suan]
partner [ˈpɑːtnə] *n* คู่สมรส [khu som rot]
partridge [ˈpɑːtrɪdʒ] *n* นกกระทา [nok kra tha]
part-time [ˈpɑːtˌtaɪm] *adj* ซึ่งไม่เต็มเวลา [sueng mai tem we la] ▷ *adv* นอกเวลา [nok we la]
part with [pɑːt wɪð] *v* ยอมสละ [yom sa la]
party [ˈpɑːtɪ] *n (group)* คณะ [kha na], *(social gathering)* งานเลี้ยง [ngan liang] ▷ *v* จัดงานเลี้ยง [chat ngan liang]; **dinner party** *n* งานเลี้ยงอาหารค่ำ [ngan liang a han kham]; **search party** *n* คณะผู้สำรวจผู้สูญหาย [kha na phu sam ruat phu sun hai]
pass [pɑːs] *n (in mountains)* ช่องแคบ [chong khaep], *(meets standard)* การสอบผ่าน [kan sorb phan], *(permit)* ใบอนุญาต [bai a nu yat] ▷ *v (an exam)* สอบผ่าน สอบไล่ได้ [sop phan, sop lai dai] ▷ *vi* ส่งต่อไป ส่งผ่าน ส่งให้ [song to pai, song phan, song hai] ▷ *vt* ผ่านไป เดินผ่าน ส่งผ่าน [phan pai doen phan song phan]; **boarding pass** *n* บัตรผ่านขึ้นเครื่องบิน [bat phan khuen khrueang bin]; **ski pass** *n* บัตรเล่นสกี [bat len sa ki]
passage [ˈpæsɪdʒ] *n (musical)* บทเพลง [bod phleng], *(route)* ทางเดิน [thang doen]
passenger [ˈpæsɪndʒə] *n* ผู้โดยสาร [phu doi san]
passion [ˈpæʃən] *n* อารมณ์อันเร่าร้อน [ar rom an rao ron]; **passion fruit** *n* เสาวรส [sao wa rot]
passive [ˈpæsɪv] *adj* เฉื่อยชา [chueai cha]
pass out [pɑːs aʊt] *v* หมดสติ [mot sa ti]
Passover [ˈpɑːsˌəʊvə] *n* วันหยุดเพื่อระลึกถึงการอพยพของชาวอียิปต์ [wan yut phuea ra luek thueng kan op pha yop khong chao i yip]
passport [ˈpɑːspɔːt] *n* หนังสือเดินทาง [nang sue doen thang]; **Here is my passport** นี่คือหนังสือเดินทางของฉัน [ni khue nang sue doen thang khong chan]; **I've forgotten my passport** ฉันลืมหนังสือเดินทาง [chan luem nang sue doen thang]; **I've lost my passport** ฉันทำหนังสือเดินทางหาย [chan tham nang sue doen thang hai]
password [ˈpɑːsˌwɜːd] *n* รหัสผ่าน [ra had phan]
past [pɑːst] *adj* ที่ผ่านไปแล้ว [thii phan pai laeo] ▷ *n* สิ่งที่เกิดในอดีต [sing thii koet nai a dit] ▷ *prep* เลยผ่าน [loei phan]
pasta [ˈpæstə] *n* พาสต้า อาหารจำพวกแป้ง [phas ta a han cham phuak paeng]
paste [peɪst] *n* ส่วนผสมที่มีลักษณะเหนียว [suan pha som thii mee lak sa na hniao]
pasteurized [ˈpæstəˌraɪzd] *adj* ที่ผ่านการฆ่าเชื้อโรค [thii phan kan kha chuea rok]
pastime [ˈpɑːsˌtaɪm] *n* งานอดิเรก [ngan a di rek]
pastry [ˈpeɪstrɪ] *n* ขนมอบ [kha nom op]; **puff pastry** *n* แป้งผสมฟูที่มีแผ่นบางหลายชั้นซ้อนกัน [paeng pha som fu thii mii phaen bang lai chan son kan]; **shortcrust pastry** *n* แป้งที่ใช้เป็นฐานของขนมพาย [paeng thii chai pen than khong kha nom phai]
patch [pætʃ] *n* แผ่นผ้าปะรุในเสื้อผ้า [phaen pha pa ru nai suea pha]
patched [pætʃt] *adj* ที่ได้รับการปะ [thii dai rap kan pa]
path [pɑːθ] *n* ทางเดิน [thang doen];

cycle path *n* เส้นทางขี่จักรยาน [sen thang khi chak kra yan]; **Keep to the path** เดินบนทางเดิน [doen bon thang doen]; **Where does this path lead?** ทางเดินนี้จะพาไปที่ไหน? [thang doen nii ja pha pai thii nai]

pathetic [pə'θɛtɪk] *adj* น่าสงสาร [na song san]

patience ['peɪʃəns] *n* ความอดทน [khwam od thon]

patient ['peɪʃənt] *adj* อดทน [ot thon] ▷ *n* คนป่วย [khon puai]

patio ['pætɪ,əʊ] *n* นอกชาน [nok chan]

patriotic ['pætrɪə,tɪk] *adj* มีใจรักชาติ [mii jai rak chat]

patrol [pə'trəʊl] *n* การลาดตระเวน [kan lat tra wen]; **patrol car** *n* รถลาดตระเวน [rot lay tra wen]

pattern ['pætᵊn] *n* แบบ [baep]

pause [pɔːz] *n* การหยุด [kan yud]

pavement ['peɪvmənt] *n* ทางเดินเท้า [thang doen thao]

pavilion [pə'vɪljən] *n* พลับพลา [phlap phla]

paw [pɔː] *n* อุ้งเท้า [ung thao]

pawnbroker ['pɔːn,brəʊkə] *n* โรงรับจำนำ [rong rap cham nam]

pay [peɪ] *n* การจ่าย [kan chai] ▷ *v* จ่าย [chai]; **Can I pay by cheque?** ฉันจ่ายด้วยเช็คได้ไหม? [chan chai duai chek dai mai]; **Do I have to pay duty on this?** ฉันต้องจ่ายภาษีอันนี้ไหม? [chan tong chai pha sii an nii mai]; **Do I have to pay it straightaway?** ฉันต้องจ่ายทันทีหรือไม่? [chan tong chai than thi rue mai]

payable ['peɪəbᵊl] *adj* ซึ่งสามารถจ่ายได้ [sueng sa mart chai dai]

pay back [peɪ bæk] *v* จ่ายคืน [chai khuen]

payment ['peɪmənt] *n* การจ่ายเงิน [kan chai ngen]

payphone ['peɪ,fəʊn] *n* ตู้โทรศัพท์สาธารณะที่ต้องหยอดเหรียญ [tu tho ra sab sa ta ra na thii tong hyod lian]

PC [piː siː] *n* เครื่องคอมพิวเตอร์ส่วนตัว [khrueang khom phio toe suan tua]

PDF [piː diː ɛf] *n* พีดีเอฟไฟล์ [phi di ef fim]

peace [piːs] *n* ความสงบเรียบร้อย [khwam sa ngob riap roi]

peaceful ['piːsfʊl] *adj* อย่างสงบ [yang sa ngob]

peach [piːtʃ] *n* ลูกพีช [luk phiit]

peacock ['piː,kɒk] *n* นกยูง [nok yung]

peak [piːk] *n* จุดสูงสุด [chud sung sud]; **peak hours** *npl* ชั่วโมงที่มีผู้ใช้ถนนมาก [chau mong thii mii phu chai tha non mak]

peanut ['piː,nʌt] *n* ถั่วลิสง [thua li song]; **peanut allergy** *n* อาการแพ้ถั่วลิสง [a kan phae thua li song]; **peanut butter** *n* เนยผสมถั่วลิสงบด [noei pha som thua li song bod]; **Does that contain peanuts?** นั่นมีถั่วลิสงไหม? [nan mii thua li song mai]

pear [pɛə] *n* ลูกแพร์ [luk pae]

pearl [pɜːl] *n* ไข่มุก [khai muk]

peas [piːs] *npl* พืชตระกูลถั่ว [phuet tra kul thua]

peat [piːt] *n* ถ่านหินเลน [than hin len]

pebble ['pɛbᵊl] *n* กรวด [kruat]

peculiar [pɪ'kjuːlɪə] *adj* ประหลาด [pra lat]

pedal ['pɛdᵊl] *n* กลีบดอกไม้ [klip dok mai]

pedestrian [pɪ'dɛstrɪən] *n* คนเดินถนน [kon doen tha non]; **pedestrian crossing** *n* ทางเดินข้าม [thang doen kham]; **pedestrian precinct** *n* บริเวณที่คนข้าม [bo ri wen thii khon kham]

pedestrianized [pɪ'dɛstrɪə,naɪzd] *adj* ที่สำหรับคนเดินโดยไม่มีรถ [thii sam hrab kon doen doi mai mee rot]

pedigree ['pɛdɪ,griː] *adj* เชื้อสายวงศ์ตระกูล [chuea sai wong tra kun]

peel [piːl] *n* การปอก [kan pok] ▷ *v* ปลอก [plok]

peg [pɛg] *n* ไม้หนีบผ้า [mai nip pha]
Pekinese [ˌpiːkɪŋˈiːz] *n* ชาวปักกิ่ง [chao pak king]
pelican [ˈpɛlɪkən] *n* นกกระทุง [nok kra thung]; **pelican crossing** *n* ทางข้ามไฟที่มีสัญญานโดยผู้ข้ามเป็นผู้กดปุ่ม [thang kham fai thii mii san yan doi phu kham pen phu kot pum]
pellet [ˈpɛlɪt] *n* ก้อนกลมเล็ก ๆ [kon klom lek lek]
pelvis [ˈpɛlvɪs] *n* กระดูกเชิงกราน [kra duk choeng kran]
pen [pɛn] *n* ปากกา [pak ka]; **ballpoint pen** *n* ปากกาลูกลื่น [pak ka luk luen]; **felt-tip pen** *n* ปากกาที่ใช้ทำเครื่องหมาย [pak ka thii chai tham khrueang mai]; **fountain pen** *n* ปากกาหมึกซึม [pak ka muek suem]; **Do you have a pen I could borrow?** คุณมีปากกาให้ฉันยืมไหม? [khun mii pak ka hai chan yuem mai]
penalize [ˈpiːnəˌlaɪz] *v* ลงโทษ [long thot]
penalty [ˈpɛnᵊltɪ] *n* โทษทัณฑ์ทางกฎหมาย [thot than thang kot mai]
pencil [ˈpɛnsᵊl] *n* ดินสอ [din so]; **pencil case** *n* กล่องใส่ดินสอ [klong sai din so]; **pencil sharpener** *n* ที่เหลาดินสอ [thii lao din so]
pendant [ˈpɛndənt] *n* จี้ห้อยคอ [chi hoi kho]
penfriend [ˈpɛnˌfrɛnd] *n* เพื่อนทางจดหมาย [phuean thang chot mai]
penguin [ˈpɛŋgwɪn] *n* นกเพ็นกวิน [nok phen kwin]
penicillin [ˌpɛnɪˈsɪlɪn] *n* ยาปฏิชีวนะชื่อเพนนิซิลิน [ya pa ti chi wa na chue pen ni si lin]
peninsula [pɪˈnɪnsjʊlə] *n* คาบสมุทร [khap sa mut]
penknife [ˈpɛnˌnaɪf] *n* มีดเล็กที่พับได้ [miit lek thii phap dai]
penny [ˈpɛnɪ] *n* เพนนี [pen ni]
pension [ˈpɛnʃən] *n* บำนาญ [bam nan]
pensioner [ˈpɛnʃənə] *n* ผู้รับบำนาญ [phu rap bam nan]; **old-age pensioner** *n* คนชราเกษียณผู้รับบำนาญ [khon cha ra ka sian phu rap bam nan]
pentathlon [pɛnˈtæθlən] *n* การแข่งขันกรีฑาห้าประเภท [kan khaeng khan krii tha ha pra phet]
penultimate [pɪˈnʌltɪmɪt] *adj* ที่สองจากที่สุดท้าย [thii song chak thii sut thai]
people [ˈpiːpᵊl] *npl* ผู้คน [phu kon]
pepper [ˈpɛpə] *n* พริกไทยป่น [phrik thai pon]
peppermill [ˈpɛpəˌmɪl] *n* กระปุกบดพริกไทย [kra puk bod prik thai]
peppermint [ˈpɛpəˌmɪnt] *n* สะระแหน่ [sa ra nae]
per [pɜː; pə] *prep* ต่อ [to]; **per cent** *adv* เปอร์เซ็นต์ [poe sen]
percentage [pəˈsɛntɪdʒ] *n* อัตราร้อยละ [at tra roi la]
percussion [pəˈkʌʃən] *n* การตี [kan ti]
perfect [ˈpɜːfɪkt] *adj* ถูกต้อง [tuk tong]
perfection [pəˈfɛkʃən] *n* ความสมบูรณ์แบบ [khwam som boon baep]
perfectly [ˈpɜːfɪktlɪ] *adv* อย่างสมบูรณ์แบบ [yang som boon baeb]
perform [pəˈfɔːm] *v* แสดง [sa daeng]
performance [pəˈfɔːməns] *n* *(functioning)* ผลงาน [phon ngan]
perfume [ˈpɜːfjuːm] *n* น้ำหอม [nam hom]
perhaps [pəˈhæps; præps] *adv* บางที [bang thi]
period [ˈpɪərɪəd] *n* ระยะเวลา [ra ya we la]; **trial period** *n* ระยะเวลาทดลอง [ra ya we la thot long]
perjury [ˈpɜːdʒərɪ] *n* การให้การเท็จ [kan hai kan tet]
perm [pɜːm] *n* การดัดผม [kan dat phom]
permanent [ˈpɜːmənənt] *adj* ถาวร [tha won]
permanently [ˈpɜːmənəntlɪ] *adv* อย่างถาวร [yang tha won]

permission [pə'mɪʃən] *n* การอนุญาต [kan a nu yat]

permit *n* ['pɜːmɪt] ใบอนุญาต [bai a nu yat] ▷ *v* [pə'mɪt] อนุญาต [a nu yat]; **work permit** *n* ใบอนุญาตให้ทำงาน [bai a nu yat hai tham ngan]; **Do you need a fishing permit?** คุณต้องมีใบอนุญาตตกปลาไหม? [khun tong mii bai a nu yat tok pla mai]

persecute ['pɜːsɪˌkjuːt] *v* จับมาลงโทษ [chab ma long thod]

persevere [ˌpɜːsɪ'vɪə] *v* ยืนหยัดถึงที่สุด [yuen yat thueng thii sut]

Persian ['pɜːʃən] *adj* เกี่ยวกับเปอร์เซีย [kiao kap poe sia]

persistent [pə'sɪstənt] *adj* ที่ยังคงอยู่ [thii yang khong yu]

person ['pɜːsᵊn] **(people** [piːpᵊl]**)** *n* บุคคล [bu khon]

personal ['pɜːsənᵊl] *adj* ส่วนบุคคล [suan bu khon]; **personal assistant** *n* ผู้ช่วยส่วนตัว [phu chuai suan tua]; **personal organizer** *n* ไดอารี่เล่มใหญ่ [dai a ri lem yai]; **personal stereo** *n* สเตอริโอส่วนตัว [sa toe ri o suan tua]

personality [ˌpɜːsə'nælɪtɪ] *n* บุคลิกลักษณะ [buk kha lik lak sa na]

personally ['pɜːsənəlɪ] *adv* โดยส่วนตัว [doi suan tua]

personnel [ˌpɜːsə'nɛl] *n* ฝ่ายบุคคล [fai buk khon]

perspective [pə'spɛktɪv] *n* ทัศนคติ [that sa na kha ti]

perspiration [ˌpɜːspə'reɪʃən] *n* เหงื่อ [nguea]

persuade [pə'sweɪd] *v* ชักจูง [chak chung]

persuasive [pə'sweɪsɪv] *adj* ซึ่งชักจูงได้ [sueng chak chung dai]

Peru [pə'ruː] *n* ประเทศเปรู [pra tet pe ru]

Peruvian [pə'ruːvɪən] *adj* เกี่ยวกับเปรู [kiao kap pe ru] ▷ *n* ชาวเปรู [chao pe ru]

pessimist ['pɛsɪˌmɪst] *n* คนมองโลกในแง่ร้าย [khon mong lok nai ngae rai]

pessimistic ['pɛsɪˌmɪstɪk] *adj* ที่มองโลกในแง่ร้าย [thii mong lok nai ngae rai]

pest [pɛst] *n* สัตว์ที่รบกวน [sat thii rob kuan]

pester ['pɛstə] *v* รบกวน [rop kuan]

pesticide ['pɛstɪˌsaɪd] *n* ยาฆ่าแมลง [ya kha ma laeng]

pet [pɛt] *n* สัตว์เลี้ยง [sat liang]

petition [pɪ'tɪʃən] *n* การร้องเรียน [kan rong rian]

petrified ['pɛtrɪˌfaɪd] *adj* ทำให้ตกตะลึงเพราะความกลัว [tham hai tok ta lueng phro khwam klua]

petrol ['pɛtrəl] *n* น้ำมันเติมรถ [nam man toem rot]; **petrol station** *n* ปั๊มน้ำมัน [pam nam man]; **petrol tank** *n* ถังน้ำมัน [thang nam man]; **unleaded petrol** *n* น้ำมันไร้สารตะกั่ว [nam man rai san ta kua]

pewter ['pjuːtə] *n* ตะกั่ว [ta kua]

pharmacist ['fɑːməsɪst] *n* เภสัชกร [phe sat cha kon]

pharmacy ['fɑːməsɪ] *n* ร้านขายยา [ran khai ya]; **Which pharmacy provides emergency service?** ร้านขายยาร้านไหนมีบริการขายฉุกเฉิน? [ran khai ya ran nai mii bo ri kan khai chuk choen]

PhD [piː eɪtʃ diː] *n* ตัวย่อของปริญญาเอก [tua yo khong pa rin yaa ek]

pheasant ['fɛzᵊnt] *n* ไก่ฟ้า [kai fa]

philosophy [fɪ'lɒsəfɪ] *n* ปรัชญา [plat cha ya]

phobia ['fəʊbɪə] *n* ความหวาดกลัว [khwam wat klua]

phone [fəʊn] *n* โทรศัพท์ [tho ra thap] ▷ *v* โทร [tho]; **camera phone** *n* โทรศัพท์ที่มีกล้องถ่ายรูปในตัว [tho ra sap thii mii klong thai rup nai tua]; **Can I have your phone number?** ฉันขอเบอร์โทรศัพท์คุณได้ไหม? [chan kho boe tho ra sap khun dai mai]; **Can I phone from here?** ฉันโทรศัพท์จากที่นี่ได้ไหม? [chan tho ra sap chak thii ni dai mai]; **Can I phone internationally from**

here? ฉันโทรศัพท์ไปต่างประเทศจากที่นี่ได้ไหม? [chan tho ra sap pai tang pra tet chak thii ni dai mai]
phonebook ['fəʊn,bʊk] *n* สมุดโทรศัพท์ [sa mut tho ra sap]
phonebox ['fəʊn,bɒks] *n* ตู้โทรศัพท์ [tu tho ra sap]
phonecall ['fəʊn,kɔːl] *n* โทรศัพท์หา [tho ra sab ha]
phonecard ['fəʊn,kɑːd] *n* บัตรโทรศัพท์ [bat tho ra sab]
photo ['fəʊtəʊ] *n* ภาพถ่าย [phap thai]; **photo album** *n* อัลบั้มใส่รูป [al bam sai rup]
photocopier ['fəʊtəʊ,kɒpɪə] *n* เครื่องถ่ายเอกสาร [khrueang thai ek ka san]
photocopy ['fəʊtəʊ,kɒpɪ] *n* การถ่ายสำเนา [kan thai sam nao] ▷ *v* อัดสำเนา [at sam nao]
photograph ['fəʊtə,grɑːf; -,græf] *n* ภาพถ่าย [phap thai] ▷ *v* ถ่ายภาพ [thai phap]
photographer [fə'tɒgrəfə] *n* ช่างถ่ายภาพ [chang thai phap]
photography [fə'tɒgrəfɪ] *n* การถ่ายภาพ [kan thai phap]
phrase [freɪz] *n* วลี [wa li]
phrasebook ['freɪz,bʊk] *n* หนังสือที่เกี่ยวกับวลี [nang sue thii kiao kap wa li]
physical ['fɪzɪkᵊl] *adj* เกี่ยวกับร่างกาย [kiao kap rang kai] ▷ *n* ร่างกาย [rang kai]
physicist ['fɪzɪsɪst] *n* นักฟิสิกส์ [nak fi sik]
physics ['fɪzɪks] *npl* วิชาฟิสิกส์ [wi cha phi sik]
physiotherapist [,fɪzɪəʊ'θɛrəpɪst] *n* นักกายภาพบำบัด [nak kai ya phap bam bat]
physiotherapy [,fɪzɪəʊ'θɛrəpɪ] *n* การทำกายภาพบำบัด [kan tham kai ya phap bam bat]
pianist ['pɪənɪst] *n* นักเปียโน [nak pia no]
piano [pɪ'ænəʊ] *n* เปียโน [pia no]
pick [pɪk] *n* การเลือก [kan lueak] ▷ *v* เลือก [lueak]
pick on [pɪk ɒn] *v* กลั่นแกล้ง [klan klaeng]
pick out [pɪk aʊt] *v* เลือกออก [lueak ok]
pickpocket ['pɪk,pɒkɪt] *n* นักล้วงกระเป๋า [nak luang kra pao]
pick up [pɪk ʌp] *v* ขับรถไปรับ [khab rot pai rab]
picnic ['pɪknɪk] *n* การไปเที่ยวนอกบ้านและนำอาหารไปรับประทาน [kan pai thiao nok baan lae nam a han pai rap pra than]
picture ['pɪktʃə] *n* รูปภาพ [rup phap]; **picture frame** *n* กรอบรูป [krop rup]
picturesque [,pɪktʃə'rɛsk] *adj* สวยงดงาม [suai ngot ngam]
pie [paɪ] *n* ขนมพาย [kha nom phai]; **apple pie** *n* ขนมแอปเปิ้ลพาย [kha nom ap poen phai]; **pie chart** *n* ภาพแสดงสถิติรูปพาย [phap sa daeng sa thi ti rup phai]
piece [piːs] *n* ชิ้นส่วน [chin suan]
pier [pɪə] *n* สะพานที่ยื่นออกไปในน้ำ [sa phan thii yuen ok pai nai nam]
pierce [pɪəs] *v* เจาะ [cho]
pierced [pɪəst] *adj* ที่ถูกเจาะ [thii thuk jo]
piercing ['pɪəsɪŋ] *n* การเจาะ [kan jo]
pig [pɪg] *n* หมู [mu]; **guinea pig** *n (for experiment)* หนูตะเภาสำหรับทดลอง [nu ta phao sam rap thot long], *(rodent)* หนูตะเภา [nu ta phao]
pigeon ['pɪdʒɪn] *n* นกพิราบ [nok phi rap]
piggybank ['pɪgɪ,bæŋk] *n* กระปุกใส่สตางค์ที่เป็นรูปหมู [kra puk sai sa tang thii pen rup mu]
pigtail ['pɪg,teɪl] *n* หางเปีย [hang pia]
pile [paɪl] *n* กอง [kong]
piles [paɪlz] *npl* โรคริดสีดวงทวาร [rok rit sii duang tha wan]
pile-up [paɪlʌp] *n* กองขึ้นมา [kong

khuen ma]
pilgrim ['pɪlgrɪm] *n* ผู้ที่เดินทางไปสถานที่ศักดิ์สิทธิ์ [phu thii doen thang pai sa than thii sak sit]
pilgrimage ['pɪlgrɪmɪdʒ] *n* การเดินทางเพื่อไปแสวงบุญ [kan doen thang phue pai sa waeng bun]
pill [pɪl] *n* ยา [ya]; **sleeping pill** *n* ยานอนหลับ [ya non lap]; **I'm not on the pill** ฉันไม่รับยานี้ [chan mai rap ya nii]; **I'm on the pill** ฉันกำลังรับยานี้ [chan kam lang rap ya nii]
pillar ['pɪlə] *n* เสาหลัก [sao lak]
pillow ['pɪləʊ] *n* หมอน [mon]; **Please bring me an extra pillow** ช่วยเอาหมอนมาให้ฉันอีกหนึ่งใบ [chuai ao mon ma hai chan ik nueng bai]
pillowcase ['pɪləʊˌkeɪs] *n* ปลอกหมอน [plok mon]
pilot ['paɪlət] *n* นักบิน [nak bin]; **pilot light** *n* เปลวไฟที่จุดเตาแก๊ซ [pheo fai thii chut tao kaes]
pimple ['pɪmpᵊl] *n* สิว [sio]
pin [pɪn] *n* เข็มหมุด [khem mut]; **drawing pin** *n* เข็มหมุด [khem mut]; **rolling pin** *n* ไม้นวดแป้ง [mai nuat paeng]; **safety pin** *n* เข็มกลัด [khem klat]
PIN [pɪn] *npl* เลขรหัสลับส่วนตัว [lek ra hat lap suan tua]
pinafore ['pɪnəˌfɔː] *n* ผ้ากันน้ำลายของเด็ก [pha kan nam lai khong dek]
pinch [pɪntʃ] *v* หยิก [yik]
pine [paɪn] *n* ต้นสน [ton son]
pineapple ['paɪnˌæpᵊl] *n* สับปะรด [sap pa rot]
pink [pɪŋk] *adj* ซึ่งมีสีชมพู [sueng mii sii chom phu]
pint [paɪnt] *n* หน่วยวัดความจุของเหลวที่มีค่าเท่ากับครึ่งควอร์ต [hnuai wat khwam chu khong hleo thii mee kha thao kab khrueng kvot]
pip [pɪp] *n* เมล็ดในของผลไม้ [ma let nai khong phon la mai]
pipe [paɪp] *n* ท่อ [tho]; **exhaust pipe** *n* ท่อไอเสีย [tho ai sia]
pipeline ['paɪpˌlaɪn] *n* ท่อยาวส่งผ่านน้ำมัน น้ำหรือแก๊ซ [tho yao song phan nam man nam hue kaes]
pirate ['paɪrɪt] *n* โจรสลัด [chon sa lat]
Pisces ['paɪsiːz; 'pɪ-] *n* ราศีมีน [ra si miin]
pistol ['pɪstᵊl] *n* ปืน [puen]
piston ['pɪstən] *n* ลูกสูบ [luk sup]
pitch [pɪtʃ] *n (sound)* ระดับเสียง [ra dap siang], *(sport)* สนามเด็กเล่น [sa nam dek len] ▷ *v* ขว้าง [khwang]
pity ['pɪtɪ] *n* ความสงสาร [khwam song san] ▷ *v* สงสาร [song san]
pixel ['pɪksᵊl] *n* จุดที่เล็กที่สุดที่รวมกันเป็นภาพ [chut thii lek thii sut thii ruam kan pen phap]
pizza ['piːtsə] *n* พิซซ่า [phit sa]
place [pleɪs] *n* สถานที่ [sa than thi] ▷ *v* วางไว้ในตำแหน่ง [wang wai nai tam naeng]; **place of birth** *n* สถานที่เกิด [sa than thii koet]
placement ['pleɪsmənt] *n* ตำแหน่ง [tam naeng]
plain [pleɪn] *adj* ราบเรียบ [rap riap] ▷ *n* ที่ราบ [thii rap]; **plain chocolate** *n* ช็อกโกแลตที่รสค่อนข้างขมและมีสีดำ [chok ko laet thii rot khon khang khom lae mii sii dam]
plait [plæt] *n* รอยจีบ [roi chip]
plan [plæn] *n* แผนการ [phaen kan] ▷ *v* วางแผน [wang phen]; **street plan** *n* แผนที่ถนน [phaen thii tha non]
plane [pleɪn] *n (aeroplane)* เครื่องบิน [khrueang bin], *(surface)* พื้นราบ [phuen rap], *(tool)* กบไสไม้ [kop sai mai]; **My plane leaves at...** เครื่องบินฉันออกจาก... [khrueang bin chan ok chak...]
planet ['plænɪt] *n* ดาวเคราะห์เก้าดวง [dao khrao kao duang]

planning [plænɪŋ] *n* การวางแผน [kan wang phaen]
plant [plɑ:nt] *n* พืช [phuet], *(site/equipment)* โรงงาน [rong ngan] ▷ *v* ปลูก [pluk]; **plant pot** *n* กระถางต้นไม้ [kra thang ton mai]; **pot plant** *n* ต้นไม้ที่ปลูกในกระถาง [ton mai thii pluk nai kra thang]; **We'd like to see local plants and trees** เราอยากเห็นพืชของท้องถิ่น [rao yak hen phuet khong thong thin]
plaque [plæk; plɑ:k] *n* แผ่นเหล็กหรือหินสลัก [phaen lek rue hin sa lak]
plaster ['plɑ:stə] *n (for wall)* ปูนฉาบผนัง [pun chap pha nang], *(for wound)* พลาสเตอร์ปิดแผล [phlas toe pit phlae]
plastic ['plæstɪk; 'plɑ:s-] *adj* ซึ่งทำด้วยพลาสติก [sueng tham duai phlat sa tik] ▷ *n* วัตถุพลาสติก [wat thu phlas tik]; **plastic bag** *n* ถุงพลาสติก [thung phas tik]; **plastic surgery** *n* ศัลยกรรมตกแต่ง [san la ya kam tok taeng]
plate [pleɪt] *n* จาน [chan]; **number plate** *n* ป้ายทะเบียนรถ [pai tha bian rot]
platform ['plætfɔ:m] *n* เวทีที่ยกพื้น [we thi thii yok phuen]
platinum ['plætɪnəm] *n* ทองคำขาว [thong kham khao]
play [pleɪ] *n* การแสดง [kan sa daeng] ▷ *v (in sport)* เล่น [len], *(music)* เล่นดนตรี [len don trii]; **play truant** *v* หนีโรงเรียน [nii rong rian]; **playing card** *n* การเล่นไพ่ [kan len pai]; **playing field** *n* สนามกีฬา [sa nam ki la]; **Can I play video games?** ฉันเล่นวีดีโอเกมส์ได้ไหม? [chan len wi di o kem dai mai]; **We'd like to play tennis** เราอยากเล่นเทนนิส [rao yak len then nis]
player ['pleɪə] *n (instrumentalist)* นักดนตรี [nak don tri], *(of sport)* นักกีฬา [nak ki la]; **CD player** *n* เครื่องเล่นซีดี [khrueang len si di]; **MP3 player** *n* เครื่องฟังดนตรีเอ็มพี ๓ [khrueang fang don trii em phi sam]; **MP4 player** *n* เครื่องฟังดนตรีเอ็มพี ๔ [khrueang fang don trii em phi si]
playful ['pleɪfʊl] *adj* ชอบเล่นสนุกสนาน [chop len sa nuk sa nan]
playground ['pleɪ,graʊnd] *n* สนามเด็กเล่น [sa nam dek len]
playgroup ['pleɪ,gru:p] *n* กลุ่มเล่นของเด็ก [klum len khong dek]
PlayStation® ['pleɪ,steɪʃən] *n* เกมส์คอมพิวเตอร์ [kem khom phio toe]
playtime ['pleɪ,taɪm] *n* เวลาเล่น [we la len]
playwright ['pleɪ,raɪt] *n* ผู้เขียนบทละคร [phu khian bot la khon]
pleasant ['plɛzᵊnt] *adj* น่าพอใจ [na phor jai]
please [pli:z] *excl* กรุณา [ka ru na]; **I'd like to check in, please** ฉันต้องการเช็คอิน [chan tong kan chek in]
pleased [pli:zd] *adj* พอใจ [pho chai]
pleasure ['plɛʒə] *n* ความปีติยินดี [khwam pi ti yin dii]
plenty ['plɛntɪ] *n* จำนวนมากมาย [cham nuan mak mai]
pliers ['plaɪəz] *npl* คีม [khim]
plot [plɒt] *n (piece of land)* ที่ดิน [thi din], *(secret plan)* วางแผน [wang phen] ▷ *v (conspire)* วางแผน [wang phen]
plough [plaʊ] *n* การไถ [kan thai] ▷ *v* ไถ [thai]
plug [plʌg] *n* สิ่งที่ใช้อุดรู [sing thii chai ut ru], ปลั๊กไฟ [plak fai]; **spark plug** *n* หัวเทียนไฟเครื่องยนต์ [hua thian fai khrueang yon]
plughole ['plʌg,həʊl] *n* รูที่ให้น้ำไหลออก [ru thii hai nam lai ok]
plug in [plʌg ɪn] *v* เสียบปลั๊ก [siap pluk]
plum [plʌm] *n* ลูกพลัม [luk phlam]
plumber ['plʌmə] *n* ช่างประปา [chang pra pa]
plumbing ['plʌmɪŋ] *n* ท่อประปา [tho pra pa]
plump [plʌmp] *adj* เจ้าเนื้อ [chao nuea]
plunge [plʌndʒ] *v* พุ่งไปอย่างรวดเร็ว [phung pai yang ruat reo]

plural ['plʊərəl] *n* พหูพจน์ [pha hu phot]
plus [plʌs] *prep* เพิ่มอีก [perm ik]
plywood ['plaɪˌwʊd] *n* ไม้อัด [mai at]
p.m. [piː ɛm] *abbr* ตัวย่อของเวลาตั้งแต่หลังเที่ยงวันถึงเที่ยงคืน [tua yor khong we la tang tae hlang thiang wan thueng thiang khuen]
pneumonia [njuːˈməʊnɪə] *n* โรคปอดบวม [rok pot buam]
poached [pəʊtʃt] *adj (caught illegally)* รุกล้ำ [ruk lam], *(simmered gently)* เคี่ยวอาหาร [khiao a han]
pocket ['pɒkɪt] *n* กระเป๋า [kra pao]; **pocket calculator** *n* เครื่องคิดเลขฉบับกระเป๋า [khrueang kit lek cha bap kra pao]; **pocket money** *n* เงินติดกระเป๋า [ngoen tit kra pao]
podcast ['pɒdˌkɑːst] *n* การส่งกระจายเสียงทางอินเตอร์เน็ต [kan song kra jai siang thang in toe net]
poem ['pəʊɪm] *n* บทกวี [bot ka wi]
poet ['pəʊɪt] *n* กวี [ka wi]
poetry ['pəʊɪtrɪ] *n* บทกวี [bot ka wi]
point [pɔɪnt] *n* ความคิดเห็น [khwam kit hen] ▷ *v* ชี้ [chi]
pointless ['pɔɪntlɪs] *adj* ไร้จุดหมาย [rai chut mai]
point out [pɔɪnt aʊt] *v* มุ่งไปที่ [mung pai thii]
poison ['pɔɪzᵊn] *n* ยาพิษ [ya phit] ▷ *v* วางยาพิษ [wang ya phit]
poisonous ['pɔɪzənəs] *adj* ซึ่งเป็นพิษ [sueng pen phit]
poke [pəʊk] *v* แหย่ด้วยข้อศอกหรือนิ้ว [yae duai kho sok rue nio]
Poland ['pəʊlənd] *n* ประเทศโปแลนด์ [pra tet po laen]
polar ['pəʊlə] *adj* เกี่ยวกับขั้วโลก [kiao kap khua lok]; **polar bear** *n* หมีขั้วโลก [mii khua lok]
pole [pəʊl] *n* ไม้หรือโลหะหรือวัสดุอื่นที่กลมยาว [mai hue lo ha hue wat sa du aue thii klom yao], ขั้วโลก [khua lok]; **North Pole** *n* ขั้วโลกเหนือ [khua lok nuea]; **pole vault** *n* กีฬากระโดดค้ำถ่อ [ki la kra dot kham tho]; **South Pole** *n* ขั้วโลกใต้ [khua lok tai]
Pole [pəʊl] *n* ชาวโปแลนด์ [chao po laen]
police [pəˈliːs] *n* ตำรวจ [tam ruat]; **Call the police** เรียกตำรวจ [riak tam ruat]; **I need a police report for my insurance** ฉันจำเป็นต้องมีรายงานของตำรวจสำหรับการประกัน [chan cham pen tong mii rai ngan khong tam ruat sam rap kan pra kan]; **We will have to report it to the police** เราต้องแจ้งกับตำรวจ [rao tong chaeng kap tam ruat]
policeman, policemen [pəˈliːsmən, pəˈliːsmɛn] *n* ตำรวจชาย [tam ruat chai]
policewoman, policewomen [pəˈliːswʊmən, pəˈliːswɪmɪn] *n* ตำรวจหญิง [tam ruat ying]
policy ['pɒlɪsɪ] *n* **insurance policy** *n* กรมธรรม์ประกัน [krom ma than pra kan]
polio ['pəʊlɪəʊ] *n* โรคโปลิโอ [rok po li o]
polish ['pɒlɪʃ] *n* การขัดให้ขึ้นเงา [kan khat hai khuen ngao] ▷ *v* ขัดให้ขึ้นเงา [khat hai khuen ngao]; **nail polish** *n* น้ำยาทาเล็บ [nam ya tha lep]; **shoe polish** *n* ยาขัดรองเท้า [ya khat rong thao]
Polish ['pəʊlɪʃ] *adj* ที่เกี่ยวกับโปแลนด์ [thii kiao kap po laen] ▷ *n* ชาวโปแลนด์ [chao po laen]
polite [pəˈlaɪt] *adj* สุภาพ [su phap]
politely [pəˈlaɪtlɪ] *adv* อย่างสุภาพ [yang su phap]
politeness [pəˈlaɪtnɪs] *n* ความสุภาพอ่อนโยน [khwam su phap on yon]
political [pəˈlɪtɪkᵊl] *adj* ที่เกี่ยวกับพรรคการเมืองหรือรัฐบาล [thii kiao kap phak kan mueang rue rat tha ban]
politician [ˌpɒlɪˈtɪʃən] *n* นักการเมือง [nak kan mueang]
politics ['pɒlɪtɪks] *npl* หลักการและข้อคิดเห็นทางการเมือง [lak kan lae kho kit hen

thang kan mueang]

poll [pəʊl] *n* การสำรวจความคิดเห็นจากคนส่วนมาก [kan sam ruat khwam kit hen chak kon suan mak]; **opinion poll** *n* การสำรวจความคิดเห็น [kan sam ruat khwam kit hen]

pollen ['pɒlən] *n* ละอองเกสรดอกไม้ [la ong ke son dok mai]

pollute [pə'lu:t] *v* ทำให้เป็นมลพิษ [tham hai pen mon la phit]

polluted [pə'lu:tɪd] *adj* ที่เป็นมลพิษ [thii pen mon la phit]

pollution [pə'lu:ʃən] *n* การทำให้เป็นมลพิษ [kan tham hai pen mon la phit]

Polynesia [,pɒlɪ'ni:ʒə; -ʒɪə] *n* หมู่เกาะในมหาสมุทรแปซิฟิกได้แก่ ฮาวาย ซามัวร์และหมู่เกาะคุก [mu kao nai ma ha sa mut pae si fik dai kae ha wai sa mua lae mu kao khuk]

Polynesian [,pɒlɪ'ni:ʒən; -ʒɪən] *adj* เกี่ยวกับหมู่เกาะในมหาสมุทรแปซิฟิกใต้ [kiao kap mu ko nai ma ha sa mut pae si fik tai] ▷ *n (language)* ภาษาของหมู่เกาะในมหาสมุทรแปซิฟิกใต้ [pha sa khong mu kao nai ma ha sa mut pae si fik tai], *(person)* ชาวหมู่เกาะในมหาสมุทรแปซิฟิกใต้ [chao mu kao nai ma ha sa mut pae si fik tai]

pomegranate ['pɒmɪ,grænɪt; 'pɒm,grænɪt] *n* ผลทับทิม [phon thap thim]

pond [pɒnd] *n* สระน้ำ [sa nam]

pony ['pəʊnɪ] *n* ม้าพันธุ์เล็ก [ma phan lek]; **pony trekking** *n* การขี่ม้าขึ้นไปในระยะทางชันและลำบาก [kan khi ma khuen pai nai ra ya thang chan lae lam bak]

ponytail ['pəʊnɪ,teɪl] *n* ทรงผมหางม้าของเด็กผู้หญิง [song phom hang ma khong dek phu ying]

poodle ['pu:dᵊl] *n* สุนัขพันธุ์พุดเดิ้ล [su nak phan put doen]

pool [pu:l] *n (resources)* เงินกองกลาง [ngen kong klang], *(water)* สระน้ำ [sa nam]; **paddling pool** *n* สระน้ำตื้น ๆ สำหรับเด็กเล็ก [sa nam tuen tuen sam rap dek lek]; **swimming pool** *n* สระว่ายน้ำ [sa wai nam]

poor [pʊə; pɔ:] *adj* ยากจน [yak chon]

poorly ['pʊəlɪ; 'pɔ:-] *adj* ไม่ค่อยสบาย [mai khoi sa bai]

popcorn ['pɒp,kɔ:n] *n* ข้าวโพดคั่ว [khao phot khua]

pope [pəʊp] *n* พระสันตปาปาหัวหน้าบิชอปและผู้นำของนิกายโรมันคาทอลิค [phra san ta pa pa hua na bis chop lae phu nam khong ni kai ro man kha tho lik]

poplar ['pɒplə] *n* ต้นพอปลา [ton phop la]

poppy ['pɒpɪ] *n* ดอกป๊อปปี้ [dok pop pi]

popular ['pɒpjʊlə] *adj* เป็นที่นิยม [pen thii ni yom]

popularity ['pɒpjʊlærɪtɪ] *n* ความนิยม [khwam ni yom]

population [,pɒpjʊ'leɪʃən] *n* ประชากร [pra cha kon]

pop-up [pɒpʌp] *n* ซึ่งโผล่อย่างฉับพลัน [sueng phlo yang chap phlan]

porch [pɔ:tʃ] *n* ชานบ้าน [chaan baan]

pork [pɔ:k] *n* สุกร [su kon]; **pork chop** *n* เนื้อหมูที่ติดกระดูก [nuea mu thii tit kra duk]

porn [pɔ:n] *n* ตัวย่อของหนังสือ ภาพ เรื่องเขียน หนังและศิลปะที่ลามก [tua yo khong nang sue phap rueang khian nang lae sin la pa thii la mok]

pornographic [pɔ:'nɒgræfɪk] *adj* ที่ลามก [thii la mok]

pornography [pɔ:'nɒgrəfɪ] *n* หนังสือ ภาพ เรื่องเขียน หนังและศิลปะที่ลามก [nang sue phap rueang khian nang lae sin la pa thii la mok]

porridge ['pɒrɪdʒ] *n* อาหารเช้าที่ทำจากข้าวโอ๊ตที่ใส่น้ำหรือนม [a han chao thii tham chak khao ot thii sai nam rue nom]

port [pɔ:t] *n (ships)* ท่าเรือ [tha rue], *(wine)* เหล้าองุ่นแดง [lao a ngun daeng]

portable ['pɔːtəbᵊl] *adj* หิ้วได้ [hio dai]
porter ['pɔːtə] *n* พนักงานยกกระเป๋า [pha nak ngan yok kra pao]
portfolio [pɔːt'fəʊlɪəʊ] *n* กระเป๋าใส่เอกสาร [kra pao sai aek san]
portion ['pɔːʃən] *n* ส่วนแบ่ง [suan baeng]
portrait ['pɔːtrɪt; -treɪt] *n* รูปวาดของคน [rup wat khong khon]
Portugal ['pɔːtjʊgᵊl] *n* ประเทศโปรตุเกส [pra tet pro tu ket]
Portuguese [,pɔːtjʊ'giːz] *adj* เกี่ยวกับชาวโปรตุเกส [kiao kap chao pro tu ket] ▷ *n (language)* ภาษาโปรตุเกส [pha sa pro tu ked], *(person)* ชาวโปรตุเกส [chao pro tu ket]
position [pə'zɪʃən] *n* ตำแหน่ง [tam naeng]
positive ['pɒzɪtɪv] *adj* ซึ่งมองในแง่ดี [sueng mong nai ngae di]
possess [pə'zɛs] *v* เป็นเจ้าของ [pen chao khong]
possession [pə'zɛʃən] *n* ความเป็นเจ้าของ [khwam pen chao khong]
possibility [,pɒsɪ'bɪlɪtɪ] *n* ความเป็นไปได้ [khwam pen pai dai]
possible ['pɒsɪbᵊl] *adj* ซึ่งเป็นไปได้ [sueng pen pai dai]
possibly ['pɒsɪblɪ] *adv* อาจจะ [at cha]
post [pəʊst] *n (mail)* จดหมาย [chot mai], *(position)* ตำแหน่ง [tam naeng], *(stake)* เสาหลัก [sao lak] ▷ *v* ส่งจดหมาย [song chod mai]; **post office** *n* ไปรษณีย์ [prai sa ni]
postage ['pəʊstɪdʒ] *n* ค่าส่งของทางไปรษณีย์ [kha song khong thang pai ra sa ni]
postbox ['pəʊst,bɒks] *n* ตู้ไปรษณีย์ [tu pai ra sa ni]
postcard ['pəʊst,kɑːd] *n* ไปรษณียบัตร [prai sa ni ya bat]
postcode ['pəʊst,kəʊd] *n* รหัสไปรษณีย์ [ra hat prai sa ni]
poster ['pəʊstə] *n* ป้ายโฆษณา [pai khot sa na]
postgraduate [pəʊst'grædjʊɪt] *n* นักศึกษาที่เรียนต่อจากปริญญาตรี [nak suek sa thii rian to chak pa rin ya tree]
postman, postmen ['pəʊstmən, 'pəʊstmɛn] *n* บุรุษไปรษณีย์ [bu rud pai ra sa ni]
postmark ['pəʊst,mɑːk] *n* ตราประทับบนไปรษณียภัณฑ์ [tra pra thap bon prai sa ni phan]
postpone [pəʊst'pəʊn; pə'spəʊn] *v* เลื่อนออกไป [luean ok pai]
postwoman, postwomen ['pəʊstwʊmən, 'pəʊstwɪmɪn] *n* ไปรษณีย์หญิง [prai sa ni ying]
pot [pɒt] *n* หม้อ [mo]; **plant pot** *n* กระถางต้นไม้ [kra thang ton mai]; **pot plant** *n* ต้นไม้ที่ปลูกในกระถาง [ton mai thii pluk nai kra thang]
potato, potatoes [pə'teɪtəʊ, pə'teɪtəʊz] *n* มันฝรั่ง [man fa rang]; **baked potato** *n* มันอบ [man op]; **jacket potato** *n* มันฝรั่งอบทั้งลูก [man fa rang op thang luk]; **mashed potatoes** *npl* มันบด [man bot]
potential [pə'tɛnʃəl] *adj* ที่อาจเกิดขึ้นได้ [thii at koed khuen dai] ▷ *n* ความเป็นไปได้ [khwam pen pai dai]
pothole ['pɒt,həʊl] *n* หลุมบ่อ [lum bo]
pottery ['pɒtərɪ] *n* เครื่องปั้นดินเผา [khrueang pan din phao]
potty ['pɒtɪ] *n* กระโถนสำหรับเด็กเล็ก [kra thon sam rap dek lek]
pound [paʊnd] *n* เงินปอนด์ [ngoen pon]; **pound sterling** *n* หน่วยเงินตราของสหราชอาณาจักรอังกฤษ [nuai ngoen tra khong sa ha rat cha a na chak ang krit]
pour [pɔː] *v* เท [the]
poverty ['pɒvətɪ] *n* ความยากจน [khwam yak chon]
powder ['paʊdə] *n* ผง [phong]; **baking powder** *n* ผงฟู [phong fu]; **soap powder** *n* ผงสบู่ [phong sa bu]; **talcum powder** *n* แป้งฝุ่น [paeng fun]; **Do you**

have washing powder? คุณมีผงซักฟอกไหม? [khun mii phong sak fok mai]
power ['paʊə] *n* อำนาจ [am nat]; **power cut** *n* การตัดไฟชั่วคราว [kan tat fai chua khrao]; **solar power** *n* พลังงานแสงอาทิตย [pha lang ngan saeng a thit]
powerful ['paʊəfʊl] *adj* ที่มีอิทธิพล [thii mii it ti pon]
practical ['præktɪkᵊl] *adj* เหมาะสมที่จะปฏิบัติ [mo som thii ja pa ti bat]
practically ['præktɪkəlɪ; -klɪ] *adv* อย่างเหมาะสมที่จะปฏิบัติ [yang hmo som thii ja pa ti bat]
practice ['præktɪs] *n* การฝึกซ้อมที่ทำเป็นประจำ [kan fuek som thii tham pen pra cham]
practise ['præktɪs] *v* ฝึกซ้อม [fuek som]
praise [preɪz] *v* การสรรเสริญ [kan san sen]
pram [præm] *n* รถเข็นเด็ก [rot khen dek]
prank [præŋk] *n* การเล่นตลก [kan len ta lok]
prawn [prɔːn] *n* กุ้ง [kung]
pray [preɪ] *v* สวดมนต์ [suat mon]
prayer [prɛə] *n* ผู้สวดมนต์ [phu suat mon]
precaution [prɪ'kɔːʃən] *n* การระมัดระวังไว้ก่อน [kan ra mat ra wang wai kon]
preceding [prɪ'siːdɪŋ] *adj* เป็นอันดับแรก [pen an dap raek]
precinct ['priːsɪŋkt] *n* เขต [khet]; **pedestrian precinct** *n* บริเวณที่คนข้าม [bo ri wen thii khon kham]
precious ['prɛʃəs] *adj* ล้ำค่า [lam kha]
precise [prɪ'saɪs] *adj* แม่นยำ [maen yam]
precisely [prɪ'saɪslɪ] *adv* อย่างแม่นยำ [yang maen yam]
predecessor ['priːdɪˌsɛsə] *n* คนที่อยู่มาก่อน [kon thii yu ma kon]
predict [prɪ'dɪkt] *v* ทำนาย [tham nai]
predictable [prɪ'dɪktəbᵊl] *adj* พอที่จะทำนายได้ [pho thii ja tham nai dai]
prefect ['priːfɛkt] *n* นักเรียนที่ดูแลควบคุมนักเรียนที่เด็กกว่า [nak rian thii du lae khuab khum nak rian thii dek kwa]
prefer [prɪ'fɜː] *v* ชอบมากกว่า [chop mak kwa]
preferably ['prɛfərəblɪ; 'prɛfrəblɪ] *adv* ที่ชอบมากกว่า [thii chop mak kwa]
preference ['prɛfərəns; 'prɛfrəns] *n* การชอบมากกว่า [kan chop mak kwa]
pregnancy ['prɛgnənsɪ] *n* การตั้งท้อง [kan tang thong]
pregnant ['prɛgnənt] *adj* ตั้งครรภ์ [tang khan]
prehistoric [ˌpriːhɪ'stɒrɪk] *adj* ก่อนประวัติศาสตร์ [kon pra wat ti sat]
prejudice ['prɛdʒʊdɪs] *n* อคติ [a kha ti]
prejudiced ['prɛdʒʊdɪst] *adj* มีอคติ [mii a kha ti]
premature [ˌprɛmə'tjʊə; 'prɛməˌtjʊə] *adj* ยังไม่โตเต็มที่ [yang mai to tem thii]
premiere ['prɛmɪˌɛə; 'prɛmɪə] *n* อันดับหนึ่ง [an dab hueng]
premises ['prɛmɪsɪz] *npl* ที่ดินและสิ่งปลูกสร้าง [thii din lae sing pluk sang]
premonition [ˌprɛmə'nɪʃən] *n* การเตือนล่วงหน้า [kan tuean luang na]
preoccupied [priː'ɒkjʊˌpaɪd] *adj* ใจจดใจจ่อ [chai chot chai cho]
prepaid [priː'peɪd] *adj* จ่ายล่วงหน้า [chai luang na]
preparation [ˌprɛpə'reɪʃən] *n* การตระเตรียม [kan tra triam]
prepare [prɪ'pɛə] *v* เตรียม [triam]; **Please prepare the bill** ช่วยเตรียมบิลให้ด้วย [chuai triam bin hai duai]
prepared [prɪ'pɛəd] *adj* ที่เตรียมไว้ [thii triam wai]
Presbyterian [ˌprɛzbɪ'tɪərɪən] *adj* เกี่ยวกับนิกายหนึ่งของโปรแตสแตนต์ [kiao kap ni kai nueng khong pro tes taen] ▷ *n* สมาชิกของนิกายหนึ่งในศาสนาคริสต์ [sa ma chik khong ni kai nueng nai sat sa na kris]

prescribe [prɪ'skraɪb] *v* สั่งจ่ายยา [sang chai ya]
prescription [prɪ'skrɪpʃən] *n* ใบสั่งจ่ายยา [bai sang chai ya]
presence ['prɛzəns] *n* การอยู่ในสถานที่หนึ่ง [kan yu nai sa than thii hueng]
present *adj* ['prɛznt] ที่เกิดในปัจจุบัน [thii koed nai pad chu ban] ▷ *n* ['prɛznt] *(gift)* ของขวัญ [khong khwan], *(time being)* ณ ที่นี้ [na thi ni] ▷ *v* [prɪ'zɛnt] แนะนำให้รู้จัก [nae nam hai ru chak]; **I'm looking for a present for my husband** ฉันกำลังหาของขวัญสักชิ้นหนึ่งให้สามี [chan kam lang ha khong khwan sak chin nueng hai sa mii]
presentation [,prɛzən'teɪʃən] *n* การเสนอ [kan sa noe]
presenter [prɪ'zɛntə] *n* ผู้นำเสนอ [phu nam sa noe]
presently ['prɛzəntlɪ] *adv* ในไม่ช้า [nai mai cha]
preservative [prɪ'zɜːvətɪv] *n* สารกันบูด [san khan but]
president ['prɛzɪdənt] *n* ประธานาธิบดี [pra tha na thi bo di]
press [prɛs] *n* เครื่องบีบอัด [khrueang bip at] ▷ *v* กด [kot]; **press conference** *n* การแถลงข่าว [kan tha laeng khao]
press-up [prɛsʌp] *n* การวิดพื้น [kan wit phuen]
pressure ['prɛʃə] *n* ความกดดัน [khwam kot dan] ▷ *v* กดดันให้ทำ [kot dan hai tham]; **blood pressure** *n* ความดันโลหิต [khwam dan lo hit]
prestige [prɛ'stiːʒ] *n* ความเคารพนบนอบที่เป็นผลมาจากความสำเร็จ [khwam khao rop nop nop thii pen phon ma chak khwam sam ret]
prestigious [prɛ'stɪdʒəs] *adj* ซึ่งเป็นที่เคารพนับถือ [sueng pen thii khao rop nap thue]
presumably [prɪ'zjuːməblɪ] *adv* ที่น่าเป็นไปได้ [thii na pen pai dai]
presume [prɪ'zjuːm] *v* สันนิษฐาน [san ni than]
pretend [prɪ'tɛnd] *v* แกล้ง [klaeng]
pretext ['priːtɛkst] *n* ข้ออ้าง [kho ang]
prettily ['prɪtɪlɪ] *adv* อย่างสวยงาม [yang suai ngam]
pretty ['prɪtɪ] *adj* สวย [suai] ▷ *adv* พอใช้ได้ [pho chai dai]
prevent [prɪ'vɛnt] *v* ป้องกัน [pong kan]
prevention [prɪ'vɛnʃən] *n* การป้องกัน [kan pong kan]
previous ['priːvɪəs] *adj* เมื่อก่อน [muea kon]
previously ['priːvɪəslɪ] *adv* แต่ก่อน [tae kon]
prey [preɪ] *n* เหยื่อ [yuea]
price [praɪs] *n* ราคา [ra kha]; **price list** *n* รายการราคา [rai kan ra kha]; **Do you have a set-price menu?** คุณมีรายการอาหารที่ตั้งราคาเป็นชุดไหม? [khun mii rai kan a han thii tang ra kha pen chut mai]; **Does the price include boots?** ราคานี้รวมรองเท้าบู๊ทไหม? [ra kha nii ruam rong thao but mai]; **Please write down the price** คุณช่วยเขียนราคาให้ด้วย [khun chuai khian ra kha hai duai]
prick [prɪk] *v* เจาะ [cho]
pride [praɪd] *n* ความภาคภูมิใจ [khwam phak phum jai]
priest [priːst] *n* พระ [phra]
primarily ['praɪmərəlɪ] *adv* อย่างที่เป็นพื้นฐาน [yang thii pen phuen tan]
primary ['praɪmərɪ] *adj* ที่สำคัญที่สุด [thii sam khan thiisud]; **primary school** *n* โรงเรียนชั้นประถม [rong rian chan pra thom]
primitive ['prɪmɪtɪv] *adj* แบบดั้งเดิม [baep dang doem]
primrose ['prɪm,rəʊz] *n* ต้นไม้ป่าที่มีดอกสีเหลือง [ton mai pa thii mee dok see hluea]
prince [prɪns] *n* เจ้าชาย [chao chai]
princess [prɪn'sɛs] *n* เจ้าหญิง [chao

ying]
principal ['prɪnsɪpᵊl] *adj* ที่เป็นหลักปฏิบัติ [thii pen lak pa ti bat] ▷ *n* สำคัญมากกว่าอย่างอื่น [sam khan mak kwa yang aue]
principle ['prɪnsɪpᵊl] *n* หลักปฏิบัติ [lak pa ti bat]
print [prɪnt] *n* สิ่งพิมพ์ [sing phim] ▷ *v* พิมพ์ [phim]
printer ['prɪntə] *n (machine)* เครื่องพิมพ์ [khrueang phim], *(person)* ผู้พิมพ์ [phu phim]; **Is there a colour printer?** มีเครื่องพิมพ์สีไหม? [mii khrueang phim sii mai]
printing ['prɪntɪŋ] *n* **How much is printing?** ค่าพิมพ์ราคาเท่าไร? [kha phim ra kha thao rai]
printout ['prɪntaʊt] *n* ข้อมูลที่พิมพ์ออกจากเครื่องคอมพิวเตอร์ [kho mun thii phim ok chak khrueang khom pio toe]
priority [praɪ'ɒrɪtɪ] *n* สิ่งสำคัญที่สุดที่ต้องจัดการก่อน [sing sam kan thii sud thii tong chad kan kon]
prison ['prɪzᵊn] *n* เรือนจำ [ruan cham]; **prison officer** *n* เจ้าหน้าที่เรือนจำ [chao na thii ruean cham]
prisoner ['prɪzənə] *n* ผู้ถูกขัง [phu thuk khang]
privacy ['praɪvəsɪ; 'prɪvəsɪ] *n* ความเป็นส่วนตัว [khwam pen suan tua]
private ['praɪvɪt] *adj* ที่เป็นส่วนตัว [thii pen suan tua]; **private property** *n* ทรัพย์สมบัติส่วนตัว [sap som bat suan tua]
privatize ['praɪvɪ,taɪz] *v* แปรรูปหน่วยราชการและรัฐวิสาหกิจให้เป็นเอกชน [prae rup nuai rat cha kan lae rat wi sa ha kit hai pen ek ka chon]
privilege ['prɪvɪlɪdʒ] *n* อภิสิทธิ์ [a phi sit]
prize [praɪz] *n* รางวัล [rang wan]
prize-giving ['praɪz,gɪvɪŋ] *n* การให้รางวัล [kan hai rang wan]
prizewinner ['praɪz,wɪnə] *n* ผู้ชนะรางวัล [phu cha na rang wan]
probability [,prɒbə'bɪlɪtɪ] *n* ความน่าจะเป็นไปได้ [khwam na ja pen pai dai]
probable ['prɒbəbᵊl] *adj* ที่น่าจะเป็นไปได้ [thii na ja pen pai dai]
probably ['prɒbəblɪ] *adv* อย่างน่าจะเป็นไปได้ [yang na ja pen pai dai]
problem ['prɒbləm] *n* ปัญหา [pan ha]; **No problem** ไม่มีปัญหา [mai mii pan ha]; **There's a problem with the room** ห้องนี้มีปัญหา [hong nii mii pan ha]; **Who do we contact if there are problems?** เราจะต้องติดต่อใครถ้าเกิดปัญหา? [rao ja tong tit to khrai tha koet pan ha]
proceedings [prə'siːdɪŋz] *npl* การดำเนินการ [kan dam noen kan]
proceeds ['prəʊsiːdz] *npl* รายได้ [rai dai]
process ['prəʊsɛs] *n* การพัฒนาต่อเนื่อง [kan phat ta na to nueang]
procession [prə'sɛʃən] *n* ขบวนที่เคลื่อนที่ไป [kha buan thii khluean thii pai]
produce [prə'djuːs] *v* ผลิต [pha lit]
producer [prə'djuːsə] *n* ผู้ผลิต [phu pha lit]
product ['prɒdʌkt] *n* ผลผลิต [phon pha lit]
production [prə'dʌkʃən] *n* การผลิต [kan pha lit]
productivity [,prɒdʌk'tɪvɪtɪ] *n* ความสามารถในการผลิต [khwam sa mat nai kan pha lit]
profession [prə'fɛʃən] *n* อาชีพ [a chip]
professional [prə'fɛʃənᵊl] *adj* เกี่ยวกับอาชีพ [kiao kap a chip] ▷ *n* ผู้เชี่ยวชาญในวิชาชีพ [phu chiao chan nai wi cha chip]
professionally [prə'fɛʃənəlɪ] *adv* อย่างมืออาชีพ [yang mue a chip]
professor [prə'fɛsə] *n* ศาสตราจารย์ [sat tra chan]
profit ['prɒfɪt] *n* ผลกำไร [phon kam rai]
profitable ['prɒfɪtəbᵊl] *adj* ที่ได้ผลกำไร [thii dai phon kam rai]
program ['prəʊgræm] *n* หมาย

กำหนดการ [mai kam not kan] ▷ *v* วางวิธีการให้ [wang wi thi kan hai]
programme ['prəʊgræm] *n* หมายกำหนดการ [mai kam not kan]
programmer ['prəʊgræmə] *n* นักเขียนโปรแกรมคอมพิวเตอร์ [nak khian pro kraem khom pio ter]
programming ['prəʊgræmɪŋ] *n* การเขียนโปรแกรมคอมพิวเตอร์ [kan khian pro kraem khom pio ter]
progress ['prəʊgrɛs] *n* ความก้าวหน้า [khwam kao na]
prohibit [prə'hɪbɪt] *v* ห้ามโดยกฎหมาย [ham doi kot mai]
prohibited [prə'hɪbɪtɪd] *adj* ที่ถูกห้ามโดยกฎหมาย [thii thuk ham doi kod mai]
project ['prɒdʒɛkt] *n* โครงการ [khrong kan]
projector [prə'dʒɛktə] *n* เครื่องฉายแผ่นไสลด์ [khrueang chai phaen sa lai]; **overhead projector** *n* เครื่องฉายภาพบนผนังหรือจอ [khrueang chai phap bon pha nang rue cho]
promenade [ˌprɒmə'nɑːd] *n* ทางเดินเลียบชายทะเลที่สถานพักผ่อนชายทะเล [thang doen liap chai tha le thii sa than phak phon chai tha le]
promise ['prɒmɪs] *n* คำมั่นสัญญา [kham man san ya] ▷ *v* สัญญา [san ya]
promising ['prɒmɪsɪŋ] *adj* มีอนาคตดี [mii a na khot di]
promote [prə'məʊt] *v* ส่งเสริม [song some]
promotion [prə'məʊʃən] *n* การส่งเสริมสนับสนุน [kan song sem sa nab sa nun]
prompt [prɒmpt] *adj* ที่ตรงเวลา [thii trong we la]
promptly [prɒmptlɪ] *adv* อย่างตรงเวลา [yang trong we la]
pronoun ['prəʊˌnaʊn] *n* สรรพนาม [sap pha nam]
pronounce [prə'naʊns] *v* ออกเสียง [ok siang]; **How do you pronounce it?** คุณอ่านออกเสียงคำนี้อย่างไร? [khun aan ok siang kham nii yang rai]
pronunciation [prəˌnʌnsɪ'eɪʃən] *n* การออกเสียงคำพูด [kan ok siang kham phut]
proof [pruːf] *n (evidence)* หลักฐาน [lak than], *(for checking)* ข้อพิสูจน์ [kho phi sut]
propaganda [ˌprɒpə'gændə] *n* การโฆษณาชวนเชื่อ [kan kho sa na chuan chuea]
proper ['prɒpə] *adj* เหมาะสม [mo som]
properly ['prɒpəlɪ] *adv* อย่างถูกต้อง [yang thuk tong]
property ['prɒpətɪ] *n* ทรัพย์สมบัติ [sap som bat]; **private property** *n* ทรัพย์สมบัติส่วนตัว [sap som bat suan tua]
proportion [prə'pɔːʃən] *n* สัดส่วน [sat suan]
proportional [prə'pɔːʃənᵊl] *adj* ทำให้ได้สัดส่วนกัน [tham hai dai sat suan kan]
proposal [prə'pəʊzᵊl] *n* ข้อเสนอ [khor sa noe]
propose [prə'pəʊz] *v* เสนอ [sa noe]
prosecute ['prɒsɪˌkjuːt] *v* ฟ้องร้อง [fong rong]
prospect ['prɒspɛkt] *n* โอกาส [o kat]
prospectus [prə'spɛktəs] *n* หนังสือโครงการ [nang sue khrong kan]
prosperity [prɒ'spɛrɪtɪ] *n* ความเจริญรุ่งเรือง [khwam cha roen rung rueang]
prostitute ['prɒstɪˌtjuːt] *n* โสเภณี [so pe ni]
protect [prə'tɛkt] *v* ป้องกัน [pong kan]
protection [prə'tɛkʃən] *n* การป้องกัน [kan pong kan]
protein ['prəʊtiːn] *n* โปรตีน [pro tin]
protest *n* ['prəʊtɛst] การประท้วง [kan pra thuang] ▷ *v* [prə'tɛst] ประท้วง [pra thuang]
Protestant ['prɒtɪstənt] *adj* เกี่ยวกับนิกายโปรเตสแตนต์ [kiao kab ni kai pro taes taen] ▷ *n* นิกายโปรเตสแตนต์ [ni kai pro tes taen]
proud [praʊd] *adj* ภูมิใจ [phum chai]

prove [pru:v] *v* พิสูจน์ [phi sut]
proverb ['prɒvɜ:b] *n* คติพจน์ [kha ti phot]
provide [prə'vaɪd] *v* จัดหา [chat ha]; **provide for** *v* จัดหาให้ [chat ha hai]
provided [prə'vaɪdɪd] *conj* ภายใต้เงื่อนไขว่า [phai tai nguean khai wa]
providing [prə'vaɪdɪŋ] *conj* ภายใต้เงื่อนไขว่า [phai tai nguean khai wa]
provisional [prə'vɪʒənᵊl] *adj* ชั่วคราว [chua khrao]
proximity [prɒk'sɪmɪtɪ] *n* บริเวณที่ใกล้เคียง [bo ri wen thii klai khiang]
prune [pru:n] *n* ลูกพรุน [luk phrun]
pry [praɪ] *v* สอดรู้สอดเห็น [sot ru sot hen]
pseudonym ['sju:də,nɪm] *n* นามแฝง [nam faeng]
psychiatric [,saɪkɪ'ætrɪk] *adj* ที่เกี่ยวกับจิตวิทยา [thii kiao kap chit ta wit ta ya]
psychiatrist [saɪ'kaɪətrɪst] *n* จิตแพทย์ [chit ta phaet]
psychological [,saɪkə'lɒdʒɪkᵊl] *adj* เกี่ยวกับจิต [kiao kap chit]
psychologist [saɪ'kɒlədʒɪst] *n* นักจิตวิทยา [nak chit ta wit tha ya]
psychology [saɪ'kɒlədʒɪ] *n* จิตวิทยา [chit wit tha ya]
psychotherapy [,saɪkəʊ'θɛrəpɪ] *n* วิธีการรักษาจิต [vi thi kan rak sa chit]
PTO [pi: ti: əʊ] *abbr* ตัวย่อของกรุณาเปิดหน้าถัดไป [tua yor khong ka ru na poed na tad pai]
pub [pʌb] *n* บาร์ [ba]
public ['pʌblɪk] *adj* ที่สาธารณะ [thii sa tha ra na] ▷ *n* สาธารณะ [sa tha ra na]; **public holiday** *n* วันหยุดของประเทศ [wan yut khong pra tet]; **public opinion** *n* ความคิดเห็นของสาธารณชน [khwam kit hen khong sa tha ra na chon]; **public relations** *npl* ประชาสัมพันธ์ [pra cha sam phan]; **Is the castle open to the public?** ปราสาทเปิดให้สาธารณะชนเข้าชมไหม? [pra saat poet hai sa tha ra na chon khao chom mai]
publican ['pʌblɪkən] *n* เจ้าของและผู้จัดการบาร์ [chao khong lae phu chat kan ba]
publication [,pʌblɪ'keɪʃən] *n* สิ่งตีพิมพ์ [sing ti phim]
publish ['pʌblɪʃ] *v* พิมพ์จำหน่าย [phim cham hnai]
publisher ['pʌblɪʃə] *n* ผู้พิมพ์จำหน่าย [phu phim cham hnai]
pudding ['pʊdɪŋ] *n* ของหวาน [khong wan]
puddle ['pʌdᵊl] *n* หลุมบ่อ [lum bo]
Puerto Rico ['pwɜ:təʊ 'ri:kəʊ; 'pwɛə-] *n* ประเทศเปอร์โตริโก [pra tet poe to ri ko]
pull [pʊl] *v* ดึง [dueng]
pull down [pʊl daʊn] *v* ดึงลง [dueng long]
pull out [pʊl aʊt] *vi* ออกไป [ok pai] ▷ *vt* ดึงออก [dueng ork]
pullover ['pʊl,əʊvə] *n* เสื้อกันหนาวแบบสวมหัว [suea kan hnao baeb suam hua]
pull up [pʊl ʌp] *v* ดึงขึ้น [dueng khuen]
pulse [pʌls] *n* ชีพจร [chip pha chon]
pulses [pʌlsɪz] *npl* ถั่วต่างๆ [thua tang tang]
pump [pʌmp] *n* เครื่องปั๊ม [khrueang pum] ▷ *v* สูบ [sup]; **bicycle pump** *n* ที่สูบรถจักรยาน [thii sup rot chak kra yan]; **Do you have a pump?** คุณมีเครื่องสูบลมไหม? [khun mii khrueang sup lom mai]
pumpkin ['pʌmpkɪn] *n* ฟักทอง [fak thong]
pump up [pʌmp ʌp] *v* สูบขึ้นมา [sup khuen ma]
punch [pʌntʃ] *n (blow)* การชก [kan chok], *(hot drink)* เครื่องดื่มผสมที่มีน้ำผลไม้และเหล้า [khueang duem pha som thii mee nam phon la mai lae lao] ▷ *v* ชก [chok]
punctual ['pʌŋktjʊəl] *adj* ที่ตรงต่อเวลา [thii trong to we la]
punctuation [,pʌŋktjʊ'eɪʃən] *n*

เครื่องหมายวรรคตอน [khrueang mai wak ton]
puncture ['pʌŋktʃə] *n* การเจาะ [kan jo]
punish ['pʌnɪʃ] *v* ลงโทษ [long thot]
punishment ['pʌnɪʃmənt] *n* การลงโทษ [kan long thot]; **capital punishment** *n* การลงโทษประหารชีวิต [kan long thot pra han chi wit]; **corporal punishment** *n* การลงโทษทางร่างกายของผู้กระทำผิด [kan long thot thang rang kai khong phu kra tham phit]
punk [pʌŋk] *n* คนที่ไม่มีคุณค่า [khon thii mai mii khun kha]
pupil ['pju:pᵊl] *n (eye)* ช่องตาดำ [chong ta dam], *(learner)* นักเรียน [nak rian]
puppet ['pʌpɪt] *n* หุ่นกระบอก [hun kra bok]
puppy ['pʌpɪ] *n* ลูกสุนัข [luk su nak]
purchase ['pɜ:tʃɪs] *v* ซื้อ [sue]
pure [pjʊə] *adj* บริสุทธิ์ [bo ri sut]
purple ['pɜ:pᵊl] *adj* ที่มีสีม่วง [thii mii sii muang]
purpose ['pɜ:pəs] *n* วัตถุประสงค์ [wat thu pra song]
purr [pɜ:] *v* ร้องแสดงความพอใจ [rong sa daeng khwam pho jai]
purse [pɜ:s] *n* ถุงเงิน [thung ngoen]
pursue [pə'sju:] *v* ติดตาม [tit tam]
pursuit [pə'sju:t] *n* การติดตาม [kan tit tam]
pus [pʌs] *n* หนอง [nong]
push [pʊʃ] *v* ผลัก [phlak]
pushchair ['pʊʃˌtʃɛə] *n* รถเข็นเด็ก [rot khen dek]
push-up [pʊʃʌp] *n* การออกกำลังกายแบบวิดพื้น [kan ok kam lang kai baep wid phuen]
put [pʊt] *v* วาง [wang]; **I would like to put my jewellery in the safe** ฉันอยากวางเครื่องประดับไว้ในตู้นิรภัย [chan yak wang khrueang pra dap wai nai tu ni ra phai]; **Put it down over there, please** ช่วยวางมันลงที่นั่น [chuai wang man long thii nan]
put aside [pʊt ə'saɪd] *v* วางไว้ข้างหนึ่ง [wang wai khang hueng]
put away [pʊt ə'weɪ] *v* เอาเก็บไว้ [ao keb wai]
put back [pʊt bæk] *v* เก็บไว้ที่เดิม [kep wai thii doem]
put forward [pʊt fɔ:wəd] *v* เสนอข้อเสนอ [sa noe kho sa noe]
put in [pʊt ɪn] *v* วางเข้าไปใน [wang khao pai nai]
put off [pʊt ɒf] *v* เลื่อนออกไป [luean ok pai]
put up [pʊt ʌp] *v* ตั้งขึ้น [tang khuen]
puzzle ['pʌzᵊl] *n* ปัญหายุ่งยาก [pan ha yung yak]
puzzled ['pʌzᵊld] *adj* ที่ยุ่งยาก [thii yung yak]
puzzling ['pʌzlɪŋ] *adj* ทำให้งงงวย [tham hai ngong nguai]
pyjamas [pə'dʒɑ:məz] *npl* ชุดนอน [chut non]
pylon ['paɪlən] *n* เสาทำด้วยเหล็กสำหรับติดสายไฟฟ้า [sao tham duai hlek sam hrab tid sai fai fa]
pyramid ['pɪrəmɪd] *n* ปิรามิด [pi ra mit]

q

Qatar [kæ'tɑː] *n* ประเทศกาตาร์ [pra tet ka ta]
quail [kweɪl] *n* นกกระทา [nok kra tha]
quaint [kweɪnt] *adj* แบบโบราณ [baep bo ran]
Quaker ['kweɪkə] *n* นิกายหนึ่งของศาสนาคริสต์ซึ่งเคร่งมาก [ni kai nueng khong sat sa na khris sueng khreng mak]
qualification [ˌkwɒlɪfɪ'keɪʃən] *n* คุณสมบัติ [khun na som bat]
qualified ['kwɒlɪˌfaɪd] *adj* ที่มีคุณสมบัติ [thii mii khun na som bat]
qualify ['kwɒlɪˌfaɪ] *v* มีคุณสมบัติ [mii khun som bat]
quality ['kwɒlɪtɪ] *n* คุณภาพ [khun na phap]
quantify ['kwɒntɪˌfaɪ] *v* ค้นพบจำนวนที่แน่นอน [khon phop cham nuan thii nae non]
quantity ['kwɒntɪtɪ] *n* จำนวนที่แน่นอน [cham nuan thii nae norn]
quarantine ['kwɒrənˌtiːn] *n* สถานกักกันเพื่อป้องกันการแพรของเชื้อโรค [sa than kak kan phuea pong kan kan prae khong chuea rok]
quarrel ['kwɒrəl] *n* การทะเลาะวิวาท [kan tha lo wi wat] ▷ *v* ทะเลาะ [tha lo]
quarry ['kwɒrɪ] *n* สถานที่ที่ขุดเอาหินออกมา [sa than thii thii khut ao hin ok ma]
quarter ['kwɔːtə] *n* เศษหนึ่งส่วนสี่ [set nueng suan si]
quartet [kwɔː'tɛt] *n* กลุ่มนักร้องหรือนักดนตรีสี่คน [klum nak rong rue nak don tree sii khon]
quay [kiː] *n* ท่าเรือ [tha rue]
queen [kwiːn] *n* พระราชินี [phra ra chi ni]
query ['kwɪərɪ] *n* คำถาม [kham tham] ▷ *v* ซักถาม [sak tham]
question ['kwɛstʃən] *n* คำถาม [kham tham] ▷ *v* ไต่ถาม [tai tham]; **question mark** *n* เครื่องหมายคำถาม [khrueang mai kham tham]
questionnaire [ˌkwɛstʃə'nɛə; ˌkɛs-] *n* แบบสอบถาม [baep sop tham]
queue [kjuː] *n* แถว [thaeo] ▷ *v* เข้าคิว [khao khio]; **Is this the end of the queue?** นี่เป็นตอนท้ายของแถวใช่ไหม? [ni pen ton thai khong thaeo chai mai]
quick [kwɪk] *adj* รวดเร็ว [ruat reo]
quickly [kwɪklɪ] *adv* อย่างรวดเร็ว [yang ruat reo]
quiet ['kwaɪət] *adj* เงียบ [ngiap]; **I'd like a quiet room** ฉันอยากได้ห้องเงียบ ๆ [chan yak dai hong ngiap ngiap]
quietly ['kwaɪətlɪ] *adv* อย่างเงียบ [yang ngiap]
quilt [kwɪlt] *n* ผ้าบุคลุมเตียง [pha bu khlum tiang]
quit [kwɪt] *v* เลิก [loek]
quite [kwaɪt] *adv* ค่อนข้างจะ [khon khang cha]
quiz, quizzes [kwɪz, 'kwɪzɪz] *n* การสอบความรู้รอบตัว [kan sorb khwam ru rob tua]
quotation [kwəʊ'teɪʃən] *n* ข้อความอ้างอิง [khor khwam ang eng]; **quotation marks** *npl* อัญญประกาศ [an ya pra kat]
quote [kwəʊt] *n* ข้อความอ้างอิง [khor khwam ang eng] ▷ *v* อ้างอิง [ang ing]

r

rabbi ['ræbaɪ] *n* พระในศาสนายิว [phra nai sat sa na yio]
rabbit ['ræbɪt] *n* กระต่าย [kra tai]
rabies ['reɪbi:z] *n* โรคพิษสุนัขบ้า [rok phit su nak ba]
race [reɪs] *n (contest)* การวิ่งแข่ง [kan wing khaeng], *(origin)* เชื้อชาติ [chuea chat] ▷ *v* วิ่งแข่ง [wing khaeng]
racecourse ['reɪs,kɔ:s] *n* สนามแข่ง [sa nam khaeng]
racehorse ['reɪs,hɔ:s] *n* สนามแข่งม้า [sa nam khaeng ma]
racer ['reɪsə] *n* ผู้เข้าร่วมการแข่งขัน [phu khao ruam kan khaeng khan]
racetrack ['reɪs,træk] *n* ลู่ที่ใช้แข่งขันความเร็ว [lu thii chai khaeng khan khwam reo]
racial ['reɪʃəl] *adj* ที่เกี่ยวกับเชื้อชาติ [thii kiao kap chuea chat]
racing ['reɪsɪŋ] *n* **horse racing** *n* การแข่งม้า [kan khaeng ma]; **motor racing** *n* การแข่งรถยนต์ [kan khaeng rot yon]; **racing car** *n* รถแข่ง [rot khaeng]
racism ['reɪsɪzəm] *n* การเหยียดเชื้อชาติ [kan yiat chuea chat]
racist ['reɪsɪst] *adj* เกี่ยวกับลัทธิชนชาติ [kiao kap lat thi chon chat] ▷ *n* ผู้เหยียดผิว [phu yiat phio]
rack [ræk] *n* ชั้นวางของ [chan wang khong]; **luggage rack** *n* ชั้นวางกระเป๋าเดินทาง [chan wang kra pao doen thang]
racket ['rækɪt] *n (racquet)* เสียงหนวกหู [siang hnuak hu]; **tennis racket** *n* ไม้ตีเทนนิส [mai ti then nis]
racoon [rə'ku:n] *n* สัตว์คล้ายหมีแต่ตัวเล็กและมีหางเป็นพวง [sat khlai mii tae tua lek lae mii hang pen puang]
racquet ['rækɪt] *n* ไม้ตีลูกในการเล่นกีฬา [mai ti luk nai kan len ki la]
radar ['reɪdɑ:] *n* เรดาห์ [re da]
radiation [,reɪdɪ'eɪʃən] *n* รังสี [rang si]
radiator ['reɪdɪ,eɪtə] *n* เครื่องทำความร้อน [khrueang tham khwam ron]; **There is a leak in the radiator** เครื่องทำความร้อนรั่ว [khrueang tham khwam ron rua]
radio ['reɪdɪəʊ] *n* วิทยุ [wit tha yu]; **digital radio** *n* วิทยุดิจิตัล [wit tha yu di chi tal]; **radio station** *n* สถานีวิทยุ [sa tha ni wit tha yu]; **Can I switch the radio off?** ฉันปิดวิทยุได้ไหม? [chan pit wit tha yu dai mai]
radioactive [,reɪdɪəʊ'æktɪv] *adj* เกี่ยวกับกัมมันตภาพรังสี [kiao kap kam man ta phap rang sii]
radio-controlled ['reɪdɪəʊ'kən'trəʊld] *adj* ที่ควบคุมด้วยวิทยุ [thii khuap khum duai wit tha yu]
radish ['rædɪʃ] *n* ผักมีลูกกลมสีแดงรสคล้ายหัวไชเท้าใช้ใส่ในสลัดผัก [phak mii luk klom sii daeng rot khlai hua chai thao chai sai nai sa lad phak]
raffle ['ræf°l] *n* การขายตั๋วจับฉลากที่มีสิ่งของเป็นรางวัลมากกว่าเงิน [kan khai tua chab cha lak thii mii sing khong pen rang wan mak kwa ngen]
raft [rɑ:ft] *n* แพ [phae]
rag [ræg] *n* ผ้าขี้ริ้ว [pha khi rio]
rage [reɪdʒ] *n* ความเดือดดาล [khwam

dueat dan]; **road rage** *n* ความโกรธที่เกิดจากสภาพการจราจรบนท้องถนน [khwam krot thii koet chak sa phap kan cha ra chon bon thong tha non]
raid [reɪd] *n* การจู่โจม [kan chu chom] ▷ *v* จู่โจม [chu chom]
rail [reɪl] *n* ราง [rang], ราว [rao]
railcard ['reɪl,kɑːd] *n* บัตรรถไฟ [bat rot fai]
railings ['reɪlɪŋz] *npl* ราว [rao]
railway ['reɪl,weɪ] *n* รถไฟ [rot fai]; **railway station** *n* สถานีรถไฟ [sa tha ni rot fai]
rain [reɪn] *n* ฝน [fon] ▷ *v* ฝนตก [fon tok]; **acid rain** *n* ฝนที่เป็นกรด [fon thii pen krot]; **Do you think it's going to rain?** คุณคิดว่าฝนจะตกไหม? [khun kit wa fon ja tok mai]; **It's raining** ฝนกำลังตก [fon kam lang tok]
rainbow ['reɪn,bəʊ] *n* รุ้งกินน้ำ [rung kin nam]
raincoat ['reɪn,kəʊt] *n* เสื้อกันฝน [suea kan fon]
rainforest ['reɪn,fɒrɪst] *n* ป่าหนาทึบในเขตร้อนซึ่งมีฝนตกมาก [pa na thuep nai khet ron sueng mii fon tok mak]
rainy ['reɪnɪ] *adj* ซึ่งมีฝนตก [sueng mii fon tok]
raise [reɪz] *v* ยกขึ้น [yok khuen]
raisin ['reɪzᵊn] *n* ลูกเกด [luk ket]
rake [reɪk] *n* คราด [khrat]
rally ['rælɪ] *n* การชุมนุม [kan chum num]
ram [ræm] *n* หน่วยความจำของคอมพิวเตอร์ [nuai khwam cham khong khom phio toe] ▷ *v* ชนอย่างแรง [chon yang raeng]
Ramadan [,ræmə'dɑːn] *n* เดือนถือศีลอดของชาวมุสลิม [duean thue sin ot khong chao mus sa lim]
rambler ['ræmblə] *n* คนที่ไปเดินในชนบท [khon thii pai doen nai chon na bot]
ramp [ræmp] *n* ทางลาด [thang lat (thang laat)]
random ['rændəm] *adj* โดยการสุ่ม [doi kan sum]
range [reɪndʒ] *n (limits)* ขอบเขต [khop khet], *(mountains)* ทิวเขา [thio khao] ▷ *v* ลำดับ [lam dap]
rank [ræŋk] *n (line)* แถว [thaeo], *(status)* ตำแหน่ง [tam naeng] ▷ *v* จัดแถว [chat thaeo]
ransom ['rænsəm] *n* ค่าไถ่ตัว [kha thai tua]
rape [reɪp] *n (plant)* พืชชนิดหนึ่งที่ใช้เลี้ยงสัตว์หรือสกัดน้ำมัน [phuet cha nit hueng thiichai liang sat hue sa kad nam man], *(sexual attack)* ข่มขืน [khom khuen] ▷ *v* ข่มขืน [khom khuen]; **I've been raped** ฉันถูกข่มขืน [chan thuk khom khuen]
rapids ['ræpɪdz] *npl* ส่วนของแม่น้ำที่ไหลแรงและเร็ว [suan khong mae nam thii lai raeng lae reo]
rapist ['reɪpɪst] *n* คนที่ข่มขืน [khon thii khom khuen]
rare [rɛə] *adj (uncommon)* ที่พบได้น้อย [thii phop dai noi], *(undercooked)* ไม่สุก [mai suk]
rarely ['rɛəlɪ] *adv* นาน ๆ ครั้ง [nan nan khrang]
rash [ræʃ] *n* ผื่นคัน [phuen khan]; **I have a rash** ฉันมีผื่นคัน [chan mii phuen khan]
raspberry ['rɑːzbərɪ; -brɪ] *n* ลูกราสเบอรี่ [luk ras boe ri]
rat [ræt] *n* หนู [nu]
rate [reɪt] *n* อัตรา [at tra] ▷ *v* ประเมินค่า จัดอันดับ [pra moen kha, chat an dap]; **What are your rates per day?** อัตราค่าเช่าของคุณวันละเท่าไร? [at tra kha chao khong khun wan la thao rai]; **What is the rate for... to...?** อัตราแลกจาก...เป็น...เท่าไร? [at tra laek chak... pen...thao rai]; **What's the exchange rate?** อัตราแลกคือเท่าไร? [at tra laek khue thao rai]
rather ['rɑːðə] *adv* ค่อนข้าง [khon khang]
ratio ['reɪʃɪ,əʊ] *n* อัตราส่วน [at tra suan]

rational ['ræʃənᵊl] *adj* ซึ่งมีเหตุผล [sueng mee hed phon]
rattle ['rætᵊl] *n* ของเล่นเด็กที่เขย่ามีเสียงรัว [khong len dek thii kha yao mii siang rua]
rattlesnake ['rætᵊl,sneɪk] *n* งูกะปะ [ngu ka pa]
rave [reɪv] *n* การชมเชย [kan chom choei] ▷ *v* พูดเพ้อเจ้อ [phut phoe choe]
raven ['reɪvᵊn] *n* นกขนาดใหญ่จำพวกกา [nok kha nard yai cham phuak ka]
ravenous ['rævənəs] *adj* ซึ่งตะกละมาก [sueng ta kla mak]
ravine [rə'vi:n] *n* หุบเขาลึก [hup khao luek]
raw [rɔ:] *adj* ดิบ [dip]; **I can't eat raw eggs** ฉันทานไข่ดิบไม่ได้ [chan than khai dip mai dai]
razor ['reɪzə] *n* มีดโกน [mit kon]; **razor blade** *n* ใบมีดโกน [bai mit kon]
reach [ri:tʃ] *v* ไปถึง [pai thueng]
react [rɪ'ækt] *v* มีปฏิกิริยา [mii pa ti ki ri ya]
reaction [rɪ'ækʃən] *n* ปฏิกิริยา [pa ti ki ri ya]
reactor [rɪ'æktə] *n* เครื่องปฏิกรณ์นิวเคลียร์ [khrueang pa ti kon nio khlia]
read [ri:d] *v* อ่าน [an]; **I can't read it** ฉันอ่านไม่ได้ [chan an mai dai]
reader ['ri:də] *n* ผู้อ่าน [phu arn]
readily ['rɛdɪlɪ] *adv* อย่างไม่ลังเล [yang mai lang le]
reading ['ri:dɪŋ] *n* การอ่าน [kan an]
read out [ri:d] *v* อ่านออกเสียง [an ok siang]
ready ['rɛdɪ] *adj* พร้อม [phrom]; **Are you ready?** คุณพร้อมหรือยัง? [khun phrom rue yang]; **I'm not ready** ฉันยังไม่พร้อม [chan yang mai phrom]; **I'm ready** ฉันพร้อมแล้ว [chan phrom laeo]
ready-cooked ['rɛdɪ'kʊkt] *adj* ที่สุกแล้ว [thii suk laeo]
real ['rɪəl] *adj* แท้จริง [thae ching]
realistic [,rɪə'lɪstɪk] *adj* ใกล้เคียงความจริง [klai khiang khwam ching]
reality [rɪ'ælɪtɪ] *n* ความจริง [khwam ching]; **reality TV** *n* รายการทีวีที่แสดงสภาพความเป็นจริง [rai kan thii wii thii sa daeng sa phap khwam pen ching]; **virtual reality** *n* สภาวะเหมือนจริงที่จำลองโดยทางเทคนิคคอมพิวเตอร์ [sa pha wa muean ching thii cham long doi thang tek nik khom phio toe]
realize ['rɪə,laɪz] *v* ตระหนัก [tra nak]
really ['rɪəlɪ] *adv* โดยแท้จริง [doi thae ching]
rear [rɪə] *adj* ข้างหลัง [khang lang] ▷ *n* ด้านหลัง [dan hlang]; **rear-view mirror** *n* กระจกส่องหลัง [kra jok song lang]
reason ['ri:zᵊn] *n* เหตุผล [het phon]
reasonable ['ri:zənəbᵊl] *adj* ที่มีเหตุผล [thii mee hed phon]
reasonably ['ri:zənəblɪ] *adv* อย่างมีเหตุผล [yang mee hed phon]
reassure [,ri:ə'ʃʊə] *v* ทำให้วางใจ [tham hai wang jai]
reassuring [,ri:ə'ʃʊəɪŋ] *adj* ที่ให้ความมั่นใจ [thii hai khwam man jai]
rebate ['ri:beɪt] *n* เงินที่ต้องจ่ายคืนมา [ngen thii tong chai khuen ma]
rebellious [rɪ'bɛljəs] *adj* ยากที่จะควบคุม [yak thii ja khuab khum]
rebuild [ri:'bɪld] *v* สร้างใหม่ [sang mai]
receipt [rɪ'si:t] *n* ใบเสร็จรับเงิน [bai set rap ngoen]; **I need a receipt, please** ฉันขอใบเสร็จรับเงิน [chan kho bai set rap ngoen]
receive [rɪ'si:v] *v* ได้รับ [dai rap]
receiver [rɪ'si:və] *n (electronic)* อุปกรณ์รับสัญญาณเสียงหรือภาพ [ub pa korn rab san yan siang hue phap], *(person)* ผู้ได้รับ [phu dai rap]
recent ['ri:sᵊnt] *adj* เร็วๆนี้ [reo reo ni]
recently ['ri:səntlɪ] *adv* เมื่อเร็วๆนี้ [muea reo reo ni]
reception [rɪ'sɛpʃən] *n* การรับไว้ [kan rap wai]
receptionist [rɪ'sɛpʃənɪst] *n* พนักงาน

ต้อนรับ [pha nak ngan ton rap]
recession [rɪ'sɛʃən] *n* การตกต่ำทางเศรษฐกิจ [kan tok tam thang set tha kit]
recharge [riː'tʃɑːdʒ] *v* บรรจุใหม่ [ban chu mai]
recipe ['rɛsɪpɪ] *n* ตำรากับข้าว [tam ra kap khao]
recipient [rɪ'sɪpɪənt] *n* ผู้ได้รับ [phu dai rap]
reckon ['rɛkən] *v* คิดว่า พิจารณาว่า [khit wa, phi cha ra na wa]
reclining [rɪ'klaɪnɪŋ] *adj* แนวนอน [naeo non]
recognizable ['rɛkəg,naɪzəbᵊl] *adj* ซึ่งสามารถจำได้ [sueng sa maat cham dai]
recognize ['rɛkəg,naɪz] *v* จำได้ [cham dai]
recommend [,rɛkə'mɛnd] *v* แนะนำ [nae nam]; **Can you recommend a good restaurant?** คุณแนะนำร้านอาหารดีๆ ให้ได้ไหม? [khun nae nam ran a han di di hai dai mai]; **Can you recommend a hotel?** คุณแนะนำโรงแรมให้ได้ไหม? [khun nae nam rong raem hai dai mai]; **Can you recommend a paediatrician?** คุณแนะนำหมอเด็กให้ได้ไหม? [khun nae nam mo dek hai dai mai]
recommendation [,rɛkəmɛn'deɪʃən] *n* การแนะนำ [kan nae nam]
reconsider [,riːkən'sɪdə] *v* พิจารณาใหม่ [phi cha ra na mai]
record *n* ['rɛkɔːd] การบันทึก [kan ban thuek] ▷ *v* [rɪ'kɔːd] บันทึก [ban thuek]
recorded delivery [rɪ'kɔːdɪd dɪ'lɪvərɪ] *n* **recorded delivery** *n* ลงทะเบียน [long tha bian]
recorder [rɪ'kɔːdə] *n (music)* ผู้บันทึกหรือเครื่องมือที่ใช้บันทึก เช่นวีดีโอ เทปบันทึก หรือตลับเทป [phu ban thuek hue khueang mue thii chai ban thuek chen vi di o thep ban thuek hue ta lap thep], *(scribe)* ผู้บันทึก [phu ban thuek]
recording [rɪ'kɔːdɪŋ] *n* การบันทึกเสียง [kan ban thuek siang]
recover [rɪ'kʌvə] *v* หาย ฟื้น [hai, fuen]
recovery [rɪ'kʌvərɪ] *n* ฟื้นจากการเจ็บป่วย [fuen chak kan chep puai]
recruitment [rɪ'kruːtmənt] *n* การรับสมาชิกใหม่ [kan rap sa ma chik mai]
rectangle ['rɛk,tæŋgᵊl] *n* สี่เหลี่ยมผืนผ้า [si liam phuen pha]
rectangular [rɛk'tæŋgjʊlə] *adj* ที่เป็นสี่เหลี่ยมผืนผ้า [thii pen si liam phuen pha]
rectify ['rɛktɪ,faɪ] *v* แก้ไขให้ถูกต้อง [kae khai hai thuk tong]
recurring [rɪ'kʌrɪŋ] *adj* เกิดซ้ำ ๆ [koet sam sam]
recycle [riː'saɪkᵊl] *v* นำกลับมาใช้อีก [nam klap ma chai ik]
recycling [riː'saɪklɪŋ] *n* การนำกลับมาใช้อีก [kan nam klap ma chai ik]
red [rɛd] *adj* แดง [daeng]; **red meat** *n* เนื้อสีแดง [nuea sii daeng]; **red wine** *n* ไวน์แดง [wine daeng]; **Red Cross** *n* สภากาชาด [sa pha ka chat]; **a bottle of red wine** ไวน์แดงหนึ่งขวด [wine daeng nueng khaut]
redcurrant ['rɛd'kʌrənt] *n* ลูกไม้สีแดงขนาดเล็กปลูกเป็นพุ่ม [luk mai see daeng kha nard lek pluk pen phum]
redecorate [riː'dɛkə,reɪt] *v* ตกแต่งใหม่ [tok taeng mai]
red-haired ['rɛd,hɛəd] *adj* ที่มีผมสีแดง [thii mee phom see daeng]
redhead ['rɛd,hɛd] *n* คนที่มีผมสีแดง [kon thii mee phom see daeng]
redo [riː'duː] *v* ทำใหม่ [tham mai]
reduce [rɪ'djuːs] *v* ทำให้ลดลง [tham hai lot long]
reduction [rɪ'dʌkʃən] *n* การทำให้ลดลง [kan tham hai lot long]
redundancy [rɪ'dʌndənsɪ] *n* การมีมากเกินไป [kan mee mak koen pai]
redundant [rɪ'dʌndənt] *adj* การมีมากเกินไป [kan mee mak koen pai]
reed [riːd] *n* ต้นไม้จำพวกอ้อหรือกก [ton

mai cham phuak o rue kok]
reel [ri:l; rɪəl] *n* เครื่องม้วน [khrueang muan]
refer [rɪ'fɜ:] *v* อ้างอิง [ang ing]
referee [ˌrɛfə'ri:] *n* กรรมการ [kam ma kan]
reference ['rɛfərəns; 'rɛfrəns] *n* เอกสารอ้างอิง [ek ka san ang ing]; **reference number** *n* หมายเลขเอกสารอ้างอิง [mai lek ek ka san ang ing]
refill [ri:'fɪl] *v* เติมให้เต็ม [toem hai tem]
refinery [rɪ'faɪnərɪ] *n* โรงกลั่น [rong klan]; **oil refinery** *n* โรงกลั่นน้ำมัน [rong klan nam man]
reflect [rɪ'flɛkt] *v* สะท้อนกลับ [sa thon klap]
reflection [rɪ'flɛkʃən] *n* การสะท้อนกลับ [kan sa thon klap]
reflex ['ri:flɛks] *n* การกระทำโดยอัตโนมัติ [kan kra tham doi at ta no mat]
refreshing [rɪ'frɛʃɪŋ] *adj* ซึ่งทำให้สดชื่น [sueng tham hai sot chuen]
refreshments [rɪ'frɛʃmənts] *npl* การทำให้สดชื่น [kan tham hai sot chuen]
refrigerator [rɪ'frɪdʒəˌreɪtə] *n* ตู้เย็น [tu yen]
refuel [ri:'fju:əl] *v* เติมเชื้อเพลิง [toem chuea phloeng]
refuge ['rɛfju:dʒ] *n* ที่หลบภัย [thii lop phai]
refugee [ˌrɛfjʊ'dʒi:] *n* ผู้ลี้ภัย [phu lee phai]
refund *n* ['ri:ˌfʌnd] เงินที่คืนให้ [ngen thii khuen hai] ▷ *v* [rɪ'fʌnd] คืนเงินให้ [khuen ngen hai]
refusal [rɪ'fju:zᵊl] *n* การปฏิเสธ [kan pa ti set]
refuse[1] [rɪ'fju:z] *v* ปฏิเสธ [pa ti set]
refuse[2] ['rɛfju:s] *n* ขยะ [kha ya]
regain [rɪ'geɪn] *v* ได้คืนมาอีก [dai khuen ma ik]
regard [rɪ'gɑ:d] *n* ความนับถือ [khwam nap thue] ▷ *v* พิจารณา [phi cha ra na]
regarding [rɪ'gɑ:dɪŋ] *prep* เกี่ยวกับ [kiao kap]
regiment ['rɛdʒɪmənt] *n* กองทหาร [kong tha haan]
region ['ri:dʒən] *n* เขต [khet]; **Do you have anything typical of this region?** คุณมีอะไรที่เป็นของพื้นเมืองของเขตนี้ไหม? [khun mii a rai thii pen khong phuen mueang khong khet nii mai]
regional ['ri:dʒənᵊl] *adj* เกี่ยวกับเขตนั้น ๆ [kiao kap khet nan nan]
register ['rɛdʒɪstə] *n* การลงทะเบียน [kan long tha bian] ▷ *v* ลงทะเบียน [long tha bian]; **cash register** *n* เครื่องคิดเงิน [khrueang kit ngoen]; **Where do I register?** ฉันจะลงทะเบียนได้ที่ไหน? [chan ja long tha bian dai thii nai]
registered ['rɛdʒɪstəd] *adj* ที่ได้ลงทะเบียน [thii dai long tha bian]
registration [ˌrɛdʒɪ'streɪʃən] *n* การขึ้นทะเบียน [kan khuen tha bian]
regret [rɪ'grɛt] *n* ความเสียใจ [khwam sia jai] ▷ *v* เสียใจ [sia chai]
regular ['rɛgjʊlə] *adj* เป็นประจำ [pen pra cham]
regularly ['rɛgjʊləlɪ] *adv* โดยปรกติ [doi prok ka ti]
regulation [ˌrɛgjʊ'leɪʃən] *n* กฎระเบียบ [kot ra biap]
rehearsal [rɪ'hɜ:sᵊl] *n* การฝึกซ้อม [kan fuek som]
rehearse [rɪ'hɜ:s] *v* ฝึกซ้อม [fuek som]
reimburse [ˌri:ɪm'bɜ:s] *v* ใช้เงินคืน [chai ngoen khuen]
reindeer ['reɪnˌdɪə] *n* กวางขนาดใหญ่แถบขั้วโลกเหนือ [kwang kha nat yai thaep khua lok nuea]
reins [reɪnz] *npl* เชือกบังเหียน [chueak bang hian]
reject [rɪ'dʒɛkt] *v* ปฏิเสธ [pa ti set]
relapse ['ri:ˌlæps] *n* อาการที่โรคกำเริบอีก [a kan thii rok kam roep ik]
related [rɪ'leɪtɪd] *adj* เป็นญาติกัน [pen yat kan]

relation [rɪˈleɪʃən] *n* ความเกี่ยวข้องกันของสิ่งของหรือบุคคล [khwam kiao khong kan khong sing khong rue buk kon]; **public relations** *npl* ประชาสัมพันธ์ [pra cha sam phan]
relationship [rɪˈleɪʃənʃɪp] *n* ความสัมพันธ์ [khwam sam phan]
relative [ˈrɛlətɪv] *n* เครือญาติ [khruea yat]
relatively [ˈrɛlətɪvlɪ] *adv* โดยเปรียบเทียบกับสิ่งอื่น [doi priap thiap kap sing uen]
relax [rɪˈlæks] *v* พักผ่อน [phak phon]
relaxation [ˌriːlækˈseɪʃən] *n* การพักผ่อน [kan phak phon]
relaxed [rɪˈlækst] *adj* ซึ่งผ่อนคลาย [sueng phon khlai]
relaxing [rɪˈlæksɪŋ] *adj* ซึ่งช่วยให้ผ่อนคลาย [sueng chuai hai phon khlai]
relay [ˈriːleɪ] *n* การถ่ายทอด [kan thai thot]
release [rɪˈliːs] *n* การปลดปล่อย การปลดปล่อยเป็นอิสระ [kan plot ploi, kan plot ploi pen it sa ra] ▷ *v* ปลดปล่อย [plot ploi]
relegate [ˈrɛlɪˌɡeɪt] *v* ลดตำแหน่ง [lot tam naeng]
relevant [ˈrɛlɪvənt] *adj* เหมาะสม [mo som]
reliable [rɪˈlaɪəbᵊl] *adj* เชื่อถือได้ [chuea thue dai]
relief [rɪˈliːf] *n* การผ่อนคลาย [kan phon khlai]
relieve [rɪˈliːv] *v* ผ่อนคลาย [phon khlai]
relieved [rɪˈliːvd] *adj* ที่ผ่อนคลาย [thii phon khlai]
religion [rɪˈlɪdʒən] *n* ศาสนา [sat sa na]
religious [rɪˈlɪdʒəs] *adj* เกี่ยวกับศาสนา [kiao kap sat sa na]
reluctant [rɪˈlʌktənt] *adj* ไม่เต็มใจ [mai tem jai]
reluctantly [rɪˈlʌktəntlɪ] *adv* อย่างไม่เต็มใจ [yang mai tem jai]
rely [rɪˈlaɪ] *v* **rely on** *v* ขึ้นอยู่กับ [khuen yu kap]
remain [rɪˈmeɪn] *v* คงอยู่ [khong yu]
remaining [rɪˈmeɪnɪŋ] *adj* ที่ยังคงอยู่ [thii yang khong yu]
remains [rɪˈmeɪnz] *npl* สิ่งที่เหลืออยู่ [sing thii luea yu]
remake [ˈriːˌmeɪk] *n* ทำใหม่ [tham mai]
remark [rɪˈmɑːk] *n* การให้ข้อคิดเห็น [kan hai kho kit hen]
remarkable [rɪˈmɑːkəbᵊl] *adj* มีคุณค่าที่น่าสังเกต [mii khun kha thii na sang ket]
remarkably [rɪˈmɑːkəblɪ] *adv* อย่างพิเศษ [yang phi sed]
remarry [riːˈmærɪ] *v* แต่งงานใหม่ [taeng ngan mai]
remedy [ˈrɛmɪdɪ] *n* ยาและการรักษา [ya lae kan rak sa]
remember [rɪˈmɛmbə] *v* จำ [cham]
remind [rɪˈmaɪnd] *v* เตือน [tuean]
reminder [rɪˈmaɪndə] *n* สิ่งเตือนความหลัง [sing tuean khwam lang]
remorse [rɪˈmɔːs] *n* การสำนึกผิด [kan sam nuek phit]
remote [rɪˈməʊt] *adj* ไกล [klai]; **remote control** *n* อุปกรณ์ควบคุมระยะห่างหรือไกลที่ไม่ต้องมีสาย เช่น ที่ใช้กับทีวีหรือเครื่องเสียง [up pa kon khuap khum ra ya hang rue klai thii mai tong mii sai chen thii chai kap tii wii rue khrueang siang]
remotely [rɪˈməʊtlɪ] *adv* ห่างไกล [hang klai]
removable [rɪˈmuːvəbᵊl] *adj* ที่เคลื่อนที่ได้ [thii khluean thii dai]
removal [rɪˈmuːvᵊl] *n* การเคลื่อนย้าย [kan khluean yai]; **removal van** *n* รถที่ใช้ในการขนย้าย [rot thii chai nai kan khon yai]
remove [rɪˈmuːv] *v* เคลื่อนย้าย [khluean yai]
remover [rɪˈmuːvə] *n* **nail-polish remover** *n* น้ำยาล้างเล็บ [nam ya lang lep]
rendezvous [ˈrɒndɪˌvuː] *n* การนัดพบตามเวลาที่นัดไว้ [kan nat phop tam we

la thii nat wai]
renew [rɪ'nju:] *v* เริ่มใหม่ [roem mai]
renewable [rɪ'nju:əbᵊl] *adj* ซึ่งต่ออายุใหม่ได้ [sueng to a yu mai dai]
renovate ['rɛnə,veɪt] *v* ปรับปรุงใหม่ [prap prung mai]
renowned [rɪ'naʊnd] *adj* มีชื่อเสียง [mii chue siang]
rent [rɛnt] *n* ค่าเช่า [kha chao] ▷ *v* เช่า [chao]; **Do you rent DVDs?** คุณเช่าดีวีดีไหม? [khun chao di vi di mai]; **I'd like to rent a room** ฉันอยากเช่าห้องหนึ่งห้อง [chan yak chao hong nueng hong]
rental ['rɛntᵊl] *n* ค่าเช่า [kha chao]; **car rental** *n* รถเช่า [rot chao]; **rental car** *n* รถเช่า [rot chao]
reorganize [ri:'ɔ:gə,naɪz] *v* จัดระบบใหม่ให้ดีขึ้น [chad ra bob mai hai di khuen]
rep [rɛp] *n* บริษัทละคร [bo ri sat la khon]
repair [rɪ'pɛə] *n* การซ่อม [kan som] ▷ *v* ซ่อมแซม [som saem]; **repair kit** *n* ชุดสำหรับการซ่อม [chut sam rap kan som]; **How long will it take to repair?** ใช้เวลานานเท่าไรในการซ่อม? [chai we la nan thao rai nai kan som]
repay [rɪ'peɪ] *v* จ่ายเงินคืน [chai ngen khuen]
repayment [rɪ'peɪmənt] *n* เงินที่จ่ายคืน [ngoen thii chai khuen]
repeat [rɪ'pi:t] *n* การกระทำซ้ำ [kan kra tham sam] ▷ *v* พูด เขียนทำซ้ำ [phut khian tham som]
repeatedly [rɪ'pi:tɪdlɪ] *adv* อย่างซ้ำๆ [yang som som]
repellent [rɪ'pɛlənt] *adj* ทำให้เป็นที่รังเกียจ [tham hai pen thii rang kiat]; **insect repellent** *n* ยากันแมลง [ya kan ma laeng]
repercussions [,ri:pə'kʌʃənz] *npl* ผลของการกระทำ [phon khong kan kra tham]
repetitive [rɪ'pɛtɪtɪv] *adj* ที่ทำซ้ำซาก [thii tham sam sak]
replace [rɪ'pleɪs] *v* แทนที่ [thaen thi]
replacement [rɪ'pleɪsmənt] *n* การทำหน้าที่แทน [kan tham na thii thaen]
replay *n* ['ri:,pleɪ] การจัดการแข่งขันใหม่ [kan chat kan khaeng khan mai] ▷ *v* [ri:'pleɪ] เล่นใหม่ [len mai]
replica ['rɛplɪkə] *n* ของจำลอง [khong cham long]
reply [rɪ'plaɪ] *n* คำตอบ [kham top] ▷ *v* ให้คำตอบ [hai kham top]
report [rɪ'pɔ:t] *n* การรายงาน [kan rai ngan] ▷ *v* รายงาน [rai ngan]; **report card** *n* บัตรรายงาน [bat rai ngan]; **I need a police report for my insurance** ฉันจำเป็นต้องมีรายงานของตำรวจสำหรับการประกัน [chan cham pen tong mii rai ngan khong tam ruat sam rap kan pra kan]
reporter [rɪ'pɔ:tə] *n* ผู้รายงาน [phu rai ngan]
represent [,rɛprɪ'zɛnt] *v* เป็นตัวแทน [pen tua taen]
representative [,rɛprɪ'zɛntətɪv] *adj* เป็นตัวแทน [pen tua taen]
reproduction [,ri:prə'dʌkʃən] *n* การผลิตใหม่ [kan pha lit mai]
reptile ['rɛptaɪl] *n* สัตว์เลื้อยคลาน [sat lueai khlan]
republic [rɪ'pʌblɪk] *n* สาธารณรัฐ [sa tha ra na rat]
repulsive [rɪ'pʌlsɪv] *adj* น่าขยะแขยง [na kha ya kha yaeng]
reputable ['rɛpjʊtəbᵊl] *adj* น่าเชื่อถือ [na chuea thue]
reputation [,rɛpjʊ'teɪʃən] *n* ชื่อเสียง [chue siang]
request [rɪ'kwɛst] *n* การเรียกร้อง [kan riak rong] ▷ *v* เรียกร้อง [riak rong]
require [rɪ'kwaɪə] *v* ต้องการ [tong kan]
requirement [rɪ'kwaɪəmənt] *n* ความต้องการ [khwam tong kan]
rescue ['rɛskju:] *n* การช่วยชีวิต [kan chuai chi wit] ▷ *v* ช่วยเหลือ [chuai luea]; **Where is the nearest mountain rescue service post?**

หน่วยบริการช่วยเหลือใกล้ที่สุดอยู่ที่ไหน? [nuai bo ri kan chuai luea klai thii sut yu thii nai]
research [rɪˈsɜːtʃ; ˈriːsɜːtʃ] *n* การค้นคว้า [kan khon khwa]; **market research** *n* การวิจัยตลาด [kan wi jai ta lad]
resemblance [rɪˈzɛmbləns] *n* ความคล้ายคลึง [khwam khlai khlueng]
resemble [rɪˈzɛmbᵊl] *v* คล้าย [khlai]
resent [rɪˈzɛnt] *v* รู้สึกขมขื่น [ru suk khom khuen]
resentful [rɪˈzɛntfʊl] *adj* ซึ่งไม่พอใจ [sueng mai phor jai]
reservation [ˌrɛzəˈveɪʃən] *n* การจอง [kan chong]
reserve [rɪˈzɜːv] *n (land)* เขตสงวน [khet sa nguan], *(retention)* การเก็บรักษา [kan kep rak sa] ▷ *v* สำรอง [sam rong]
reserved [rɪˈzɜːvd] *adj* ไม่แสดงอารมณ์และความรู้สึก [mai sa daeng a rom lae khwam ru suek]
reservoir [ˈrɛzəˌvwɑː] *n* ที่เก็บน้ำ [thii kep nam]
resident [ˈrɛzɪdənt] *n* ผู้พักอาศัย [phu phak a sai]
residential [ˌrɛzɪˈdɛnʃəl] *adj* เขตที่มีที่พักอาศัย [khet thii mii thii phak a sai]
resign [rɪˈzaɪn] *v* ลาออก [la ok]
resin [ˈrɛzɪn] *n* ยางไม้ [yang mai]
resist [rɪˈzɪst] *v* ต่อต้าน [to tan]
resistance [rɪˈzɪstəns] *n* การต่อต้าน [kan to tan]
resit [riːˈsɪt] *v* สอบใหม่ [sop mai]
resolution [ˌrɛzəˈluːʃən] *n* ความเด็ดเดี่ยวแน่นอน [khwam det diao nae non]
resort [rɪˈzɔːt] *n* สถานที่ตากอากาศ [sa than thii tak a kaat]; **resort to** *v* ขอความช่วยเหลือ [kho khwam chuai luea]
resource [rɪˈzɔːs; -ˈsɔːs] *n* ทรัพยากร [pha ya kon]; **natural resources** *npl* ทรัพยากรธรรมชาติ [sap pha ya kon tham ma chaat]
respect [rɪˈspɛkt] *n* ความเคารพ [khwam khao rop] ▷ *v* เคารพ [khao rop]
respectable [rɪˈspɛktəbᵊl] *adj* น่านับถือ [na nap thue]
respectively [rɪˈspɛktɪvlɪ] *adv* ตามลำดับ [tam lam dap]
respond [rɪˈspɒnd] *v* ตอบ [top]
response [rɪˈspɒns] *n* คำตอบ [kham top]
responsibility [rɪˌspɒnsəˈbɪlɪtɪ] *n* ความรับผิดชอบ [khwam rap phit chop]
responsible [rɪˈspɒnsəbᵊl] *adj* อย่างรับผิดชอบ [yang rap phit chop]
rest [rɛst] *n* การพักผ่อน [kan phak phon] ▷ *v* พักผ่อน [phak phon]; **the rest** *n* ส่วนที่เหลือ [suan thii luea]
restaurant [ˈrɛstəˌrɒŋ; ˈrɛstrɒŋ; -rɒnt] *n* ร้านอาหาร [ran a han]; **Are there any vegetarian restaurants here?** มีร้านอาหารมังสวิรัติที่นี่ไหม? [mii ran a han mang sa wi rat thii ni mai]
restful [ˈrɛstfʊl] *adj* ซึ่งเงียบสงบและผ่อนคลาย [sueng ngiap sa ngob lae phon khlai]
restless [ˈrɛstlɪs] *adj* เบื่อและไม่พอใจ [buea lae mai pho jai]
restore [rɪˈstɔː] *v* ซ่อมแซมให้สู่สภาพเดิม [som saem hai su sa phap doem]
restrict [rɪˈstrɪkt] *v* จำกัด [cham kat]
restructure [riːˈstrʌktʃə] *v* เปลี่ยนโครงสร้างใหม่ [plian khrong sang mai]
result [rɪˈzʌlt] *n* ผลลัพธ์ [phon lap]; **result in** *v* เป็นผล [pen phon]
resume [rɪˈzjuːm] *v* ดำเนินต่อไปใหม่ [dam noen to pai mai]
retail [ˈriːteɪl] *n* การขายปลีก [kan khai plik] ▷ *v* ขายปลีก [khai phlik]; **retail price** *n* ราคาขายปลีก [ra kha khai plik]
retailer [ˈriːteɪlə] *n* ผู้ขายปลีก [phu khai plik]
retire [rɪˈtaɪə] *v* เกษียณ [ka sian]
retired [rɪˈtaɪəd] *adj* ปลดเกษียณ [plot ka sian]
retirement [rɪˈtaɪəmənt] *n* การปลดเกษียณ [kan plot ka sian]
retrace [rɪˈtreɪs] *v* ย้อนรอยเดิม [yon roi doem]

return [rɪ'tɜːn] *n (coming back)* การกลับคืนมา [kan klap khuen ma], *(yield)* ผลผลิต ปริมาณผลผลิต [phon pha lit, pa ri man phon pha lit] ▷ *vi* กลับคืน กลับมา [klab khuen klab ma] ▷ *vt* ส่งคืน [song khuen]; **day return** *n* ไปกลับในหนึ่งวัน [pai klap nai nueng wan]; **return ticket** *n* ตั๋วไปกลับ [tua pai klap]; **tax return** *n* ภาษีคืน [pha si khuen]
reunion [riː'juːnjən] *n* การกลับมารวมกันใหม่ [kan klap ma ruam kan mai]
reuse [riː'juːz] *v* ใช้อีก [chai ik]
reveal [rɪ'viːl] *v* เปิดเผย [poet phoei]
revenge [rɪ'vendʒ] *n* การแก้แค้น [kan kae khaen]
revenue ['rɛvɪˌnjuː] *n* รายได้ของรัฐที่ได้จากการเก็บภาษีอากรและธรรมเนียม [rai dai khong rat thii dai chak kan kep pha si a kon lae tham niam]
reverse [rɪ'vɜːs] *n* ด้านตรงข้าม [dan trong kham] ▷ *v* ถอยกลับ [thoi klap]
review [rɪ'vjuː] *n* บทเขียนวิจารณ์ [bot khian wi chan]
revise [rɪ'vaɪz] *v* ทบทวน [thop thuan]
revision [rɪ'vɪʒən] *n* การทบทวน [kan thop thuan]
revive [rɪ'vaɪv] *v* มีชีวิตชีวา [mi chi wit chi wa]
revolting [rɪ'vəʊltɪŋ] *adj* น่ารังเกียจ [na rang kiat]
revolution [ˌrɛvə'luːʃən] *n* การปฏิวัติ [kan pa ti wat]
revolutionary [ˌrɛvə'luːʃənərɪ] *adj* เกี่ยวกับการปฏิวัติ [kiao kap kan pa ti wat]
revolver [rɪ'vɒlvə] *n* ปืนพกลูกโม่ [puen phok luk mo]
reward [rɪ'wɔːd] *n* รางวัล [rang wan]
rewarding [rɪ'wɔːdɪŋ] *adj* ซึ่งให้รางวัล [sueng hai rang wan]
rewind [riː'waɪnd] *v* กรอเทปกลับ [kro thep klap]
rheumatism ['ruːməˌtɪzəm] *n* โรคไขข้ออักเสบ [rok khai kho ak sep]
rhubarb ['ruːbɑːb] *n* พืชใบใหญ่มีก้านยาวสีเขียวและแดงใช้ทำอาหารได้ [phuet bai yai mee kan yao see khiao lae daeng chai tham a han dai]
rhyme [raɪm] *n* **nursery rhyme** *n* กลอนหรือเพลงง่ายๆสำหรับเด็ก [klorn huen pleng ngai ngai sam rub dek]
rhythm ['rɪðəm] *n* จังหวะ [chang wa]
rib [rɪb] *n* เนื้อติดซี่โครง [nuea tit si khrong]
ribbon ['rɪbᵊn] *n* ริบบิ้น เส้นหรือแถบผ้ายาวที่ใช้ผูกเพื่อประดับตกแต่ง [rip bin, sen rue thaep pha yao thii chai phuk phuea pra dap tok taeng]
rice [raɪs] *n* ข้าว [khao]; **brown rice** *n* ข้าวซ้อมมือ [khao som mue]
rich [rɪtʃ] *adj* รวย [ruai]
ride [raɪd] *n* การเดินทางโดยยานพาหนะหรือหลังม้า [kan doen thang doi yan pha ha na hue hlang ma] ▷ *v* ขี่ เช่นขี่ม้า ขี่จักรยานหรือจักรยานยนต์ [khi chen khi ma khi chak kra yan rue chak kra yan yon]
rider ['raɪdə] *n* ผู้ขับขี่ [phu khap khi]
ridiculous [rɪ'dɪkjʊləs] *adj* น่าหัวเราะ [na hua rao]
riding ['raɪdɪŋ] *n* การขี่ม้า [kan khi ma]; **horse riding** *n* การขี่ม้า [kan khi ma]
rifle ['raɪfᵊl] *n* ปืนเล็กยาว [puen lek yao]
rig [rɪg] *n* เครื่องขุดเจาะ [khueang khud jo]; **oil rig** *n* ฐานโครงสร้างใช้เจาะหาบ่อน้ำมัน [tan khrong sang chai jo ha bo nam man]
right [raɪt] *adj (correct)* ถูกต้อง [tuk tong], *(not left)* ทางขวา [thang khwa] ▷ *adv* อย่างถูกต้อง [yang thuk tong] ▷ *n* สิทธิ [sit thi]; **civil rights** *npl* สิทธิที่เท่ากันของพลเมือง [sit thi thii thao kan khong phon la mueang]; **human rights** *npl* สิทธิของมนุษย [sit thi khong ma nut]; **right angle** *n* มุมที่ถูกต้อง [mum thii thuk tong]
right-hand ['raɪtˌhænd] *adj* ด้านขวามือ [dan khwa mue]; **right-hand drive** *n* ขับทางด้านขวามือ [khap thang dan

khwa mue]
right-handed ['raɪt,hændɪd] *adj* ทางด้านขวามือ [thang dan khwua mue]
rightly ['raɪtlɪ] *adv* อย่างถูกต้องและยุติธรรม [yang thuk tong lae yu thi tham]
right-wing ['raɪt,wɪŋ] *adj* พรรคการเมืองอนุรักษ์นิยม [phak kan mueang a nu rak ni yom]
rim [rɪm] *n* ขอบ [khop]
ring [rɪŋ] *n* แหวน [waen] ▷ *v* ส่งเสียงดังกังวาน [song siang dang kang wan]; **engagement ring** *n* แหวนหมั้น [waen man]; **ring binder** *n* ตาไก่ [ta kai]; **ring road** *n* ถนนวงแหวน [tha non wong waen]
ring back [rɪŋ bæk] *v* โทรกลับ [tho klap]
ringtone ['rɪŋ,təʊn] *n* เสียงดังของโทรศัพท์ [siang dang khong tho ra sab]
ring up [rɪŋ ʌp] *v* โทรศัพท์หา [tho ra sab ha]
rink [rɪŋk] *n* ลานเล่นสเก็ตน้ำแข็ง [lan len sa ket nam khaeng]; **ice rink** *n* ลานน้ำแข็งเล่นสเก็ต [lan nam khaeng len sa ket]; **skating rink** *n* ลานเล่นสเก็ต [lan len sa ket]
rinse [rɪns] *n* การชำระล้าง [kan cham ra lang] ▷ *v* ชำระล้าง [cham ra lang]
riot ['raɪət] *n* การจลาจล [kan cha la chon] ▷ *v* ก่อการจลาจล [ko kan cha la chon]
rip [rɪp] *v* ฉีก [chik]
ripe [raɪp] *adj* สุก [suk]
rip off [rɪp ɒf] *v* คิดราคามากเกินไป [kid ra kha mak koen pai]
rip-off [rɪpɒf] *n* การโกง การหลอกลวง การต้มตุ๋น [kan kong, kan lok luang, kan tom tun]
rip up [rɪp ʌp] *v* ดึงขึ้นอย่างแรง [dueng khuen yang raeng]
rise [raɪz] *n* การลุกขึ้น [kan luk khuen] ▷ *v* ลุกขึ้น [luk khuen]
risk [rɪsk] *n* ความเสี่ยง [khwam siang] ▷ *vt* เสี่ยง [siang]
risky ['rɪskɪ] *adj* ที่เสี่ยง [thii siang]
ritual ['rɪtjʊəl] *adj* เกี่ยวกับพิธีกรรม [kiao kap phi thi kam] ▷ *n* พิธีกรรมทางศาสนา [phi ti kam thang sat sa na]
rival ['raɪvᵊl] *adj* ที่เป็นคู่แข่งกัน [thii pen khu khaeng kan] ▷ *n* คู่แข่ง [khu khaeng]
rivalry ['raɪvəlrɪ] *n* การแข่งขัน [kan khaeng khan]
river ['rɪvə] *n* แม่น้ำ [mae nam]; **Can one swim in the river?** เราว่ายน้ำในแม่น้ำได้ไหม? [rao wai nam nai mae nam dai mai]
road [rəʊd] *n* ถนน [tha non]; **main road** *n* ถนนสายหลัก [tha non sai lak]; **Are the roads icy?** ถนนมีน้ำแข็งเกาะไหม? [tha non mii nam khaeng kao mai]; **Do you have a road map of this area?** คุณมีแผนที่ถนนของบริเวณนี้ไหม? [khun mii phaen thii tha non khong bo ri wen nii mai]; **I need a road map of...** ฉันอยากได้แผนที่ถนนของ... [chan yak dai phaen thii tha non khong...]
roadblock ['rəʊd,blɒk] *n* สิ่งกีดขวาง [sing kit khwang]
roadworks ['rəʊd,wɜːks] *npl* การซ่อมถนน [kan som tha non]
roast [rəʊst] *adj* ที่อบ [thii op]
rob [rɒb] *v* ปล้น [plon]; **I've been robbed** ฉันถูกปล้น [chan thuk plon]
robber [rɒbə] *n* โจร [chon]
robbery ['rɒbərɪ] *n* การปล้น [kan plon]
robin ['rɒbɪn] *n* นกสีน้ำตาลขนาดเล็กมีอกสีแดง [nok see nam tan kha nard lek mee ok see daeng]
robot ['rəʊbɒt] *n* หุ่นยนต์ [hun yon]
rock [rɒk] *n* หิน [hin] ▷ *v* โยก แกว่ง เขย่า [yok, kwaeng, kha yao]; **rock climbing** *n* การไต่เขา [kan tai khao]
rocket ['rɒkɪt] *n* จรวด [cha ruat]
rod [rɒd] *n* ไม้หรือแท่งโลหะยาวๆ [mai hue thaeng lo ha yao yao]
rodent ['rəʊdᵊnt] *n* สัตว์เลี้ยงลูกด้วยนมที่

ใช้ฟันแทะ [sat liang luk duai nom thii chai fan thae]

role [rəʊl] *n* หน้าที่หรือบทบาท [na thii rue bot bat]

roll [rəʊl] *n* การหมุน [kan mun] ▷ *v* กลิ้ง [kling]; **bread roll** *n* ขนมปังกลม [kha nom pang klom]; **roll call** *n* การขานชื่อ [kan khan chue]

roller ['rəʊlə] *n* เครื่องบดถนน [khrueang bot tha non]

rollercoaster ['rəʊlə,kəʊstə] *n* ลานรถลื่นไถลสำหรับการเล่นของเด็กในสวนสนุก [lan rot luen tha lai sam rap kan len khong dek nai suan sa nuk]

rollerskates ['rəʊlə,skeɪts] *npl* รองเท้าสเก็ตที่มีล้อเลื่อนสี่ล้อ [rong thao sa ket thii mee lor luean si lor]

rollerskating ['rəʊlə,skeɪtɪŋ] *n* การเล่นสเก็ต [kan len sa ket]

Roman ['rəʊmən] *adj* ที่เกี่ยวกับโรม [thii kiao kap rom]; **Roman Catholic** *n* ที่เกี่ยวกับศาสนาโรมันคาทอลิค [thii kiao kap sat sa na ro man kha tho lik], ผู้นับถือนิกายโรมันคาทอลิค [thii kiao kap sat sa na ro man kha tho lik, phu nap thue ni kai ro man kha tho lik]

romance ['rəʊmæns] *n* เรื่องรักใคร่ [rueang rak khrai]

Romanesque [,rəʊmə'nɛsk] *adj* ซึ่งเป็นสถาปัตยกรรมที่แพร่ในยุโรปตะวันตกตั้งแต่ศตวรรษที่ ๙ ถึง ๑๒ [sueng pen sa ta pat ta ya kam thii phrae nai yu rop ta wan tok tang tae sat ta wat thii thueng]

Romania [rəʊ'meɪnɪə] *n* ประเทศโรมาเนีย [pra tet ro ma nia]

Romanian [rəʊ'meɪnɪən] *adj* เกี่ยวกับโรมาเนีย [kiao kap ro ma nia] ▷ *n (language)* ภาษาโรมาเนีย [pha sa ro ma nia], *(person)* ชาวโรมาเนีย [chao ro ma nia]

romantic [rəʊ'mæntɪk] *adj* เกี่ยวกับเรื่องรักใคร่ [kiao kap rueang rak khrai]

roof [ru:f] *n* หลังคา [lang kha]; **The roof leaks** หลังคารั่ว [lang kha rua]

roof rack ['ru:f,ræk] *n* หลังคารถ [lang kha rot]

room [ru:m; rʊm] *n* ห้อง [hong]; **changing room** *n* ห้องเปลี่ยนเสื้อผ้า [hong plian suea pha]; **Can I see the room?** ฉันขอดูห้องได้ไหม? [chan kho du hong dai mai]; **Can I switch rooms?** ฉันเปลี่ยนห้องได้ไหม? [chan plian hong dai mai]; **Can you clean the room, please?** คุณช่วยทำความสะอาดห้องได้ไหม? [khun chuai tham khwam sa at hong dai mai]

roommate ['ru:m,meɪt; 'rʊm-] *n* เพื่อนร่วมห้อง [phuean ruam hong]

root [ru:t] *n* ราก [rak]; **Can you dye my roots, please?** คุณช่วยย้อมรากผมให้ฉันได้ไหม? [khun chuai yom rak phom hai chan dai mai]

rope [rəʊp] *n* เชือก [chueak]

rope in [rəʊp ɪn] *v* ชักชวนให้เข้าร่วม [chak chuan hai khao ruam]

rose [rəʊz] *n* ต้นกุหลาบ [ton ku lap]

rosé ['rəʊzeɪ] *n* ไวน์สีชมพู [vine see chom phu]

rosemary ['rəʊzmərɪ] *n* ไม้พุ่มสมุนไพร [mai phum sa mun phrai]

rot [rɒt] *v* เน่า [nao]

rotten ['rɒtᵊn] *adj* เน่าเปื่อย [nao pueai]

rough [rʌf] *adj* หยาบ [yap]

roughly ['rʌflɪ] *adv* อย่างหยาบ [yang yap]

roulette [ru:'lɛt] *n* เกมส์พนันรูเลทท์ [kem pha nan ru let]

round [raʊnd] *adj* กลม [klom] ▷ *n (circle)* วงกลม [wong klom], *(series)* รูปทรงกลม [rup song klom] ▷ *prep* ล้อมรอบ [lom rop]; **paper round** *n* เส้นทางส่งหนังสือพิมพ์ [sen thang song nang sue phim]; **round trip** *n* การเดินทางไปและกลับ [kan doen thang pai lae klap]; **You have to turn round** คุณต้องเลี้ยวกลับ [khun tong liao klap]

roundabout ['raʊndə,baʊt] *n* วงเวียนที่ต้องขับรถรอบ [wong wian thii tong khap rot rop]

round up [raʊnd ʌp] *v* รวมตัวกัน [ruam tua kan]
route [ru:t] *n* เส้นทาง [sen thang]; **Is there a route that avoids the traffic?** มีเส้นทางใดที่หลีกเลี่ยงรถติดได้? [mii sen thang dai thii lik liang rot tit dai]
routine [ru:'ti:n] *n* กิจวัตรประจำ [kit ja wat pra cham]
row¹ [rəʊ] *n (line)* แถว [thaeo] ▷ *v (in boat)* พาย [phai]
row² [raʊ] *n (argument)* การทะเลาะวิวาท [kan tha lo wi wat] ▷ *v (to argue)* ทะเลาะวิวาท [tha lo wi wat]
rowing [rəʊɪŋ] *n* การพายเรือ [kan phai ruea]; **rowing boat** *n* เรือขนาดเล็กที่ใช้ไม้พาย [ruea kha nat lek thii chai mai phai]
royal ['rɔɪəl] *adj* เกี่ยวกับราชวงศ์ [kiao kap rat cha wong]
rub [rʌb] *v* ถู [thu]
rubber ['rʌbə] *n* ยาง [yang]; **rubber band** *n* ยางรัด [yang rat]; **rubber gloves** *npl* ถุงมือยาง [thung mue yang]
rubbish ['rʌbɪʃ] *adj* ที่ไร้สาระ [thii rai sa ra] ▷ *n* ขยะ [kha ya]; **rubbish dump** *n* ที่ทิ้งขยะ [thii thing kha ya]; **Where do we leave the rubbish?** เราจะทิ้งขยะได้ที่ไหน? [rao ja thing kha ya dai thii nai]
rucksack ['rʌk,sæk] *n* เป้สะพายหลัง [pe sa phai lang]
rude [ru:d] *adj* หยาบคาย [yap khai]
rug [rʌg] *n* พรมผืนเล็ก [phrom phuen lek]
rugby ['rʌgbɪ] *n* กีฬารักบี้ [ki la rak bii]
ruin ['ru:ɪn] *n* ซากปรักหักพัง [sak prak hak phang] ▷ *v* ทำให้พินาศ [tham hai phi nat]
rule [ru:l] *n* หลักเกณฑ์ [lak ken]
rule out [ru:l aʊt] *v* ไม่ยอมรับ [mai yom rap]
ruler ['ru:lə] *n (commander)* ผู้ควบคุม [phu khuab khum], *(measure)* ไม้บรรทัด [mai ban that]
rum [rʌm] *n* เหล้ารัม [lao ram]
rumour ['ru:mə] *n* ข่าวลือ [khao lue]
run [rʌn] *n* การวิ่ง [kan wing] ▷ *vi* วิ่ง วิ่งหนี เปิดเครื่อง เดินเครื่อง [wing, wing nii, poet khrueang, doen khrueang] ▷ *vt* วิ่งแข่ง รีบไป เคลื่อนไปอย่างรวดเร็ว [wing khaeng, rip pai, khluean pai yang ruat reo]
run away [rʌn ə'weɪ] *v* วิ่งหนีไป [wing nii pai]
runner ['rʌnə] *n* นักวิ่ง [nak wing]; **runner bean** *n* ถั่วฝักชนิดหนึ่ง [thua fak cha nit nueng]
runner-up ['rʌnəʌp] *n* ผู้รองชนะเลิศ [phu rong cha na loet]
running ['rʌnɪŋ] *n* การบริหาร [kan bo ri han], การวิ่ง [kan wing]
run out [rʌn aʊt] *v* **The towels have run out** ผ้าเช็ดตัวหมด [pha chet tua mot]
run out of [rʌn aʊt ɒv] *v* ไม่มีสำรอง [mai mii sam rong]
run over [rʌn 'əʊvə] *v* ชนล้มและบาดเจ็บ [chon lom lae bat chep]
runway ['rʌn,weɪ] *n* ลานบิน [lan bin]
rural ['rʊərəl] *adj* ในชนบท [nai chon na bot]
rush [rʌʃ] *n* การเร่ง [kan reng] ▷ *v* เคลื่อนหรือทำอย่างเร่งรีบ [khluean rue tham yang reng rip]; **rush hour** *n* ชั่วโมงเร่งด่วน [chau mong reng duan]
rusk [rʌsk] *n* ขนมปังกรอบที่ใช้เลี้ยงเด็ก [kha nom pang krob thiichai liang dek]
Russia ['rʌʃə] *n* ประเทศรัสเซีย [pra tet ras sia]
Russian ['rʌʃən] *adj* เกี่ยวกับรัสเซีย [kiao kap ras sia] ▷ *n (language)* ภาษารัสเซีย [pha sa ras sia], *(person)* ชาวรัสเซีย [chao ras sia]
rust [rʌst] *n* สนิม [sa nim]
rusty ['rʌstɪ] *adj* ที่เป็นสนิม [thii pen sa nim]
ruthless ['ru:θlɪs] *adj* ไร้ความเมตตาปราณี [rai khwam met ta pra nii]
rye [raɪ] *n* ธัญพืชคล้ายข้าวสาลี [than ya phuet khlai khao sa lii]

S

Sabbath ['sæbəθ] *n* วันประกอบพิธีทางศาสนาและพักผ่อนของชาวคริสต์ [wan pra kop phi ti thang sad sa na lae phak phon khong chao khris]
sabotage ['sæbə,tɑːʒ] *n* การก่อวินาศกรรม [kan ko wi nat sa kam] ▷ *v* ก่อวินาศกรรม [ko wi nat sa kam]
sachet ['sæʃeɪ] *n* ซอง [song]
sack [sæk] *n (container)* กระสอบ [kra sop], *(dismissal)* ไล่ออก [lai ok] ▷ *v* ทำลาย [tham lai]
sacred ['seɪkrɪd] *adj* ซึ่งเป็นที่สักการะทางศาสนา [sueng pen thii sak ka ra thang sat sa na]
sacrifice ['sækrɪ,faɪs] *n* การเสียสละ [kan sia sa la]
sad [sæd] *adj* เศร้า [sao]
saddle ['sædᵊl] *n* อาน [an]
saddlebag ['sædᵊl,bæg] *n* ถุงที่บรรจุหลังสัตว์ [thung thii ban chu hlang sat]
sadly [sædlɪ] *adv* อย่างเศร้าใจ [yang sao jai]
safari [sə'fɑːrɪ] *n* การเดินทางเพื่อล่าสัตว์และท่องเที่ยว [kan doen thang phue la sad lae thong thiao]
safe [seɪf] *adj* ปลอดภัย [plot phai] ▷ *n* ตู้นิรภัย [tu ni ra phai]; **I have some things in the safe** ฉันมีของในตู้นิรภัย [chan mii khong nai tu ni ra phai]; **I would like to put my jewellery in the safe** ฉันอยากวางเครื่องประดับไว้ในตู้นิรภัย [chan yak wang khrueang pra dap wai nai tu ni ra phai]; **Is it safe for children?** ปลอดภัยสำหรับเด็กไหม? [plot phai sam rap dek mai]
safety ['seɪftɪ] *n* ความปลอดภัย [khwam plot phai]; **safety belt** *n* เข็มขัดนิรภัย [khem khat ni ra phai]; **safety pin** *n* เข็มกลัด [khem klat]
saffron ['sæfrən] *n* ผงสีเหลืองอมส้มทำจากดอกโครคัส [phong sii lueang om som tham chak dok khro khas]
Sagittarius [,sædʒɪ'tɛərɪəs] *n* ราศีธนู [ra si tha nu]
Sahara [sə'hɑːrə] *n* ทะเลทรายซาฮารา [tha le sai sa ha ra]
sail [seɪl] *n* ใบเรือ [bai ruea] ▷ *v* แล่นเรือ [laen ruea]
sailing ['seɪlɪŋ] *n* การเดินเรือ [kan doen ruea]; **sailing boat** *n* เรือใบ [ruea bai]
sailor ['seɪlə] *n* ลูกเรือ [luk ruea]
saint [seɪnt; sənt] *n* นักบุญ [nak bun]
salad ['sæləd] *n* สลัด [sa lat]; **mixed salad** *n* สลัดรวม [sa lat ruam]; **salad dressing** *n* น้ำสลัด [nam sa lat]
salami [sə'lɑːmɪ] *n* ไส้กรอกซาลามิ [sai krok sa la mi]
salary ['sælərɪ] *n* เงินเดือน [ngoen duean]
sale [seɪl] *n* การขาย [kan khai]; **sales assistant** *n* พนักงานขาย [pha nak ngan khai]; **sales rep** *n* ผู้แทนการขาย [phu thaen kan khai]
salesman, salesmen ['seɪlzmən, 'seɪlzmɛn] *n* พนักงานขายชาย [pha nak ngan khai chai]
salesperson ['seɪlzpɜːsᵊn] *n* พนักงานขาย [pha nak ngan khai]
saleswoman, saleswomen

['seɪlzwʊmən, 'seɪlzwɪmɪn] *n* พนักงานขายหญิง [pha nak ngan khai ying]
saliva [sə'laɪvə] *n* น้ำลาย [nam lai]
salmon ['sæmən] *n* ปลาแซลมอน [pla sael mon]
salon ['sælɒn] *n* **beauty salon** *n* ร้านเสริมสวย [ran soem suai]
saloon [sə'lu:n] *n* บาร์คุณภาพสูง [bar khun na phap sung]; **saloon car** *n* รถเก๋งที่มีสองหรือสี่ประตู [rot keng thii mii song rue si pra tu]
salt [sɔ:lt] *n* เกลือ [kluea]; **Pass the salt, please** ช่วยส่งเกลือให้หน่อย [chuai song kluea hai noi]
saltwater ['sɔ:lt,wɔ:tə] *adj* เกี่ยวกับน้ำเค็ม [kiao kap nam khem]
salty ['sɔ:ltɪ] *adj* ซึ่งมีรสเค็ม [sueng mii rot khem]
salute [sə'lu:t] *v* คำนับ [kham nap]
salve [sælv] *n* **lip salve** *n* ครีมทากันริมฝีปากแตก [khrim tha kan rim fi pak taek]
same [seɪm] *adj* เหมือนกัน [muean kan]; **I'll have the same** ฉันอยากได้เครื่องดื่มเหมือนกัน [chan yak dai khrueang duem muean kan]
sample ['sɑ:mpᵊl] *n* ตัวอย่าง [tua yang]
sand [sænd] *n* ทราย [sai]; **sand dune** *n* หุบทราย [hup sai]
sandal ['sændᵊl] *n* รองเท้าแตะ [rong thao tae]
sandcastle [sændkɑ:sᵊl] *n* ปราสาททราย [pra saat sai]
sandpaper ['sænd,peɪpə] *n* กระดาษทราย [kra dart sai]
sandpit ['sænd,pɪt] *n* หลุมทราย [lum sai]
sandstone ['sænd,stəʊn] *n* หินทราย [hin sai]
sandwich ['sænwɪdʒ; -wɪtʃ] *n* ขนมปังแซนด์วิช [kha nom pang saen wit]; **What kind of sandwiches do you have?** คุณมีขนมปังแซนด์วิชอะไรบ้าง? [khun mii kha nom pang saen wit a rai bang]
San Marino [,sæn mə'ri:nəʊ] *n* ประเทศซานมาริโน [pra tet san ma ri no]
sapphire ['sæfaɪə] *n* ไพลินสีน้ำเงินหรือสีฟ้าเข้ม [phai lin sii nam ngoen rue sii fa khem]
sarcastic [sɑ:'kæstɪk] *adj* ช่างเสียดสี [chang siat sii]
sardine [sɑ:'di:n] *n* ปลาซาร์ดีน [pla sa din]
satchel ['sætʃəl] *n* กระเป๋าหนังสือ [kra pao nang sue]
satellite ['sætᵊ,laɪt] *n* ดาวเทียม [dao thiam]; **satellite dish** *n* จานดาวเทียม [chan dao thiam]
satisfaction [,sætɪs'fækʃən] *n* ความพอใจ [khwam phor jai]
satisfactory [,sætɪs'fæktərɪ; -trɪ] *adj* ที่พึงพอใจ [thii phueng phor jai]
satisfied ['sætɪs,faɪd] *adj* พอใจ [pho chai]; **I'm not satisfied with this** ฉันไม่พอใจกับสิ่งนี้ [chan mai pho jai kap sing nii]
sat nav ['sæt næv] *n* เครื่องนำทาง นาวิเกเตอร์ [khrueang nam thang, na wi ke toe]
Saturday ['sætədɪ] *n* วันเสาร์ [wan sao]; **every Saturday** ทุกวันเสาร์ [thuk wan sao]; **last Saturday** วันเสาร์ที่แล้ว [wan sao thii laeo]; **next Saturday** วันเสาร์หน้า [wan sao na]
sauce [sɔ:s] *n* น้ำปรุงรส [nam prung rot]; **soy sauce** *n* น้ำซีอิ๊ว [nam si io]; **tomato sauce** *n* ซอสมะเขือเทศ [sos ma khuea tet]
saucepan ['sɔ:spən] *n* หม้อที่มีฝาปิดและมีด้ามยาว [mo thii mii fa pit lae mii dam yao]
saucer ['sɔ:sə] *n* จานรอง [chan rong]
Saudi ['sɔ:dɪ; 'saʊ-] *adj* เกี่ยวกับประเทศซาอุดิอาระเบีย [kiao kap pra thet sa u di a ra bia] ▷ *n* ชาวซาอุดิอาระเบีย [chao sa u di a ra bia]

Saudi Arabia ['sɔ:dɪ; 'saʊ-] *n* ประเทศซาอุดิอาระเบีย [pra tet sa u di a ra bia]
Saudi Arabian ['sɔ:dɪ ə'reɪbɪən] *adj* เกี่ยวกับประเทศซาอุดิอาระเบีย [kiao kap pra thet sa u di a ra bia] ▷ *n* ชาวซาอุที่อาศัยอยู่ในประเทศซาอุอาระเบีย [chao sa u thii a sai yu nai pra ted sa u di a ra bia]
sauna ['sɔ:nə] *n* การอบไอน้ำ [kan op ai nam]
sausage ['sɒsɪdʒ] *n* ไส้กรอก [sai krok]
save [seɪv] *v* ช่วยชีวิต [chuai chi wit]
save up [seɪv ʌp] *v* เก็บเงิน [kep ngoen]
savings ['seɪvɪŋz] *npl* เงินออม [ngoen om]
savoury ['seɪvərɪ] *adj* ที่เป็นของคาว [thii pen khong khao]
saw [sɔ:] *n* เลื่อย [lueai]
sawdust ['sɔ:,dʌst] *n* ขี้เลื่อย [khi lueai]
saxophone ['sæksə,fəʊn] *n* แซ็กโซโฟน [saek so fon]
say [seɪ] *v* พูด [phut]
saying ['seɪɪŋ] *n* การพูด [kan phut]
scaffolding ['skæfəldɪŋ] *n* โครงยกพื้นที่ใช้สำหรับสร้างหรือซ่อมตึกหรือสถานที่ต่าง ๆ [khrong yok phuen thii chai sam rap sang rue som tuek rue sa than thii tang tang]
scale [skeɪl] *n (measure)* การวัด [kan wat], *(tiny piece)* เกล็ด [klet]
scales [skeɪlz] *npl* เครื่องชั่ง [khrueang chang]
scallop ['skɒləp; 'skæl-] *n* หอยพัด [hoi phat]
scam [skæm] *n* เล่ห์อุบาย [le u bai]
scampi ['skæmpɪ] *npl* กุ้งชุบแป้งทอด [kung chup paeng thot]
scan [skæn] *n* การตรวจรายละเอียด [kan truat rai la iad] ▷ *v* ตรวจรายละเอียด [truat rai la iad]
scandal ['skænd°l] *n* เรื่องอื้อฉาว [rueang ue chao]
Scandinavia [,skændɪ'neɪvɪə] *n* กลุ่มประเทศสแกนดิเนเวีย [klum pra tet sa kaen di ne via]
Scandinavian [,skændɪ'neɪvɪən] *adj* เกี่ยวกับดินแดนในยุโรปเหนือ [kiao kap din daen nai yu rop nuea]
scanner ['skænə] *n* อุปกรณ์รับและส่งสัญญาน [up pa kon rap lae song san yan]
scar [skɑ:] *n* แผลเป็น [phlae pen]
scarce [skɛəs] *adj* ไม่ค่อยพบ [mai khoi phop]
scarcely ['skɛəslɪ] *adv* อย่างไม่พอเพียง [yang mai pho phiang]
scare [skɛə] *n* ความหวาดกลัว [khwam wat klua] ▷ *v* หวาดกลัว [wat klua]
scarecrow ['skɛə,krəʊ] *n* หุ่นไล่กา [hun lai ka]
scared [skɛəd] *adj* ที่น่ากลัว [thii na klua]
scarf, scarves [skɑ:f, skɑ:vz] *n* ผ้าพันคอ [pha phan kho]
scarlet ['skɑ:lɪt] *adj* สีแดงสด [sii daeng sot]
scary ['skɛərɪ] *adj* น่าตกใจ [na tok jai]
scene [si:n] *n* สถานที่เกิดเหตุ [sa than thii koet het]
scenery ['si:nərɪ] *n* ทิวทัศน์ [thio that]
scent [sɛnt] *n* กลิ่น [klin]
sceptical ['skɛptɪk°l] *adj* น่าสงสัย [na song sai]
schedule ['ʃɛdju:l; 'skɛdʒʊəl] *n* ตารางเวลา [ta rang we la]
scheme [ski:m] *n* แผนการ [phaen kan]
schizophrenic [,skɪtsəʊ'frɛnɪk] *adj* โรคจิตชนิดหนึ่งที่มีสองบุคคลิกในคนคนเดียว [rok chit cha nit nueng thii mii song buk kha lik nai khon khon diao]
scholarship ['skɒləʃɪp] *n* ทุนเล่าเรียน [thun lao rian]
school [sku:l] *n* โรงเรียน [rong rian]; **art school** *n* โรงเรียนศิลปะ [rong rian sin la pa]; **boarding school** *n* โรงเรียนประจำ [rong rian pra cham]; **elementary school** *n* โรงเรียนระดับประถมศึกษา [rong rian ra dap pra thom suek sa]
schoolbag ['sku:l,bæg] *n* กระเป๋านักเรียน

[kra pao nak rian]
schoolbook ['sku:l,bʊk] *n* หนังสือโรงเรียน [nang sue rong rian]
schoolboy ['sku:l,bɔɪ] *n* เด็กนักเรียนชาย [dek nak rian chai]
schoolchildren ['sku:l,tʃɪldrən] *npl* เด็กนักเรียน [dek nak rian]
schoolgirl ['sku:l,gɜ:l] *n* เด็กนักเรียนหญิง [dek nak rian hying]
schoolteacher ['sku:l,ti:tʃə] *n* ครูสอนนักเรียน [khru son nak rian]
science ['saɪəns] *n* วิชาวิทยาศาสตร์ [vi cha wit ta ya sard]; **science fiction** *n* นวนิยายวิทยาศาสตร [na wa ni yai wit tha ya saat]
scientific [,saɪən'tɪfɪk] *adj* ตามหลักวิทยาศาสตร [tam lak wit ta ya sard]
scientist ['saɪəntɪst] *n* นักวิทยาศาสตร์ [nak wit ta ya sard]
scifi ['saɪ,faɪ] *n* นวนิยายวิทยาศาสตร์เรื่องสั้น [na wa ni yai wit tha ya saat rueang san]
scissors ['sɪzəz] *npl* กรรไกร [kan krai]; **nail scissors** *npl* กรรไกรตัดเล็บ [kan krai tat lep]
sclerosis [sklɪə'rəʊsɪs] *n* **multiple sclerosis** *n* โรคเลือดคั่งในสมอง [rok lueat khang nai sa mong]
scoff [skɒf] *v* พูดเยาะเย้ย [put yo yoei]
scold [skəʊld] *v* ดุว่า [du wa]
scooter ['sku:tə] *n* รถของเด็กเล่นที่ใช้เท้าถีบ [rot khong dek len thii chai thao thip]
score [skɔ:] *n (game/match)* คะแนน [kha naen], *(of music)* โน้ตเพลง [not phleng] ▷ *v* ทำคะแนน [tham kha naen]
Scorpio ['skɔ:pɪ,əʊ] *n* ราศีพิจิก [ra si phi chik]
scorpion ['skɔ:pɪən] *n* แมลงป่อง [ma laeng pong]
Scot [skɒt] *n* ชาวสก็อตแลนด์ [chao sa kot laen]
Scotland ['skɒtlənd] *n* ประเทศสก็อตแลนด์ [pra ted sa kot laen]
Scots [skɒts] *adj* ชาวสก็อตแลนด์ [chao sa kot laen]
Scotsman, Scotsmen ['skɒtsmən, 'skɒtsmɛn] *n* ชายชาวสก็อตแลนด์ [chai chao sa kot laen]
Scotswoman, Scotswomen ['skɒts,wʊmən, 'skɒts,wɪmɪn] *n* หญิงชาวสก็อตแลนด์ [ying chao sa kot laen]
Scottish ['skɒtɪʃ] *adj* เกี่ยวกับสก็อตแลนด์ [kiao kap sa kot laen]
scout [skaʊt] *n* ลูกเสือ [luk suea]
scrap [skræp] *n (dispute)* การต่อสู้ [kan to su], *(small piece)* เศษชิ้นเล็กชิ้นน้อย [set chin lek chin noi] ▷ *v* ต่อสู้ [to su]; **scrap paper** *n* กระดาษทด [kra dat thot]
scrapbook ['skræp,bʊk] *n* สมุดติดรูปหรือข่าวที่ตัดจากสื่อสิ่งตีพิมพ์ต่างๆ [sa mud tid rup hue khao thii tad chak sue sing ti phim tang tang]
scratch [skrætʃ] *n* รอยข่วน [roi khuan] ▷ *v* ขูดออก [khud ok]
scream [skri:m] *n* การกรีดร้อง [kan krit rong] ▷ *v* กรีดร้อง [krit rong]
screen [skri:n] *n* จอภาพ เช่นจอภาพยนตร์ จอทีวี [chor phap chen chor phap pa yon chor tee vee]; **plasma screen** *n* จอภาพแบน [cho phap baen]; **screen (off)** *v* หลบ กำบัง ป้องกัน ปกปิดเหมือนกับมีฉากกั้น [lop, kam bang, pong kan, pok pit muean kap mii chak kan]
screen-saver ['skri:nseɪvər] *n* โปรแกรมรักษาจอภาพ [pro kraem rak sa cho phap]
screw [skru:] *n* ตะปูควง [ta pu khuang]
screwdriver ['skru:,draɪvə] *n* ไขควง [khai khuang]
scribble ['skrɪbᵊl] *v* เขียนหวัด ๆ [khian wat wat]
scrub [skrʌb] *v* ถูทำความสะอาดอย่างแรง [thu tham khwam sa aat yang raeng]
sculptor ['skʌlptə] *n* นักปั้น [nak pan]
sculpture ['skʌlptʃə] *n* รูปปั้น [rup pan]
sea [si:] *n* ทะเล [tha le]; **North Sea** *n* ทะเลเหนือ [tha le nuea]; **Red Sea** *n*

ทะเลแดง [tha le daeng]; **sea level** *n* ระดับน้ำทะเล [ra dap nam tha le]; **Is the sea rough today?** วันนี้มีพายุทะเลไหม? [wan nii mii pha yu tha le mai]

seafood ['si:,fu:d] *n* อาหารทะเล [a han tha le]; **Could you prepare a meal without seafood?** คุณช่วยทำอาหารที่ไม่มีอาหารทะเลได้ไหม? [khun chuai tham a han thii mai mii a han tha le dai mai]; **Do you like seafood?** คุณชอบอาหารทะเลไหม? [khun chop a han tha le mai]

seagull ['si:,gʌl] *n* นกนางนวล [nok nang nuan]

seal [si:l] *n (animal)* แมวน้ำ [maeo nam], *(mark)* ตราประทับ [tra pra thap] ▷ *v* ปิดผนึก [pit pha nuek]

seam [si:m] *n* ตะเข็บ [ta khep]

seaman, seamen ['si:mən, 'si:mɛn] *n* ลูกเรือ [luk ruea]

search [sɜ:tʃ] *n* การค้นหา [kan khon ha] ▷ *v* ค้นหา [khon ha]; **search engine** *n* กลไกการหาข้อมูลบนอินเตอร์เน็ต [kon kai kan ha kho mun bon in toe net]; **search party** *n* คณะผู้สำรวจผู้สูญหาย [kha na phu sam ruat phu sun hai]

seashore ['si:,ʃɔ:] *n* ชายฝั่งทะเล [chai fang tha le]

seasick ['si:,sɪk] *adj* เมาคลื่น [mao khluen]

seaside ['si:,saɪd] *n* ชายทะเล [chai tha le]

season ['si:zᵊn] *n* ฤดู [rue du]; **high season** *n* ฤดูกาลที่มีธุรกิจมาก [rue du kan thii mii thu ra kit mak]; **low season** *n* ฤดูท่องเที่ยวที่มีนักท่องเที่ยวน้อย [rue du thong thiao thii mii nak thong thiao noi]; **season ticket** *n* ตั๋วทั้งฤดู [tua thang rue du]

seasonal ['si:zənᵊl] *adj* ตามฤดูกาล [tam rue du kan]

seasoning ['si:zənɪŋ] *n* การปรุงรส [kan prung rot]

seat [si:t] *n (constituency)* ที่นั่งในรัฐสภา [thii nang nai rat tha sa pha], *(furniture)* เก้าอี้นั่ง [kao ee nang]; **aisle seat** *n* ที่นั่งระหว่างทางเดินในเครื่องบิน [thii nang ra wang thang doen nai khrueang bin]; **window seat** *n* ที่นั่งใกล้หน้าต่าง [thii nang klai na tang]

seatbelt ['si:t,bɛlt] *n* เข็มขัดนิรภัย [khem khat ni ra phai]

seaweed ['si:,wi:d] *n* สาหร่ายทะเล [sa rai tha le]

second ['sɛkənd] *adj* ที่สอง [thii song] ▷ *n* ลำดับที่สอง [lam dap thii song]; **second class** *n* ชั้นที่สอง [chan thii song]

second-class ['sɛkənd,klɑ:s] *adj* อันดับสอง [an dab song]

secondhand ['sɛkənd,hænd] *adj* มือสอง [mue song]

secondly ['sɛkəndlɪ] *adv* ในลำดับที่สอง [nai lam dap thii song]

second-rate ['sɛkənd,reɪt] *adj* ชั้นรอง [chan rong]

secret ['si:krɪt] *adj* เป็นความลับ [pen khwam lap] ▷ *n* ความลับ [khwam lap]; **secret service** *n* หน่วยสืบราชการลับ [nuai suep rat cha kan lap]

secretary ['sɛkrətrɪ] *n* เลขานุการ [le kha nu kan]

secretly ['si:krɪtlɪ] *adv* อย่างลับ ๆ [yang lap lap]

sect [sɛkt] *n* นิกายทางศาสนาที่แยกออกมา [ni kai thang sad sa na thii yaek ork ma]

section ['sɛkʃən] *n* ส่วนที่ตัดออก [suan thii tat ok]

sector ['sɛktə] *n* ภาคหรือกลุ่ม [phak rue klum]

secure [sɪ'kjʊə] *adj* ปลอดภัย [plot phai]

security [sɪ'kjʊərɪtɪ] *n* ความปลอดภัย [khwam plot phai]; **security guard** *n* ผู้คุ้มกันความปลอดภัย [phu khum kan khwam plot phai]; **social security** *n* การประกันสังคม [kan pra kan sang khom]

sedative ['sɛdətɪv] *n* ยาระงับประสาท [ya ra ngap pra saat]
see [si:] *v* เห็น [hen]; **Have you seen the guard?** คุณเห็นคนเฝ้ารถไฟไหม? [khun hen khon fao rot fai mai]
seed [si:d] *n* เมล็ดพืช [ma let phuet]
seek [si:k] *v* หา [ha]
seem [si:m] *v* ที่ปรากฏ [thii pra kot]
seesaw ['si:,sɔ:] *n* แผ่นกระดานหก [phaen kra dan hok]
see-through ['si:,θru:] *adj* โปร่งใส [prong sai]
seize [si:z] *v* ฉกฉวย [chok chuai]
seizure ['si:ʒə] *n* การจับ การยึด [kan chap, kan yued]
seldom ['sɛldəm] *adv* ไม่คอยจะ [mai khoi ja]
select [sɪ'lɛkt] *v* เลือก [lueak]
selection [sɪ'lɛkʃən] *n* การคัดเลือก [kan khat lueak]
self-assured ['sɛlfə'ʃʊəd] *adj* ซึ่งเชื่อมั่นในตัวเอง [sueng chuea man nai tua eng]
self-catering ['sɛlf,keɪtərɪŋ] *n* อาหารของตนเอง [a han khong ton ang]
self-centred ['sɛlf,sɛntəd] *adj* ซึ่งเห็นแก่ตัวเอง [sueng hen kae tua eng]
self-conscious ['sɛlf,kɒnʃəs] *adj* มีสติรู้ตัว [mii sa ti ru tua]
self-contained ['sɛlf,kən'teɪnd] *adj* ซึ่งมีทุกอย่างพร้อมในตัว [sueng mii thuk yang prom nai tua]
self-control ['sɛlf,kən'trəʊl] *n* การข่มใจตัวเอง [kan khom jai tua eng]
self-defence ['sɛlf,dɪ'fɛns] *n* การป้องกันตัวเอง [kan pong kan tua eng]
self-discipline ['sɛlf,dɪsɪplɪn] *n* การทำให้มีระเบียบวินัย [kan tham hai mii ra biap wi nai]
self-employed ['sɛlɪm'plɔɪd] *adj* การทำงานด้วยตัวเอง [kan tham ngan duai tua eng]
selfish ['sɛlfɪʃ] *adj* เห็นแก่ตัว [hen kae tua]
self-service ['sɛlf,sɜ:vɪs] *adj* แบบบริการตัวเอง [baep bo ri kan tua eng]
sell [sɛl] *v* ขาย [khai]; **sell-by date** *n* ขายก่อนหมดวันที่กำหนด [khai kon mot wan thii kam nod]; **selling price** *n* ราคาขาย [ra kha khai]; **Do you sell phone cards?** คุณขายการ์ดโทรศัพท์ไหม? [khun khai kaat tho ra sap mai]
sell off [sɛl ɒf] *v* ขายในราคาถูก [khai nai ra kha thuk]
Sellotape® ['sɛlə,teɪp] *n* เทปใส [thep sai]
sell out [sɛl aʊt] *v* ขายหมด [khai mot]
semester [sɪ'mɛstə] *n* เทอม [thoem]
semi ['sɛmɪ] *n* ครึ่งหนึ่ง [khrueng hueng]
semicircle ['sɛmɪ,sɜ:kəl] *n* ครึ่งวงกลม [khueng wong klom]
semicolon [,sɛmɪ'kəʊlən] *n* เครื่องหมายอัฒภาค [khrueang mai at ta phak]
semifinal [,sɛmɪ'faɪnəl] *n* การแข่งขันกีฬารอบรองชนะเลิศ [kan khaeng khan ki la rop rong cha na loet]
send [sɛnd] *v* ส่ง [song]; **Can I send a fax from here?** ฉันส่งโทรสารจากที่นี่ได้ไหม? [chan song tho ra san chak thii ni dai mai]; **Can I send an email?** ฉันส่งอีเมลล์ได้ไหม? [chan song e mail dai mai]; **How much is it to send this parcel?** ราคาส่งกล่องพัสดุใบนี้เท่าไร? [ra kha song klong phat sa du bai nii thao rai]
send back [sɛnd bæk] *v* ส่งกลับ [song klap]
sender ['sɛndə] *n* ผู้ส่ง [phu song]
send off [sɛnd ɒf] *v* ส่งออกไป [song ork pai]
send out [sɛnd aʊt] *v* ส่งออกไป [song ork pai]
Senegal [,sɛnɪ'gɔ:l] *n* สาธารณรัฐเซเนกัลในอัฟริกา [sa tha ra na rat se ne kal nai af ri ka]
Senegalese [,sɛnɪgə'li:z] *adj* เกี่ยวกับสาธารณรัฐเซเนกัล [kiao kap sa tha ra na rat se ne kal] ▷ *n* ชาวเซเนกัล [chao se ne

kal]

senior ['si:njə] *adj* ผู้อาวุโส [phu a wu so]; **senior citizen** *n* พลเมืองอาวุโส [phon la mueang a wu so]

sensational [sɛn'seɪʃənᵊl] *adj* น่าเร้าใจ [na rao jai]

sense [sɛns] *n* ความรู้สึก [khwam ru suek]; **sense of humour** *n* การมีอารมณ์ขัน [kan mii a rom khan]

senseless ['sɛnslɪs] *adj* โง่เขลา [ngo khlao]

sensible ['sɛnsɪbᵊl] *adj* มีความน่าเชื่อ [mii khwam na chuea]

sensitive ['sɛnsɪtɪv] *adj* ซึ่งไวต่อสิ่งกระตุ้น [sueng wai to sing kra tun]

sensuous ['sɛnsjʊəs] *adj* กระตุ้นให้เกิดความรู้สึกในทางสวยงาม [kra tun hai koed khwam ru suk nai thang suai ngam]

sentence ['sɛntəns] *n (punishment)* การพิพากษา [kan phi phak sa], *(words)* ประโยค [pra yok] ▷ *v* ตัดสินลงโทษ [tat sin long thot]

sentimental [ˌsɛntɪ'mɛntᵊl] *adj* ซึ่งสะเทือนอารมณ์ [sueng sa thuean ar rom]

separate *adj* ['sɛpərɪt] ซึ่งแยกออกจากกัน [sueng yaek ork chak kan] ▷ *v* ['sɛpəˌreɪt] แยกออกจาก [yaek ork chak]

separately ['sɛpərətlɪ] *adv* อย่างแยกออกจากกัน [yang yaek ork chak kan]

separation [ˌsɛpə'reɪʃən] *n* การแยกจากกัน [kan yaek chak kan]

September [sɛp'tɛmbə] *n* เดือนกันยายน [duean kan ya yon]

sequel ['si:kwəl] *n* เรื่องราวที่ติดตามมา [rueang rao thii tit tam ma]

sequence ['si:kwəns] *n* เหตุการณ์ที่เกิดขึ้นตามลำดับ [het kan thii koet khuen tam lam dap]

Serbia ['sɜ:bɪə] *n* ประเทศเซอร์เบีย [pra tet soe bia]

Serbian ['sɜ:bɪən] *adj* เกี่ยวกับเซอร์เบีย [kiao kap soe bia] ▷ *n (language)* ภาษาเซอร์เบีย [pha sa soe bia], *(person)* ชาวเซอร์เบีย [chao soe bia]

sergeant ['sɑ:dʒənt] *n* จ่า [cha]

serial ['sɪərɪəl] *n* ที่เป็นตอน ๆ [thii pen ton ton]

series ['sɪəri:z; -rɪz] *n* สิ่งที่ต่อเนื่องกัน [sing thii to nueang kan]

serious ['sɪərɪəs] *adj* เคร่งขรึม [khreng khruem]

seriously ['sɪərɪəslɪ] *adv* อย่างจริงจัง [yang ching chang]

sermon ['sɜ:mən] *n* การเทศนา การให้โอวาท [kan ted sa na, kan hai o wat]

servant ['sɜ:vᵊnt] *n* คนรับใช้ [khon rap chai]; **civil servant** *n* ข้าราชการพลเรือน [kha rat cha kan phon la ruean]

serve [sɜ:v] *n* การเสิร์ฟลูกเทนนิส [kan soep luk then nis] ▷ *v* บริการ [bo ri kan]; **We are still waiting to be served** เรายังรอให้คุณมาบริการเรา [rao yang ro hai khun ma bo ri kan rao]

server ['sɜ:və] *n (computer)* บริการของคอมพิวเตอร์ [bor ri kan khong khom pio ter], *(person)* คนที่คอยบริการ [kon thii khoi bor ri kan]

service ['sɜ:vɪs] *n* การบริการ [kan bor ri kan] ▷ *v* การให้ความช่วยเหลือ [kan hai khwam chuai hluea]; **room service** *n* บริการรับใช้ในห้องของโรงแรม [bo ri kan rap chai nai hong khong rong raeng]; **secret service** *n* หน่วยสืบราชการลับ [nuai suep rat cha kan lap]; **service area** *n* พื้นที่บริการ [phuen thii bo ri kan]; **I want to complain about the service** ฉันอยากร้องเรียนเกี่ยวกับการบริการ [chan yak rong rian kiao kap kan bo ri kan]

serviceman, servicemen ['sɜ:vɪsˌmæn; -mən, 'sɜ:vɪsˌmɛn] *n* ผู้ที่รับราชการทหาร [phu thii rab rat cha kan tha han]

servicewoman, servicewomen ['sɜ:vɪsˌwʊmən, 'sɜ:vɪsˌwɪmɪn] *n* สตรีที่รับราชการทหาร [sa tree thii rap rat

cha kan tha han]
serviette [ˌsɜːvɪˈɛt] *n* ผ้าเช็ดปากบนโต๊ะอาหาร [pha ched pak bon to a han]
session [ˈsɛʃən] *n* ระยะเวลา [ra ya we la]
set [sɛt] *n* ชุด [chut] ▷ *v* วาง จัดเตรียม ตั้งเวลา ตั้งระบบ [wang, chat triam, tang we la, tang ra bop]
setback [ˈsɛtbæk] *n* ทำให้ช้า [tham hai cha]
set menu [sɛt ˈmɛnjuː] *n* รายการอาหารเป็นชุด [rai kan a han pen chut]
set off [sɛt ɒf] *v* เริ่มเดินทาง [roem doen thang]
set out [sɛt aʊt] *v* เริ่มออกเดินทาง [roem ok doen thang]
settee [sɛˈtiː] *n* ที่นั่งมีพนักพิงและที่วางแขน [thii nang mii pha nak phing lae thii wang khaen]
settle [ˈsɛtᵊl] *v* แก้ปัญหา [kae pan ha]
settle down [ˈsɛtᵊl daʊn] *v* ตั้งหลักฐาน [tang lak than]
seven [ˈsɛvᵊn] *number* เจ็ด [chet]
seventeen [ˈsɛvᵊnˈtiːn] *number* สิบเจ็ด [sip chet]
seventeenth [ˈsɛvᵊnˈtiːnθ] *adj* ที่สิบเจ็ด [thii sip chet]
seventh [ˈsɛvᵊnθ] *adj* ที่เจ็ด [thii chet] ▷ *n* ลำดับที่เจ็ด [lam dap thii chet]
seventy [ˈsɛvᵊntɪ] *number* เจ็ดสิบ [chet sip]
several [ˈsɛvrəl] *adj* หลาย [lai] ▷ *pron* หลาย [lai]
sew [səʊ] *v* เย็บ [yep]
sewer [ˈsuːə] *n* ท่อน้ำเสีย [tho nam sia]
sewing [ˈsəʊɪŋ] *n* การเย็บ [kan yep]; **sewing machine** *n* จักรเย็บผ้า [chak yep pha]
sew up [səʊ ʌp] *v* ซ่อมแซมโดยการเย็บ [som saem doi kan yep]
sex [sɛks] *n* เพศ [phet]; **Do you have any single sex dorms?** คุณมีหอพักสำหรับเพศเดียวกันไหม? [khun mii ho phak sam rap phet diao kan mai]
sexism [ˈsɛksɪzəm] *n* การกีดกันทางเพศ [kan kit kan thang phet]
sexist [ˈsɛksɪst] *adj* การแบ่งแยกเพศ [kan baeng yaek phet]
sexual [ˈsɛksjʊəl] *adj* เกี่ยวกับเพศ [kiao kap phet]; **sexual intercourse** *n* การมีความสัมพันธ์ทางเพศ [kan mii khwam sam phan thang phet]
sexuality [ˌsɛksjʊˈælɪtɪ] *n* เรื่องทางเพศ [rueang thang phet]
sexy [ˈsɛksɪ] *adj* ที่ดึงดูดทางเพศ [thii dueng dud thang phed]
shabby [ˈʃæbɪ] *adj* มองดูเก่า [mong du kao]
shade [ʃeɪd] *n* ร่ม ที่ร่ม [rom, thii rom]
shadow [ˈʃædəʊ] *n* เงา [ngao]; **eye shadow** *n* อายแชร์โดว์ [ai chae do]
shake [ʃeɪk] *vi* สั่นสะเทือน หวั่นไหว [san sa thuean, wan wai] ▷ *vt* สั่น ทำให้สั่น ทำให้ตกใจและสะเทือนใจ [san, tham hai san, tham hai tok jai lae sa thuean jai]
shaken [ˈʃeɪkən] *adj* ที่ทำให้ว้าวุ่นใจ [thii tham hai wa wun jai]
shaky [ˈʃeɪkɪ] *adj* สั่นคลอน [san khlon]
shallow [ˈʃæləʊ] *adj* ตื้น [tuen]
shambles [ˈʃæmbᵊlz] *npl* ความยุ่งเหยิง ความโกลาหล สถานการณ์สับสนวุ่นวาย [khwam yung yoeng, khwam ko la hon, sa than na kan sap son wun wai]
shame [ʃeɪm] *n* ความอับอาย [khwam ap ai]
shampoo [ʃæmˈpuː] *n* ยาสระผม [ya sa phom]; **Do you sell shampoo?** คุณขายยาสระผมไหม? [khun khai ya sa phom mai]
shape [ʃeɪp] *n* รูปร่าง [rup rang]
share [ʃɛə] *n* ส่วนแบ่ง [suan baeng] ▷ *v* แบ่งส่วน [baeng suan]
shareholder [ˈʃɛəˌhəʊldə] *n* ผู้ถือหุ้น [phu thue hun]
share out [ʃɛə aʊt] *v* แบ่งออก [baeng ok]
shark [ʃɑːk] *n* ฉลาม [cha lam]
sharp [ʃɑːp] *adj* แหลม คม [laem, khom]
shave [ʃeɪv] *v* โกน [kon]; **shaving cream** *n* ครีมโกนหนวด [khrim kon

nuat]; **shaving foam** *n* โฟมโกนหนวด [fom kon nuat]
shaver ['ʃeɪvə] *n* มีดโกนไฟฟ้า [miit kon fai fa]
shawl [ʃɔːl] *n* ผ้าคลุมไหล่ [pha khlum lai]
she [ʃiː] *pron* เธอ [thoe]
shed [ʃɛd] *n* เพิงเก็บของ [phoeng kep khong]
sheep [ʃiːp] *n* แกะ [kae]
sheepdog ['ʃiːpˌdɒg] *n* สุนัขที่ไล่ต้อนแกะ [su nak thii lai ton kae]
sheepskin ['ʃiːpˌskɪn] *n* หนังแกะ [nang kae]
sheer [ʃɪə] *adj* เต็มที่ [tem thi]
sheet [ʃiːt] *n* ผ้าปูที่นอน [pha pu thi non]; **My sheets are dirty** ผ้าปูที่นอนฉันสกปรก [pha pu thii non chan sok ka prok]; **The sheets are dirty** ผ้าปูที่นอนสกปรก [pha pu thii non sok ka prok]; **We need more sheets** เราอยากได้ผ้าปูที่นอนเพิ่มอีก [rao yak dai pha pu thii non poem ik]
shelf, shelves [ʃɛlf, ʃɛlvz] *n* ชั้นวาง [chan wang]
shell [ʃɛl] *n* เปลือก [plueak]; **shell suit** *n* ชุดกีฬาไนลอน [chut ki la nai lon]
shellfish ['ʃɛlˌfɪʃ] *n* สัตว์น้ำประเภทมีเปลือก [sat nam pra phet mii plueak]
shelter ['ʃɛltə] *n* ที่กำบัง [thii kam bang]
shepherd ['ʃɛpəd] *n* คนเลี้ยงแกะ [khon liang kae]
sherry ['ʃɛrɪ] *n* เหล้าเชอรี่ [lao choe ri]
shield [ʃiːld] *n* โล่ห์ [lo]
shift [ʃɪft] *n* การเคลื่อนย้าย การย้าย [kan khluean yai, kan yai] ▷ *v* เคลื่อนย้าย [khluean yai]
shifty ['ʃɪftɪ] *adj* ซึ่งมีกลอุบาย [sueng mii kon u bai]
Shiite ['ʃiːaɪt] *adj* นิกายชิอะ [ni kai chi a]
shin [ʃɪn] *n* คาง [khang]
shine [ʃaɪn] *v* ทำให้ส่องแสง [tham hai song saeng]
shiny ['ʃaɪnɪ] *adj* ซึ่งเป็นมันเงา [sueng pen man ngao]
ship [ʃɪp] *n* เรือ [ruea]
shipbuilding ['ʃɪpˌbɪldɪŋ] *n* การสร้างเรือ [kan srang ruea]
shipment ['ʃɪpmənt] *n* จำนวนสินค้าที่ขนส่งทางเรือ [cham nuan sin ka thii khon song thang ruea]
shipwreck ['ʃɪpˌrɛk] *n* เรือแตก [ruea taek]
shipwrecked ['ʃɪpˌrɛkt] *adj* ทำให้เรืออับปาง [tham hai ruea ap pang]
shipyard ['ʃɪpˌjɑːd] *n* อู่ซ่อมและต่อเรือ [u som lae to ruea]
shirt [ʃɜːt] *n* เสื้อเชิ้ต [suea choet]; **polo shirt** *n* เสื้อเชิ้ตแขนสั้นมีปกและกระดุมสามเม็ดตรงสาบคอ [suea choet khaen san mii pok lae kra dum sam met trong sap kho]
shiver ['ʃɪvə] *v* สั่นเพราะหนาวหรือความกลัว [san phro nao rue khwam klua]
shock [ʃɒk] *n* ความตกใจ [khwam tok jai] ▷ *v* ตกใจ [tok chai]; **electric shock** *n* กระแสไฟดูด [kra sae fai dut]
shocking ['ʃɒkɪŋ] *adj* ซึ่งตกใจสุดขีด [sueng tok jai sut khit]
shoe [ʃuː] *n* รองเท้า [rong thao]; **Can you re-heel these shoes?** คุณใส่ส้นรองเท้านี้ได้ไหม? [khun sai son rong thao nii dai mai]; **Can you repair these shoes?** คุณซ่อมรองเท้านี้ได้ไหม? [khun som rong thao nii dai mai]; **I have a hole in my shoe** รองเท้าฉันมีรู [rong thao chan mii ru]
shoelace ['ʃuːˌleɪs] *n* เชือกผูกรองเท้า [chueak phuk rong thao]
shoot [ʃuːt] *v* ยิง [ying]
shooting ['ʃuːtɪŋ] *n* การยิง [kan ying]
shop [ʃɒp] *n* ร้าน [ran]; **antique shop** *n* ร้านขายของเก่า [ran khai khong kao]; **gift shop** *n* ร้านขายของขวัญ [ran khai khong khwan]; **shop assistant** *n* พนักงานขายของ [pha nak ngan khai khong]; **What time do the shops close?** ร้านต่างๆ ปิดเมื่อไร? [ran tang

tang pid muea rai]
shopkeeper ['ʃɒp,kiːpə] *n* เจ้าของร้าน [chao khong ran]
shoplifting ['ʃɒp,lɪftɪŋ] *n* การลักขโมยของในร้าน [kan lak ka moi khong nai ran]
shopping ['ʃɒpɪŋ] *n* การซื้อของ [kan sue khong]; **shopping bag** *n* ถุงใส่ของ [thung sai khong]; **shopping centre** *n* ศูนย์การค้า [sun kan kha]; **shopping trolley** *n* รถเข็นในห้างสรรพสินค้า [rot khen nai hang sap pha sin ka]
shore [ʃɔː] *n* ชายฝั่ง [chai fang]
short [ʃɔːt] *adj* สั้น [san]; **short story** *n* เรื่องสั้น [rueang san]
shortage ['ʃɔːtɪdʒ] *n* การขาดแคลน [kan khat khlaen]
shortcoming ['ʃɔːt,kʌmɪŋ] *n* ข้อบกพร่อง [kho bok phrong]
shortcut ['ʃɔːt,kʌt] *n* ทางลัด [thang lat]
shortfall ['ʃɔːt,fɔːl] *n* จำนวนที่ขาดไป [cham nuan thii khat pai]
shorthand ['ʃɔːt,hænd] *n* ชวเลข [cha wa lek]
shortlist ['ʃɔːt,lɪst] *n* รายการที่สั้นลง [rai kan thii san long]
shortly ['ʃɔːtlɪ] *adv* ในเร็ว ๆ นี้ [nai reo reo nii]
shorts [ʃɔːts] *npl* กางเกงขาสั้น [kang keng kha san]
short-sighted ['ʃɔːt'saɪtɪd] *adj* ซึ่งมีสายตาสั้น [sueng mii sai ta san]
short-sleeved ['ʃɔːt,sliːvd] *adj* แขนสั้น [khaen san]
shot [ʃɒt] *n* การยิง [kan ying]
shotgun ['ʃɒt,gʌn] *n* ปืนล่าสัตว์ [puen la sat]
shoulder ['ʃəʊldə] *n* ไหล่ [lai]; **hard shoulder** *n* ไหล่ทาง [lai thang]; **shoulder blade** *n* หัวไหล่ [hua lai]; **I've hurt my shoulder** ฉันปวดไหล่ [chan puat lai]
shout [ʃaʊt] *n* การตะโกน [kan ta khon] ▷ *v* ตะโกน [ta kon]
shovel ['ʃʌvᵊl] *n* พลั่ว [phlua]
show [ʃəʊ] *n* การแสดง [kan sa daeng] ▷ *v* แสดง [sa daeng]; **show business** *n* ธุรกิจการบันเทิง [thu ra kit kan ban thoeng]; **two for the eight o'clock showing** สองที่สำหรับการแสดงรอบ แปดโมง [song thii sam hrab kan sa daeng rob paed mong]
shower ['ʃaʊə] *n* การอาบน้ำฝักบัว [kan aab nam fak bua]; **shower cap** *n* หมวกอาบน้ำ [muak aap nam]; **shower gel** *n* เจลอาบน้ำ [chen aap nam]
showerproof ['ʃaʊə,pruːf] *adj* ที่ป้องกันน้ำได้ [thii pong kan nam dai]
showing ['ʃəʊɪŋ] *n* การแสดง [kan sa daeng]
show off [ʃəʊ ɒf] *v* แสดงออก [sa daeng ok]
show-off [ʃəʊɒf] *n* คนที่ชอบโอ้อวด [khon thii chop o uad]
show up [ʃəʊ ʌp] *v* เปิดเผยให้เห็น [poet phoei hai hen]
shriek [ʃriːk] *v* หวีดร้อง [wit rong]
shrimp [ʃrɪmp] *n* กุ้ง [kung]
shrine [ʃraɪn] *n* แท่นบูชา [thaen bu cha]
shrink [ʃrɪŋk] *v* หด [hot]
shrub [ʃrʌb] *n* พุ่มไม้ [phum mai]
shrug [ʃrʌg] *v* ยักไหล่เพื่อแสดงความไม่สนใจหรือไม่ทราบ [yak lai phuea sa daeng khwam mai son jai rue mai sap]
shrunk [ʃrʌŋk] *adj* ที่หดลง [thii hot long]
shudder ['ʃʌdə] *v* สั่นระริกด้วยความกลัว [san ra rik duai khwam klua]
shuffle ['ʃʌfᵊl] *v* เดินลากเท้า [doen lak thao]
shut [ʃʌt] *v* ปิด [pit]
shut down [ʃʌt daʊn] *v* ปิดลง [pid long]
shutters ['ʃʌtəz] *n* บานเกล็ดหน้าต่าง [baan klet na tang]
shuttle ['ʃʌtᵊl] *n* พาหนะขนส่งสาธารณะ [pha ha na khon song sa tha ra na]
shuttlecock ['ʃʌtᵊl,kɒk] *n* ลูกขนไก่ [luk khon kai]

shut up [ʃʌt ʌp] *v* หุบปาก [hup pak]
shy [ʃaɪ] *adj* ขี้อาย [khii ai]
Siberia [saɪˈbɪərɪə] *n* ประเทศไซบีเรีย [pra tet sai bi ria]
siblings [ˈsɪblɪŋz] *npl* พี่น้อง [phi nong]
sick [sɪk] *adj* คลื่นไส้ [khluen sai]; **sick leave** *n* การลาป่วย [kan la puai]; **sick note** *n* จดหมายลาป่วยที่แพทย์เป็นผู้เขียน [chot mai la puai thii phaet pen phu khian]; **sick pay** *n* ค่าจ้างในระหว่างที่ลาป่วย [kha chang nai ra wang thii la puai]
sickening [ˈsɪkənɪŋ] *adj* น่าสะอิดสะเอียน [na sa it sa ian]
sickness [ˈsɪknɪs] *n* ความเจ็บป่วย [khwam chep puai]; **morning sickness** *n* แพ้ท้อง [phae thong]; **travel sickness** *n* อาการเมารถ เรือหรือเครื่องบิน [a kan mao rot ruea rue khrueang bin]
side [saɪd] *n* ด้าน [dan]; **side effect** *n* ผลข้างเคียง [phon khang khiang]; **side street** *n* ทางแยกจากถนนใหญ่ [thang yaek chak tha non yai]
sideboard [ˈsaɪd,bɔːd] *n* ตู้เก็บเครื่องใช้หรือภาชนะที่ใช้ในการรับประทานอาหาร [tu kep khrueang chai rue pha cha na thii chai nai kan rap pra than a han]
sidelight [ˈsaɪd,laɪt] *n* ไฟข้าง [fai khang]
sideways [ˈsaɪd,weɪz] *adv* เคลื่อนไปด้านข้าง [khluean pai dan khang]
sieve [sɪv] *n* ที่กรอง [thii krong]
sigh [saɪ] *n* การถอนหายใจ [kan thon hai jai] ▷ *v* ถอนหายใจ [thon hai chai]
sight [saɪt] *n* การมองเห็น [kan mong hen]
sightseeing [ˈsaɪt,siːɪŋ] *n* การเยี่ยมชม [kan yiam chom]
sign [saɪn] *n* ป้าย [pai] ▷ *v* เซ็นต์ชื่อ [sen chue]; **road sign** *n* ป้ายจราจร [pai cha ra chon]; **sign language** *n* ภาษาสัญลักษณ์ [pha sa san ya lak]
signal [ˈsɪgnᵊl] *n* สัญญาณ [san yan] ▷ *v* ให้สัญญาณ [hai san yan]; **busy signal** *n* สัญญาณไม่ว่าง [san yan mai wang]
signature [ˈsɪgnɪtʃə] *n* ลายเซ็น [lai sen]
significance [sɪgˈnɪfɪkəns] *n* ผลที่ตามมา [phon thii tam ma]
significant [sɪgˈnɪfɪkənt] *adj* ซึ่งสำคัญ [sueng sam khan]
sign on [saɪn ɒn] *v* เซ็นต์ลงทะเบียนเพื่อรับเงินสวัสดิการ [sen long tha bian phuea rap ngoen sa wat sa di kan]
signpost [ˈsaɪn,pəʊst] *n* เสาติดป้ายบอกทางตามถนน [sao tid pai bork thang tam tha non]
Sikh [siːk] *adj* เกี่ยวกับศาสนาซิกซ์ [kiao kap sat sa na sik] ▷ *n* ชาวศาสนาซิกซ์ [chao sat sa na sik]
silence [ˈsaɪləns] *n* ความเงียบ [khwam ngiap]
silencer [ˈsaɪlənsə] *n* เครื่องกำจัดเสียงในรถ [khueang kam chad siang nai rot]
silent [ˈsaɪlənt] *adj* เงียบ [ngiap]
silk [sɪlk] *n* ไหม [mai]
silly [ˈsɪlɪ] *adj* โง่ [ngo]
silver [ˈsɪlvə] *n* เงิน [ngoen]
similar [ˈsɪmɪlə] *adj* คล้ายคลึง [khlai khlueng]
similarity [ˈsɪmɪˈlærɪtɪ] *n* ความคล้ายคลึง [khwam khlai khlueng]
simmer [ˈsɪmə] *v* ตุ๋น [tun]
simple [ˈsɪmpᵊl] *adj* ง่าย [ngai]
simplify [ˈsɪmplɪ,faɪ] *v* ทำให้ง่ายขึ้น [tham hai ngai khuen]
simply [ˈsɪmplɪ] *adv* อย่างง่าย ๆ [yang ngai ngai]
simultaneous [,sɪməlˈteɪnɪəs; ,saɪməlˈteɪnɪəs] *adj* ที่พร้อมกัน [thii phrom kan]
simultaneously [,sɪməlˈteɪnɪəslɪ] *adv* โดยเกิดขึ้นพร้อมกัน [doi koet khuen phrom kan]
sin [sɪn] *n* บาป [bap]
since [sɪns] *adv* จากนั้นมา [chak nan ma] ▷ *conj* เนื่องจาก [nueang chak] ▷ *prep* ตั้งแต่ [tang tae]; **I've been sick since Monday** ฉันป่วยตั้งแต่วันจันทร์

[chan puai tang tae wan chan]
sincere [sɪn'sɪə] *adj* จริงใจ [ching chai]
sincerely [sɪn'sɪəlɪ] *adv* อย่างจริงใจ [yang ching jai]
sing [sɪŋ] *v* ร้องเพลง [rong phleng]
singer ['sɪŋə] *n* นักร้อง [nak rong]; **lead singer** *n* นักร้องนำ [nak rong nam]
singing ['sɪŋɪŋ] *n* การร้องเพลง [kan rong phleng]
single ['sɪŋgᵊl] *adj* เดี่ยว [diao] ▷ *n* ห้องเดี่ยว [hong diao]; **single bed** *n* เตียงเดี่ยว [tiang diao]; **single parent** *n* พ่อหรือแม่ที่เลี้ยงลูกคนเดียว [pho rue mae thii liang luk khon diao]; **single room** *n* ห้องเดี่ยว [hong diao]; **I want to reserve a single room** ฉันอยากจองห้องเดี่ยวหนึ่งห้อง [chan yak chong hong diao nueng hong]
singles ['sɪŋgᵊlz] *npl* การเล่นเดี่ยว [kan len diao]
singular ['sɪŋgjʊlə] *n* เอกพจน์ [ek ka pot]
sinister ['sɪnɪstə] *adj* ชั่วร้าย [chua rai]
sink [sɪŋk] *n* อ่างสำหรับล้าง [ang sam rap lang] ▷ *v* จม [chom]
sinus ['saɪnəs] *n* โพรงกระดูกในศีรษะ [phrong kra duk nai si sa]
sir [sɜː] *n* คำสุภาพสำหรับเรียกผู้ชาย [kham su phap sam rap riak phu chai]
siren ['saɪərən] *n* เสียงสัญญาณเตือนภัย [siang san yan tuean phai]
sister ['sɪstə] *n* พี่สาวหรือน้องสาว [phi sao rue nong sao]
sister-in-law ['sɪstə ɪn lɔː] *n* น้องสะใภ้หรือพี่สะใภ้ [nong sa phai rue phii sa phai]
sit [sɪt] *v* นั่ง [nang]; **Can I sit here?** ฉันนั่งที่นี่ได้ไหม? [chan nang thii ni dai mai]
sitcom ['sɪtˌkɒm] *n* ตลกที่เกิดจากการสร้างสถานการณ์ [ta lok thii koed chak kan srang sa than na kan]
sit down [sɪt daʊn] *v* นั่งลง [nang long]
site [saɪt] *n* สถานที่ตั้ง [sa than thii tang]; **building site** *n* บริเวณที่ก่อสร้าง [bo ri wen thii ko sang]; **caravan site** *n* ที่จอดรถคาราวาน [thii jot rot kha ra wan]
situated ['sɪtjʊˌeɪtɪd] *adj* ซึ่งตั้งอยู่ [sueng tang yu]
situation [ˌsɪtjʊ'eɪʃən] *n* สถานการณ์ [sa tha na kan]
six [sɪks] *number* หก [hok]; **It's six o'clock** เวลาหกโมง [we la hok mong]
sixteen ['sɪks'tiːn] *number* สิบหก [sip hok]
sixteenth ['sɪks'tiːnθ] *adj* ที่สิบหก [thii sip hok]
sixth [sɪksθ] *adj* ที่หก [thii hok]
sixty ['sɪkstɪ] *number* หกสิบ [hok sip]
size [saɪz] *n* ขนาด [kha nat]; **Do you have this in a bigger size?** คุณมีขนาดใหญ่กว่าตัวนี้ไหม? [khun mii kha nat yai kwa tua nii mai]; **Do you have this in a smaller size?** คุณมีขนาดเล็กกว่าตัวนี้ไหม? [khun mii kha nat lek kwa tua nii mai]; **I'm a size 16** ฉันขนาดเบอร์สิบหก [chan kha nat boe sip hok]
skate [skeɪt] *v* เล่นสเก็ต [len sa ket]; **Where can we go ice-skating?** เราจะไปเล่นสเก็ตน้ำแข็งได้ที่ไหน? [rao ja pai len sa ket nam khaeng dai thii nai]; **Where can we go roller skating?** เราจะไปเล่นสเก็ตกระดานได้ที่ไหน? [rao ja pai len sa ket kra dan dai thii nai]
skateboard ['skeɪtˌbɔːd] *n* กระดานเล่นสเก็ตซึ่งมีล้อเล็กๆช่วยให้เคลื่อนที่ [kra dan len sa ket sueng mee lor lek lek chuai hai khluean tee]
skateboarding ['skeɪtˌbɔːdɪŋ] *n* การเล่นกระดานสเก็ต [kan len kra dan sa ket]
skates [skeɪts] *npl* รองเท้าสเก็ต [rong thao sa ket]
skating ['skeɪtɪŋ] *n* กีฬาการเล่นสเก็ต [ki la kan len sa ket]; **skating rink** *n* ลานเล่นสเก็ต [lan len sa ket]
skeleton ['skɛlɪtən] *n* โครงกระดูก [khlong kra duk]

sketch [skɛtʃ] *n* ภาพร่าง [phap rang] ▷ *v* ร่างภาพ [rang phap]
skewer ['skjʊə] *n* ไม้เสียบ [mai siap]
ski [ski:] *n* แคร่เลื่อนยาวติดกับรองเท้าใช้เล่นหิมะ [krae luean yao tit kap rong thao chai len hi ma] ▷ *v* เคลื่อนไปบนสกี [khluean pai bon sa ki]; **ski lift** *n* กระเช้าไฟฟ้า [kra chao fai fa]; **ski pass** *n* บัตรเล่นสกี [bat len sa ki]
skid [skɪd] *v* ลื่น [luen]; **The car skidded** รถลื่น [rot luen]
skier ['ski:ə] *n* ผู้เล่นสกี [phu len sa ki]
skiing ['ski:ɪŋ] *n* การเล่นสกี [kan len sa ki]; **Do you organise skiing lessons?** คุณจัดสอนการเล่นสกีไหม? [khun chat son kan len sa ki mai]
skilful ['skɪlfʊl] *adj* ซึ่งมีความชำนาญ [sueng mee khwam cham nan]
skill [skɪl] *n* ความเชี่ยวชาญ [khwam chiao chan]
skilled [skɪld] *adj* ซึ่งมีความชำนาญ [sueng mee khwam cham nan]
skimpy ['skɪmpɪ] *adj* ไม่พอเพียง [mai pho phiang]
skin [skɪn] *n* ผิวหนัง [phio nang]
skinhead ['skɪn,hɛd] *n* คนที่โกนผมหัวล้าน [khon thii kon phom hua lan]
skinny ['skɪnɪ] *adj* ผอมมาก [phom mak]
skin-tight ['skɪn'taɪt] *adj* รัดรูป [rat rup]
skip [skɪp] *v* กระโดดโลดเต้น [kra dot lot ten]
skirt [skɜ:t] *n* กระโปรง [kra prong]
skive [skaɪv] *v* หนีงาน [nii ngan]
skull [skʌl] *n* กะโหลกศีรษะ [ka lok sii sa]
sky [skaɪ] *n* ท้องฟ้า [thong fa]
skyscraper ['skaɪ,skreɪpə] *n* ตึกระฟ้า [tuek ra fa]
slack [slæk] *adj* หย่อน [yon]
slam [slæm] *v* ปิดดังปัง [pid dang pang]
slang [slæŋ] *n* ภาษาสแลง [pha sa sa laeng]
slap [slæp] *v* ตบ [top]
slash [slæʃ] *n* **forward slash** *n* ทับ [thap]
slate [sleɪt] *n* กระเบื้องหินชนวน [kra bueang hin cha nuan]
slave [sleɪv] *n* ทาส [that] ▷ *v* ทำงานอย่างหนัก [tham ngan yang hnak]
sledge [slɛdʒ] *n* เลื่อนหิมะขนาดใหญ่ [luean hi ma kha nat yai]
sledging ['slɛdʒɪŋ] *n* การเล่นเลื่อนหิมะ [kan len luean hi ma]
sleep [sli:p] *n* การนอนหลับ [kan non lap] ▷ *v* นอน [non]; **sleeping bag** *n* ถุงนอน [thung non]; **sleeping car** *n* ตู้นอน [tu non]; **sleeping pill** *n* ยานอนหลับ [ya non lap]; **Did you sleep well?** คุณนอนหลับดีไหม? [khun non lap di mai]; **I can't sleep** ฉันนอนไม่หลับ [chan non mai lap]; **I can't sleep for the heat** ฉันนอนไม่หลับเพราะร้อน [chan non mai lap phro ron]
sleep around [sli:p ə'raʊnd] *v* มีเพศสัมพันธ์กับคนหลายคน [mii phet sam phan kap khon lai khon]
sleeper ['sli:pə] *n* **Can I reserve a sleeper?** ฉันจองตั๋วนอนได้ไหม? [chan chong tua non dai mai]; **I want to book a sleeper to...** ฉันต้องการจองตั๋วนอนหนึ่งที่ไป... [chan tong kan chong tua non nueng thii pai...]
sleep in [sli:p ɪn] *v* นอนนานกว่าปรกติ [non nan kwa prok ka ti]
sleep together [sli:p tə'gɛðə] *v* นอนห้องเดียวกัน [non hong diao kan]
sleepwalk ['sli:p,wɔ:k] *v* เดินละเมอ [doen la moe]
sleepy ['sli:pɪ] *adj* ง่วงนอน [nguang non]
sleet [sli:t] *n* ฝนที่ปนหิมะตกลงปกคลุมพื้นดินหรือต้นไม้ [fon thii pon hi ma tok long pok khlum phuen din hue ton mai] ▷ *v* หิมะที่แทรกด้วยฝน [hi ma thii thraek duai fon]
sleeve [sli:v] *n* แขนเสื้อ [khaen suea]
sleeveless ['sli:vlɪs] *adj* ไม่มีแขนเสื้อ

[mai mii khaen suea]

slender ['slɛndə] *adj* ผอมเพรียว [phom phriao]

slice [slaɪs] *n* ชิ้น [chin] ▷ *v* ตัดเป็นแผ่นบาง [tad pen phaen bang]

slick [slɪk] *n* **oil slick** *n* คราบน้ำมันที่ลอยบนผิวน้ำ [khrap nam man thii loi bon phio nam]

slide [slaɪd] *n* การลื่นไถล [kan luen tha lai] ▷ *v* ทำให้ลื่นถลา [tham hai luen tha la]

slight [slaɪt] *adj* เล็กน้อยมาก [lek noi mak]

slightly ['slaɪtlɪ] *adv* อย่างเล็กน้อย [yang lek noi]

slim [slɪm] *adj* ผอมเพรียว [phom phriao]

sling [slɪŋ] *n* แถบผ้าคล้องคอสำหรับแขวนมือหรือแขนที่บาดเจ็บ [thaep pha khlong kho sam rap khwaen mue rue khaen thii bat chep]

slip [slɪp] *n (mistake)* พลาด [phlat], *(paper)* กระดาษชิ้นเล็กๆ [kra dart chin lek lek], *(underwear)* ชุดชั้นในของผู้หญิง [chut chan nai khong phu ying] ▷ *v* ลื่นไถลไป [luen tha lai pai]; **slip road** *n* ถนนเชื่อมทางหลวง [tha non chueam thang luang]; **slipped disc** *n* หมอนรองกระดูกสันหลังเลื่อน [mon rong kra duk san lang luean]

slipper ['slɪpə] *n* รองเท้าสวมเดินในบ้าน [rong thao suam doen nai baan]

slippery ['slɪpərɪ; -prɪ] *adj* ลื่นไถล [luen tha lai]

slip up [slɪp ʌp] *v* ทำผิดพลาด [tham phid phlad]

slip-up [slɪpʌp] *n* ความผิดพลาด [khwam phit phlat]

slope [sləʊp] *n* พื้นที่ลาดเอียง [phuen thii lat iang]; **nursery slope** *n* ที่ลาดชันสำหรับฝึกเล่นสกี [thii lat chan sam rap fuek len sa ki]

sloppy ['slɒpɪ] *adj* ซึ่งไม่เป็นระเบียบ [sueng mai pen ra biap]

slot [slɒt] *n* ช่องที่แคบและยาว [chong thii khaep lae yao]; **slot machine** *n* เครื่องหยอดเหรียญสำหรับเล่นพนัน [khrueang yot rian sam rap len pha nan]

Slovak ['sləʊvæk] *adj* เกี่ยวกับสาธารณรัฐสโลวาเกีย [kiao kap sa tha ra na rat sa lo va kia] ▷ *n (language)* ภาษาสโลวาเกีย [pha sa sa lo va kia], *(person)* ชาวสโลวาเกีย [chao sa lo wa kia]

Slovakia [sləʊ'vækɪə] *n* ประเทศสโลวาเกีย [pra tet sa lo va kia]

Slovenia [sləʊ'viːnɪə] *n* สาธารณรัฐสโลเวเนีย [sa tha ra na rat sa lo ve nia]

Slovenian [sləʊ'viːnɪən] *adj* เกี่ยวกับสาธารณรัฐสโลเวเนีย [kiao kap sa tha ra na rat sa lo ve nia] ▷ *n (language)* ภาษาสโลเวเนียน [pha sa sa lo ve nian], *(person)* ชาวสโลเวเนียน [chao sa lo we nian]

slow [sləʊ] *adj* ช้า [cha]; **I think my watch is slow** ฉันคิดว่านาฬิกาฉันเดินช้า [chan kit wa na li ka chan doen cha]; **The connection seems very slow** การติดต่อเชื่อมกันค่อนข้างช้า [kan tit to chueam kan khon khang cha]

slow down [sləʊ daʊn] *v* แล่นช้าลง [laen cha long]

slowly [sləʊlɪ] *adv* อย่างช้า ๆ [yang cha cha]

slug [slʌg] *n* ตัวทากกินใบไม้ [tua thak kin bai mai]

slum [slʌm] *n* แหล่งเสื่อมโทรม [laeng sueam som]

slush [slʌʃ] *n* หิมะหรือน้ำแข็งที่กำลังละลาย [hi ma hue nam khaeng thii kam lang la lai]

sly [slaɪ] *adj* ซึ่งมีเล่ห์เหลี่ยม อย่างฉลาดแกมโกง [sueng mii le liam, yang cha lat kaem kong]

smack [smæk] *v* ตีดังผัวะ [ti dang phau]

small [smɔːl] *adj* เล็ก [lek]; **Do you have a small?** คุณมีขนาดเล็กไหม? [khun mii kha nat lek mai]; **Do you have this in a smaller size?** คุณมีขนาดเล็กกว่าตัวนี้ไหม? [khun mii kha nat lek kwa tua nii mai]; **I don't have anything smaller** ฉันไม่มีอะไรที่เล็กกว่านี้ [chan mai mii a rai thii lek kwa nii]

smart [smɑːt] *adj* สะอาดและประณีต [sa at lae pra nit]; **smart phone** *n* โทรศัพท์มือถือที่มีปฏิทิน อีเมลล์ [tho ra sap mue thue thii mii pa ti thin i mail]

smash [smæʃ] *v* ทำให้แตกเป็นเสี่ยงๆ [tham hai taek pen siang siang]

smashing ['smæʃɪŋ] *adj* ดีเยี่ยม [di yiam]

smell [smɛl] *n* กลิ่น [klin] ▷ *vi* ดมกลิ่น [dom klin] ▷ *vt* ได้กลิ่น [dai klin]; **I can smell gas** ฉันได้กลิ่นก๊าซ [chan dai klin kas]; **My room smells of smoke** ห้องฉันมีกลิ่นบุหรี่ [hong chan mii klin bu ri]; **There's a funny smell** มีกลิ่นแปลก ๆ [mii klin plaek plaek]

smelly ['smɛlɪ] *adj* มีกลิ่น [mii klin]

smile [smaɪl] *n* รอยยิ้ม [roi yim] ▷ *v* ยิ้ม [yim]

smiley ['smaɪlɪ] *n* หน้าที่มีรอยยิ้ม [na thii mii roi yim]

smoke [sməʊk] *n* ควัน [khwan] ▷ *v* สูบ [sup]; **smoke alarm** *n* เครื่องสัญญาณเตือนภัย [khrueang san yan tuean phai]; **Do you mind if I smoke?** คุณจะว่าอะไรไหมถ้าฉันสูบบุหรี่? [khun ja wa a rai mai tha chan sup bu rii]; **Do you smoke?** คุณสูบบุหรี่ไหม? [khun sup bu rii mai]; **Where can I smoke?** ฉันสูบบุหรี่ได้ที่ไหน? [chan sup bu rii dai thii nai]

smoked ['sməʊkt] *adj* รมควัน [rom khwan]

smoker ['sməʊkə] *n* ผู้สูบบุหรี่ [phu sub bu hree]

smoking ['sməʊkɪŋ] *n* การสูบบุหรี่ [kan sub bu rii]

smoky ['sməʊkɪ] *adj* **It's too smoky here** ที่นี่ควันบุหรี่มากไป [thii ni khwan bu ri mak pai]

smooth [smuːð] *adj* เรียบ [riap]

SMS [ɛs ɛm ɛs] *n* ข้อความสั้นส่งจากโทรศัพท์มือถืออันหนึ่งไปอีกอันหนึ่ง [khor khwam san song chak tho ra sab mue thue an hueng pai ik an hueng]

smudge [smʌdʒ] *n* รอยเปื้อน [roi puean]

smug [smʌg] *adj* สบายใจ [sa bai chai]

smuggle ['smʌgᵊl] *v* ลักลอบนำเข้า [lak lop nam khao]

smuggler ['smʌglə] *n* ผู้ลักลอบนำเข้า [phu lak lop nam khao]

smuggling ['smʌglɪŋ] *n* การลักลอบนำเข้า [kan lak lop nam khao]

snack [snæk] *n* อาหารว่าง [a han wang]; **snack bar** *n* ห้องทานอาหารว่าง [hong than a han wang]

snail [sneɪl] *n* หอยทาก [hoi thak]

snake [sneɪk] *n* งู [ngu]

snap [snæp] *v* ขาดหรือแตกอย่างฉับพลัน [khat rue taek yang chap phlan]

snapshot ['snæp,ʃɒt] *n* การถ่ายภาพอย่างรวดเร็ว [kan thai phap yang ruad reo]

snarl [snɑːl] *v* แยกเขี้ยว [yaek khiao]

snatch [snætʃ] *v* คว้า [khwa]

sneakers ['sniːkəz] *npl* รองเท้าผ้าใบ [rong thao pha bai]

sneeze [sniːz] *v* จาม [cham]

sniff [snɪf] *v* สูดจมูกฟุดฟิด [sut cha muk fut fit]

snigger ['snɪgə] *v* หัวเราะเยาะ [hua ro yo]

snob [snɒb] *n* คนหัวสูง [khon hua sung]

snooker ['snuːkə] *n* สนุกเกอร์ [sa nuk koe]

snooze [snuːz] *n* การงีบหลับ [kan ngib lap] ▷ *v* งีบหลับ [ngip lap]

snore [snɔː] *v* กรน [kron]

snorkel ['snɔːkᵊl] *n* ท่อช่วยหายใจในน้ำ [tho chuai hai jai nai nam]

snow [snəʊ] *n* หิมะ [hi ma] ▷ *v* หิมะตก [hi ma tok]; **Do I need snow chains?** ฉันต้องใส่โซ่กันหิมะหรือไม่? [chan tong sai so kan hi ma rue mai]; **Do you think it will snow?** คุณคิดว่าจะมีหิมะตกหรือไม่? [khun kit wa ja mii hi ma tok

rue mai]; **It's snowing** หิมะกำลังตก [hi ma kam lang tok]
snowball ['snəʊˌbɔːl] *n* หิมะก้อนที่ปั้นไว้ขว้างเล่น [hi ma kon thii pan wai khwang len]
snowboard ['snəʊˌbɔːd] *n* **I want to hire a snowboard** ฉันอยากเช่ากระดานเล่นหิมะ [chan yak chao kra dan len hi ma]
snowflake ['snəʊˌfleɪk] *n* เกล็ดหิมะ [klet hi ma]
snowman ['snəʊˌmæn] *n* รูปปั้นมนุษย์หิมะ [rup pan ma nut hi ma]
snowplough ['snəʊˌplaʊ] *n* รถไถกวาดหิมะ [rot thai kwat hi ma]
snowstorm ['snəʊˌstɔːm] *n* พายุหิมะ [pha yu hi ma]
so [səʊ] *adv* มาก [mak]; **so (that)** *conj* ดังนั้น [dang nan]
soak [səʊk] *v* แช่ [chae]
soaked [səʊkt] *adj* ทำให้เปียก [tham hai piak]
soap [səʊp] *n* สบู่ [sa bu]; **soap dish** *n* จานสบู่ [chan sa bu]; **soap opera** *n* ละครน้ำเน่า [la khon nam nao]; **soap powder** *n* ผงสบู่ [phong sa bu]; **There is no soap** ไม่มีสบู่ [mai mii sa bu]
sob [sɒb] *v* ร้องไห้สะอึกสะอื้น [rong hai sa uek sa uen]
sober ['səʊbə] *adj* ไม่เมา [mai mao]
sociable ['səʊʃəbᵊl] *adj* เป็นมิตร [pen mit]
social ['səʊʃəl] *adj* อยู่ร่วมกันในสังคม [yu ruam kan nai sang khom]; **social security** *n* การประกันสังคม [kan pra kan sang khom]; **social services** *npl* การบริการสังคมสงเคราะห์ [kan bo ri kan sang khom song khro]; **social worker** *n* นักสังคมสงเคราะห์ [nak sang khom song khro]
socialism ['səʊʃəˌlɪzəm] *n* ระบบสังคมนิยม [ra bop sang khom ni yom]
socialist ['səʊʃəlɪst] *adj* ที่เป็นแบบสังคมนิยม [thii pen baep sang khom ni yom] ▷ *n* นักสังคมนิยม [nak sang khom ni yom]
society [sə'saɪətɪ] *n* สังคม [sang khom]
sociology [ˌsəʊsɪ'ɒlədʒɪ] *n* สังคมวิทยา [sang khom wit tha ya]
sock [sɒk] *n* ถุงเท้า [thung thao]
socket ['sɒkɪt] *n* ปลั๊กตัวเมีย [plak tua mia]
sofa ['səʊfə] *n* เก้าอี้นวม [kao ee nuam]; **sofa bed** *n* เก้าอี้นวมที่นั่งในเวลากลางวันและเป็นเตียงเวลากลางคืน [kao ii nuam thii nang nai we la klang wan lae pen tiang we la klang khuen]
soft [sɒft] *adj* อ่อนนุ่ม [on num]; **soft drink** *n* เครื่องดื่มซึ่งไม่ใช่เหล้า [khrueang duem sueng mai chai lao]
softener ['sɒfᵊnə] *n* **Do you have softener?** คุณมีน้ำยาปรับผ้านุ่มไหม? [khun mii nam ya prab pha num mai]
software ['sɒftˌwɛə] *n* โปรแกรมคอมพิวเตอร์ [pro kraem khom phio toe]
soggy ['sɒgɪ] *adj* เปียกโชก [piak chok]
soil [sɔɪl] *n* ดิน [din]
solar ['səʊlə] *adj* เกี่ยวกับดวงอาทิตย์ [kiao kap duang a thit]; **solar power** *n* พลังงานแสงอาทิตย์ [pha lang ngan saeng a thit]; **solar system** *n* ระบบสุริยะจักรวาล [ra bop su ri ya chak kra wan]
soldier ['səʊldʒə] *n* ทหาร [tha han]
sold out [səʊld aʊt] *adj* ขายหมดแล้ว [khai hmod laeo]
solicitor [sə'lɪsɪtə] *n* ทนายความ [tha nai khwam]
solid ['sɒlɪd] *adj* แข็ง [khaeng]
solo ['səʊləʊ] *n* เพลงร้องเดี่ยว [phleng rong diao]
soloist ['səʊləʊɪst] *n* นักร้องเดี่ยว [nak rong diao]
soluble ['sɒljʊbᵊl] *adj* ซึ่งสามารถละลายได้ [sueng sa maat la lai dai]
solution [sə'luːʃən] *n* คำตอบที่แก้ปัญหา [kham top thii kae pan ha]
solve [sɒlv] *v* แก้ปัญหา [kae pan ha]

solvent ['sɒlvənt] *n* ตัวทำละลาย [tua tham la lai]
Somali [səʊ'mɑ:lɪ] *adj* เกี่ยวกับประเทศโซมาเลีย [kiao kap pra thet so ma lia] ▷ *n (language)* ภาษาโซมาเลีย [pha sa so ma lia], *(person)* ชาวโซมาเลีย [chao so ma lia]
Somalia [səʊ'mɑ:lɪə] *n* ประเทศโซมาเลีย [pra tet so ma lia]
some [sʌm; səm] *adj* เล็กน้อย [lek noi] ▷ *pron* บางส่วน [bang suan]
somebody ['sʌmbədɪ] *pron* บางคน [bang khon]
somehow ['sʌm,haʊ] *adv* เนื่องด้วยเหตุผลบางอย่าง [nueang duai het phon bang yang]
someone ['sʌm,wʌn; -wən] *pron* บางคน [bang khon]
someplace ['sʌm,pleɪs] *adv* บางแห่ง [bang haeng]
something ['sʌmθɪŋ] *pron* บางสิ่ง [bang sing]
sometime ['sʌm,taɪm] *adv* บางเวลา [bang we la]
sometimes ['sʌm,taɪmz] *adv* บางครั้งบางคราว [bang khang bang khrao]
somewhere ['sʌm,wɛə] *adv* ที่ใดที่หนึ่ง [thi dai thi nueng]
son [sʌn] *n* ลูกชาย [luk chai]; **My son is lost** ลูกชายฉันหลงทาง [luk chai chan long thang]; **My son is missing** ลูกชายฉันหาย [luk chai chan hai]
song [sɒŋ] *n* เพลง [phleng]
son-in-law [sʌn ɪn lɔ:] (*pl* **sons-in-law**) *n* ลูกเขย [luk khoei]
soon [su:n] *adv* ไม่นาน [mai nan]
sooner ['su:nə] *adv* ในไม่ช้า [nai mai cha]
soot [sʊt] *n* เขม่า เขม่าถ่านหิน [kha mao, kha mao than hin]
sophisticated [sə'fɪstɪ,keɪtɪd] *adj* ที่ดูมีรสนิยมสูง [thii du mee rot ni yom sung]
soppy ['sɒpɪ] *adj* มีอารมณ์อ่อนไหวมากเกินไป [mii a rom on wai mak koen pai]
soprano [sə'prɑ:nəʊ] *n* นักร้องหญิงที่ร้องเสียงสูงสุด [nak rong hying thii rong siang sung sud]
sorbet ['sɔ:beɪ; -bɪt] *n* น้ำแข็งที่ผสมน้ำผลไม้ [nam khaeng thii pha som nam phon la mai]
sorcerer ['sɔ:sərə] *n* พ่อมด [pho mot]
sore [sɔ:] *adj* เจ็บปวด [chep puat] ▷ *n* ความเจ็บ [khwam chep]; **cold sore** *n* แผลเปื่อย [phlae pueai]
sorry ['sɒrɪ] *interj* **I'm sorry** ฉันเสียใจด้วย [chan sia jai duai]; **I'm sorry to trouble you** ฉันขอโทษที่ทำความลำบากให้คุณ [chan kho thot thii tham khwam lam bak hai khun]; **I'm very sorry, I didn't know the regulations** ฉันเสียใจมาก ฉันไม่รู้กฎข้อบังคับ [chan sia jai mak chan mai ru kot kho bang khap]
sort [sɔ:t] *n* การจัดประเภท [kan chat pra phet]
sort out [sɔ:t aʊt] *v* แยกออก [yaek ok]
SOS [ɛs əʊ ɛs] *n* สัญญาณขอความช่วยเหลือ [san yan kho khwam chuai luea]
so-so [səʊsəʊ] *adv* อย่างงั้น ๆ อย่างงั้นแหละ [yang ngan ngan, yang ngan lae]
soul [səʊl] *n* วิญญาณ [win yan]
sound [saʊnd] *adj* ที่ไม่เสียหาย [thii mai sia hai] ▷ *n* เสียง [siang]
soundtrack ['saʊnd,træk] *n* เสียงในฟิลม์ [siang nai film]
soup [su:p] *n* ซุป [sup]; **What is the soup of the day?** ซุปประจำวันคืออะไร? [sup pra cham wan khuea a rai]
sour ['saʊə] *adj* มีรสเปรี้ยว [mee rot priao]
south [saʊθ] *adj* ทิศใต้ [thid tai] ▷ *adv* ทางใต้ [thang tai] ▷ *n* ภาคใต้ [phak tai]; **South Africa** *n* ประเทศอัฟริกาใต้ [pra tet af ri ka tai]; **South African** *n* เกี่ยวกับอัฟริกาใต้ [kiao kap af ri ka tai], ชาวอัฟริกาใต้ [kiao kap af ri ka tai, chao af ri ka tai]; **South America** *n* ทวีปอเมริกาใต้ [tha wip a me ri ka tai]

southbound ['saʊθ,baʊnd] *adj* ที่มุ่งไปทางใต้ [thii mung pai thang tai]
southeast [,saʊθ'i:st; ,saʊ'i:st] *n* ตะวันออกเฉียงใต้ [ta wan ork chiang tai]
southern ['sʌðən] *adj* ในทางภาคใต้ [nai thang phak tai]
southwest [,saʊθ'wɛst; ,saʊ'wɛst] *n* ตะวันตกเฉียงใต้ [ta wan tok chiang tai]
souvenir [,su:və'nɪə; 'su:və,nɪə] *n* ของที่ระลึก [khong thi ra luek]; **Do you have souvenirs?** คุณมีของที่ระลึกไหม? [khun mii khong thii ra luek mai]
soya ['sɔɪə] *n* ถั่วเหลือง [thua lueang]
spa [spɑ:] *n* สถานบำรุงสุขภาพ [sa than bam rung suk kha phap]
space [speɪs] *n* ที่ว่าง [thi wang]
spacecraft ['speɪs,krɑ:ft] *n* ยานอวกาศ [yan a wa kat]
spade [speɪd] *n* พลั่ว [phlua]
spaghetti [spə'gɛtɪ] *n* สปาเก็ตตี้ [sa pa ket ti]
Spain [speɪn] *n* ประเทศสเปน [pra tet sa pen]
spam [spæm] *n* ขยะไปรษณีย์อิเล็กทรอนิกส์ [kha ya prai sa nii i lek thro nik]
Spaniard ['spænjəd] *n* ชาวสเปน [chao sa pen]
spaniel ['spænjəl] *n* สุนัขพันธุ์หนึ่ง [su nak phan hueng]
Spanish ['spænɪʃ] *adj* เกี่ยวกับสเปน [kiao kap sa pen] ▷ *n* ประเทศสเปน [pra tet sa pen]
spank [spæŋk] *v* ตีก้นเพื่อลงโทษ [ti kon phue long thod]
spanner ['spænə] *n* กุญแจเลื่อน [kun jae luean]
spare [spɛə] *adj* ที่สำรองไว้ [thii sam rong wai] ▷ *v* ซึ่งสำรองไว้ [sueng sam rong wai]; **spare part** *n* อะไหล่ [a lai]; **spare room** *n* ห้องว่างหรือห้องสำรอง [hong wang rue hong sam rong]; **spare time** *n* เวลาว่าง [we la wang]
spark [spɑ:k] *n* ประกายไฟ [pra kai phai]; **spark plug** *n* หัวเทียนไฟเครื่องยนต์ [hua thian fai khrueang yon]
sparrow ['spærəʊ] *n* นกกระจอก [nok kra chok]
spasm ['spæzəm] *n* การชักกระตุกของกล้ามเนื้อ [kan chak kra tuk khong klam nuea]
spatula ['spætjʊlə] *n* ไม้พายที่ใช้ทำอาหาร [mai phai thii chai tham a han]
speak [spi:k] *v* พูด [phut]; **Can I speak to...?** ฉันขอพูดกับ...ได้ไหม? [chan kho phut kap...dai mai]; **Can I speak to you in private?** ฉันพูดกับคุณเป็นการส่วนตัวได้ไหม? [chan phut kap khun pen kan suan tua dai mai]; **Could you speak louder, please?** คุณกรุณาพูดดังกว่านี้ได้ไหม? [khun ka ru na phut dang kwa nii dai mai]
speaker ['spi:kə] *n* ผู้พูด [phu phud]; **native speaker** *n* เจ้าของภาษา [chao khong pha sa]
speak up [spi:k ʌp] *v* พูดเสียงดัง [phud siang dang]
special ['spɛʃəl] *adj* พิเศษ [phi set]; **special offer** *n* การขายสินค้าราคาพิเศษ [kan khai sin kha ra kha phi set]
specialist ['spɛʃəlɪst] *n* ผู้เชี่ยวชาญ [phu chiao chan]
speciality [,spɛʃɪ'ælɪtɪ] *n* ความชำนาญพิเศษ [khwam cham nan phi set]
specialize ['spɛʃə,laɪz] *v* ศึกษาเป็นพิเศษ [suek sa pen phi sed]
specially ['spɛʃəlɪ] *adv* อย่างพิเศษ [yang phi sed]
species ['spi:ʃi:z; 'spi:ʃɪ,i:z] *n* ชนิด [cha nit]
specific [spɪ'sɪfɪk] *adj* โดยเฉพาะ [doi cha pho]
specifically [spɪ'sɪfɪklɪ] *adv* อย่างพิเศษ [yang phi sed]
specify ['spɛsɪ,faɪ] *v* ระบุ [ra bu]
specs [spɛks] *npl* แว่นตา [waen ta]
spectacles ['spɛktəkᵊlz] *npl* แว่นตา

[waen ta]
spectacular [spɛk'tækjʊlə] *adj* ซึ่งปรากฏที่ยิ่งใหญ่ [sueng pra kot thii ying yai]
spectator [spɛk'teɪtə] *n* ผู้ชม [phu chom]
speculate ['spɛkjʊˌleɪt] *v* เสี่ยงโชค [siang chok]
speech [spiːtʃ] *n* คำบรรยาย [kham ban yai]
speechless ['spiːtʃlɪs] *adj* ไม่สามารถพูดได้ [mai sa mat phut dai]
speed [spiːd] *n* ความเร็ว [khwam reo]; **speed limit** *n* อัตราความเร็ว [at tra khwam reo]; **What is the speed limit on this road?** ความเร็วสูงสุดบนถนนนี้เท่าไร? [khwam reo sung sut bon tha non nii thao rai]
speedboat ['spiːdˌbəʊt] *n* เรือเร็ว [ruea reo]
speeding ['spiːdɪŋ] *n* อัตราความเร็ว [at tra khwam reo]
speedometer [spɪ'dɒmɪtə] *n* แผงที่บอกอัตราความเร็ว [phaeng thii bok at tra khwam reo]
speed up [spiːd ʌp] *v* เร่งให้เร็วขึ้น [reng hai reo khuen]
spell [spɛl] *n (magic)* มนตร์คาถา [mon kha tha], *(time)* ช่วงเวลา [chuang we la] ▷ *v* อ่านสะกดคำ [arn sa kot kham]
spellchecker ['spɛlˌtʃɛkə] *n* ซอฟแวร์ของคอมพิวเตอร์ที่ใช้สำหรับตรวจคำศัพท์ [sop wae khong khom phio toe thii chai sam rap truat kham sap]
spelling ['spɛlɪŋ] *n* การสะกดคำ [kan sa kot kham]
spend [spɛnd] *v* ใช้ [chai]
sperm [spɜːm] *n* ตัวอสุจิ [tua a su chi]
spice [spaɪs] *n* เครื่องเทศ [khrueang thet]
spicy ['spaɪsɪ] *adj* ที่มีรสจัด [thii mii rot chat]
spider ['spaɪdə] *n* แมงมุม [maeng mum]
spill [spɪl] *v* ทำหก [tham hok]
spinach ['spɪnɪdʒ; -ɪtʃ] *n* ผักโขม [phak khom]
spine [spaɪn] *n* กระดูกสันหลัง [kra duk san lang]
spinster ['spɪnstə] *n* สตรีที่ไม่ได้แต่งงาน [sa tree thii mai dai taeng ngan]
spire [spaɪə] *n* สิ่งก่อสร้างสูงรูปกรวยที่เป็นส่วนหนึ่งของโบถส์ [sing ko sang sung rup kruai thii pen suan nueng khong bot]
spirit ['spɪrɪt] *n* วิญญาณ [win yan]
spirits ['spɪrɪts] *npl* อารมณ์ [a rom]
spiritual ['spɪrɪtjʊəl] *adj* เกี่ยวกับศาสนา [kiao kap sat sa na]
spit [spɪt] *n* เหล็กเสียบเนื้อย่าง [lek siap nuea yang] ▷ *v* ถ่มน้ำลาย [thom nam lai]
spite [spaɪt] *n* เจตนาร้าย [chet ta na rai] ▷ *v* มุ่งร้าย [mung rai]
spiteful ['spaɪtfʊl] *adj* ซึ่งมีเจตนาร้าย [sueng mii chet ta na rai]
splash [splæʃ] *v* สาดกระเด็น [sat kra den]
splendid ['splɛndɪd] *adj* ยอดเยี่ยม [yod yiam]
splint [splɪnt] *n* เฝือก [fueak]
splinter ['splɪntə] *n* เศษเล็ก ๆ ที่แตกออก [set lek lek thii taek ok]
split [splɪt] *v* แยก [yaek]
split up [splɪt ʌp] *v* แยกออกจากกัน [yaek ork chak kan]
spoil [spɔɪl] *v* ทำให้เสียหาย ตามใจจนเสียคน [tham hai sia hai, tam jai chon sia khon]
spoilsport ['spɔɪlˌspɔːt] *n* ผู้รบกวนความสุขของผู้อื่น [phu rop kuan khwam suk khong phu uen]
spoilt [spɔɪlt] *adj* ทำให้เสียหาย [tham hai sia hai]
spoke [spəʊk] *n* ซี่ล้อรถ [si lo rot]
spokesman, spokesmen ['spəʊksmən, 'spəʊksmɛn] *n* โฆษก [kho sok]
spokesperson ['spəʊksˌpɜːsən] *n*

โฆษก [kho sok]
spokeswoman, spokeswomen ['spəʊks,wʊmən, 'spəʊks,wɪmɪn] *n* โฆษกหญิง [kho sok ying]
sponge [spʌndʒ] *n (cake)* เค้กที่ฟู [khek thii fu], *(for washing)* ฟองน้ำ [fong nam]; **sponge bag** *n* กระเป๋าใส่เครื่องใช้ในการอาบน้ำ เช่น สบู่ ยาสระผม ยาสีฟัน เป็นต้น [kra pao sai khrueang chai nai kan ap nam chen sa bu ya sa phom ya sii fan pen ton]
sponsor ['spɒnsə] *n* ผู้อุปถัมภ์ [phu op pa tam] ▷ *v* อุปถัมภ์ [up pa tham]
sponsorship ['spɒnsəʃɪp] *n* การอุปถัมภ์ [kan op pa tham]
spontaneous [spɒn'teɪnɪəs] *adj* ซึ่งกระทำเองโดยทันที [sueng kra tham eng doi than thi]
spooky ['spu:kɪ; 'spooky] *adj* น่ากลัว [na klua]
spoon [spu:n] *n* ช้อน [chon]; **Could I have a clean spoon, please?** ฉันขอช้อนสะอาดหนึ่งคันได้ไหม? [chan kho chon sa aat nueng khan dai mai]
spoonful ['spu:n,fʊl] *n* เต็มช้อน [tem chon]
sport [spɔ:t] *n* กีฬา [ki la]; **winter sports** *npl* กีฬาฤดูหนาว [ki la rue du nao]; **What sports facilities are there?** มีอุปกรณ์กีฬาอะไรบ้าง? [mii up pa kon ki la a rai bang]; **Which sporting events can we go to?** มีกิจกรรมกีฬาอะไรที่เราจะไปดูได้ [mii kit cha kam ki la a rai thii rao ja pai du dai]
sportsman, sportsmen ['spɔ:tsmən, 'spɔ:tsmɛn] *n* นักกีฬา [nak ki la]
sportswear ['spɔ:ts,wɛə] *n* ชุดกีฬา [chud ki la]
sportswoman, sportswomen ['spɔ:ts,wʊmən, 'spɔ:ts,wɪmɪn] *n* นักกีฬาหญิง [nak ki la ying]
sporty ['spɔ:tɪ] *adj* มีน้ำใจเป็นนักกีฬา [mii nam jai pen nak ki la]
spot [spɒt] *n (blemish)* จุดด่างพร้อย [chut dang phroi], *(place)* สถานที่ [sa than thi] ▷ *v* พบเห็น [phop hen]
spotless ['spɒtlɪs] *adj* สะอาดไม่มีตำหนิ [sa at mai mii tam ni]
spotlight ['spɒt,laɪt] *n* ไฟฉายที่มีแสงสว่างจ้ามาก [fai chai thii mii saeng sa wang cha mak]
spotty ['spɒtɪ] *adj* เต็มไปด้วยสิว [tem pai duai sio]
spouse [spaʊs] *n* สามีหรือภรรยา [sa mii rue phan ra ya]
sprain [spreɪn] *n* อาการเคล็ด [a kan khlet] ▷ *v* ทำให้เคล็ด [tham hai khlet]
spray [spreɪ] *n* ละอองน้ำ [la ong nam] ▷ *v* พ่น [phon]; **hair spray** *n* สเปรย์ฉีดผม [sa pre chit phom]
spread [sprɛd] *n* การกระจาย [kan kra chai] ▷ *v* กระจาย [kra chai]
spread out [sprɛd aʊt] *v* แผ่ออกไป [phae ok pai]
spreadsheet ['sprɛd,ʃi:t] *n* ตารางจัดการ หมายถึงโปรแกรมคอมพิวเตอร์ประเภทหนึ่ง [ta rang chat kan mai thueng pro kraem khom phio toe pra pet nueng]
spring [sprɪŋ] *n (coil)* ลวดสปริง [luat sa pring], *(season)* ฤดูใบไม้ผลิ [rue du bai mai phli]; **spring onion** *n* ต้นหอม [ton hom]
spring-cleaning ['sprɪŋ,kli:nɪŋ] *n* ทำความสะอาดบ้านทั่วทั้งหลัง [tham khwam sa aat baan thua thang lang]
springtime ['sprɪŋ,taɪm] *n* ฤดูใบไม้ผลิ [rue du bai mai phli]
sprinkler ['sprɪŋklə] *n* หัวฉีดน้ำ [hua chit nam]
sprint [sprɪnt] *n* การแข่งวิ่งเร็วในระยะสั้น [kan khaeng wing reo nai ra ya san] ▷ *v* วิ่งเต็มฝีเท้า [wing tem fi thao]
sprinter ['sprɪntə] *n* นักวิ่งเร็ว [nak wing reo]
sprouts [spraʊts] *npl* ต้นอ่อน [ton on]; **Brussels sprouts** *npl* ลูกกะหล่ำเล็ก [luk

ka lam lek]

spy [spaɪ] *n* นักสืบ [nak suep] ▷ *v* สืบ [suep]

spying ['spaɪɪŋ] *n* การสอดแนม [kan sot naem]

squabble ['skwɒbᵊl] *v* ทะเลาะกัน [tha lao kan]

squander ['skwɒndə] *v* ใช้จ่ายสุรุ่ยสุร่าย [chai chai su rui su rai]

square [skwɛə] *adj* เป็นสี่เหลี่ยมจัตุรัส [pen si liam chat tu rat] ▷ *n* สี่เหลี่ยมจตุรัส [si liam chat tu rat]

squash [skwɒʃ] *n* เครื่องดื่มน้ำผลไม้ผสมด้วยน้ำให้เจือจางลง [khueang duem nam phon la mai pha som duai nam hai chuea chang long] ▷ *v* เบียดเสียด [biat siat]

squeak [skwi:k] *v* พูดเสียงแหลม [phud siang hlaem]

squeeze [skwi:z] *v* บีบ [bip]

squeeze in [skwi:z ɪn] *v* เบียดเข้าไป [biat khao pai]

squid [skwɪd] *n* ปลาหมึก [pla muek]

squint [skwɪnt] *v* ตาเหล่ [ta le]

squirrel ['skwɪrəl; 'skwɜ:rəl; 'skwʌr-] *n* กระรอก [kra rok]

Sri Lanka [,sri: 'læŋkə] *n* ประเทศศรีลังกา [pra tet sri lang ka]

stab [stæb] *v* แทง [thaeng]

stability [stə'bɪlɪtɪ] *n* ความมั่นคง [khwam man khong]

stable ['steɪbᵊl] *adj* มั่นคง [man khong] ▷ *n* คอกม้า [khok ma]

stack [stæk] *n* กองที่ซ้อนกัน [kong thii sorn kan]

stadium, stadia ['steɪdɪəm, 'steɪdɪə] *n* สนามกีฬาที่มีอัฒจันทร์โดยรอบ [sa nam ki la thii mii at tha chan doi rop]

staff [stɑ:f] *n (stick or rod)* ไม้ค้ำ เสาค้ำ ไม้เท้า [mai kham, sao kham, mai thao], *(workers)* พนักงาน [pha nak ngan]

staffroom ['stɑ:f,ru:m] *n* ห้องสำหรับคณะผู้ทำงาน [hong sam hrab kha na phu tham ngan]

stage [steɪdʒ] *n* เวทีการแสดง [we thi kan sa daeng]

stagger ['stægə] *v* เซ [se]

stain [steɪn] *n* รอยเปื้อน [roi puean] ▷ *v* เป็นคราบ [pen khrap]; **stain remover** *n* น้ำยากำจัดคราบเปื้อน [nam ya kam chat khrab puean]

staircase ['stɛə,keɪs] *n* บันไดทอดหนึ่ง [ban dai thot nueng]

stairs [stɛəz] *npl* บันได [ban dai]

stale [steɪl] *adj* ไม่สด [mai sot]

stalemate ['steɪl,meɪt] *n* สภาพที่จนมุม [sa phap thii chon mum]

stall [stɔ:l] *n* แผงขายของ [phaeng khai khong]

stamina ['stæmɪnə] *n* ความทรหดอดทน ความแข็งแกร่งที่ยืนหยัดอยู่ได้นาน [khwam tho ra hot ot thon, khwam khaeng kraeng thii yuen yat yu dai nan]

stammer ['stæmə] *v* พูดติดอ่าง [put tit ang]

stamp [stæmp] *n* ดวงตราไปรษณียกร [duang tra prai sa ni] ▷ *v* กระทืบ เหยียบ [kra thuep, yiab]

stand [stænd] *v* ยืน [yuen]

standard ['stændəd] *adj* ซึ่งเป็นมาตรฐาน [sueng pen mat tra than] ▷ *n* มาตรฐาน [mat tra than]; **standard of living** *n* มาตรฐานการครองชีพ [mat tra than kan khrong chip]

stand for [stænd fɔ:] *v* แทน [thaen]

stand out [stænd aʊt] *v* เห็นชัด [hen chat]

standpoint ['stænd,pɔɪnt] *n* ทัศนคติ [that sa na kha ti]

stands ['stændz] *npl* เคาน์เตอร์ที่ขายของ [khao toe thii khai khong]

stand up [stænd ʌp] *v* ยืนขึ้น [yuen khuen]

staple ['steɪpᵊl] *n (commodity)* อาหารหลัก [a han lak], *(wire)* ลวดเย็บกระดาษ [luat yep kra dat] ▷ *v* ติดด้วยลวดเย็บกระดาษ [tit duai luat yep kra daat]

stapler ['steɪplə] *n* ที่เย็บกระดาษ [thi yep kra dat]
star [stɑː] *n (person)* คนที่มีชื่อเสียงในด้านใดด้านหนึ่ง [khon thii mii chue siang nai dan dai dan nueng], *(sky)* ดาว [dao] ▷ *v* เป็นดารานำแสดง [pen da ra nam sa daeng]; **film star** *n* ดาราภาพยนตร์ [da ra phap pha yon]
starch [stɑːtʃ] *n* แป้ง [paeng]
stare [stɛə] *v* จ้อง [chong]
stark [stɑːk] *adj* เคร่งครัด [khreng khrat]
start [stɑːt] *n* การเริ่ม [kan roem] ▷ *vi* เริ่ม ลงมือ ทำให้เกิด [roem, long mue, tham hai koet] ▷ *vt* เริ่ม เริ่มทำ เริ่มต้น [roem, roem tham, roem ton]
starter ['stɑːtə] *n* อาหารจานแรก [a han chan raek]
startle ['stɑːtᵊl] *v* สะดุ้ง [sa dung]
start off [stɑːt ɒf] *v* เริ่มเดินทาง [roem doen thang]
starve [stɑːv] *v* อด [ot]
state [steɪt] *n* สภาพแวดล้อม [sa phap waet lom] ▷ *v* บอกกล่าว [bok klao]; **Gulf States** *npl* ประเทศต่าง ๆ ในคาบสมุทรอาระเบีย [pra tet tang tang nai khap sa mut a ra bia]
statement ['steɪtmənt] *n* แถลงการณ์ [tha laeng kan]; **bank statement** *n* รายการเงินฝากถอน [rai kan ngoen fak thon]
station ['steɪʃən] *n* สถานี [sa tha ni]; **bus station** *n* สถานีรถโดยสารประจำทาง [sa tha ni rot doi san pra cham thang]; **How far are we from the bus station?** เราอยู่ห่างจากสถานีรถโดยสารมากแค่ไหน? [rao yu hang chak sa tha ni rot doi san mak khae nai]; **I need to find a police station** ฉันมองต้องหาสถานีตำรวจ [chan mong tong ha sa tha ni tam ruat]; **Where is the nearest tube station?** สถานีรถไฟใต้ดินที่ใกล้ที่สุดอยู่ที่ไหน? [sa tha ni rot fai tai din thii klai thii sut yu thii nai]
stationer's ['steɪʃənəz] *n* ร้านขายเครื่องเขียน [ran khai khrueang khian]
stationery ['steɪʃənərɪ] *n* เครื่องเขียน [khrueang khian]
statistics [stə'tɪstɪks] *npl* วิชาสถิติ [vi cha sa thi ti]
statue ['stætjuː] *n* รูปปั้น [rup pan]
status ['steɪtəs] *n* **marital status** *n* สถานภาพการแต่งงาน [sa tha na phap kan taeng ngan]
status quo ['steɪtəs kwəʊ] *n* สถานภาพปัจจุบัน [sa tha na phap pat chu ban]
stay [steɪ] *n* การพักอยู่ [kan phak yu] ▷ *v* พักอยู่ [phak yu]
stay in [steɪ ɪn] *v* อยู่ในบ้าน [yu nai baan]
stay up [steɪ ʌp] *v* อยู่ดึก [yu duek]
steady ['stɛdɪ] *adj* มั่นคง [man khong]
steak [steɪk] *n* เนื้อสเต๊ค [nuea sa tek]; **rump steak** *n* เนื้อสะโพกของสัตว์ [nuea sa phok khong sat]
steal [stiːl] *v* ลักขโมย [lak kha moi]
steam [stiːm] *n* ไอน้ำ [ai nam]
steel [stiːl] *n* เหล็ก [hlek]; **stainless steel** *n* เหล็กที่ไม่เป็นสนิม [lek thii mai pen sa nim]
steep [stiːp] *adj* สูงชัน [sung chan]
steeple ['stiːpᵊl] *n* ยอดหลังคา [yot lang kha]
steering ['stɪərɪŋ] *n* การขับ [kan khap]; **steering wheel** *n* พวงมาลัยรถ [phuang ma lai rot]
step [stɛp] *n* ก้าว [kao]
stepbrother ['stɛp,brʌðə] *n* พี่ชายน้องชายต่างบิดา [phi chai nong chai tang bi da]
stepdaughter ['stɛp,dɔːtə] *n* ลูกเลี้ยงหญิง [luk liang ying]
stepfather ['stɛp,fɑːðə] *n* พ่อเลี้ยง [pho liang]
stepladder ['stɛp,lædə] *n* บันไดพับได้ [ban dai phap dai]
stepmother ['stɛp,mʌðə] *n* แม่เลี้ยง [mae liang]
stepsister ['stɛp,sɪstə] *n* พี่สาวน้องสาว

ต่างบิดา [phi sao nong sao tang bi da]

stepson ['stɛp,sʌn] *n* ลูกเลี้ยงที่เป็นชาย [luk liang thii pen chai]

stereo ['stɛrɪəʊ; 'stɪər-] *n* ระบบเสียงแบบสเตอริโอ [ra bop siang baep sa toe ri o]; **personal stereo** *n* สเตอริโอส่วนตัว [sa toe ri o suan tua]

stereotype ['stɛrɪə,taɪp; 'stɪər-] *n* สิ่งที่เหมือนกันราวกับพิมพ์มาจากบล็อกเดียวกัน [sing thii muean kan rao kap phim ma chak blok diao kan]

sterile ['stɛraɪl] *adj* ปราศจากเชื้อ [prat sa chak chuea]

sterilize ['stɛrɪ,laɪz] *v* ทำให้ปราศจากเชื้อ [tham hai prat sa chak chuea]

sterling ['stɜːlɪŋ] *n* สกุลเงินของสหราชอาณาจักรอังกฤษ [sa kun ngoen khong sa ha rat cha a na chak ang krit]

steroid ['stɪərɔɪd; 'stɛr-] *n* สเตอรอยด์ [sa toe roi]

stew [stjuː] *n* สตูว์ [sa tu]

steward ['stjʊəd] *n* บริกรบนเครื่องบิน [bo ri kon bon khrueang bin]

stick [stɪk] *n* ไม้เท้า [mai thao] ▷ *v* แทง [thaeng]; **stick insect** *n* ที่ดักแมลง [thii dak ma laeng]; **walking stick** *n* ไม้เท้า [mai thao]

sticker ['stɪkə] *n* ฉลากติด สติ๊กเกอร์ [cha lak tid sa tik koe]

stick out [stɪk aʊt] *v* ยื่นออกมา [yuen ok ma]

sticky ['stɪkɪ] *adj* เหนียว [niao]

stiff [stɪf] *adj* แข็ง [khaeng]

stifling ['staɪflɪŋ] *adj* ร้อนและอบ [ron lae op]

still [stɪl] *adj* นิ่ง [ning] ▷ *adv* ยังคง [yang khong]

sting [stɪŋ] *n* แผลถูกแมลงกัดต่อย [phlae thuk ma laeng kat toi] ▷ *v* กัด [kat]

stingy ['stɪndʒɪ] *adj* ขี้เหนียว [khi niao]

stink [stɪŋk] *n* กลิ่นเหม็น [klin men] ▷ *v* ส่งกลิ่นเหม็น [song klin men]

stir [stɜː] *v* คน [khon]

stitch [stɪtʃ] *n* รอยเย็บ [roi yep] ▷ *v* เย็บ [yep]

stock [stɒk] *n* คลังสินค้า [khlang sin kha] ▷ *v* เก็บ [kep]; **stock cube** *n* ก้อนสต๊อค [kon sa tok]; **stock exchange** *n* ตลาดหลักทรัพย์ [ta lad hlak sap]; **stock market** *n* ตลาดหุ้น [ta lad hun]

stockbroker ['stɒk,brəʊkə] *n* นายหน้าขายหุ้น [nai na khai hun]

stockholder ['stɒk,həʊldə] *n* ผู้ถือหุ้น [phu thue hun]

stocking ['stɒkɪŋ] *n* ถุงน่อง [thung nong]

stock up [stɒk ʌp] *v* **stock up on** *v* เก็บสำรองไว้ [kep sam rong wai]

stomach ['stʌmək] *n* ท้อง [thong]

stomachache ['stʌmək,eɪk] *n* ปวดท้อง [puat thong]

stone [stəʊn] *n* หิน [hin]

stool [stuːl] *n* ม้านั่งไม่มีพนัก [ma nang mai mii pha nak]

stop [stɒp] *n* การหยุด [kan yud] ▷ *vi* หยุด ยุติ เลิก [yut, yu ti, loek] ▷ *vt* หยุด ระงับ ปิดกั้น [yut, ra ngab, pit kan]; **bus stop** *n* ป้ายรถโดยสารประจำทาง [pai rot doi san pra cham thang]; **full stop** *n* มหัพภาค จุด [ma hup phak chut]

stopover ['stɒp,əʊvə] *n* การหยุดพักระหว่างทาง [kan yut phak ra wang thang]

stopwatch ['stɒp,wɒtʃ] *n* นาฬิกาจับเวลา [na li ka chab we la]

storage ['stɔːrɪdʒ] *n* ที่เก็บ [thi kep]

store [stɔː] *n* ร้านค้า [ran kha] ▷ *v* เก็บ [kep]; **department store** *n* ห้างสรรพสินค้า [hang sap pha sin kha]

storm [stɔːm] *n* พายุ [pha yu]; **Do you think there will be a storm?** คุณคิดว่าจะมีพายุหรือไม่? [khun kit wa ja mii pha yu rue mai]

stormy ['stɔːmɪ] *adj* ราวกับพายุ [rao kap pha yu]

story ['stɔːrɪ] *n* เรื่องราว [rueang rao]; **short story** *n* เรื่องสั้น [rueang san]

stove [stəʊv] *n* เตาทำอาหาร [tao tham a

han]
straight [streɪt] *adj* ที่ตรงไป [thii trong pai]; **straight on** *adv* อย่างตรงไป [yang trong pai]
straighteners ['streɪtᵊnəz] *npl* เครื่องทำผมให้ตรง [khrueang tham phom hai trong]
straightforward [ˌstreɪt'fɔ:wəd] *adj* ตรงไปตรงมา [trong pai trong ma]
strain [streɪn] *n* ความตึงเครียด [khwam tueng khriat] ▷ *v* ทำงานหนักเกินไป [tham ngan hnak koen pai]
strained [streɪnd] *adj* ที่ไม่เป็นธรรมชาติ [thii mai pen tham ma chaat]
stranded ['strændɪd] *adj* โดดเดี่ยว [dot diao]
strange [streɪndʒ] *adj* แปลก [plaek]
stranger ['streɪndʒə] *n* คนแปลกหน้า [khon plaek na]
strangle ['stræŋgᵊl] *v* ฆ่าโดยการบีบคอ [kha doi kan bip kho]
strap [stræp] *n* สายรัด [sai rat]; **watch strap** *n* สายนาฬิกา [sai na li ka]
strategic [strə'ti:dʒɪk] *adj* เกี่ยวกับยุทธวิธีหรือกลยุทธ์ [kiao kap yut tha wi thi rue kon la yut]
strategy ['strætɪdʒɪ] *n* ยุทธวิธี [yut tha wi thi]
straw [strɔ:] *n* ฟางข้าว [fang khao]
strawberry ['strɔ:bərɪ; -brɪ] *n* ผลสตรอเบอรี่ [phon sa tro boe ri]
stray [streɪ] *n* สัตว์ที่หลงทาง [sat thii long thang]
stream [stri:m] *n* ลำธาร [lam than]
street [stri:t] *n* ถนน [tha non]; **street map** *n* แผนที่ถนน [phaen thii tha non]; **street plan** *n* แผนที่ถนน [phaen thii tha non]; **I want a street map of the city** ฉันอยากได้แผนที่ถนนของเมืองนี้ [chan yak dai phaen thii tha non khong mueang nii]
streetlamp ['stri:tˌlæmp] *n* ไฟถนน [fai tha non]
streetwise ['stri:tˌwaɪz] *adj* ซึ่งเอาตัวรอดได้ในสังคมเมือง [sueng ao tua rot dai nai sang khom mueang]
strength [strɛŋθ] *n* ความเข้มแข็ง [khwam khem khaeng]
strengthen ['strɛŋθən] *v* แข็งแรงขึ้น [khaeng raeng khuen]
stress [strɛs] *n* ความเครียด [khwam khriat] ▷ *v* เครียด [khriat]
stressed ['strɛst] *adj* ภาวะถูกกดดัน [pha wa thuk kot dan]
stressful ['strɛsfʊl] *adj* ตึงเครียด [tueng khriat]
stretch [strɛtʃ] *v* ขยายออก [kha yai ork]
stretcher ['strɛtʃə] *n* เปลหาม [phle ham]
stretchy ['strɛtʃɪ] *adj* ซึ่งยืดหยุ่นได้ [sueng yued hyun dai]
strict [strɪkt] *adj* เข้มงวด [khem nguat]
strictly [strɪktlɪ] *adv* อย่างเคร่งครัด [yang khreng khrat]
strike [straɪk] *n* ประท้วง [pra thuang] ▷ *vi* ตี ดีด ปะทะ [ti, diit, pa tha], *(suspend work)* หยุดงานประท้วง [yut ngan pra thuang] ▷ *vt* ตี ดีด ปะทะ [ti, diit, pa tha]; **because of a strike** เพราะมีการประท้วง [khro mii kan pra thuang]
striker ['straɪkə] *n* คนที่หยุดงานประท้วง [khon thii yut ngan pra thuang]
striking ['straɪkɪŋ] *adj* ซึ่งโดดเด่น [sueng dot den]
string [strɪŋ] *n* เชือก [chueak]
strip [strɪp] *n* การเต้นระบำเปลื้องผ้า [kan ten ra bam plueang pha] ▷ *v* แก้ผ้า [khae pha]
stripe [straɪp] *n* แถบสี [thaep si]
striped [straɪpt] *adj* ซึ่งเป็นแถบ [sueng pen thaep]
stripper ['strɪpə] *n* นักเต้นระบำเปลื้องผ้า [nak ten ra bam plueang pha]
stripy ['straɪpɪ] *adj* ซึ่งมีลาย [sueng mii lai]
stroke [strəʊk] *n (apoplexy)* อัมพาตเนื่องจากเส้นโลหิตในสมองแตก [am ma

phat nueang chak sen lo hit nai sa mong taek], *(hit)* การลูบหรือการสัมผัส [kan lub rue kan sam phat] ▷ *v* สัมผัสหรือลูบคลำ [sam phat rue lup khlam]

stroll [strəʊl] *n* การเดินทอดน่อง [kan doen thod nong]

strong [strɒŋ] *adj* แข็งแรง [khaeng raeng]

strongly [strɒŋlɪ] *adv* อย่างมีกำลัง [yang mii kam lang]

structure ['strʌktʃə] *n* โครงสร้าง [khrong sang]

struggle ['strʌgᵊl] *v* พยายาม [pha ya yom]

stub [stʌb] *n* ส่วนที่เหลืออยู่ [suan thii luea yu]

stubborn ['stʌbᵊn] *adj* ดื้อ [due]

stub out [stʌb aʊt] *v* ขยี้ให้ดับ [kha yii hai dab]

stuck [stʌk] *adj* ติดชะงัก [tit cha ngak]

stuck-up [stʌkʌp] *adj* เย่อหยิ่ง [yoe ying]

stud [stʌd] *n* หมุด [mut]

student ['stju:dᵊnt] *n* นักเรียน [nak rian]; **student discount** *n* ราคาลดสำหรับนักเรียน [ra kha lot sam rap nak rian]; **Are there any reductions for students?** มีส่วนลดสำหรับนักเรียนหรือไม่? [mii suan lot sam rap nak rian rue mai]; **I'm a student** ฉันเป็นนักเรียน [chan pen nak rian]

studio ['stju:dɪˌəʊ] *n* ห้องทำงานของช่างถ่ายภาพ ศิลปินและนักดนตรี [hong tham ngan khong chang thai phap sil la pin lae nak don tree]; **studio flat** *n* ห้องชุดที่เป็นห้องทำงาน [hong chut thii pen hong tham ngan]

study ['stʌdɪ] *v* เรียน [rian]; **I'm still studying** ฉันยังเรียนหนังสืออยู่ [chan yang rian nang sue yu]

stuff [stʌf] *n* สิ่งต่าง ๆ [sing tang tang]

stuffy ['stʌfɪ] *adj* อากาศไม่ถ่ายเท [a kaat mai thai the]

stumble ['stʌmbᵊl] *v* สะดุด [sa dut]

stunned [stʌnd] *adj* ตกตะลึง [tok ta lueng]

stunning ['stʌnɪŋ] *adj* น่าทึ่ง [na thueng]

stunt [stʌnt] *n* การแสดงเสี่ยงอันตราย [kan sa daeng siang an tra lai]

stuntman, stuntmen ['stʌntmən, 'stʌntmɛn] *n* ผู้แสดงแทนในฉากเสี่ยงอันตราย [phu sa daeng thaen nai chak siang an ta rai]

stupid ['stju:pɪd] *adj* โง่ [ngo]

stutter ['stʌtə] *v* ติดอ่าง [tit ang]

style [staɪl] *n* ความมีรสนิยม การออกแบบ [khwam mii rot ni yom, kan ok baep]

styling ['staɪlɪŋ] *n* **Do you sell styling products?** คุณขายสินค้าแฟชั่นทำผมไหม? [khun khai sin ka fae chan tham phom mai]

stylist ['staɪlɪst] *n* ช่างทำผมที่เป็นนักออกแบบ [chang tham phom thii pen nak ork baeb]

subject ['sʌbdʒɪkt] *n* หัวข้อ [hua kho]

submarine ['sʌbməˌri:n; ˌsʌbmə'ri:n] *n* เรือดำน้ำ [ruea dam nam]

subscription [səb'skrɪpʃən] *n* การสั่งซื้อเป็นประจำ [kan sang sue pen pra cham]

subsidiary [səb'sɪdɪərɪ] *n* คนหรือสิ่งที่เป็นตัวเสริม [khon rue sing thii pen tua soem]

subsidize ['sʌbsɪˌdaɪz] *v* ให้ความช่วยเหลือในด้านการเงิน [hai khwam chuai luea nai dan kan ngoen]

subsidy ['sʌbsɪdɪ] *n* เงินช่วยเหลือ [ngoen chuai luea]

substance ['sʌbstəns] *n* เนื้อหาสาระ [nuea ha sa ra]

substitute ['sʌbstɪˌtju:t] *n* คนหรือสิ่งที่เข้าแทนที่ [khon rue sing thii khao taen thii] ▷ *v* แทนที่ [thaen thi]

subtitled ['sʌbˌtaɪtᵊld] *adj* ที่มีคำแปลเขียนไว้ข้างล่างในภาพยนตร์ [thii mii kham plae khian wai khang lang nai phap pha yon]

subtitles ['sʌbˌtaɪtᵊlz] *npl* คำแปลที่เขียนไว้ข้างล่างในภาพยนตร์ [kham plae thii

khian wai khang lang nai phap pa yon]
subtle ['sʌtᵊl] *adj* ซึ่งบอกเป็นนัย ๆ [sueng bok pen nai nai]
subtract [səb'trækt] *v* ลบออกไป [lop ok pai]
suburb ['sʌbɜ:b] *n* ชานเมือง [chan mueang]
suburban [sə'bɜ:bᵊn] *adj* นอกเมือง [nok mueang]
subway ['sʌb,weɪ] *n* รถไฟใต้ดิน [rot fai tai din]
succeed [sək'si:d] *v* ประสบความสำเร็จ [pra sop khwam sam ret]
success [sək'sɛs] *n* ความสำเร็จ [khwam sam ret]
successful [sək'sɛsfʊl] *adj* ประสบผลสำเร็จ [pra sop phon sam ret]
successfully [sək'sɛsfʊlɪ] *adv* อย่างประสบผลสำเร็จ [yang pra sop phon sam ret]
successive [sək'sɛsɪv] *adj* อย่างต่อเนื่องกัน [yang tor nueang kan]
successor [sək'sɛsə] *n* ผู้สืบตำแหน่ง [phu suep tam naeng]
such [sʌtʃ] *adj* เช่นนี้ [chen ni] ▷ *adv* อย่างมาก [yang mak]
suck [sʌk] *v* ดูด [dud]
Sudan [su:'dɑ:n; -'dæn] *n* ประเทศซูดาน [pra tet su dan]
Sudanese [,su:dᵊ'ni:z] *adj* เกี่ยวกับประเทศซูดาน [kiao kap pra thet su dan] ▷ *n* ชาวซูดาน [chao su dan]
sudden ['sʌdᵊn] *adj* ทันทีทันใด [than thii than dai]
suddenly ['sʌdᵊnlɪ] *adv* อย่างกะทันหัน [yang ka than han]
sue [sju:; su:] *v* ฟ้องร้อง [fong rong]
suede [sweɪd] *n* หนังกลับชนิดนิ่ม [nang klap cha nit nim]
suffer ['sʌfə] *v* ทนทุกข์ทรมาน [thon thuk tho ra man]
sufficient [sə'fɪʃənt] *adj* เพียงพอ [phiang pho]
suffocate ['sʌfə,keɪt] *v* หายใจไม่ออก [hai jai mai ok]
sugar ['ʃʊgə] *n* น้ำตาล [nam tan]; **icing sugar** *n* น้ำตาลผง [nam tan phong]; **no sugar** ไม่ใส่น้ำตาล [mai sai nam tan]
sugar-free ['ʃʊgəfri:] *adj* ไม่มีน้ำตาล [mai mii nam tan]
suggest [sə'dʒɛst; səg'dʒɛst] *v* แนะนำ [nae nam]
suggestion [sə'dʒɛstʃən] *n* คำแนะนำ [kham nae nam]
suicide ['su:ɪ,saɪd; 'sju:-] *n* การฆ่าตัวตาย [kan kha tua tai]; **suicide bomber** *n* ผู้วางระเบิดโดยการฆ่าตัวเอง [phu wang ra boet doi kan kha tua eng]
suit [su:t; sju:t] *n* ชุดสูท [chut sut] ▷ *v* เหมาะสมกัน [mo som kan]; **bathing suit** *n* ชุดอาบน้ำ [chut aap nam]; **shell suit** *n* ชุดกีฬาไนลอน [chut ki la nai lon]
suitable ['su:təbᵊl; 'sju:t-] *adj* เหมาะสม [mo som]
suitcase ['su:t,keɪs; 'sju:t-] *n* กระเป๋าเดินทาง [kra pao doen thang]
suite [swi:t] *n* ห้องชุด [hong chut]
sulk [sʌlk] *v* อารมณ์บูดบึ้งไม่พูดไม่จา [a rom but bueng mai phut mai cha]
sulky ['sʌlkɪ] *adj* ที่โกรธขึ้งไม่พูดไม่จา [thii kod khueng mai phud mai cha]
sultana [sʌl'tɑ:nə] *n* ลูกเกดชนิดไม่มีเมล็ด [luk ket cha nit mai mii ma let]
sum [sʌm] *n* ผลรวม [phon ruam]
summarize ['sʌmə,raɪz] *v* สรุป [sa rup]
summary ['sʌmərɪ] *n* ใจความสรุป [jai khwam sa rup]
summer ['sʌmə] *n* ฤดูร้อน [rue du ron]; **summer holidays** *npl* วันหยุดในฤดูร้อน [wan yut nai rue du ron]
summertime ['sʌmə,taɪm] *n* เวลาในฤดูร้อน [we la nai rue du ron]
summit ['sʌmɪt] *n* ยอดสุดของภูเขา [yot sut khong phu khao]
sum up [sʌm ʌp] *v* สรุปสาระ [sa rup sa ra]
sun [sʌn] *n* พระอาทิตย์ [phra a thit]

sunbathe ['sʌn,beɪð] *v* อาบแดด [ap daet]
sunbed ['sʌn,bɛd] *n* เตียงอาบแดด [tiang aap daet]
sunblock ['sʌn,blɒk] *n* ครีมกันแสงอาทิตย์ [khrim kan saeng a thit]
sunburn ['sʌn,bɜ:n] *n* ผิวเกรียมจากการถูกแดดมากเกินไป [phio kriam chak kan thuk daet mak koen pai]
sunburnt ['sʌn,bɜ:nt] *adj* เกรียมจากการถูกแดดมากเกินไป [kriam chak kan thuk daet mak koen pai]
suncream ['sʌn,kri:m] *n* ครีมทากันแสงอาทิตย์ [khrim tha kan saeng a thit]
Sunday ['sʌndɪ] *n* วันอาทิตย์ [wan a thit]; **Is the museum open on Sundays?** พิพิธภัณฑ์เปิดวันอาทิตย์ไหม? [phi phit tha phan poet wan a thit mai]; **on Sunday** วันอาทิตย์ [wan a thit]
sunflower ['sʌn,flaʊə] *n* ดอกทานตะวัน [dok than ta wan]
sunglasses ['sʌn,glɑ:sɪz] *npl* แว่นตากันแดด [waen ta kan daet]
sunlight ['sʌnlaɪt] *n* แสงอาทิตย์ [saeng a thit]
sunny ['sʌnɪ] *adj* มีแสงแดดมาก [mii saeng daet mak]
sunrise ['sʌn,raɪz] *n* พระอาทิตย์ขึ้น [phra a thit khuen]
sunroof ['sʌn,ru:f] *n* หลังคากันแสงพระอาทิตย์ [lang kha kan saeng phra a thit]
sunscreen ['sʌn,skri:n] *n* ครีมป้องกันแสงแดด [khrim pong kan saeng daet]
sunset ['sʌn,sɛt] *n* พระอาทิตย์ตก [phra a thit tok]
sunshine ['sʌn,ʃaɪn] *n* แสงอาทิตย์ [saeng a thit]
sunstroke ['sʌn,strəʊk] *n* โรคแพ้แสงแดดจัด [rok pae saeng daet chat]
suntan ['sʌn,tæn] *n* ผิวหนังเป็นสีน้ำตาลเนื่องจากตากแดด [phio nang pen sii nam tan nueang chak tak daet]; **suntan lotion** *n* ครีมที่ทำให้ผิวเป็นสีน้ำตาล [khrim thii tham hai phio pen sii nam tan]; **suntan oil** *n* น้ำมันที่ทำให้ผิวเป็นสีน้ำตาล [nam man thii tham hai phio pen sii nam tan]
super ['su:pə] *adj* ดีเยี่ยม [di yiam]
superb [sʊ'pɜ:b; sjʊ-] *adj* วิเศษ [wi set]
superficial [,su:pə'fɪʃəl] *adj* ผิวเผิน ไม่ลึกซึ้ง ไม่สำคัญ [phio phoen, mai luek sueng, mai sam khan]
superior [su:'pɪərɪə] *adj* เหนือกว่า [nuea kwa] ▷ *n* ผู้บังคับบัญชา [phu bang khap ban cha]
supermarket ['su:pə,mɑ:kɪt] *n* ซุปเปอร์มาร์เก็ต [sup poe ma ket]
supernatural [,su:pə'nætʃrəl; -'nætʃərəl] *adj* เหนือธรรมชาติ [nuea tham ma chat]
superstitious [,su:pə'stɪʃəs] *adj* ซึ่งเชื่อโชคลาง [sueng chuea chok lang]
supervise ['su:pə,vaɪz] *v* ตรวจตรา [truat tra]
supervisor ['su:pə,vaɪzə] *n* หัวหน้างานที่ควบคุมดูแล [hua na ngan thii khuap khum du lae]
supper ['sʌpə] *n* อาหารเย็น [a han yen]
supplement ['sʌplɪmənt] *n* ส่วนเสริม [suan sem]
supplier [sə'plaɪə] *n* ผู้จัดหาสิ่งของให้ [phu chad ha sing khong hai]
supplies [sə'plaɪz] *npl* สิ่งที่จัดหาให้ [sing thii chat ha hai]
supply [sə'plaɪ] *n* สิ่งที่จัดหาให้ [sing thii chat ha hai] ▷ *v* จัดหา [chat ha]; **supply teacher** *n* ครูตัวแทน [khru tua tan]
support [sə'pɔ:t] *n* การสนับสนุน [kan sa nap sa nun] ▷ *v* สนับสนุน [sa nap sa nun]
supporter [sə'pɔ:tə] *n* ผู้สนับสนุน [phu sa nap sa nun]
suppose [sə'pəʊz] *v* สมมุติ [som mut]
supposedly [sə'pəʊzɪdlɪ] *adv* ตามที่สมมุติ [tam thii som mut]
supposing [sə'pəʊzɪŋ] *conj* ถ้าสมมุติว่า

[tha som mut wa]
surcharge ['sɜː,tʃɑːdʒ] *n* การเก็บเงินเพิ่ม [kan keb ngen perm]
sure [ʃʊə; ʃɔː] *adj* แน่นอน [nae non]
surely ['ʃʊəlɪ; 'ʃɔː-] *adv* อย่างแน่นอน [yang nae norn]
surf [sɜːf] *n* คลื่นที่ซัดฝั่ง [khluen thii sat fang] ▷ *v* เล่นกระดานโต้คลื่น [len kra dan to khuen]
surface ['sɜːfɪs] *n* ผิวหน้า [phio na]
surfboard ['sɜːf,bɔːd] *n* กระดานโต้คลื่น [kra dan to khluen]
surfer ['sɜːfə] *n* ผู้เล่นกระดานโต้คลื่น [phu len kra dan to khluen]
surfing ['sɜːfɪŋ] *n* การเล่นกระดานโต้คลื่น [kan len kra dan to khuen]
surge [sɜːdʒ] *n* การเพิ่มขึ้นอย่างรวดเร็ว [kan perm khuen yang ruad reo]
surgeon ['sɜːdʒən] *n* แพทย์ผ่าตัด [phaet pha tat]
surgery ['sɜːdʒərɪ] *n (doctor's)* ห้องแพทย์ [hong phaet], *(operation)* การผ่าตัด [kan pha tat]; **cosmetic surgery** *n* การผ่าตัดศัลยกรรมเสริมความงาม [kan pha tat san la ya kam soem khwam ngam]; **plastic surgery** *n* ศัลยกรรมตกแต่ง [san la ya kam tok taeng]
surname ['sɜː,neɪm] *n* นามสกุล [nam sa kun]
surplus ['sɜːpləs] *adj* เป็นส่วนเกิน [pen suan koen] ▷ *n* จำนวนที่เกิน [cham nuan thii koen]
surprise [sə'praɪz] *n* ความประหลาดใจ [khwam pra lat jai]
surprised [sə'praɪzd] *adj* ทำให้ประหลาดใจ [tham hai pra lat jai]
surprising [sə'praɪzɪŋ] *adj* น่าประหลาดใจ [na pra hlad jai]
surprisingly [sə'praɪzɪŋlɪ] *adv* อย่างประหลาดใจ [yang pra hlad jai]
surrender [sə'rɛndə] *v* ยอมแพ้ [yom phae]
surround [sə'raʊnd] *v* ล้อมรอบ [lom rop]
surroundings [sə'raʊndɪŋz] *npl* บริเวณที่รอบล้อม [bo ri wen thii rop lom]
survey ['sɜːveɪ] *n* การสำรวจ [kan sam ruat]
surveyor [sɜː'veɪə] *n* ผู้สำรวจ [phu sam ruat]
survival [sə'vaɪvᵊl] *n* การอยู่รอด [kan yu rot]
survive [sə'vaɪv] *v* มีชีวิตรอด [mi chi wit rot]
survivor [sə'vaɪvə] *n* ผู้ที่อยู่รอด [phu thii yu rot]
suspect *n* ['sʌspɛkt] ผู้ต้องสงสัย [phu tong song sai] ▷ *v* [sə'spɛkt] สงสัย [song sai]
suspend [sə'spɛnd] *v* แขวน [khwaen]
suspenders [sə'spɛndəz] *npl* สายที่แขวนกางเกง [sai thii khwaen kang keng]
suspense [sə'spɛns] *n* ความไม่แน่นอนใจ [khwam mai nae non jai]
suspension [sə'spɛnʃən] *n* การหยุดชั่วคราว [kan yut chua khrao]; **suspension bridge** *n* สะพานแขวน [sa phan khwaen]
suspicious [sə'spɪʃəs] *adj* สงสัย [song sai]
swallow ['swɒləʊ] *n* การกลืนน้ำลาย [kan kluen nam lai] ▷ *vi* กล้ำกลืน [klam kluen] ▷ *vt* กลืน ดูดกลืน ฝืนทน [kluen, dut kluen, fuen thon]
swamp [swɒmp] *n* หนองน้ำ [hnong nam]
swan [swɒn] *n* หงส์ [hong]
swap [swɒp] *v* แลกเปลี่ยน [laek plian]
swat [swɒt] *v* ตีอย่างแรง [ti yang raeng]
sway [sweɪ] *v* แกว่งไปมา [kwaeng pai ma]
Swaziland ['swɑːzɪ,lænd] *n* ประเทศสวาซิแลนด์ [pra tet sa wa si laen]
swear [swɛə] *v* สบถ [sa bot]
swearword ['swɛə,wɜːd] *n* คำสบถ [kham sa bot]
sweat [swɛt] *n* เหงื่อ [nguea] ▷ *v* ทำให้

เหงื่อออก [tham hai nguea ok]
sweater ['swɛtə] *n* เสื้อที่ถักด้วยขนสัตว์ [suea thii thak duai khon sat]; **polo-necked sweater** *n* เสื้อหนาวคอโปโล [suea nao kho po lo]
sweatshirt ['swɛt,ʃɜːt] *n* เสื้อกีฬาแขนยาวที่ใช้สวมทับกันหนาวหรือให้เหงื่อออก [suea ki la khaen yao thii chai suam thap kan hnao hue hai hnguea ork]
sweaty ['swɛtɪ] *adj* เปียกเหงื่อ [piak nguea]
swede [swiːd] *n* ผักสวิดิเป็นหัว [phak sa wi di pen hua]
Swede [swiːd] *n* ชาวสวีเดน [chao sa wi den]
Sweden ['swiːdᵊn] *n* ประเทศสวีเดน [pra tet sa wi den]
Swedish ['swiːdɪʃ] *adj* เกี่ยวกับประเทศสวีเดน [kiao kap pra thet sa wi den] ▷ *n* ภาษาสวีเดน [pha sa sa vi den]
sweep [swiːp] *v* กวาด [kwat]
sweet [swiːt] *adj (pleasing)* อ่อนหวาน [on wan], *(taste)* หวาน [wan] ▷ *n* ของหวาน [khong wan]
sweetcorn ['swiːt,kɔːn] *n* ข้าวโพดหวาน [khao phot wan]
sweetener ['swiːtᵊnə] *n* น้ำตาลเทียม [nam tan thiam]; **Do you have any sweetener?** คุณมีน้ำตาลเทียมไหม? [khun mii nam tan thiam mai]
sweets ['swiːtz] *npl* ลูกกวาด [luk kwat]
sweltering ['swɛltərɪŋ] *adj* ร้อนมาก [ron mak]
swerve [swɜːv] *v* หักเลี้ยว [hak kiao]
swim [swɪm] *v* ว่ายน้ำ [wai nam]; **Can you swim here?** คุณว่ายน้ำที่นี่ได้ไหม? [khun wai nam thii ni dai mai]; **Let's go swimming** ไปว่ายน้ำกันเถอะ [pai wai nam kan thoe]; **Where can I go swimming?** ฉันจะไปว่ายน้ำได้ที่ไหน? [chan ja pai wai nam dai thii nai]
swimmer ['swɪmə] *n* นักว่ายน้ำ [nak kwai nam]
swimming ['swɪmɪŋ] *n* การว่ายน้ำ [kan wai nam]; **swimming costume** *n* ชุดว่ายน้ำ [chut wai nam]; **swimming pool** *n* สระว่ายน้ำ [sa wai nam]; **swimming trunks** *npl* กางเกงว่ายน้ำชาย [kang keng wai nam chai]
swimsuit ['swɪm,suːt; -,sjuːt] *n* ชุดว่ายน้ำ [chut wai nam]
swing [swɪŋ] *n* การแกว่งไปมา [kan kwaeng pai ma] ▷ *v* แกว่ง [kwaeng]
Swiss [swɪs] *adj* เกี่ยวกับชาวสวิตเซอร์แลนด์ [kiao kap chao sa wis soe laen] ▷ *n* ประเทศสวิตเซอร์แลนด์ [pra tet sa vis soe laen]
switch [swɪtʃ] *n* เครื่องปิดและเปิดไฟฟ้า [khueang pid lae poed fai fa] ▷ *v* เปลี่ยน [plian]; **Can I switch rooms?** ฉันเปลี่ยนห้องได้ไหม? [chan plian hong dai mai]
switchboard ['swɪtʃ,bɔːd] *n* แผงสายโทรศัพท์ [phaeng sai tho ra sab]
switch off [swɪtʃ ɒf] *v* ปิด [pit]; **Can I switch the light off?** ฉันปิดไฟได้ไหม? [chan pit fai dai mai]
switch on [swɪtʃ ɒn] *v* เปิด [poet]; **Can I switch the radio on?** ฉันเปิดวิทยุได้ไหม? [chan poet wit tha yu dai mai]; **How do you switch it on?** คุณเปิดโทรทัศน์ได้อย่างไร? [khun poet tho ra tat dai yang rai]
Switzerland ['swɪtsələnd] *n* ประเทศสวิตเซอร์แลนด์ [pra tet sa vis soe laen]
swollen ['swəʊlən] *adj* บวม [buam]
sword [sɔːd] *n* ดาบ [dap]
swordfish ['sɔːd,fɪʃ] *n* ปลาทะเลขนาดใหญ่มีขากรรไกรยาวคล้ายกระบี่ [pla tha le kha nard yai mee kha kan kai yao khai kra bi]
swot [swɒt] *v* เรียนอย่างหนัก [rian yang nak]
syllable ['sɪləbᵊl] *n* พยางค์ [pha yang]
syllabus ['sɪləbəs] *n* หลักสูตรการเรียน [lak sut kan rian]
symbol ['sɪmbᵊl] *n* สัญลักษณ์ [san ya lak]
symmetrical [sɪ'mɛtrɪkᵊl] *adj* ซึ่งมี

สัดส่วนสมดุลกัน [sueng mii sat suan som dun kan]

sympathetic [ˌsɪmpəˈθɛtɪk] *adj* เห็นอกเห็นใจ [hen ok hen chai]

sympathize [ˈsɪmpəˌθaɪz] *v* เห็นใจ [hen chai]

sympathy [ˈsɪmpəθɪ] *n* ความเห็นใจ [khwam hen jai]

symphony [ˈsɪmfənɪ] *n* เพลงสำหรับวงดนตรีประสานเสียงขนาดใหญ่ [phleng sam rap wong don trii pra san siang kha nat yai]

symptom [ˈsɪmptəm] *n* อาการของโรค [a kan khong rok]

synagogue [ˈsɪnəˌgɒg] *n* โบสถ์ของศาสนายิว [bot khong sat sa na yio]

syndrome [ˈsɪndrəʊm] *n* **Down's syndrome** *n* โรคอาการพิการทางสมอง [rok a kan phi kan thang sa mong]

Syria [ˈsɪrɪə] *n* ประเทศซีเรีย [pra tet si ria]

Syrian [ˈsɪrɪən] *adj* เกี่ยวกับประเทศซีเรีย [kiao kap pra thet si ria] ▷ *n* ชาวซีเรีย [chao si ria]

syringe [ˈsɪrɪndʒ; sɪˈrɪndʒ] *n* กระบอกฉีด [kra bok chit]

syrup [ˈsɪrəp] *n* น้ำเชื่อม [nam chueam]

system [ˈsɪstəm] *n* ระบบ [ra bop]; **immune system** *n* ระบบต่อต้านเชื้อโรค [ra bop to tan chuea rok]; **solar system** *n* ระบบสุริยะจักรวาล [ra bop su ri ya chak kra wan]; **systems analyst** *n* นักวิเคราะห์ระบบ [nak wi khrao ra bop]

systematic [ˌsɪstɪˈmætɪk] *adj* ซึ่งเป็นระบบ [sueng pen ra bob]

table [ˈteɪbᵊl] *n (chart)* ตารางรายการ [ta rang rai kan], *(furniture)* โต๊ะ [to]; **bedside table** *n* โต๊ะข้างเตียงนอน [to khang tiang non]; **A table for four people, please** ขอโต๊ะสำหรับสี่คน [kho to sam rap si kon]; **I'd like to book a table for three people for tonight** ฉันอยากจองโต๊ะสำหรับสามคนคืนนี้ [chan yak chong to sam rap sam khon khuen nii]; **I'd like to book a table for two people for tomorrow night** ฉันอยากจองโต๊ะสำหรับสองคนคืนพรุ่งนี้ [chan yak chong to sam rap song khon khuen phrung nii]

tablecloth [ˈteɪbᵊlˌklɒθ] *n* ผ้าปูโต๊ะ [pha pu to]

tablespoon [ˈteɪbᵊlˌspuːn] *n* ช้อนโต๊ะ [chon to]

tablet [ˈtæblɪt] *n* ยาเม็ดแบน [ya med baen]

taboo [təˈbuː] *adj* ซึ่งต้องห้าม [sueng tong ham] ▷ *n* ข้อห้าม [kho ham]

tackle [ˈtækᵊl; ˈteɪkᵊl] *n* การยื้อยุดหยุดฝ่ายตรงข้ามในการครองลูกฟุตบอลหรือรักบี้ [kan yue yut fai trong kham nai kan khrong luk fut bon rue rak bii] ▷ *v* รับมือ [rap mue]; **fishing tackle** *n* อุปกรณ์ตกปลา [up pa kon tok pla]

tact [tækt] *n* การมีไหวพริบหรือปฏิภาณดี [kan mii wai phrip rue pa ti phan dii]

tactful ['tæktfʊl] *adj* มีไหวพริบดี [mii wai phrip di]

tactics ['tæktɪks] *npl* ยุทธวิธี [yut tha wi thi]

tactless ['tæktlɪs] *adj* ปราศจากยุทธวิธี [prat sa chak yut tha wi thii]

tadpole ['tæd,pəʊl] *n* ลูกกบ [luk kop]

tag [tæg] *n* แถบป้ายบอกข้อมูล [thaep pai bok kho mun]

Tahiti [tə'hi:tɪ] *n* เกาะตาฮิติทางตอนใต้ของมหาสมุทรแปซิฟิก [ko ta hi ti thang ton tai khong ma ha sa mut pae si fik]

tail [teɪl] *n* หาง [hang]

tailor ['teɪlə] *n* ช่างตัดเสื้อ [chang tat suea]

Taiwan ['taɪ'wɑ:n] *n* ประเทศไต้หวัน [pra tet tai wan]

Taiwanese [,taɪwɑ:'ni:z] *adj* ที่เกี่ยวกับประเทศไต้หวัน [thii kiao kap pra tet tai wan] ▷ *n* ชาวไต้หวัน [chao tai wan]

Tajikistan [tɑ:,dʒɪkɪ'stɑ:n; -stæn] *n* ประเทศทาเจคกิสถาน [pra tet tha chek ki sa than]

take [teɪk] *v* เอาไป [ao pai], *(time)* ใช้เวลา [chai we la]; **How long will it take to get there?** ใช้เวลานานแค่ไหนที่จะไปที่นั่น? [chai we la nan khae nai thii ja pai thii nan]; **How long will it take?** จะใช้เวลานานเท่าไร? [ja chai we la nan thao rai]; **How much should I take?** ฉันควรเอาไปเท่าไร? [chan khuan ao pai thao rai]

take after [teɪk 'ɑ:ftə] *v* เจริญรอยตาม [cha roen roi tam]

take apart [teɪk ə'pɑ:t] *v* ทำให้แยกเป็นส่วน [tham hai yaek pen suan]

take away [teɪk ə'weɪ] *v* เอาออกไป [ao ok pai]

takeaway ['teɪkə,weɪ] *n* ร้านที่ขายอาหารหรืออาหารที่ซื้อกลับไปทานที่บ้าน [ran thii khai a han hue a han thii sue klap pai than thii baan]

take back [teɪk bæk] *v* นำไปคืน [nam pai khuen]

taken ['teɪkən] *adj* **Is this seat taken?** มีคนนั่งที่นี่ไหม? [mii khon nang thii ni mai]

take off [teɪk ɒf] *v* ถอด [thot]

takeoff ['teɪk,ɒf] *n* การบินขึ้น [kan bin khuen]

take over [teɪk 'əʊvə] *v* เข้าควบคุม [khao khuap khum]

takeover ['teɪk,əʊvə] *n* การครอบครอง [kan khrop khrong]

takings ['teɪkɪŋz] *npl* รายได้ [rai dai]

tale [teɪl] *n* เรื่องเล่า [rueang lao]

talent ['tælənt] *n* ความสามารถพิเศษ [khwam sa mat phi set]

talented ['tæləntɪd] *adj* ซึ่งมีความสามารถพิเศษ [sueng mii khwam sa maat phi set]

talk [tɔ:k] *n* การแสดงปาฐกถา [kan sa daeng pa tha ka tha] ▷ *v* พูดคุย [phud khui]; **talk to** *v* พูดกับ [phut kap]

talkative ['tɔ:kətɪv] *adj* ช่างพูด [chang phut]

tall [tɔ:l] *adj* สูง [sung]; **How tall are you?** คุณสูงเท่าไร? [khun sung thao rai]

tame [teɪm] *adj* เชื่อง [chueang]

tampon ['tæmpɒn] *n* ผ้าอนามัยแบบสอด [pha a na mai baep sot]

tan [tæn] *n* สีไหม้เกรียมของผิวหนังจากการตากแดด [sii mai kriam khong phio nang chak kan tak daet]

tandem ['tændəm] *n* จักรยานสองที่นั่ง [chak ka yan song thii nang]

tangerine [,tændʒə'ri:n] *n* ผลส้มจีน [phon som chin]

tank [tæŋk] *n* *(combat vehicle)* รถถัง [rot thang], *(large container)* ถังขนาดใหญ่บรรจุน้ำหรือก๊าซ [thang kha naat yai ban chu nam rue kas]; **petrol tank** *n*

ถังน้ำมัน [thang nam man]; **septic tank** *n* ถังปุ๋ยหมัก [thang pui mak]
tanker ['tæŋkə] *n* เรือหรือรถที่บรรทุกน้ำมันหรือของเหลวอื่น ๆ [ruea rue rot thii ban thuk nam man rue khong leo uen uen]
tanned [tænd] *adj* ที่มีผิวสีแทน [thii mii phio sii taen]
tantrum ['tæntrəm] *n* การมีอารมณ์เกรี้ยวกราด [kan mii a rom kriao krat]
Tanzania [ˌtænzəˈnɪə] *n* ประเทศแทนซาเนีย [pra tet taen sa nia]
Tanzanian [ˌtænzəˈnɪən] *adj* เกี่ยวกับประเทศแทนซาเนีย [kiao kap pra thet thaen sa nia] ▷ *n* ชาวแทนซาเนีย [chao taen sa nia]
tap [tæp] *n* การตบเบา ๆ การเคาะเบา ๆ การตีเบา ๆ [kan top bao bao, kan kho bao bao, kan ti bao bao]
tap-dancing ['tæpˌdɑːnsɪŋ] *n* การเต้นรำโดยใช้รองเท้าเคาะพื้นเป็นจังหวะ [kan ten ram doi chai rong thao kho phuen pen chang wa]
tape [teɪp] *n* สายผูกและสายมัด [sai phuk lae sai mad] ▷ *v* บันทึกเสียง [ban thuek siang]; **tape measure** *n* สายวัด [sai wat]; **tape recorder** *n* เครื่องอัดเทป [khrueang at thep]
target ['tɑːɡɪt] *n* เป้าหมาย [pao mai]
tariff ['tærɪf] *n* อัตราภาษีขาเข้า [ad tra pha si kha khao]
tarmac ['tɑːmæk] *n* ยางมะตอย [yang ma toi]
tarpaulin [tɑːˈpɔːlɪn] *n* ผ้าใบอาบน้ำมันใช้ทำผ้าคลุมกันฝน [pha bai aap nam man chai tham pha khlum kan fon]
tarragon ['tærəɡən] *n* สมุนไพรชนิดหนึ่งมีกลิ่นหอมใช้อาหาร [sa mun phrai cha nit nueng mii klin hom chai a han]
tart [tɑːt] *n* ขนมพายไส้ต่าง ๆ [kha nom phai sai tang tang]
tartan ['tɑːtᵊn] *adj* ลายสก๊อต [lai sa kot]
task [tɑːsk] *n* ภารกิจ [pha ra kit]
Tasmania [tæzˈmeɪnɪə] *n* รัฐทัสเมเนียในประเทศออสเตรเลีย [rat tas me nia nai pra tet os tre lia]
taste [teɪst] *n* รสชาติ [rot chat] ▷ *v* ชิม [chim]; **Can I taste it?** ขอฉันชิมได้ไหม? [kho chan chim dai mai]
tasteful ['teɪstfʊl] *adj* ซึ่งมีรสนิยม [sueng mii rot ni yom]
tasteless ['teɪstlɪs] *adj* ไม่มีรสนิยม [mai mii rot ni yom]
tasty ['teɪstɪ] *adj* ออกรส [ok rot]
tattoo [tæˈtuː] *n* รอยสัก [roi sak]
Taurus ['tɔːrəs] *n* ราศีพฤษภ [ra si phrue sop]
tax [tæks] *n* ภาษี [pha si]; **income tax** *n* ภาษีเงินได้ [pha si ngoen dai]; **road tax** *n* ภาษีการใช้ถนน [pha si kan chai tha non]; **tax payer** *n* ผู้เสียภาษี [phu sia pha si]
taxi ['tæksɪ] *n* รถแท็กซี่ [rot thaek si]; **taxi driver** *n* คนขับรถแท็กซี่ [khon khap rot thaek si]; **taxi rank** *n* ที่ที่แท็กซี่จอดรอรับผู้โดยสาร [thii thii thaek si jot ro rap phu doi san]
TB [tiː biː] *n* โรควัณโรค [rok wan na rok]
tea [tiː] *n* น้ำชา [nam cha]; **herbal tea** *n* ชาสมุนไพร [cha sa mun phrai]; **tea bag** *n* ถุงชา [thung cha]; **tea towel** *n* ผ้าเช็ดมือ [pha chet mue]
teach [tiːtʃ] *v* สอน [son]
teacher ['tiːtʃə] *n* ครู [khru]; **supply teacher** *n* ครูตัวแทน [khru tua tan]; **I'm a teacher** ฉันเป็นครู [chan pen khru]
teaching ['tiːtʃɪŋ] *n* การสอน [kan son]
teacup ['tiːˌkʌp] *n* ถ้วยชา [thuai cha]
team [tiːm] *n* กลุ่มคนทำงานหรือเล่นกีฬาในกลุ่มเดียวกัน [klum kon tam ngan hue len kee la nai klum diaw kan]
teapot ['tiːˌpɒt] *n* กาน้ำชา [ka nam cha]
tear[1] [tɪə] *n* (*from eye*) น้ำตา [nam ta]
tear[2] [tɛə] *n* (*split*) รอยฉีก [roi chik] ▷ *v* ฉีก [chik]; **tear up** *v* ฉีกออก [chiik ok]
teargas ['tɪəˌɡæs] *n* แก๊สน้ำตา [kaet nam ta]
tease [tiːz] *v* หยอกล้อ [yok lo]

teaspoon ['ti:ˌspu:n] *n* ช้อนชา [chorn cha]
teatime ['ti:ˌtaɪm] *n* เวลาดื่มน้ำชา [we la duem nam cha]
technical ['tɛknɪkᵊl] *adj* เกี่ยวกับวิชาช่าง [kiao kap wi cha chang]
technician [tɛk'nɪʃən] *n* ผู้ที่มีความชำนาญเฉพาะด้าน [phu thii mee khwam cham nan cha pau dan]
technique [tɛk'ni:k] *n* กลวิธี [kon wi thi]
techno ['tɛknəʊ] *n* ดนตรีดิสโก้ที่เล่นเร็วโดยใช้เสียงอิเล็กทรอนิกส์ [don tree dis ko thii len reo doi chai siang e lek tro nik]
technological [tɛk'nɒlədʒɪkᵊl] *adj* ทางเทคโนโลยี [thang thek no lo yii]
technology [tɛk'nɒlədʒɪ] *n* การนำเอาวิทยาศาสตรมาใช้ในการปฏิบัติ [kan nam ao wit ta ya sat ma chai nai kan pa ti bat]
tee [ti:] *n* เป้ารองรับลูกกอล์ฟในการตี [pao rong rap luk kolf nai kan ti]
teenager ['ti:nˌeɪdʒə] *n* วัยรุ่น [wai run]
teens [ti:nz] *npl* ช่วงวัยรุ่น [chuang wai run]
tee-shirt ['ti:ˌʃɜ:t] *n* เสื้อยืด [suea yued]
teethe [ti:ð] *v* ฟันน้ำนมขึ้น [fan nam num khuen]
teetotal [ti:'təʊtᵊl] *adj* เกี่ยวกับเลิกเหล้าอย่างสิ้นเชิง [kiao kab loek lao yang sin cheng]
telecommunications [ˌtɛlɪkəˌmju:nɪ'keɪʃənz] *npl* การสื่อสารทางไกลโดยใช้เทคโนโลยี [kan sue san thang klai doi chai thek no lo yii]
telegram ['tɛlɪˌgræm] *n* โทรเลข [tho ra lek]; **Can I send a telegram from here?** ฉันส่งโทรเลขจากที่นี่ได้ไหม? [chan song tho ra lek chak thii ni dai mai]
telephone ['tɛlɪˌfəʊn] *n* โทรศัพท์ [tho ra thap]; **telephone directory** *n* สมุดโทรศัพท [sa mut tho ra sap]; **What's the telephone number?** โทรศัพท์เบอร์อะไร? [tho ra sap boe a rai]
telesales ['tɛlɪˌseɪlz] *npl* การขายทางโทรศัพท์ [kan khai tang to ra sab]
telescope ['tɛlɪˌskəʊp] *n* กล้องส่องทางไกล [klong song thang klai]
television ['tɛlɪˌvɪʒən] *n* โทรทัศน์ [tho ra that]; **cable television** *n* โทรทัศน์ที่รับระบบการส่งสัญญาณด้วยสายเคเบิล [tho ra tat thii rap ra bop kan song san yan duai sai khe boen]; **colour television** *n* โทรทัศน์สี [tho ra tat sii]; **digital television** *n* โทรทัศน์ดิจิตัล [tho ra tat di chi tal]; **Where is the television?** โทรทัศน์อยู่ที่ไหน? [tho ra tat yu thii nai]
tell [tɛl] *v* บอก [bok]
teller ['tɛlə] *n* ผู้เล่านิทาน [phu lao ni than]
tell off [tɛl ɒf] *v* ดุว่า [du wa]
telly ['tɛlɪ] *n* ทีวี [thi wi]
temp [tɛmp] *n* พนักงานชั่วคราว [pha nak ngan chua khrao]
temper ['tɛmpə] *n* อารมณ์ [a rom]
temperature ['tɛmprɪtʃə] *n* อุณหภูมิ [un na ha phum]; **She has a temperature** เธอมีอุณหภูมิ [thoe mii un ha phum]; **What is the temperature?** อุณหภูมิเท่าไร? [un ha phum thao rai]
temple ['tɛmpᵊl] *n* วัด [wat]; **Is the temple open to the public?** วัดเปิดให้สาธารณะชนเข้าชมไหม? [wat poet hai sa tha ra na chon khao chom mai]; **When is the temple open?** วัดจะเปิดเมื่อไร? [wat ja poet muea rai]
temporary ['tɛmpərərɪ; 'tɛmprərɪ] *adj* ชั่วคราว [chua khrao]
tempt [tɛmpt] *v* ทำให้อยาก [tham hai yak]
temptation [tɛmp'teɪʃən] *n* การล่อใจ [kan lo jai]
tempting ['tɛmptɪŋ] *adj* ล่อใจ [lo chai]
ten [tɛn] *number* สิบ [sip]; **It's ten o'clock** เวลาสิบโมง [we la sip mong]
tenant ['tɛnənt] *n* ผู้เช่า [phu chao]

tend [tɛnd] *v* โน้มเอียง [nom iang]
tendency ['tɛndənsɪ] *n* ความโน้มเอียง [khwam nom iang]
tender ['tɛndə] *adj* อ่อนนุ่ม [on num]
tendon ['tɛndən] *n* เส้นเอ็นที่ยึดกล้ามเนื้อและกระดูก [sen en thii yuet klam nuea lae kra duk]
tennis ['tɛnɪs] *n* เทนนิส [then nis]; **table tennis** *n* การเล่นปิงปอง [kan len ping pong]; **tennis player** *n* ผู้เล่นเทนนิส [phu len then nis]; **tennis racket** *n* ไม้ตีเทนนิส [mai ti then nis]; **How much is it to hire a tennis court?** ค่าเช่าสนามเทนนิสเป็นจำนวนเท่าใด? [kha chao sa nam then nis pen cham nuan thao dai]
tenor ['tɛnə] *n* เสียงสูงรองลงมาจากเสียงสูงสุด [siang sung rong long ma chak siang sung sud]
tense [tɛns] *adj* ตึง [tueng] ▷ *n* ตึงเครียด [tueng khriat]
tension ['tɛnʃən] *n* ความตึงเครียด [khwam tueng khriat]
tent [tɛnt] *n* เต็นท์ [ten]; **Can we pitch our tent here?** เราเลือกที่ตั้งเต็นท์ที่นี่ได้ไหม? [rao lueak thii tang tent thii ni dai mai]; **How much is it per night for a tent?** เต็นท์ราคาคืนละเท่าไร? [tent ra kha khuen la thao rai]; **How much is it per week for a tent?** เต็นท์ราคาอาทิตย์ละเท่าไร? [tent ra kha a thit la thao rai]
tenth [tɛnθ] *adj* ที่สิบ [thii sip] ▷ *n* อันดับที่สิบ [an dap thii sip]
term [tɜːm] *n (description)* ระยะเวลาที่กำหนด [ra ya we la thii kam not], *(division of year)* ภาคเรียน [phak rian]
terminal ['tɜːmɪnᵊl] *adj* อยู่ในขั้นร้ายแรง [yu nai khan rai raeng] ▷ *n* สถานีปลายทาง [sa tha ni plai thang]
terminally ['tɜːmɪnᵊlɪ] *adv* ไม่สามารถรักษาได้ [mai sa mat rak sa dai]
terrace ['tɛrəs] *n* ระเบียง [ra biang]
terraced ['tɛrəst] *adj* ทำให้ลดหลั่นเป็นชั้น [tham hai lot lan pen chan]
terrible ['tɛrəbᵊl] *adj* ซึ่งแย่มาก [sueng yae mak]
terribly ['tɛrəblɪ] *adv* อย่างน่ากลัว [yang na klua]
terrier ['tɛrɪə] *n* สุนัขขนาดเล็กพันธุ์หนึ่งเมื่อก่อนใช้เป็นสุนัขล่าเนื้อ [su nak kha naat lek phan nueng muea kon chai pen su nak la nuea]
terrific [tə'rɪfɪk] *adj* อย่างมาก [yang mak]
terrified ['tɛrɪˌfaɪd] *adj* ทำให้น่ากลัวมาก [tham hai na klua mak]
terrify ['tɛrɪˌfaɪ] *v* ทำให้หวาดกลัว [tham hai wat klua]
territory ['tɛrɪtərɪ; -trɪ] *n* อาณาเขต [a na khet]
terrorism ['tɛrəˌrɪzəm] *n* ลัทธิก่อการร้าย [lat thi ko kan rai]
terrorist ['tɛrərɪst] *n* ผู้ก่อการร้าย [phu ko kan rai]; **terrorist attack** *n* การถูกโจมตีจากผู้ก่อการร้าย [kan thuk chom ti chak phu ko kan rai]
test [tɛst] *n* การทดสอบ [kan thot sob] ▷ *v* ทดสอบ [thot sop]; **driving test** *n* การสอบขับรถ [kan sop khap rot]; **smear test** *n* การตรวจภายใน [kan truat phai nai]; **test tube** *n* หลอดทดลอง [lot thot long]
testicle ['tɛstɪkᵊl] *n* ลูกอัณฑะ [luk an tha]
tetanus ['tɛtənəs] *n* โรคบาดทะยัก [rok bat tha yak]
text [tɛkst] *n* ต้นฉบับ [ton cha bap] ▷ *v* ส่งข้อความทางโทรศัพท์มือถือ [song khor khwam thang tho ra sab mue thue]; **text message** *n* ข้อความที่ส่งทางโทรศัพท์มือถือ [kho khwam thii song thang tho ra sap mue thue]
textbook ['tɛkstˌbʊk] *n* ตำราเรียน [tam ra rian]
textile ['tɛkstaɪl] *n* วัตถุดิบที่นำมาทำสิ่งทอ [wat thu dip thii nam ma tham sing tho]

Thai [taɪ] *adj* เกี่ยวกับประเทศไทย [kiao kap pra thet thai] ▷ *n (language)* ภาษาไทย [pha sa thai], *(person)* ชาวไทย [chao thai]

Thailand ['taɪ,lænd] *n* ประเทศไทย [pra tet thai]

than [ðæn; ðən] *conj* เกินกว่า [koen kwa]

thank [θæŋk] *v* ขอบคุณ [khop khun]; **Thank you** ขอบคุณ [khop khun]; **Thank you very much** ขอบคุณมาก [kop khun mak]

thanks [θæŋks] *excl* ขอบคุณ [khop khun]; **Fine, thanks** สบายดี ขอบคุณ [sa bai di, kop khun]

that [ðæt; ðət] *adj* นั้น [nan] ▷ *conj* เพราะว่า [phro wa] ▷ *pron* นั้น [nan], อันนั้น [an nan]

thatched [θætʃt] *adj* ที่มุงด้วยจาก [thii mung duai chak]

thaw [θɔ:] *v* **It's thawing** หิมะกำลังละลาย [hi ma kam lang la lai]

the [ðə] *art* คำนำหน้านามชี้เฉพาะ [kham nam na nam chii cha pho]

theatre ['θɪətə] *n* โรงละคร [rong la kon]; **operating theatre** *n* ห้องผ่าตัด [hong pha tat]; **What's on at the theatre?** มีการแสดงอะไรที่โรงละคร? [mii kan sa daeng a rai thii rong la khon]

theft [θɛft] *n* การโขมย [kan kha moi]; **identity theft** *n* การขโมยเอกลักษณ์ [kan kha moi ek ka lak]

their [ðɛə] *pron* ของพวกเขา [khong phuak khao]

theirs [ðɛəz] *pron* ของพวกเขา [khong phuak khao]

them [ðɛm; ðəm] *pron* พวกเขา [phuak khao]

theme [θi:m] *n* หัวข้อ [hua kho]; **theme park** *n* สวนสนุก [suan sa nuk]

themselves [ðəm'sɛlvz] *pron* ด้วยตัวของพวกเขาเอง [duai tua khong phuak khao eng]

then [ðɛn] *adv* ในขณะนั้น [nai kha na nan] ▷ *conj* หลังจากนั้น [lang chak nan]

theology [θɪ'ɒlədʒɪ] *n* ศาสนศาสตร์ [sat sa na]

theory ['θɪərɪ] *n* ทฤษฎี [thrit sa di]

therapy ['θɛrəpɪ] *n* การบำบัดโรค [kan bam bat rok]

there [ðɛə] *adv* ที่นั่น [thi nan]; **How do I get there?** ฉันจะไปที่นั่นได้อย่างไร? [chan ja pai thii nan dai yang rai]

therefore ['ðɛə,fɔ:] *adv* เพราะฉะนั้น [phro cha nan]

thermometer [θə'mɒmɪtə] *n* ปรอทวัดอุณหภูมิ [pa rot wat un ha phum]

Thermos® ['θɜ:məs] *n* กระติกน้ำร้อนหรือน้ำเย็น [kra tik nam ron rue nam yen]

thermostat ['θɜ:mə,stæt] *n* เครื่องอัตโนมัติสำหรับควบคุมความร้อน [khrueang at ta no mat sam rap khuap khum khwam ron]

these [ði:z] *adj* เหล่านี้ [lao ni] ▷ *pron* เหล่านี้ [lao ni]

they [ðeɪ] *pron* พวกเขา [phuak khao]

thick [θɪk] *adj* หนา [na]

thickness ['θɪknɪs] *n* ความหนา [khwam na]

thief [θi:f] *n* ขโมย [kha moi]

thigh [θaɪ] *n* ต้นขา [ton kha]

thin [θɪn] *adj* ผอม [phom]

thing [θɪŋ] *n* สิ่งของ [sing khong]

think [θɪŋk] *v* คิด [khit]

third [θɜ:d] *adj* ซึ่งเป็นลำดับที่สาม [sueng pen lam dap thii sam] ▷ *n* เศษหนึ่งส่วนสาม [set nueng suan sam]; **third-party insurance** *n* การประกันสำหรับบุคคลที่สาม [kan pra kan sam rap buk khon thii sam]; **Third World** *n* ประเทศที่ด้อยพัฒนา [pra tet thii doi phat ta na]

thirdly [θɜ:dlɪ] *adv* ในลำดับสาม [nai lam dap sam]

thirst [θɜ:st] *n* ความกระหายน้ำ [khwam kra hai nam]

thirsty ['θɜ:stɪ] *adj* ที่กระหายน้ำ [thii kra hai nam]

thirteen ['θɜ:'ti:n] *number* สิบสาม [sip

sam]
thirteenth ['θɜːˈtiːnθ] *adj* ลำดับที่สิบสาม [lam dap thii sip sam]
thirty ['θɜːtɪ] *number* สามสิบ [sam sip]
this [ðɪs] *adj* นี้ [ni] ▷ *pron* อันนี้ [an nii]; **I'll have this** ฉันจะสั่งอันนี้ [chan ja sang an nii]; **What is in this?** มีอะไรอยู่ในนี้? [mii a rai yu nai nii]
thistle ['θɪsᵊl] *n* พันธุ์ไม้มีหนามจำพวกหนึ่ง [phan mai mii nam cham phuak nueng]
thorn [θɔːn] *n* หนาม [nam]
thorough ['θʌrə] *adj* ละเอียดถี่ถ้วน [la iat thi thuan]
thoroughly ['θʌrəlɪ] *adv* อย่างละเอียดรอบคอบ [yang la iat rop khop]
those [ðəʊz] *adj* เหล่านั้น [lao nan] ▷ *pron* เหล่านั้น [lao nan]
though [ðəʊ] *adv* อย่างไรก็ตาม [yang rai ko tam] ▷ *conj* ถึงแม้ว่า [thueng mae wa]
thought [θɔːt] *n* ความคิด [khwam khit]
thoughtful ['θɔːtfʊl] *adj* อย่างมีความคิด [yang mee khwam kid]
thoughtless ['θɔːtlɪs] *adj* อย่างไม่มีความคิด [yang mai mee khwam kid]
thousand ['θaʊzənd] *number* หนึ่งพัน [nueng phan]
thousandth ['θaʊzənθ] *adj* ที่หนึ่งพัน [thii nueng phan] ▷ *n* เศษหนึ่งส่วนพัน [set nueng suan phan]
thread [θrɛd] *n* ด้าย [dai]
threat [θrɛt] *n* การขู่เข็ญ [kan ku khen]
threaten ['θrɛtᵊn] *v* ขู่เข็ญ [khu khen]
threatening ['θrɛtᵊnɪŋ] *adj* ที่ขู่เข็ญ [thii khu khen]
three [θriː] *number* สาม [sam]; **It's three o'clock** เวลาสามโมง [we la sam mong]
three-dimensional [ˌθriːdɪˈmɛnʃənᵊl] *adj* สามมิติ [sam mi ti]
thrifty ['θrɪftɪ] *adj* ตระหนี่ [tra ni]
thrill [θrɪl] *n* ความตื่นเต้น [khwam tuen ten]
thrilled [θrɪld] *adj* ที่รู้สึกตื่นเต้น [thii ru suek tuen ten]
thriller ['θrɪlə] *n* เรื่องเขย่าขวัญ [rueang kha yao khwan]
thrilling ['θrɪlɪŋ] *adj* เขย่าขวัญ [kha yao khwan]
throat [θrəʊt] *n* คอ [kho]
throb [θrɒb] *v* เต้นเป็นจังหวะ [ten pen chang wa]
throne [θrəʊn] *n* บัลลังก์ [ban lang]
through [θruː] *prep* ผ่านไป [phan pai]
throughout [θruːˈaʊt] *prep* ทุกหนทุกแห่ง [thuk hon thuk haeng]
throw [θrəʊ] *v* โยน [yon]
throw away [θrəʊ əˈweɪ] *v* โยนทิ้ง [yon thing]
throw out [θrəʊ aʊt] *v* โยนออกไป [yon ok pai]
throw up [θrəʊ ʌp] *v* อาเจียน [a chian]
thrush [θrʌʃ] *n* นกขนาดเล็กมีเสียงไพเราะ [nok kha nard lek mee siang phai rao]
thug [θʌg] *n* อันธพาล [an tha pan]
thumb [θʌm] *n* นิ้วโป้ง [nio pong]
thumb tack ['θʌmˌtæk] *n* เข็มหัวใหญ่ [khem hua yai]
thump [θʌmp] *v* ทุบ [thup]
thunder ['θʌndə] *n* เสียงฟ้าร้อง [siang fa rong]
thunderstorm ['θʌndəˌstɔːm] *n* พายุฝนฟ้าคะนอง [pha yu fon fa kha norng]
thundery ['θʌndərɪ] *adj* เสียงและลักษณะแบบฟ้าร้อง [siang lae lak sa na baep fa rong]
Thursday ['θɜːzdɪ] *n* วันพฤหัสบดี [wan pha rue hat sa bo di]; **on Thursday** วันพฤหัสบดี [wan pha rue hat sa bo di]
thyme [taɪm] *n* ต้นไม้พันธุ์เตี้ยใช้เป็นเครื่องเทศ [ton mai phan tia chai pen khueang ted]
Tibet [tɪˈbɛt] *n* ประเทศธิเบต [pra tet thi bet]
Tibetan [tɪˈbɛtᵊn] *adj* ที่เกี่ยวกับประเทศธิเบต [thii kiao kab pra ted thi bet] ▷ *n* *(language)* ภาษาธิเบต [pha sa thi bet], *(person)* ชาวธิเบต [chao thi bet]

tick [tɪk] *n* เครื่องหมาย [khrueang mai] ▷ *v* ทำเครื่องหมาย [tham khueang mai]
ticket ['tɪkɪt] *n* ตั๋ว [tua]; **bus ticket** *n* ตั๋วรถโดยสารประจำทาง [tua rot doi san pra cham thang]; **a child's ticket** ตั๋วเด็กหนึ่งใบ [tua dek nueng bai]; **Can I buy the tickets here?** ฉันซื้อตั๋วที่นี่ได้ไหม? [chan sue tua thii ni dai mai]; **Can you book the tickets for us?** คุณจองตั๋วให้เราได้ไหม? [khun chong tua hai rao dai mai]
tickle ['tɪkᵊl] *v* ทำให้จั๊กจี้ [tham hai chak ka chi]
ticklish ['tɪklɪʃ] *adj* จั๊กจี้ได้ง่าย [chak ka chi dai ngai]
tick off [tɪk ɒf] *v* ทำเครื่องหมายขีดออก [tham khrueang mai khit ok]
tide [taɪd] *n* ปรากฏการณ์น้ำขึ้นน้ำลง [pra kot kan nam khuen nam long]
tidy ['taɪdɪ] *adj* ที่เป็นระเบียบ [thii pen ra biap] ▷ *v* จัดให้เป็นระเบียบ [chad hai pen ra biap]
tidy up ['taɪdɪ ʌp] *v* จัดให้เป็นระเบียบเรียบร้อย [chat hai pen ra biap riap roi]
tie [taɪ] *n* เนคไท [nek thai] ▷ *v* ผูกให้แน่น [phuk hai naen]; **bow tie** *n* โบว์หูกระต่าย [bo hu kra tai]
tie up [taɪ ʌp] *v* มัดให้แน่น [mat hai naen]
tiger ['taɪgə] *n* เสือ [suea]
tight [taɪt] *adj* คับแน่น [khap naen]
tighten ['taɪtᵊn] *v* ทำให้แน่นหรือตึงขึ้น [tham hai naen rue tueng khuen]
tights [taɪts] *npl* ถุงน่อง [thung nong]
tile [taɪl] *n* กระเบื้อง [kra bueang]
tiled ['taɪld] *adj* ที่ปูด้วยกระเบื้อง [thii pu duai kra bueang]
till [tɪl] *conj* จนกระทั่ง [chon kra thang] ▷ *prep* จนกว่า จนกระทั่ง [chon kwa, chon kra thang] ▷ *n* กล่องหรือลิ้นชักเก็บเงิน [klong rue lin chak kep ngen]
timber ['tɪmbə] *n* ไม้ที่ใช้ในการก่อสร้าง [mai thii chai nai kan kor srang]
time [taɪm] *n* เวลา [we la]; **closing time** *n* เวลาปิด [we la pit]; **By what time?** ภายในเวลากี่โมง? [phai nai we la ki mong]; **in a month's time** ภายในเวลาหนึ่งเดือน [phai nai we la nueng duean]; **in a week's time** ภายในเวลาหนึ่งอาทิตย์ [phai nai we la nueng a thit]
time bomb ['taɪm,bɒm] *n* ระเบิดที่ตั้งเวลาได้ [ra boet thii tang we la dai]
timer ['taɪmə] *n* เครื่องจับเวลา [khrueang chap we la]
timeshare ['taɪm,ʃɛə] *n* ที่พักที่คนซื้อและใช้ตามเวลาที่กำหนดในแต่ละปี [thii phak thii khon sue lae chai tam we la thii kam not nai tae la pi]
timetable ['taɪm,teɪbᵊl] *n* ตารางเวลา [ta rang we la]; **Can I have a timetable, please?** ฉันขอตารางเวลาได้ไหม? [chan kho ta rang we la dai mai]
tin [tɪn] *n* ดีบุก [di buk]; **tin-opener** *n* ที่เปิดกระป๋อง [thii poet kra pong]
tinfoil ['tɪn,fɔɪl] *n* แผ่นอะลูมิเนียมที่ใช้ในครัว [phaen a lu mi niam thii chai nai khrua]
tinned [tɪnd] *adj* ที่บรรจุกระป๋อง [thii ban chu kra pong]
tinsel ['tɪnsəl] *n* สิ่งประดับแวววาว [sing pra dap waeo wao]
tinted ['tɪntɪd] *adj* ทำให้สีเข้มขึ้น [tham hai sii khem khuen]
tiny ['taɪnɪ] *adj* เล็กมาก [lek mak]
tip [tɪp] *n* *(end of object)* จุดปลายสุด [chut plai sut], *(reward)* การให้เงินรางวัล [kan hai ngen rang wan], *(suggestion)* ข้อคิดเห็นที่มีประโยชน์ [kho kit hen thii mii pra yot] ▷ *v* *(incline)* ทำให้เอียง [tham hai iang], *(reward)* ให้เงินรางวัล [hai ngoen rang wan]
tipsy ['tɪpsɪ] *adj* มึนเมา [muen mao]
tiptoe ['tɪp,təʊ] *n* เดินด้วยปลายเท้า [doen duai plai thao]
tired ['taɪəd] *adj* เหนื่อยเหนื่อย [net nueai]
tiring ['taɪərɪŋ] *adj* น่าเหนื่อยเหนื่อย [na net nueai]

tissue ['tɪsju:; 'tɪʃu:] *n (anatomy)* เนื้อเยื่อของคน สัตวและพืช [nuea yuea khong khon sat lae phuet], *(paper)* กระดาษทิชชู [kra dat thit chu]
title ['taɪtᵊl] *n* ชื่อเรื่อง [chue rueang]
to [tu:; tʊ; tə] *prep* ถึง [thueng]
toad [təʊd] *n* คางคก [khang khok]
toadstool ['təʊd,stu:l] *n* เห็ดมีพิษชนิดหนึ่ง [het mii phit cha nit nueng]
toast [təʊst] *n (grilled bread)* ขนมปังปิ้ง [kha nom pang ping], *(tribute)* การดื่มอวยพร [kan duem uai pon]
toaster ['təʊstə] *n* เครื่องปิ้งขนมปัง [khrueang ping kha nom pang]
tobacco [tə'bækəʊ] *n* ต้นยาสูบ [ton ya sup]
tobacconist's [tə'bækənɪsts] *n* พ่อค้าขายผลิตภัณฑ์ประเภทยาสูบ [pho kha khai pha lit ta phan pra phet ya sup]
tobogganing [tə'bɒgənɪŋ] *n* การเล่นเลื่อนหิมะ [kan len luean hi ma]
today [tə'deɪ] *adv* วันนี้ [wan ni]; **What day is it today?** วันนี้วันอะไร? [wan nii wan a rai]; **What is today's date?** วันนี้วันที่เท่าไร? [wan nii wan thii thao rai]
toddler ['tɒdlə] *n* เด็กวัยหัดเดิน [dek vai had doen]
toe [təʊ] *n* นิ้วเท้า [nio thao]
toffee ['tɒfɪ] *n* ลูกอม [luk om]
together [tə'gɛðə] *adv* ร่วมกัน [ruam kan]
Togo ['təʊgəʊ] *n* สาธารณรัฐโทโก [sa tha ra na rat tho ko]
toilet ['tɔɪlɪt] *n* ห้องน้ำ [hong nam]; **toilet bag** *n* กระเป๋าใส่เครื่องอาบน้ำเช่นสบู่ ยาสีฟัน ยาสระผมเป็นต้น [kra pao sai khrueang ap nam chen sa bu ya sii fan]; **Are there any toilets for the disabled?** มีห้องน้ำสำหรับคนพิการไหม? [mii hong nam sam rap khon phi kan mai]; **Can I use the toilet?** ขอฉันใช้ห้องน้ำได้ไหม? [kho chan chai hong nam dai mai]; **Is there a toilet on board?** มีห้องน้ำบนรถไหม? [mii hong nam bon rot mai]
toiletries ['tɔɪlɪtri:s] *npl* เครื่องใช้ในห้องน้ำ เช่น สบู่ ยาสระผม ยาสีฟัน เป็นต้น [khrueang chai nai hong nam chen sa bu ya sa phom ya sii fan pen ton]
token ['təʊkən] *n* สิ่งที่ใช้เป็นสัญลักษณ์ [sing thii chai pen san ya lak]
tolerant ['tɒlərənt] *adj* ที่มีความอดทน [thii mee khwam od thon]
toll [təʊl] *n* การตีระฆัง [kan ti ra khang]
tomato, tomatoes [tə'mɑ:təʊ, tə'mɑ:təʊz] *n* มะเขือเทศ [ma khuea thet]; **tomato sauce** *n* ซอสมะเขือเทศ [sos ma khuea tet]
tomb [tu:m] *n* สุสานฝังศพ [su san fang sop]
tomboy ['tɒm,bɔɪ] *n* เด็กผู้หญิงที่มีพฤติกรรมคล้ายเด็กผู้ชาย [dek phu ying thii mii phruet ti kam khlai dek phu chai]
tomorrow [tə'mɒrəʊ] *adv* พรุ่งนี้ [phrung ni]; **Is it open tomorrow?** เปิดพรุ่งนี้ไหม? [poet phrung nii mai]; **tomorrow morning** พรุ่งนี้เช้า [phrung nii chao]
ton [tʌn] *n* หน่วยน้ำหนักเท่ากับสองพันสองร้อยสี่สิบปอนด์ [nuai nam nak thao kap song phan song roi si sip pond]
tone [təʊn] *n* **dialling tone** *n* เสียงหมุนโทรศัพท์ [siang mun tho ra sap]; **engaged tone** *n* เสียงสายไม่ว่างของโทรศัพท์ [siang sai mai wang khong tho ra sap]
Tonga ['tɒŋgə] *n* สาธารณรัฐทองกา [sa tha ra na rat thong ka]
tongue [tʌŋ] *n* ลิ้น [lin]; **mother tongue** *n* ภาษาแม่ [pha sa mae]
tonic ['tɒnɪk] *n* ยาบำรุง [ya bam rung]
tonight [tə'naɪt] *adv* คืนนี้ [khuen ni]; **Two tickets for tonight, please** ขอตั๋วสองใบสำหรับคืนนี้ [kho tua song bai sam rap khuen nii]; **What's on tonight at the cinema?** คืนนี้โรงหนังมีหนังอะไรฉาย? [khuen nii rong nang mii nang a

rai chai]; **Where would you like to go tonight?** คืนนี้คุณอยากไปที่ไหน? [khuen nii khun yak pai thii nai]

tonsillitis [ˌtɒnsɪˈlaɪtɪs] *n* ภาวะต่อมทอนซิลอักเสบ [pha wa tom thon sil ak sep]

tonsils [ˈtɒnsəlz] *npl* ต่อมทอนซิล [tom thon sin]

too [tuː] *adv* อีกด้วย [ik duai]

tool [tuːl] *n* เครื่องมือ [khrueang mue]

tooth, teeth [ˈtuːθ, tiːθ] *n* ฟัน [fan]; **wisdom tooth** *n* ฟันกราม [fan kram]; **I've broken a tooth** ฉันทำฟันหักหนึ่งซี่ [chan tham fan hak nueng si]; **This tooth hurts** ปวดฟันซี่นี้ [puat fan si nii]

toothache [ˈtuːθˌeɪk] *n* การปวดฟัน [kan puat fan]

toothbrush [ˈtuːθˌbrʌʃ] *n* แปรงสีฟัน [praeng si fan]

toothpaste [ˈtuːθˌpeɪst] *n* ยาสีฟัน [ya si fan]

toothpick [ˈtuːθˌpɪk] *n* ไม้จิ้มฟัน [mai chim fan]

top [tɒp] *adj* สูงที่สุด [sung thi sut] ▷ *n* ลูกข่าง [luk khang]

topic [ˈtɒpɪk] *n* หัวข้อ [hua kho]

topical [ˈtɒpɪkᵊl] *adj* เกี่ยวกับเรื่องที่ได้รับความสนใจในขณะนั้น [kiao kap rueang thii dai rap khwam son jai nai kha na nan]

top-secret [ˈtɒpˈsiːkrɪt] *adj* ลับสุดยอด [lap sut yot]

top up [tɒp ʌp] *v* **Can you top up the windscreen washers?** คุณเติมน้ำยาล้างกระจกได้ไหม? [khun toem nam ya lang kra chok dai mai]; **Where can I buy a top-up card?** คุณซื้อการ์ดเติมได้ที่ไหน? [khun sue kat toem dai thii nai]

torch [tɔːtʃ] *n* ไฟฉาย [fai chai]

tornado [tɔːˈneɪdəʊ] *n* พายุทอร์นาโด [pha yu tho na do]

tortoise [ˈtɔːtəs] *n* เต่า [tao]

torture [ˈtɔːtʃə] *n* การทรมาน [kan tho ra man] ▷ *v* ทรมาน [to ra man]

toss [tɒs] *v* โยนเหรียญ [yon lian]

total [ˈtəʊtᵊl] *adj* โดยสมบูรณ์ [doi som bun] ▷ *n* ผลรวม [phon ruam]

totally [ˈtəʊtᵊlɪ] *adv* โดยสิ้นเชิง [doi sin choeng]

touch [tʌtʃ] *v* สัมผัส [sam phat]

touchdown [ˈtʌtʃˌdaʊn] *n* การบินลงแตะพื้น [kan bin long tae phuen]

touched [tʌtʃt] *adj* ที่ถูกสัมผัส [thii thuk sam phat]

touching [ˈtʌtʃɪŋ] *adj* ที่สามารถกระตุ้นความรู้สึกอ่อนโยน [thii sa mart kra tun khwam ru suk on yon]

touchline [ˈtʌtʃˌlaɪn] *n* ขอบเขตของการเล่นกีฬาบางอย่าง [kop khet khong kan len ki la bang yang]

touchpad [ˈtʌtʃˌpæd] *n* อุปกรณ์ในเครื่องคอมพิวเตอร์แบบกระเป๋าหิ้วที่ใช้แทนเมาส์เพื่อแสดงตัวชี้ตำแหน่ง [up pa kon nai khrueang khom phio toe baep kra pao hio thii chai thaen mao phuea sa daeng tua chii tam naeng]

touchy [ˈtʌtʃɪ] *adj* ฉุนเฉียวโกรธง่าย [chun chiao krot ngai]

tough [tʌf] *adj* ที่ทนทาน [thii thon than]

toupee [ˈtuːpeɪ] *n* ผมปลอมของชาย [phom plom khong chai]

tour [tʊə] *n* การท่องเที่ยวไปชมสถานที่ต่างๆ [kan thong thiao pai chom sa than thii tang tang] ▷ *v* ท่องเที่ยวไปชมสถานที่ต่างๆ [thong thiao pai chom sa than thii tang tang]; **guided tour** *n* กรุ๊ปทัวร์ [krup thua]; **package tour** *n* ทัวร์ที่จัดแบบครบวงจร [thua thii chat baep khrop wong chon]; **tour guide** *n* มัคคุเทศก์ [mak khu thet]

tourism [ˈtʊərɪzəm] *n* การท่องเที่ยว [kan thong thiao]

tourist [ˈtʊərɪst] *n* นักท่องเที่ยว [nak thong thiao]; **tourist office** *n* สำนักงานการท่องเที่ยว [sam nak ngan kan thong thiao]; **I'm here as a tourist** ฉันมาที่นี่

อย่างนักท่องเที่ยว [chan ma thii ni yang nak thong thiao]
tournament ['tʊənəmənt; 'tɔː-; 'tɜː-] *n* การแข่งขัน [kan khaeng khan]
towards [tə'wɔːdz; tɔːdz] *prep* ไปทาง [pai thang]
tow away [təʊ ə'weɪ] *v* ลากไป [lak pai]
towel ['taʊəl] *n* ผ้าขนหนู [pha khon nu]; **bath towel** *n* ผ้าขนหนูเช็ดตัว [pha khon nu chet tua]; **dish towel** *n* ผ้าเช็ดจาน [pha chet chan]; **sanitary towel** *n* ผ้าอนามัย [pha a na mai]
tower ['taʊə] *n* ตึกสูง [tuek sung]
town [taʊn] *n* เขตเมือง [khet mueang]; **town centre** *n* ใจกลางเมือง [jai klang mueang]; **town hall** *n* ศาลากลางจังหวัด [sa la klang changhwat]; **town planning** *n* การวางผังเมือง [kan wang phang mueang]
toxic ['tɒksɪk] *adj* มีพิษ [mii phit]
toy [tɔɪ] *n* ของเล่น [khong len]
trace [treɪs] *n* ร่องรอย [rong roi]
tracing paper ['treɪsɪŋ 'peɪpə] *n* กระดาษลอกลาย [kra dat lok lai]
track [træk] *n* หนทาง [hon thang]
track down [træk daʊn] *v* ติดตามจนพบ [tit tam chon phop]
tracksuit ['træk,suːt; -,sjuːt] *n* ชุดกีฬา [chud ki la]
tractor ['træktə] *n* รถแทรกเตอร์ [rot traek toe]
trade [treɪd] *n* การค้าขาย [kan ka khai]; **trade union** *n* สหภาพแรงงาน [sa ha phap raeng ngan]; **trade unionist** *n* สมาชิกสหภาพแรงงาน [sa ma chik sa ha phap raeng ngan]
trademark ['treɪd,mɑːk] *n* เครื่องหมายการค้า [khrueang mai kan kha]
tradition [trə'dɪʃən] *n* ประเพณี [pra phe ni]
traditional [trə'dɪʃənᵊl] *adj* โบราณ แบบดั้งเดิม แบบเก่าแก่ [bo ran, baep dang doem, baep kao kae]
traffic ['træfɪk] *n* การจราจร [kan cha ra chorn]; **traffic jam** *n* การจราจรติดขัด [kan cha ra chorn tit khat]; **traffic lights** *npl* สัญญาณจราจร [san yan cha ra chon]; **traffic warden** *n* เจ้าหน้าที่การจัดการจราจร [chao na thii kan chat kan cha ra chon]
tragedy ['trædʒɪdɪ] *n* โศกนาฏกรรม [sok ka nat ta kam]
tragic ['trædʒɪk] *adj* น่าสลดใจ [na sa lot jai]
trailer ['treɪlə] *n* รถพ่วง [rot phuang]
train [treɪn] *n* รถไฟ [rot fai] ▷ *v* อบรม [op rom]; **Does the train stop at...?** รถไฟคันนี้จอดที่...หรือไม่? [rot fai khan nii jot thii…rue mai]; **How frequent are the trains to...?** รถไฟไป...มาบ่อยแค่ไหน? [rot fai pai…ma boi khae nai]; **I've missed my train** ฉันพลาดรถไฟ [chan phlat rot fai]
trained ['treɪnd] *adj* ที่ได้รับการอบรม [thii dai rap kan op rom]
trainee [treɪ'niː] *n* ผู้ได้รับการฝึก [phu dai rap kan fuek]
trainer ['treɪnə] *n* ผู้ฝึก [phu fuek]
trainers ['treɪnəz] *npl* รองเท้าผ้าใบ [rong thao pha bai]
training ['treɪnɪŋ] *n* การฝึก [kan fuek]; **training course** *n* หลักสูตรอบรม [lak sut op rom]
tram [træm] *n* รถราง [rot rang]
tramp [træmp] *n* *(beggar)* คนจรจัด [khon chon chat], *(long walk)* การเดินทางไกล [kan doen thang kai]
trampoline ['træmpəlɪn; -,liːn] *n* เตียงที่ใช้ตีลังกาของคณะกายกรรม [tiang thii chai ti lang ka khong kha na kai ya kram]
tranquillizer ['træŋkwɪ,laɪzə] *n* ยาที่ทำให้จิตใจสงบ [ya thii tham hai chit jai sa ngop]
transaction [træn'zækʃən] *n* การติดต่อทางธุรกิจ การดำเนินการทางธุรกิจ [kan tit to thang thu ra kit, kan dam noen kan

thang thu ra kit]
transcript ['trænskrɪpt] *n* ใบรับรองผลการศึกษา [bai rap rong phon kan suek sa]
transfer *n* ['trænsfɜː] การย้ายโอน [kan yai on] ▷ *v* [træns'fɜː] ย้ายโอน [yai on]
transform [træns'fɔːm] *v* ทำให้เปลี่ยนแปลง [tham hai plian plang]
transfusion [træns'fjuːʒən] *n* การถ่ายเลือด [kan thai luead]; **blood transfusion** *n* การถ่ายเลือด [kan thai luead]
transistor [træn'zɪstə] *n* อุปกรณ์กึ่งตัวนำช่วยขยายสัญญาณทางอิเล็กทรอนิกส์ [ub pa korn kueng tua nam chuai kha yai san yanthang e lek thro nik]
transit ['trænsɪt; 'trænz-] *n* การขนส่ง [kan khon song]; **transit lounge** *n* ห้องพักสำหรับผู้โดยสารที่จะเปลี่ยนเครื่องบิน [hong phak sam rap phu doi san thii ja plian khrueang bin]
transition [træn'zɪʃən] *n* การเปลี่ยนแปลง [kan plian plaeng]
translate [træns'leɪt; trænz-] *v* แปล [plae]; **Can you translate this for me?** คุณกรุณาแปลนี่ให้ได้ไหม? [khun ka ru na plae ni hai dai mai]
translation [træns'leɪʃən; trænz-] *n* การแปล [kan plae]
translator [træns'leɪtə; trænz-] *n* ผู้แปล [phu plae]
transparent [træns'pærənt; -'pɛər-] *adj* โปร่งใส [prong sai]
transplant ['træns,plɑːnt] *n* การปลูกถ่ายอวัยวะ [kan pluk thai a wai ya wa]
transport *n* ['træns,pɔːt] การขนส่ง [kan khon song] ▷ *v* [træns'pɔːt] ขนส่ง [khon song]; **public transport** *n* การขนส่งมวลชน [kan khon song muan chon]
transvestite [trænz'vɛstaɪt] *n* ผู้ชายที่แต่งตัวเป็นเพศตรงกันข้าม [phu chai thii taeng tua pen phet trong kan kham]
trap [træp] *n* กับดัก [kap dak]
trash [træʃ] *n* เรื่องเหลวไหล [rueang leo lai]
traumatic ['trɔːmə,tɪk] *adj* ซึ่งบอบช้ำทางจิตใจ [sueng bop cham thang chit jai]
travel ['trævᵊl] *n* การเดินทาง [kan doen thang] ▷ *v* เดินทาง [doen thang]; **travel agency** *n* สำนักงานท่องเที่ยว [sam nak ngan thong thiao]; **travel agent's** *n* ที่สำนักงานตัวแทนท่องเที่ยว [thii sam nak ngan tua taen thong thiao]; **travel sickness** *n* อาการเมารถ เรือหรือเครื่องบิน [a kan mao rot ruea rue khrueang bin]; **I don't have travel insurance** ฉันไม่มีประกันการเดินทาง [chan mai mii pra kan kaan doen thang]; **I get travel-sick** ฉันรู้สึกป่วยเวลาเดินทาง [chan ru suek puai we la doen thang]; **I'm travelling alone** ฉันเดินทางคนเดียว [chan doen thang khon diao]
traveller ['trævələ; 'trævlə] *n* ผู้เดินทาง [phu doen thang]; **traveller's cheque** *n* เช็คเดินทาง [chek doen thang]
travelling ['trævᵊlɪŋ] *n* การเดินทาง [kan doen thang]
tray [treɪ] *n* ถาด [that]
treacle ['triːkᵊl] *n* น้ำเชื่อม [nam chueam]
tread [trɛd] *v* เหยียบ [yiap]
treasure ['trɛʒə] *n* สมบัติ [som bat]
treasurer ['trɛʒərə] *n* เหรัญญิก [he ran yik]
treat [triːt] *n* เลี้ยงให้ของ [liang hai khong] ▷ *v* ปฏิบัติ [pa ti bat]
treatment ['triːtmənt] *n* การดูแลรักษา [kan du lae rak sa]
treaty ['triːtɪ] *n* สนธิสัญญา [son thi san ya]
treble ['trɛbᵊl] *v* เพิ่มเป็นสามเท่า [poem pen sam thao]
tree [triː] *n* ต้นไม้ [ton mai]
trek [trɛk] *n* การเดินทางระยะยาวด้วยความยากลำบาก [kan doen thang ra ya yao duai khwam yak lam bak] ▷ *v* เดินอย่าง

ช้าๆ [doen yang cha cha]
trekking ['trɛkɪŋ] *n* **I'd like to go pony trekking** ฉันอยากไปขี่ม้าช้าๆ ตามทางที่ขรุขระ [chan yak pai khi ma cha cha tam thang thii khru khra]
tremble ['trɛmbᵊl] *v* สั่นสะเทือน [san sa thuean]
tremendous [trɪ'mɛndəs] *adj* ใหญ่โตมาก [yai to mak]
trench [trɛntʃ] *n* คู [khu]
trend [trɛnd] *n* แนวทาง [naeo thang]
trendy ['trɛndɪ] *adj* ซึ่งเป็นที่นิยม [sueng pen thii ni yom]
trial ['traɪəl] *n* การทดลอง [kan thod long], การพิจารณาคดี [kan phi cha ra na kha di]; **trial period** *n* ระยะเวลาทดลอง [ra ya we la thot long]
triangle ['traɪˌæŋgᵊl] *n* สามเหลี่ยม [sam liam]
tribe [traɪb] *n* เผ่า [phao]
tribunal [traɪ'bjuːnᵊl; trɪ-] *n* ศาลยุติธรรม [san yu thi tham]
trick [trɪk] *n* เล่ห์เหลี่ยม [le liam] ▷ *v* ใช้เล่ห์เหลี่ยม [chai le liam]
tricky ['trɪkɪ] *adj* ที่มีเล่ห์เหลี่ยม [thii mee le hliam]
tricycle ['traɪsɪkᵊl] *n* รถสามล้อ [rot sam lo]
trifle ['traɪfᵊl] *n* เรื่องเล็ก ๆ น้อย ๆ [rueang lek lek noi noi]
trim [trɪm] *v* ขลิบ [khlip]
Trinidad and Tobago ['trɪnɪˌdæd ænd tə'beɪgəʊ] *n* สาธารณรัฐทรินิแดดและโทบาโก [sa tha ra na rat thri ni daet lae tho ba ko]
trip [trɪp] *n* การเดินทาง [kan doen thang]; **business trip** *n* การเดินทางไปทำธุรกิจ [kan doen thang pai tham thu ra kit]; **round trip** *n* การเดินทางไปและกลับ [kan doen thang pai lae klap]; **trip (up)** *v* สะดุด [sa dut]; **This is my first trip to...** นี่เป็นการเดินทางครั้งแรกของฉันที่จะไป... [ni pen kan doen thang khrang raek khong chan thii ja pai...]
triple ['trɪpᵊl] *adj* ประกอบด้วยสามส่วน [pra kop duai sam suan]
triplets ['trɪplɪts] *npl* แฝดสาม [faer sam]
triumph ['traɪəmf] *n* ความยินดีจากชัยชนะ [khwam yin dii chak chai cha na] ▷ *v* ประสบความสำเร็จ [pra sop khwam sam ret]
trivial ['trɪvɪəl] *adj* ไม่สำคัญ [mai sam khan]
trolley ['trɒlɪ] *n* รถเข็น [rot khen]; **luggage trolley** *n* รถเข็นกระเป๋าเดินทาง [rot khen kra pao doen thang]; **shopping trolley** *n* รถเข็นในห้างสรรพสินค้า [rot khen nai hang sap pha sin ka]
trombone [trɒm'bəʊn] *n* แตรยาว [trae yao]
troops ['truːps] *npl* กองทหาร [kong tha haan]
trophy ['trəʊfɪ] *n* ถ้วยรางวัล [thuai rang wan]
tropical ['trɒpɪkᵊl] *adj* เกี่ยวกับเขตร้อน [kiao kap khet ron]
trot [trɒt] *v* วิ่งเหยาะๆ [wing hyao hyao]
trouble ['trʌbᵊl] *n* ปัญหา [pan ha]
troublemaker ['trʌbᵊlˌmeɪkə] *n* ผู้ก่อปัญหา [phu kor pan ha]
trough [trɒf] *n* รางอาหารหรือน้ำสำหรับสัตว์ [rang a han rue nam sam rap sat]
trousers ['traʊzəz] *npl* กางเกง [kang keng]; **Can I try on these trousers?** ฉันลองกางเกงตัวนี้ได้ไหม? [chan long kang keng tua nii dai mai]
trout [traʊt] *n* ปลาจำพวกหนึ่งมีลักษณะคล้ายปลาแซลมอน [pla cham phuak hueng mee lak sa na khlai pla sael mon]
trowel ['traʊəl] *n* เกรียง [kriang]
truant ['truːənt] *n* **play truant** *v* หนีโรงเรียน [nii rong rian]
truce [truːs] *n* การสงบศึกชั่วคราว [kan sa ngob suek chua khrao]
truck [trʌk] *n* รถสินค้าในขบวนรถไฟ [rot

sin ka nai kha buan rot fai]; **breakdown truck** *n* รถบรรทุกเสีย [rot ban thuk sia]; **truck driver** *n* คนขับรถบรรทุก [khon khap rot ban thuk]

true [tru:] *adj* ที่เป็นเรื่องจริง [thii pen rueang chring]

truly ['tru:lɪ] *adv* อย่างแท้จริง [yang thae ching]

trumpet ['trʌmpɪt] *n* แตร [trae]

trunk [trʌŋk] *n* ลำต้น [lam ton]; **swimming trunks** *npl* กางเกงว่ายน้ำชาย [kang keng wai nam chai]

trunks [trʌŋks] *npl* กางเกงว่ายน้ำชาย [kang keng wai nam chai]

trust [trʌst] *n* ความเชื่อใจ [khwam chuea jai] ▷ *v* ไว้วางใจ [wai wang chai]

trusting ['trʌstɪŋ] *adj* ที่ไว้วางใจ [thii wai wang jai]

truth [tru:θ] *n* ความจริง [khwam ching]

truthful ['tru:θfʊl] *adj* ซื่อสัตย์ [sue sat]

try [traɪ] *n* ความพยายาม [khwam pha ya yam] ▷ *v* พยายาม [pha ya yom]

try on [traɪ ɒn] *v* ลองสวมใส่ [long suam sai]

try out [traɪ aʊt] *v* ลองดู [long du]

T-shirt ['ti:,ʃɜ:t] *n* เสื้อยืด [suea yued]

tsunami [tsʊ'næmɪ] *n* คลื่นซึนามิเกิดจากแผ่นดินไหวใต้ทะเล [khluen sue na mi koet chak phaen din wai tai tha le]

tube [tju:b] *n* หลอด [lot]; **inner tube** *n* ยางในของรถ [yang nai khong rot]; **test tube** *n* หลอดทดลอง [lot thot long]; **tube station** *n* สถานีรถไฟใต้ดิน [sa tha ni rot fai tai din]

tuberculosis [tjʊ,bɜ:kjʊ'ləʊsɪs] *n* วัณโรค [wan na rok]

Tuesday ['tju:zdɪ] *n* วันอังคาร [wan ang khan]; **Shrove Tuesday** *n* วันเทศกาลสารภาพบาป [wan tet sa kan sa ra phap bap]; **on Tuesday** วันอังคาร [wan ang khan]

tug-of-war ['tʌgɒv'wɔ:] *n* ชักเย่อ [chak ka yoe]

tuition [tju:'ɪʃən] *n* การสอนพิเศษ [kan son phi set]; **tuition fees** *npl* ค่าเล่าเรียน [kha lao rian]

tulip ['tju:lɪp] *n* ดอกทิวลิป [dok thio lip]

tummy ['tʌmɪ] *n* ท้อง [thong]

tumour ['tju:mə] *n* เนื้องอก [nue ngok]

tuna ['tju:nə] *n* ปลาทูน่า [pla thu na]

tune [tju:n] *n* ทำนอง [tham nong]

Tunisia [tju:'nɪzɪə; -'nɪsɪə] *n* ประเทศตูนีเซีย [pra tet tu ni sia]

Tunisian [tju:'nɪzɪən; -'nɪsɪən] *adj* เกี่ยวกับตูนีเซีย [kiao kap tu ni sia] ▷ *n* ชาวตูนีเซีย [chao tu ni sia]

tunnel ['tʌnᵊl] *n* อุโมงค์ [u mong]

turbulence ['tɜ:bjʊləns] *n* ความปั่นป่วน [khwam pan puan]

Turk [tɜ:k] *n* ชาวตุรกี [chao tu ra ki]

Turkey ['tɜ:kɪ] *n* ประเทศตุรกี [pra tet tu ra ki]

turkey ['tɜ:kɪ] *n* ไก่งวง [kai nguang]

Turkish ['tɜ:kɪʃ] *adj* เกี่ยวกับตุรกี [kiao kap tu ra ki] ▷ *n* ภาษาตุรกี [pha sa tu ra ki]

turn [tɜ:n] *n* การเลี้ยว [kan liao] ▷ *v* เลี้ยว [liao]; **Turn left** เลี้ยวซ้าย [liao sai]; **Turn right** เลี้ยวขวา [liao khwa]

turn around [tɜ:n ə'raʊnd] *v* หมุนกลับ [mun klap]

turn back [tɜ:n bæk] *v* เลี้ยวกลับ [liao klap]

turn down [tɜ:n daʊn] *v* ทำให้ลดลง [tham hai lot long]

turning ['tɜ:nɪŋ] *n* จุดเลี้ยว [chud liao]

turnip ['tɜ:nɪp] *n* หัวผักกาด [hua phak kat]

turn off [tɜ:n ɒf] *v* ปิด [pit]; **I can't turn the heating off** ฉันปิดเครื่องทำความร้อนไม่ได้ [chan pit khrueang tham khwam ron mai dai]; **It won't turn off** มันปิดไม่ได้ [man pit mai dai]; **Turn it off at the mains** ปิดที่สายเคเบิลใหญ่ [pit thii sai khe boen yai]

turn on [tɜ:n ɒn] *v* เปิด [poet]; **I can't turn the heating on** ฉันเปิดเครื่องทำความร้อนไม่ได้ [chan poet khrueang

tham khwam ron mai dai]; **It won't turn on** มันเปิดไม่ได้ [man poet mai dai]
turn out [tɜ:n aʊt] *v* ปิด [pit]
turnover ['tɜ:n,əʊvə] *n* ยอดขาย [yot khai]
turn round [tɜ:n raʊnd] *v* หมุนกลับ [mun klap]
turnstile ['tɜ:n,staɪl] *n* ทางเข้าที่มีแกนหมุนให้ผ่านได้ทีละคน [thang khao thii mii kaen mun hai phan dai thi la khon]
turn up [tɜ:n ʌp] *v* พลิกหงาย [phlik ngai]
turquoise ['tɜ:kwɔɪz; -kwɑ:z] *adj* สีน้ำเงินอมเขียว [sii nam ngoen om khiao]
turtle ['tɜ:tᵊl] *n* เต่า [tao]
tutor ['tju:tə] *n* ครูสอนพิเศษ [khru sorn phi sed]
tutorial [tju:'tɔ:rɪəl] *n* การเรียนพิเศษแแบบเข้ม [kan rian phi set baep khem]
tuxedo [tʌk'si:dəʊ] *n* ชุดทักซิโด [chut thak si do]
TV [ti: vi:] *n* ทีวี [thi wi]; **plasma TV** *n* ทีวีที่มีจอภาพแบน [tii wii thii mii cho phap baen]; **reality TV** *n* รายการทีวีที่แสดงสภาพความเป็นจริง [rai kan thii wii thii sa daeng sa phap khwam pen ching]; **Does the room have a TV?** มีทีวีในห้องไหม? [mii thii wii nai hong mai]
tweezers ['twi:zəz] *npl* แหนบ [naep]
twelfth [twɛlfθ] *adj* ลำดับที่สิบสอง [lam dap thii sip song]
twelve [twɛlv] *number* สิบสอง [sip song]
twentieth ['twɛntɪɪθ] *adj* ลำดับที่ยี่สิบ [lam dap thii yi sip]
twenty ['twɛntɪ] *number* ยี่สิบ [yi sip]
twice [twaɪs] *adv* สองครั้ง [song khrang]
twin [twɪn] *n* คู่แฝด [khu faet]; **twin beds** *npl* เตียงคู่ [tiang khu]; **twin room** *n* ห้องคู่ [hong khu]; **twin-bedded room** *n* ห้องที่มีเตียงคู่ [hong thii mii tiang khu]
twinned ['twɪnd] *adj* เหมือนกัน [muean kan]
twist [twɪst] *v* บิดเป็นเกลียว [bit pen kliao]
twit [twɪt] *n* คนโง่ [khon ngo]
two [tu:] *num* สอง [song]; **I'd like two hundred...** ฉันอยากเบิกสองร้อย... [chan yak boek song roi...]
type [taɪp] *n* รูปแบบ [rup baep] ▷ *v* พิมพ์ [phim]
typewriter ['taɪp,raɪtə] *n* เครื่องพิมพ์ดีด [khrueang phim dit]
typhoid ['taɪfɔɪd] *n* ไข้รากสาดน้อย [khai rak sat noi]
typical ['tɪpɪkᵊl] *adj* ซึ่งเป็นตัวอย่าง [sueng pen tua yang]
typist ['taɪpɪst] *n* ผู้พิมพ์ดีด [phu phim did]
tyre ['taɪə] *n* ยางรถ [yang rot]; **spare tyre** *n* ยางอะไหล่ [yang a lai]; **The tyre has burst** ยางรถระเบิด [yang rot ra boet]

UFO ['ju:fəʊ] *abbr* ตัวย่อของจานบินของมนุษย์ต่างดาว [tua yo khong chan bin khong ma nut tang dao]

Uganda [ju:'gændə] *n* ประเทศอูกันดาอยู่ในทวีปอัฟริกา [pra tet u kan da yu nai tha wip af ri ka]

Ugandan [ju:'gændən] *adj* เกี่ยวกับประเทศอูกันดา [kiao kap pra thet u kan da] ▷ *n* ชาวอูกันดา [chao u kan da]

ugh [ʊx; ʊh; ʌh] *excl* คำอุทานแสดงความรังเกียจหรือไม่พอใจ [kham u than sa daeng khwam rang kiat rue mai pho jai]

ugly ['ʌglɪ] *adj* น่าเกลียด [na kliat]

UK [ju: keɪ] *n* ตัวย่อของ สหราชอาณาจักรอังกฤษ [tua yor khong sa ha rad cha a na chak ang krid]

Ukraine [ju:'kreɪn] *n* ประเทศยูเครน [pra tet yu khren]

Ukrainian [ju:'kreɪnɪən] *adj* เกี่ยวกับประเทศยูเครน [kiao kap pra thet yu khren] ▷ *n* *(language)* ภาษายูเครน [pha sa u khren], *(person)* ชาวยูเครน [chao u khren]

ulcer ['ʌlsə] *n* แผลเปื่อย [phlae pueai]

Ulster ['ʌlstə] *n* อีกชื่อหนึ่งของไอร์แลนด์เหนือ [ik chue hueng khong ai laen hnuea]

ultimate ['ʌltɪmɪt] *adj* สุดท้าย [sut thai]

ultimately ['ʌltɪmɪtlɪ] *adv* ท้ายที่สุด [thai thi sut]

ultimatum [,ʌltɪ'meɪtəm] *n* คำขาด [kham khat]

ultrasound ['ʌltrə,saʊnd] *n* การบำบัดโดยใช้อุลตราซาวด์ [kan bam bat doi chai ul tra sao]

umbrella [ʌm'brɛlə] *n* ร่ม [rom]

umpire ['ʌmpaɪə] *n* กรรมการตัดสิน [kam ma kan tat sin]

UN [ju: ɛn] *abbr* ตัวย่อขององค์การสหประชาชาติ [tua yo khong ong kan sa ha pra cha chat]

unable [ʌn'eɪbᵊl] *adj* **unable to** *adj* ไม่สามารถที่จะ [mai sa mat thii ja]

unacceptable [,ʌnək'sɛptəbᵊl] *adj* ซึ่งไม่สามารถยอมรับได้ [sueng mai sa maat yom rap dai]

unanimous [ju:'nænɪməs] *adj* เป็นเอกฉันท์ [pen ek ka chan]

unattended [,ʌnə'tɛndɪd] *adj* ไม่เอาใจใส่ [mai ao jai sai]

unavoidable [,ʌnə'vɔɪdəbᵊl] *adj* ที่หลีกเลี่ยงไม่ได้ [thii lik liang mai dai]

unbearable [ʌn'bɛərəbᵊl] *adj* ซึ่งไม่สามารถทนได้ [sueng mai sa maat thon dai]

unbeatable [ʌn'bi:təbᵊl] *adj* ทำให้พ่ายแพ้ไม่ได้ [tham hai phai phae mai dai]

unbelievable [,ʌnbɪ'li:vəbᵊl] *adj* ซึ่งไม่น่าเชื่อว่าเป็นจริง [sueng mai na chuea wa pen ching]

unbreakable [ʌn'breɪkəbᵊl] *adj* ซึ่งไม่สามารถทำให้แตกได้ [sueng mai sa mart tham hai taek dai]

uncanny [ʌn'kænɪ] *adj* แปลกจนไม่สามารถอธิบายได้ [plaek chon mai sa mat a thi bai dai]

uncertain [ʌn'sɜ:tᵊn] *adj* ที่ไม่แน่นอน [thii mai nae norn]

uncertainty [ʌn'sɜːtᵊntɪ] *n* ความไม่แน่นอน [khwam mai nae non]
unchanged [ʌn'tʃeɪndʒd] *adj* ที่ไม่เปลี่ยนแปลงจากเดิม [thii mai plian plang chak doem]
uncivilized [ʌn'sɪvɪˌlaɪzd] *adj* ซึ่งไร้อารยธรรม [sueng rai a ra ya tham]
uncle ['ʌŋkᵊl] *n* ลุง [lung]
unclear [ʌn'klɪə] *adj* ซึ่งไม่ชัดเจน [sueng mai chat chen]
uncomfortable [ʌn'kʌmftəbᵊl] *adj* ไม่สะดวกสบาย [mai sa duak sa bai]
unconditional [ˌʌnkən'dɪʃənᵊl] *adj* ที่ไม่มีเงื่อนไข [thii mai mii nguean khai]
unconscious [ʌn'kɒnʃəs] *adj* ไม่รู้สึกตัว [mai ru suek tua]
uncontrollable [ˌʌnkən'trəʊləbᵊl] *adj* ที่ควบคุมไม่ได้ [thii khuab khum mai dai]
unconventional [ˌʌnkən'vɛnʃənᵊl] *adj* ไม่เป็นไปตามกฎทั่วไป [mai pen pai tam kot thua pai]
undecided [ˌʌndɪ'saɪdɪd] *adj* ไม่ตกลงใจ [mai tok long jai]
undeniable [ˌʌndɪ'naɪəbᵊl] *adj* ซึ่งไม่อาจปฏิเสธได้ [sueng mai aat pa ti set dai]
under ['ʌndə] *prep* ภายใต้ [phai tai]
underage [ˌʌndər'eɪdʒ] *adj* ต่ำกว่ากำหนดอายุ [tam kwa kam not a yu]
underestimate [ˌʌndərɛstɪ'meɪt] *v* ประเมินต่ำไป [pra moen tam pai]
undergo [ˌʌndə'gəʊ] *v* ประสบ อดทน อดกลั้น [pra sop, ot thon, ot klan]
undergraduate [ˌʌndə'grædjʊɪt] *n* นักศึกษาระดับปริญญาตรี [nak suek sa ra dap pa rin ya tree]
underground *adj* ['ʌndəˌgraʊnd] ใต้ดิน [tai din] ▷ *n* ['ʌndəˌgraʊnd] ชั้นใต้ดิน [chan tai din]
underline [ˌʌndə'laɪn] *v* ขีดเส้นใต้ [khit sen tai]
underneath [ˌʌndə'niːθ] *adv* ภายใต้ [phai tai] ▷ *prep* ข้างใต้ [khang tai]
underpaid [ˌʌndə'peɪd] *adj* ได้รับค่าจ้างน้อยไป [dai rap kha chang noi pai]
underpants ['ʌndəˌpænts] *npl* กางเกงชั้นในของผู้ชาย [kang keng chan nai khong phu chai]
underpass ['ʌndəˌpɑːs] *n* ทางข้างใต้ [thang khang tai]
underskirt ['ʌndəˌskɜːt] *n* กระโปรงชั้นในผู้หญิง [kra prong chan nai phu ying]
understand [ˌʌndə'stænd] *v* เข้าใจ [khao chai]; **Do you understand?** คุณเข้าใจไหม? [khun khao jai mai]; **I don't understand** ฉันไม่เข้าใจ [chan mai khao jai]; **I understand** ฉันเข้าใจ [chan khao jai]
understandable [ˌʌndə'stændəbᵊl] *adj* เข้าใจได้ [khao jai dai]
understanding [ˌʌndə'stændɪŋ] *adj* ที่เข้าใจ อย่างเห็นอกเห็นใจ [thii khao jai yang hen ok hen jai]
undertaker ['ʌndəˌteɪkə] *n* ผู้จัดการศพ [phu chad kan sob]
underwater ['ʌndə'wɔːtə] *adv* ใต้น้ำ [tai nam]
underwear ['ʌndəˌwɛə] *n* เสื้อผ้าชั้นใน [suea pha chan nai]
undisputed [ˌʌndɪ'spjuːtɪd] *adj* ไม่อาจจะโต้แย้งได้ [mai at ja to yaeng dai]
undo [ʌn'duː] *v* แก้ [kae]
undoubtedly [ʌn'daʊtɪdlɪ] *adv* ไม่เป็นที่น่าสงสัยใด ๆ ทั้งสิ้น [mai pen thii na song sai dai dai thang sin]
undress [ʌn'drɛs] *v* ถอดเสื้อผ้า [thot suea pha]
unemployed [ˌʌnɪm'plɔɪd] *adj* ไม่มีงานทำ [mai mii ngan tham]
unemployment [ˌʌnɪm'plɔɪmənt] *n* การว่างงาน [kan wang ngan]
unexpected [ˌʌnɪk'spɛktɪd] *adj* ไม่คาดคิดมาก่อน [mai khat kit ma kon]
unexpectedly [ˌʌnɪk'spɛktɪdlɪ] *adv* อย่างไม่คาดคิดมาก่อน [yang mai khat kit ma kon]
unfair [ʌn'fɛə] *adj* ไม่ยุติธรรม [mai yu ti

tham]
unfaithful [ʌnˈfeɪθfʊl] *adj* ไม่ซื่อสัตย์ [mai sue sat]
unfamiliar [ˌʌnfəˈmɪljə] *adj* ไม่รู้จักคุ้นเคย [mai ru chak khun khoei]
unfashionable [ʌnˈfæʃənəbᵊl] *adj* ไม่ทันสมัย [mai than sa mai]
unfavourable [ʌnˈfeɪvərəbᵊl; -ˈfeɪvrə-] *adj* ไม่เอื้ออำนวยประโยชน์ [mai uea am nuai pra yot]
unfit [ʌnˈfɪt] *adj* ไม่มีคุณสมบัติ [mai mii khun som bat]
unforgettable [ˌʌnfəˈɡɛtəbᵊl] *adj* ไม่สามารถที่จะลืมได้ [mai sa mat thii ja luem dai]
unfortunately [ʌnˈfɔːtʃənɪtlɪ] *adv* อย่างเคราะห์ร้าย [yang khrao rai]
unfriendly [ʌnˈfrɛndlɪ] *adj* ไม่เป็นมิตร [mai pen mit]
ungrateful [ʌnˈɡreɪtfʊl] *adj* ไม่สำนึกบุญคุณ [mai sam nuek bun khun]
unhappy [ʌnˈhæpɪ] *adj* เศร้า [sao]
unhealthy [ʌnˈhɛlθɪ] *adj* ผิดหลักอนามัย [phit lak a na mai]
unhelpful [ʌnˈhɛlpfʊl] *adj* ไม่ช่วยเหลือ [mai chuai luea]
uni [ˈjuːnɪ] *n* ตัวย่อของมหาวิทยาลัย [tua yo khong ma ha wit ta ya lai]
unidentified [ˌʌnaɪˈdɛntɪˌfaɪd] *adj* ไม่ปรากฏชื่อ [mai pra kot chue]
uniform [ˈjuːnɪˌfɔːm] *n* เครื่องแบบ [khrueang baep]; **school uniform** *n* เครื่องแบบนักเรียน [khrueang baep nak rian]
unimportant [ˌʌnɪmˈpɔːtᵊnt] *adj* ไม่สำคัญ [mai sam khan]
uninhabited [ˌʌnɪnˈhæbɪtɪd] *adj* ไม่มีคนอาศัยอยู่ [mai mii khon a sai yu]
unintentional [ˌʌnɪnˈtɛnʃənᵊl] *adj* ไม่ได้เจตนา [mai dai chet ta na]
union [ˈjuːnjən] *n* การรวมกัน [kan ruam kan]; **European Union** *n* สหภาพยุโรป [sa ha phap yu rop]; **trade union** *n* สหภาพแรงงาน [sa ha phap raeng ngan]
unique [juːˈniːk] *adj* ลักษณะเฉพาะ [lak sa na cha pho]
unit [ˈjuːnɪt] *n* หน่วย [nuai]
unite [juːˈnaɪt] *v* ทำให้เป็นหนึ่ง [tham hai pen hueng]
United Kingdom [juːˈnaɪtɪd ˈkɪŋdəm] *n* ประเทศสหราชอาณาจักรอังกฤษ [pra tet sa ha rat cha a na chak ang krit]
United States [juːˈnaɪtɪd steɪts] *n* ประเทศสหรัฐอเมริกา [pra tet sa ha rat a me ri ka]
universe [ˈjuːnɪˌvɜːs] *n* จักรวาล [chak kra wan]
university [ˌjuːnɪˈvɜːsɪtɪ] *n* มหาวิทยาลัย [ma ha wit tha ya lai]
unknown [ʌnˈnəʊn] *adj* ไม่มีใครรู้จัก [mai mii khrai ru chak]
unleaded [ʌnˈlɛdɪd] *n* น้ำมันไร้สารตะกั่ว [nam man rai san ta kua]; **unleaded petrol** *n* น้ำมันไร้สารตะกั่ว [nam man rai san ta kua]; **... worth of premium unleaded, please** เติมน้ำมันไร้สารตะกั่วชั้นหนึ่งเป็นเงิน... [toem nam man rai san ta kua chan nueng pen ngoen...]
unless [ʌnˈlɛs] *conj* ถ้าไม่ [tha mai]
unlike [ʌnˈlaɪk] *prep* ไม่เหมือน [mai muean]
unlikely [ʌnˈlaɪklɪ] *adj* ไม่น่าจะเกิดขึ้น [mai na ja koet khuen]
unlisted [ʌnˈlɪstɪd] *adj* ไม่อยู่ในรายการ [mai yu nai rai kan]
unload [ʌnˈləʊd] *v* ถ่ายสินค้า [thai sin ka]
unlock [ʌnˈlɒk] *v* ไขกุญแจ [khai kun jae]
unlucky [ʌnˈlʌkɪ] *adj* โชคร้าย [chok rai]
unmarried [ʌnˈmærɪd] *adj* ไม่แต่งงาน [mai taeng ngan]
unnecessary [ʌnˈnɛsɪsərɪ; -ɪsrɪ] *adj* ไม่จำเป็น [mai cham pen]
unofficial [ˌʌnəˈfɪʃəl] *adj* ไม่เป็นทางการ [mai pen thang kan]
unpack [ʌnˈpæk] *v* เอาของออก [ao

khong ok]; **I have to unpack** ฉันต้องเอาของออกจากกระเป๋า [chan tong ao khong ok chak kra pao]
unpaid [ʌn'peɪd] *adj* ไม่ได้ค่าจ้าง [mai dai kha chang]
unpleasant [ʌn'plɛzᵊnt] *adj* ไม่สนุก ไม่ราบรื่น [mai sa nuk, mai rap ruen]
unplug [ʌn'plʌg] *v* ถอดปลั๊ก [thot pluk]
unpopular [ʌn'pɒpjʊlə] *adj* ไม่เป็นที่นิยม [mai pen thii ni yom]
unprecedented [ʌn'prɛsɪˌdɛntɪd] *adj* ไม่เคยมีมาก่อน [mai khoei ma kon]
unpredictable [ˌʌnprɪ'dɪktəbᵊl] *adj* ทำนายไม่ได้ [tham nai mai dai]
unreal [ʌn'rɪəl] *adj* อยู่ในจินตนาการ [yu nai chin ta na kan]
unrealistic [ˌʌnrɪə'lɪstɪk] *adj* ไม่มองดูสภาพจริง [mai mong du sa phap ching]
unreasonable [ʌn'ri:znəbᵊl] *adj* ไม่สมเหตุสมผล [mai som het som phon]
unreliable [ˌʌnrɪ'laɪəbᵊl] *adj* ไว้ใจไม่ได้ [wai jai mai dai]
unroll [ʌn'rəʊl] *v* ม้วนออก [muan ork]
unsatisfactory [ˌʌnsætɪs'fæktərɪ; -trɪ] *adj* ไม่น่าพอใจ [mai na pho jai]
unscrew [ʌn'skru:] *v* คลายเกลียว [khlai kliao]
unshaven [ʌn'ʃeɪvᵊn] *adj* ไม่โกนหนวดเครา [mai kon nuat khrao]
unskilled [ʌn'skɪld] *adj* ไม่มีความชำนาญ [mai mii khwam cham nan]
unstable [ʌn'steɪbᵊl] *adj* ไม่มั่นคง [mai man khong]
unsteady [ʌn'stɛdɪ] *adj* ไม่มั่นคง [mai man khong]
unsuccessful [ˌʌnsək'sɛsfʊl] *adj* ไม่ประสบความสำเร็จ [mai pra sop khwam sam ret]
unsuitable [ʌn'su:təbᵊl; ʌn'sju:t-] *adj* ซึ่งไม่เหมาะสม [sueng mai mo som]
unsure [ʌn'ʃʊə] *adj* ไม่แน่ใจ [mai nae jai]
untidy [ʌn'taɪdɪ] *adj* ไม่เป็นระเบียบเรียบร้อย [mai pen ra biap riap roi]
untie [ʌn'taɪ] *v* แก้ออก [kae ork]
until [ʌn'tɪl] *conj* จนกระทั่ง [chon kra thang] ▷ *prep* จนกว่า [chon kwa]
unusual [ʌn'ju:ʒʊəl] *adj* ผิดปรกติ [phit prok ka ti]
unwell [ʌn'wɛl] *adj* ไม่สบาย [mai sa bai]
unwind [ʌn'waɪnd] *v* คลี่ออก [khlii ok]
unwise [ʌn'waɪz] *adj* ไม่ฉลาด [mai cha lat]
unwrap [ʌn'ræp] *v* แก้ห่อออก [kae ho ok]
unzip [ʌn'zɪp] *v* รูดซิปออก [rut sip ok]
up [ʌp] *adv* ในทิศทางขึ้น [nai thit thang khuen]
upbringing ['ʌpˌbrɪŋɪŋ] *n* การเลี้ยงดูอบรมสั่งสอน [kan liang du op rom sang son]
update *n* ['ʌpˌdeɪt] ทำให้ทันสมัย [tham hai tan sa mai] ▷ *v* [ʌp'deɪt] ทำให้ทันสมัย [tham hai tan sa mai]
upgrade [ʌp'greɪd] *n* **I want to upgrade my ticket** ฉันอยากได้ตั๋วที่ดีกว่านี้ [chan yak dai tua thii di kwa nii]
uphill ['ʌp'hɪl] *adv* ซึ่งเป็นเนิน [sueng pen noen]
upper ['ʌpə] *adj* สูงกว่า [sung kwa]
upright ['ʌpˌraɪt] *adv* ที่ตั้งขึ้น [thii tang khuen]
upset *adj* [ʌp'sɛt] สับสนวุ่นวาย [sap son wun wai] ▷ *v* [ʌp'sɛt] ทำให้อารมณ์เสีย [tham hai a rom sia]
upside down ['ʌpˌsaɪd daʊn] *adv* พลิกเอาด้านบนลงล่าง [phlik ao dan bon long lang]
upstairs ['ʌp'stɛəz] *adv* ข้างบน [khang bon]
uptight [ʌp'taɪt] *adj* ตึงเครียด [tueng khriat]
up-to-date [ʌptʊdeɪt] *adj* ทันสมัย [than sa mai]
upwards ['ʌpwədz] *adv* ขึ้นไปทางเหนือ [khuen pai thang nuea]
uranium [jʊ'reɪnɪəm] *n* ธาตุยูเรเนียม [that u re niam]

urgency ['ɜ:dʒənsɪ] *n* การเร่งรีบ [kan reng rip]
urgent ['ɜ:dʒənt] *adj* ที่จำเป็นเร่งด่วน [thii cham pen reng duan]
urine ['jʊərɪn] *n* น้ำปัสสาวะ [nam pat sa wa]
URL [ju: ɑ: ɛl] *n* คำย่อของที่อยู่ของเว็บไซด์บนอินเตอร์เน็ต [kham yo khong thii yu khong web sai bon in toe net]
Uruguay ['jʊərə,gwaɪ] *n* ประเทศอุรุกวัย [pra tet u ru kwai]
Uruguayan [,jʊərə'gwaɪən] *adj* เกี่ยวกับอุรุกวัย [kiao kap u ru kwai] ▷ *n* ชาวอุรุกวัย [chao u ru kwai]
us [ʌs] *pron* เรา [rao]; **Could you show us around the apartment?** คุณพาเราดูอพาร์ทเมนท์ได้ไหม? [khun pha rao du a phat ment dai mai]; **Please call us if you'll be late** ช่วยโทรบอกเราถ้าคุณจะมาช้า [chuai tho bok rao tha khun ja ms cha]; **We'd like to see nobody but us all day!** เราไม่อยากเห็นใครเลยทั้งวันนอกจากเราเองเท่านั้น [rao mai yak hen khrai loei thang wan nok chak rao eng thao nan]
US [ju: ɛs] *n* สหรัฐอเมริกา [sa ha rat a me ri ka]
USA [ju: ɛs eɪ] *n* ตัวย่อของประเทศสหรัฐอเมริกา [tua yo khong pra tet sa ha rat a me ri ka]
use *n* [ju:s] วิธีการใช้ [vi thi kan chai] ▷ *v* [ju:z] ใช้ [chai]; **How do I use the car wash?** ฉันจะใช้ที่ล้างรถอย่างไร? [chan ja chai thii lang rot yang rai]; **It is for my own personal use** นี่สำหรับใช้ส่วนตัว [ni sam rap chai suan tua]; **May I use your phone?** ฉันขอใช้โทรศัพท์ของคุณได้ไหม? [chan kho chai tho ra sap khong khun dai mai]
used [ju:zd] *adj* ซึ่งถูกใช้ [sueng thuk chai]
useful ['ju:sfʊl] *adj* ที่มีประโยชน์ [thii mee pra yot]
useless ['ju:slɪs] *adj* ซึ่งไม่มีประโยชน์ [sueng mai mii pra yot]
user ['ju:zə] *n* ผู้ใช้ [phu chai]; **Internet user** *n* ผู้ใช้อินเตอร์เน็ต [phu chai in toe net]
user-friendly ['ju:zə,frɛndlɪ] *adj* ใช้สะดวก [chai sa duak]
use up [ju:z ʌp] *v* ใช้จนหมด [chai chon mot]
usual ['ju:ʒʊəl] *adj* เป็นปรกติ [pen prok ka ti]
usually ['ju:ʒʊəlɪ] *adv* โดยปรกติ [doi prok ka ti]
U-turn ['ju:,tɜ:n] *n* การเลี้ยวกลับที่ทางเลี้ยวเป็นรูปตัวยู [kan liao klap thii thang liao pen rup tua u]
Uzbekistan [,ʌzbɛkɪ'stɑ:n] *n* ประเทศอุซเบกิสถาน [pra tet us be ki sa than]

V

vacancy ['veɪkənsɪ] *n* ตำแหน่งว่าง [tam naeng wang]
vacant ['veɪkənt] *adj* ว่าง [wang]
vacate [və'keɪt] *v* ปล่อยให้ว่าง [ploi hai wang]
vaccinate ['væksɪˌneɪt] *v* ฉีดวัคซีน [chiit wak sin]
vaccination [ˌvæksɪ'neɪʃən] *n* การฉีดวัคซีน [kan chit wak sin]
vacuum ['vækjʊəm] *v* ดูดฝุ่น [dud fun]; **vacuum cleaner** *n* เครื่องดูดฝุ่น [khrueang dut fun]
vague [veɪg] *adj* คลุมเครือ [khlum khluea]
vain [veɪn] *adj* หยิ่งแบบถือตัว [ying baep thue tua]
valid ['vælɪd] *adj* มีผลบังคับใช้ [mi phon bang khap]
valley ['vælɪ] *n* หุบเขา [hup khao]
valuable ['væljʊəbᵊl] *adj* มีค่าเป็นเงินมาก [mii kha pen ngoen mak]
valuables ['væljʊəbᵊlz] *npl* ของมีค่า [khong mi kha]; **I'd like to put my valuables in the safe** ฉันอยากวางของมีค่าไว้ในตู้นิรภัย [chan yak wang khong mii kha wai nai tu ni ra phai]; **Where can I leave my valuables?** ฉันเก็บของมีค่าไว้ที่ไหนได้? [chan kep khong mii kha wai thii nai dai]
value ['vælju:] *n* คุณค่า [khun kha]
vampire ['væmpaɪə] *n* ผีที่สูบเลือดคน [phi thii sup lueat khon]
van [væn] *n* รถตู้ [rot tu]; **breakdown van** *n* รถตู้เสีย [rot tu sia]; **removal van** *n* รถที่ใช้ในการขนย้าย [rot thii chai nai kan khon yai]
vandal ['vændᵊl] *n* ผู้ทำลายทรัพย์สิน [phu tham lai srab sin]
vandalism ['vændəˌlɪzəm] *n* การทำลายทรัพย์สิน [kan tham lai sap sin]
vandalize ['vændəˌlaɪz] *v* ทำลายทรัพย์สิน [tham lai srab sin]
vanilla [və'nɪlə] *n* กลิ่นหรือรสวนิลา [klin rue rot wa ni la]
vanish ['vænɪʃ] *v* หายไปอย่างรวดเร็ว [hai pai yang ruat reo]
variable ['vɛərɪəbᵊl] *adj* เปลี่ยนแปลงได้ตลอดเวลา [plian plaeng dai ta lot we la]
varied ['vɛərɪd] *adj* ต่างต่างนานา [tang tang na na]
variety [və'raɪɪtɪ] *n* ประเภทต่าง ๆ [pra phet tang tang]
various ['vɛərɪəs] *adj* ต่างชนิด [tang cha nit]
varnish ['vɑ:nɪʃ] *n* น้ำมันชักเงา [nam man chak ngao] ▷ *v* ใส่น้ำมันชักเงา [sai nam man chak ngao]; **nail varnish** *n* น้ำยาทาเล็บ [nam ya tha lep]
vary ['vɛərɪ] *v* เปลี่ยนแปลง [plian pleng]
vase [vɑ:z] *n* แจกัน [chae kan]
VAT [væt] *abbr* ภาษีมูลค่าเพิ่ม [pha si munkha perm]; **Is VAT included?** รวมภาษีมูลค่าเพิ่มไหม? [ruam pha si mun kha poem mai]
Vatican ['vætɪkən] *n* สำนักวาติกันที่เป็นที่ประทับขององค์สันตะปาปาในกรุงโรม [sam nak wa ti kan thii pen thii pra thap khong ong san ta pa pa nai krung rom]
vault [vɔ:lt] *n* **pole vault** *n* กีฬากระโดด

คำถอ [ki la kra dot kham tho]

veal [viːl] *n* เนื้อลูกวัว [nuea luk wua]

vegan ['viːgən] *n* ผู้นับถือลัทธิมังสวิรัติ [phu nap thue lat thi mang sa wi rat]

vegetable ['vɛdʒtəbᵊl] *n* ผัก [phak]; **Are the vegetables fresh or frozen?** ผักต่าง ๆ สดหรือแช่แข็ง? [phak tang tang sot rue chae khaeng]; **Are the vegetables included?** มีผักรวมอยู่ในนี้ด้วยไหม? [mii phak ruam yu nai nii duai mai]

vegetarian [ˌvɛdʒɪ'tɛərɪən] *adj* มังสวิรัติ [mang sa wi rat] ▷ *n* คนที่กินแต่ผักเป็นอาหาร [kon thii kin tae phak pen a han]; **Do you have any vegetarian dishes?** คุณมีอาหารมังสวิรัติไหม? [khun mii a han mang sa wi rat mai]; **I'm vegetarian** ฉันเป็นมังสวิรัติ [chan pen mang sa wi rat]

vegetation [ˌvɛdʒɪ'teɪʃən] *n* พืชผัก [phuet phak]

vehicle ['viːɪkᵊl] *n* ยานพาหนะ [yan pha ha na]

veil [veɪl] *n* ผ้าคลุมหน้า [pha khlum na]

vein [veɪn] *n* เส้นโลหิตดำ [sen lo hit dam]

Velcro® ['vɛlkrəʊ] *n* เวลโคร ไนล่อนสองชิ้นที่ยึดสิ่งของให้ติดแน่น ใช้แทนซิป กระดุมและขอเกี่ยว [wel khro nai lon song chin thii yuet sing khong hai tit naen chai taen sip kra dum lae kho kiao]

velvet ['vɛlvɪt] *n* ผ้ากำมะหยี่ [pha kam ma yi]

vendor ['vɛndɔː] *n* คนขายของ [kon khai khong]

Venezuela [ˌvɛnɪ'zweɪlə] *n* ประเทศเวเนซุเอลา [pra tet ve ne su e la]

Venezuelan [ˌvɛnɪ'zweɪlən] *adj* ที่เกี่ยวกับเวเนซุเอลา [thii kiao kap we ne su e la] ▷ *n* ชาวเวเนซุเอลา [chao we ne su e la]

venison ['vɛnɪzᵊn; -sᵊn] *n* เนื้อกวาง [nuea kwang]

venom ['vɛnəm] *n* ความรู้สึกโกรธและขมขื่น [khwam ru suek krot lae khom khuen]

ventilation [ˌvɛntɪ'leɪʃən] *n* การระบายอากาศ [kan ra bai a kat]

venue ['vɛnjuː] *n* สถานที่ที่คนมาพบปะหรือชุมนุมกัน [sa than thii thii kon ma phob pa hue chum num kan]

verb [vɜːb] *n* คำกริยา [kham ka ri ya]

verdict ['vɜːdɪkt] *n* คำตัดสินของคณะลูกขุน [kham tat sin khong kha na luk khun]

versatile ['vɜːsəˌtaɪl] *adj* ซึ่งมีประโยชน์หลายอย่าง [sueng mee pra yot lai yang]

version ['vɜːʃən; -ʒən] *n* ฉบับ [cha bap]

versus ['vɜːsəs] *prep* ต่อสู้กับ [to su kap]

vertical ['vɜːtɪkᵊl] *adj* ซึ่งเป็นแนวดิ่ง [sueng pen naeo ding]

vertigo ['vɜːtɪˌgəʊ] *n* อาการเวียนศรีษะทำให้ทรงตัวลำบาก [a kan wian si sa tham hai song tua lam bak]

very ['vɛrɪ] *adv* อย่างมาก [yang mak]

vest [vɛst] *n* เสื้อกั๊ก [suea kak]

vet [vɛt] *n* สัตวแพทย์ [sat phaet]

veteran ['vɛtərən; 'vɛtrən] *adj* ซึ่งมีประสบการณ์ [sueng mii pra sop kan] ▷ *n* ผู้ที่ได้ทำงานในอาชีพใดอาชีพหนึ่งมานาน [phu thii dai tham ngan nai a chip dai a chip nueng ma nan]

veto ['viːtəʊ] *n* อำนาจในการยับยั้ง [am nat nai kan yap yang]

via ['vaɪə] *prep* โดยทาง [doi thang]

vicar ['vɪkə] *n* พระในคริสต์ศาสนา [phra nai khris sat sa na]

vice [vaɪs] *n* ความชั่วร้าย [khwam chua rai]

vice versa ['vaɪsɪ 'vɜːsə] *adv* ในทางกลับกัน [nai thang klap kan]

vicinity [vɪ'sɪnɪtɪ] *n* บริเวณใกล้เคียง [bo ri wen klai khiang]

vicious ['vɪʃəs] *adj* ที่ร้ายแรง [thii rai raeng]

victim ['vɪktɪm] *n* ผู้เคราะห์ร้าย [phu khrao rai]

victory ['vɪktərɪ] *n* ชัยชนะในการสงคราม [chai cha na nai kan song khram]

video ['vɪdɪ,əʊ] *n* ภาพหรือหนังในเทปวีดีโอ [phap rue nang nai thep wi di o]; **video camera** *n* กล้องถ่ายวิดีโอ [klong thai vi di o]
videophone ['vɪdɪə,fəʊn] *n* เครื่องโทรศัพท์ที่เห็นภาพได้ [khueang tho ra sab thii hen phap dai]
Vietnam [,vjɛt'næm] *n* ประเทศเวียดนาม [pra tet viat nam]
Vietnamese [,vjɛtnə'mi:z] *adj* เวียดนาม [wiat nam] ▷ *n (language)* เวียดนาม [wiat nam], *(person)* เวียดนาม [wiat nam]
view [vju:] *n* ความคิดเห็น [khwam kit hen]
viewer ['vju:ə] *n* ผู้ดู ผู้ชมเช่น ผู้ชมรายการโทรทัศน์ [phu du, phu chom chen phu chom rai kan tho ra tat]
viewpoint ['vju:,pɔɪnt] *n* ทัศนคติ [that sa na kha ti]
vile [vaɪl] *adj* ชั่วร้าย [chua rai]
villa ['vɪlə] *n* บ้านขนาดใหญ่ที่มีสวน [baan kha nard yai thii mee suan]
village ['vɪlɪdʒ] *n* หมู่บ้าน [mu ban]
villain ['vɪlən] *n* ตัวชั่วร้าย [tua chua rai]
vinaigrette [,vɪneɪ'grɛt] *n* น้ำสลัดชนิดหนึ่งทำจากน้ำมัน น้ำส้มและเครื่องปรุงรส [nam sa lat cha nit nueng tham chak nam man nam som lae khrueang prung rot]
vine [vaɪn] *n* ต้นองุ่น [ton a ngun]
vinegar ['vɪnɪgə] *n* น้ำส้ม [nam som]
vineyard ['vɪnjəd] *n* ไร่องุ่น [rai a ngun]
viola [vɪ'əʊlə] *n* เครื่องดนตรีชนิดหนึ่งคล้ายไวโอลินแต่มีขนาดใหญ่กว่าและมีเสียงต่ำกว่า [khrueang don tri cha nit nueng khlai wai o lin tae mii kha naat yai kwa lae mii siang tam kwa]
violence ['vaɪələns] *n* ความรุนแรง [khwam run raeng]
violent ['vaɪələnt] *adj* ที่มีสาเหตุมาจากความรุนแรง [thii mee sa hed ma chak khwam run raeng]
violin [,vaɪə'lɪn] *n* เครื่องดนตรีประเภทสีชนิดหนึ่ง ไวโอลิน [khrueang don tri pra phet sii cha nit nueng vi o lin]
violinist [,vaɪə'lɪnɪst] *n* นักสีไวโอลิน [nak see vi o lin]
virgin ['vɜ:dʒɪn] *n* หญิงพรหมจารีย์ [ying prom ma cha ri]
Virgo ['vɜ:gəʊ] *n* ราศีกันย์ [ra si kan]
virtual ['vɜ:tʃʊəl] *adj* โดยแท้จริง [doi thae ching]; **virtual reality** *n* สภาวะเหมือนจริงที่จำลองโดยทางเทคนิคคอมพิวเตอร์ [sa pha wa muean ching thii cham long doi thang tek nik khom phio toe]
virus ['vaɪrəs] *n* เชื้อไวรัส [chuea wai rat]
visa ['vi:zə] *n* วีซ่า เอกสารอนุมัติที่ประทับตราบนหนังสือเดินทาง [wi sa, ek ka san a nu mat thii pra thap tra bon nang sue doen thang]
visibility [,vɪzɪ'bɪlɪtɪ] *n* ทัศนวิสัย [that sa na wi sai]
visible ['vɪzɪbᵊl] *adj* ที่สามารถมองเห็นได้ [thii sa maat mong hen dai]
visit ['vɪzɪt] *n* การไปเยี่ยม [kan pai yiam] ▷ *v* มาเยี่ยม [ma yiam]; **visiting hours** *npl* ชั่วโมงเยี่ยม [chau mong yiam]; **I'm here visiting friends** ฉันมาเยี่ยมเพื่อนที่นี่ [chan ma yiam phuean thii ni]
visitor ['vɪzɪtə] *n* ผู้เยี่ยม [phu yiam]; **visitor centre** *n* ศูนย์บริการข้อมูลนักท่องเที่ยว [sun bo ri kan kho mun nak thong thiao]
visual ['vɪʒʊəl; -zjʊ-] *adj* ที่เห็นได้ [thii hen dai]
visualize ['vɪʒʊə,laɪz; -zjʊ-] *v* ทำให้จินตนาการจินตนาการเห็น [tham hai chin ta na kan chin ta na kan hen]
vital ['vaɪtᵊl] *adj* สำคัญมาก [sam khan mak]
vitamin ['vɪtəmɪn; 'vaɪ-] *n* วิตามิน [wi ta min]
vivid ['vɪvɪd] *adj* เจิดจ้า สว่างไสว [choet cha, sa wang sa wai]
vocabulary [və'kæbjʊlərɪ] *n* คำศัพท์ [kham sap]
vocational [vəʊ'keɪʃənᵊl] *adj* เกี่ยวกับวิชาชีพ [kiao kap wi cha chip]

vodka ['vɒdkə] *n* เหล้าวอดกาของรัสเซียไม่มีสี [lao vod ka khong ras sia mai mee see]
voice [vɔɪs] *n* เสียงพูด [siang phud]
voicemail ['vɔɪsˌmeɪl] *n* ระบบอีเล็คทรอนิกส์ที่ส่งผ่านและเก็บข้อความทางโทรศัพท์ [ra bop e lek tro nik thii song phan lae kep kho khwam thang tho ra sap]
void [vɔɪd] *adj* ที่เป็นโมฆะ [thii pen mo kha] ▷ *n* ความรู้สึกหรือสภาพเปล่าเปลี่ยวอ้างว้าง [khwam ru suek rue sa phap plao pliao ang wang]
volcano, volcanoes [vɒl'keɪnəʊ, vɒl'keɪnəʊz] *n* ภูเขาไฟ [phu khao fai]
volleyball ['vɒlɪˌbɔːl] *n* กีฬาวอลเลย์บอล [ki la wal le bal]
volt [vəʊlt] *n* หน่วยแรงดันไฟฟ้า [nuai raeng dan fai fa]
voltage ['vəʊltɪdʒ] *n* แรงดันไฟฟ้าที่มีหน่วยเป็นโวลต์ [raeng dan fai fa thii mii nuai pen volt]
volume ['vɒljuːm] *n* ความจุ ปริมาตร [khwam ju, pa ri mat]
voluntarily ['vɒləntərɪlɪ] *adv* อย่างสมัครใจ [yang sa mak jai]
voluntary ['vɒləntərɪ; -trɪ] *adj* โดยสมัครใจ [doi sa mak jai]
volunteer [ˌvɒlən'tɪə] *n* อาสาสมัคร [a sa sa mak] ▷ *v* เสนอตัวโดยสมัครใจ [sa noe tua doi sa mak jai]
vomit ['vɒmɪt] *v* อาเจียน [a chian]
vote [vəʊt] *n* การลงคะแนนเสียง [kan long kha naen siang] ▷ *v* ลงคะแนนเสียง [long kha naen siang]
voucher ['vaʊtʃə] *n* ตั๋วหรือบัตรที่ใช้แทนเงินในการซื้อสินค้าที่ระบุ [tua rue bat thii chai thaen ngoen nai kan sue sin kha thii ra bu]; **gift voucher** *n* บัตรของขวัญ [bat khong khwan]
vowel ['vaʊəl] *n* เสียงสระ [siang sa ra]
vulgar ['vʌlgə] *adj* หยาบคาย [yap khai]
vulnerable ['vʌlnərəbᵊl] *adj* ซึ่งบาดเจ็บได้ง่าย [sueng bad chep dai ngai]
vulture ['vʌltʃə] *n* นกแร้ง [nok raeng]

W

wafer ['weɪfə] *n* ขนมปังกรอบบางรสหวานมักกินกับไอศกรีม [kha nom pang krob bang rot hwan mak kin kab ai sa krim]
waffle ['wɒfᵊl] *n* ขนมอบลักษณะคล้ายตะแกรง [kha nom op lak sa na khlai ta kraeng] ▷ *v* พูดคลุมเครือ [phut khlum khruea]
wage [weɪdʒ] *n* ค่าจ้าง [kha chang]
waist [weɪst] *n* เอว [eo]
waistcoat ['weɪsˌkəʊt] *n* เสื้อกั๊ก [suea kak]
wait [weɪt] *v* รอ [ro]; **wait for** *v* รอคอย [ro khoi]; **Can you do it while I wait?** คุณทำให้ขณะที่ฉันรออยู่ได้ไหม? [khun tham hai kha na thii chan ro yu dai mai]; **Can you wait here for a few minutes?** คุณรอที่นี่สักสองสามนาทีได้ไหม? [khun ro thii nii sak song sam na thii dai mai]; **Please wait for me** รอฉันด้วย [ro chan duai]
waiter ['weɪtə] *n* บริกรชาย [bo ri kon chai]
waitress ['weɪtrɪs] *n* บริกรหญิง [bo ri kon ying]
wait up [weɪt ʌp] *v* รอคอย [ro khoi]

waive [weɪv] *v* สละสิทธิ์ [sa la sit]
wake up [weɪk ʌp] *v* ตื่นขึ้น [tuen khuen]
Wales [weɪlz] *n* ประเทศเวลส์ที่รวมอยู่ในสหราชอาณาจักรอังกฤษ [pra tet wel thii ruam yu nai sa ha rat cha a na chak ang krit]
walk [wɔːk] *n* ท่องเที่ยวไปด้วยการเดินเท้า [thong thiao pai duai kan doen thao] ▷ *v* เดิน [doen]; **Are there any guided walks?** มีคนแนะนำเส้นทางเดินไหม? [mii khon nae nam sen thang doen mai]; **Can I walk there?** ฉันเดินไปได้ไหม? [chan doen pai dai mai]; **Do you have a guide to local walks?** คุณมีไกด์นำทางเดินเส้นทางท้องถิ่นไหม? [khun mii kai nam thang doen sen thang thong thin mai]
walkie-talkie [ˌwɔːkɪˈtɔːkɪ] *n* เครื่องรับส่งวิทยุมือถือ [khrueang rap song wit tha yu mue thue]
walking [ˈwɔːkɪŋ] *n* การเดิน [kan doen]; **walking stick** *n* ไม้เท้า [mai thao]
walkway [ˈwɔːkˌweɪ] *n* ทางเดินเท้า [thang doen thao]
wall [wɔːl] *n* กำแพง [kam phaeng]
wallet [ˈwɒlɪt] *n* กระเป๋าใส่เงินผู้ชาย [kra pao sai ngen phu chai]
wallpaper [ˈwɔːlˌpeɪpə] *n* กระดาษบุผนังหรือเพดาน [kra dat bu pha nang rue phe dan]
walnut [ˈwɔːlˌnʌt] *n* ถั่ววอลนัทมีเปลือกแข็ง รอยหยักและทานได้ [thua wal nat mii plueak khaeng roi yak lae than dai]
walrus [ˈwɔːlrəs; ˈwɒl-] *n* สัตว์ทะเลพวกเดียวกับสิงโตทะเลและแมวน้ำ [sat tha le phuak diao kap sing to tha le lae maeo nam]
waltz [wɔːls] *n* การเต้นรำจังหวะวอลทซ์ [kan ten ram chang wa walt] ▷ *v* เต้นรำจังหวะวอลทซ์ [ten ram chang wa walt]
wander [ˈwɒndə] *v* เดินไปโดยไม่มีจุดหมาย [doen pai doi mai mii chut mai]
want [wɒnt] *v* ต้องการ [tong kan]
war [wɔː] *n* สงคราม [song khram]; **civil war** *n* สงครามกลางเมือง [song khram klang mueang]
ward [wɔːd] *n (area)* เขตเลือกตั้ง [khet lueak tang], *(hospital room)* ตึกคนไข้ [tuek khon khai]
warden [ˈwɔːdᵊn] *n* เจ้าหน้าที่ดูแลสถาบัน เช่น หอพักเด็กนักเรียน [chao na thii du lae sa ta ban chen hor phak dek nak rian]; **traffic warden** *n* เจ้าหน้าที่การจัดการจราจร [chao na thii kan chat kan cha ra chon]
wardrobe [ˈwɔːdrəʊb] *n* ตู้เสื้อผ้า [tu suea pha]
warehouse [ˈwɛəˌhaʊs] *n* โกดังสินค้า [ko dang sin ka]
warm [wɔːm] *adj* อุ่น [un]
warm up [wɔːm ʌp] *v* ทำให้อุ่นขึ้น [tham hai un khuen]
warn [wɔːn] *v* เตือน [tuean]
warning [ˈwɔːnɪŋ] *n* การเตือน [kan tuean]; **hazard warning lights** *npl* ไฟเตือนอันตราย [fai tuean an ta rai]
warranty [ˈwɒrəntɪ] *n* การรับประกัน [kan rap pra kan]
wart [wɔːt] *n* ก้อนเล็ก ๆ ที่ขึ้นบนผิวหนัง เช่น ไฝหรือหูด [kon lek lek thii khuen bon phio nang chen fai rue hut]
wash [wɒʃ] *v* ล้างออกไป [lang ok pai]; **car wash** *n* ที่ล้างรถ [thii lang rot]
washable [ˈwɒʃəbᵊl] *adj* **machine washable** *adj* ซักด้วยเครื่องซักผ้าได้ [sak duai khrueang sak pha dai]; **Is it washable?** ซักได้ไหม? [sak dai mai]
washbasin [ˈwɒʃˌbeɪsᵊn] *n* อ่างล้างหน้าและมือ [ang lang na lae mue]
washing [ˈwɒʃɪŋ] *n* การซักเสื้อผ้า [kan sak suea pha]; **washing line** *n* ราวตากผ้า [rao tak pha]; **washing machine** *n* เครื่องซักผ้า [khrueang sak pha]; **washing powder** *n* ผงซักฟอก [phong sak fok]
washing-up [ˈwɒʃɪŋʌp] *n* การล้างจาน

ชาม [kan lang jan cham]; **washing-up liquid** *n* น้ำยาล้างจาน [nam ya lang chan]

wash up [wɒʃ ʌp] *v* ล้างจาน [lang chan]

wasp [wɒsp] *n* ตัวแตน ตัวต่อ [tua taen, tua to]

waste [weɪst] *n* การสูญเสียโดยเปล่าประโยชน์ [kan sun sia doi plao pra yot] ▷ *v* ใช้ไปโดยเปล่าประโยชน์ [chai pai doi plao pra yot]

watch [wɒtʃ] *n* นาฬิกาข้อมือ [na li ka kho mue] ▷ *v* เฝ้าดู [fao du]; **digital watch** *n* นาฬิกาดิจิตัล [na li ka di chi tal]

watch out [wɒtʃ aʊt] *v* เฝ้าระวังดู [fao ra wang du]

water ['wɔːtə] *n* น้ำ [nam] ▷ *v* รดน้ำ [rot nam]; **drinking water** *n* น้ำดื่ม [nam duem]; **a glass of water** น้ำหนึ่งแก้ว [nam nueng kaew]; **Can you check the water, please?** คุณช่วยตรวจดูน้ำได้ไหม? [khun chuai truat du nam dai mai]; **How deep is the water?** น้ำลึกแค่ไหน? [nam luek khae nai]; **Is hot water included in the price?** รวมน้ำร้อนในราคานี้ไหม? [ruam nam ron nai ra kha nii mai]; **Please bring more water** ช่วยเอาน้ำมาอีก [chuai ao nam ma ik]

watercolour ['wɔːtə,kʌlə] *n* สีน้ำ [si nam]

watercress ['wɔːtə,krɛs] *n* พืชน้ำมีสีเขียวเข้มใส่ในสลัดหรือตกแต่งอาหาร [phuet nam mee see khiao khem sai nai sa lad hue tok taeng a han]

waterfall ['wɔːtə,fɔːl] *n* น้ำตก [nam tok]

watermelon ['wɔːtə,mɛlən] *n* แตงโม [taeng mo]

waterproof ['wɔːtə,pruːf] *adj* ที่กันน้ำได้ [thii kan nam dai]

water-skiing ['wɔːtə,skiːɪŋ] *n* การเล่นสกีน้ำ [kan len sa ki nam]

wave [weɪv] *n* คลื่น [khluen] ▷ *v* โบกมือ [bok mue]

wavelength ['weɪv,lɛŋθ] *n* ช่วงความยาวคลื่น [chuang khwam yao khluen]

wavy ['weɪvɪ] *adj* ที่เป็นคลื่น [thii pen khluen]

wax [wæks] *n* ขี้ผึ้ง [khi phueng]

way [weɪ] *n* วิธีหรือแนวทาง [wi thi rue naeo thang]; **right of way** *n* สิทธิผ่านทาง [sit thi phan thang]

way in [weɪ ɪn] *n* ทางเข้า [thang khao]

way out [weɪ aʊt] *n* ทางออก [thang ok]

we [wiː] *pron* พวกเรา [phuak rao]

weak [wiːk] *adj* อ่อนแอ [on ae]

weakness ['wiːknɪs] *n* ความอ่อนแอ [khwam on ae]

wealth [wɛlθ] *n* ความร่ำรวยมั่งคั่ง [khwam ram ruai mang khang]

wealthy ['wɛlθɪ] *adj* ร่ำรวยมั่งคั่ง [ram ruai mang khang]

weapon ['wɛpən] *n* อาวุธ [a wut]

wear [wɛə] *v* สวมใส่ [suam sai]

weasel ['wiːzᵊl] *n* อีเห็น [i hen]

weather ['wɛðə] *n* อากาศ [a kat]; **Is the weather going to change?** อากาศจะเปลี่ยนหรือไม่? [a kaat ja plian rue mai]; **What awful weather!** อากาศแย่มาก [a kaat yae mak]; **What will the weather be like tomorrow?** พรุ่งนี้อากาศจะเป็นอย่างไร? [phrung nii a kaat ja pen yang rai]

web [wɛb] *n* ใยแมงมุม [yai maeng mum]; **web address** *n* ที่อยู่ของข้อมูลที่เราจะหาได้ทางอินเตอร์เน็ต [thii yu khong kho mun thii rao ja ha dai thang in toe net]; **web browser** *n* โปรแกรมที่ทำให้เราสามารถอ่านไฮเปอร์เทกซ์บนเครือข่ายคอมพิวเตอร์ทั่วโลกได้ [pro kraem thii tham hai rao sa mat an hai poe thek bon khruea khai khom phio toe thua lok dai]

webcam ['wɛb,kæm] *n* กล้องวิดีโอที่เชื่อมต่อกับคอมพิวเตอร์และอินเตอร์เน็ต [klong vi di o thii chueam tor kap khom

phiow ter lae in ter net]
webmaster ['wɛb,mɑːstə] *n* ผู้ดูแลเว็บไซต์ [phu du lae wep sai]
website ['wɛb,saɪt] *n* ที่อยู่ของเว็บบนระบบค้นหาและเข้าถึงข้อมูลบนอินเตอร์เน็ต [thii yu khong web bon ra bop khon ha lae khao thueng kho mun bon in toe net]
webzine ['wɛb,ziːn] *n* นิตยสารในคอมพิวเตอร์ [nit ta ya san nai khom phio toe]
wedding ['wɛdɪŋ] *n* การแต่งงาน [kan taeng ngan]; **wedding anniversary** *n* ปีครบรอบแต่งงาน [pi khrop rop taeng ngan]; **wedding dress** *n* ชุดแต่งงาน [chut taeng ngan]; **wedding ring** *n* แหวนแต่งงาน [waen taeng ngan]
Wednesday ['wɛnzdɪ] *n* วันพุธ [wan phut]; **Ash Wednesday** *n* วันทางศาสนาคริสต์ [wan thang sat sa na khris]; **on Wednesday** วันพุธ [wan phut]
weed [wiːd] *n* วัชพืช [wat cha phuet]
weedkiller ['wiːd,kɪlə] *n* ยากำจัดวัชพืช [ya kam chat wat cha phuet]
week [wiːk] *n* หนึ่งสัปดาห์ [nueng sap da]
weekday ['wiːk,deɪ] *n* วันธรรมดาตั้งแต่วันจันทร์ถึงวันศุกร์ [wan tham ma da tang tae wan chan thueng wan suk]
weekend [,wiːk'ɛnd] *n* วันหยุดสุดสัปดาห์ [wan yud sud sap da]
weep [wiːp] *v* ร้องไห้ [rong hai]
weigh [weɪ] *v* ชั่งน้ำหนัก [chang nam nak]
weight [weɪt] *n* น้ำหนัก [nam nak]
weightlifter ['weɪt,lɪftə] *n* ผู้ยกน้ำหนัก [phu yok nam nak]
weightlifting ['weɪt,lɪftɪŋ] *n* การยกน้ำหนัก [kan yok nam nak]
weird [wɪəd] *adj* แปลกประหลาด [plaek pra lat]
welcome ['wɛlkəm] *n* การต้อนรับ [kan ton rap] ▷ *v* ต้อนรับ [ton rap]; **welcome!** *excl* ยินดีต้อนรับ [yin di ton rap]
well [wɛl] *adj* ดี [di] ▷ *adv* อย่างชำนาญ [yang cham nan] ▷ *n* บ่อ เช่น บ่อแร่ บ่อน้ำมัน บ่อน้ำ [bo chen bo rae bo nam man bo nam]; **oil well** *n* บ่อน้ำมัน [bo nam man]; **well done!** *excl* ทำดีมาก [tham dii mak]; **Did you sleep well?** คุณนอนหลับดีไหม? [khun non lap di mai]
well-behaved ['wɛl'bɪ'heɪvd] *adj* ที่มีความประพฤติเรียบร้อย [thii mii khwam pra phruet riap roi]
wellies ['wɛlɪz] *npl* รองเท้าบู๊ทยาง [rong thao but yang]
wellingtons ['wɛlɪŋtənz] *npl* รองเท้าบู๊ทยาง [rong thao but yang]
well-known ['wɛl'nəʊn] *adj* ที่มีชื่อเสียง [thii mii chue siang]
well-off ['wɛl'ɒf] *adj* ซึ่งร่ำรวย [sueng ram ruai]
well-paid ['wɛl'peɪd] *adj* ซึ่งให้เงินเดือนสูง [sueng hai ngoen duean sung]
Welsh [wɛlʃ] *adj* เกี่ยวกับประชาชนและวัฒนธรรมเวลส์ [kiao kap pra cha chon lae wat tha na tham wel] ▷ *n* ชาวเวลส์ [chao wel]
west [wɛst] *adj* ซึ่งเกี่ยวกับทางทิศตะวันตก [sueng kiao kap thang thit ta wan tok] ▷ *adv* อยู่ทางทิศตะวันตก [yu thang thid ta wan tok] ▷ *n* ทิศตะวันตก [thid ta wan tok]; **West Indian** *n* ชาวหมู่เกาะอินเดียตะวันตกในทะเลคาริเบียน [chao mu kao in dia ta wan tok nai tha le kha ri bian], ที่เกี่ยวกับหมู่เกาะอินเดียตะวันตกในทะเลคาริเบียน [chao mu kao in dia ta wan tok nai tha le kha ri bian, thii kiao kap mu kao in dia ta wan tok nai tha le kha ri bian]; **West Indies** *npl* หมู่เกาะอินเดียตะวันตกในทะเลคาริบเบียน [mu kao in dia ta wan tok nai tha le kha rip bian]
westbound ['wɛst,baʊnd] *adj* ซึ่งเคลื่อนไปทางตะวันตก [sueng khluean pai thang ta wan tok]
western ['wɛstən] *adj* ซึ่งอยู่ไปทางทิศตะวันตก [sueng yu pai thang thit ta

wan tok] ▷ *n* ภาพยนตร์หรือหนังสือที่เกี่ยวกับดินแดนทางตะวันตกของอเมริกา [phap pa yon hue hnang sue thiikiao kab din daen thang ta wan tok khong a me ri ka]

wet [wɛt] *adj* เปียก [piak]

wetsuit ['wɛt,su:t] *n* ชุดดำน้ำ [chut dam nam]

whale [weɪl] *n* ปลาวาฬ [pla wan]

what [wɒt; wət] *adj* อะไร [a rai] ▷ *pron* อันไหน สิ่งไหน [an nai, sing nai]; **What do you do?** คุณทำอะไร? [khun tham a rai]; **What is it?** นี่คืออะไร? [ni khue a rai]; **What is the word for...?** คำนี้ใช้เพื่ออะไร? [kham nii chai phuea a rai]

wheat [wi:t] *n* ข้าวสาลี [khao sa li]; **wheat intolerance** *n* คนที่แพ้อาหารที่ทำจากข้าวสาลี [khon thii pae a han thii tham chak khao sa lii]

wheel [wi:l] *n* ล้อ [lo]; **spare wheel** *n* ล้ออะไหล่ [lo a lai]; **steering wheel** *n* พวงมาลัยรถ [phuang ma lai rot]

wheelbarrow ['wi:l,bærəʊ] *n* รถเข็นล้อเดียว [rot khen lor diao]

wheelchair ['wi:l,tʃɛə] *n* เก้าอี้เข็นสำหรับคนป่วยหรือคนพิการ [kao ii khen sam rap khon puai rue khon phi kan]

when [wɛn] *adv* เมื่อไหร่ [muea rai] ▷ *conj* เมื่อหรือขณะที่ [muea rue kha na thii]

where [wɛə] *adv* ที่ไหน [thi nai] ▷ *conj* ในที่ซึ่ง [nai thii sueng]; **Where are we?** เราอยู่ที่ไหน? [rao yu thii nai]; **Where are you staying?** คุณพักที่ไหน? [khun phak thii nai]; **Where can we meet?** เราจะพบกันได้ที่ไหน? [rao ja phop kan dai thii nai]

whether ['wɛðə] *conj* ไม่ว่าจะ...หรือไม่ [mai wa ja...rue mai]

which [wɪtʃ] *pron* สิ่งที่ อันที่ [sing thii, an thii], อันไหน [an nai]

while [waɪls] *conj* ขณะที่ [kha na thi] ▷ *n* ชั่วขณะหนึ่ง [chua kha na nueng]; **Can you do it while I wait?** คุณทำให้ขณะที่ฉันรออยู่ได้ไหม? [khun tham hai kha na thii chan ro yu dai mai]

whip [wɪp] *n* แส้ [sae]; **whipped cream** *n* ครีมที่ตีจนเบาและฟู [khrim thii ti chon bao lae fu]

whiskers ['wɪskəz] *npl* เคราแข็งสองข้างปาก [khrao khaeng song khang pak]

whisky ['wɪskɪ] *n* วิสกี้ [wit sa ki]; **malt whisky** *n* เหล้าวิสกี้ที่ทำจากข้าวมอลต์ [lao wis ki thii tham chak khao malt whisky]; **a whisky and soda** วิสกี้กับโซดาหนึ่งแก้ว [wis ki kap so da nueng kaeo]; **I'll have a whisky** ฉันจะดื่มวิสกี้ [chan ja duem wis ki]

whisper ['wɪspə] *v* กระซิบ [kra sip]

whistle ['wɪsᵊl] *n* การผิวปาก [kan phio pak] ▷ *v* ผิวปาก [phio pak]

white [waɪt] *adj* สีขาว [sii khao]; **egg white** *n* ไข่ขาว [khai khao]

whiteboard ['waɪt,bɔ:d] *n* กระดานสีขาว [kra dan sii kao]

whitewash ['waɪt,wɒʃ] *v* ทาให้ขาว [tha hai khao]

whiting ['waɪtɪŋ] *n* ปลาของยุโรปตระกูลปลาคอด [pla khong yu rop tra kul pla khot]

who [hu:] *pron* ใคร [khrai], บุคคลที่ [buk khon thii]; **Who am I talking to?** ฉันกำลังพูดกับใคร? [chan kam lang phut kap khrai]; **Who is it?** นี่คือใคร? [ni khue khrai]; **Who's calling?** ใครโทรมา? [khrai tho ma]

whole [həʊl] *adj* ทั้งหมด [thang mot] ▷ *n* สิ่งที่ครบถ้วน [sing thii khrop thuan]

wholefoods ['həʊl,fu:dz] *npl* อาหารที่ผ่านขั้นตอนการผลิตและการขัดเกลาน้อยที่สุด [a han thii phan khan torn kan pha lit lae kan khad klao noi thii sud]

wholemeal ['həʊl,mi:l] *adj* ซึ่งไม่ได้เอารำข้าวสาลีออก [sueng mai dai ao ram khao sa lii ok]

wholesale ['həʊl,seɪl] *adj* โดยการขายส่ง [doi kan khai song] ▷ *n* การขายส่ง [kan khai song]

whom [hu:m] *pron* ใคร [khrai]
whose [hu:z] *adj* ของผู้ซึ่ง [khong phu sueng] ▷ *pron* ของใคร [khong khrai]
why [waɪ] *adv* ทำไม [tham mai]
wicked ['wɪkɪd] *adj* ชั่วร้าย [chua rai]
wide [waɪd] *adj* กว้าง [kwang] ▷ *adv* กว้างขวาง [kwang khwang]
widespread ['waɪd,sprɛd] *adj* แพร่ไปทั่ว [prae pai thua]
widow ['wɪdəʊ] *n* แม่หม้าย [mae mai]
widower ['wɪdəʊə] *n* พ่อหม้าย [pho mai]
width [wɪdθ] *n* ความกว้าง [khwam kwang]
wife, wives [waɪf, waɪvz] *n* ภรรยา [phan ra ya]; **This is my wife** นี่ภรรยาผมครับ [ni phan ra ya phom krap]
WiFi [waɪ faɪ] *n* เชื่อมต่อกับอินเตอร์เน็ตแบบไร้สาย [chueam to kap in toe net baep rai sai]
wig [wɪg] *n* ผมปลอม [phom plom]
wild [waɪld] *adj* ไม่เชื่อง [mai chueang]
wildlife ['waɪld,laɪf] *n* สัตว์และพืชป่า [sat lae phuet pa]
will [wɪl] *n (document)* พินัยกรรม [phi nai kam], *(motivation)* แรงบันดาลใจ [raeng ban dan chai]
willing ['wɪlɪŋ] *adj* อย่างสมัครใจ [yang sa mak jai]
willingly ['wɪlɪŋlɪ] *adv* อย่างเต็มใจ [yang tem jai]
willow ['wɪləʊ] *n* ต้นวิลโลว์ปลูกใกล้น้ำ [ton vil lo pluk kai nam]
willpower ['wɪl,paʊə] *n* ความตั้งใจและความมีวินัยที่นำตัวเองไปสู่ความสำเร็จ [khwam tang jai lae khwam mii wi nai thii nam tua eng pai su khwam sam ret]
wilt [wɪlt] *v* เหี่ยวเฉา [hiao chao]
win [wɪn] *v* ชนะ [cha na]
wind¹ [wɪnd] *n* ลม [lom] ▷ *vt (with a blow etc.)* ระบายลม [ra bai lom]
wind² [waɪnd] *v (coil around)* พัน [phan]
windmill ['wɪnd,mɪl; 'wɪn,mɪl] *n* กังหันลม [kang han lom]
window ['wɪndəʊ] *n* หน้าต่าง [hna tang]; **shop window** *n* หน้าต่างตู้โชว์ของร้านค้า [na tang tu cho khong ran ka]; **I can't open the window** ฉันเปิดหน้าต่างไม่ได้ [chan poet na tang mai dai]; **I'd like a window seat** ฉันขอที่นั่งที่หน้าต่าง [chan kho thii nang thii na tang]; **May I close the window?** ฉันขอปิดหน้าต่างได้ไหม? [chan kho pit na tang dai mai]
windowsill ['wɪndəʊ,sɪl] *n* ขอบหน้าต่างส่วนล่าง [kop na tang suan lang]
windscreen ['wɪnd,skri:n] *n* กระจกหน้ารถ [kra jok na rot]; **windscreen wiper** *n* ที่ปัดกระจก [thii pat kra chok]; **Could you clean the windscreen?** คุณช่วยล้างกระจกหน้ารถได้ไหม? [khun chuai lang kra chok na rot dai mai]
windsurfing ['wɪnd,sɜ:fɪŋ] *n* กีฬาวินด์เซิร์ฟ [ki la win serf]
windy ['wɪndɪ] *adj* ซึ่งมีลมแรง [sueng mee lom raeng]
wine [waɪn] *n* ไวน์ [wai]; **house wine** *n* ไวน์ของร้านอาหาร [wine khong ran a han]; **a bottle of white wine** ไวน์ขาวหนึ่งขวด [wine khao nueng khaut]; **Can you recommend a good wine?** คุณแนะนำไวน์ดี ๆ ได้ไหม? [khun nae nam wine di di dai mai]; **Is the wine chilled?** ไวน์เย็นไหม? [wine yen mai]
wineglass ['waɪn,glɑ:s] *n* แก้วไวน์ [kaew wine]
wing [wɪŋ] *n* ปีก [pik]; **wing mirror** *n* กระจกข้าง [kra jok khang]
wink [wɪŋk] *v* ขยิบตา [kha yip ta]
winner ['wɪnə] *n* ผู้ชนะ [phu cha na]
winning ['wɪnɪŋ] *adj* ซึ่งมีชัยชนะ [sueng mii chai cha na]
winter ['wɪntə] *n* ฤดูหนาว [rue du nao]; **winter sports** *npl* กีฬาฤดูหนาว [ki la rue du nao]
wipe [waɪp] *v* เช็ดออก [chet ok]; **baby wipe** *n* กระดาษหรือผ้าเช็ดตัวเด็ก [kra dat

rue pha chet tua dek]
wipe up [waɪp ʌp] *v* เช็ดให้สะอาด [chet hai sa at]
wire [waɪə] *n* ลวด [luat]; **barbed wire** *n* เส้นลวด [sen luat]
wisdom ['wɪzdəm] *n* สติปัญญา ความเฉลียวฉลาด [sa ti pan ya, khwam cha liao cha lat]; **wisdom tooth** *n* ฟันกราม [fan kram]
wise [waɪz] *adj* เฉลียวฉลาด [cha liao cha lat]
wish [wɪʃ] *n* ความต้องการ [khwam tong kan] ▷ *v* ปรารถนา [prat tha na]
wit [wɪt] *n* คำพูดหรือข้อเขียนที่แสดงเชาว์ปัญญา [kham phut rue kho khian thii sa daeng chao pan ya]
witch [wɪtʃ] *n* แม่มด [mae mot]
with [wɪð; wɪθ] *prep* ร่วมกับ [ruam kap]
withdraw [wɪð'drɔː] *v* ถอนคืน [thon khuen]
withdrawal [wɪð'drɔːəl] *n* ถอนตำแหน่ง [thon tam naeng]
within [wɪ'ðɪn] *prep (space)* ภายใน [phai nai], *(term)* ภายใน [phai nai]
without [wɪ'ðaʊt] *prep* ปราศจาก [prat sa chak]
witness ['wɪtnɪs] *n* พยาน [pha yan]; **Jehovah's Witness** *n* สมาชิกของนิกายยะโฮวาวิทเนส [sa ma chik khong ni kai ya ho va wit nes]; **Can you be a witness for me?** คุณเป็นพยานให้ฉันได้ไหม? [khun pen pha yan hai chan dai mai]
witty ['wɪtɪ] *adj* ซึ่งใช้คำพูดอย่างมีสติปัญญาและตลก [sueng chai kham phut yang mii sa ti pan ya lae ta lok]
wolf, wolves [wʊlf, wʊlvz] *n* สุนัขป่า [su nak pa]
woman, women ['wʊmən, 'wɪmɪn] *n* ผู้หญิง [phu ying]
wonder ['wʌndə] *v* สงสัย [song sai]
wonderful ['wʌndəfʊl] *adj* ดีเยี่ยม [di yiam]
wood [wʊd] *n (forest)* ป่าไม้ [pa mai], *(material)* ไม้ [mai]
wooden ['wʊdᵊn] *adj* ที่ทำจากไม้ [thii tham chak mai]
woodwind ['wʊd,wɪnd] *n* เครื่องดนตรีประเภทเป่า [khrueang don tri pra phet pao]
woodwork ['wʊd,wɜːk] *n* สิ่งที่ทำจากไม้ สิ่งของภายในบ้าน เช่นกรอบประตู หน้าต่าง บันได [sing thii tham chak mai sing khong phai nai baan chen krob pra tu na tang ban dai]
wool [wʊl] *n* ขนสัตว์ เช่น ขนแกะและสัตว์อื่น ๆ [khon sat chen khon kae lae sat uen uen]; **cotton wool** *n* สำลี [sam lii]
woollen ['wʊlən] *adj* ทำจากขนสัตว์ [tham chak khon sat]
woollens ['wʊlənz] *npl* เสื้อผ้าที่ทำจากขนสัตว์ [suea pha thii tham chak khon sat]
word [wɜːd] *n* คำ [kham]; **all one word** คำเดียวทั้งหมด [kham diao thang mot]; **What is the word for...?** คำนี้ใช้เพื่ออะไร? [kham nii chai phuea a rai]
work [wɜːk] *n* การงาน [kan ngan] ▷ *v* ทำงาน [tham ngan]; **work experience** *n* ประสบการณ์การทำงาน [pra sop kan kan tham ngan]; **work of art** *n* งานศิลปะ [ngan sin la pa]; **work permit** *n* ใบอนุญาตให้ทำงาน [bai a nu yat hai tham ngan]; **How does the ticket machine work?** เครื่องขายตั๋วทำงานอย่างไร? [khrueang khai tua tham ngan yang rai]; **How does this work?** นี่ทำงานอย่างไร? [ni tham ngan yang rai]; **I hope we can work together again soon** ฉันหวังว่าเราจะทำงานด้วยกันอีกเร็วๆ นี้ [chan hwang wa rao ja tham ngan duai kan ik reo reo nee]; **Where do you work?** คุณทำงานที่ไหน? [khun tham ngan thii nai]
worker ['wɜːkə] *n* ผู้ทำงาน [phu tham ngan]; **social worker** *n* นักสังคมสงเคราะห์ [nak sang khom song khro]

workforce ['wɜːkˌfɔːs] *n* จำนวนคนทำงาน [cham nuan kon tham ngan]
working-class ['wɜːkɪŋklɑːs] *adj* ชนชั้นผู้รับจ้าง [chon chan phu rap chang]
workman, workmen ['wɜːkmən, 'wɜːkmɛn] *n* คนงาน [khon ngan]
work out [wɜːk aʊt] *v* แก้ปัญหาหรือวางแผนโดยการคิดไตร่ตรอง [kae pan ha rue wang phaen doi kan kit trai trong]
workplace ['wɜːkˌpleɪs] *n* สถานที่ทำงาน [sa than thii tham ngan]
workshop ['wɜːkˌʃɒp] *n* ห้องทำงานในโรงงาน [hong tham ngan nai rong ngan]
workspace ['wɜːkˌspeɪs] *n* ที่ที่คนทำงาน [thii thii khon tham ngan]
workstation ['wɜːkˌsteɪʃən] *n* สถานที่ทำงาน [sa than thii tham ngan]
world [wɜːld] *n* โลก [lok]; **Third World** *n* ประเทศที่ด้อยพัฒนา [pra tet thii doi phat ta na]; **World Cup** *n* การแข่งขันกีฬานานาชาติโดยเฉพาะกีฬาฟุตบอล [kan khaeng khan ki la na na chat doi cha po ki la fut ball]
worm [wɜːm] *n* พยาธิ [pha yat]
worn [wɔːn] *adj* ซึ่งใช้จนเก่า [sueng chai chon kao]
worried ['wʌrɪd] *adj* เป็นห่วงกังวล [pen huang kang won]
worry ['wʌrɪ] *v* วิตกกังวล [wi tok kang won]
worrying ['wʌrɪɪŋ] *adj* สาเหตุของความวิตกกังวล [sa het khong khwam wi tok kang won]
worse [wɜːs] *adj* แย่ลง [yae long] ▷ *adv* แย่กว่า [yae kwa]
worsen ['wɜːsᵊn] *v* ทำให้แย่ลง [tham hai yae long]
worship ['wɜːʃɪp] *v* บูชา [bu cha]
worst [wɜːst] *adj* เลวที่สุด [leo thii sut]
worth [wɜːθ] *n* มูลค่า [mun kha]
worthless ['wɜːθlɪs] *adj* ที่ไม่มีคุณค่า [thii mai mii khun kha]
would [wʊd; wəd] *v* **I would like to wash the car** ฉันอยากล้างรถ [chan yak lang rot]; **We would like to go cycling** ฉันอยากไปขี่จักรยาน [chan yak pai khi chak kra yan]
wound [wuːnd] *n* บาดแผล [bat phlae] ▷ *v* บาดเจ็บ [bat chep]
wrap [ræp] *v* ห่อ [ho]; **wrapping paper** *n* กระดาษห่อ [kra dat ho]
wrap up [ræp ʌp] *v* ห่อหุ้ม [ho hum]
wreck [rɛk] *n* สิ่งที่ถูกทำลายอย่างเสียหายยับเยิน [sing thii thuk tham lai yang sia hai yap yoen] ▷ *v* ทำให้เสียหายยับเยิน [tham hai sia hai yak yoen]
wreckage ['rɛkɪdʒ] *n* ซากปรักหักพัง [sak prak hak phang]
wren [rɛn] *n* นกขนาดเล็กสีน้ำตาลร้องเพลงไพเราะอยู่ในตระกูล Troglodytidae [nok kha nard lek see nam tan rong phleng pai rao yu nai tra kul troglodytidae]
wrench [rɛntʃ] *n* การดึงและบิดอย่างแรง [kan dueng lae bit yang raeng] ▷ *v* ดึงและบิดอย่างแรง [dueng lae bit yang raeng]
wrestler ['rɛslə] *n* นักมวยปล้ำ [nak muai plam]
wrestling ['rɛslɪŋ] *n* การแข่งขันมวยปล้ำ [kan khaeng khan muai plam]
wrinkle ['rɪŋkᵊl] *n* รอยย่นบนผิว [roi yon bon phio]
wrinkled ['rɪŋkᵊld] *adj* ซึ่งมีรอยย่น [sueng mii roi yon]
wrist [rɪst] *n* ข้อมือ [kho mue]
write [raɪt] *v* เขียน [khian]
write down [raɪt daʊn] *v* เขียนลง [khian long]
writer ['raɪtə] *n* นักเขียน [nak khian]
writing ['raɪtɪŋ] *n* งานเขียน [ngan khian]; **writing paper** *n* กระดาษเขียน [kra dat khian]
wrong [rɒŋ] *adj* อย่างไม่ถูกต้อง [yang mai thuk tong] ▷ *adv* อย่างผิดพลาด [yang phid phlad]; **wrong number** *n* หมายเลขที่ผิด [mai lek thii phit]

x

Xmas ['ɛksməs; 'krɪsməs] *n* คริสต์มาส [kris mat]

X-ray [ɛksreɪ] *n* รังสีแม่เหล็กไฟฟ้าชนิดหนึ่งผ่านสิ่งของบางประเภทได้ [rang sii mae lek fai fa cha nit nueng phan sing khong bang pra phet dai] ▷ *v* ถ่ายภาพด้วยรังสีเอ็กซ [thai phap duai rang sii ex]

xylophone ['zaɪləˌfəʊn] *n* ระนาดฝรั่ง [ra nat fa rang]

yacht [jɒt] *n* เรือใบสำหรับที่ใช้ท่องเที่ยวหรือแข่งเรือ [ruea bai sam rap thii chai thong thiao rue khaeng ruea]

yard [jɑːd] *n (enclosure)* บริเวณบ้าน [bor ri ven baan], *(measurement)* หลา [la]

yawn [jɔːn] *v* หาว [hao]

year [jɪə] *n* ปี [pi]; **academic year** *n* ปีการศึกษา [pi kan suek sa]; **Happy New Year!** สวัสดีปีใหม่ [sa wat di pii mai]; **I'm fifty years old** ฉันอายุห้าสิบปี [chan a yu ha sib pi]

yearly ['jɪəlɪ] *adj* ประจำปี [pra cham pi] ▷ *adv* ปีละครั้ง [pi la khrang]

yeast [jiːst] *n* ยีสต์ เชื้อหมัก [yis, chuea mak]

yell [jɛl] *v* ตะโกน ร้อง [ta khon, rong]

yellow ['jɛləʊ] *adj* ที่เป็นสีเหลือง [thii pen sii lueang]; **Yellow Pages®** *npl* สมุดโทรศัพท์ฉบับโฆษณาสินค้า [sa mut tho ra sap cha bap khot sa na sin ka]

Yemen ['jɛmən] *n* ประเทศเยเมน [pra tet ye men]

yes [jɛs] *excl* ใช่ [chai]

yesterday ['jɛstədɪ; -ˌdeɪ] *adv* เมื่อวานนี้ [muea wan ni]

yet [jɛt] *adv (with negative)* ยัง [yang] ▷ *conj (nevertheless)* อย่างไรก็ตาม [yang rai ko tam]
yew [ju:] *n* ต้นไม้ที่เขียวตลอดปี [ton mai thii khiao ta lod pi]
yield [ji:ld] *v* ผลิต [pha lit]
yoga ['jəʊgə] *n* โยคะ [yo kha]
yoghurt ['jəʊgət; 'jɒg-] *n* นมเปรี้ยว [num priao]
yolk [jəʊk] *n* ไข่แดง [khai daeng]
you [ju:; jʊ] *pron (plural)* พวกคุณ [phuak khun], *(singular polite)* ท่าน [than], *(singular)* คุณ [khun]; **Are you alright?** คุณตกลงไหม? [khun tok long mai]; **How are you?** คุณสบายดีหรือ? [khun sa bai di rue]
young [jʌŋ] *adj* อ่อนวัย [on wai]
younger [jʌŋə] *adj* มีอายุน้อยกว่า [mii a yu noi kwa]
youngest [jʌŋɪst] *adj* อายุน้อยที่สุด [a yu noi thii sut]
your [jɔ:; jʊə; jə] *adj (plural)* ของพวกคุณ [khong phuak khun], *(singular polite)* ของพวกท่าน [khong phuak than], *(singular)* ของคุณ [khong khun]; **May I use your phone?** ฉันขอใช้โทรศัพท์ของคุณได้ไหม? [chan kho chai tho ra sap khong khun dai mai]
yours [jɔ:z; jʊəz] *pron (plural)* ของพวกคุณ [khong phuak khun], *(singular polite)* ของพวกท่าน [khong phuak than], *(singular)* ของคุณ [khong khun]
yourself [jɔ:'sɛlf; jʊə-] *pron* ตัวคุณเอง [tua khun eng], *(intensifier)* ตัวคุณเอง [tua khun eng], *(polite)* ตัวท่านเอง [tua than eng]
yourselves [jɔ:'sɛlvz] *pron (intensifier)* ตัวพวกคุณเอง [tua phuak khun eng], *(polite)* ตัวพวกท่านเอง [tua phuak than eng], *(reflexive)* ตัวพวกคุณเอง [tua phuak khun eng]
youth [ju:θ] *n* วัยหนุ่มสาว [wai num sao]; **youth club** *n* คลับวัยรุ่นที่จัดให้มีกิจกรรมเพื่อความบันเทิง [khlap wai run thii chat hai mii kit cha kam phuea khwam ban thoeng]; **youth hostel** *n* หอพักนักเรียน [ho phak nak rian]

Z

Zambia ['zæmbɪə] *n* ประเทศแซมเบีย [pra tet saem bia]
Zambian ['zæmbɪən] *adj* เกี่ยวกับประเทศแซมเบีย [kiao kap pra thet saem bia] ▷ *n* ชาวแซมเบีย [chao saem bia]
zebra ['zi:brə; 'zɛbrə] *n* ม้าลาย [ma lai]; **zebra crossing** *n* ทางม้าลาย [thang ma lai]
zero, zeroes ['zɪərəʊ, 'zɪərəʊz] *n* ศูนย์ [sun]
zest [zɛst] *n (excitement)* ความสนุกสนาน [khwam sa nuk sa nan], *(lemon-peel)* เปลือกมะนาวหรือส้ม [plueak ma nao rue som]
Zimbabwe [zɪm'bɑ:bwɪ; -weɪ] *n* ประเทศซิมบับเว [pra tet sim bab we]
Zimbabwean [zɪm'bɑ:bwɪən; -weɪən] *adj* เกี่ยวกับประเทศซิมบับเว [kiao kap pra thet sim bap we] ▷ *n* ชาวซิมบับเว [chao sim bap we]
zinc [zɪŋk] *n* สังกะสี [sang ka si]
zip [zɪp] *n* ซิป [sip]; **zip (up)** *v* รูดซิป [rut sip]
zit [zɪt] *n* สิว [sio]
zodiac ['zəʊdɪ,æk] *n* จักรราศี [chak kra ra si]
zone [zəʊn] *n* โซน แถบ เขต [son, thaep, khet]; **time zone** *n* เขตเวลาของโลกซึ่งมี ๒๔ เขต [khet we la khong lok sueng mii yi sip sii khet]
zoo [zu:] *n* สวนสัตว์ [suan sat]
zoology [zəʊ'ɒlədʒɪ; zu:-] *n* สัตววิทยา [sat ta wa wit tha ya]
zoom [zu:m] *n* **zoom lens** *n* เลนส์ของกล้องที่ขยายปรับภาพโดยรักษาโฟกัสเดิมไว้ [len khong klong thii kha yai prab phap doi rak sa fo kas doem wai]
zucchini [tsu:'ki:nɪ; zu:-] *n* บวบ [buap]